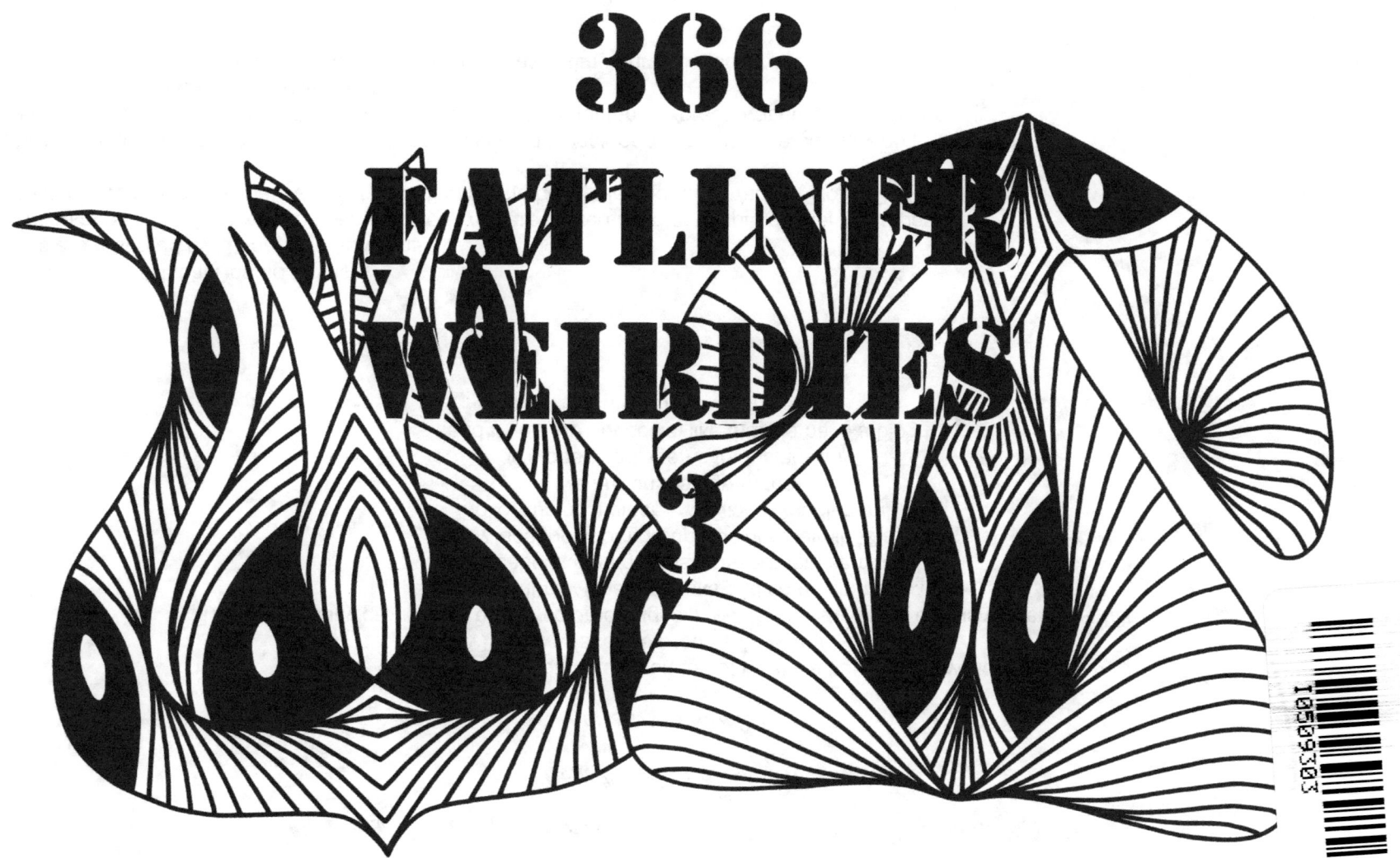

Share your colored versions with us ! We love seeing your results and hearing from you.
we are social !

The Official FB book page, stay on top of what we have in the works !
www.facebook.com/AMWWART

The Community group, share your colored pages, meet the artists, enjoy exclusive freebies, take part in community Charity books and so much more......
www.facebook.com/groups/fansandfriendsamwwart
www.facebook.com/groups/ColorAWeirdieADay

Follow us on Twitter..... @GlobalDoodlegem
We are on Instagram too
@globaldoodlegems for instagram
...and if you are not social like that we have a blog
globaldoodlegems.wordpress.com

Copyright © 2019 Global Doodle Gems
All rights are reserved by Global Doodle Gems.
Duplication of pages for personal use are allowed. You are invited to color the pages then scan/post your coloured versions to social networks, mentioning the book title and author/artist (Global Doodle Gems).
All artwork and images are protected by copyright laws. This book or any portion thereof may not, otherwise, be reproduced and/or distributed or transmitted without the express written permission of the artist/publisher of Global Doodle Gems.
All of us from the Global Doodle Gems wish you a colortastic time and look forward to seeing your wonderful color results online !

Fatliner Weirdies Volume 3
My third set of Fatliner Weirdies from The Templates 1

"This book is dedicated to the love of my life, my daughter Victoria Panthera. I make these books in hopes that your life as an adult will be everything you want it to be! I love you more than words can say!"

Maria Wedel

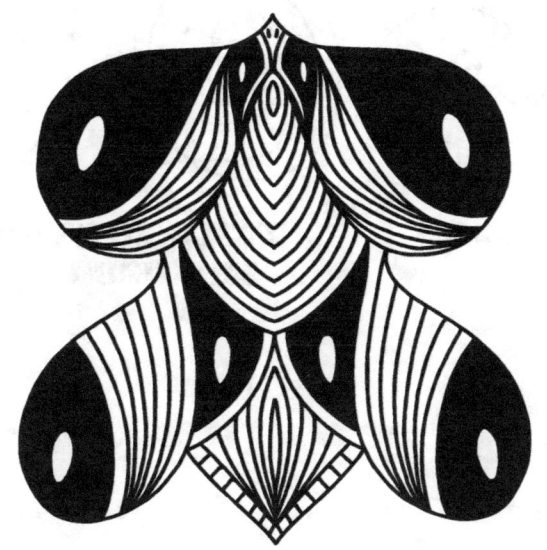 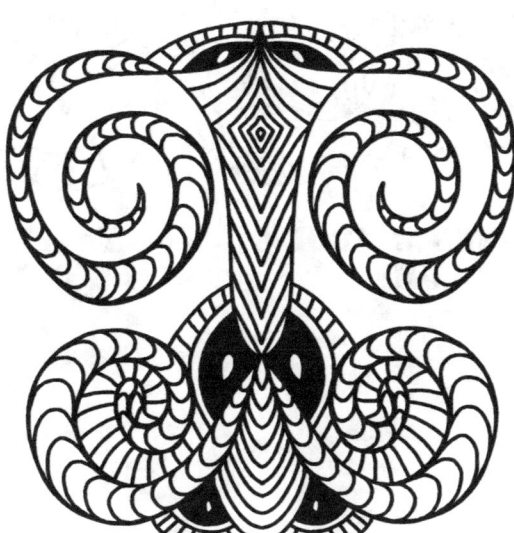

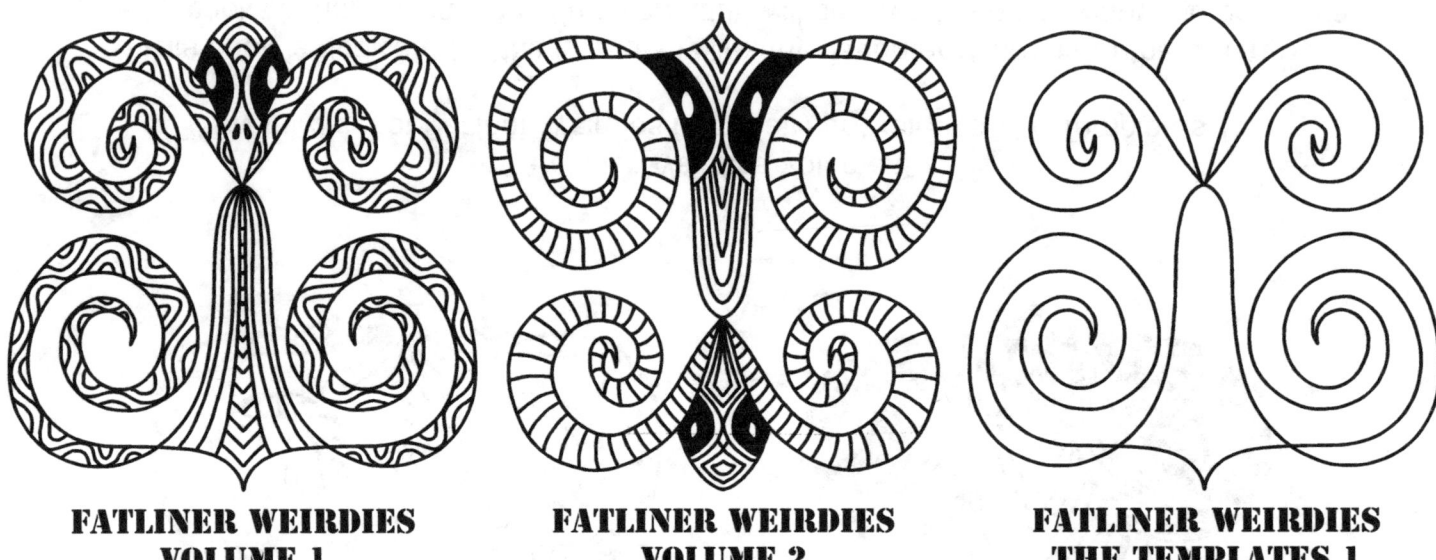

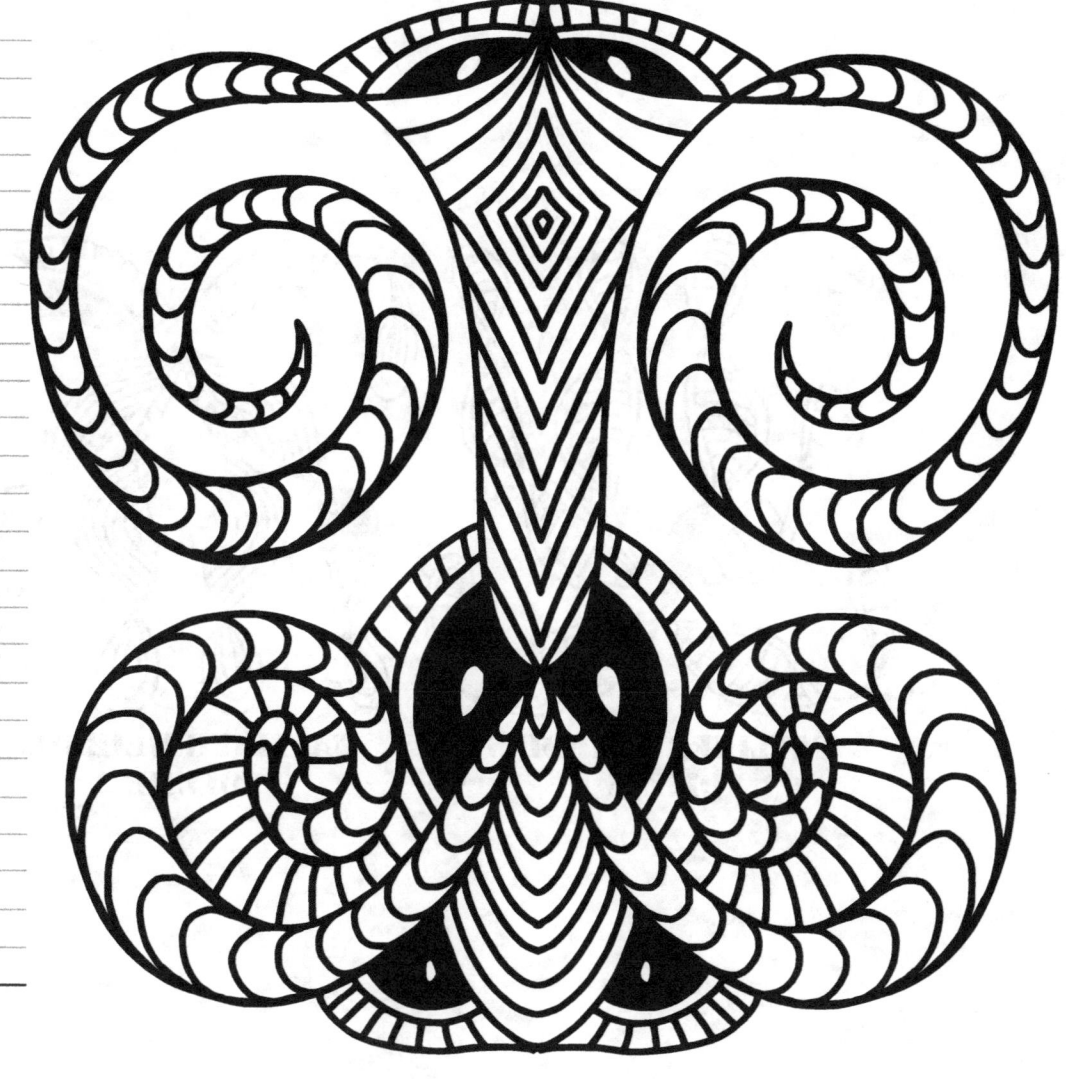

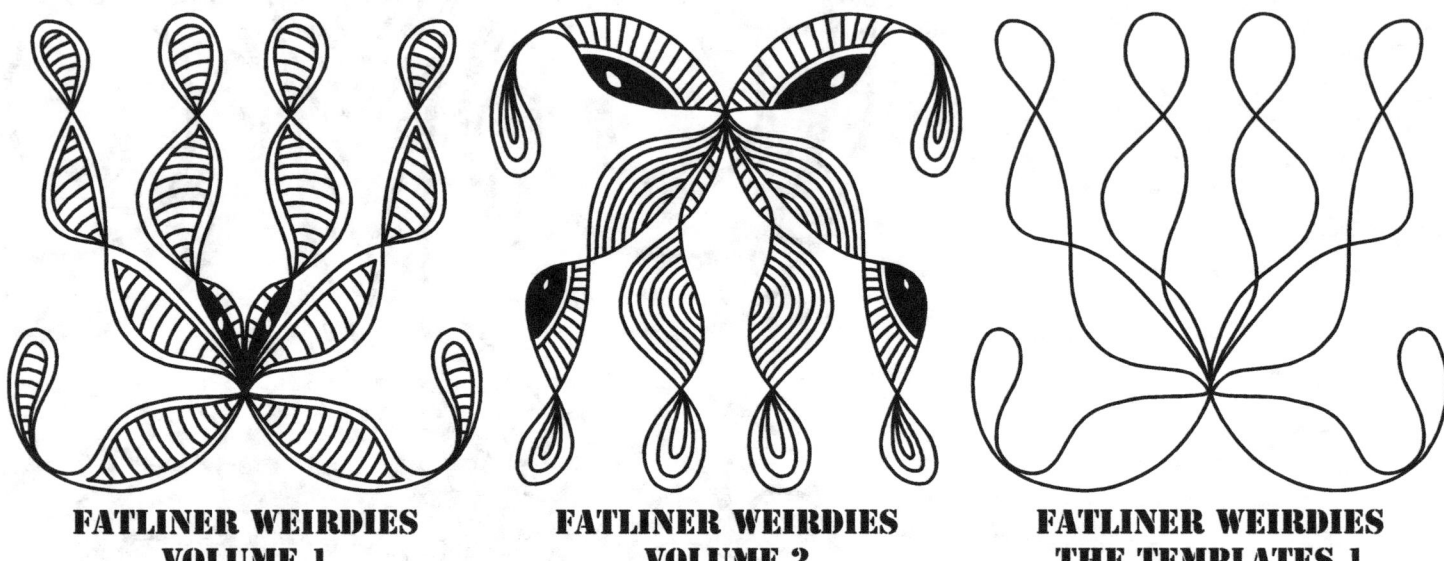

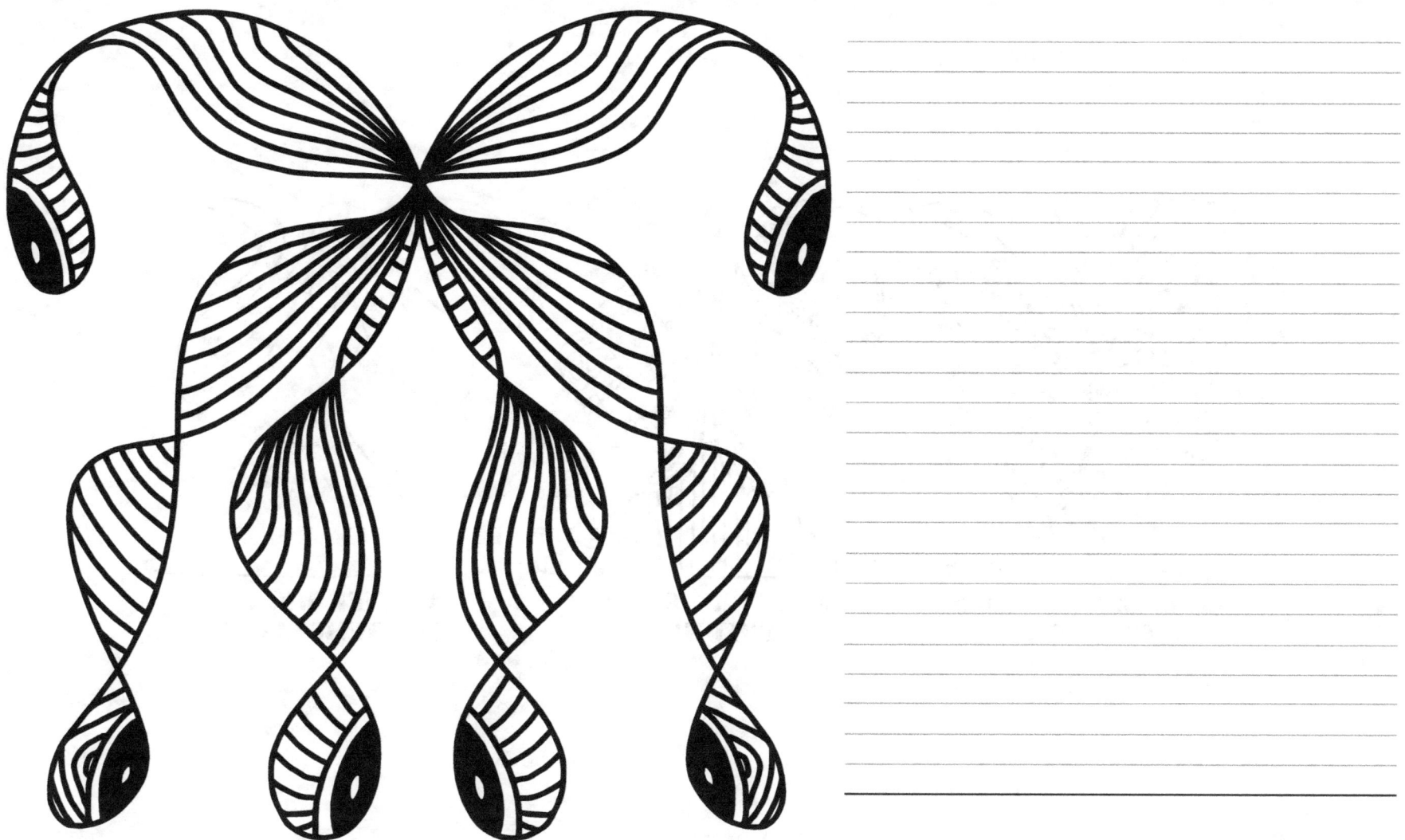

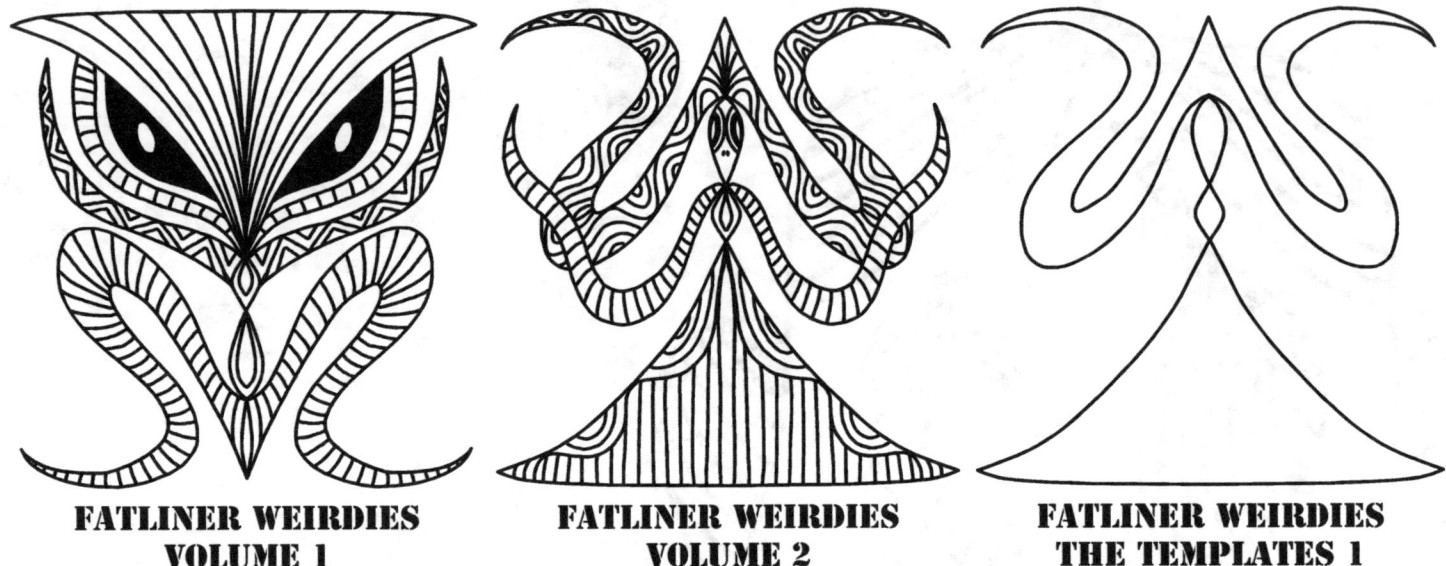

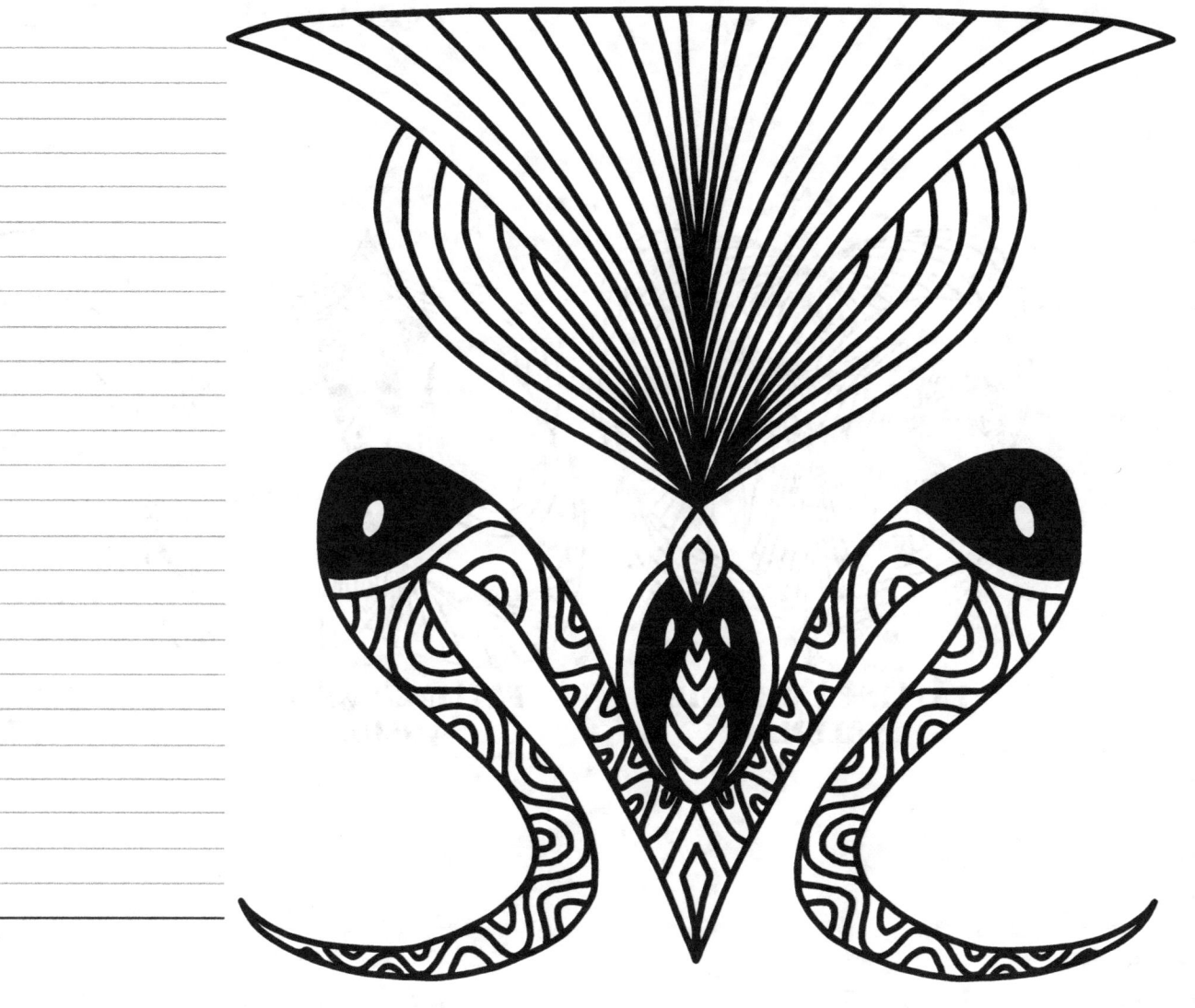

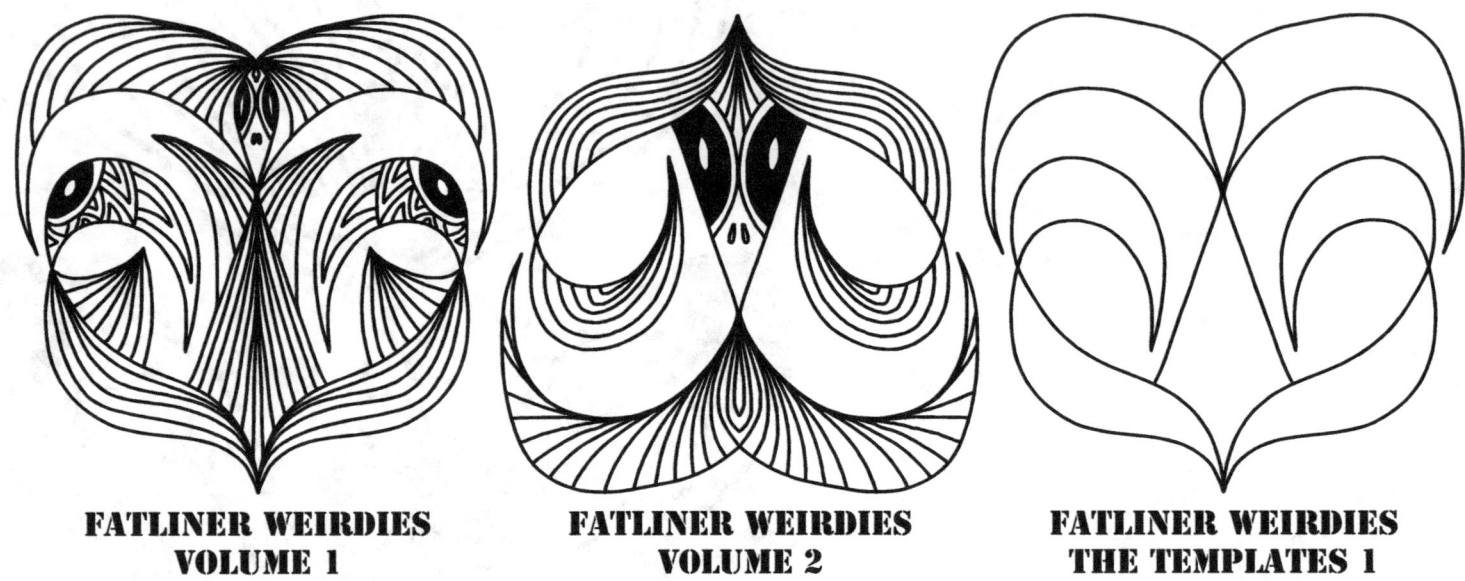

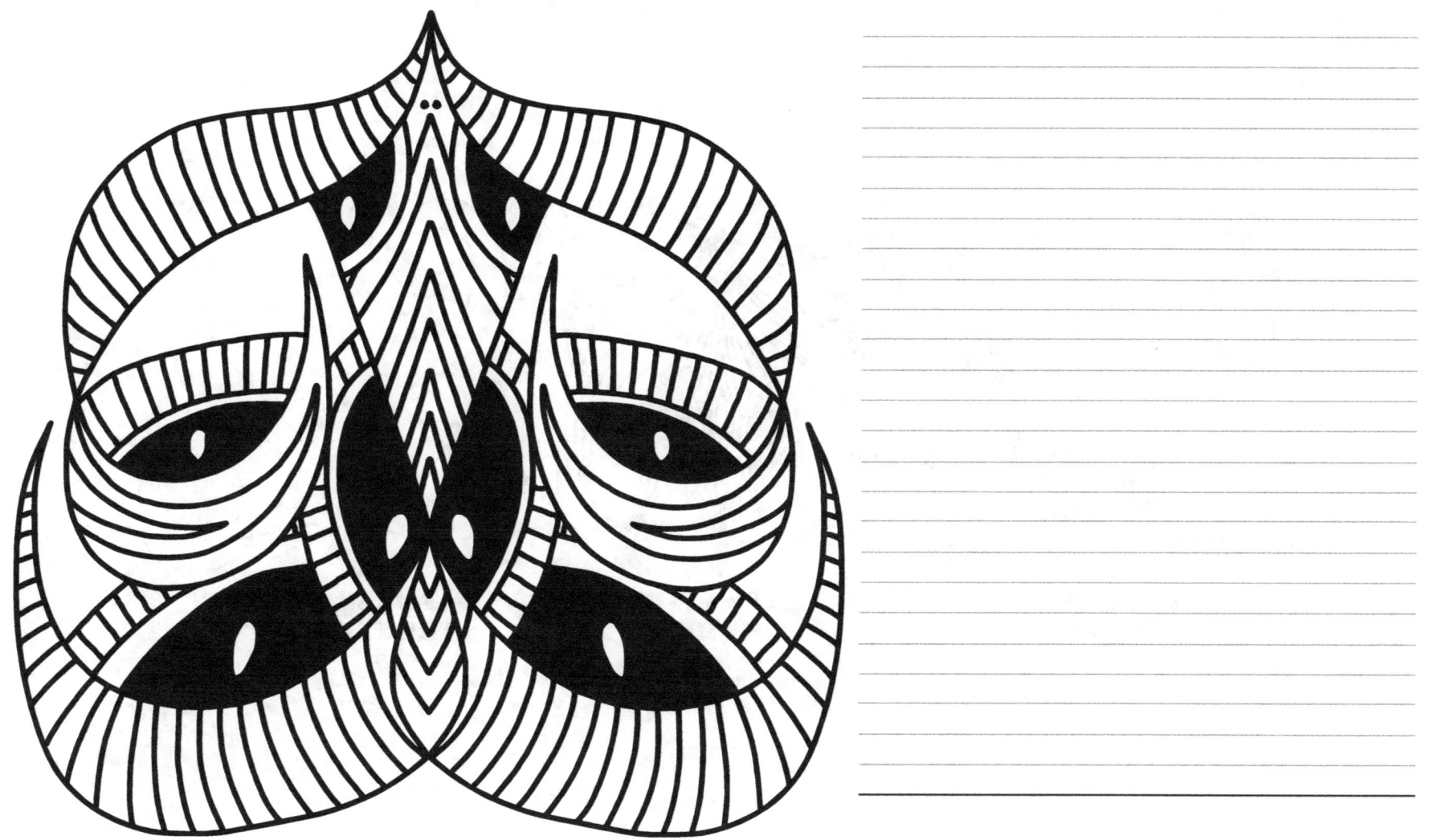

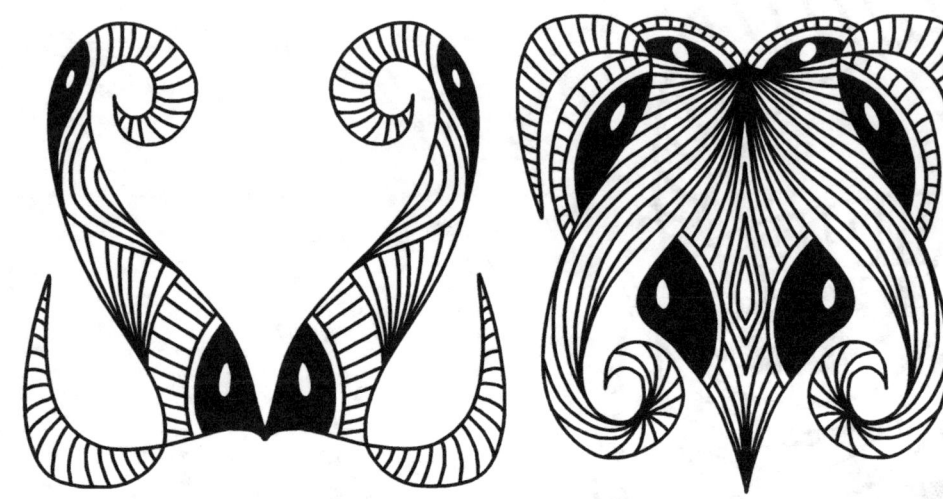

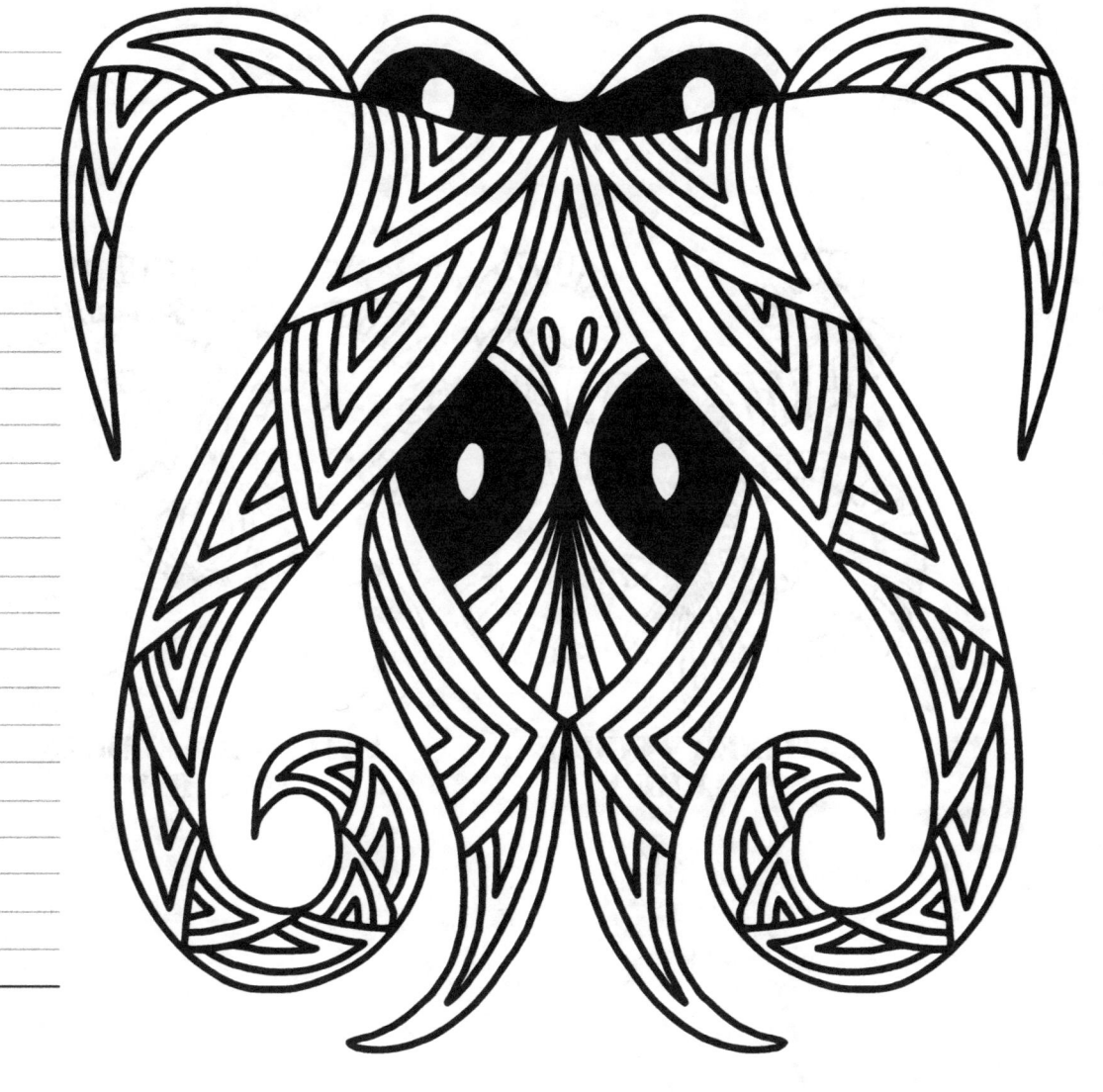

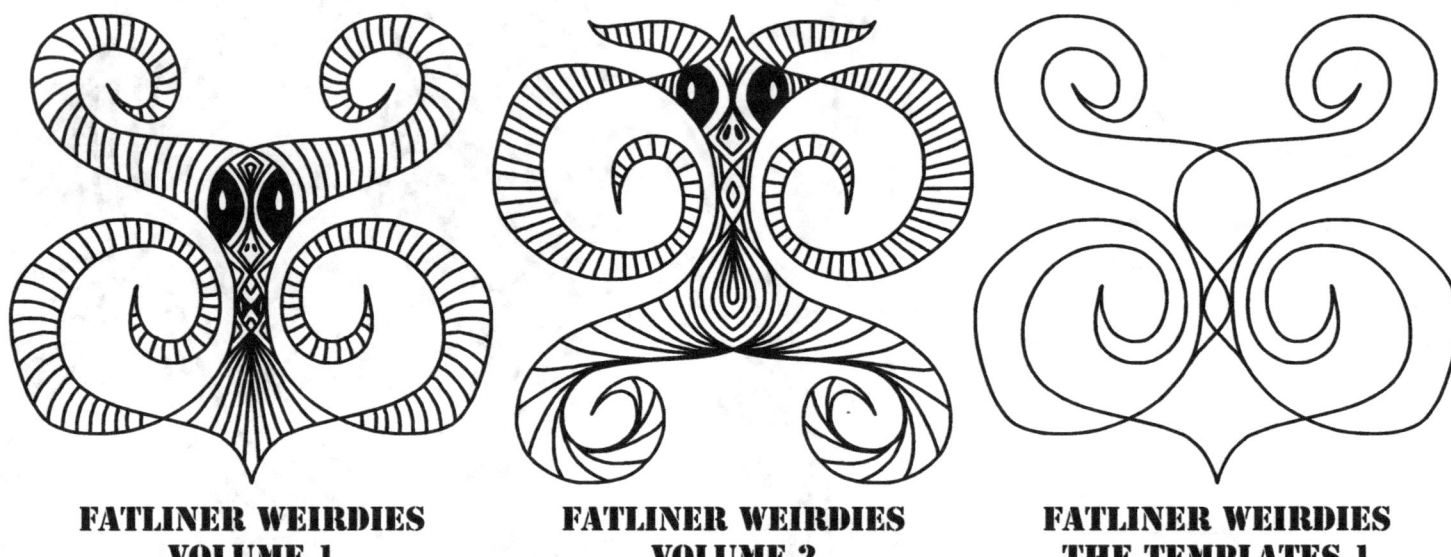

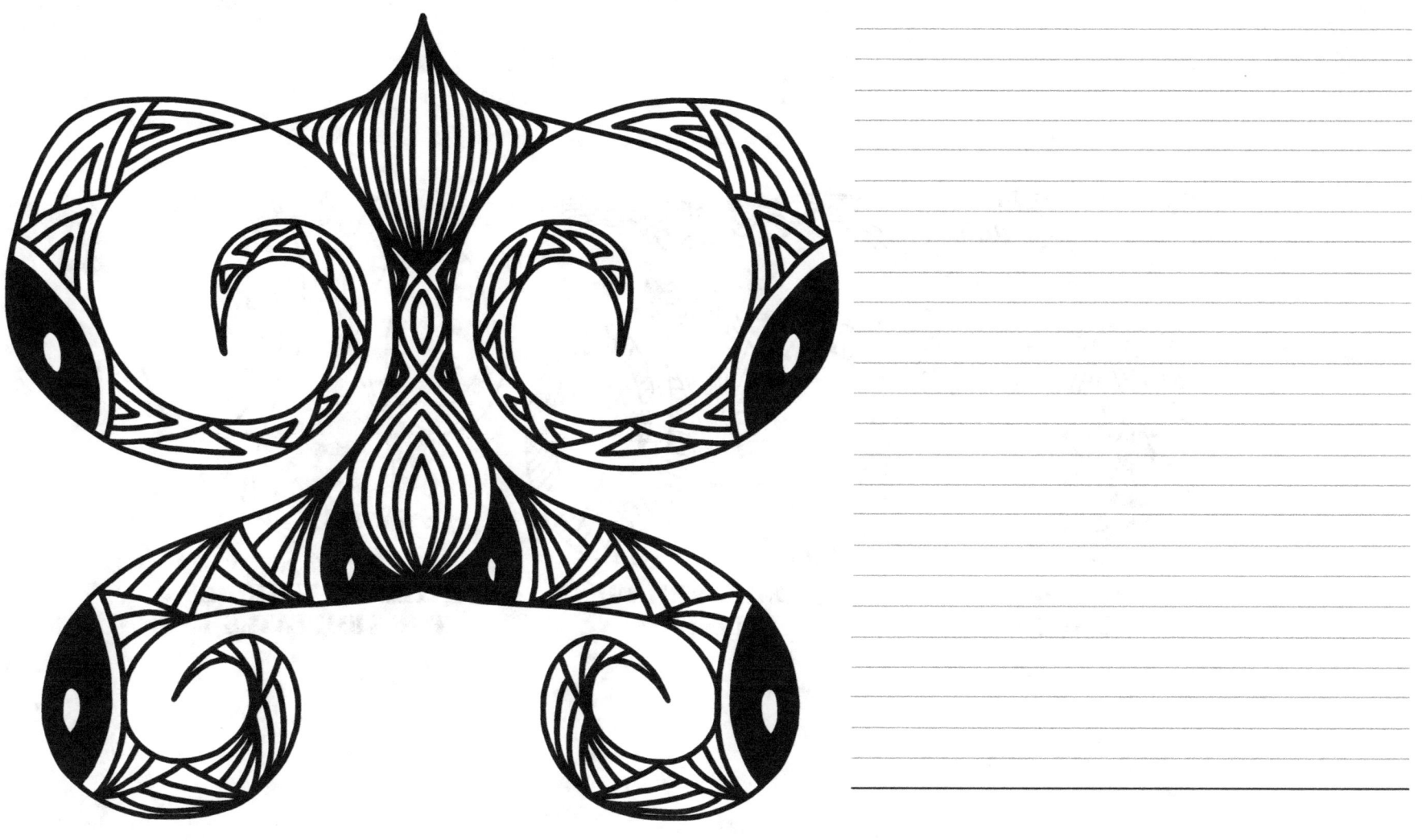

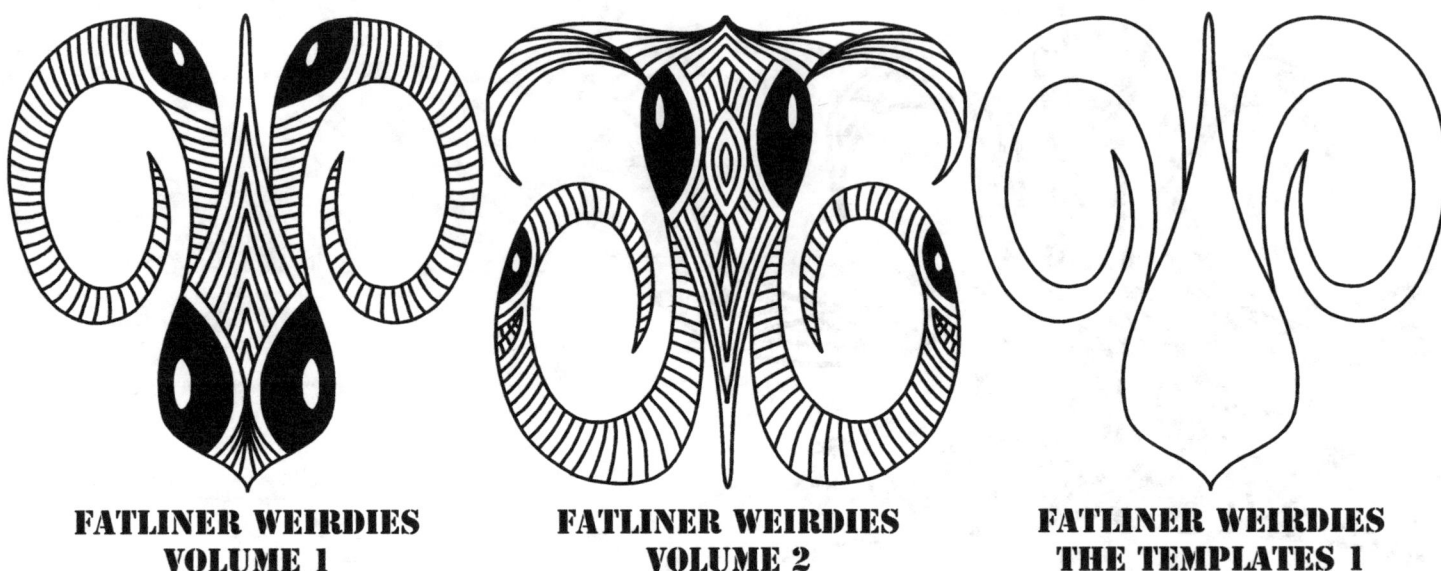

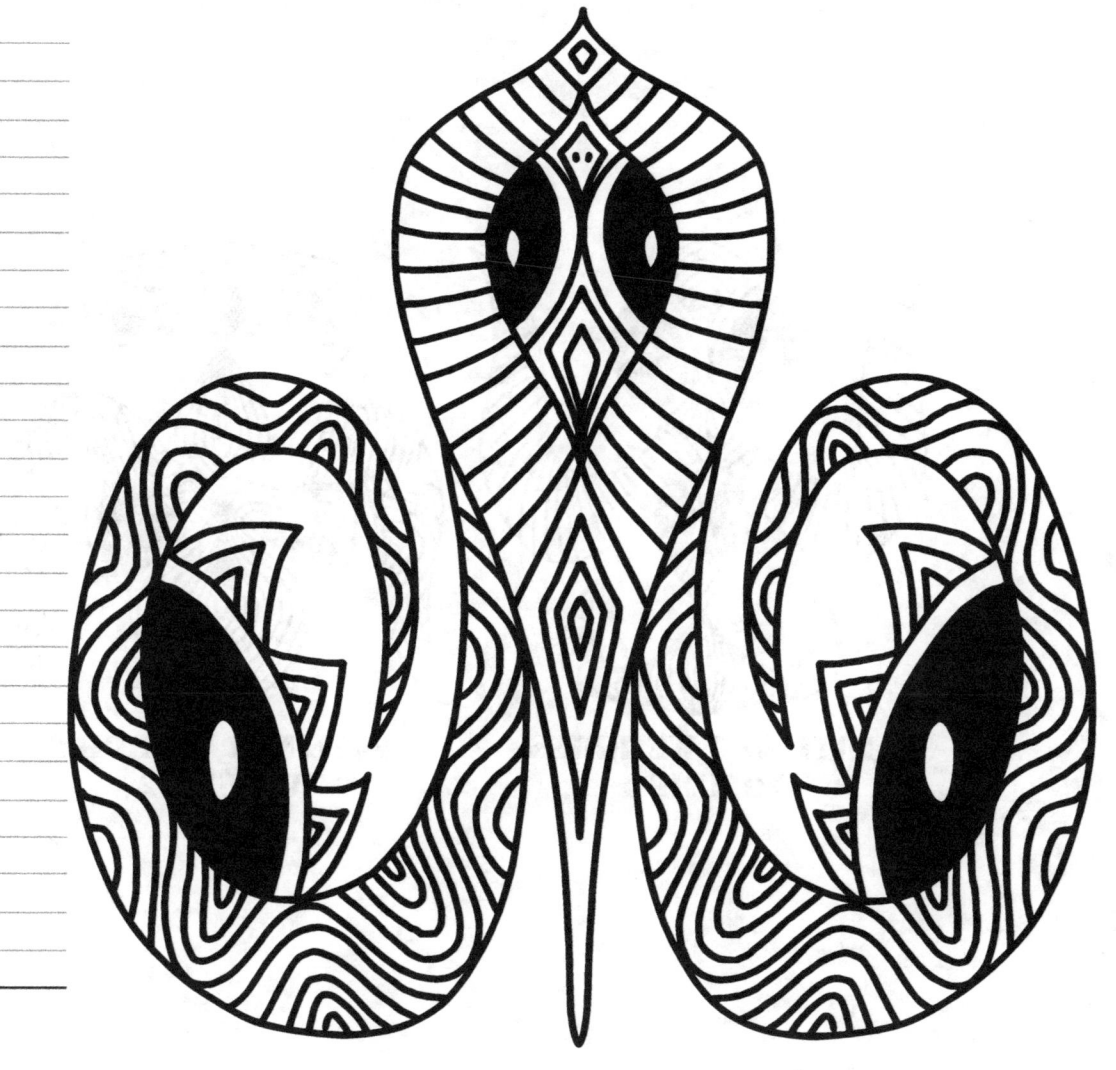

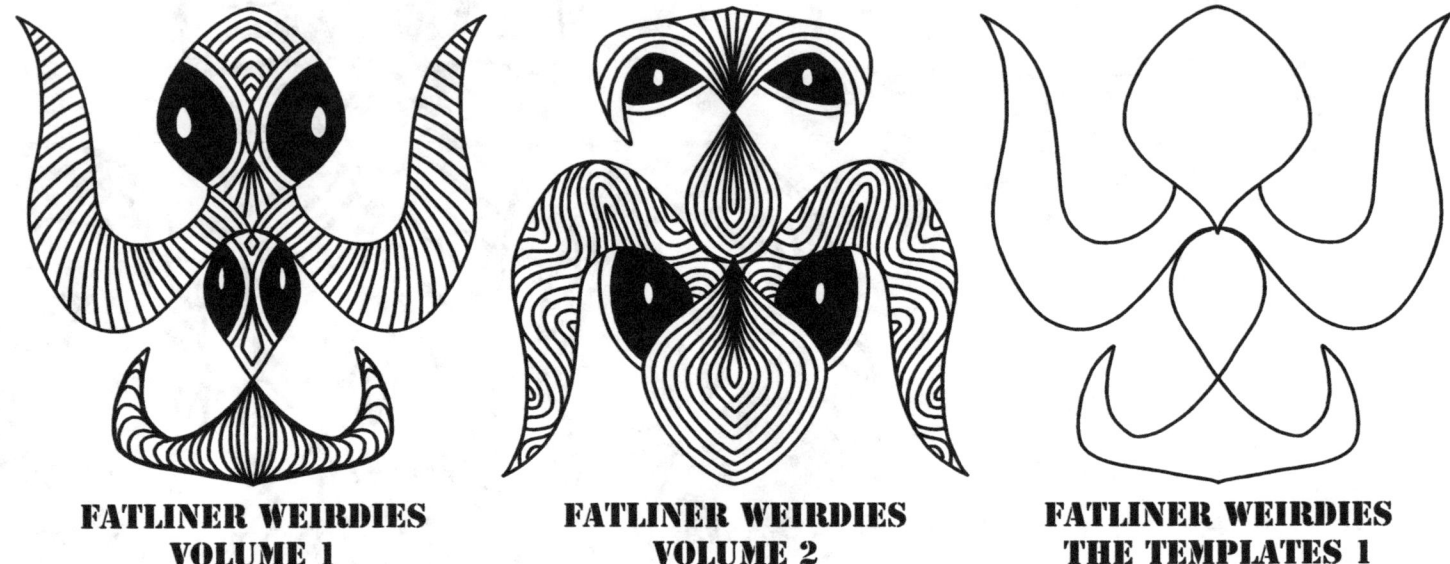

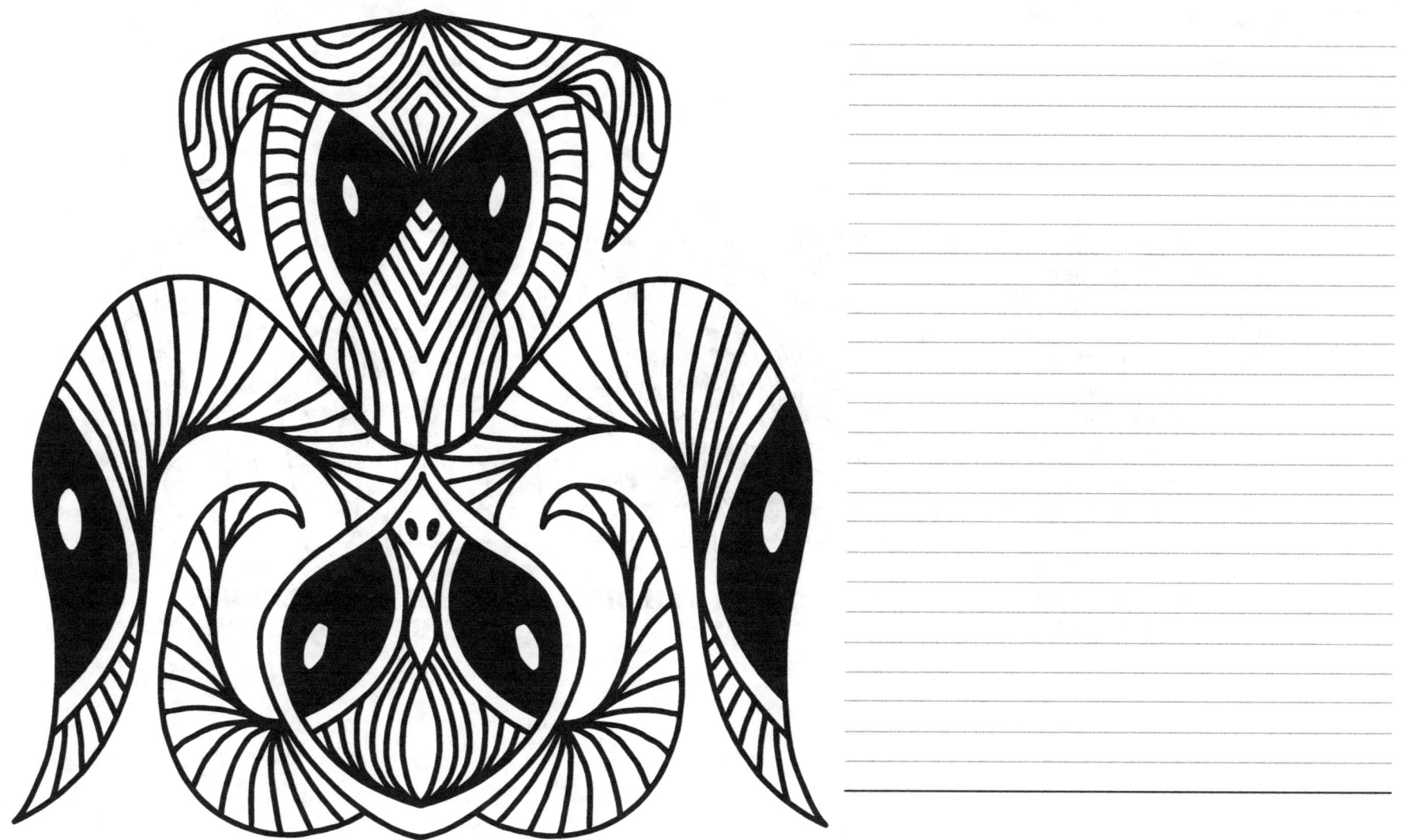

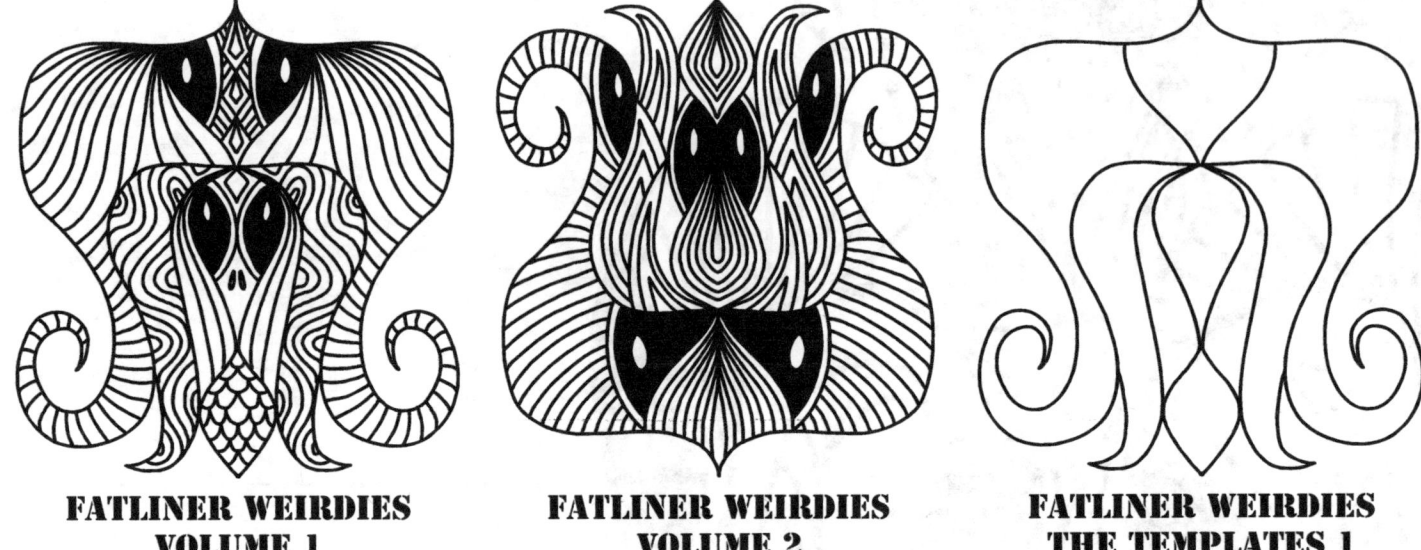

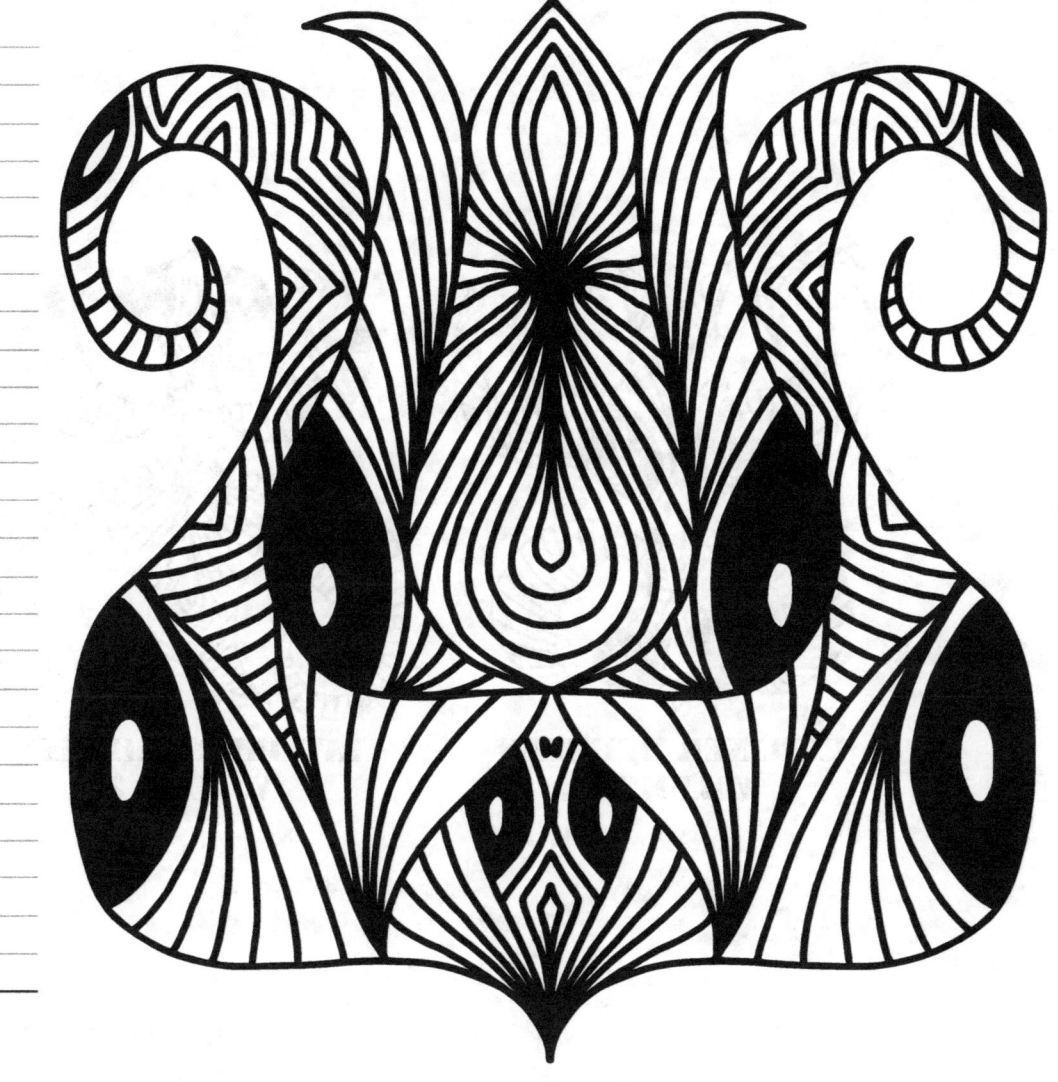

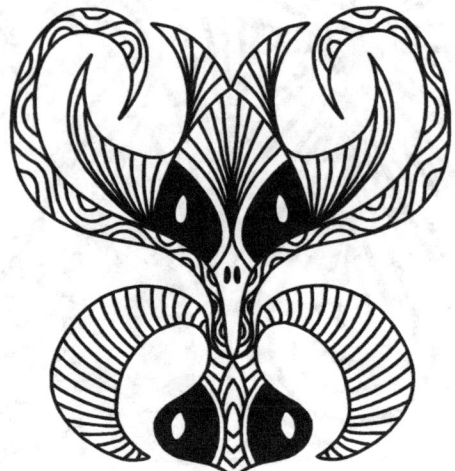
FATLINER WEIRDIES VOLUME 1

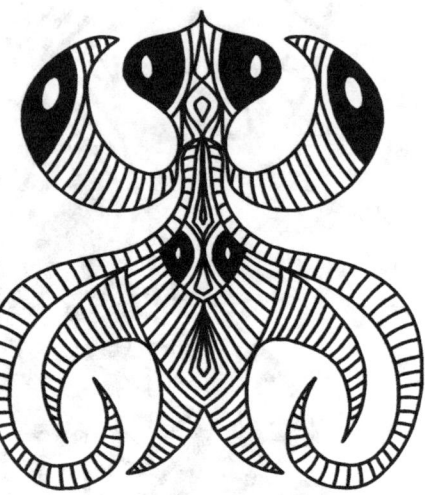
FATLINER WEIRDIES VOLUME 2

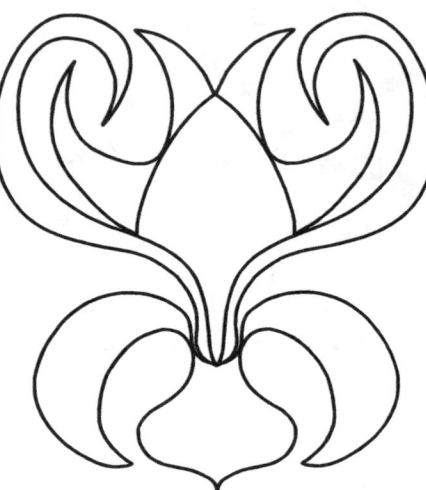
FATLINER WEIRDIES THE TEMPLATES 1

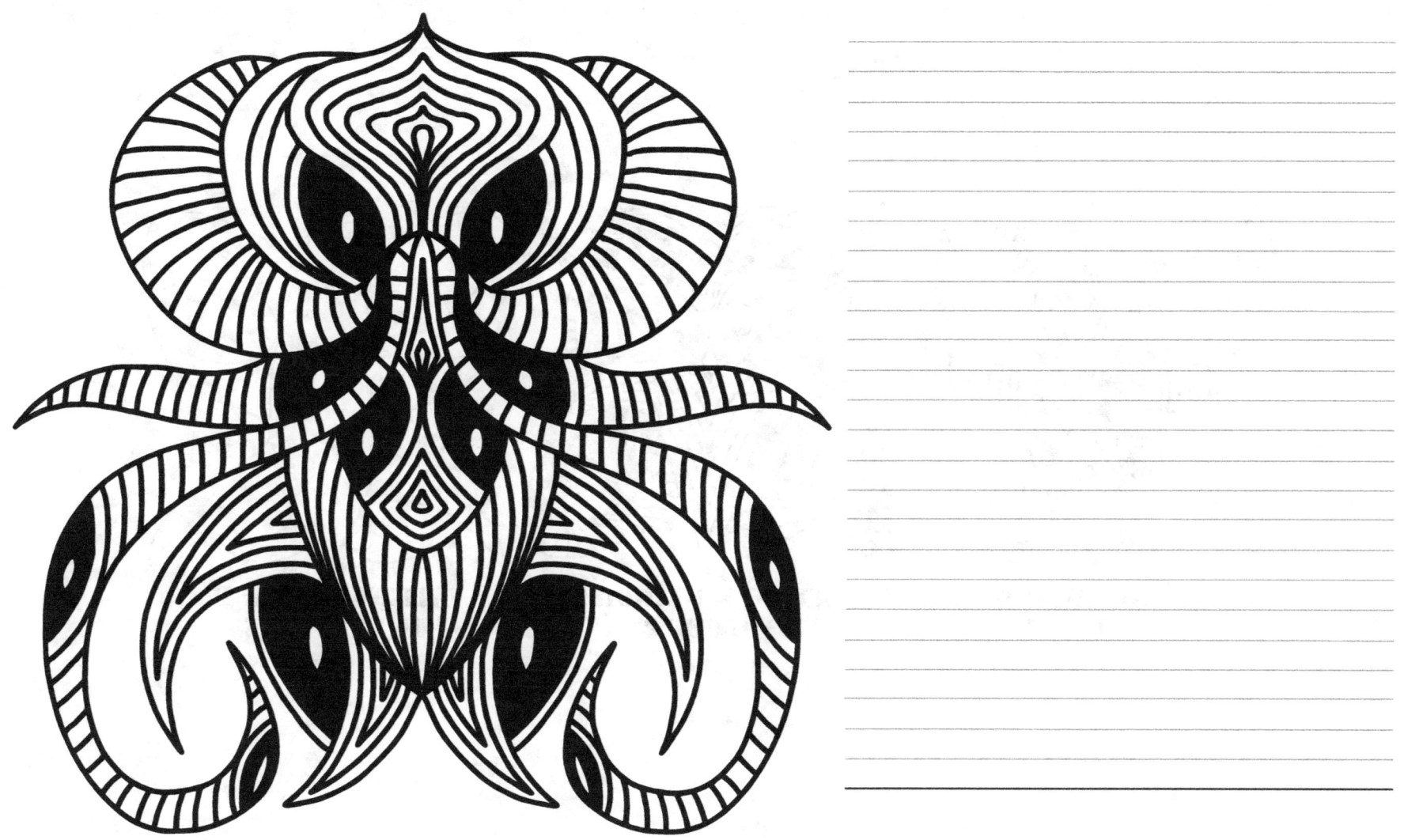

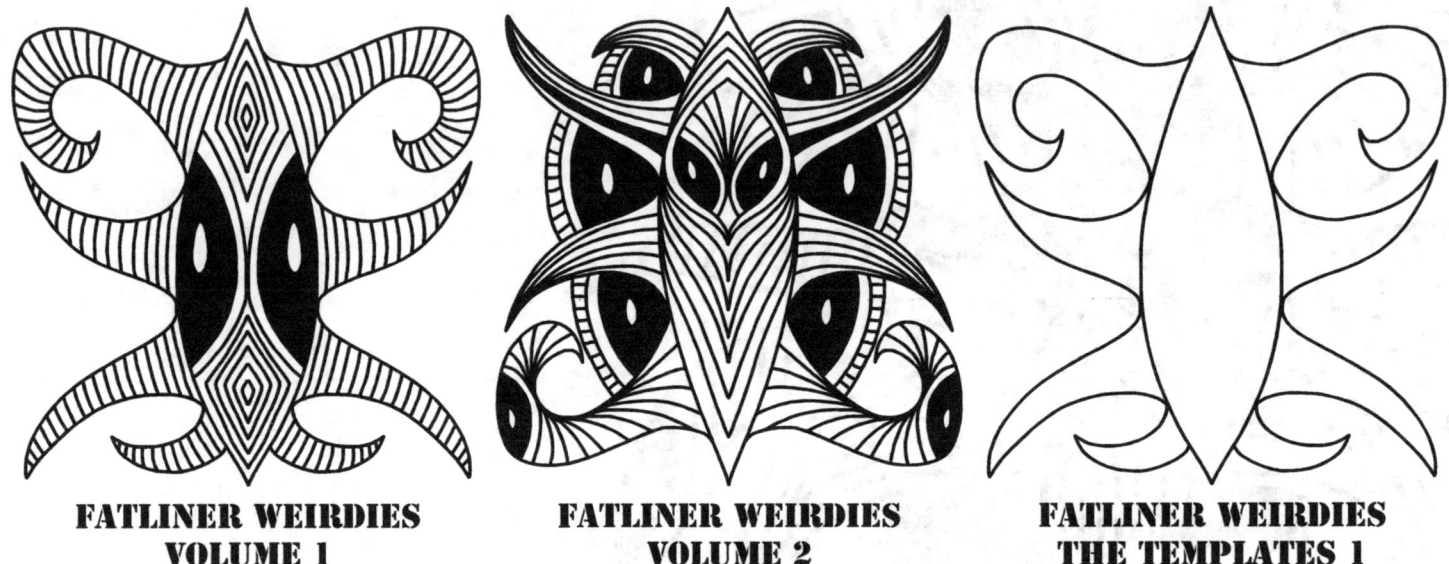

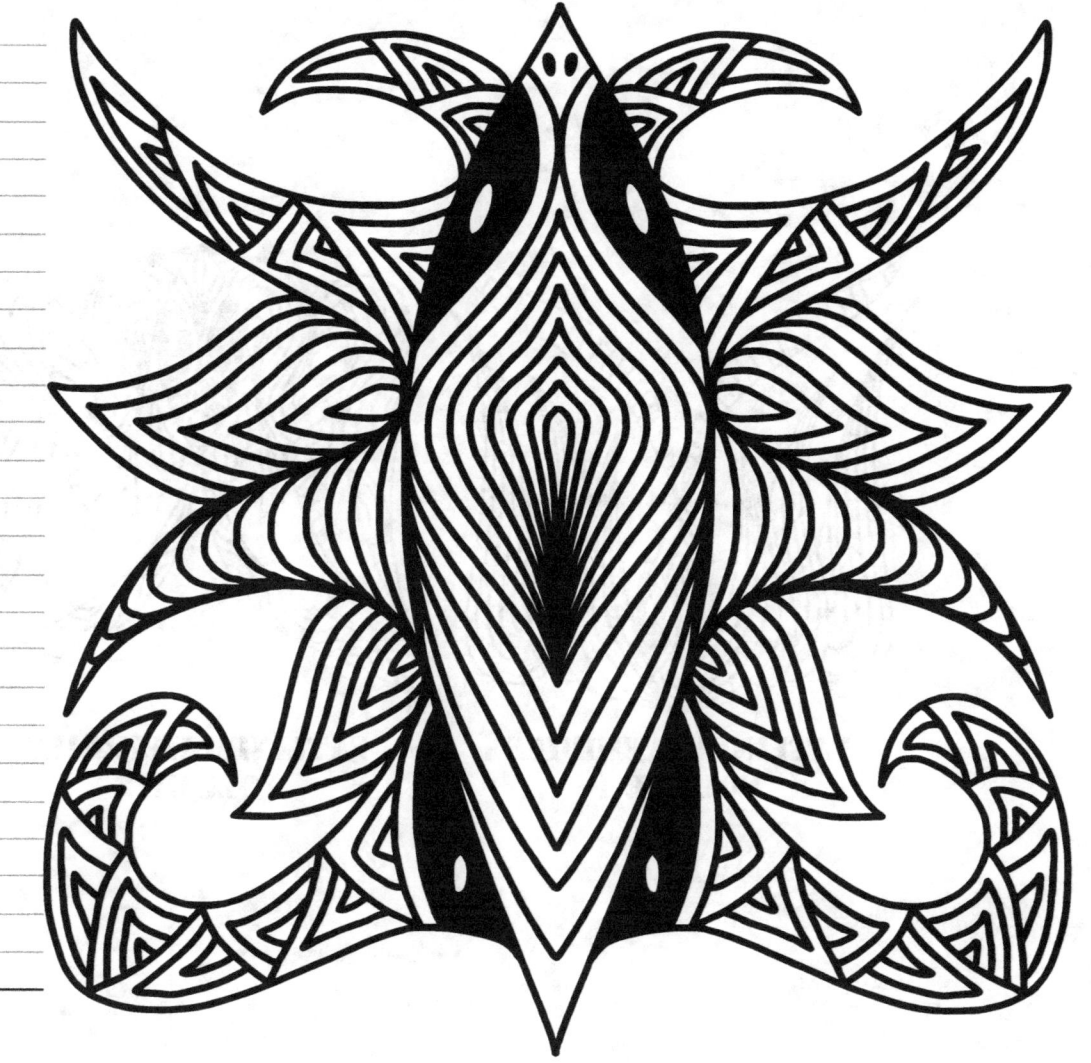

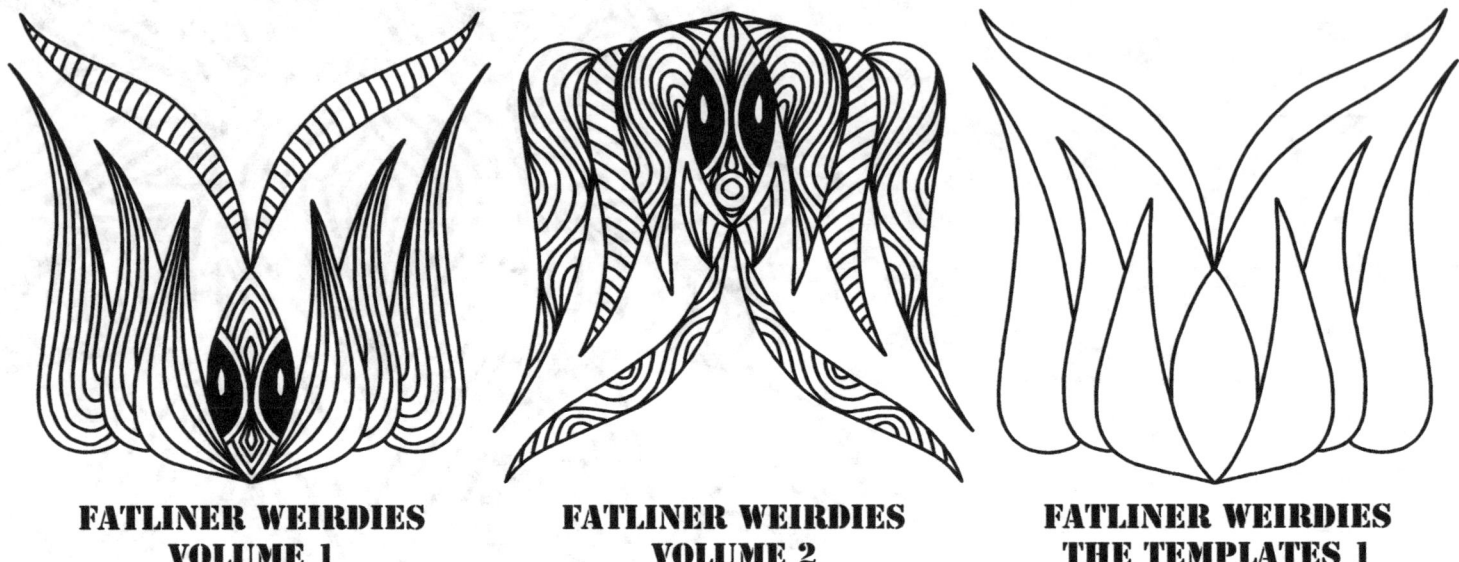

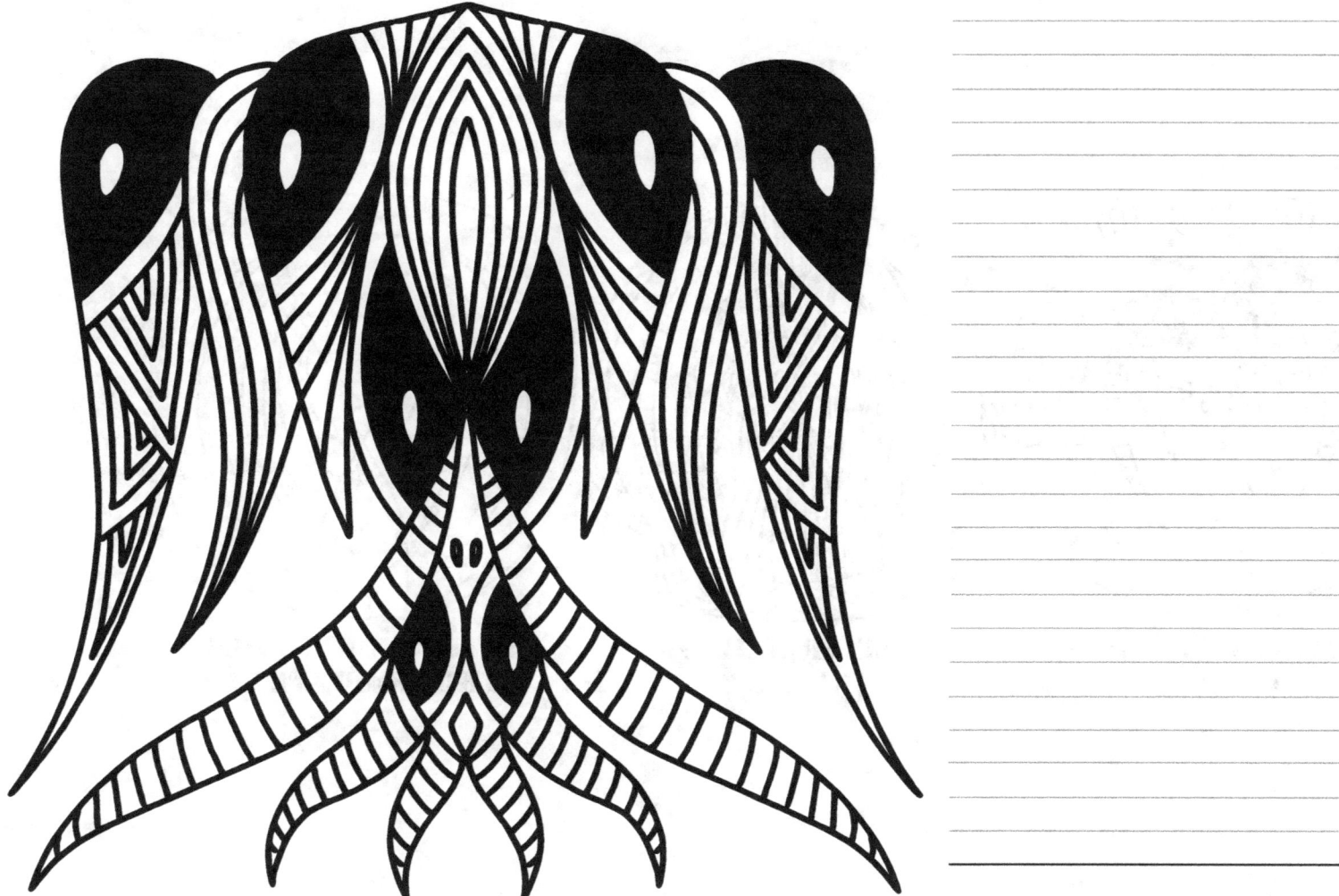

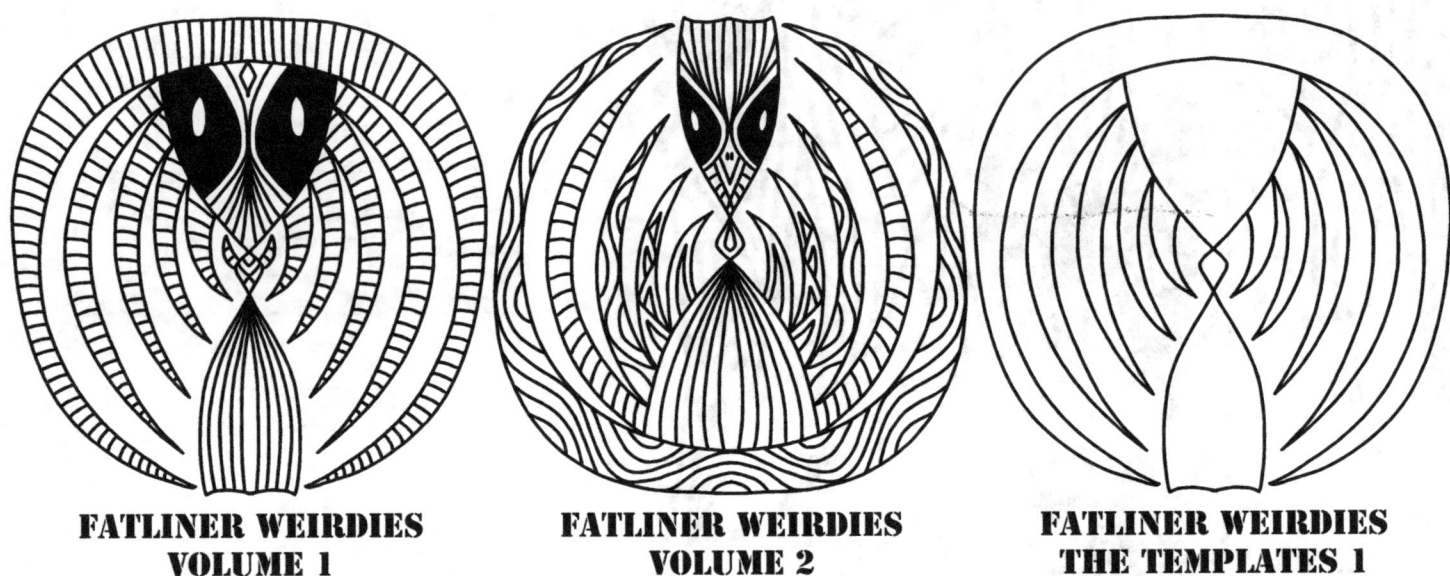

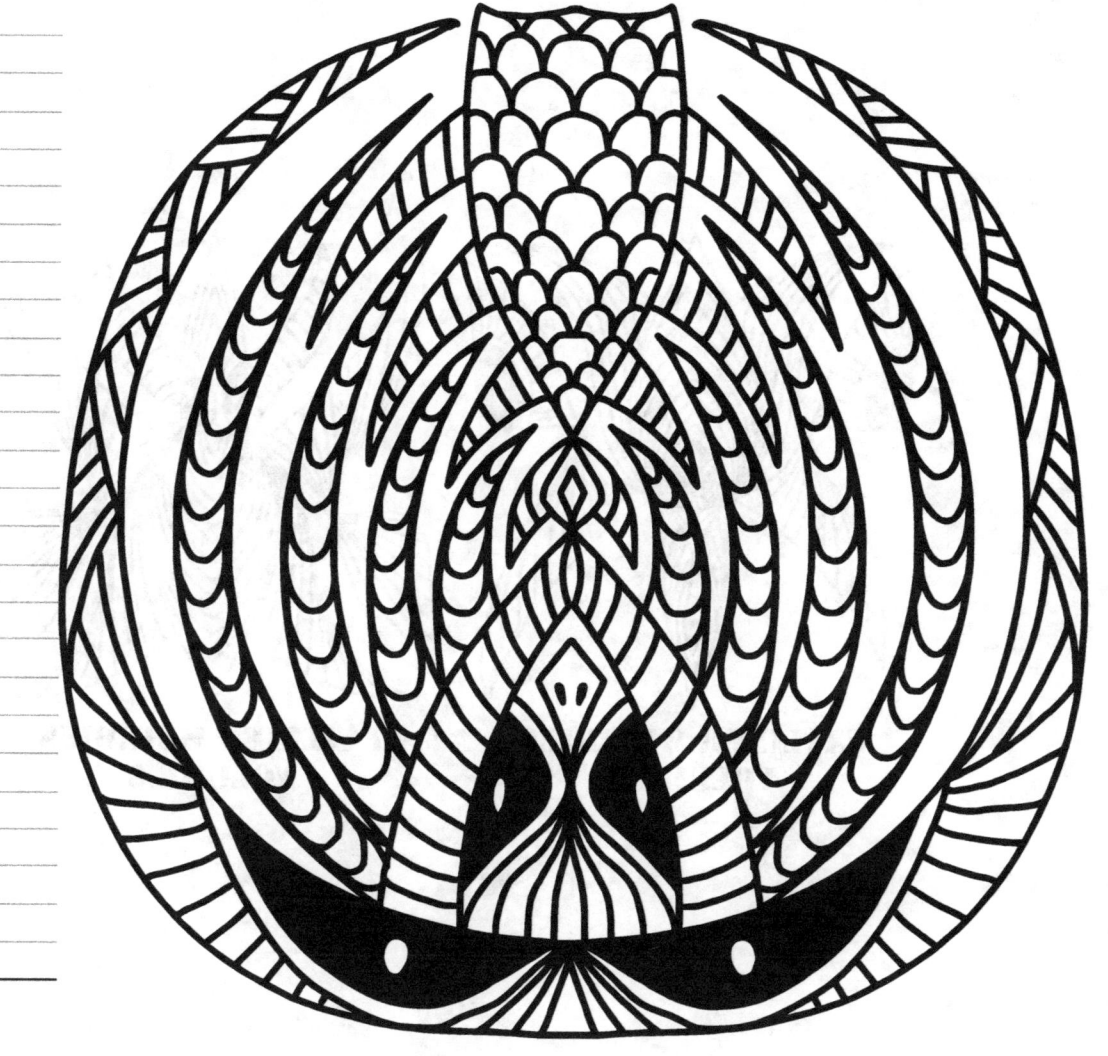

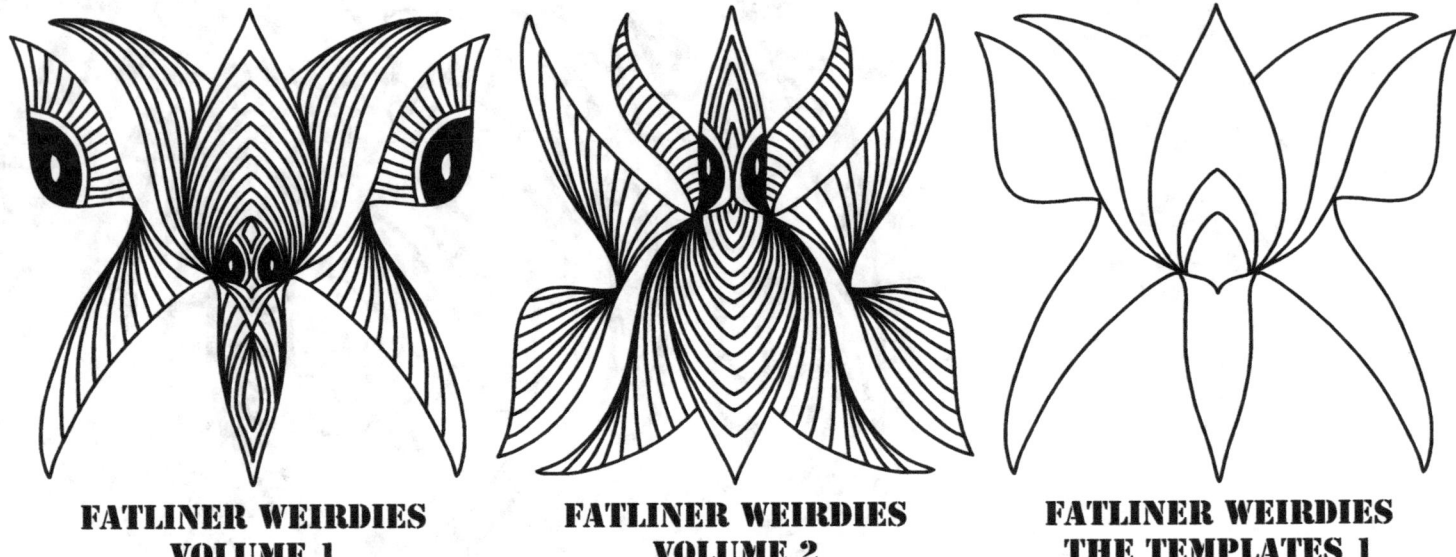

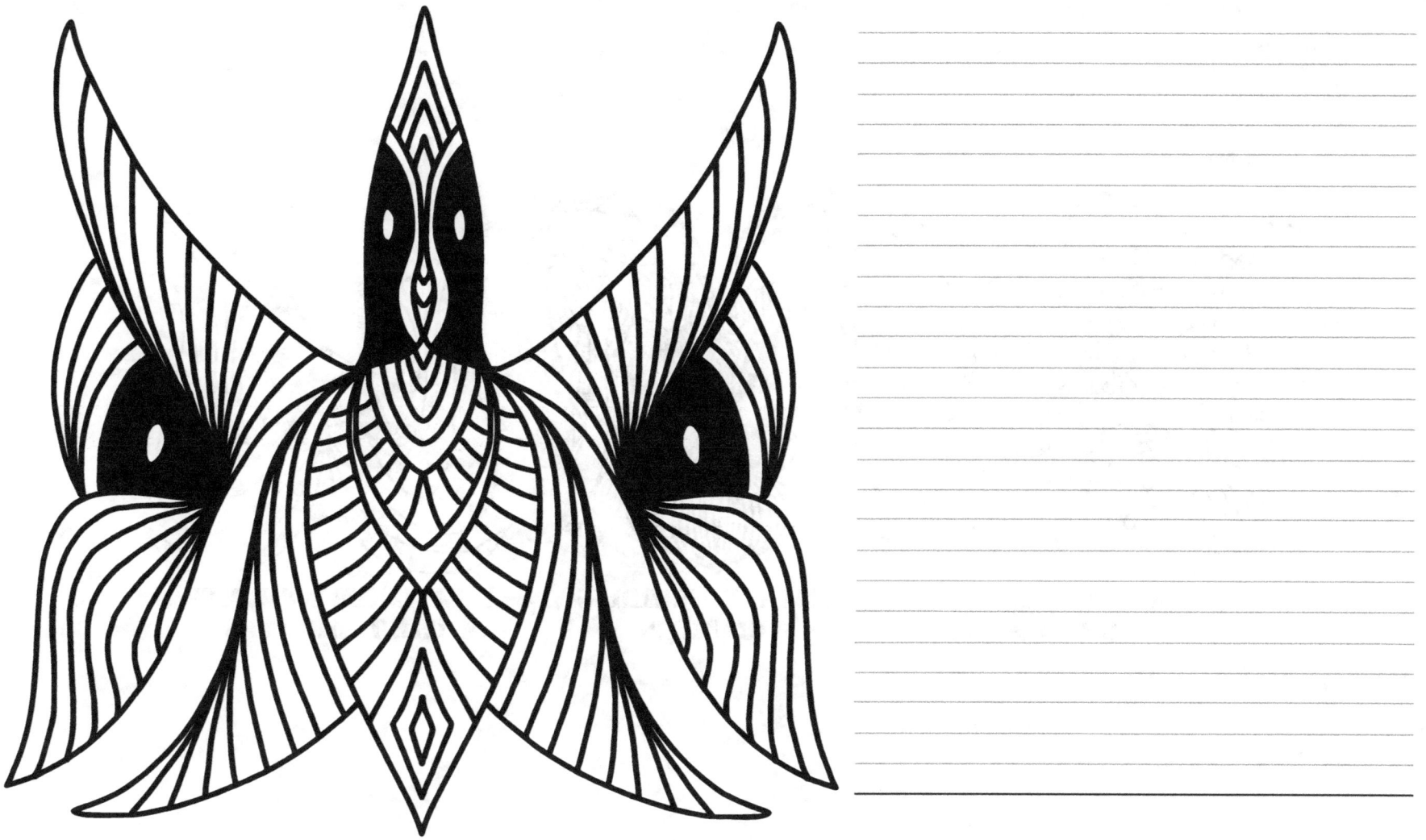

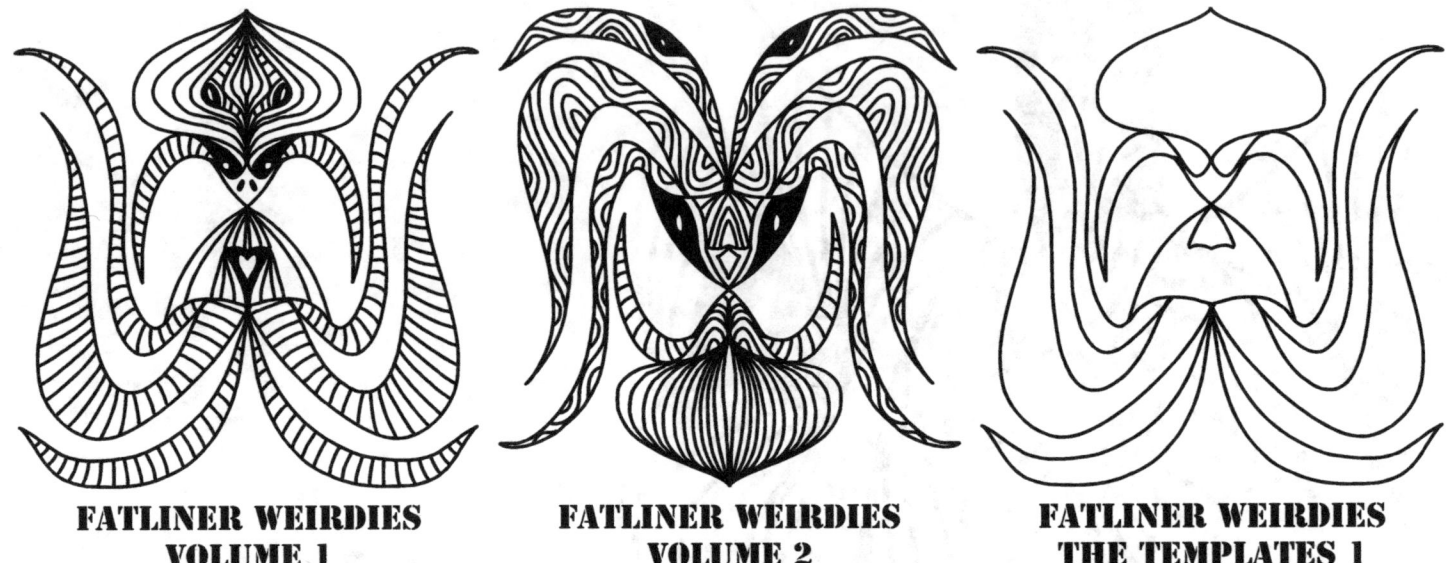

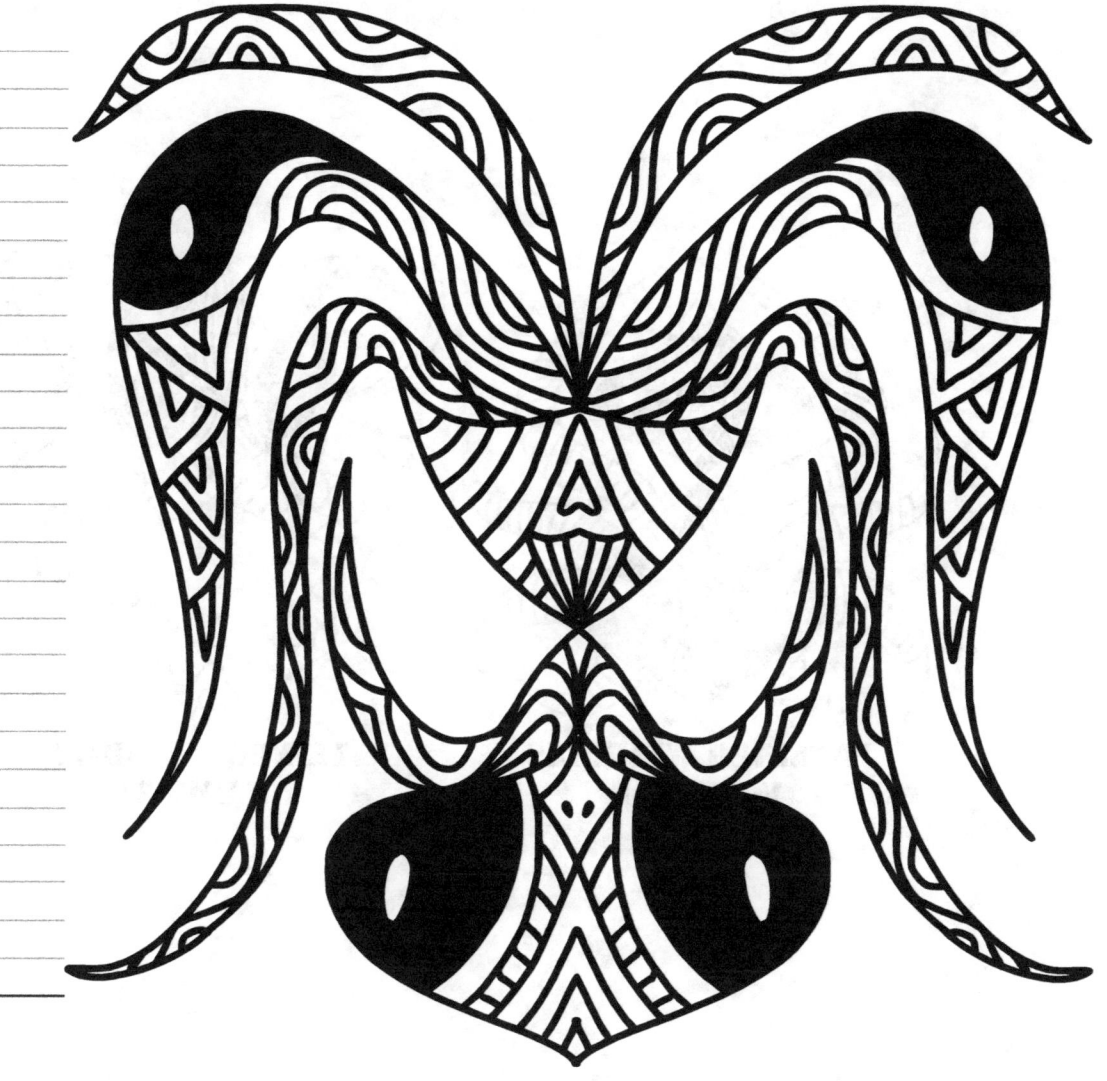

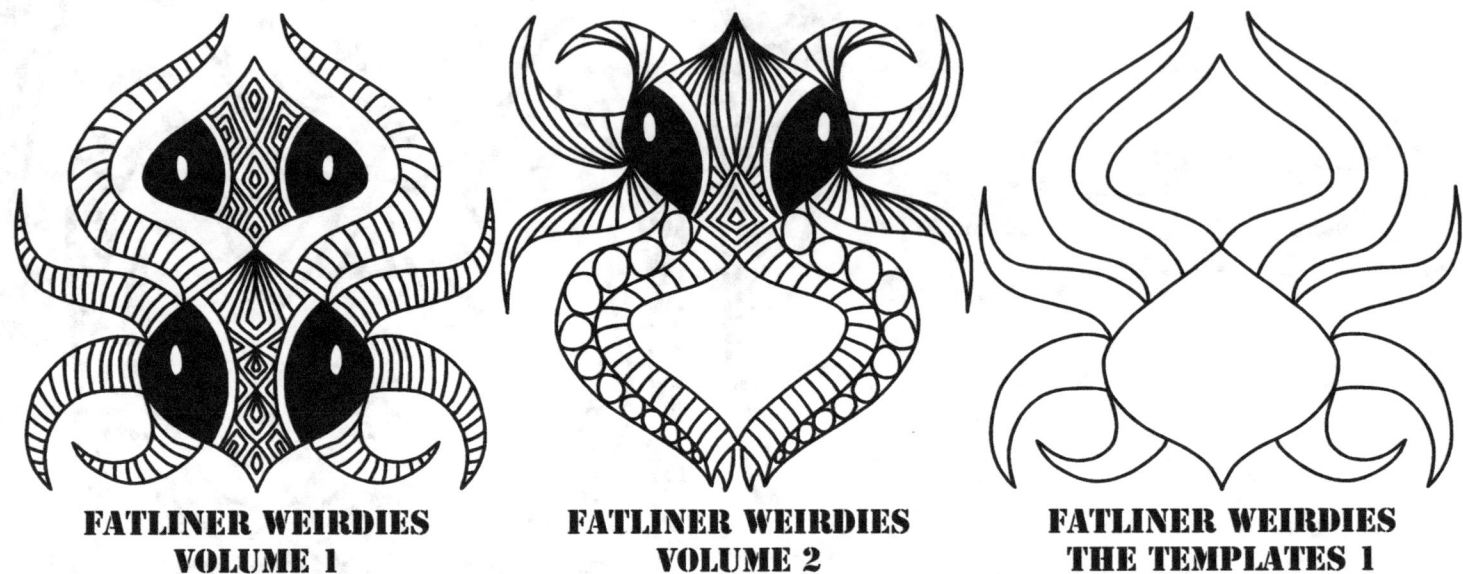

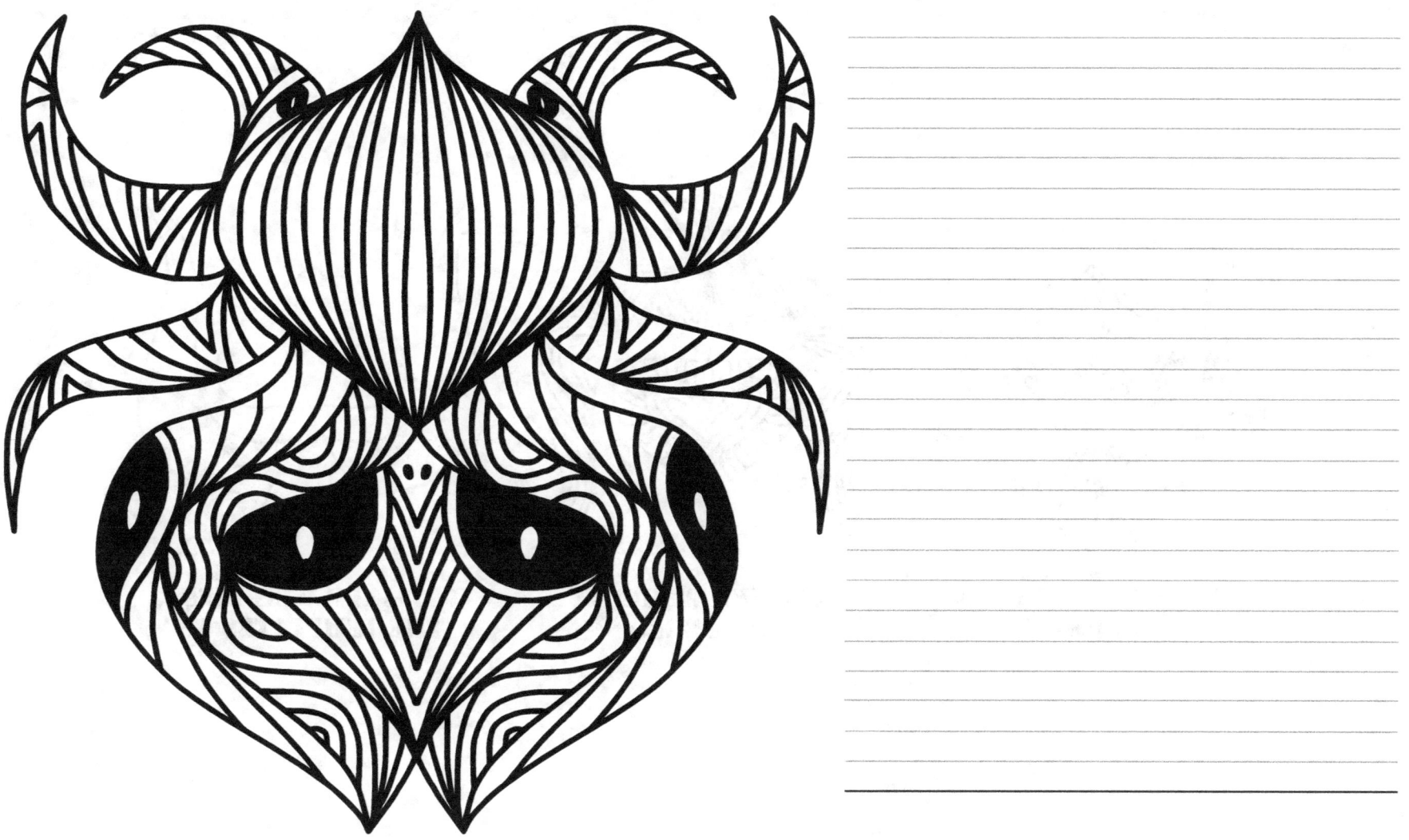

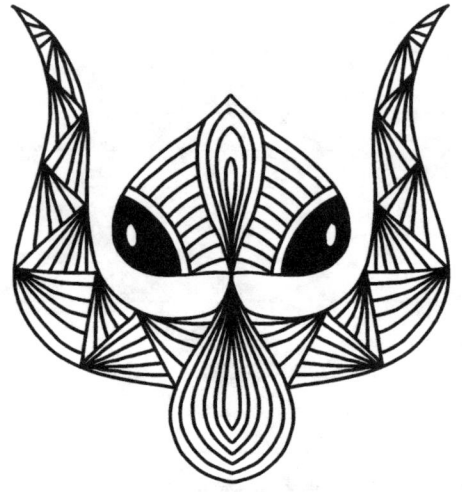 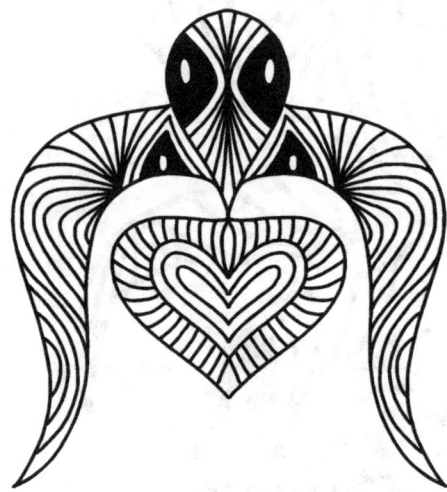 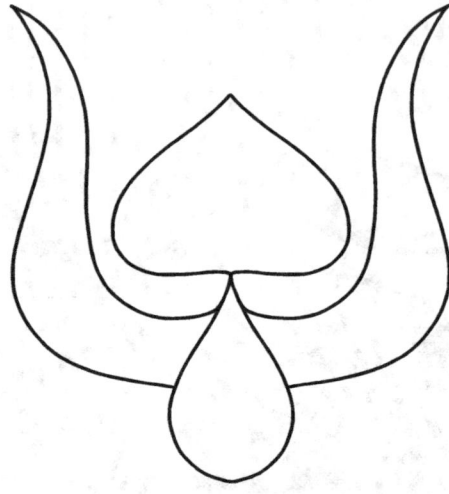

FATLINER WEIRDIES VOLUME 1   **FATLINER WEIRDIES VOLUME 2**   **FATLINER WEIRDIES THE TEMPLATES 1**

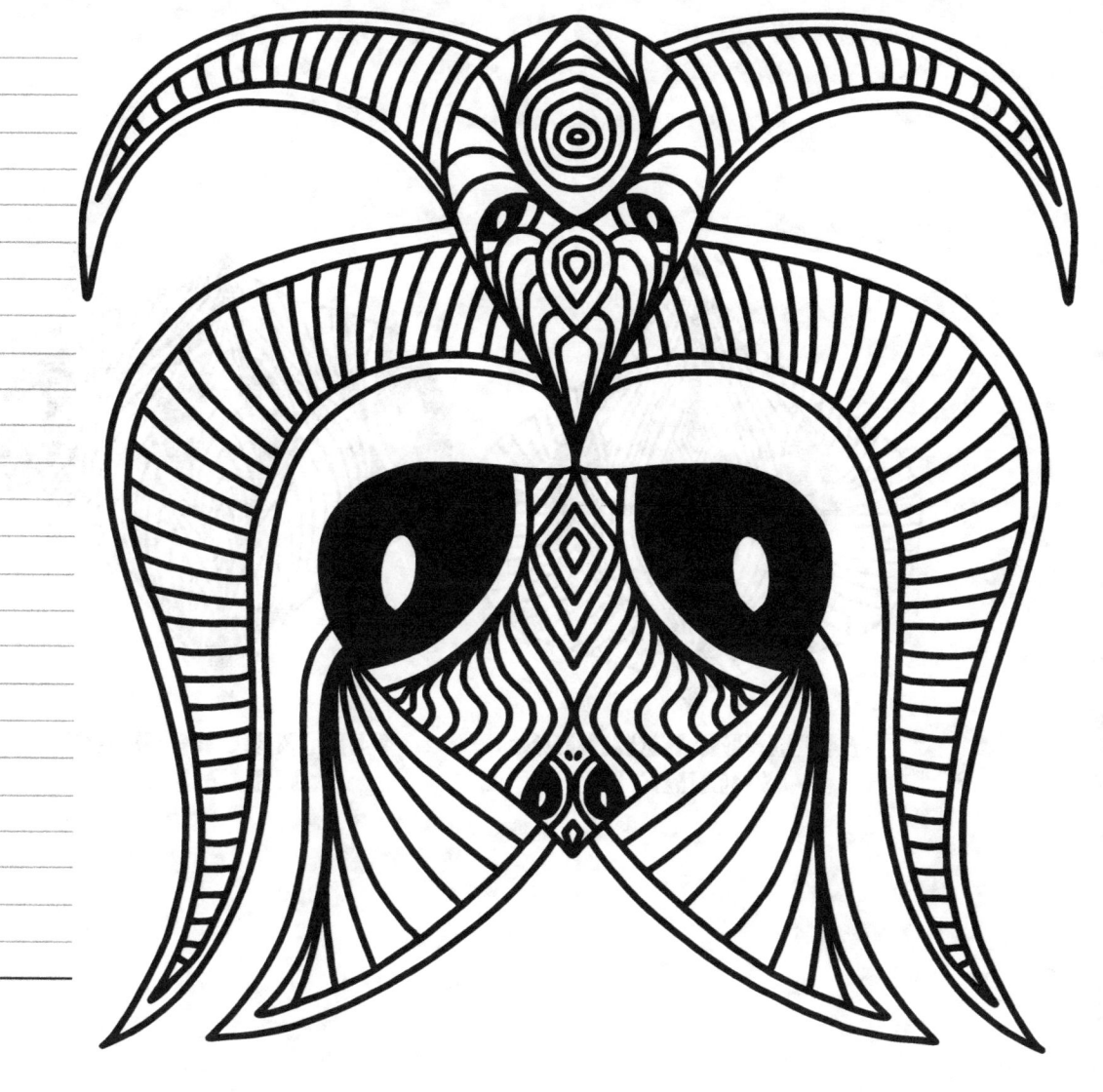

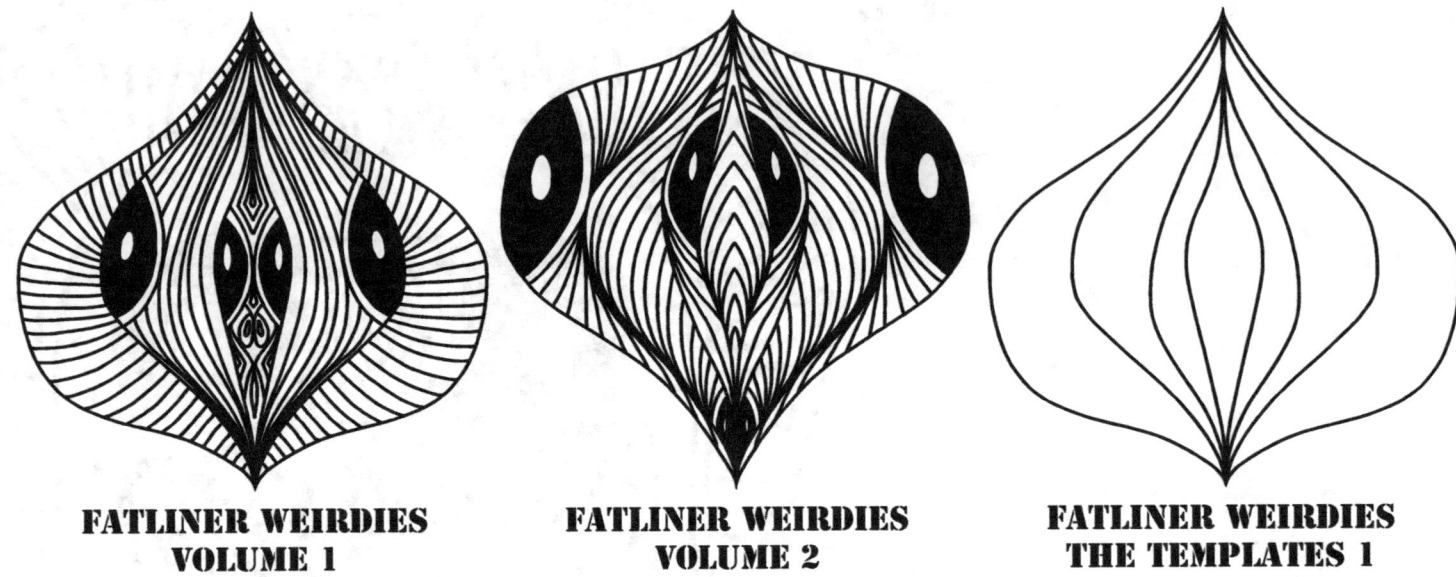

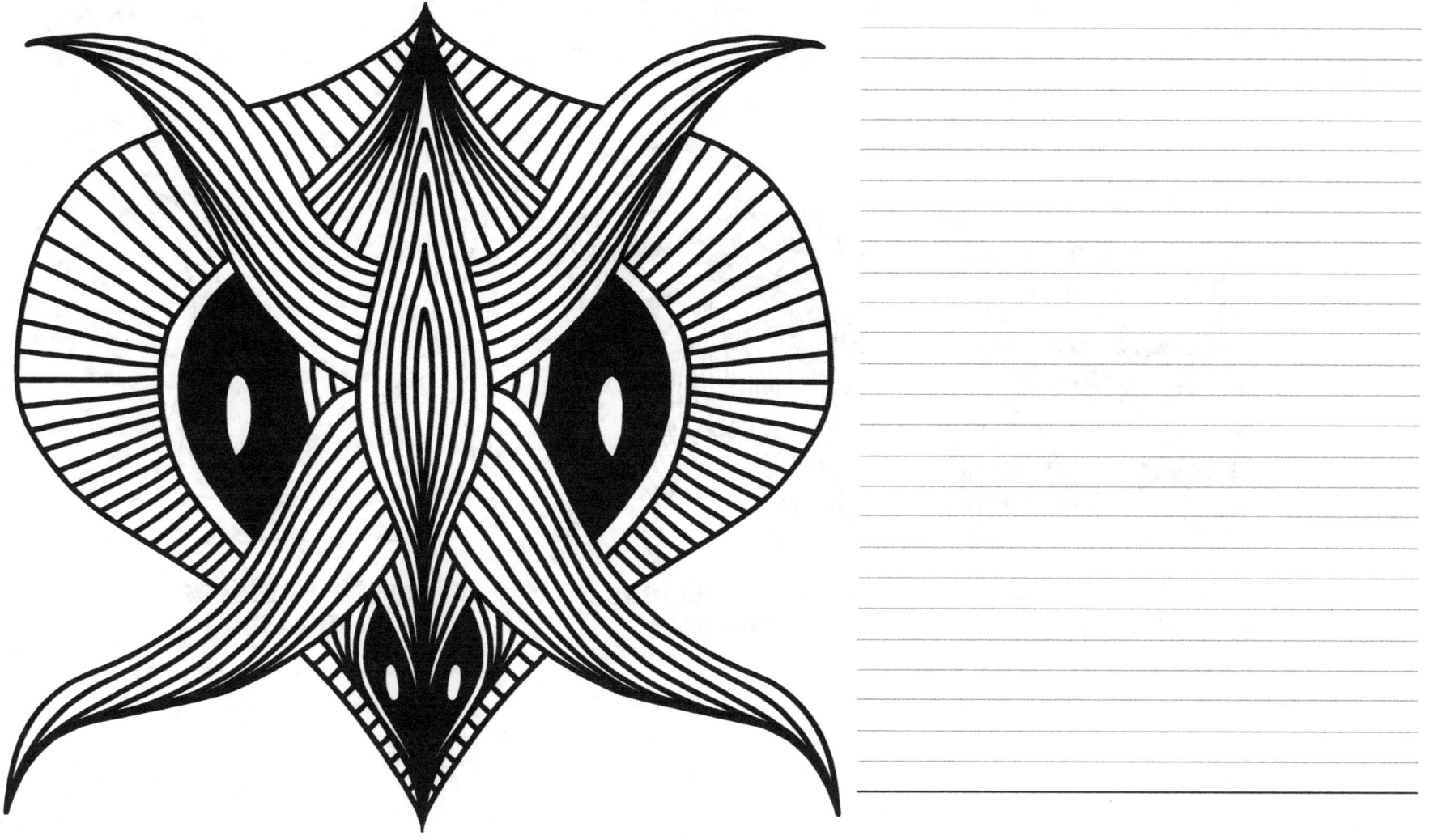

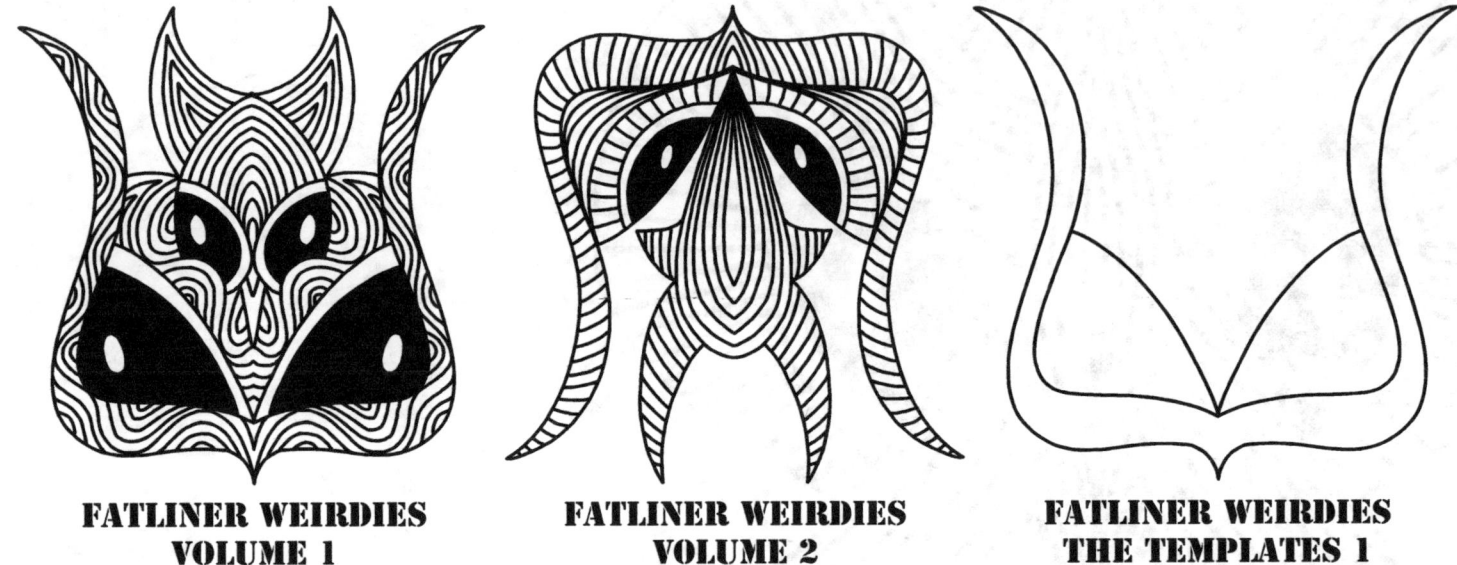

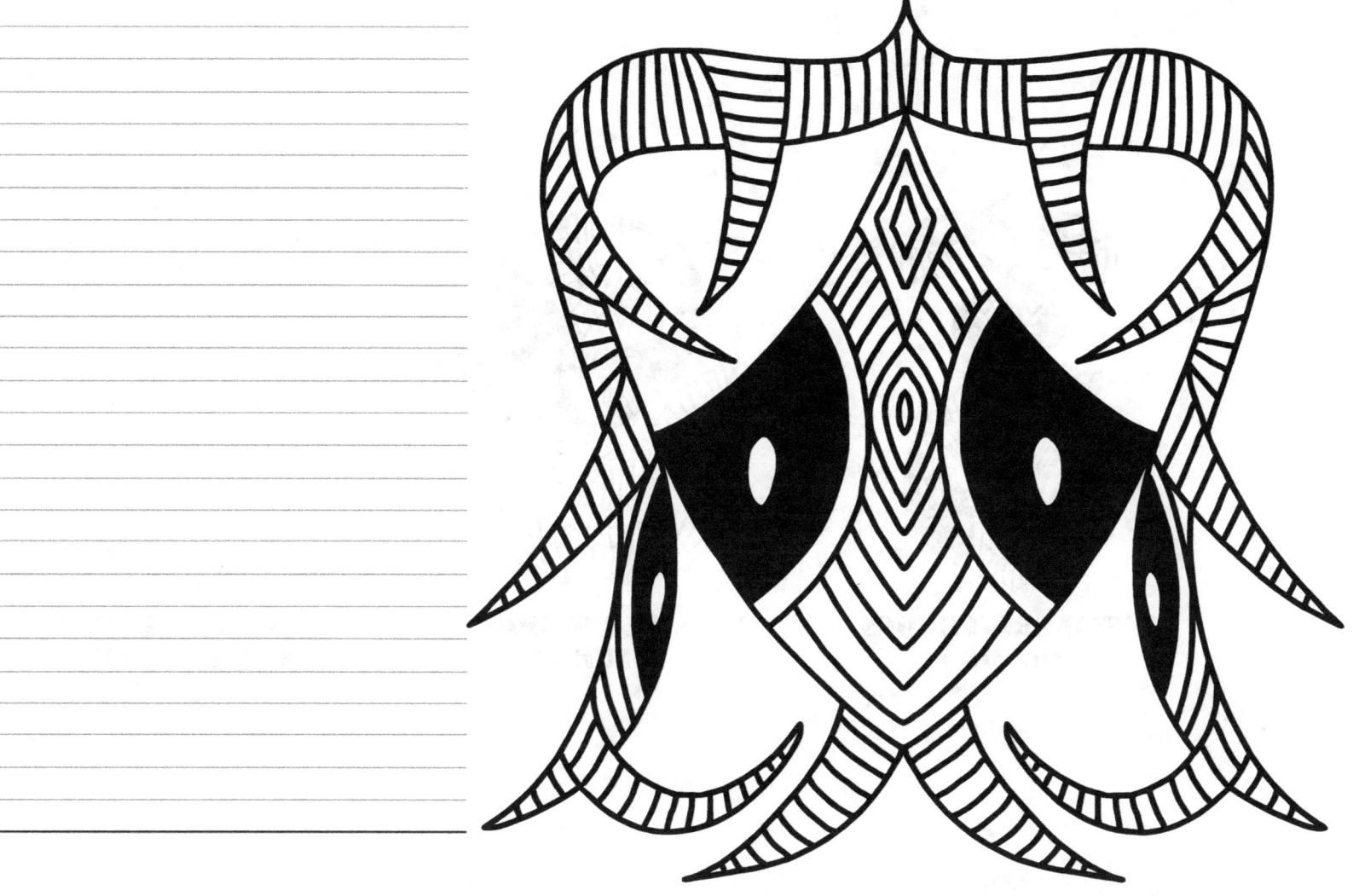

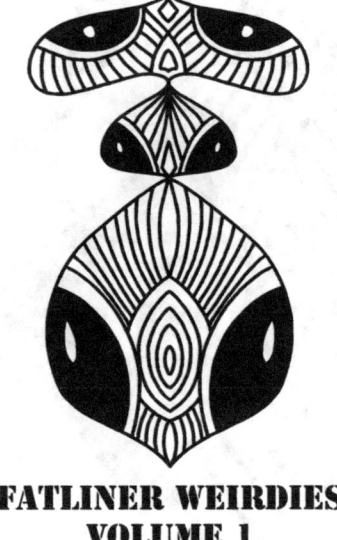
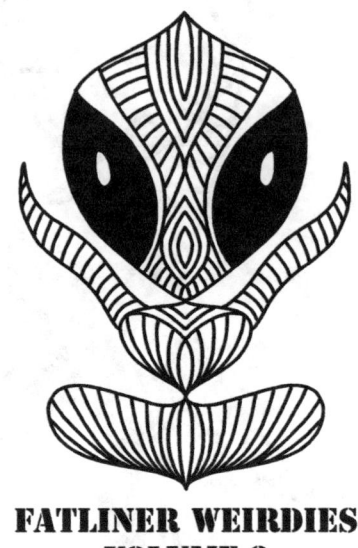
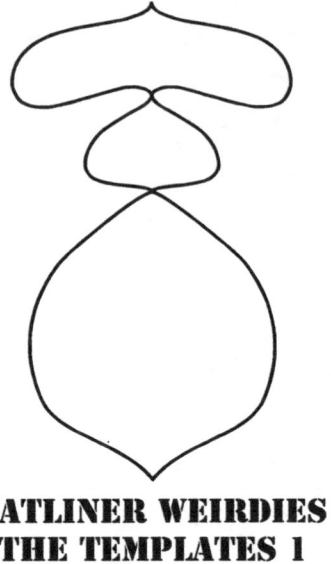

FATLINER WEIRDIES VOLUME 1 **FATLINER WEIRDIES VOLUME 2** **FATLINER WEIRDIES THE TEMPLATES 1**

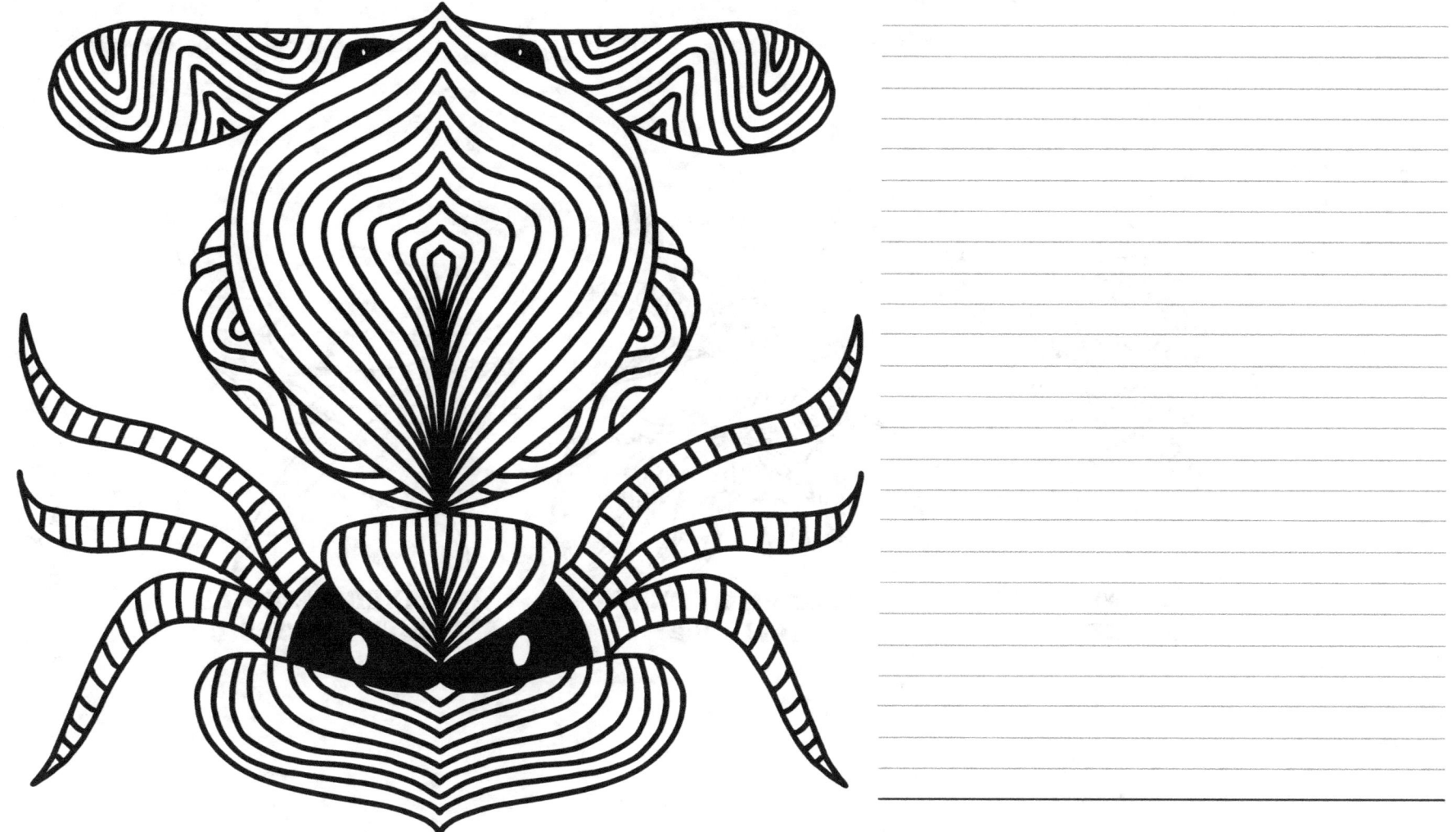

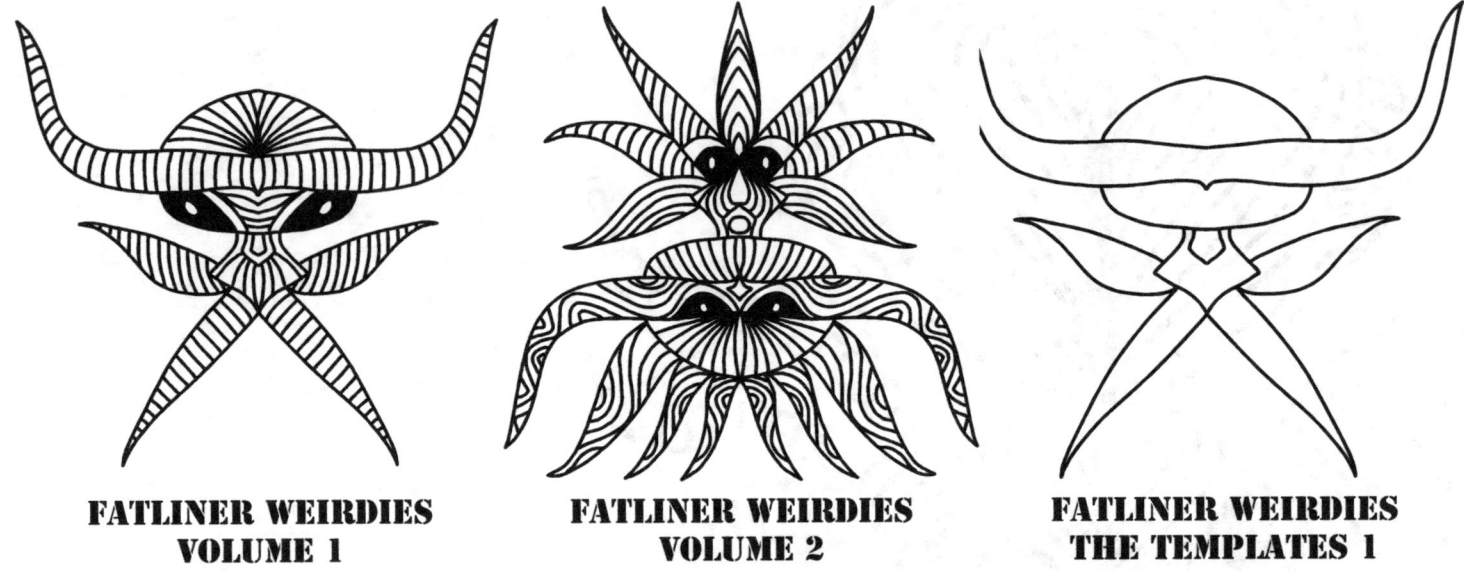

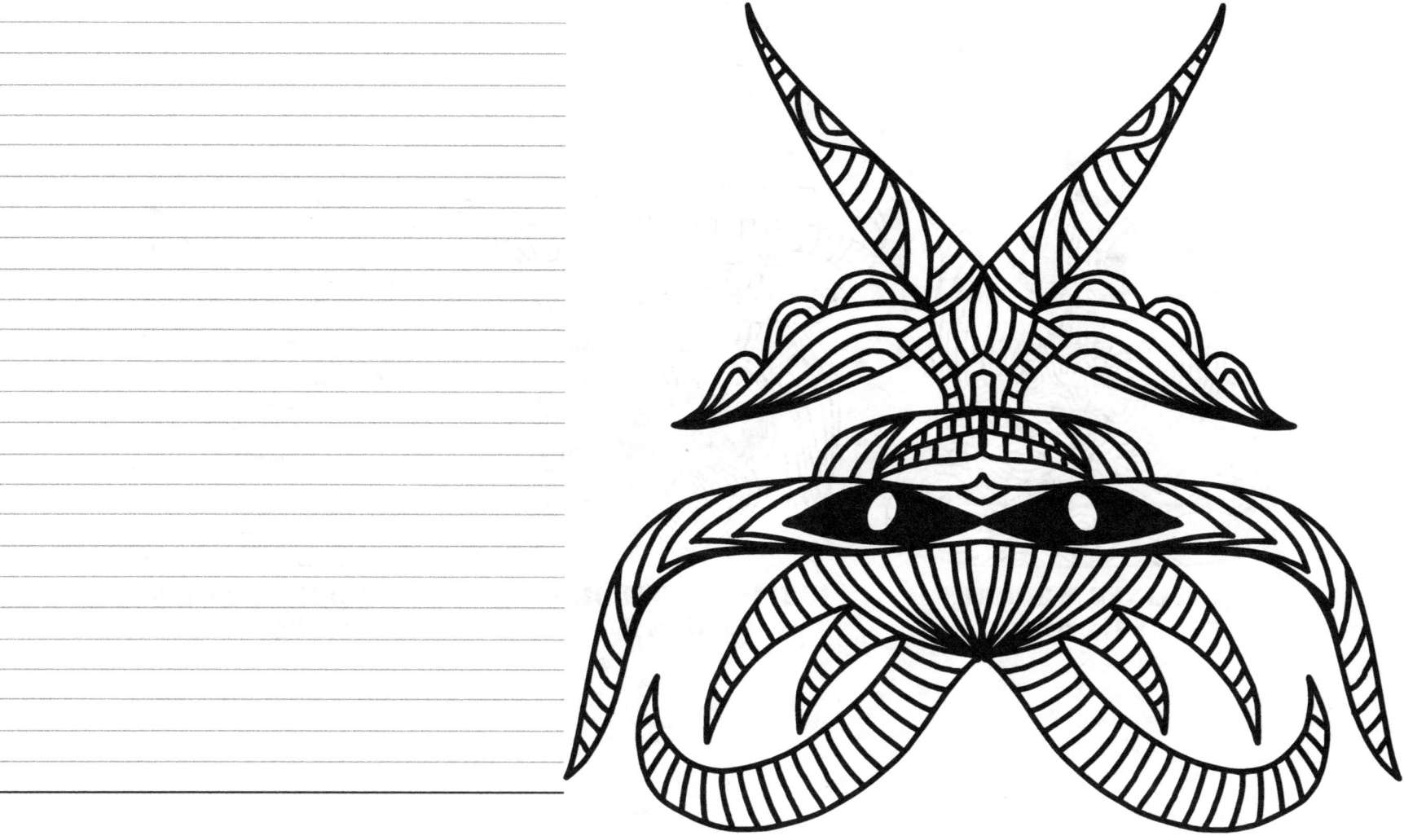

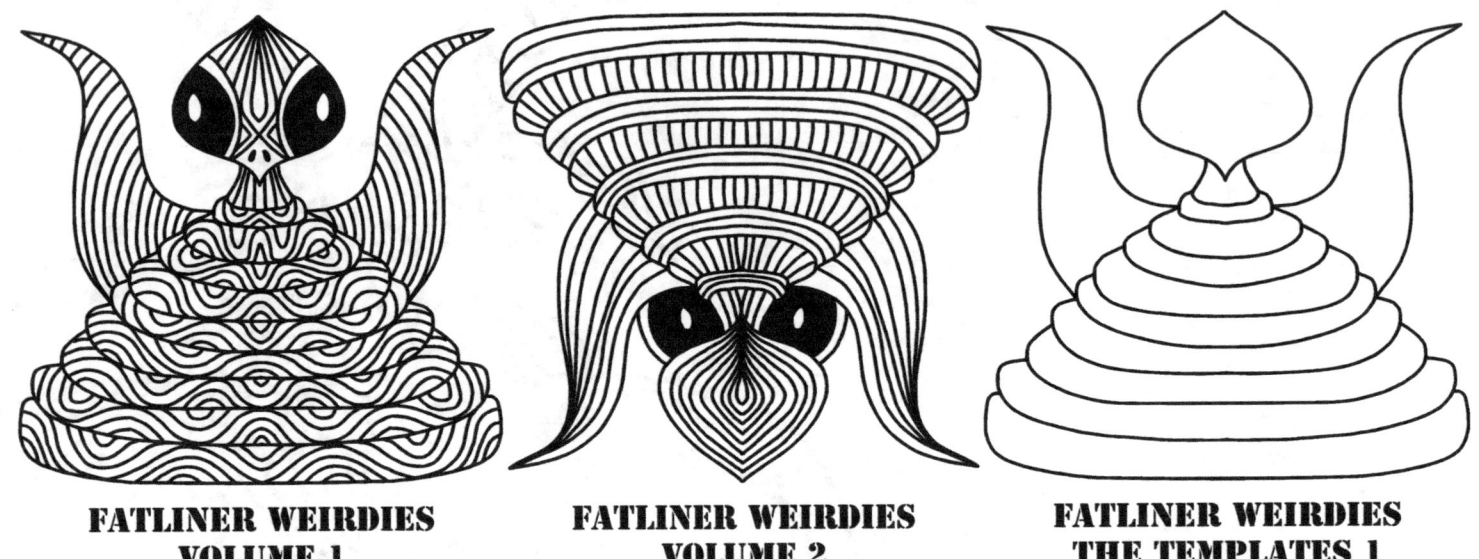

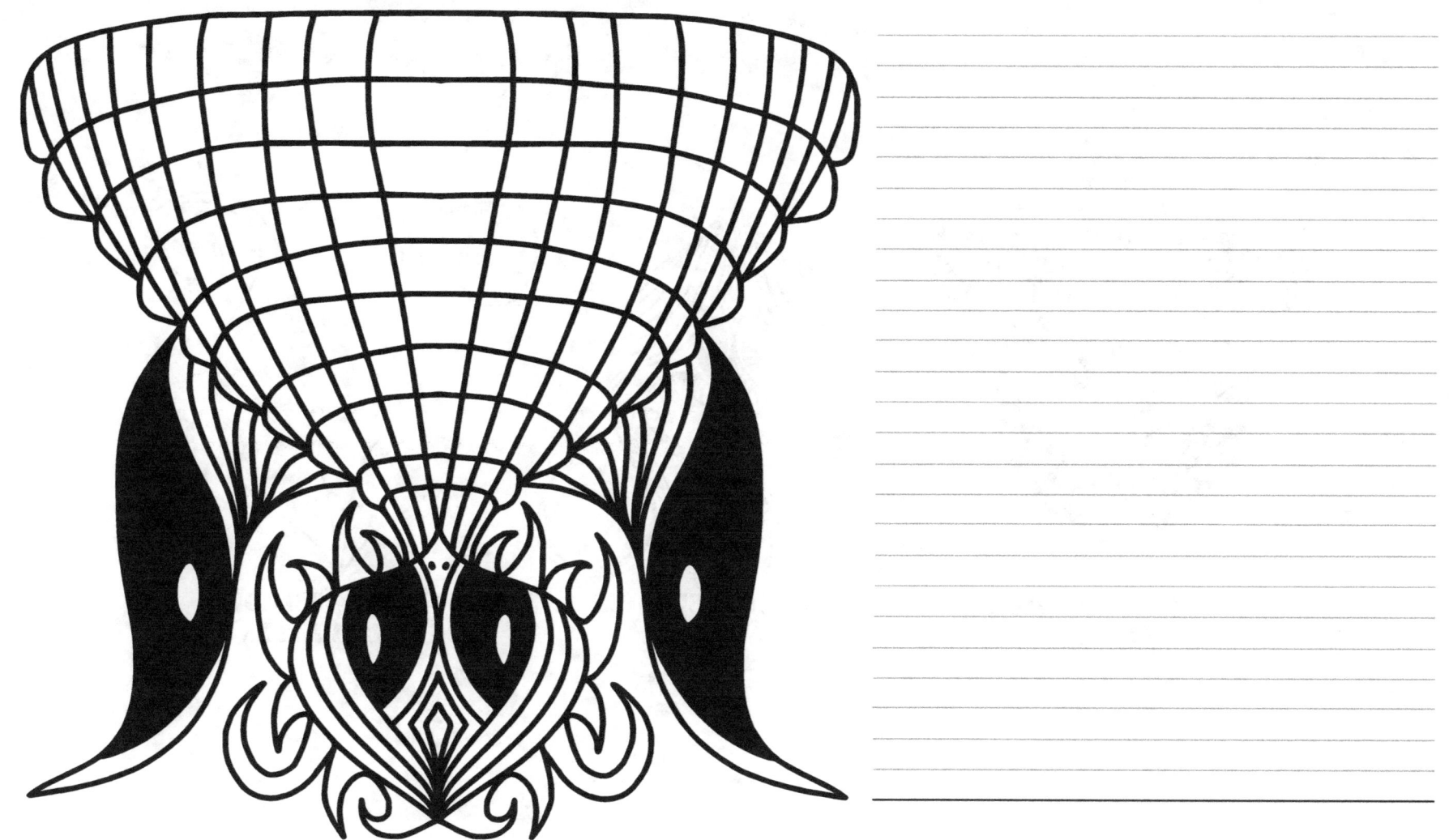

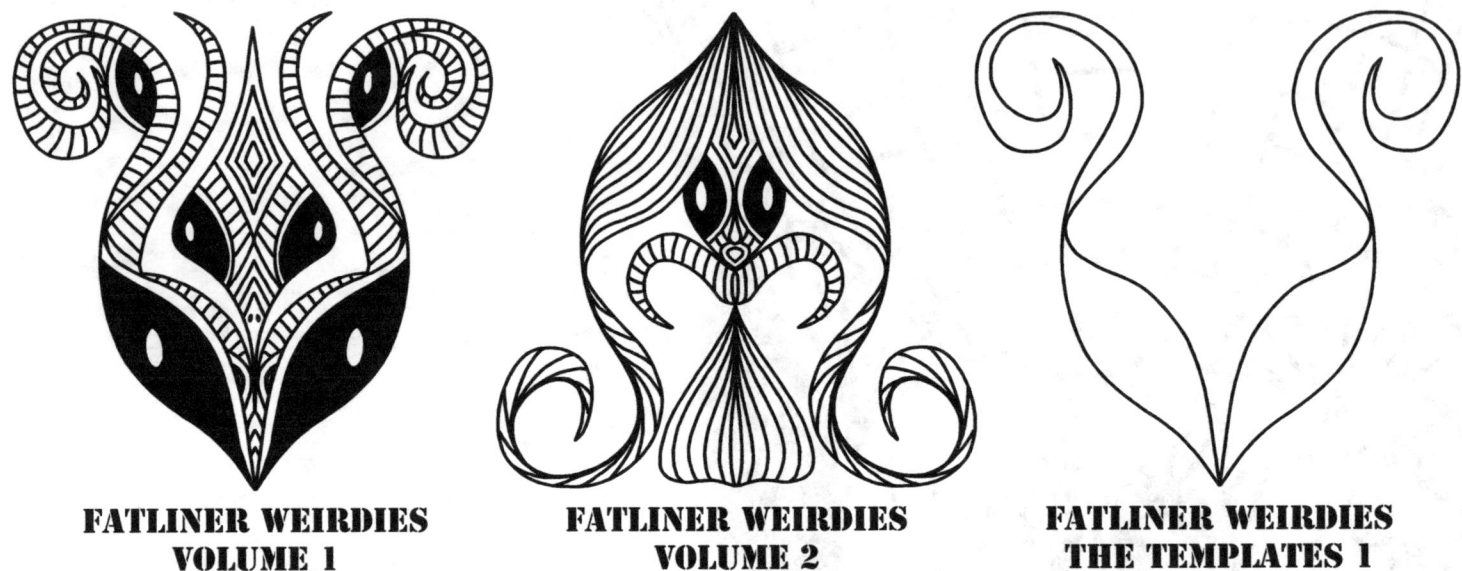

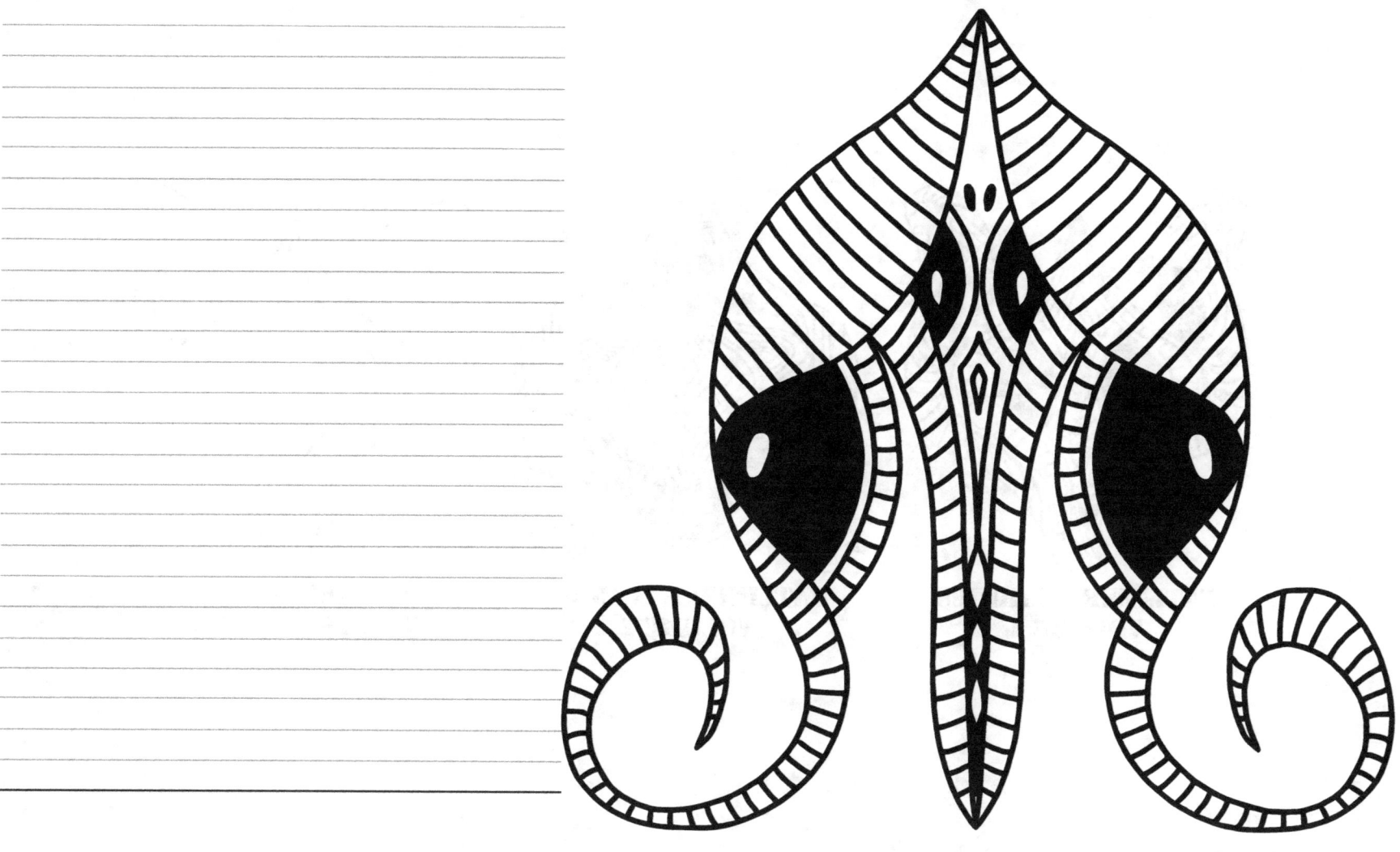

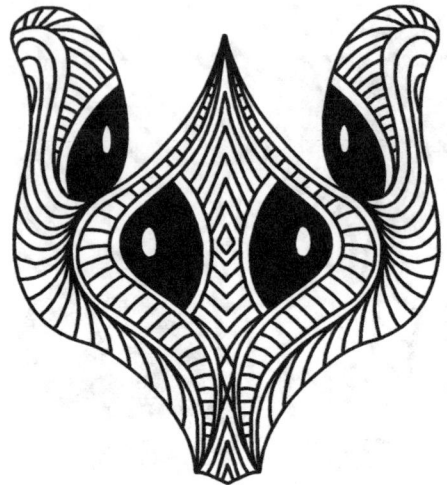 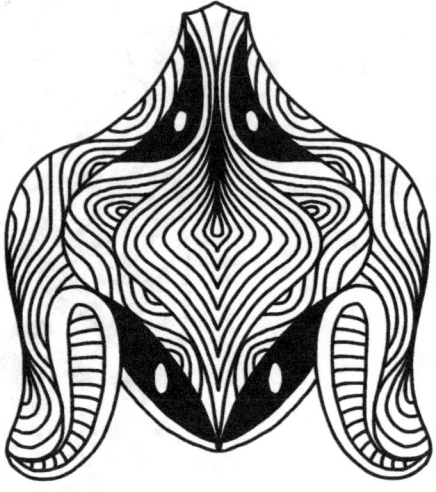 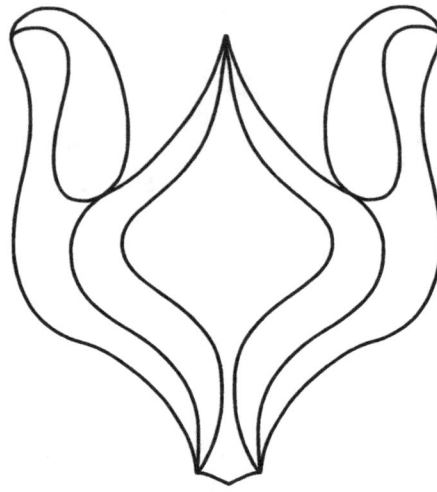

FATLINER WEIRDIES VOLUME 1   **FATLINER WEIRDIES VOLUME 2**   **FATLINER WEIRDIES THE TEMPLATES 1**

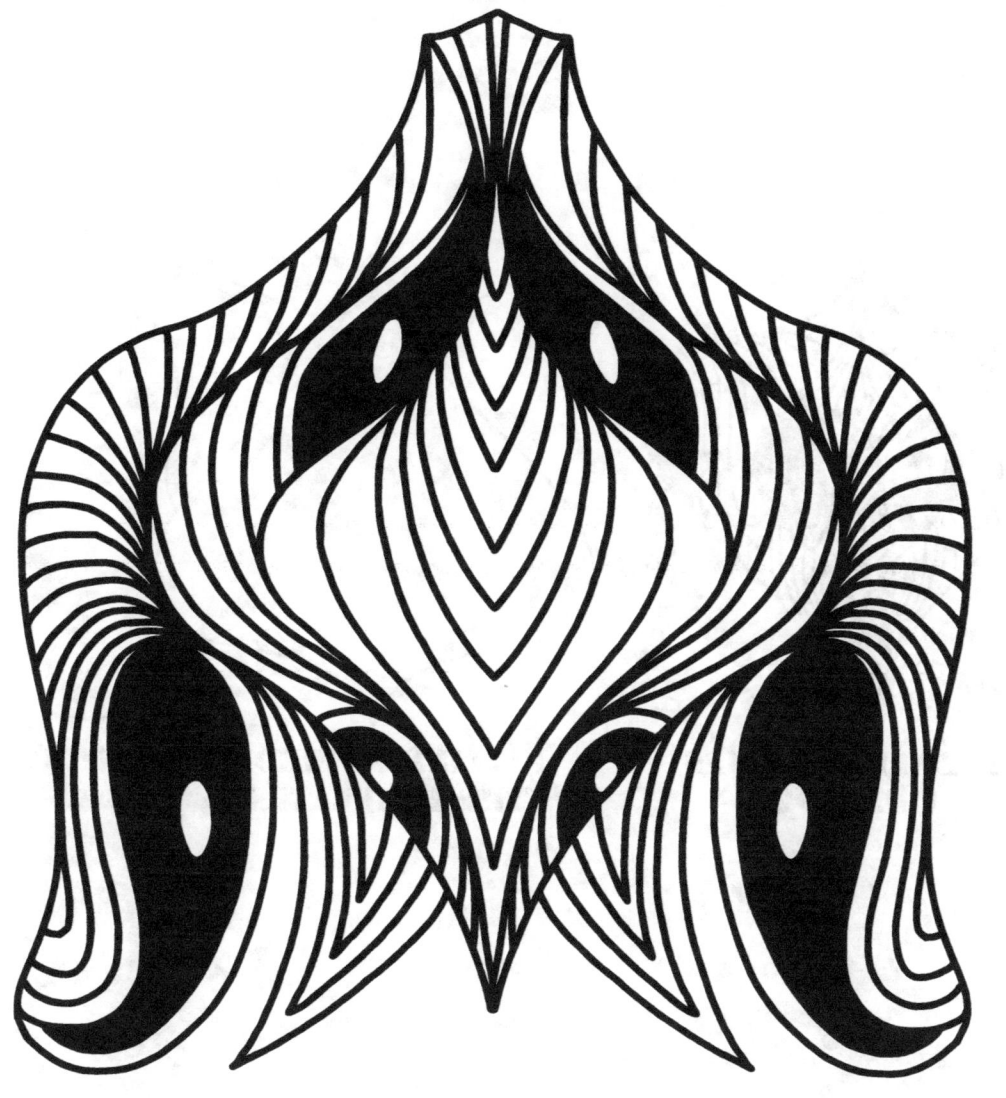

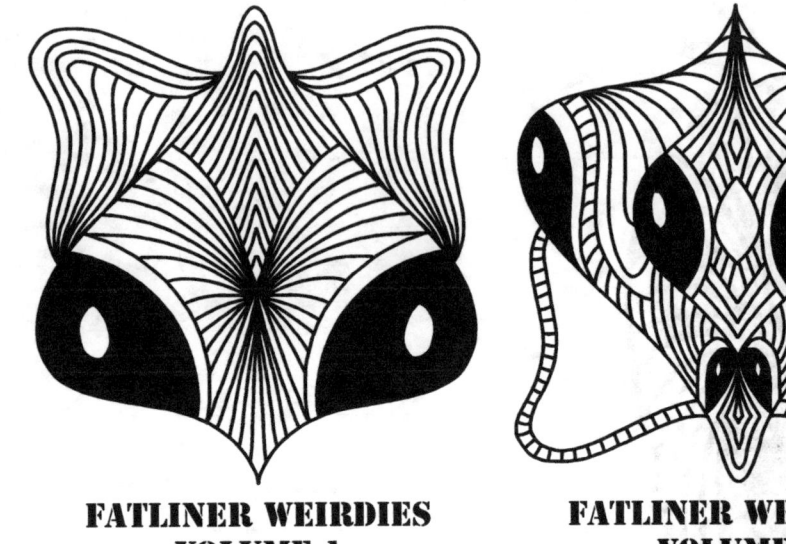

FATLINER WEIRDIES VOLUME 1

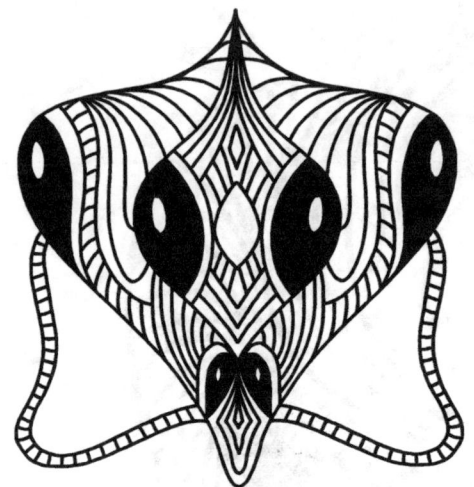

FATLINER WEIRDIES VOLUME 2

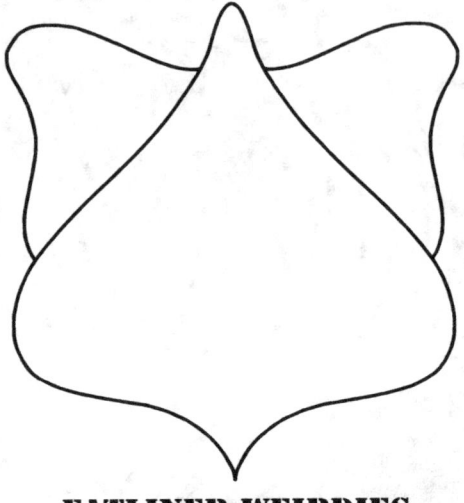

FATLINER WEIRDIES THE TEMPLATES 1

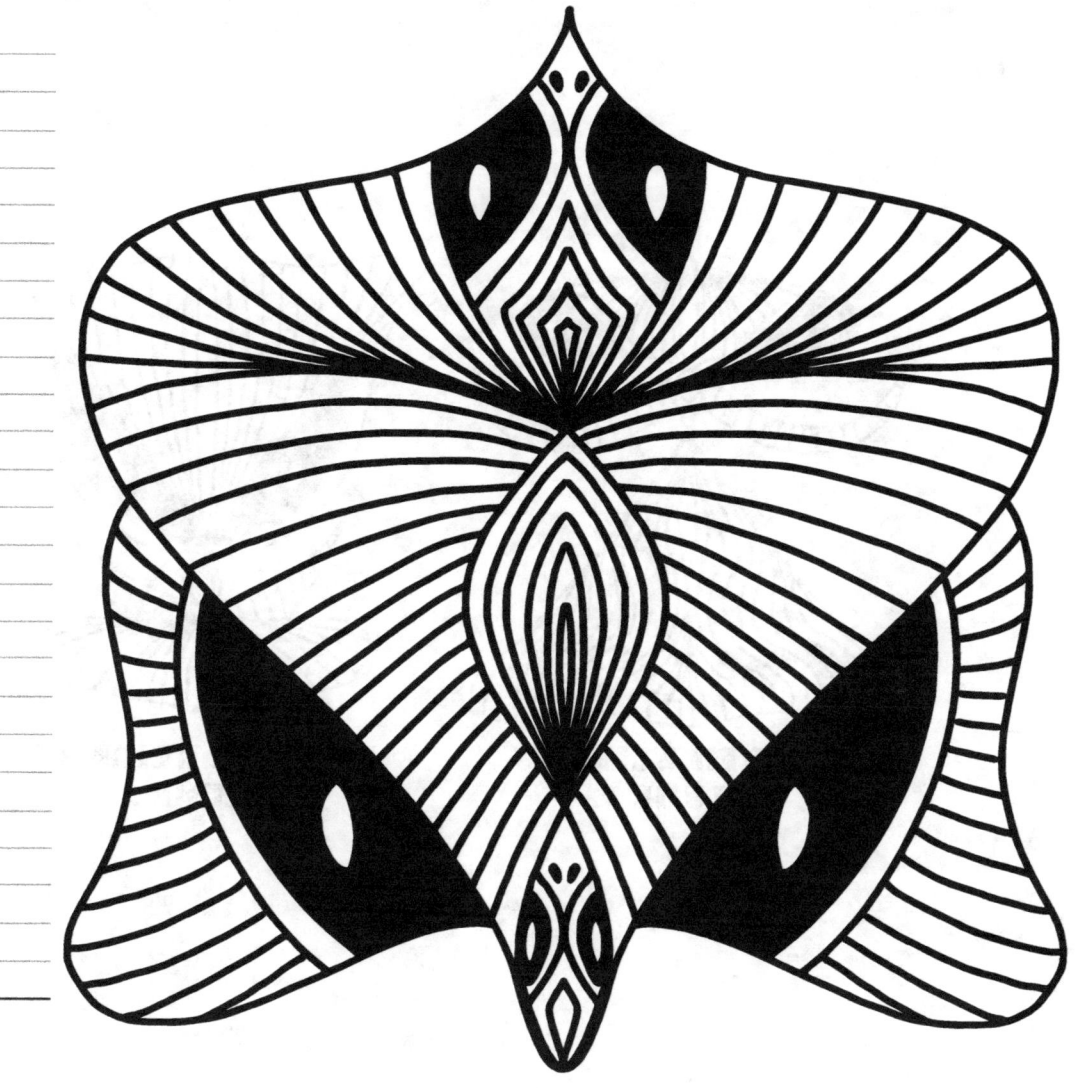

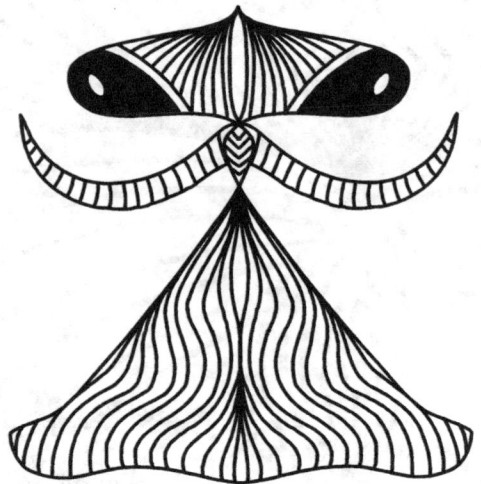

**FATLINER WEIRDIES
VOLUME 1**

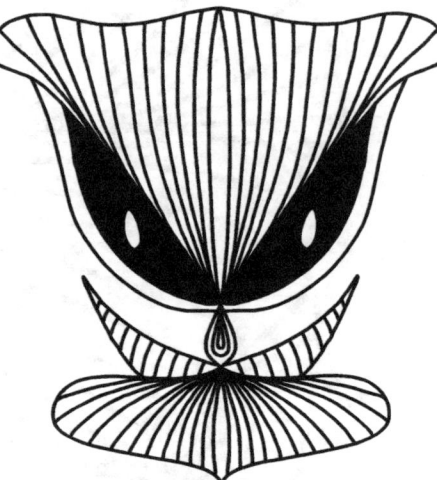

**FATLINER WEIRDIES
VOLUME 2**

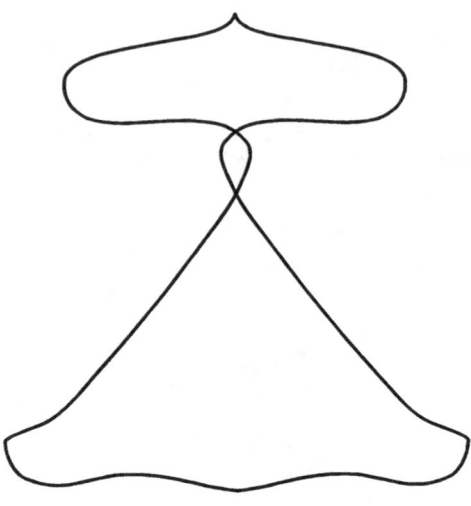

**FATLINER WEIRDIES
THE TEMPLATES 1**

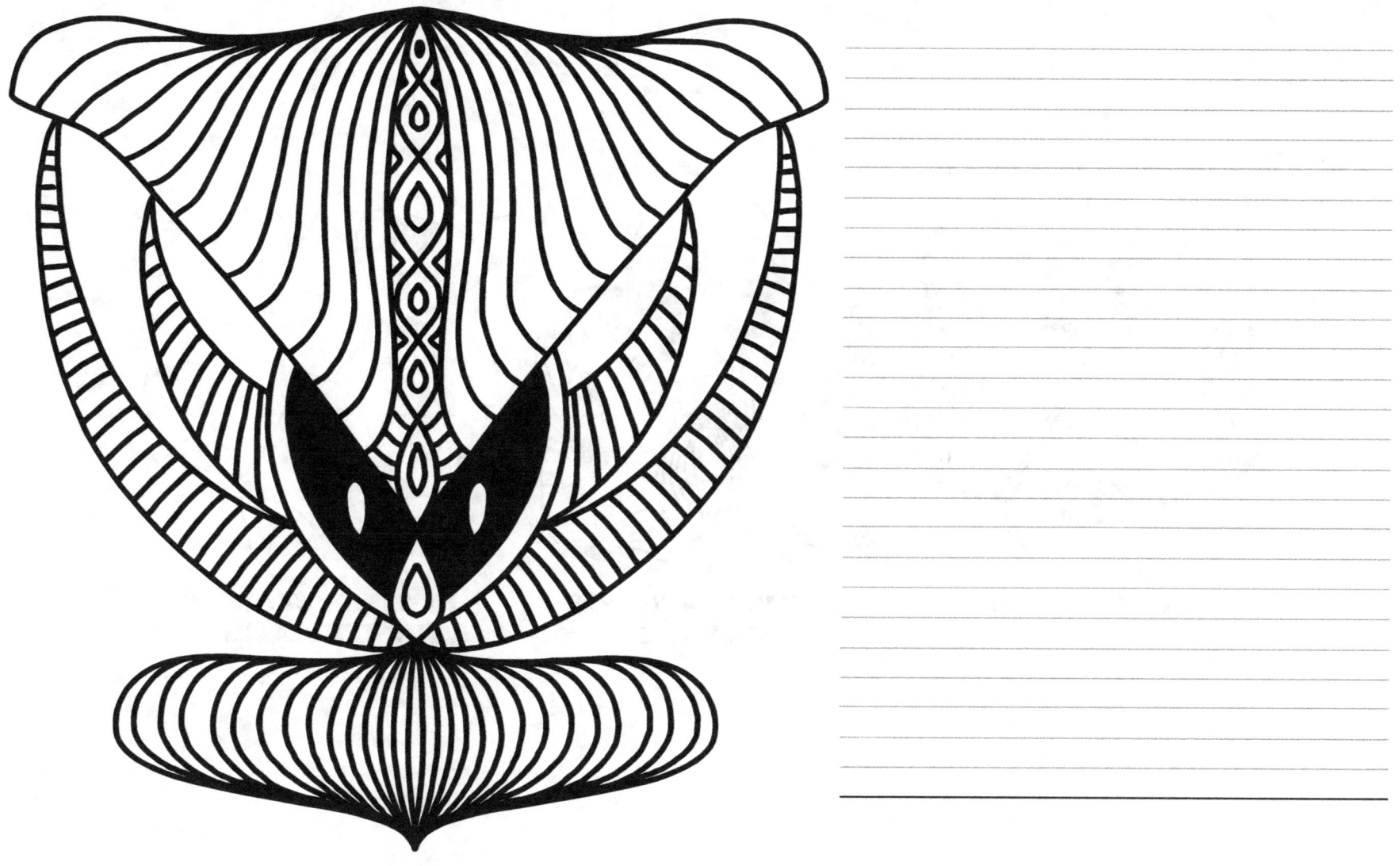

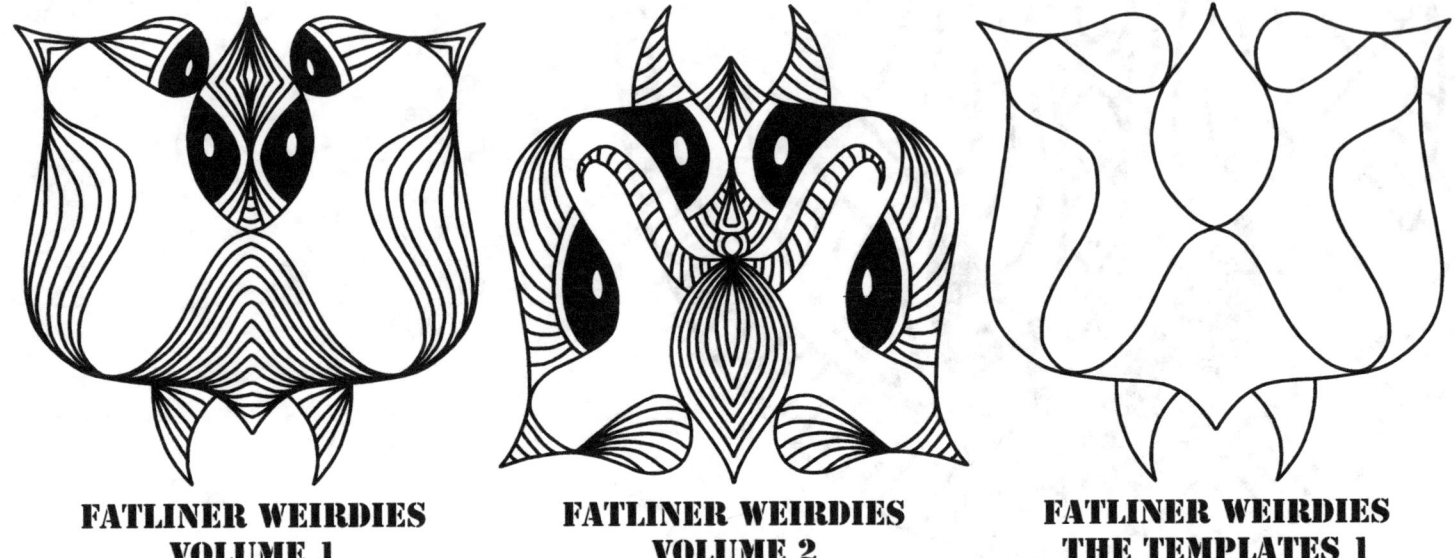

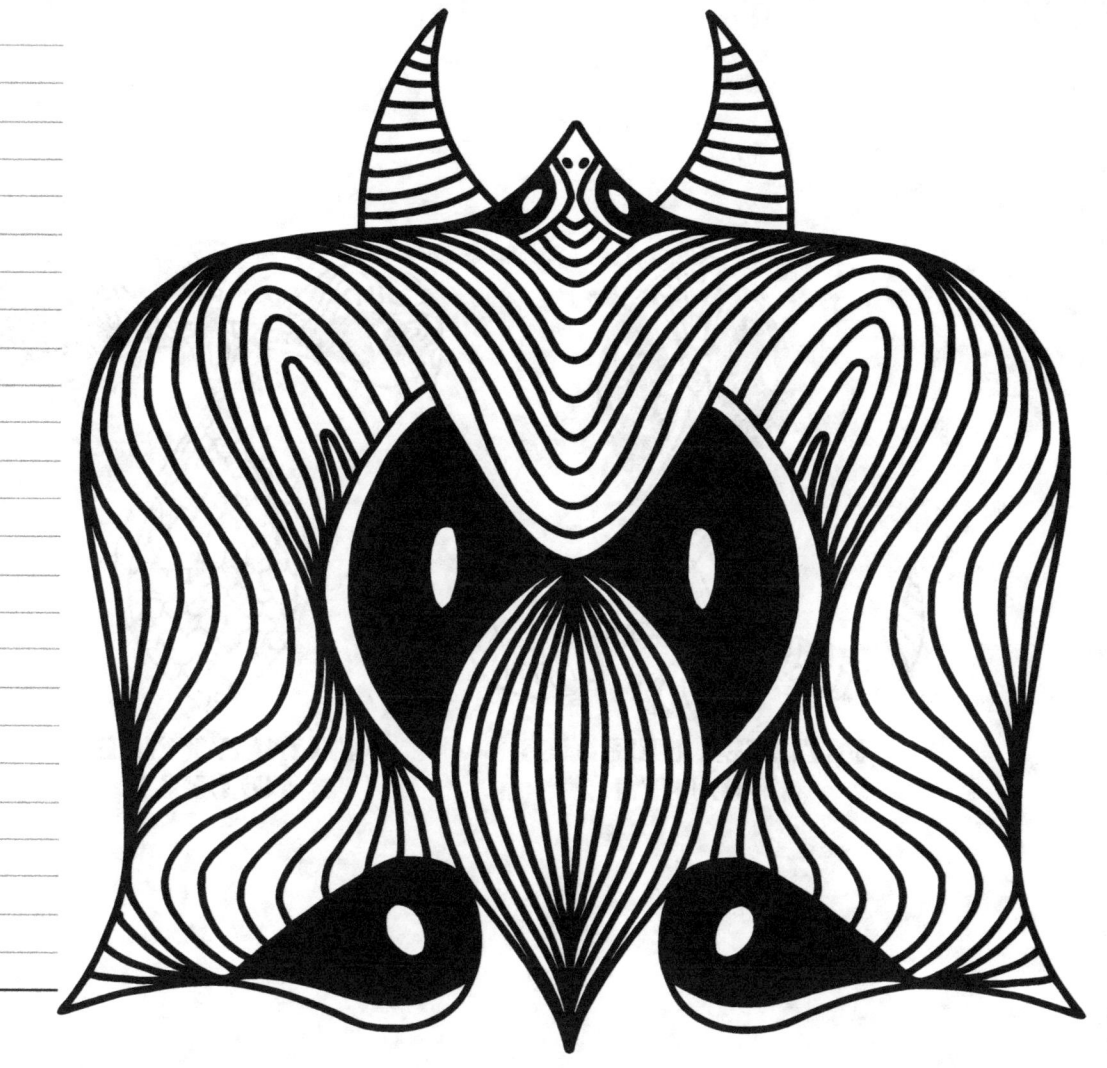

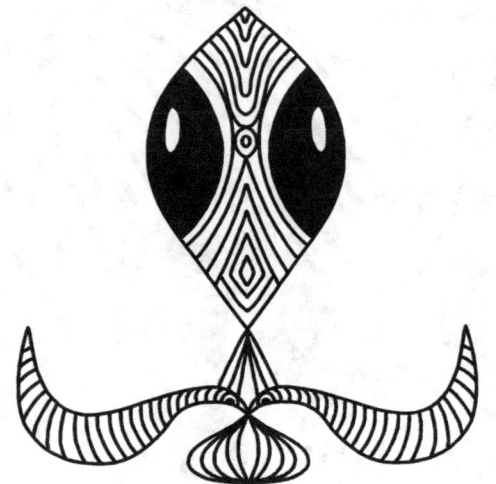
FATLINER WEIRDIES VOLUME 1

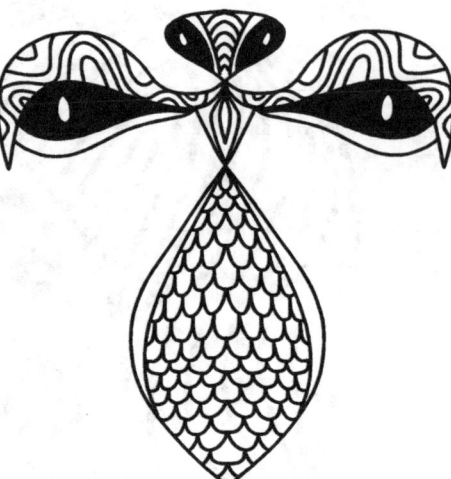
FATLINER WEIRDIES VOLUME 2

FATLINER WEIRDIES THE TEMPLATES 1

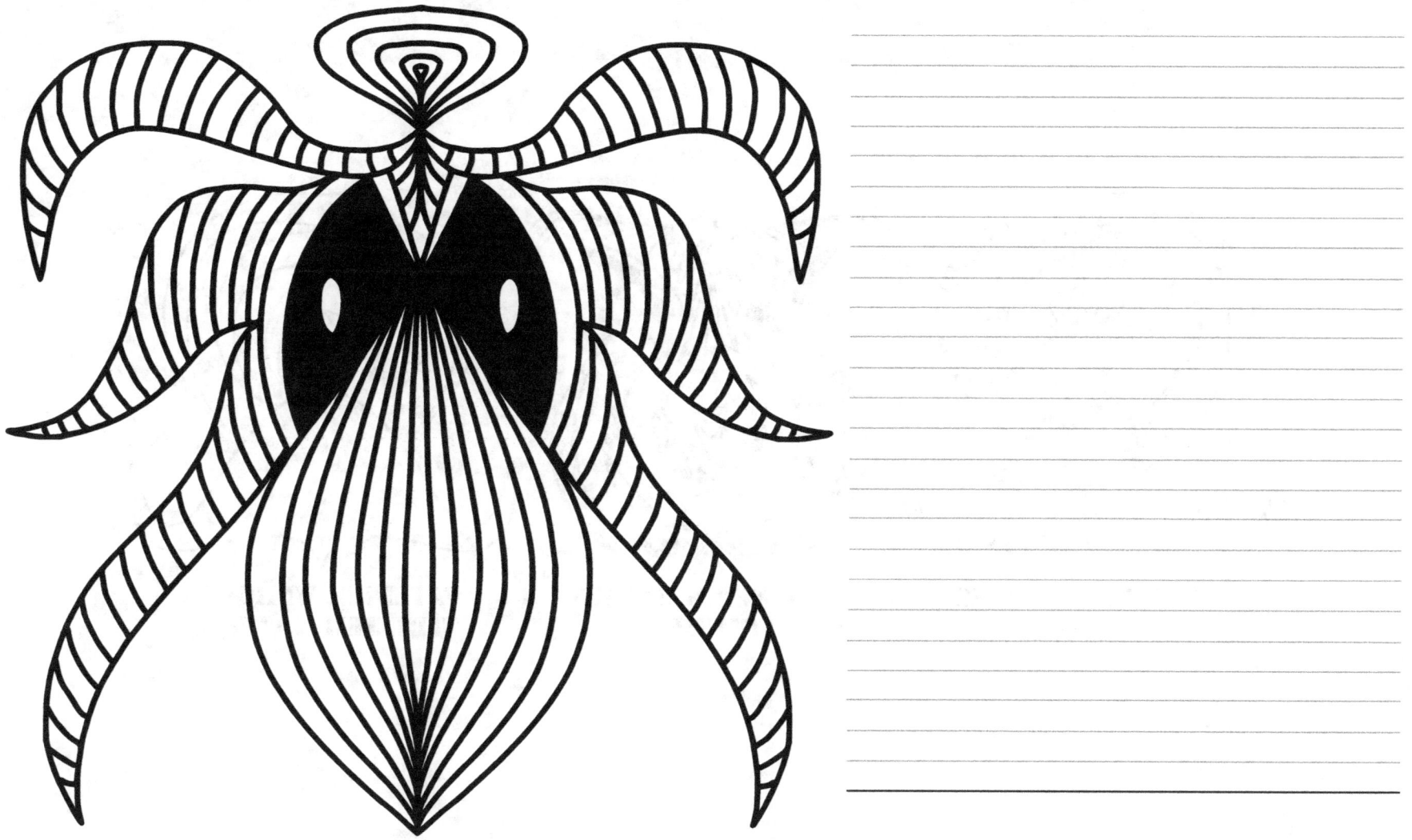

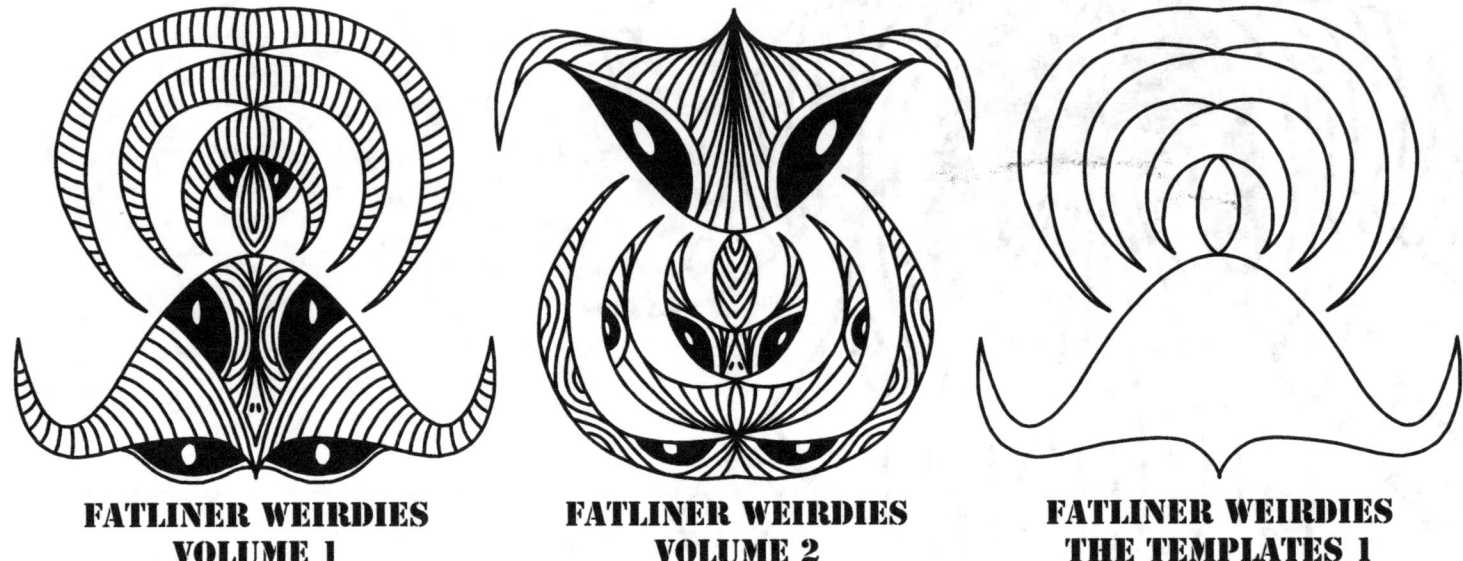

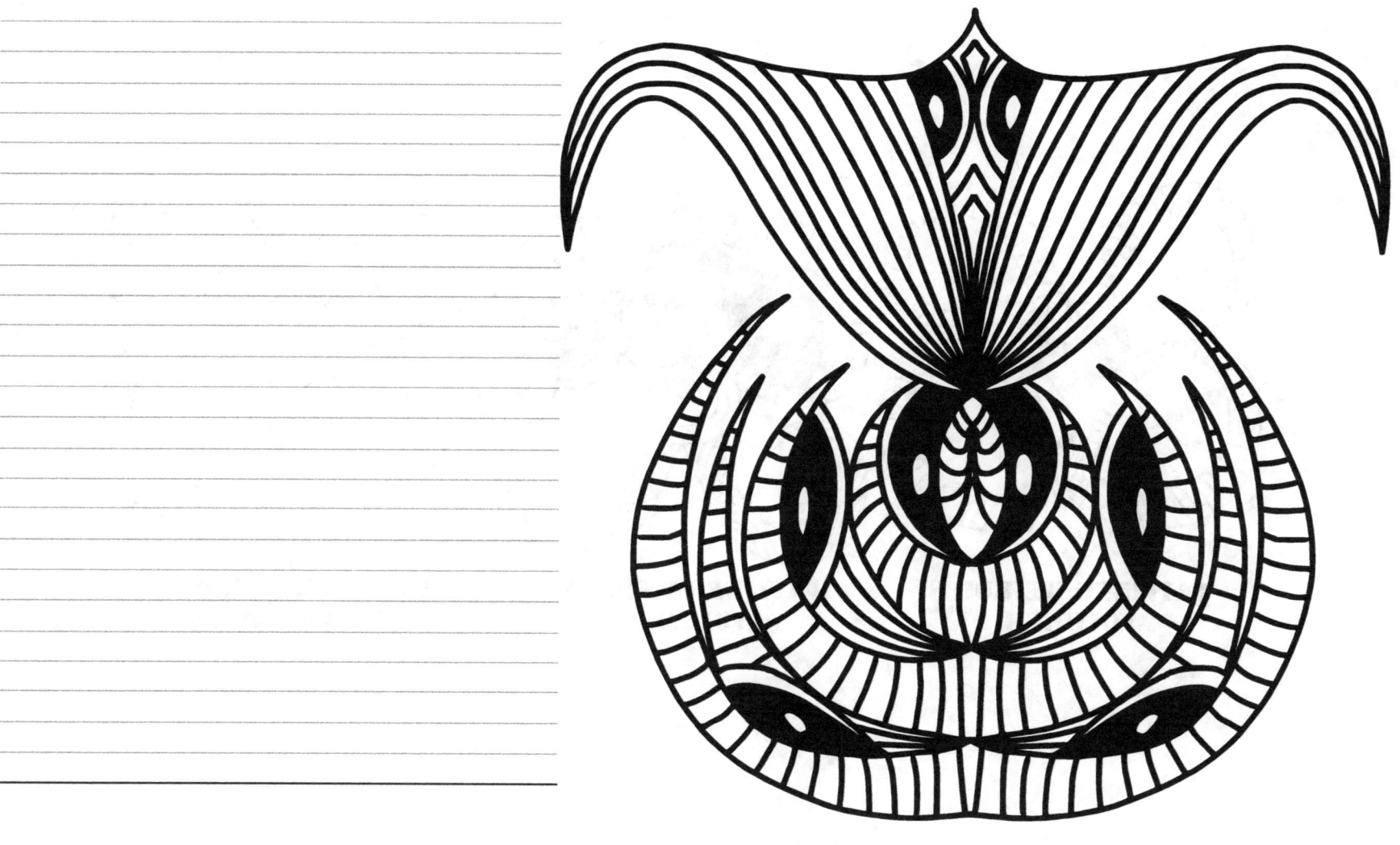

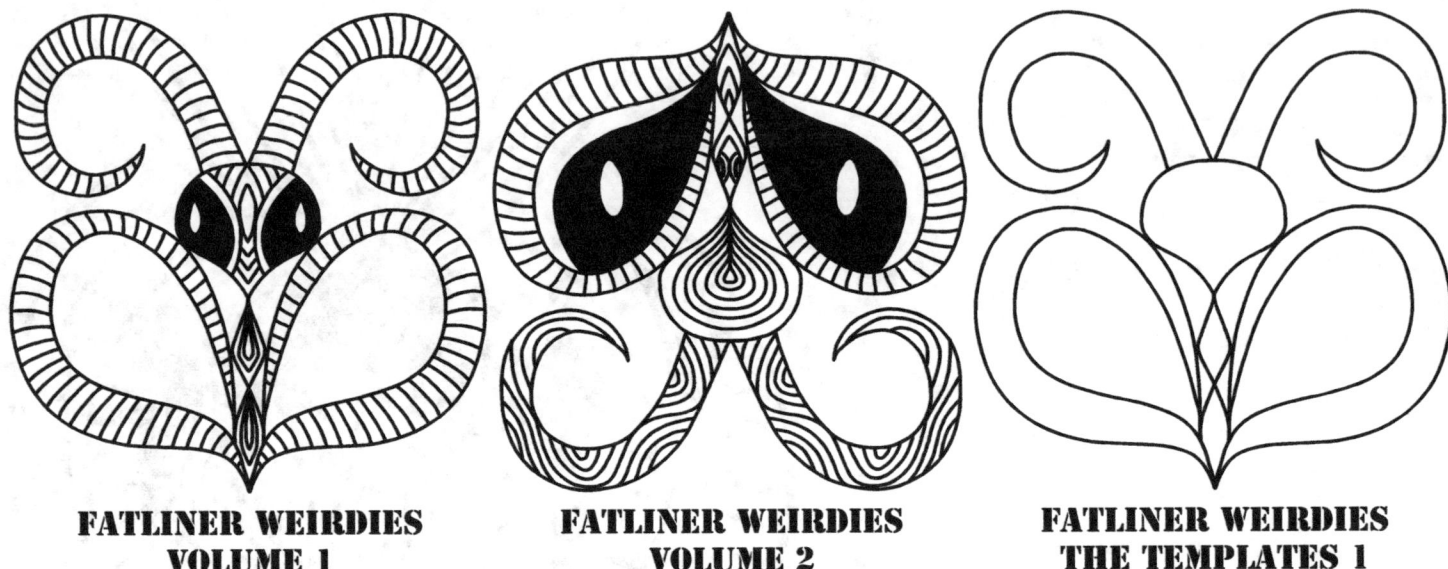

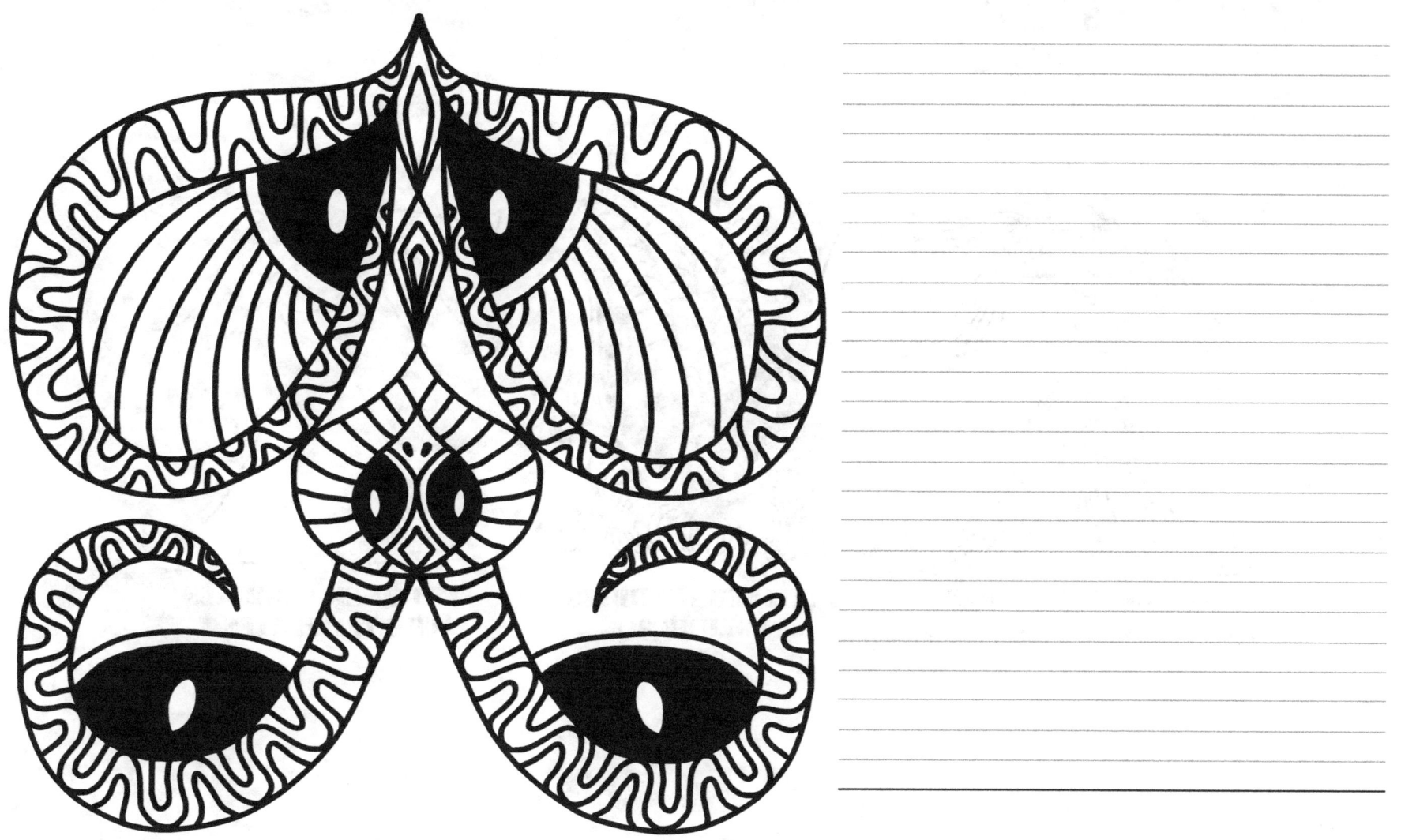

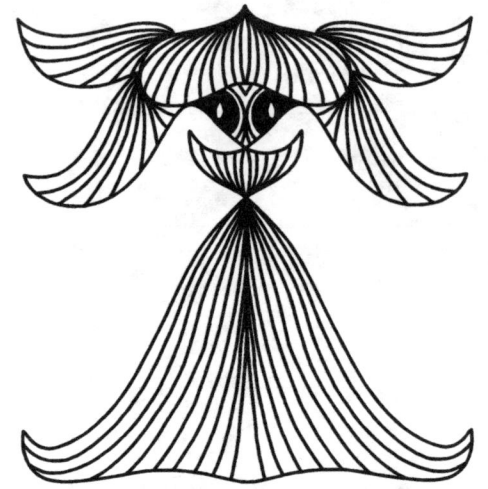
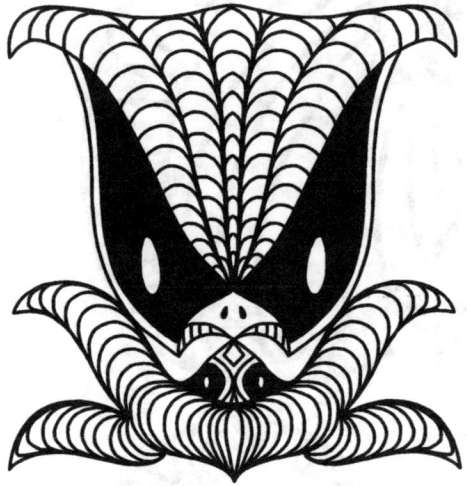
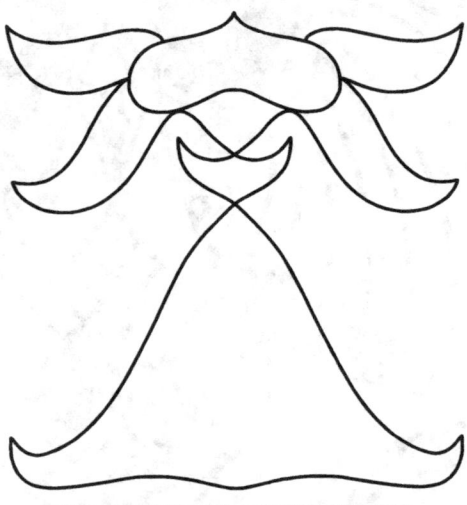

FATLINER WEIRDIES VOLUME 1

FATLINER WEIRDIES VOLUME 2

FATLINER WEIRDIES THE TEMPLATES 1

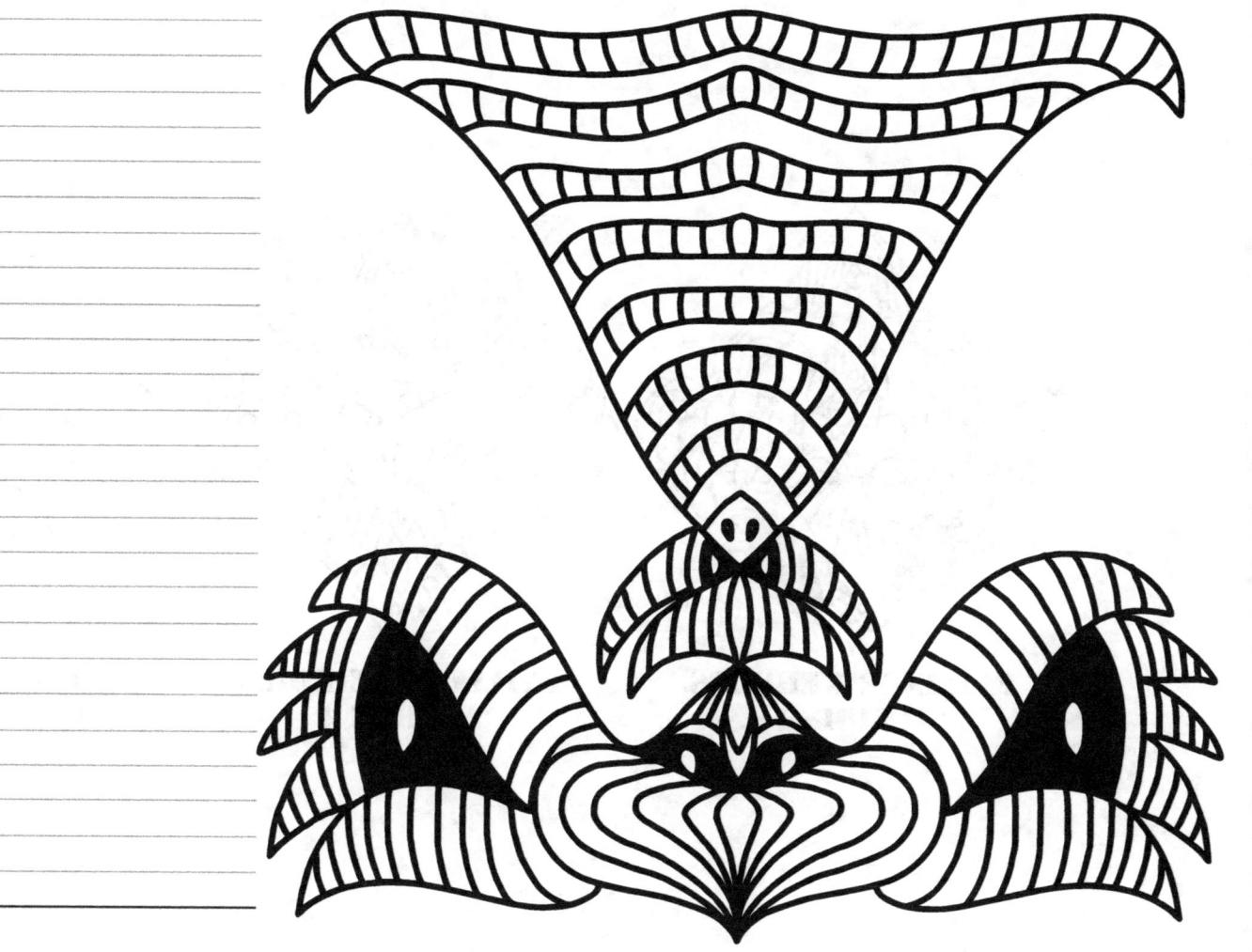

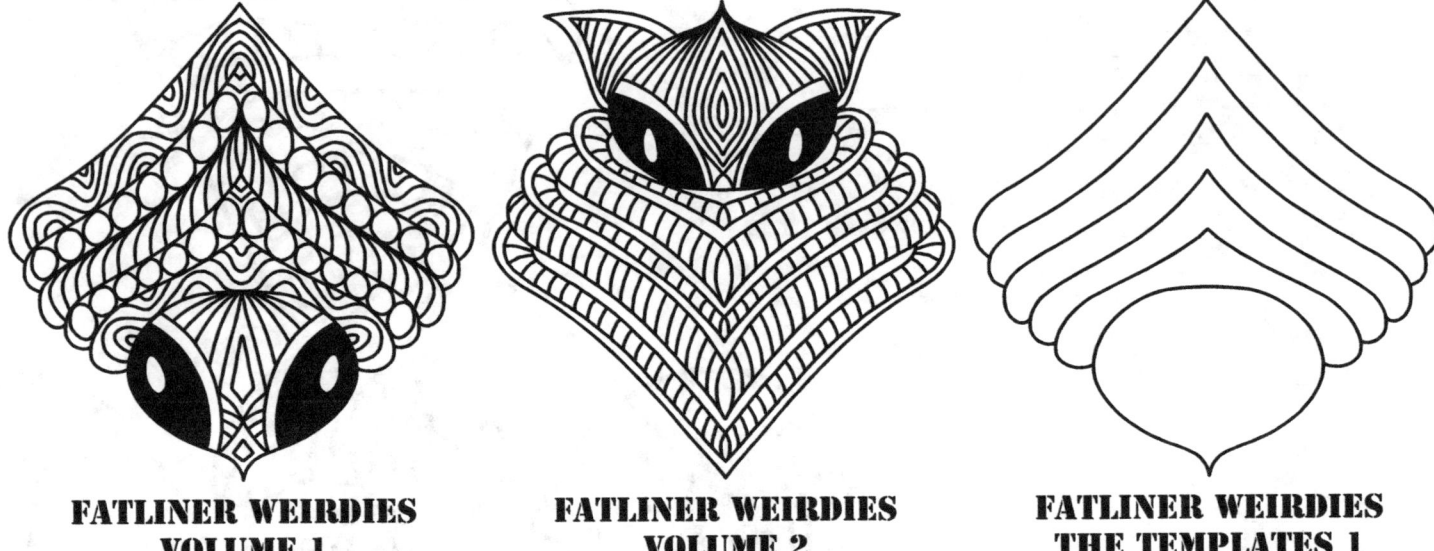

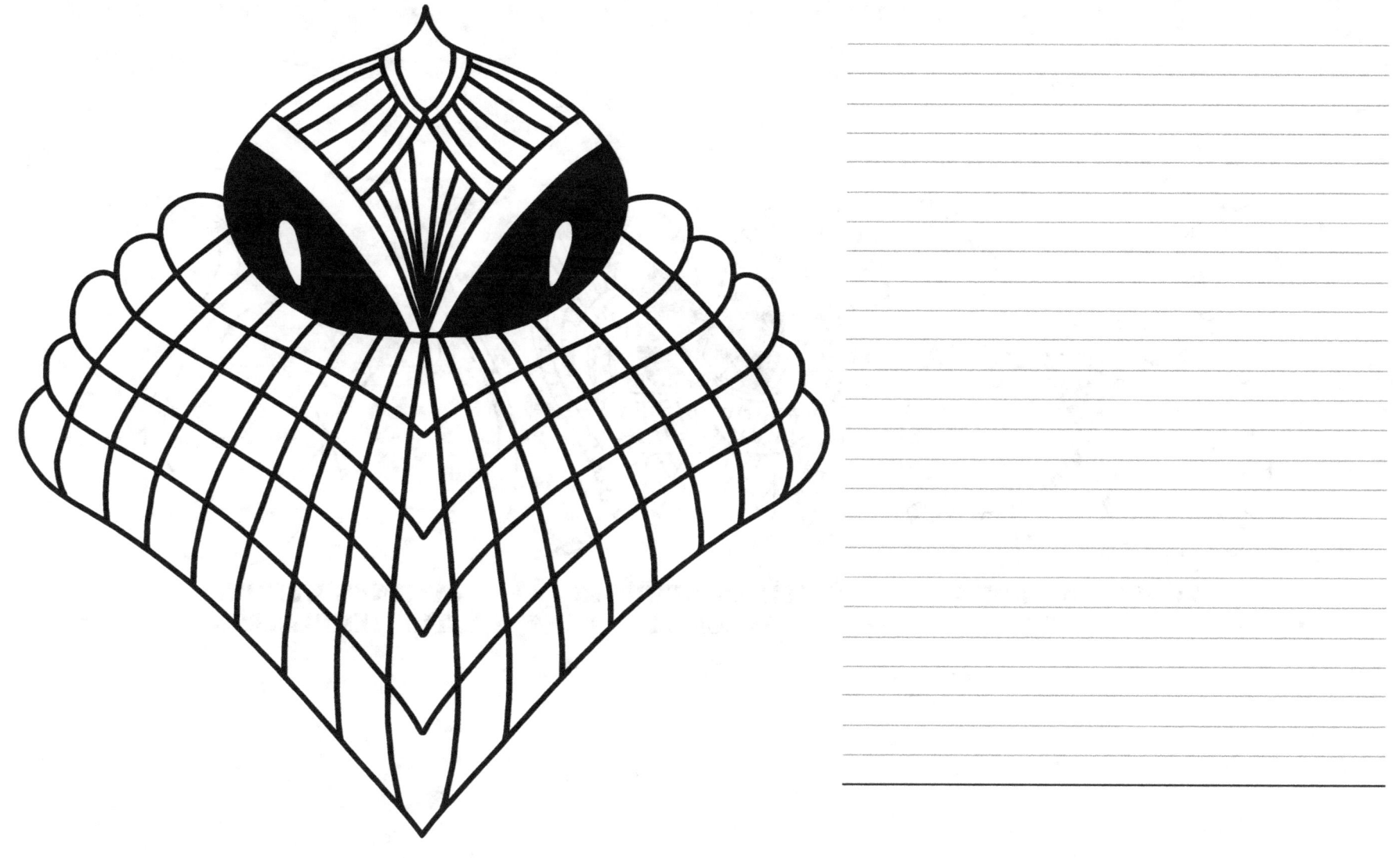

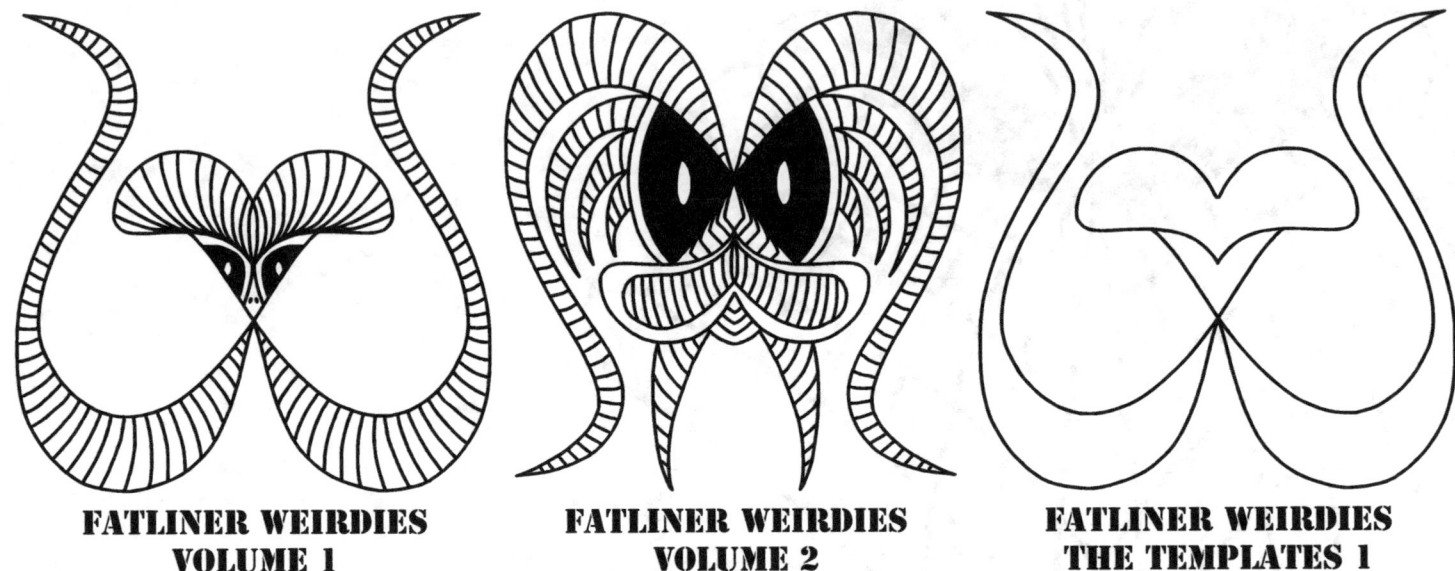

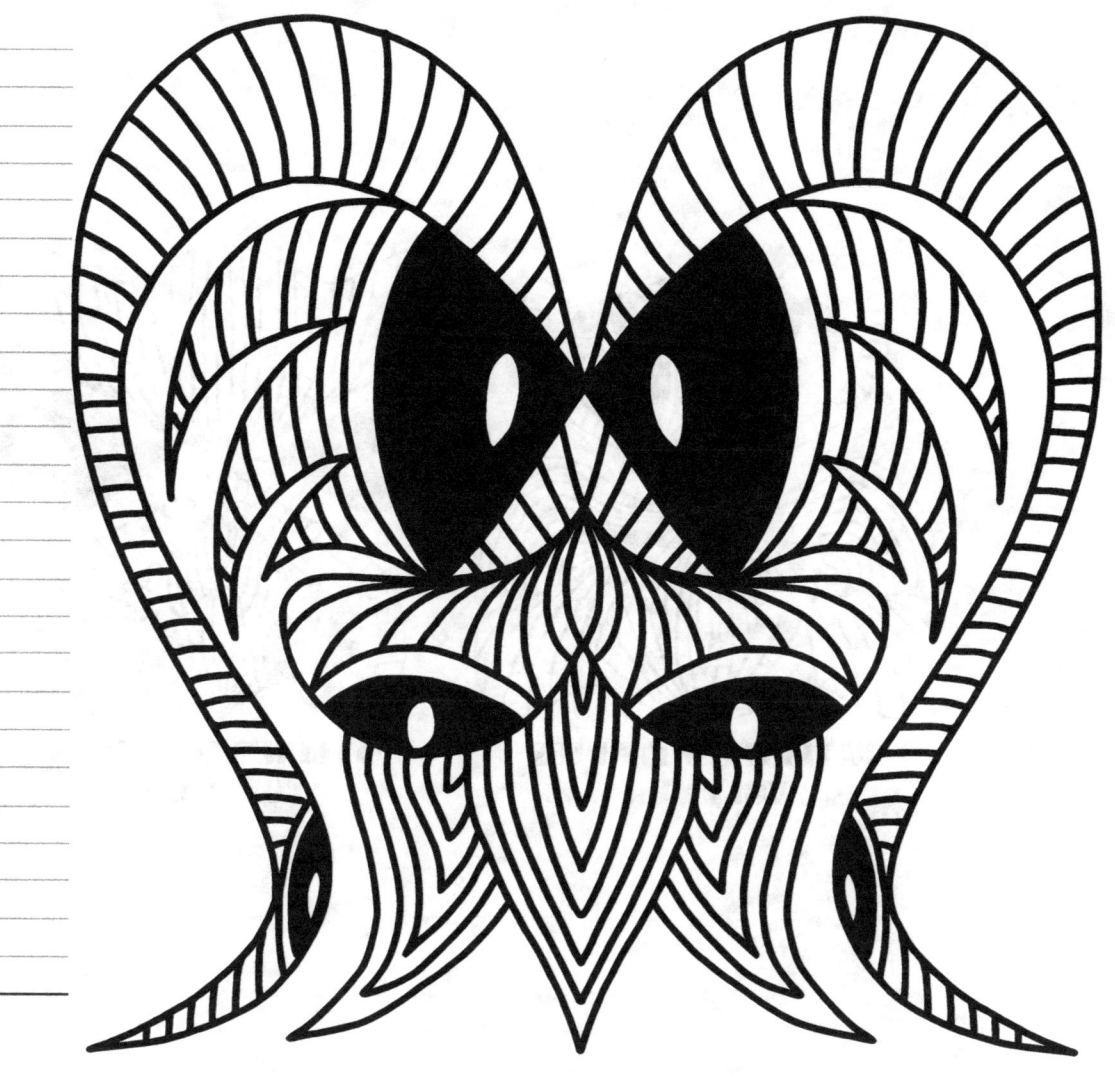

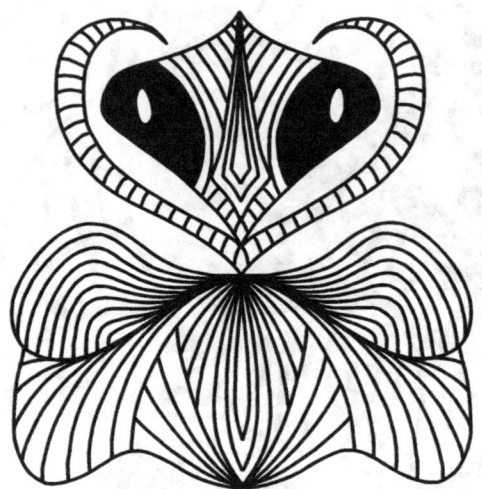
FATLINER WEIRDIES VOLUME 1

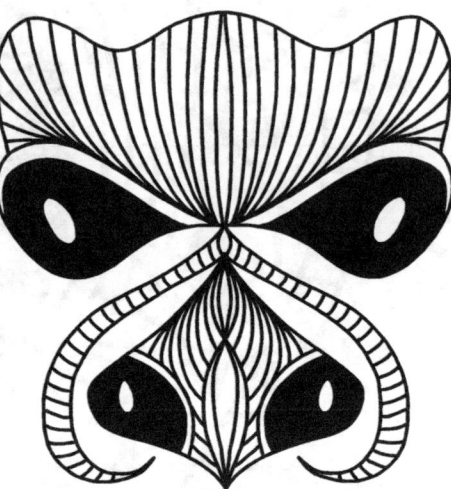
FATLINER WEIRDIES VOLUME 2

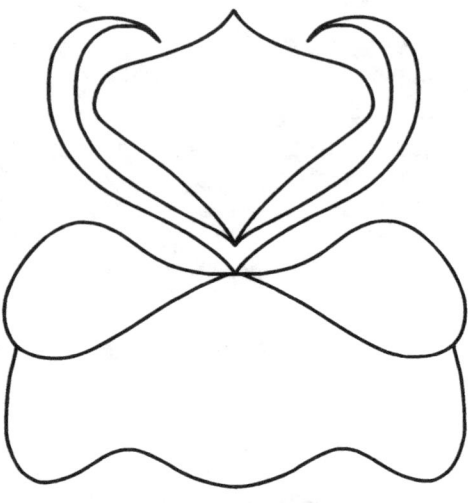
FATLINER WEIRDIES THE TEMPLATES 1

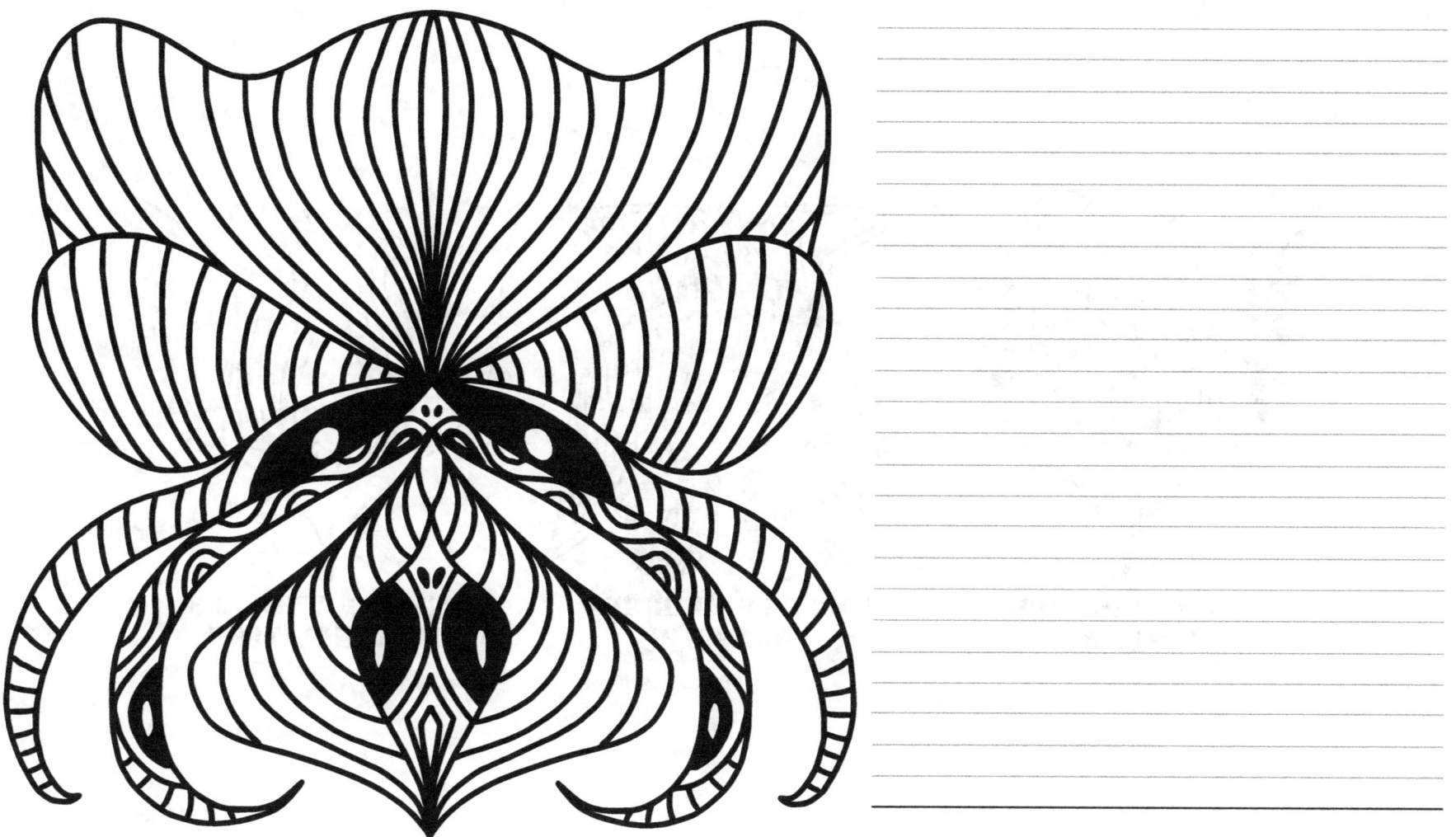

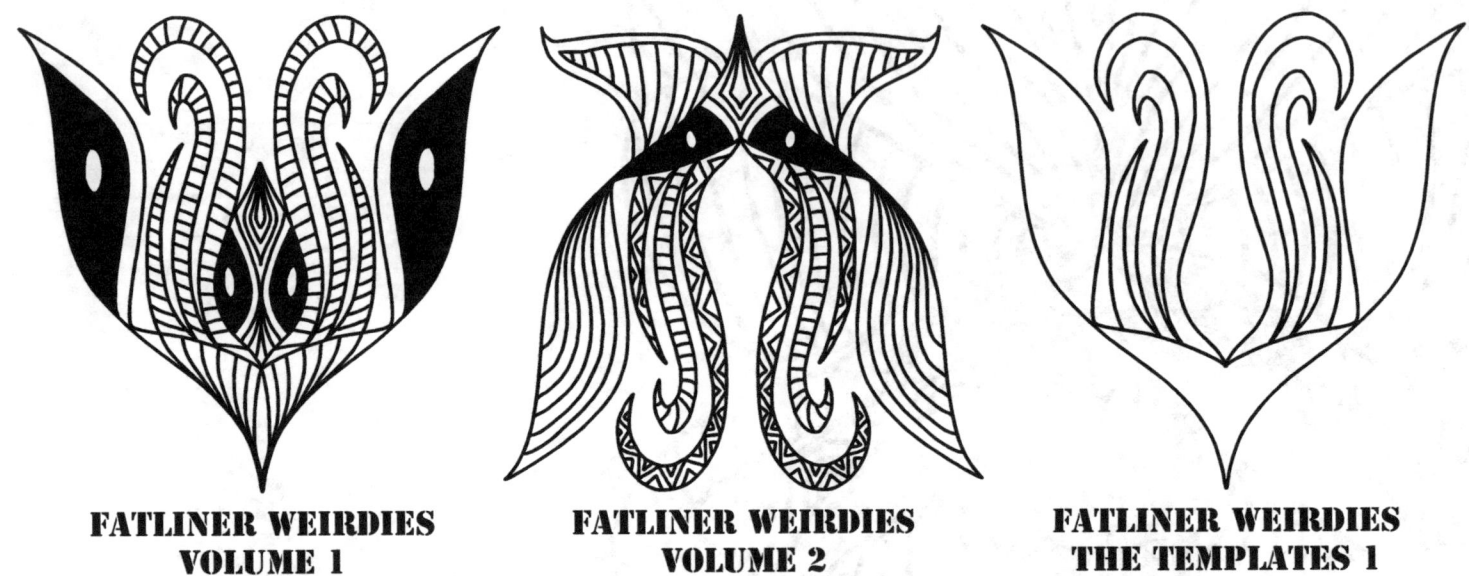

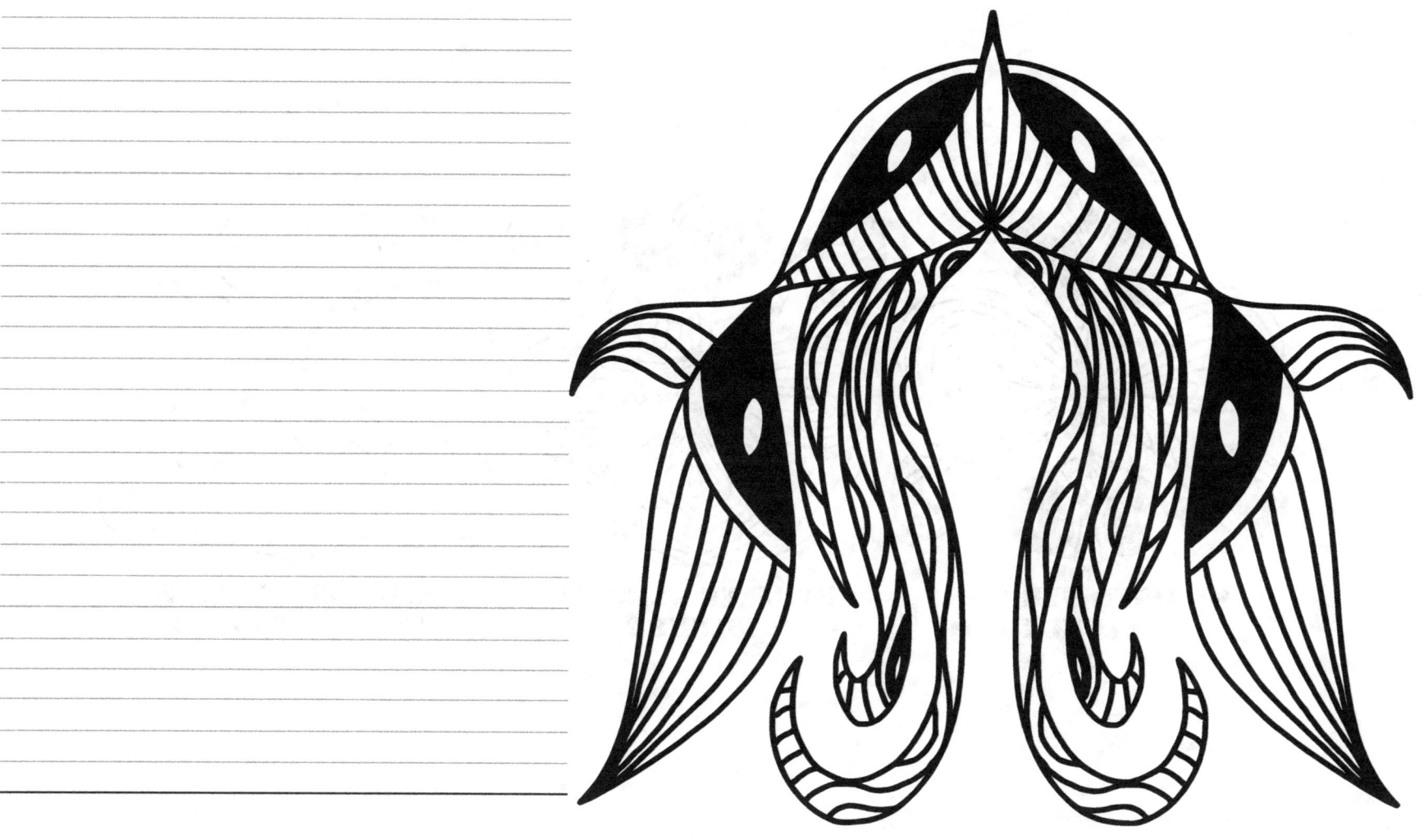

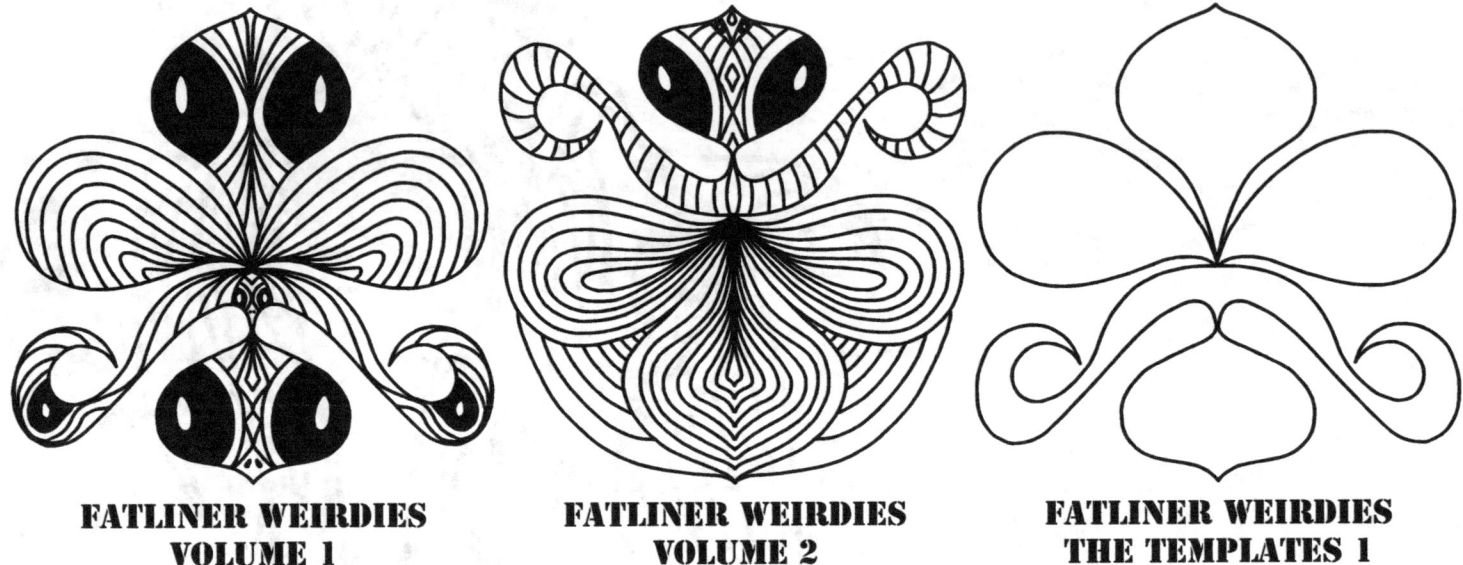

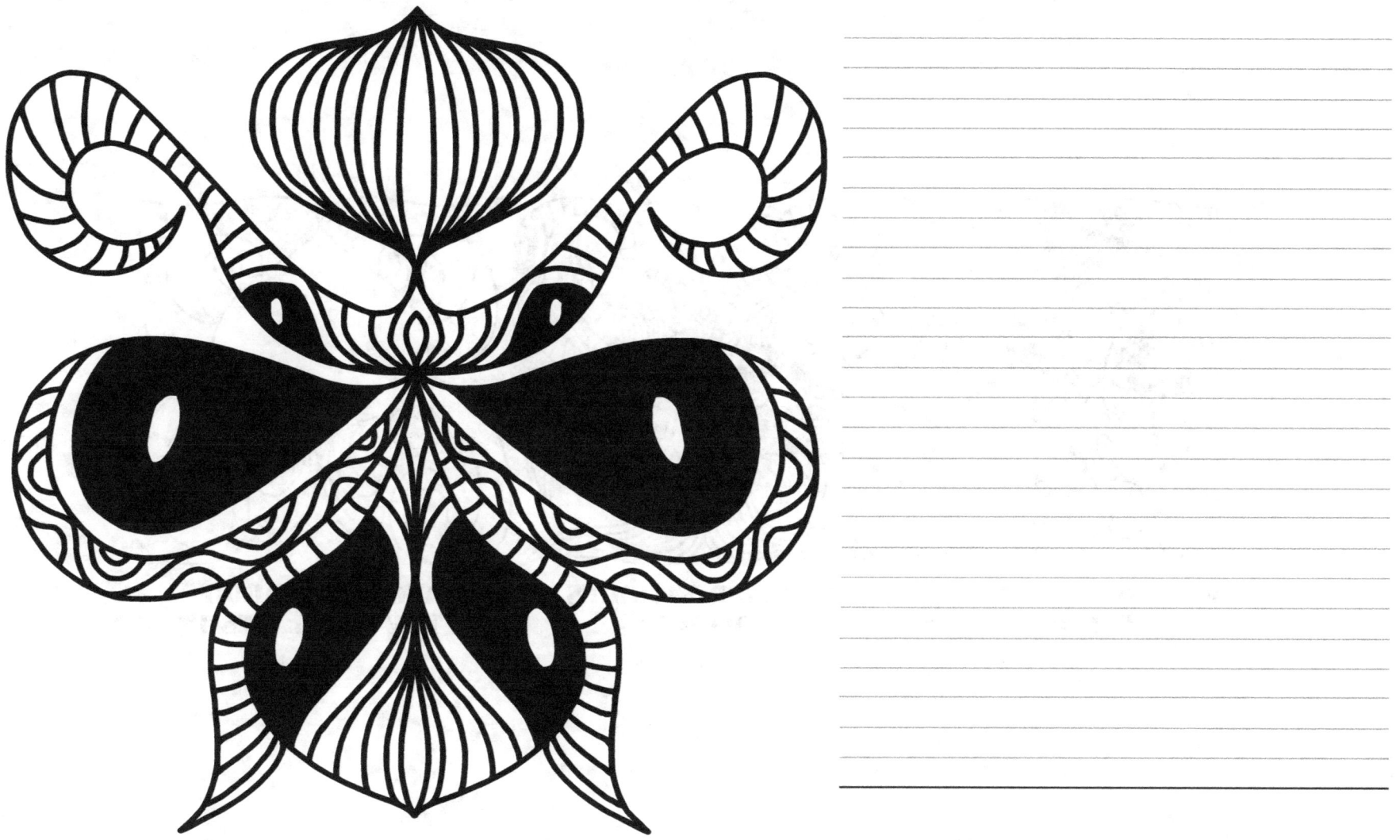

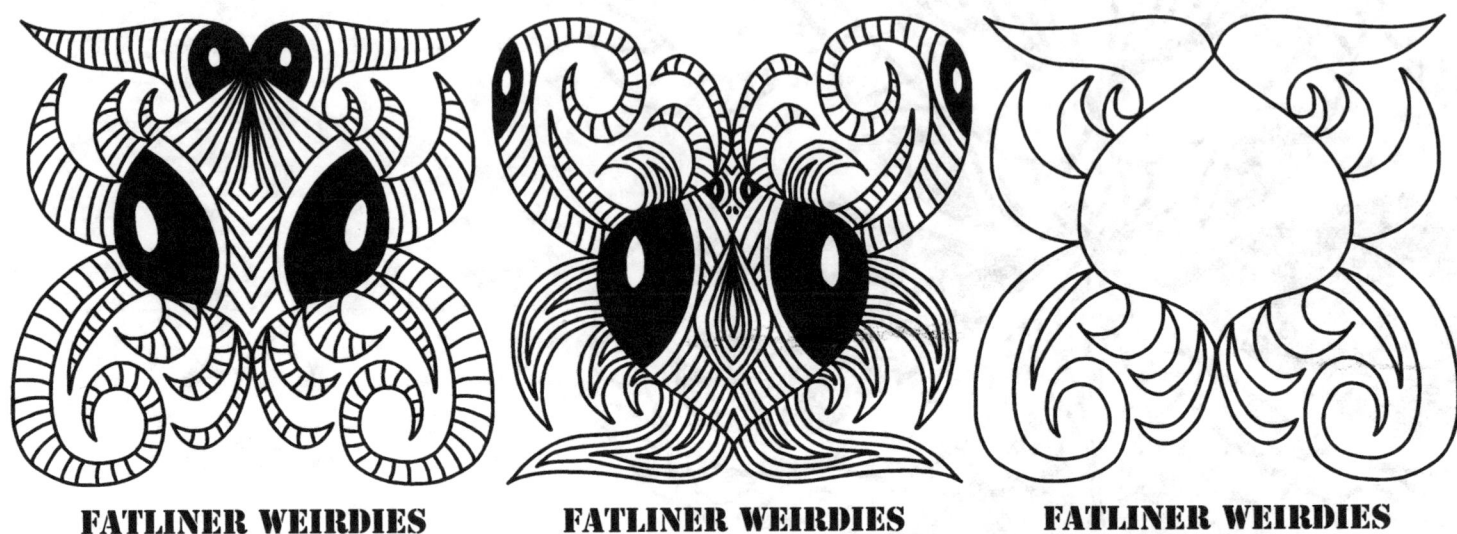

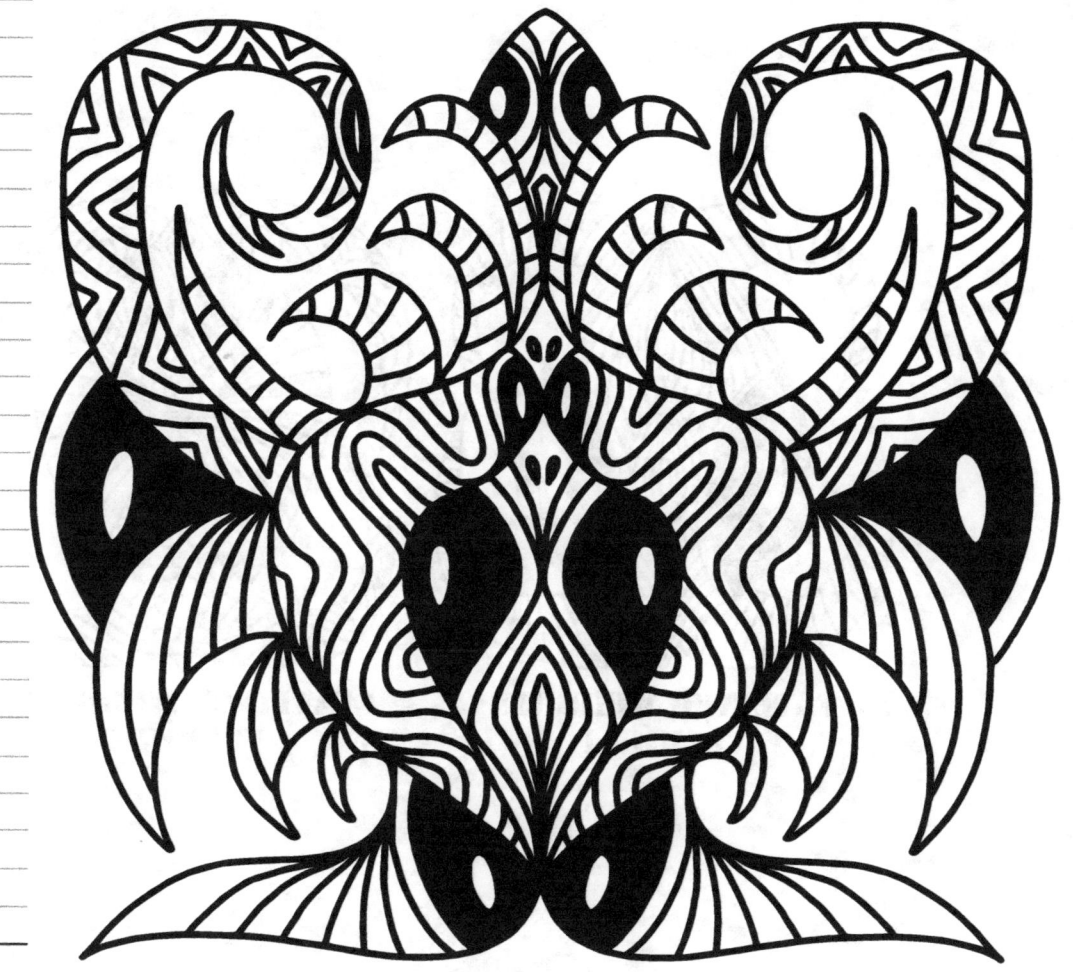

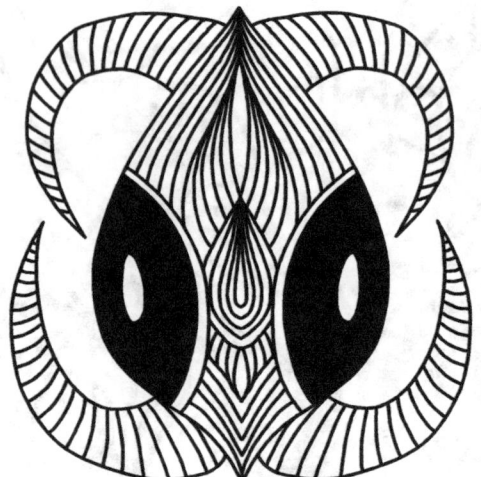
FATLINER WEIRDIES VOLUME 1

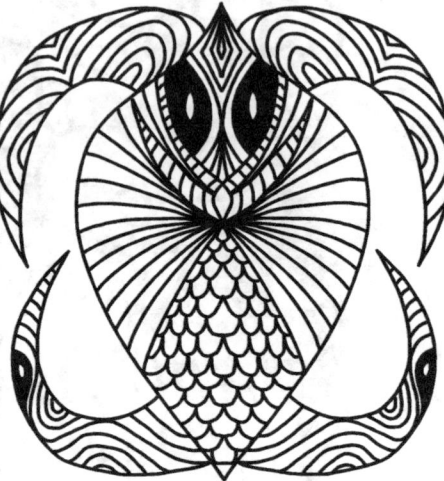
FATLINER WEIRDIES VOLUME 2

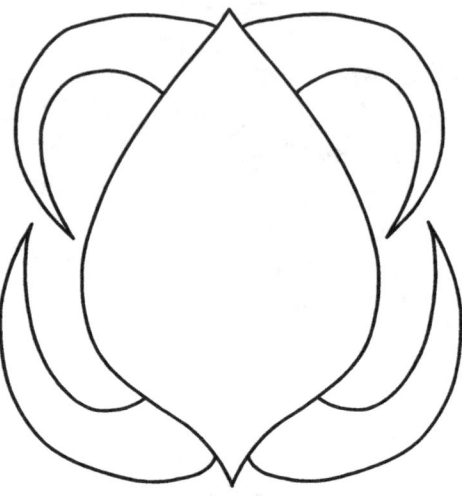
FATLINER WEIRDIES THE TEMPLATES 1

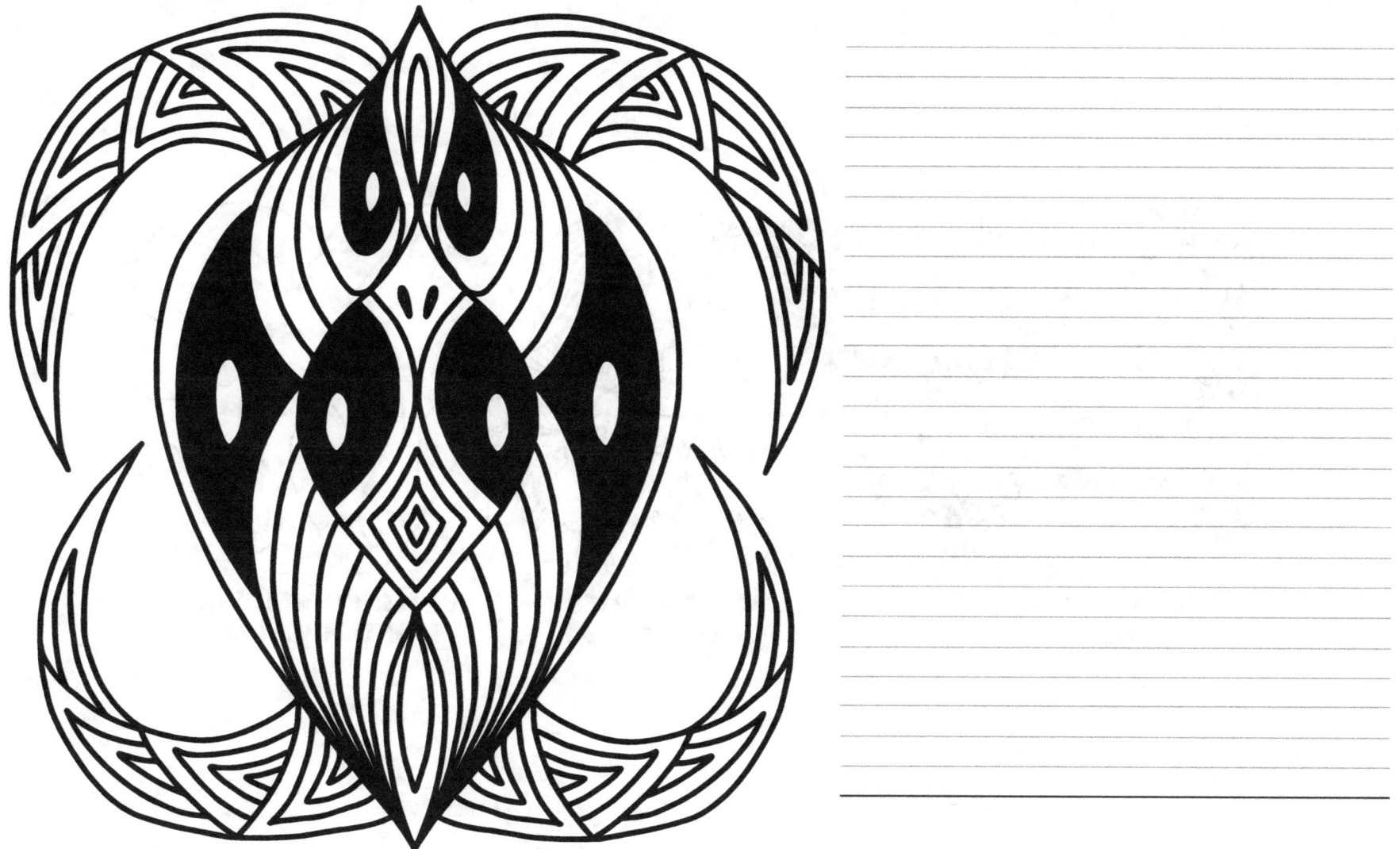

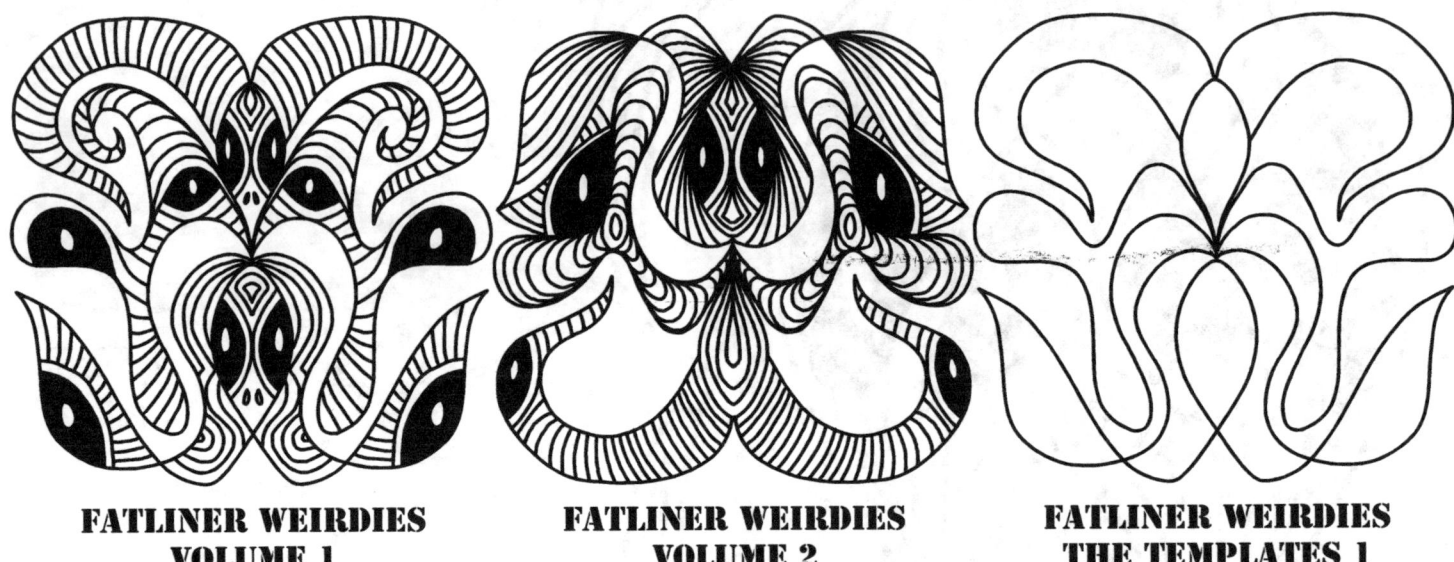

FATLINER WEIRDIES VOLUME 1   **FATLINER WEIRDIES VOLUME 2**   **FATLINER WEIRDIES THE TEMPLATES 1**

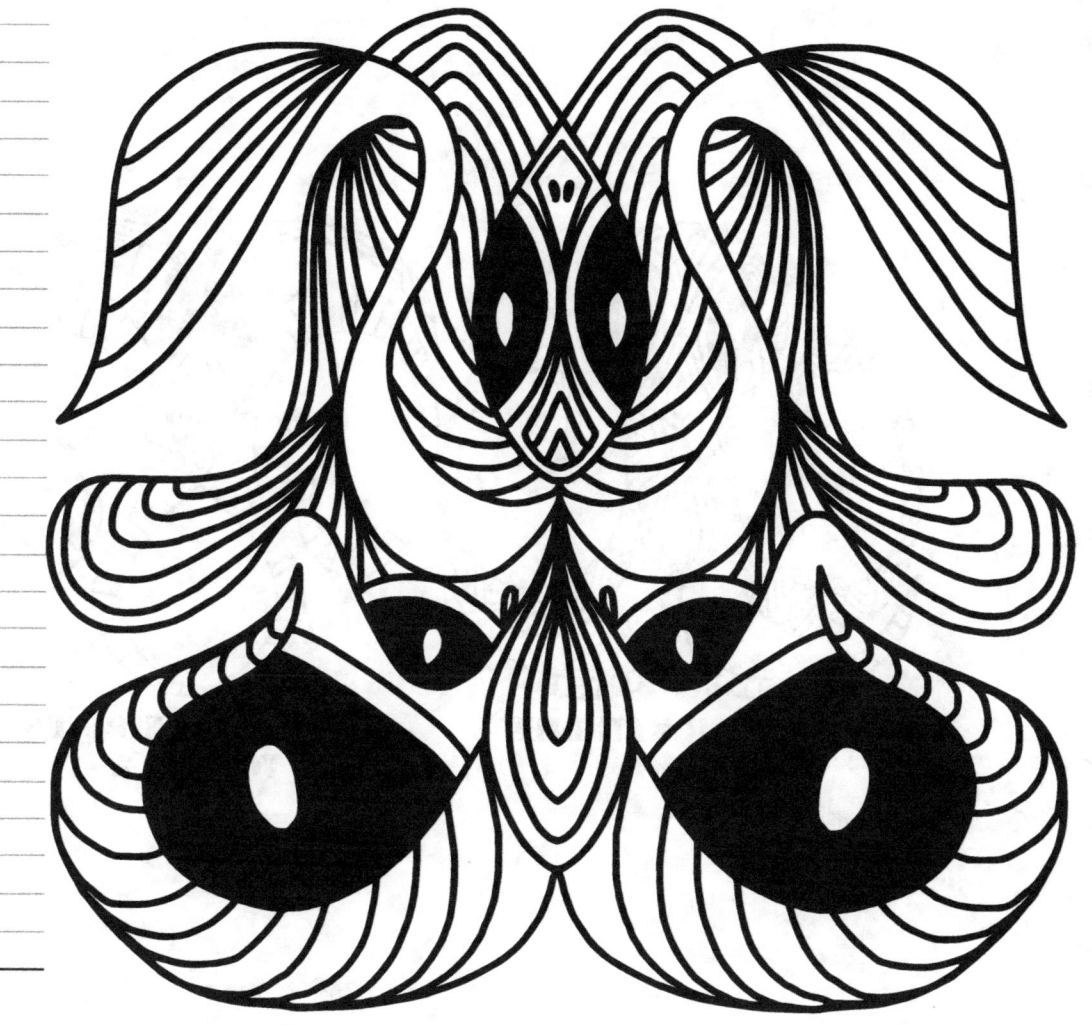

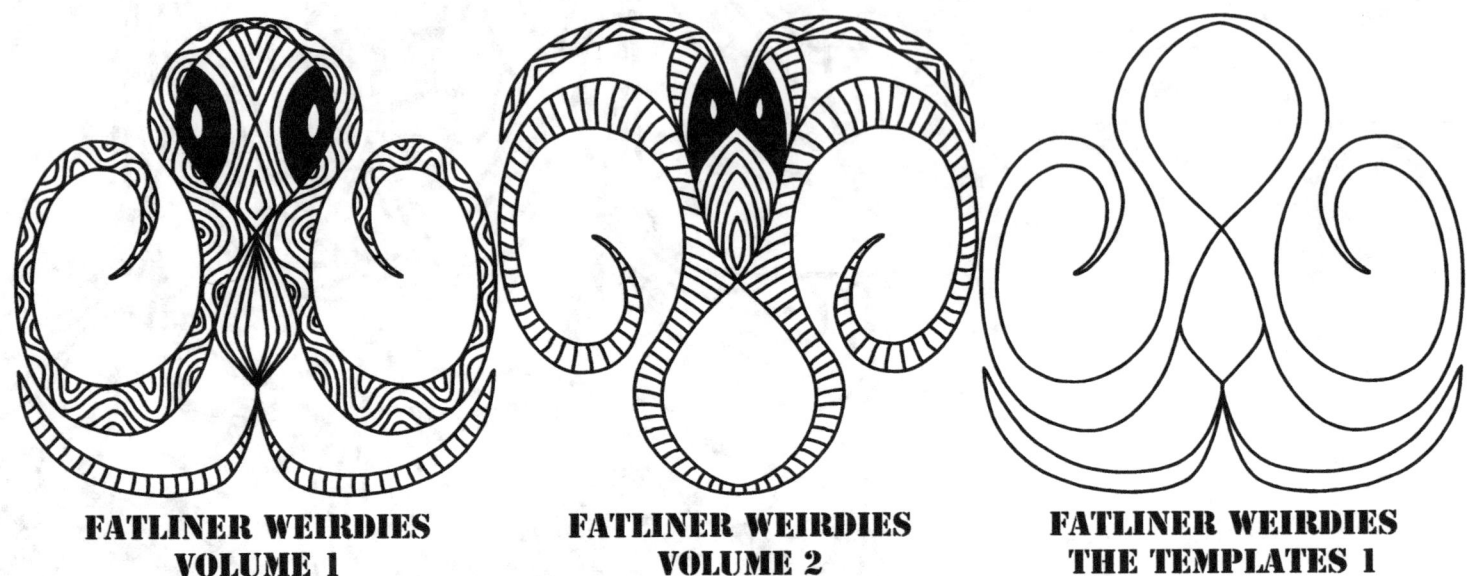

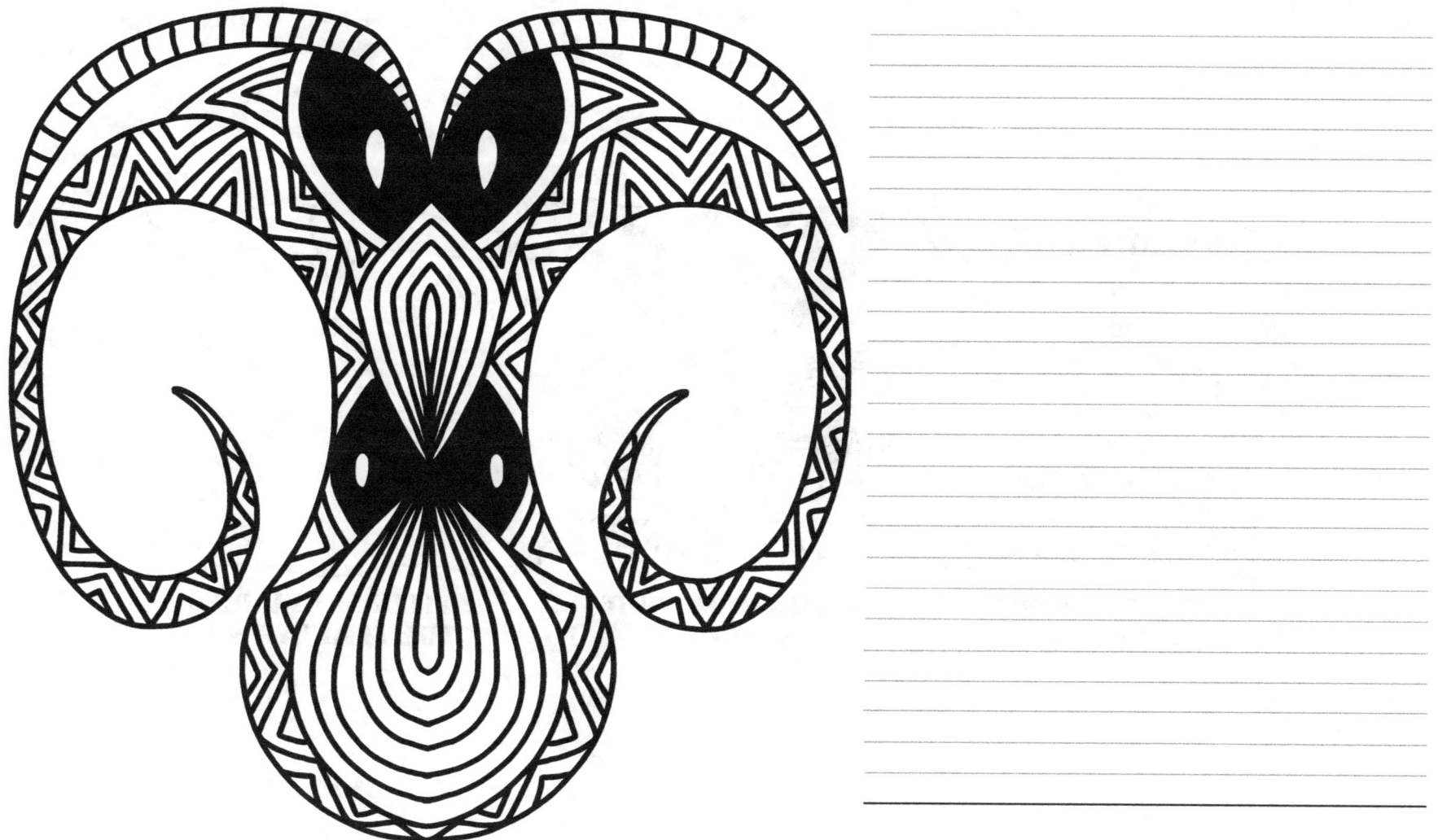

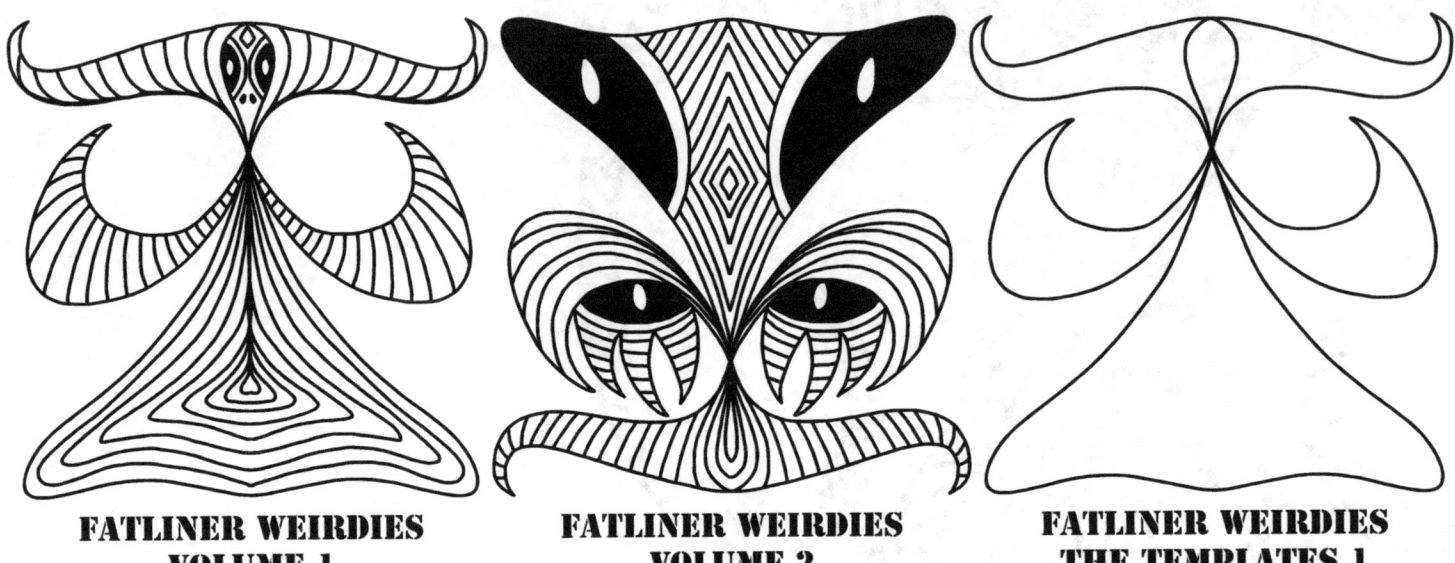

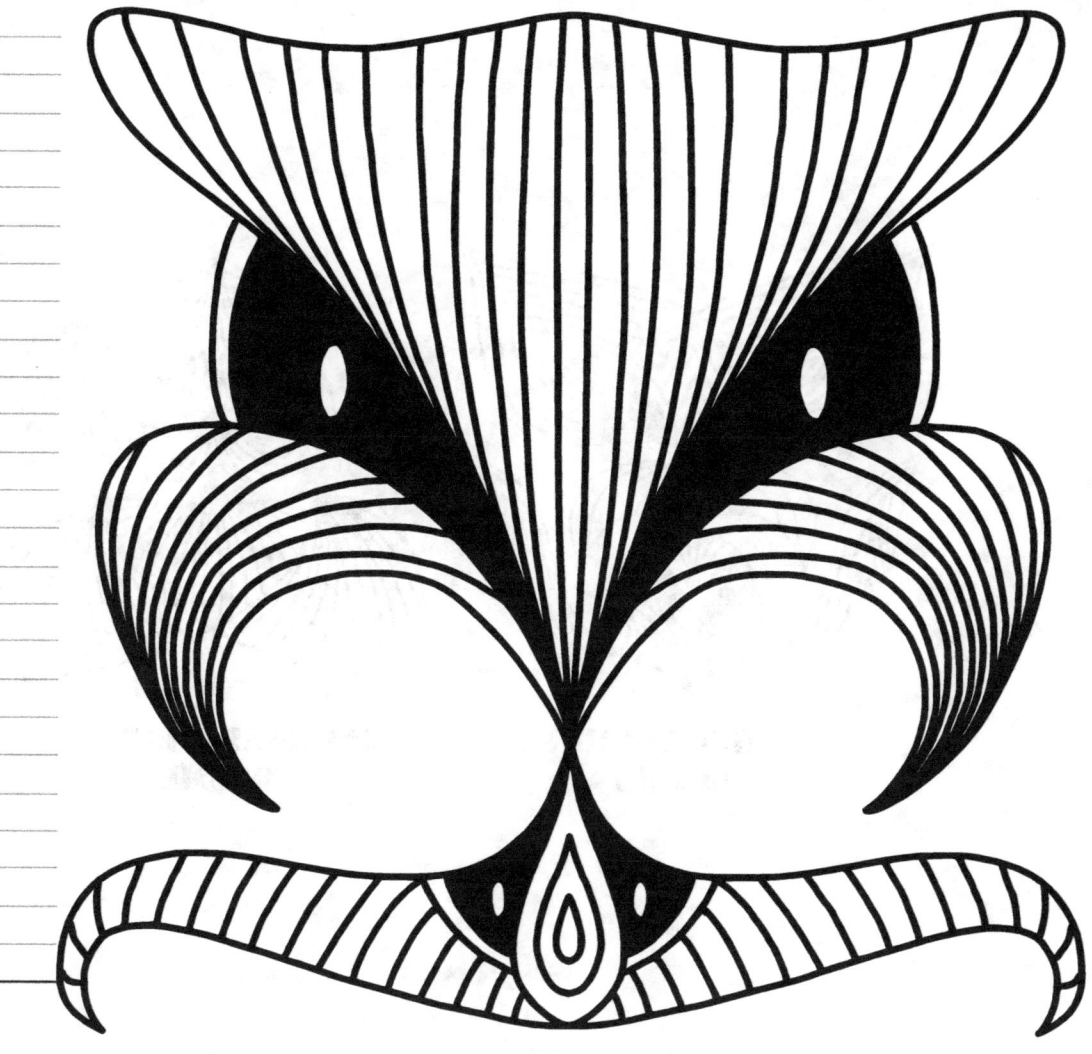

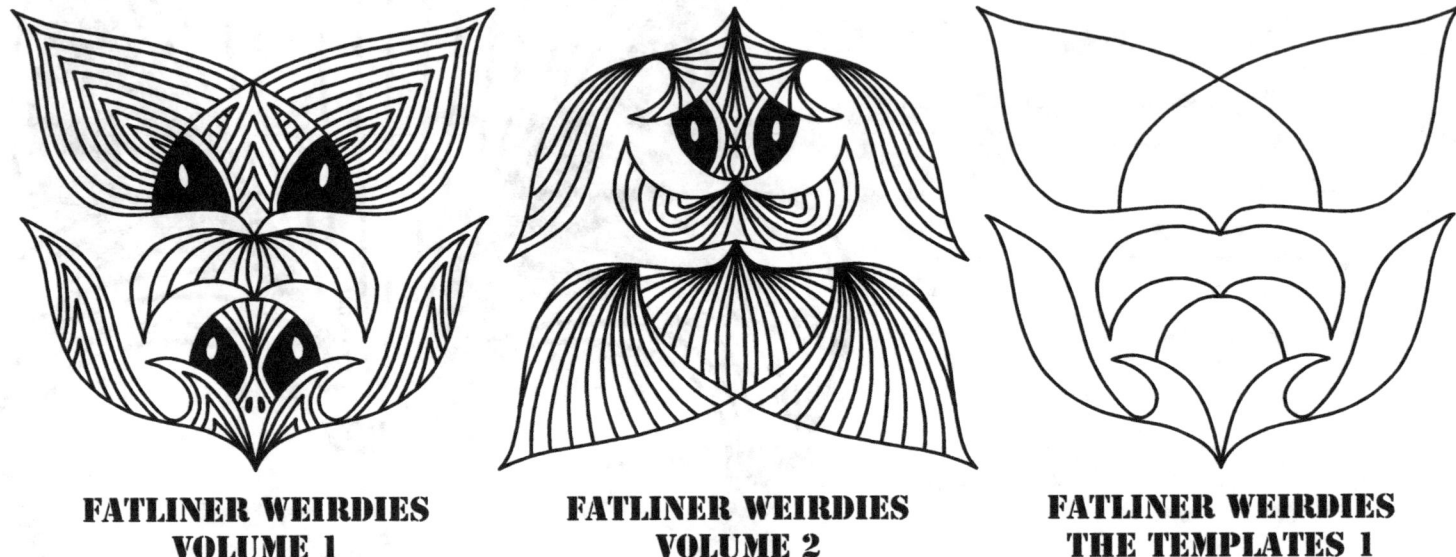

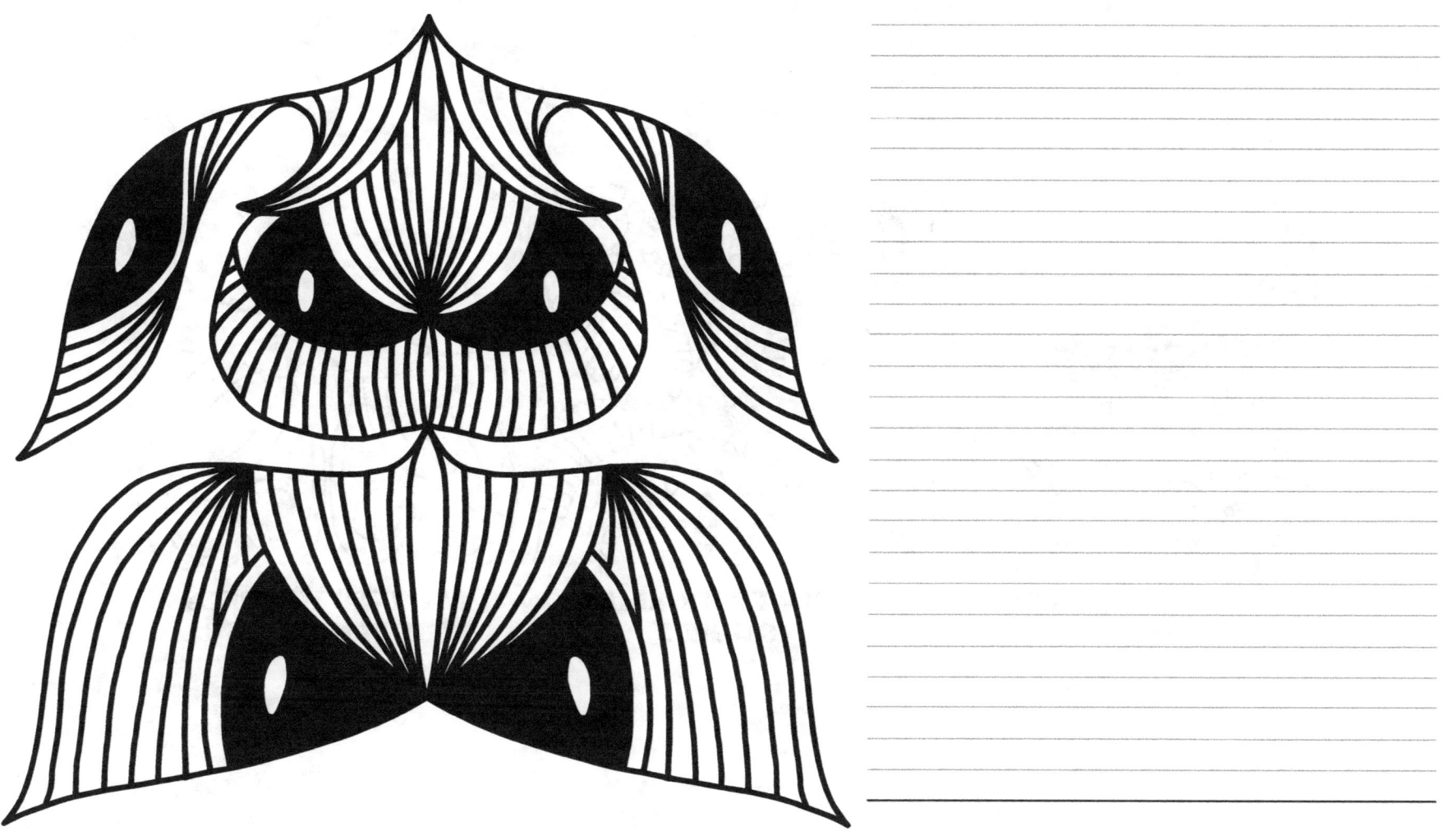

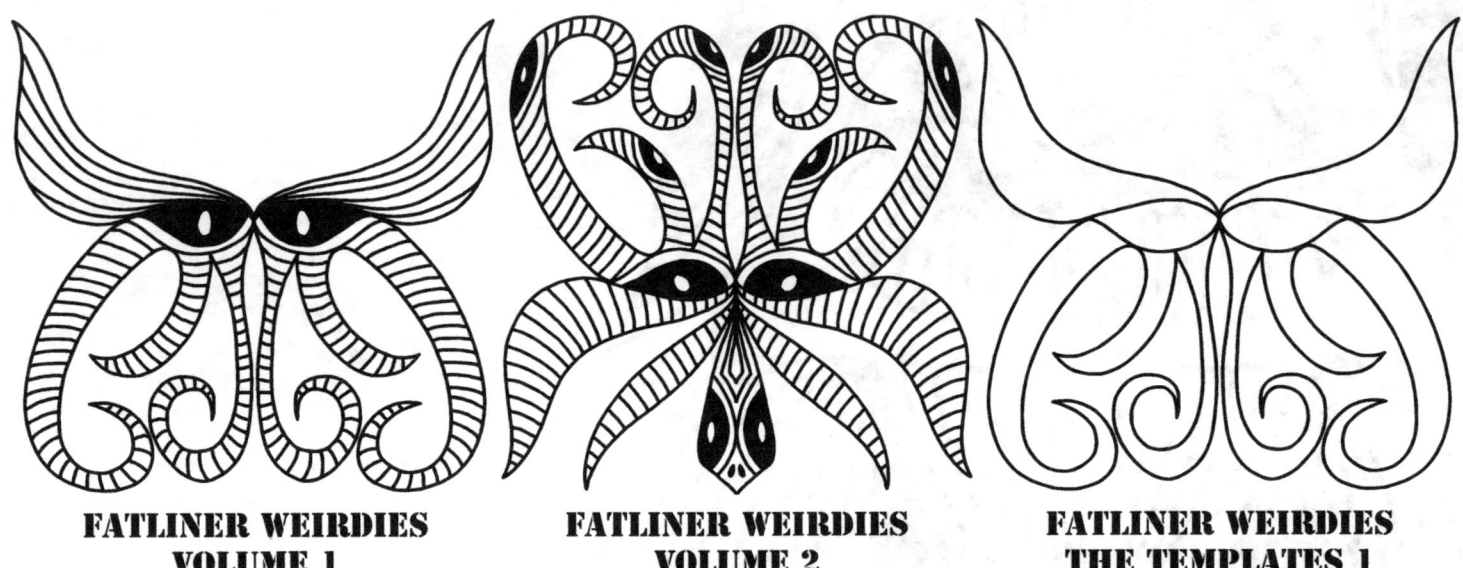

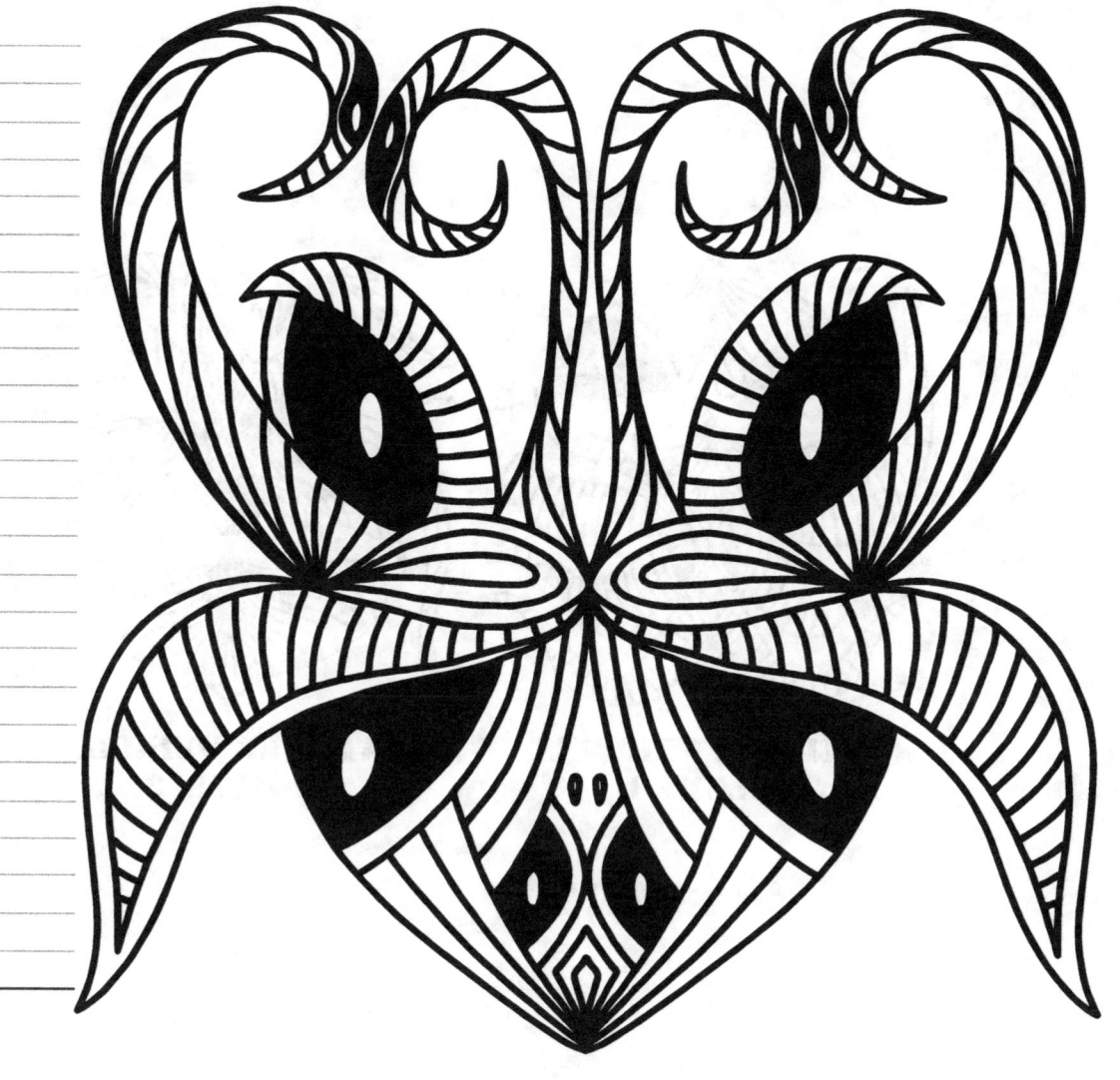

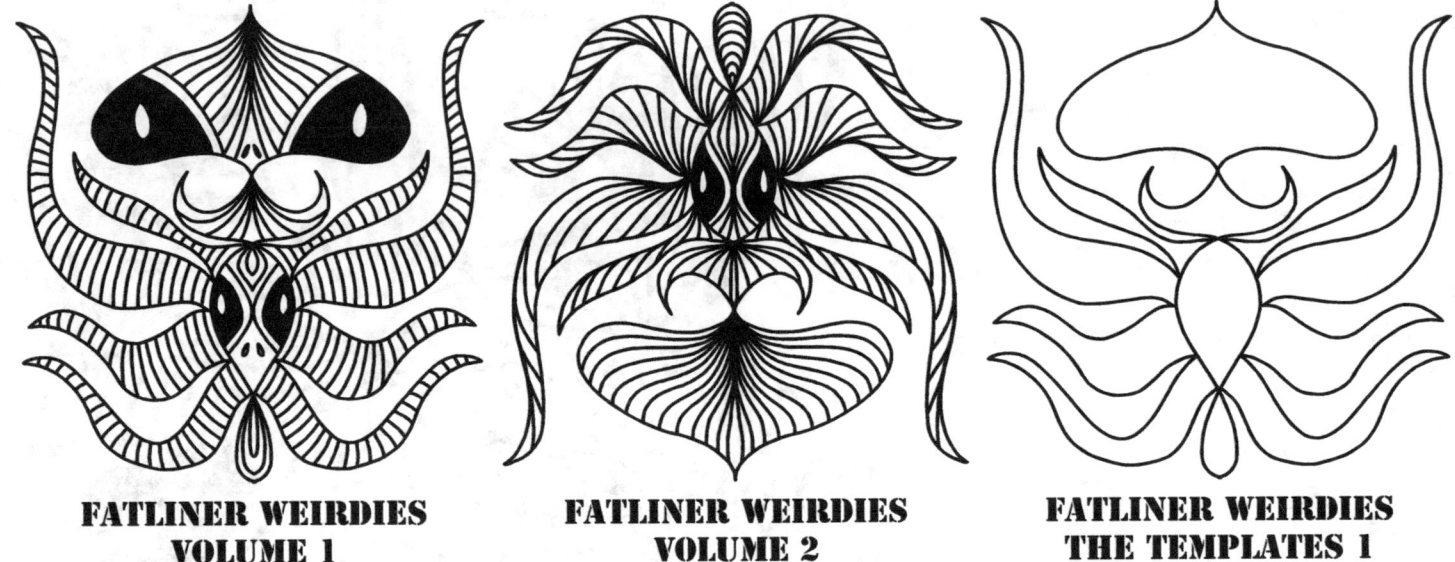

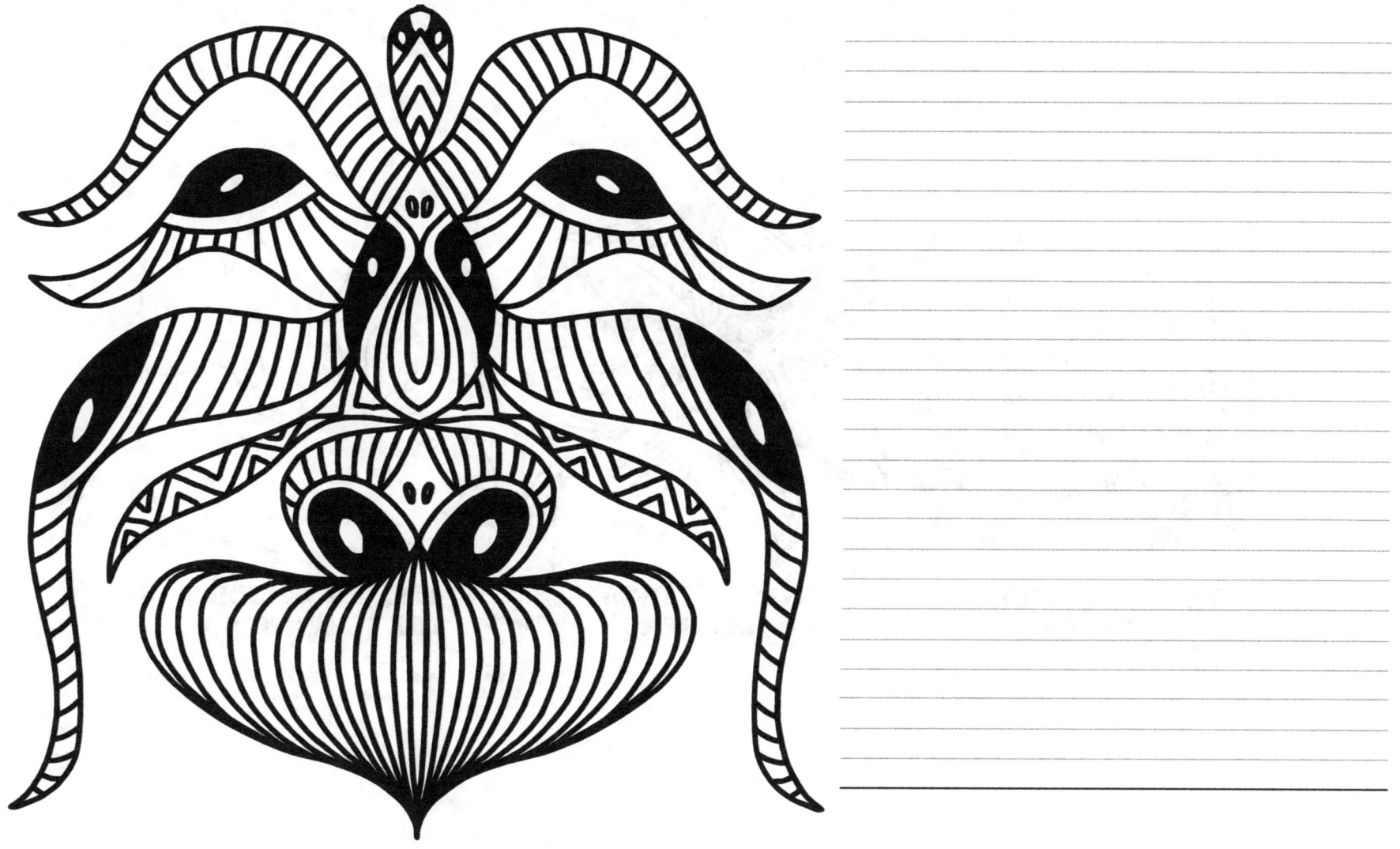

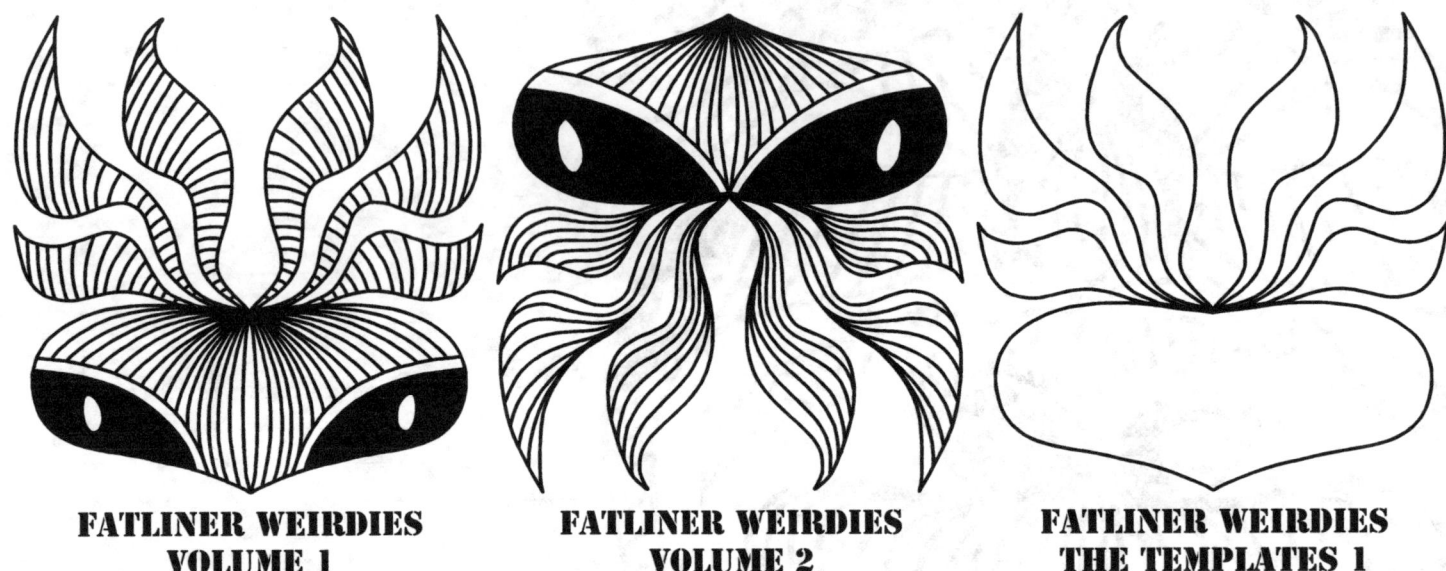

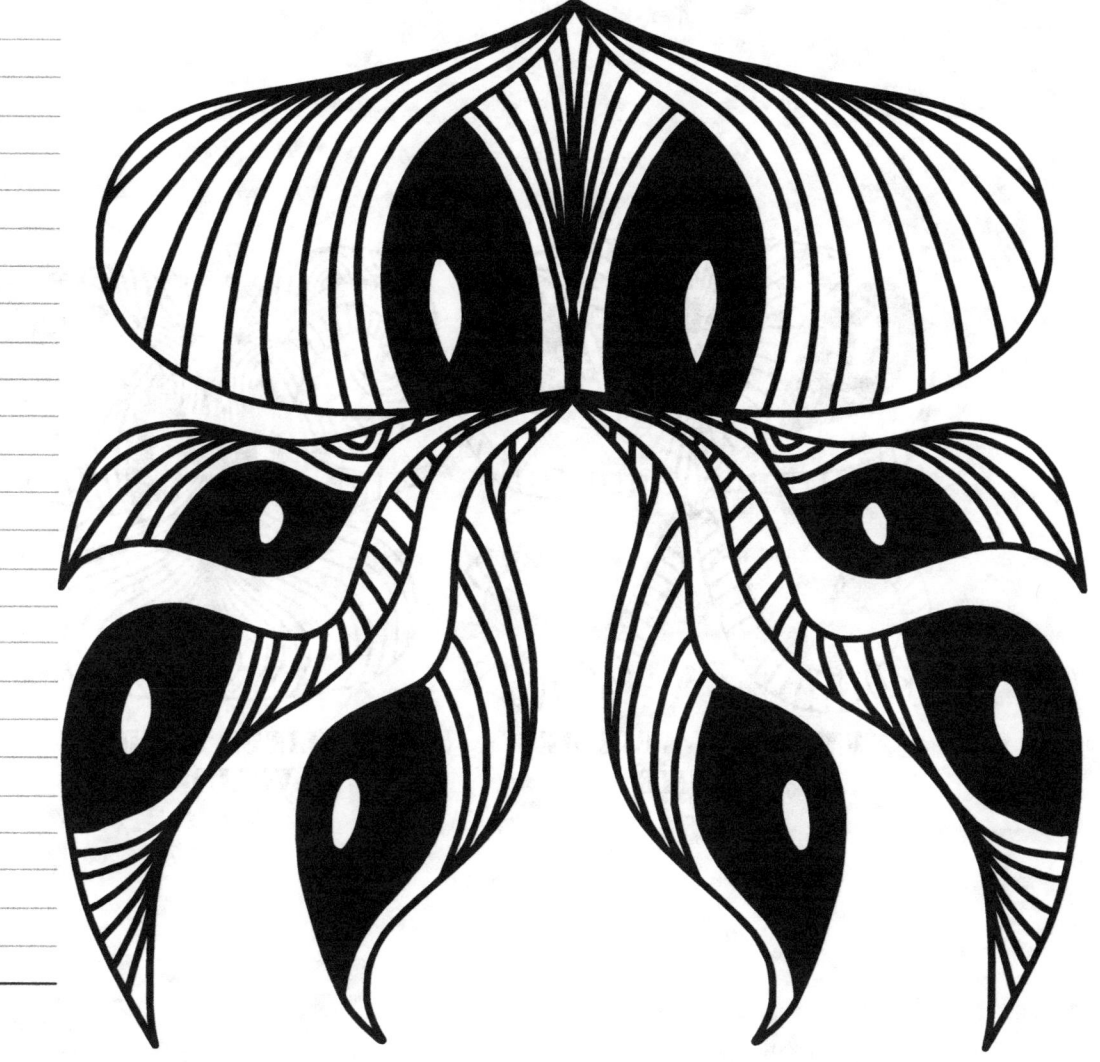

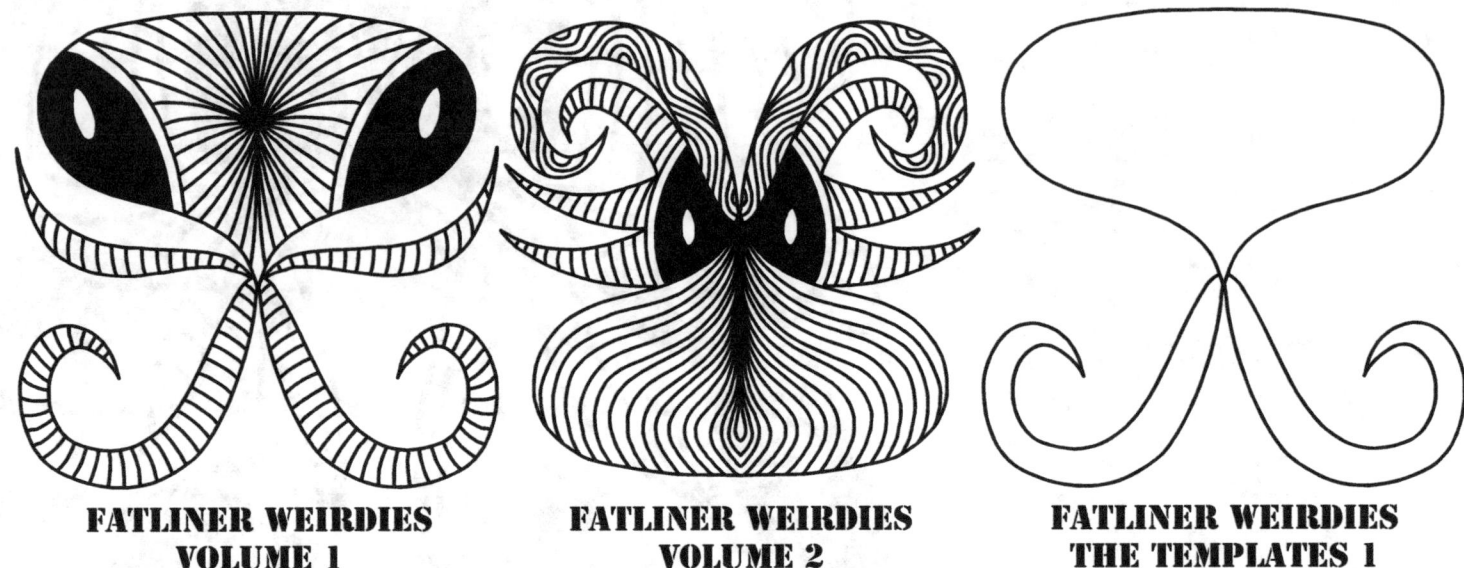

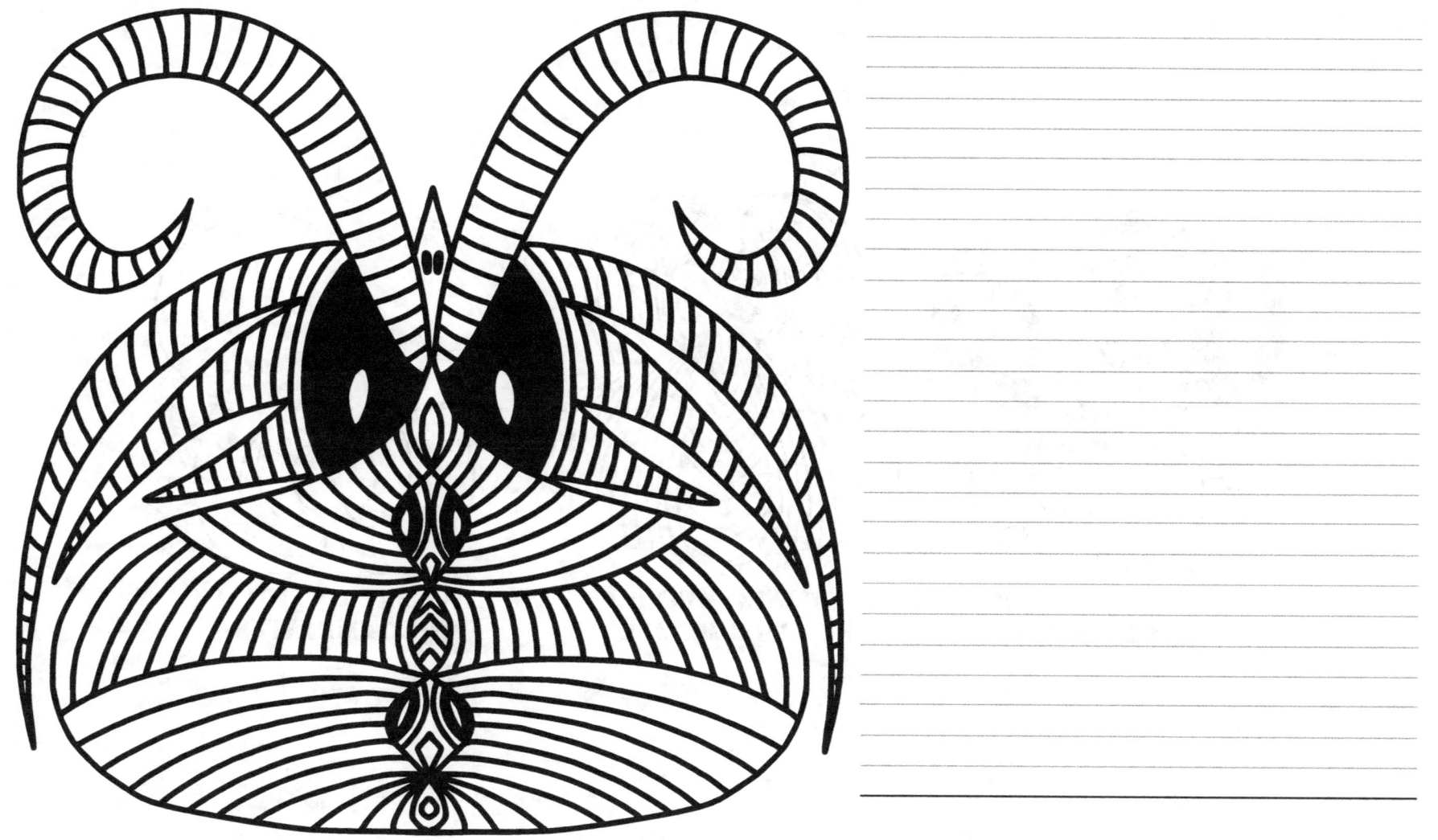

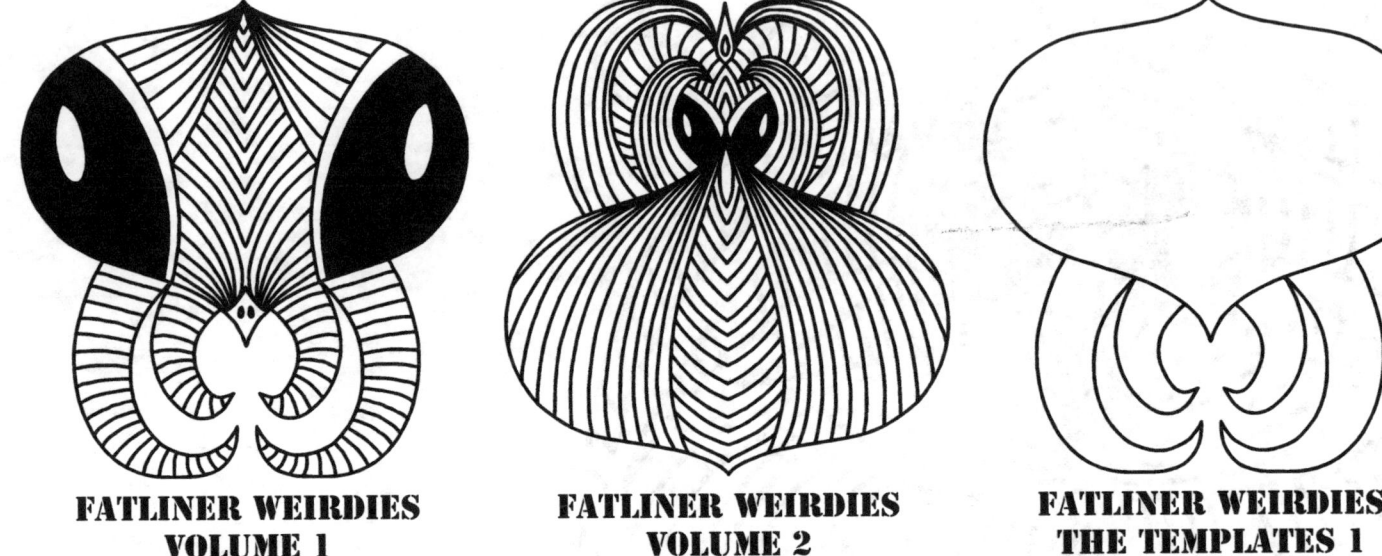

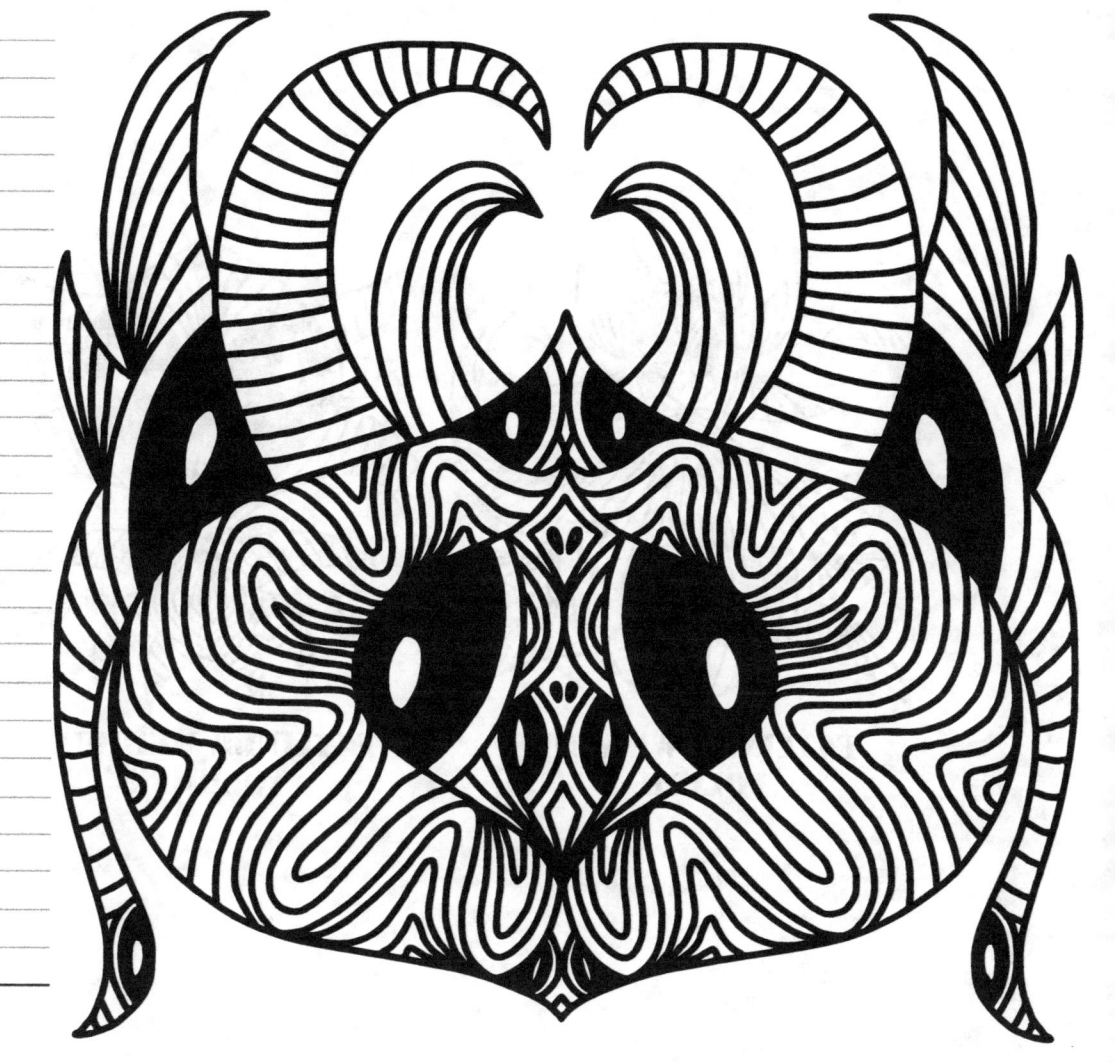

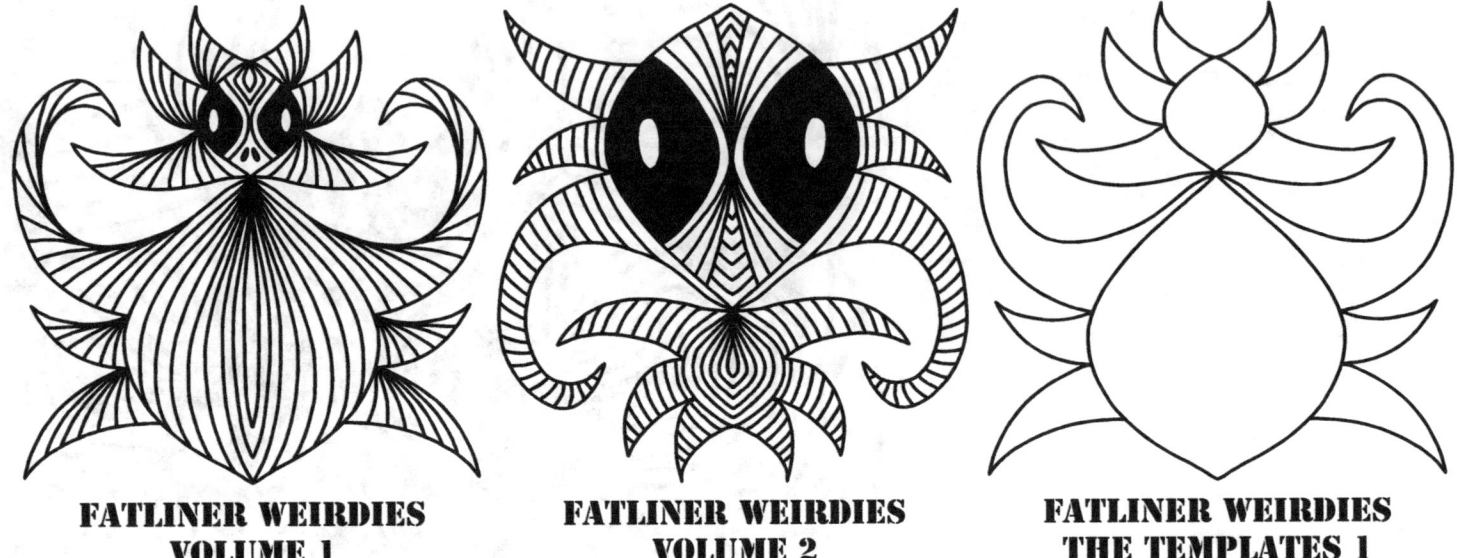

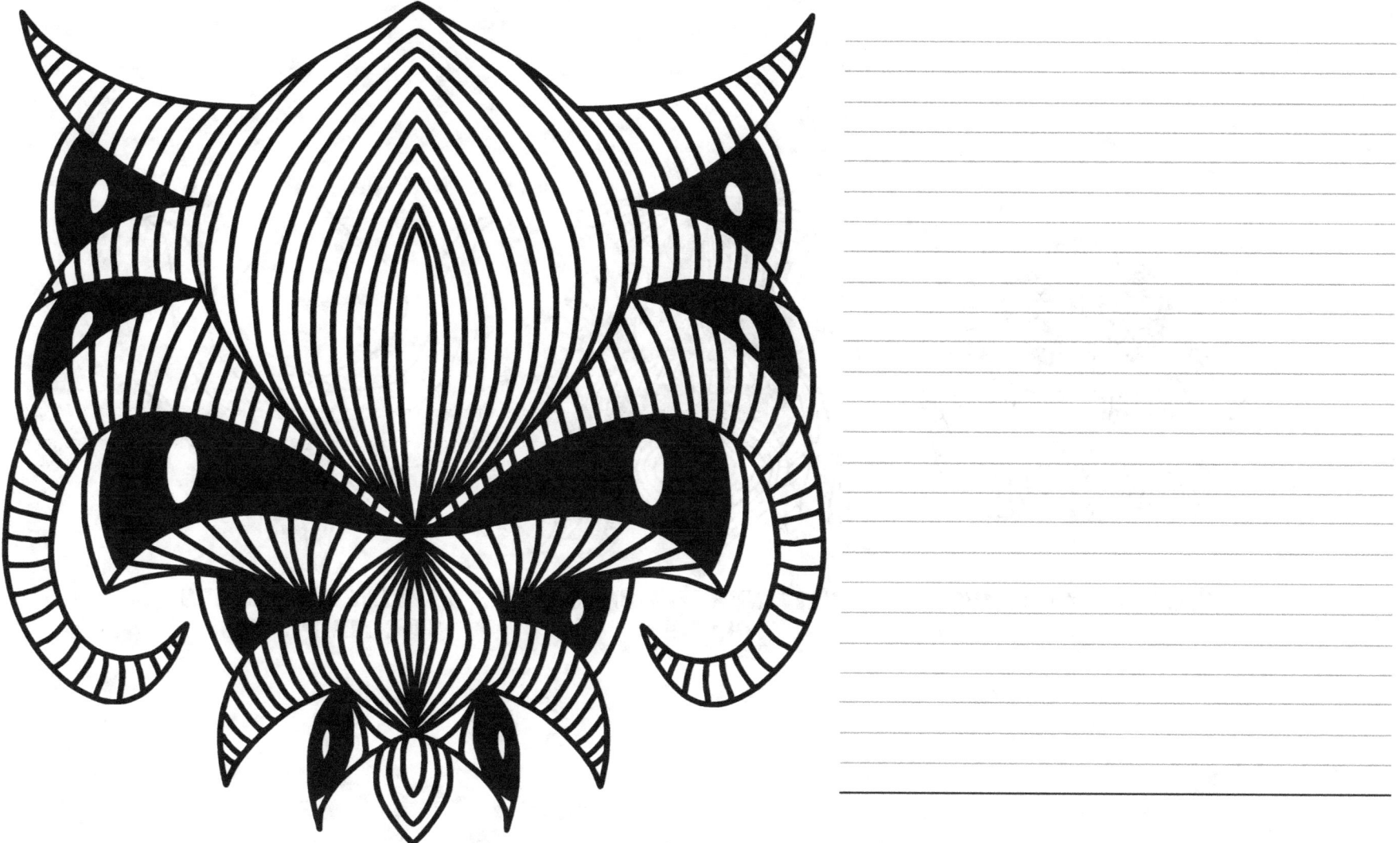

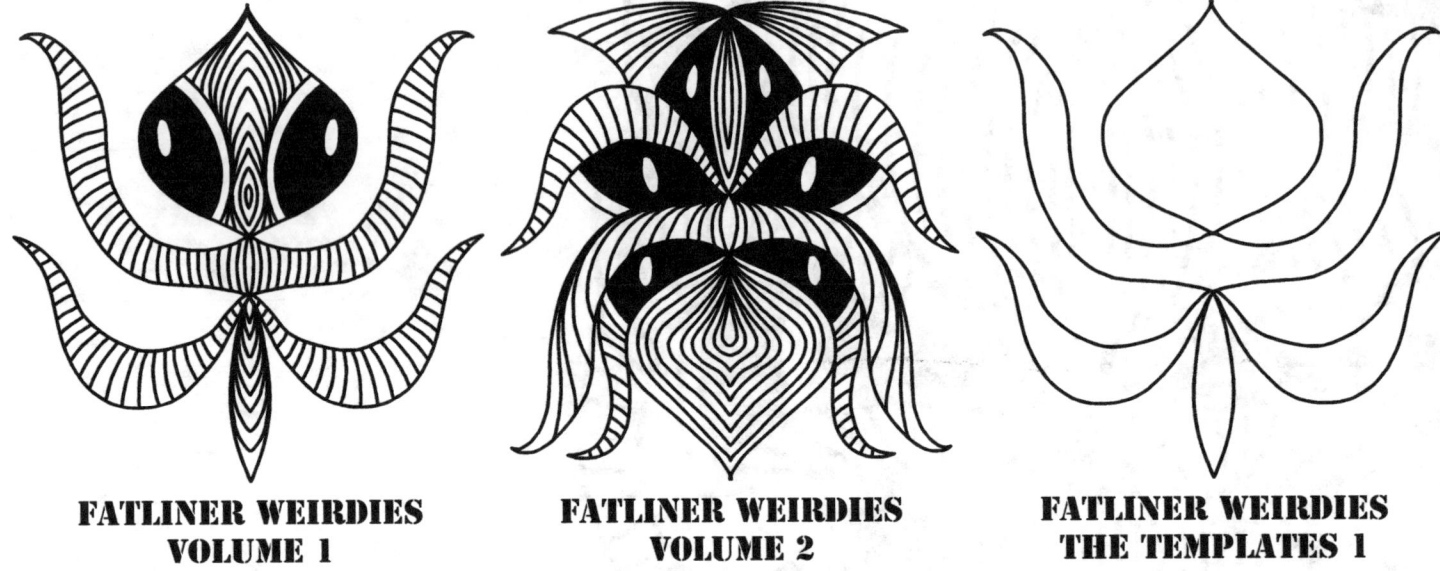

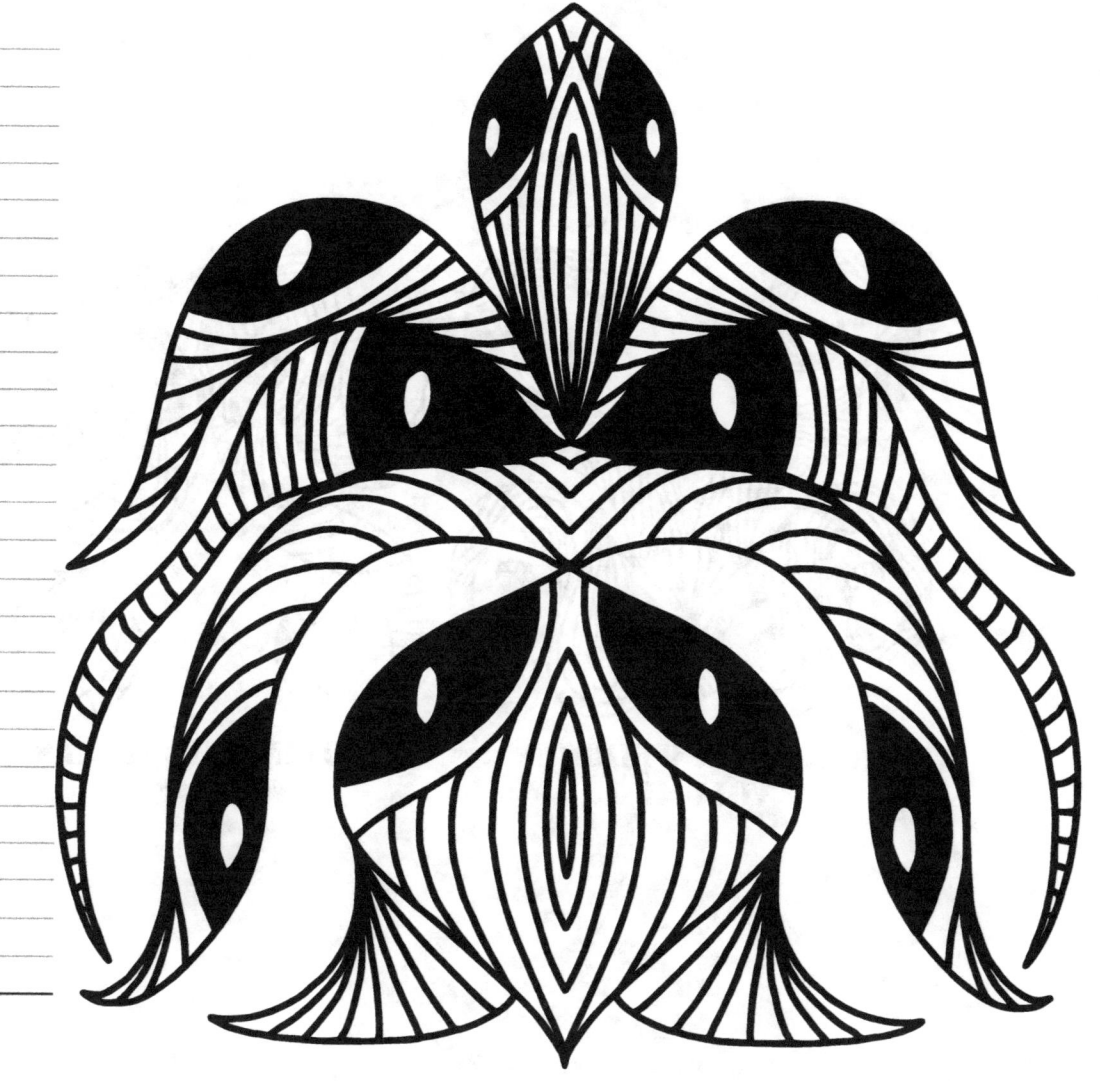

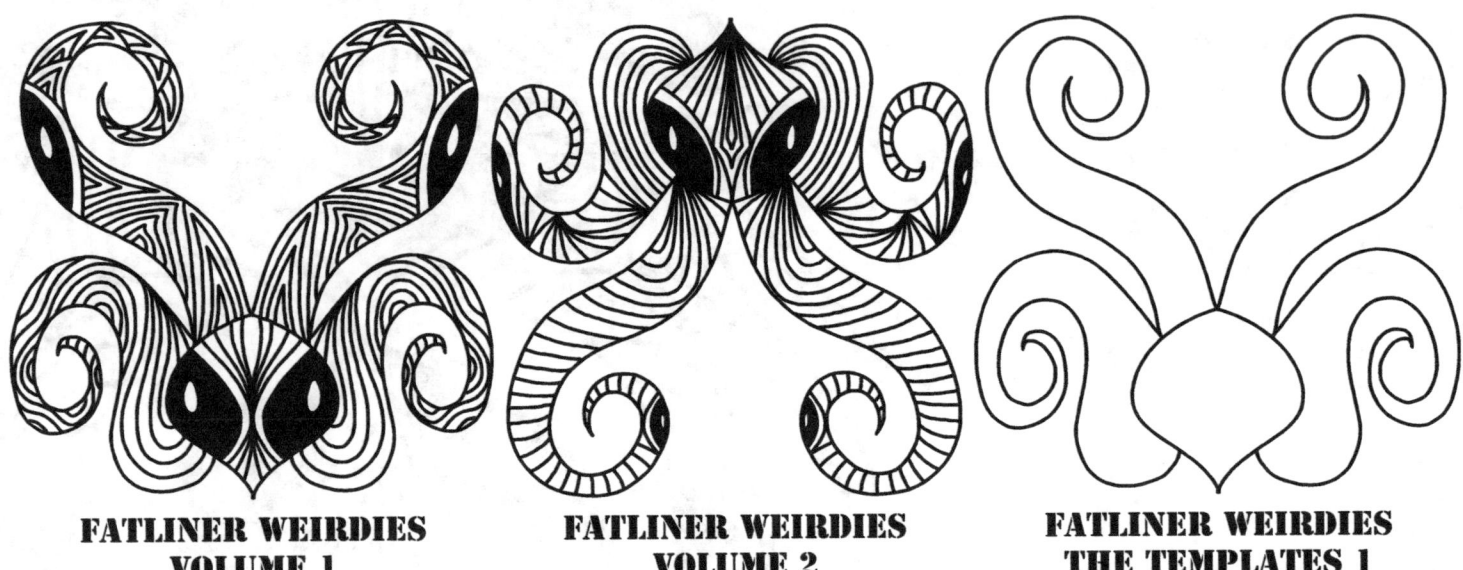

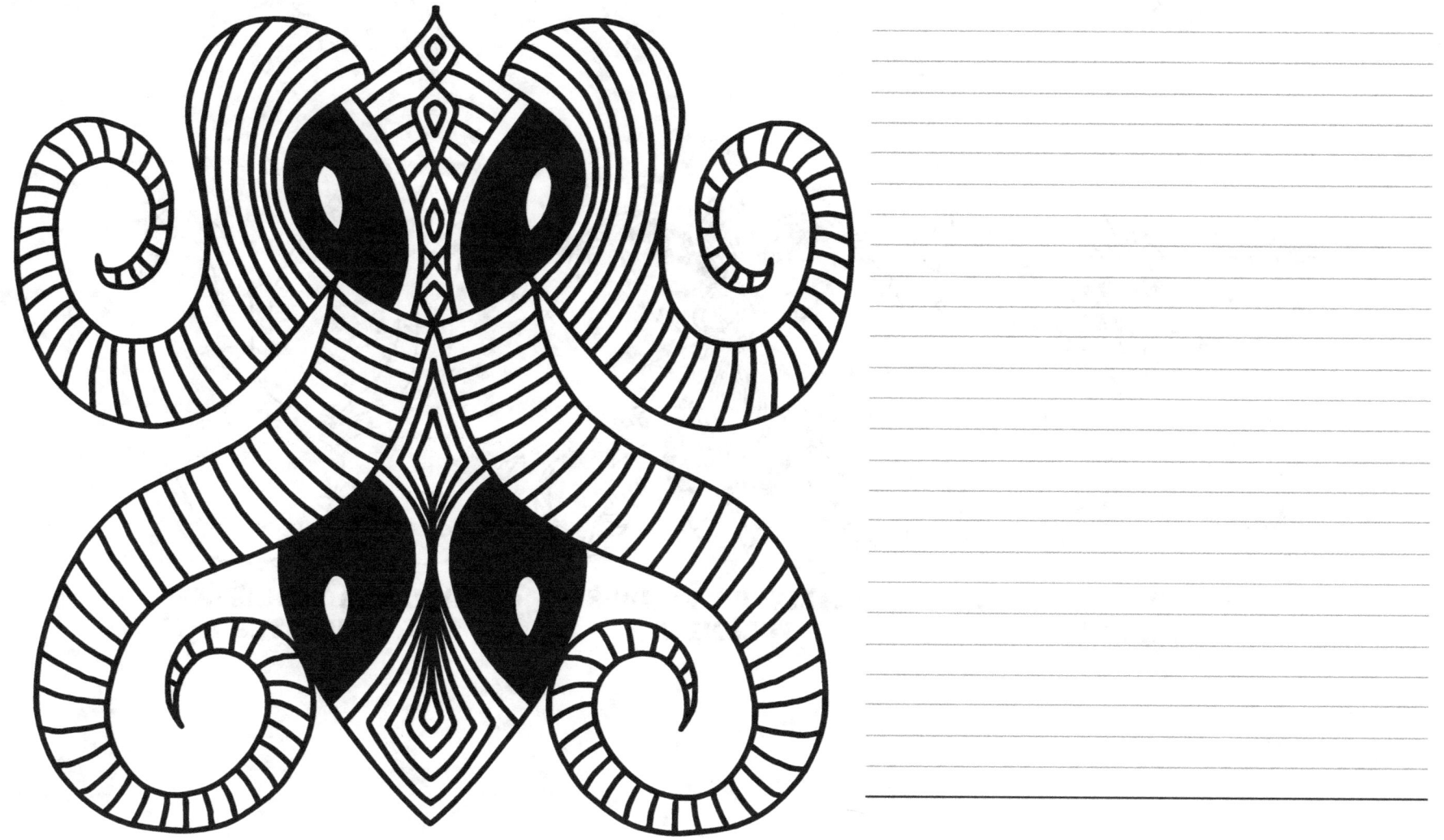

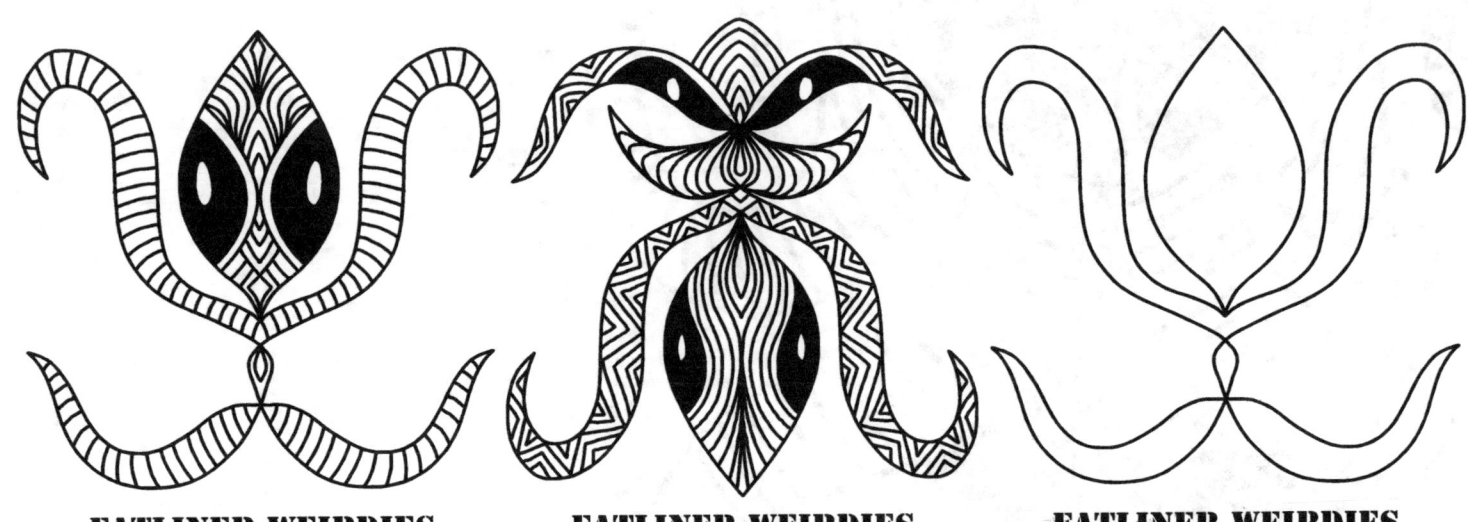

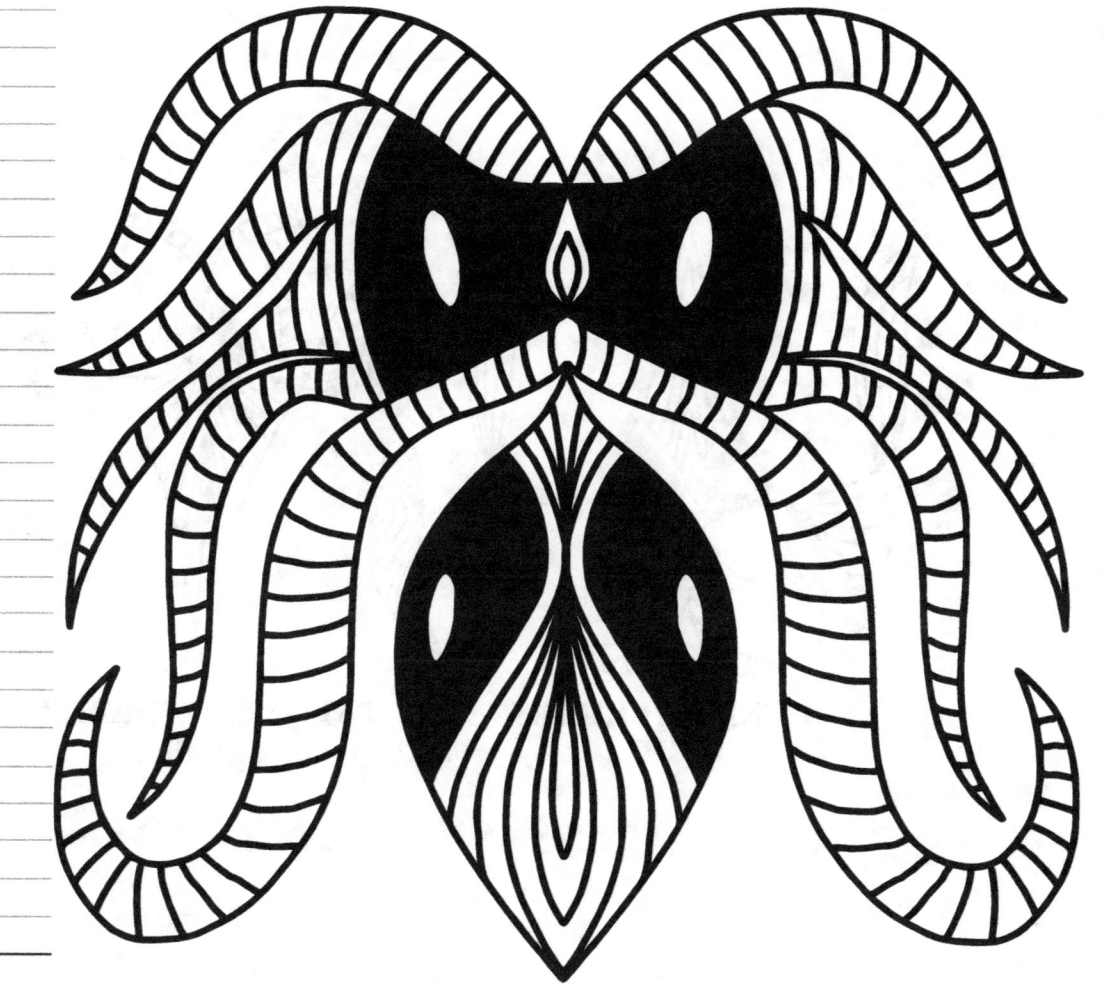

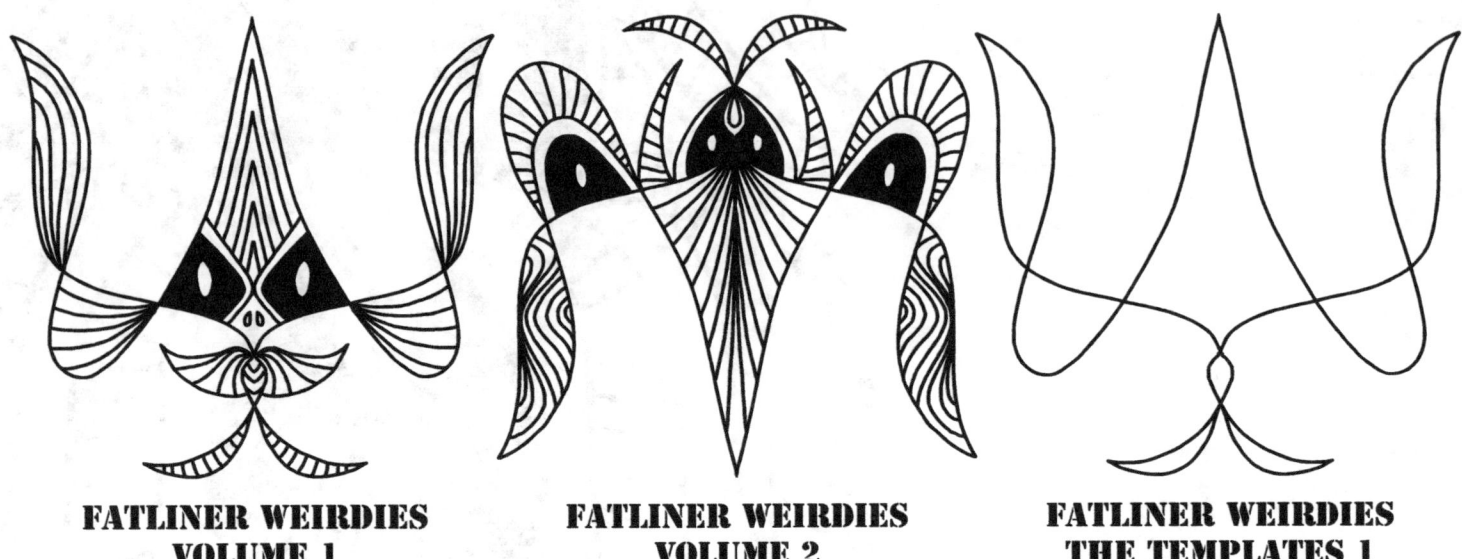

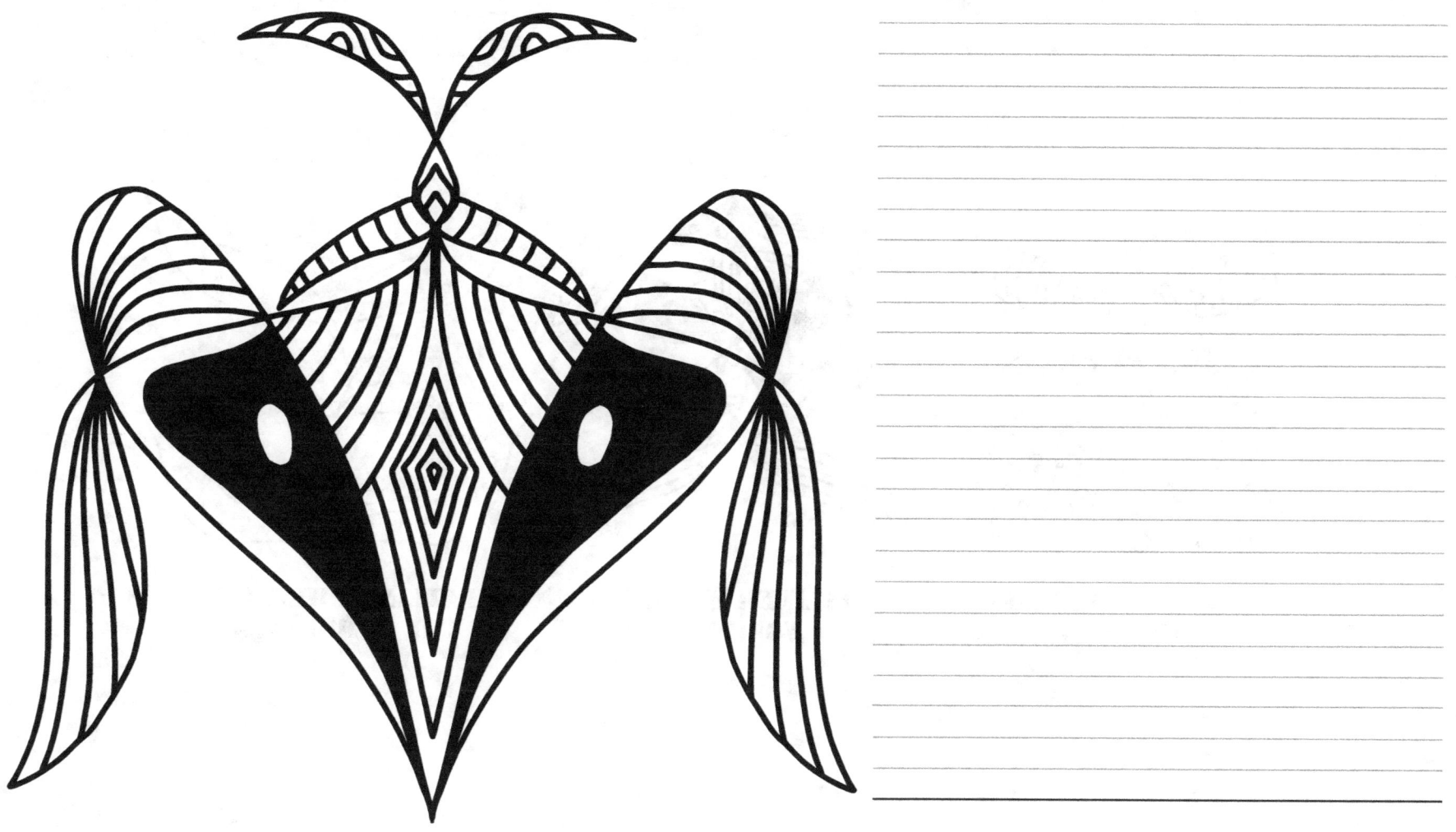

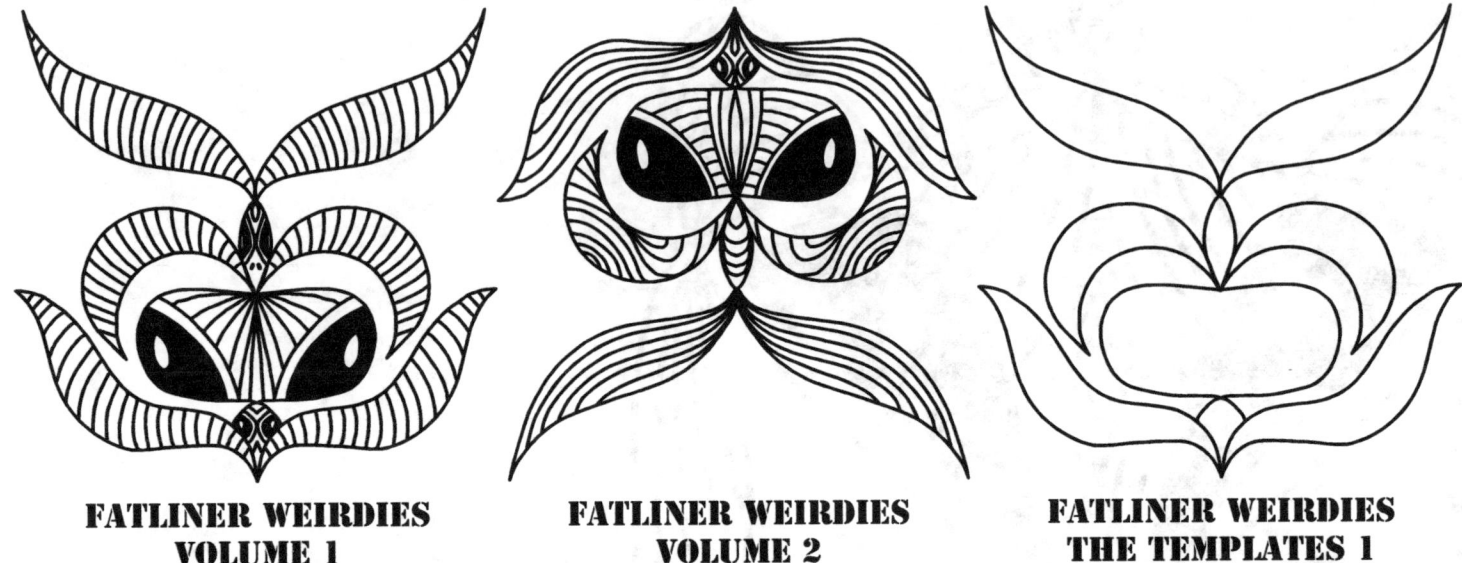

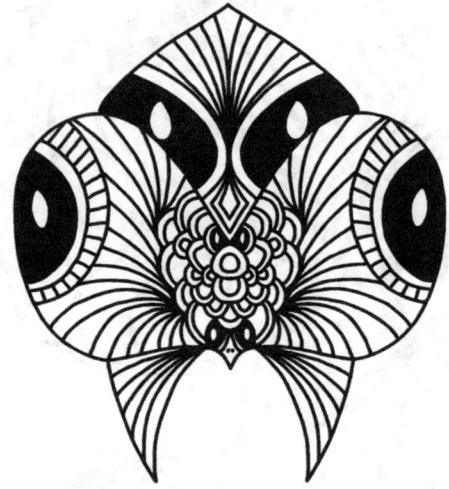
FATLINER WEIRDIES VOLUME 1

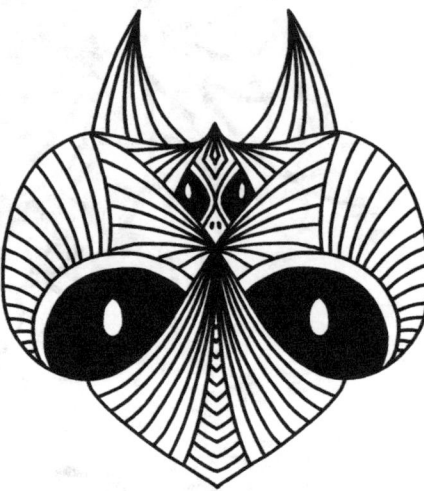
FATLINER WEIRDIES VOLUME 2

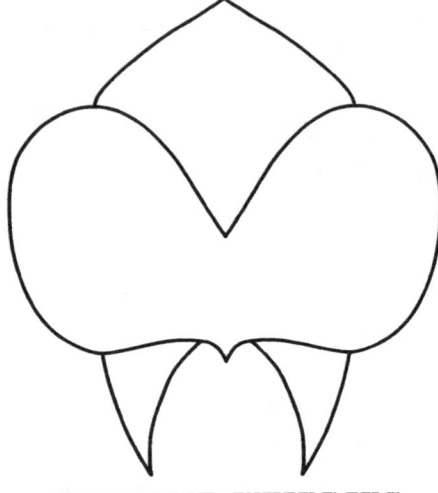
FATLINER WEIRDIES THE TEMPLATES 1

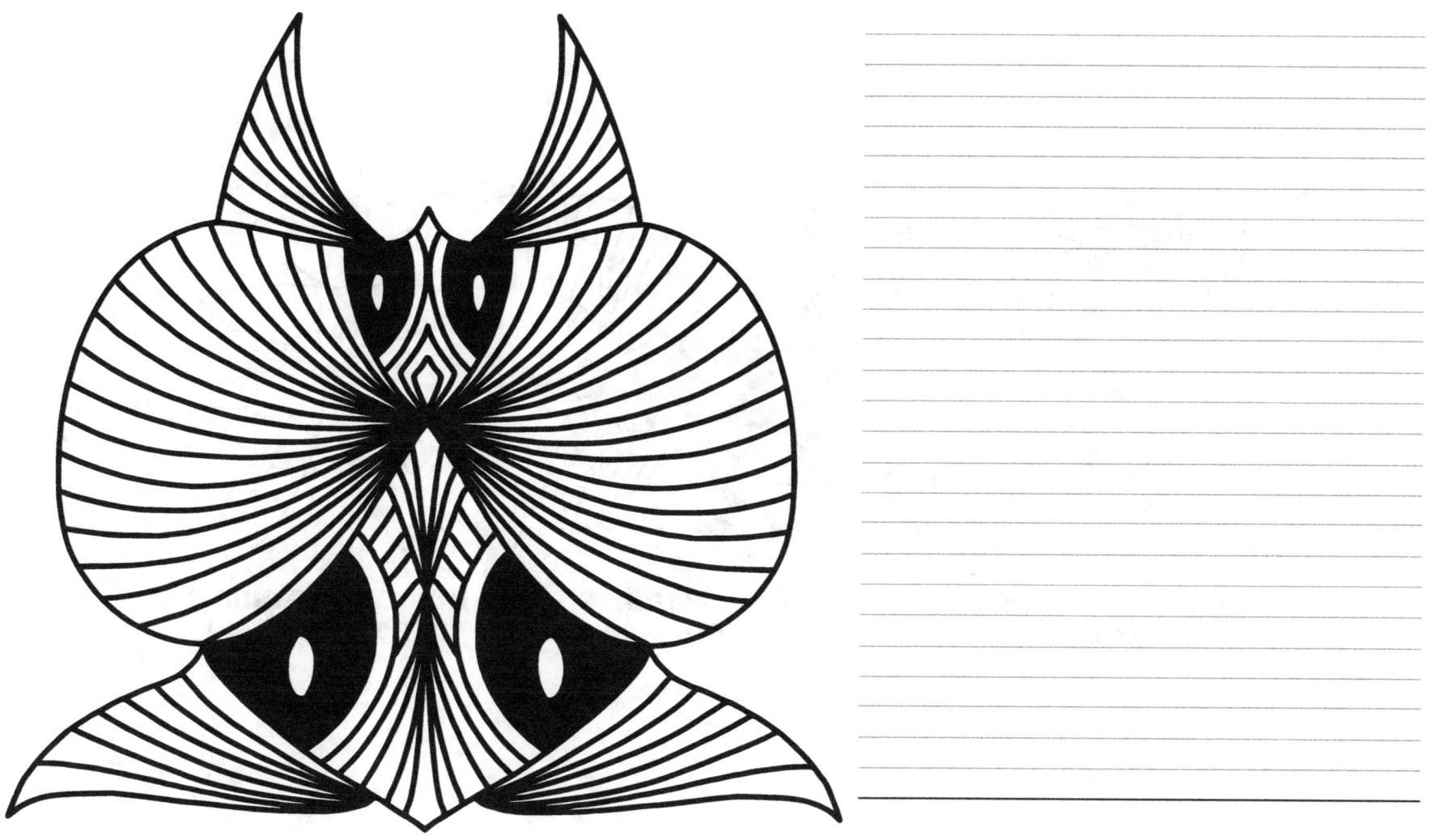

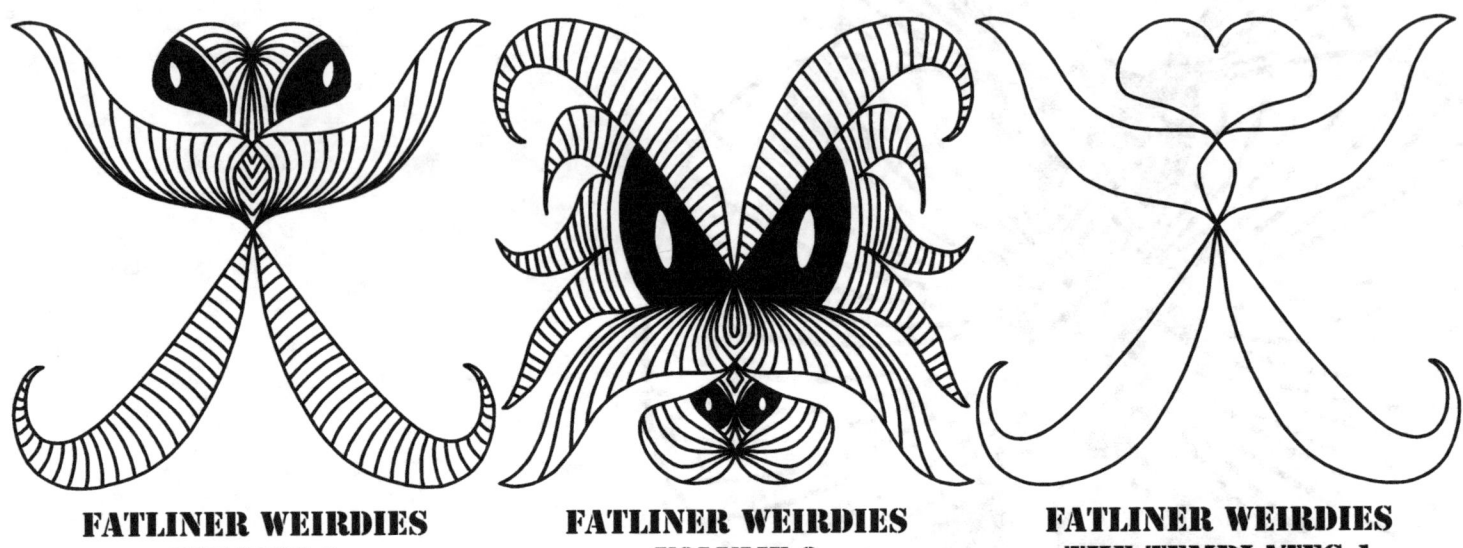

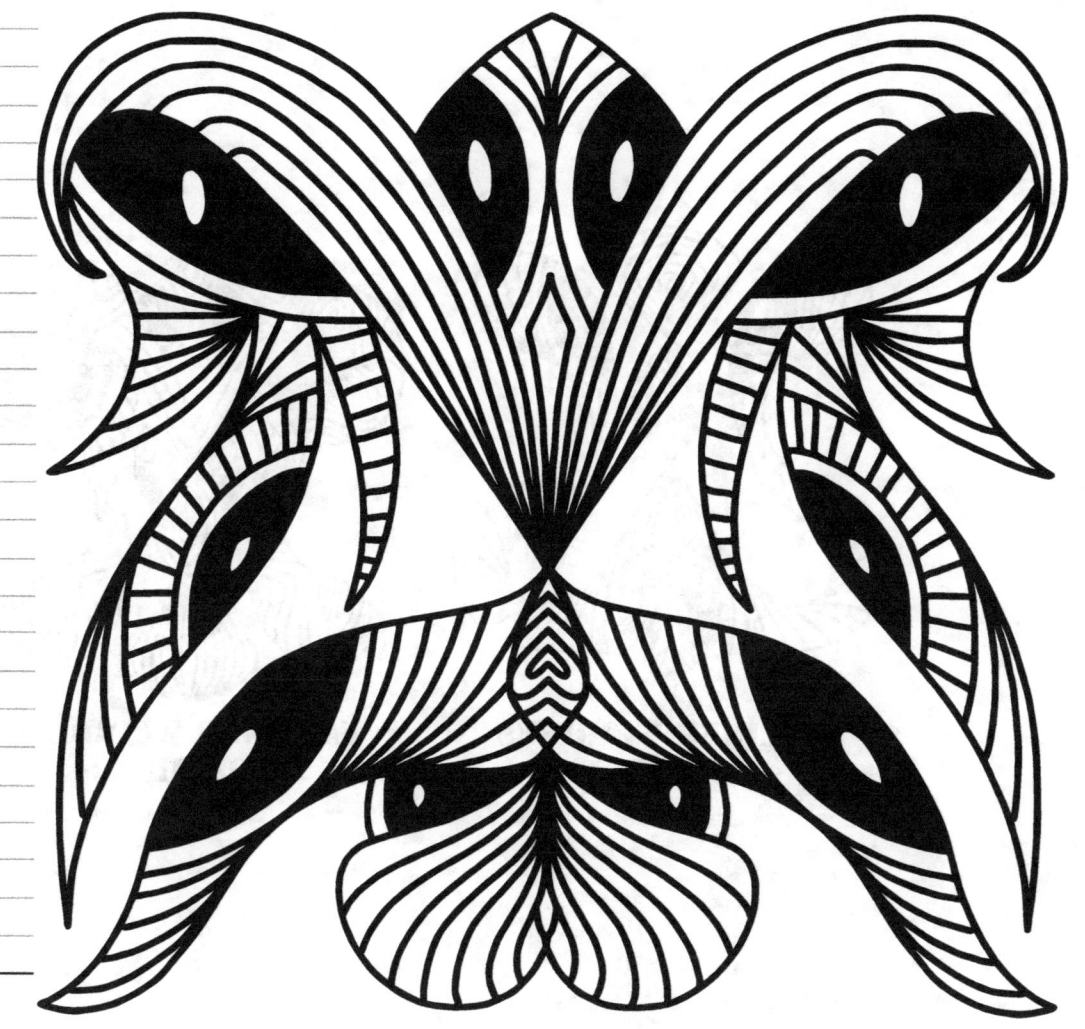

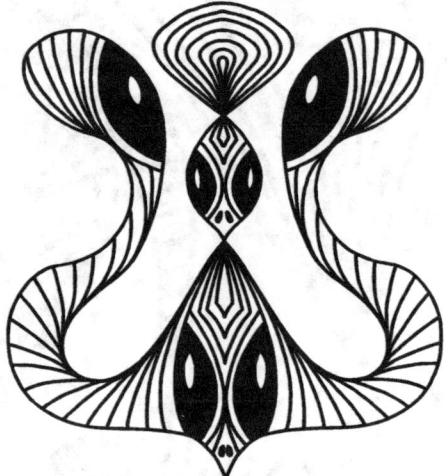
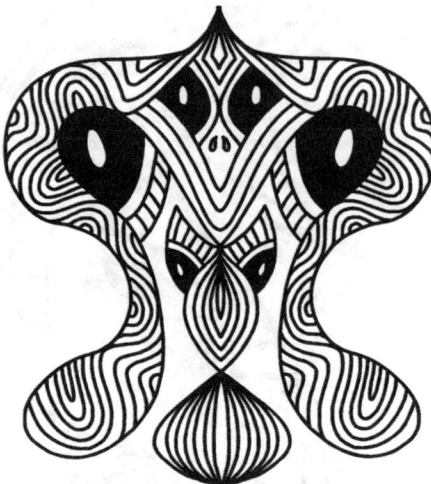
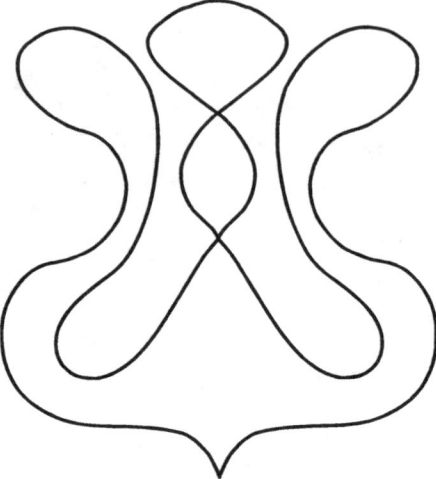

FATLINER WEIRDIES VOLUME 1   **FATLINER WEIRDIES VOLUME 2**   **FATLINER WEIRDIES THE TEMPLATES 1**

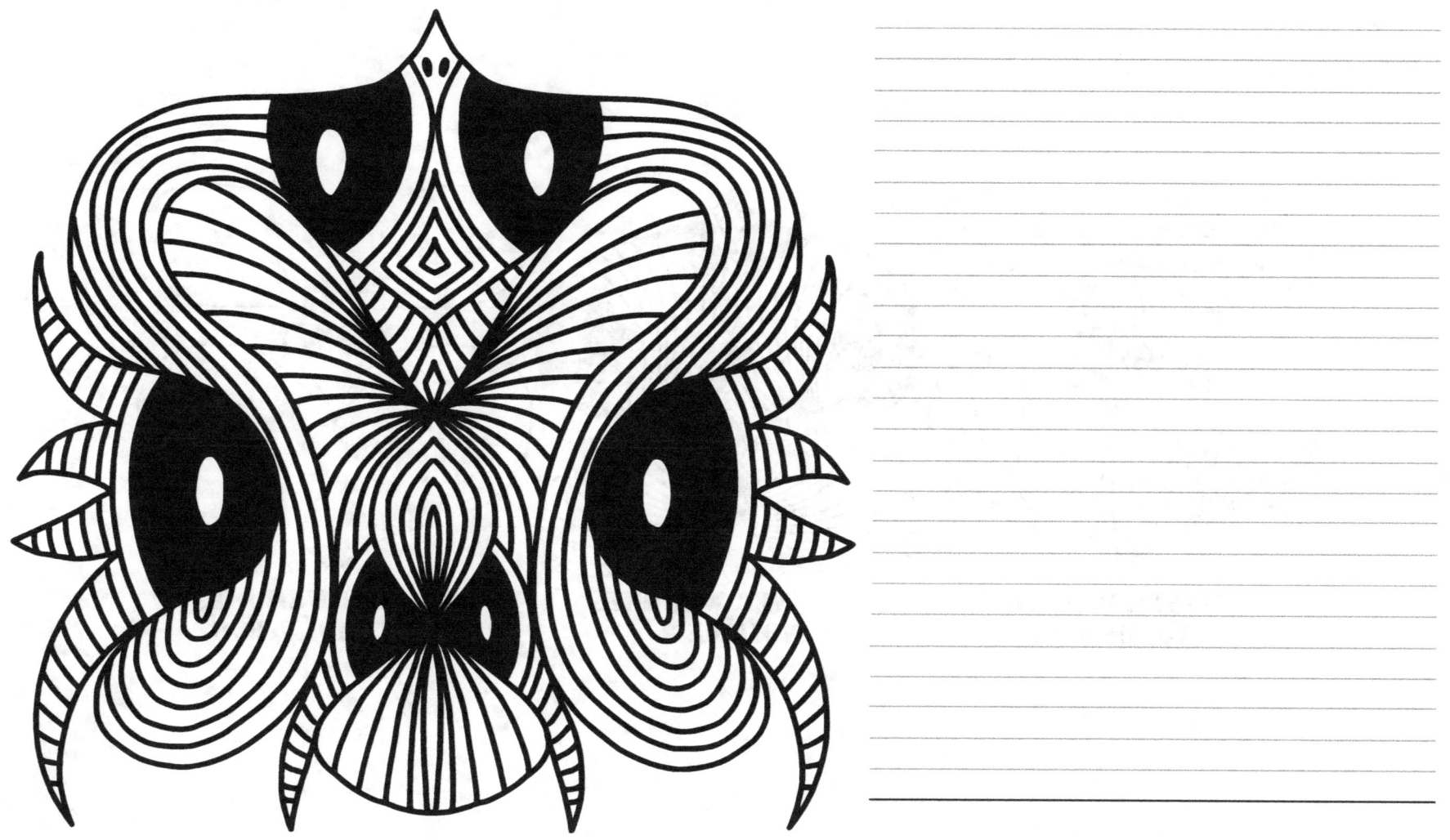

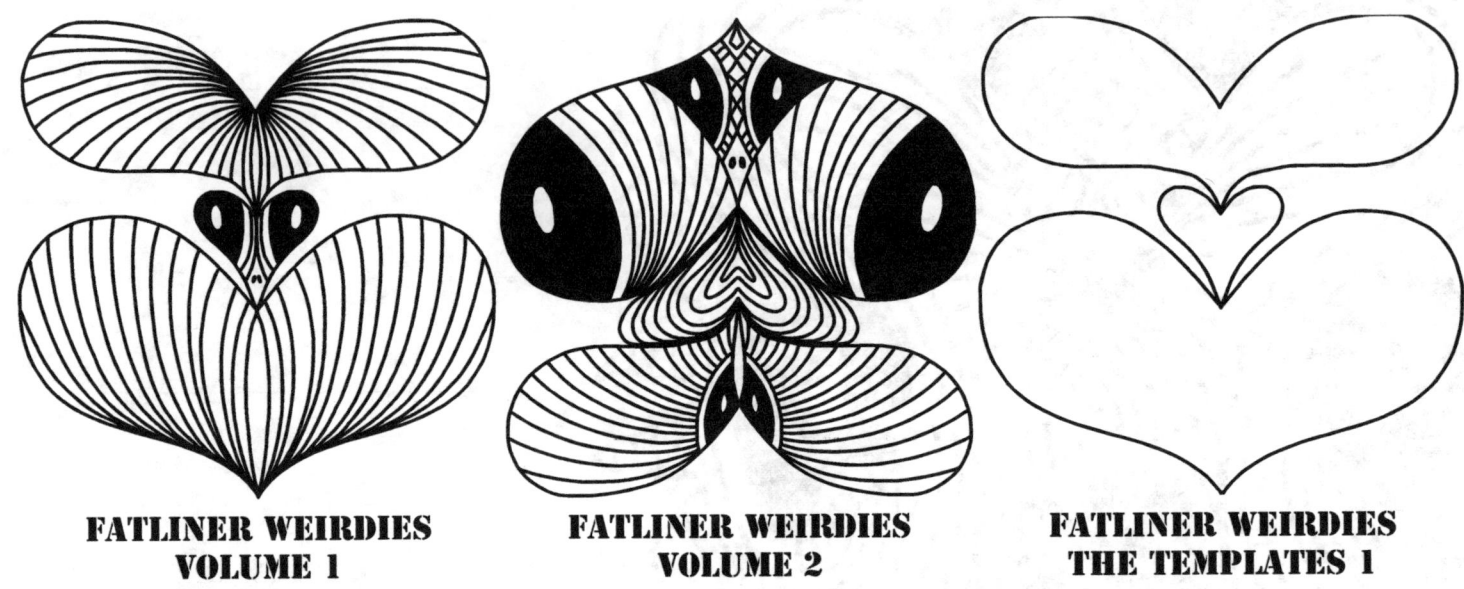

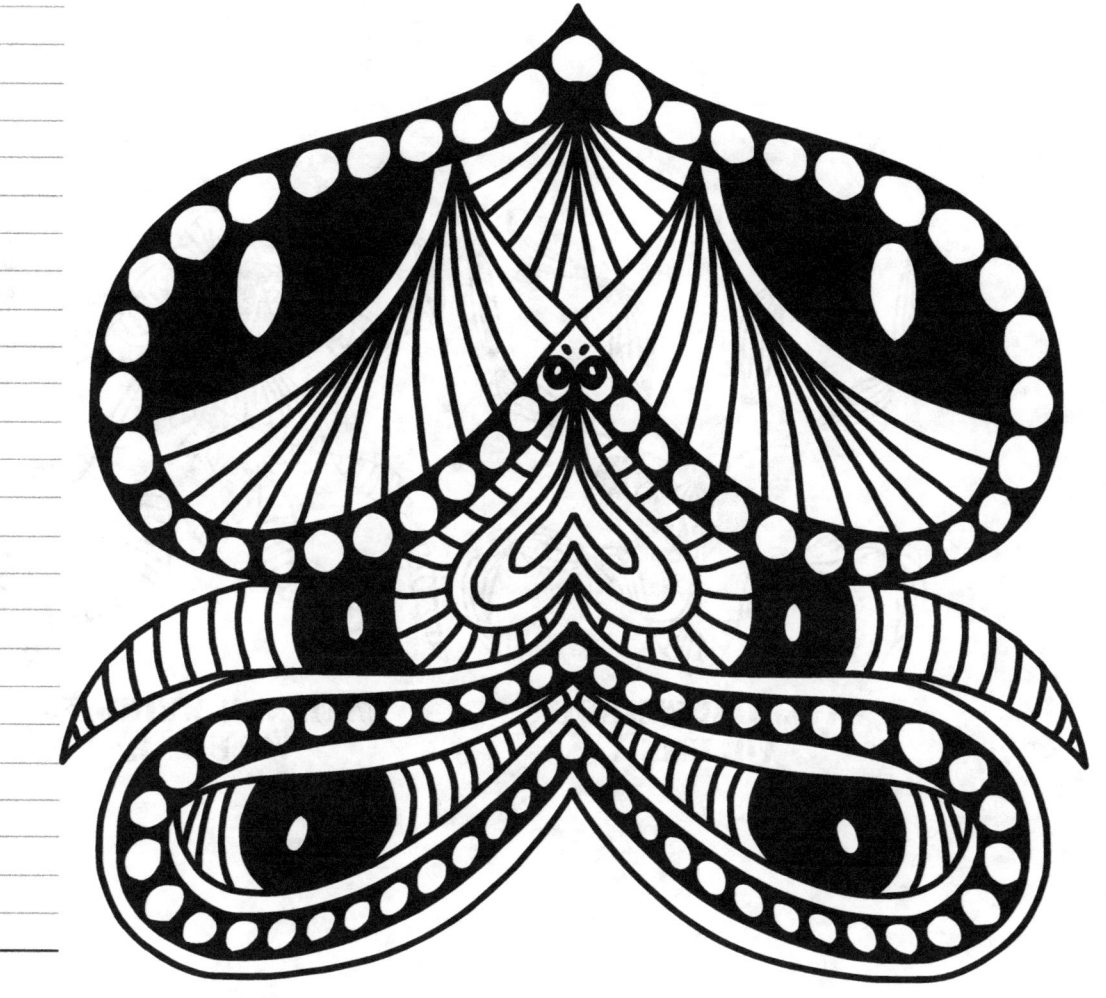

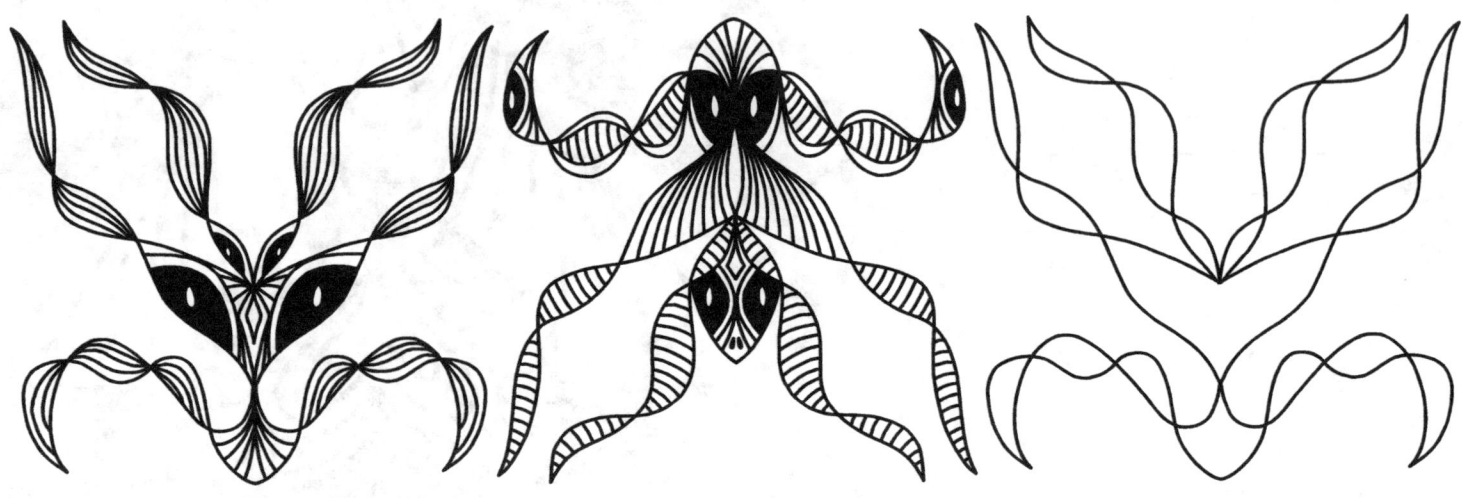

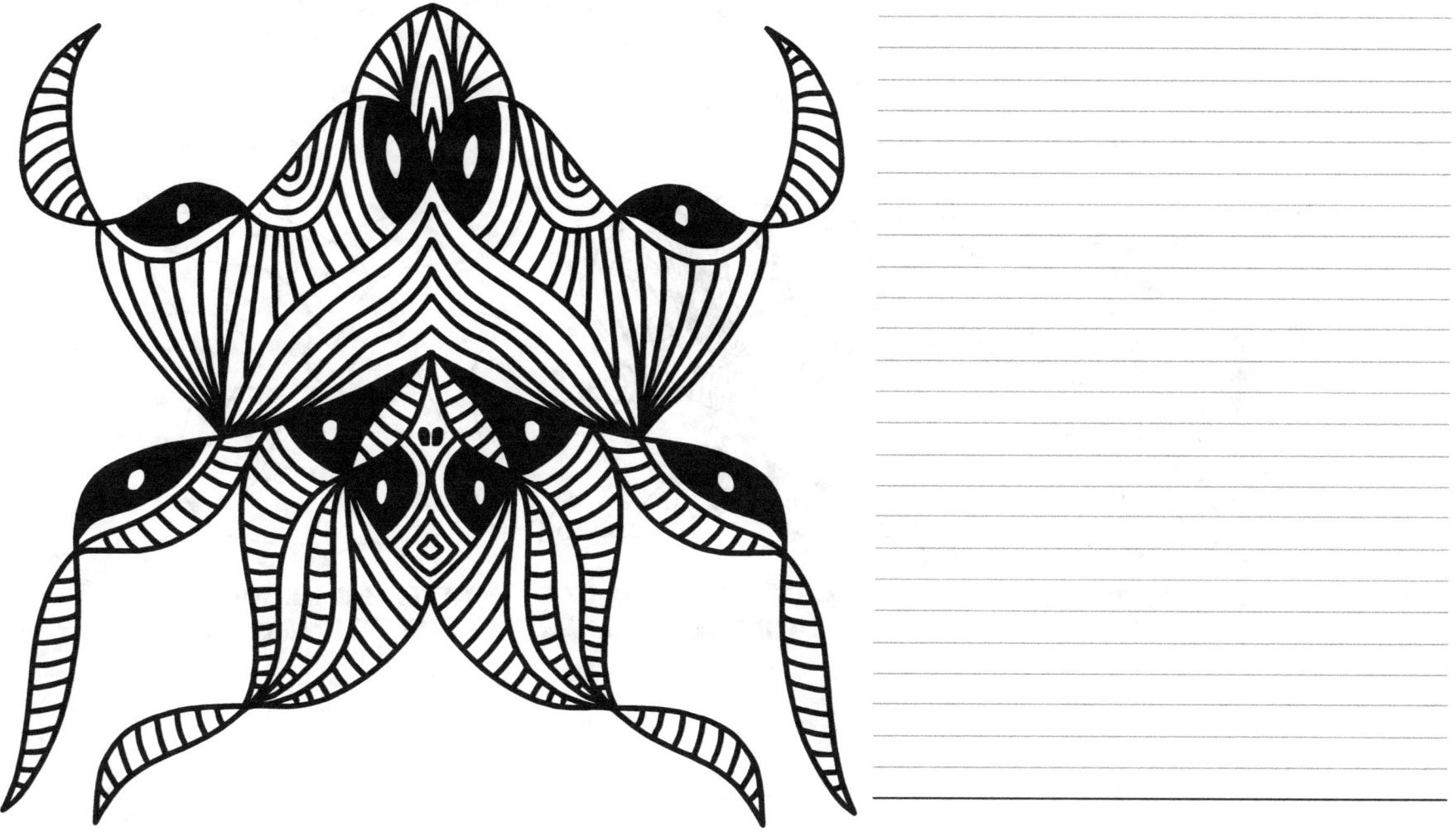

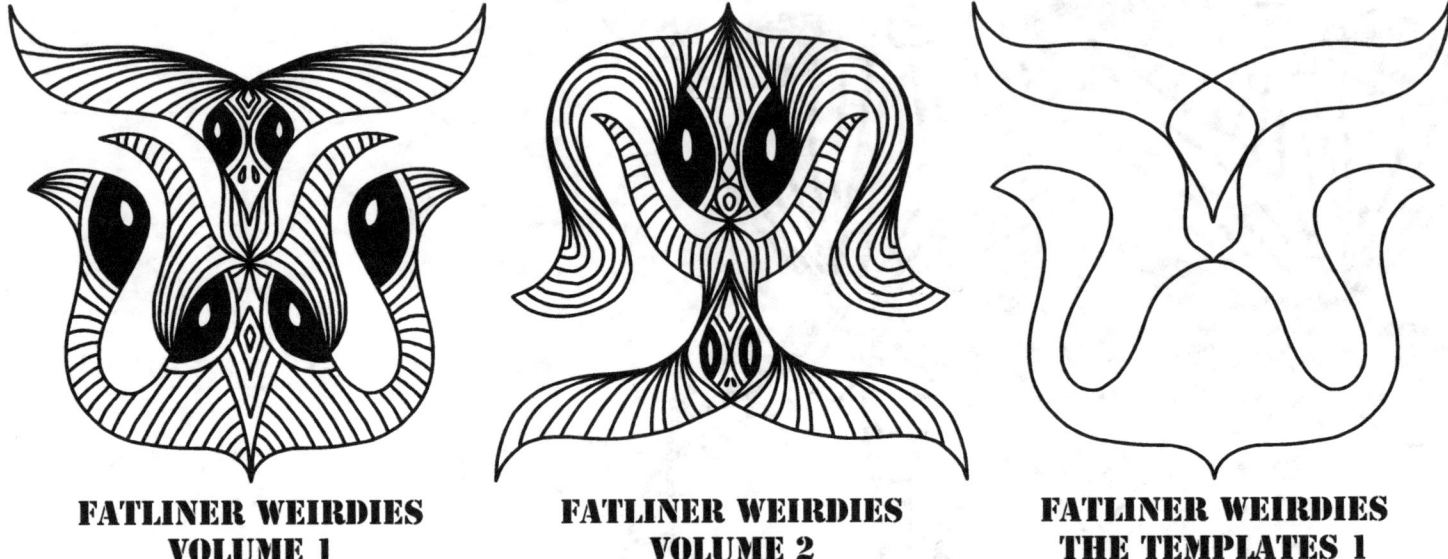

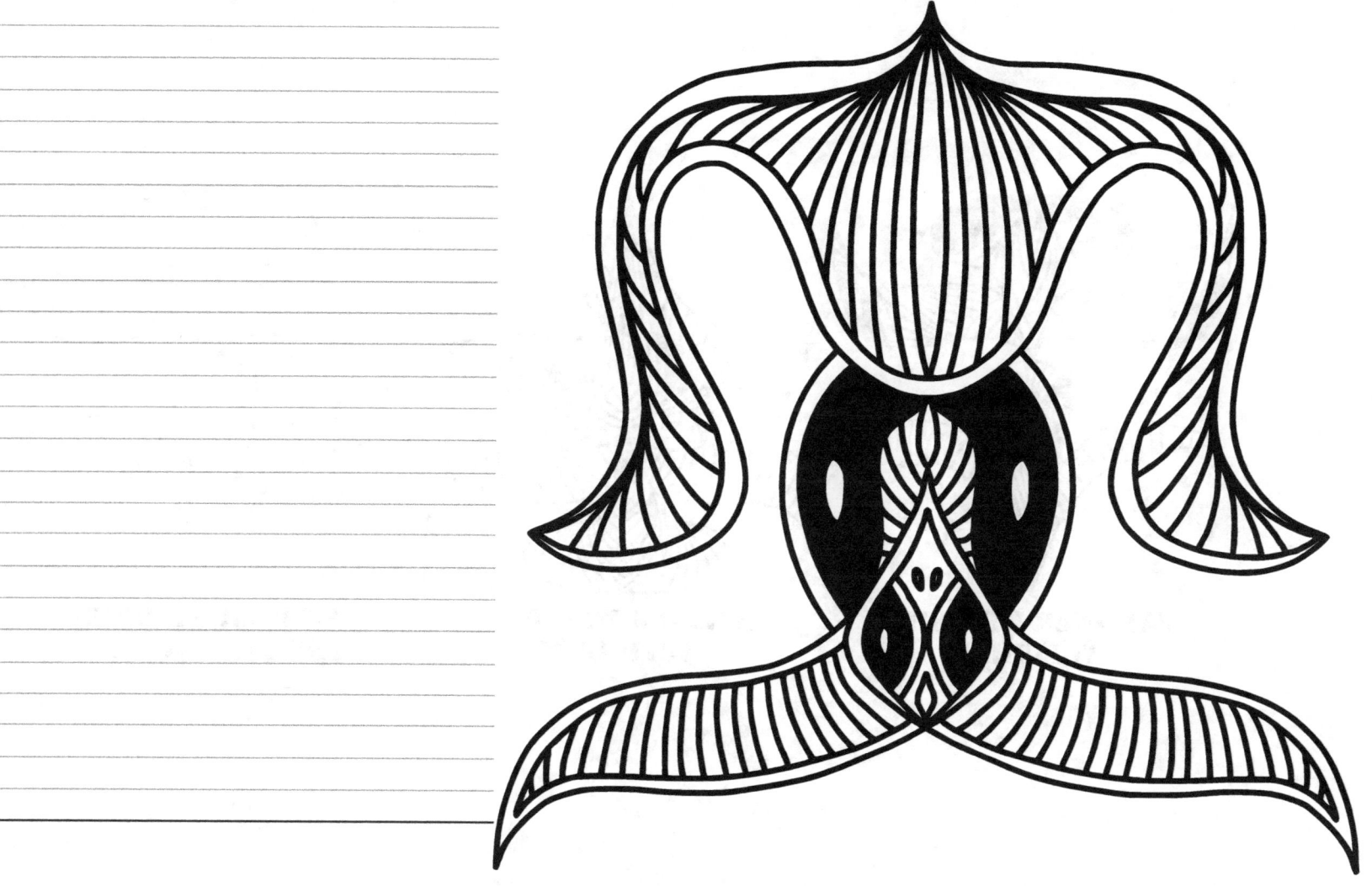

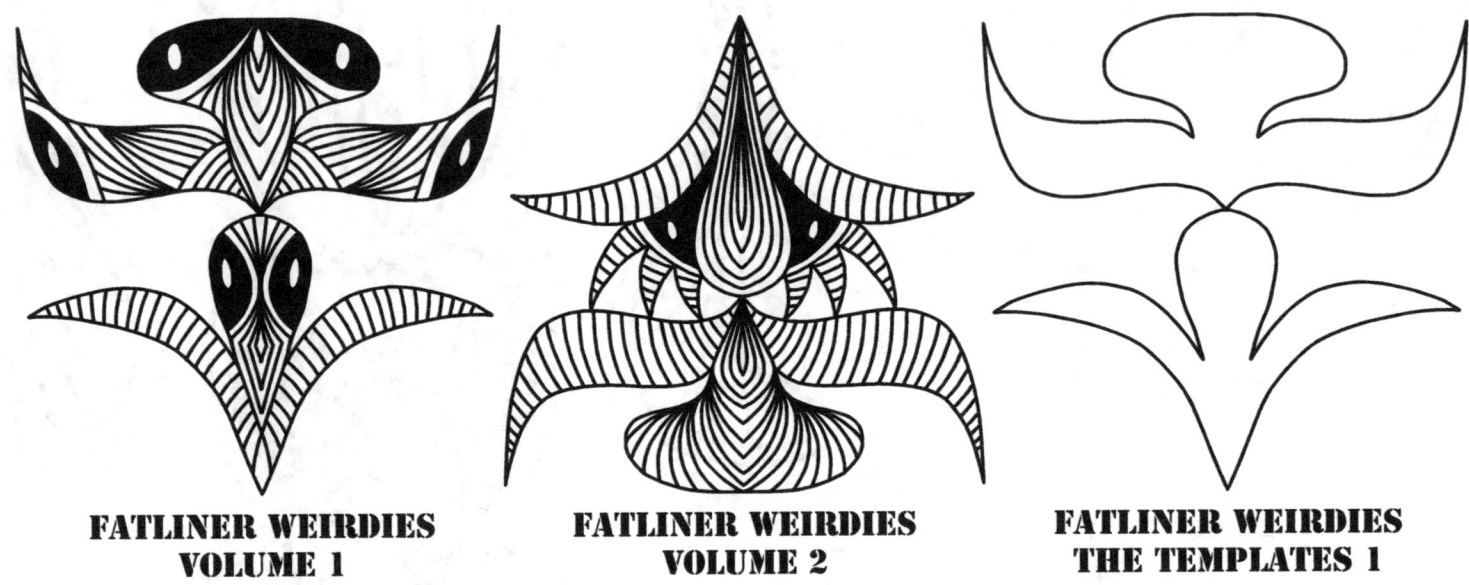

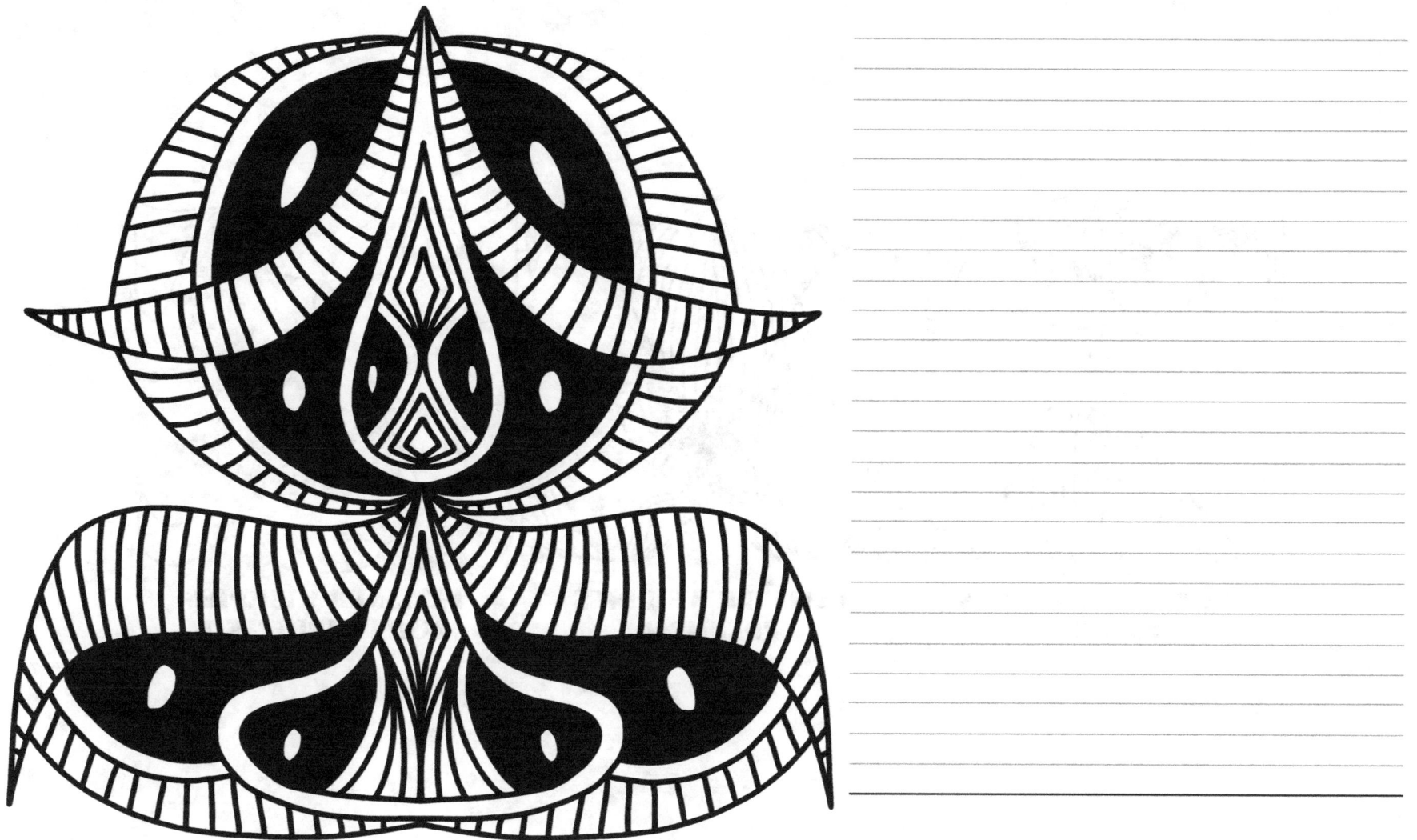

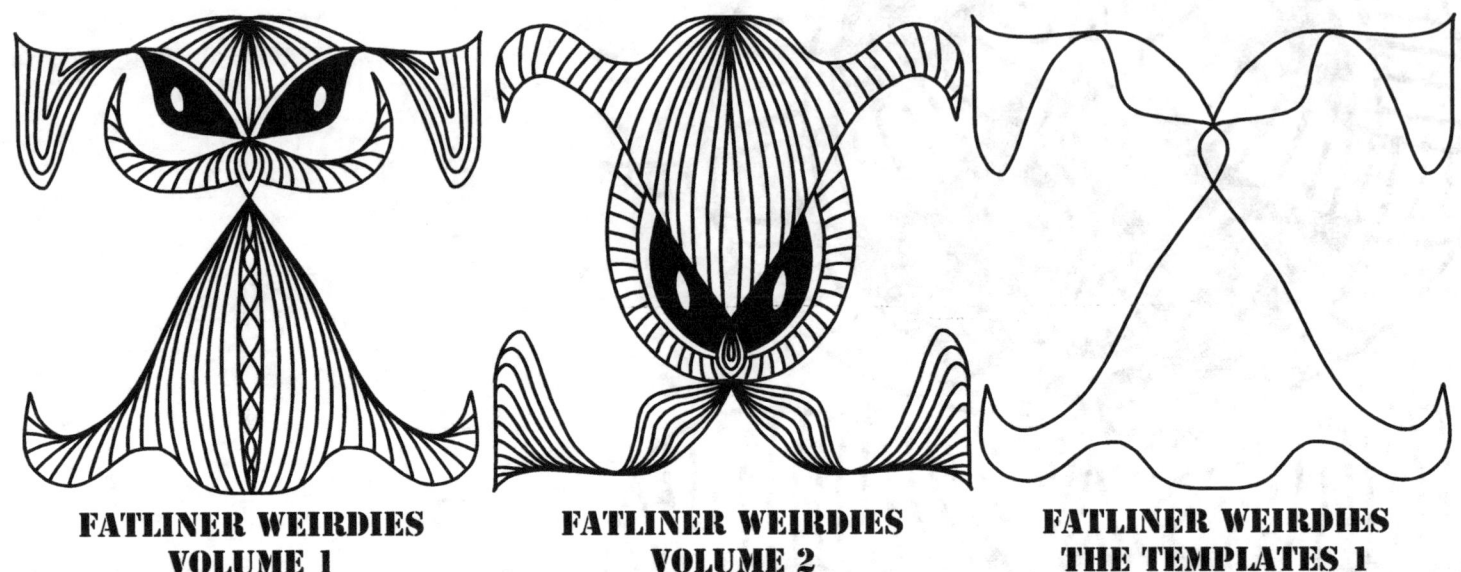

FATLINER WEIRDIES VOLUME 1 **FATLINER WEIRDIES VOLUME 2** **FATLINER WEIRDIES THE TEMPLATES 1**

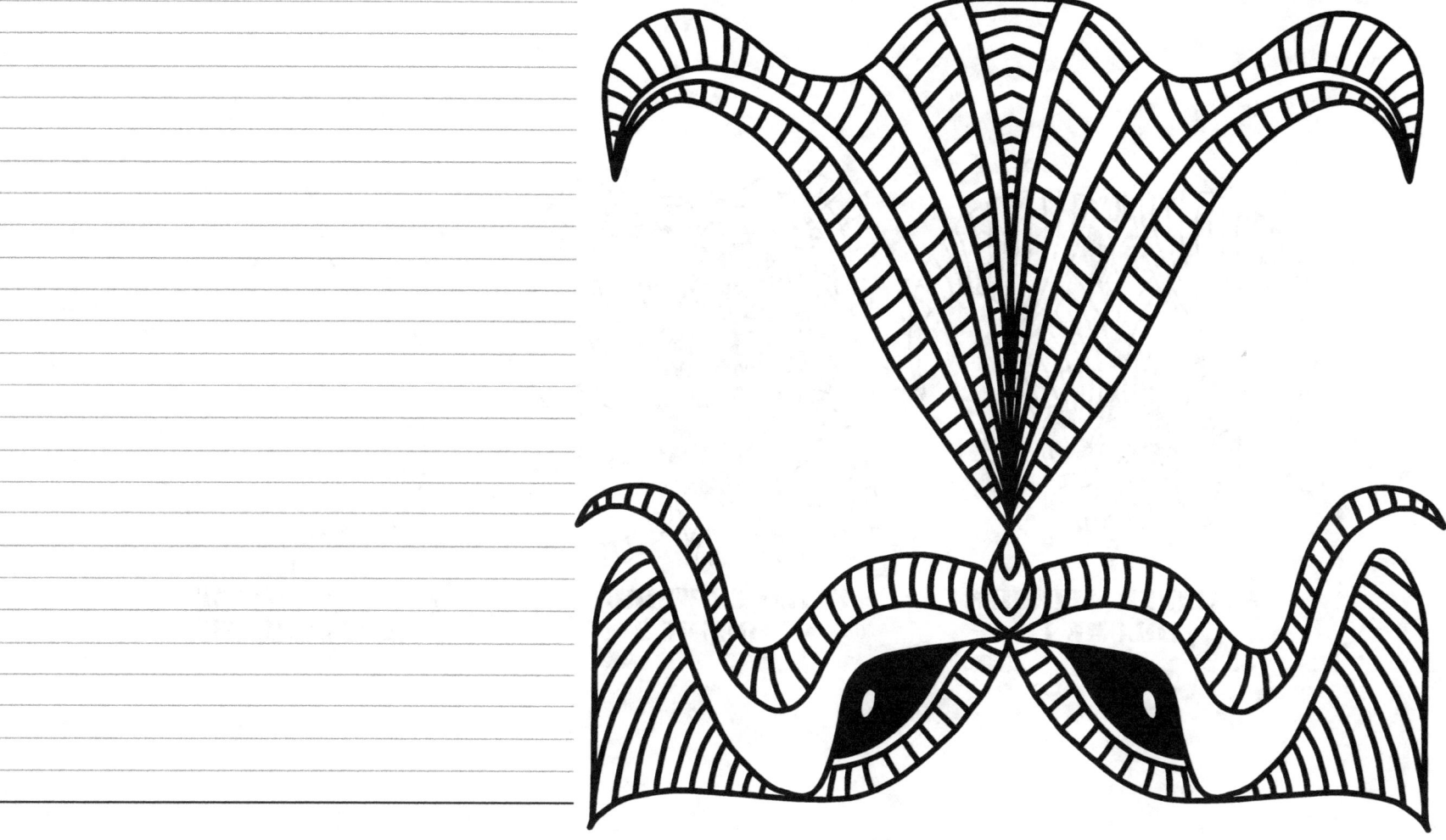

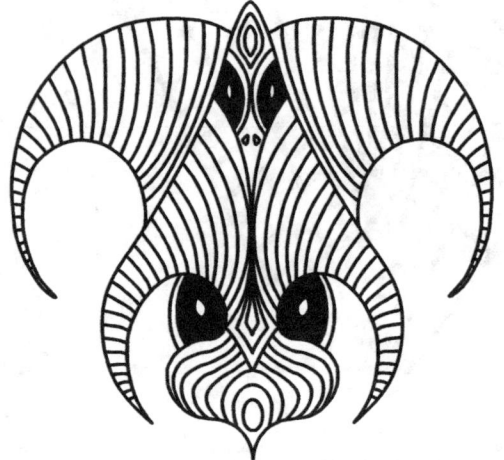

FATLINER WEIRDIES VOLUME 1

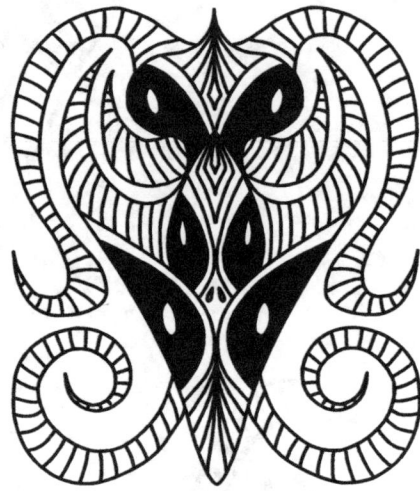

FATLINER WEIRDIES VOLUME 2

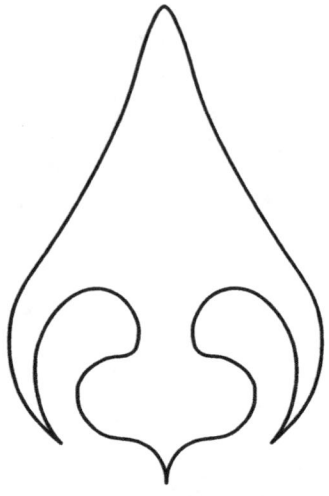

FATLINER WEIRDIES THE TEMPLATES 1

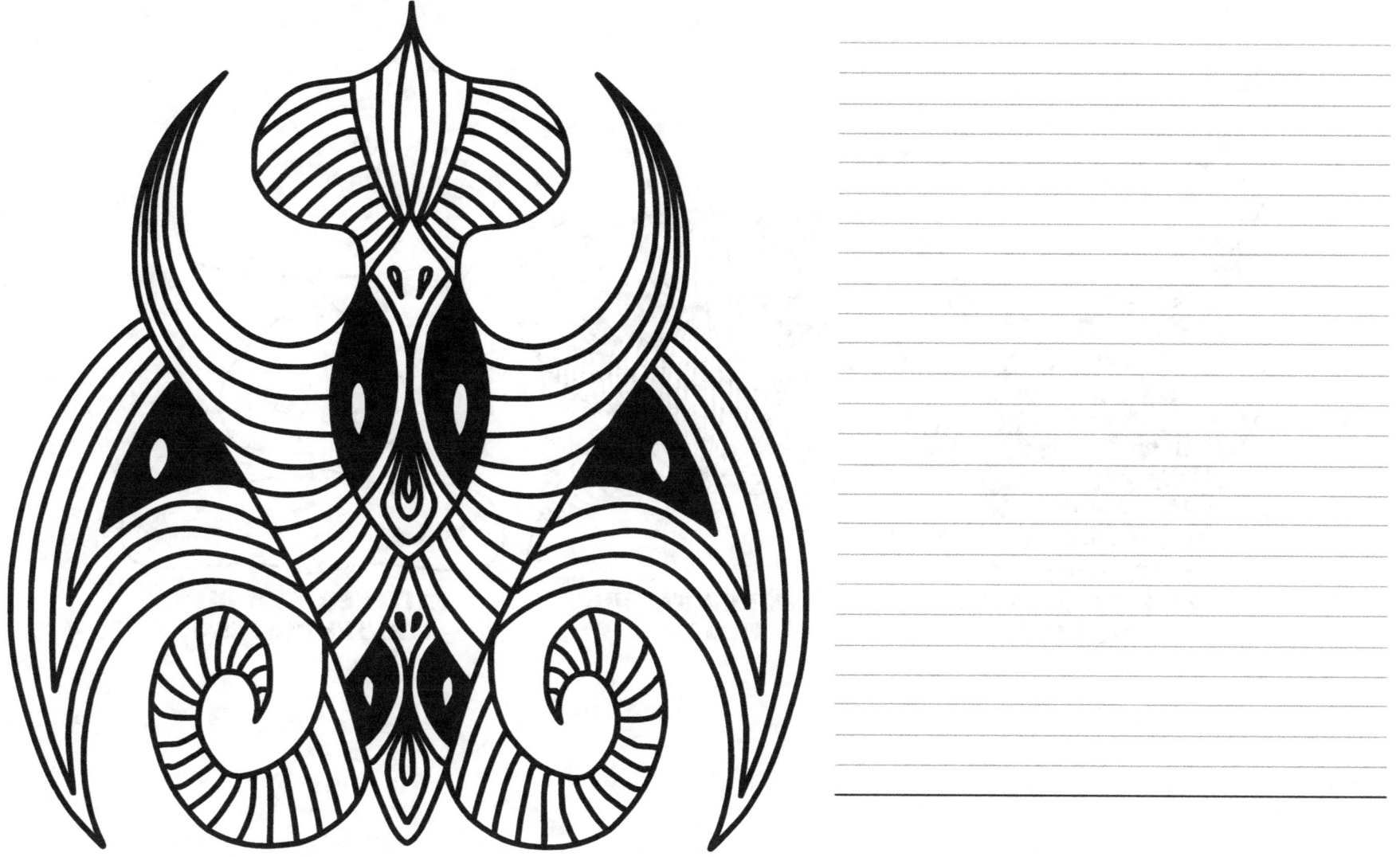

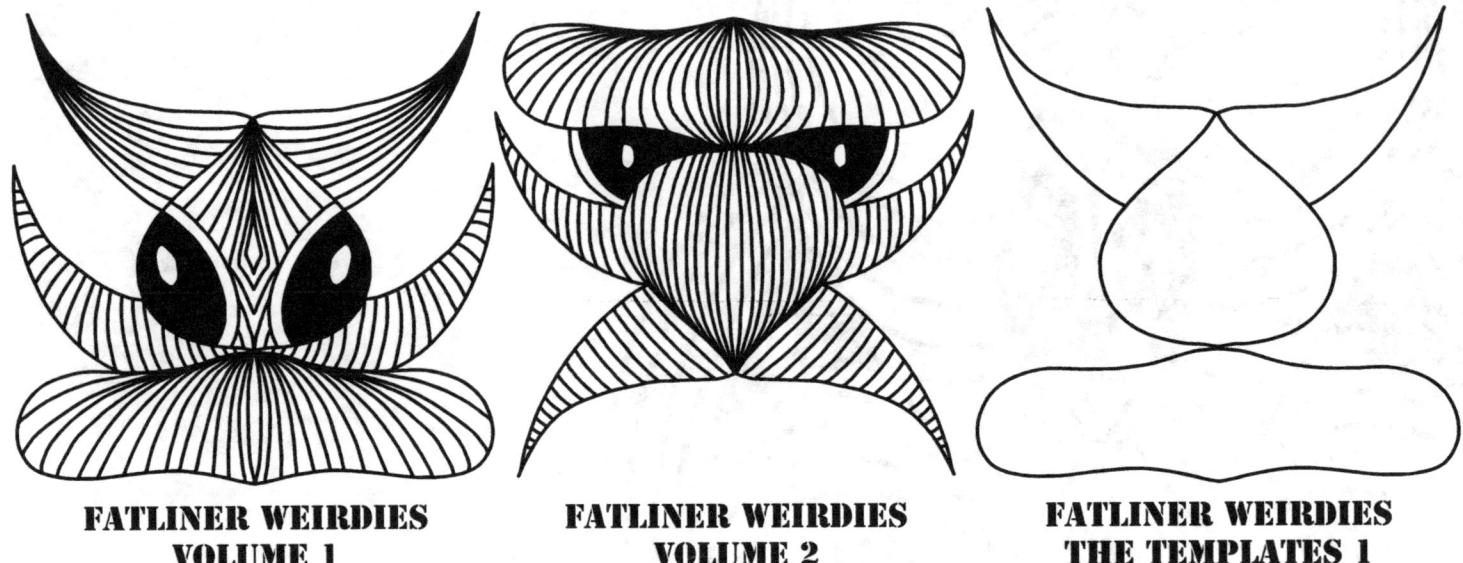

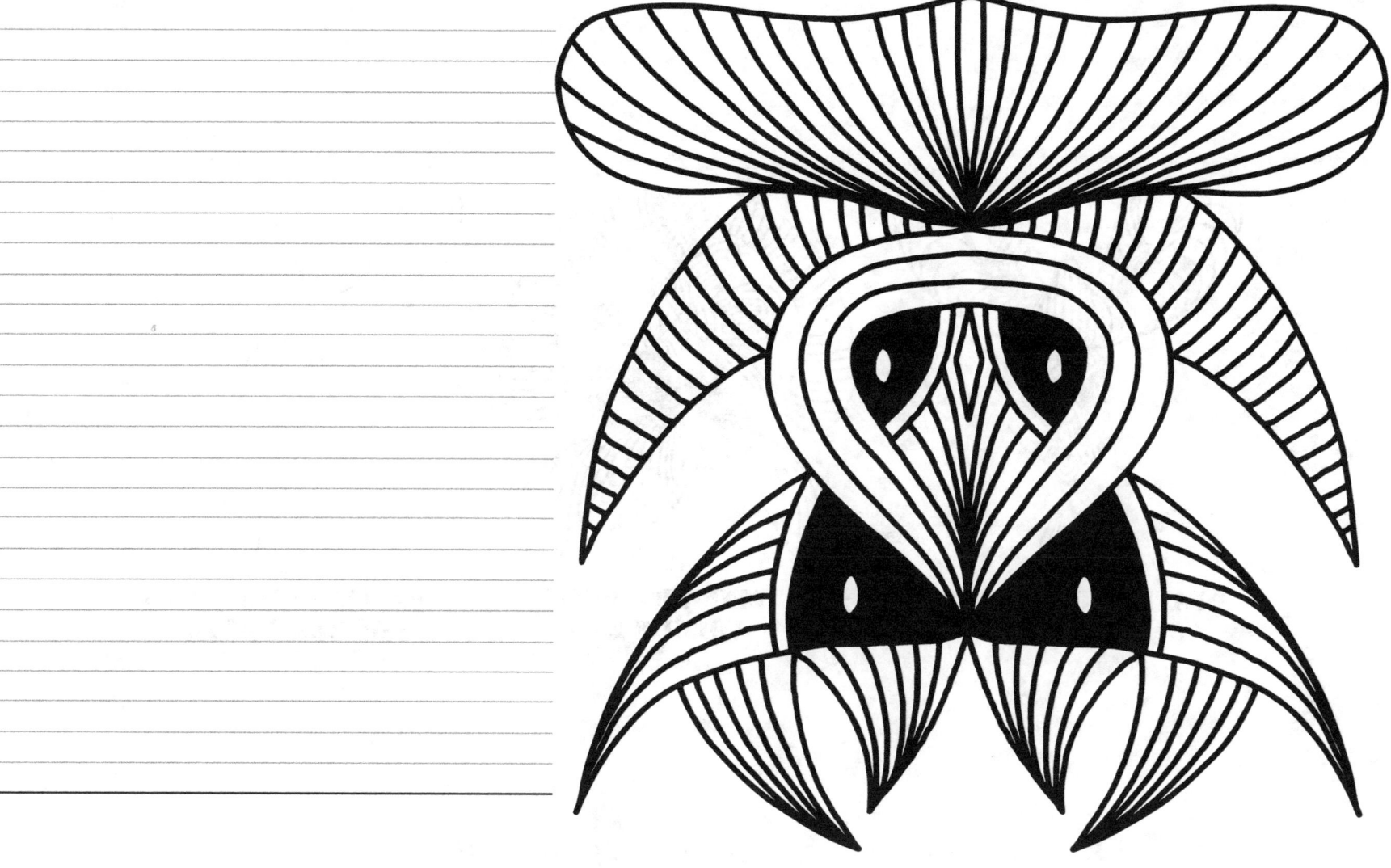

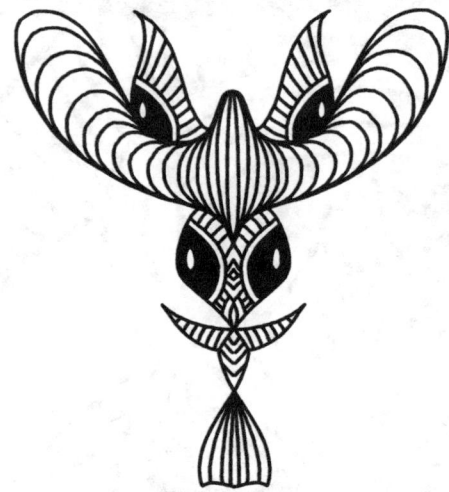

FATLINER WEIRDIES VOLUME 1

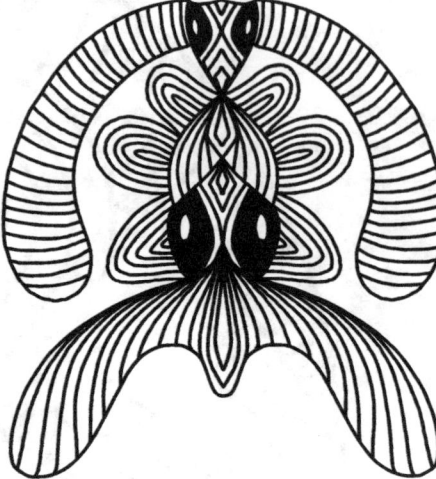

FATLINER WEIRDIES VOLUME 2

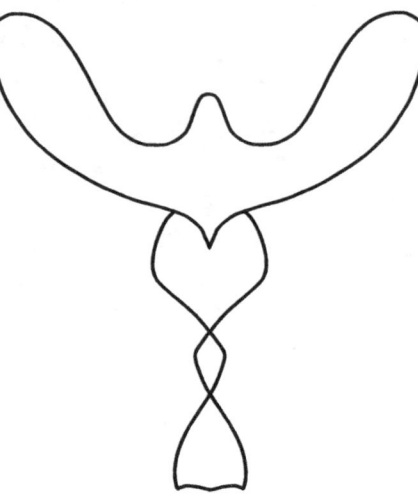

FATLINER WEIRDIES THE TEMPLATES 1

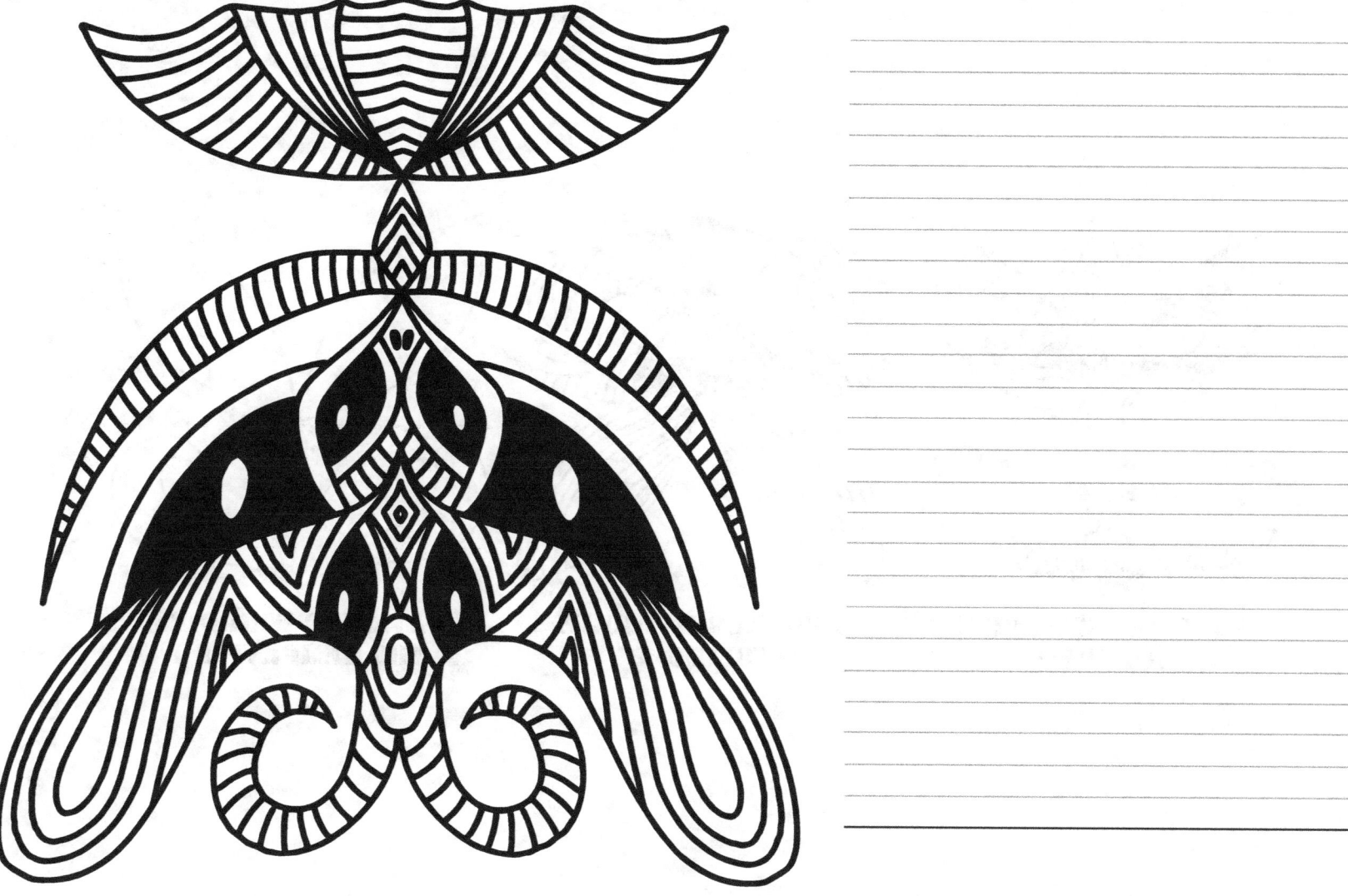

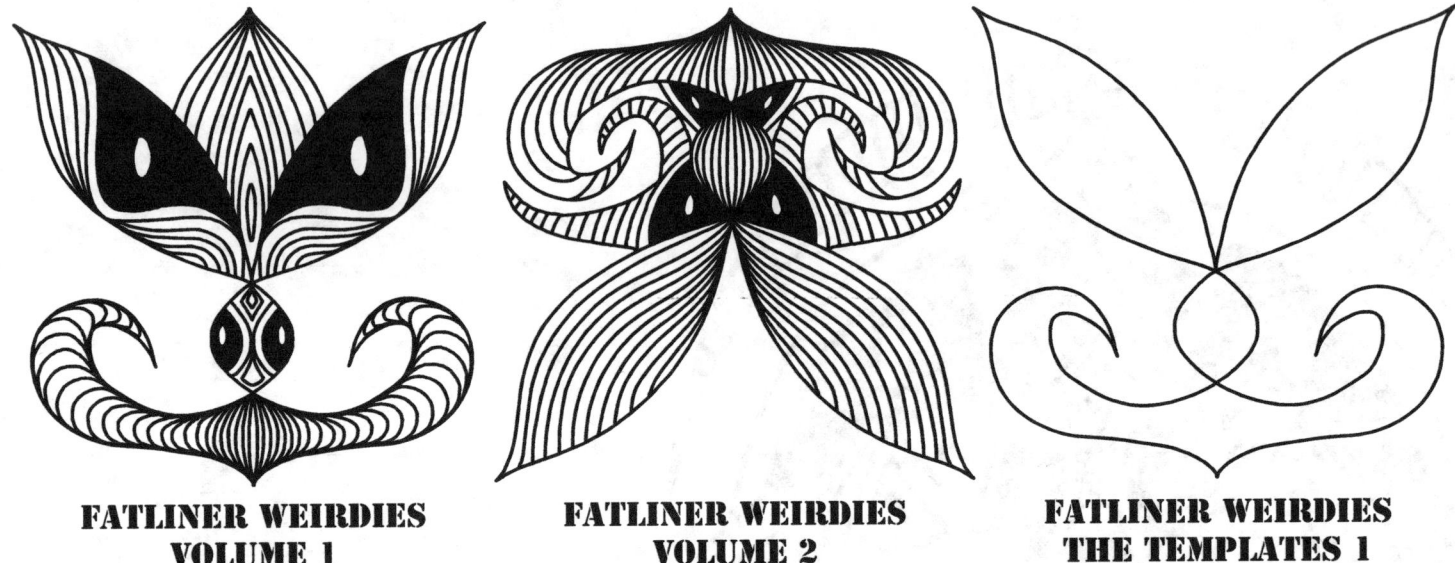

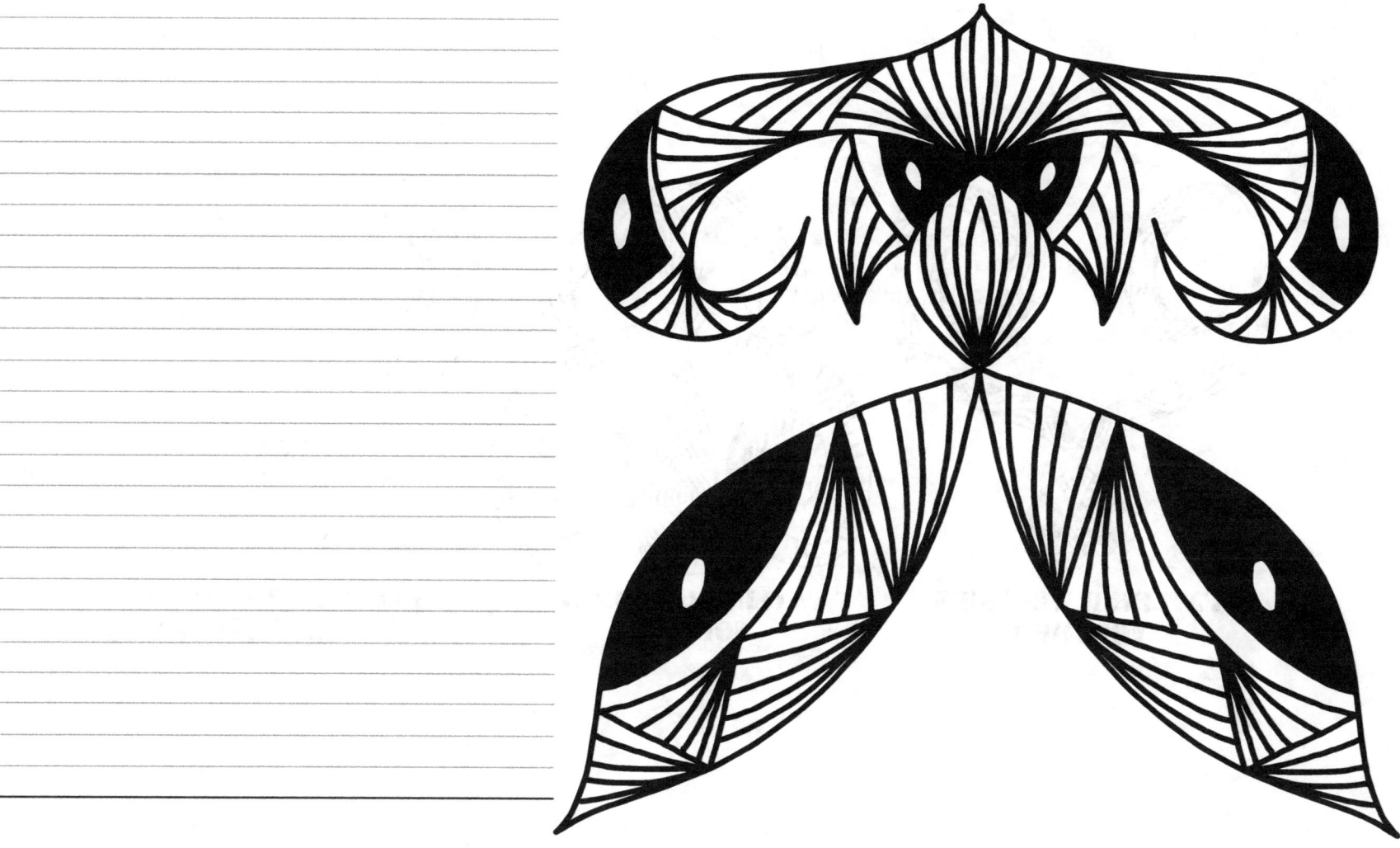

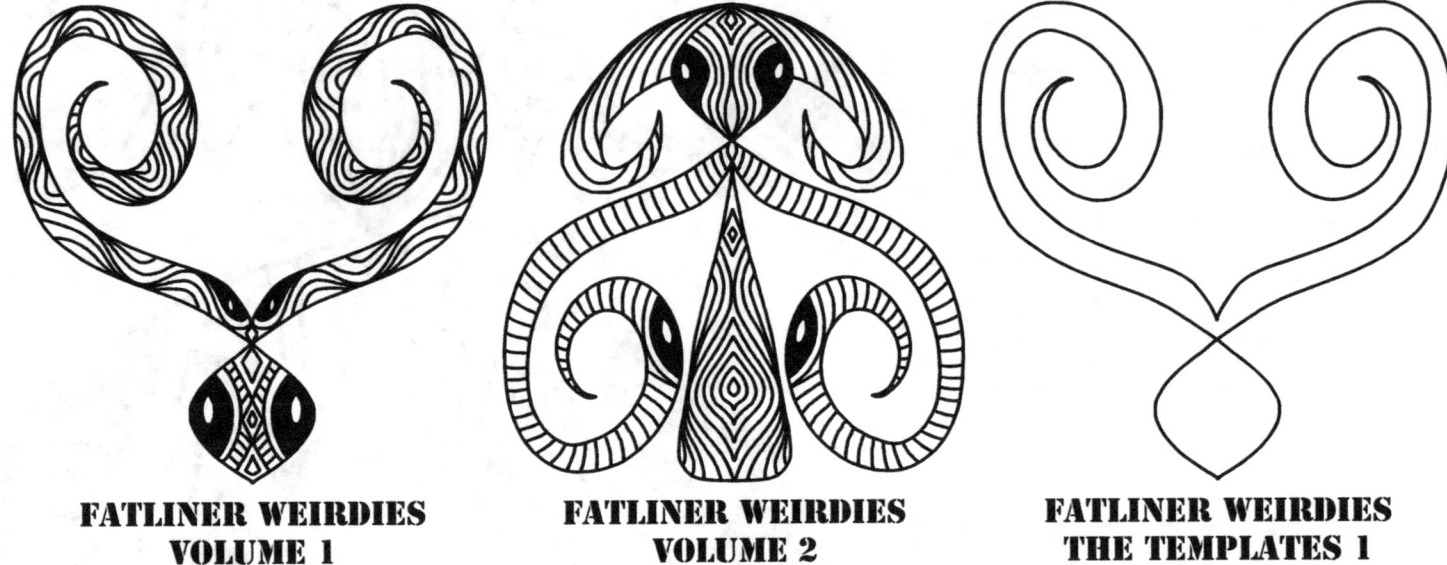

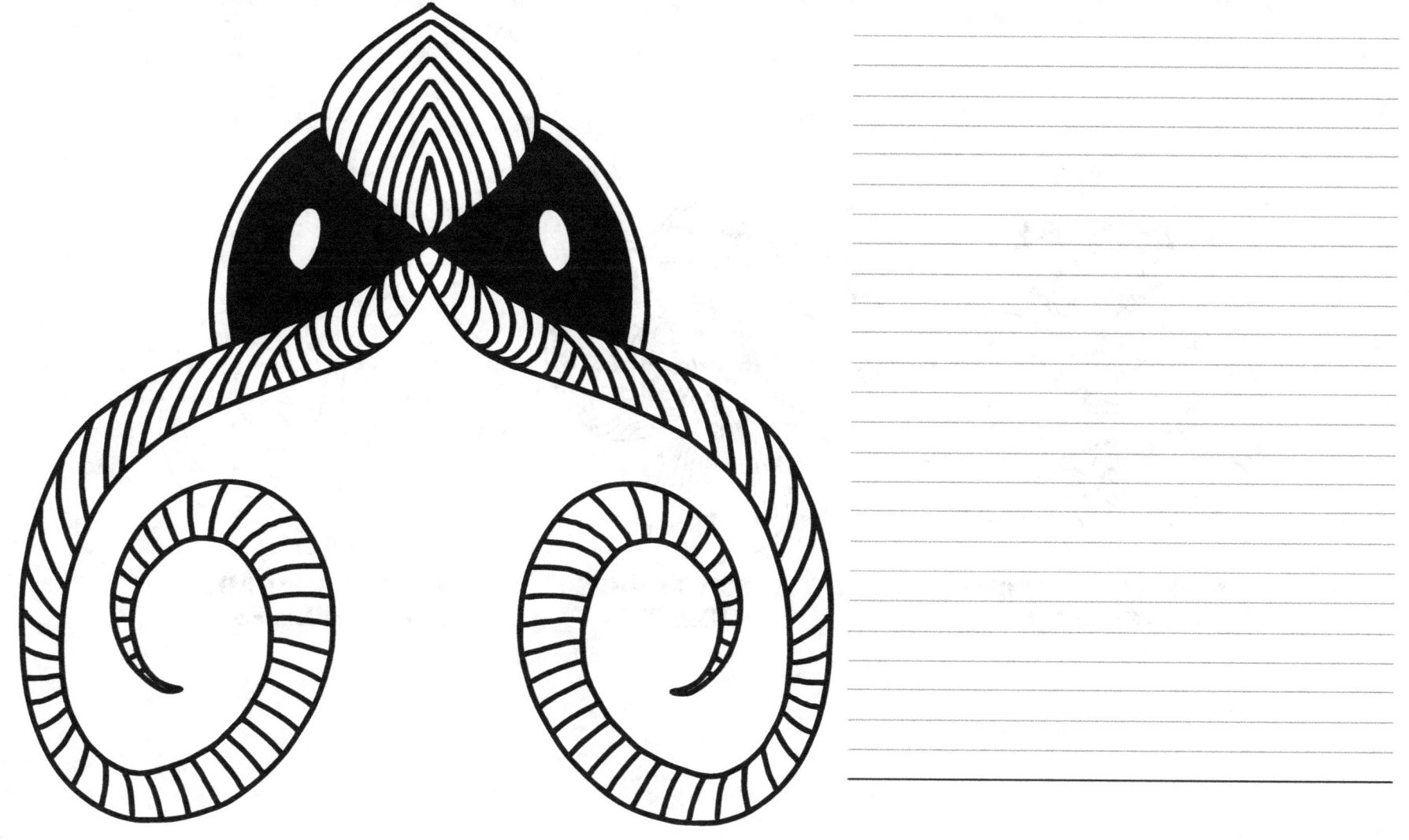

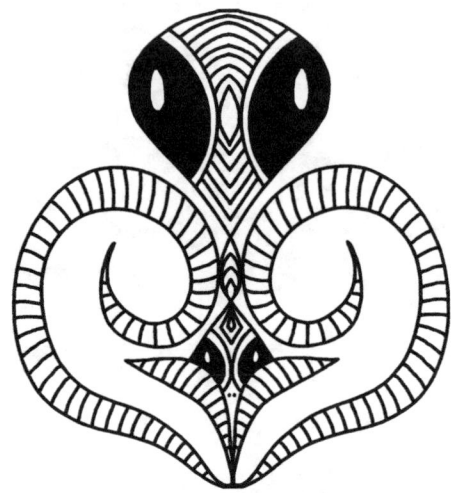

FATLINER WEIRDIES VOLUME 1

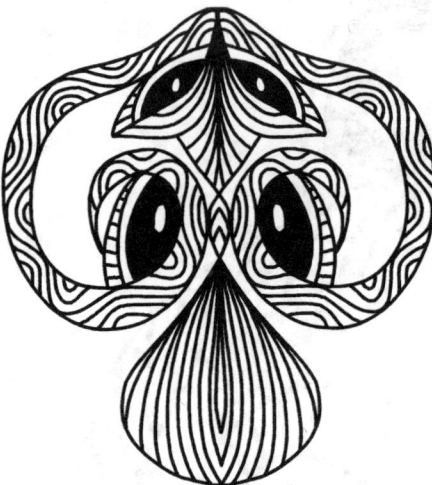

FATLINER WEIRDIES VOLUME 2

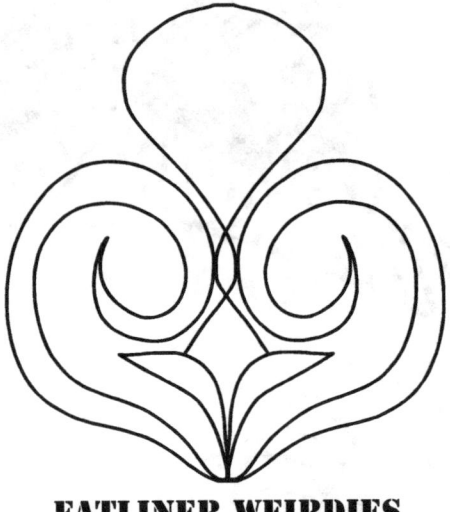

FATLINER WEIRDIES THE TEMPLATES 1

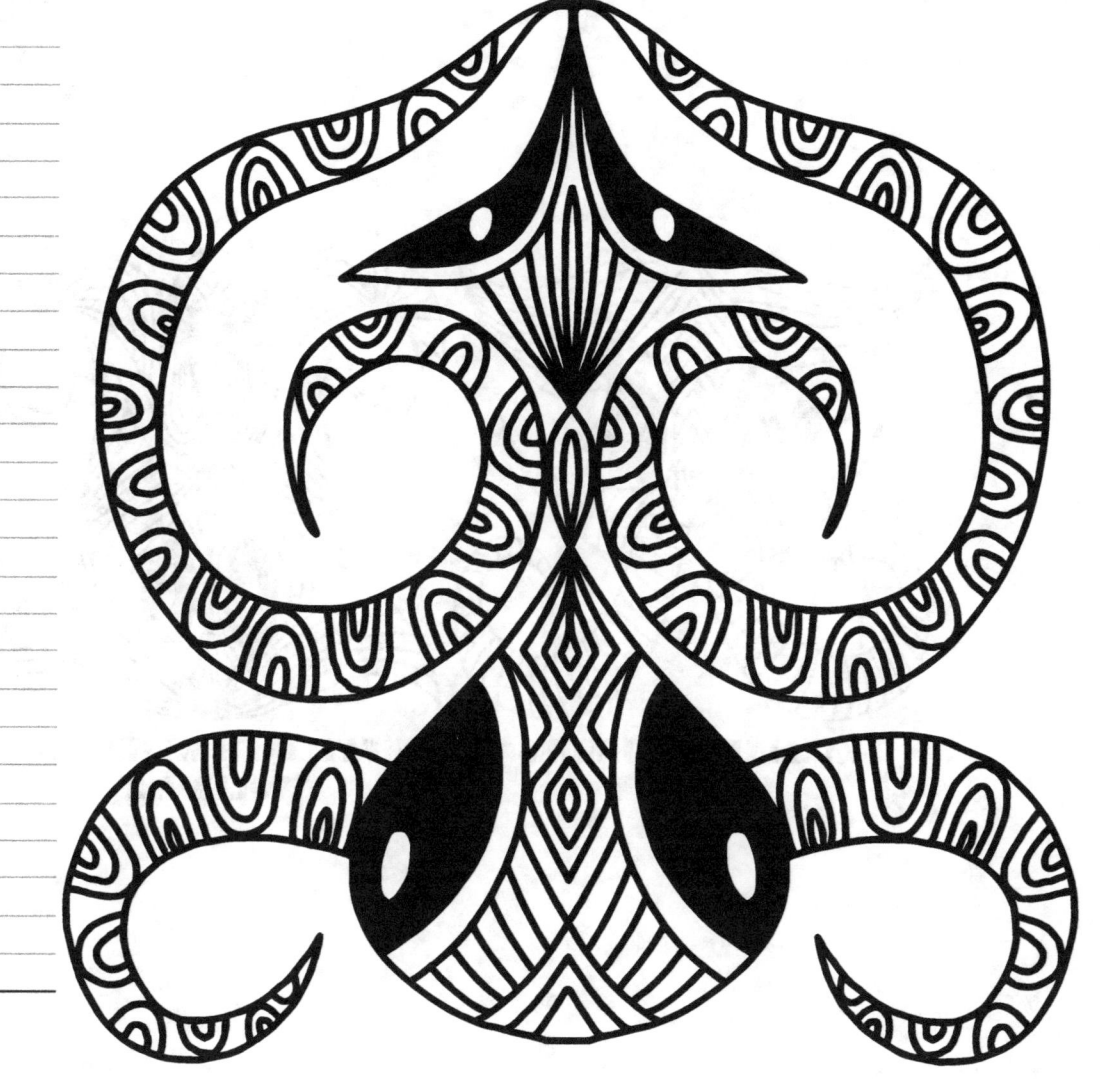

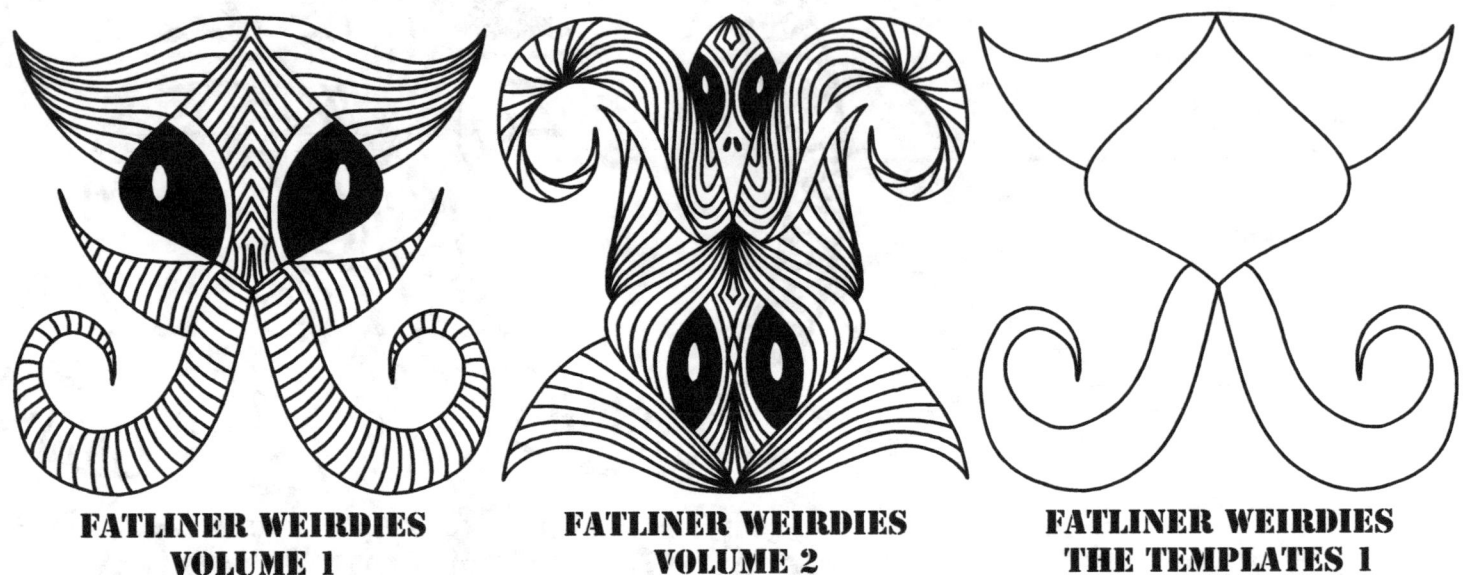

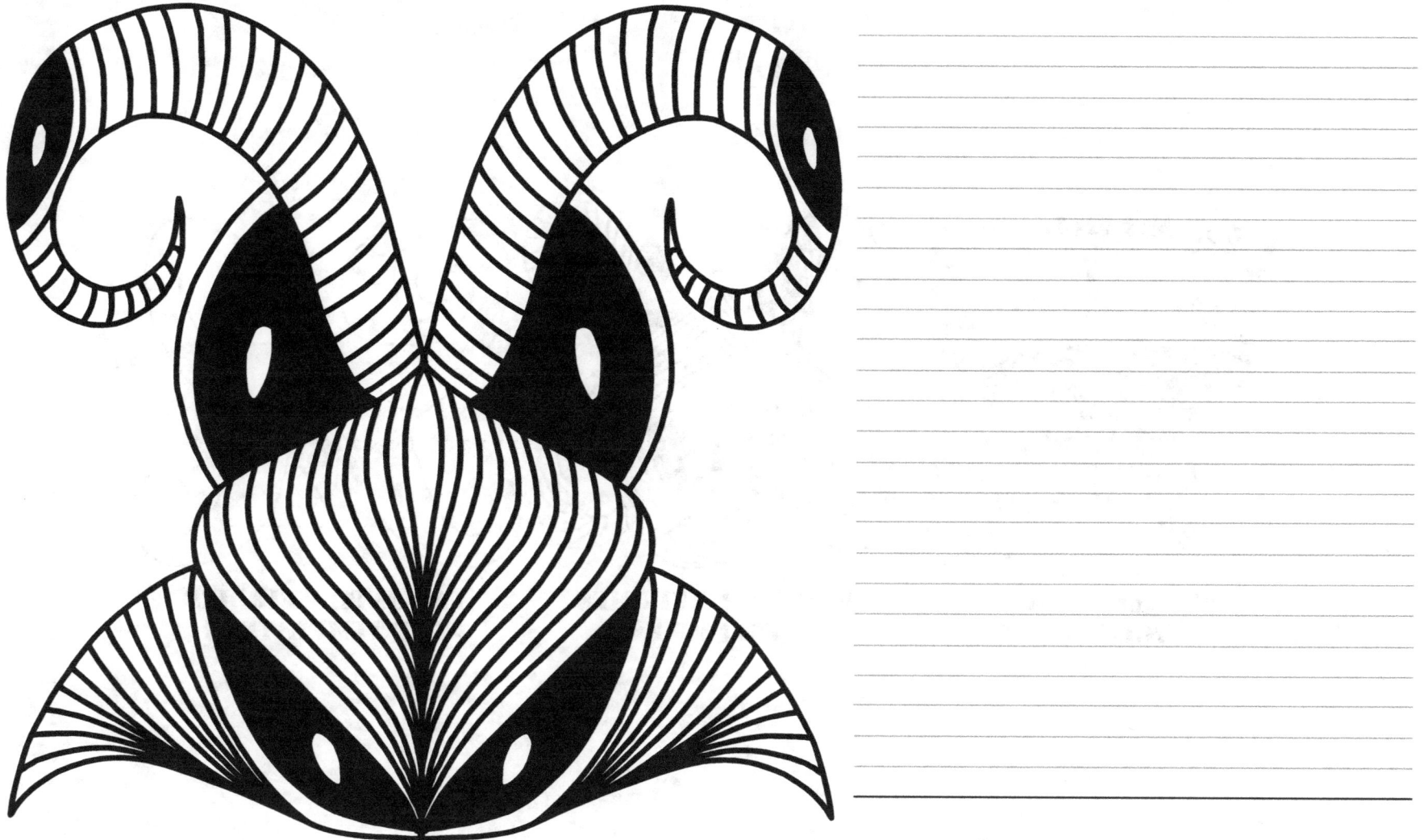

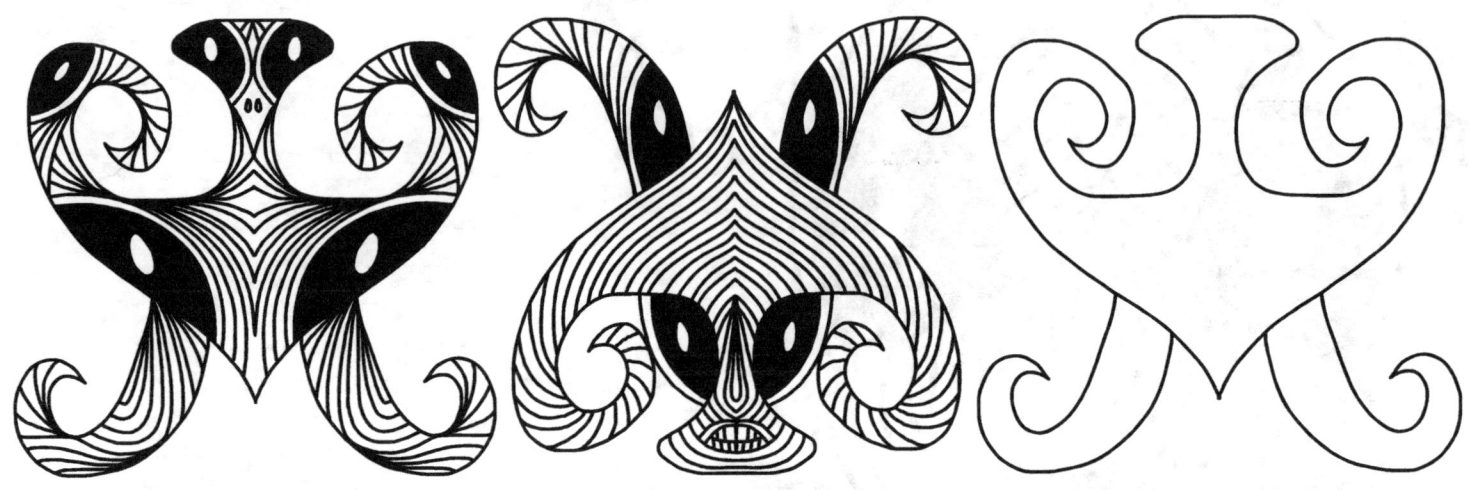

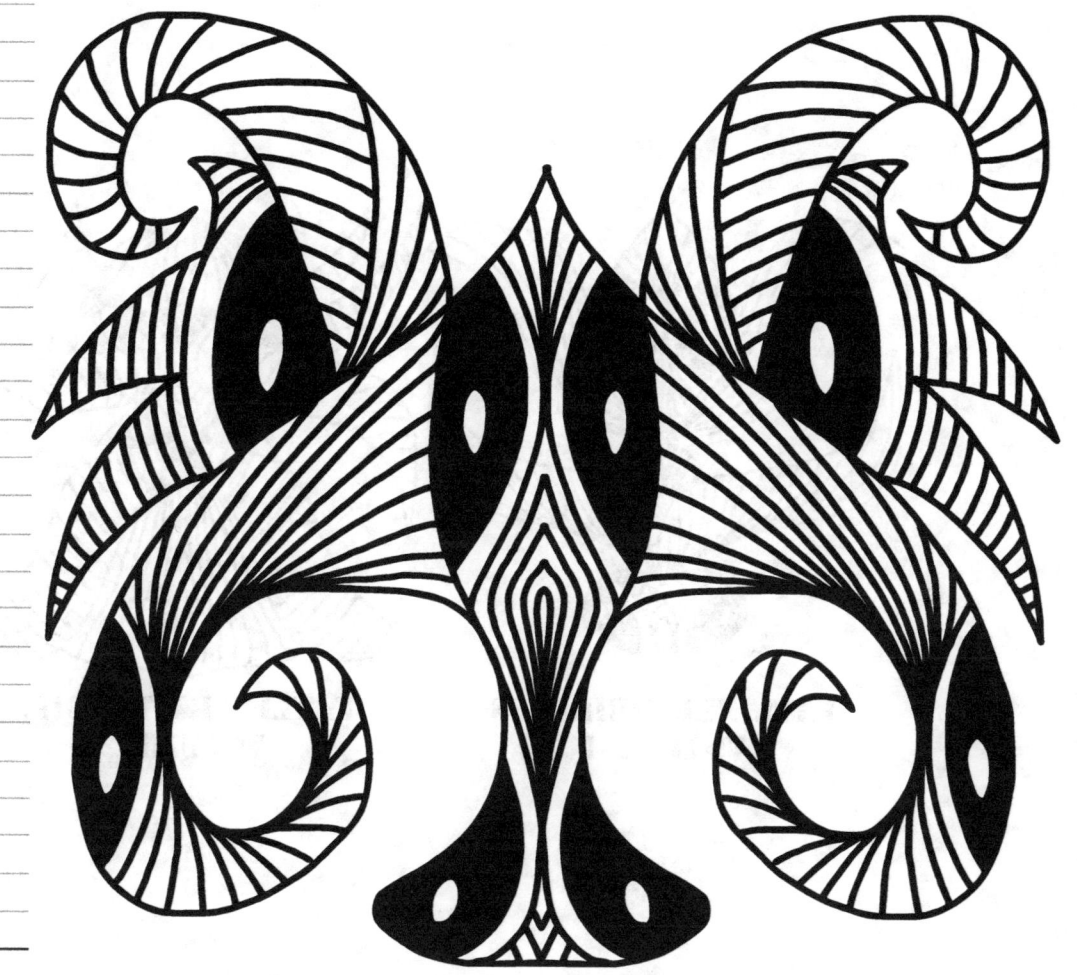

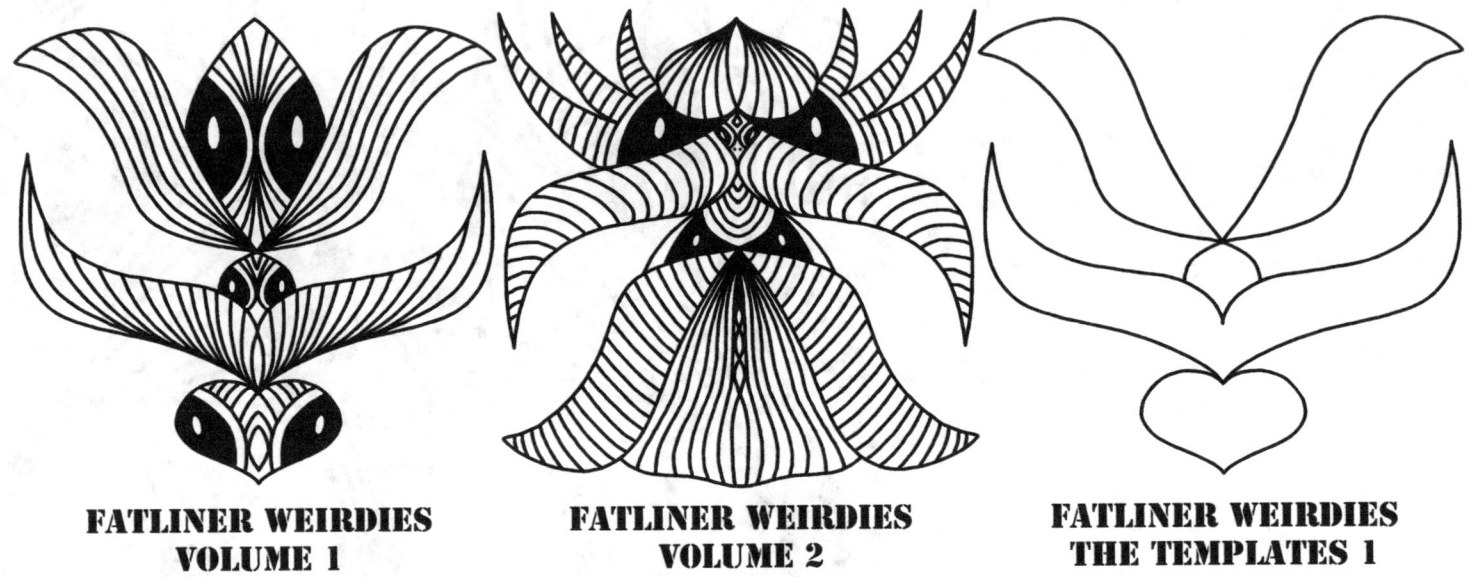

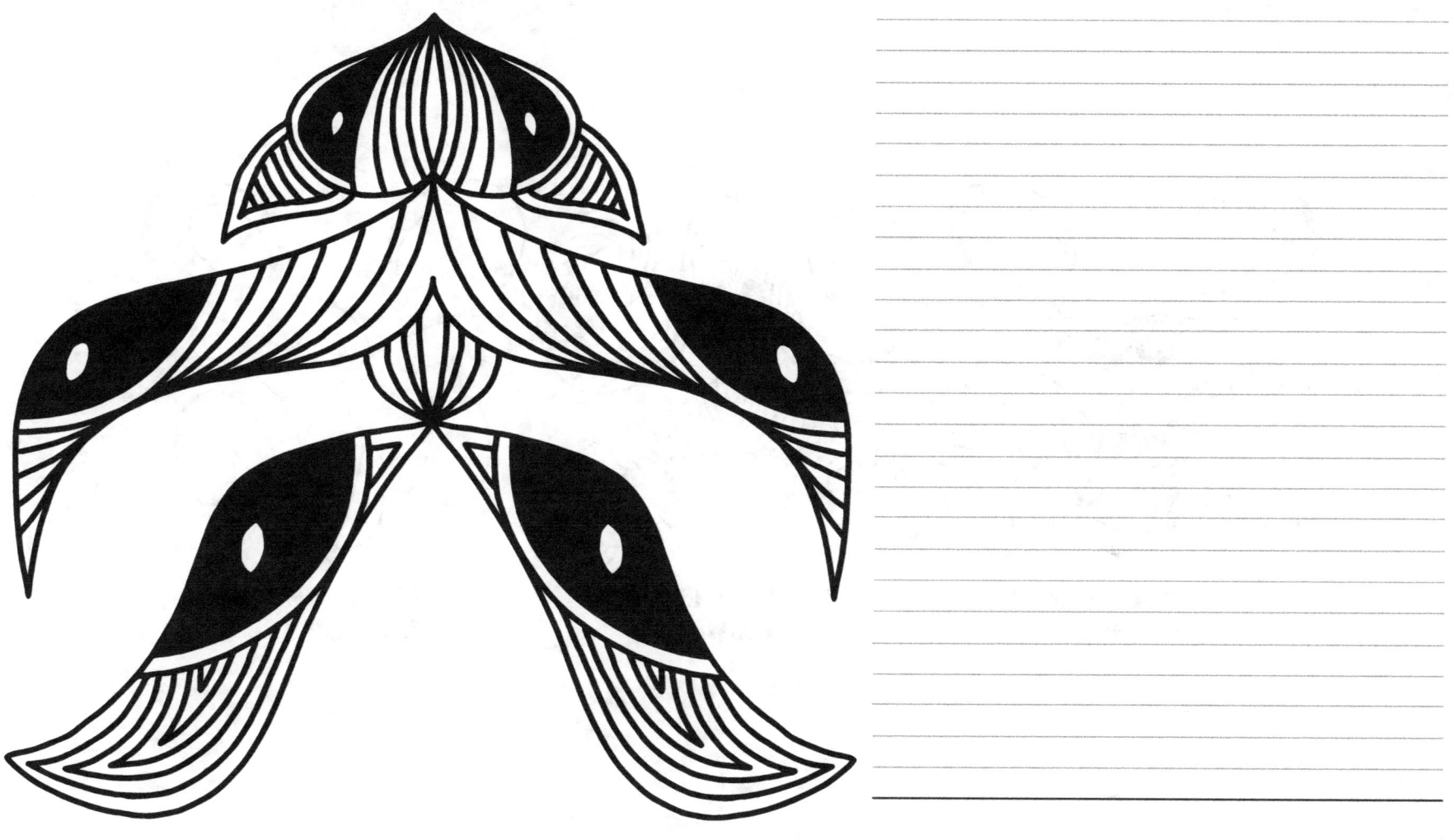

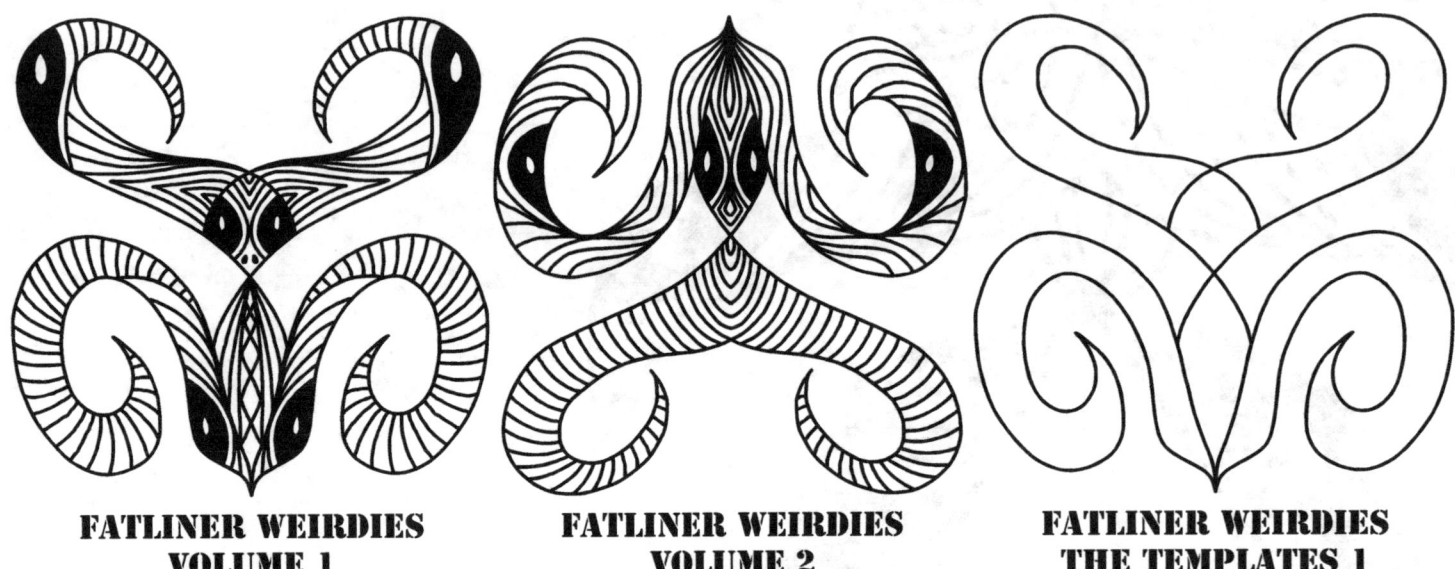

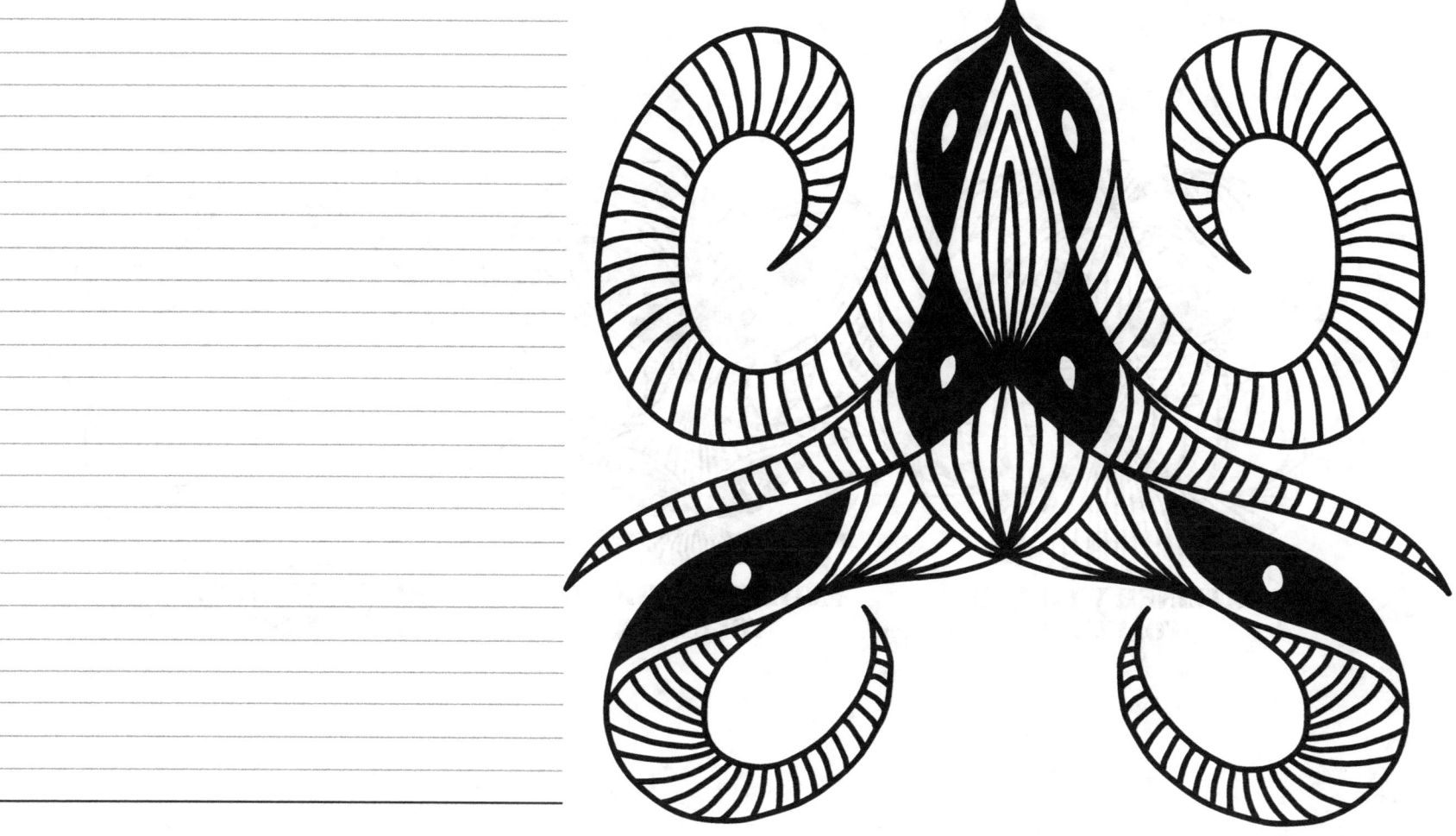

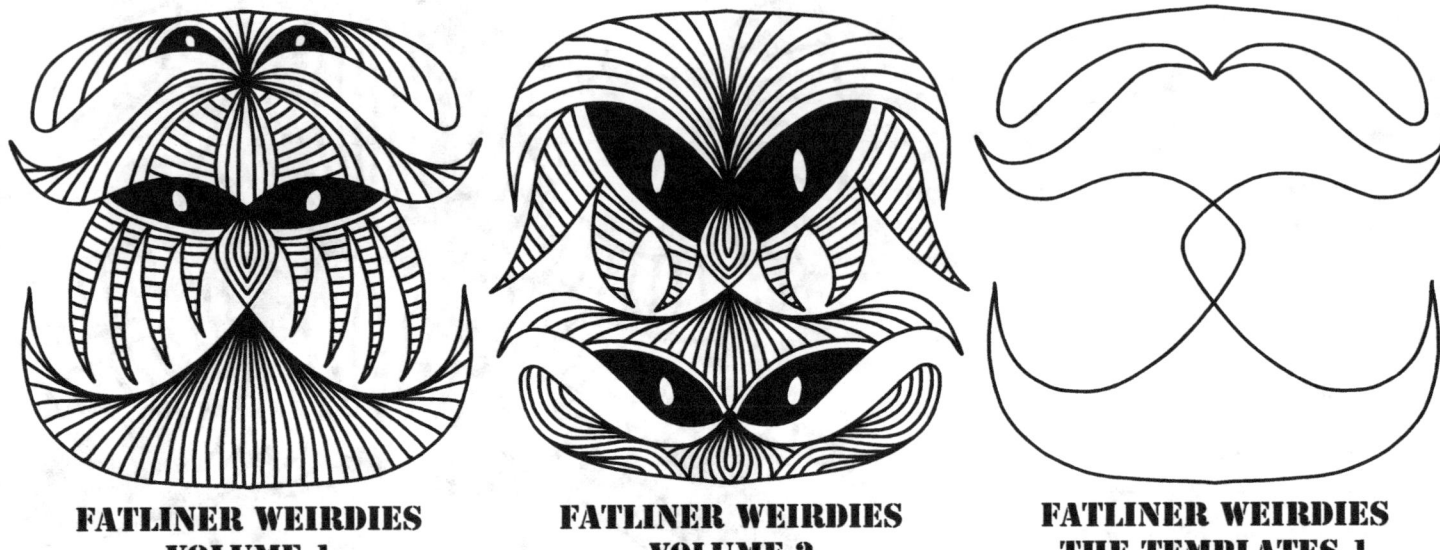

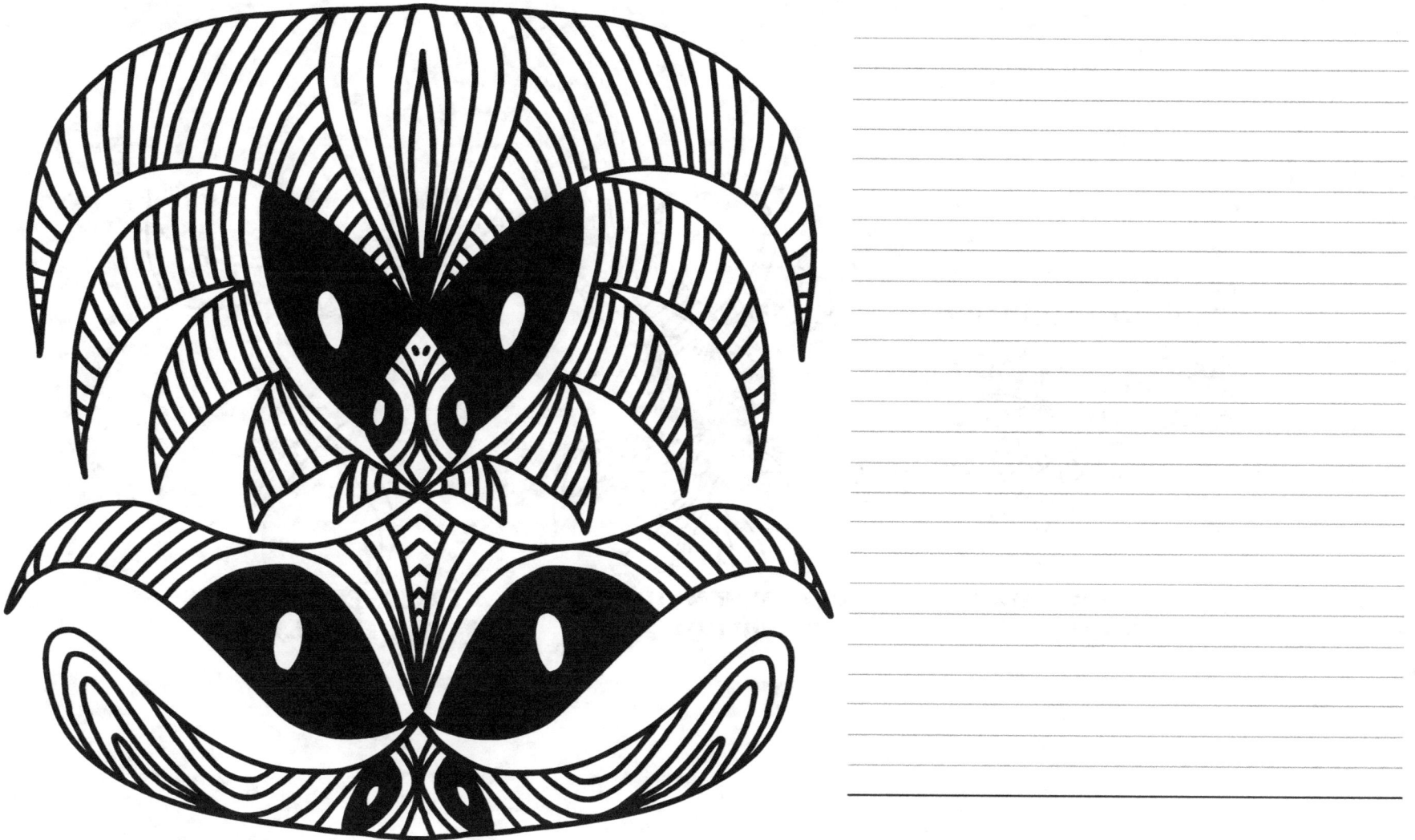

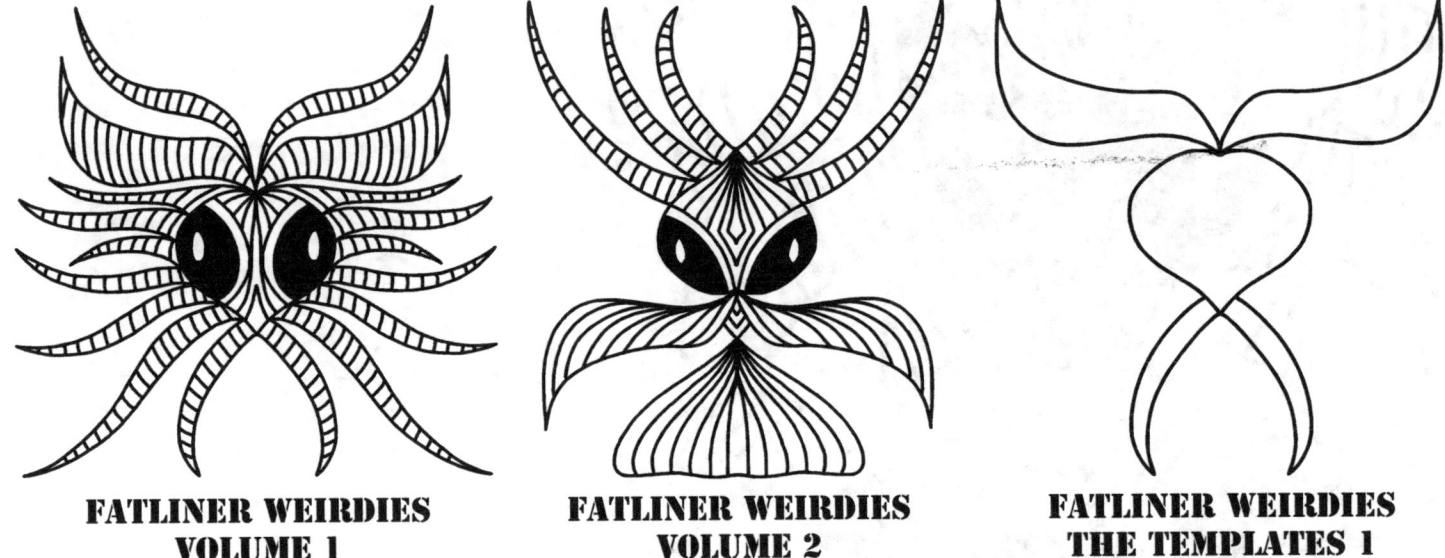

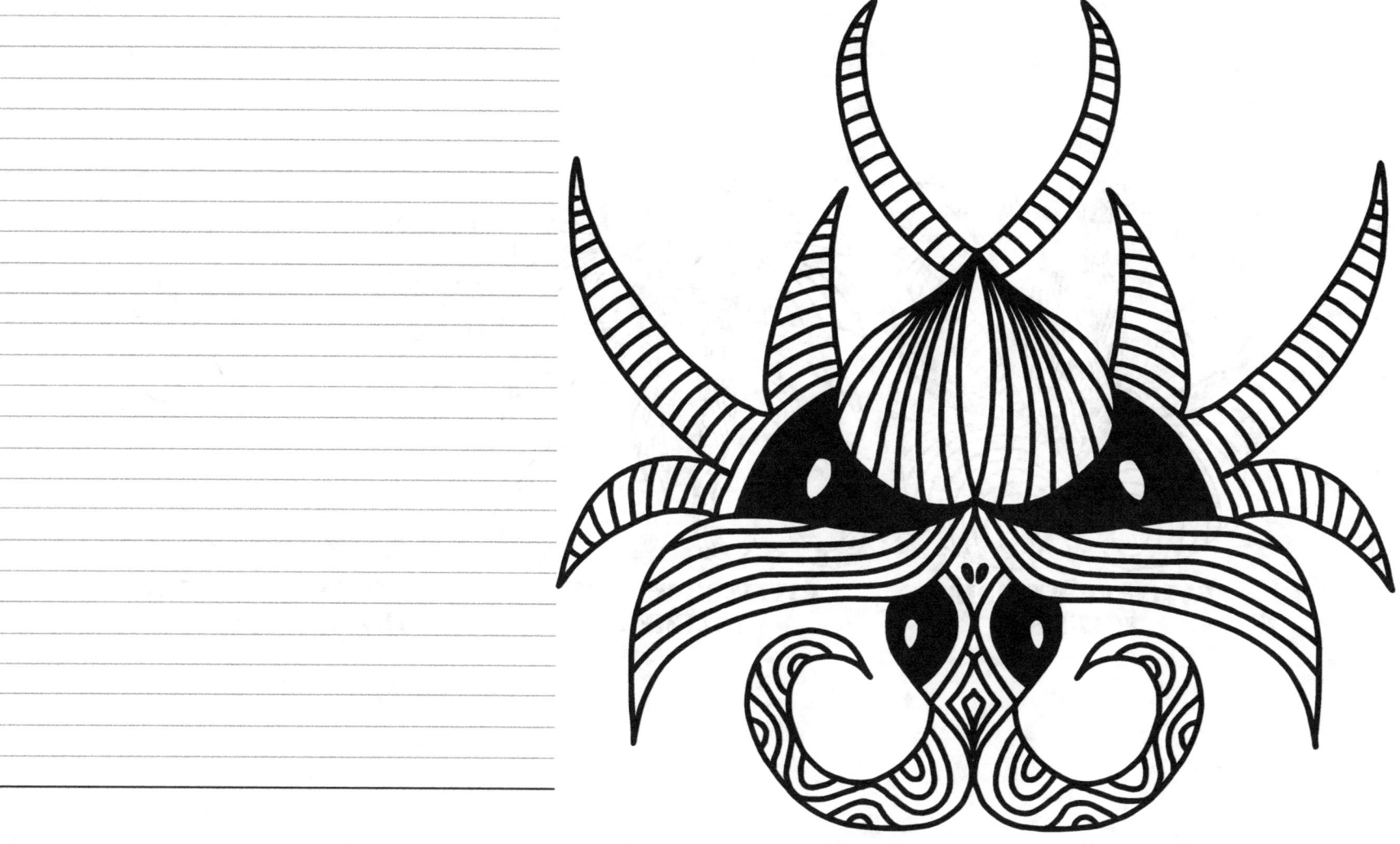

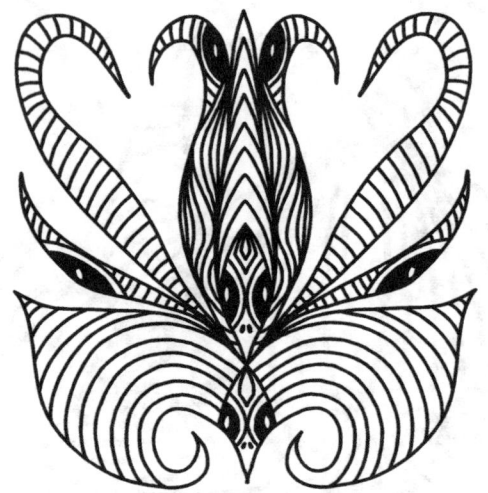

FATLINER WEIRDIES VOLUME 1

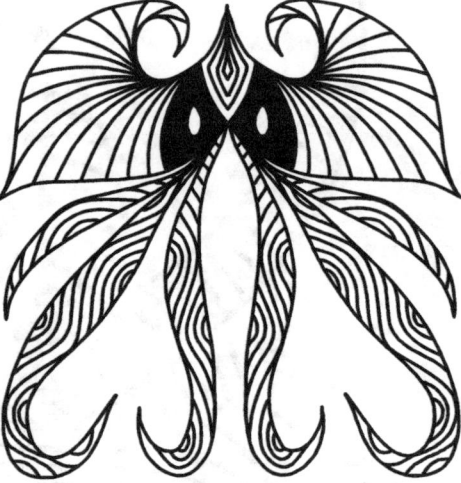

FATLINER WEIRDIES VOLUME 2

FATLINER WEIRDIES THE TEMPLATES 1

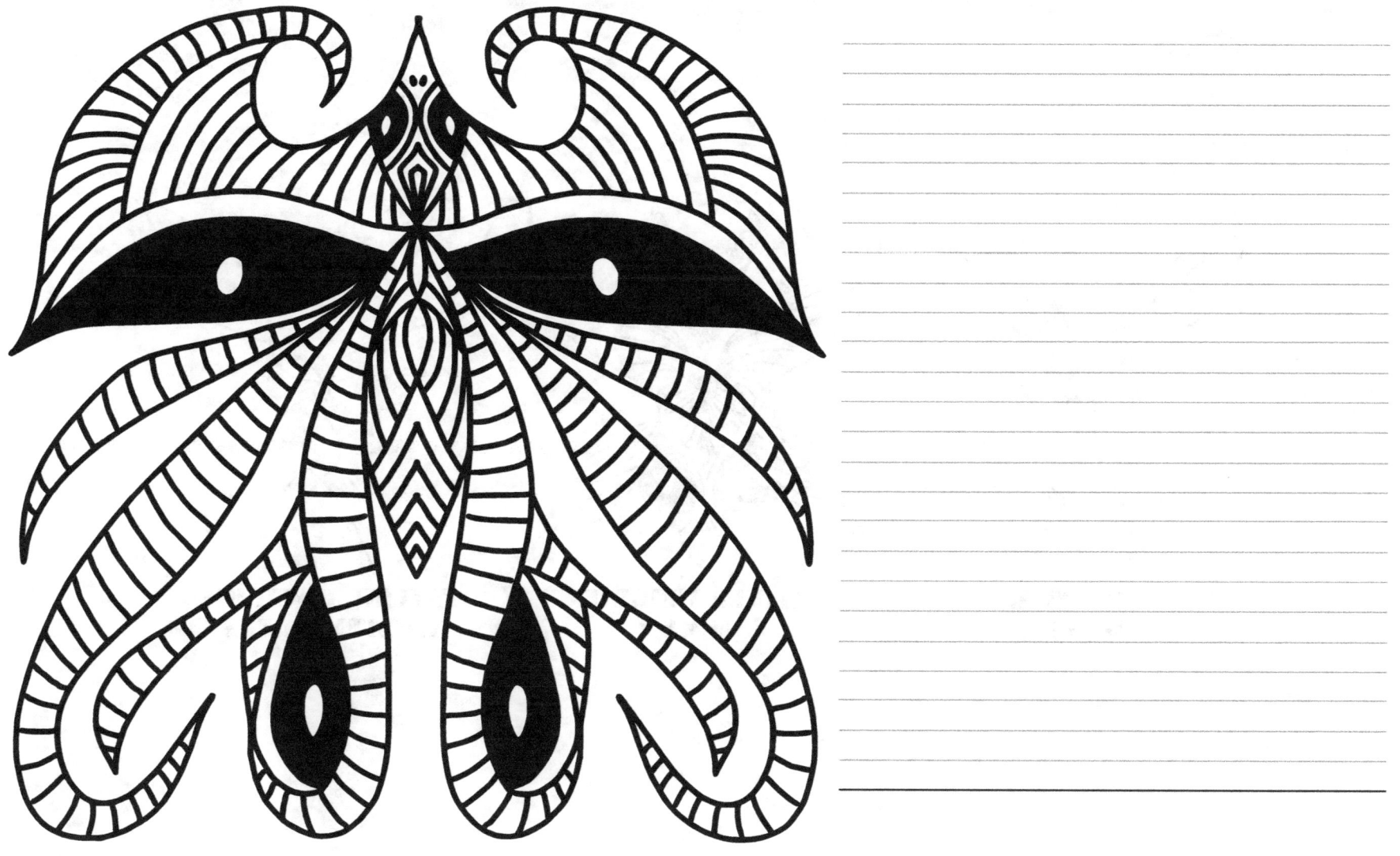

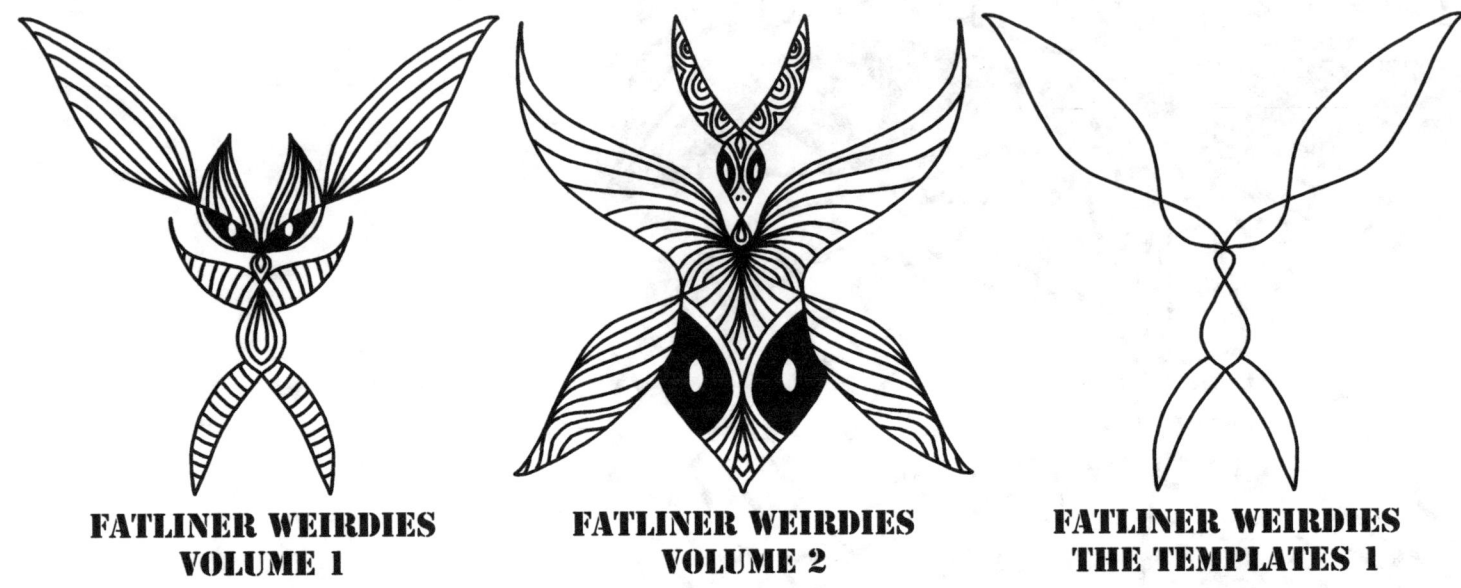

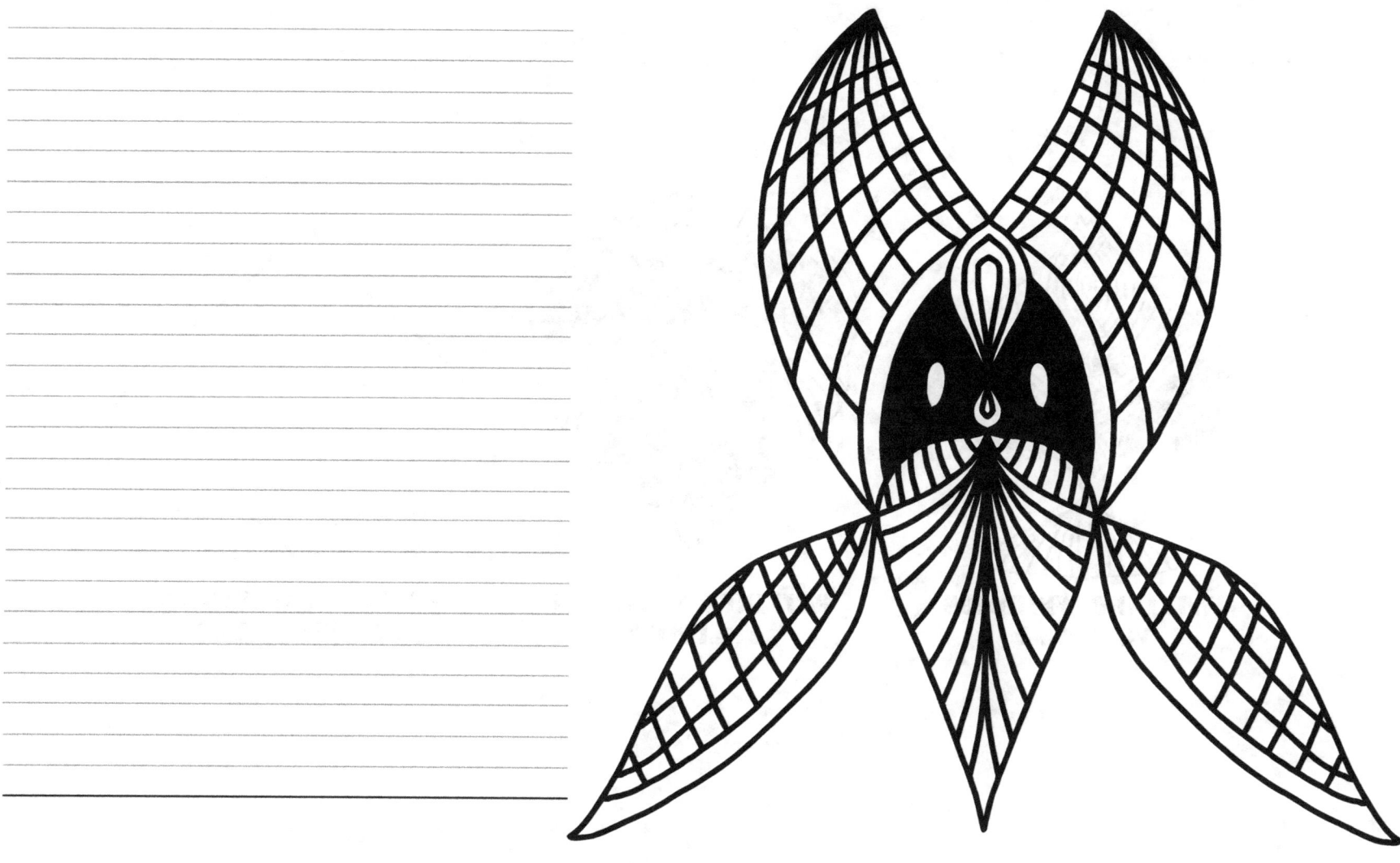

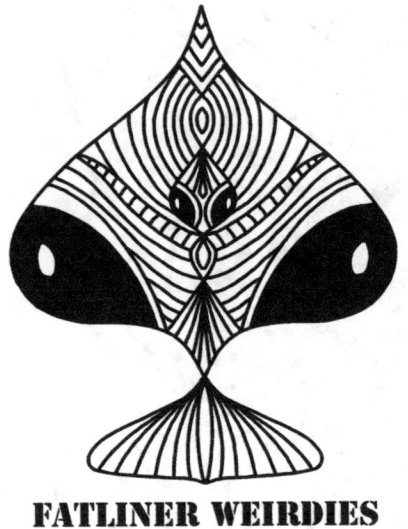
FATLINER WEIRDIES VOLUME 1

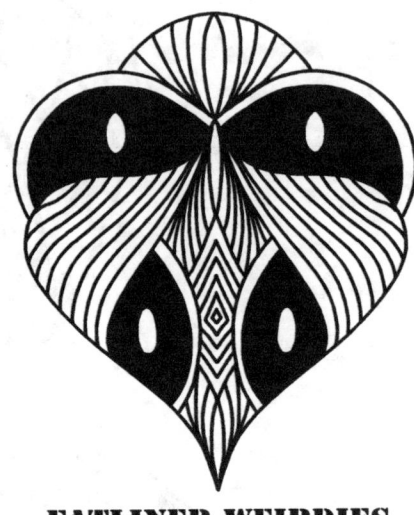
FATLINER WEIRDIES VOLUME 2

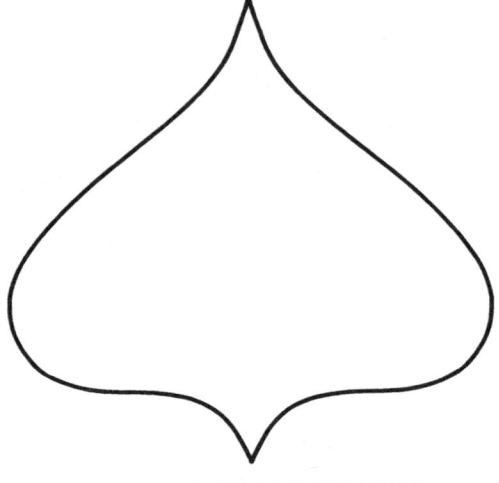
FATLINER WEIRDIES THE TEMPLATES 1

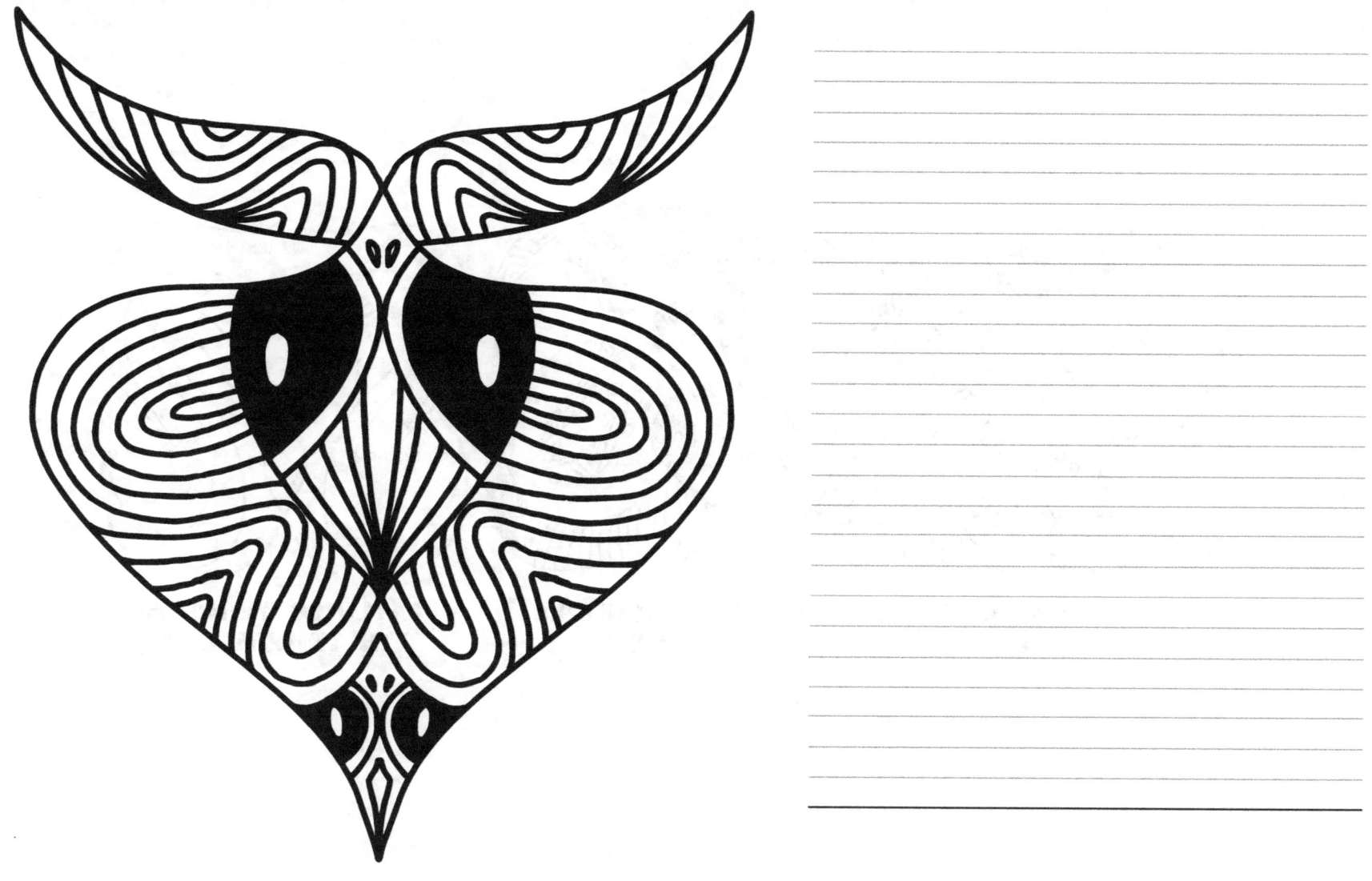

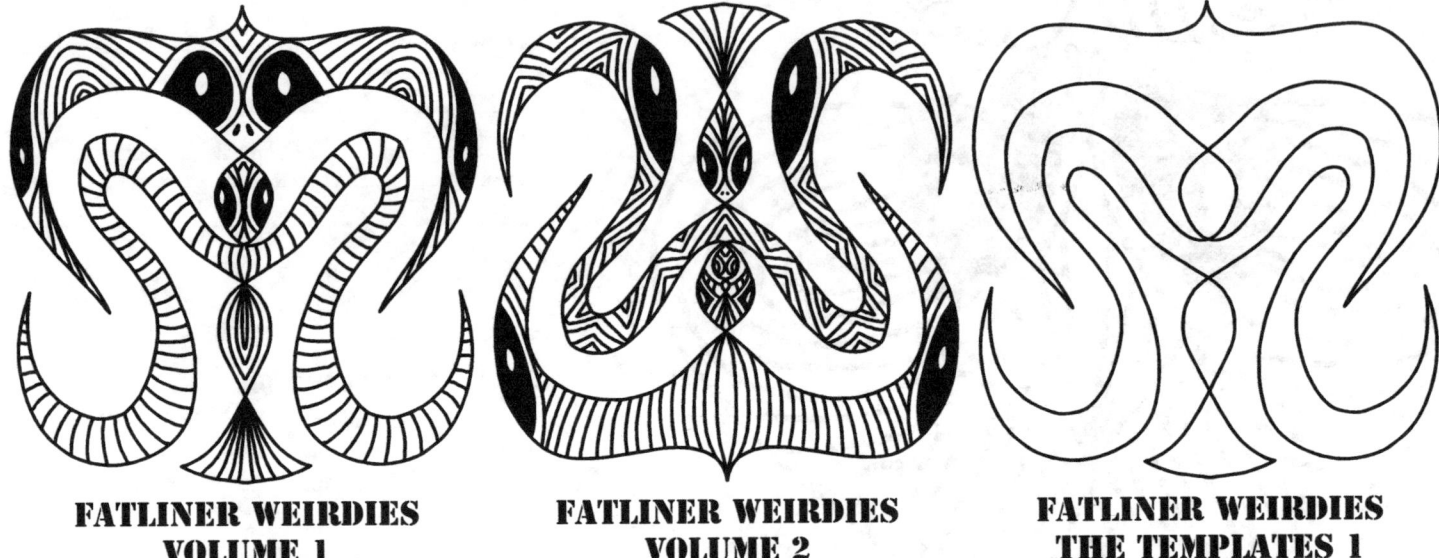

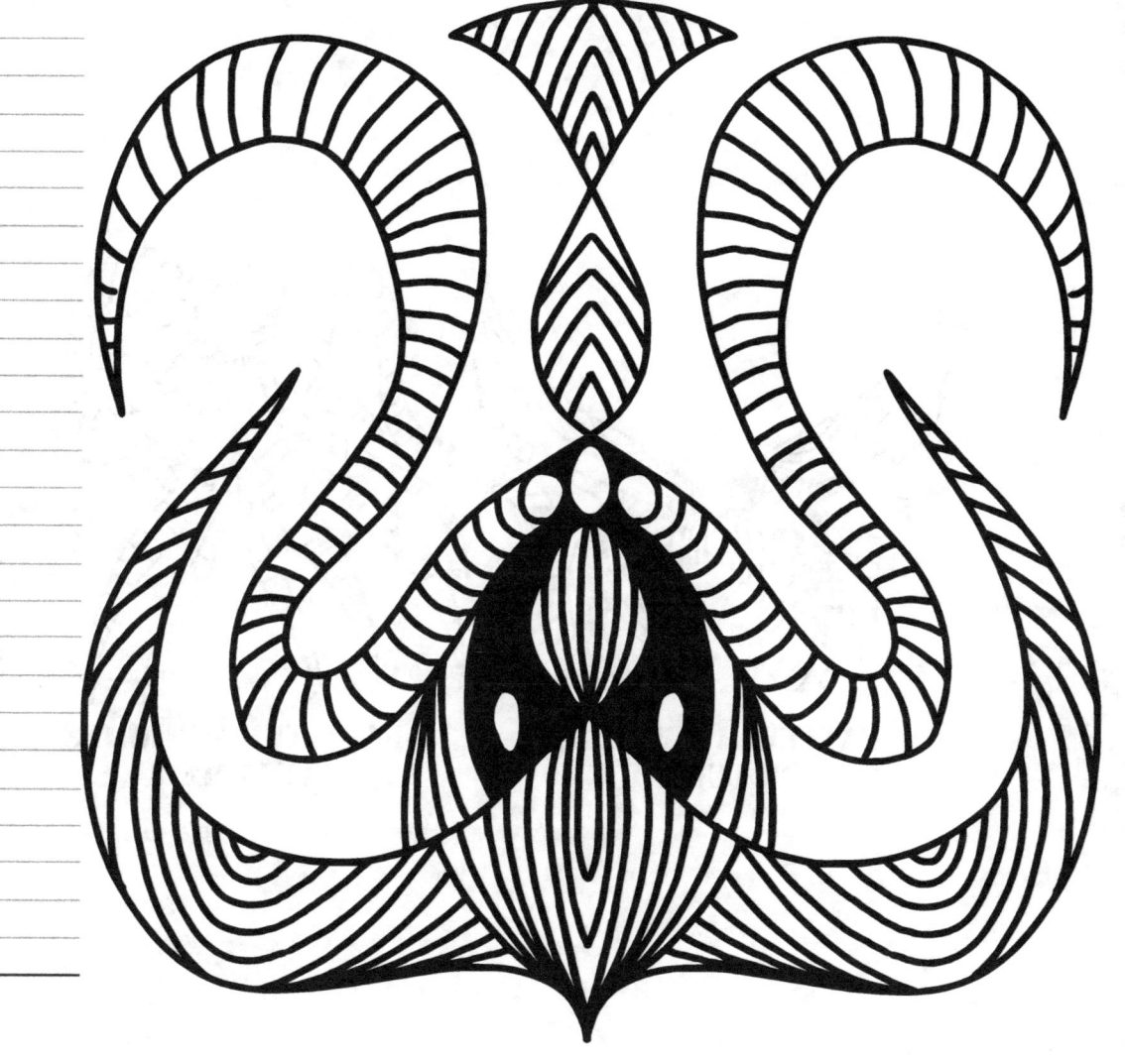

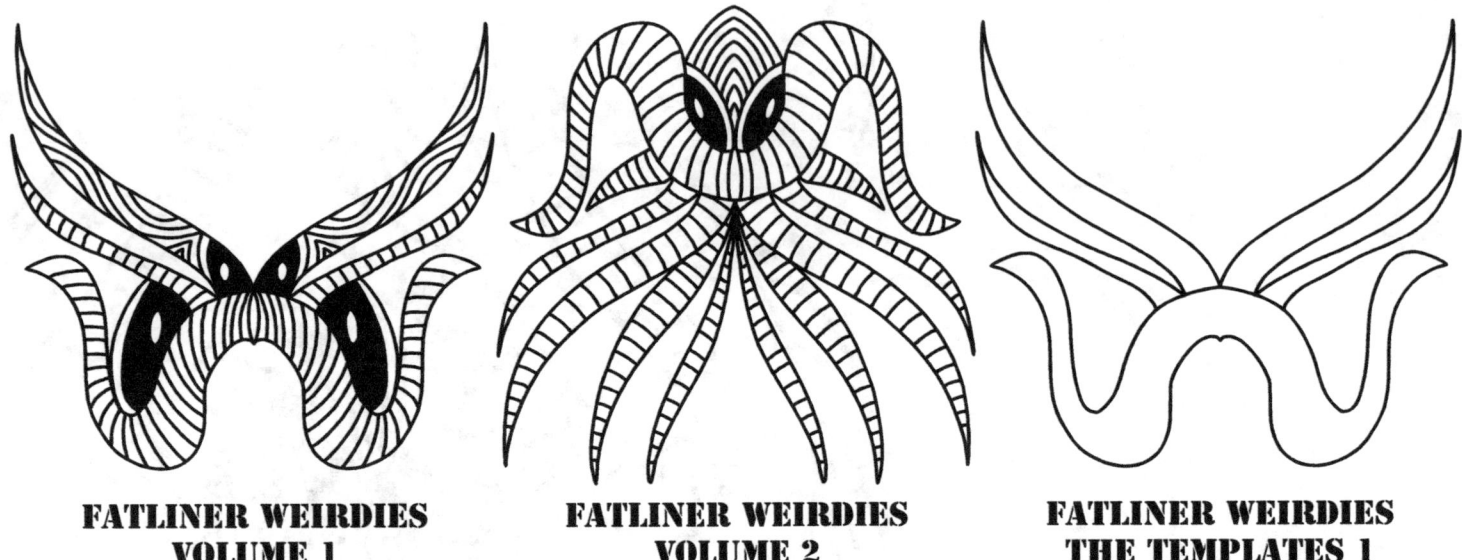

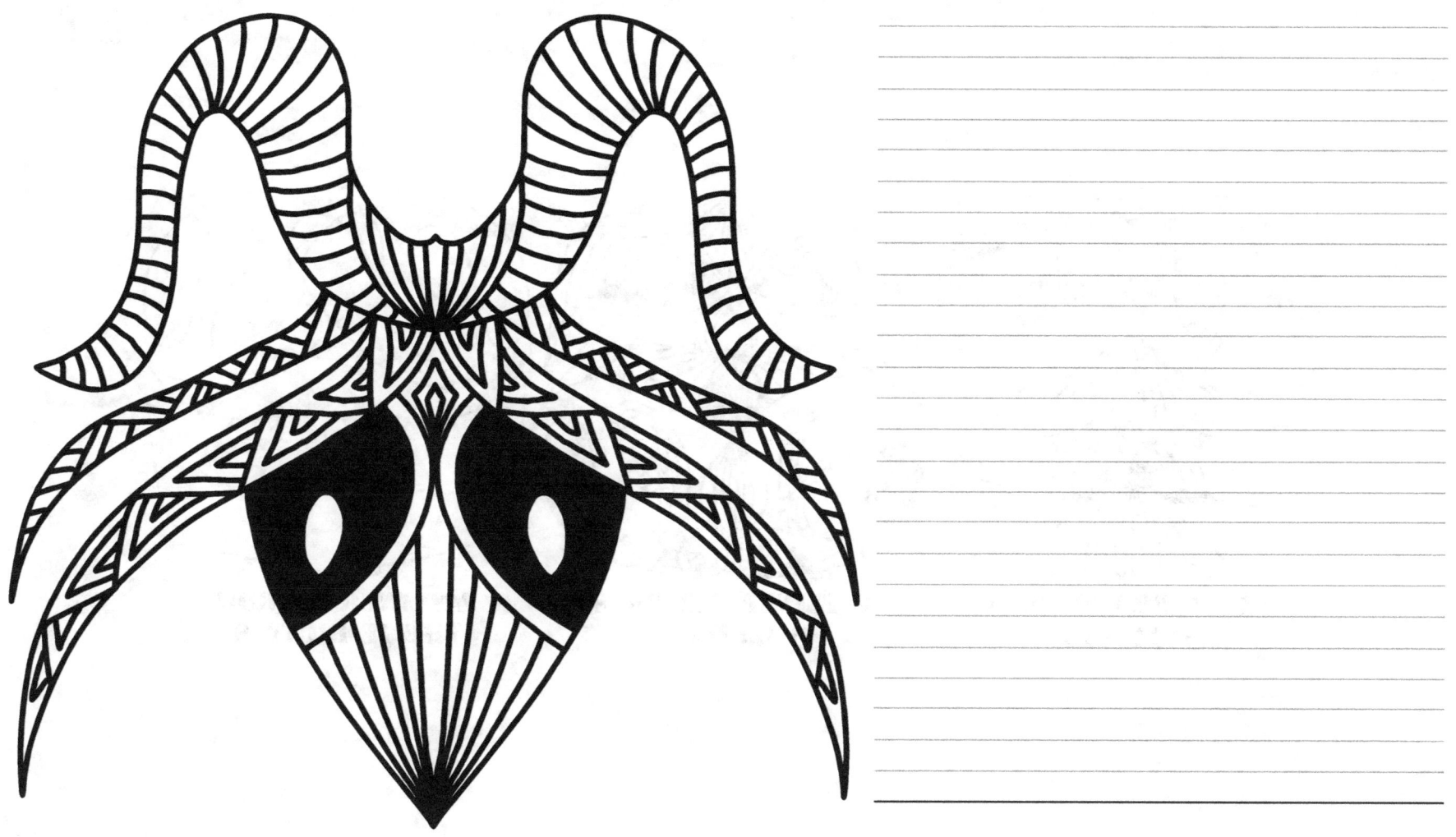

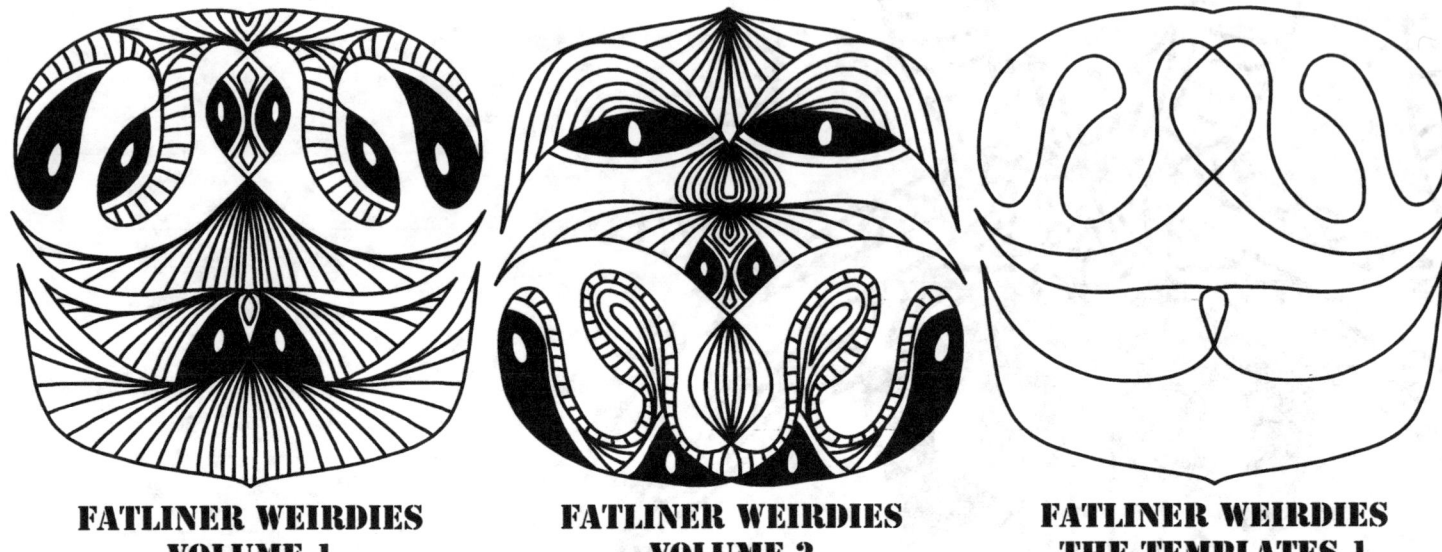

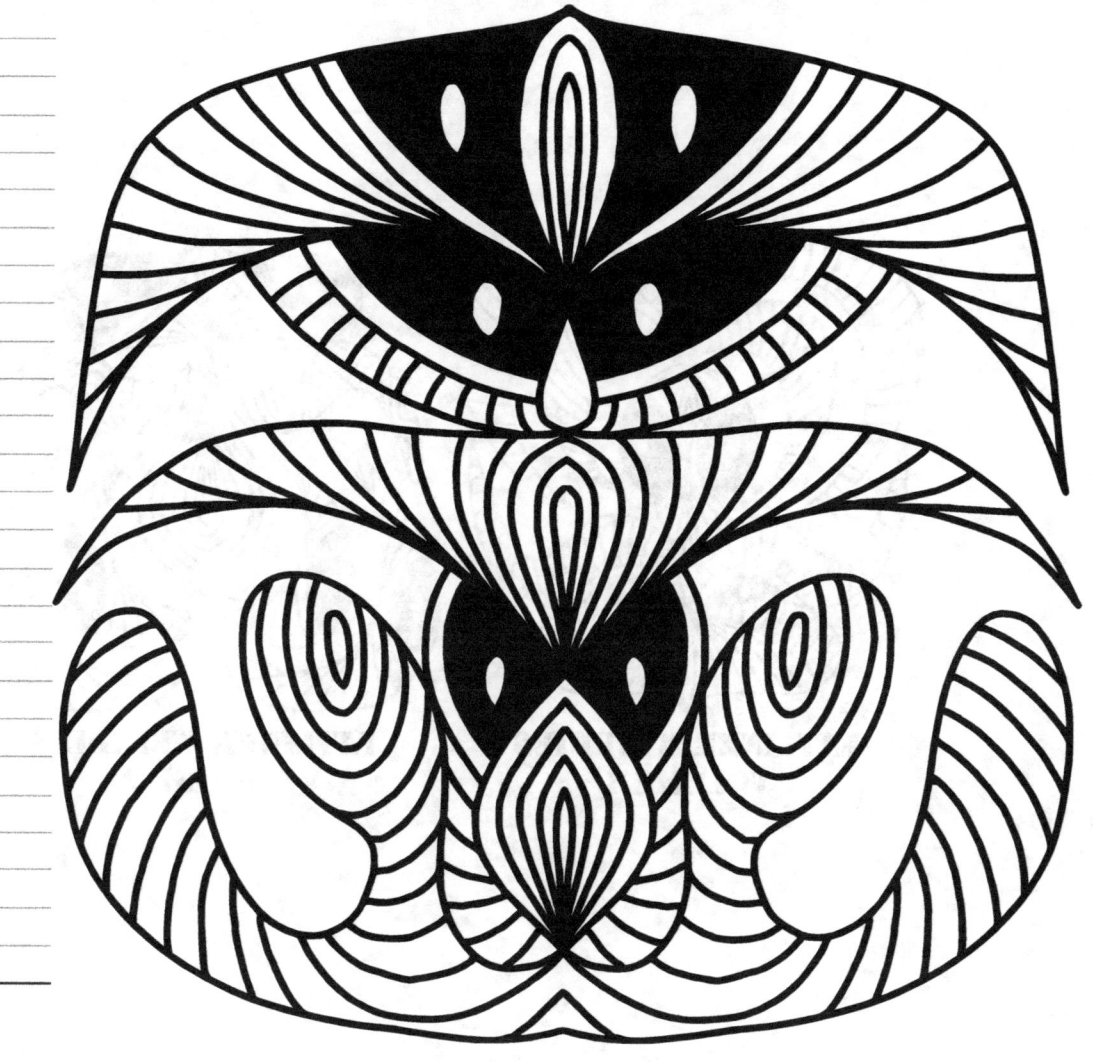

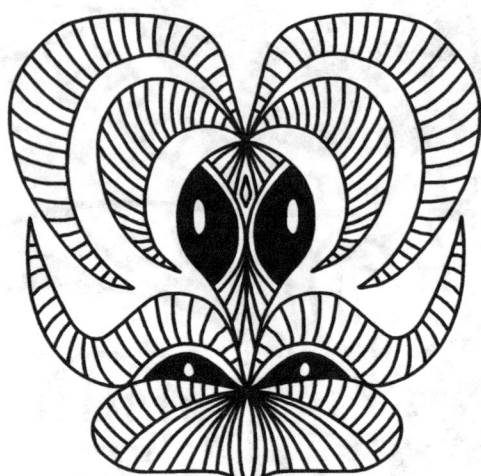

FATLINER WEIRDIES VOLUME 1

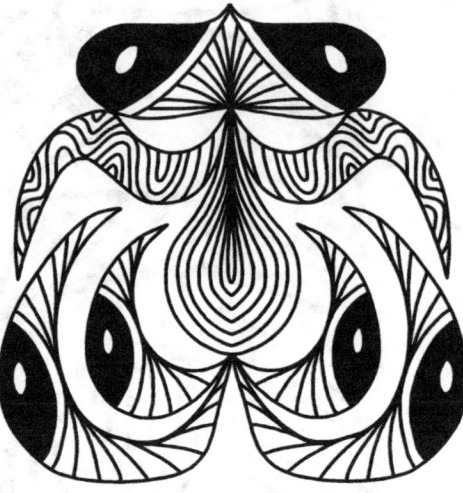

FATLINER WEIRDIES VOLUME 2

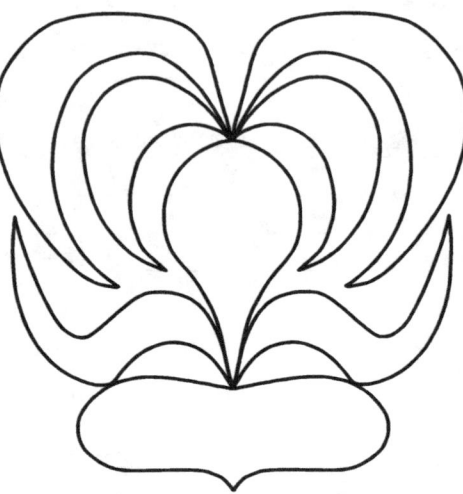

FATLINER WEIRDIES THE TEMPLATES 1

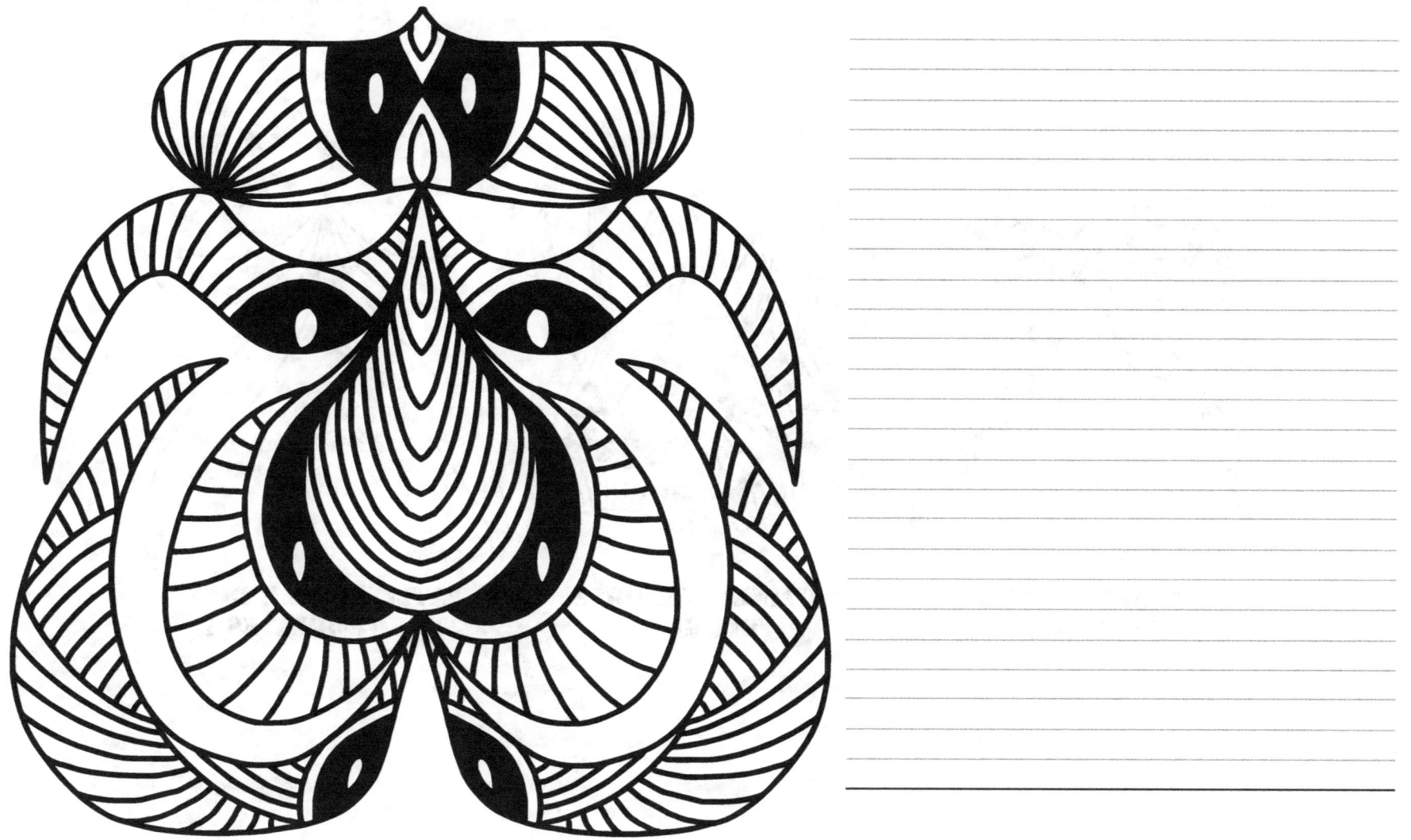

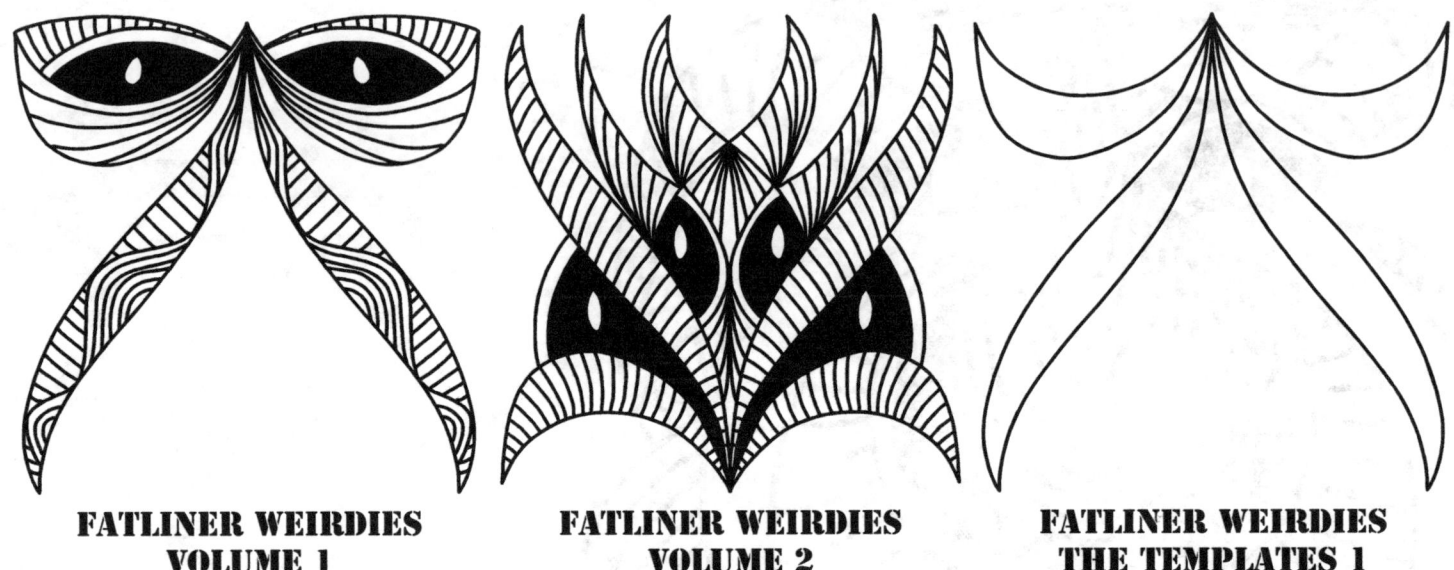

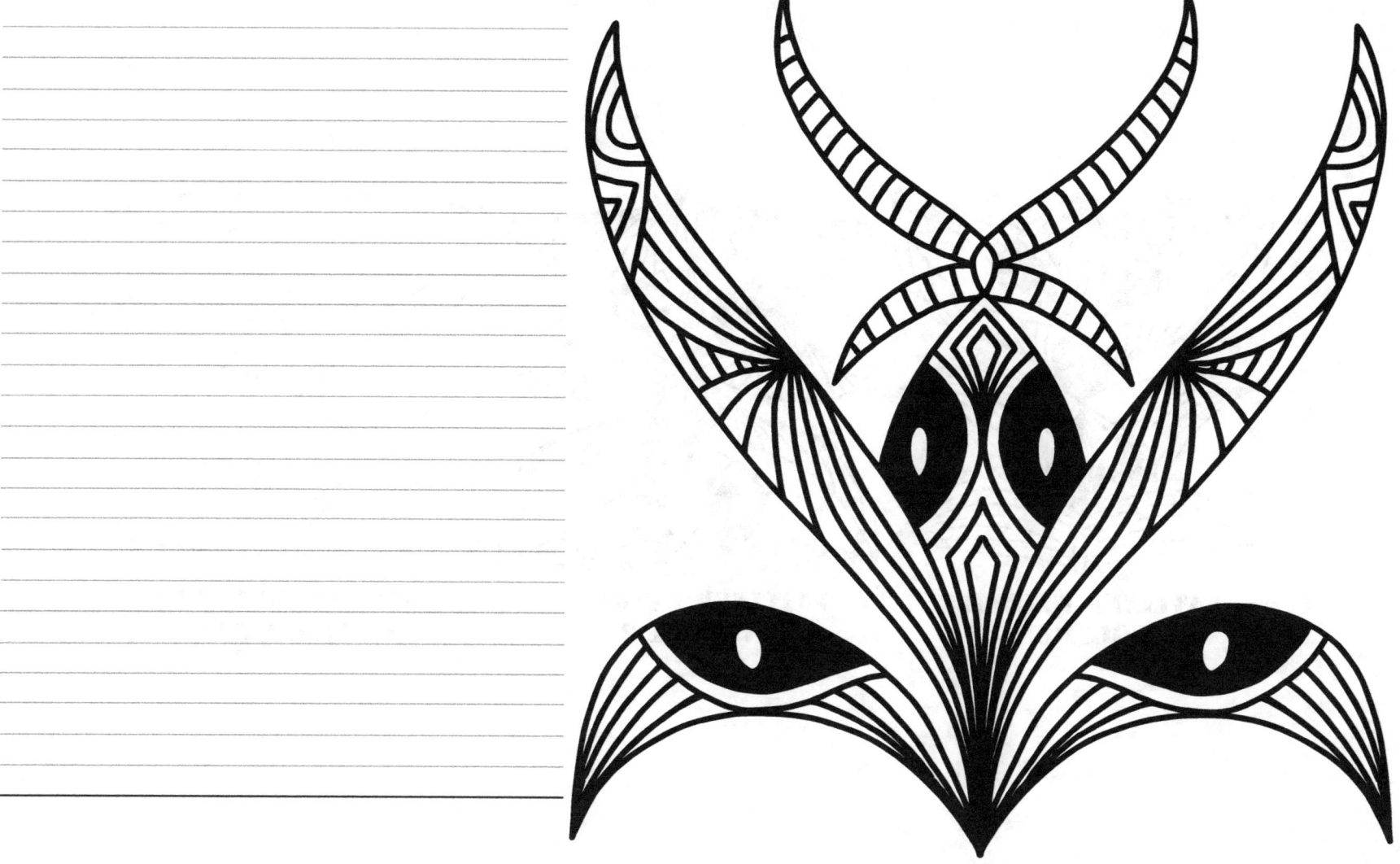

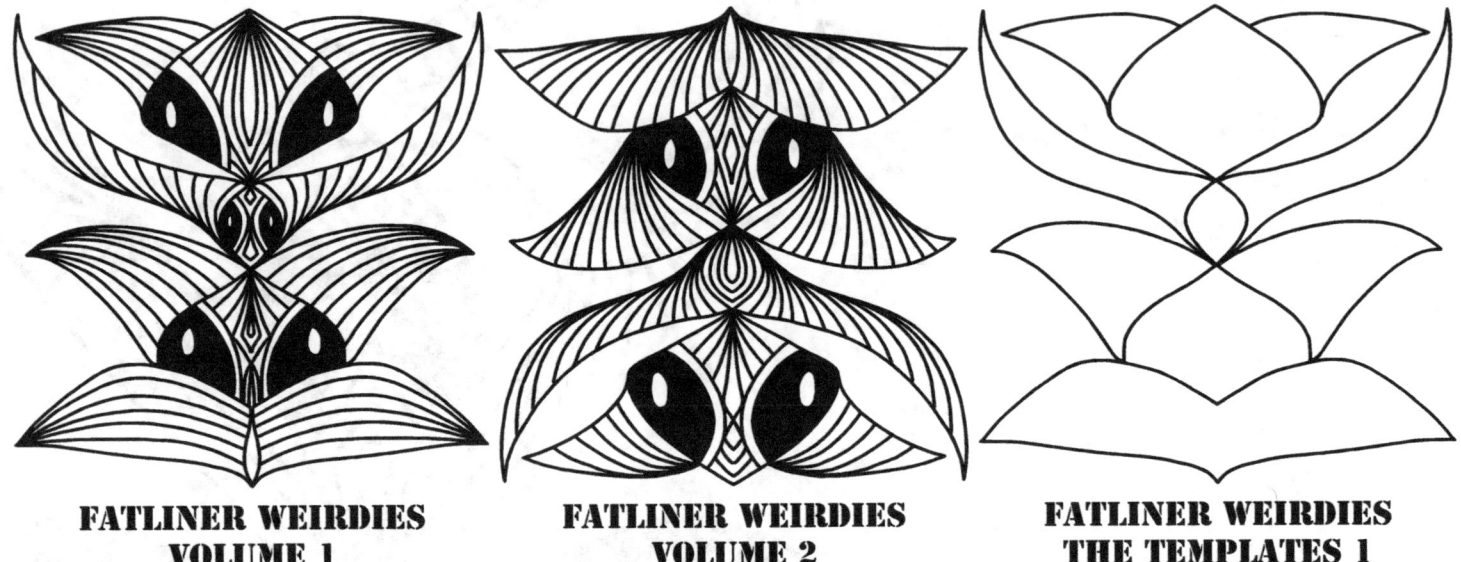

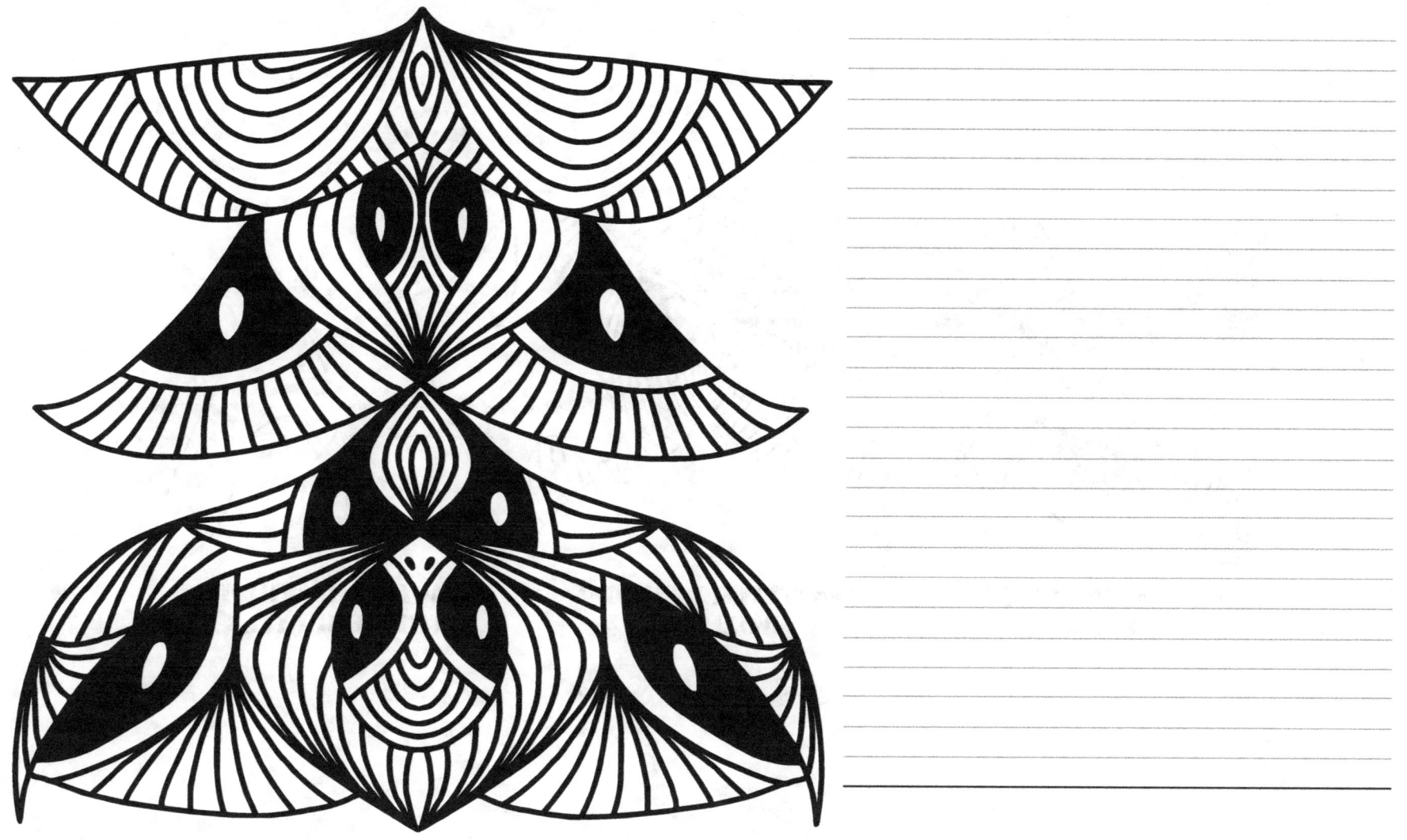

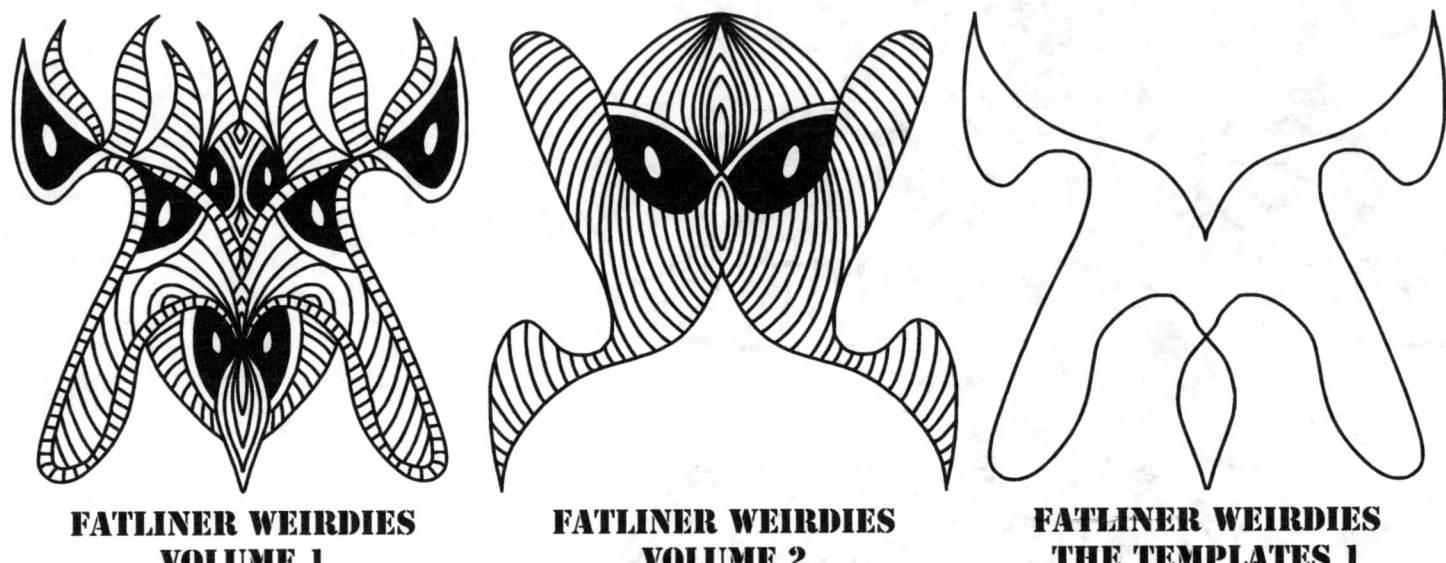

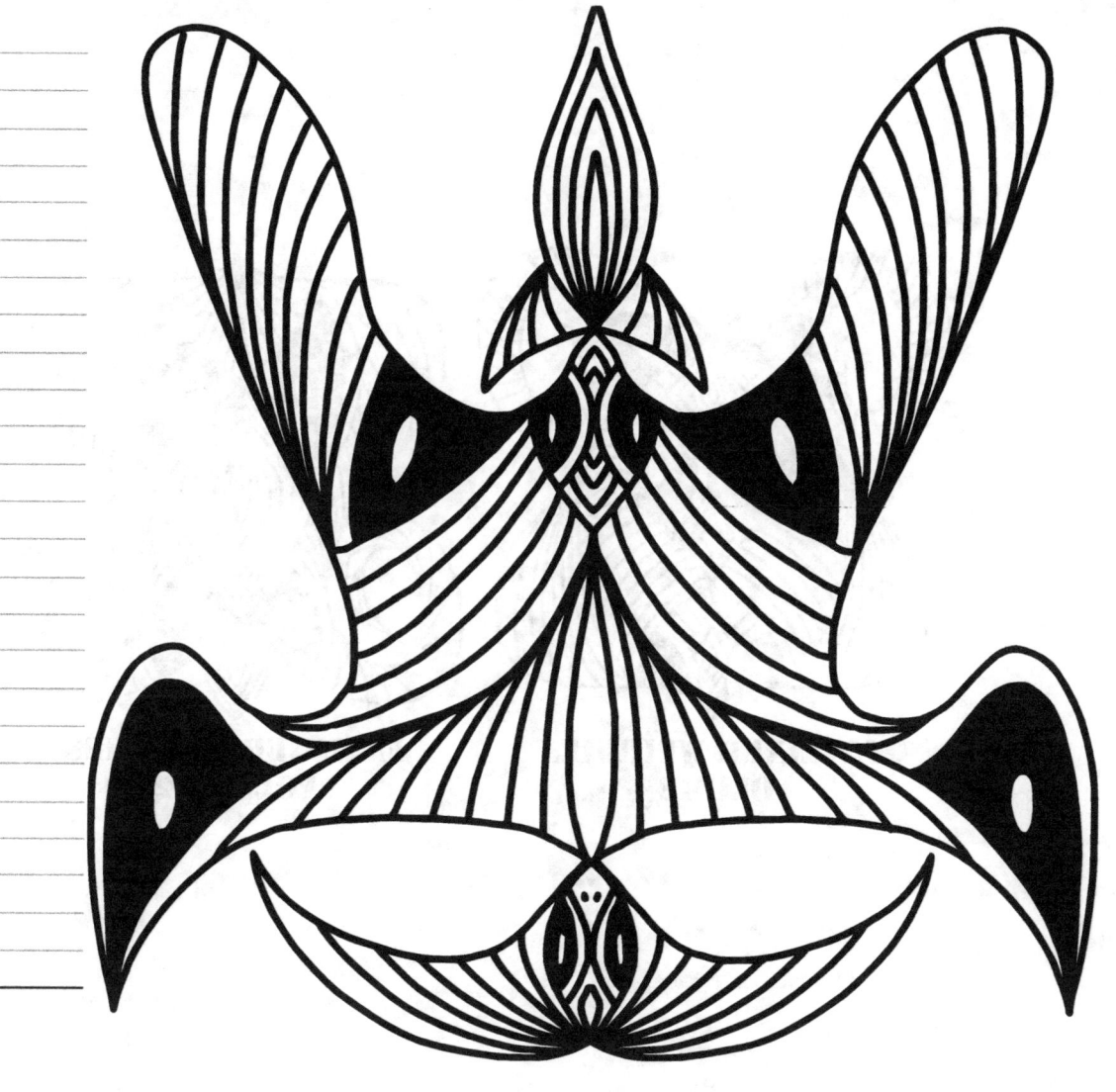

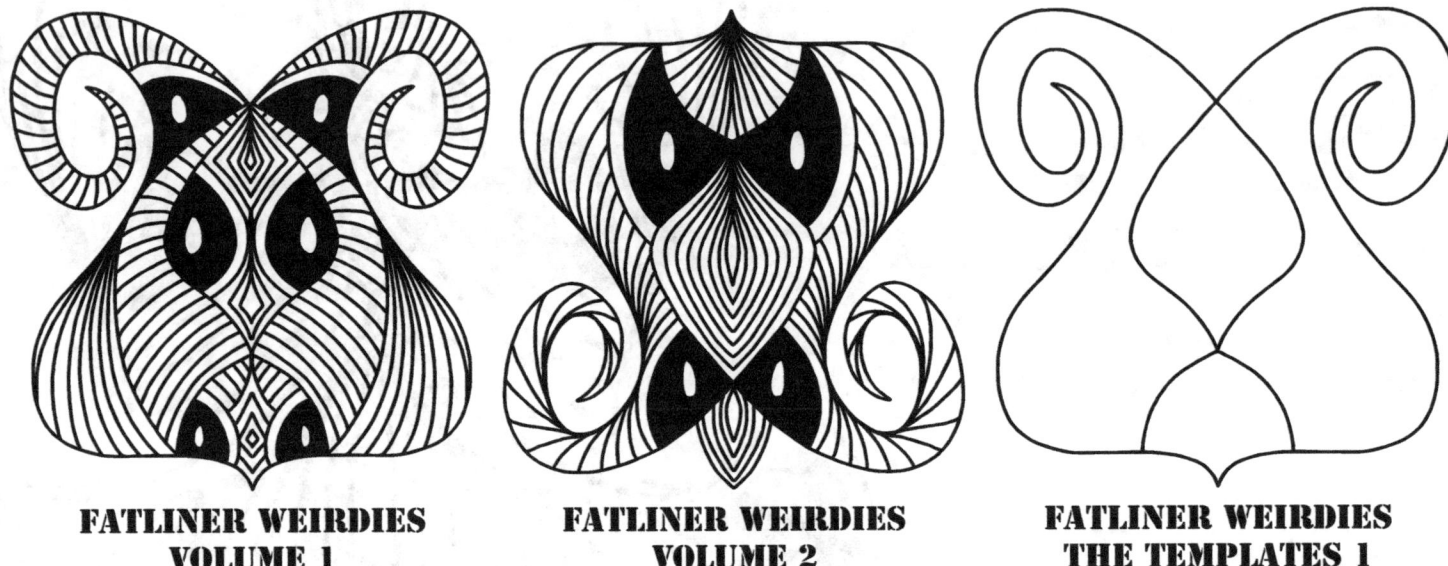

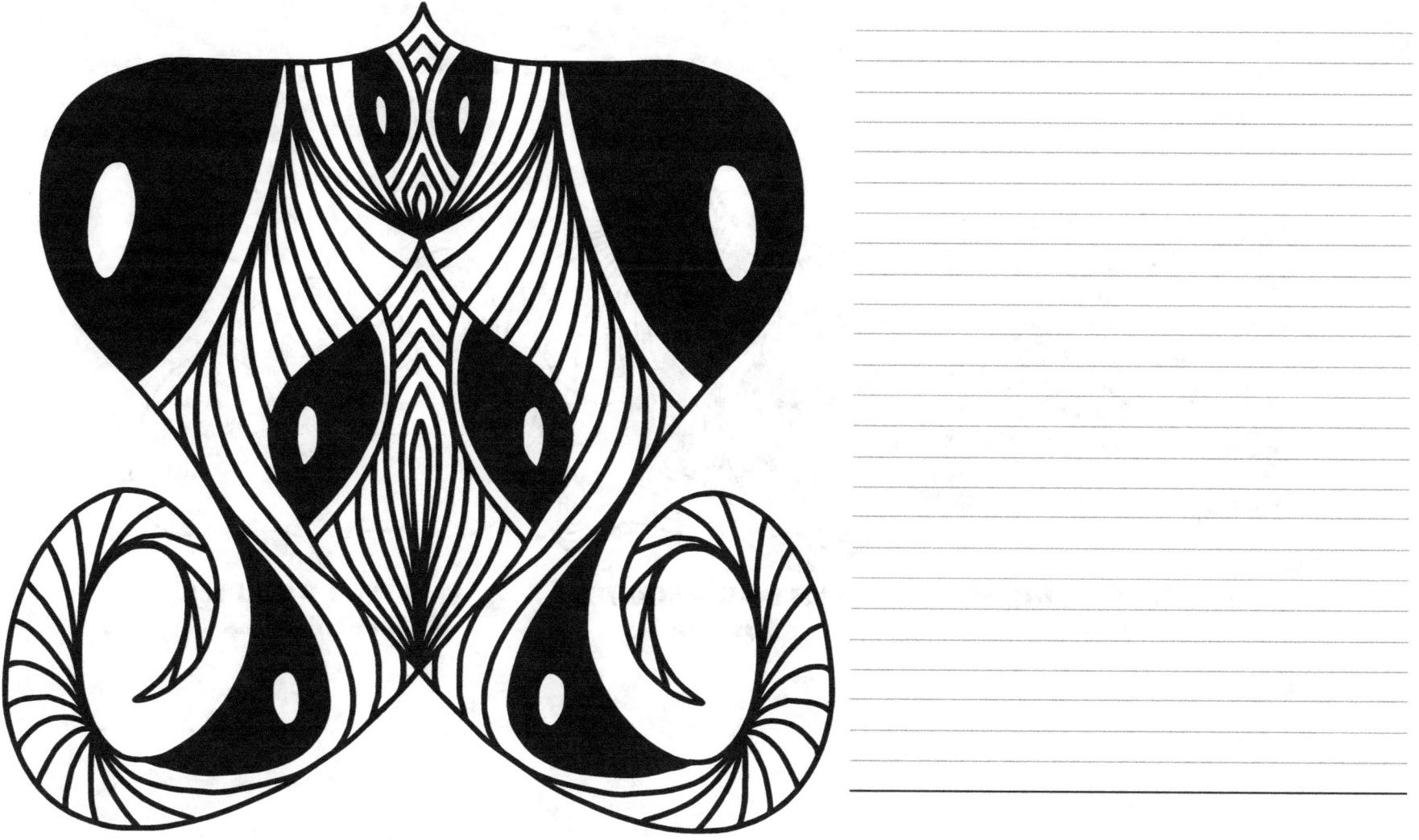

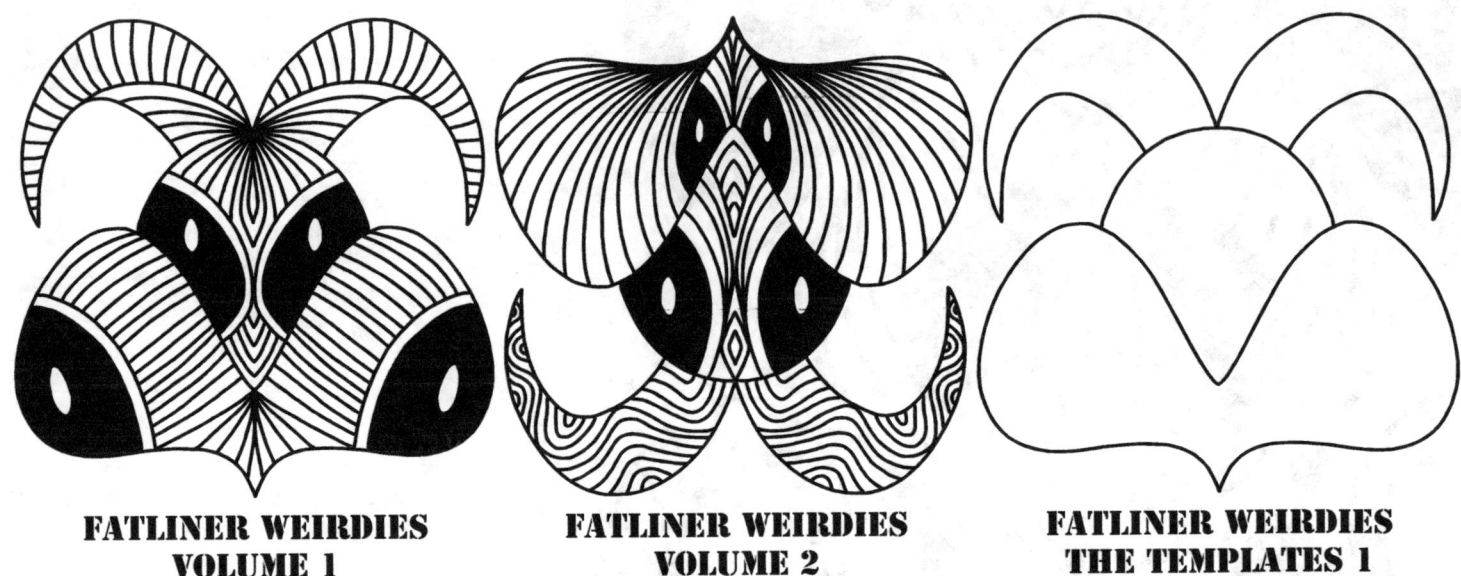

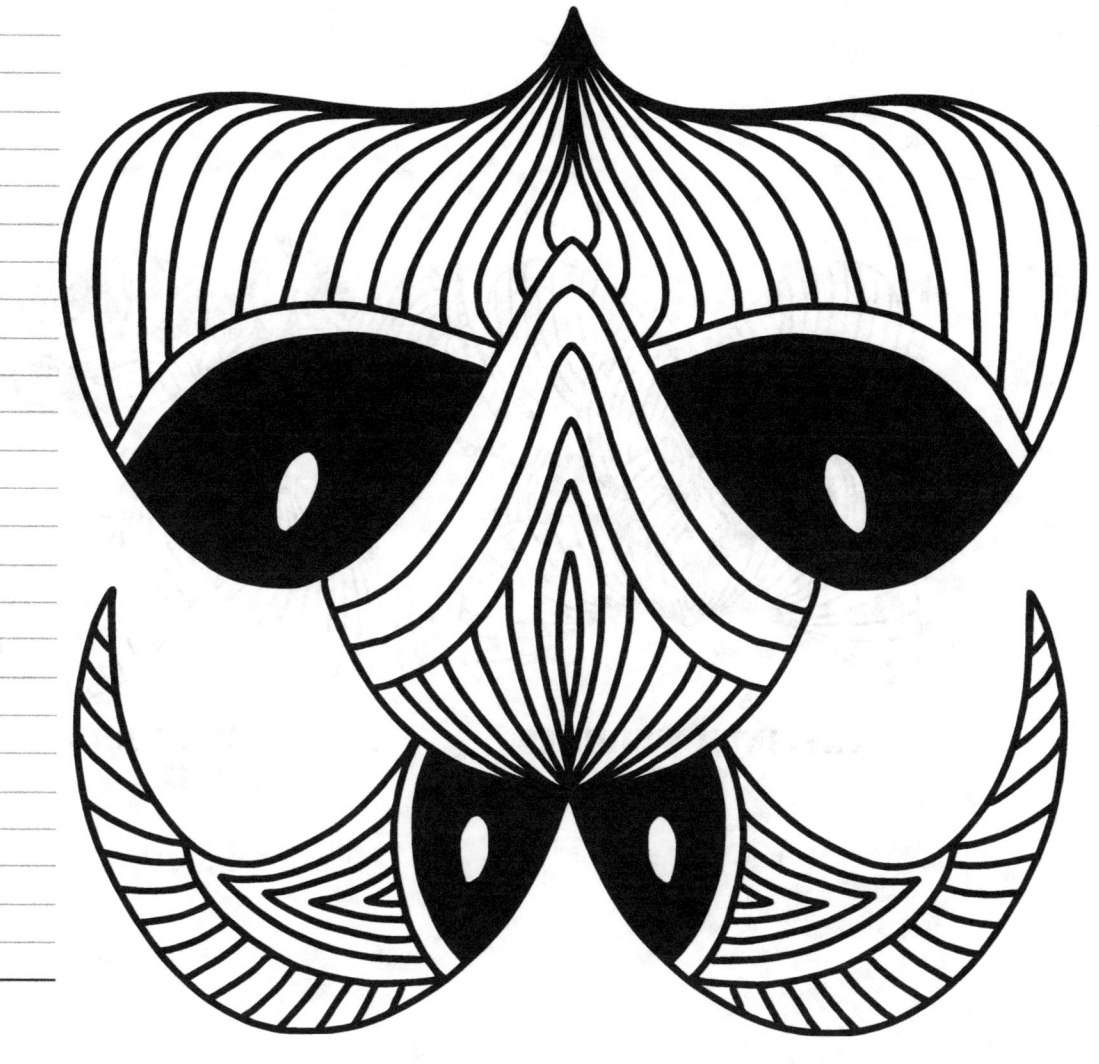

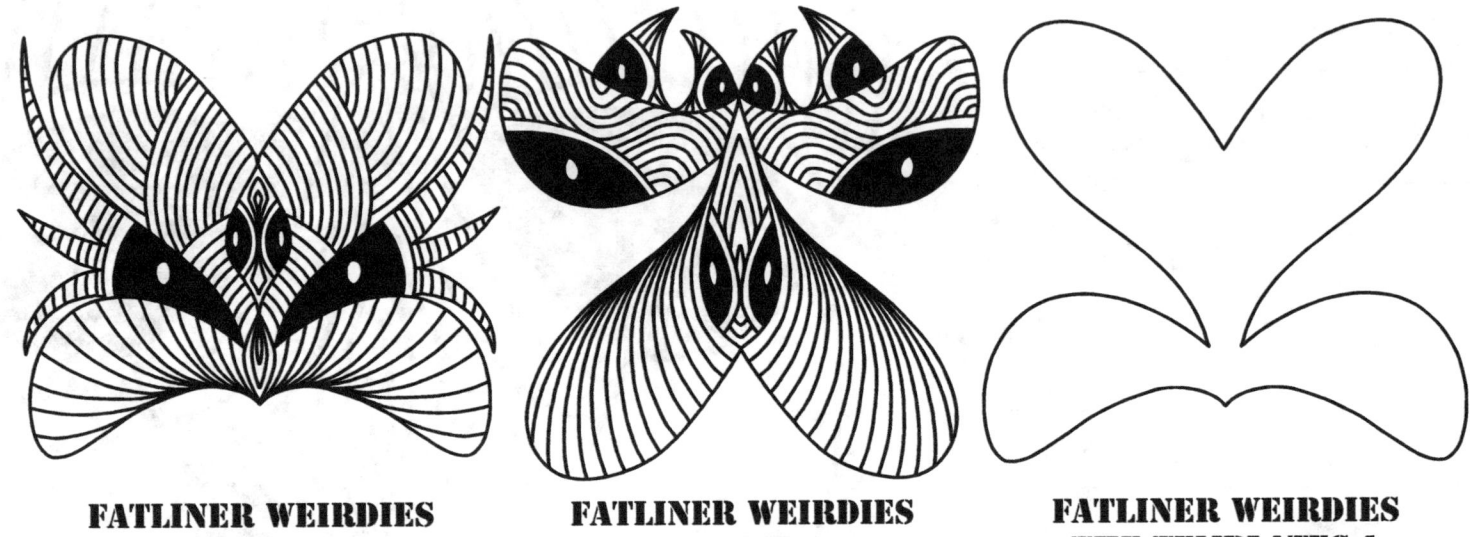

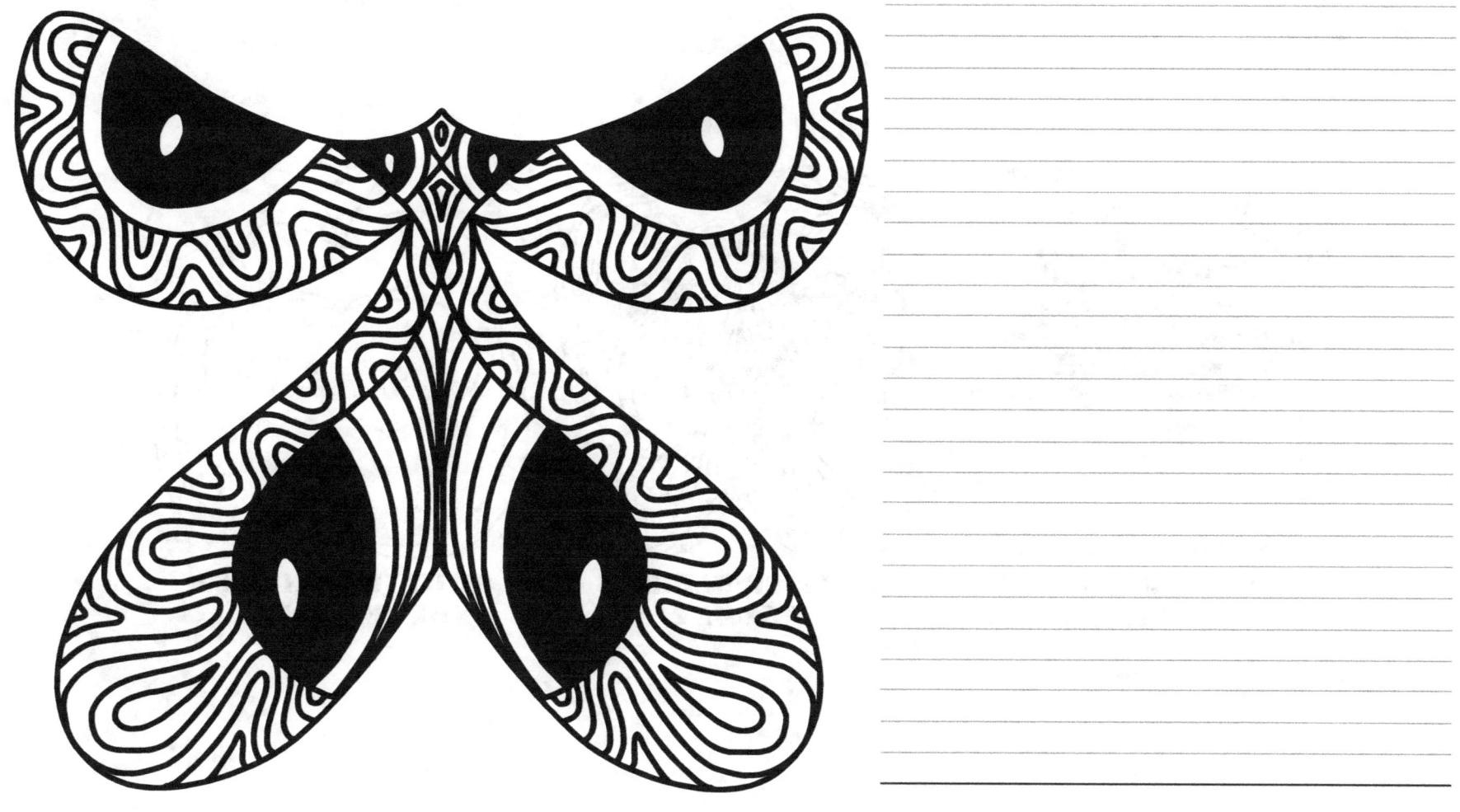

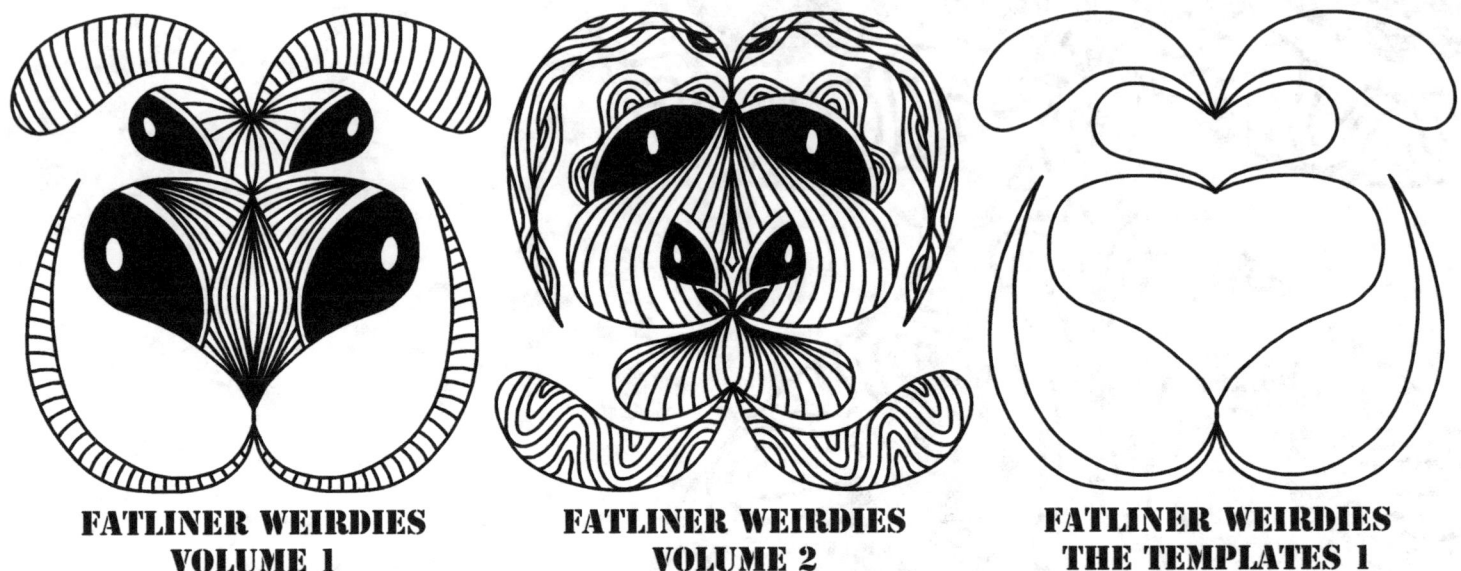

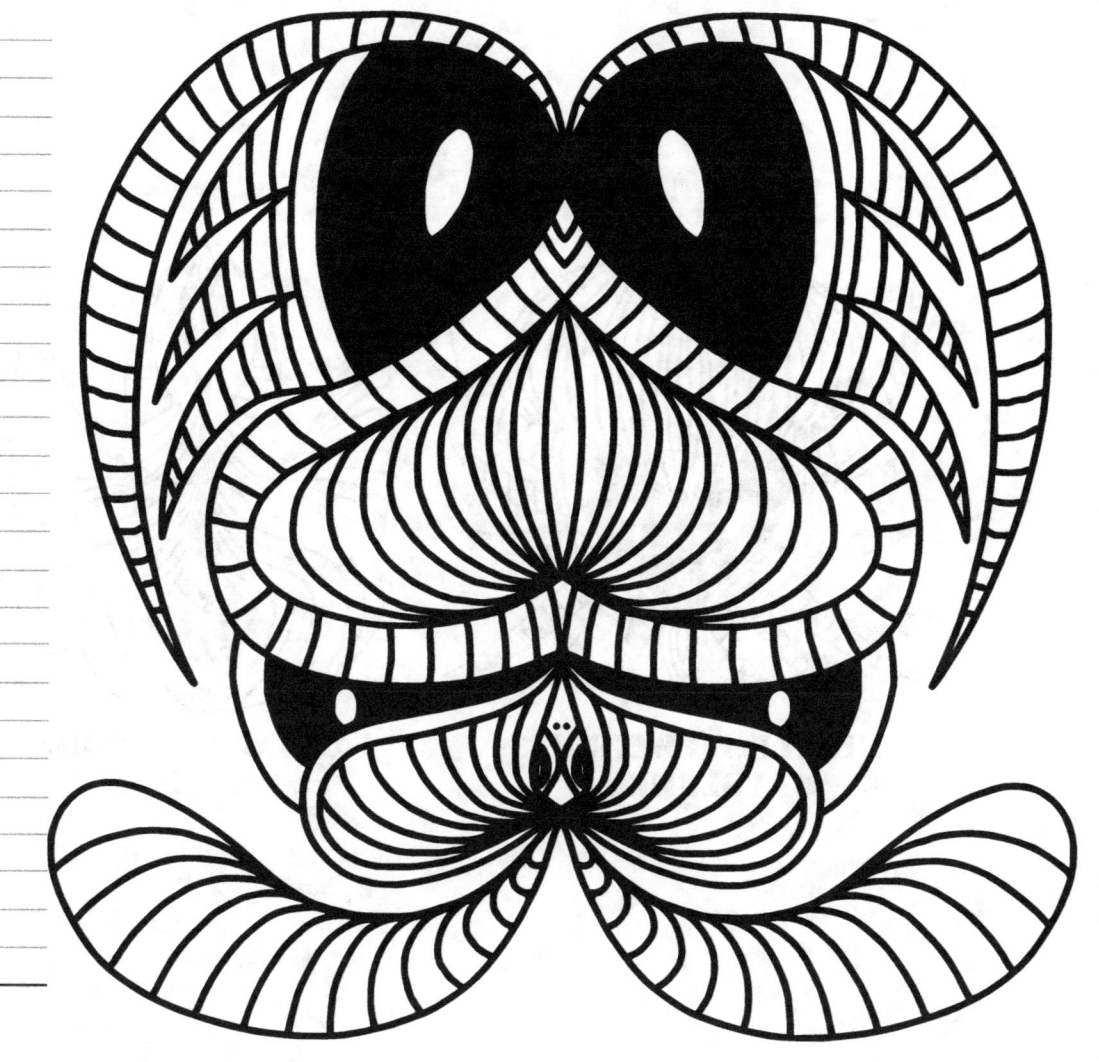

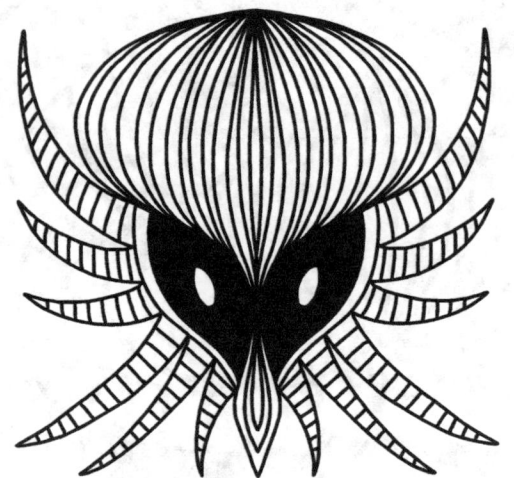

FATLINER WEIRDIES VOLUME 1

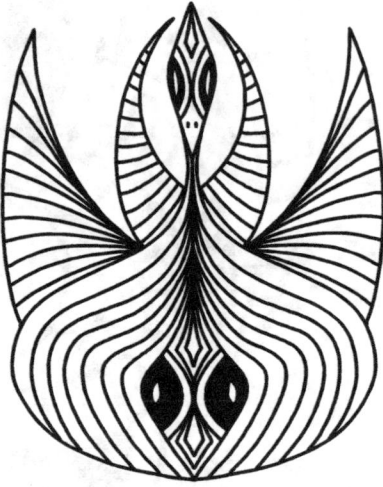

FATLINER WEIRDIES VOLUME 2

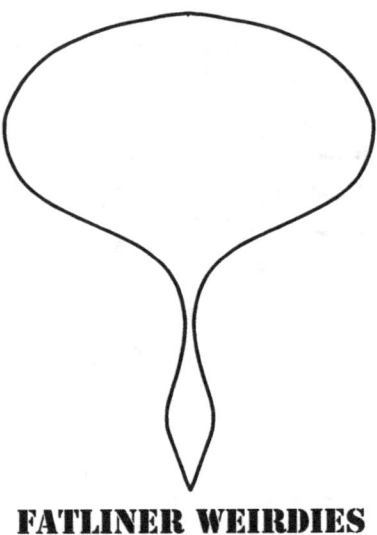

FATLINER WEIRDIES THE TEMPLATES 1

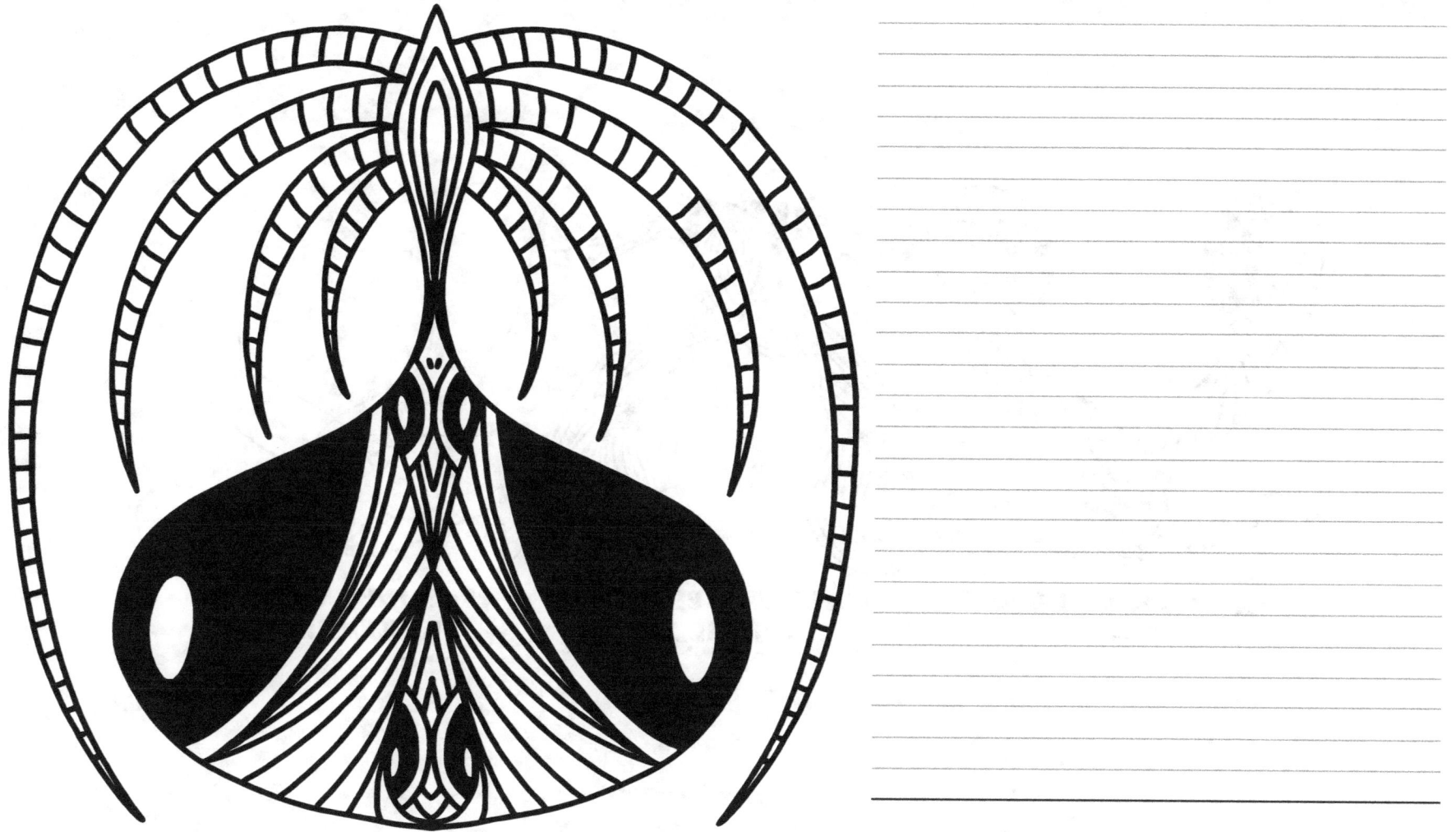

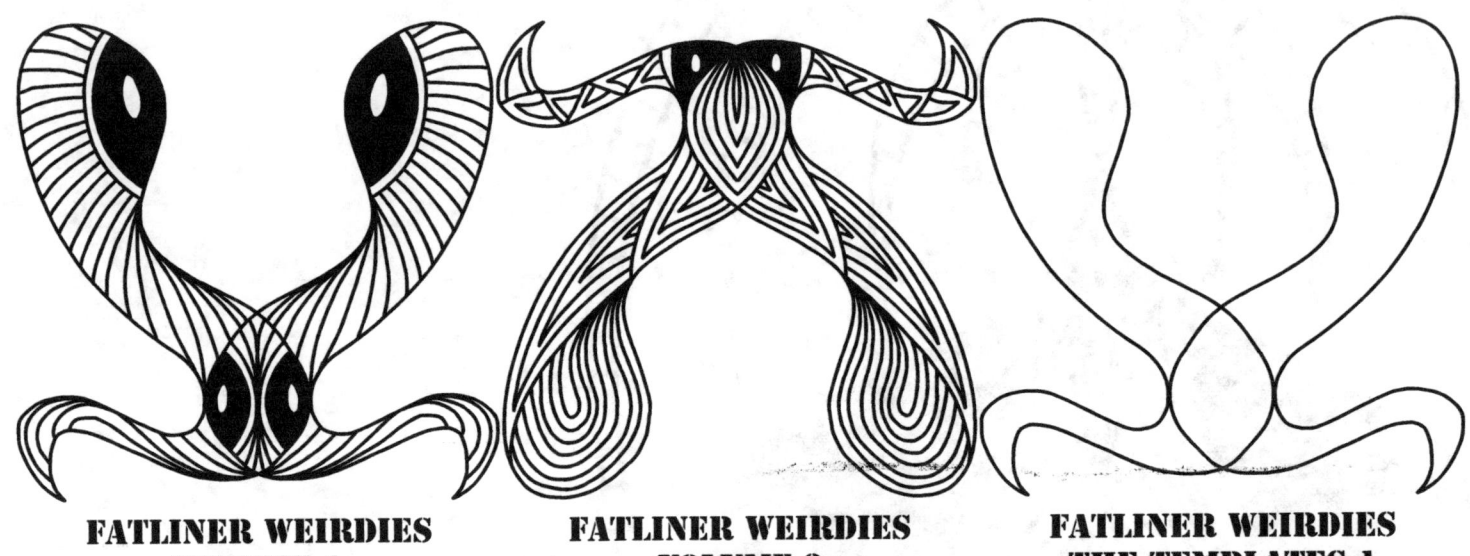

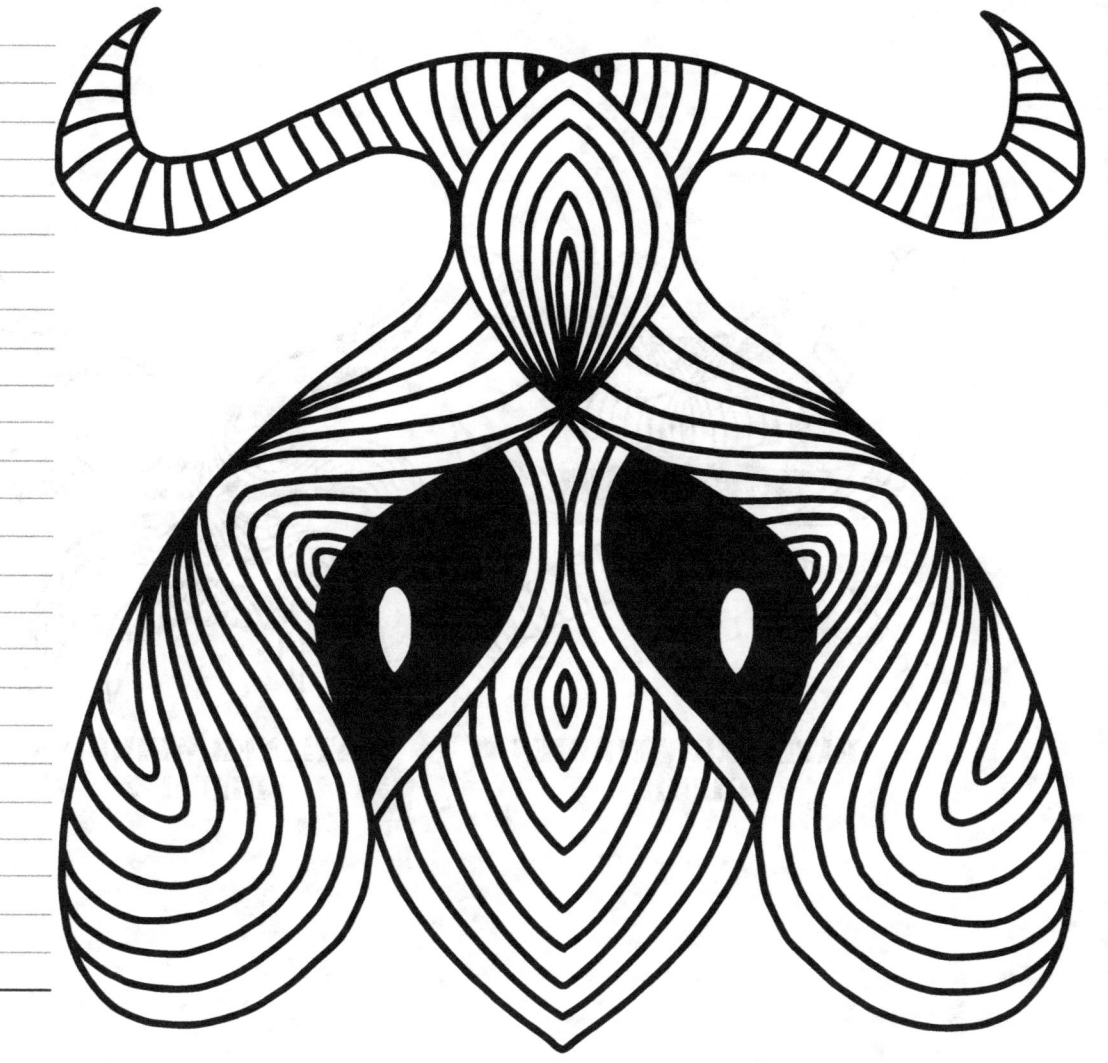

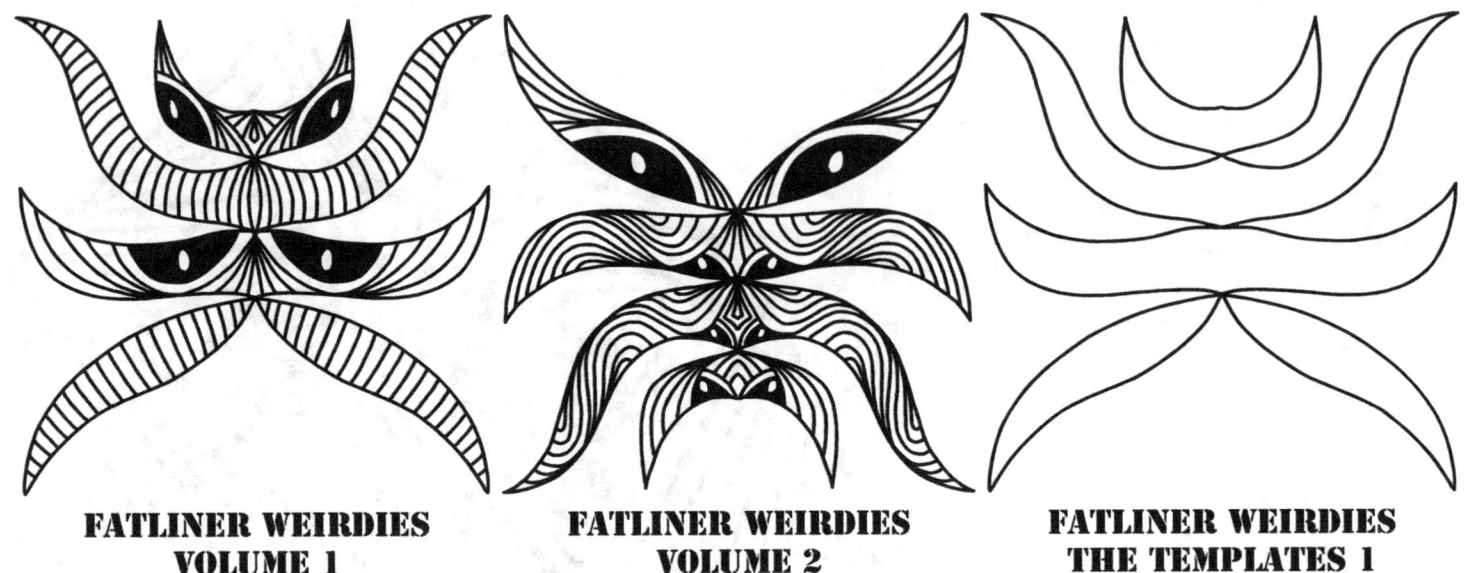

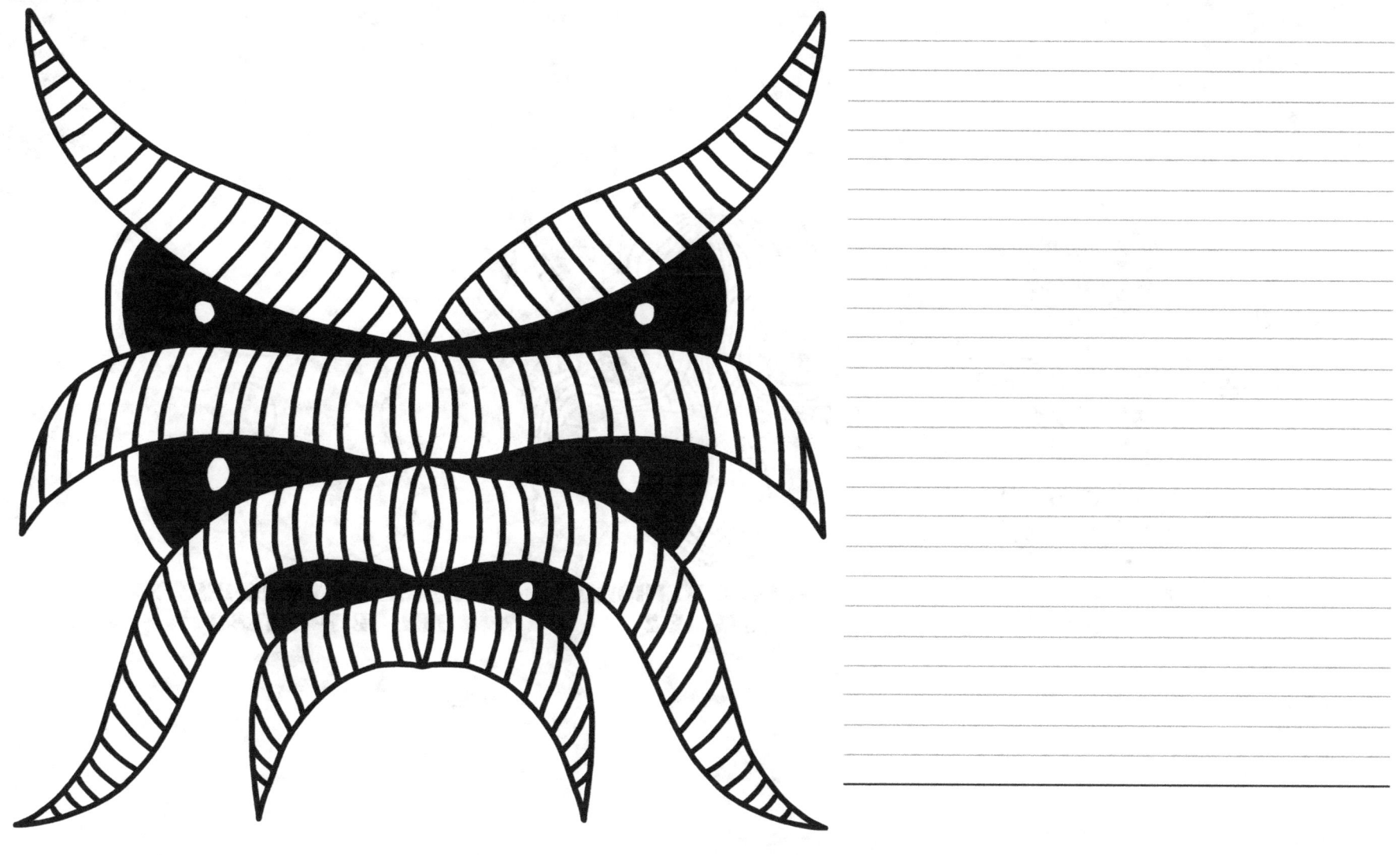

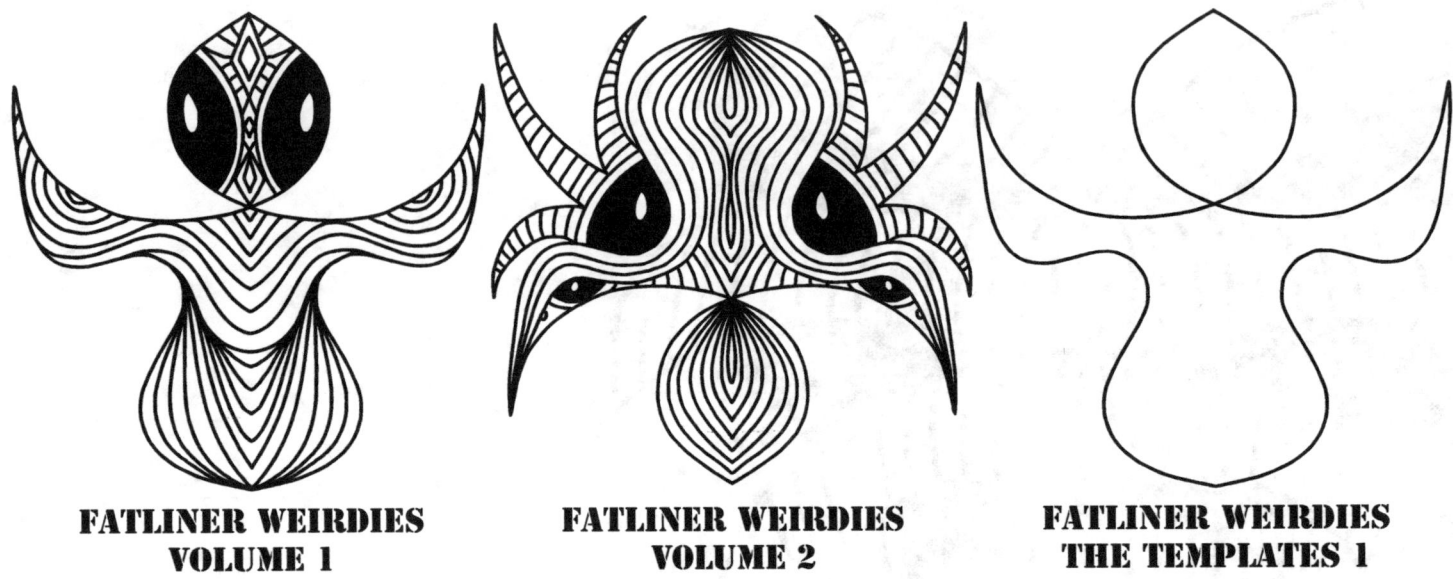

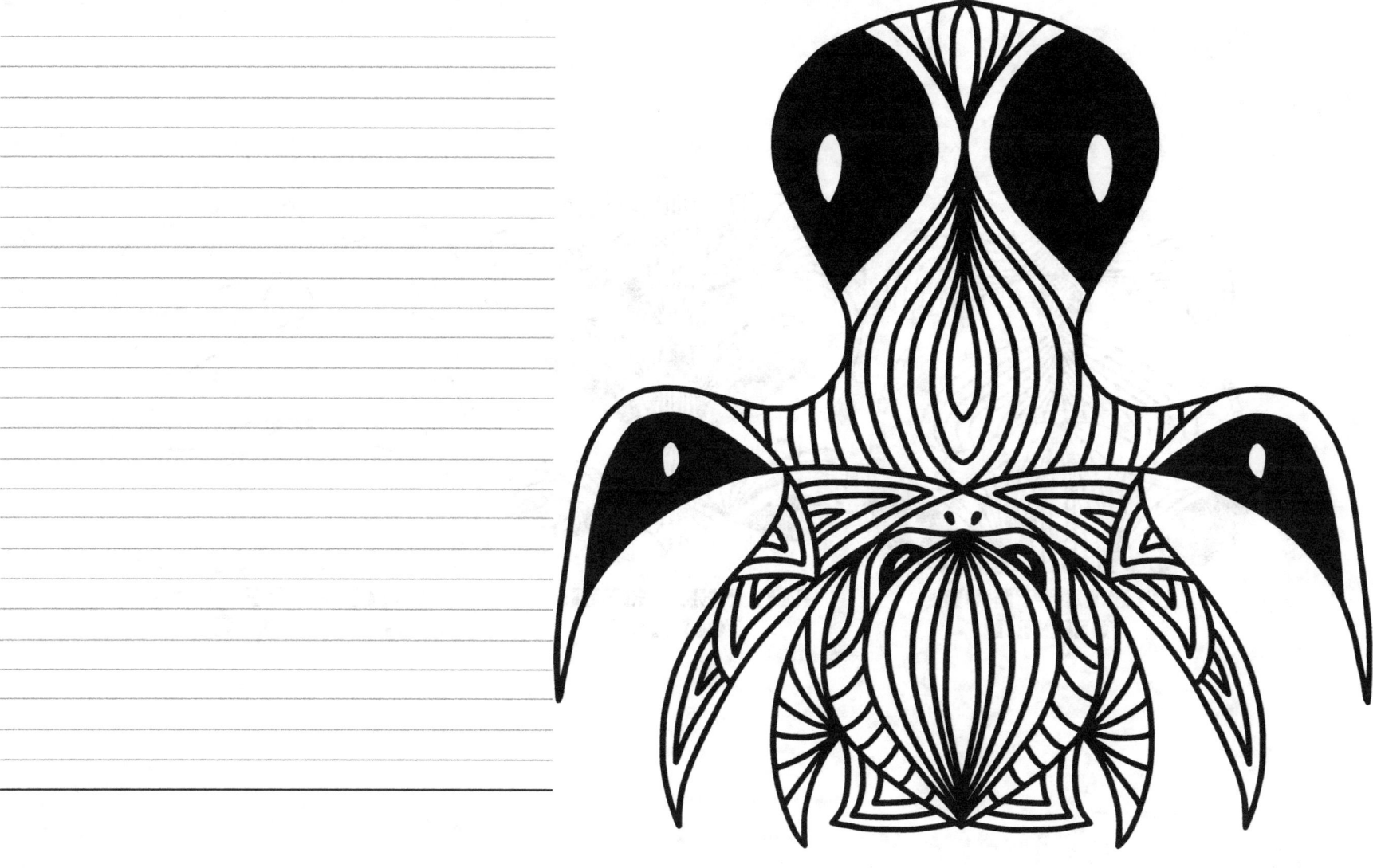

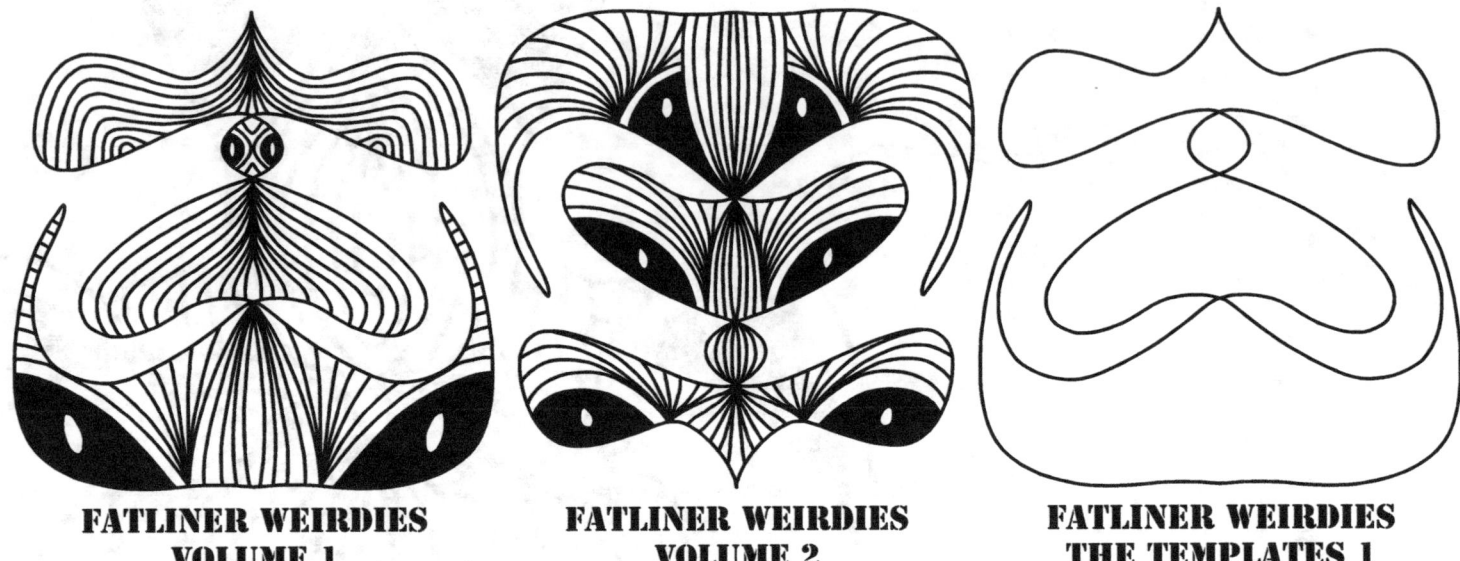

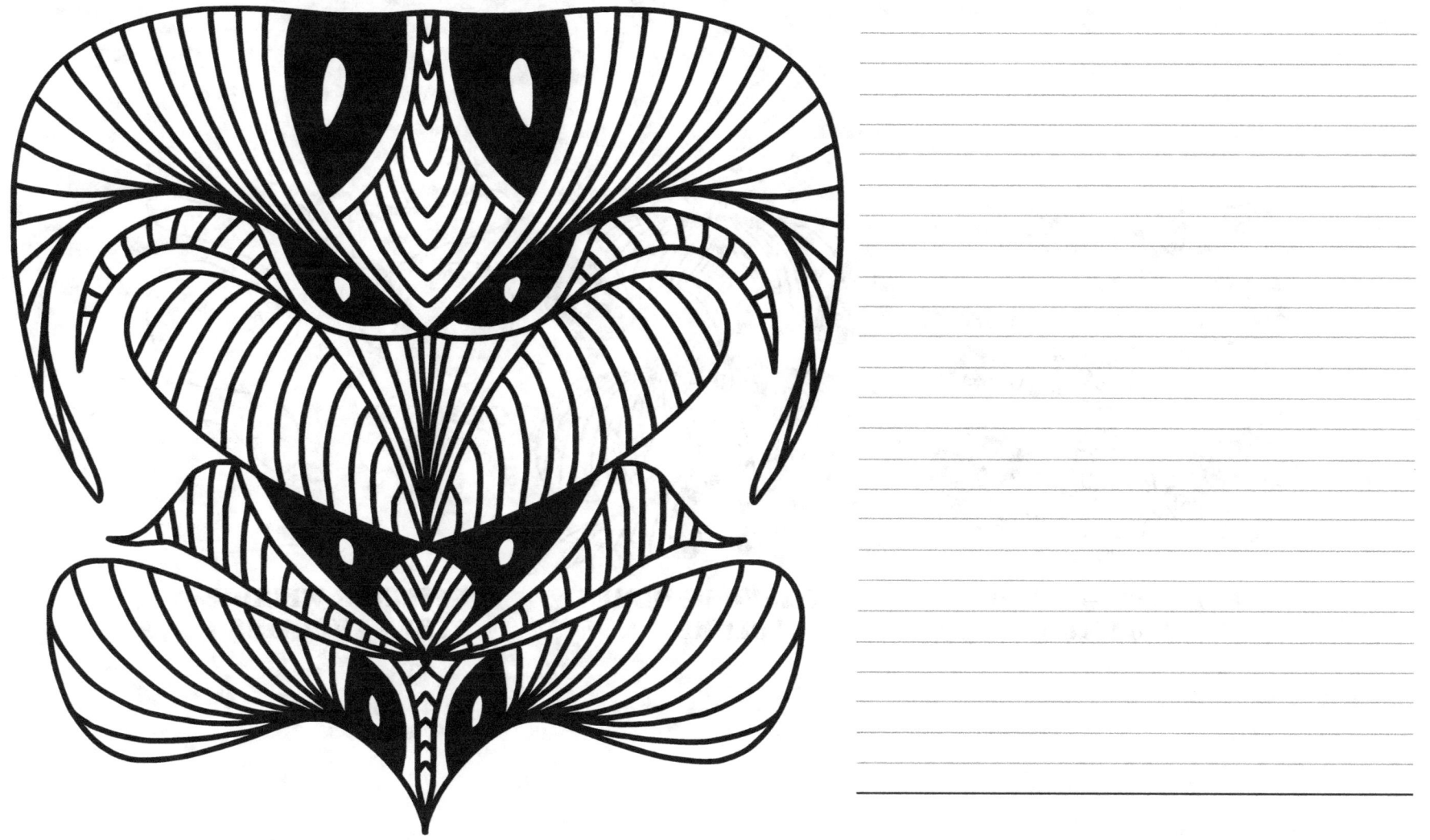

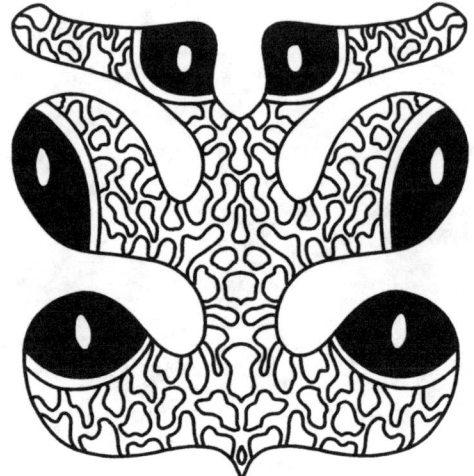

FATLINER WEIRDIES VOLUME 1

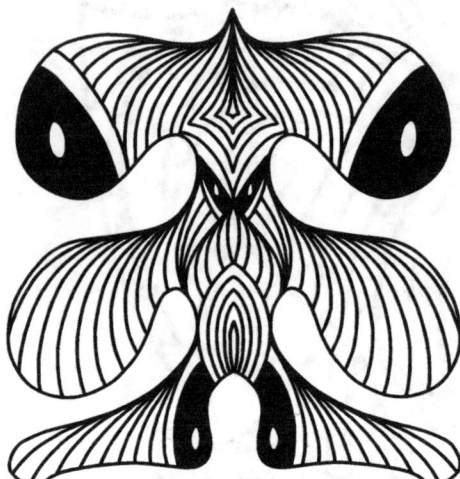

FATLINER WEIRDIES VOLUME 2

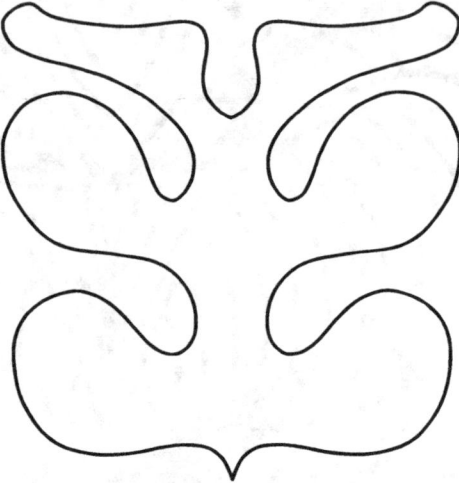

FATLINER WEIRDIES THE TEMPLATES 1

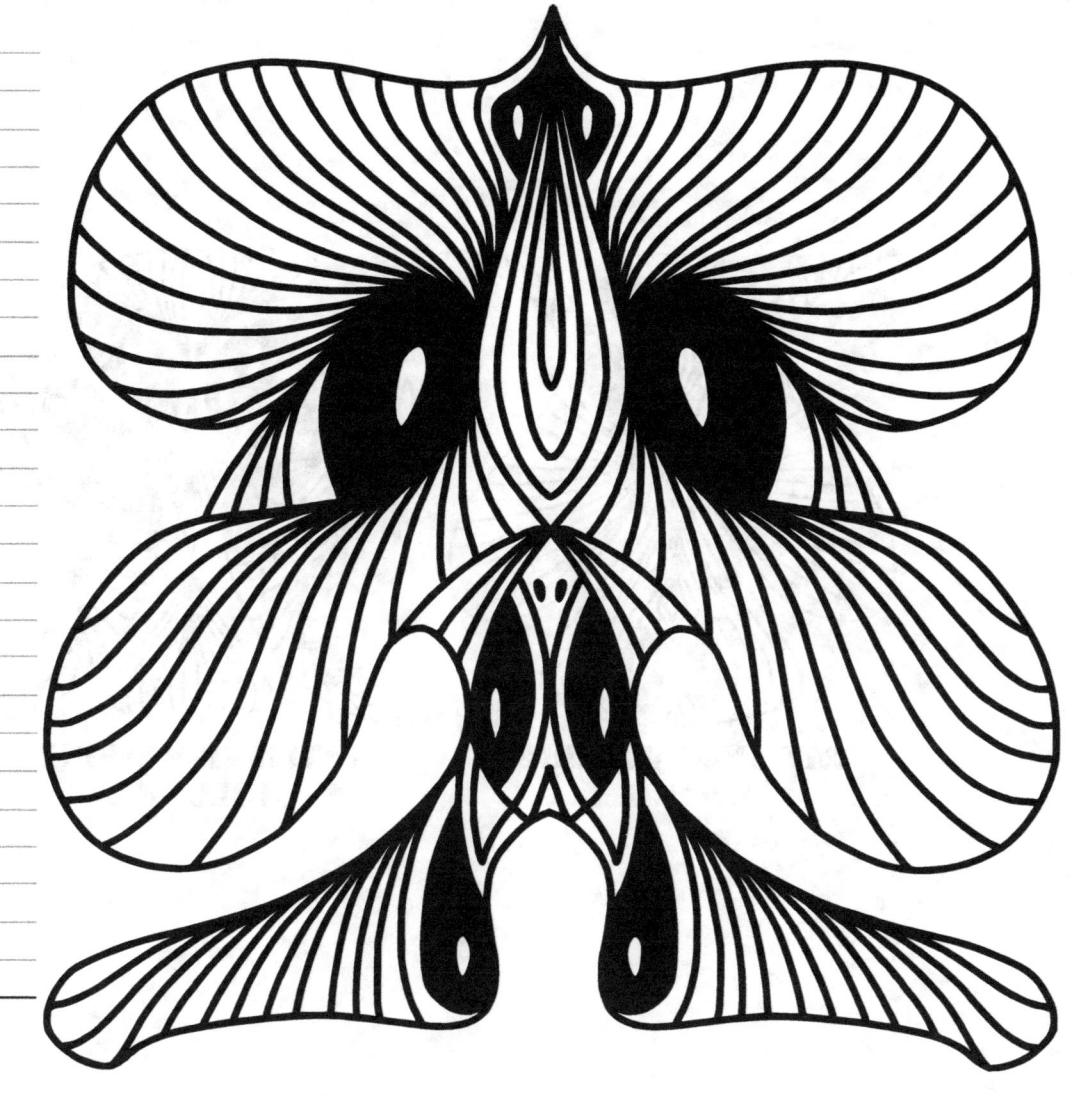

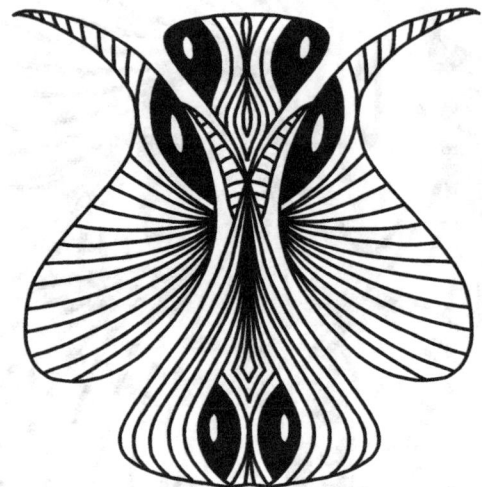

FATLINER WEIRDIES VOLUME 1

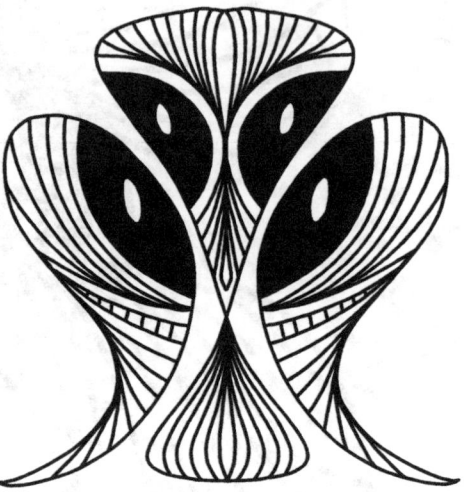

FATLINER WEIRDIES VOLUME 2

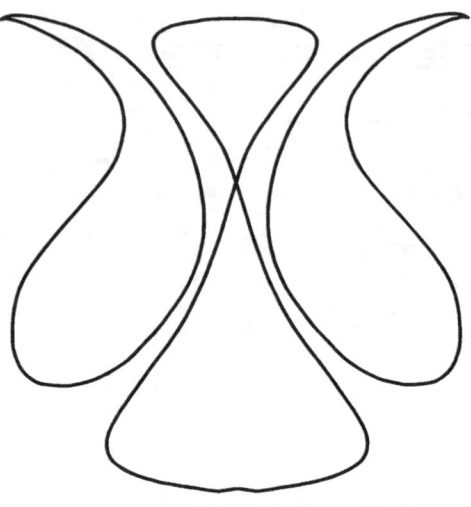

FATLINER WEIRDIES THE TEMPLATES 1

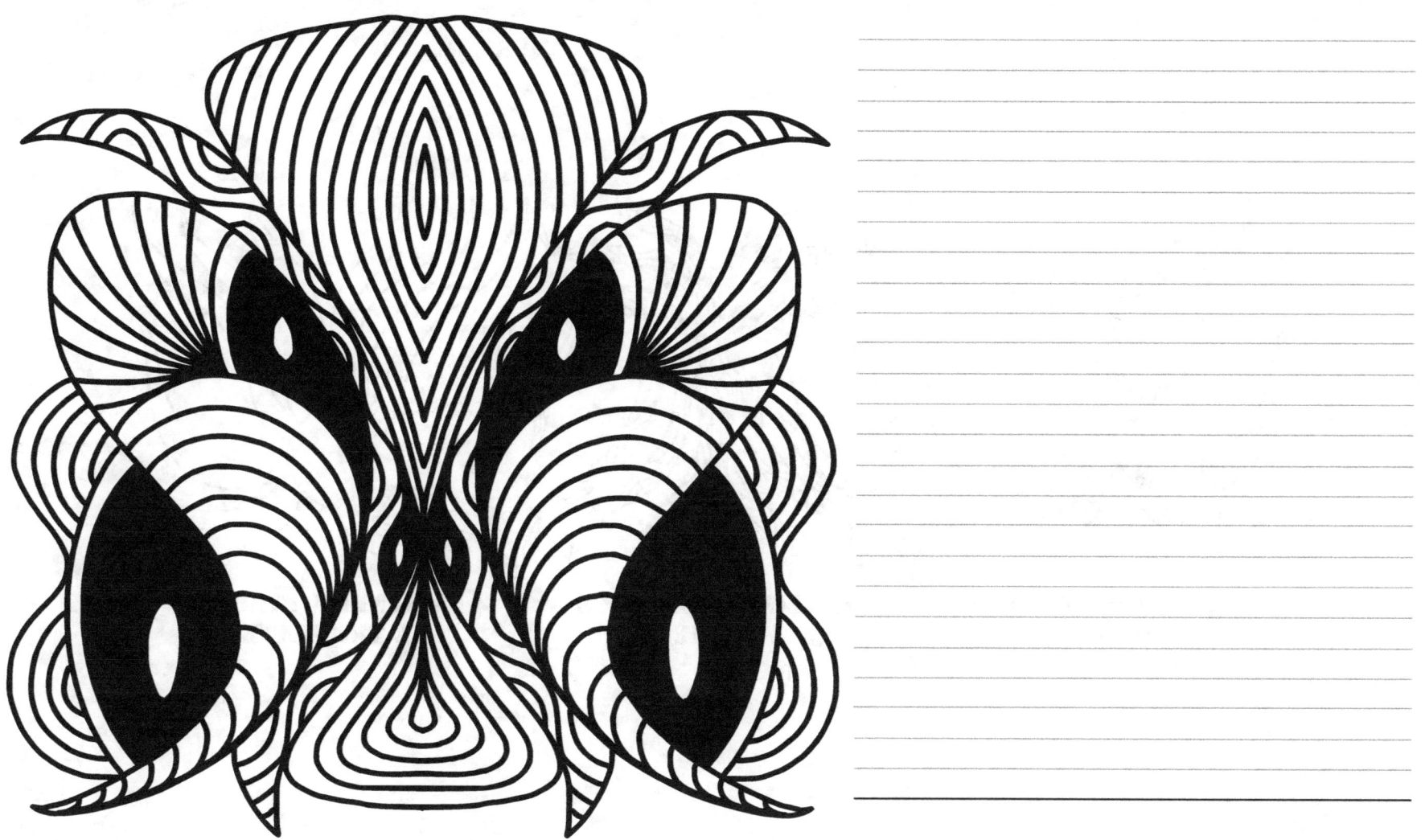

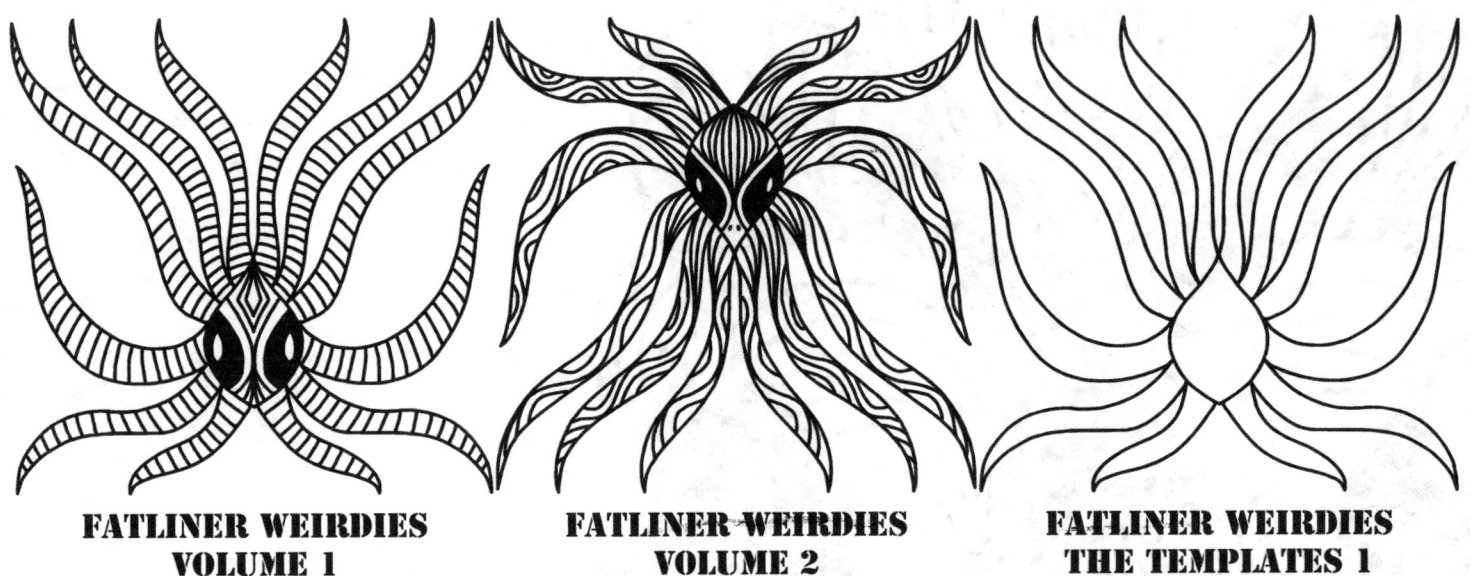

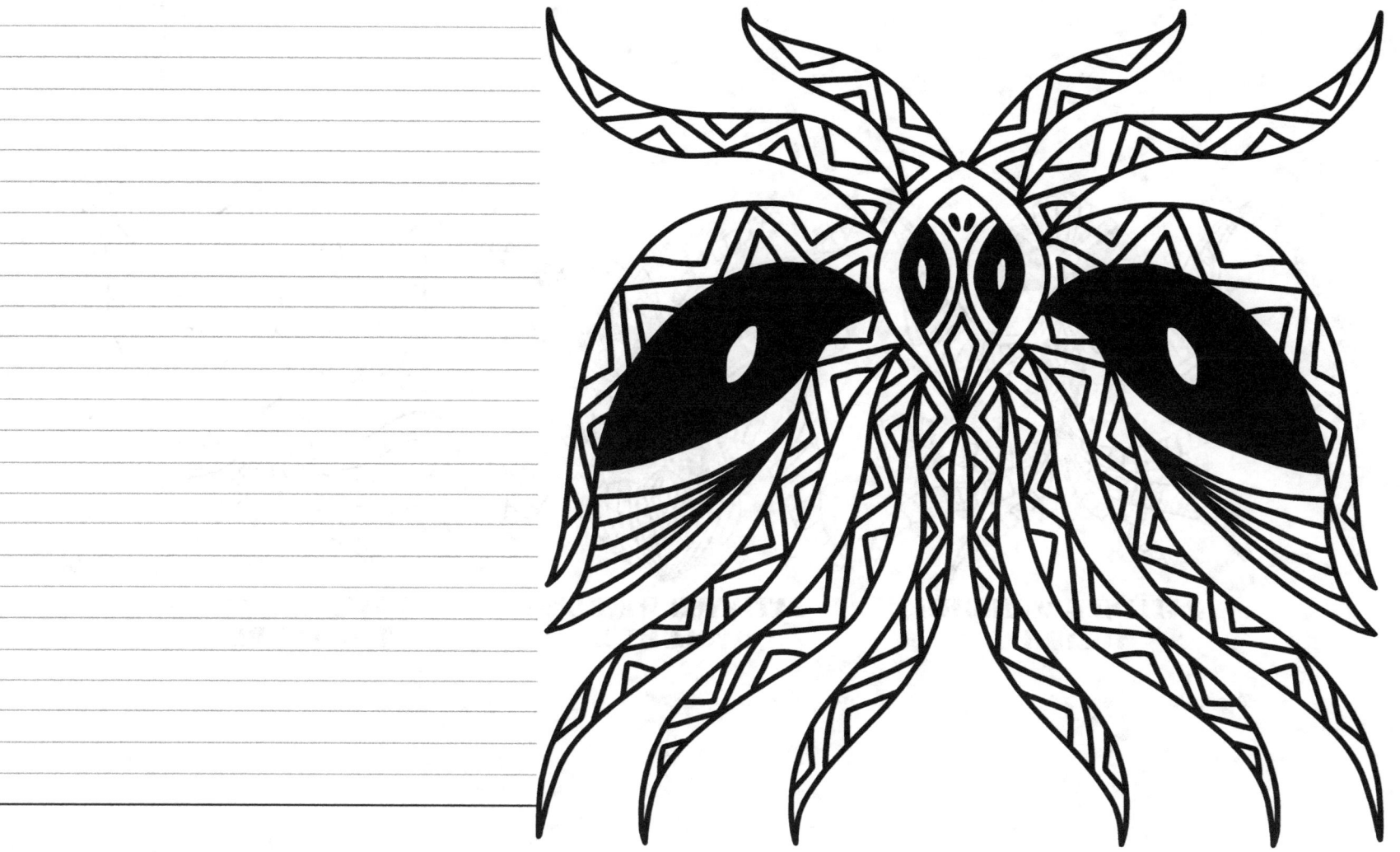

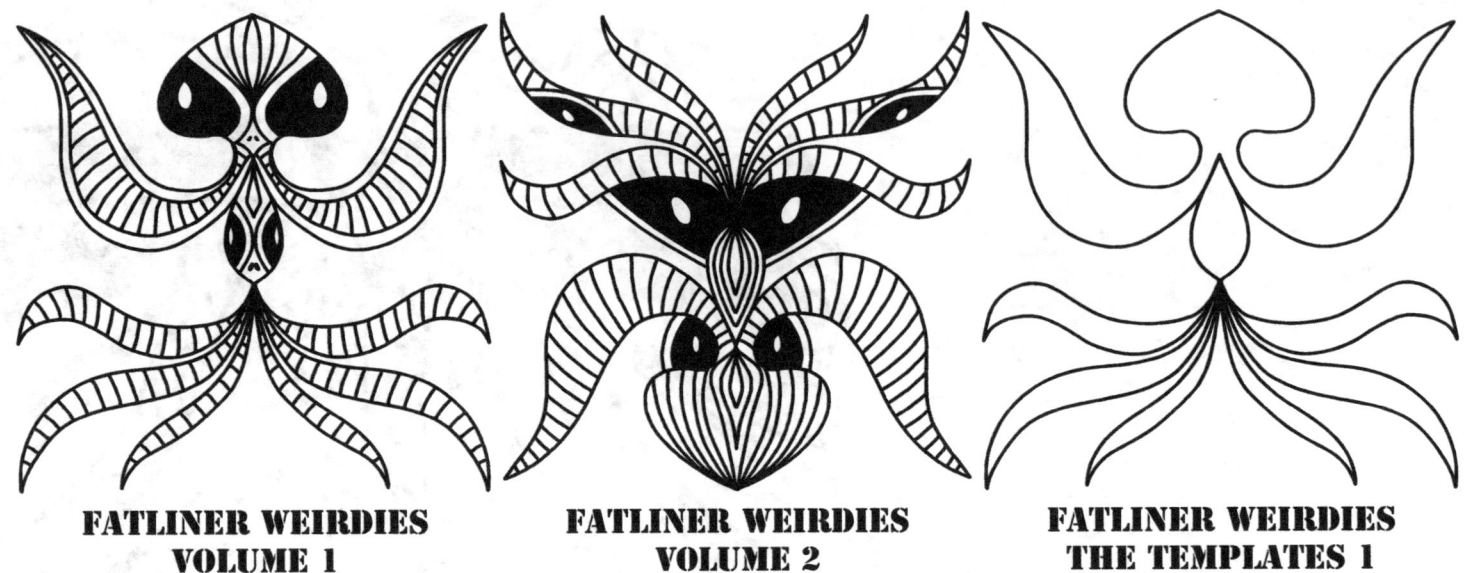

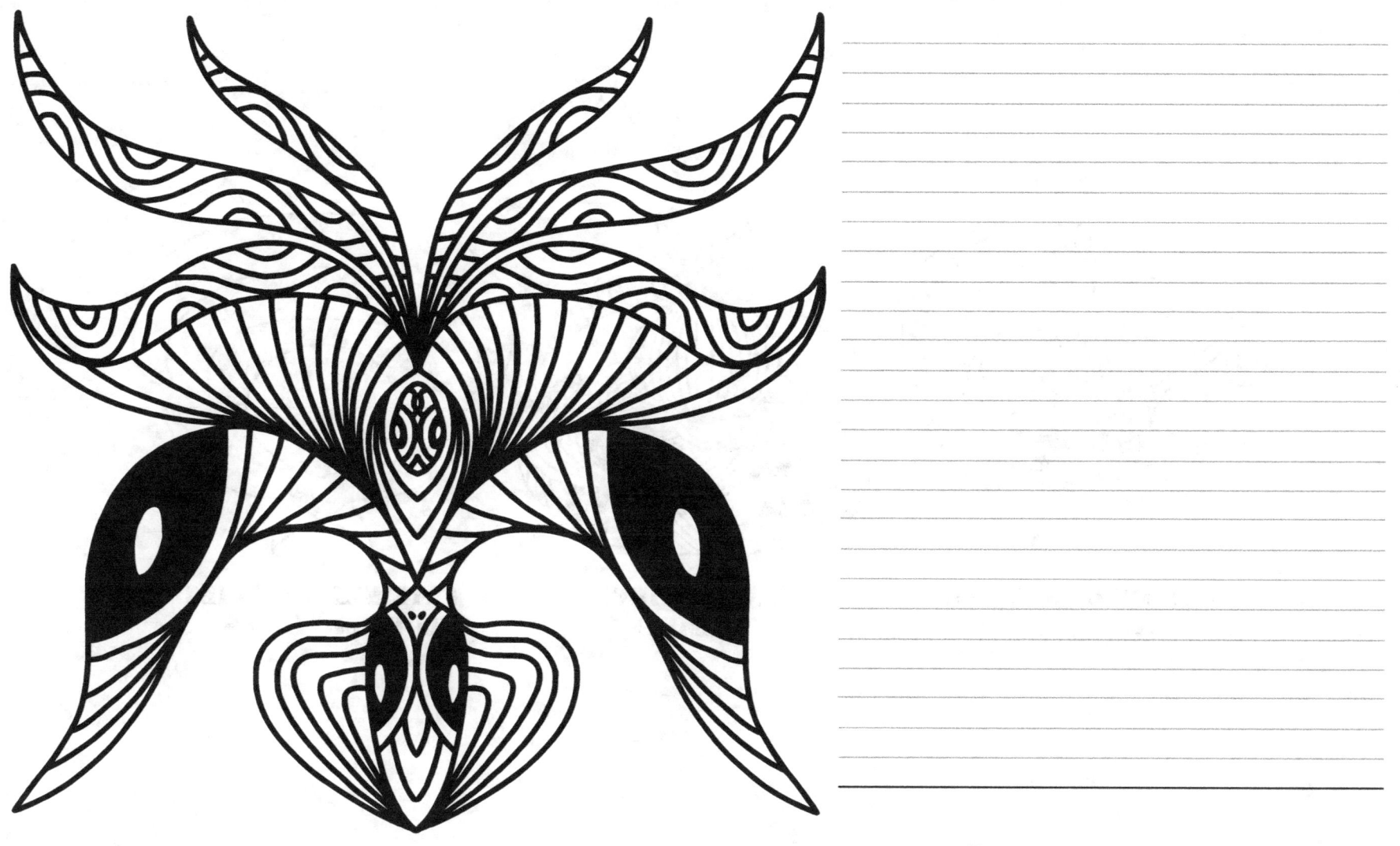

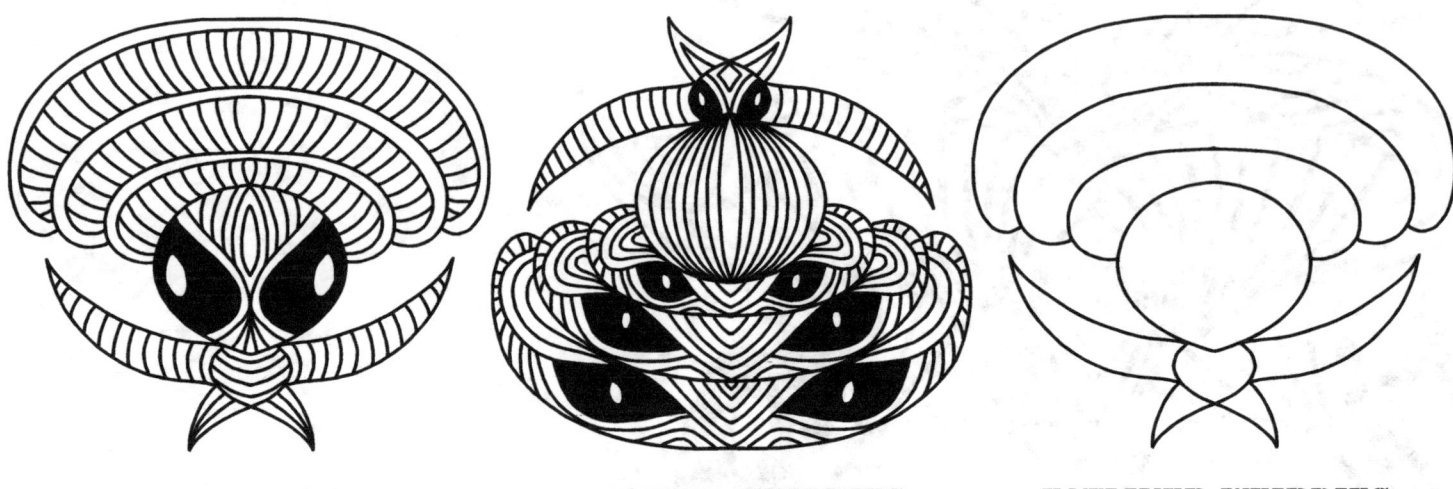

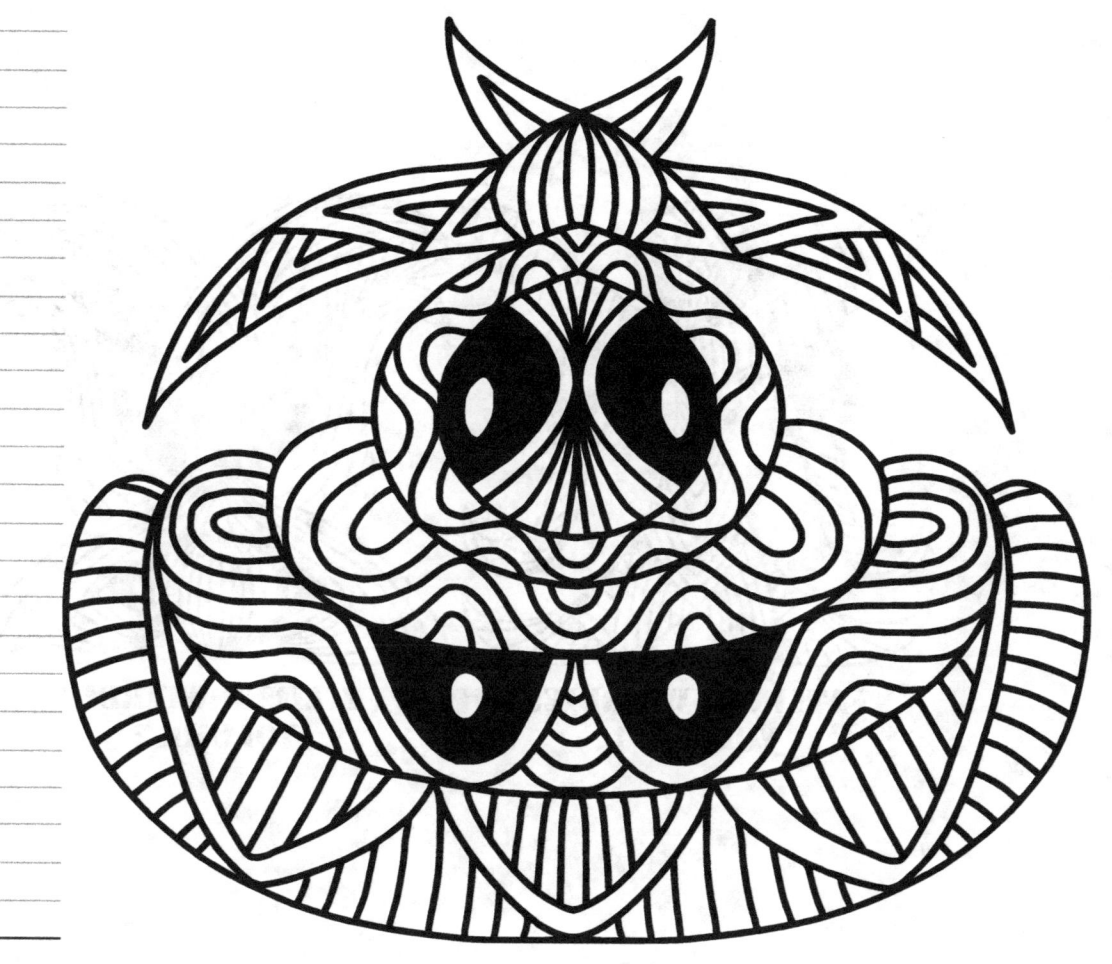

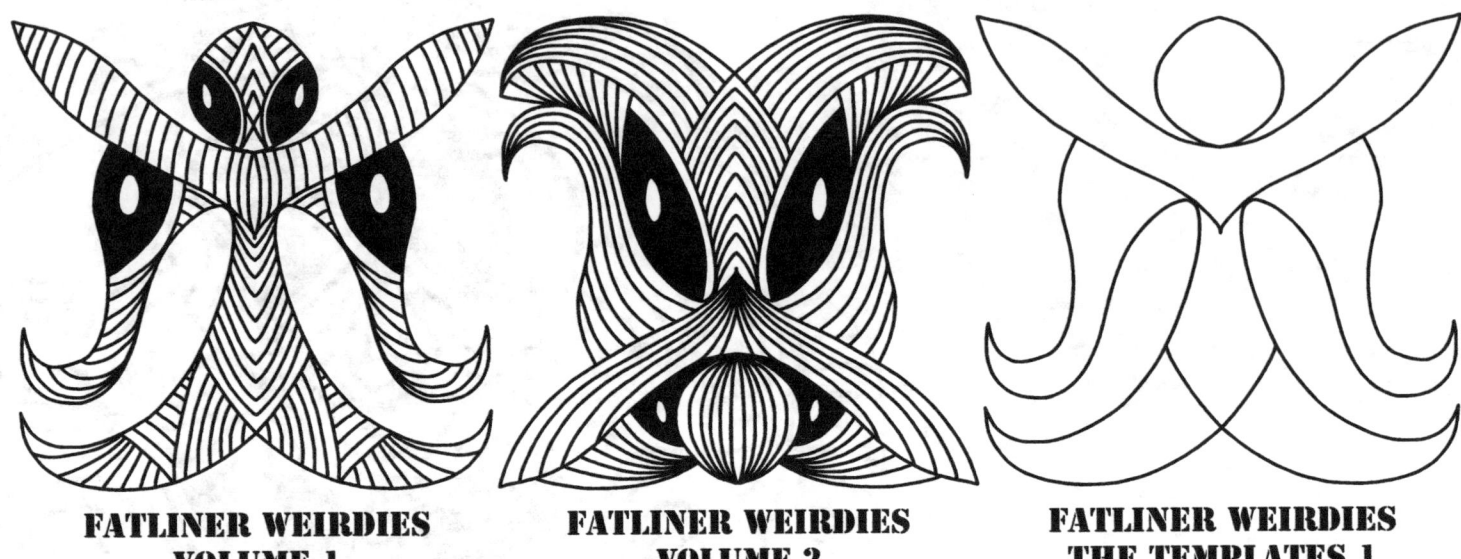

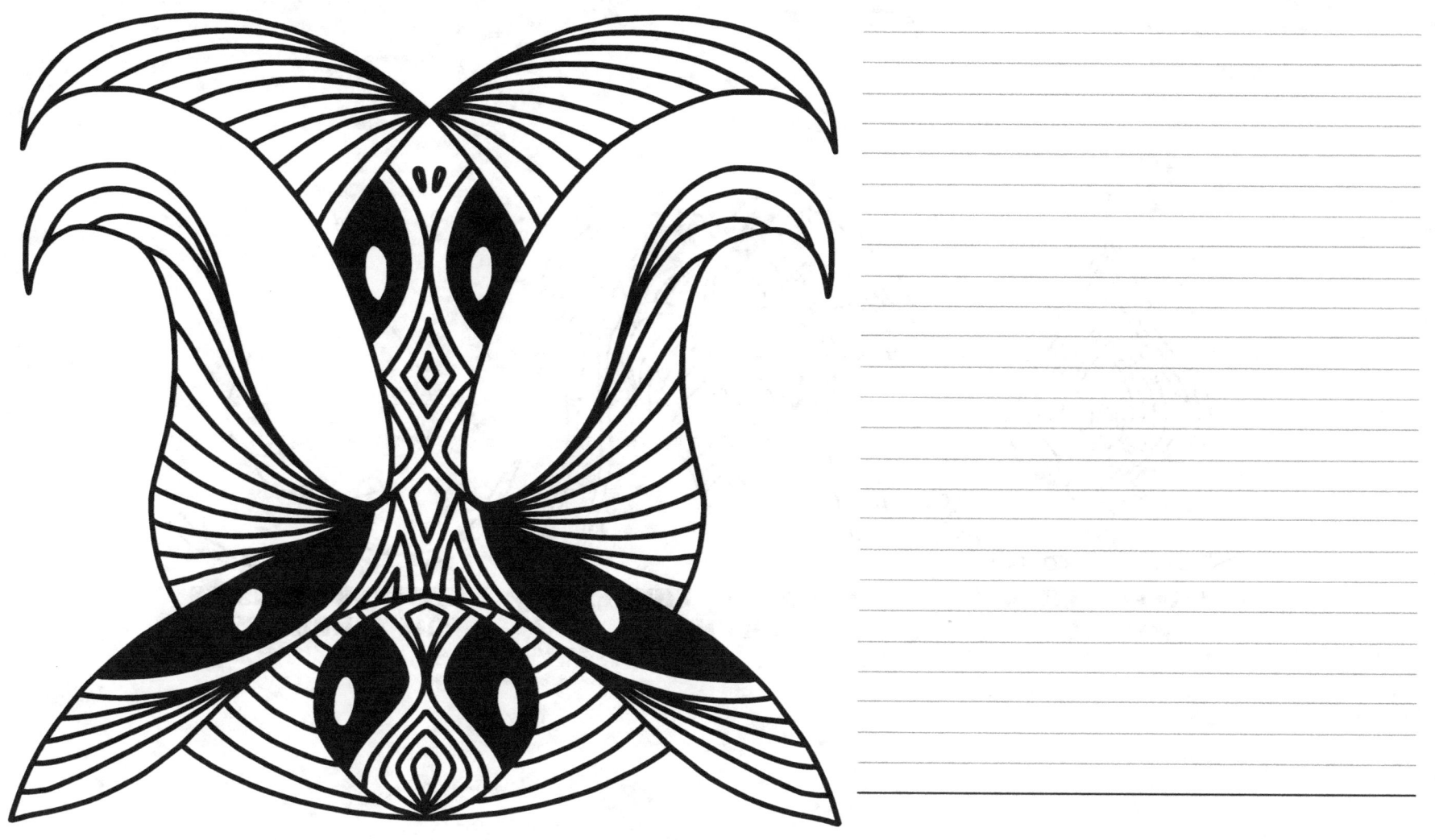

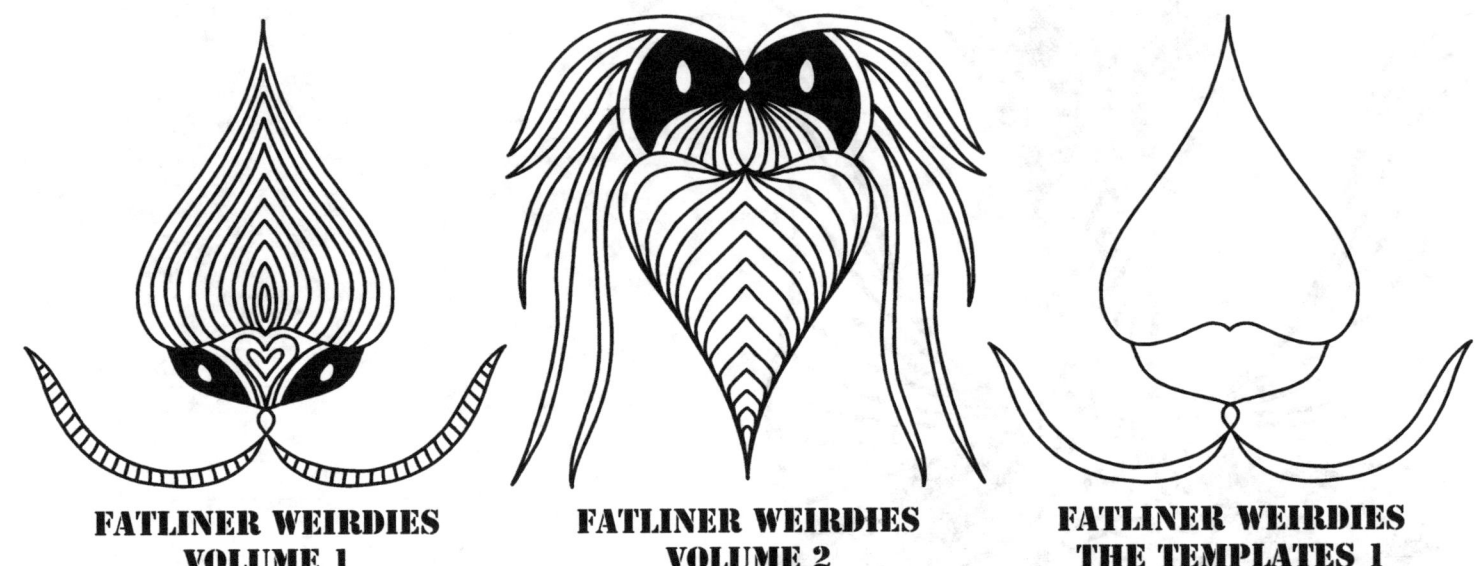

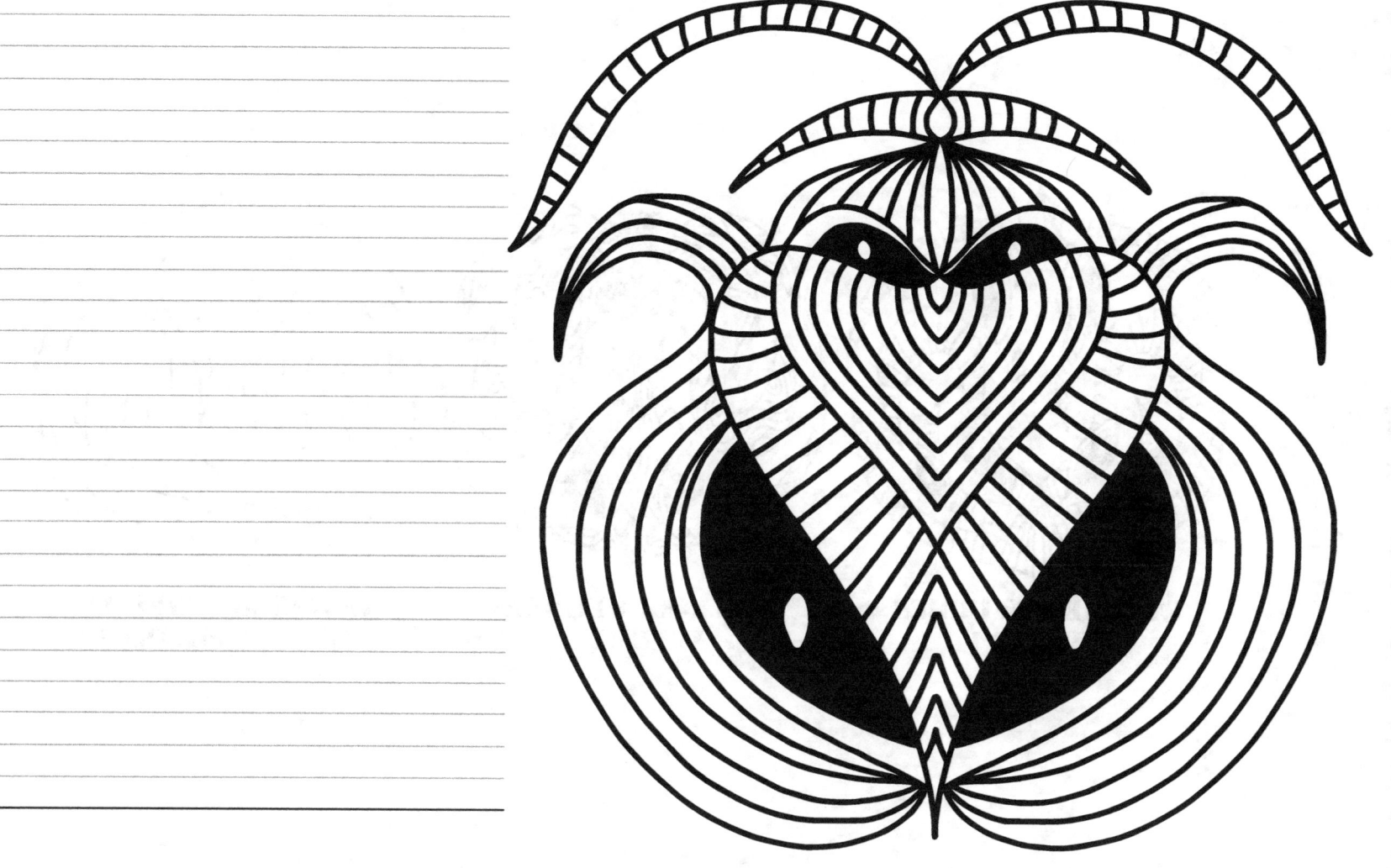

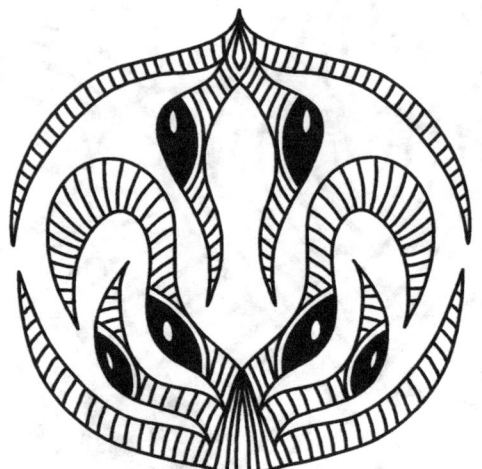
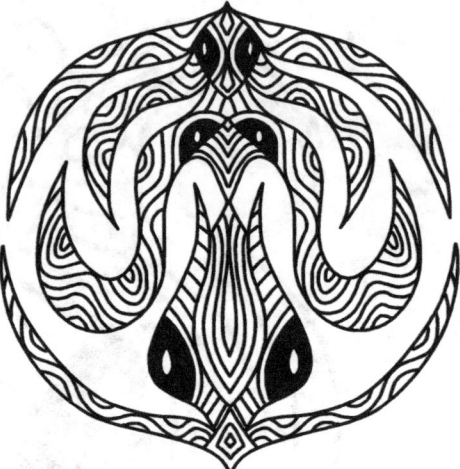
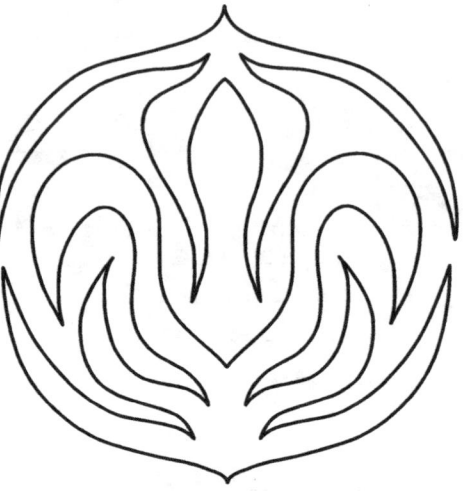

FATLINER WEIRDIES VOLUME 1   **FATLINER WEIRDIES VOLUME 2**   **FATLINER WEIRDIES THE TEMPLATES 1**

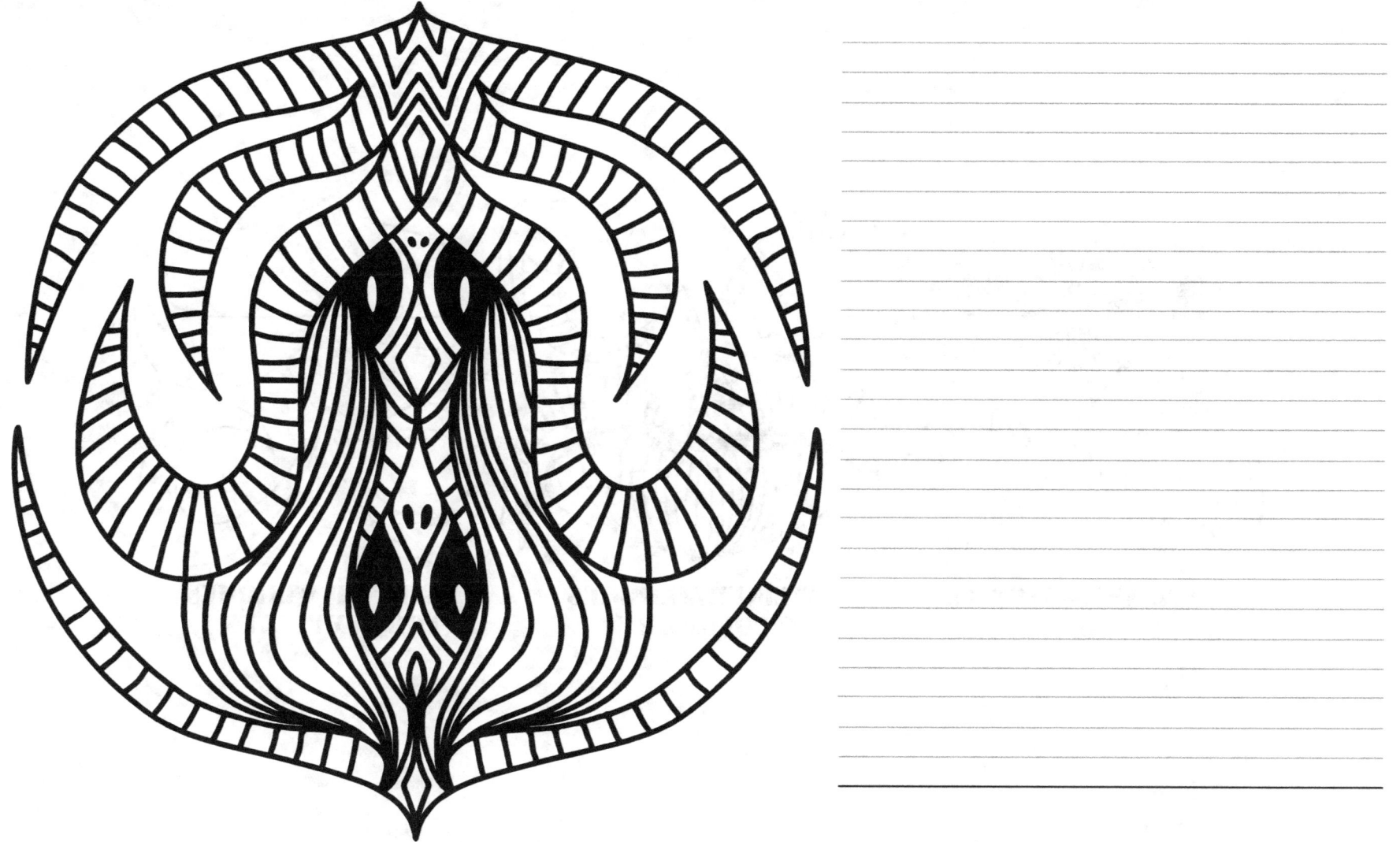

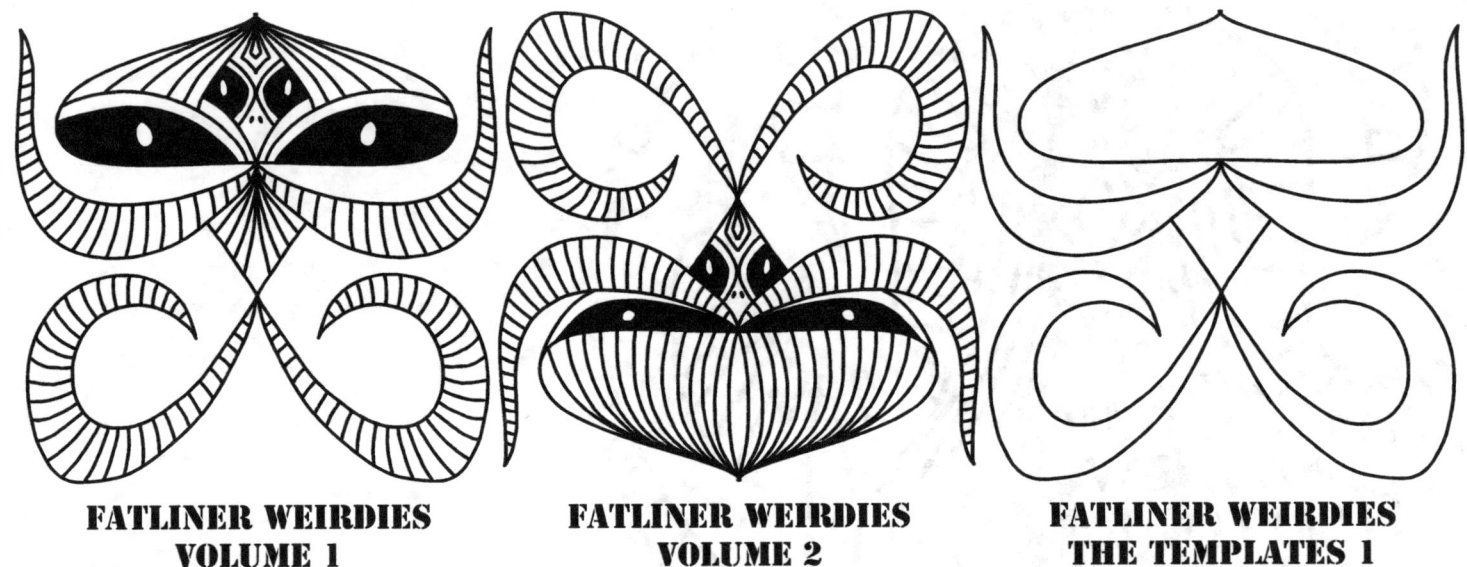

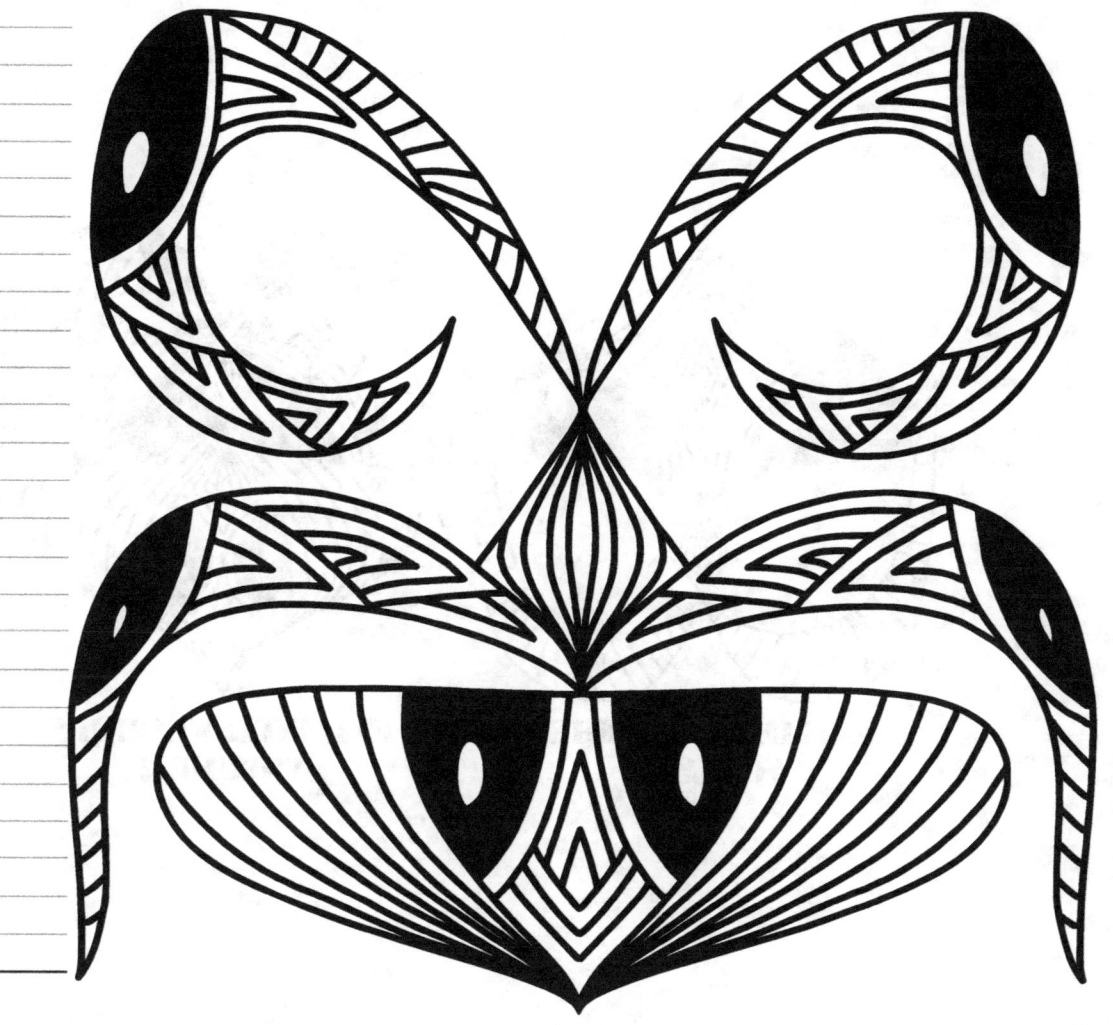

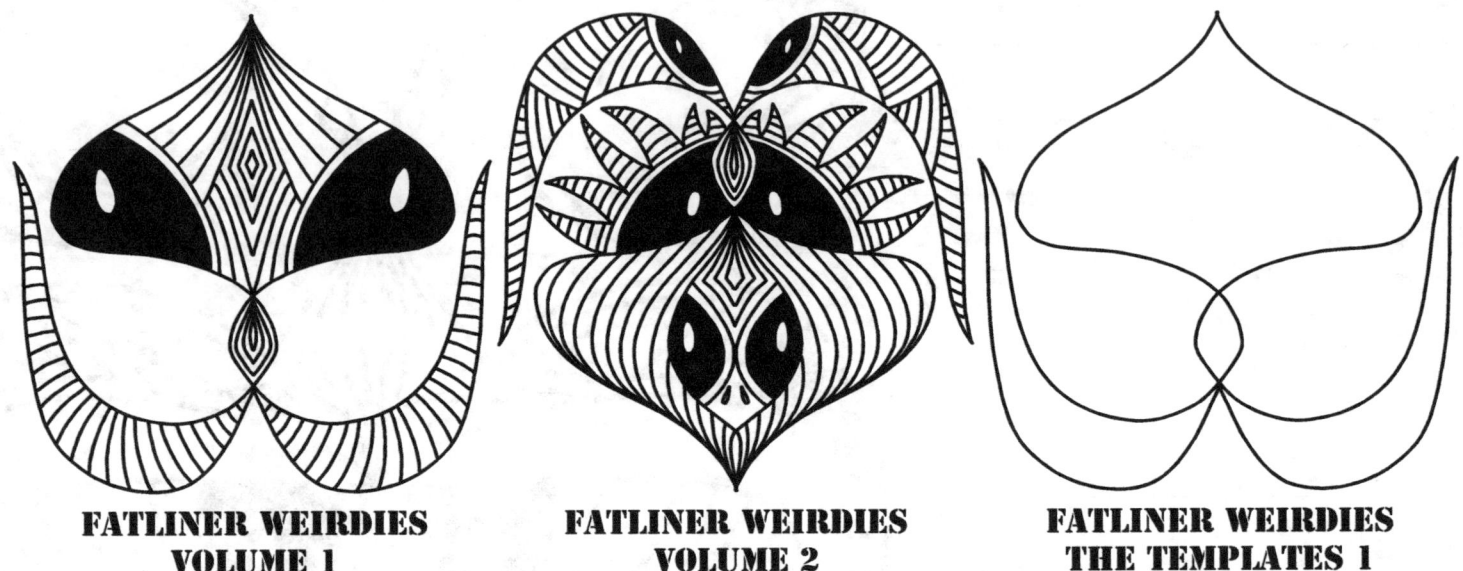

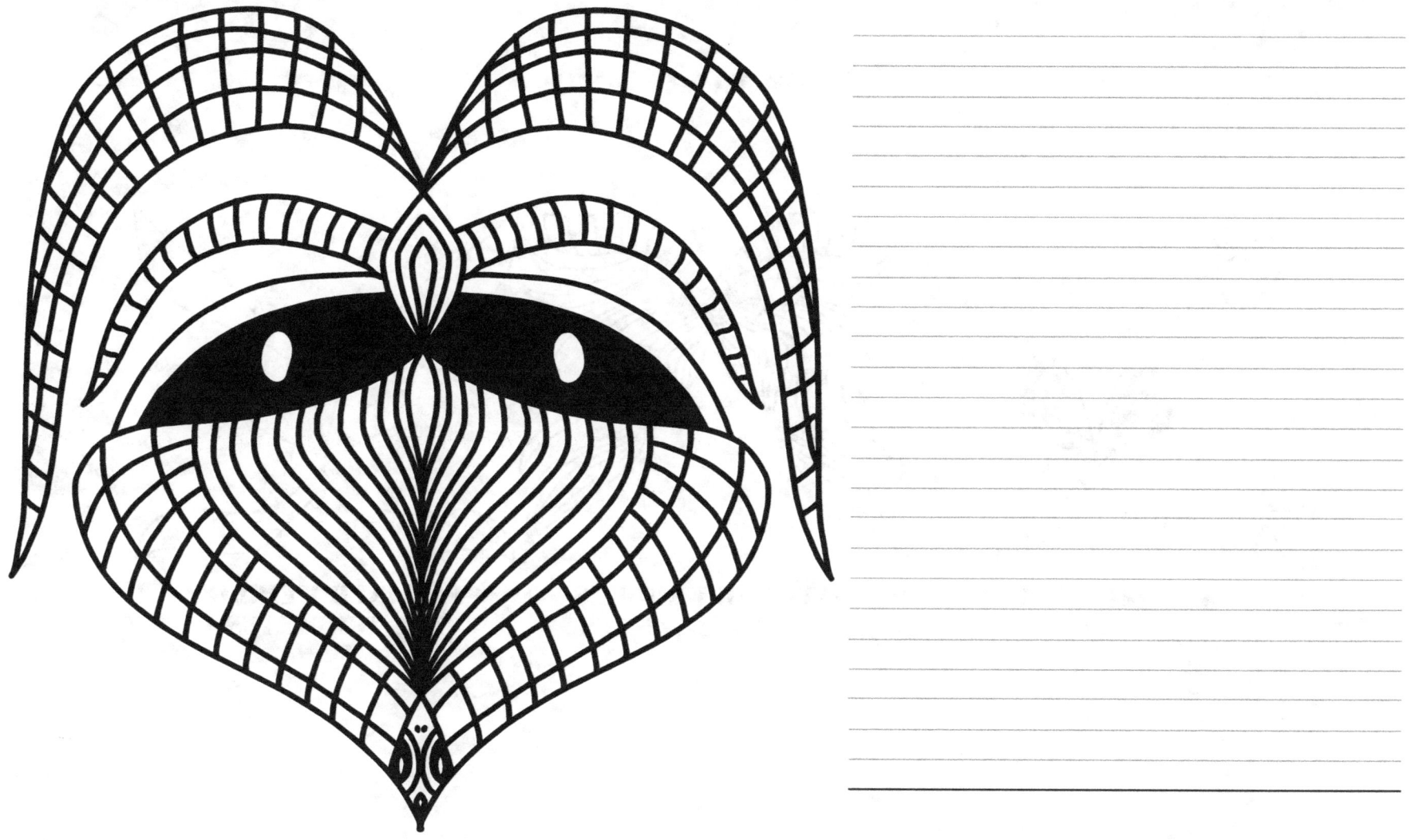

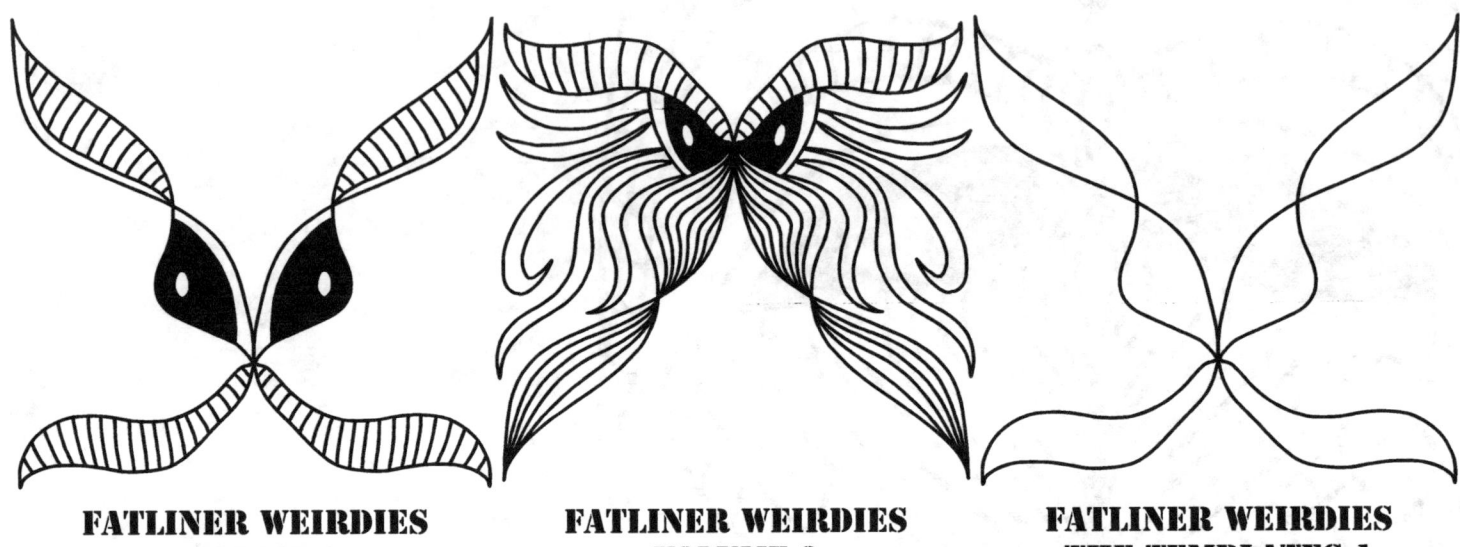

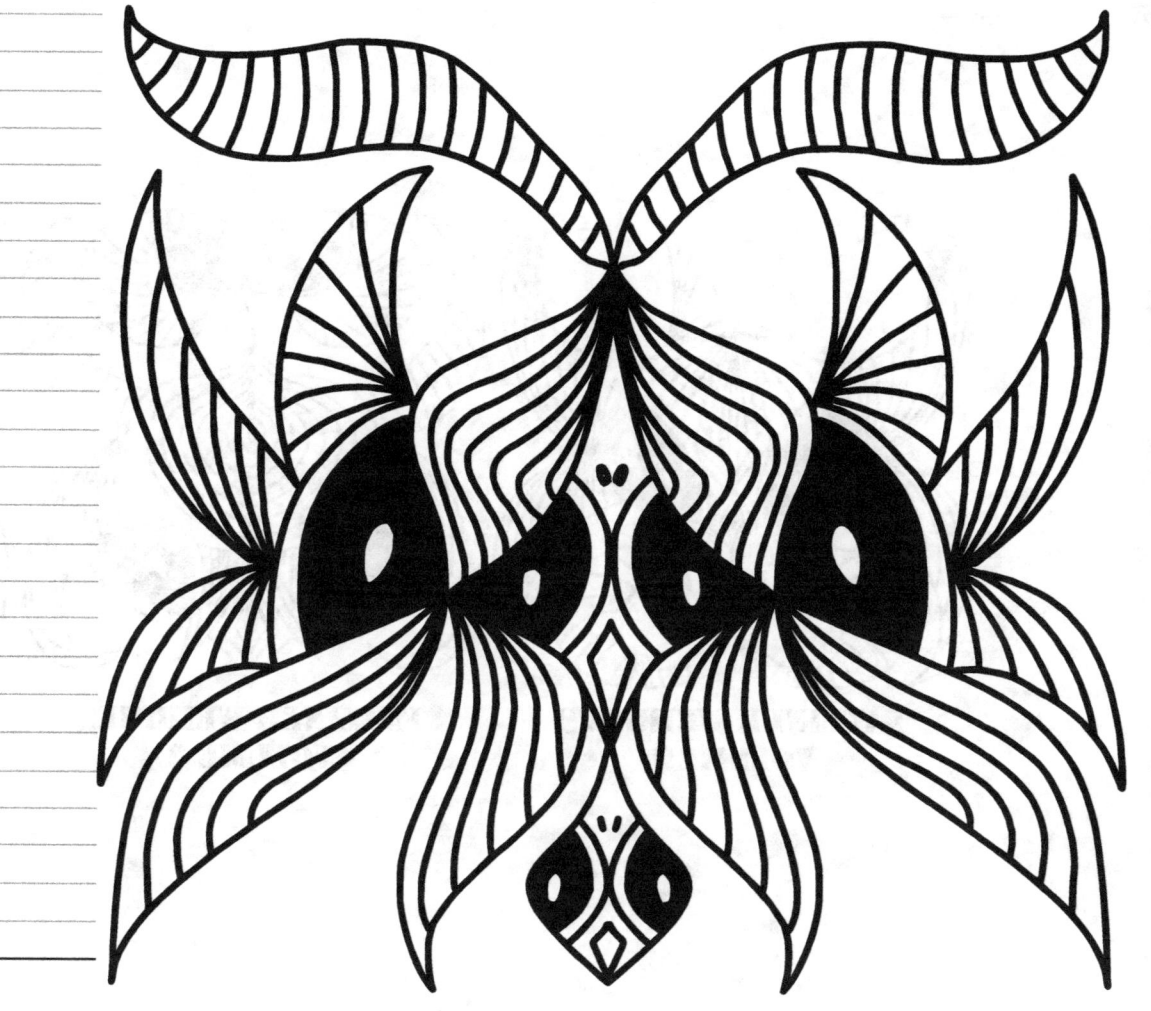

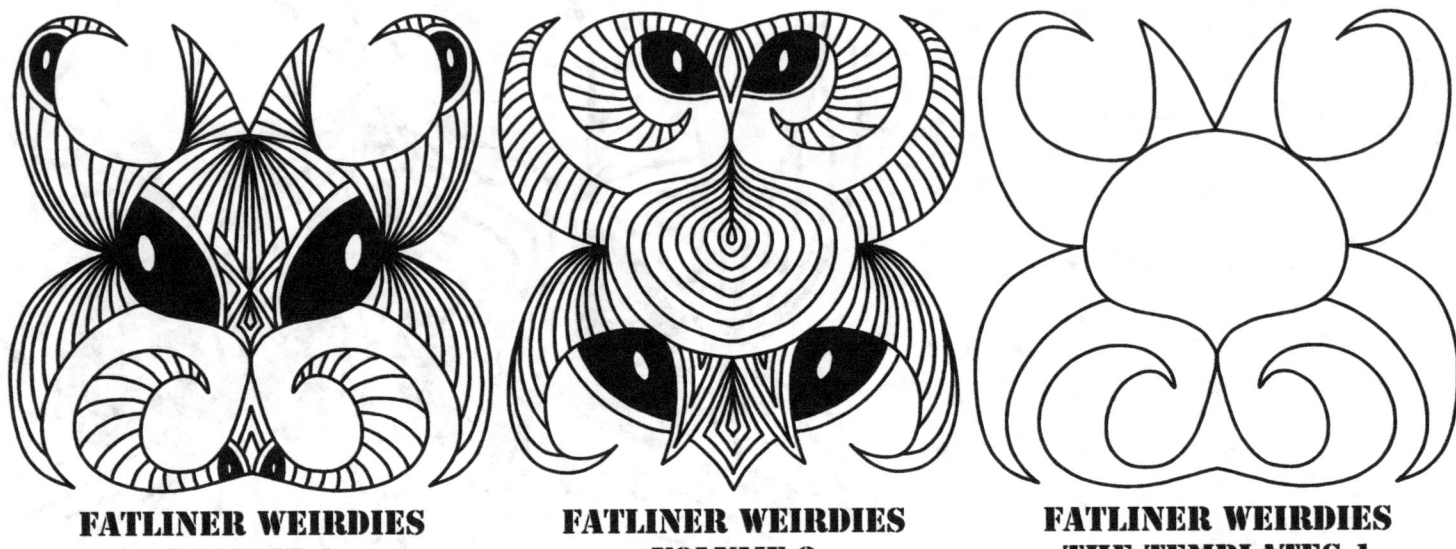

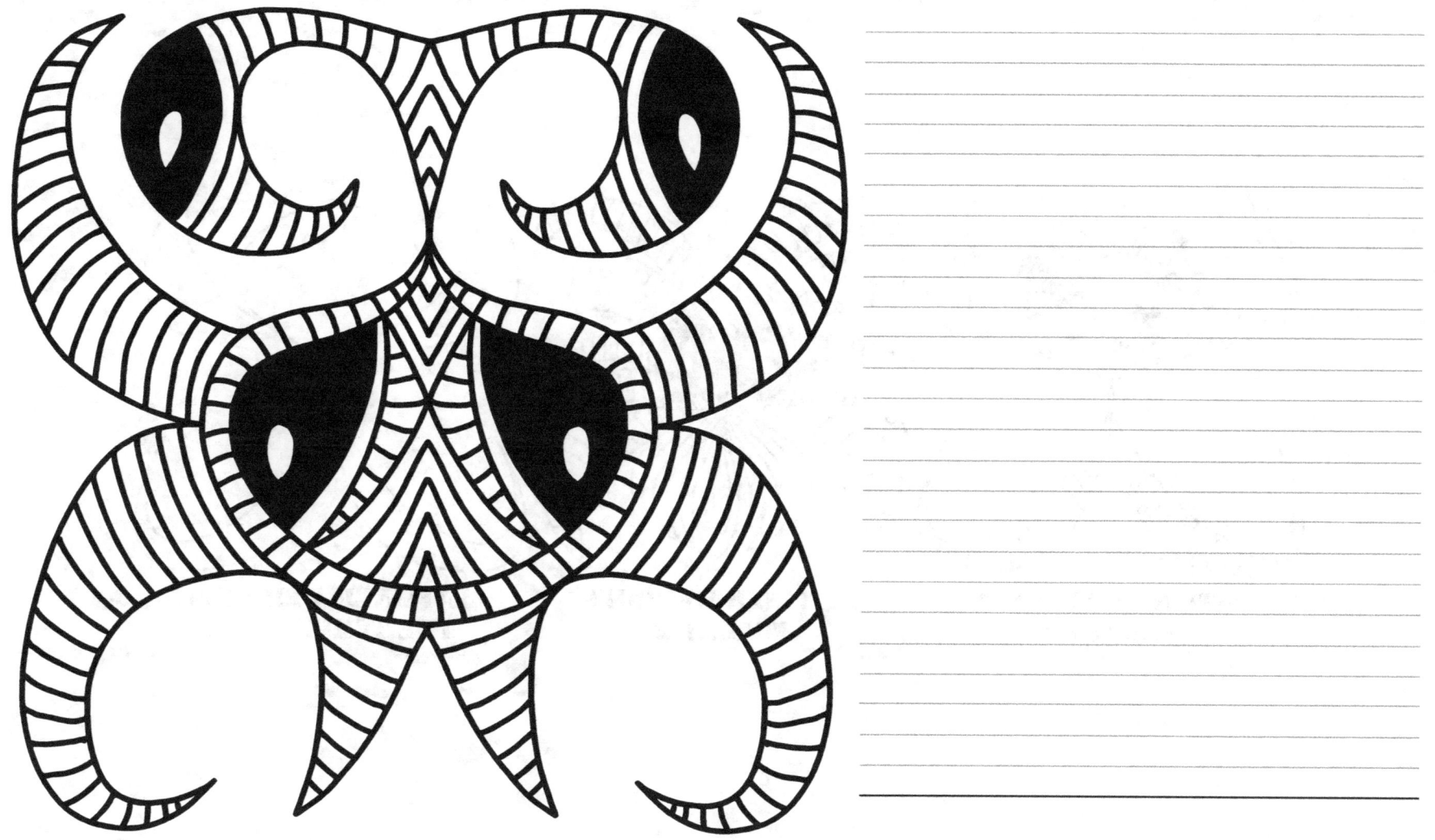

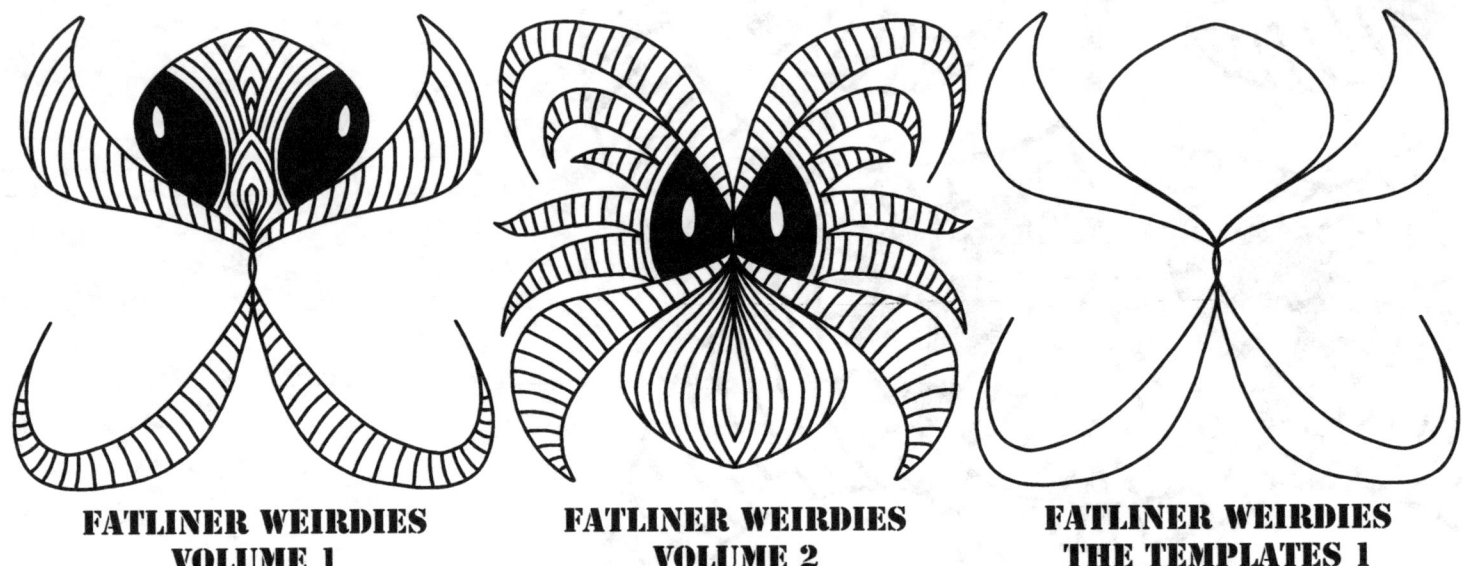

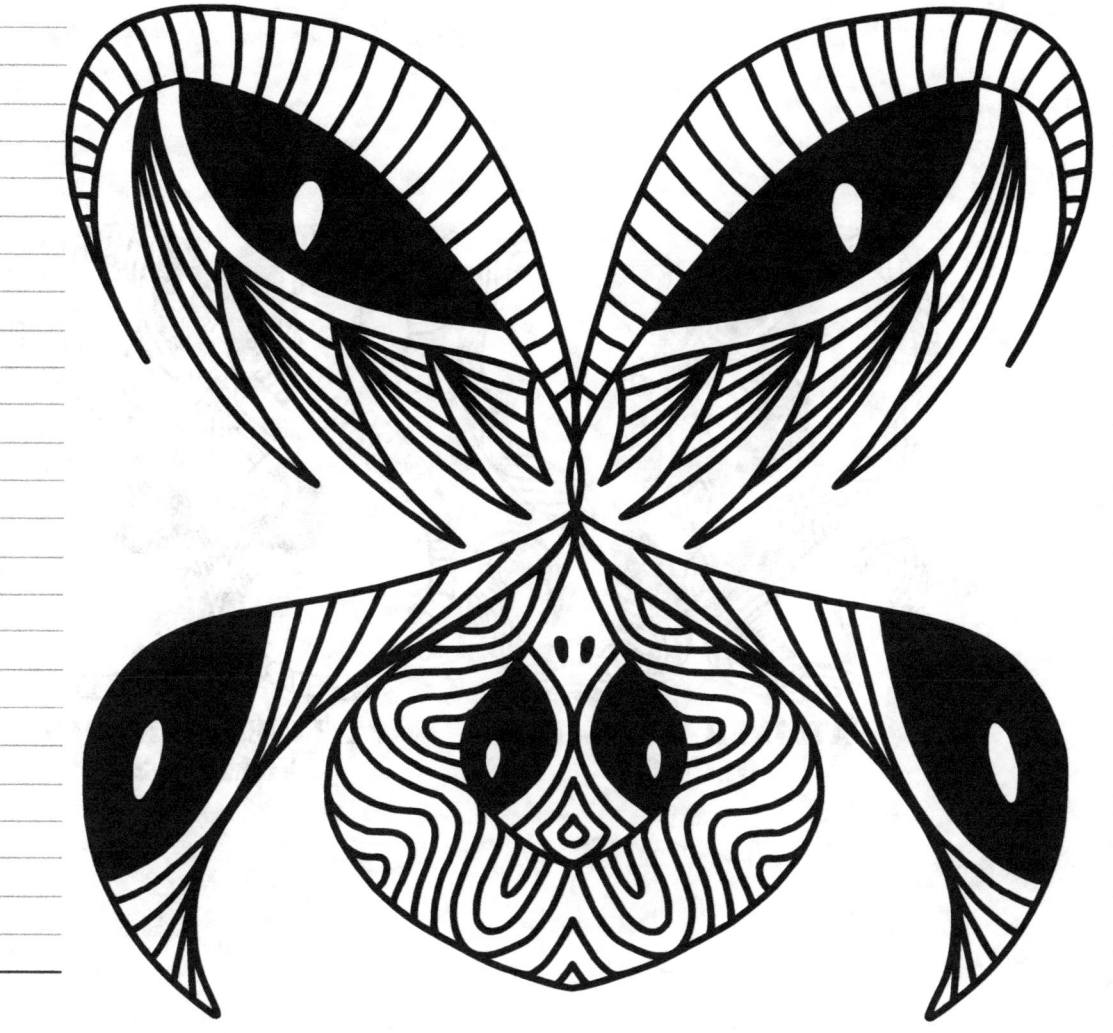

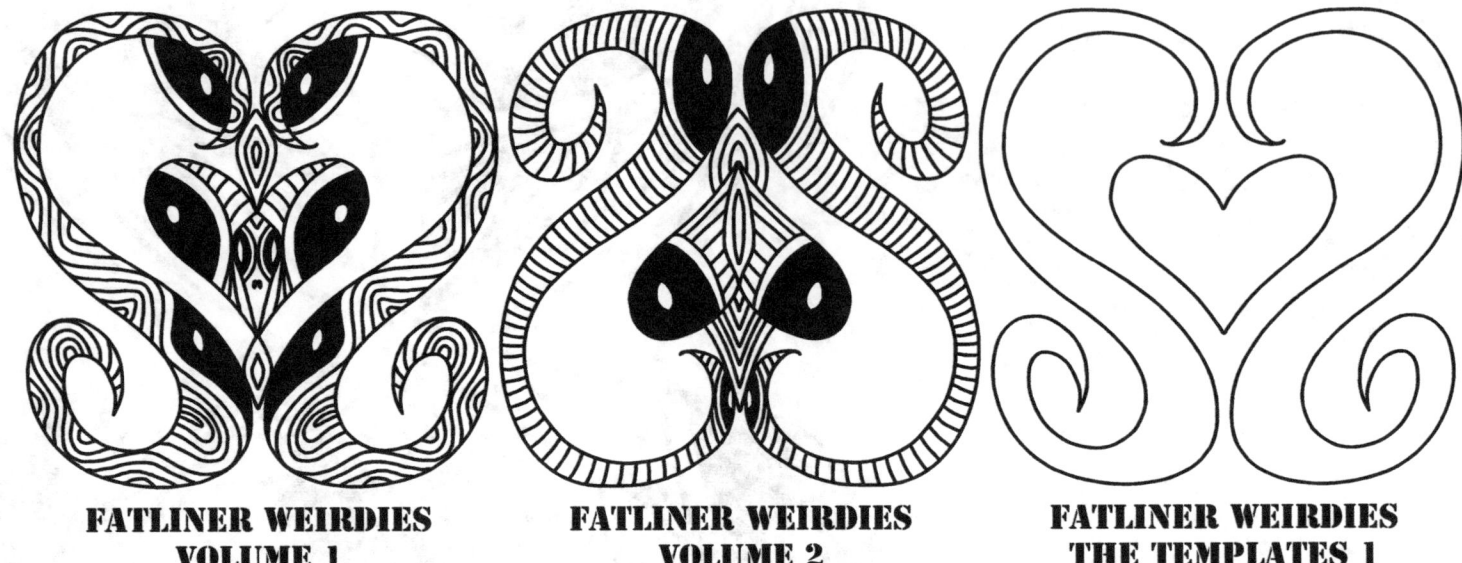

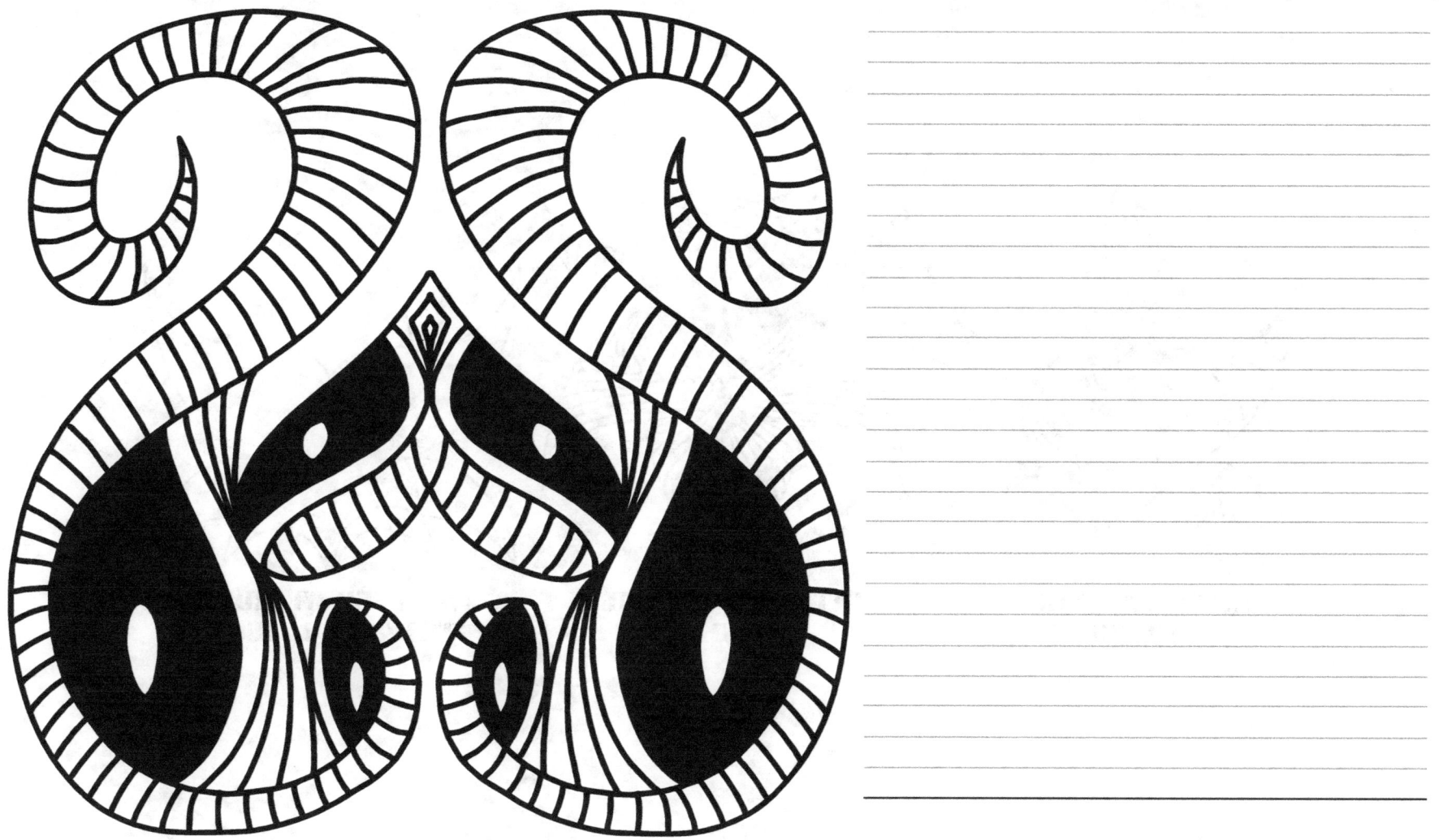

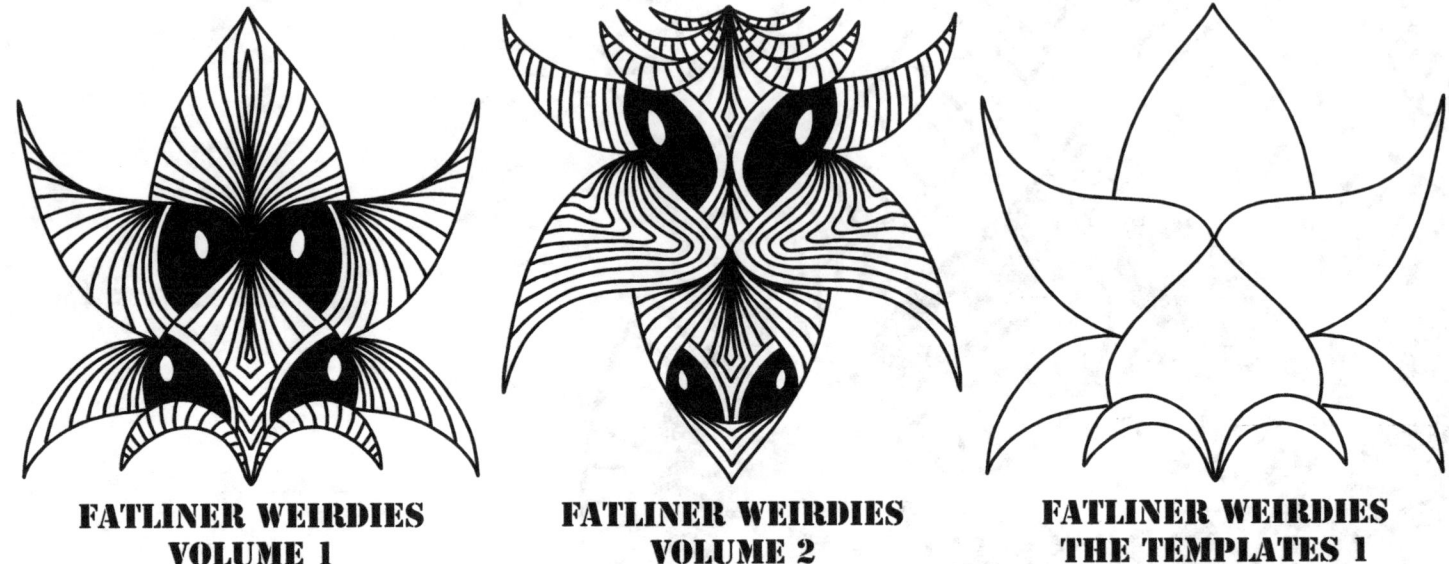

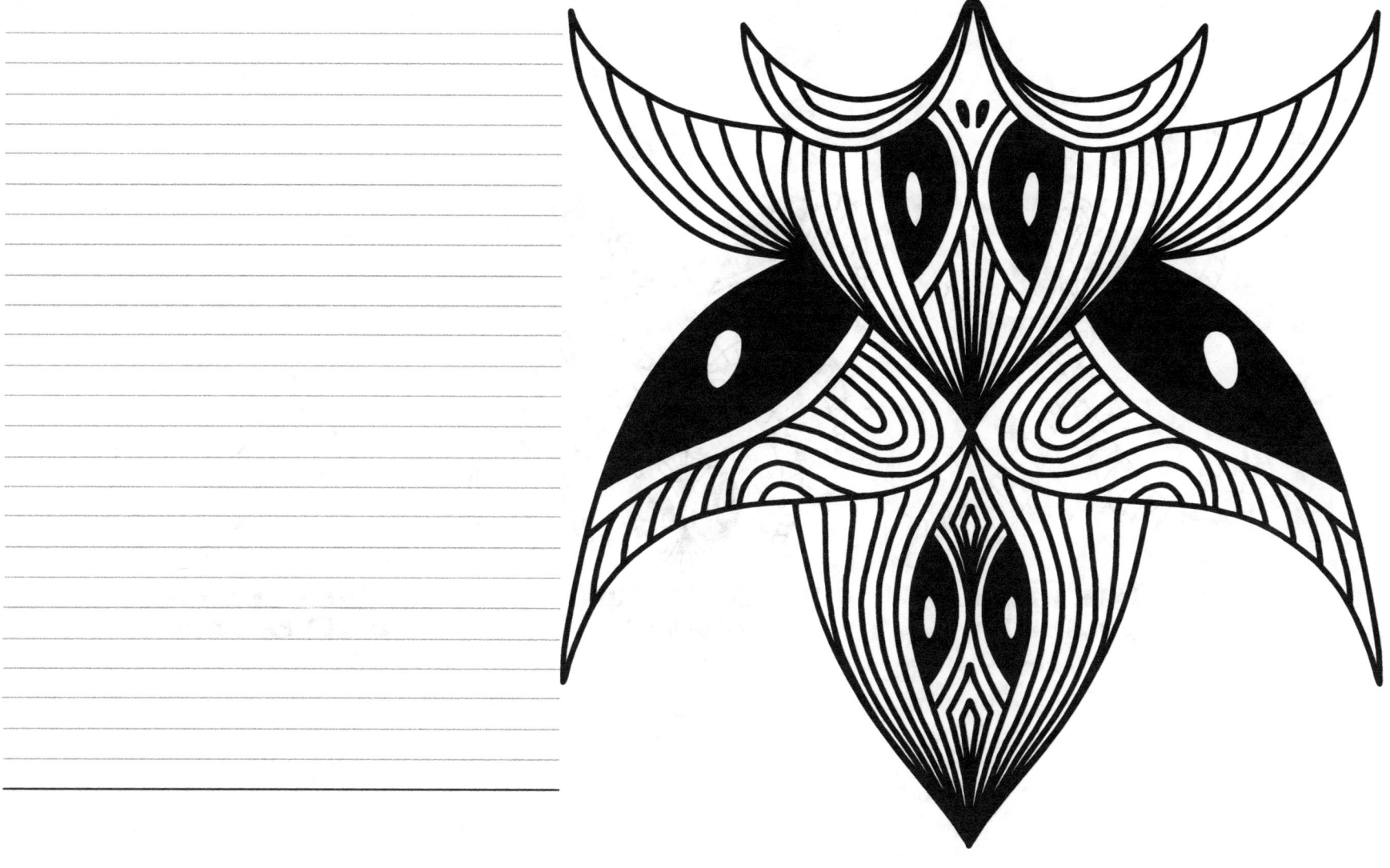

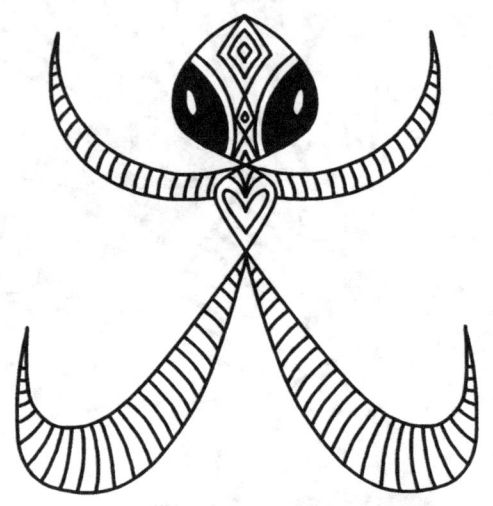

FATLINER WEIRDIES VOLUME 1

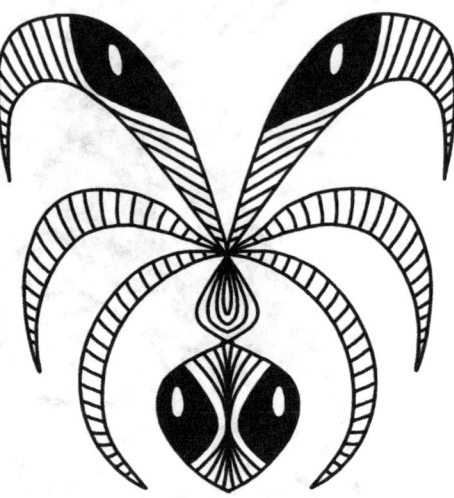

FATLINER WEIRDIES VOLUME 2

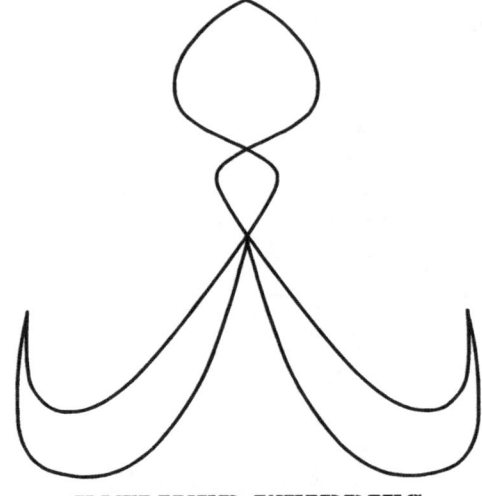

FATLINER WEIRDIES THE TEMPLATES 1

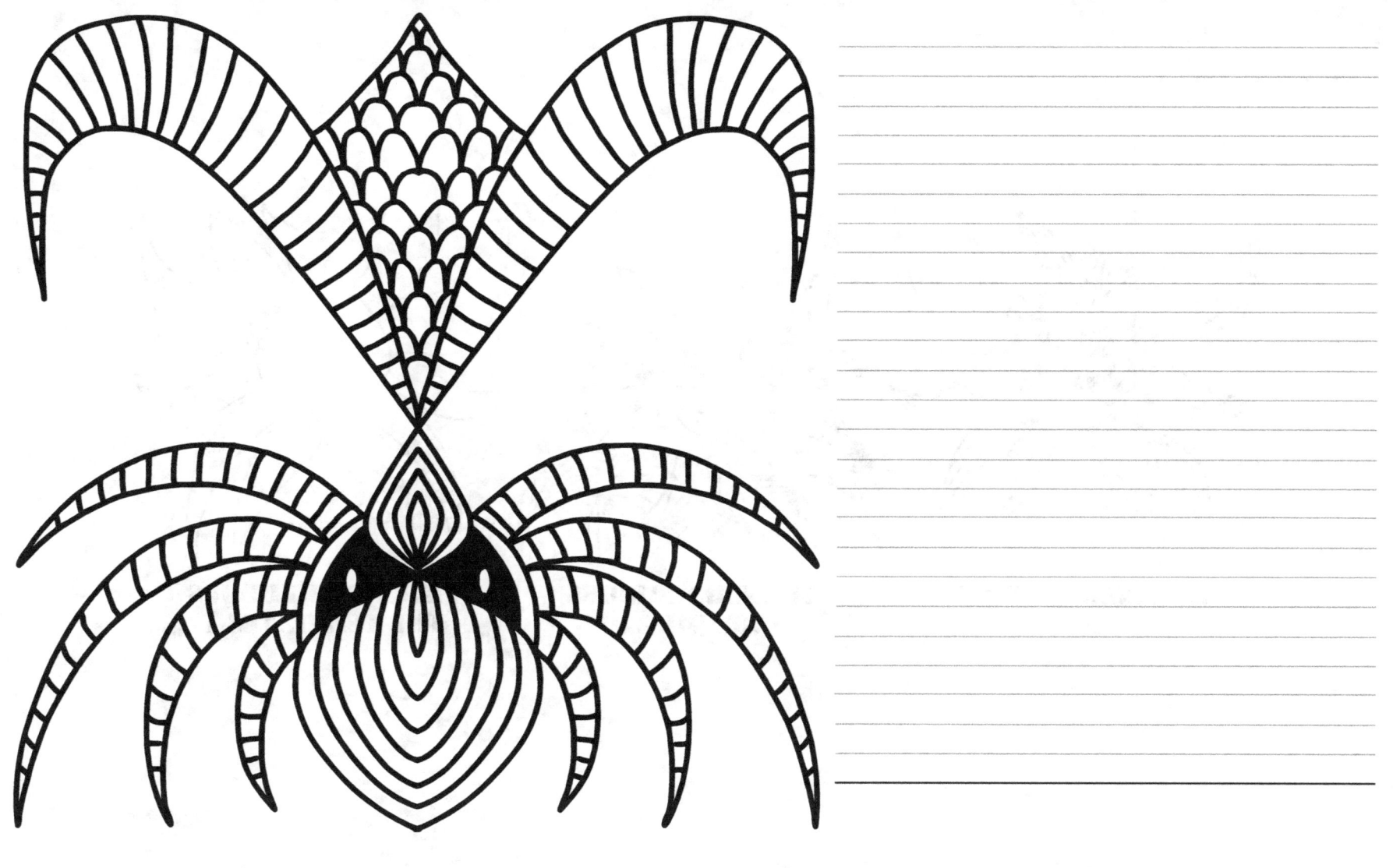

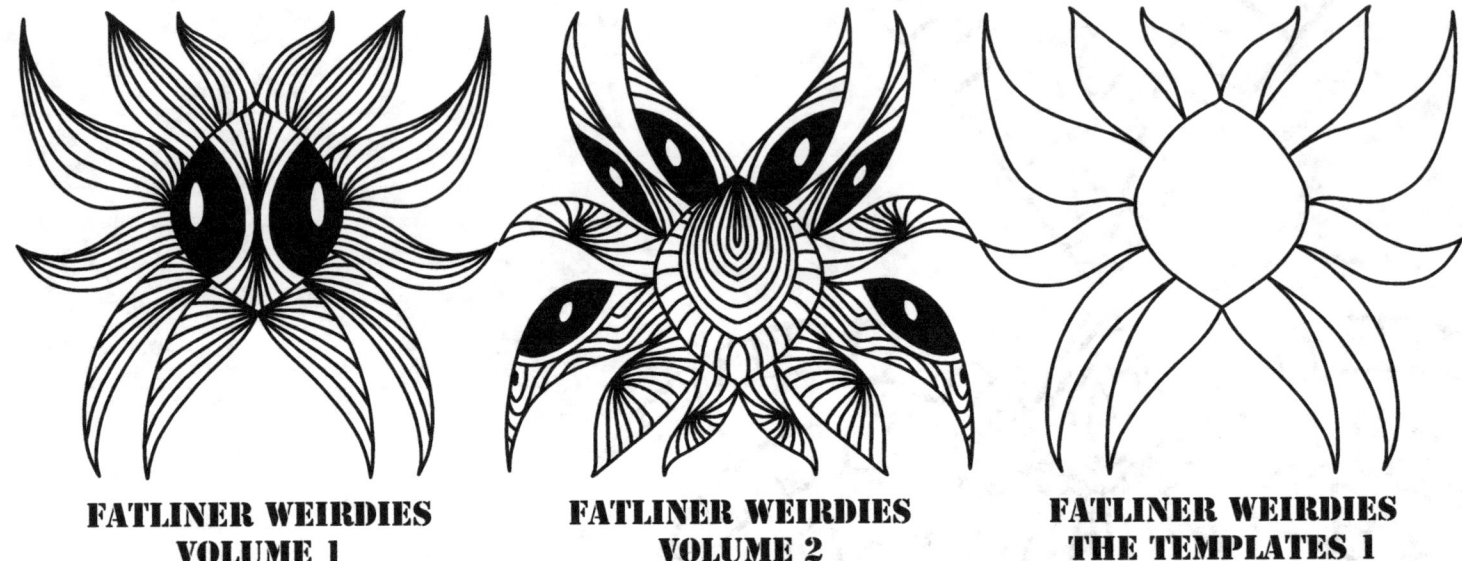

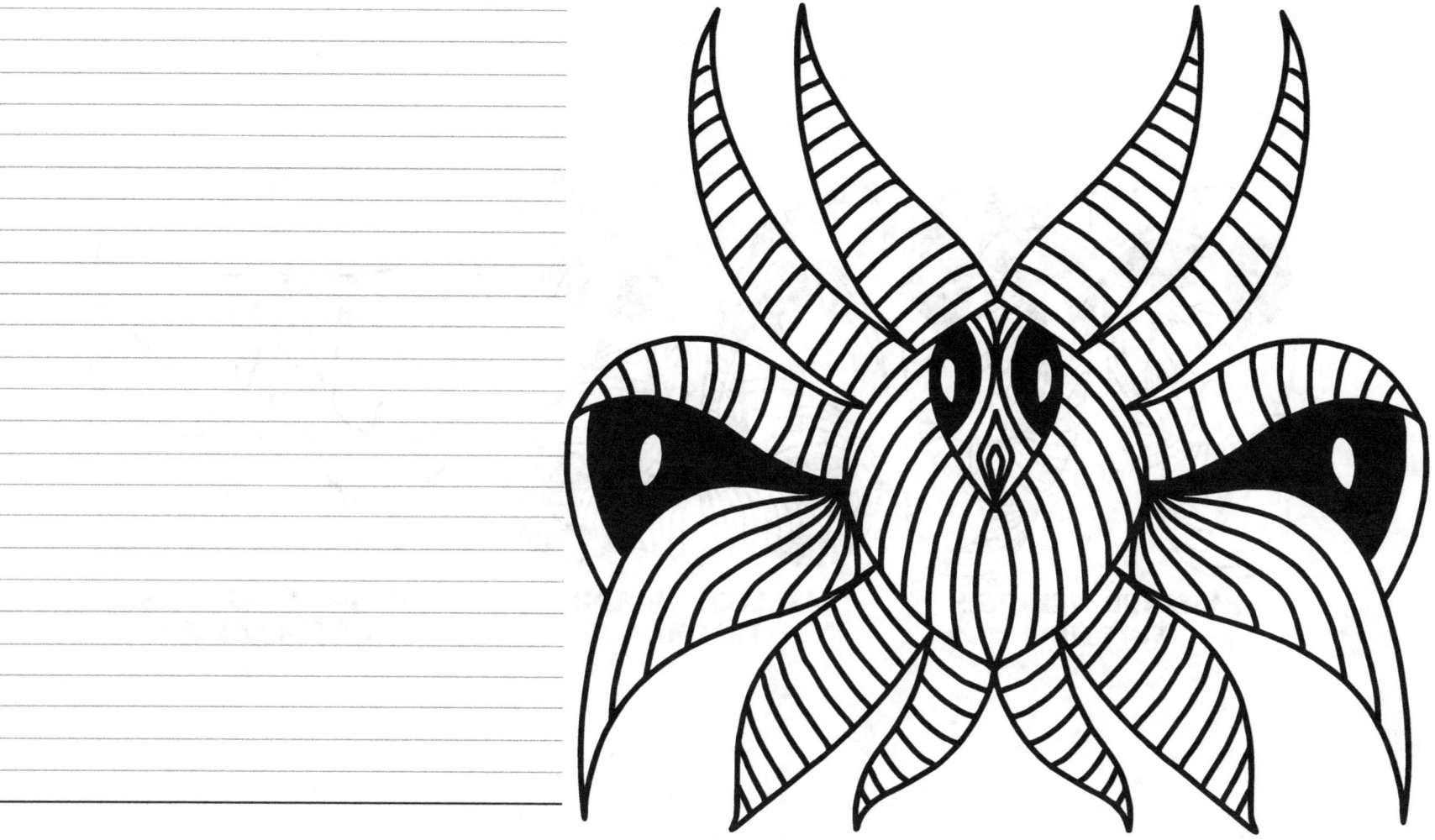

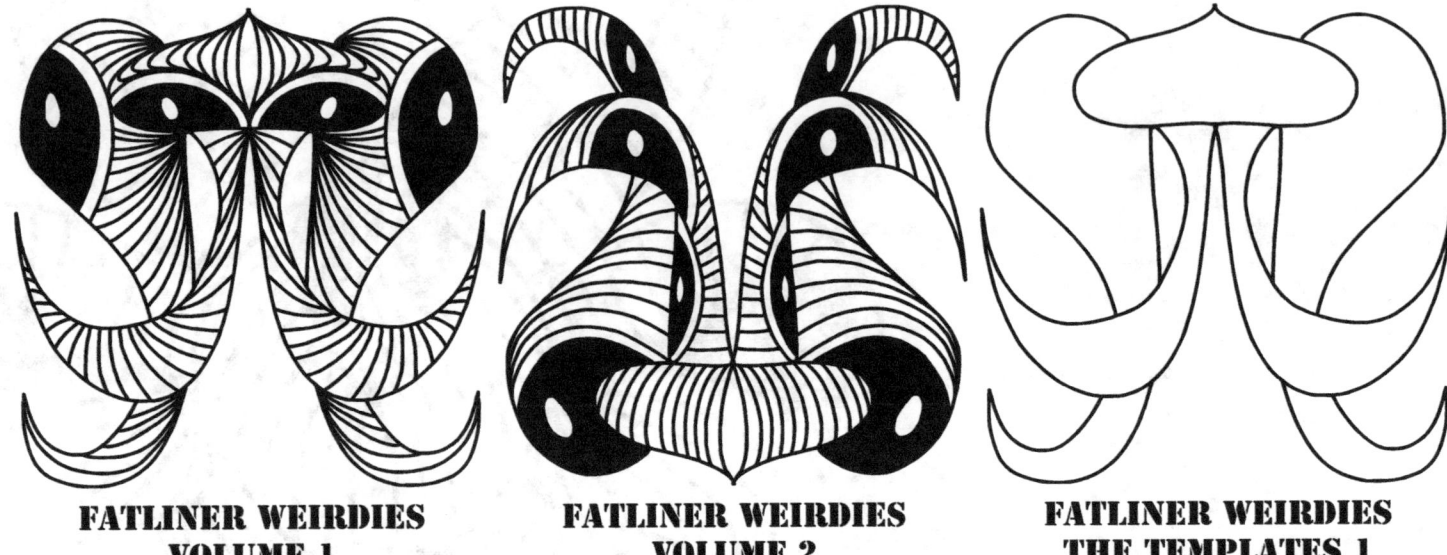

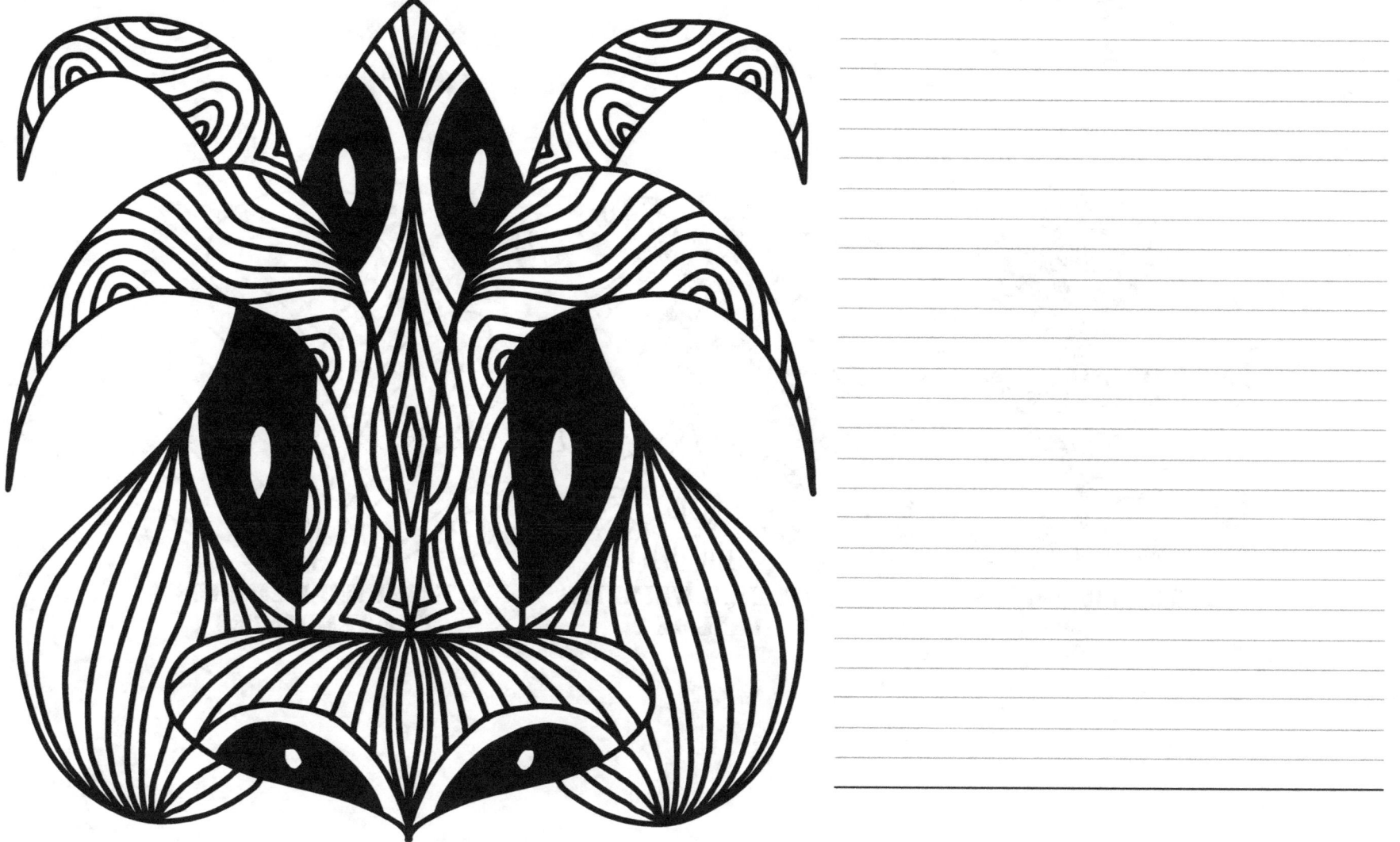

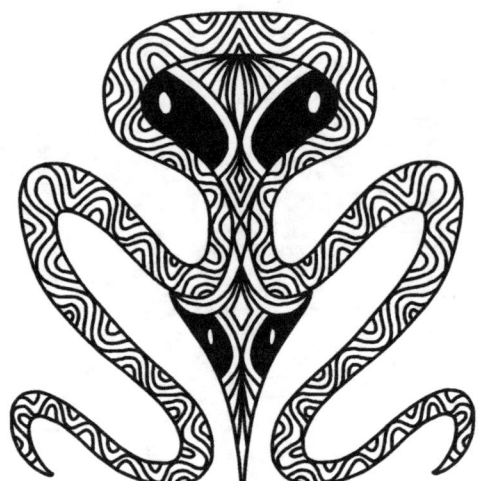

FATLINER WEIRDIES VOLUME 1

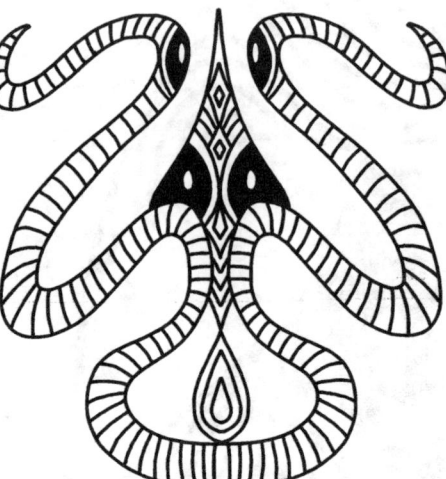

FATLINER WEIRDIES VOLUME 2

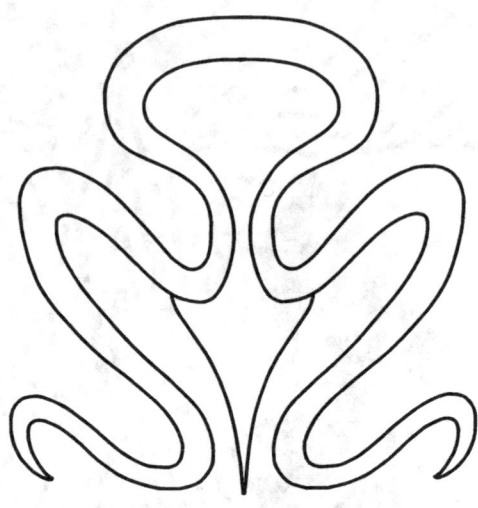

FATLINER WEIRDIES THE TEMPLATES 1

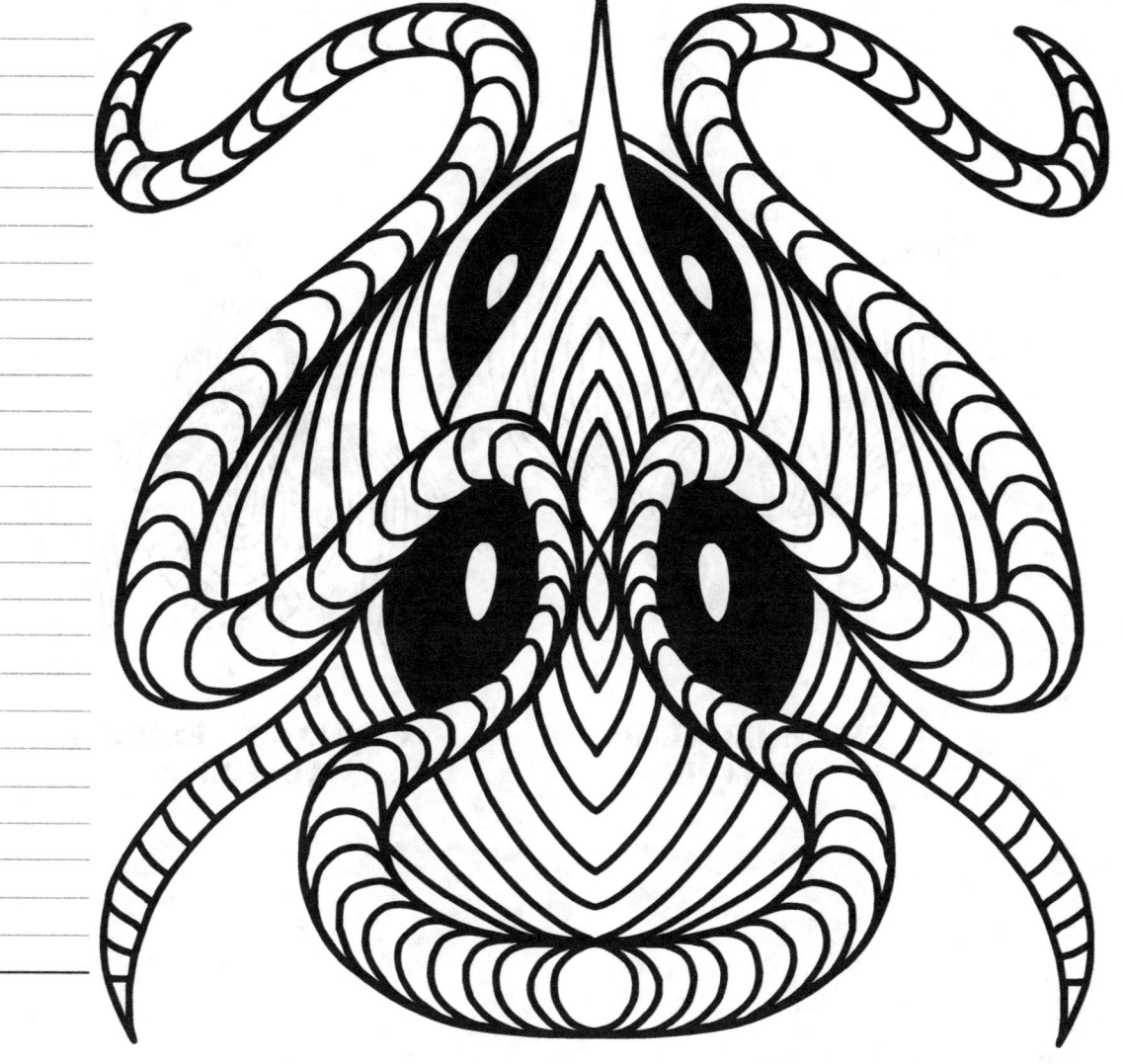

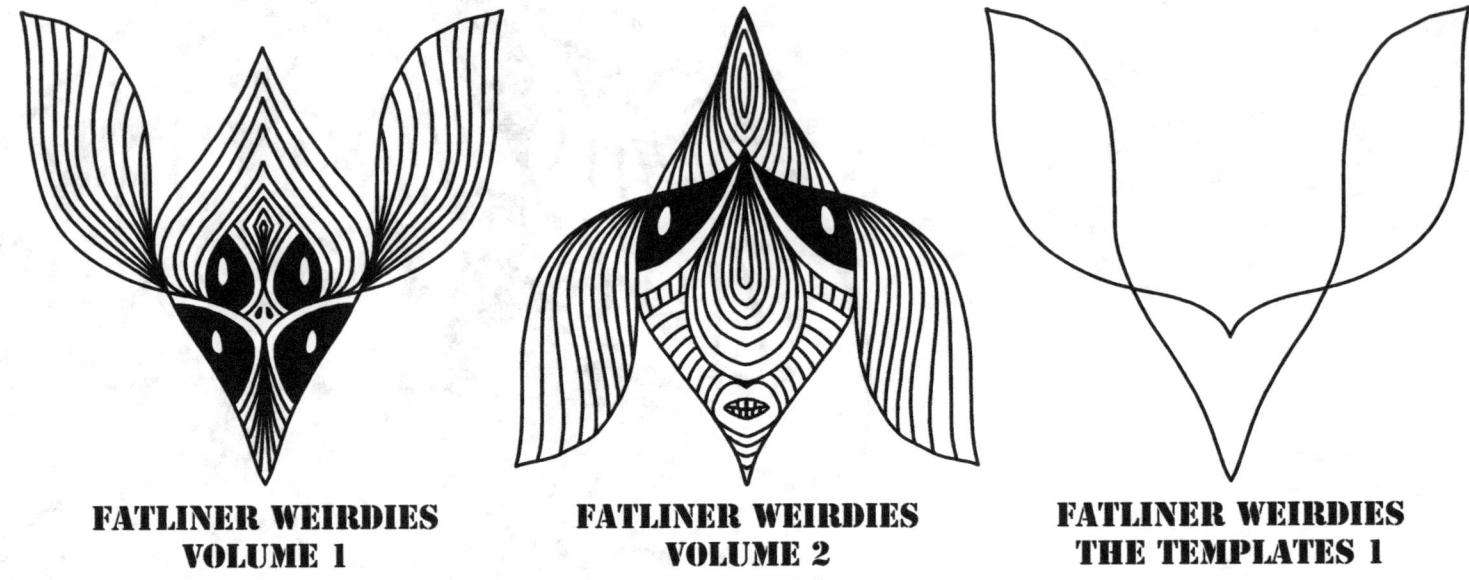

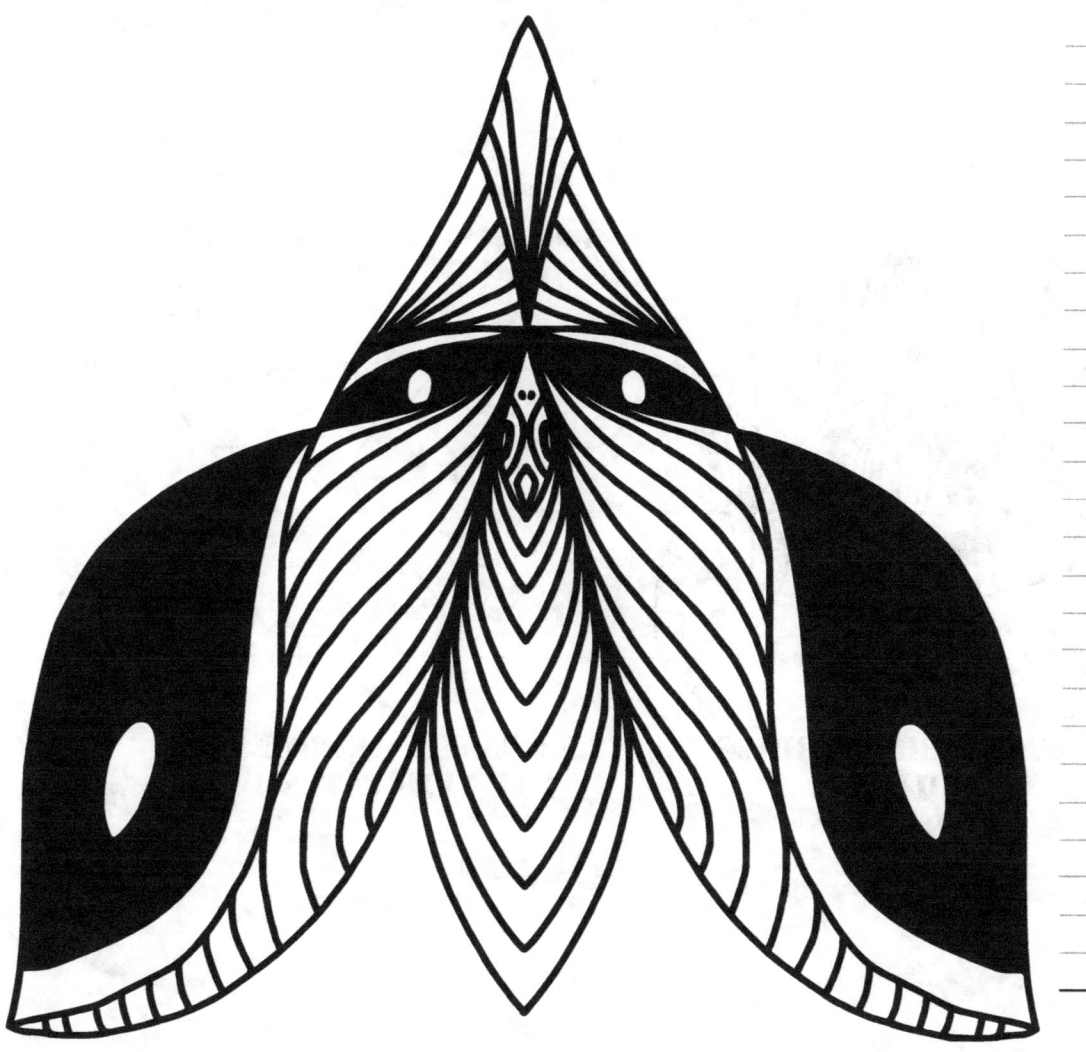

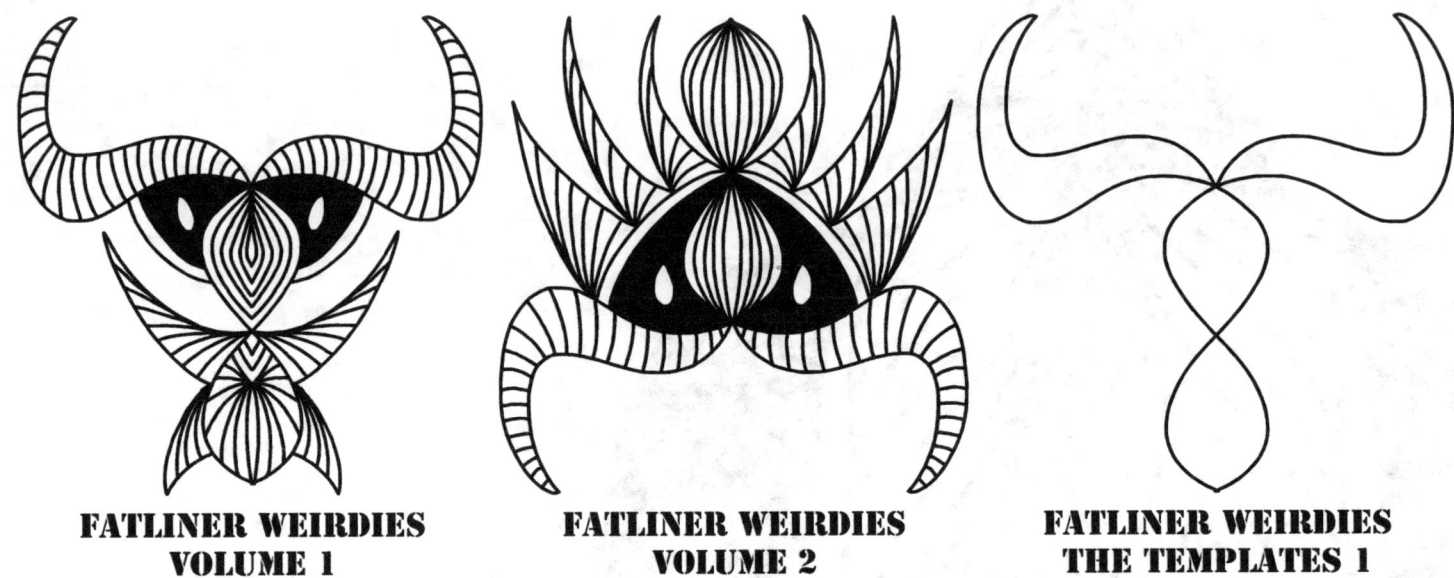

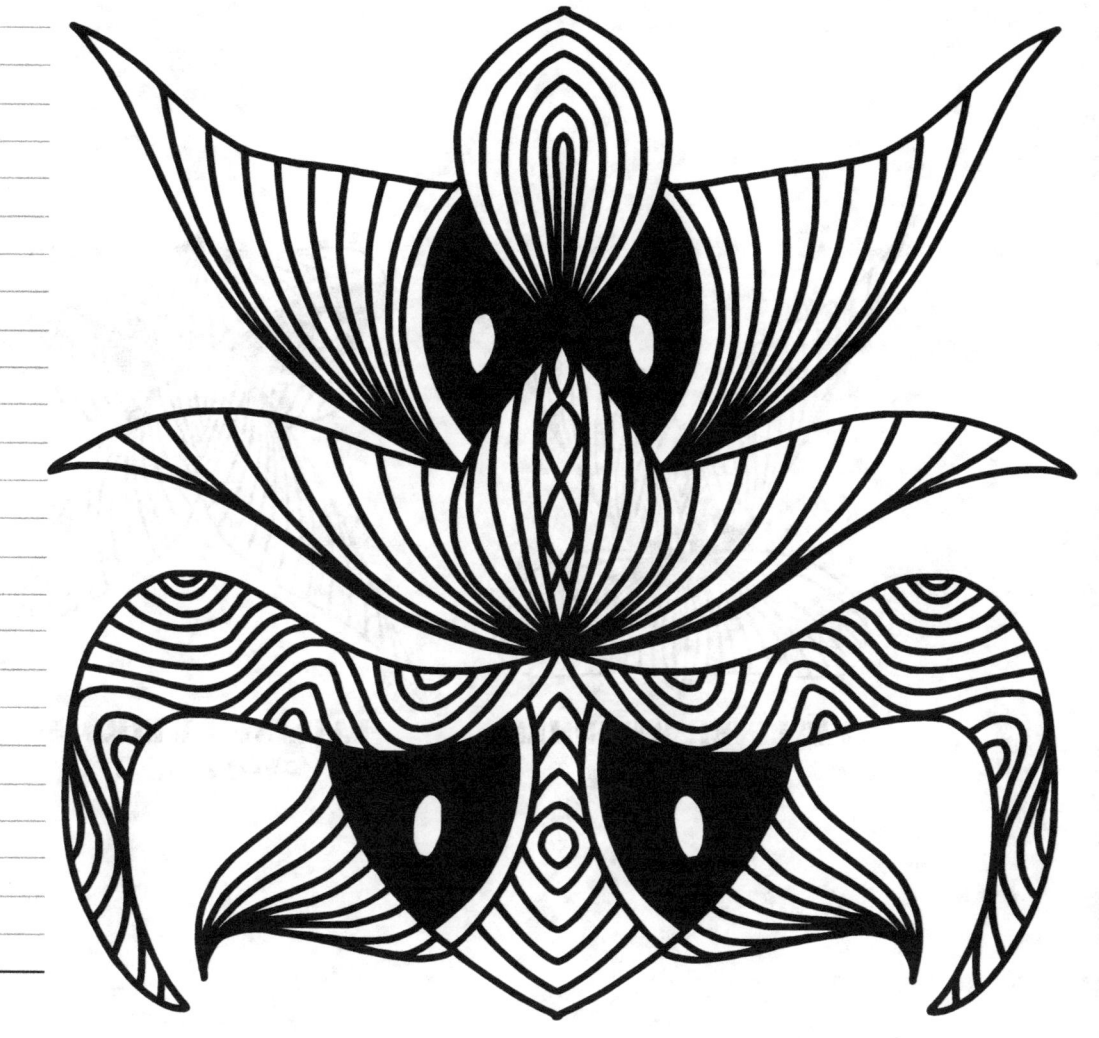

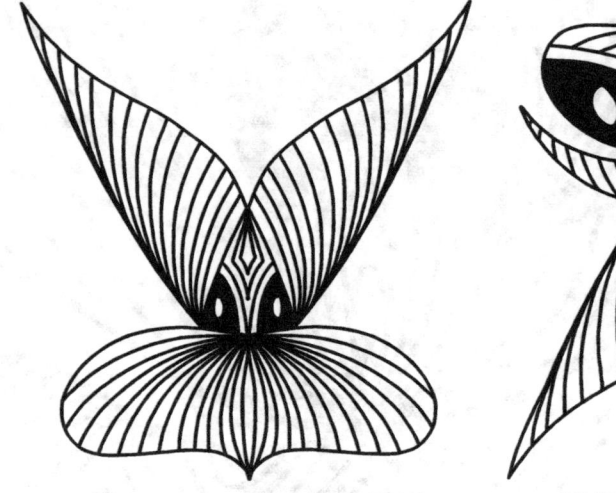
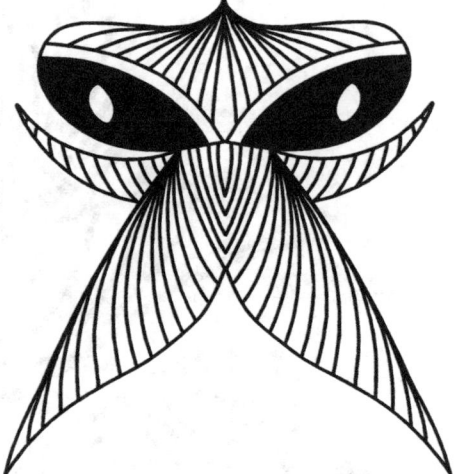
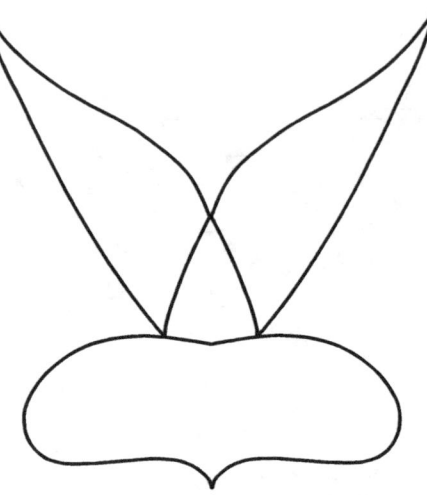

FATLINER WEIRDIES VOLUME 1

FATLINER WEIRDIES VOLUME 2

FATLINER WEIRDIES THE TEMPLATES 1

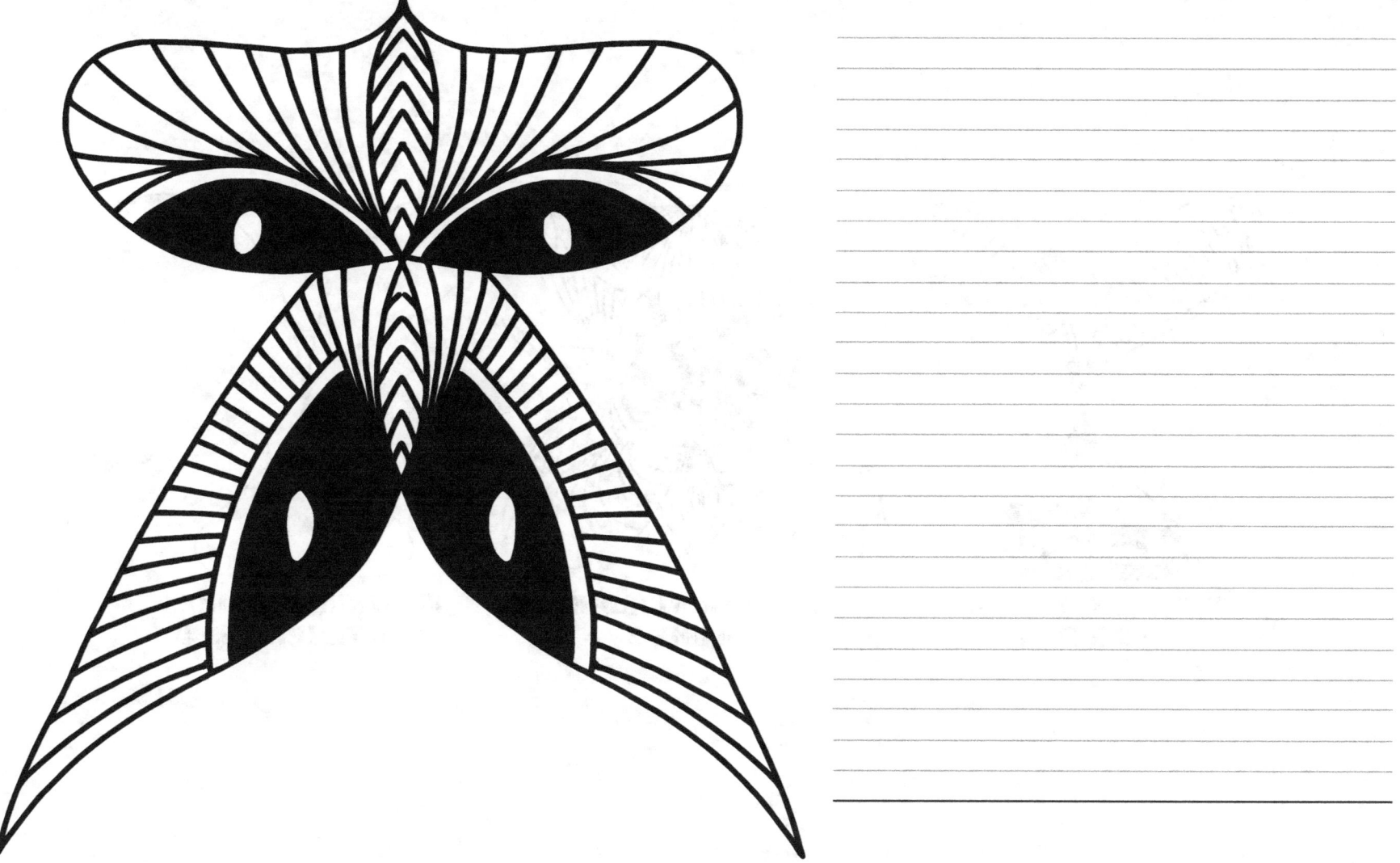

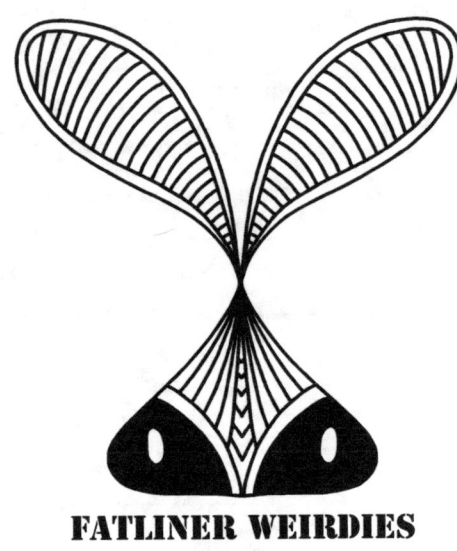
FATLINER WEIRDIES VOLUME 1

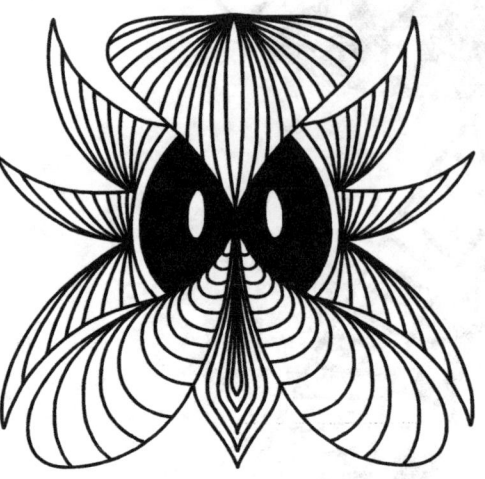
FATLINER WEIRDIES VOLUME 2

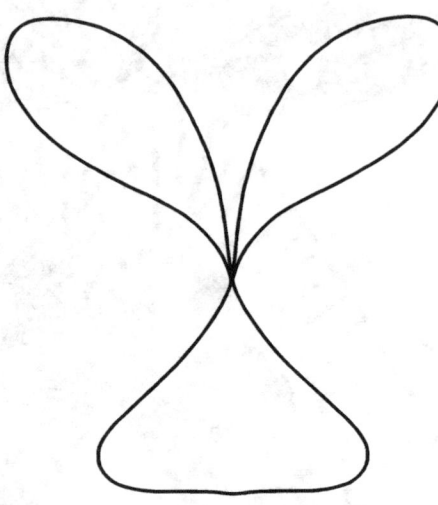
FATLINER WEIRDIES THE TEMPLATES 1

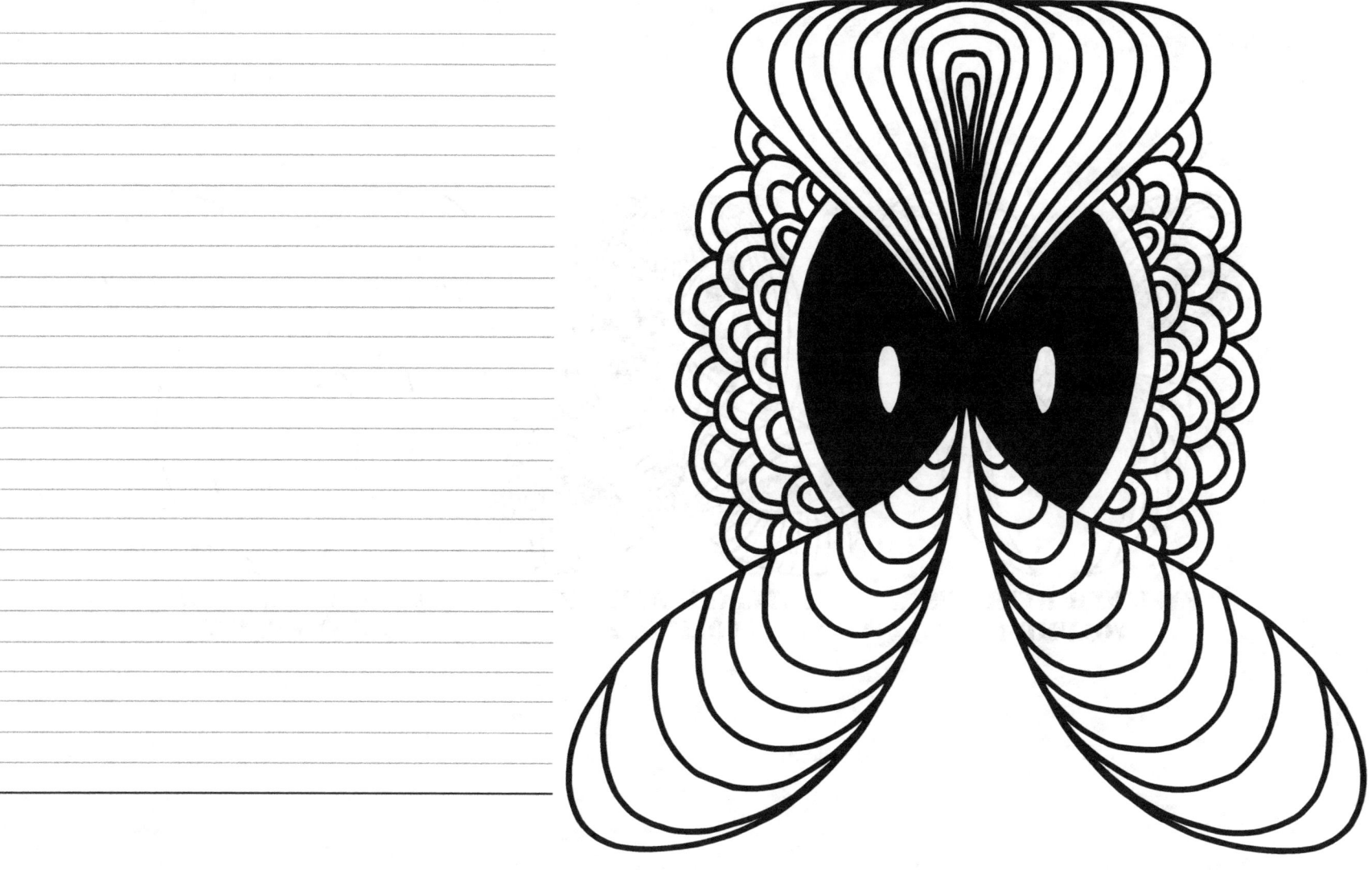

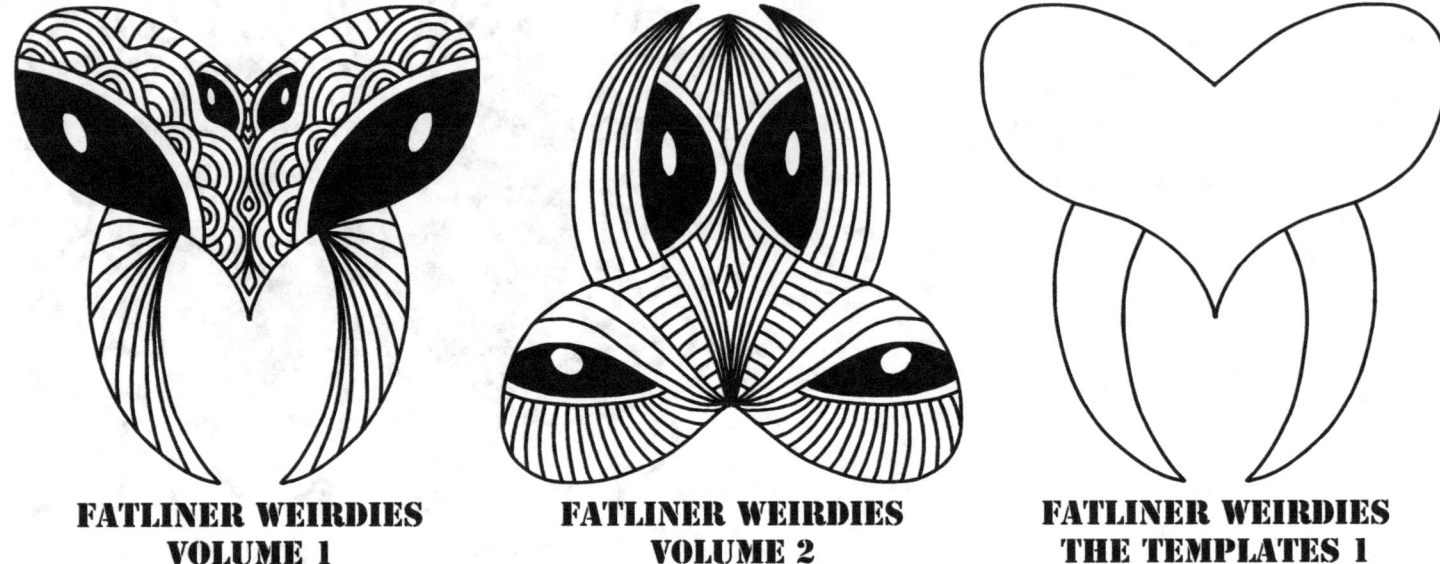

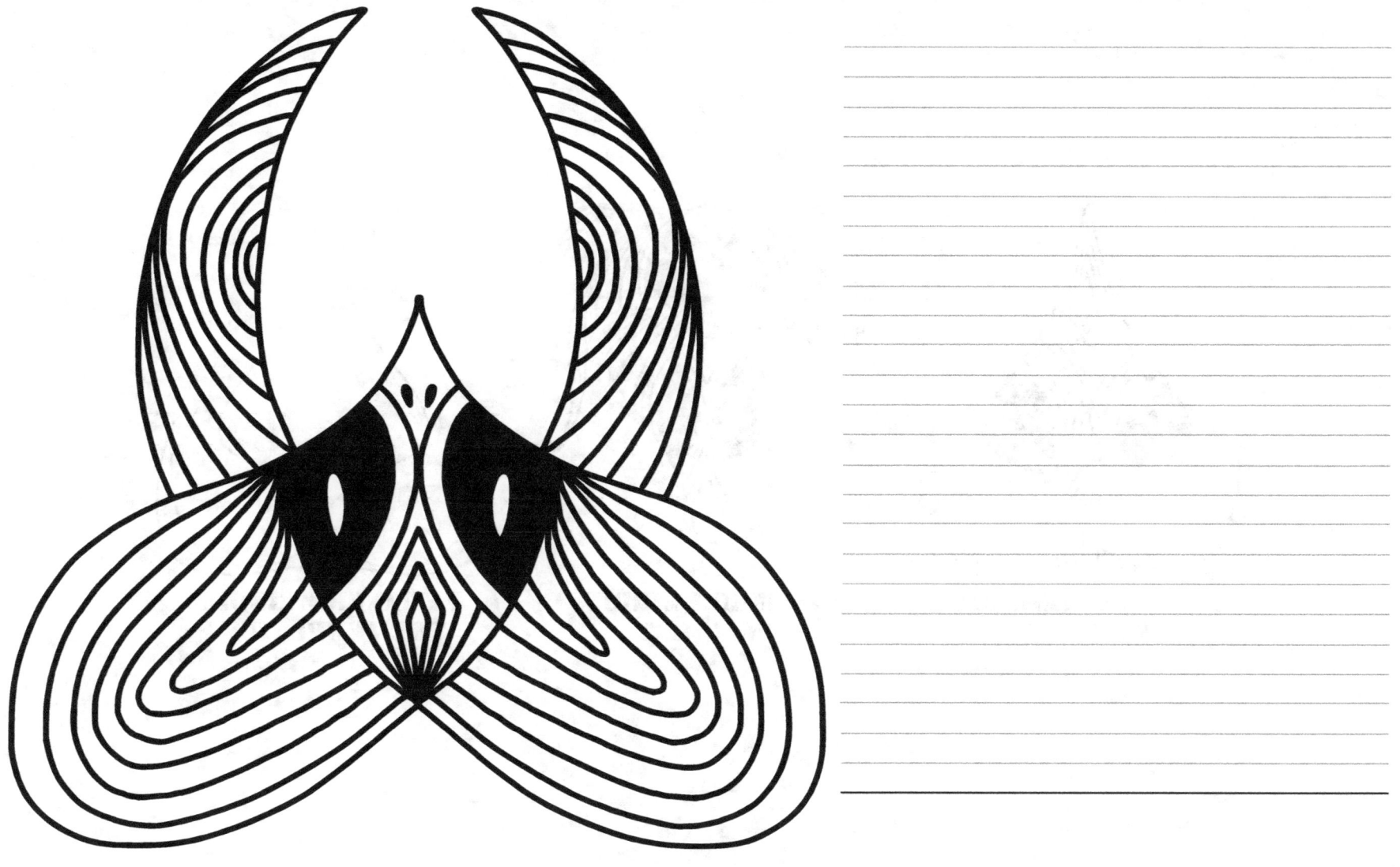

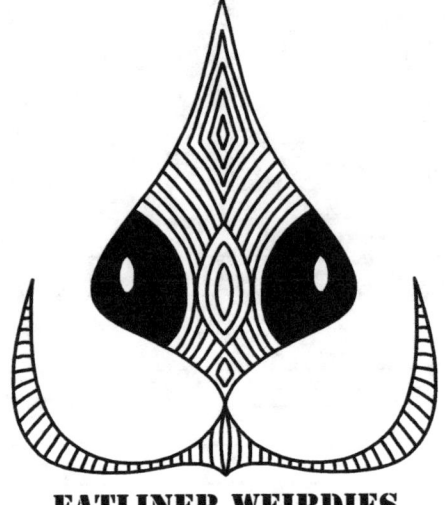
FATLINER WEIRDIES VOLUME 1

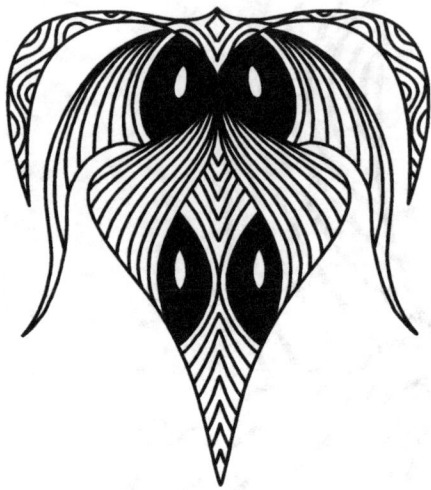
FATLINER WEIRDIES VOLUME 2

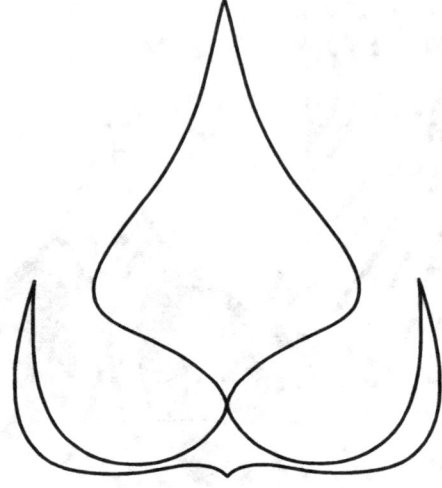
FATLINER WEIRDIES THE TEMPLATES 1

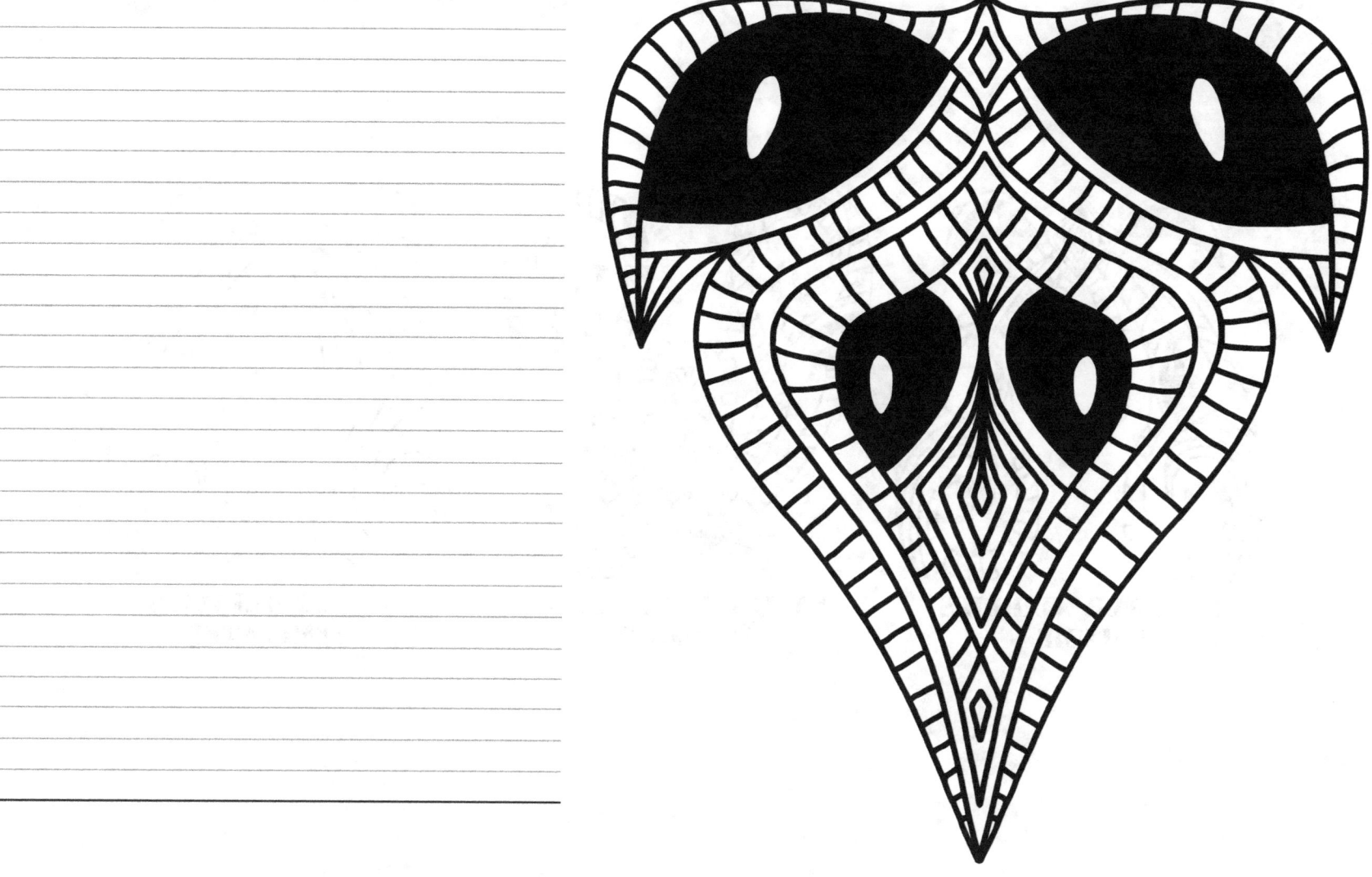

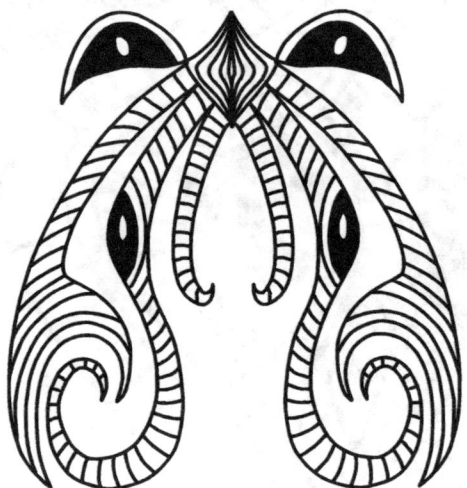
FATLINER WEIRDIES VOLUME 1

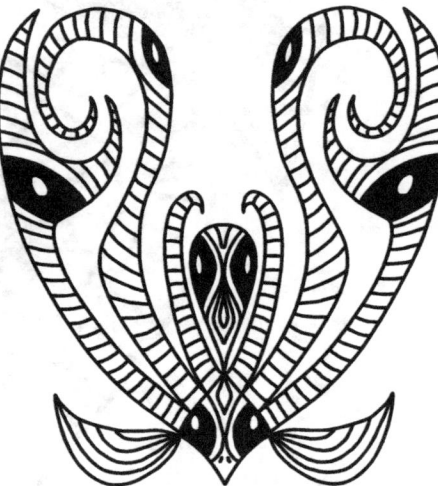
FATLINER WEIRDIES VOLUME 2

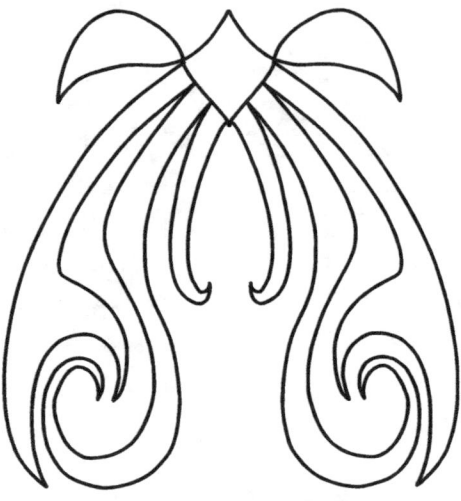
FATLINER WEIRDIES THE TEMPLATES 1

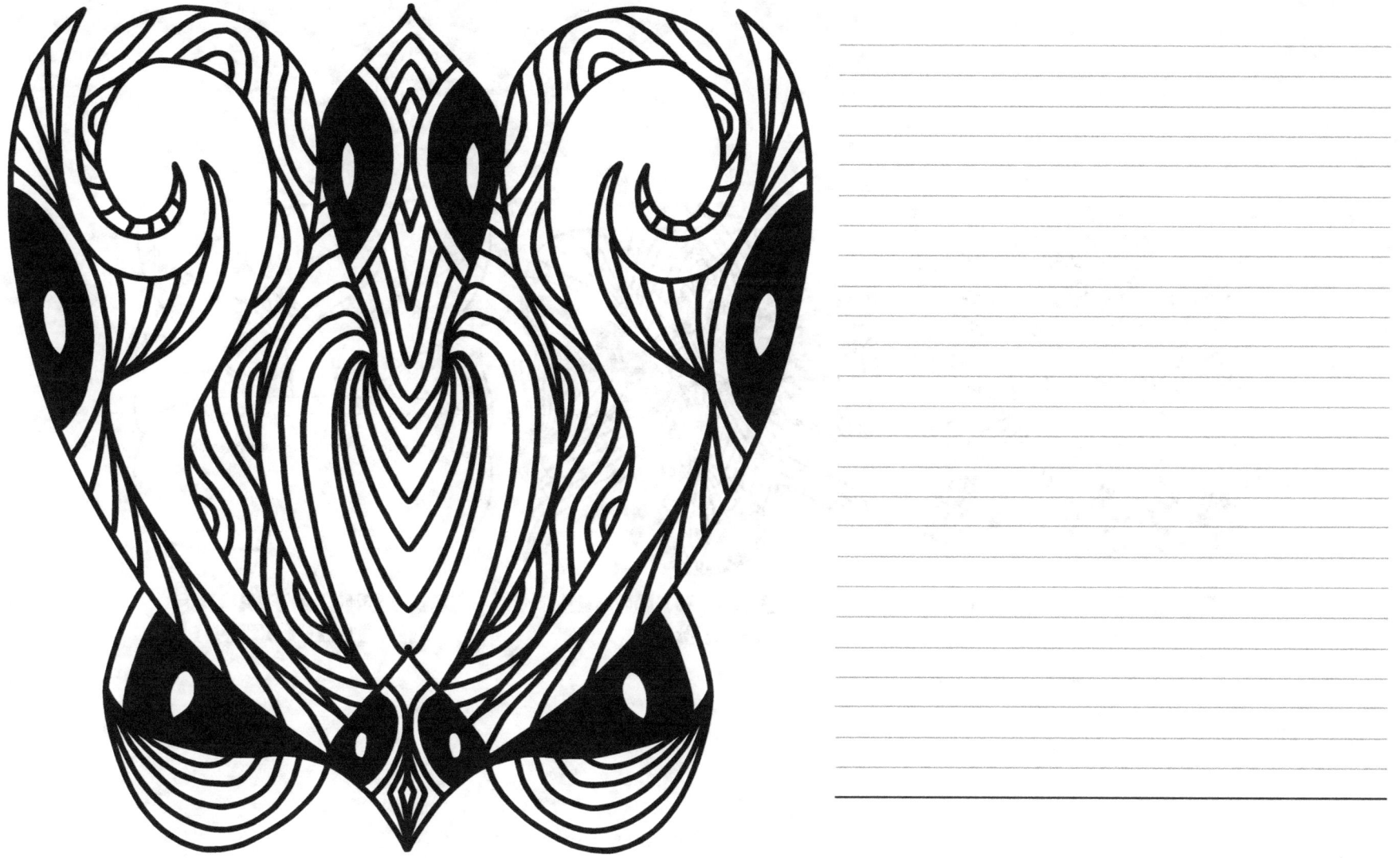

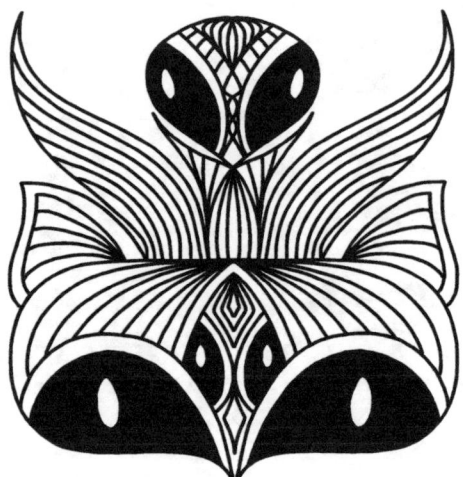 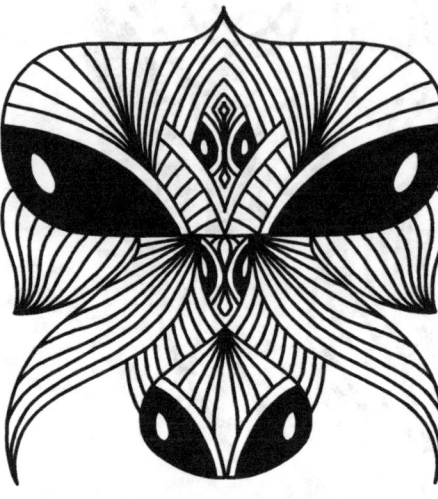 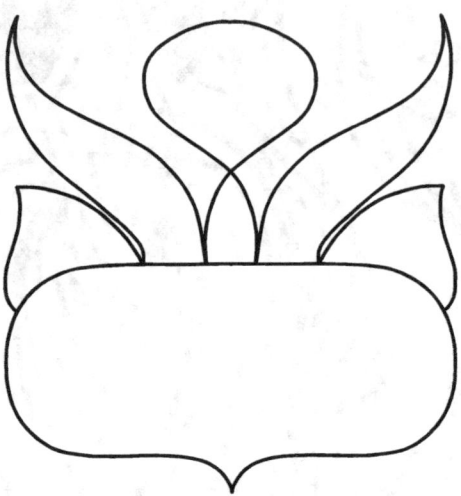

FATLINER WEIRDIES VOLUME 1 **FATLINER WEIRDIES VOLUME 2** **FATLINER WEIRDIES THE TEMPLATES 1**

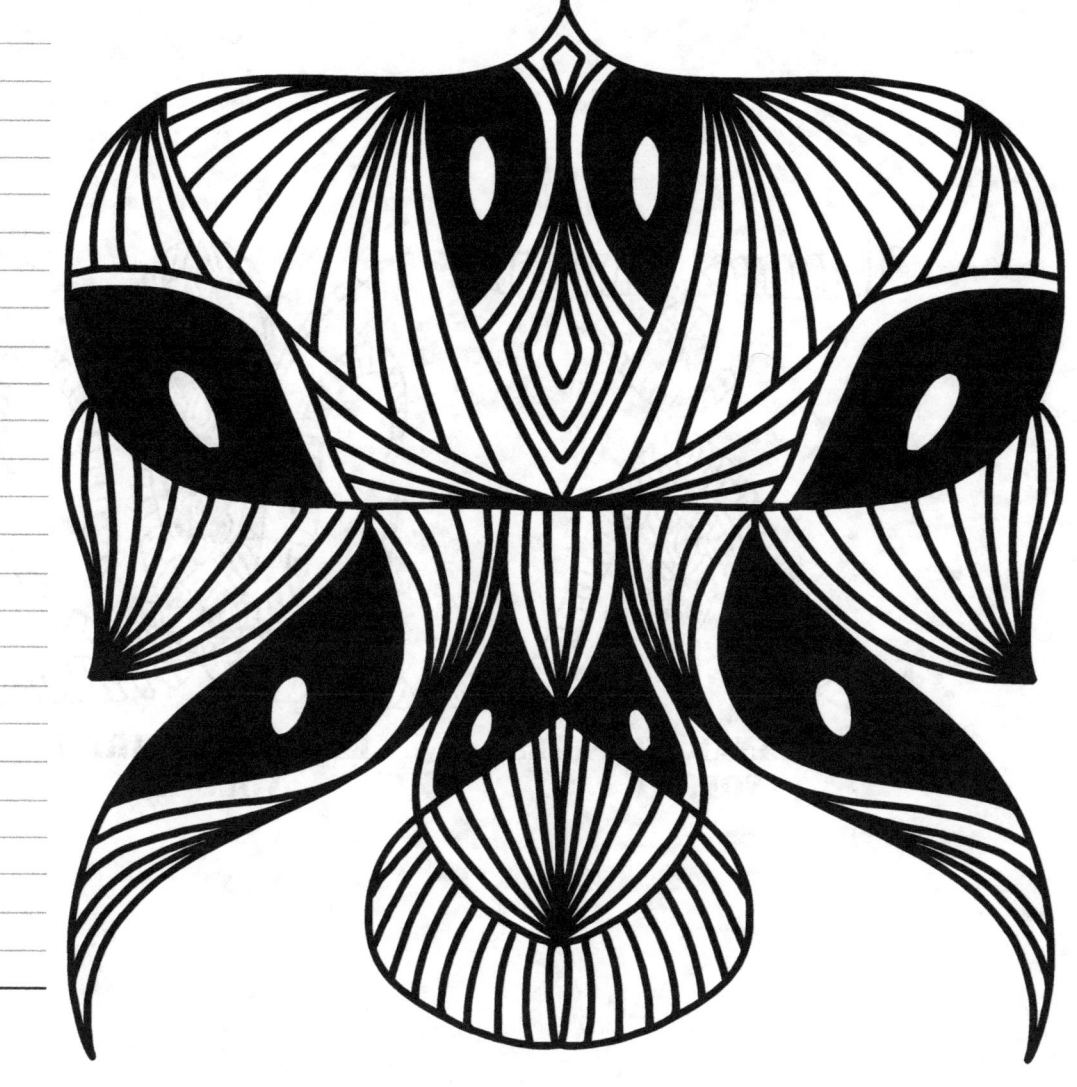

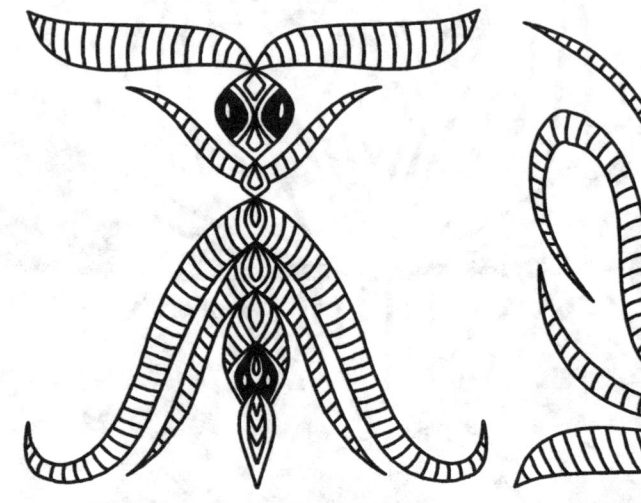

FATLINER WEIRDIES VOLUME 1

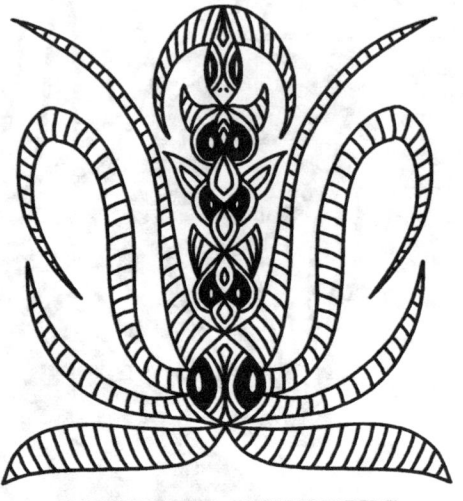

FATLINER WEIRDIES VOLUME 2

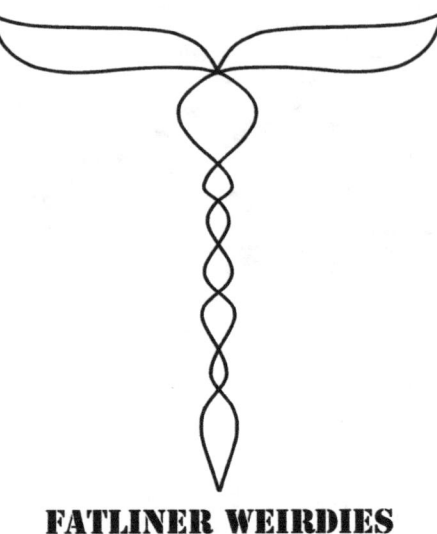

FATLINER WEIRDIES THE TEMPLATES 1

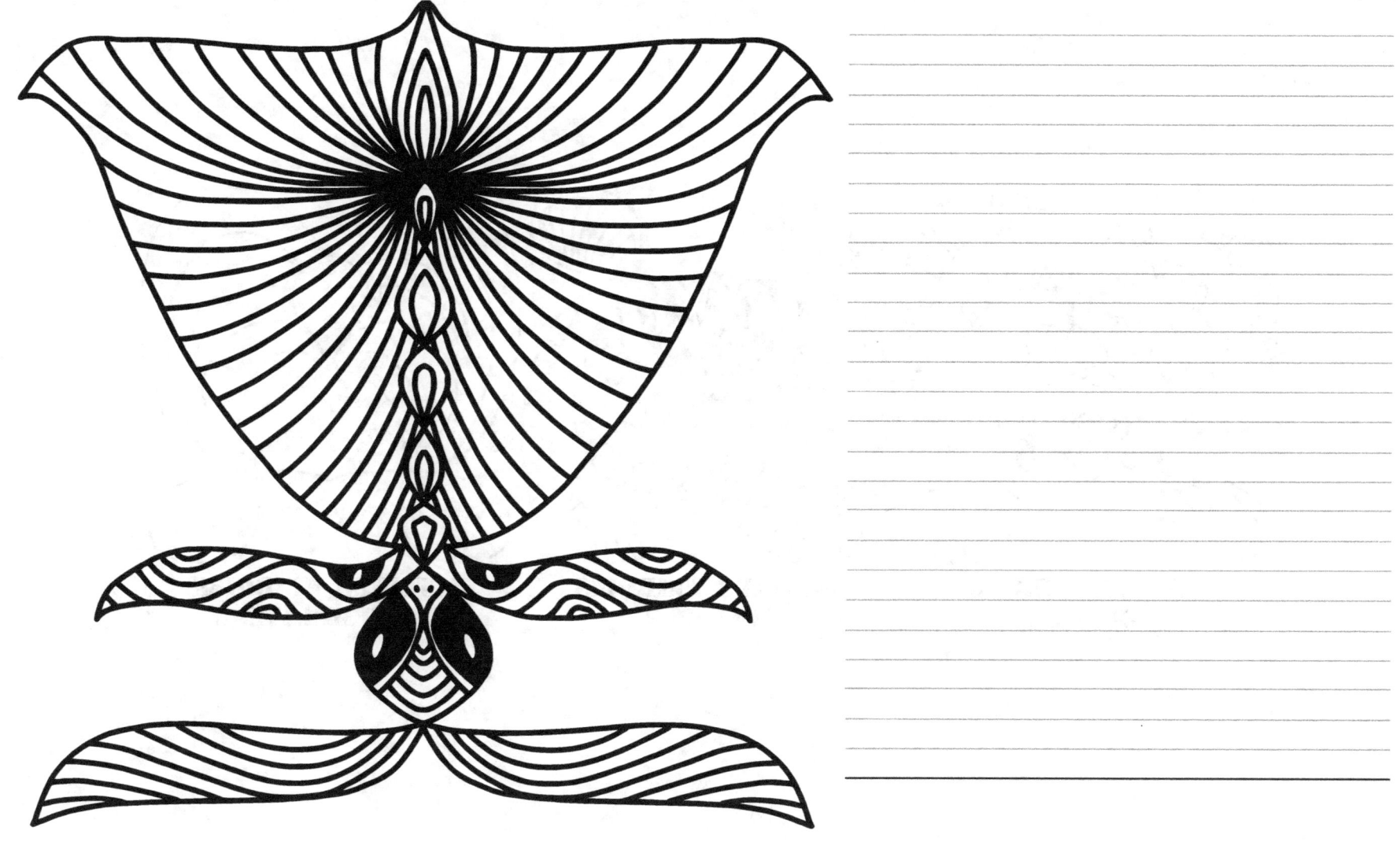

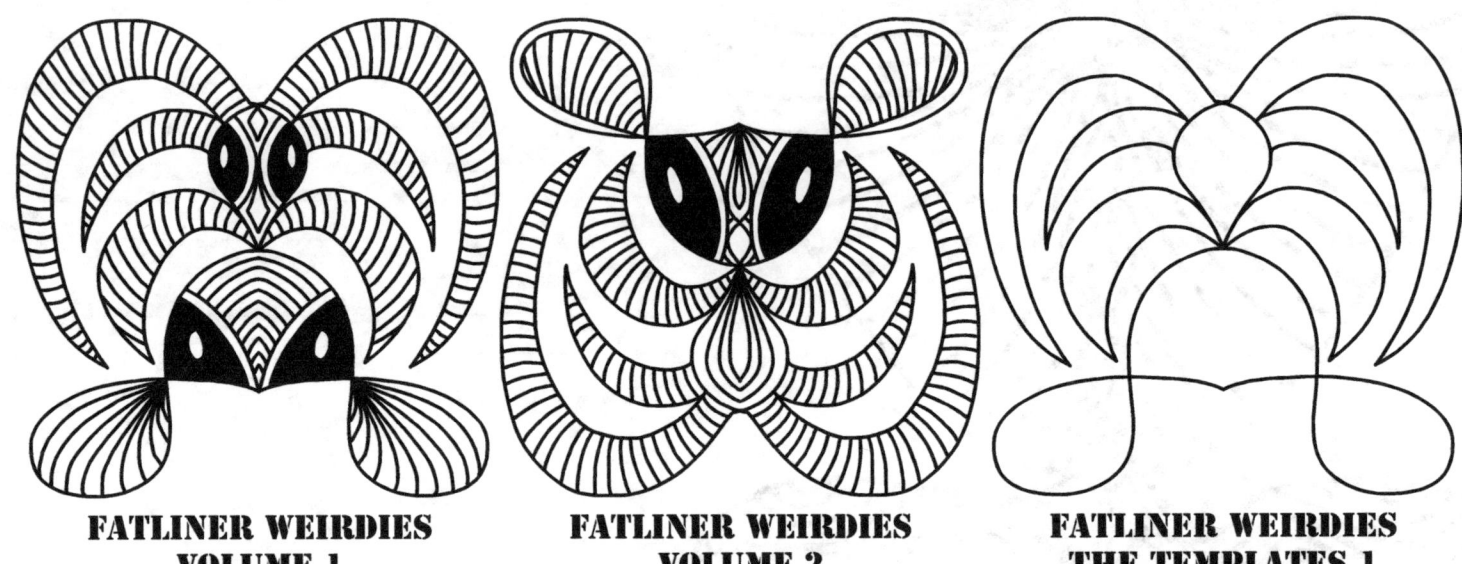

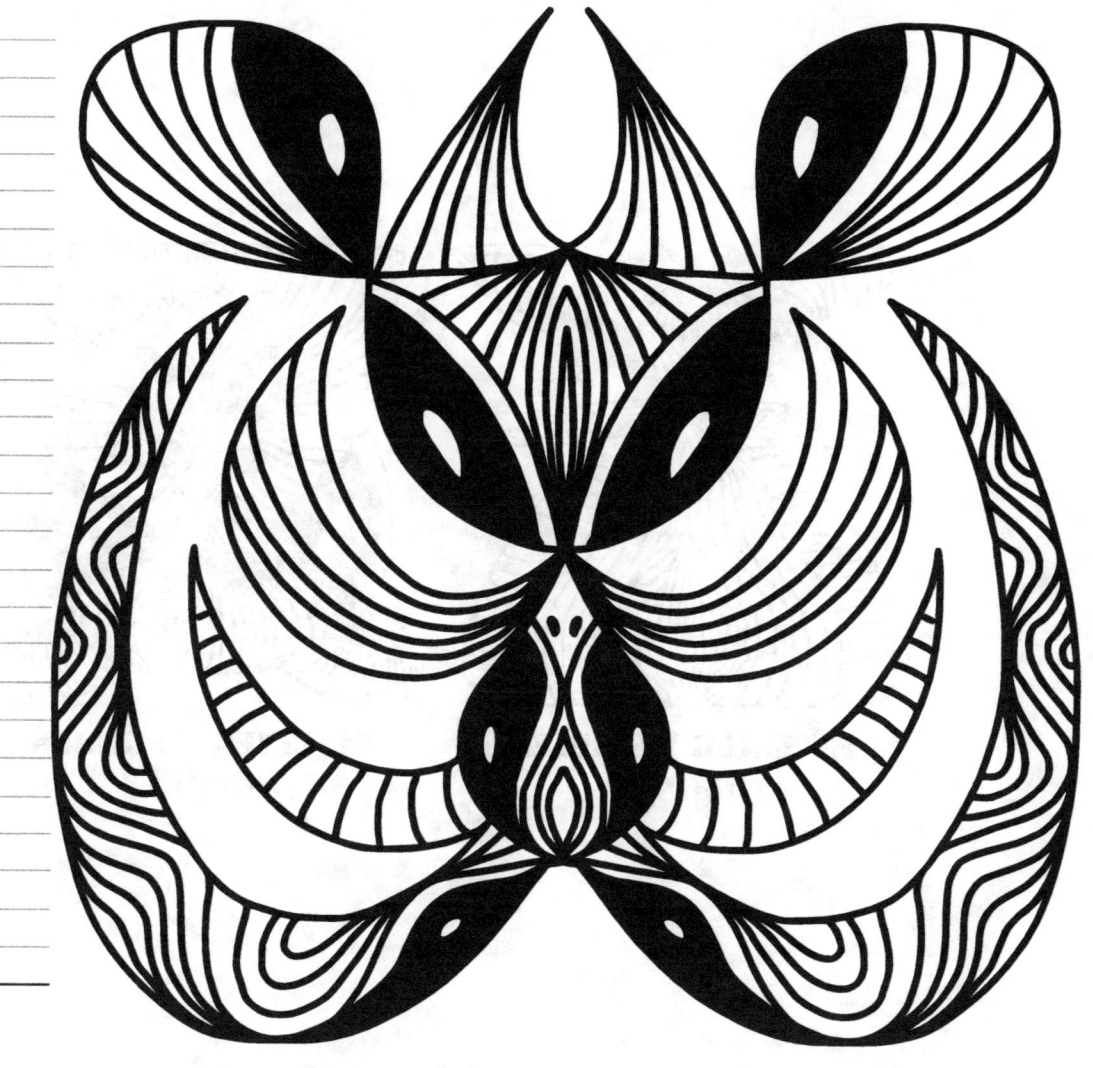

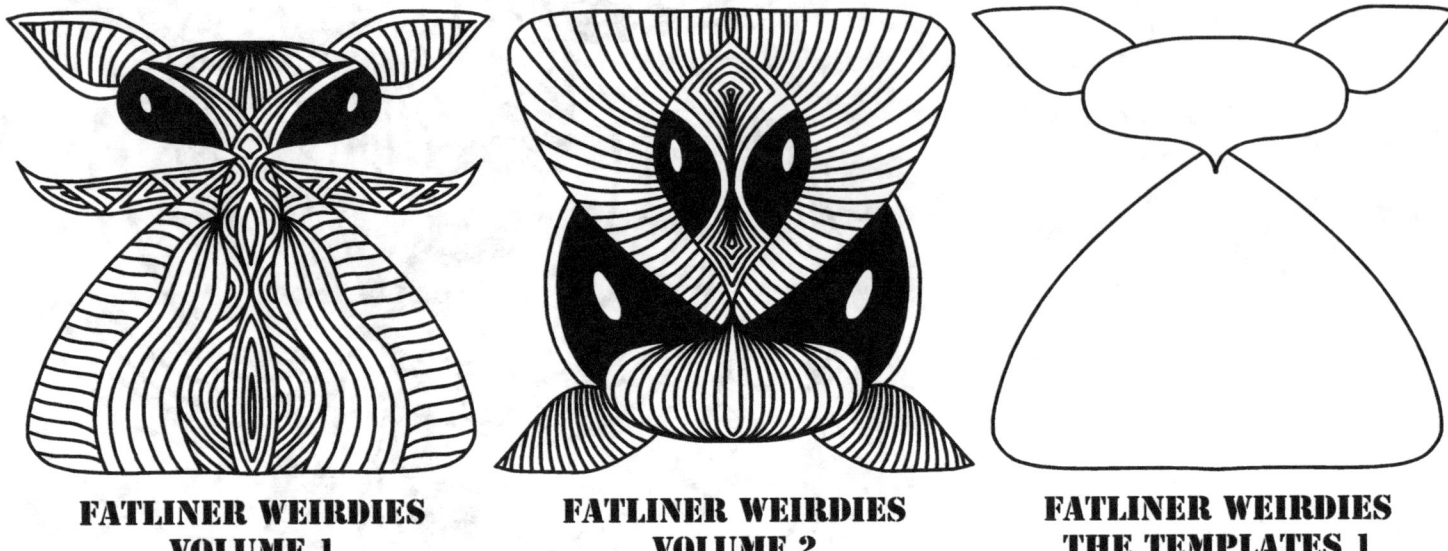

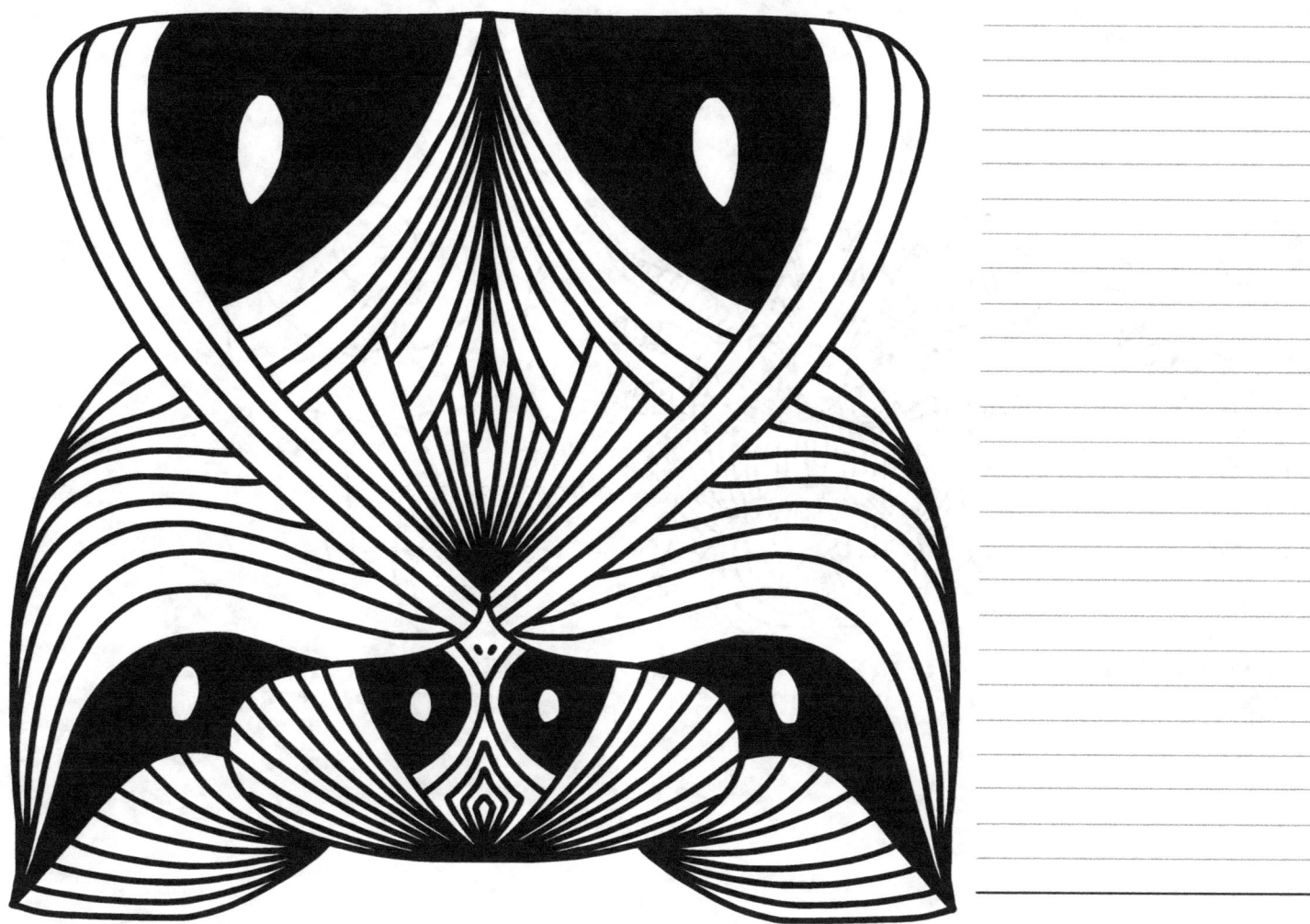

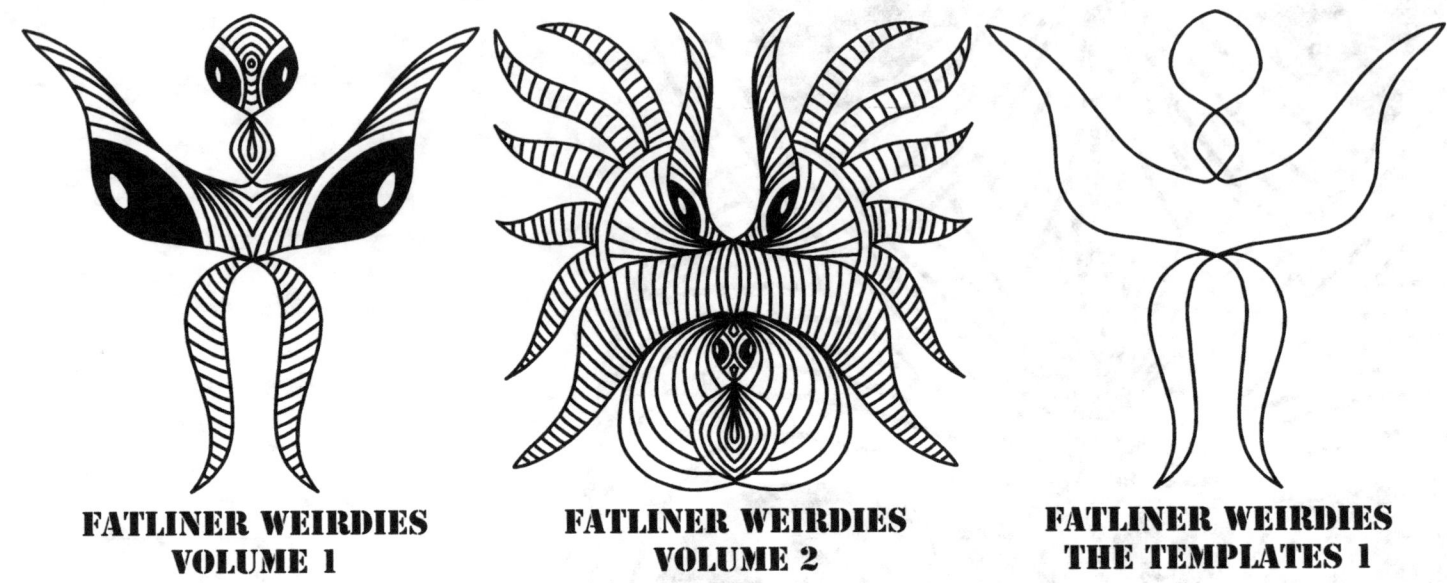

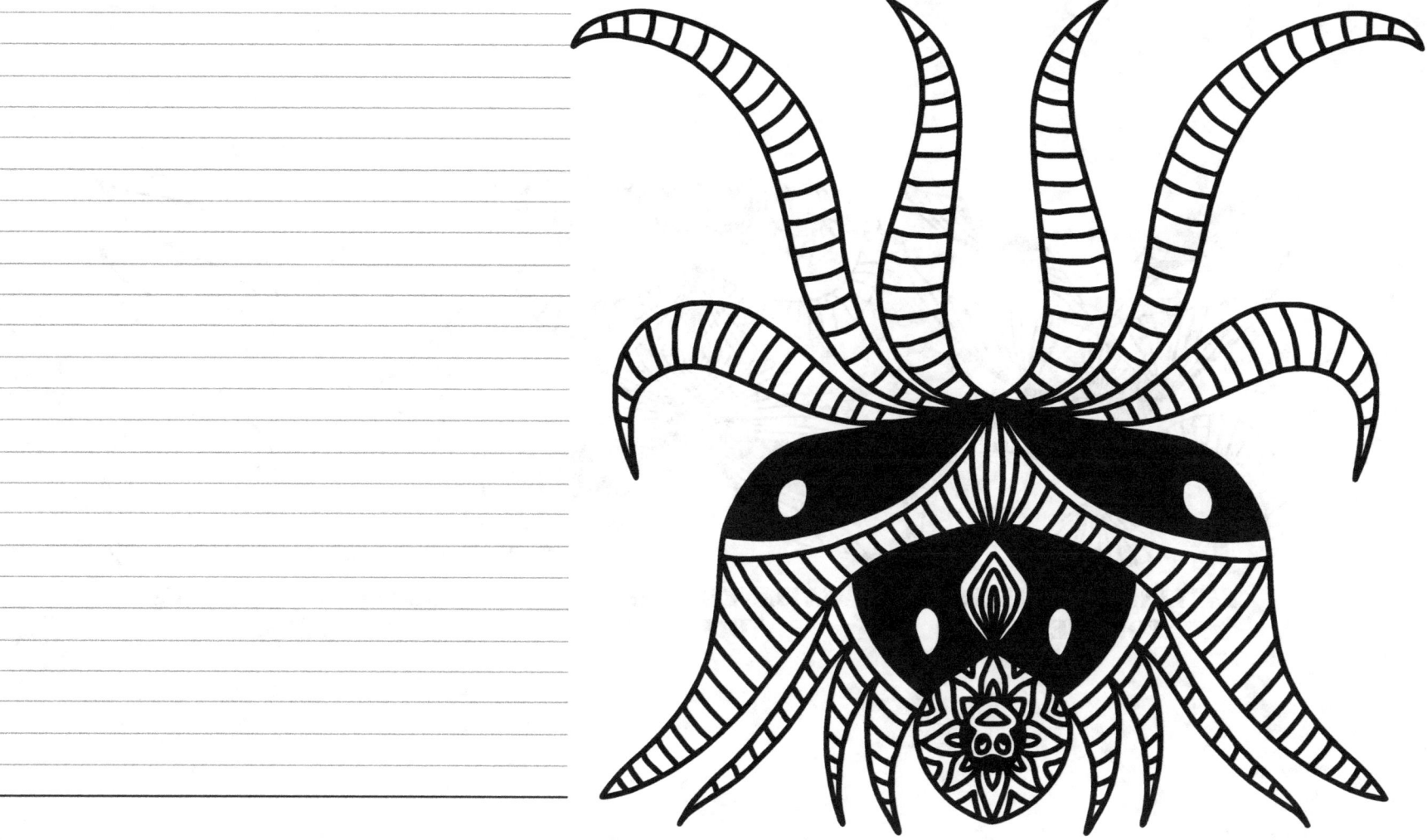

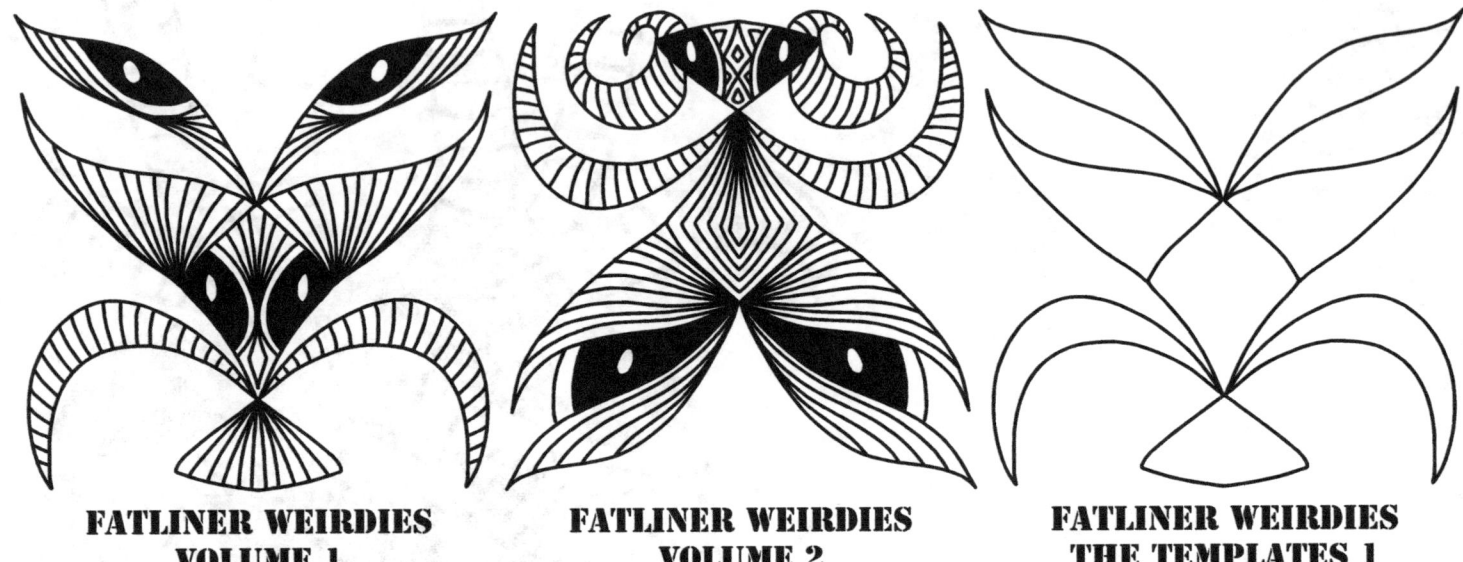

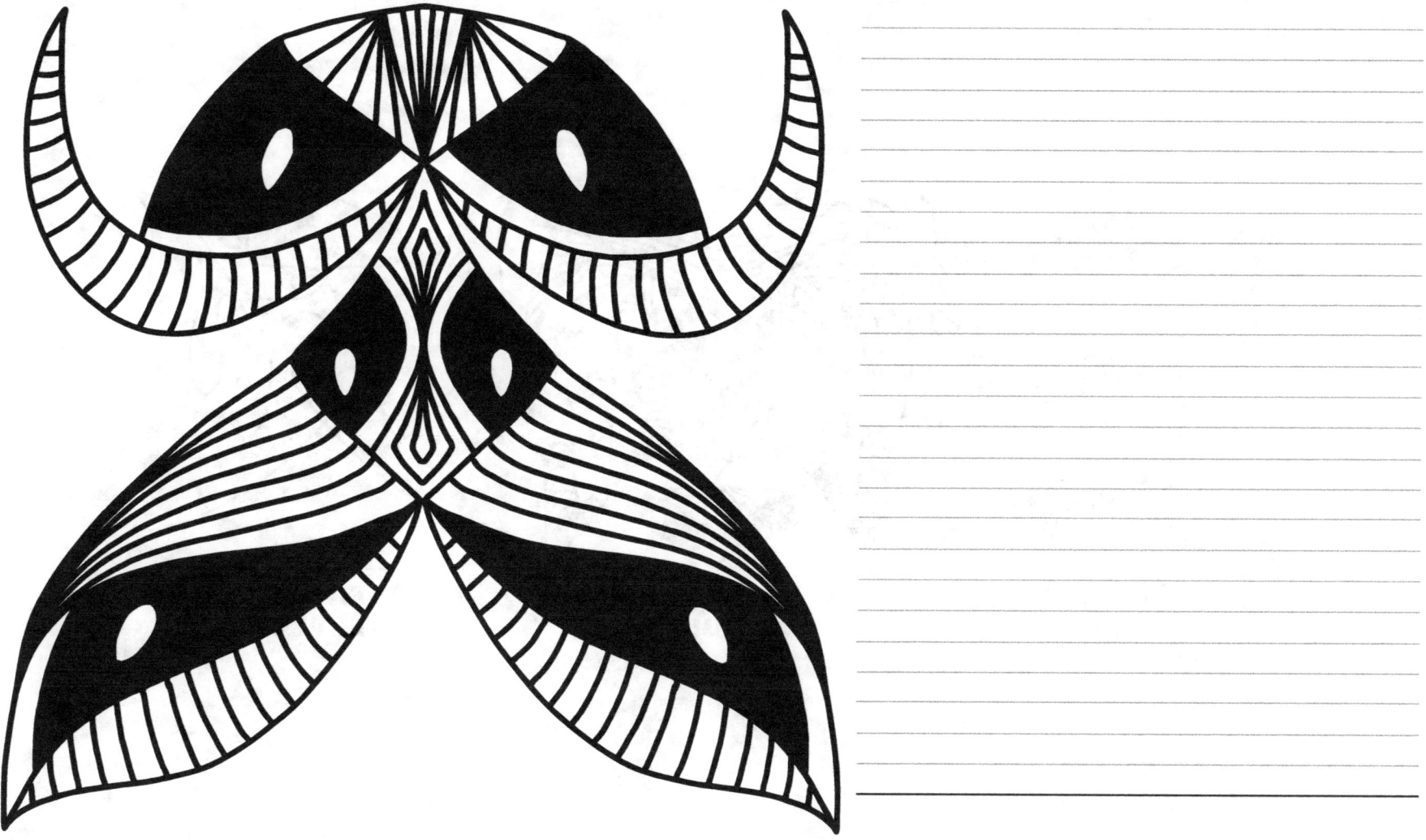

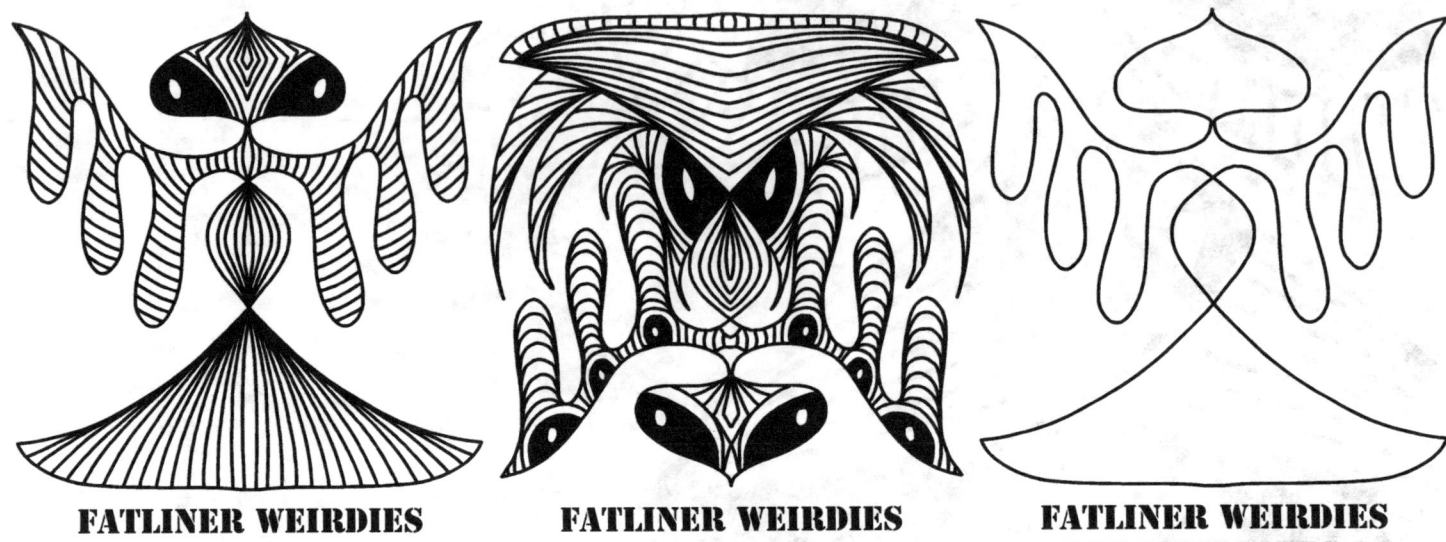

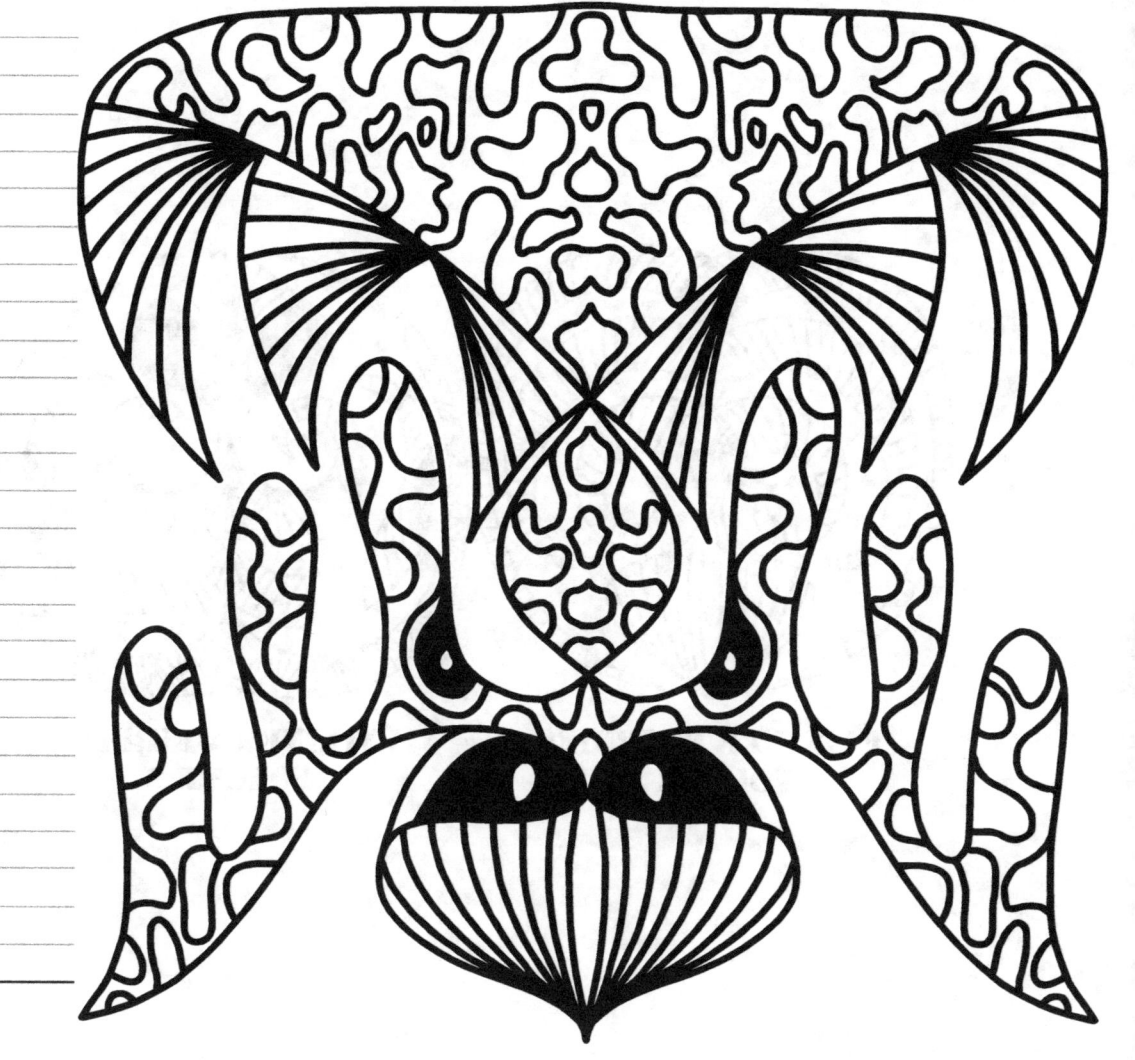

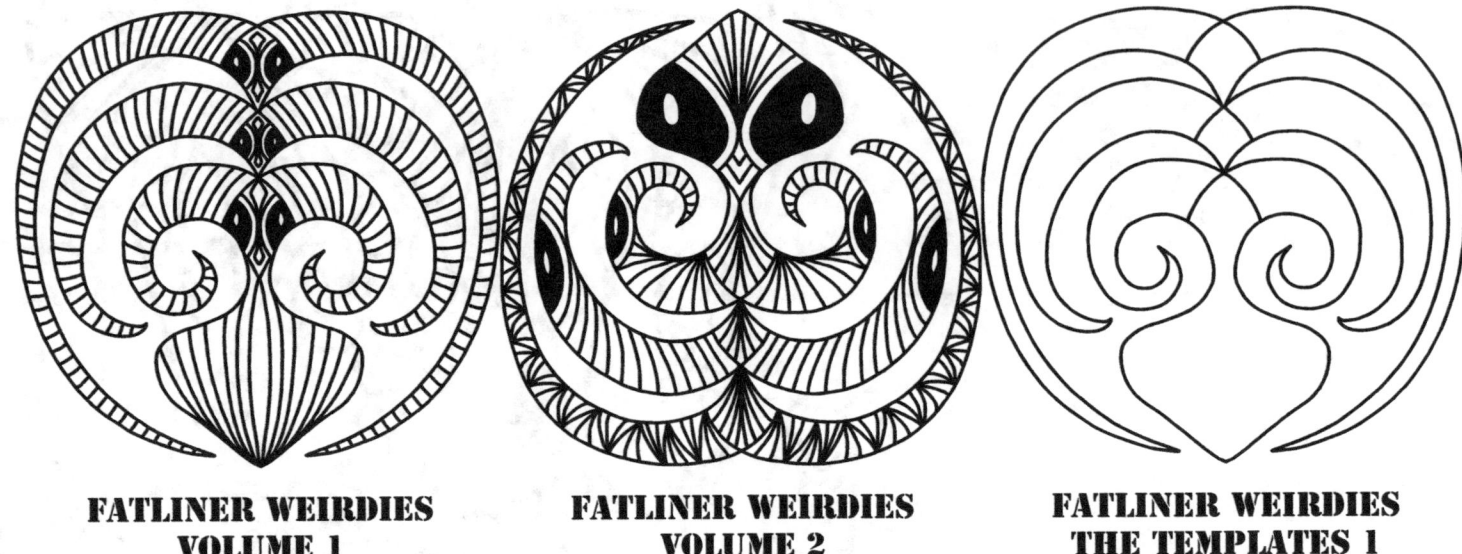

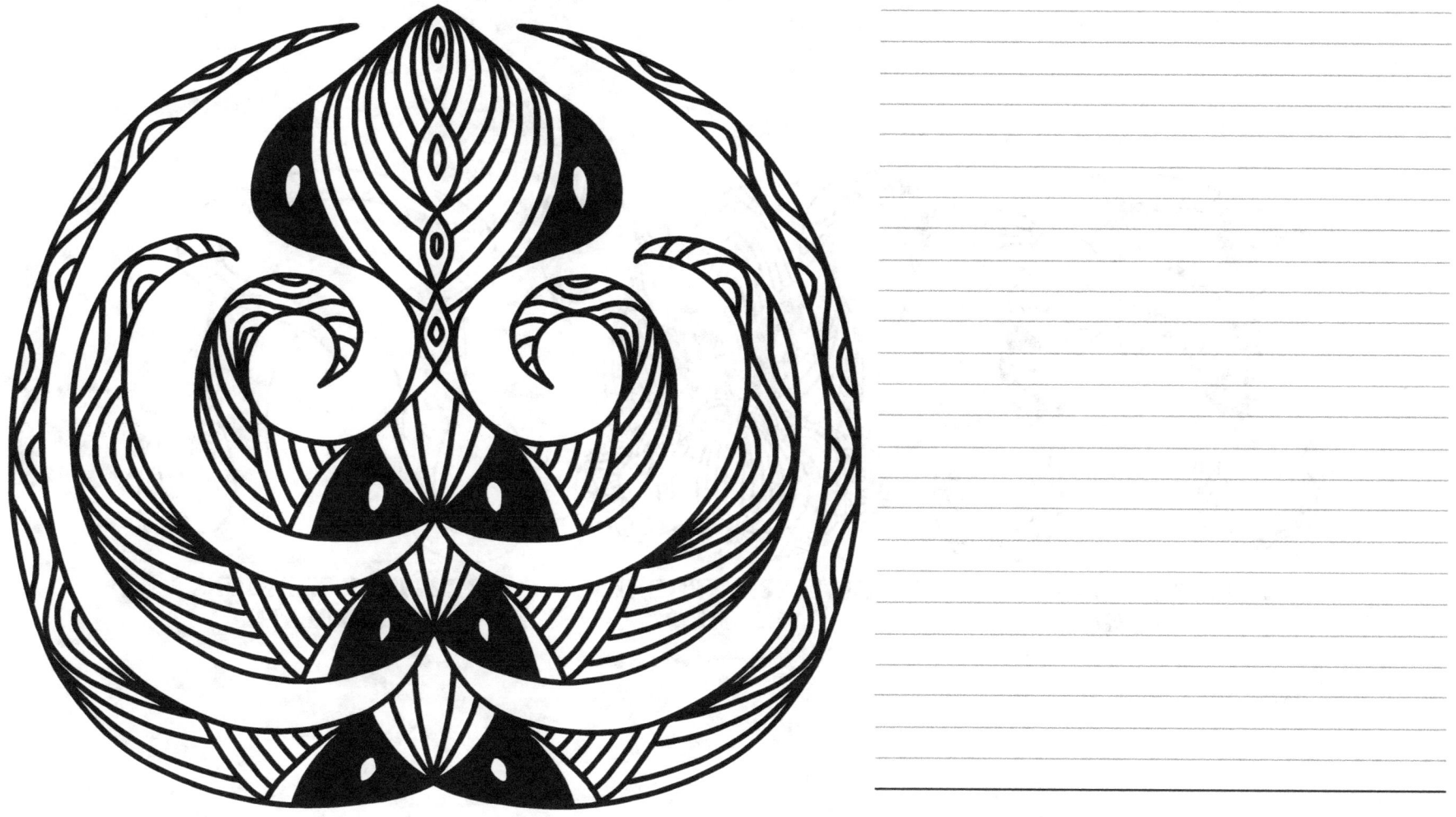

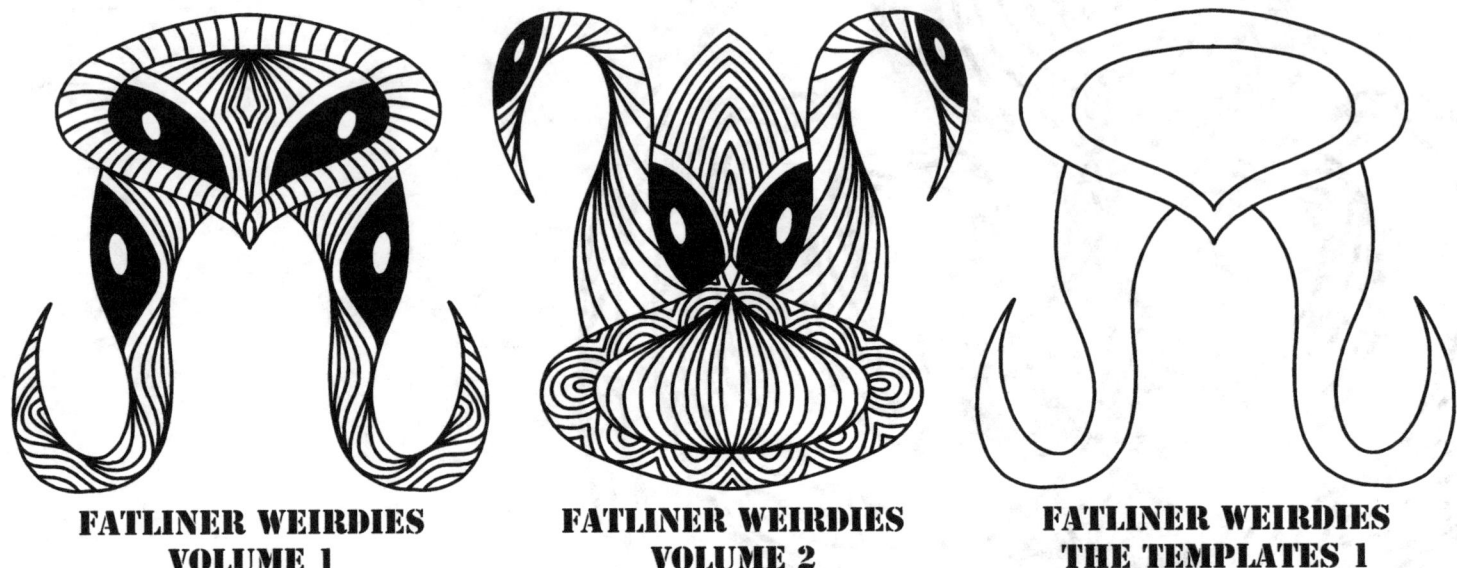

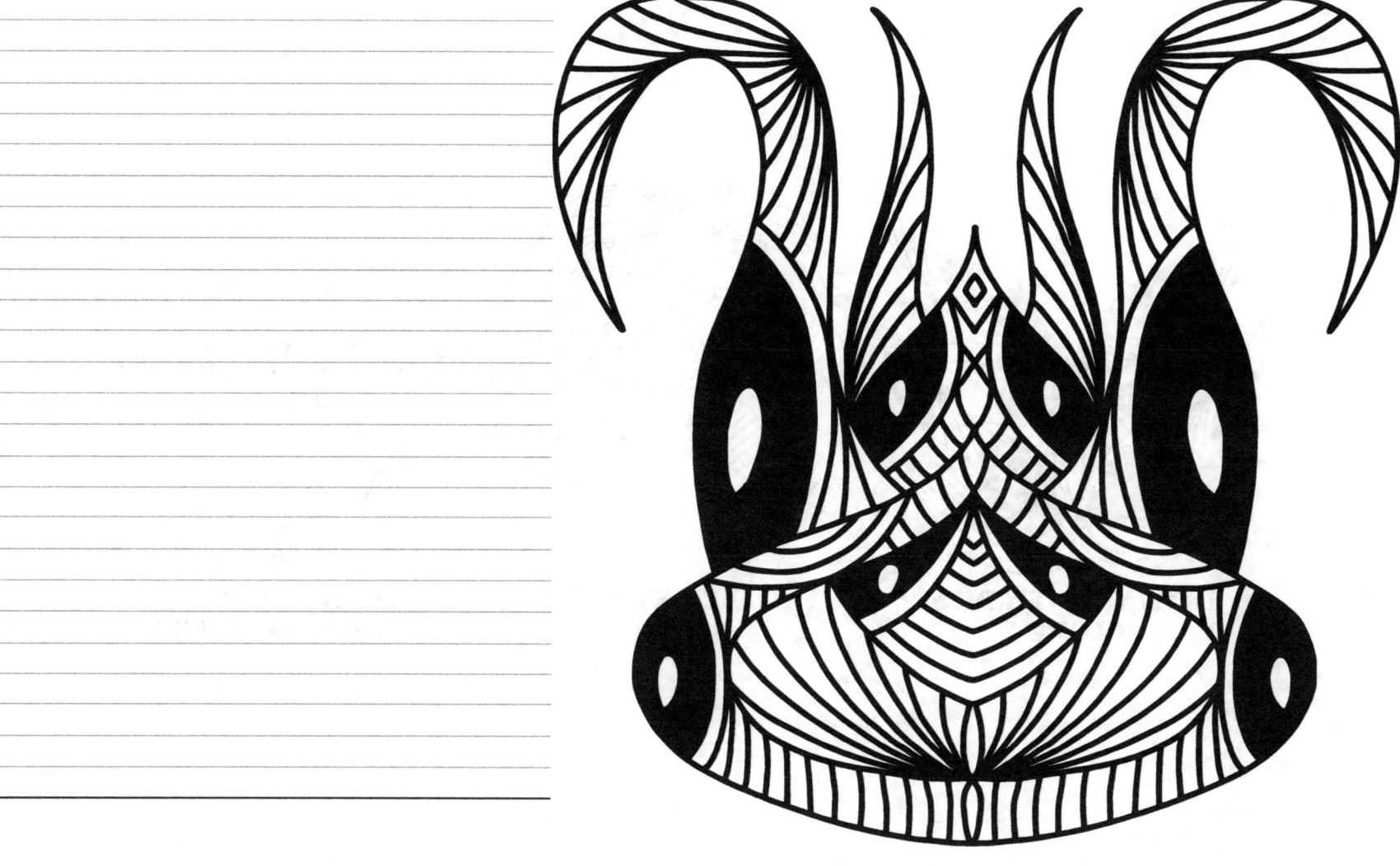

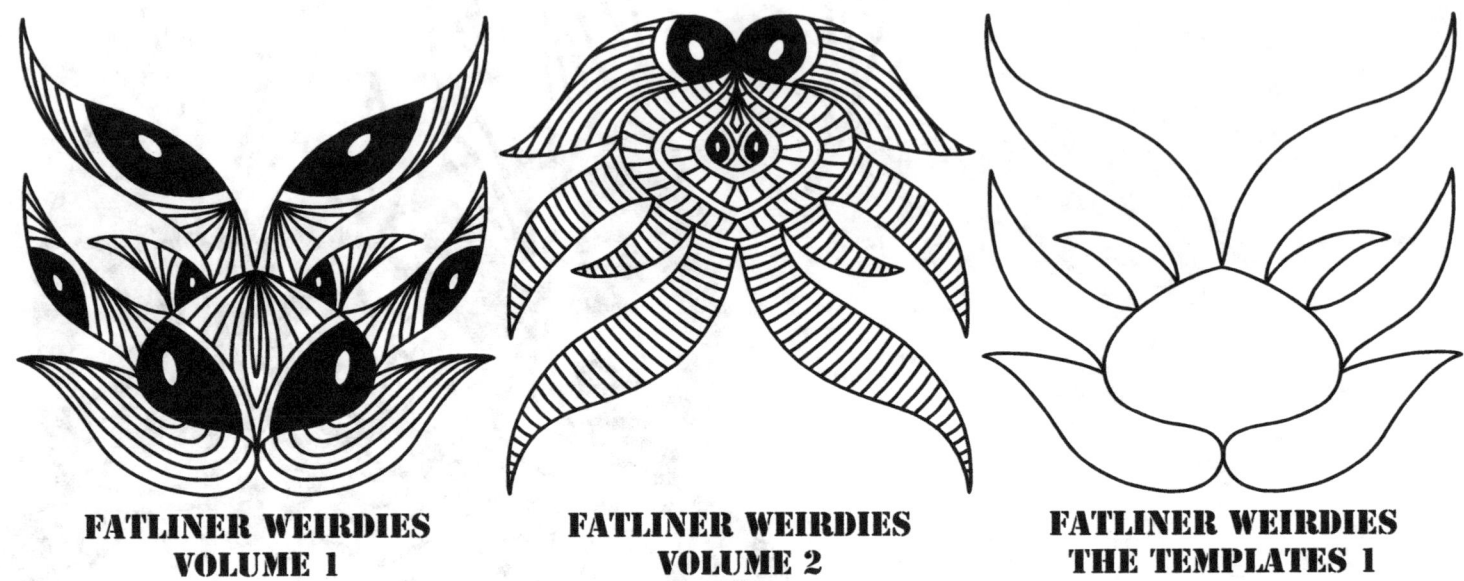

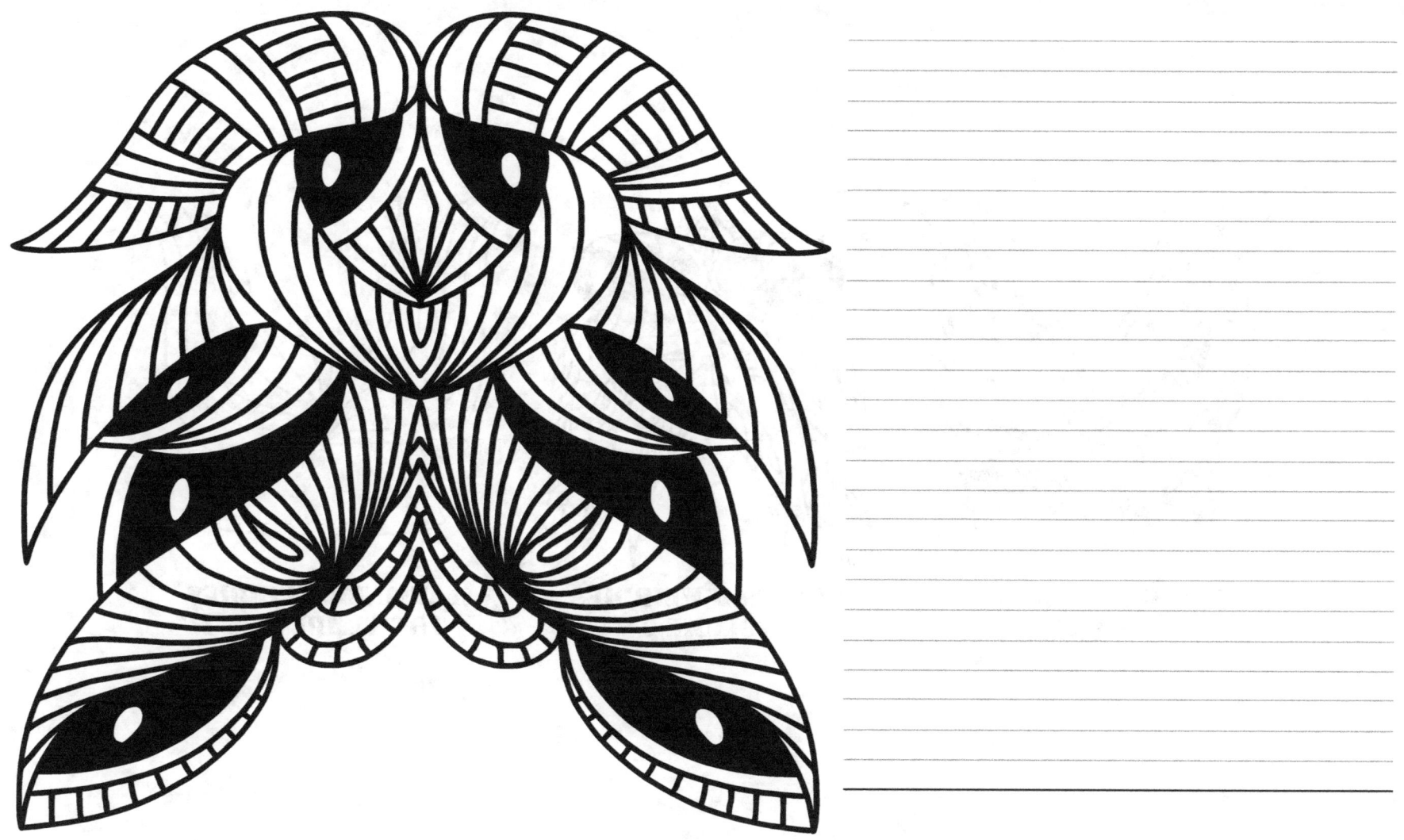

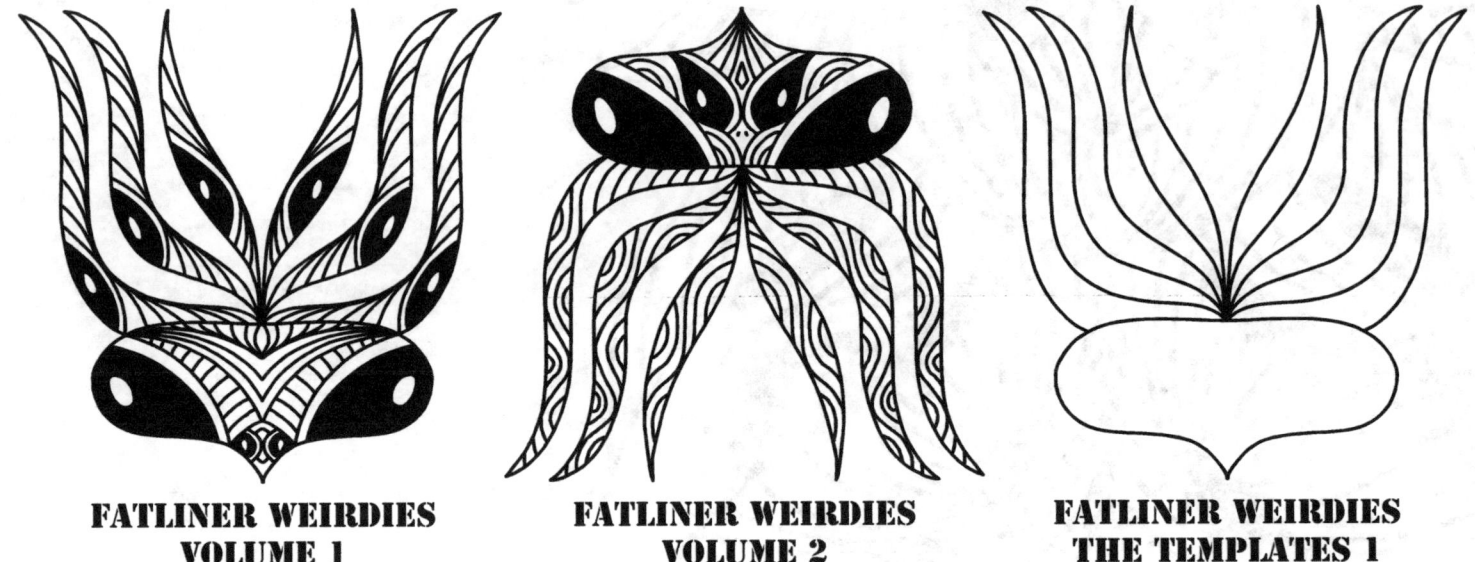

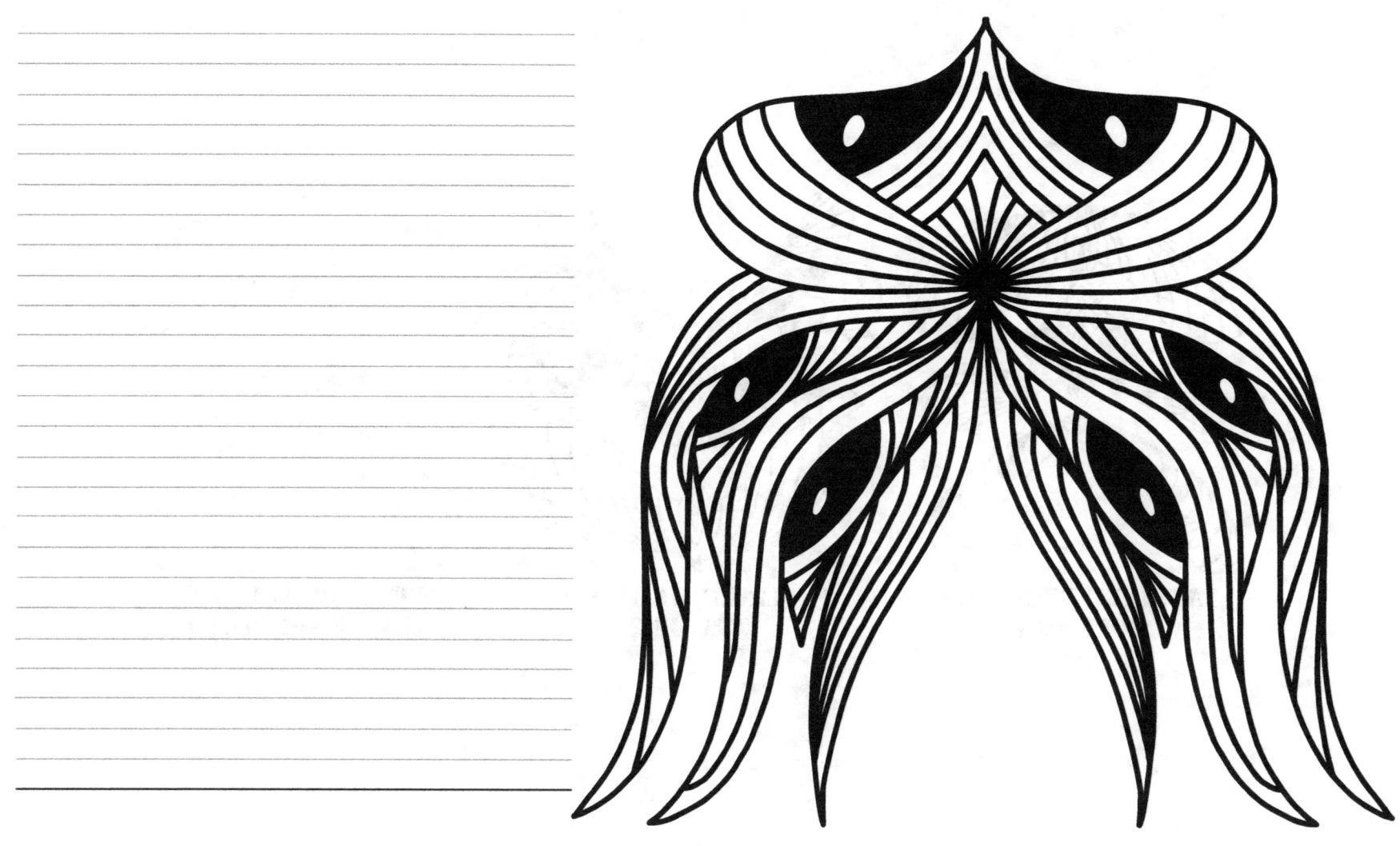

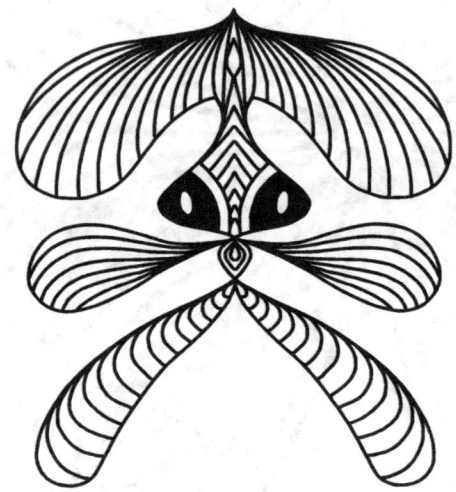

FATLINER WEIRDIES VOLUME 1

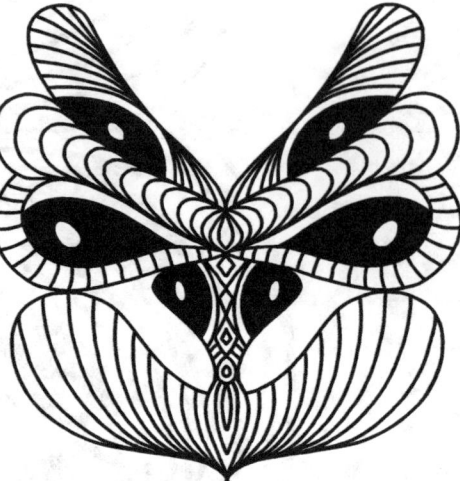

FATLINER WEIRDIES VOLUME 2

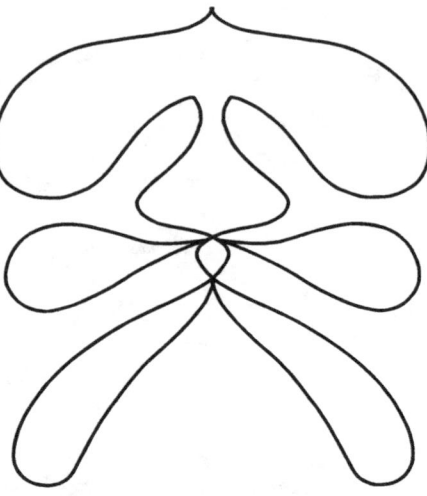

FATLINER WEIRDIES THE TEMPLATES 1

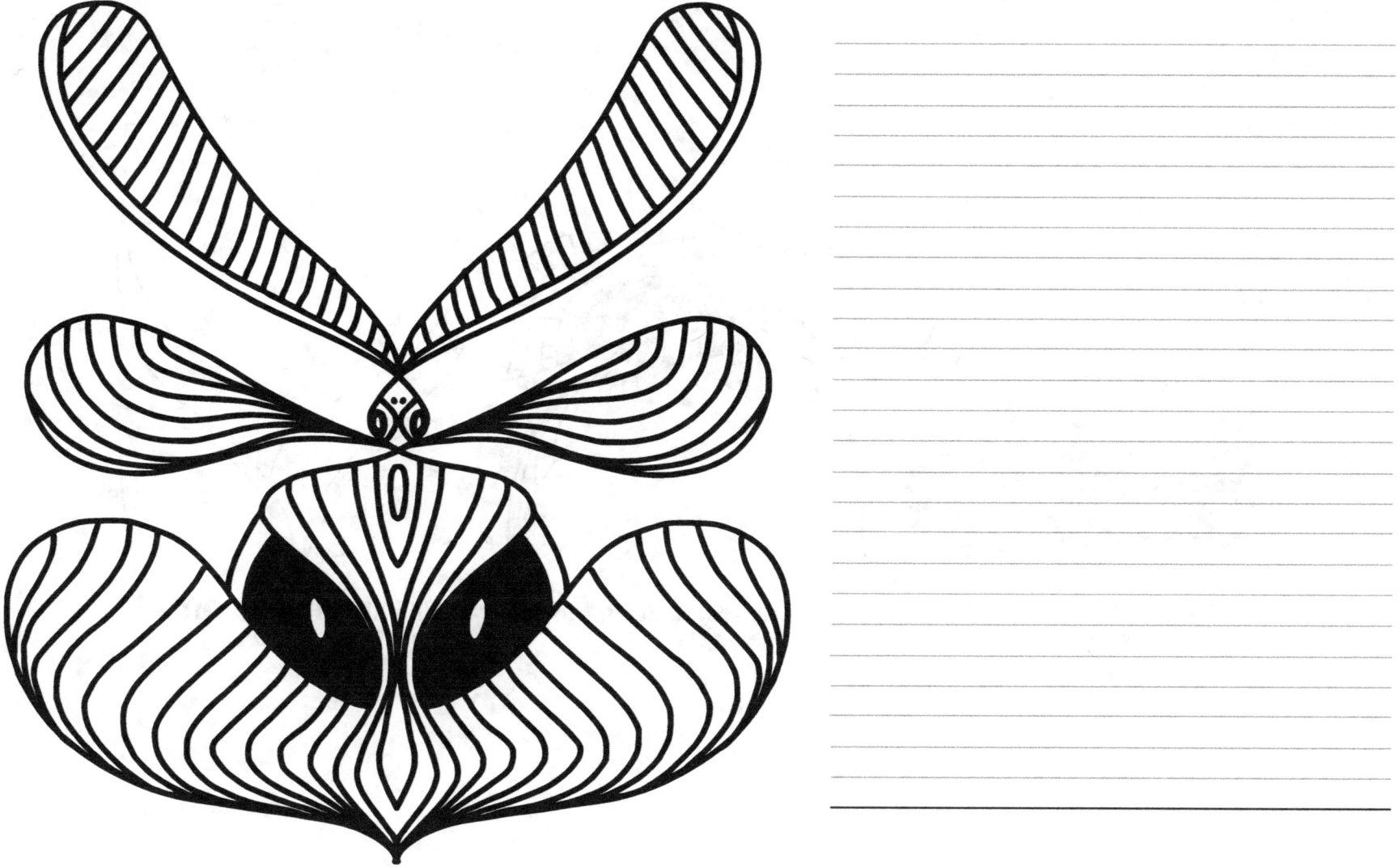

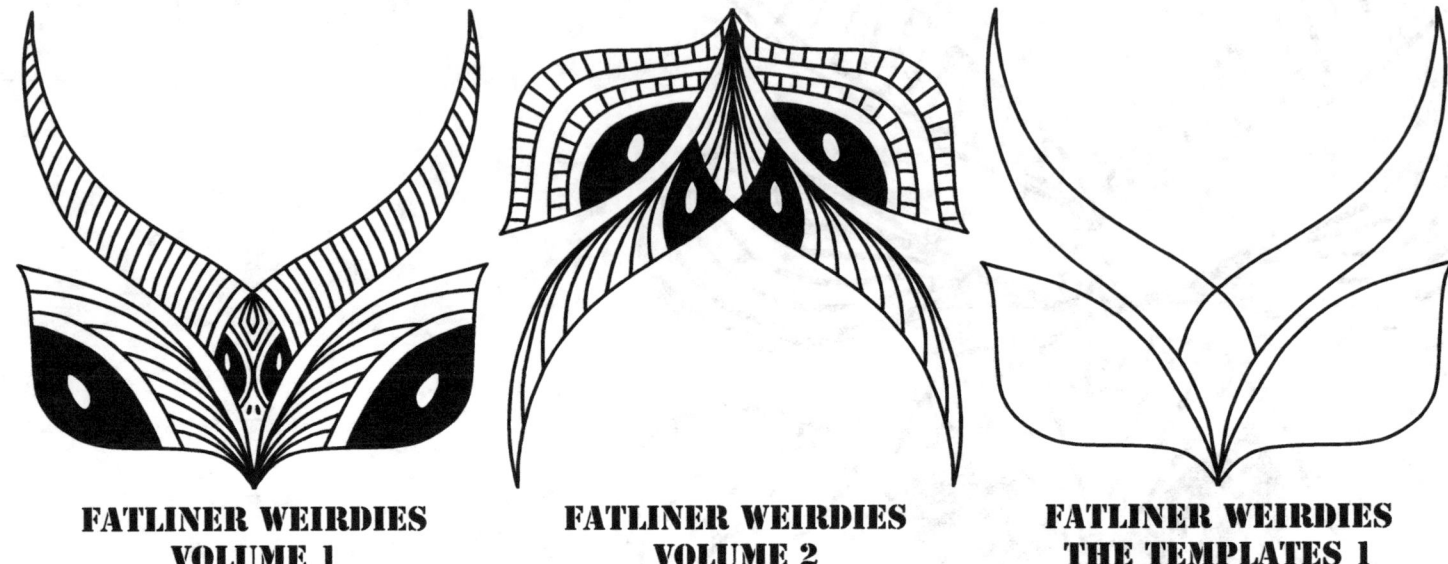

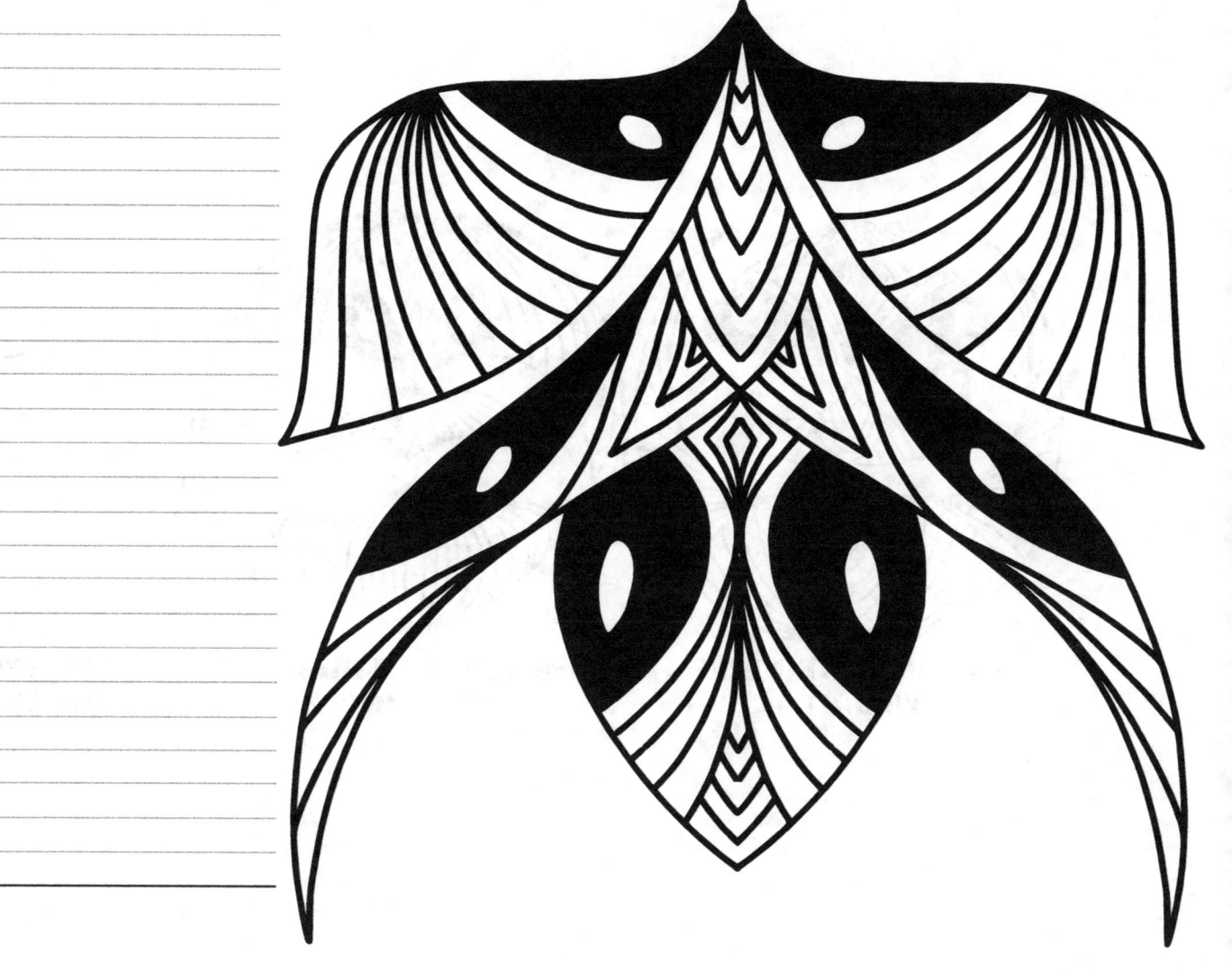

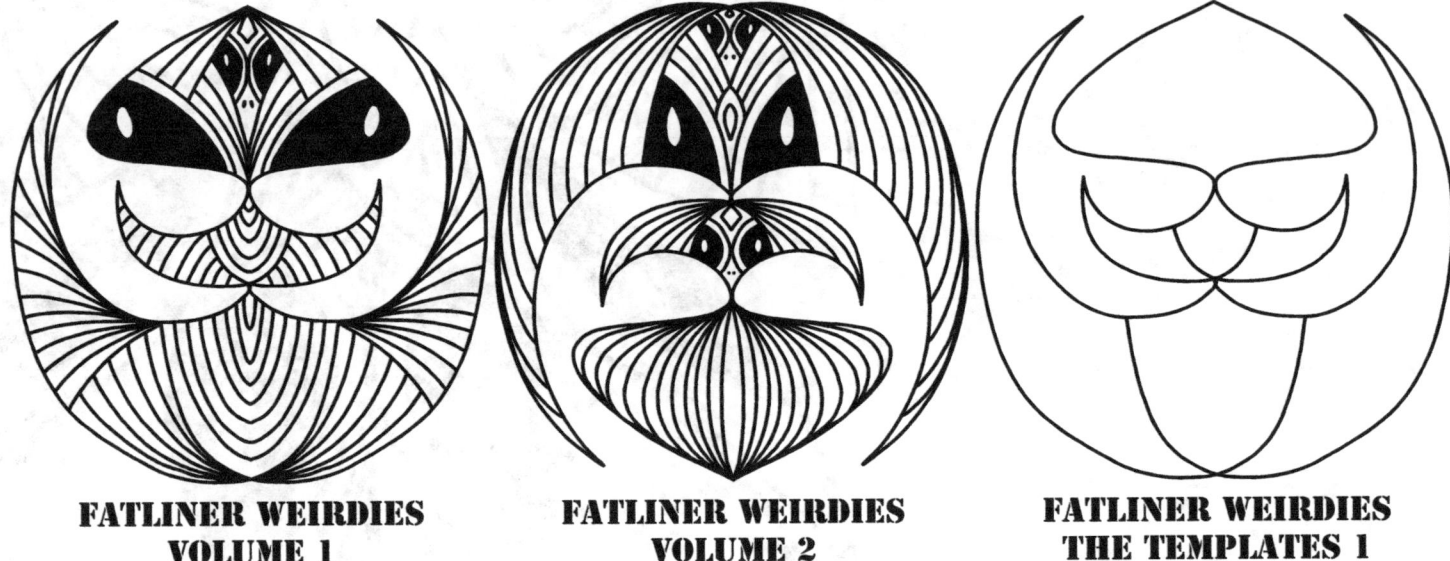

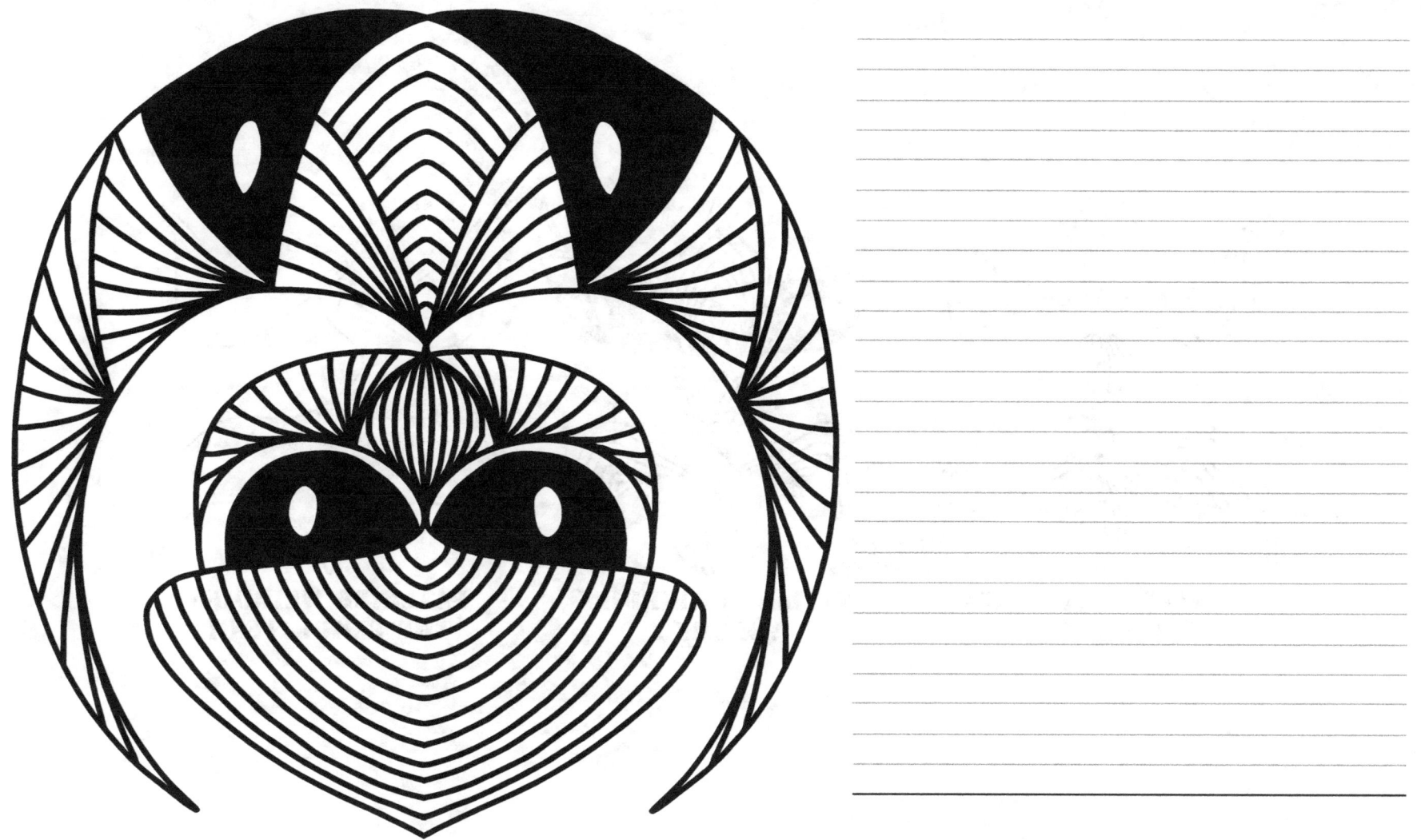

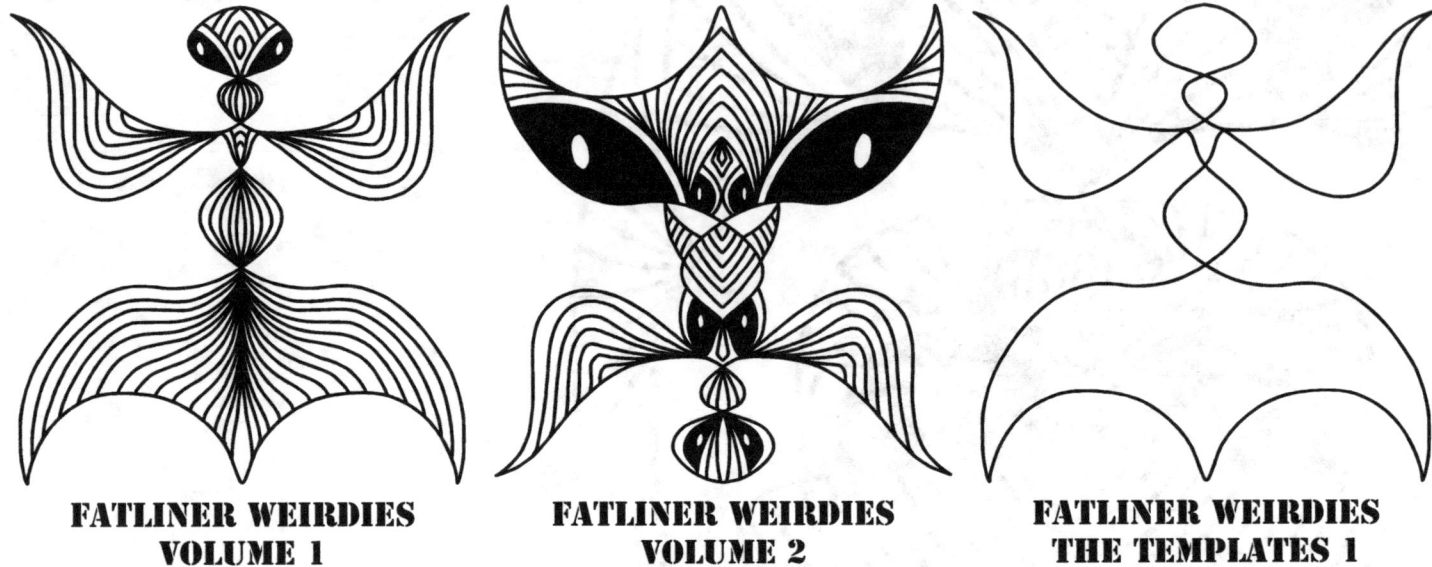

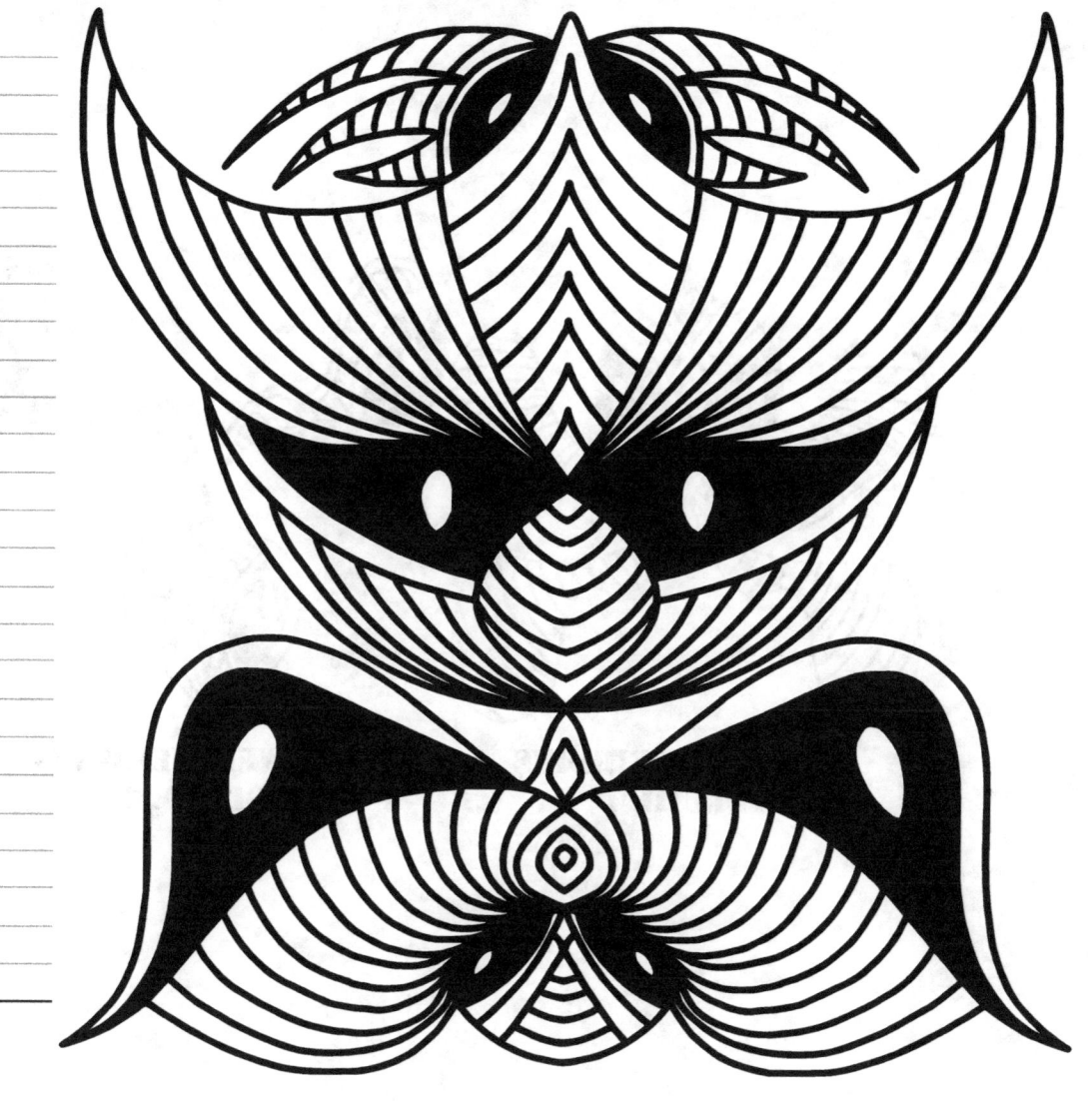

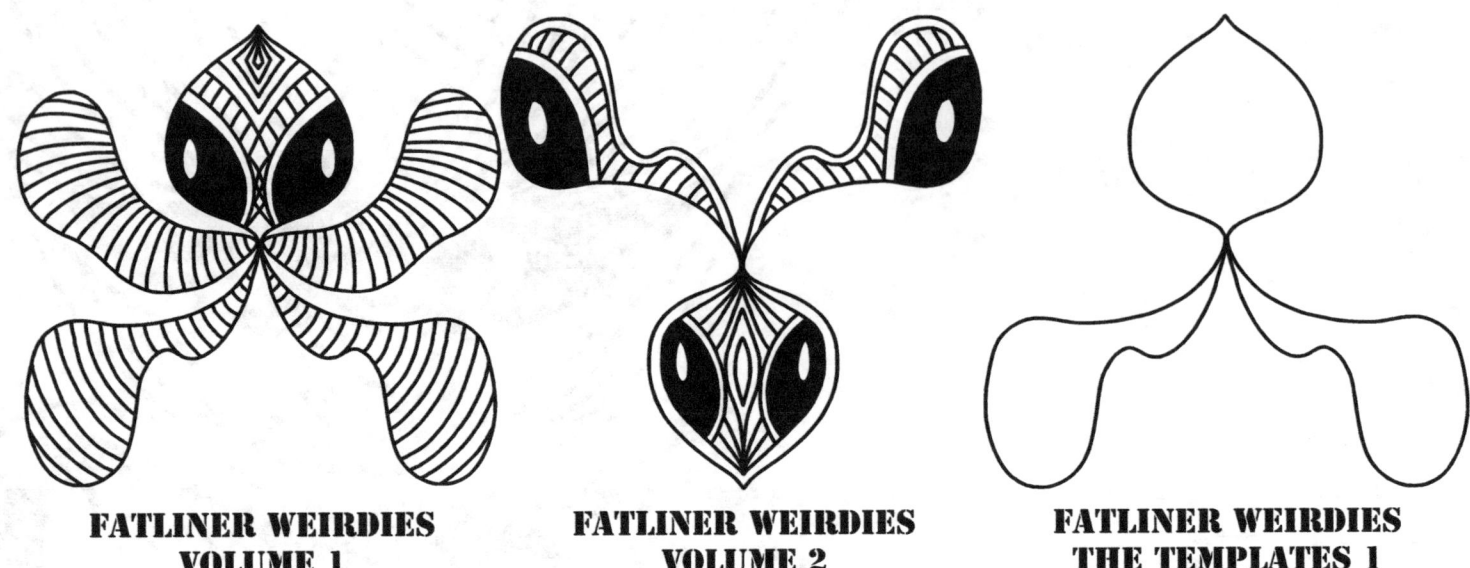

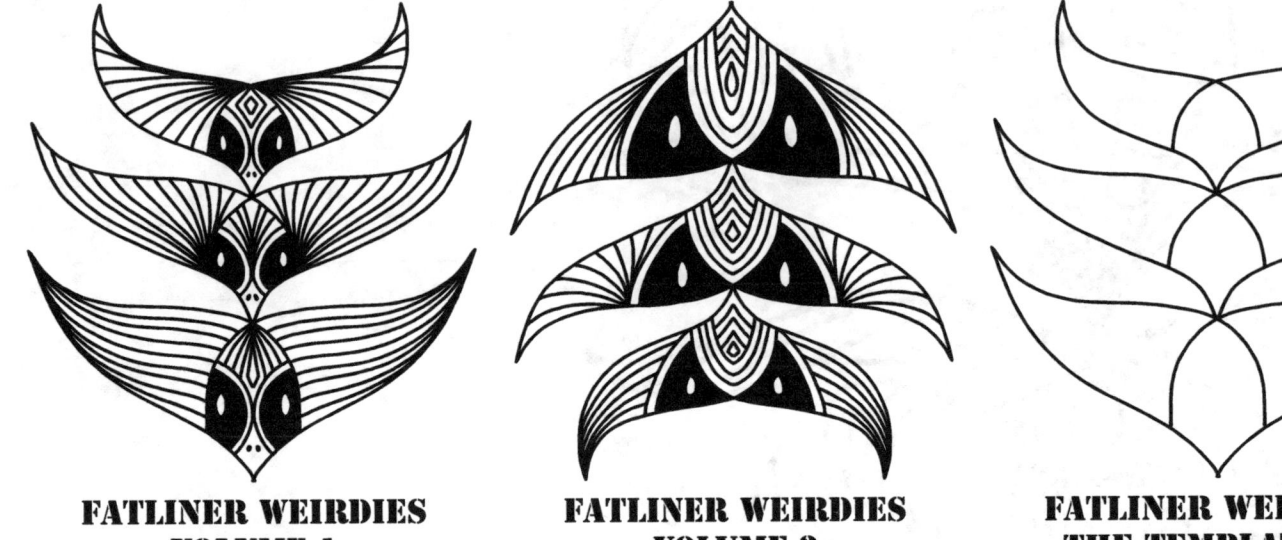

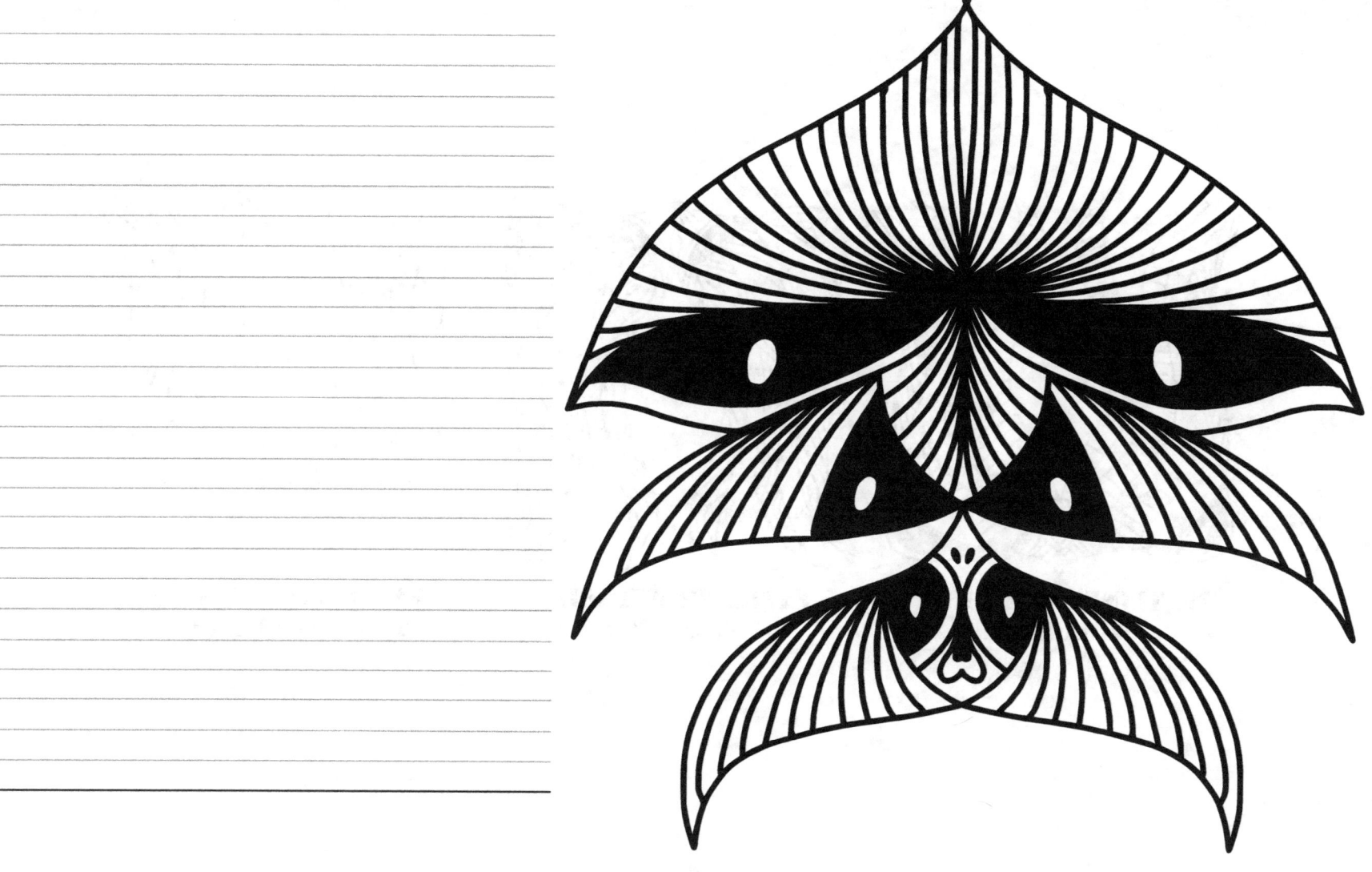

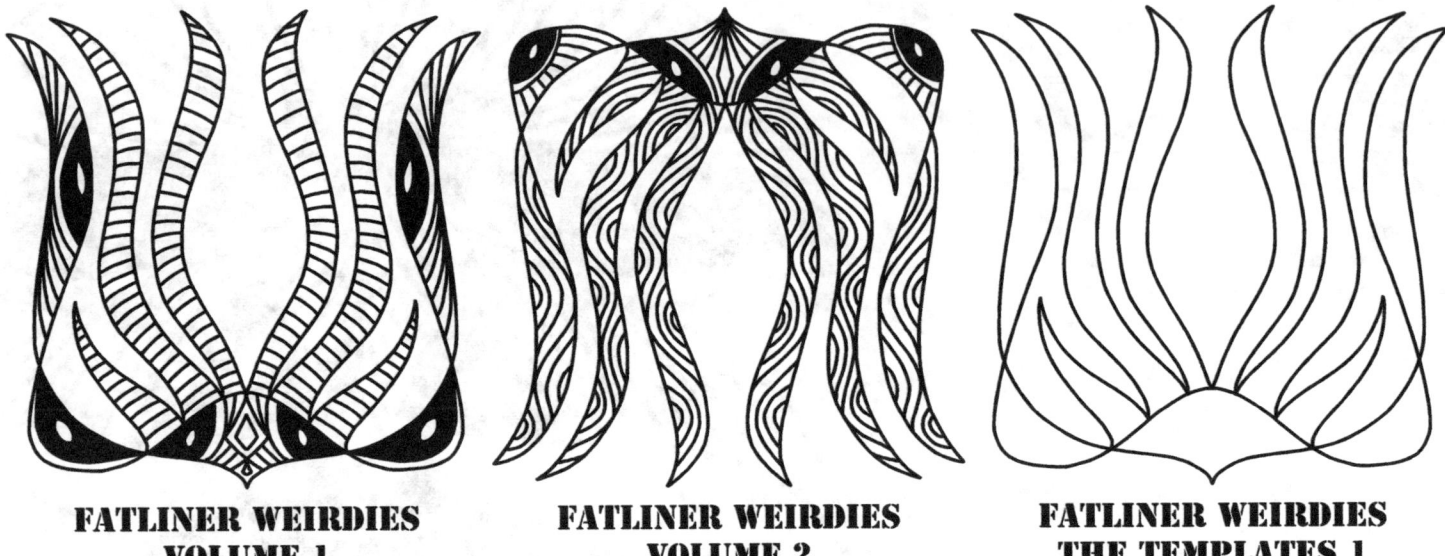

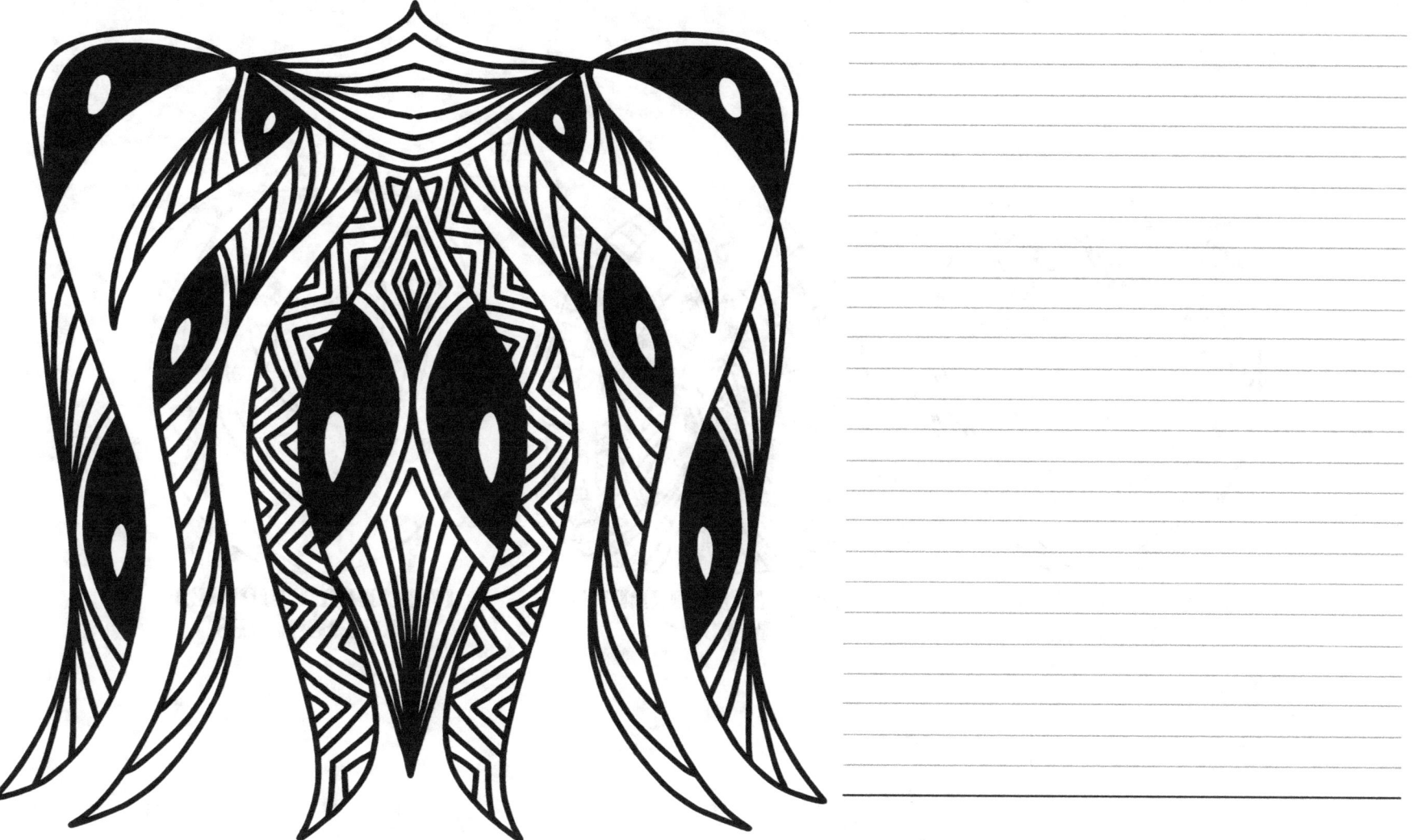

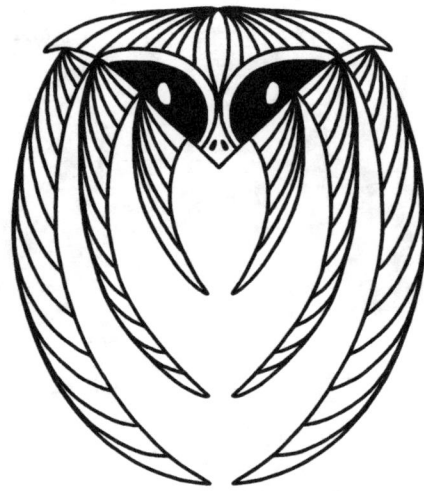

FATLINER WEIRDIES VOLUME 1

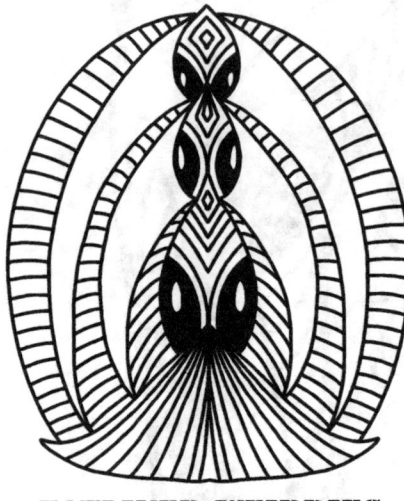

FATLINER WEIRDIES VOLUME 2

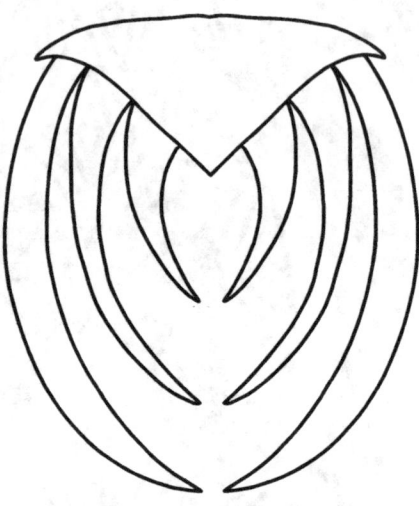

FATLINER WEIRDIES THE TEMPLATES 1

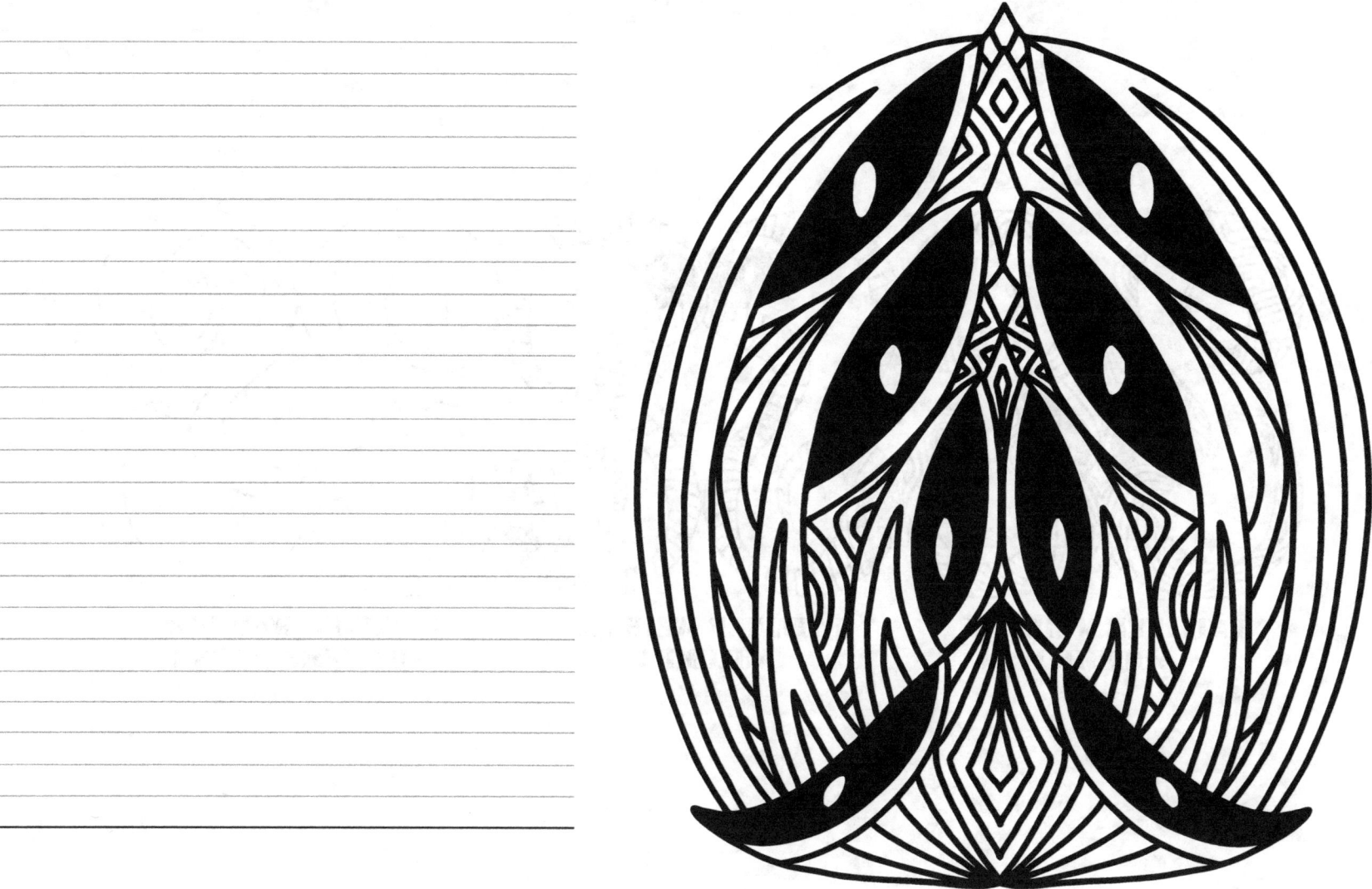

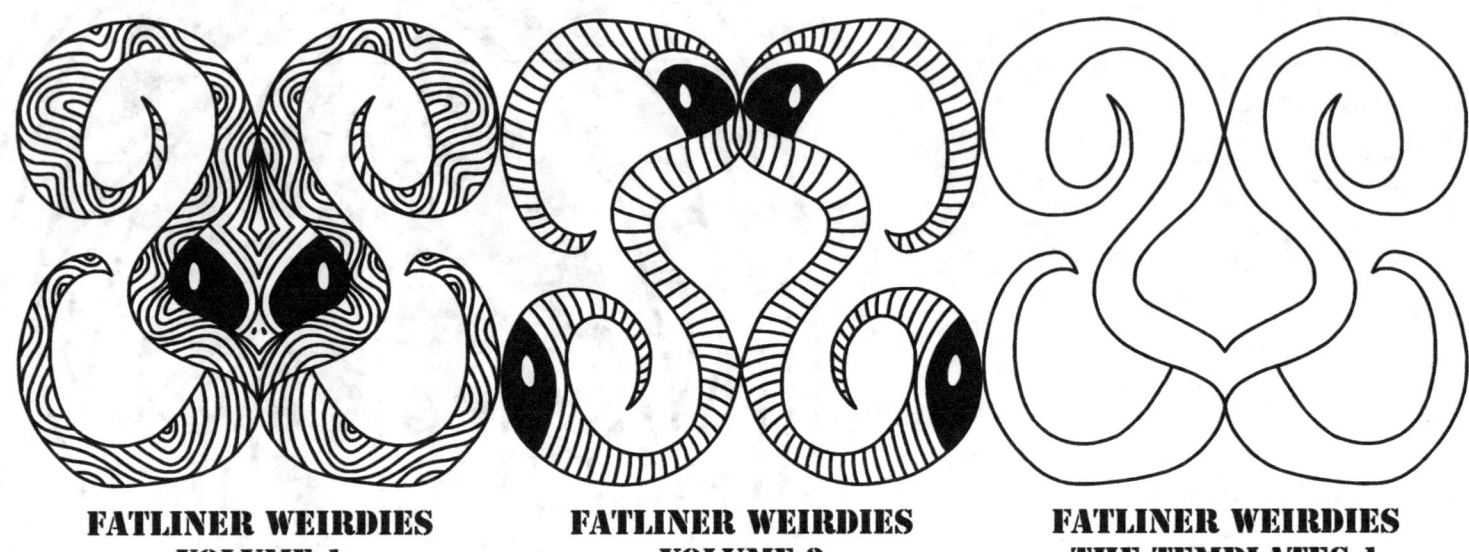

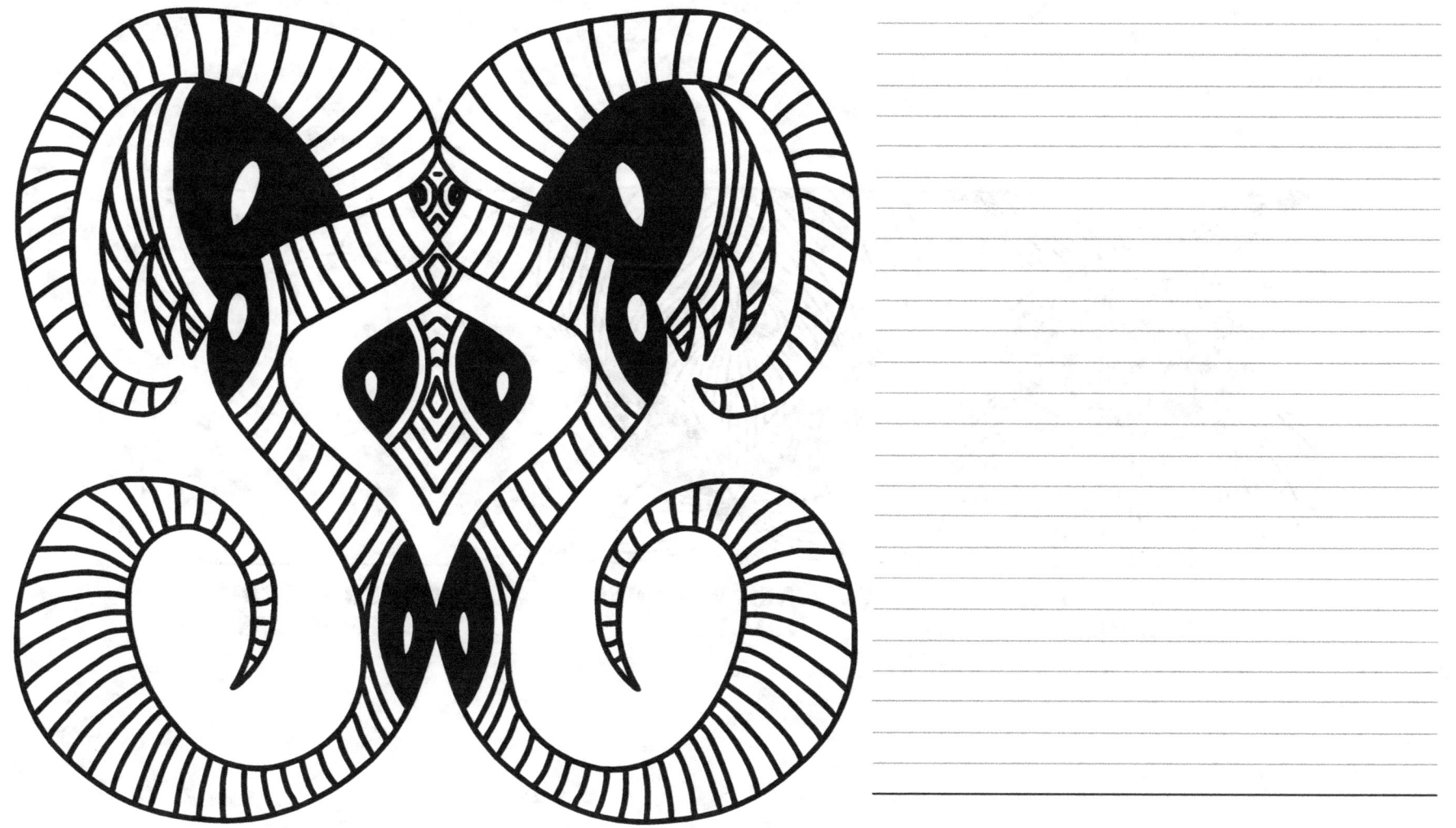

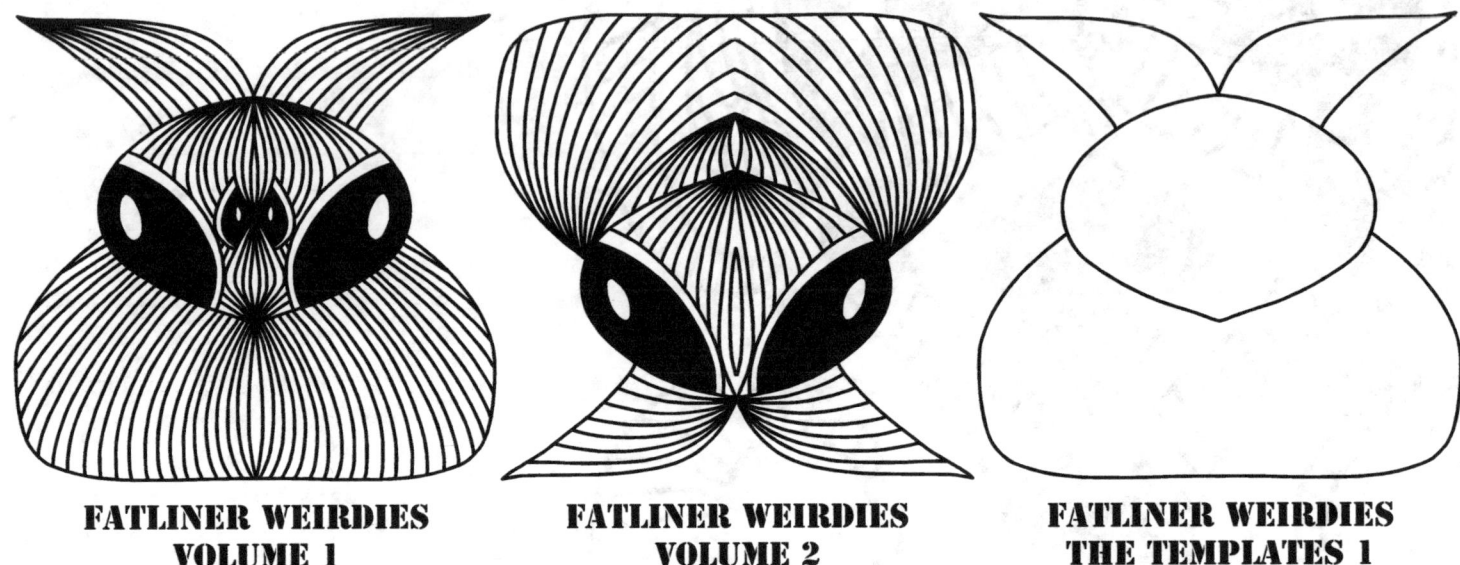

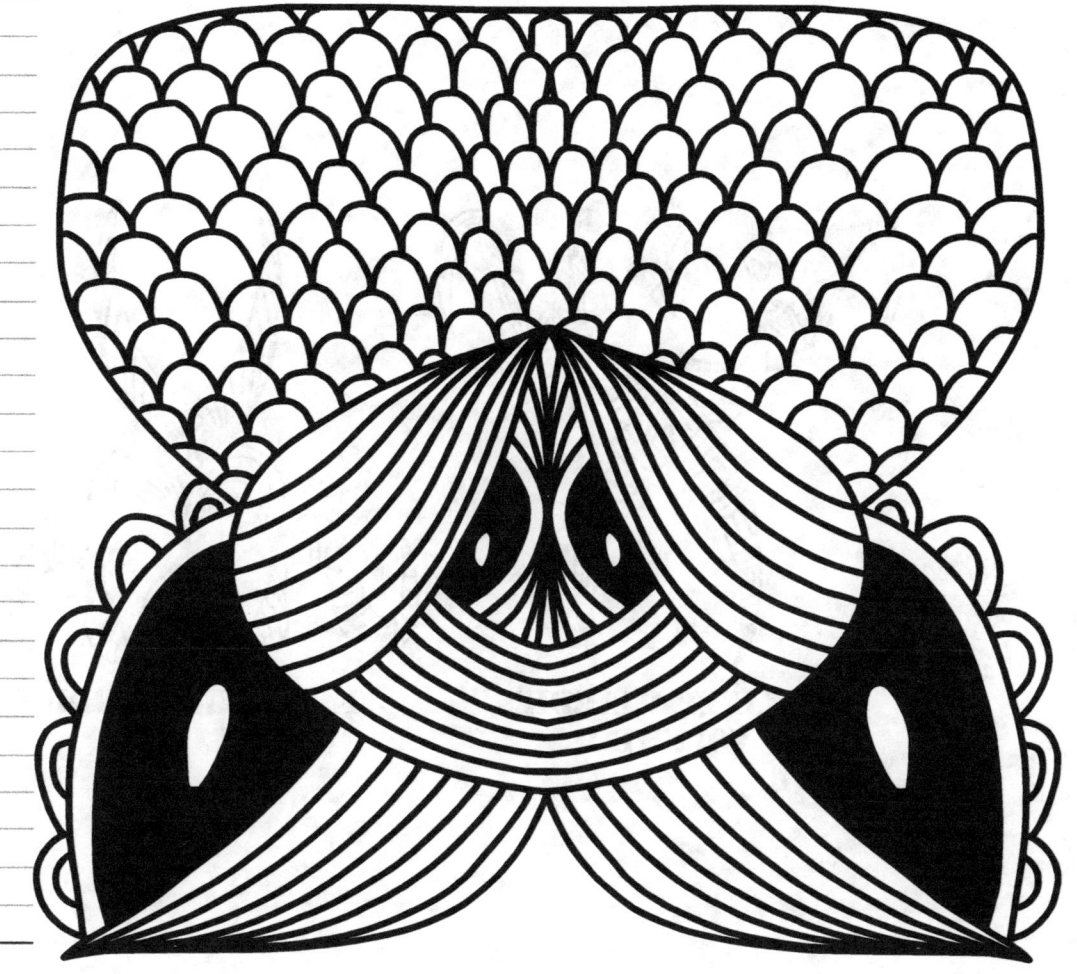

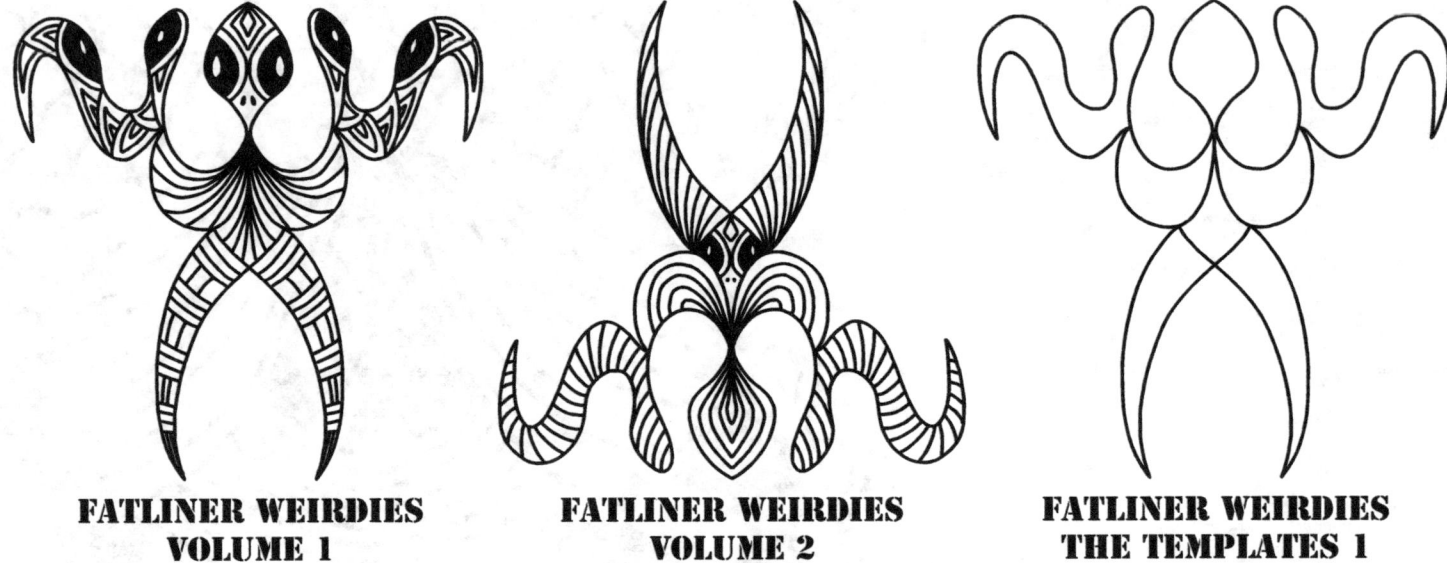

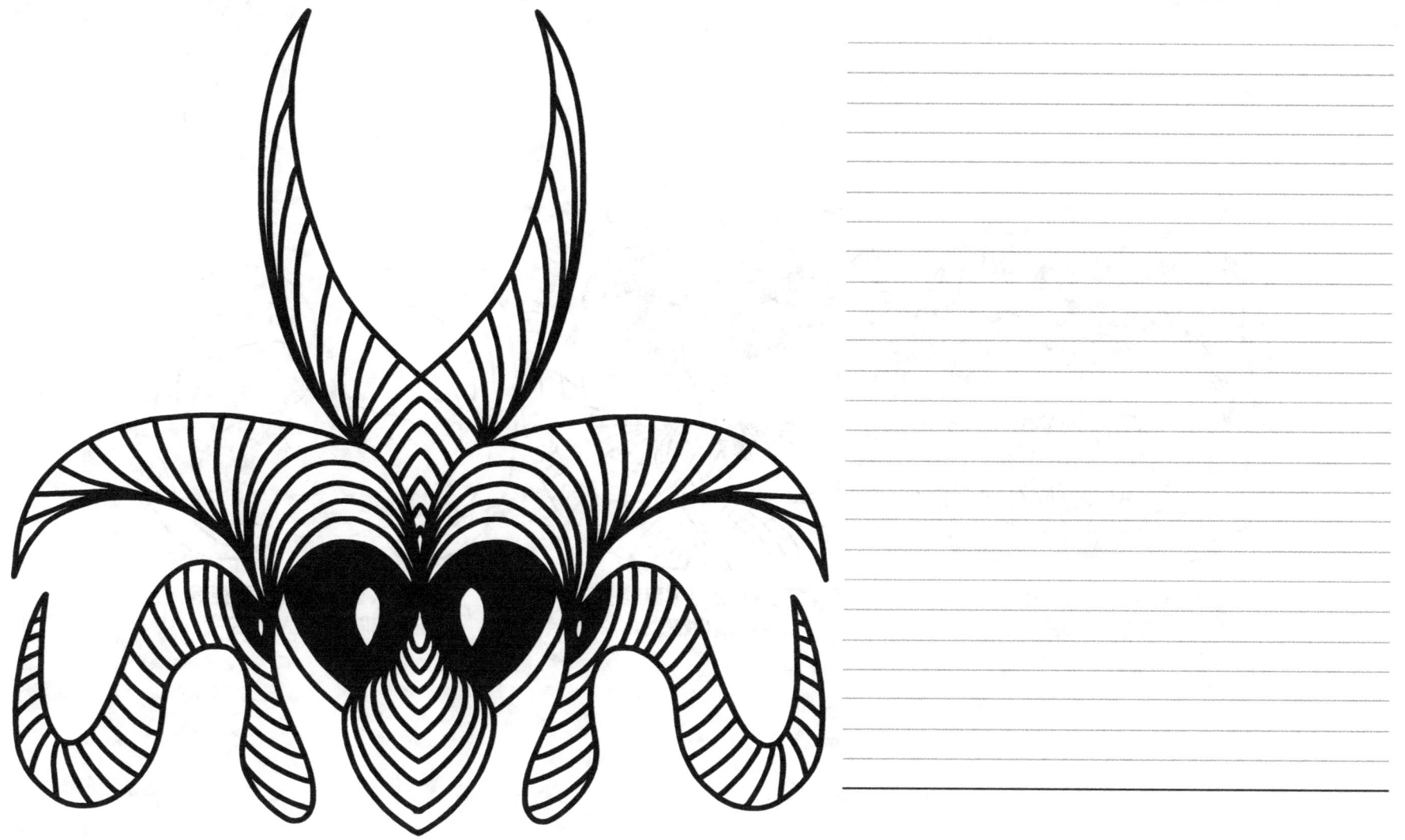

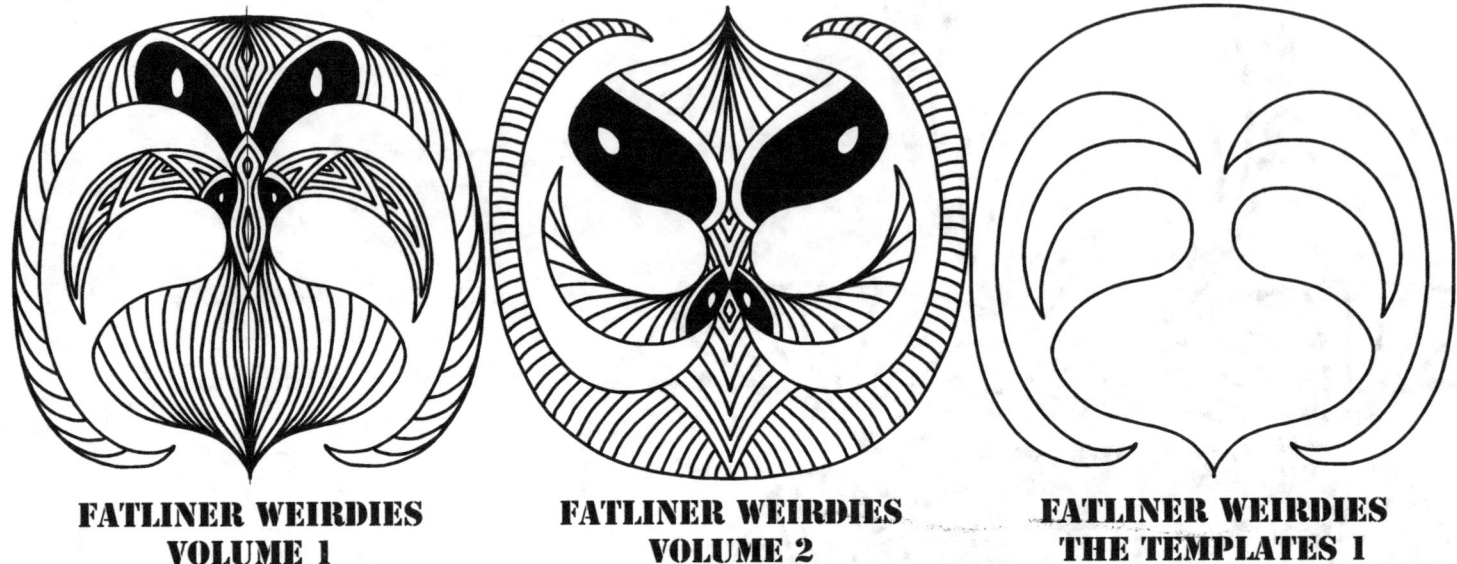

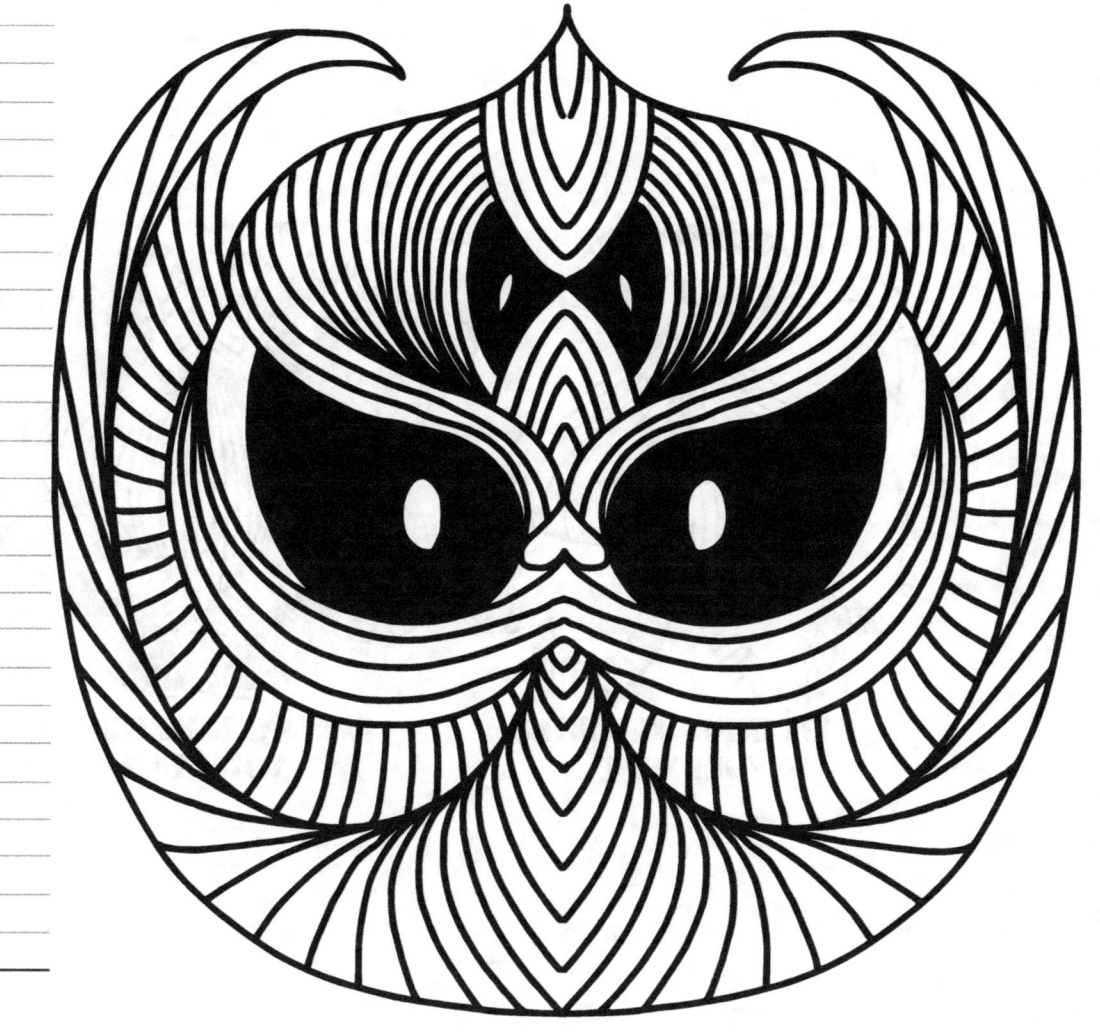

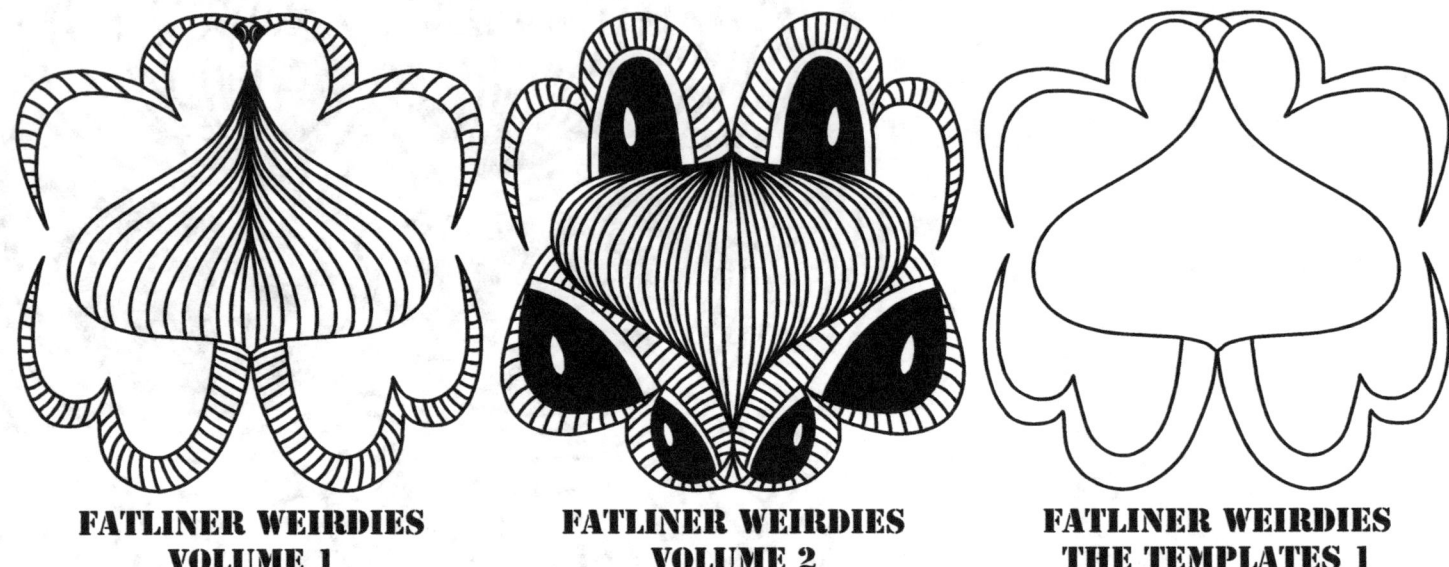

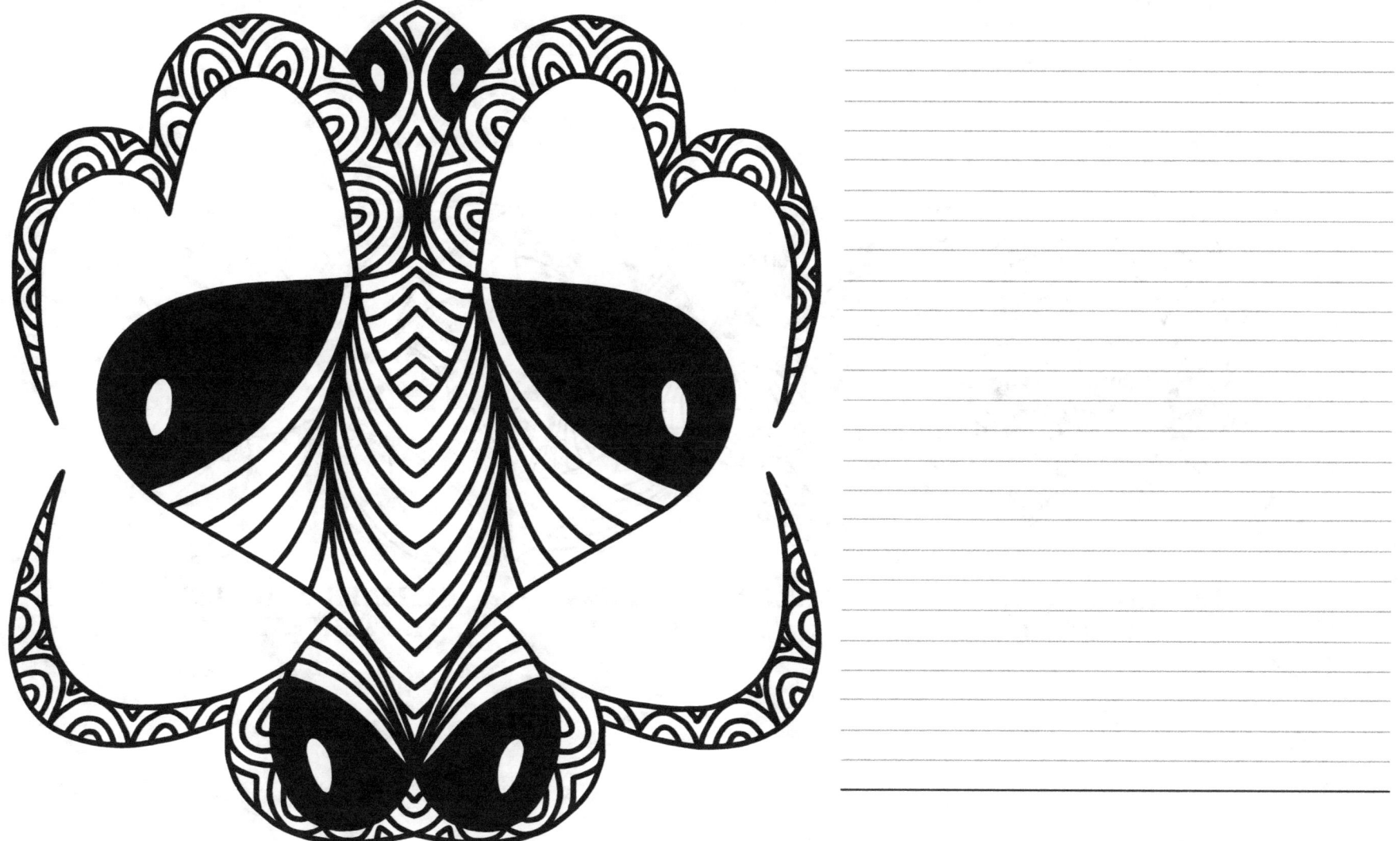

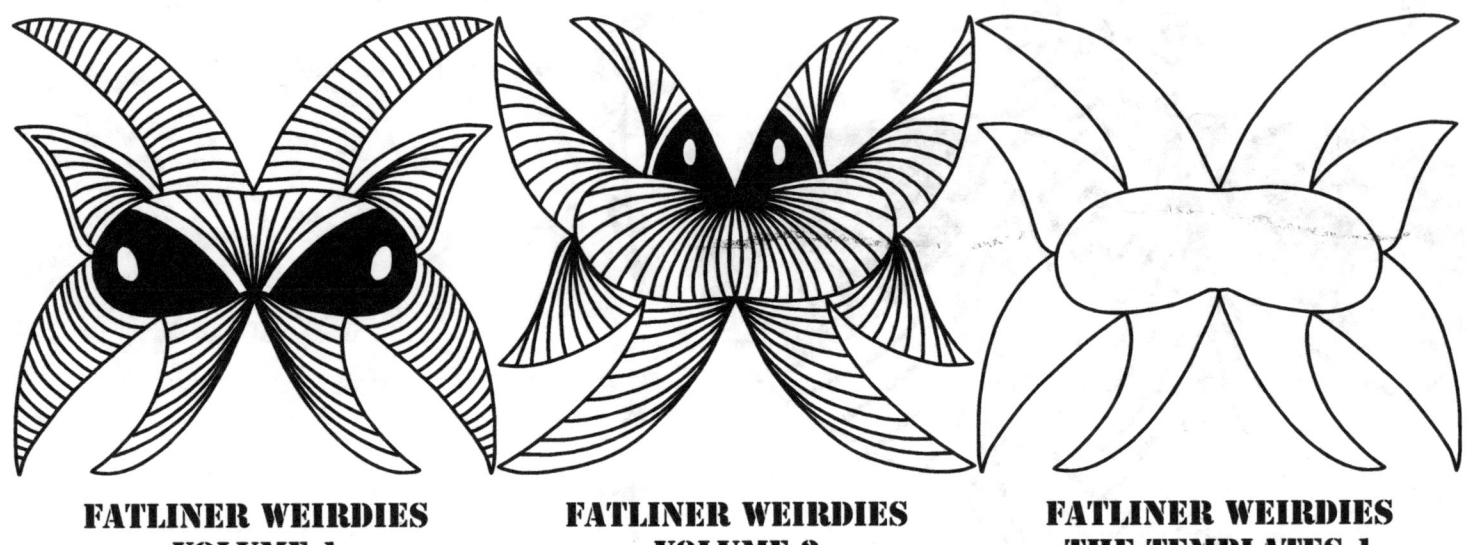

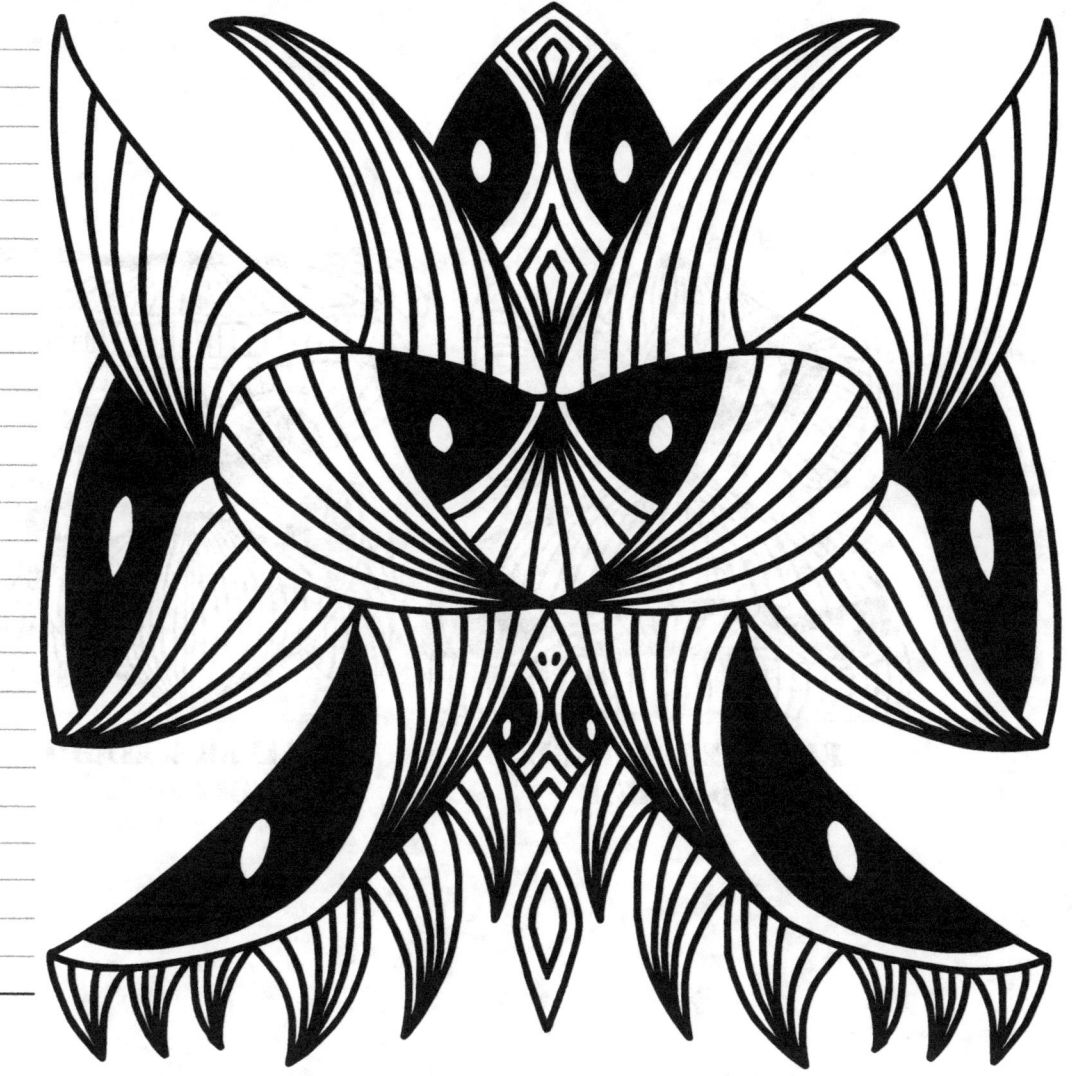

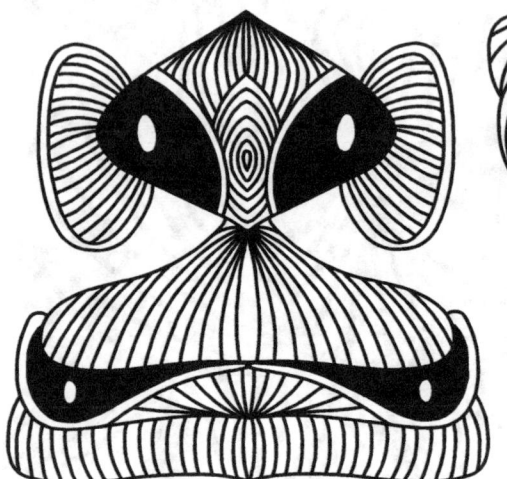
FATLINER WEIRDIES VOLUME 1

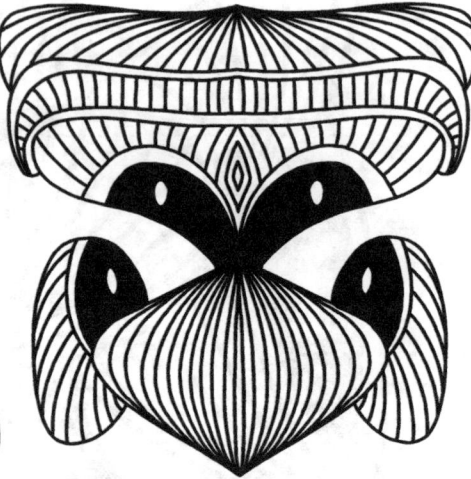
FATLINER WEIRDIES VOLUME 2

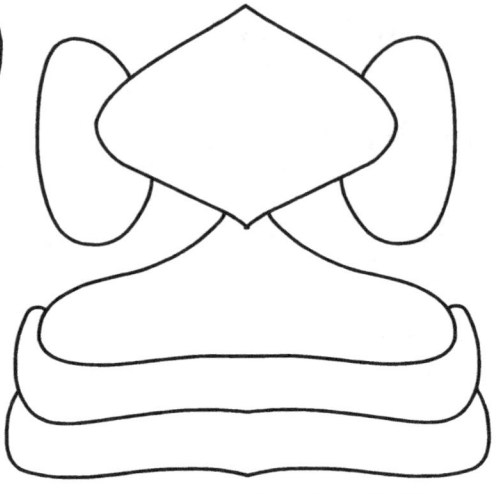
FATLINER WEIRDIES THE TEMPLATES 1

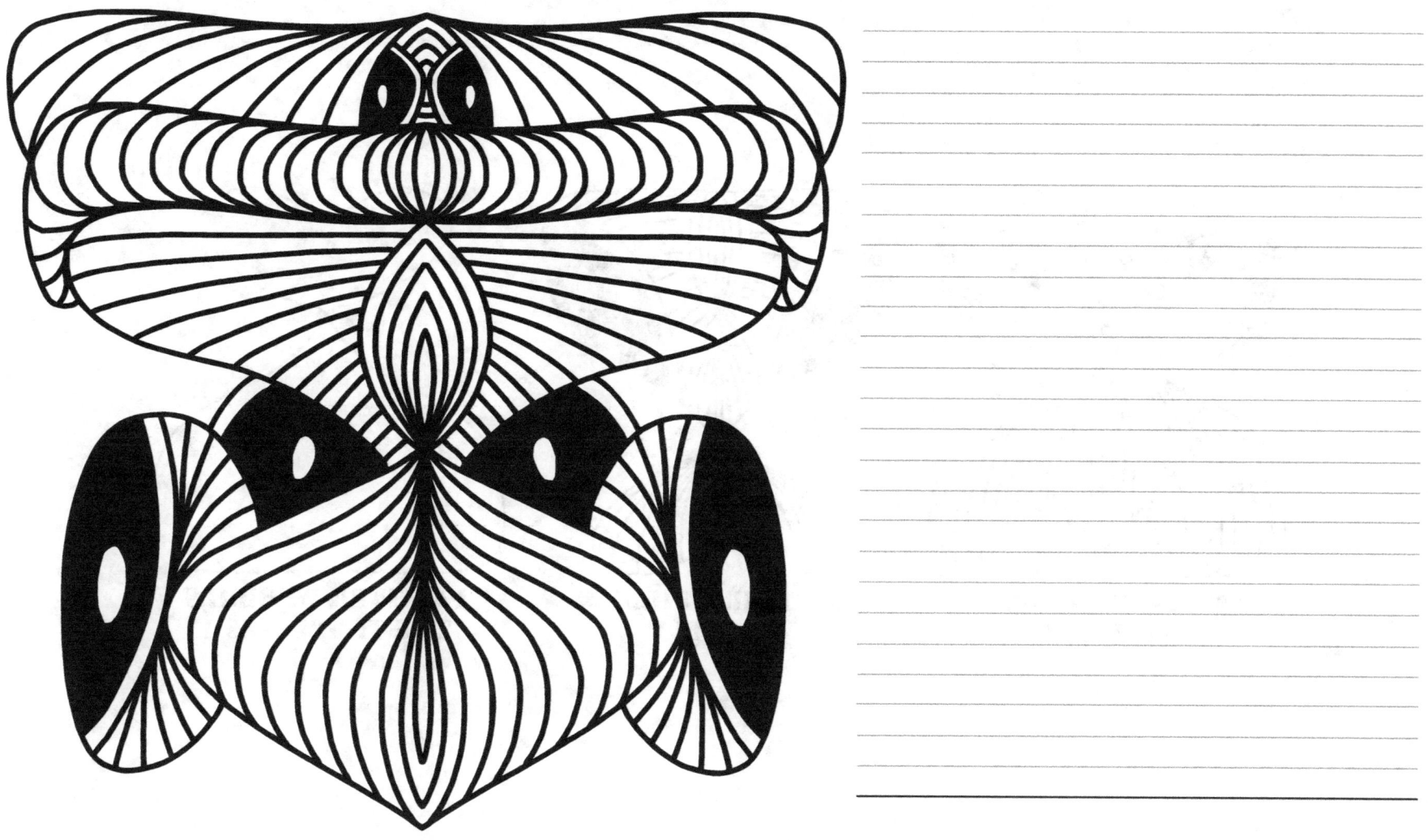

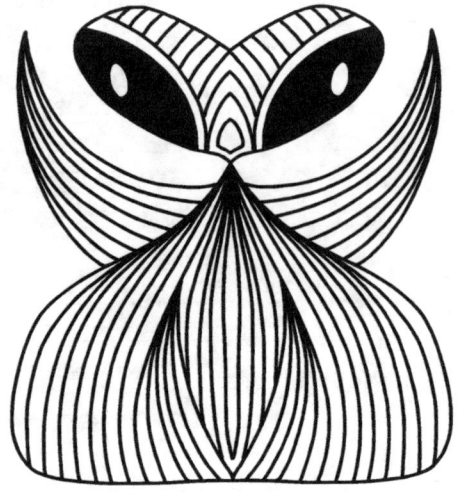

FATLINER WEIRDIES VOLUME 1

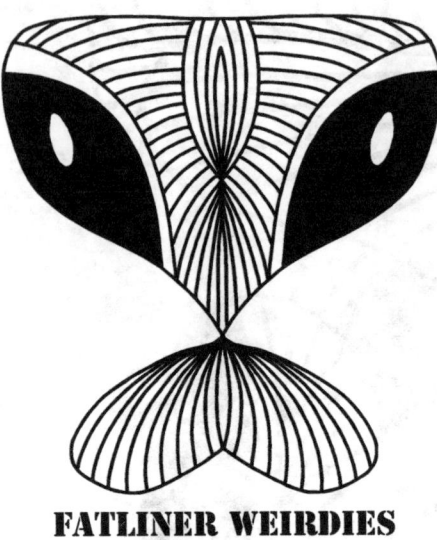

FATLINER WEIRDIES VOLUME 2

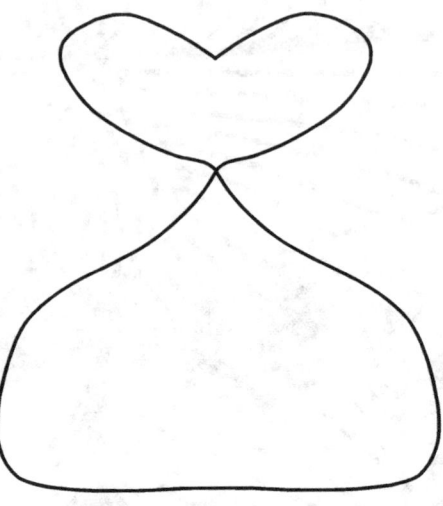

FATLINER WEIRDIES THE TEMPLATES 1

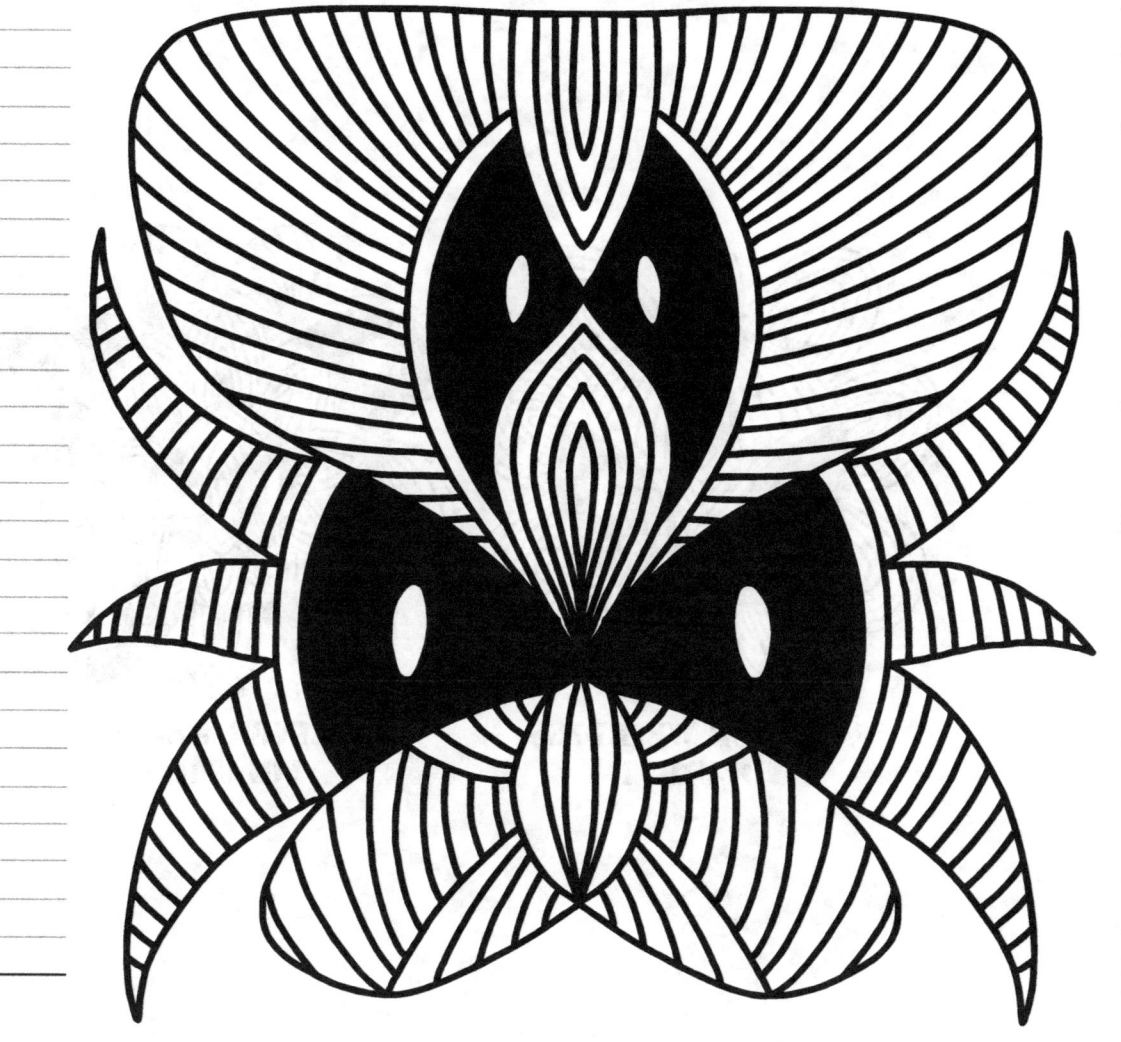

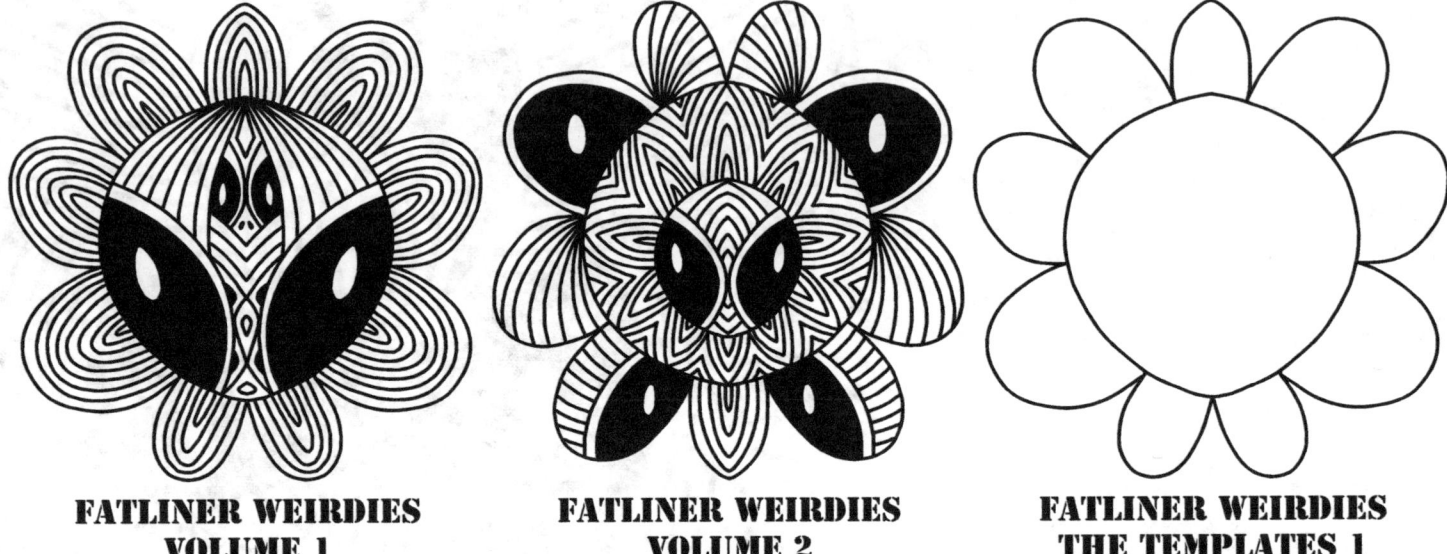

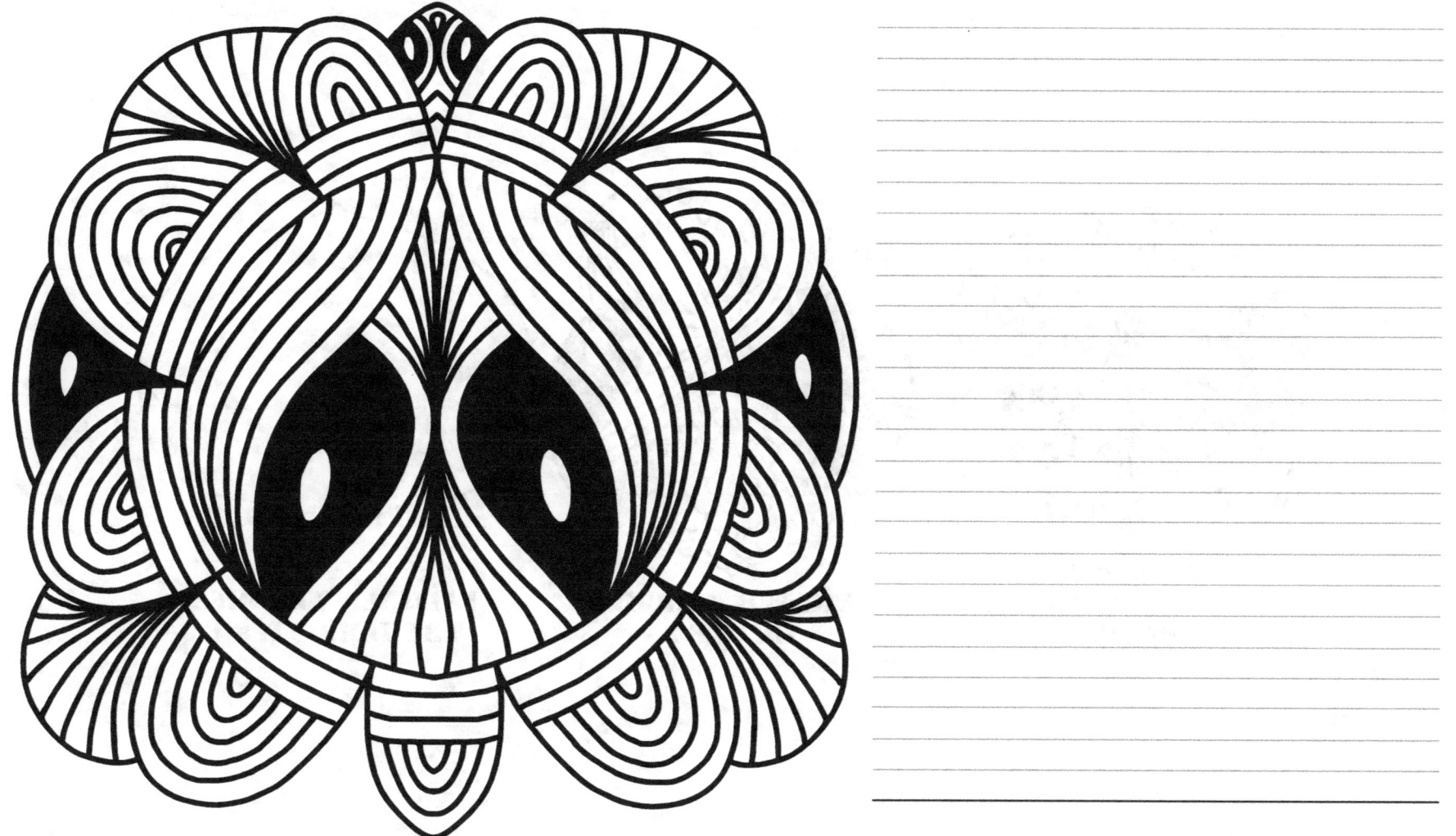

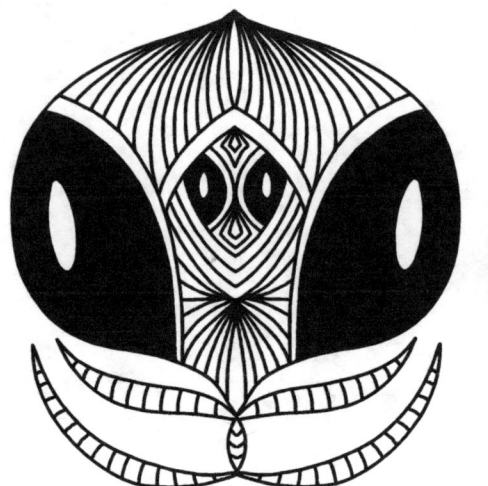

FATLINER WEIRDIES VOLUME 1

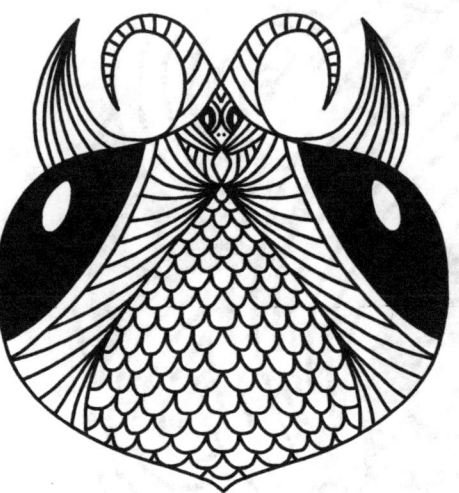

FATLINER WEIRDIES VOLUME 2

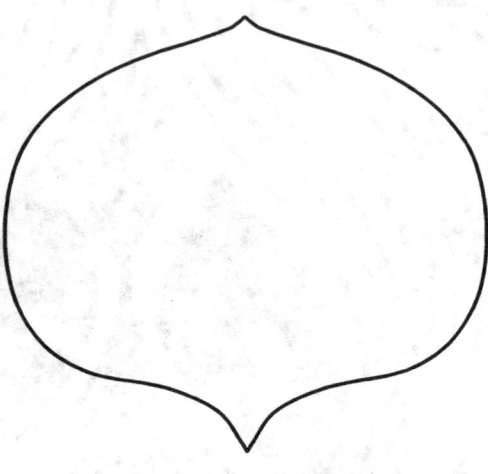

FATLINER WEIRDIES THE TEMPLATES 1

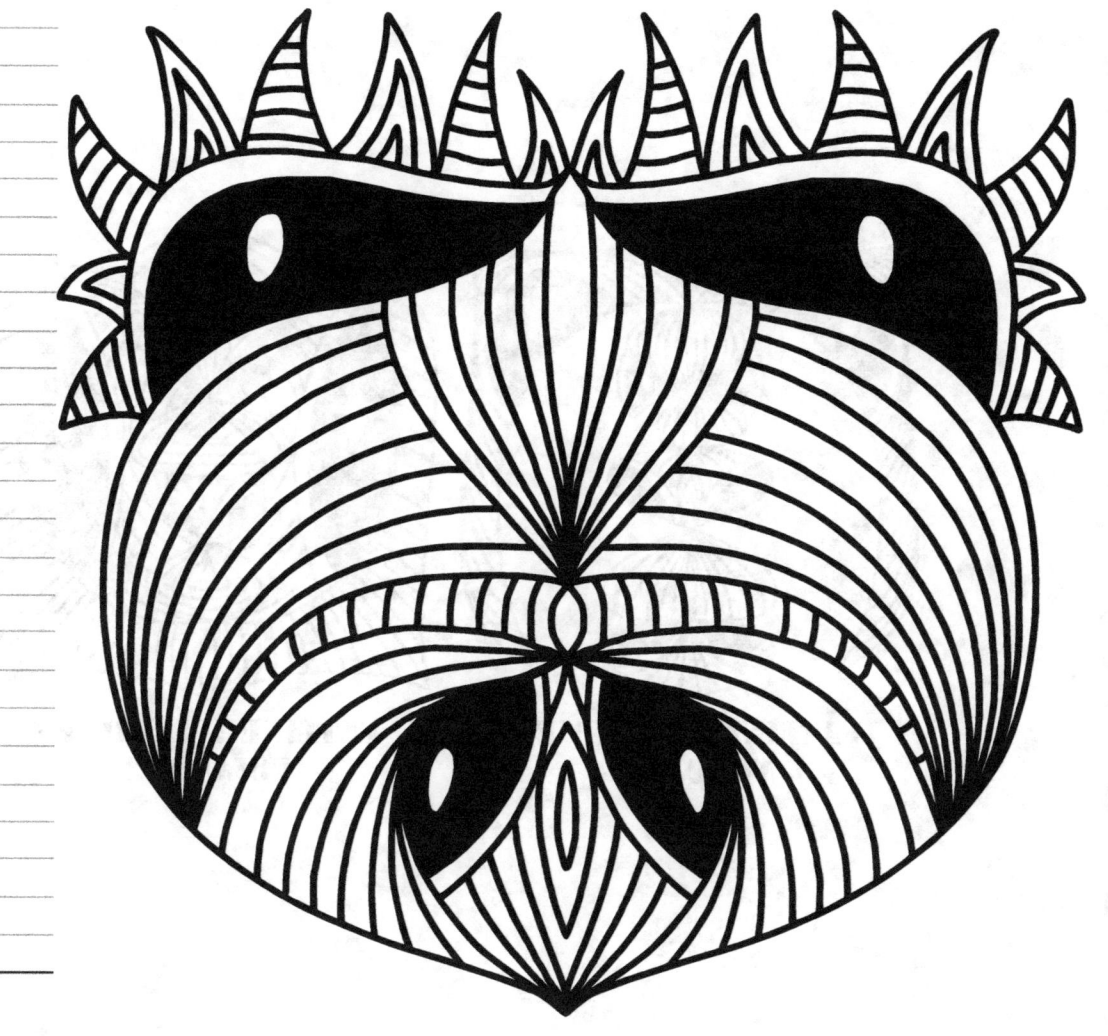

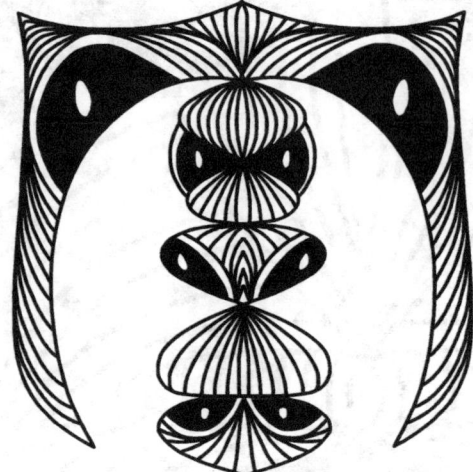
FATLINER WEIRDIES VOLUME 1

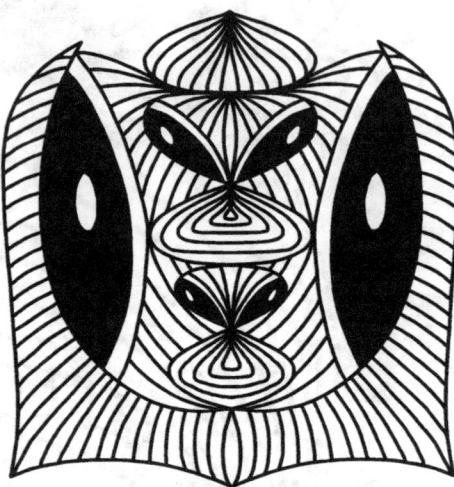
FATLINER WEIRDIES VOLUME 2

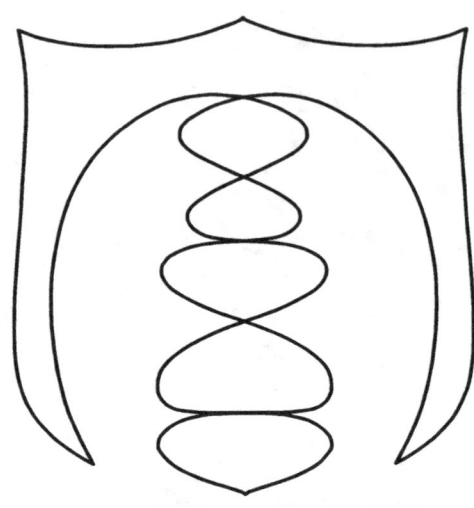
FATLINER WEIRDIES THE TEMPLATES 1

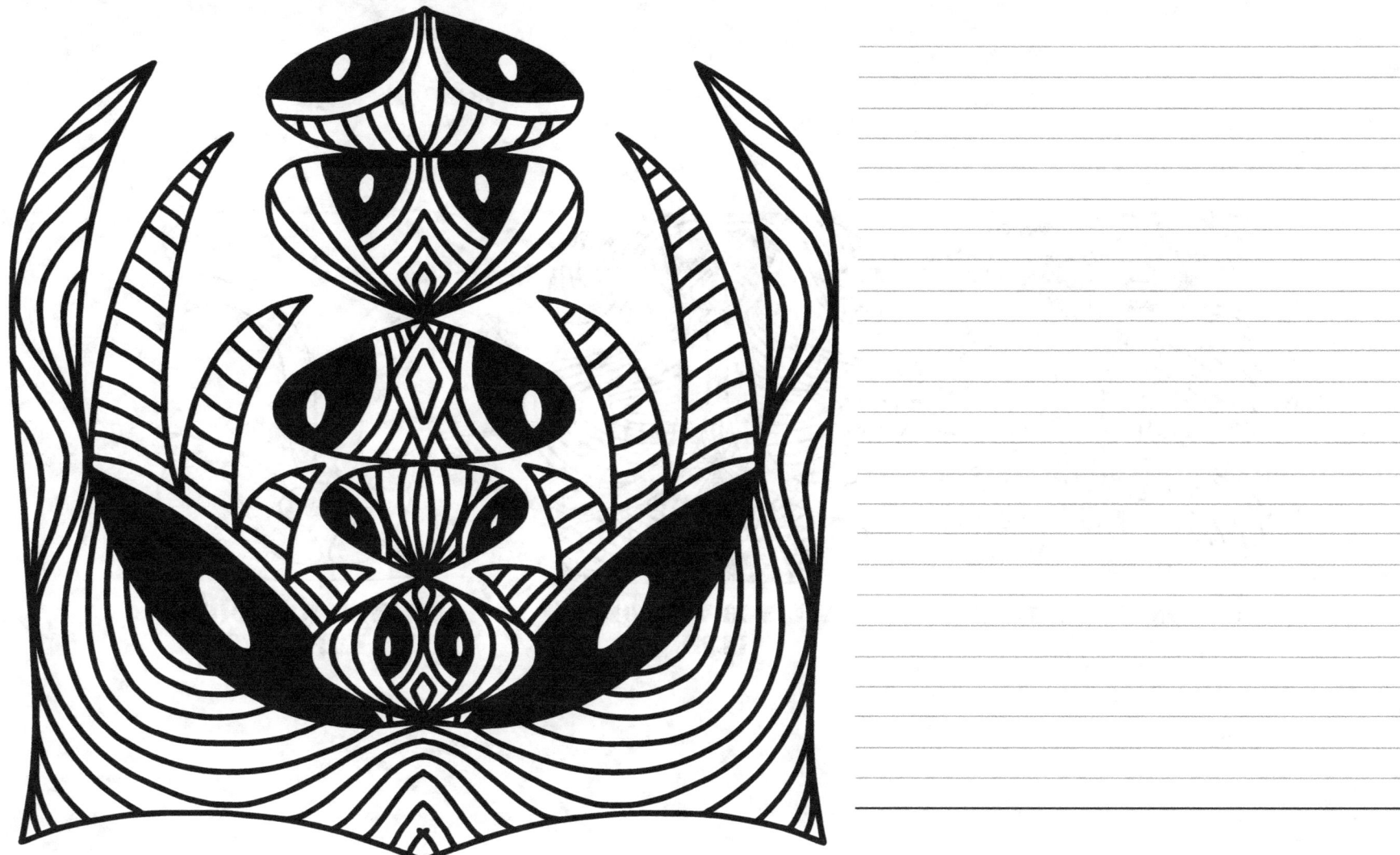

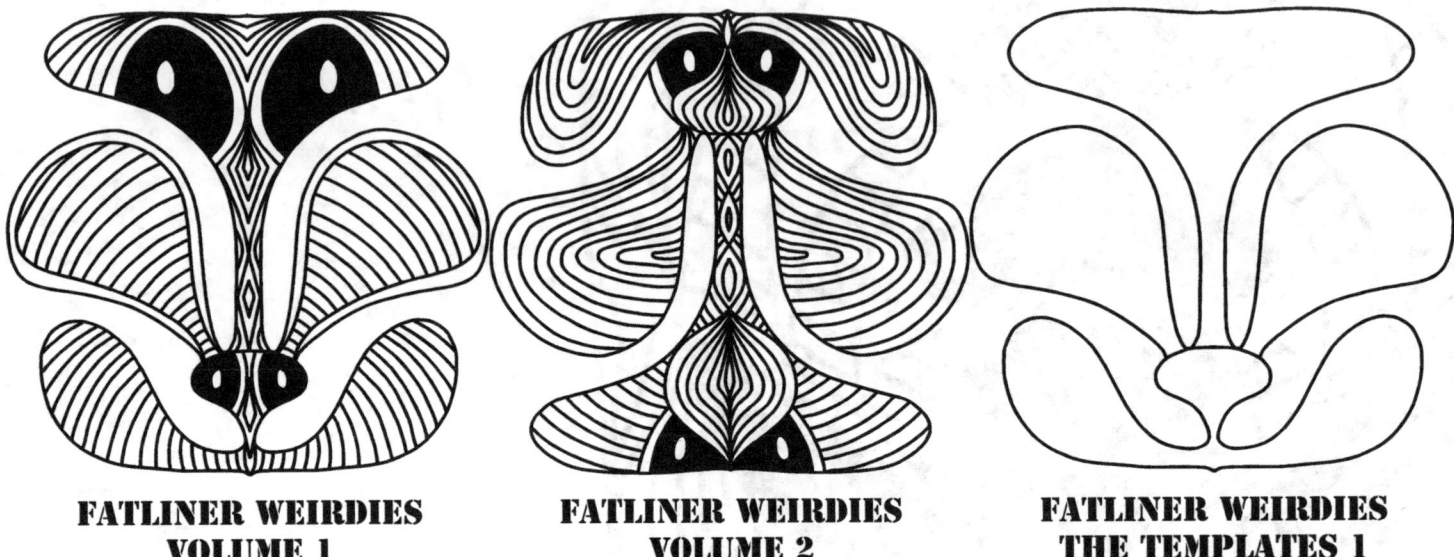

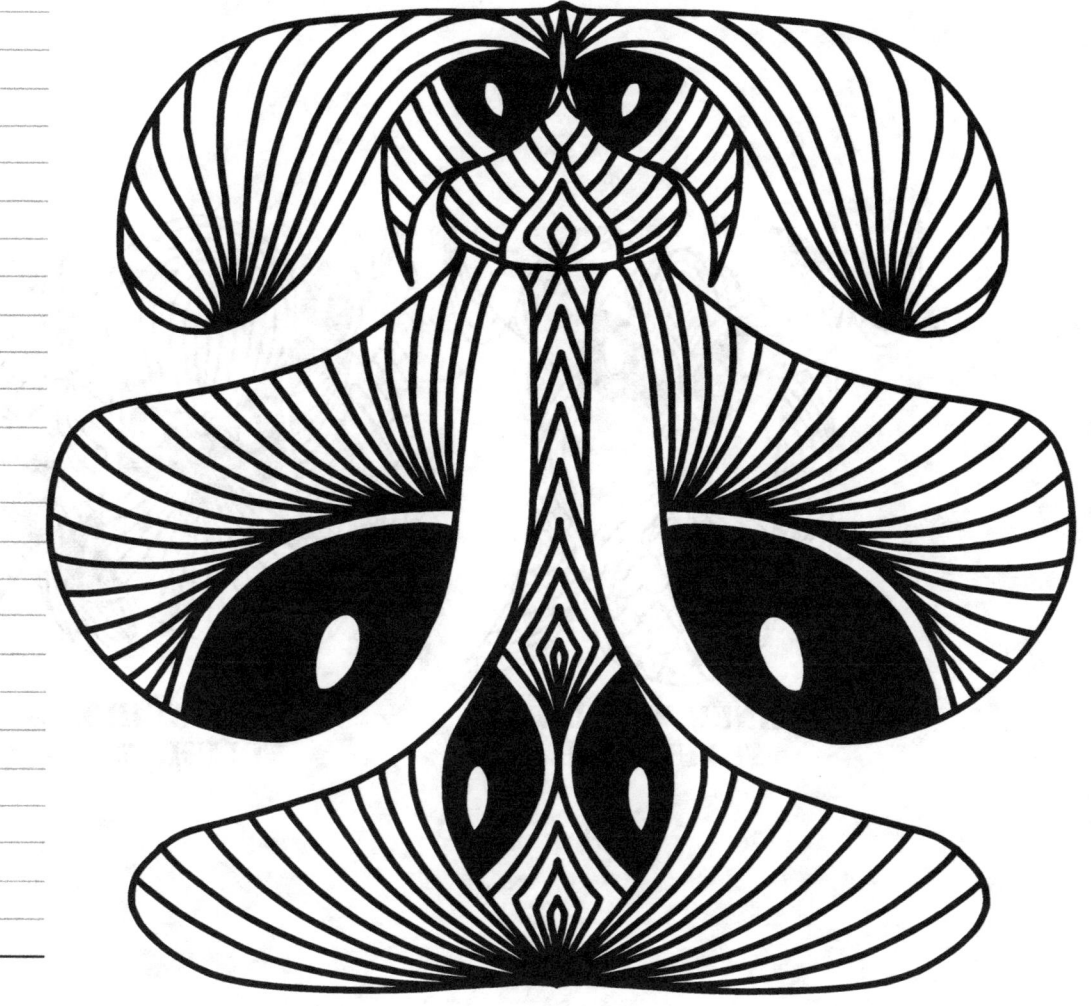

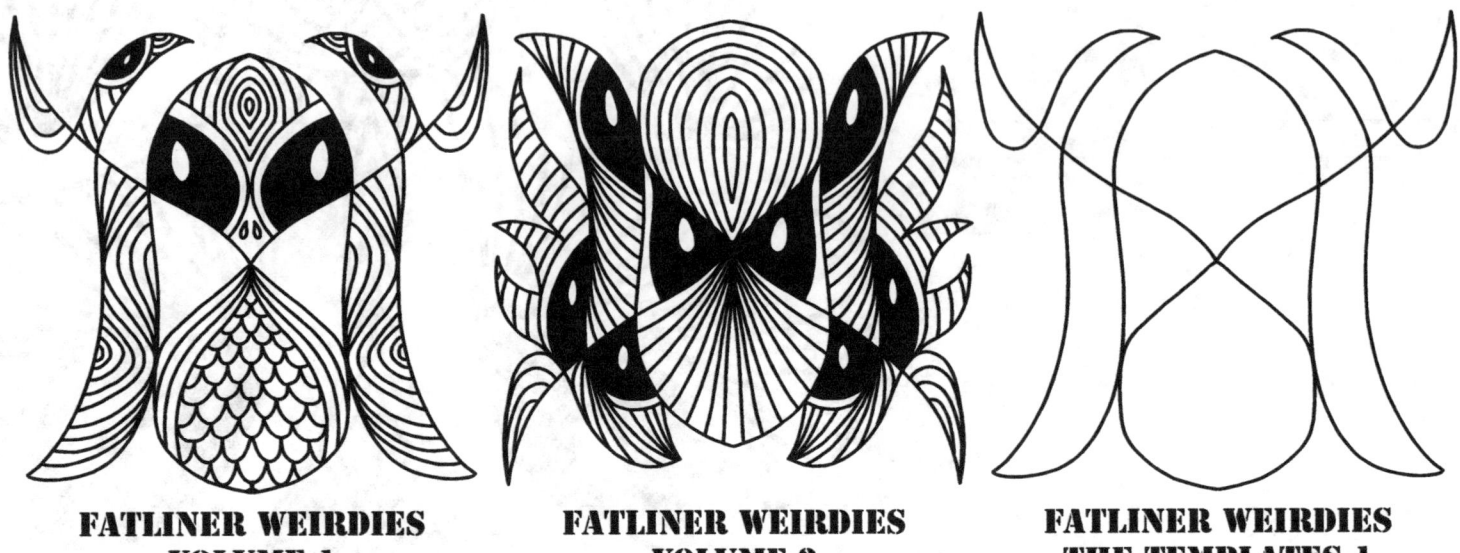

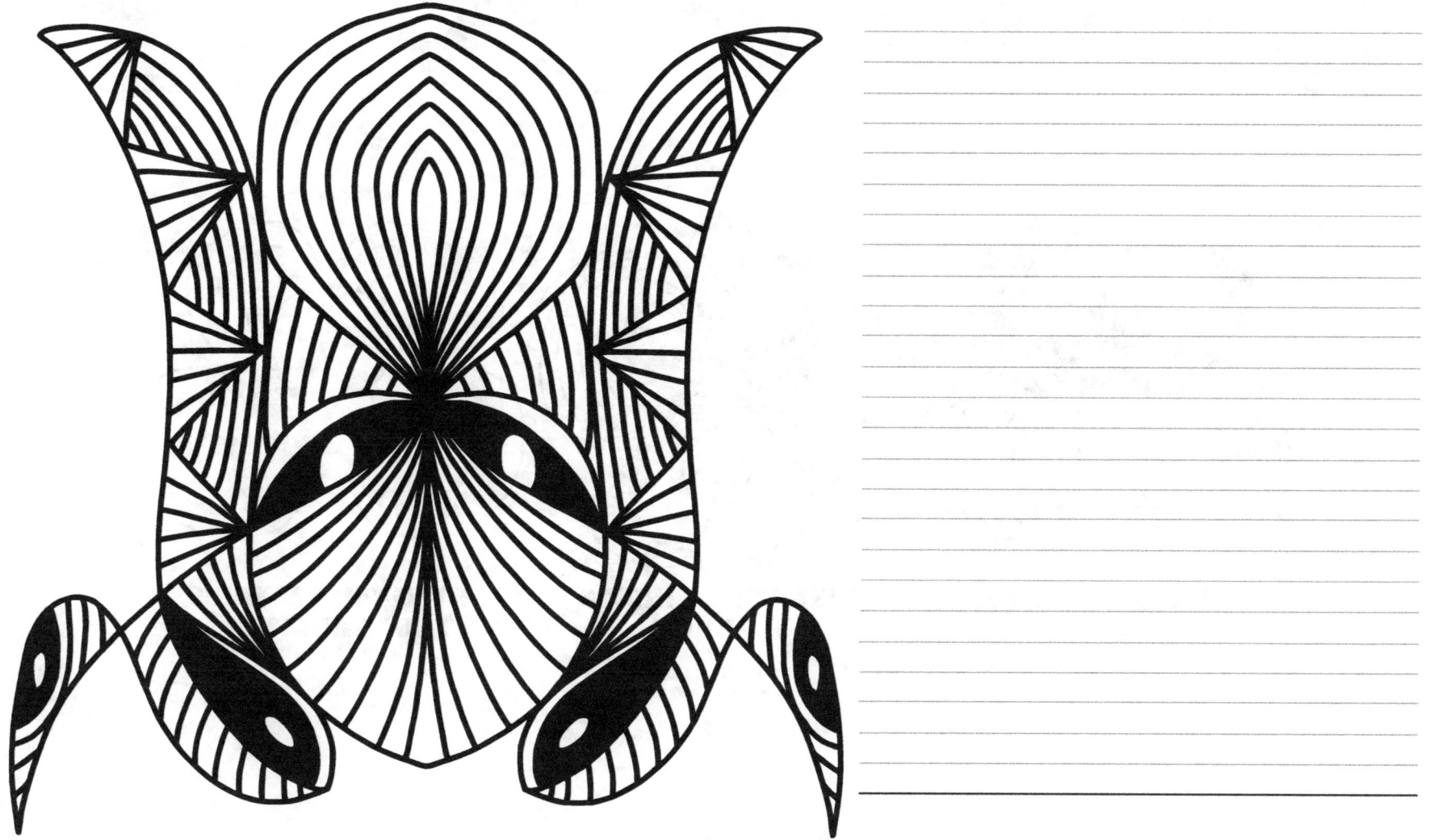

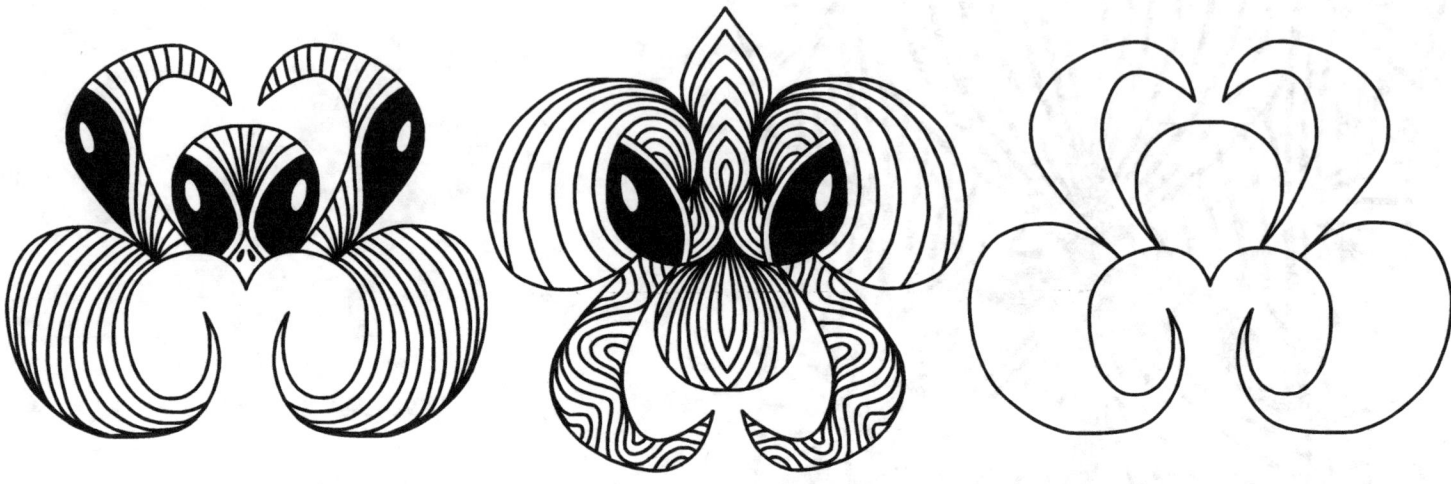

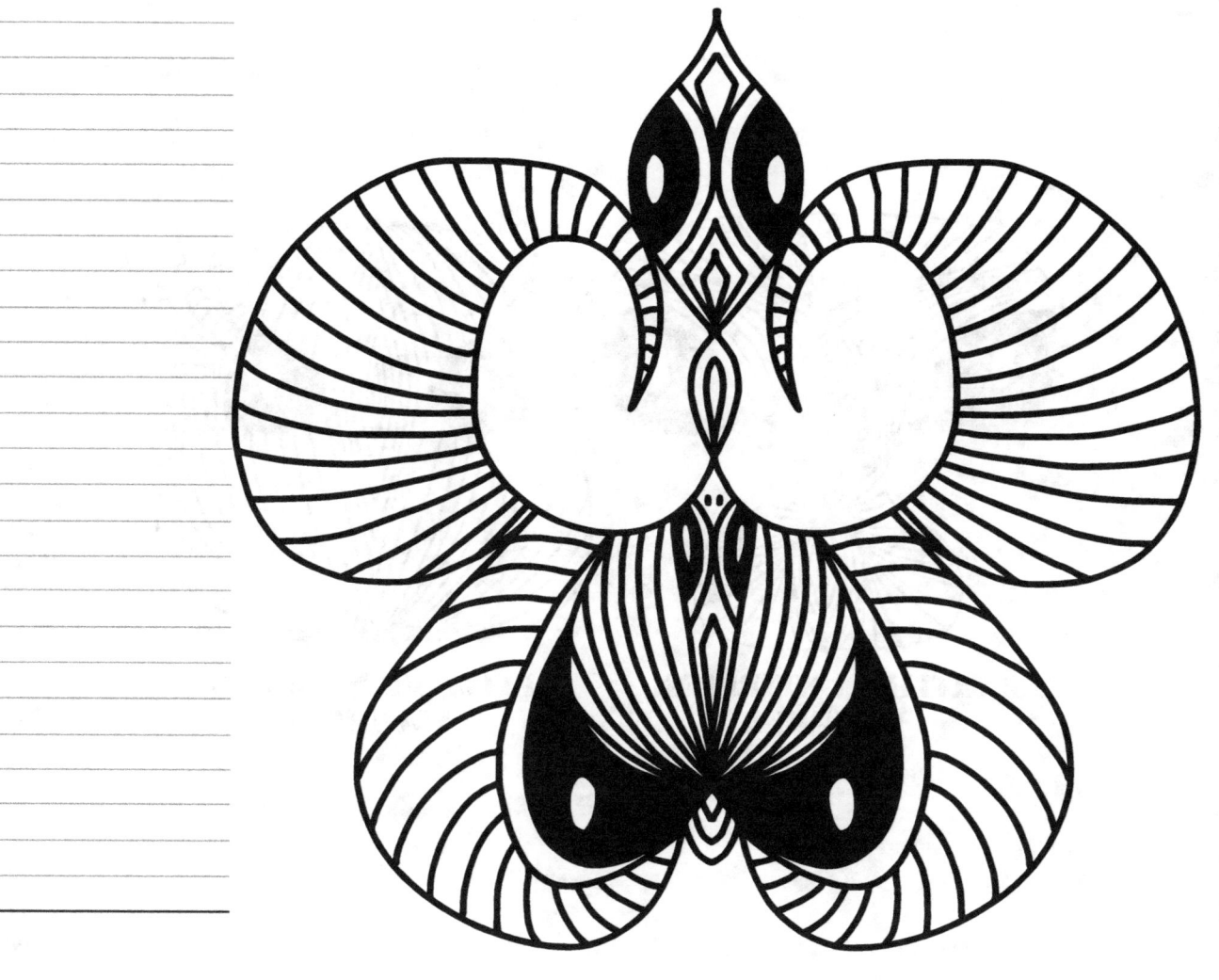

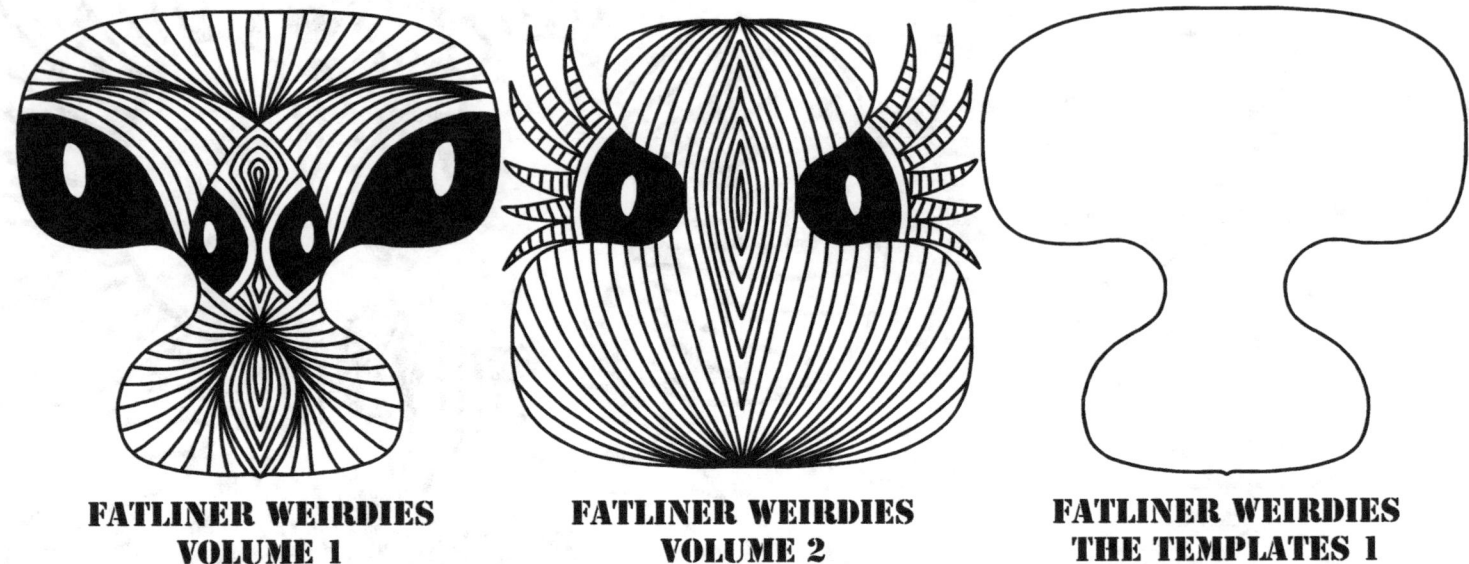

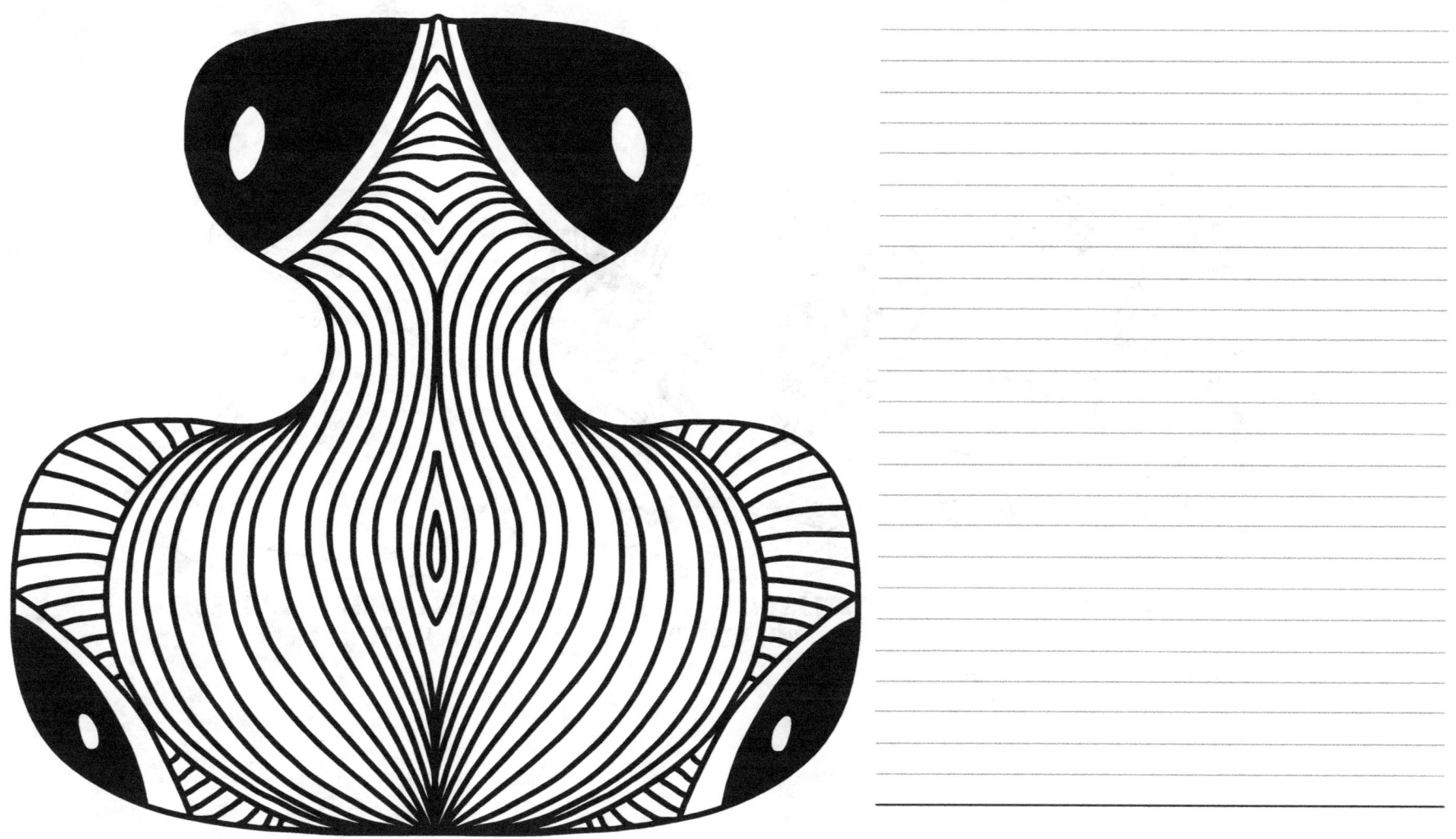

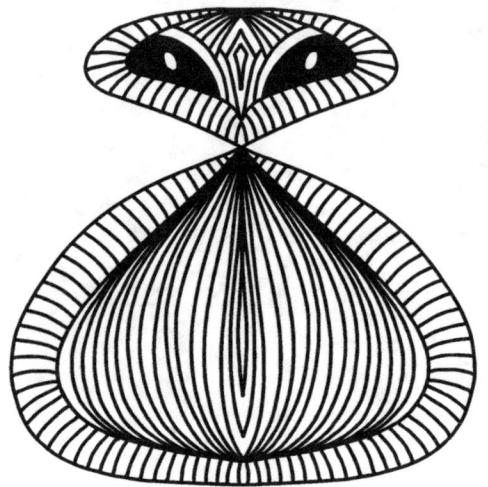

FATLINER WEIRDIES VOLUME 1

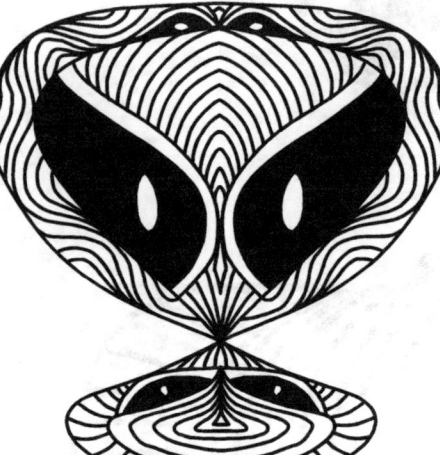

FATLINER WEIRDIES VOLUME 2

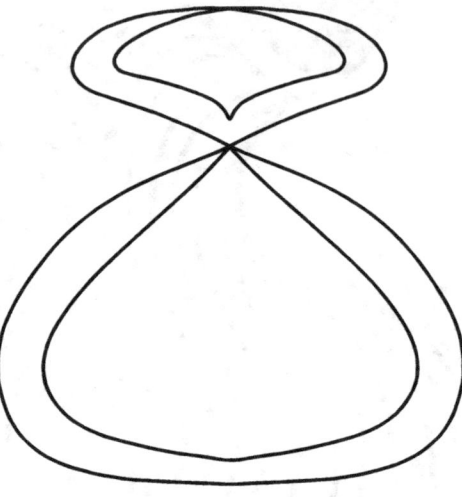

FATLINER WEIRDIES THE TEMPLATES 1

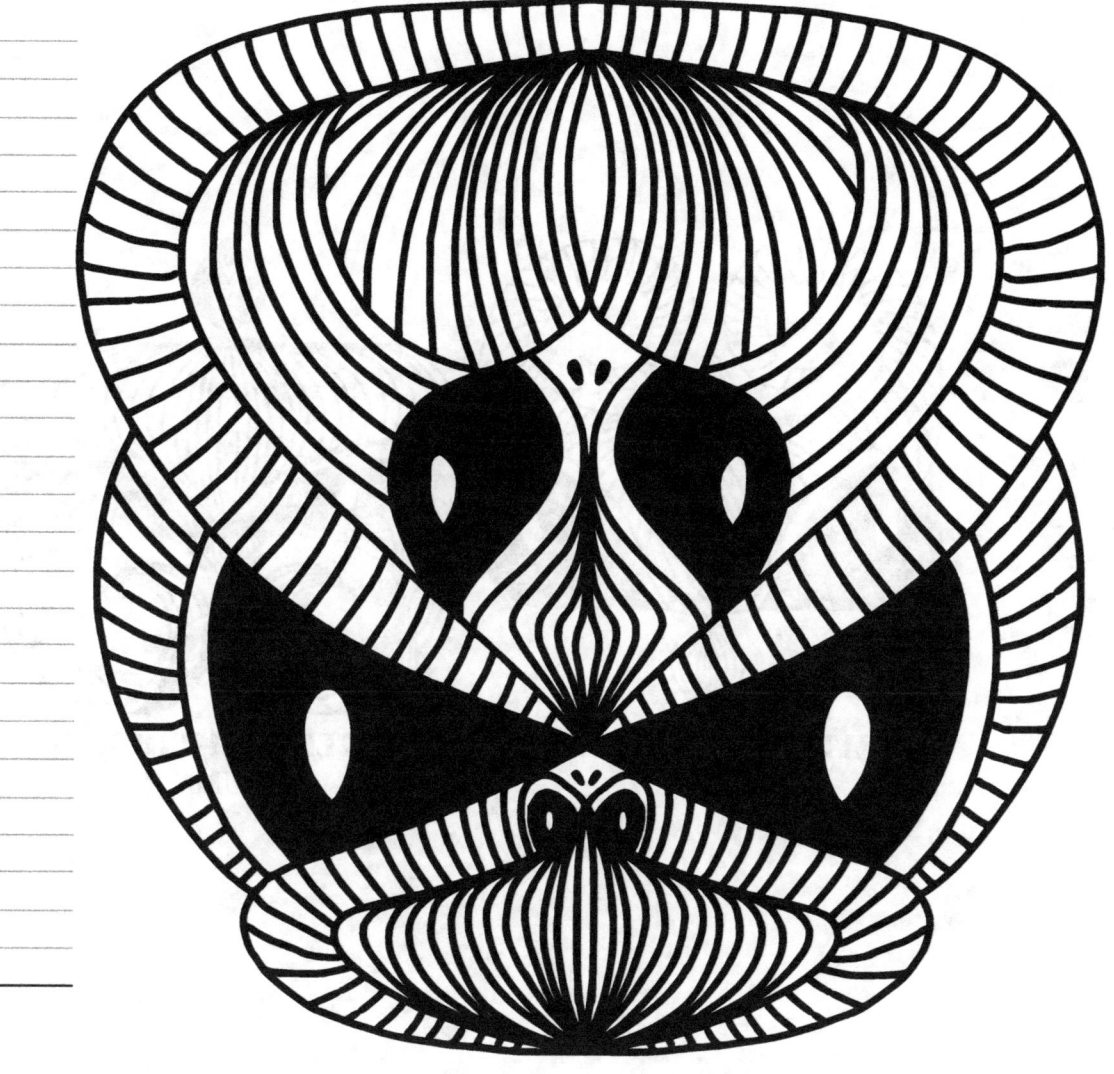

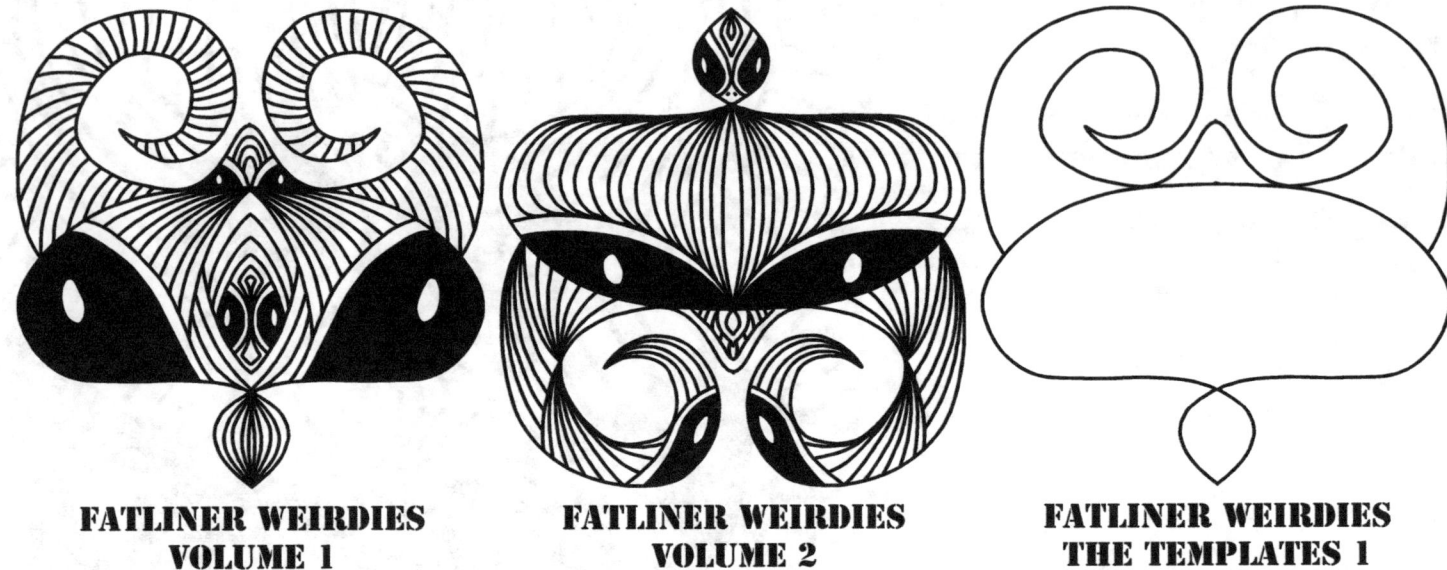

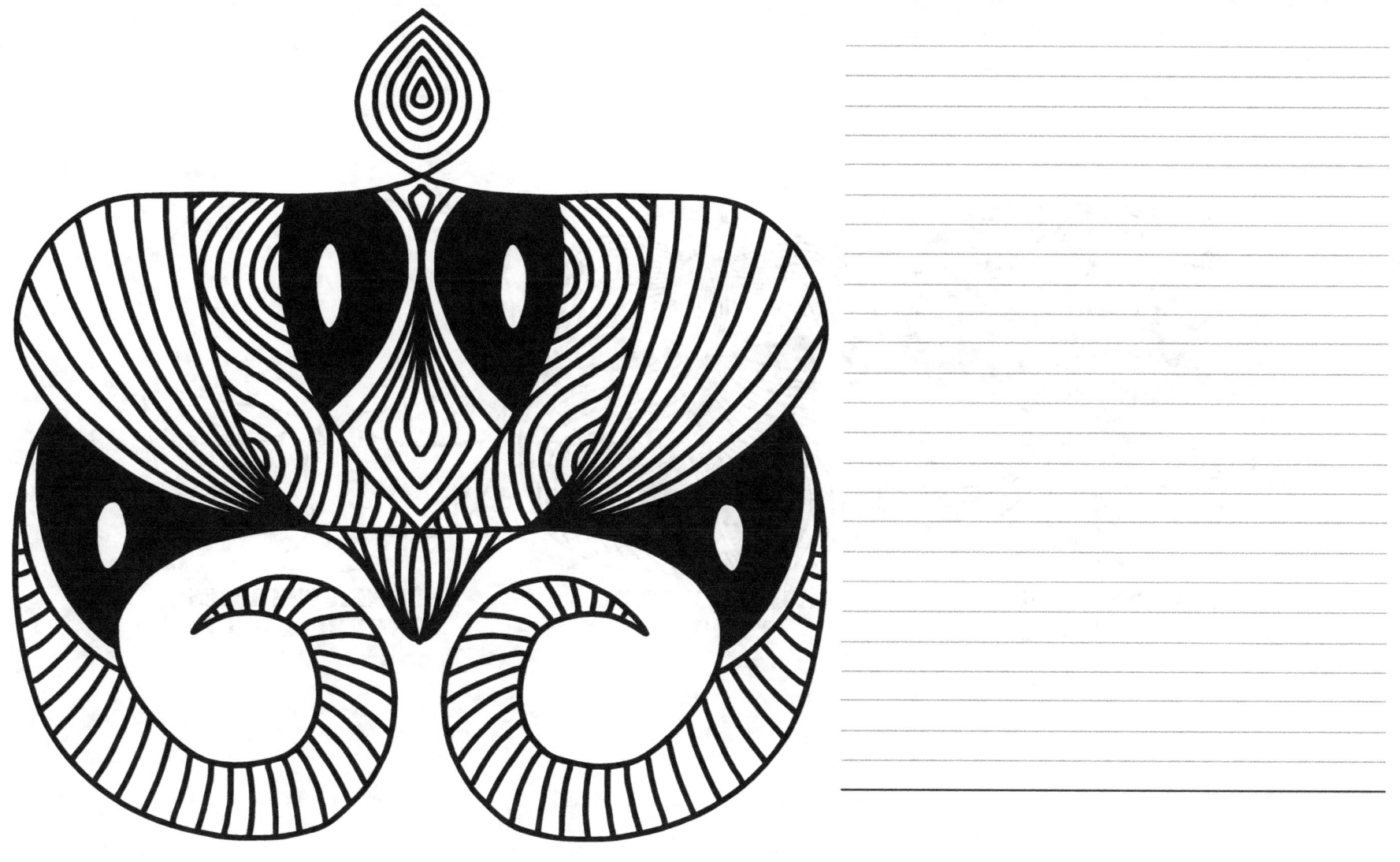

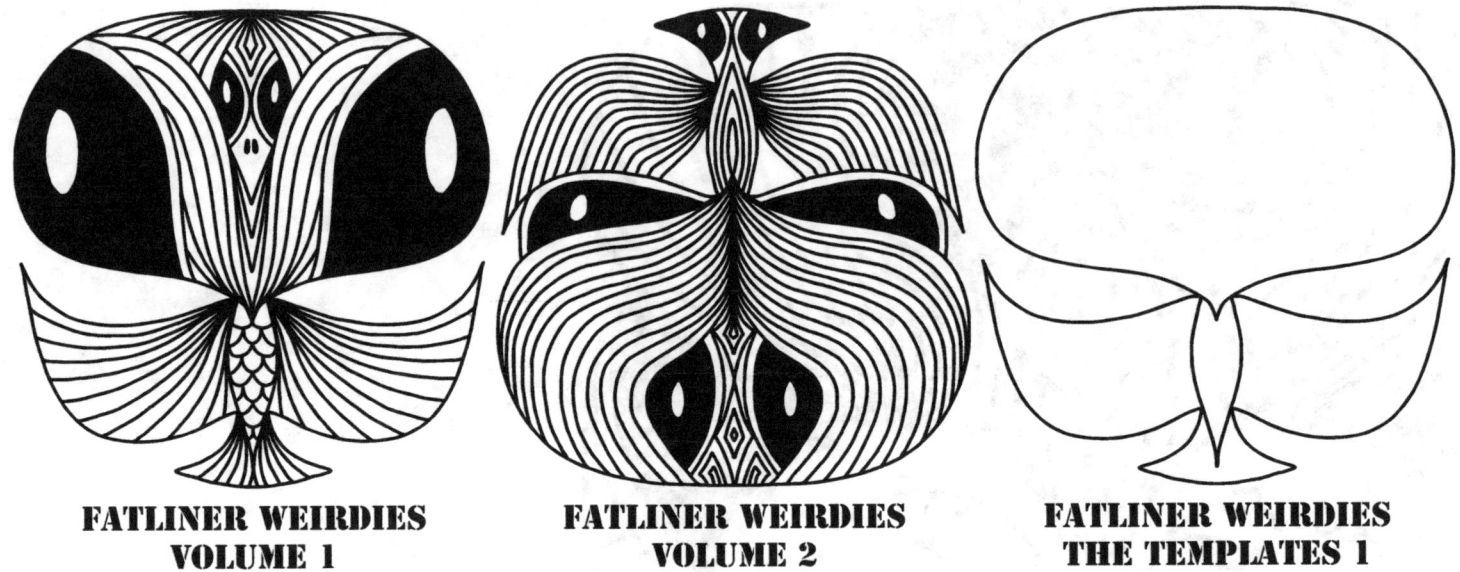

FATLINER WEIRDIES VOLUME 1   **FATLINER WEIRDIES VOLUME 2**   **FATLINER WEIRDIES THE TEMPLATES 1**

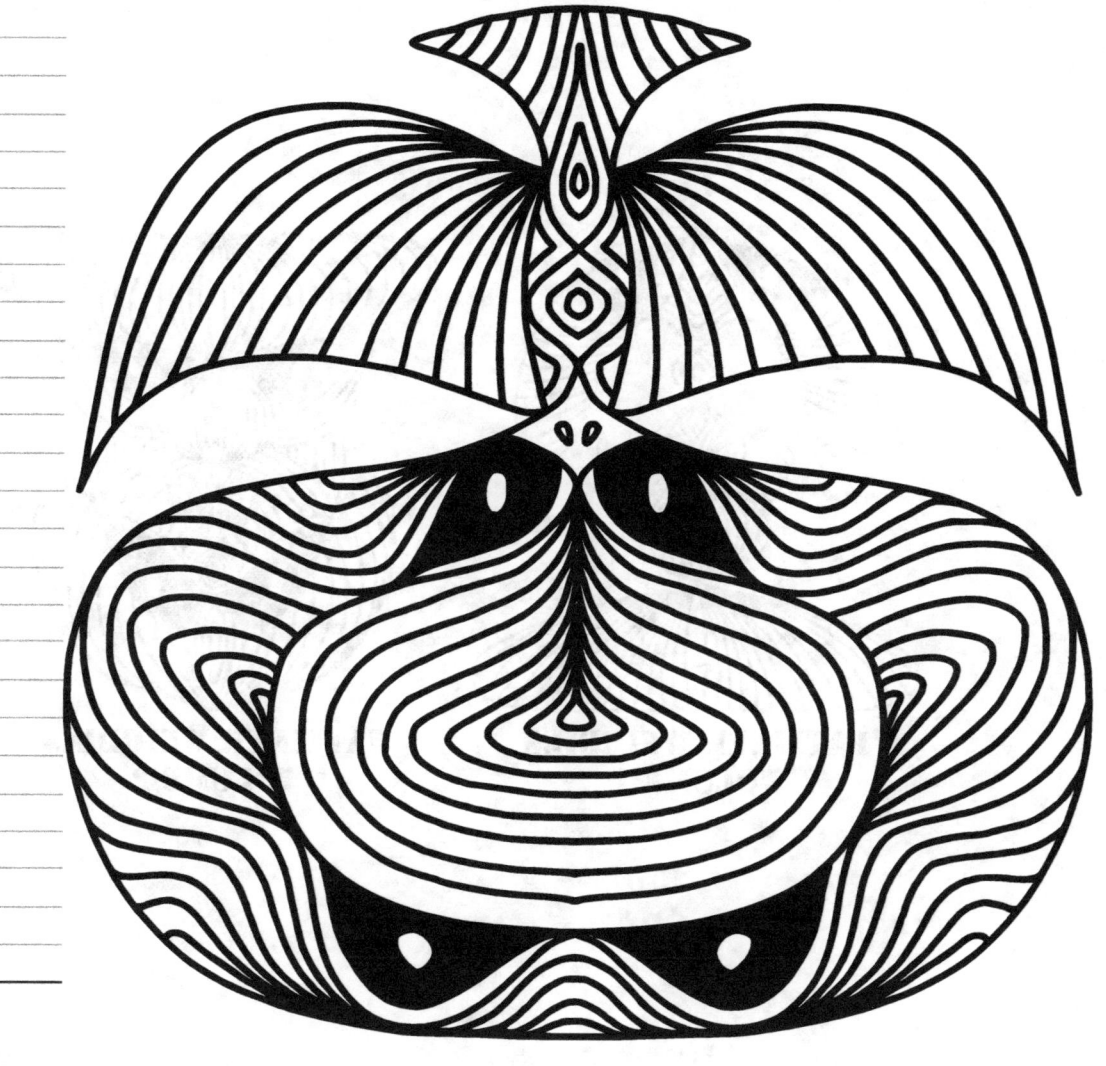

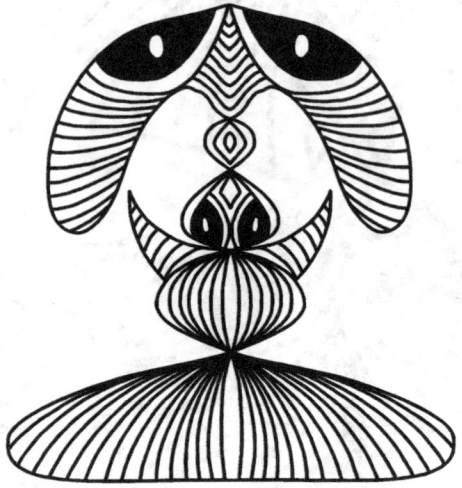

FATLINER WEIRDIES VOLUME 1

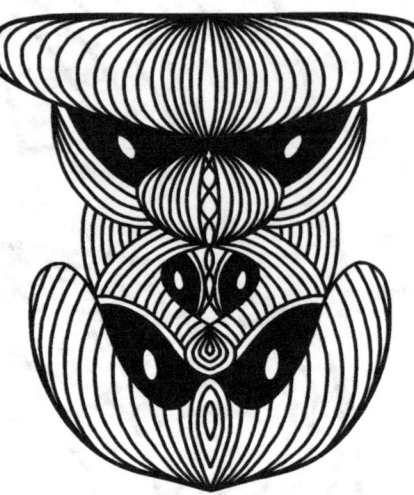

FATLINER WEIRDIES VOLUME 2

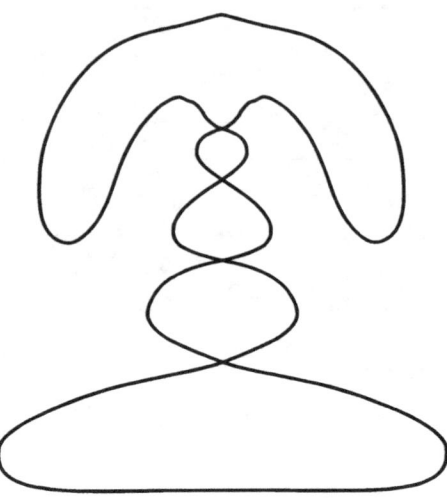

FATLINER WEIRDIES THE TEMPLATES 1

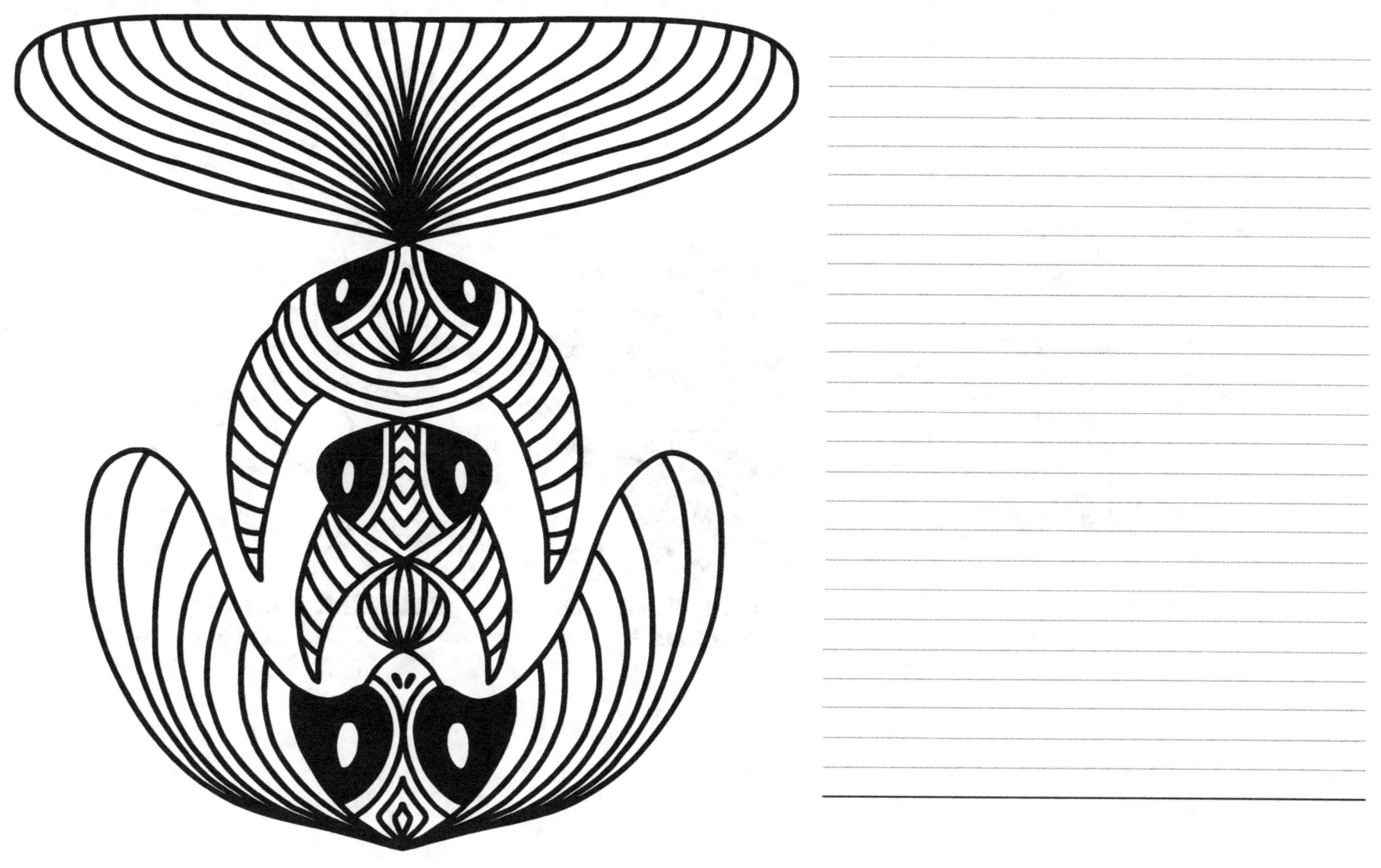

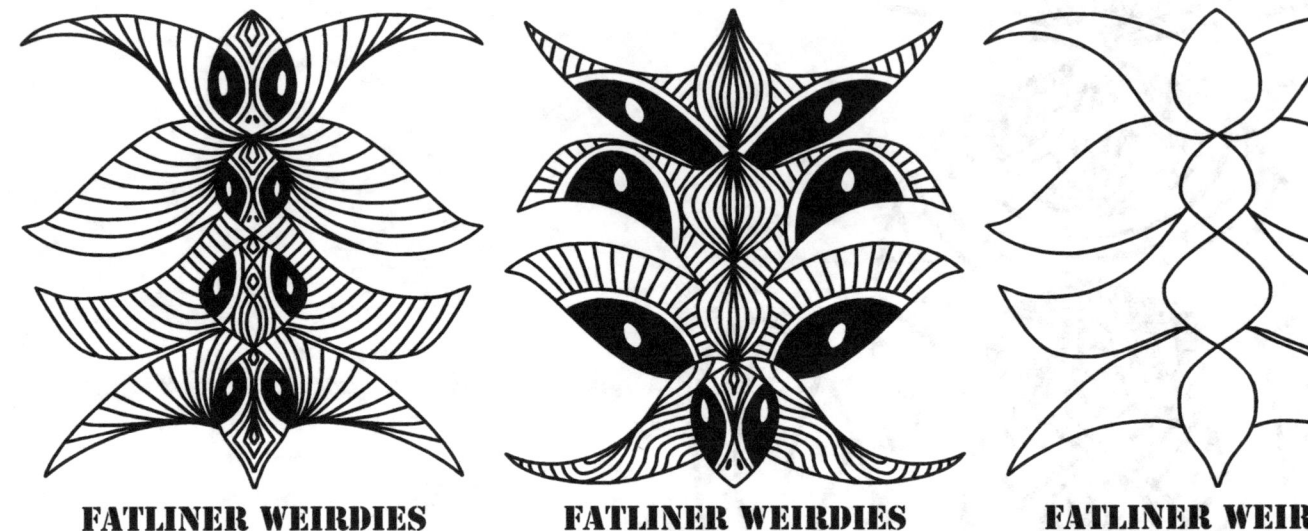

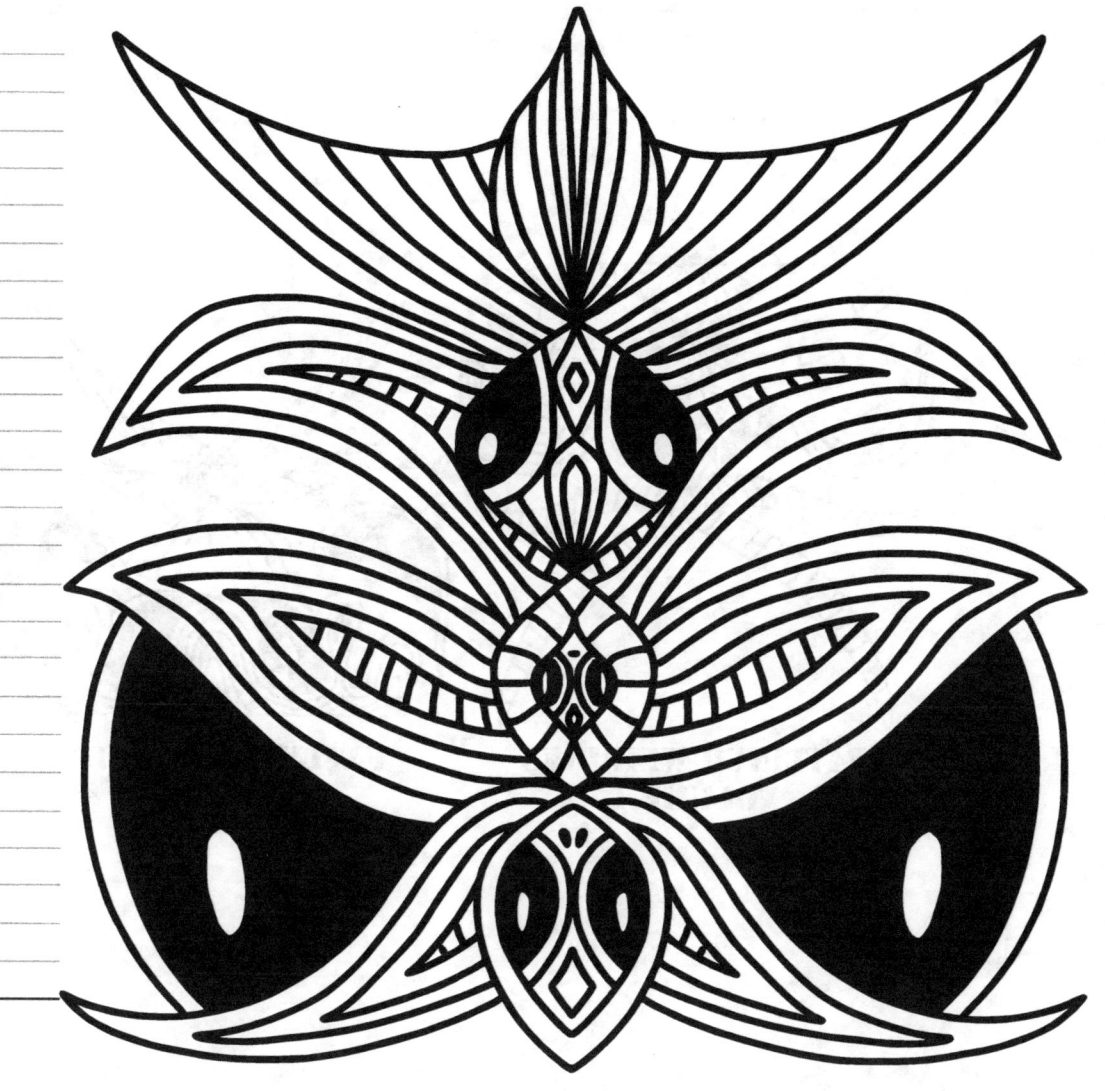

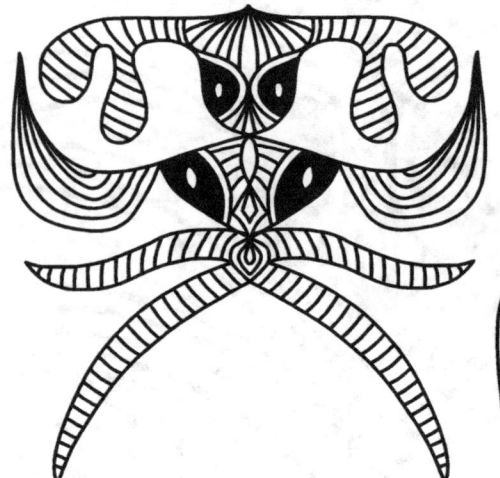

FATLINER WEIRDIES VOLUME 1

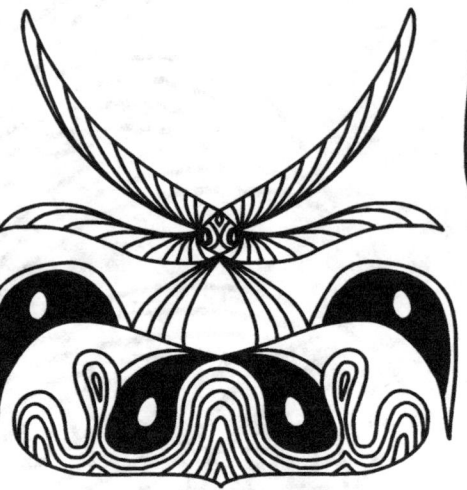

FATLINER WEIRDIES VOLUME 2

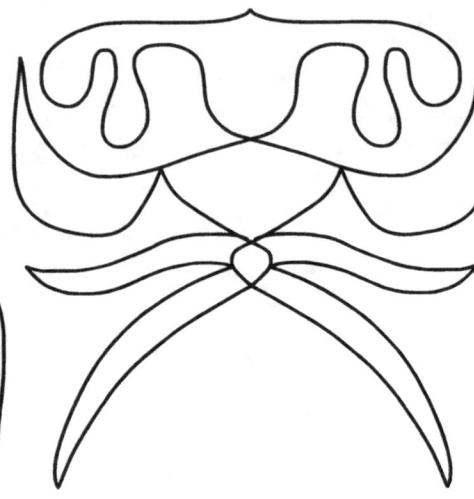

FATLINER WEIRDIES THE TEMPLATES 1

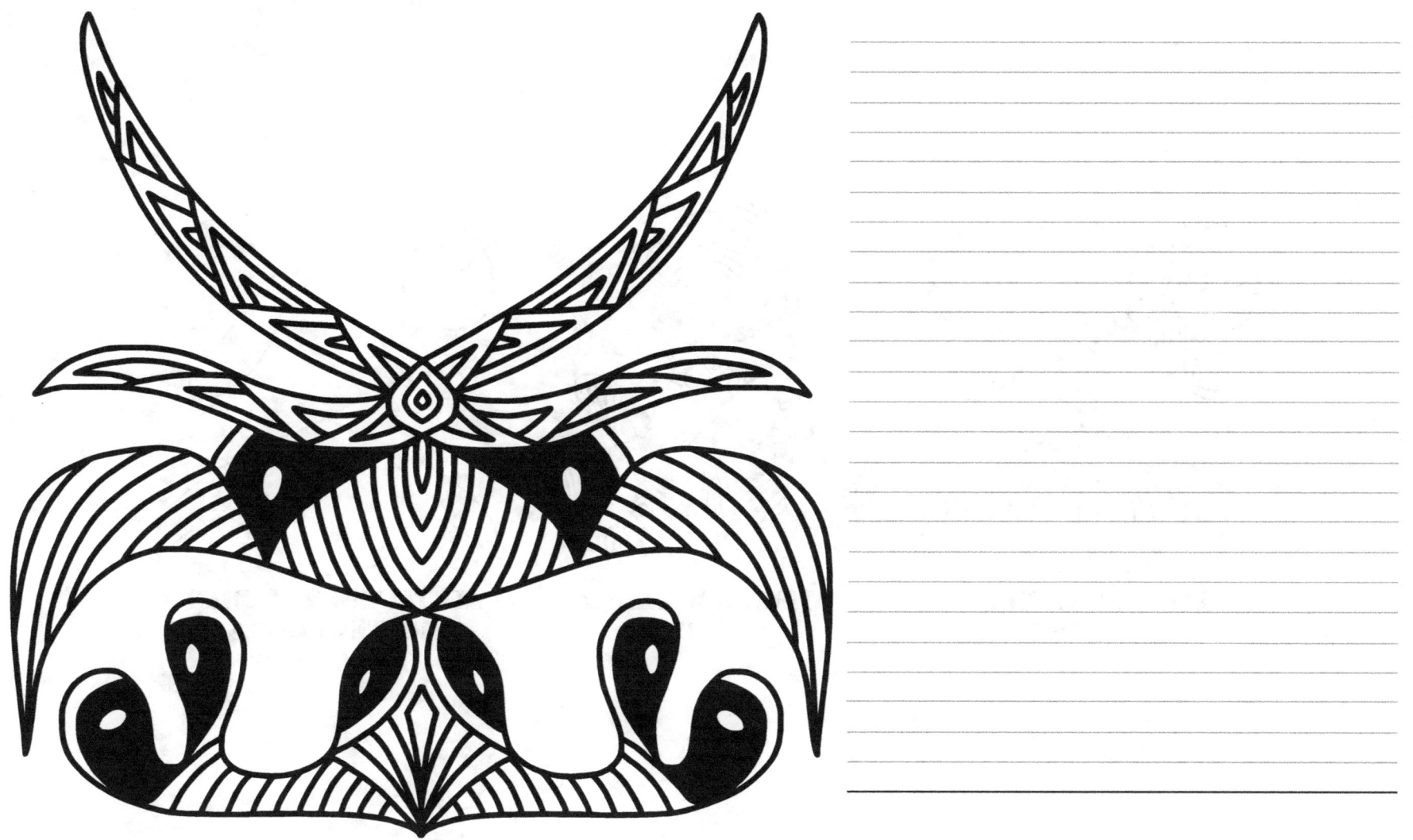

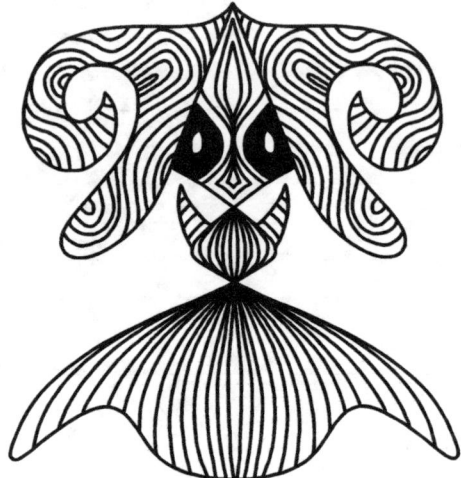 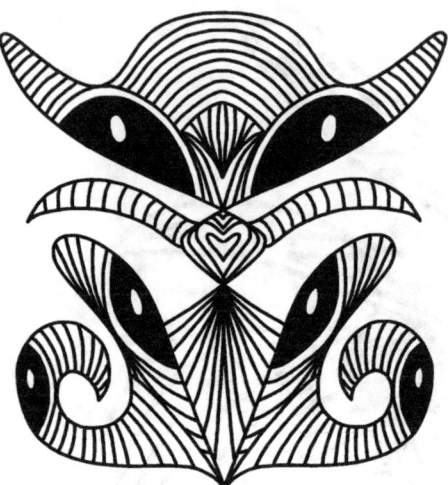 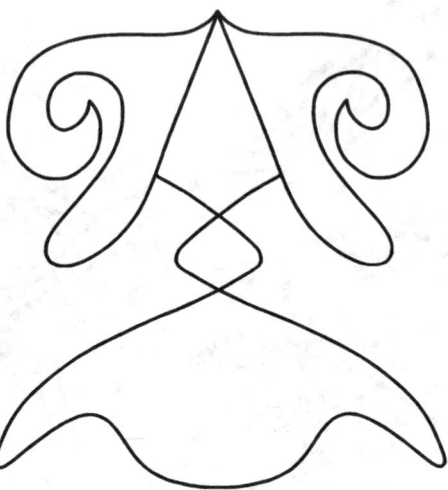

FATLINER WEIRDIES VOLUME 1 **FATLINER WEIRDIES VOLUME 2** **FATLINER WEIRDIES THE TEMPLATES 1**

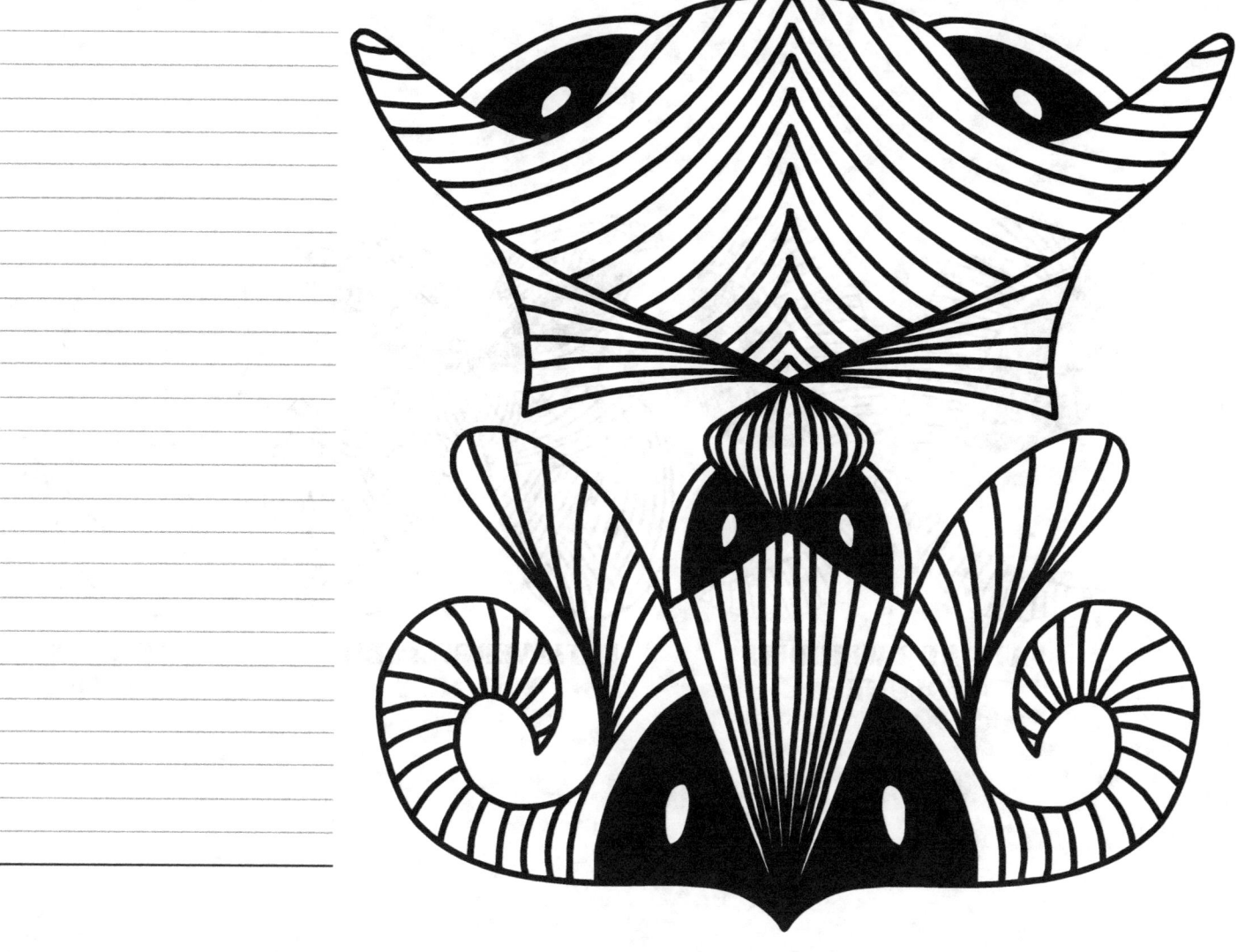

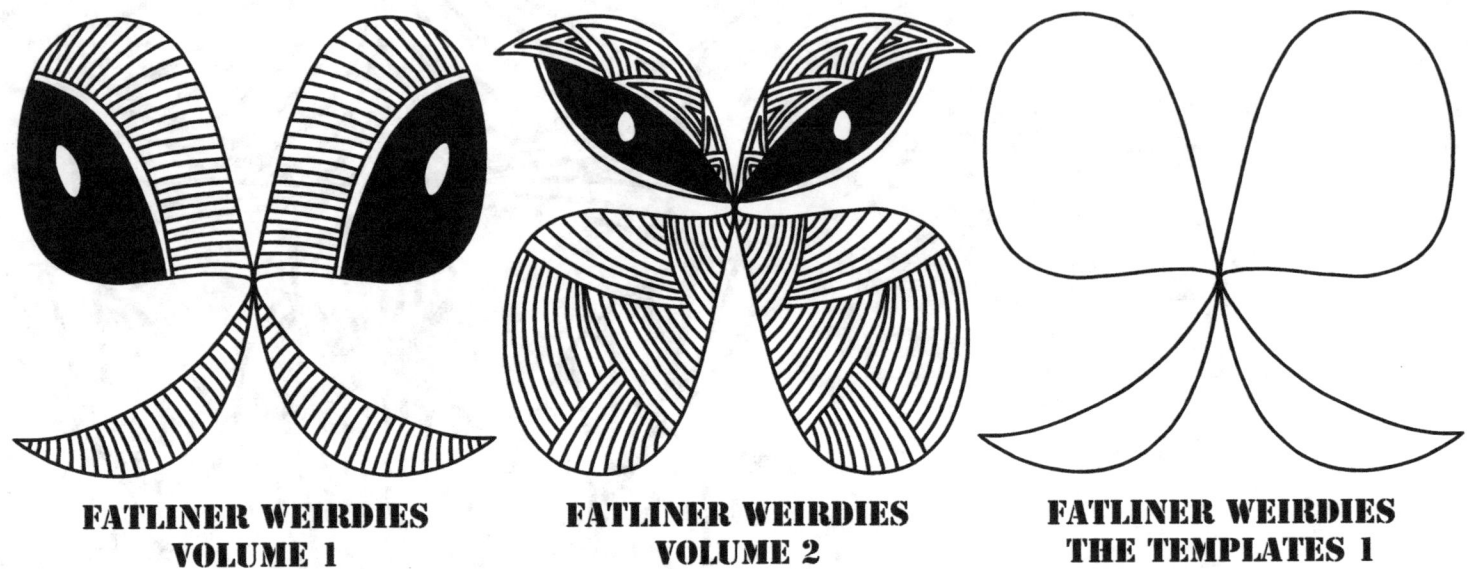

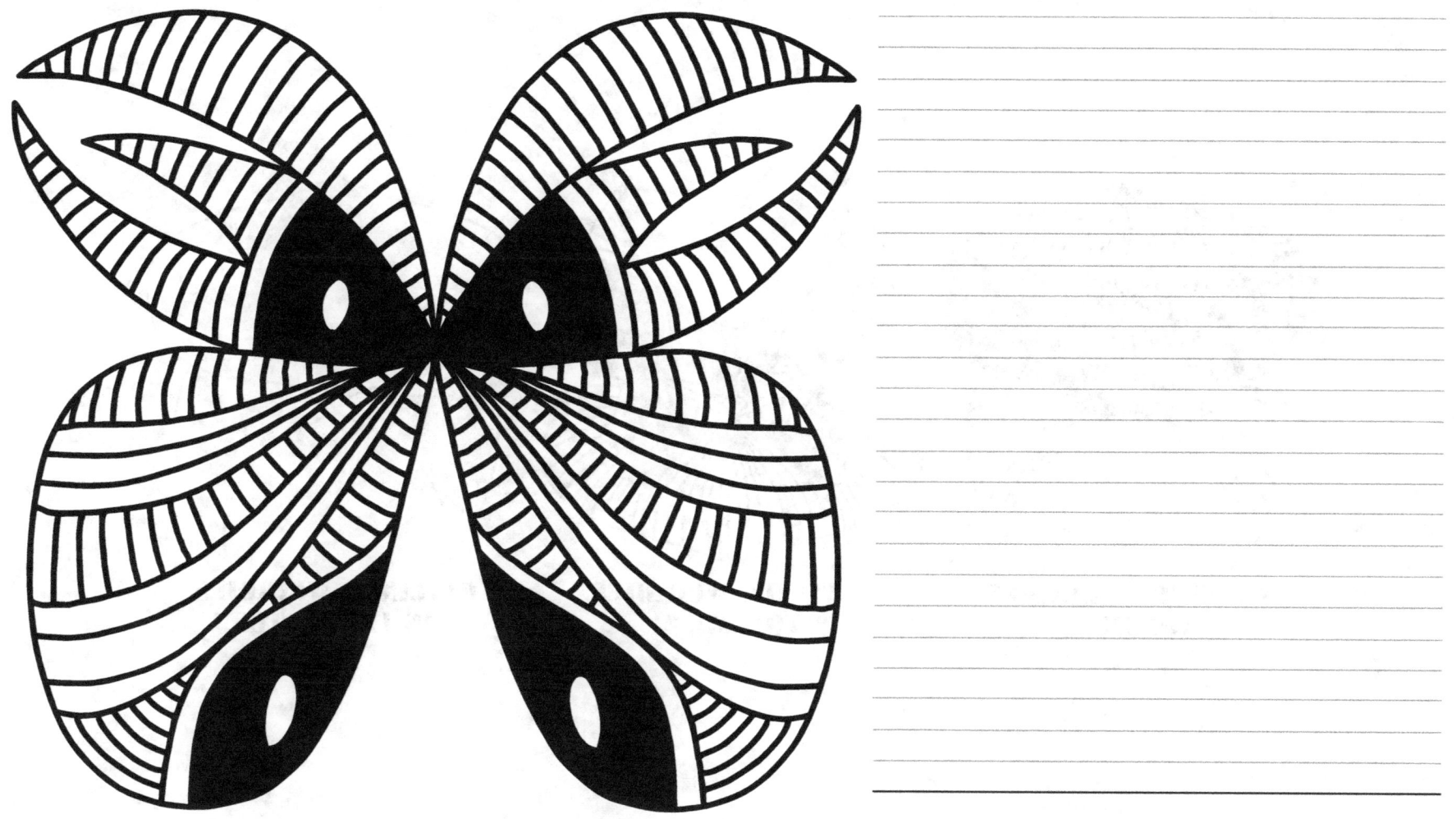

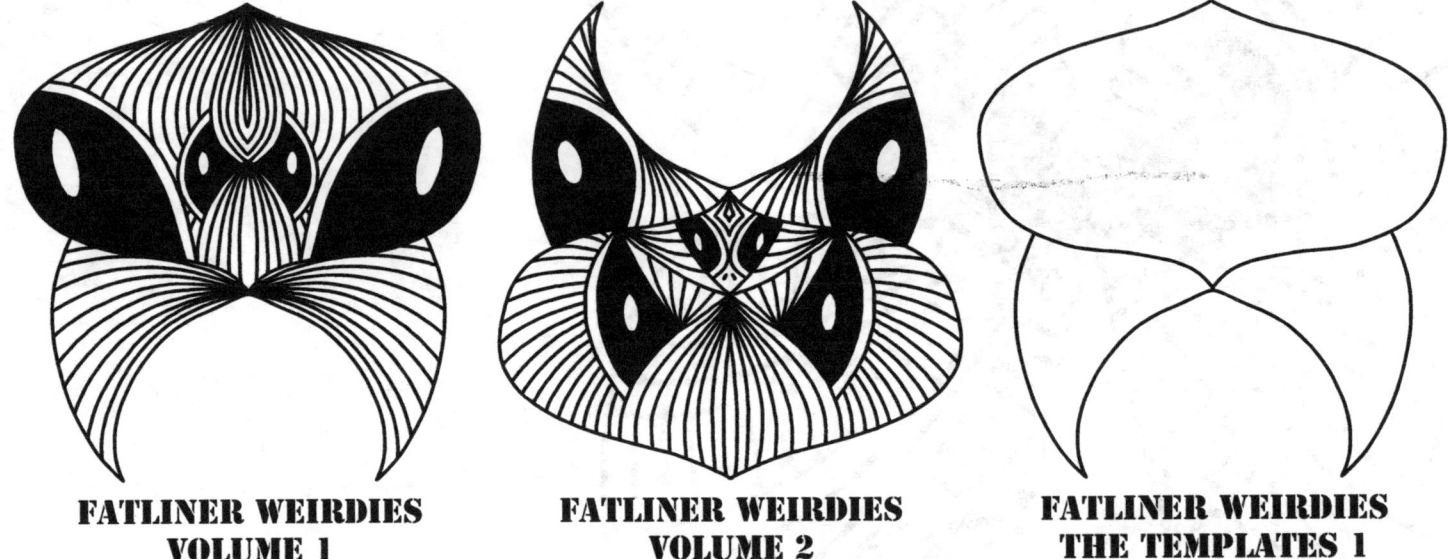

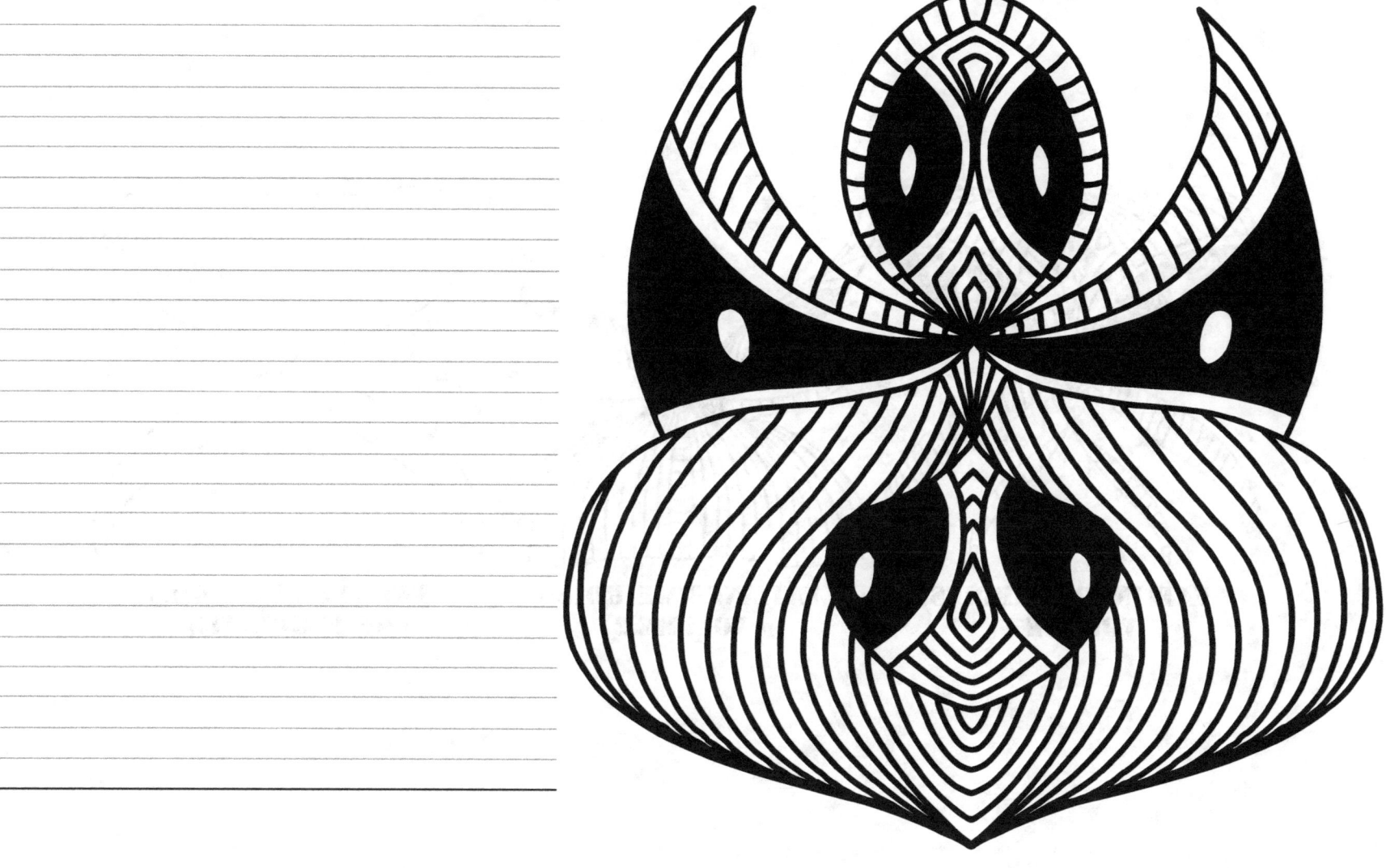

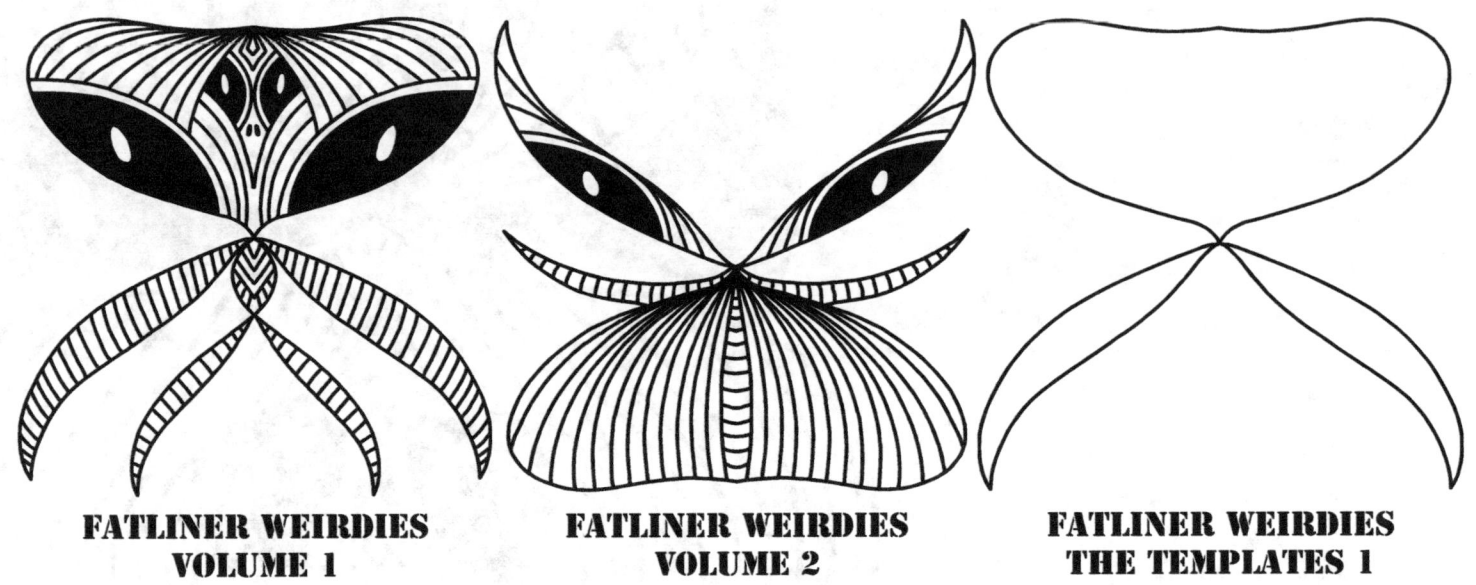

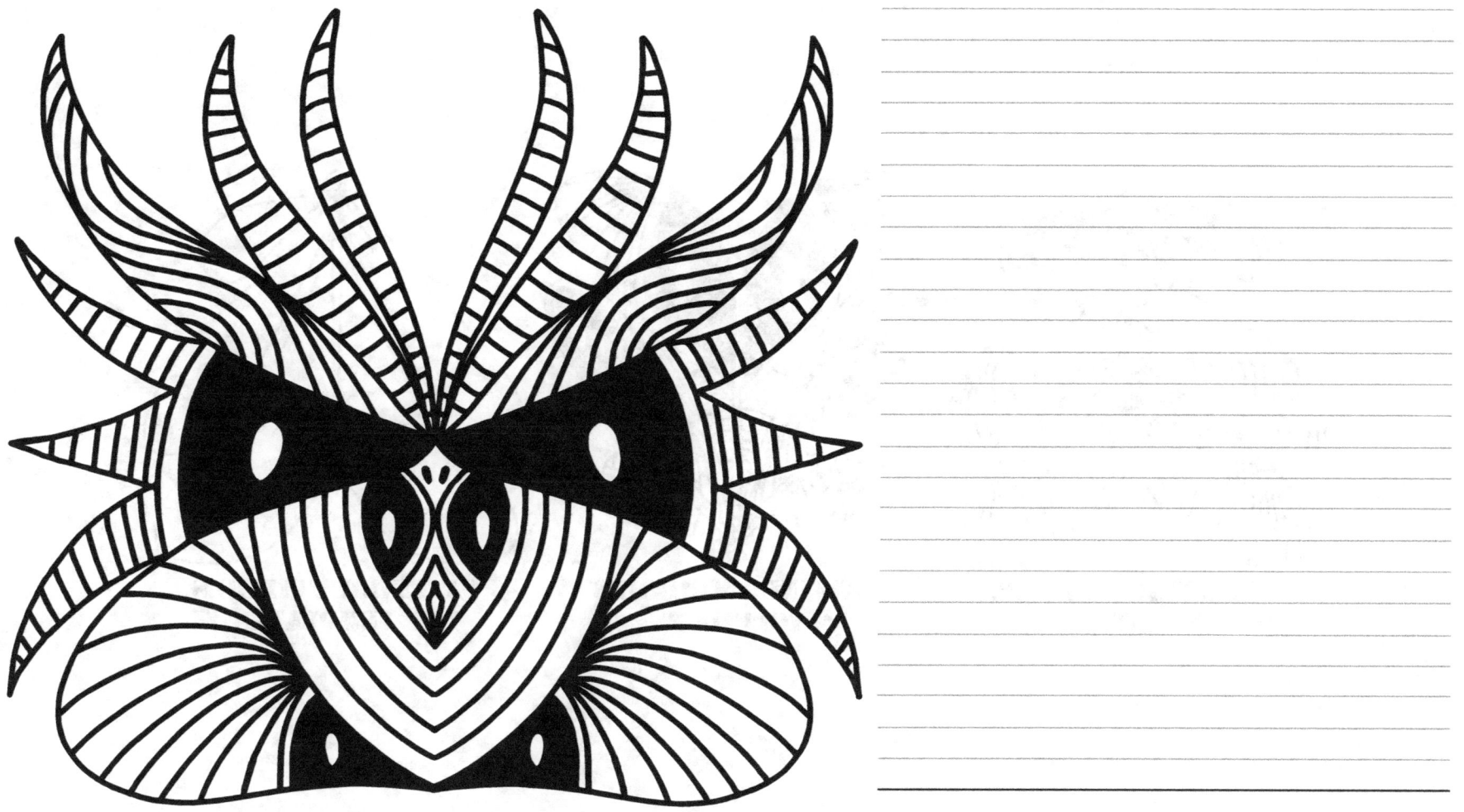

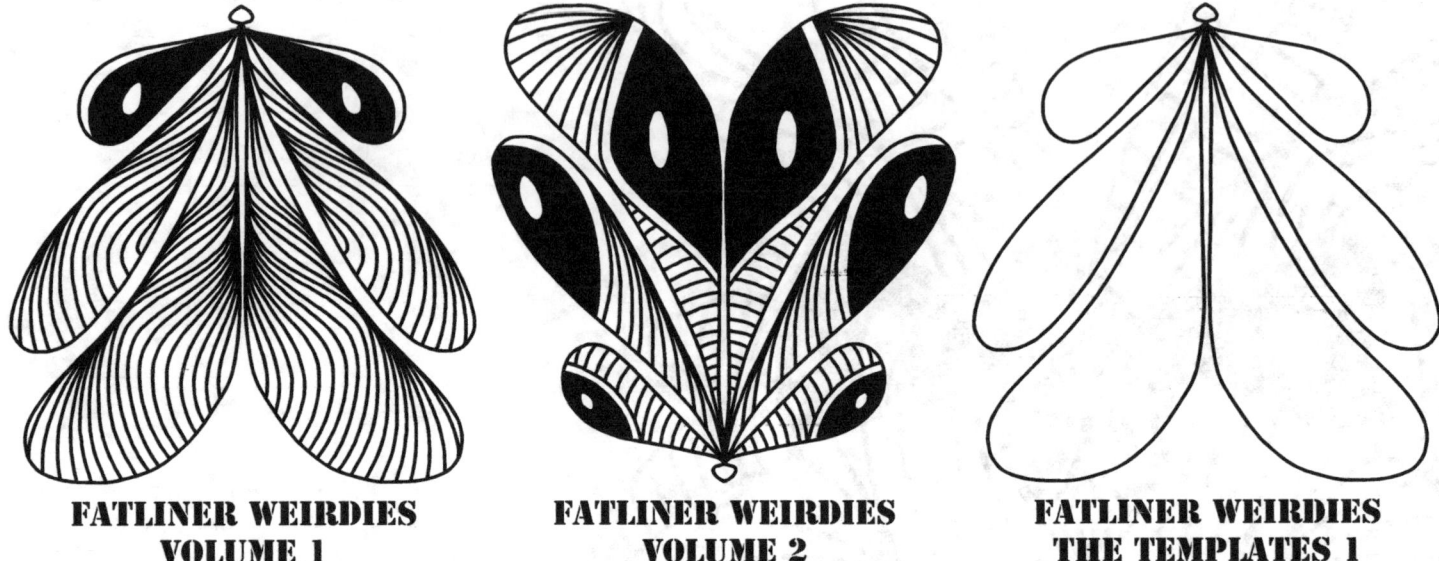

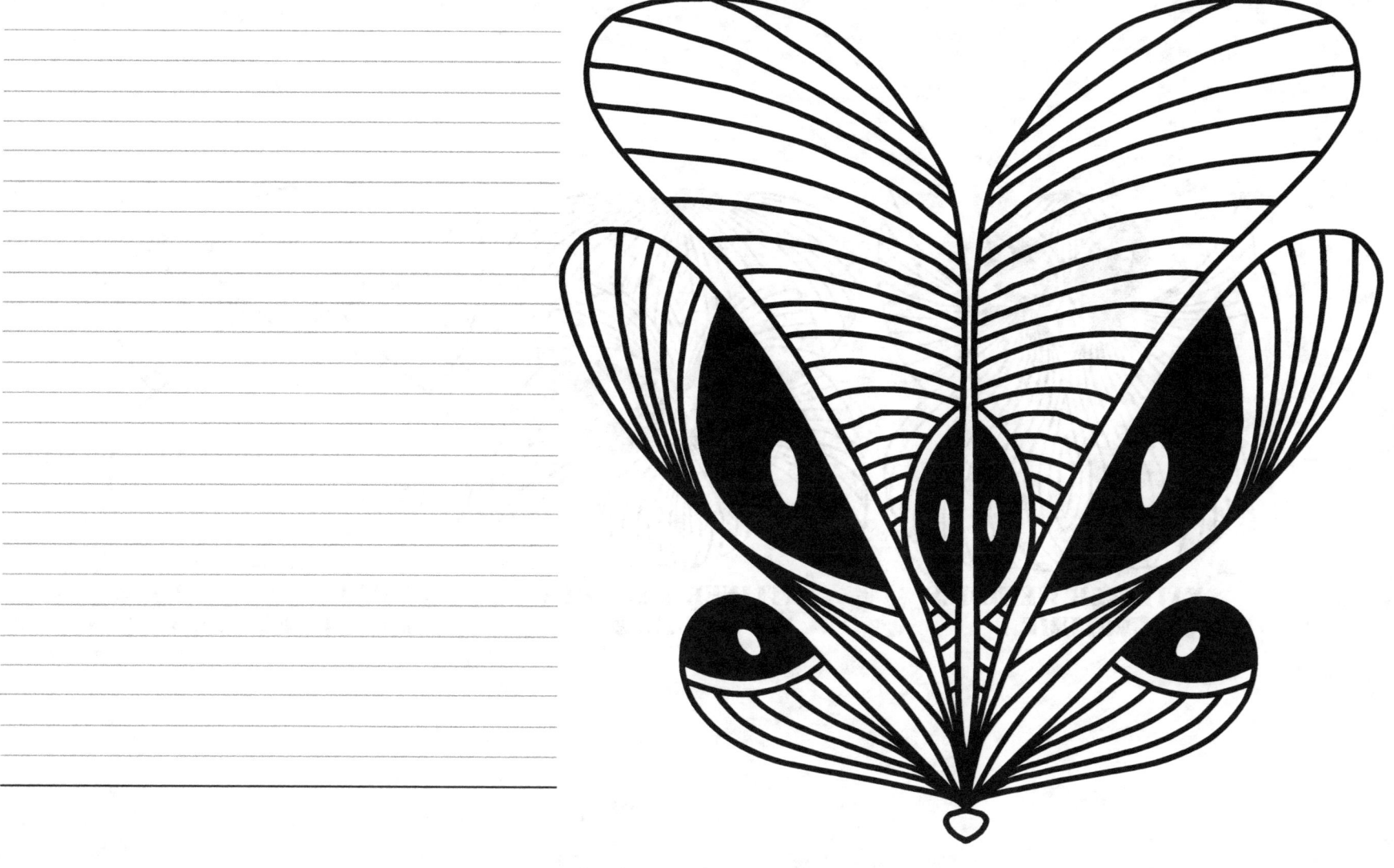

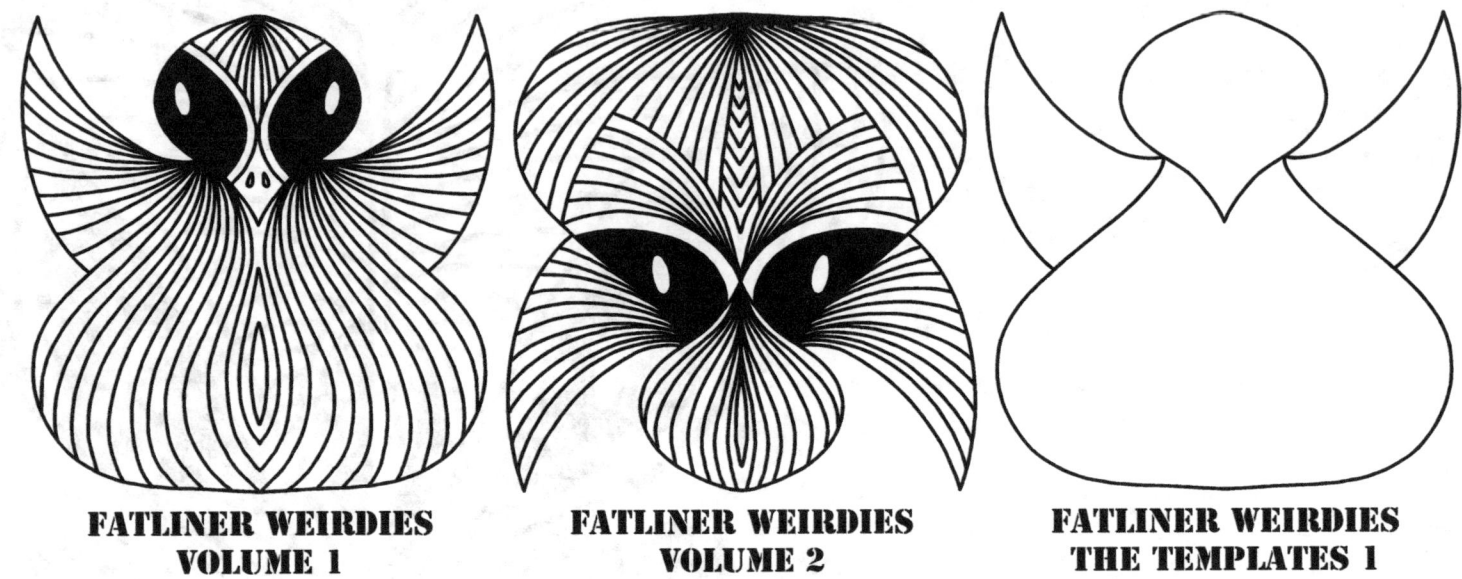

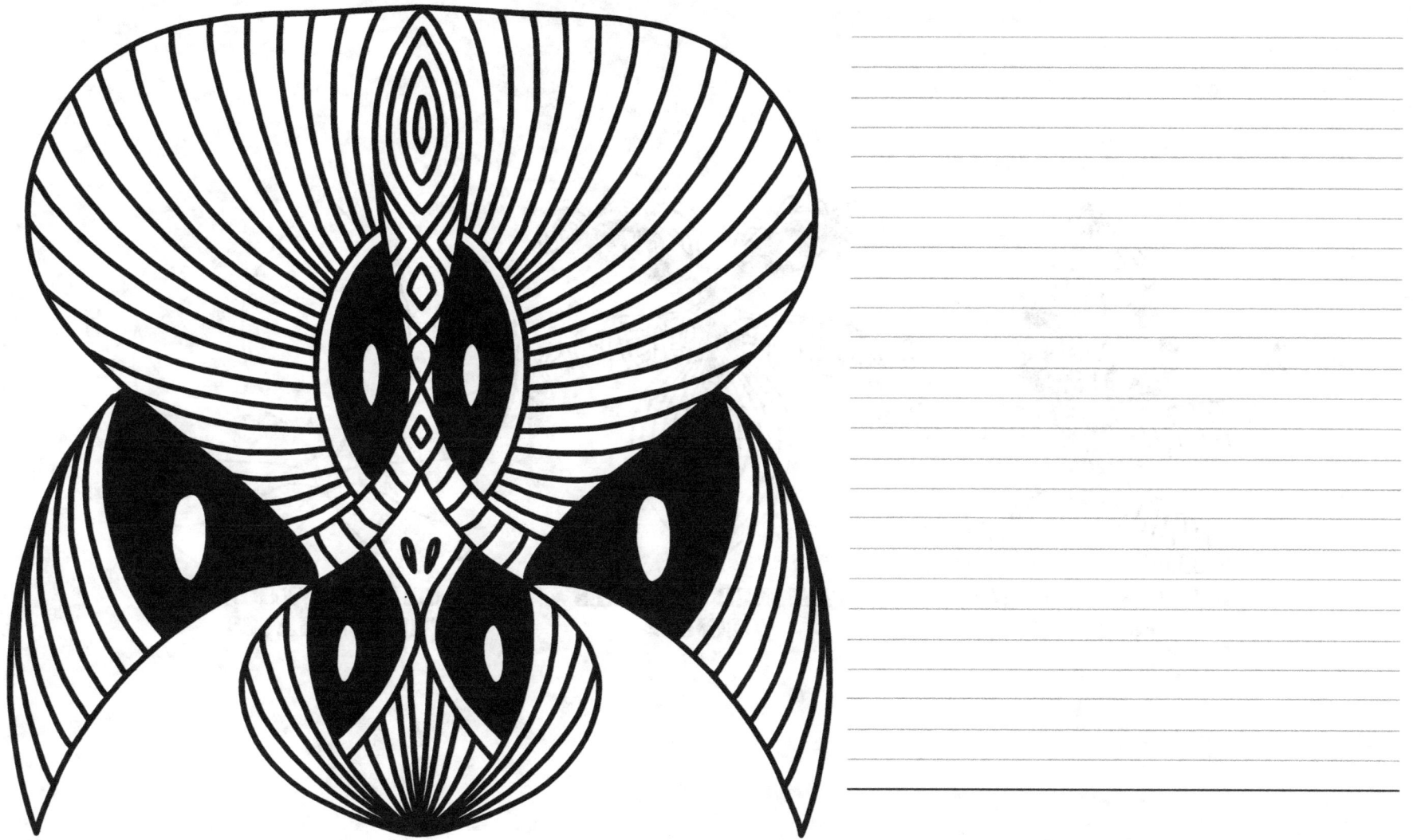

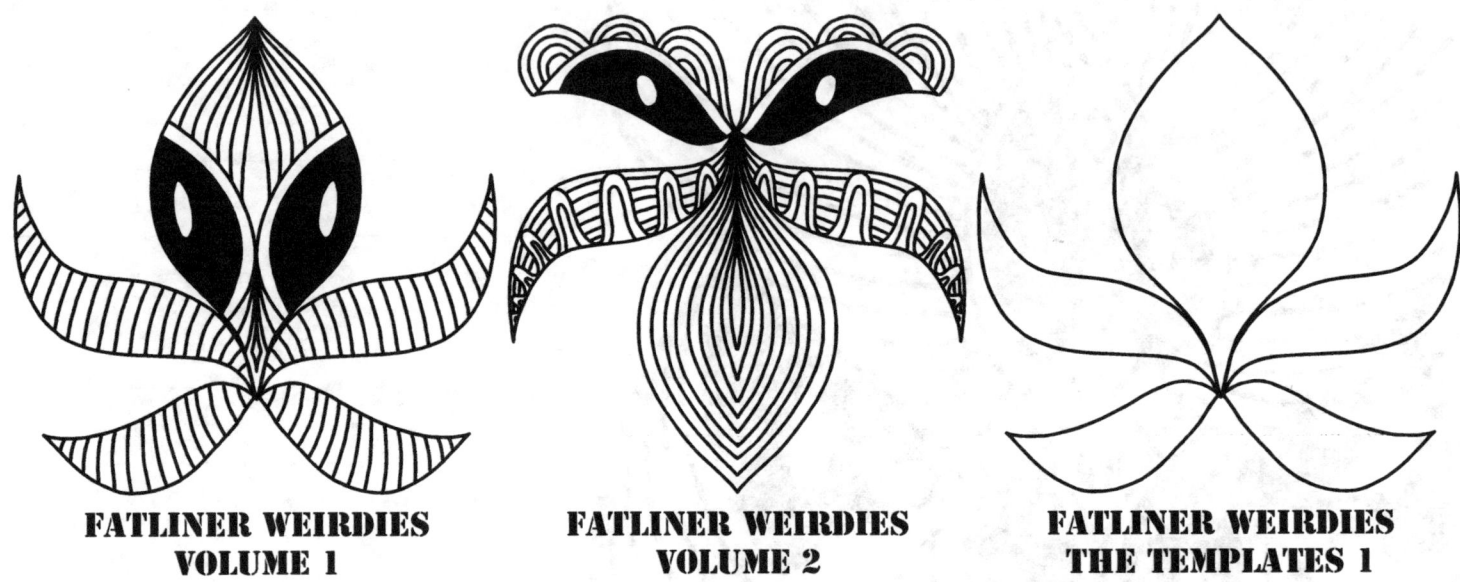

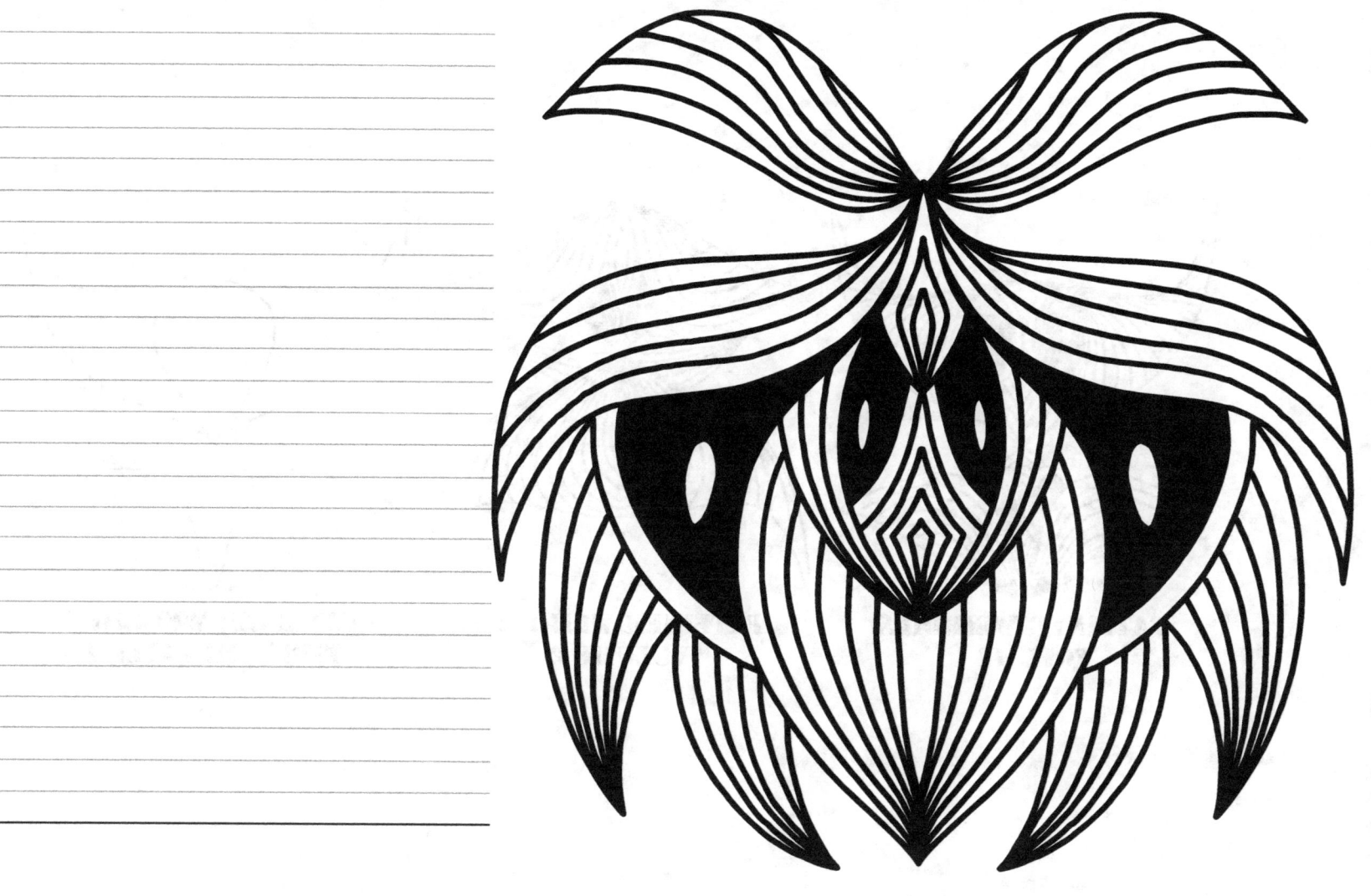

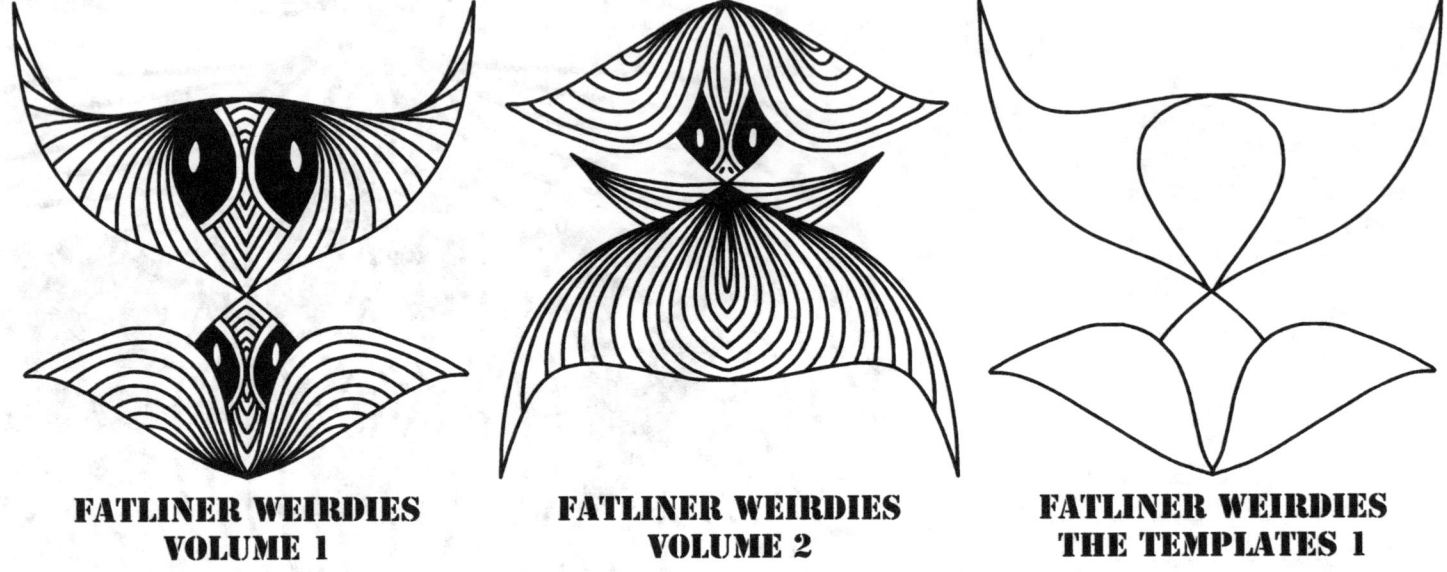

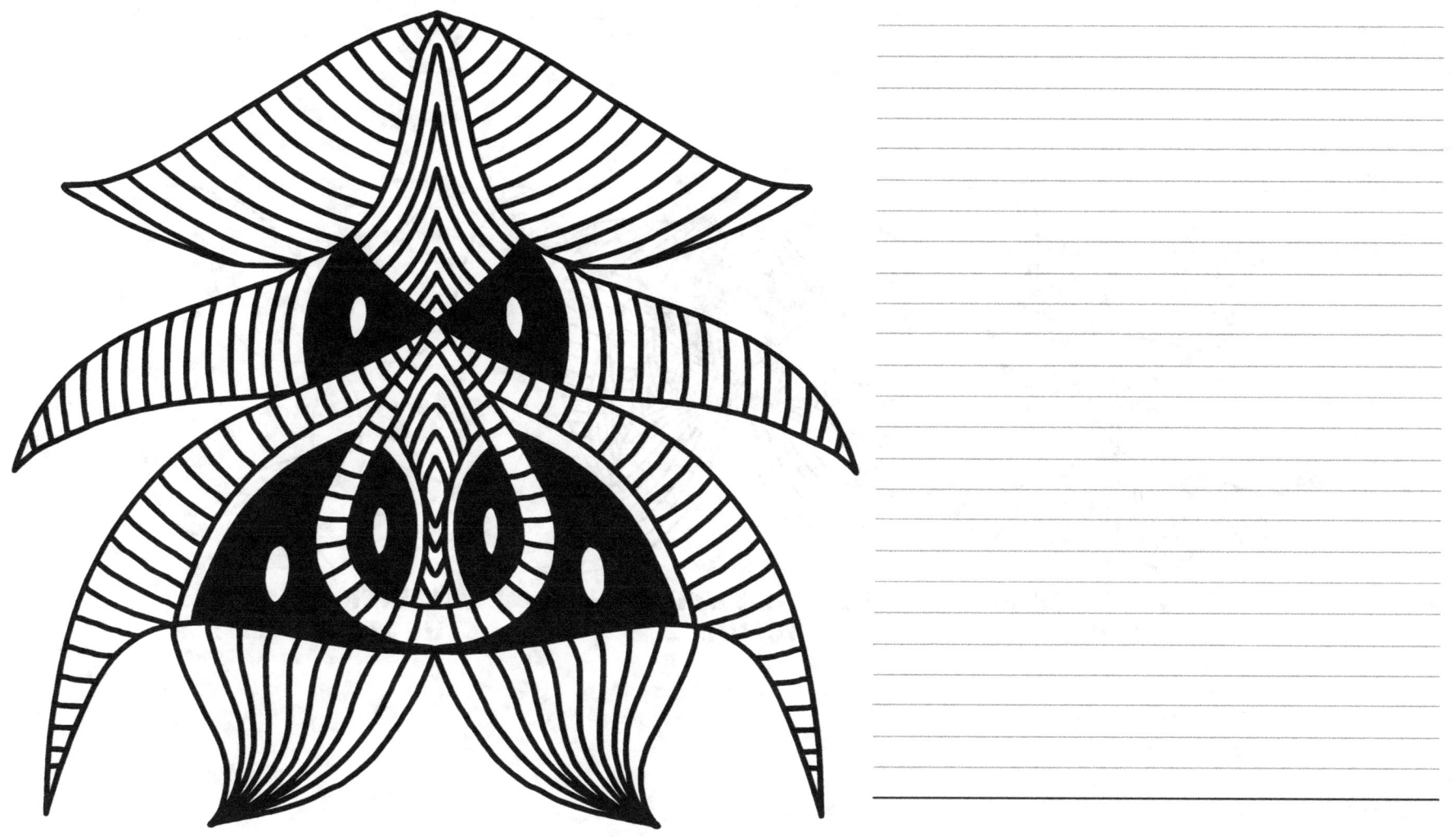

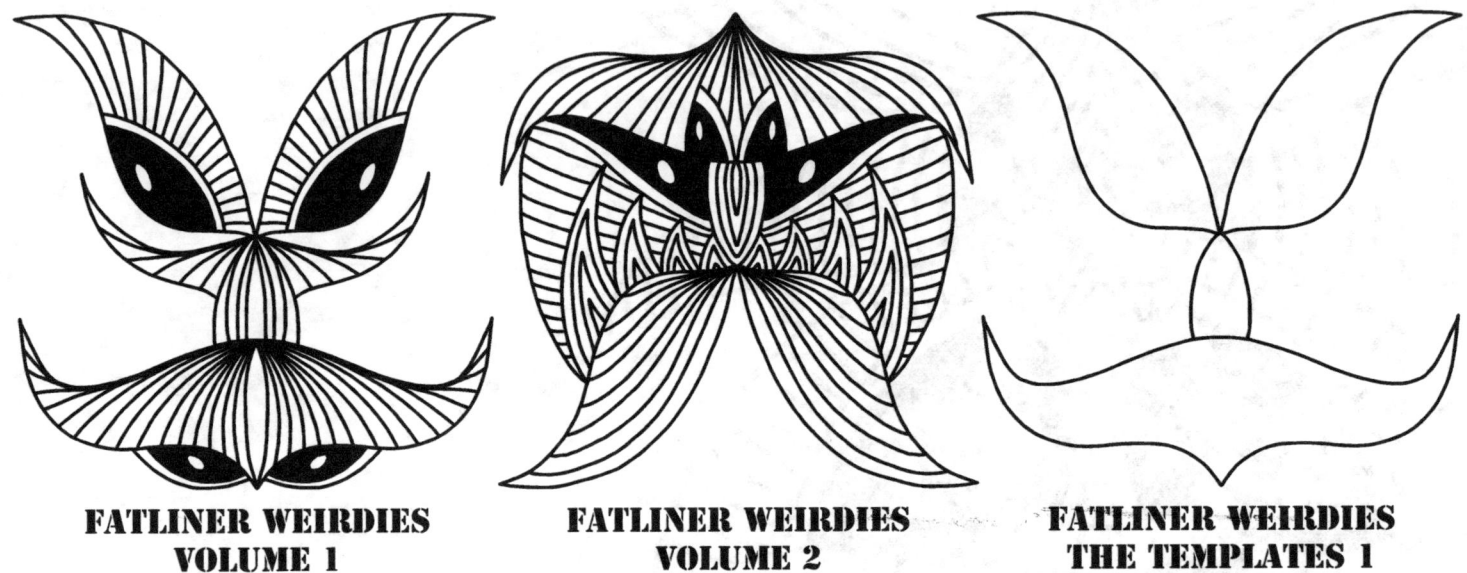

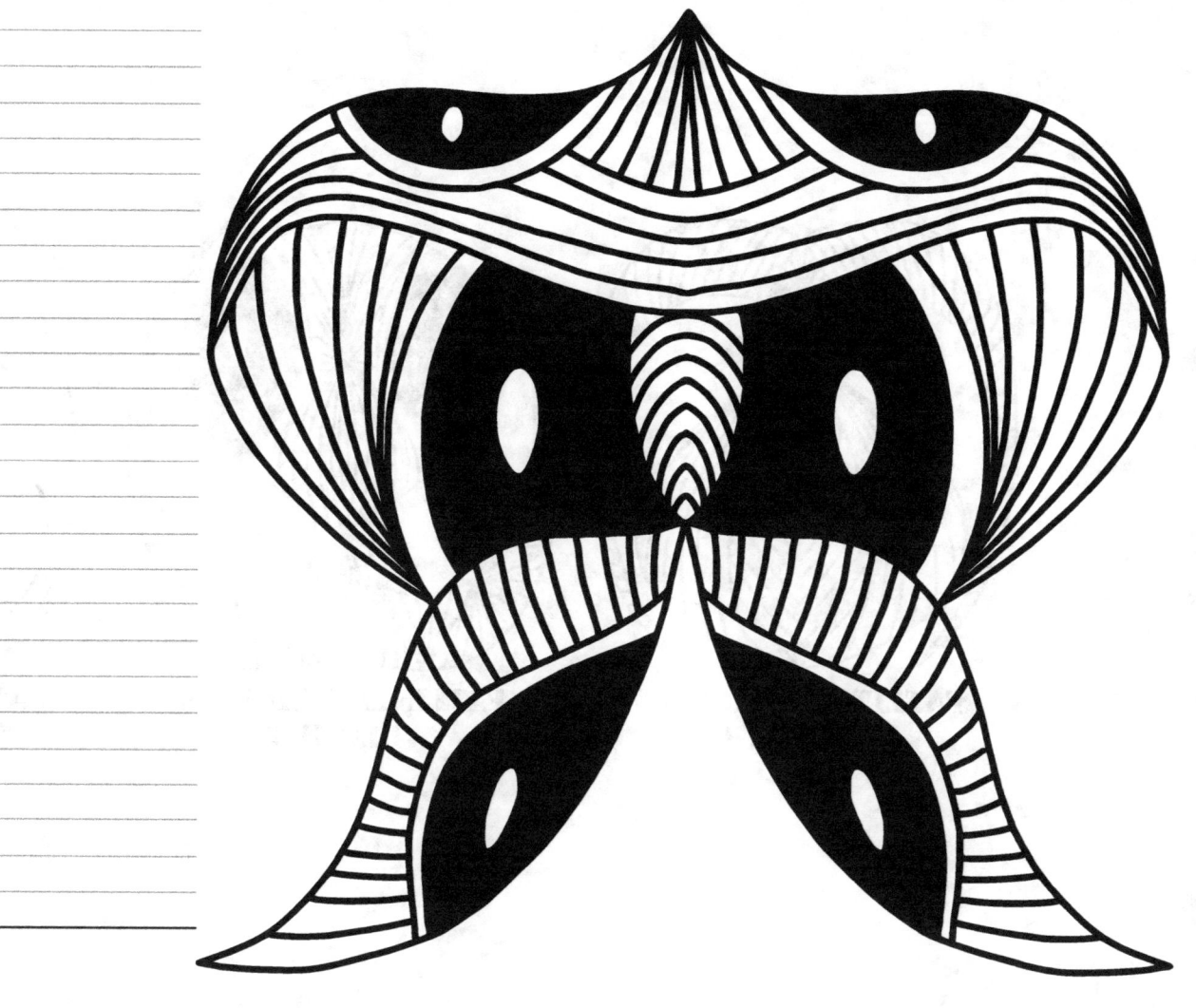

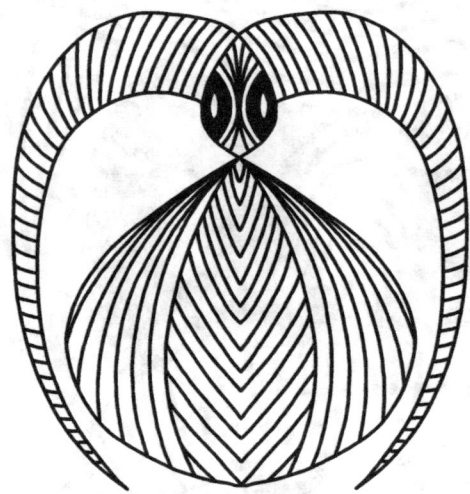
FATLINER WEIRDIES VOLUME 1

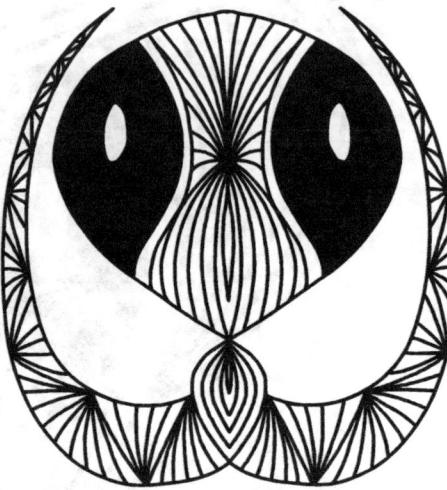
FATLINER WEIRDIES VOLUME 2

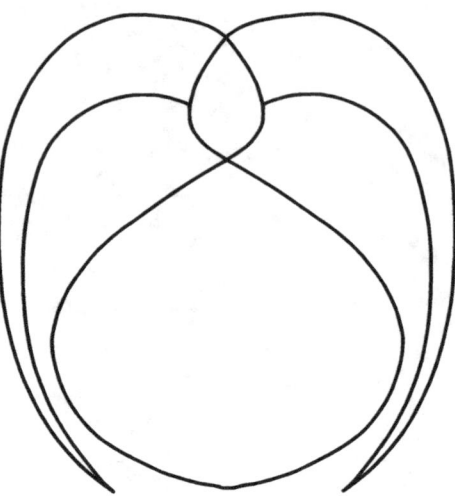
FATLINER WEIRDIES THE TEMPLATES 1

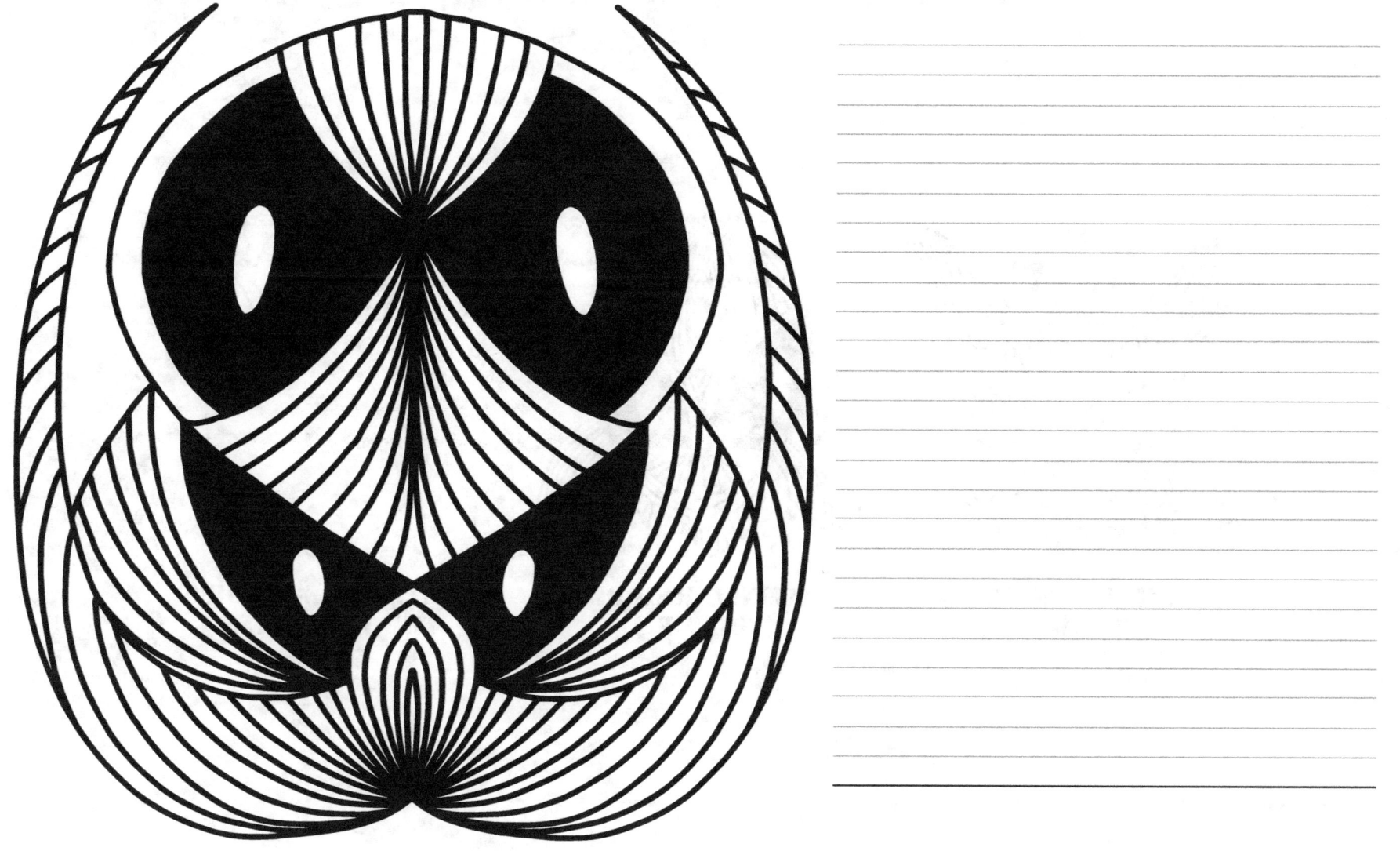

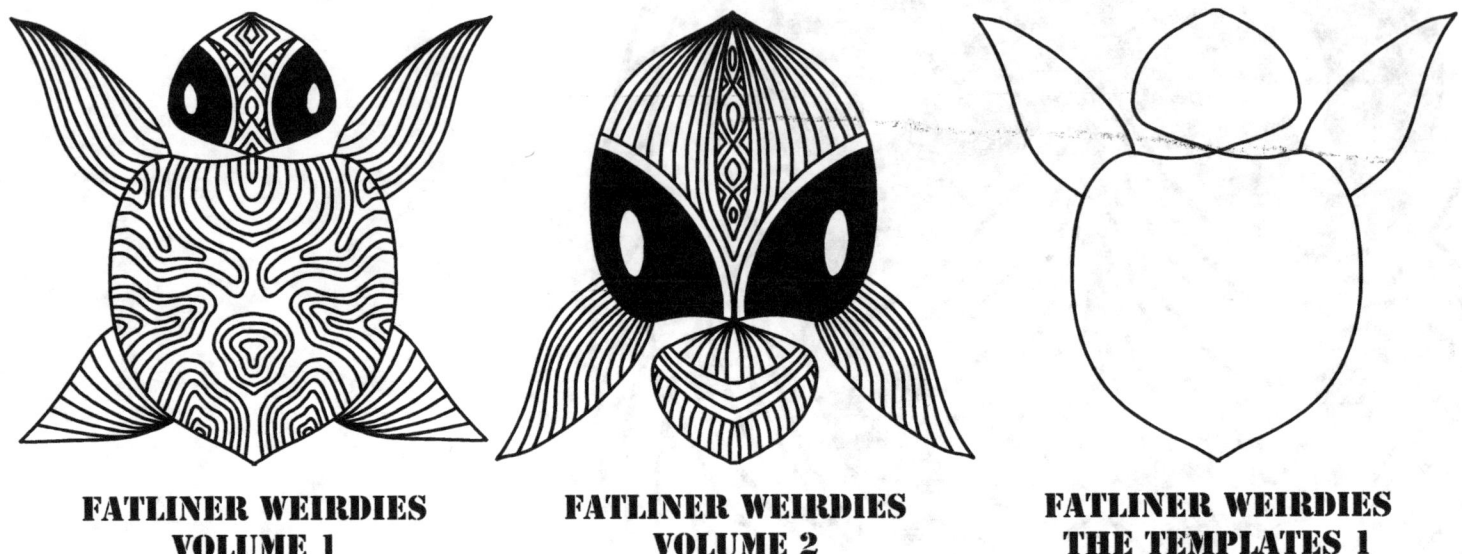

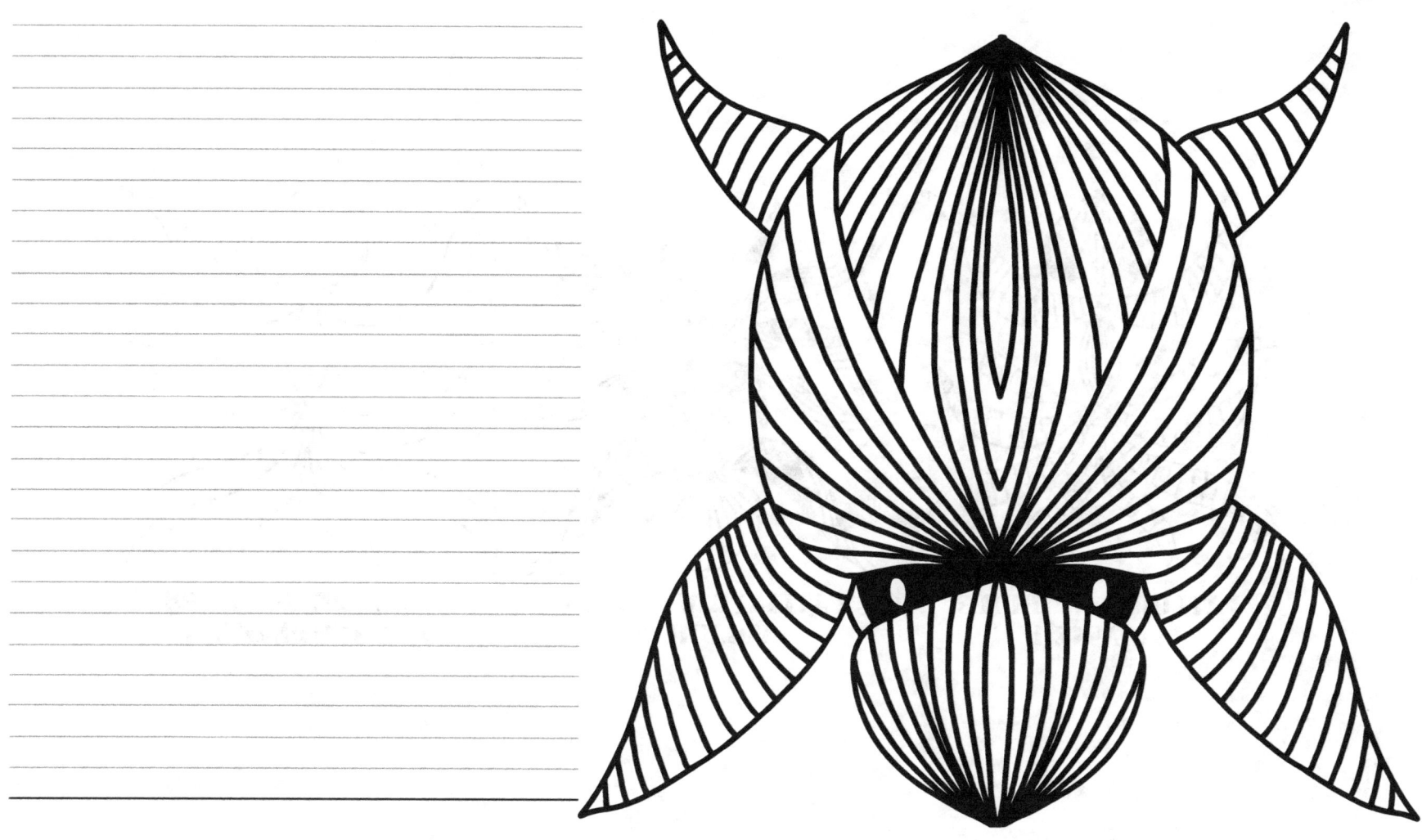

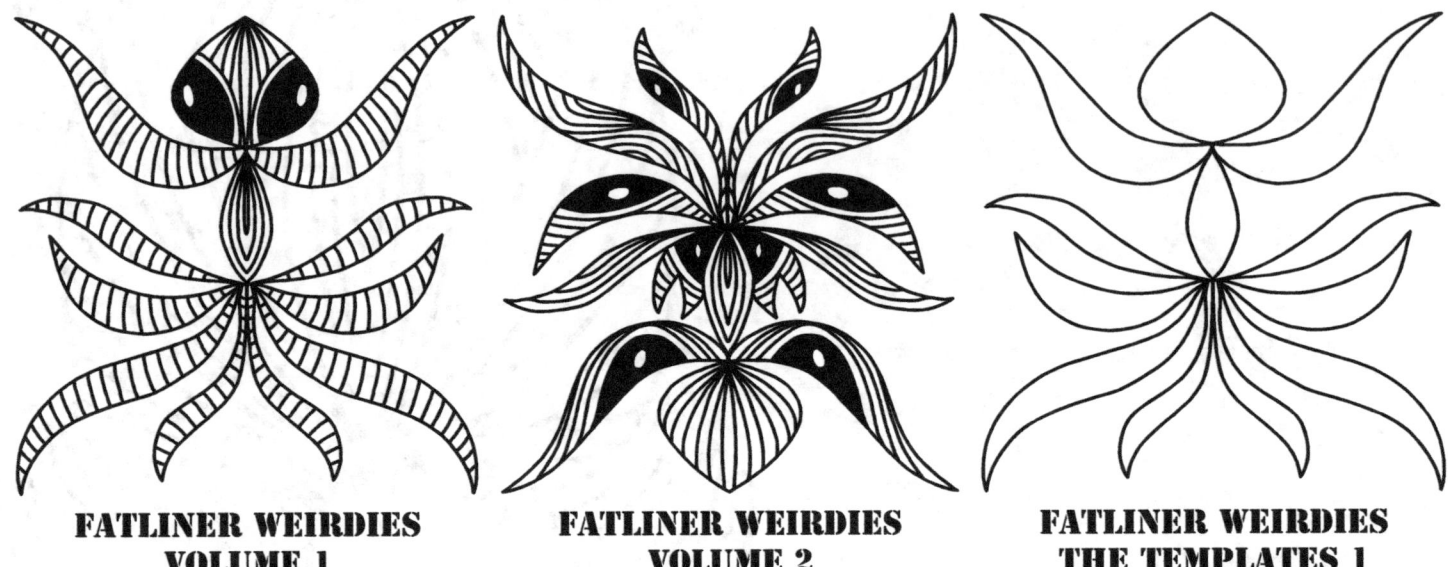

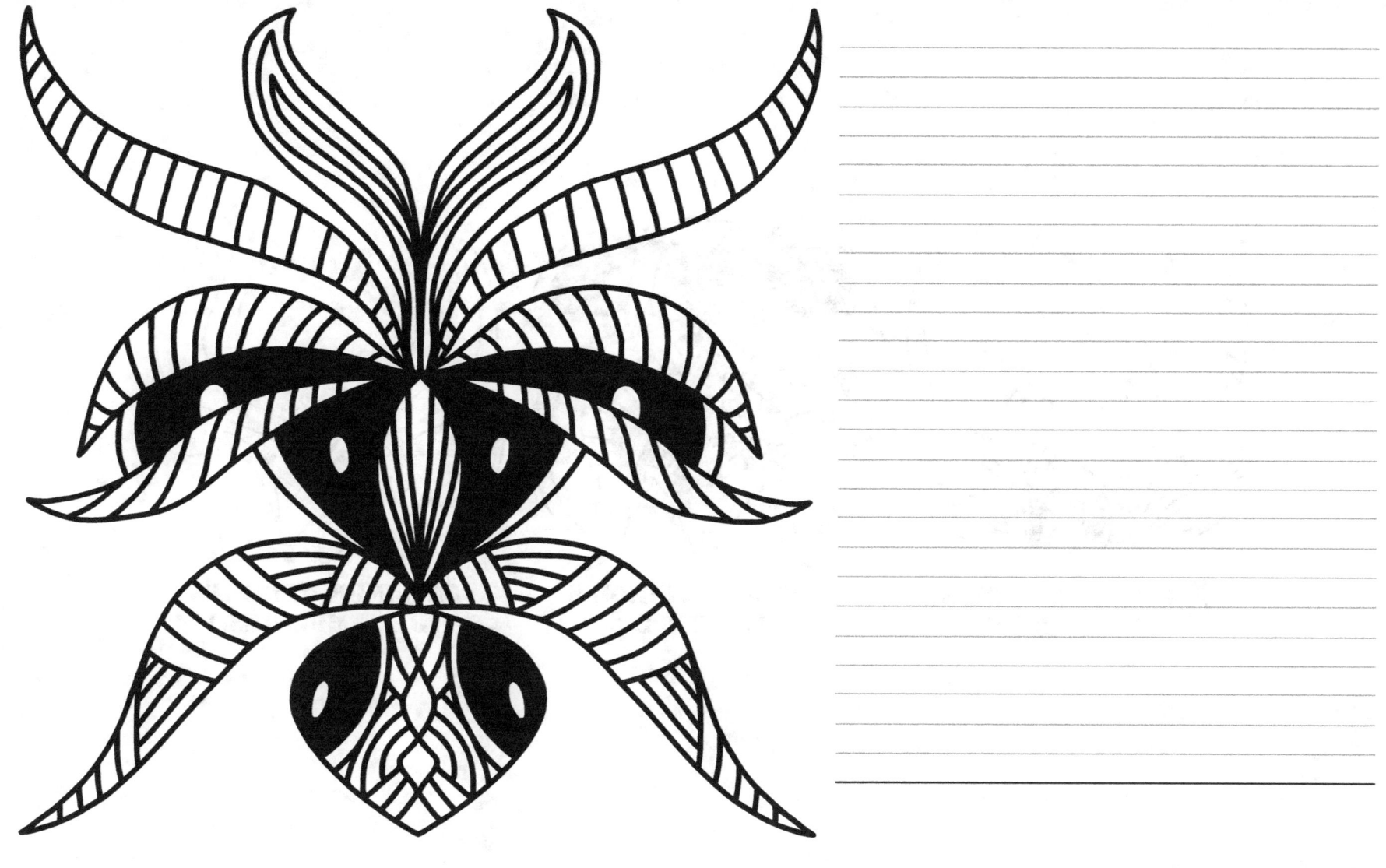

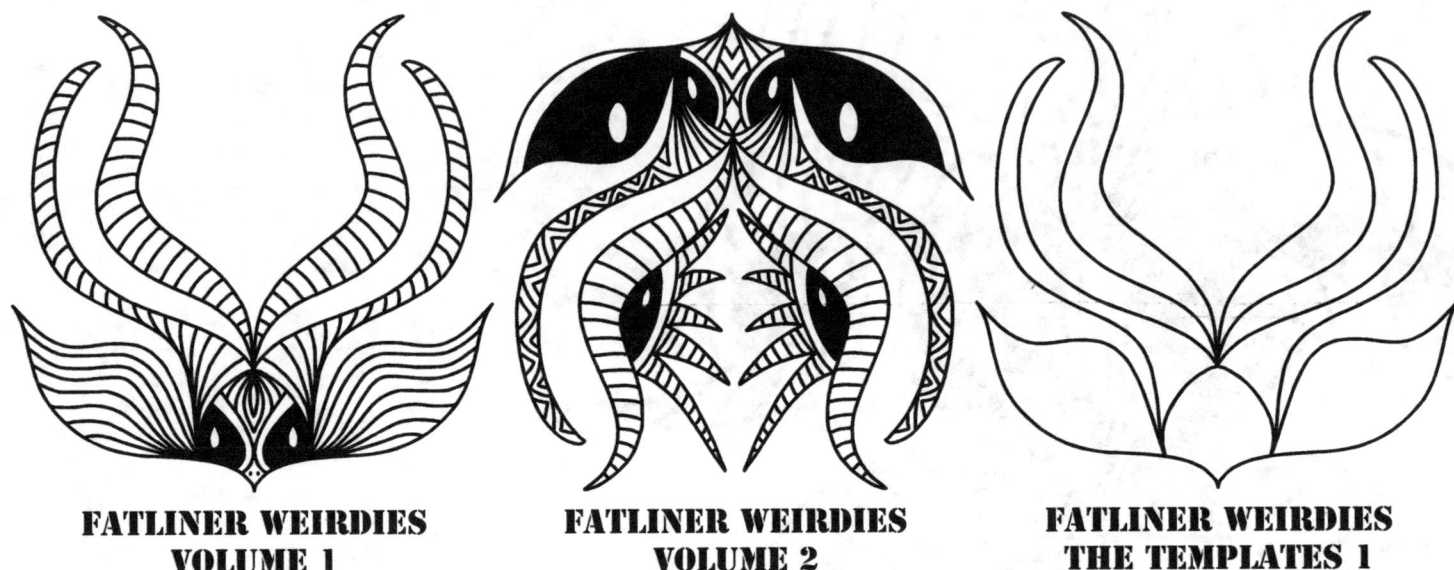

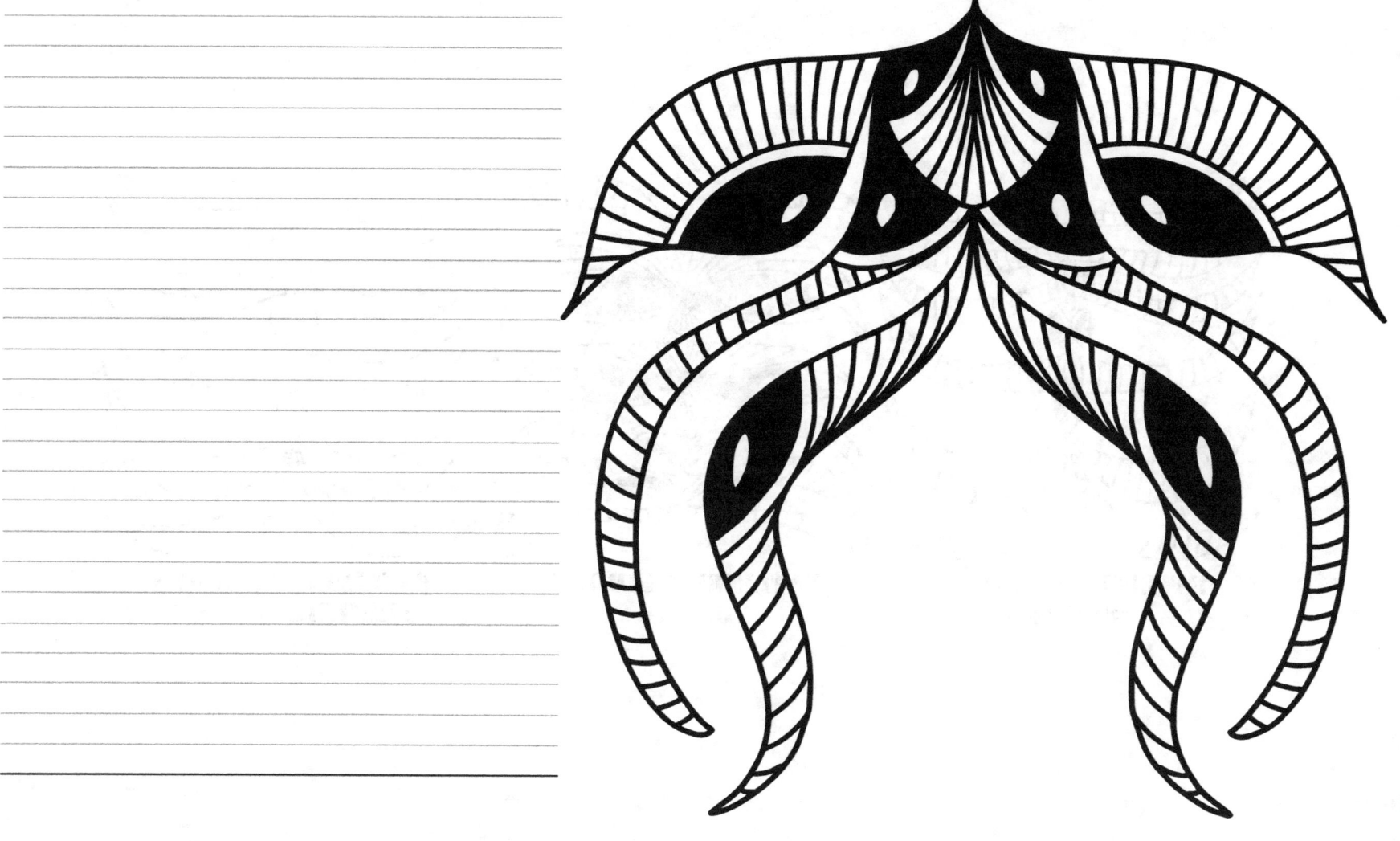

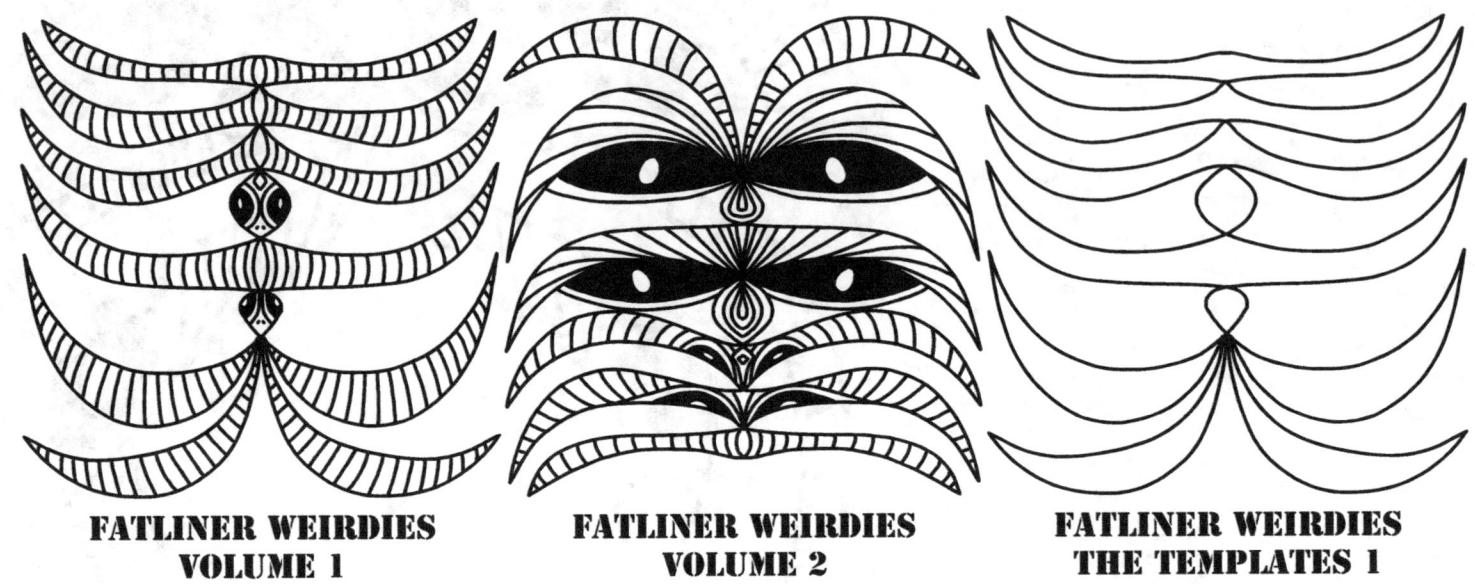

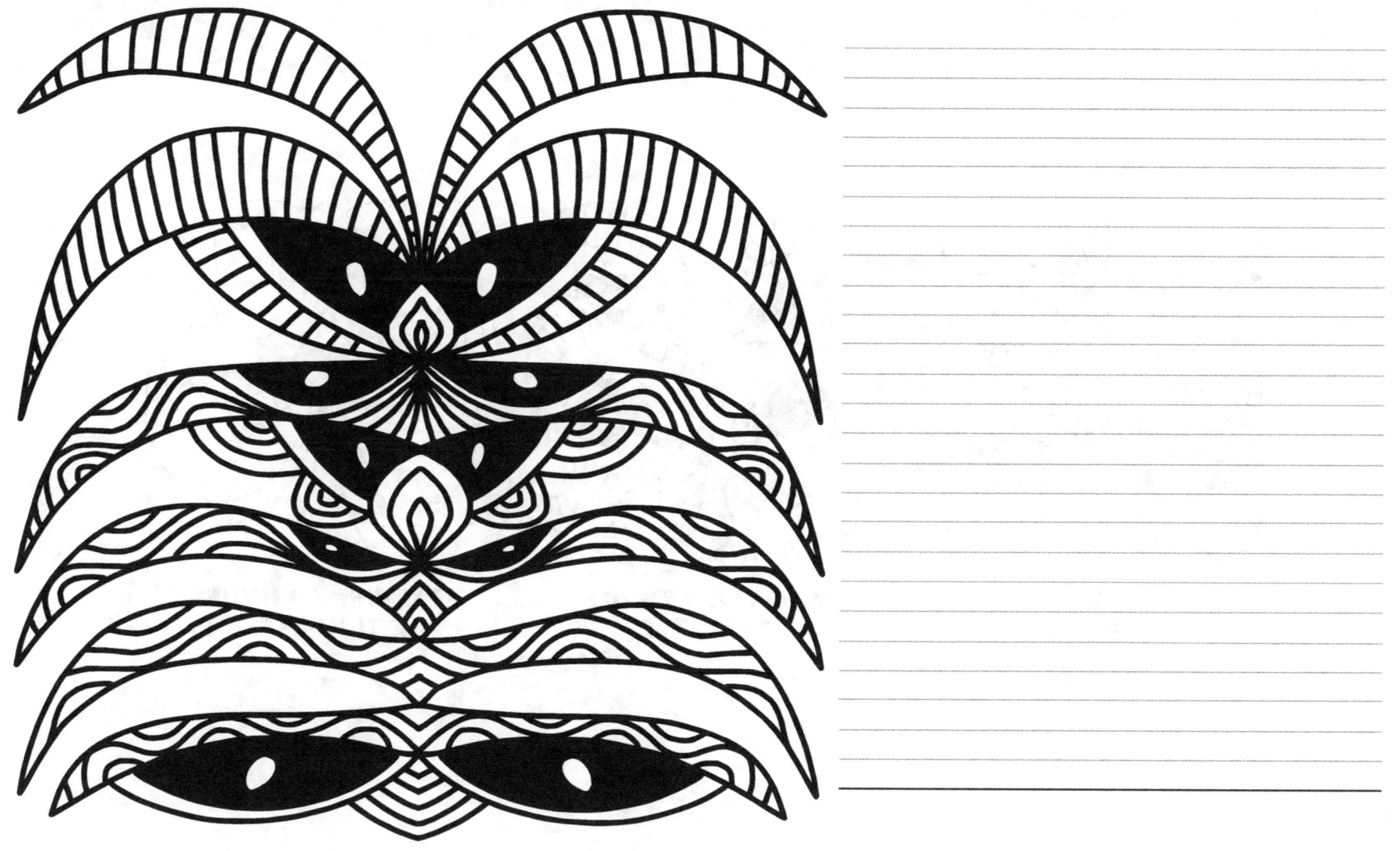

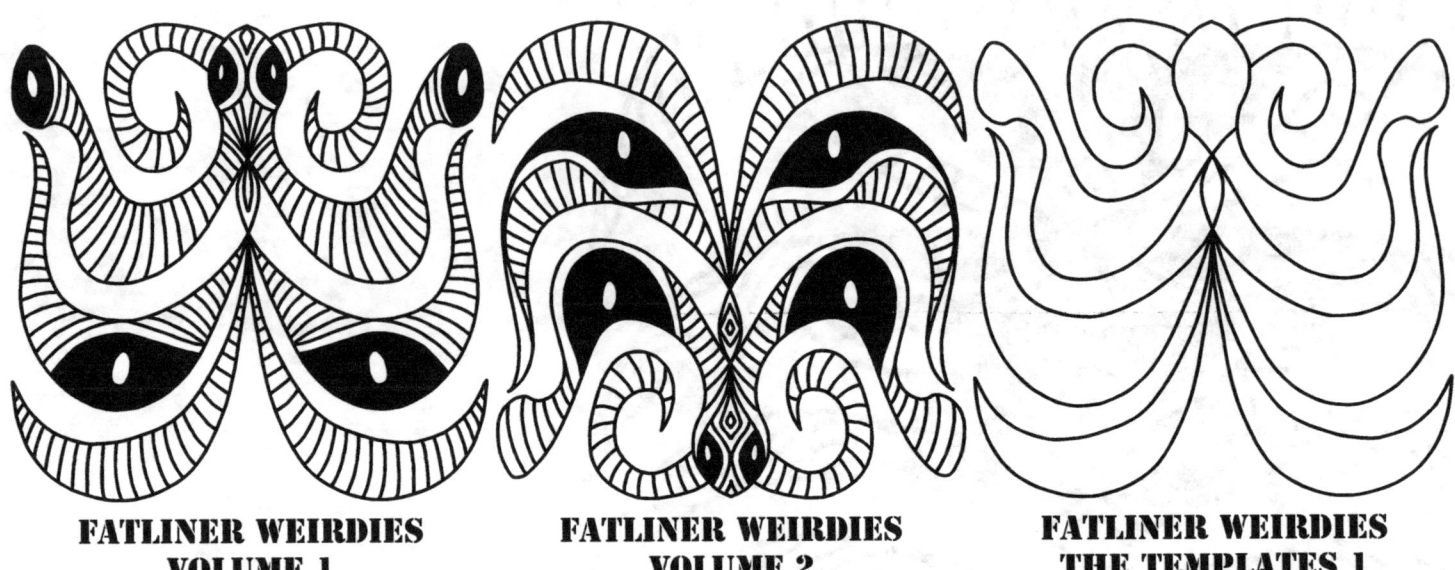

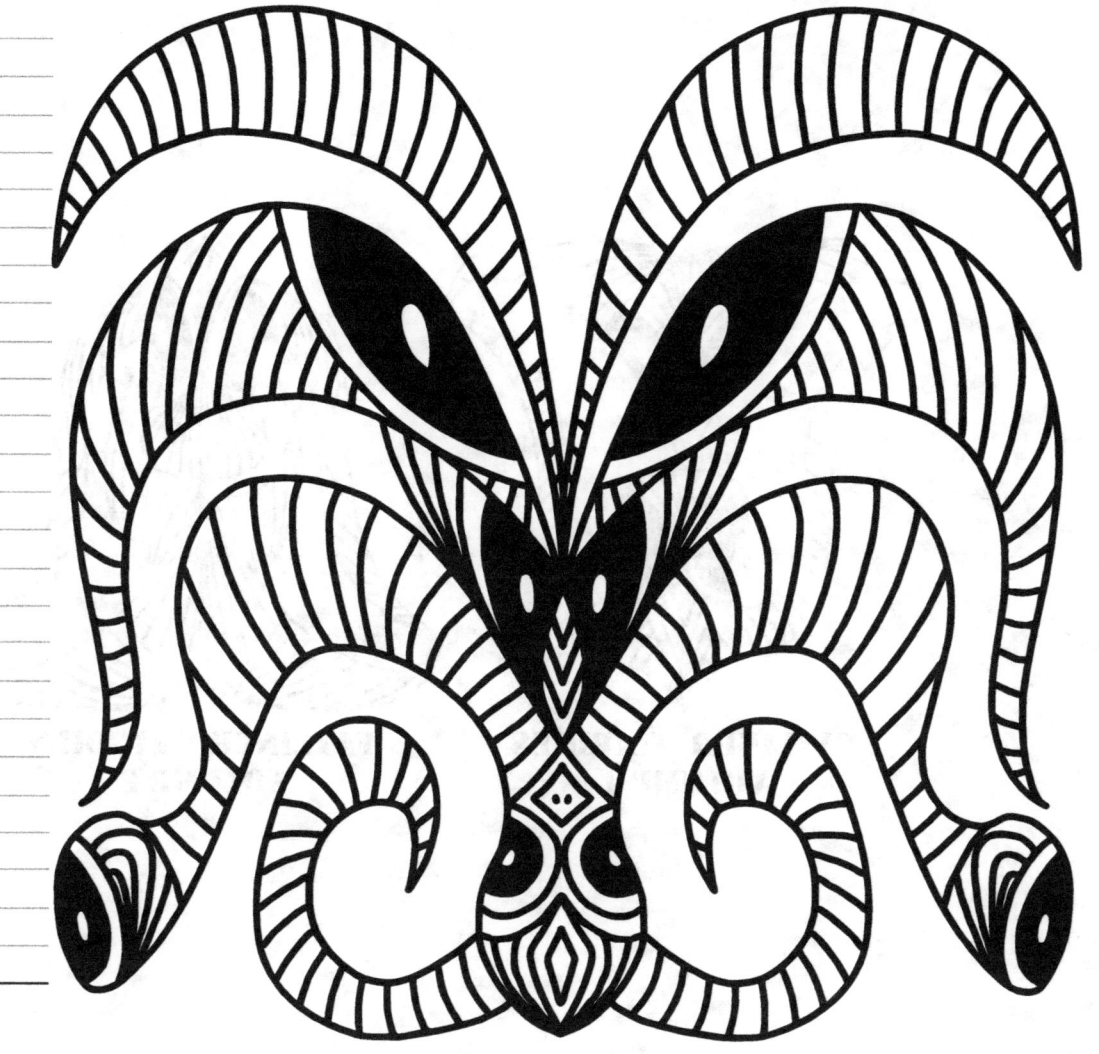

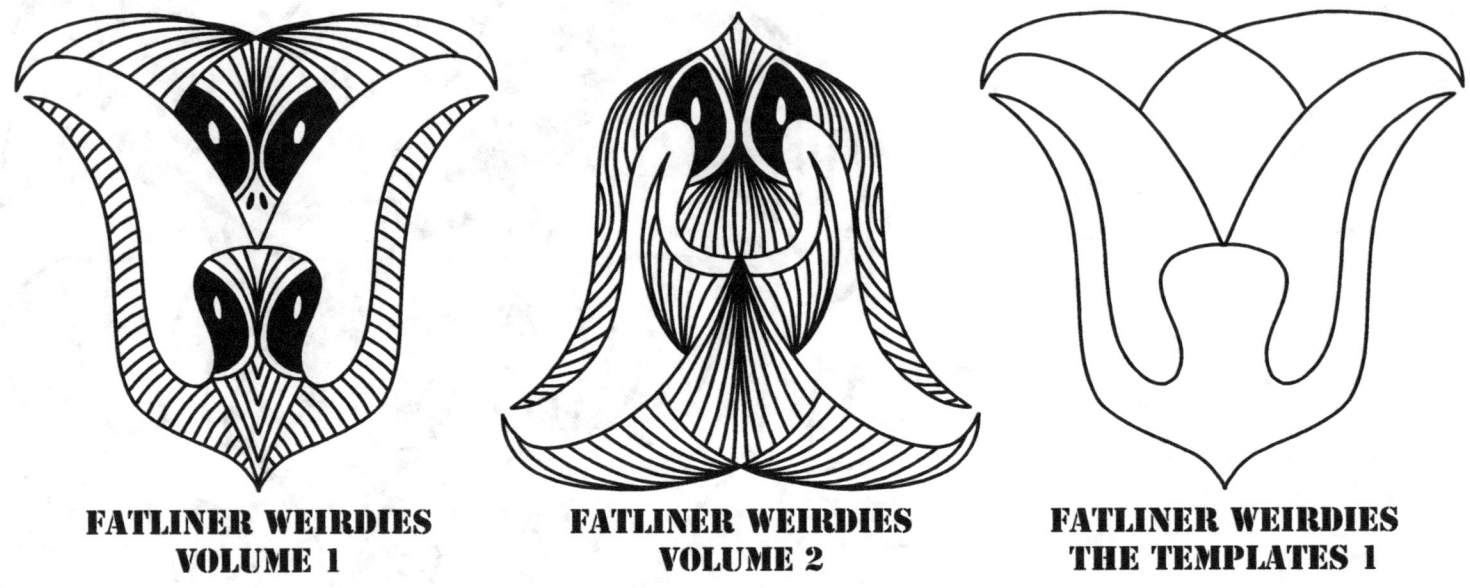

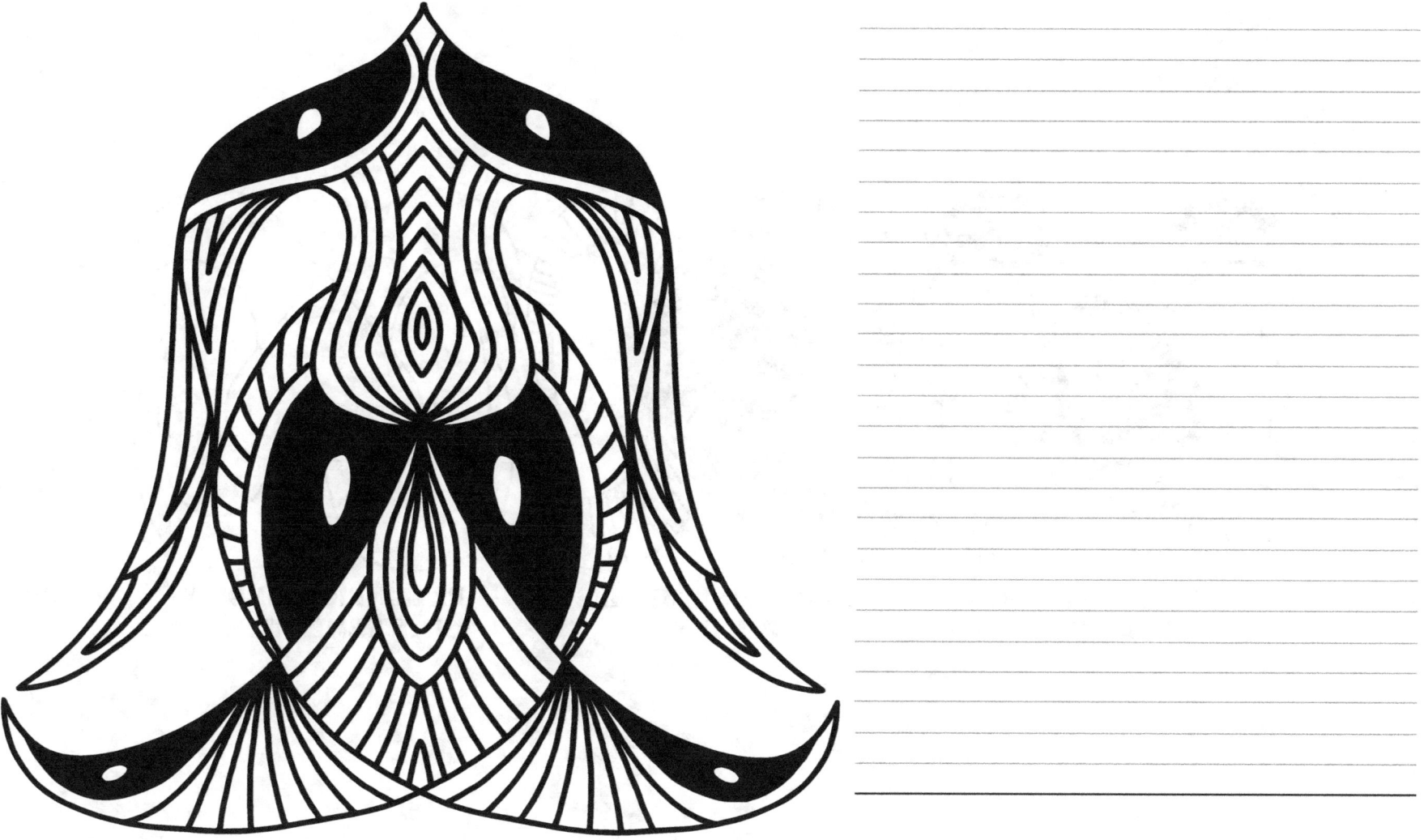

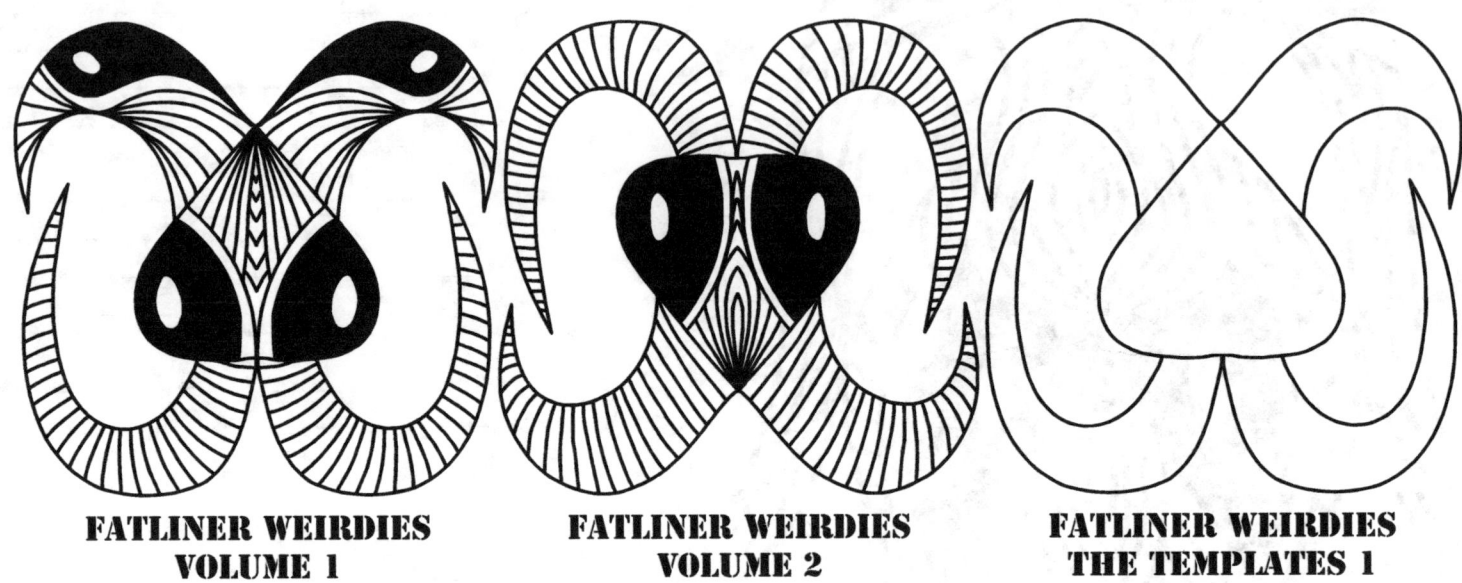

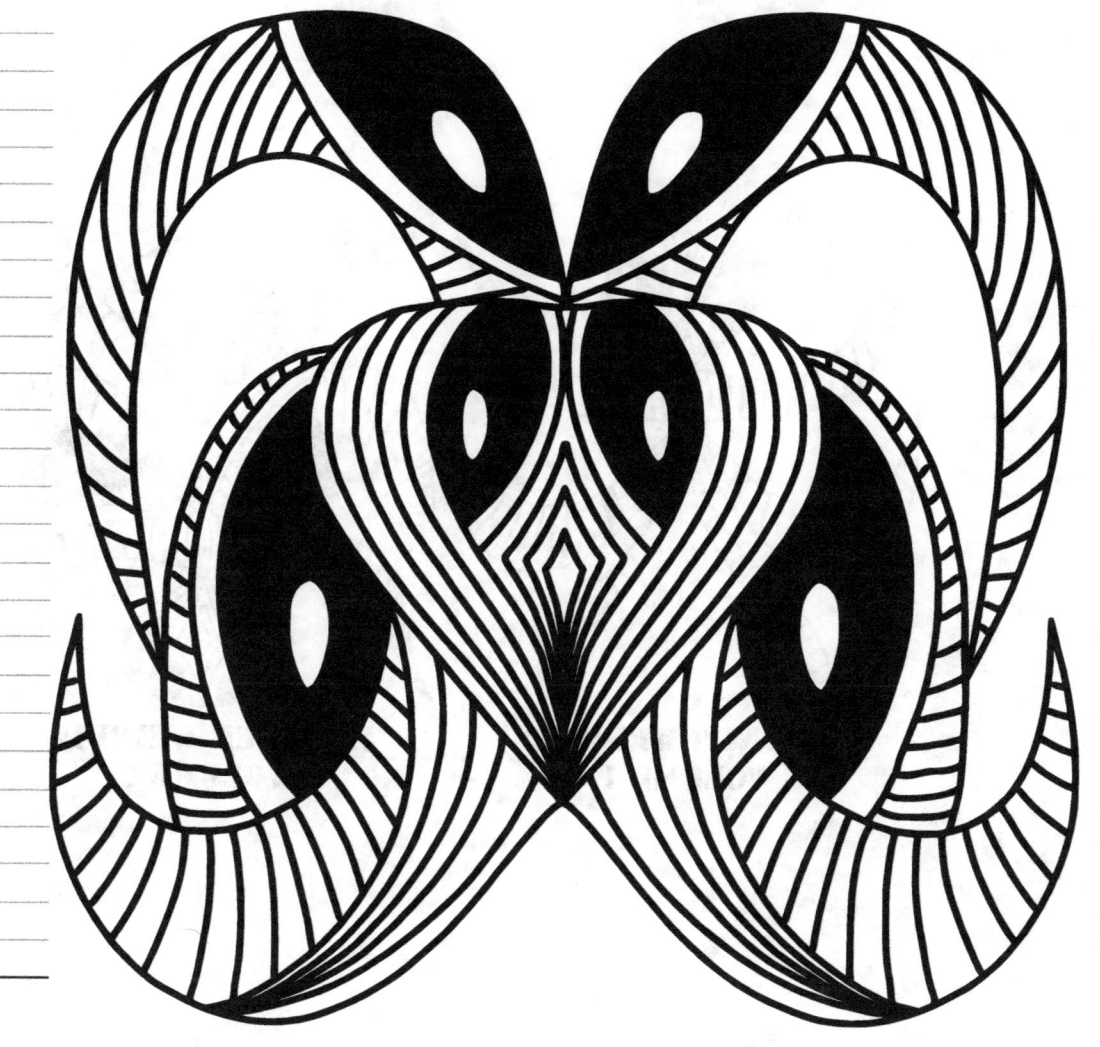

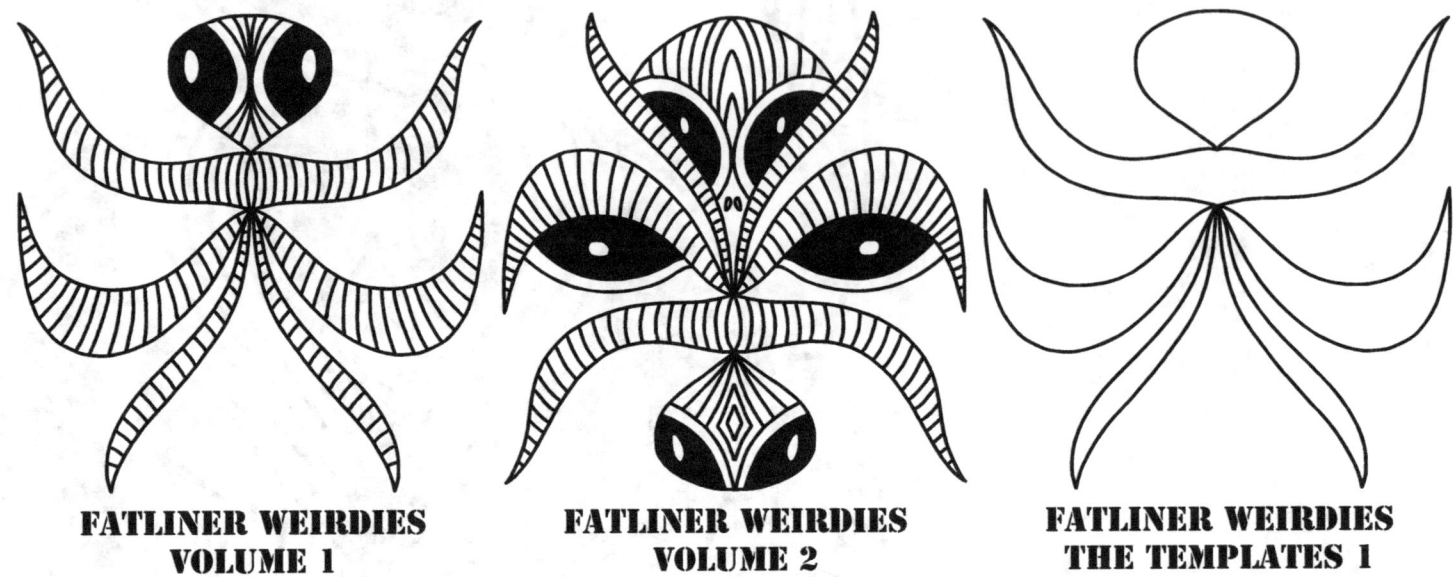

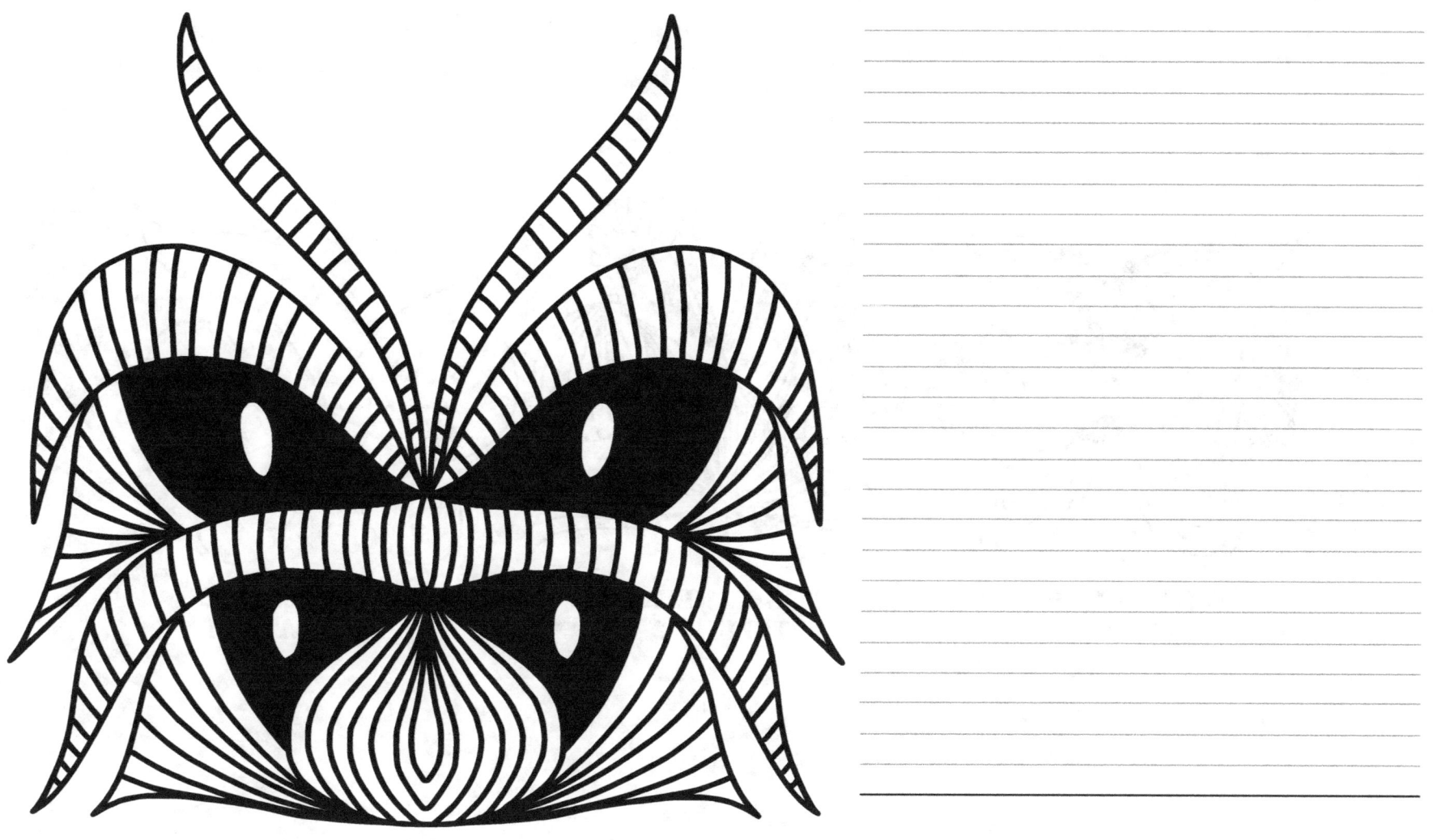

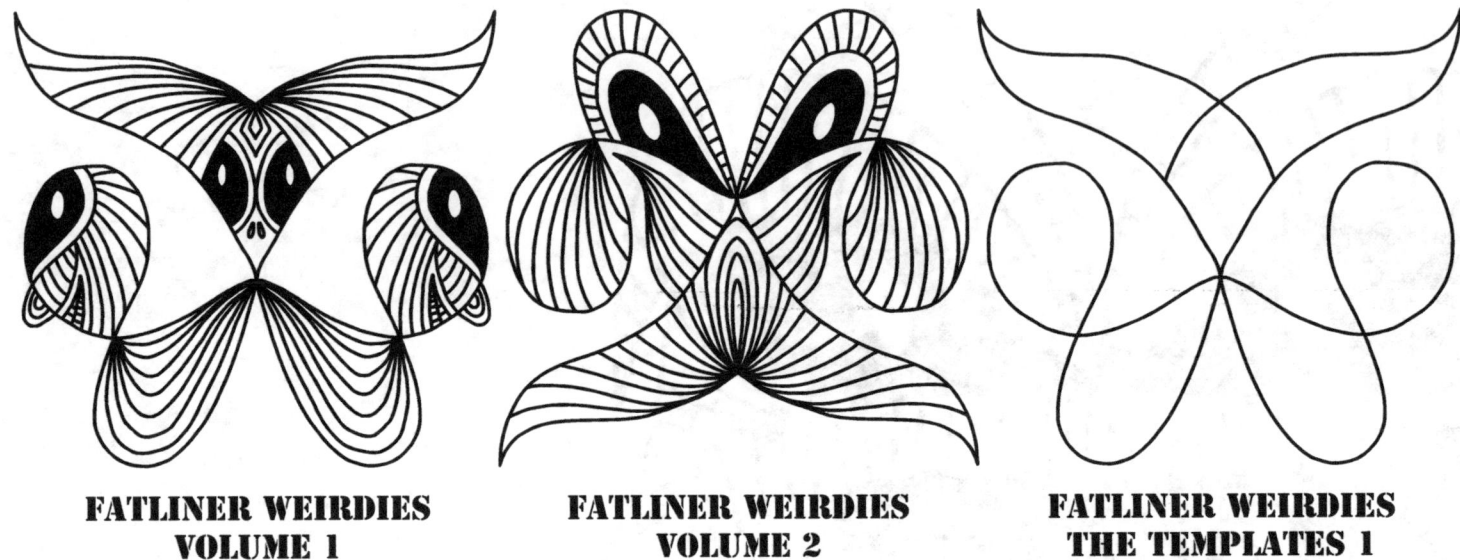

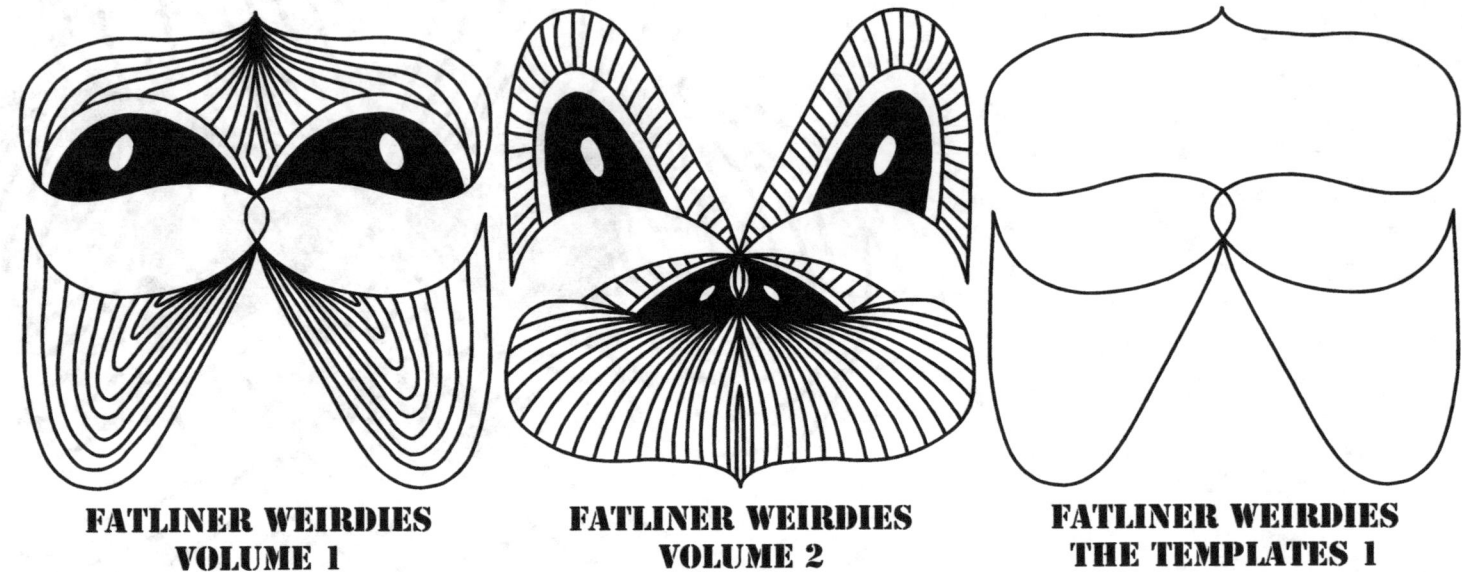

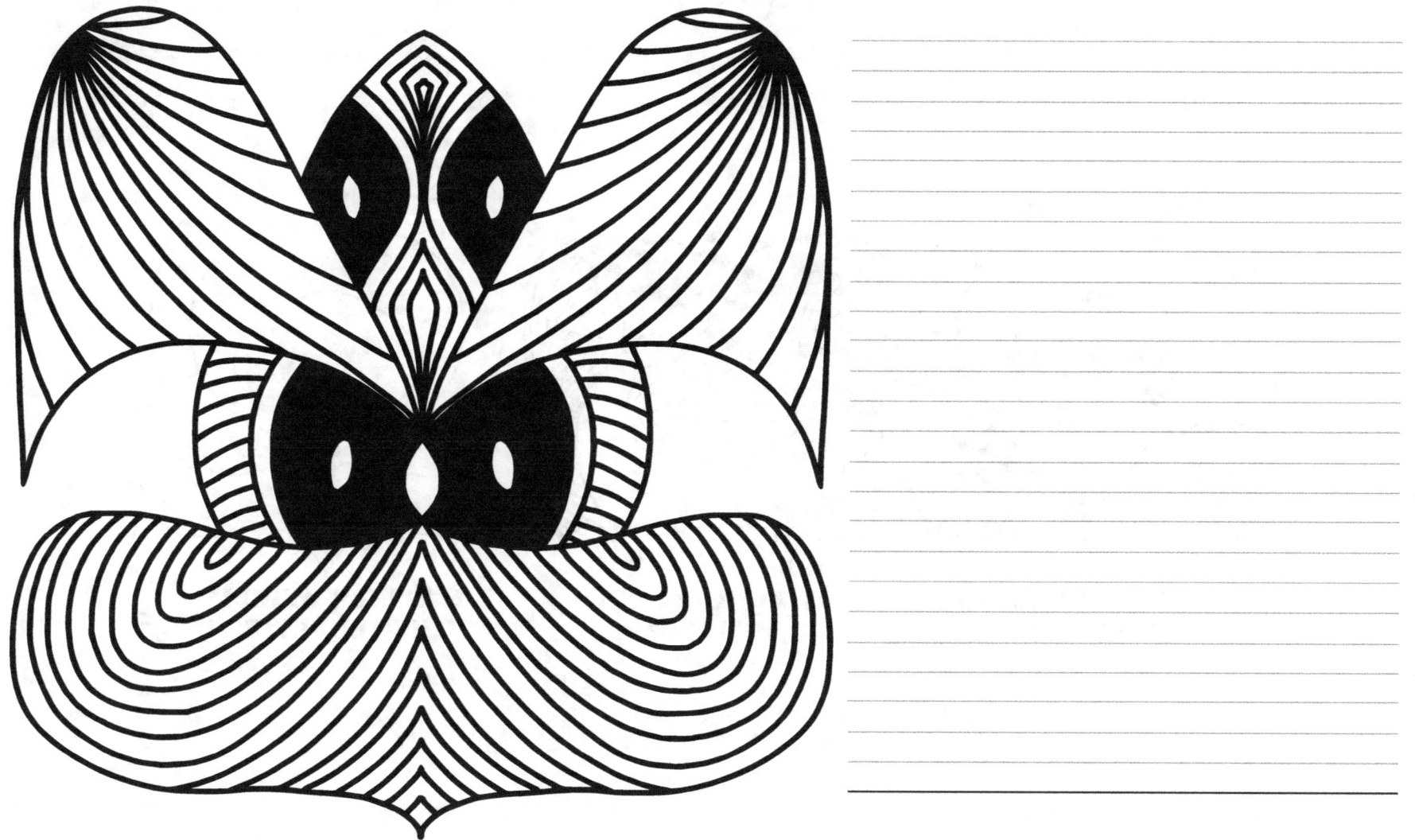

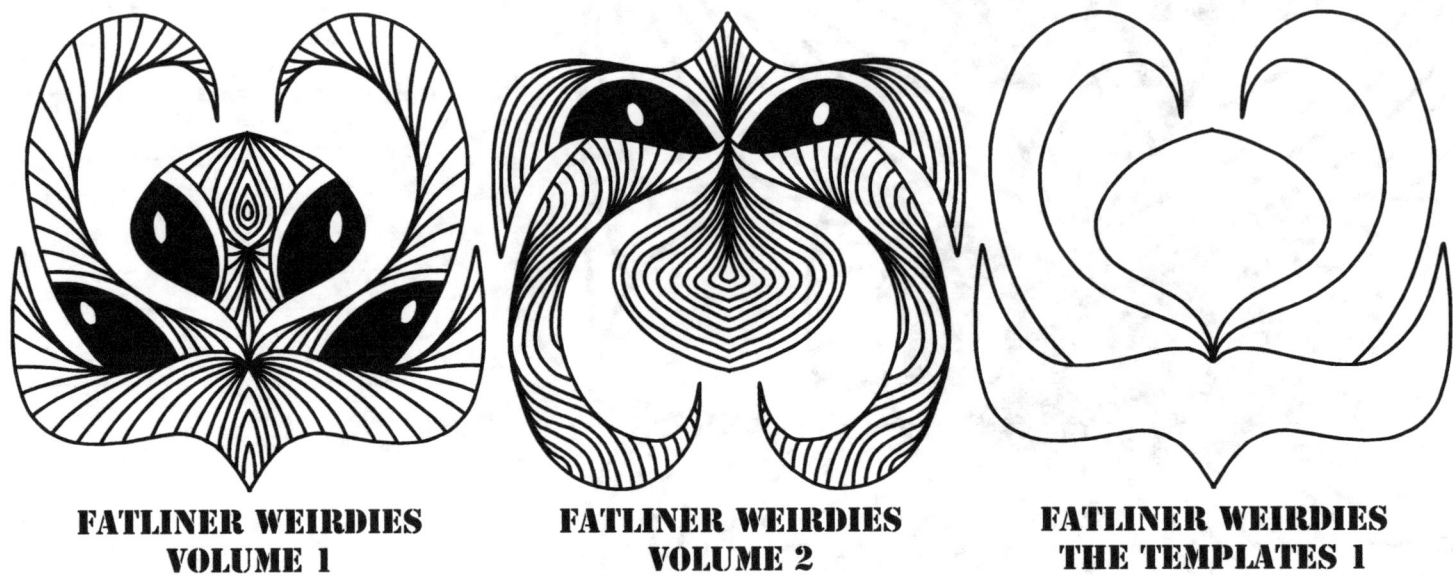

FATLINER WEIRDIES VOLUME 1   **FATLINER WEIRDIES VOLUME 2**   **FATLINER WEIRDIES THE TEMPLATES 1**

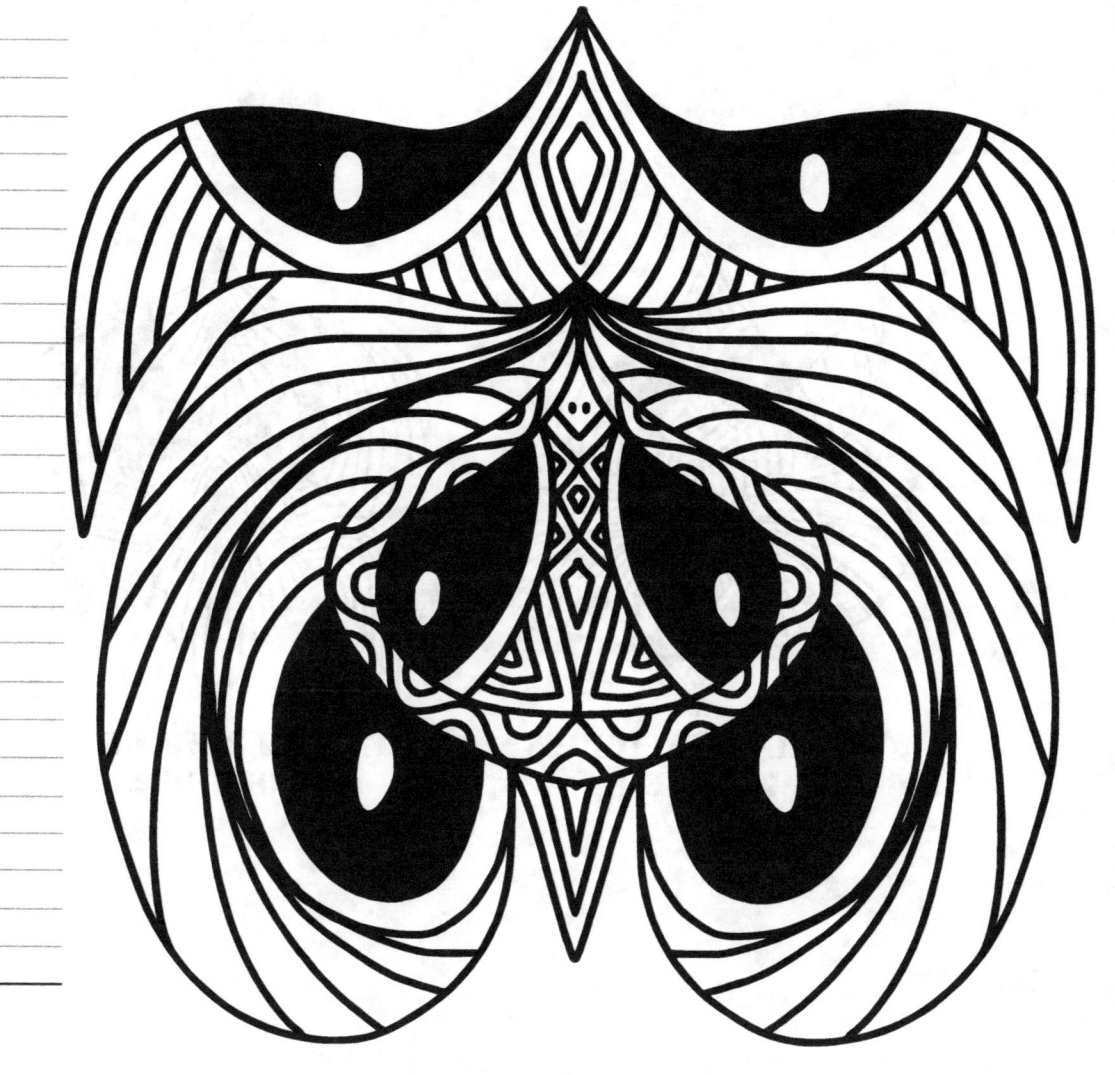

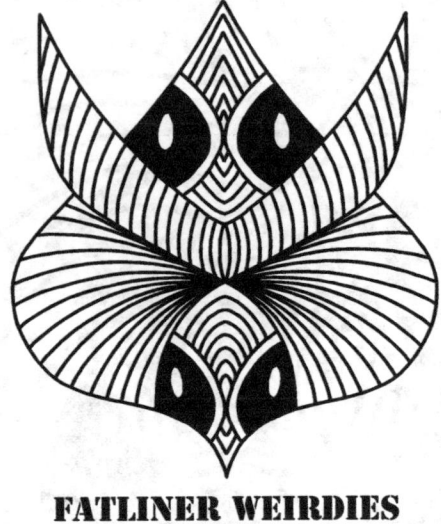 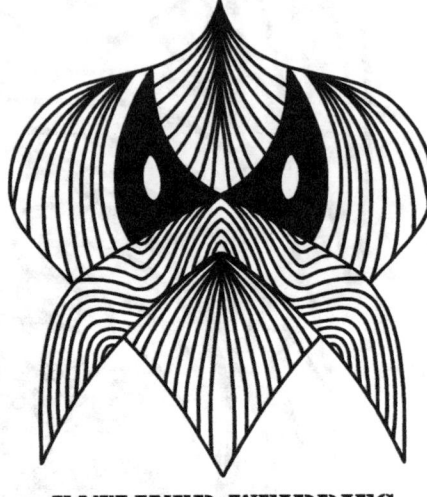 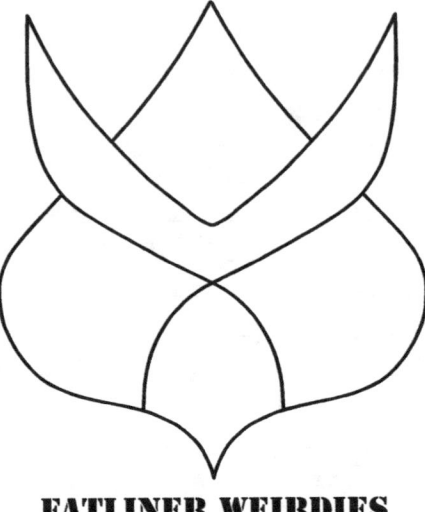

FATLINER WEIRDIES VOLUME 1   **FATLINER WEIRDIES VOLUME 2**   **FATLINER WEIRDIES THE TEMPLATES 1**

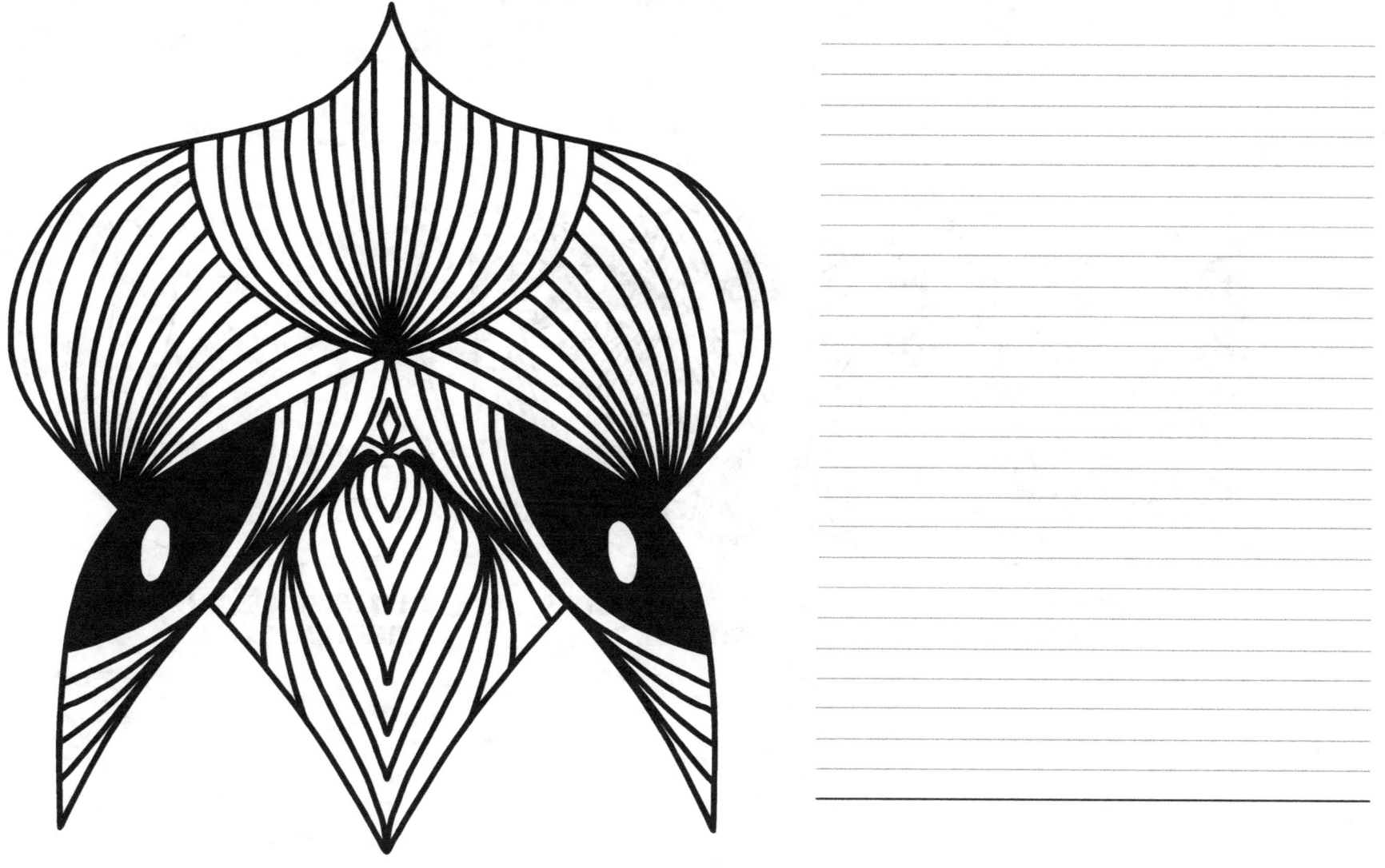

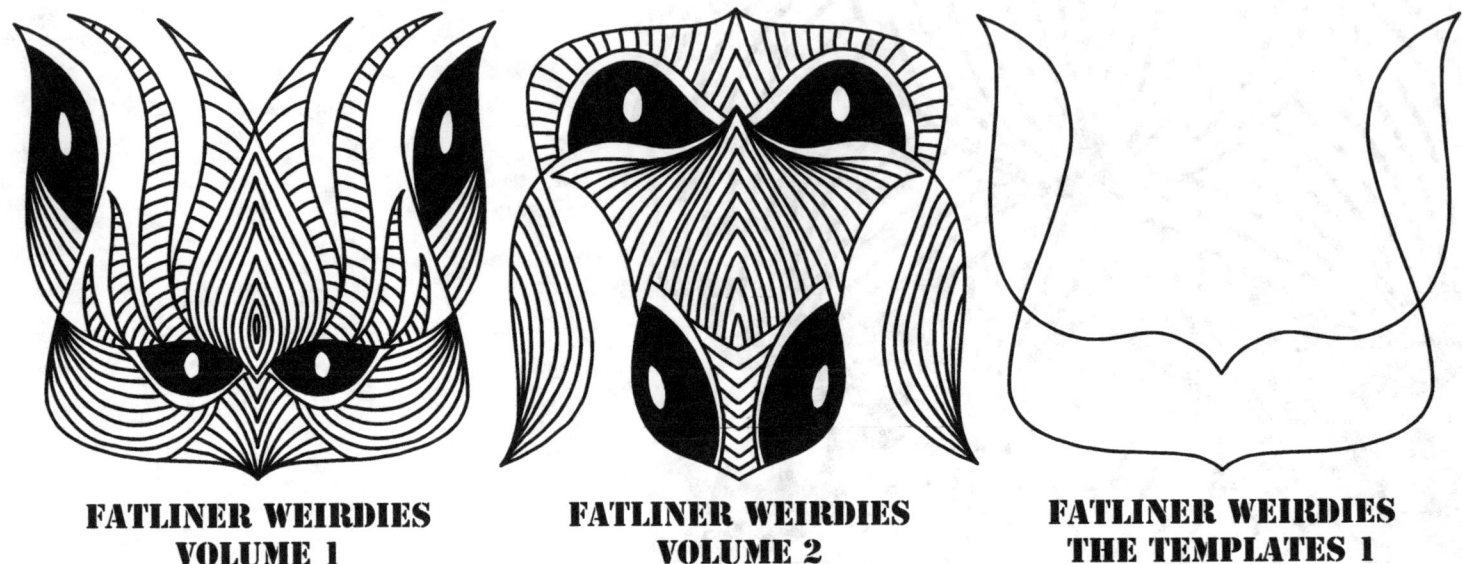

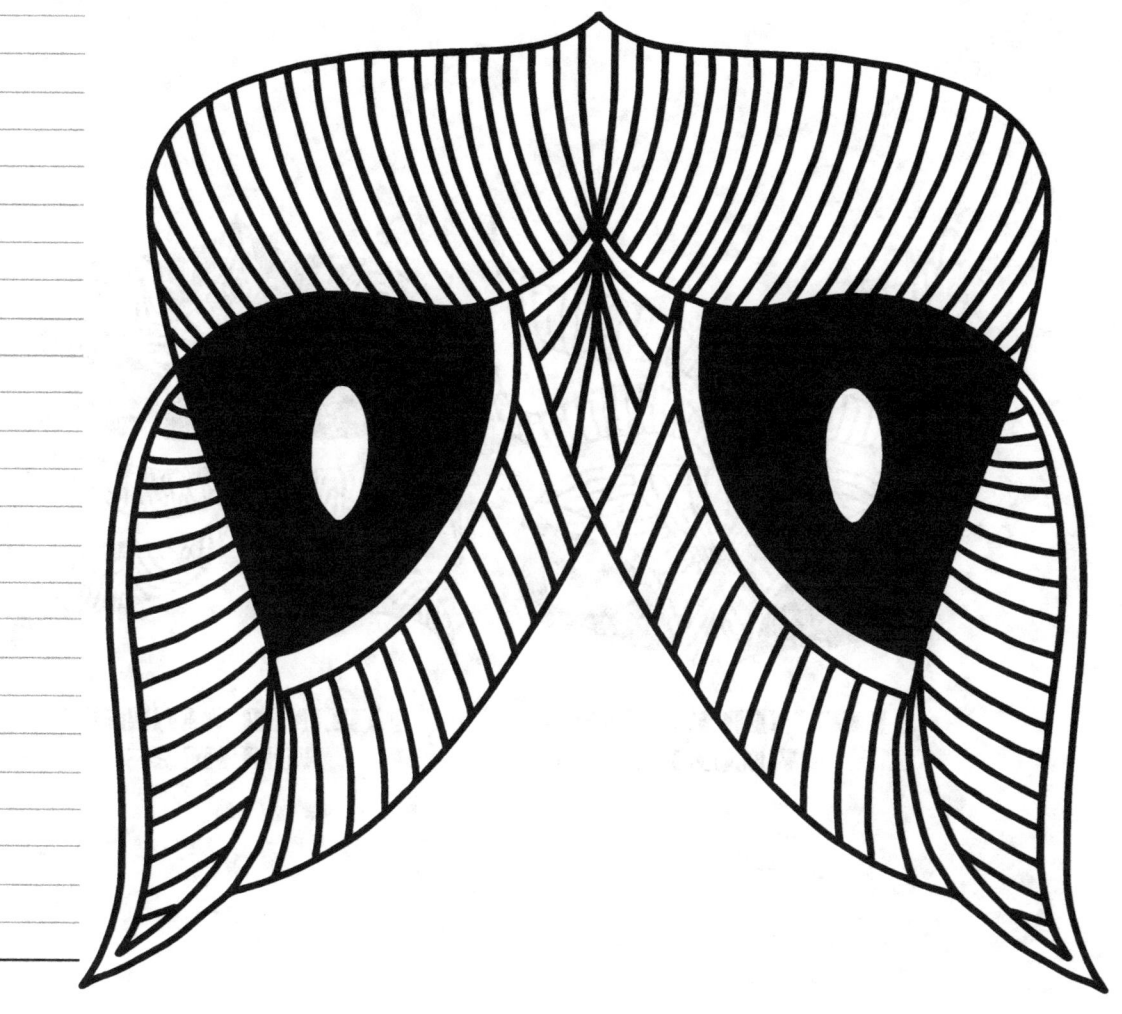

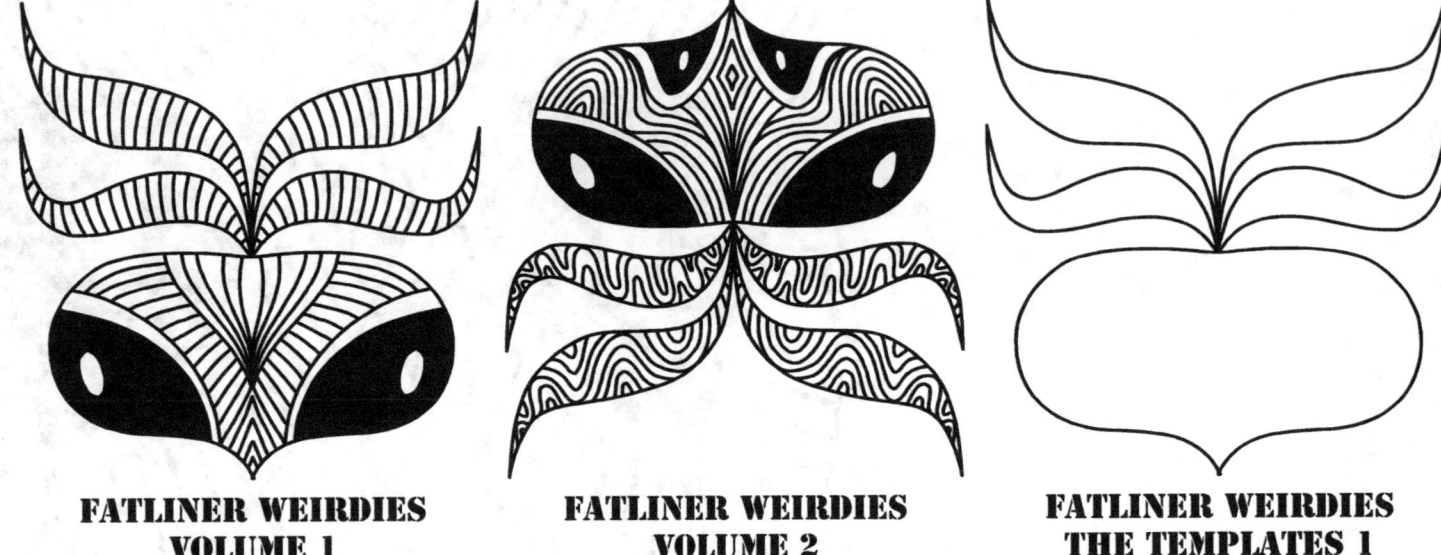

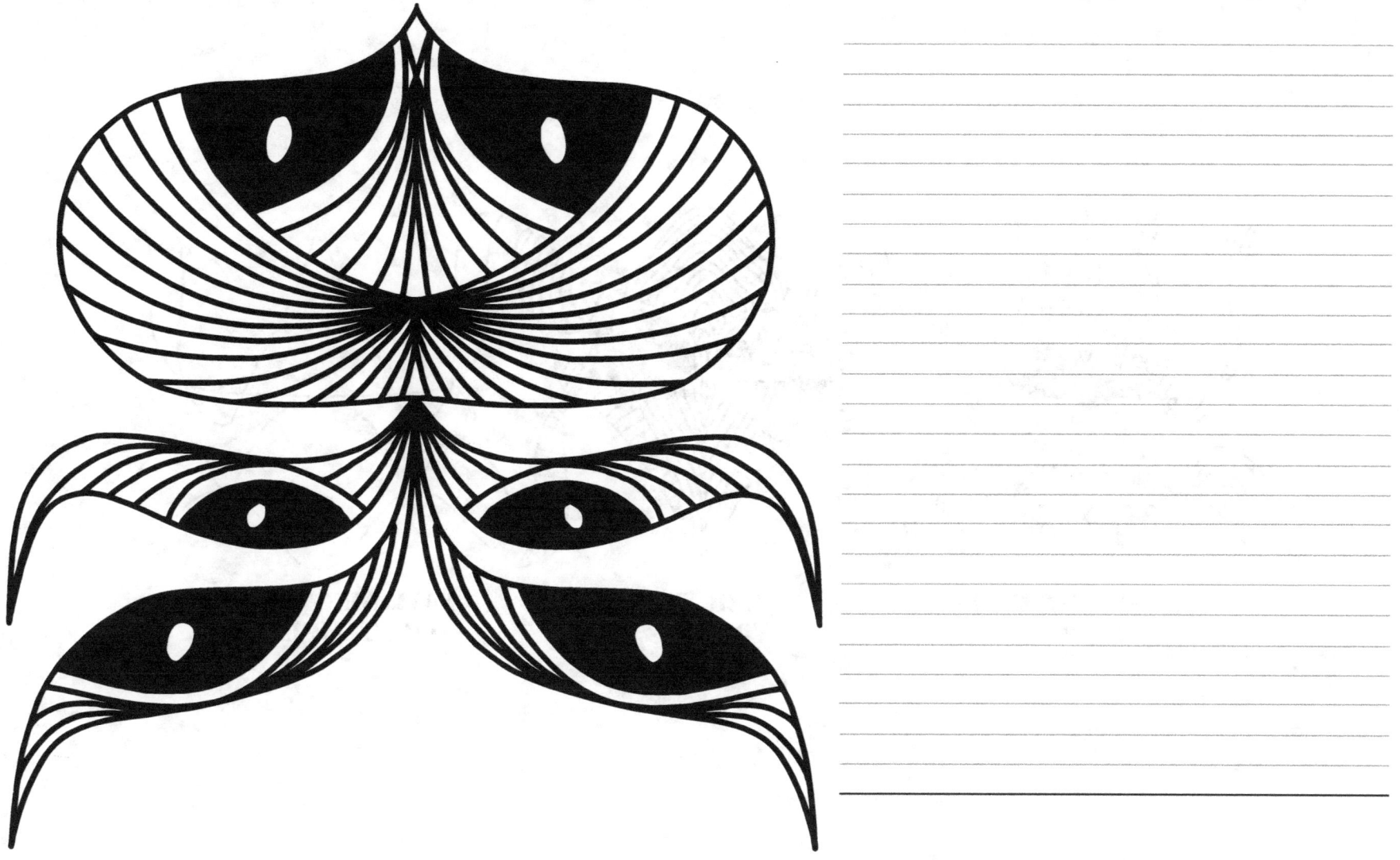

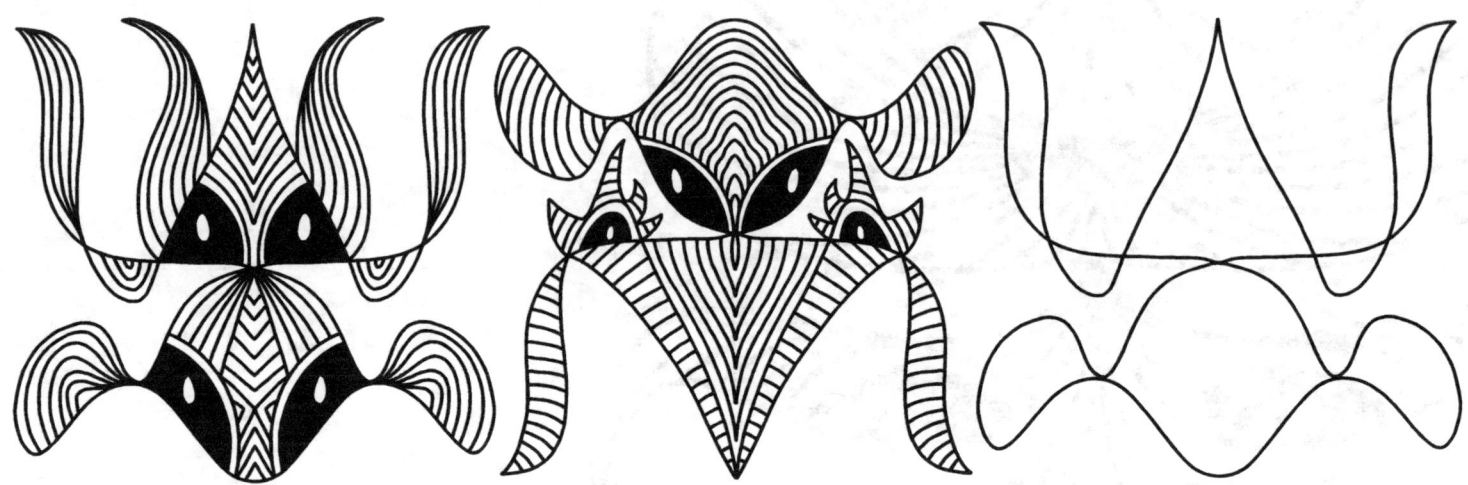

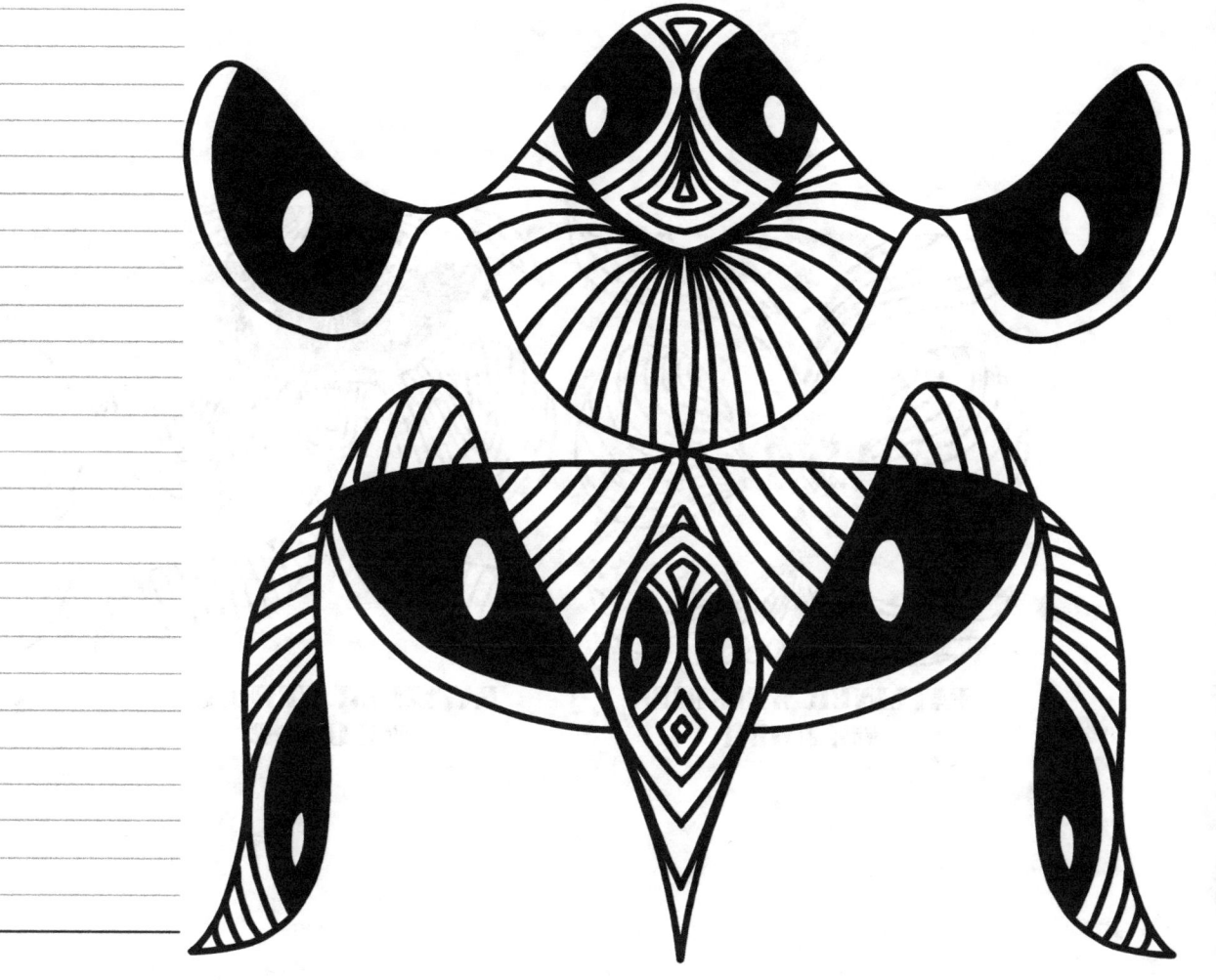

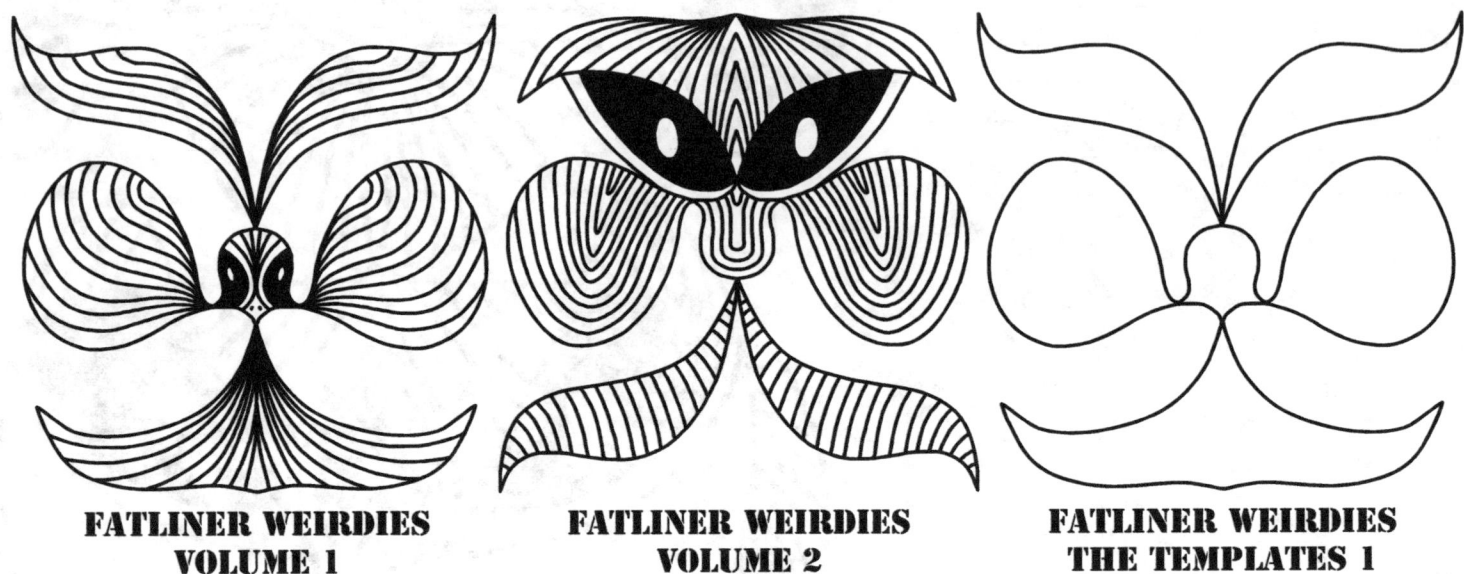

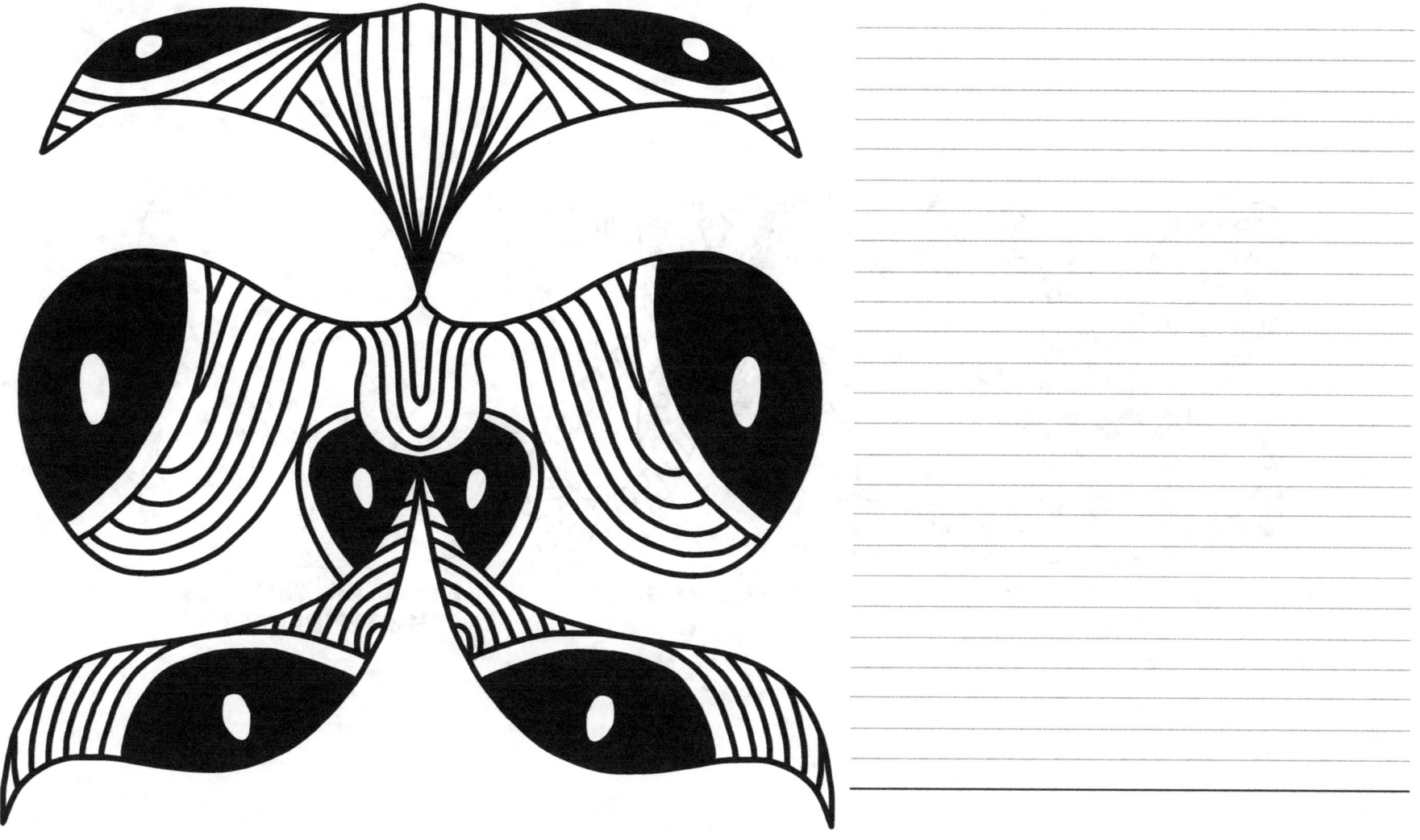

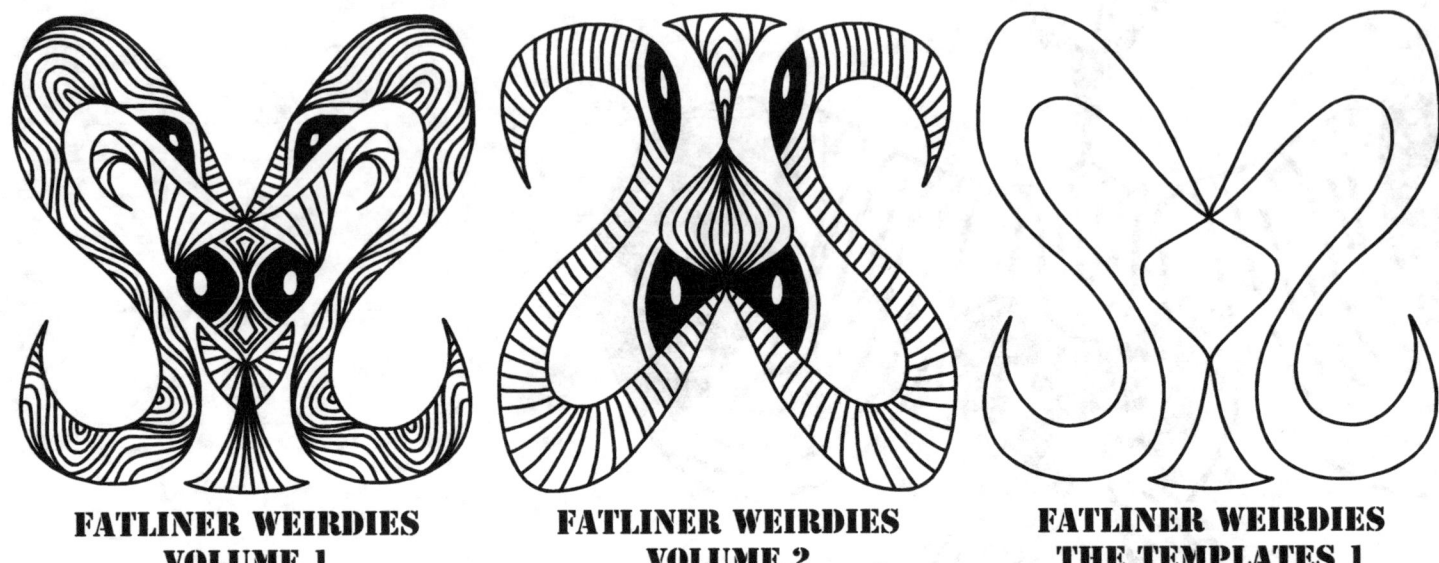

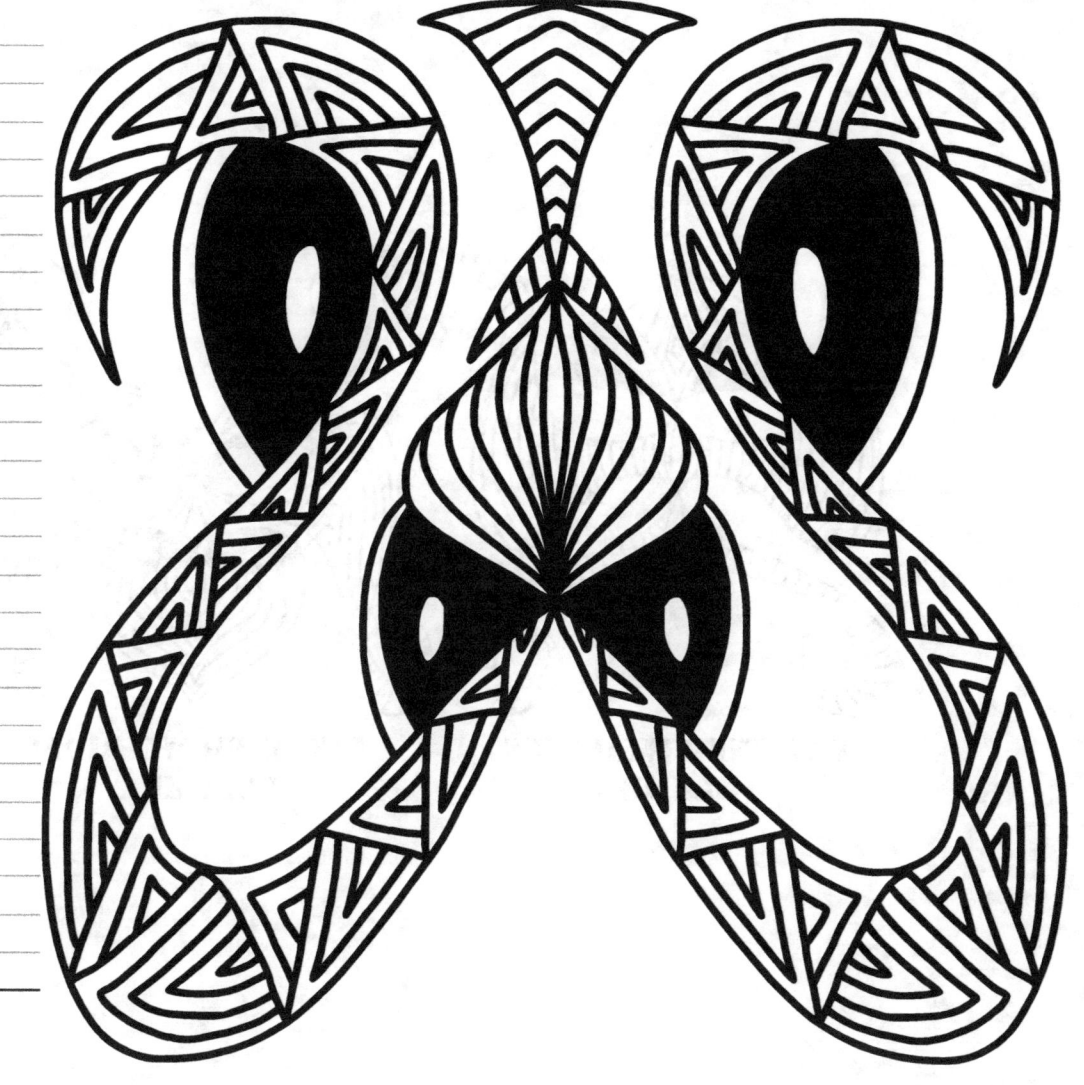

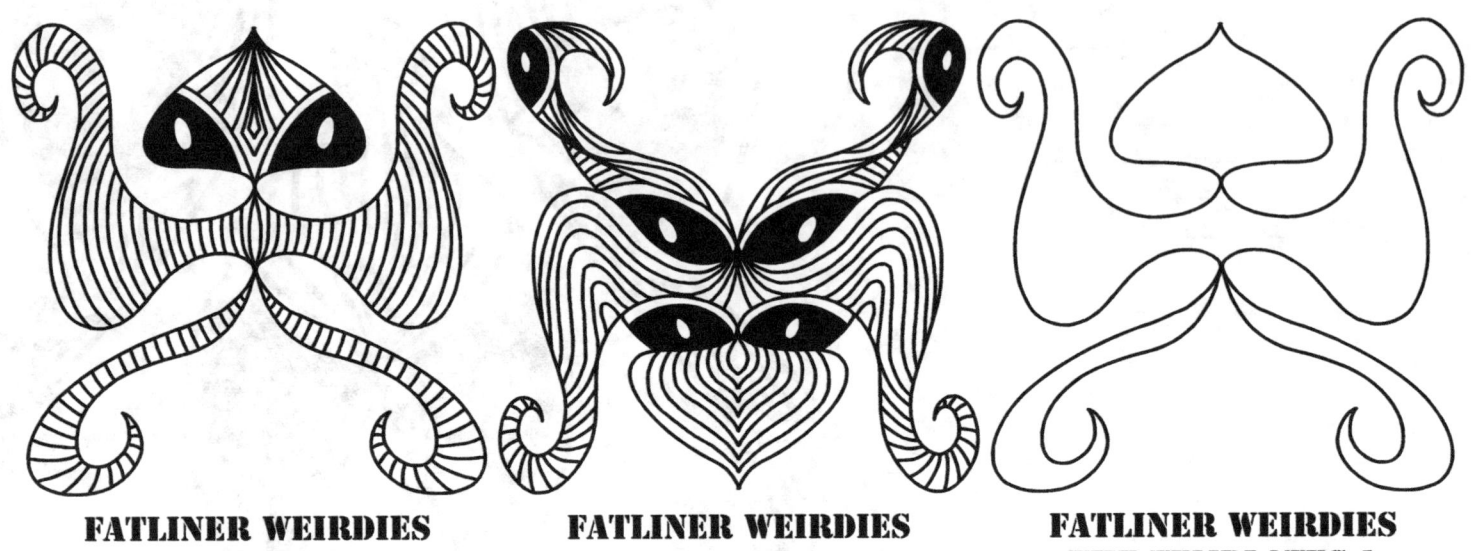

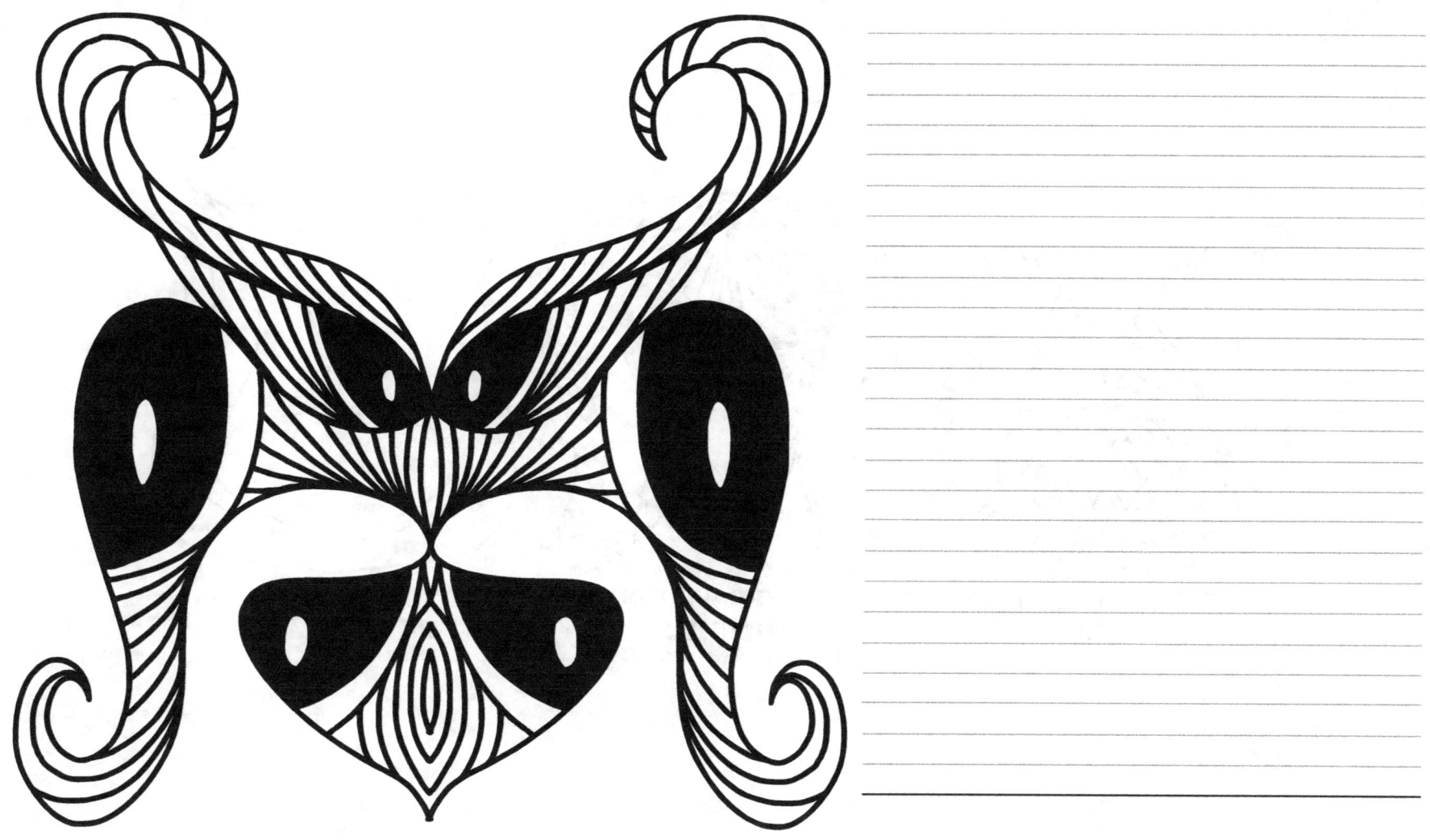

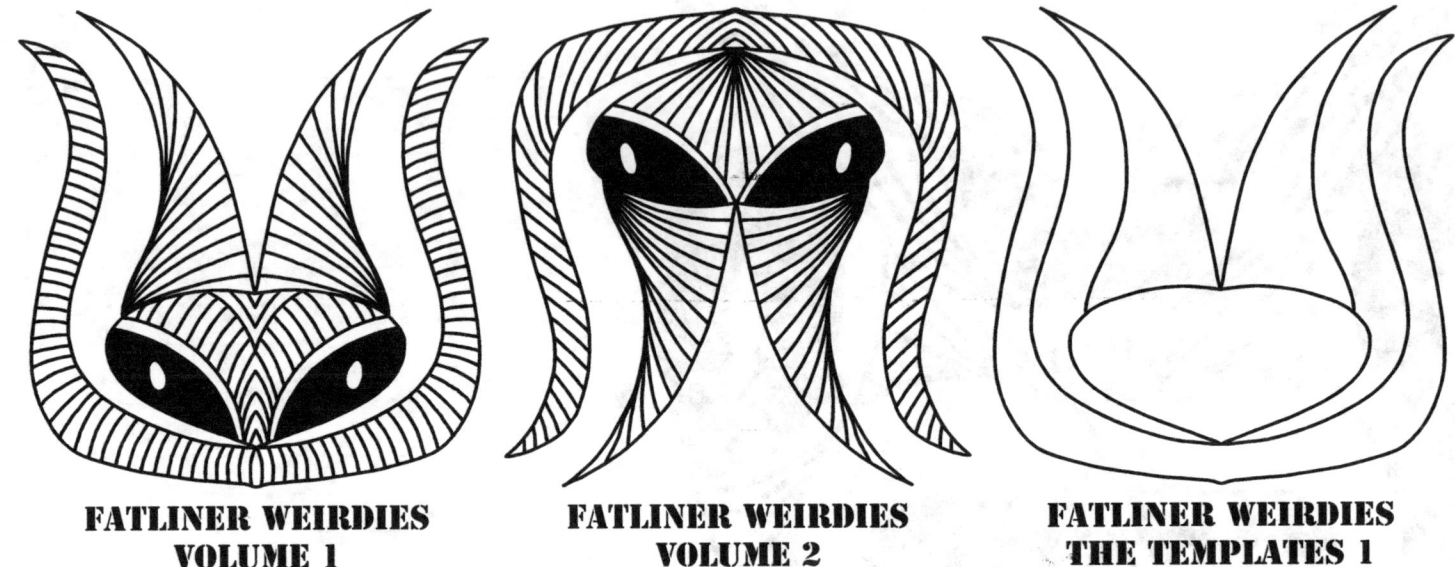

FATLINER WEIRDIES VOLUME 1   **FATLINER WEIRDIES VOLUME 2**   **FATLINER WEIRDIES THE TEMPLATES 1**

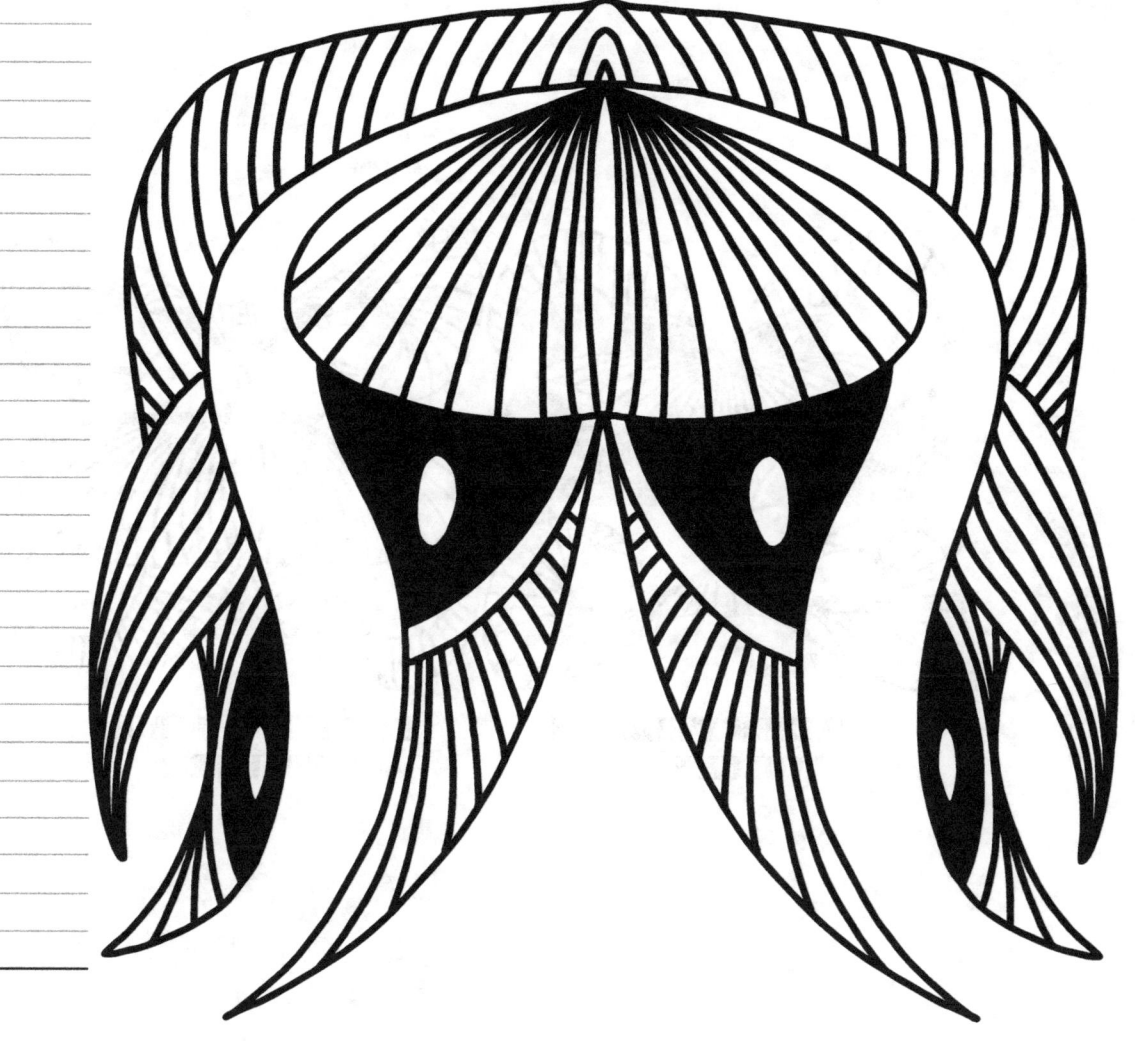

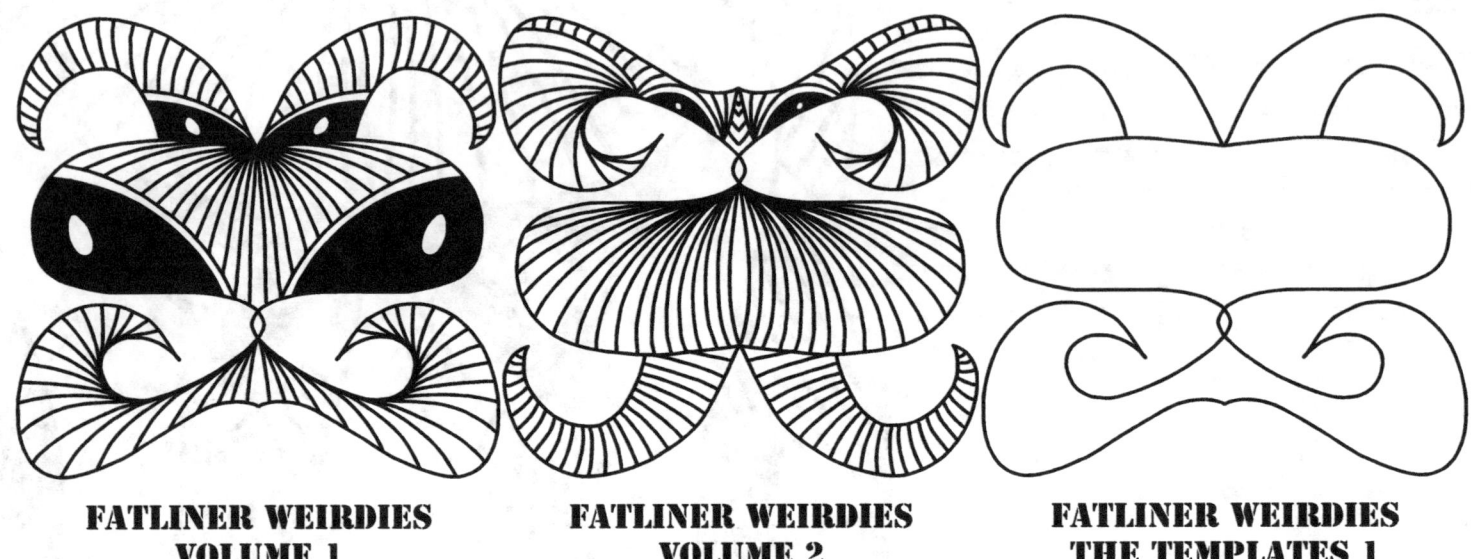

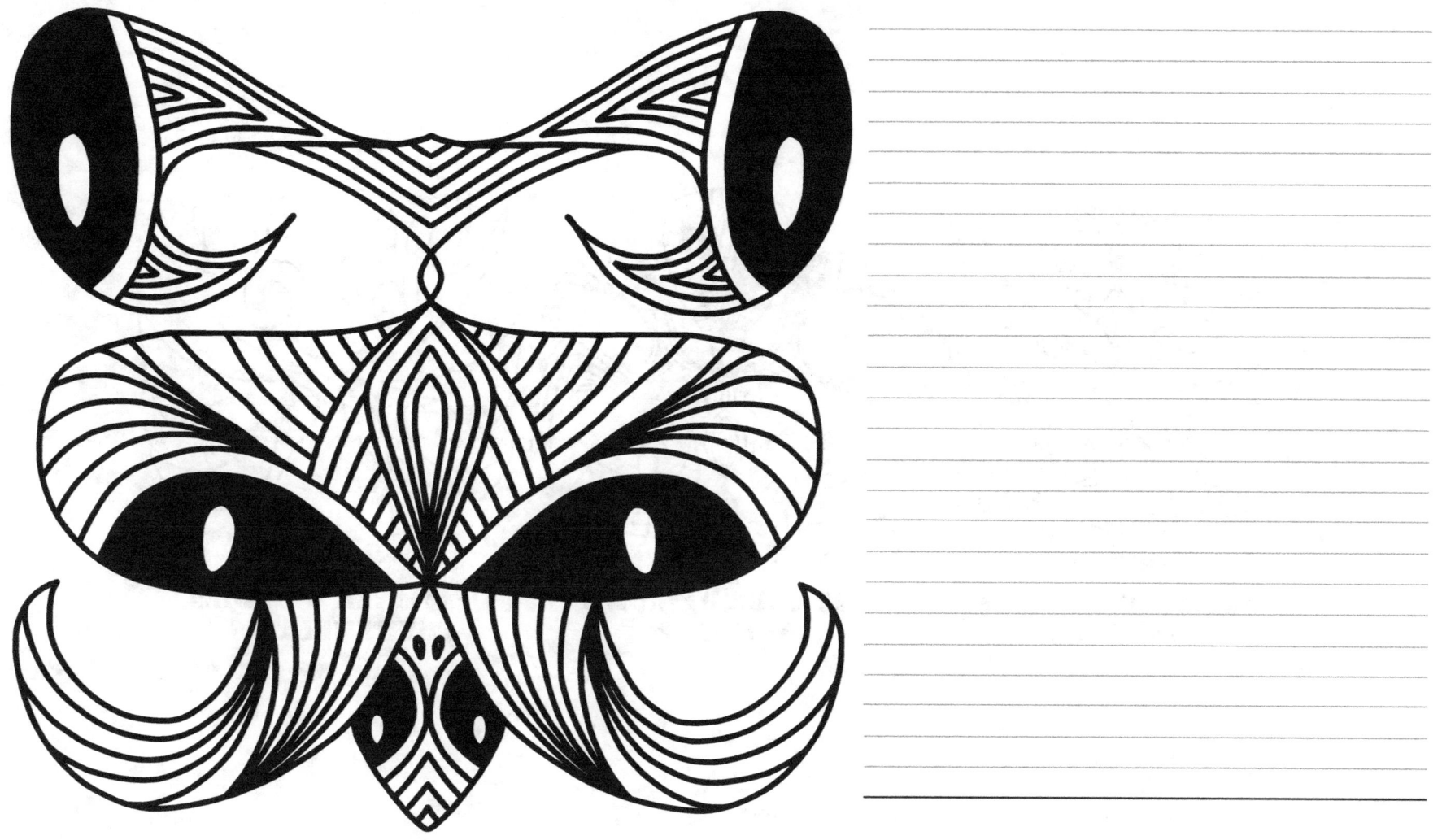

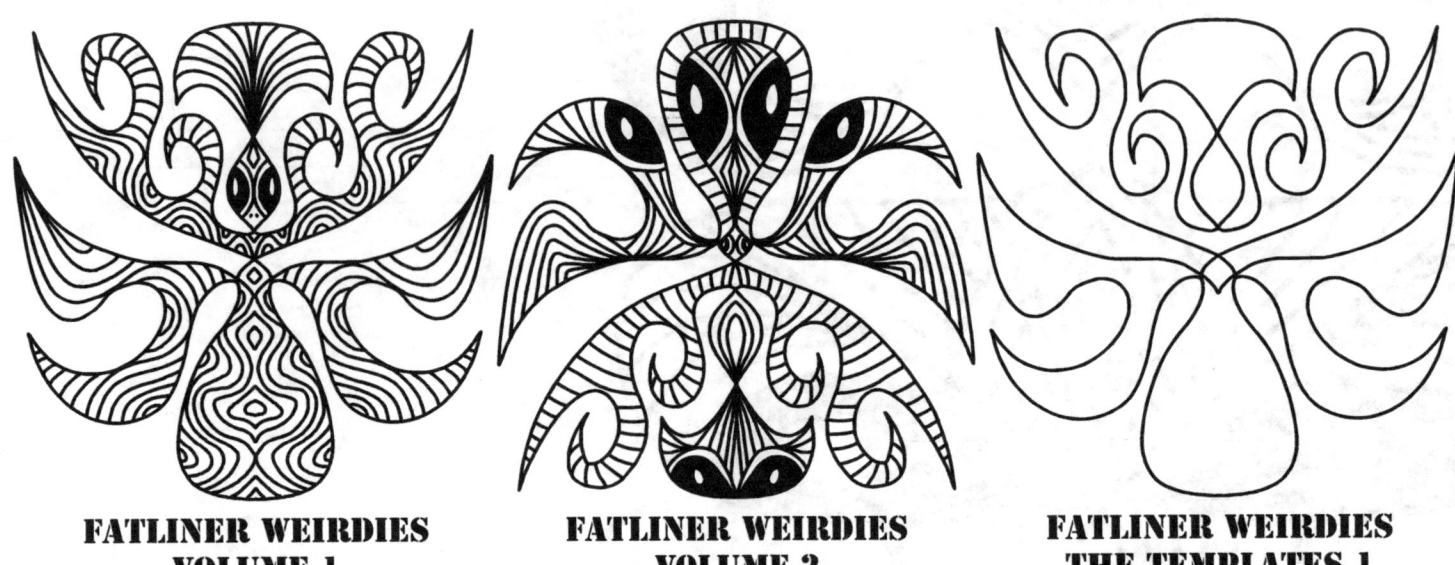

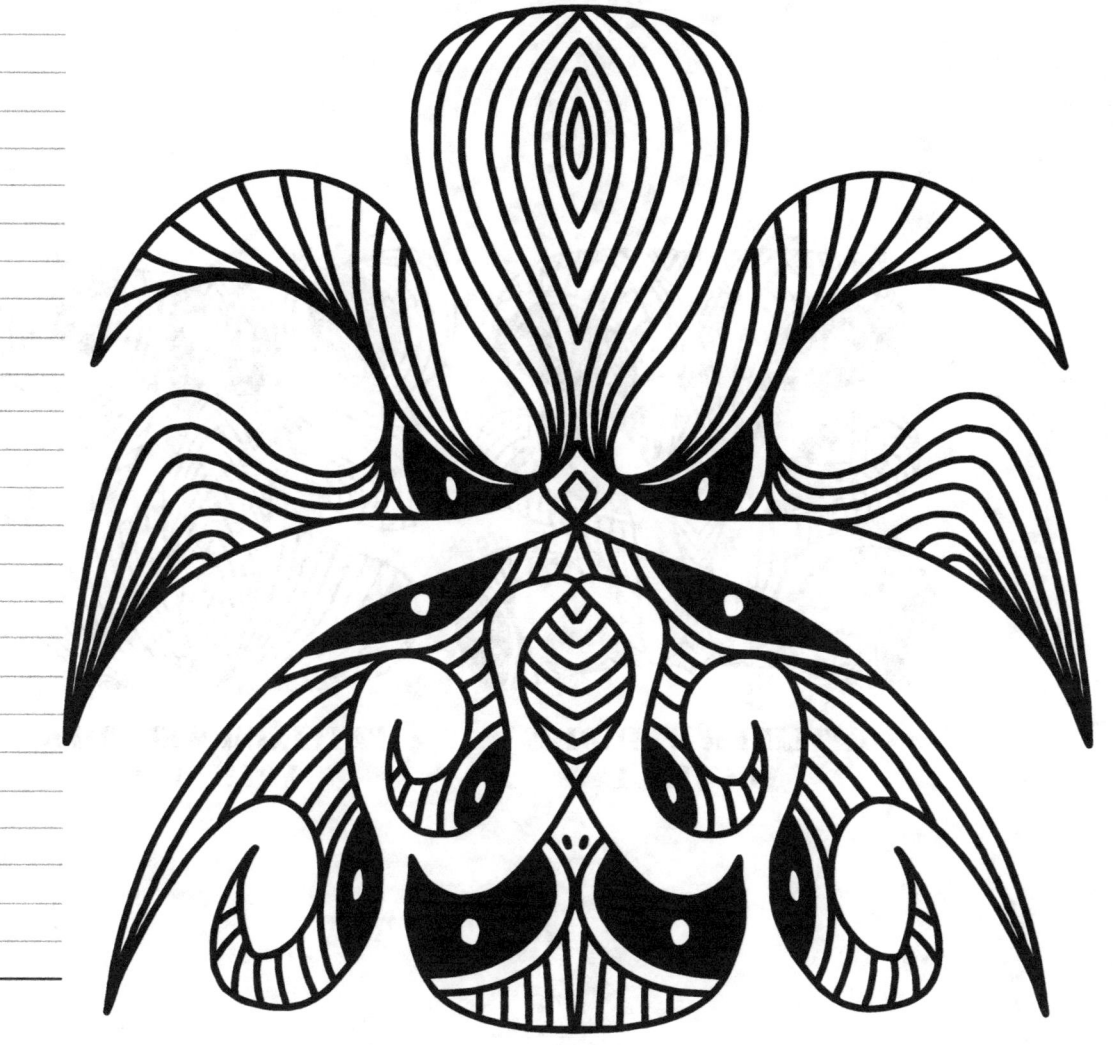

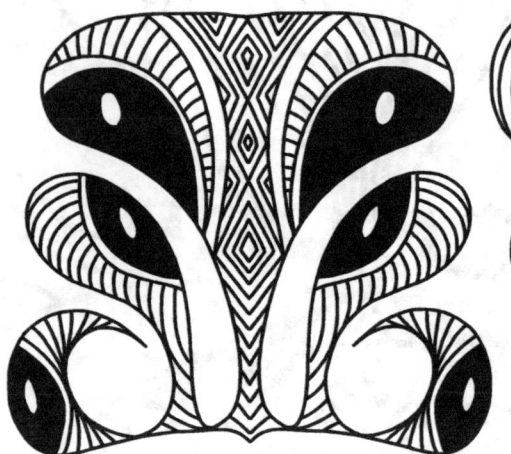
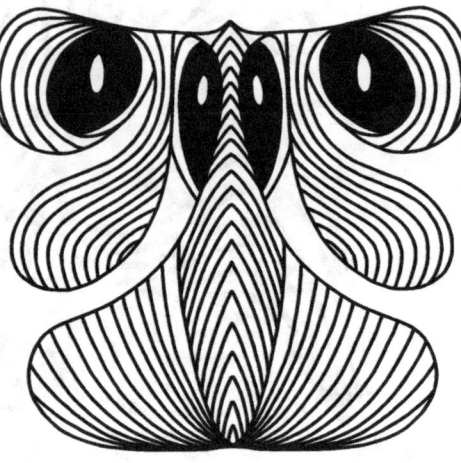
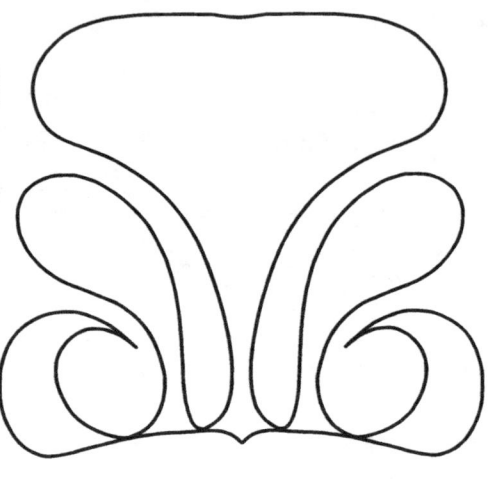

FATLINER WEIRDIES VOLUME 1   **FATLINER WEIRDIES VOLUME 2**   **FATLINER WEIRDIES THE TEMPLATES 1**

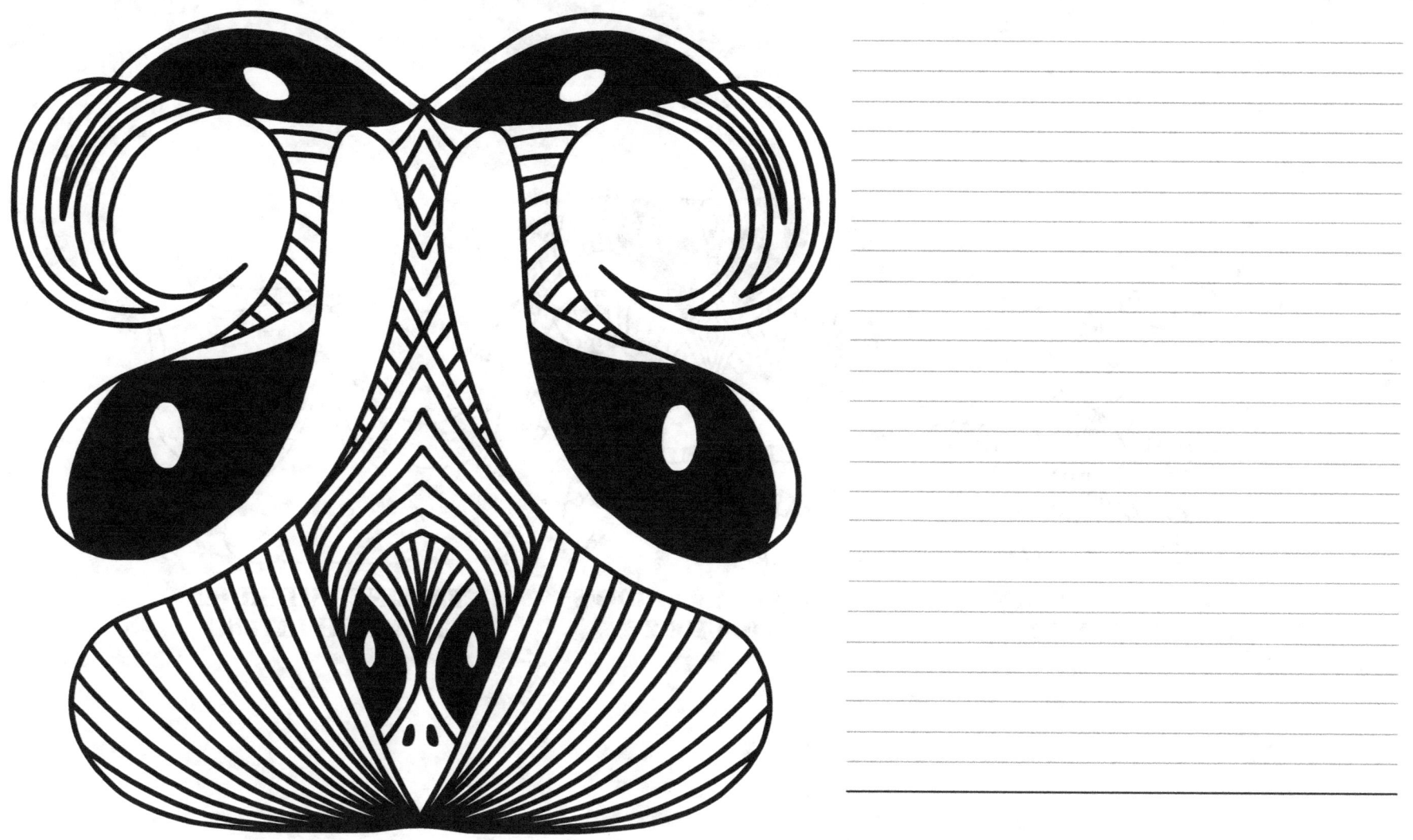

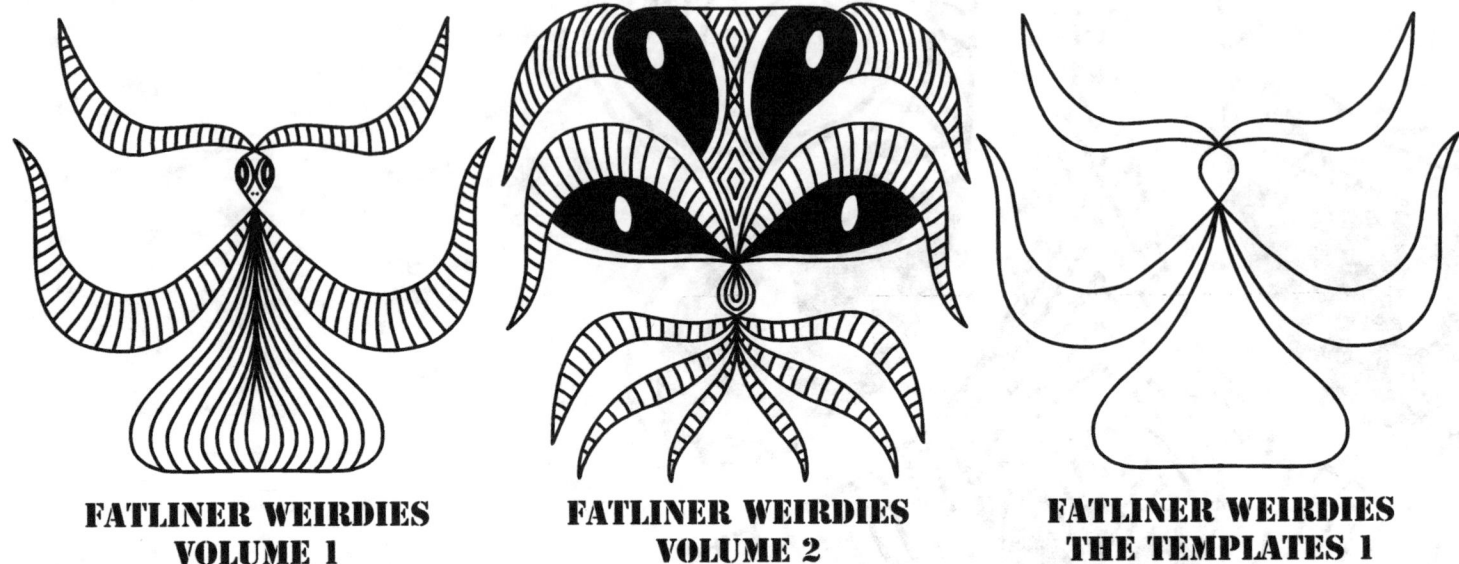

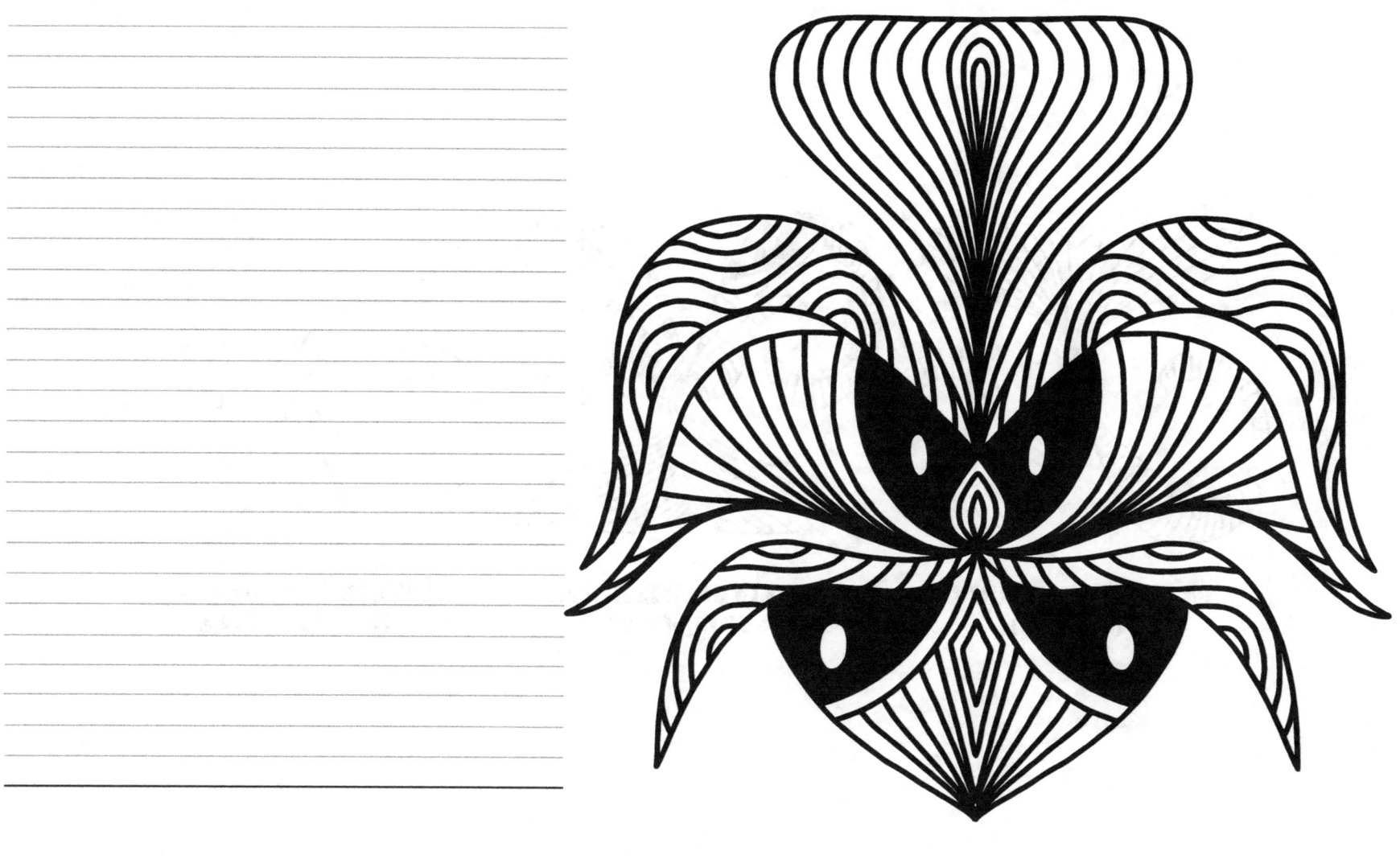

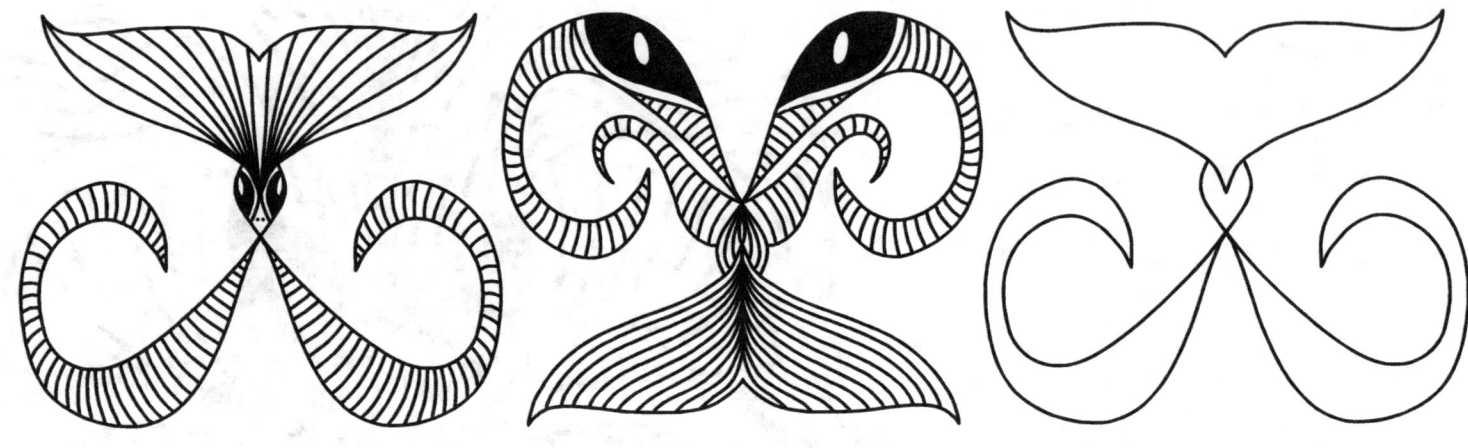

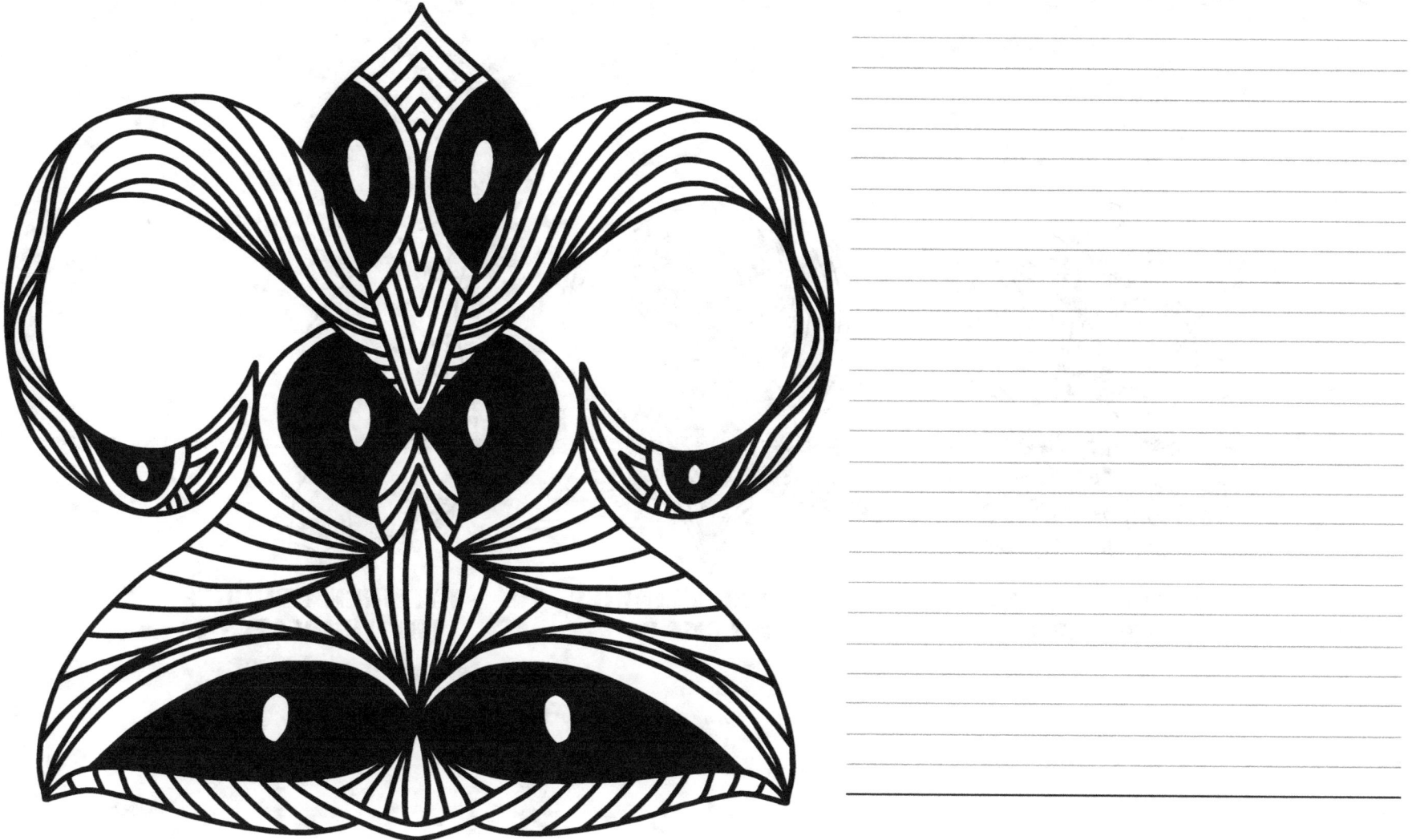

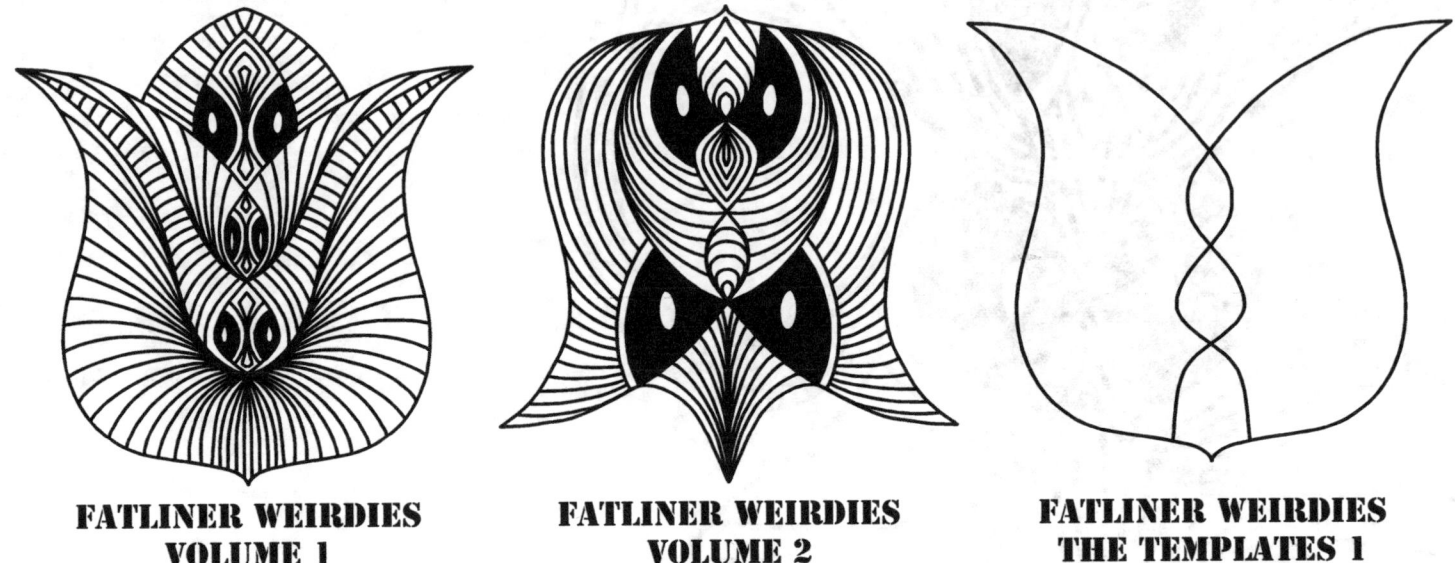

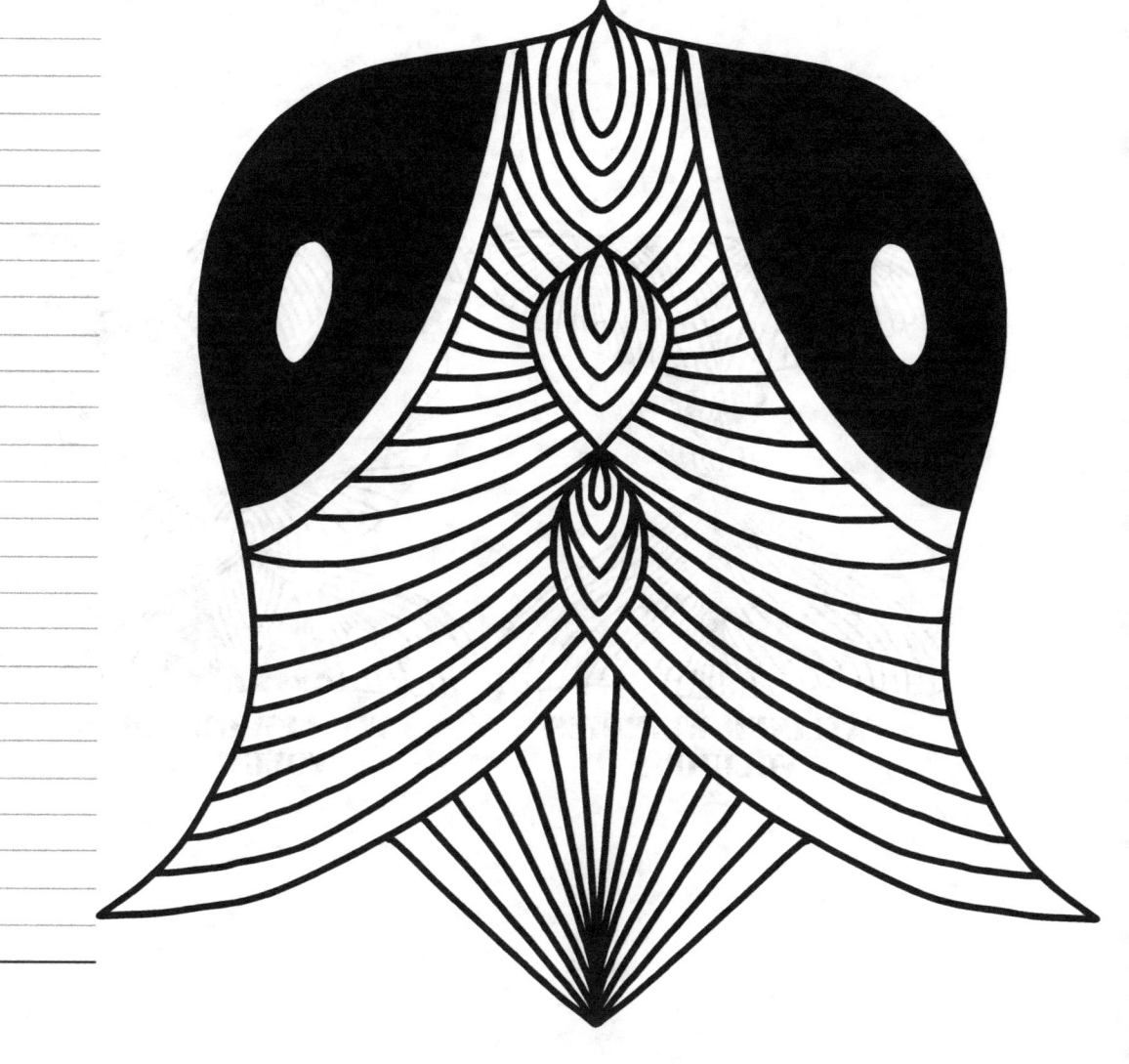

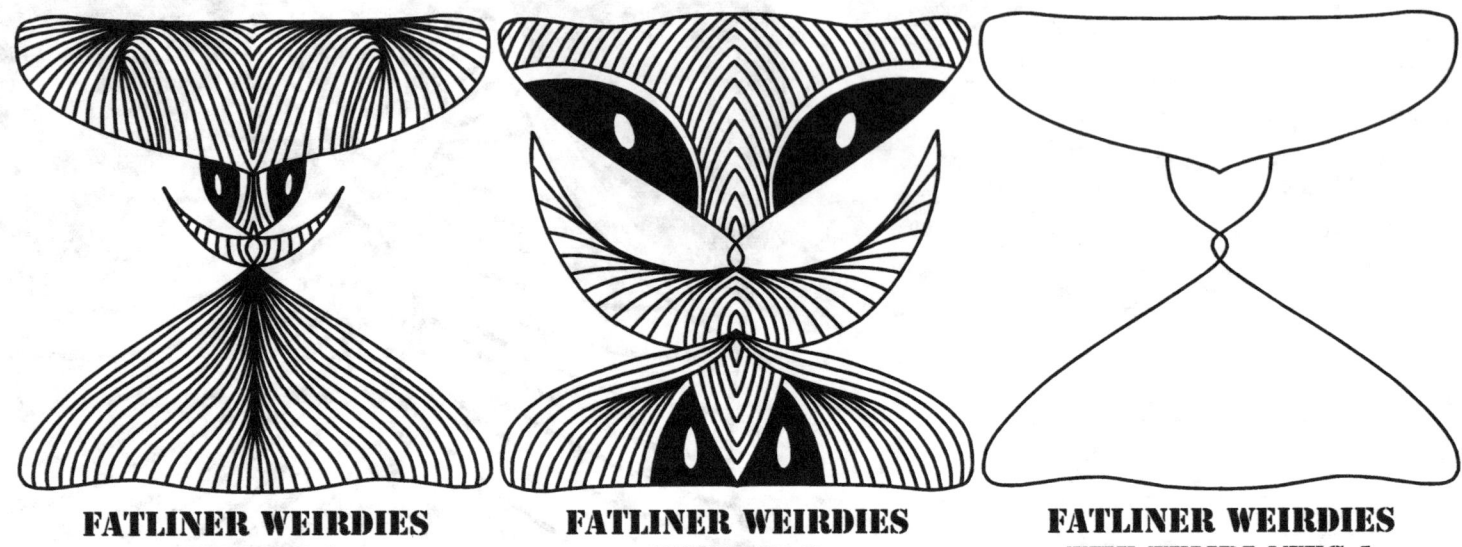

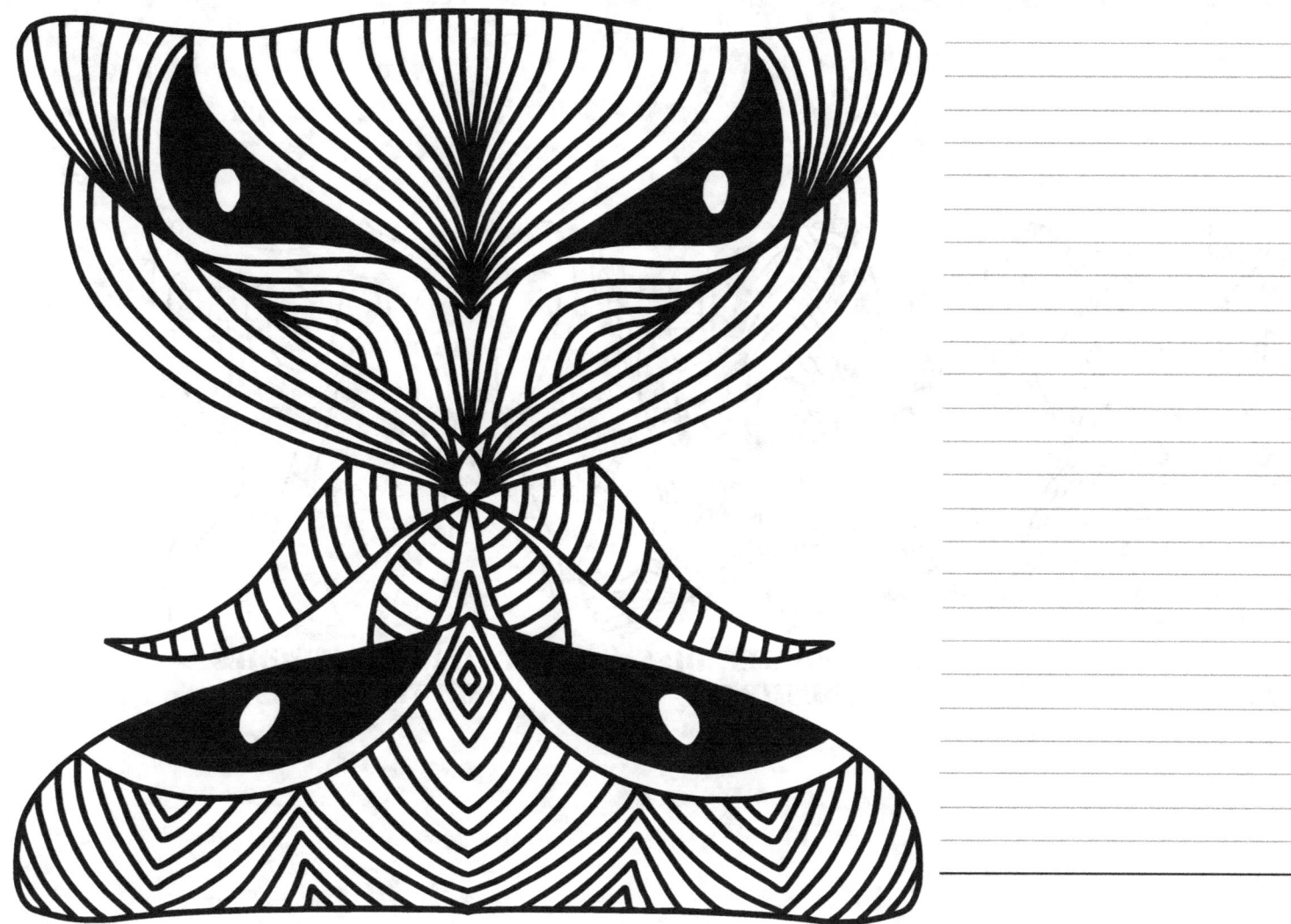

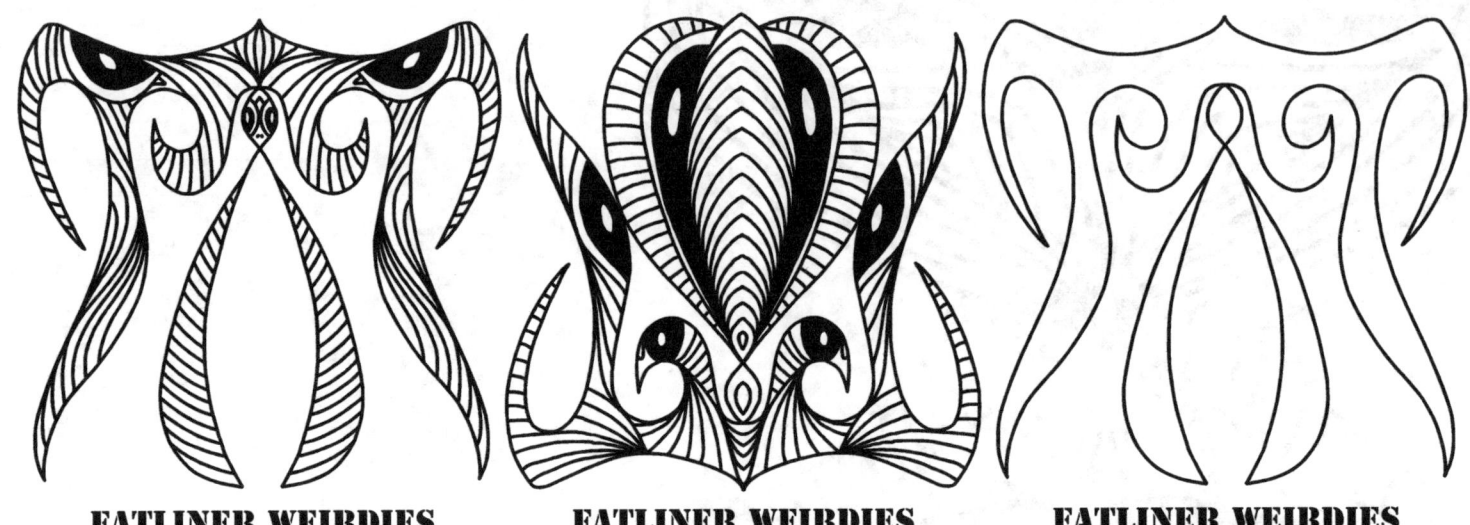

FATLINER WEIRDIES VOLUME 1 **FATLINER WEIRDIES VOLUME 2** **FATLINER WEIRDIES THE TEMPLATES 1**

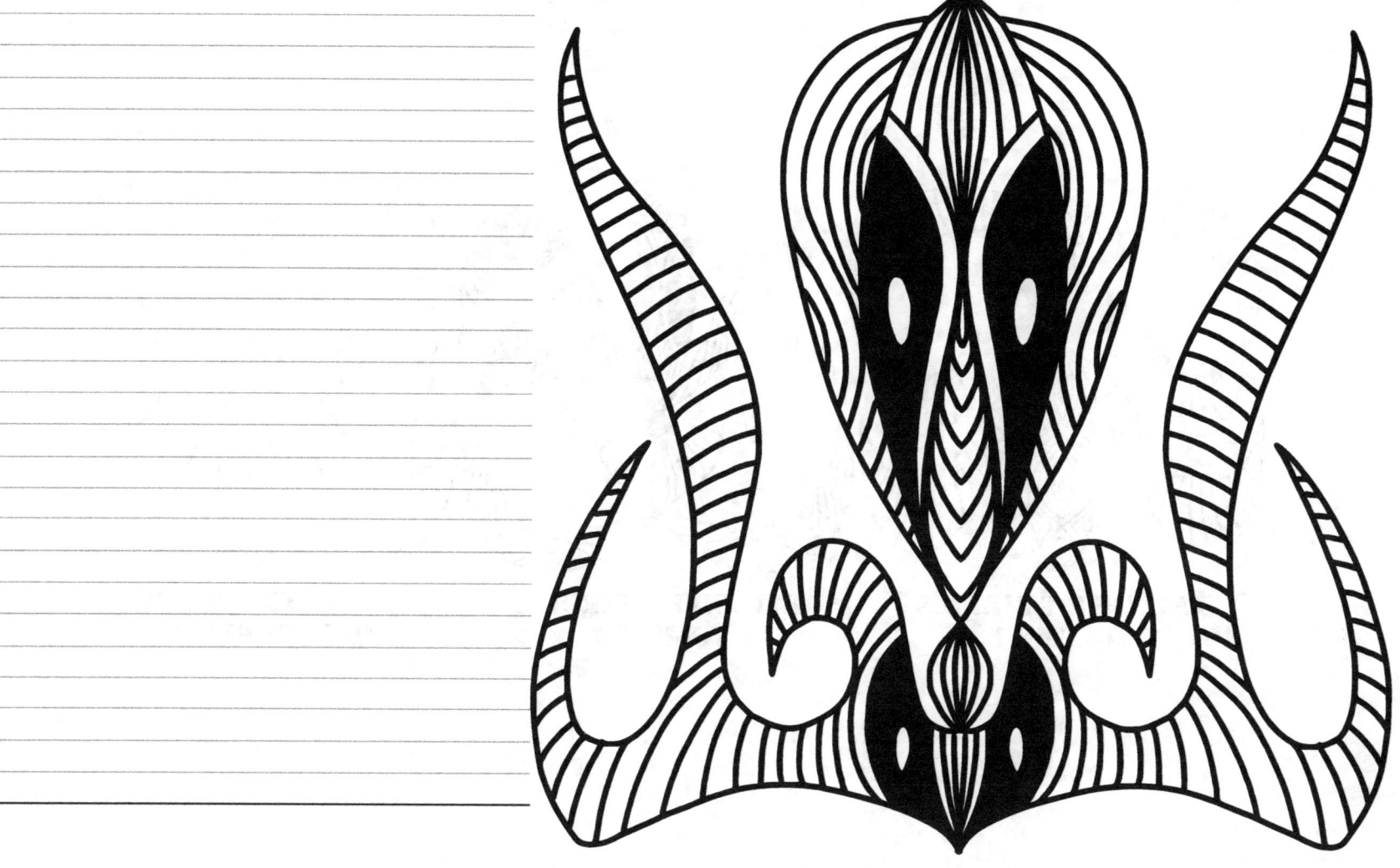

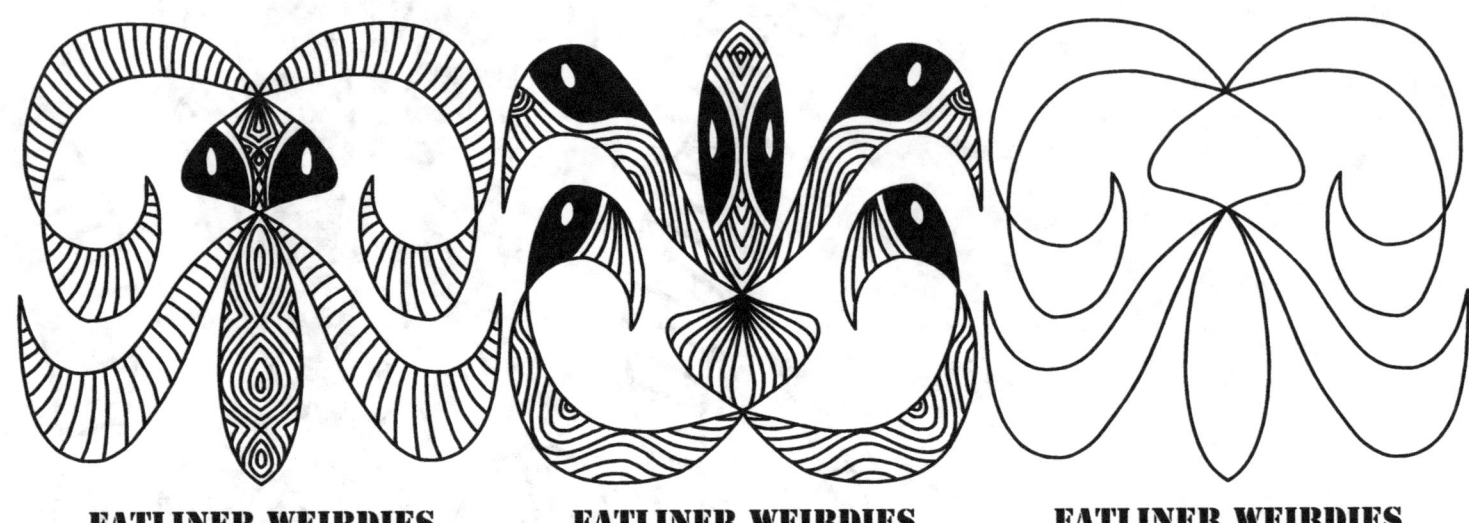

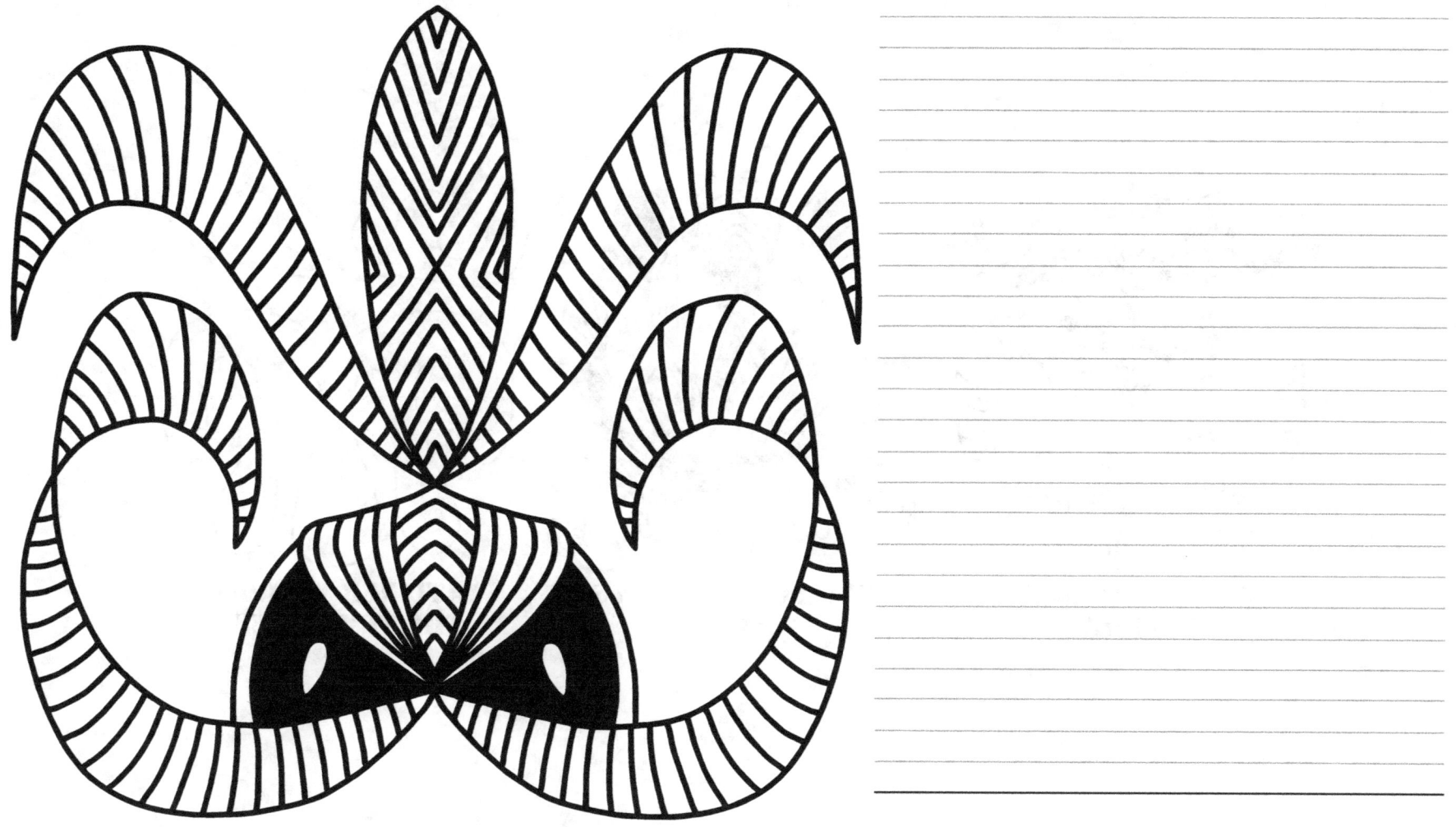

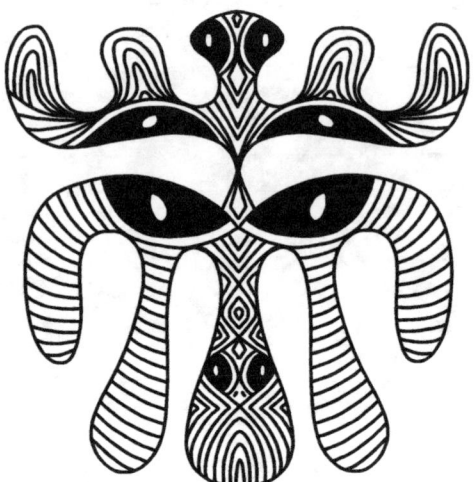

FATLINER WEIRDIES VOLUME 1

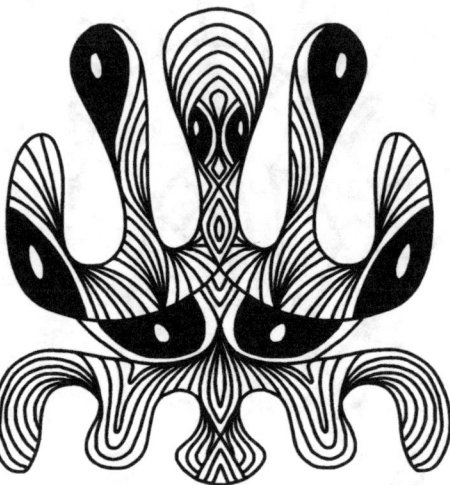

FATLINER WEIRDIES VOLUME 2

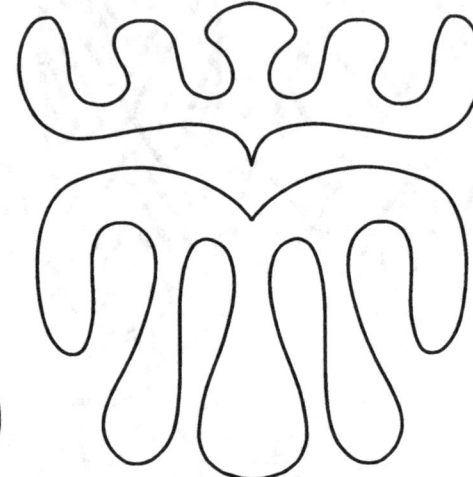

FATLINER WEIRDIES THE TEMPLATES 1

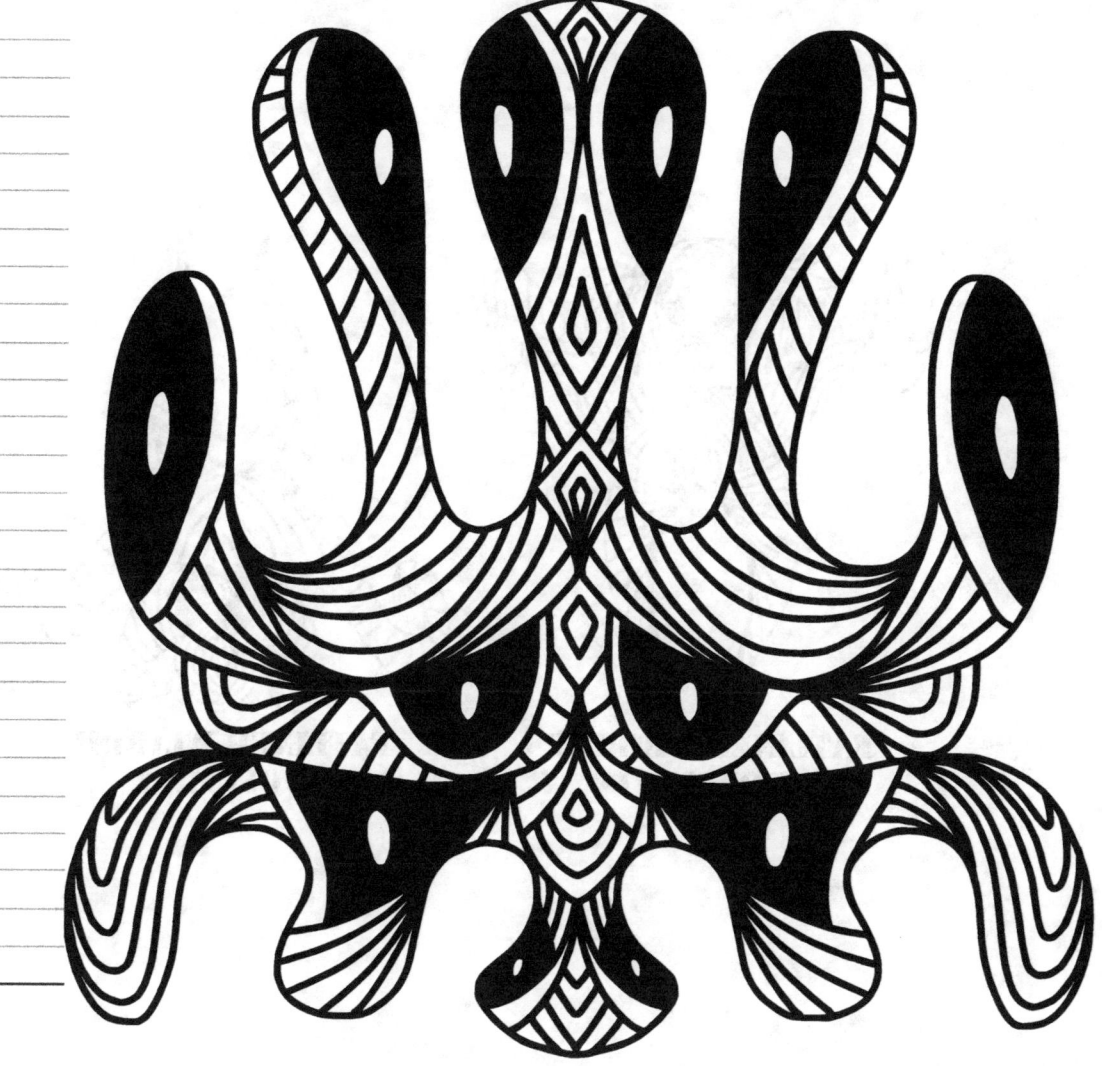

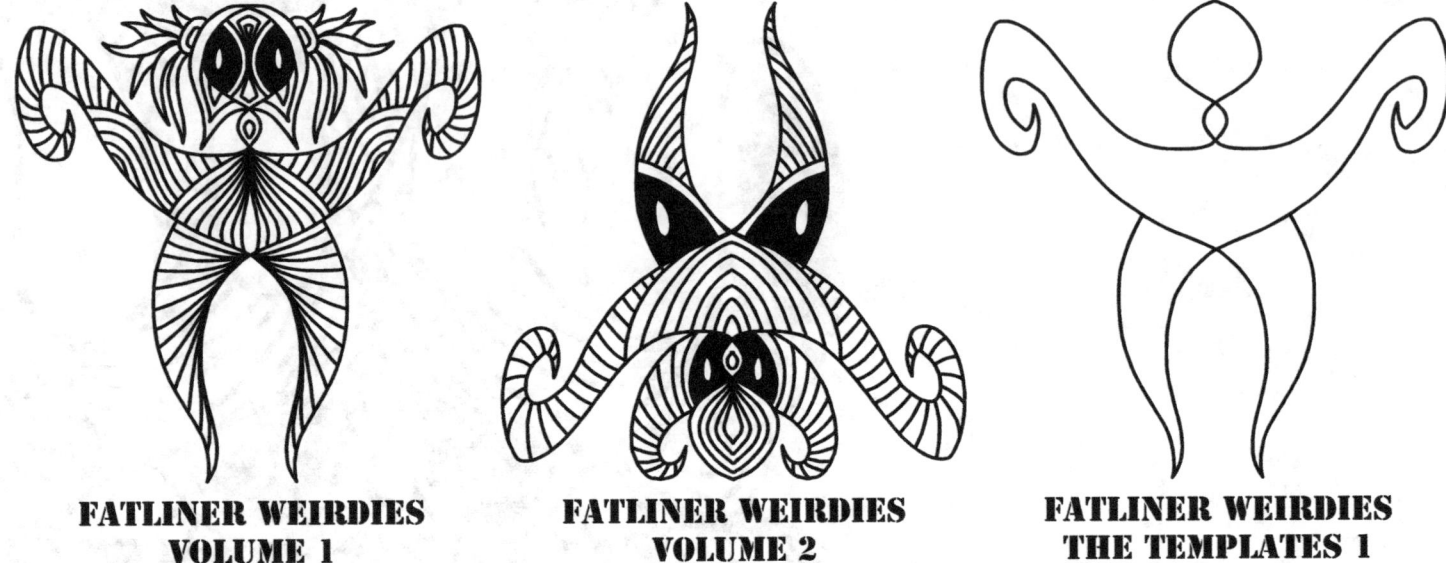

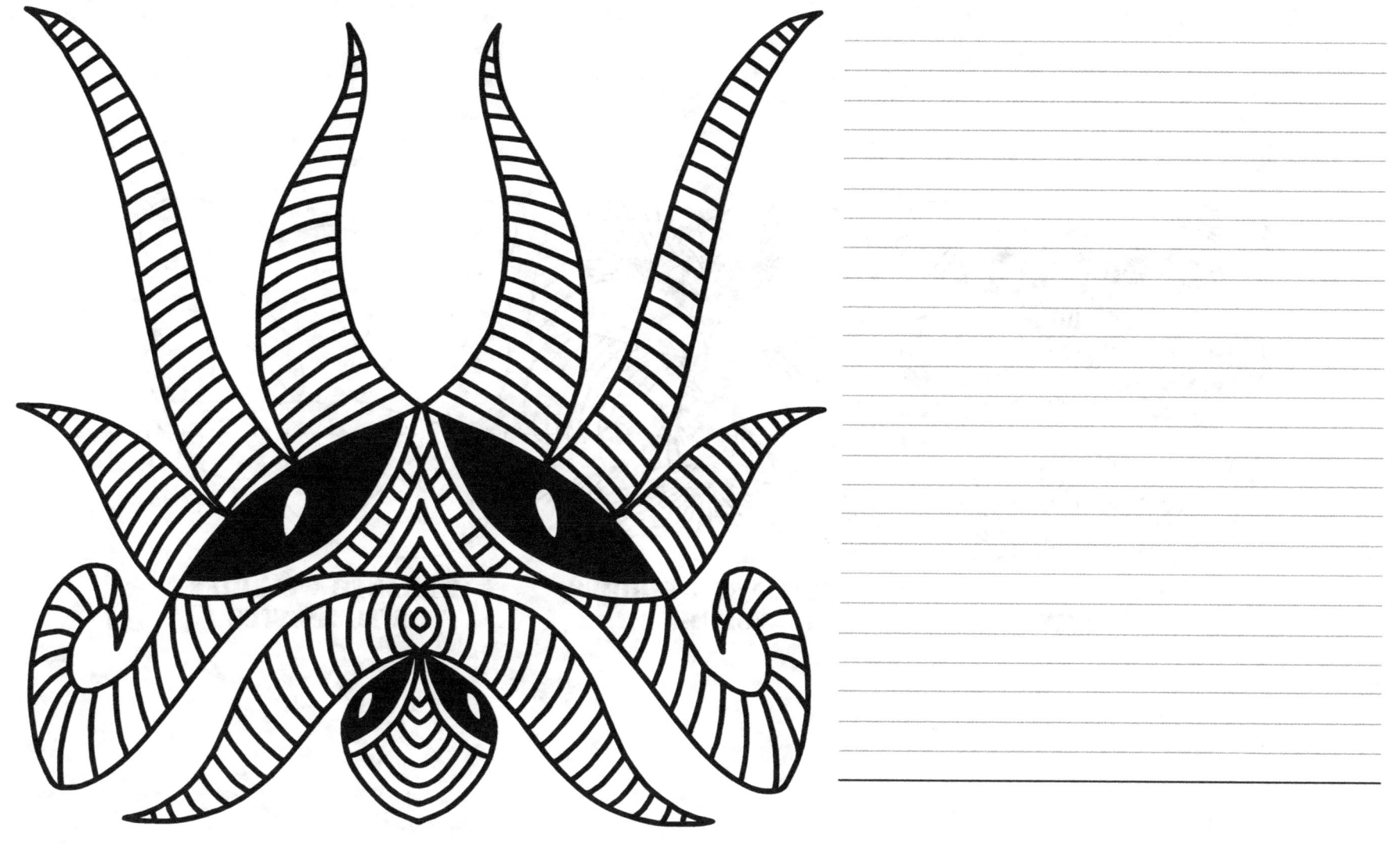

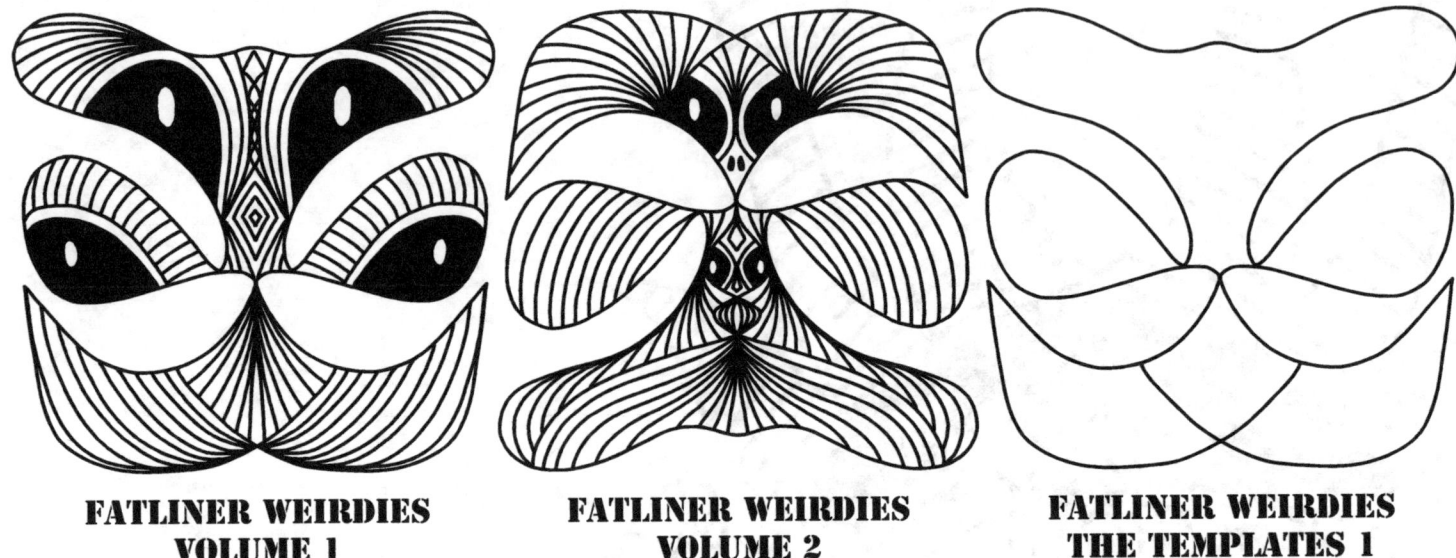

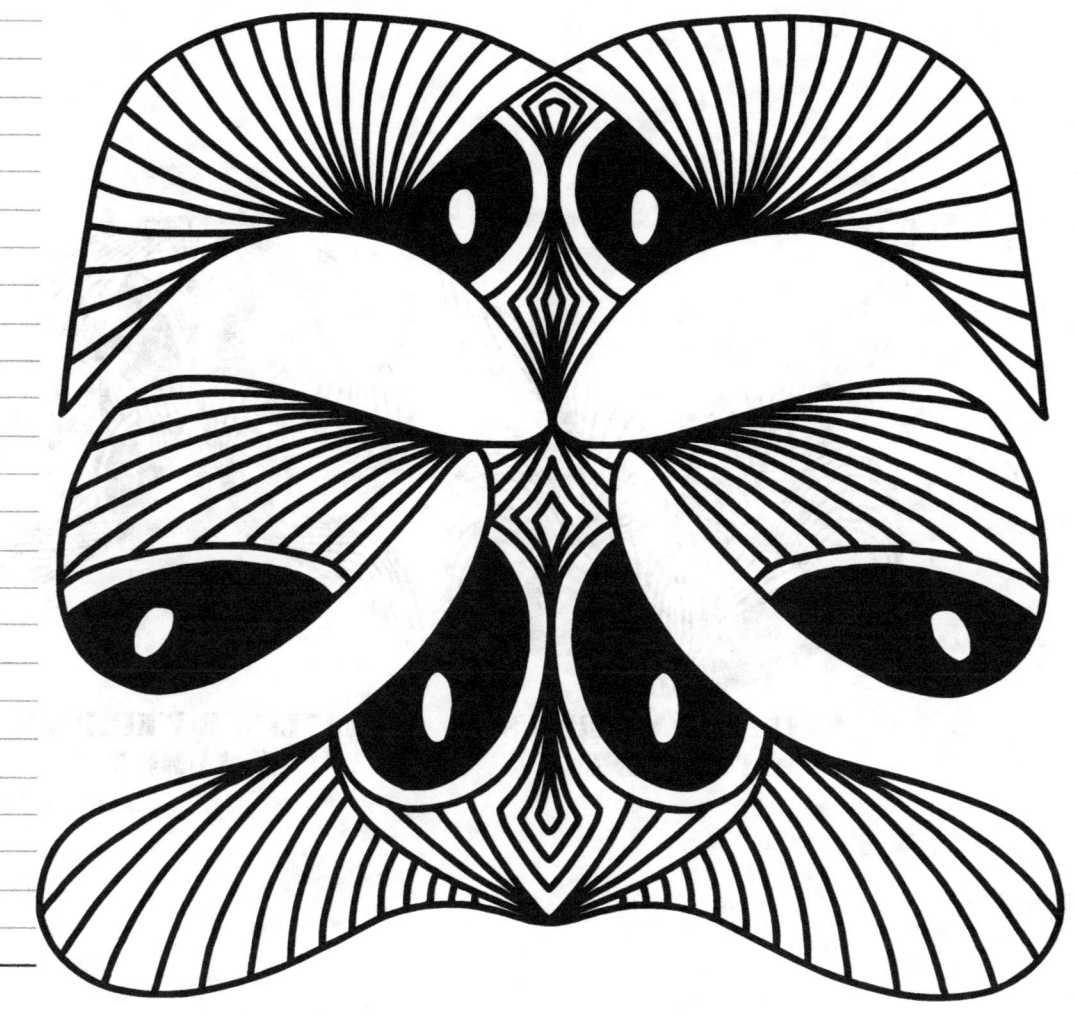

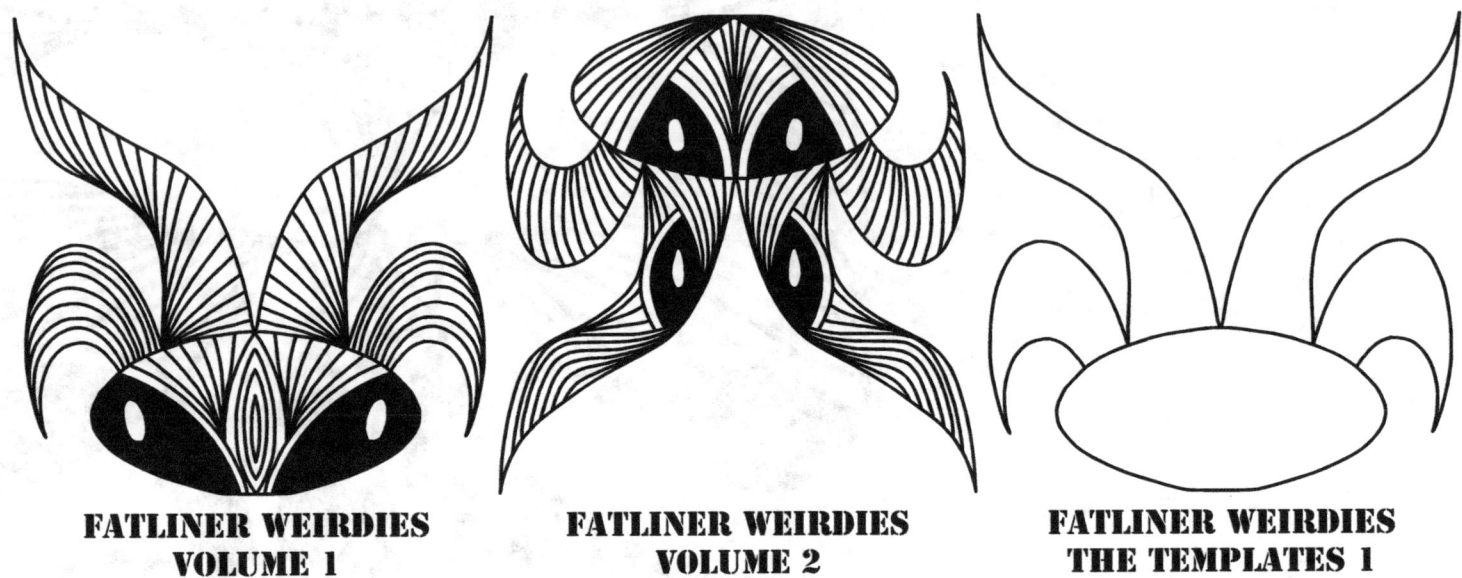

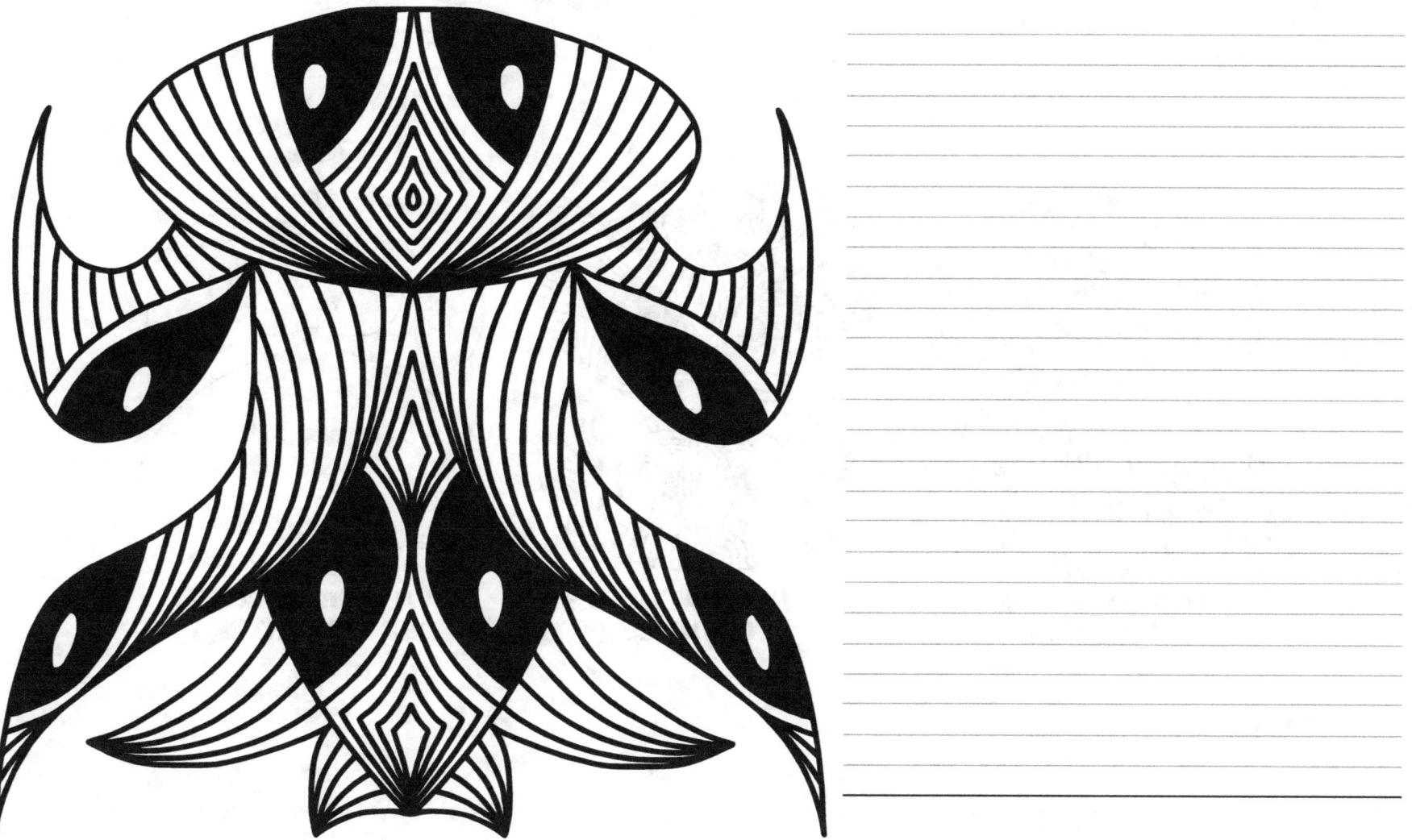

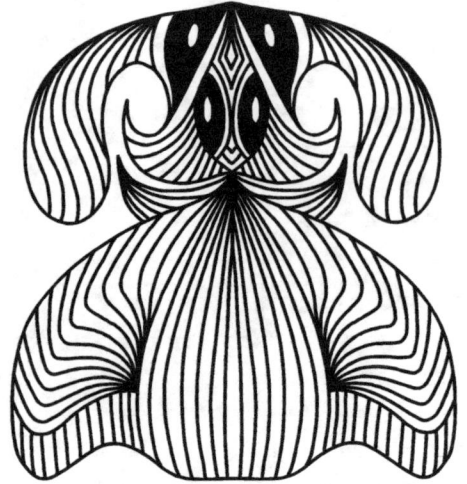

FATLINER WEIRDIES VOLUME 1

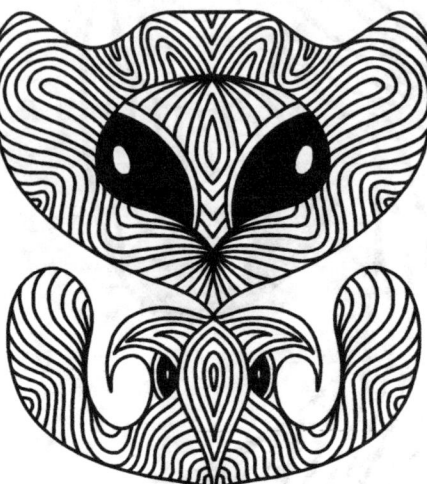

FATLINER WEIRDIES VOLUME 2

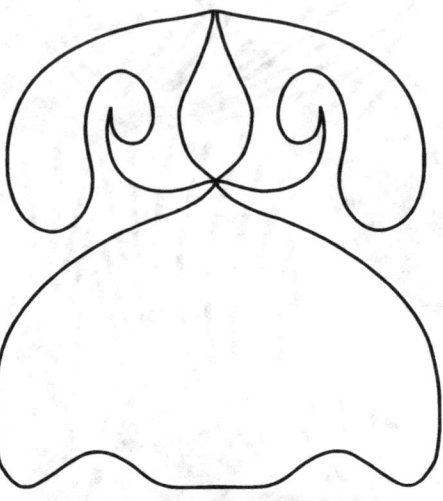

FATLINER WEIRDIES THE TEMPLATES 1

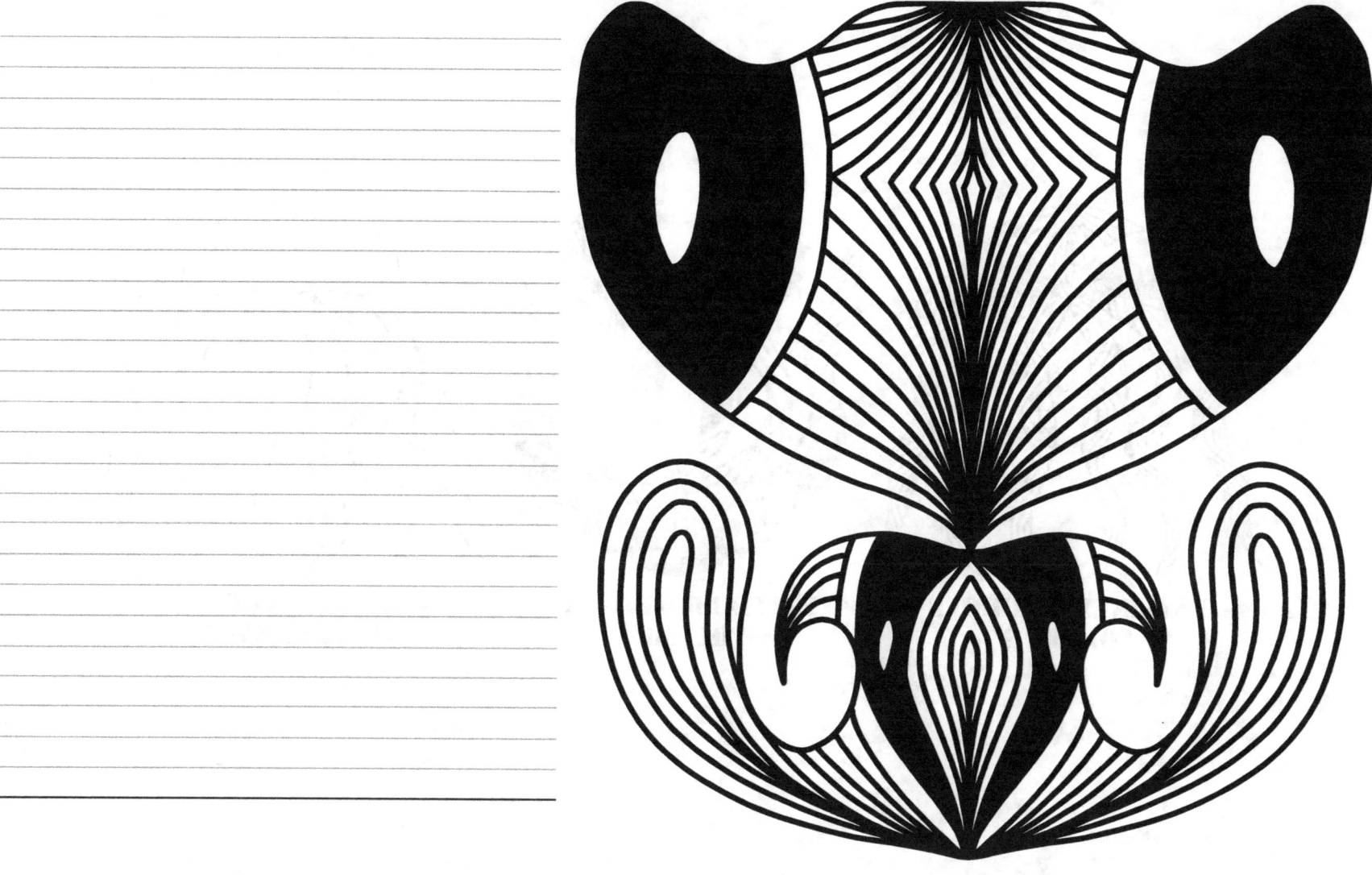

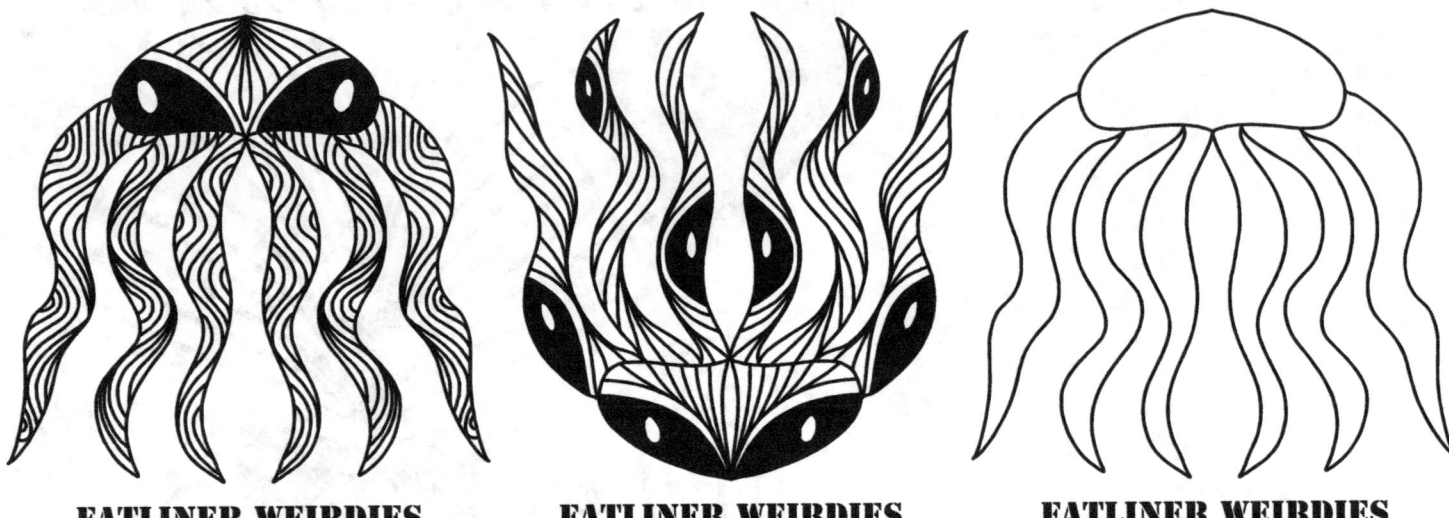

FATLINER WEIRDIES VOLUME 1   **FATLINER WEIRDIES VOLUME 2**   **FATLINER WEIRDIES THE TEMPLATES 1**

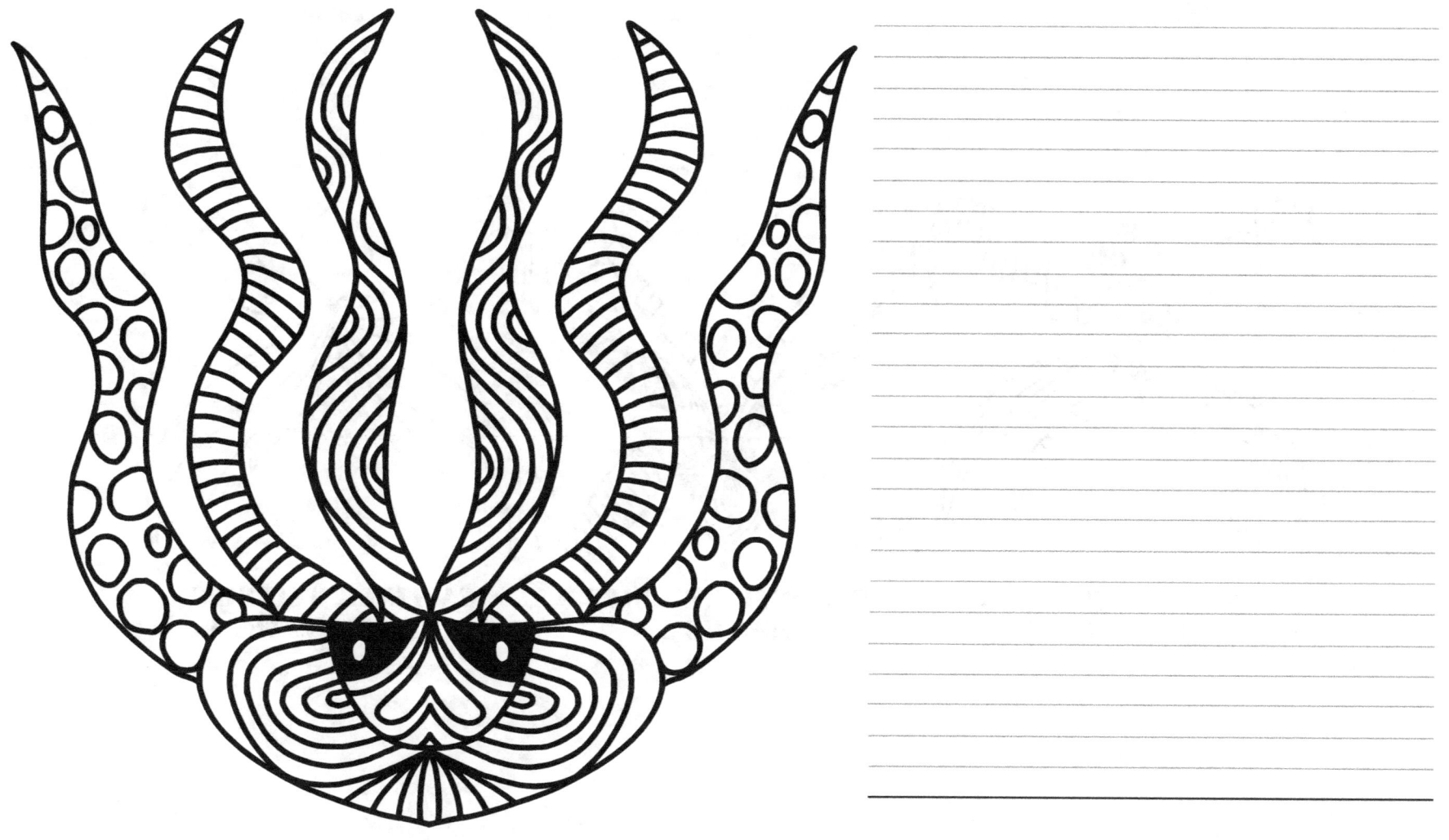

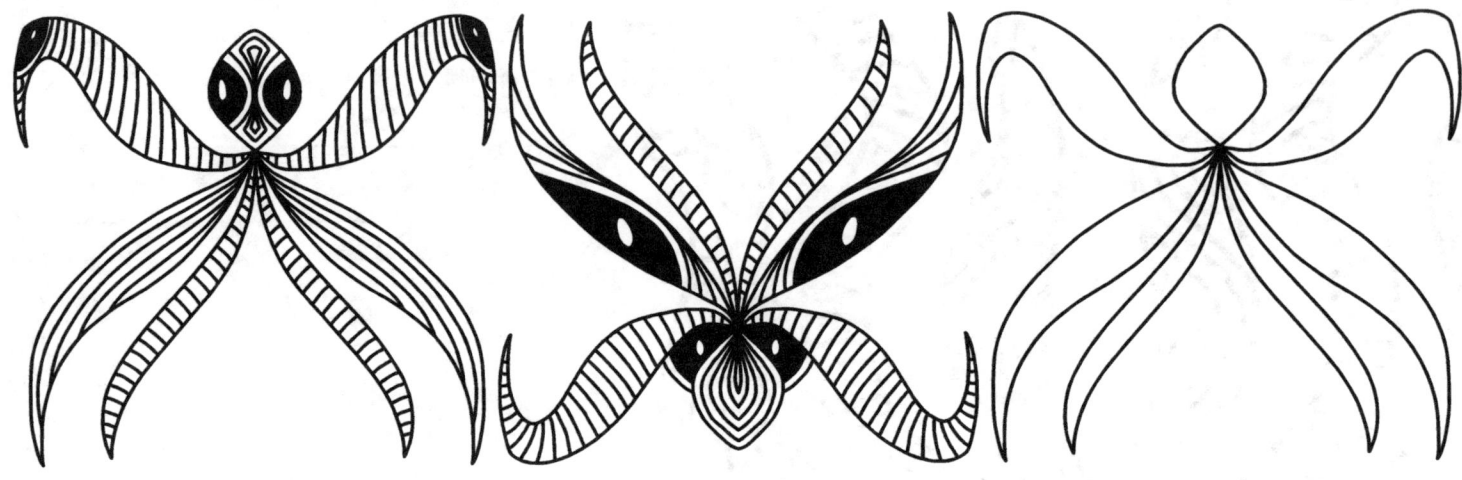

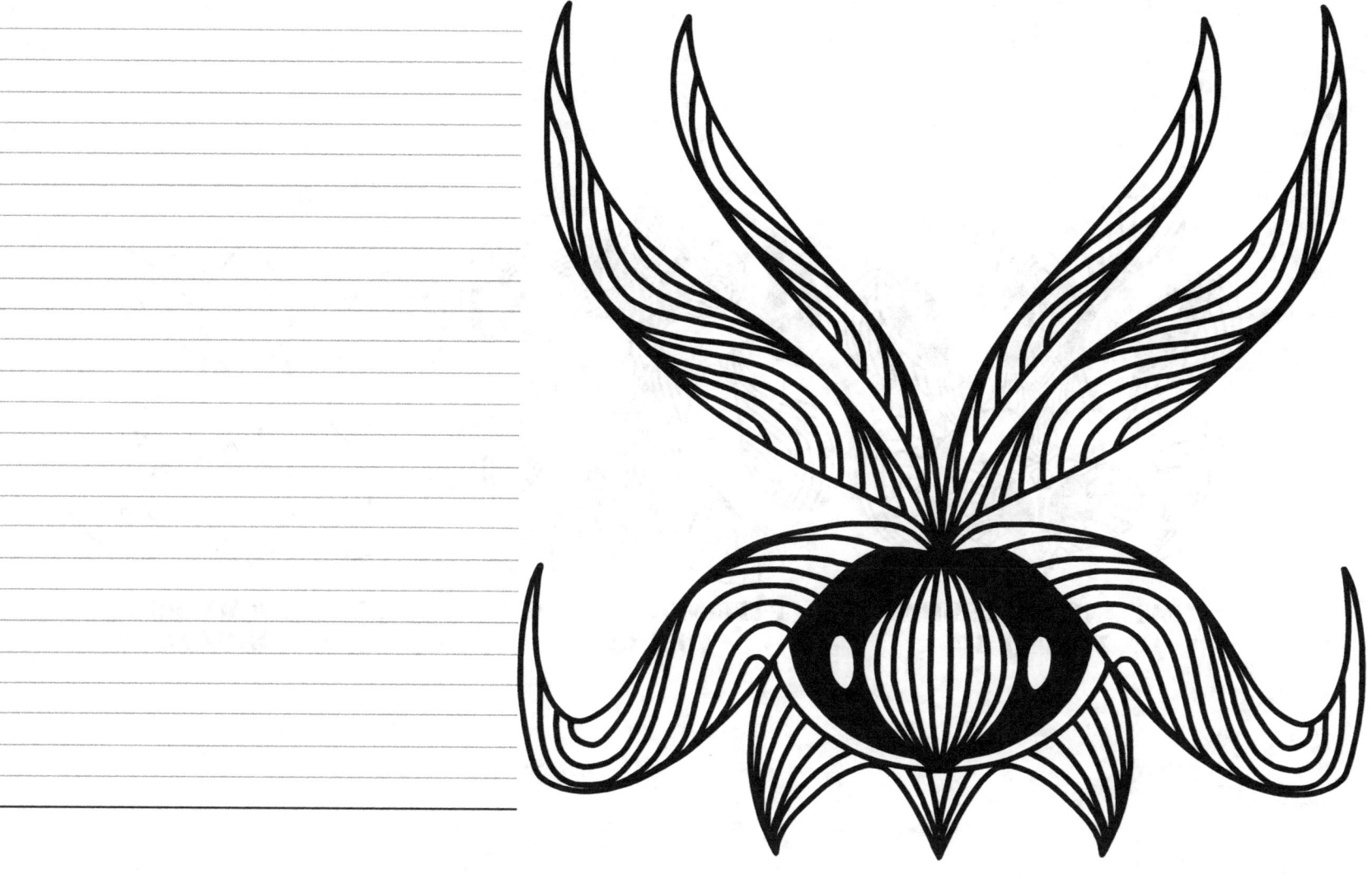

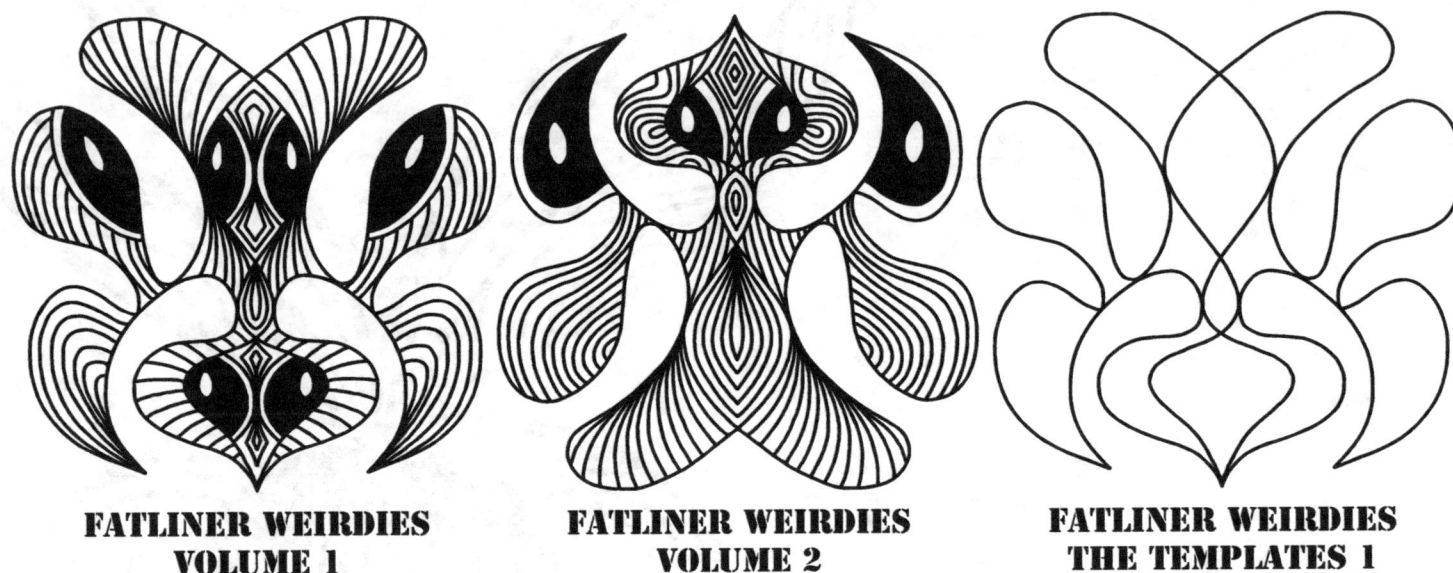

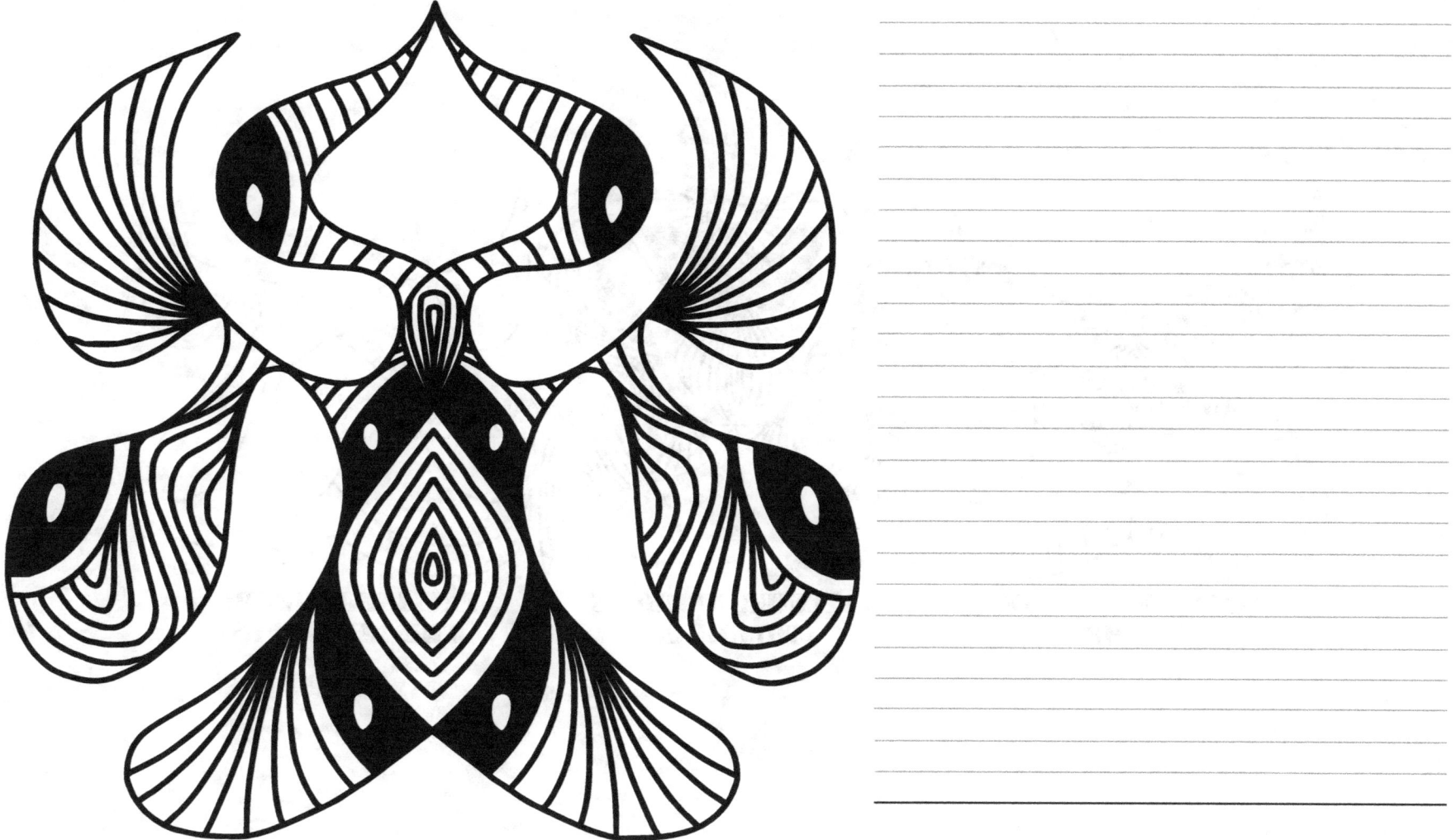

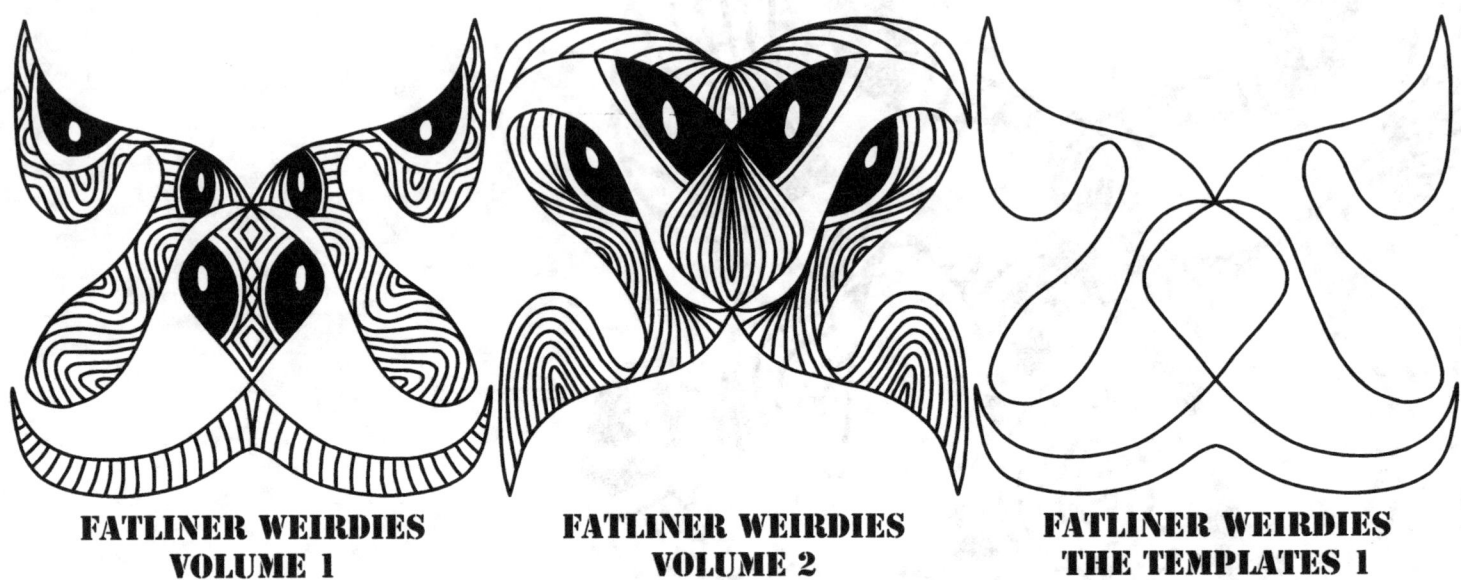

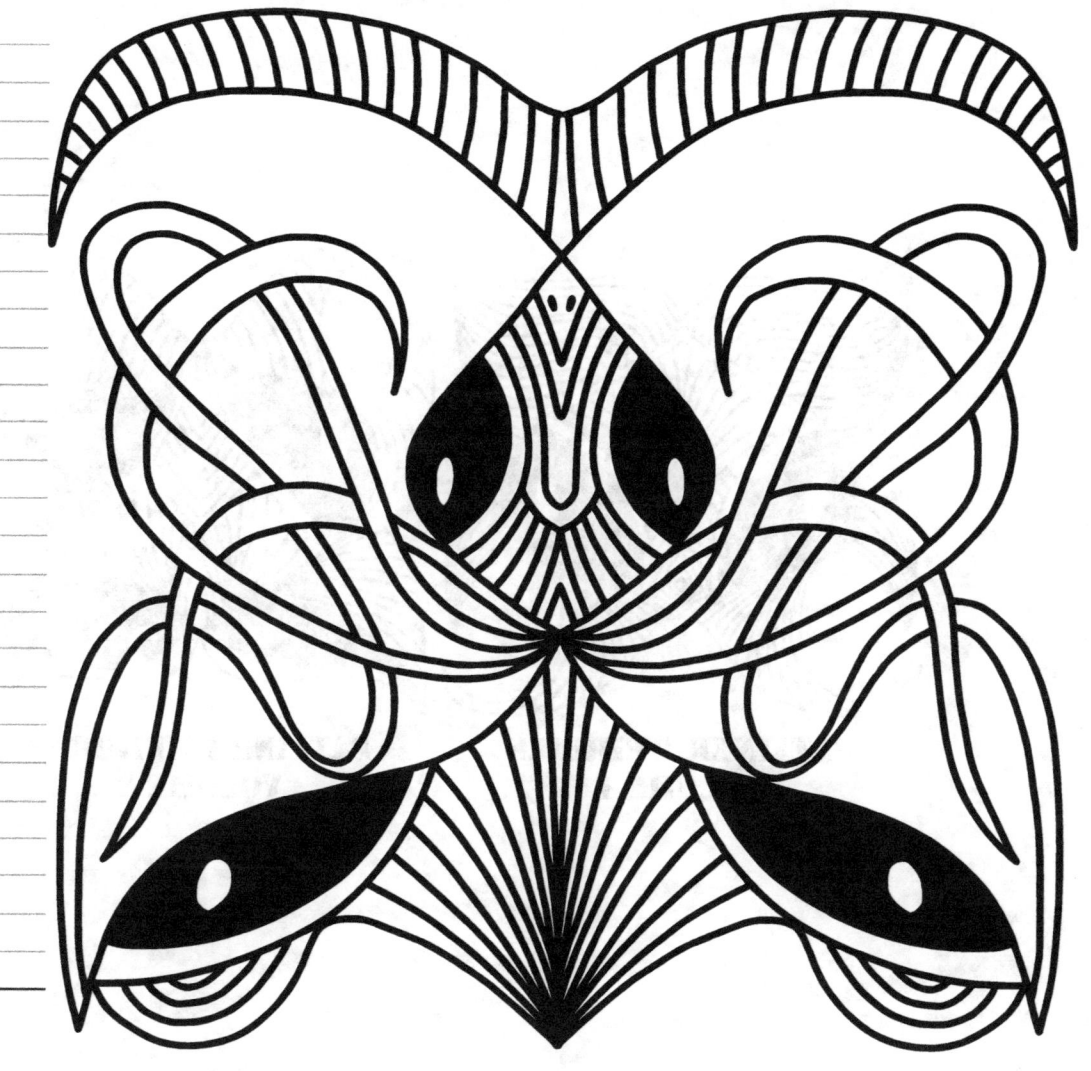

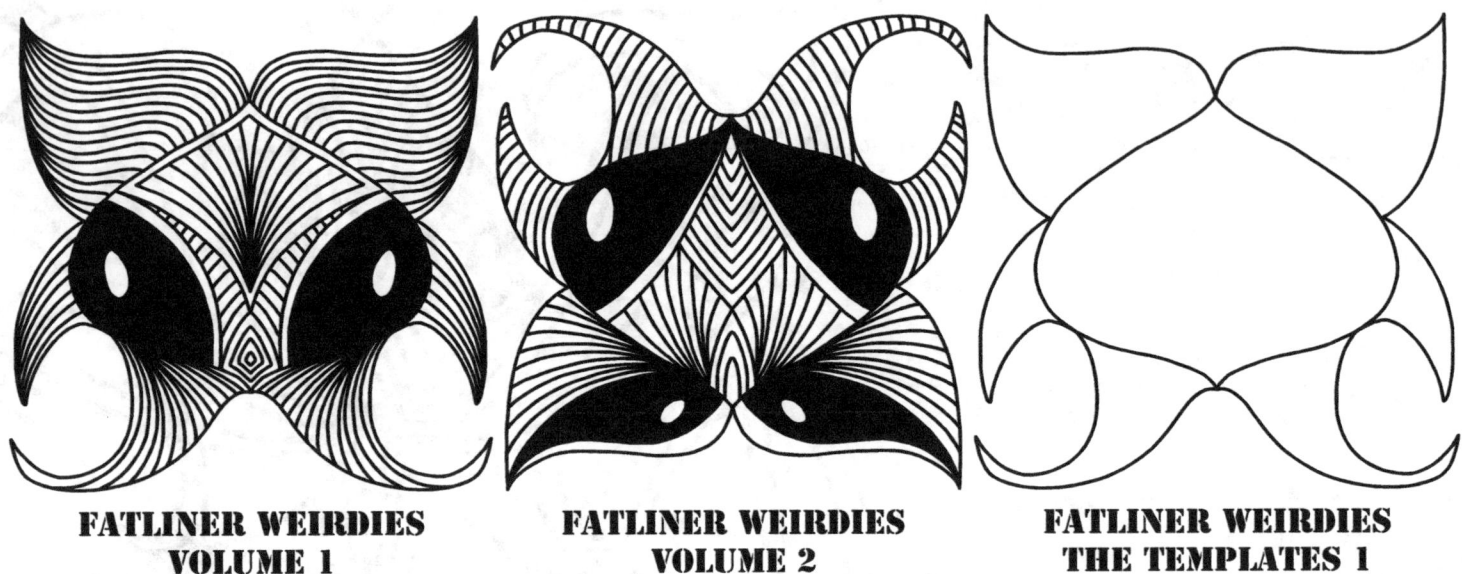

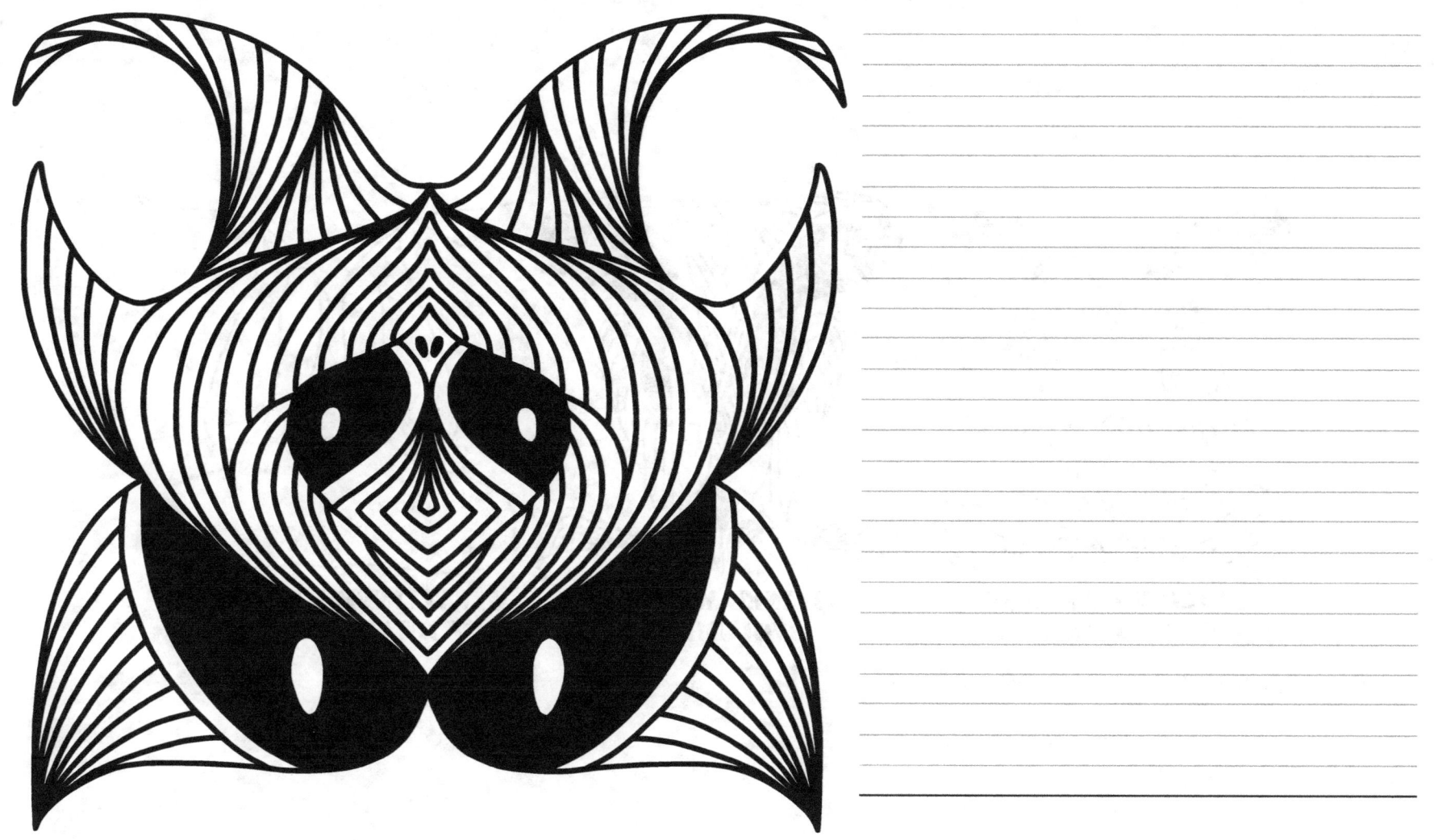

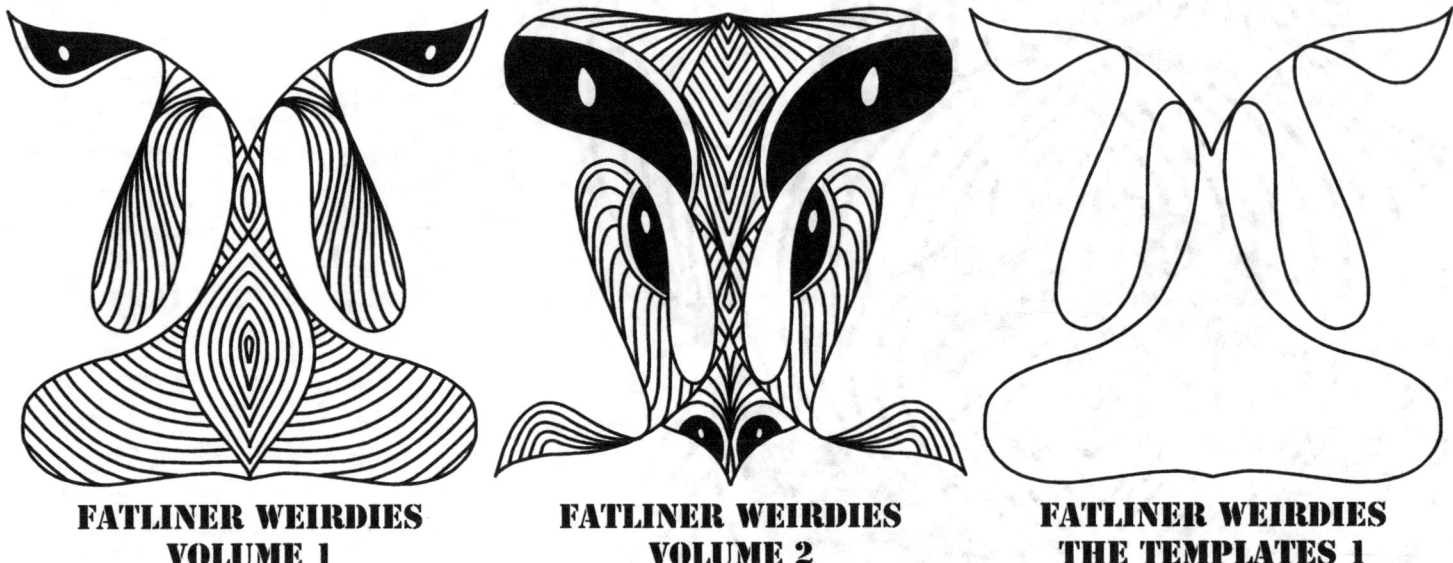

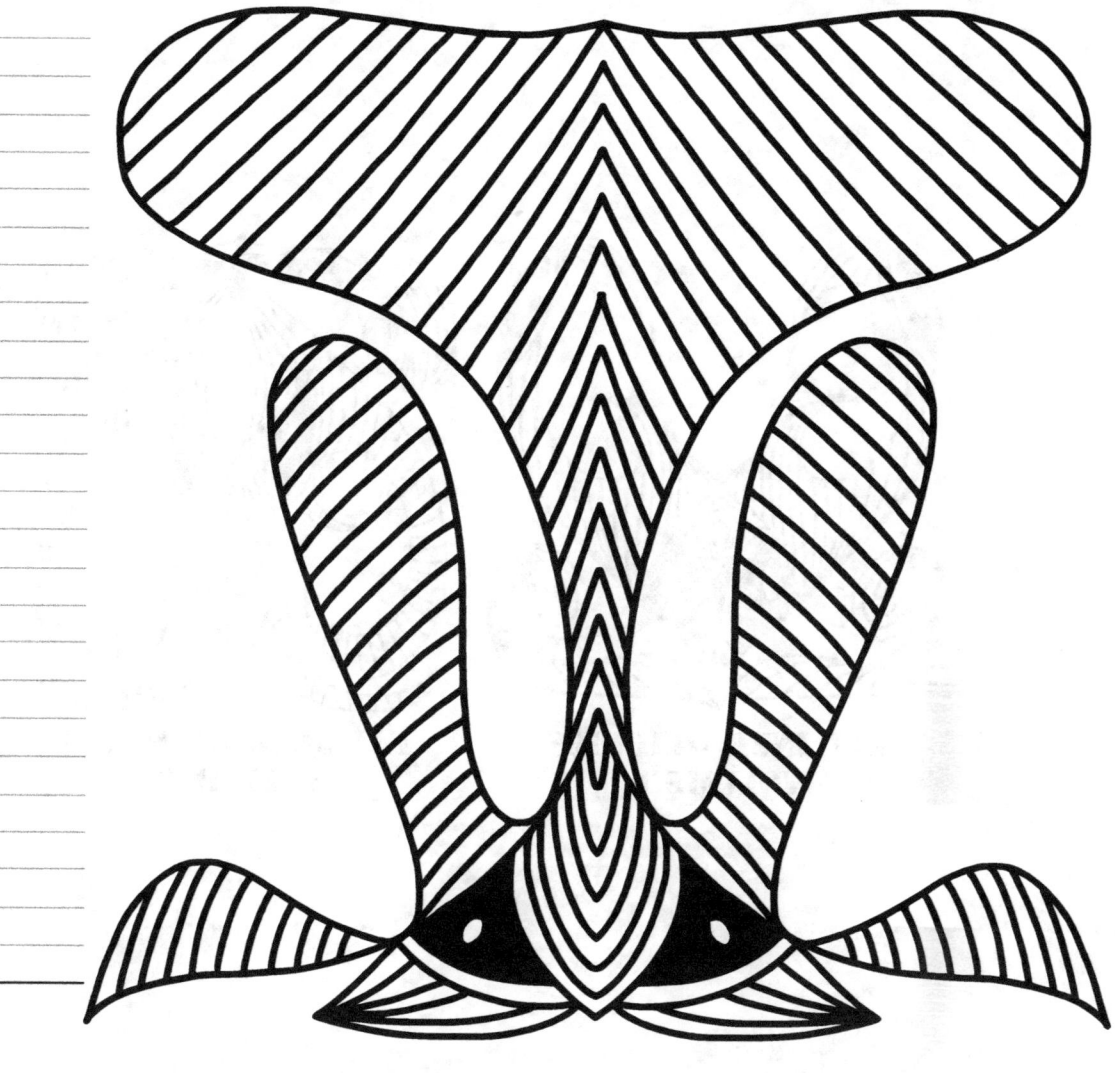

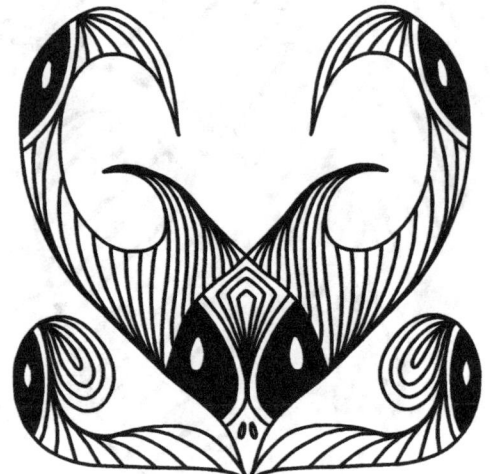
FATLINER WEIRDIES VOLUME 1

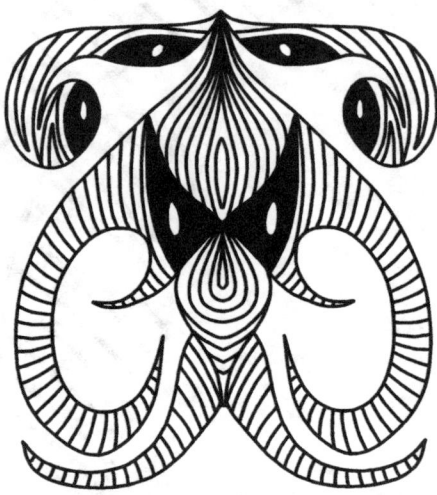
FATLINER WEIRDIES VOLUME 2

FATLINER WEIRDIES THE TEMPLATES 1

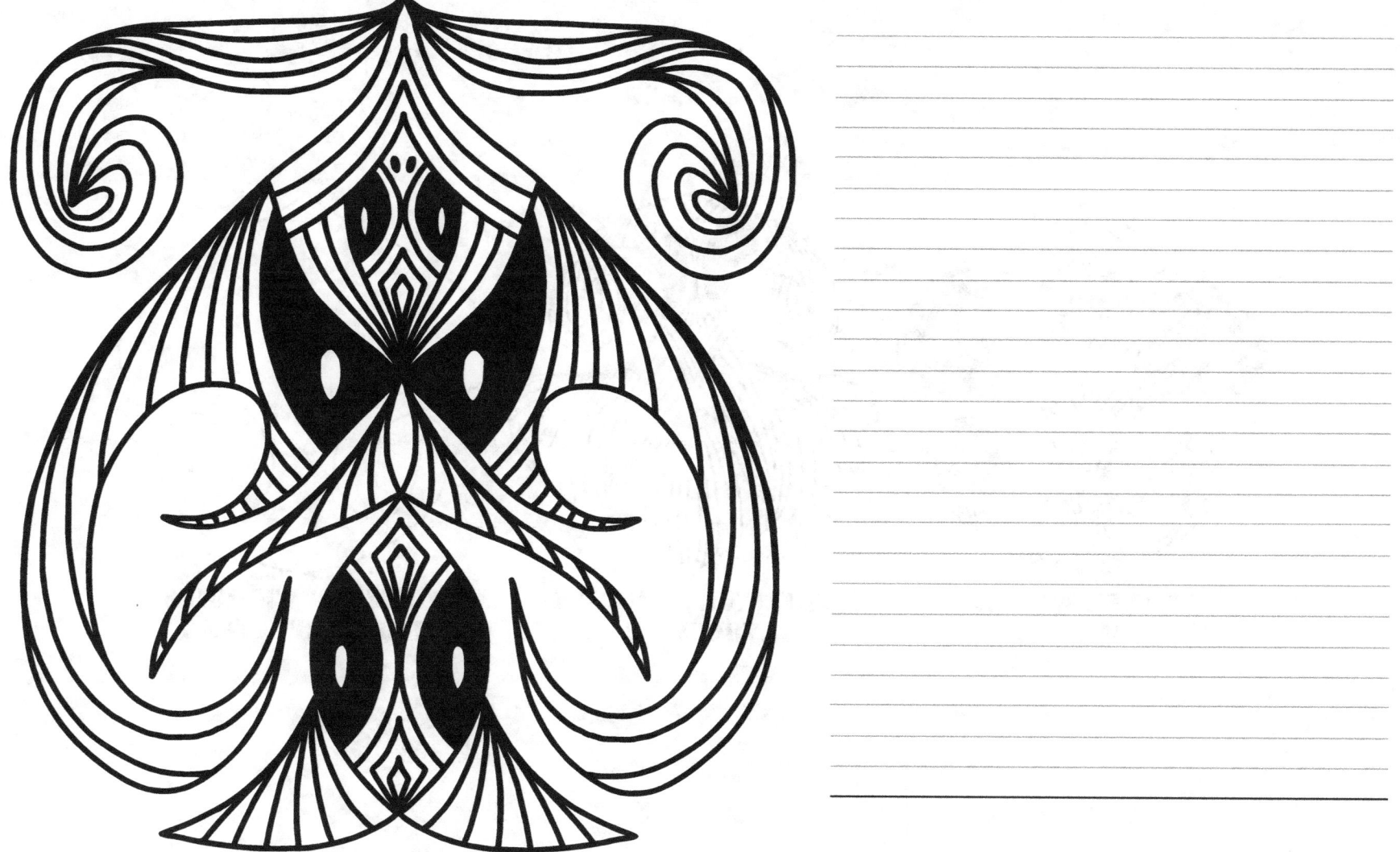

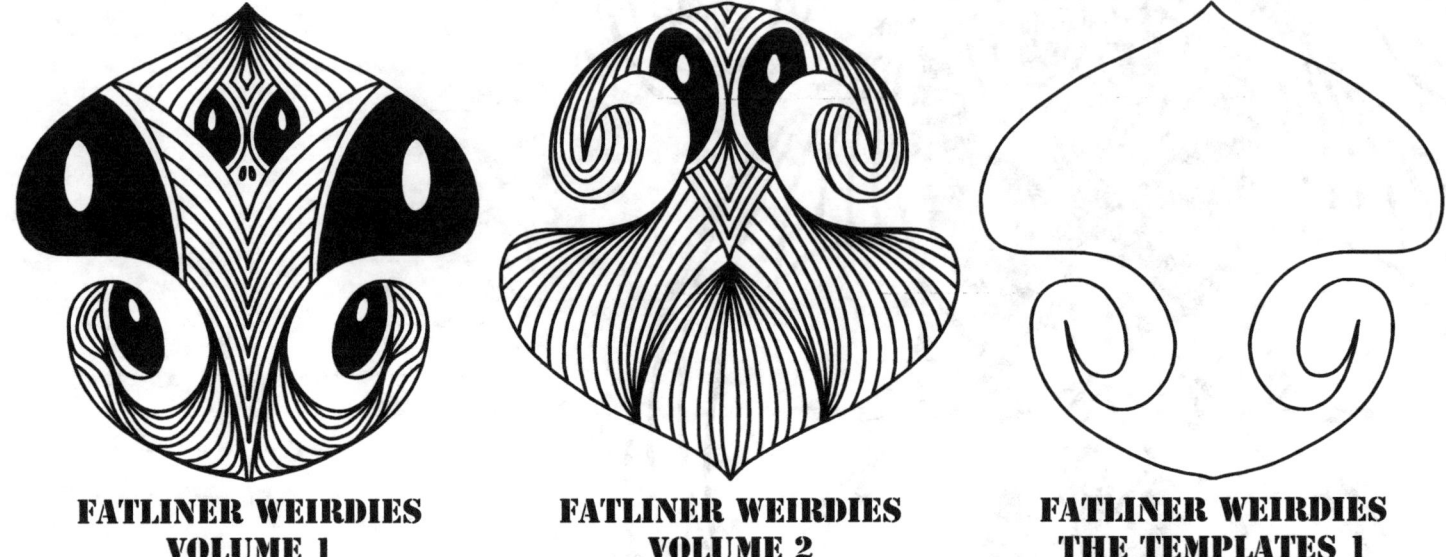

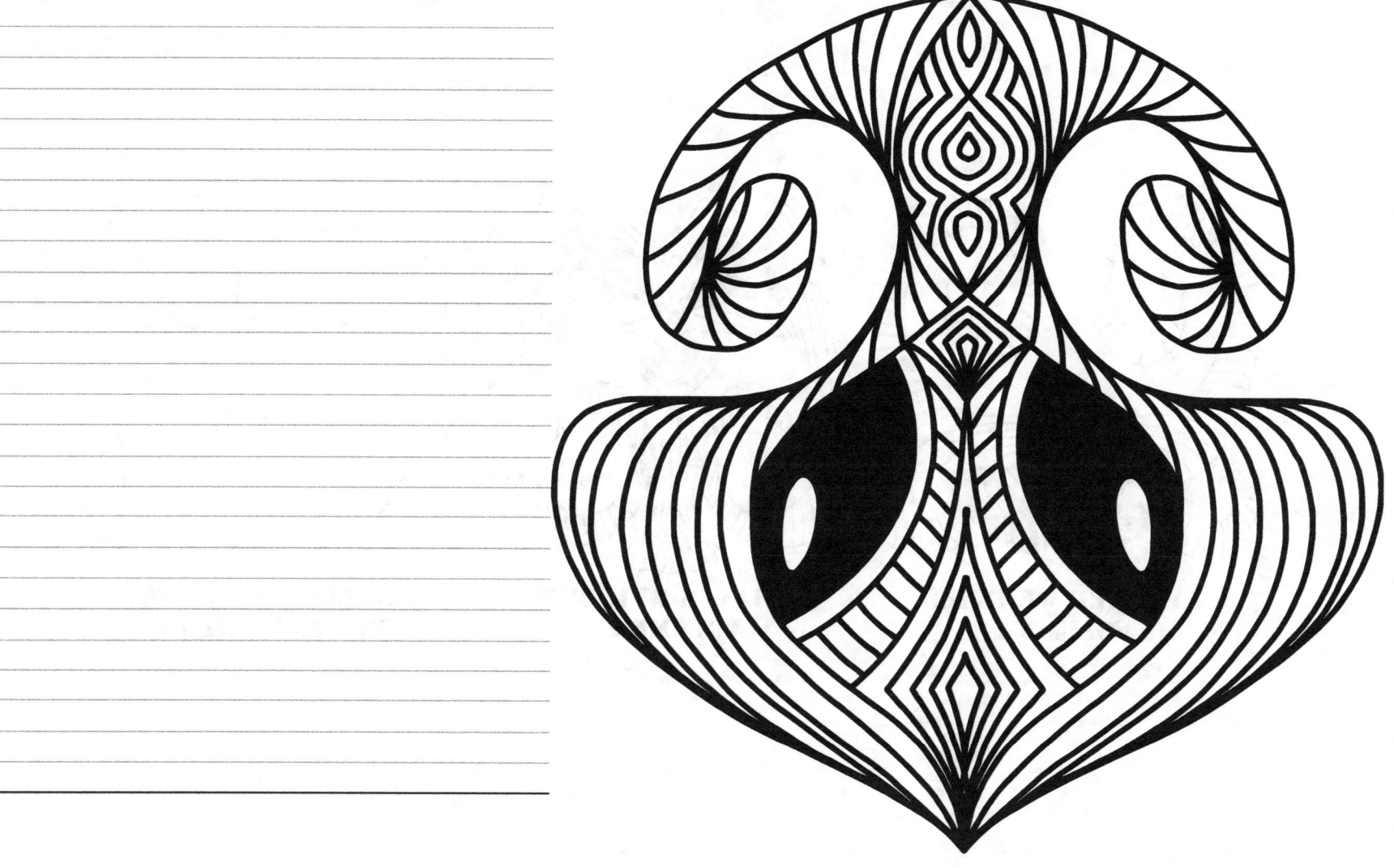

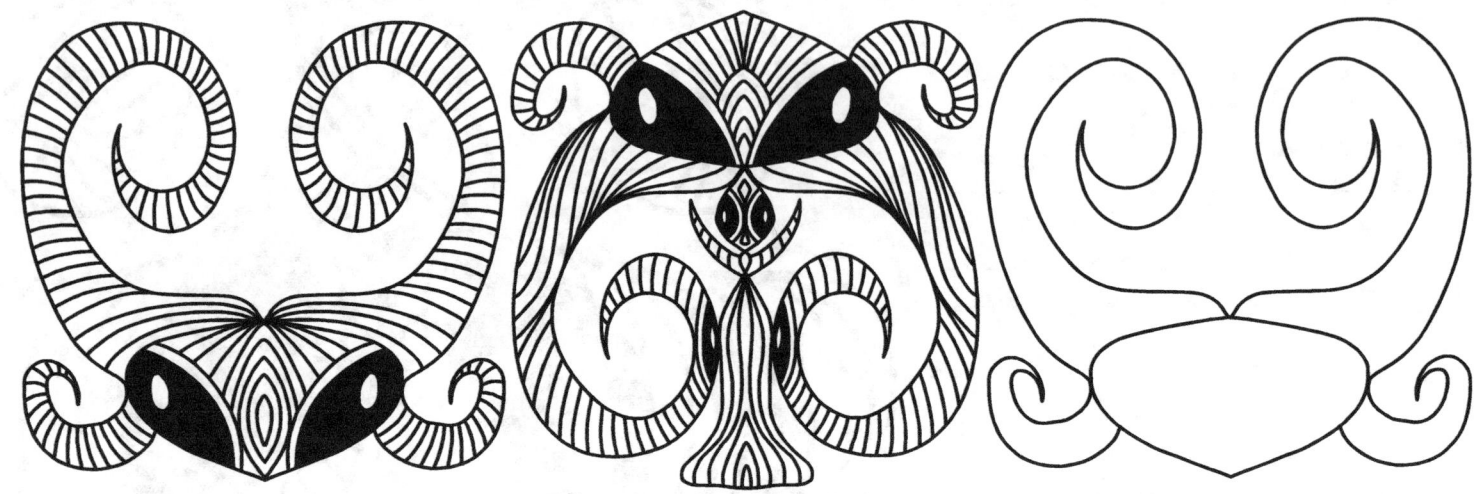

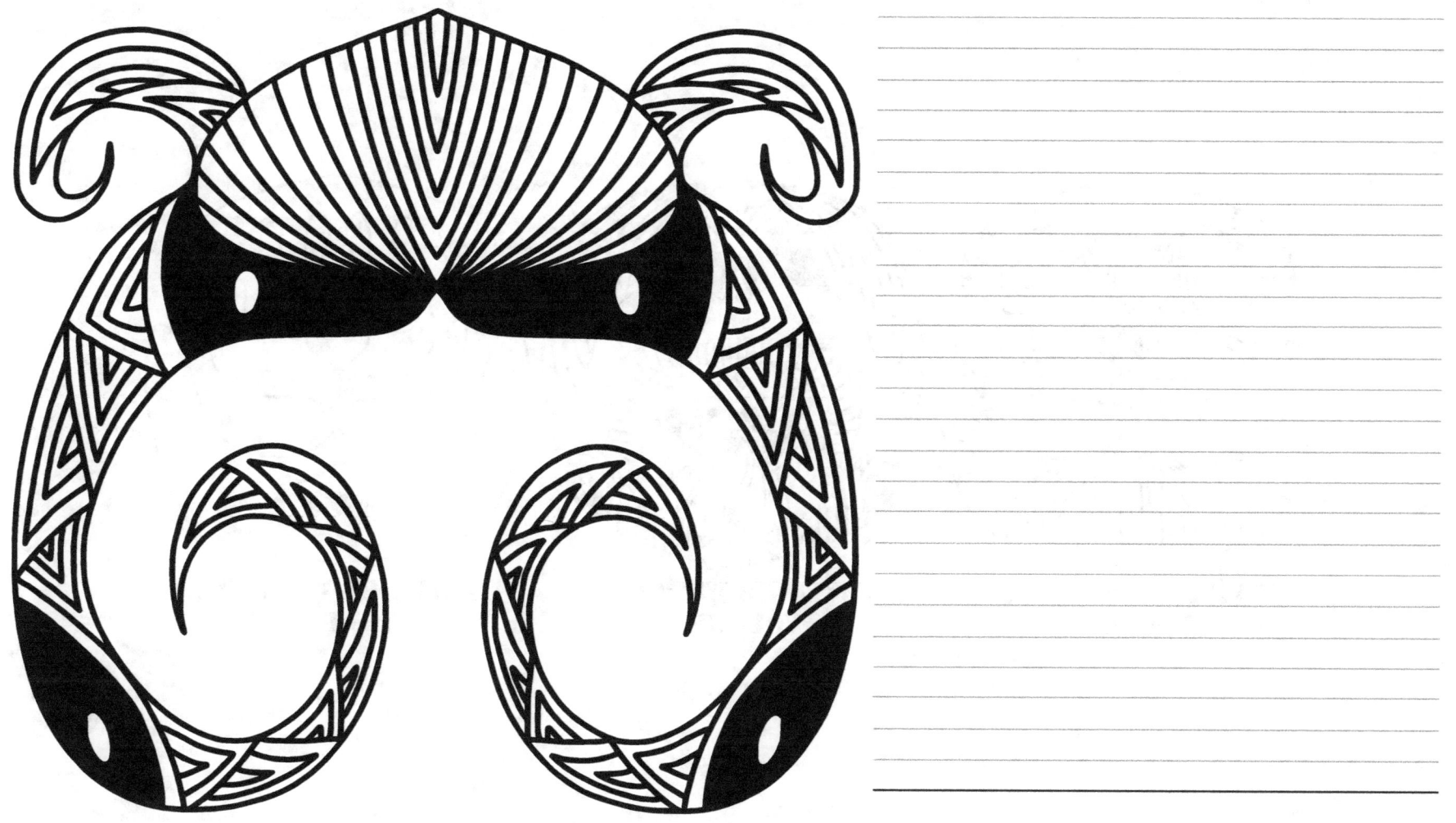

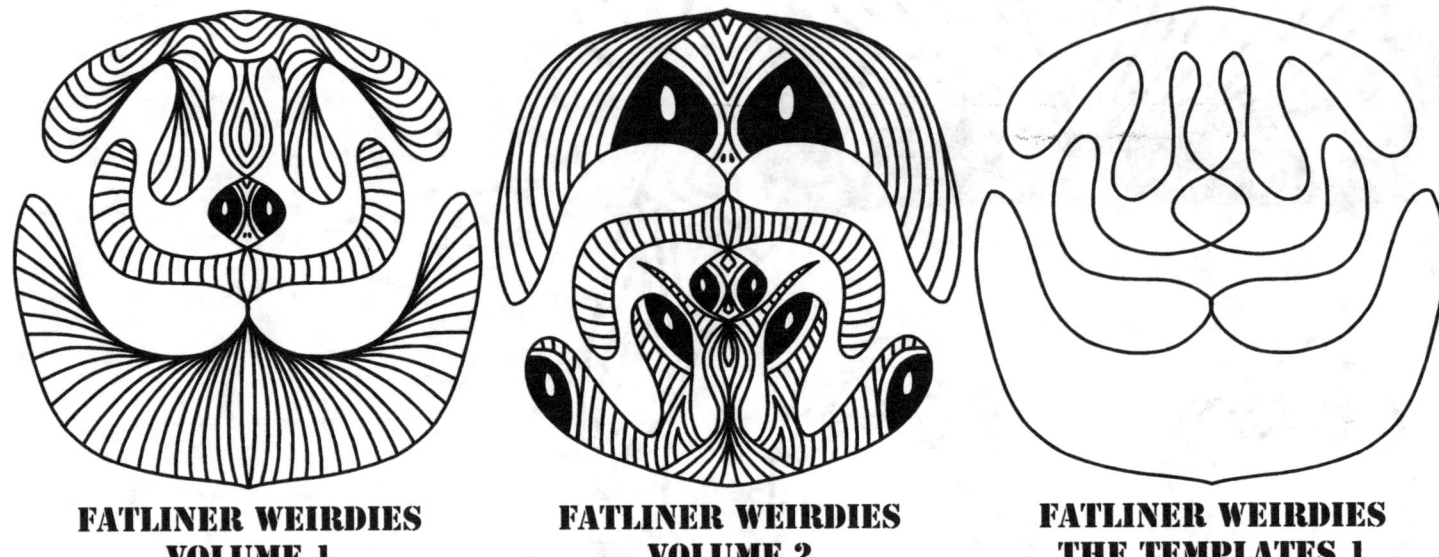

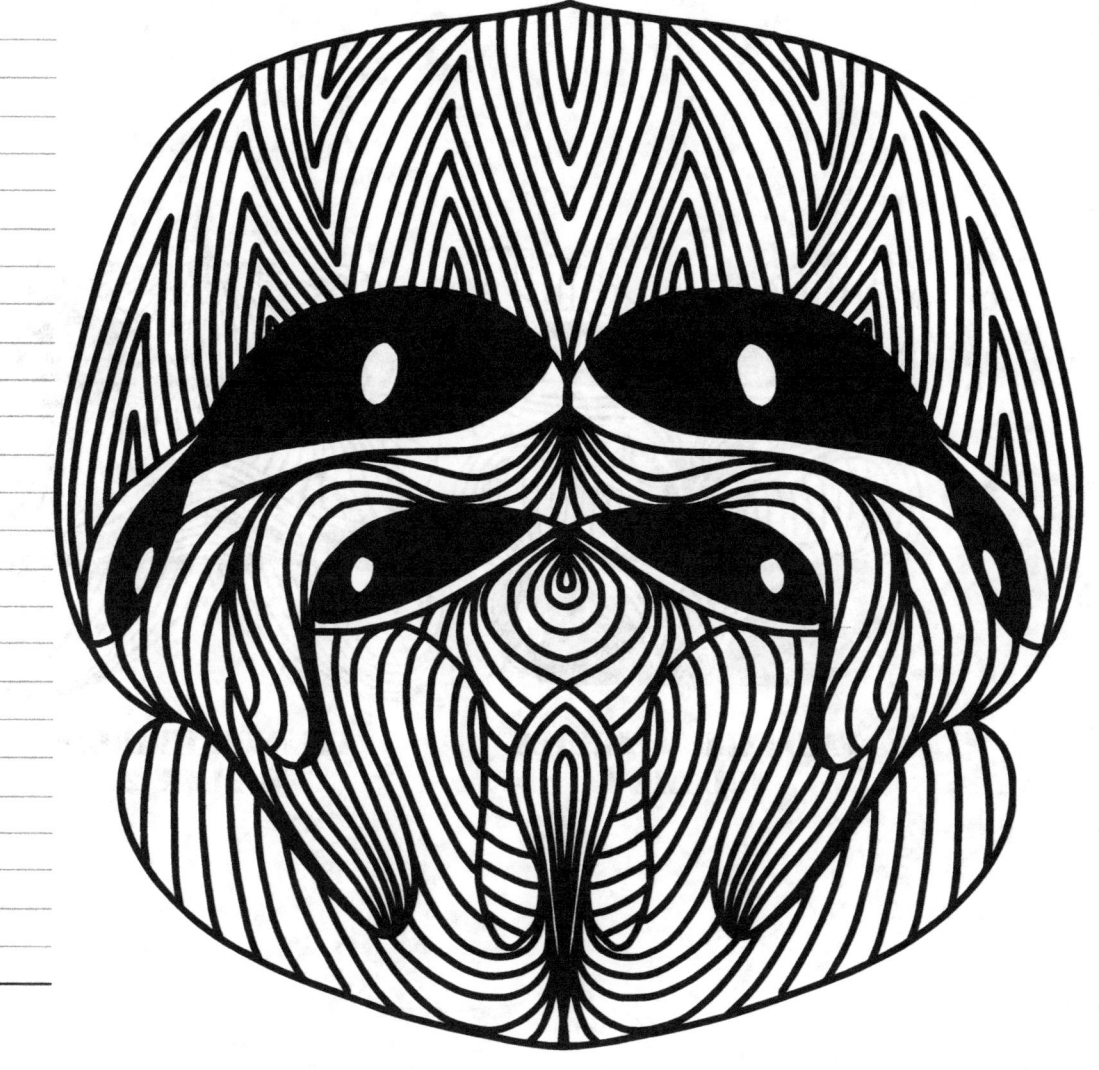

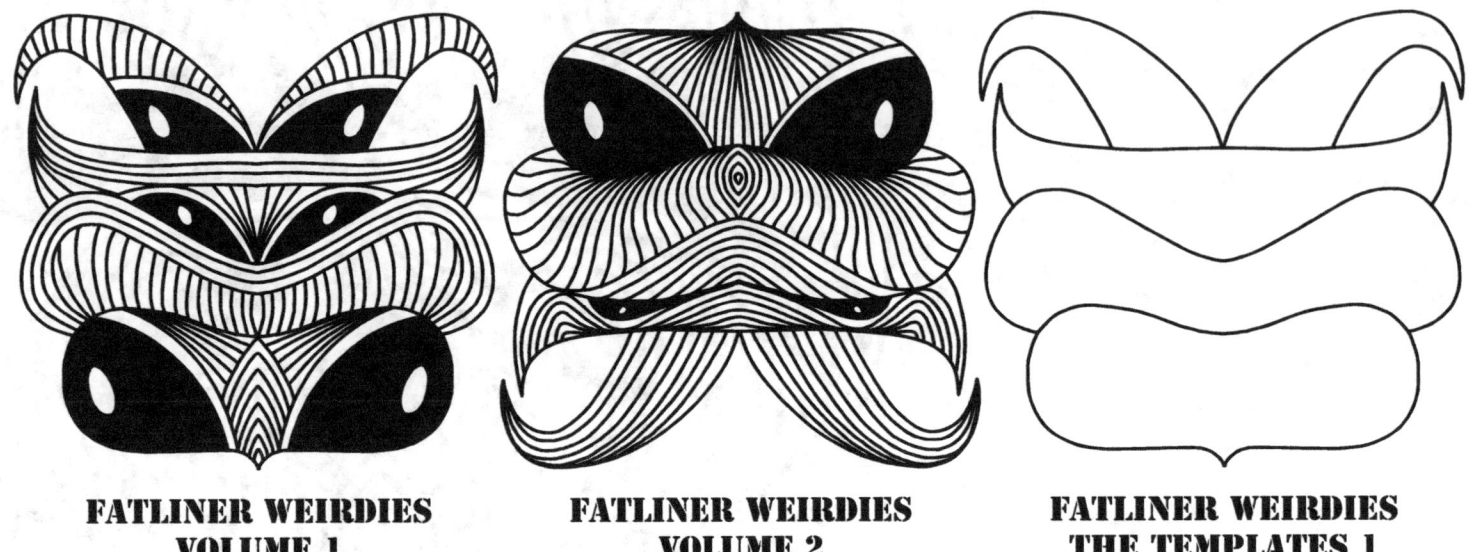

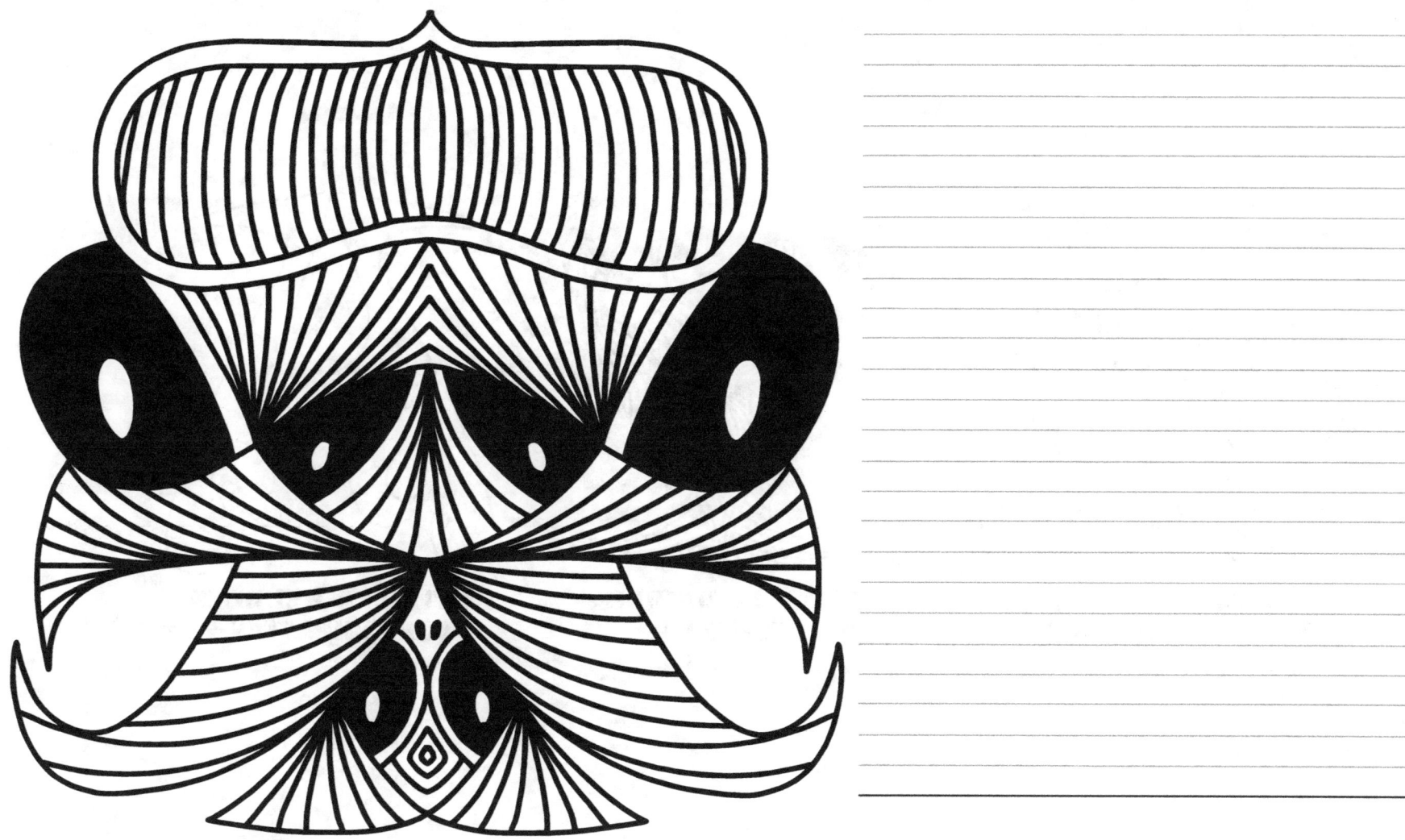

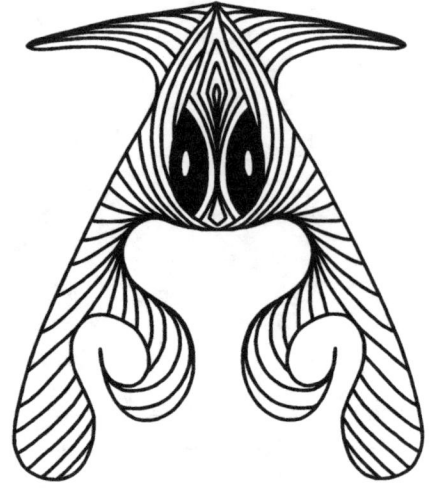
FATLINER WEIRDIES VOLUME 1

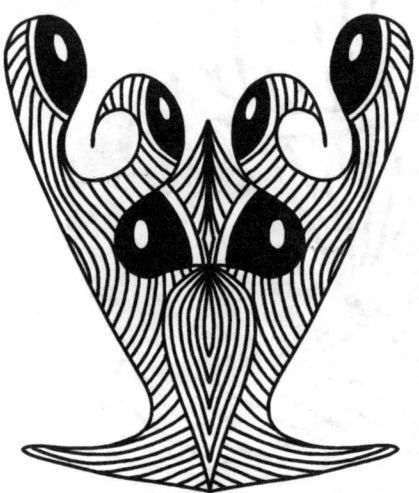
FATLINER WEIRDIES VOLUME 2

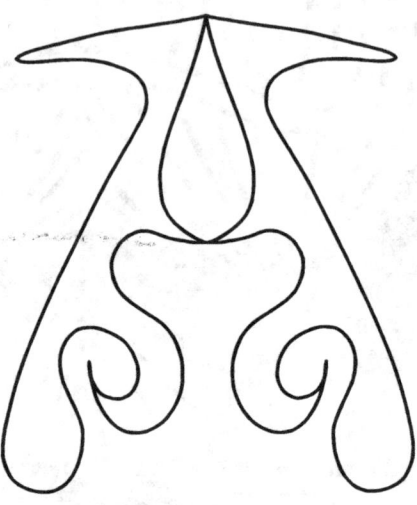
FATLINER WEIRDIES THE TEMPLATES 1

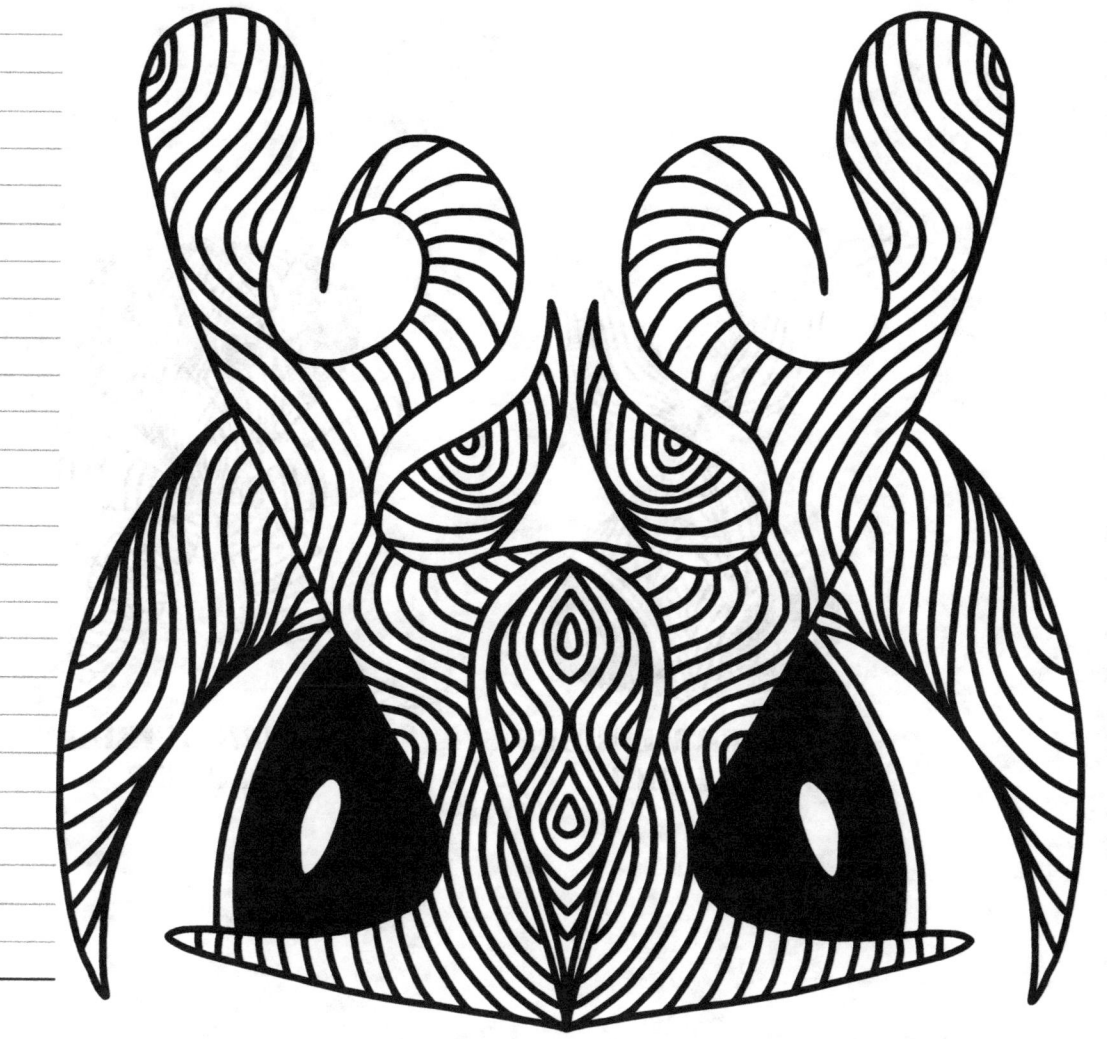

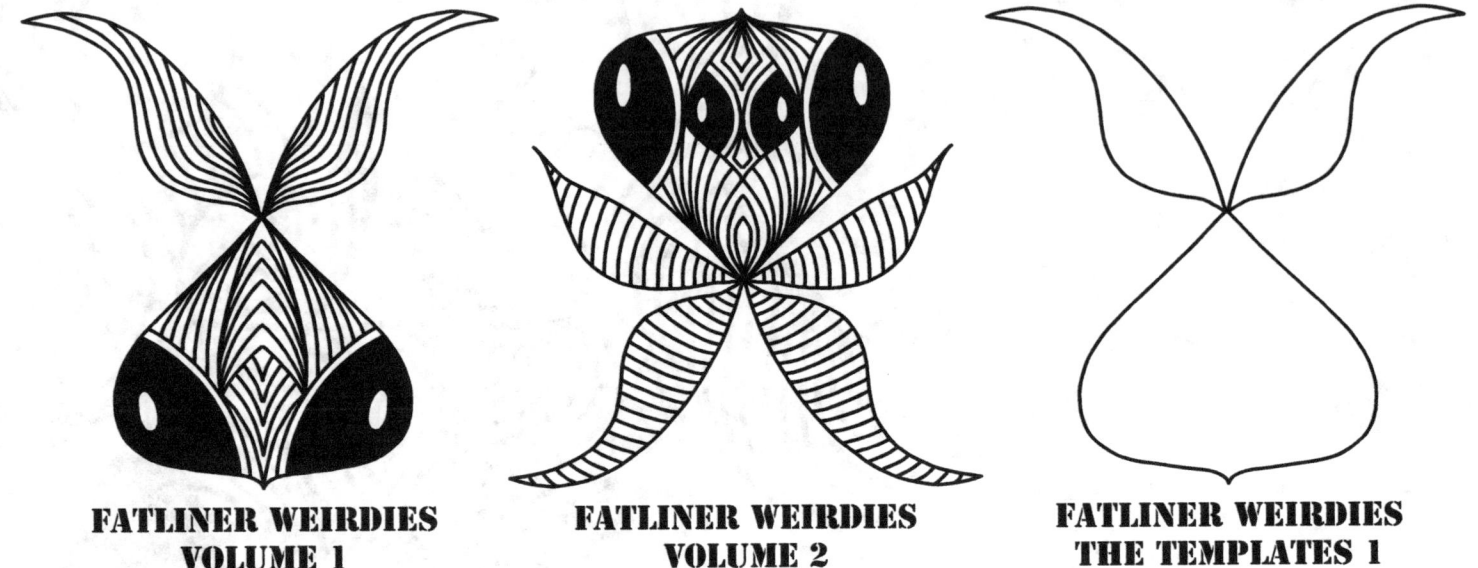

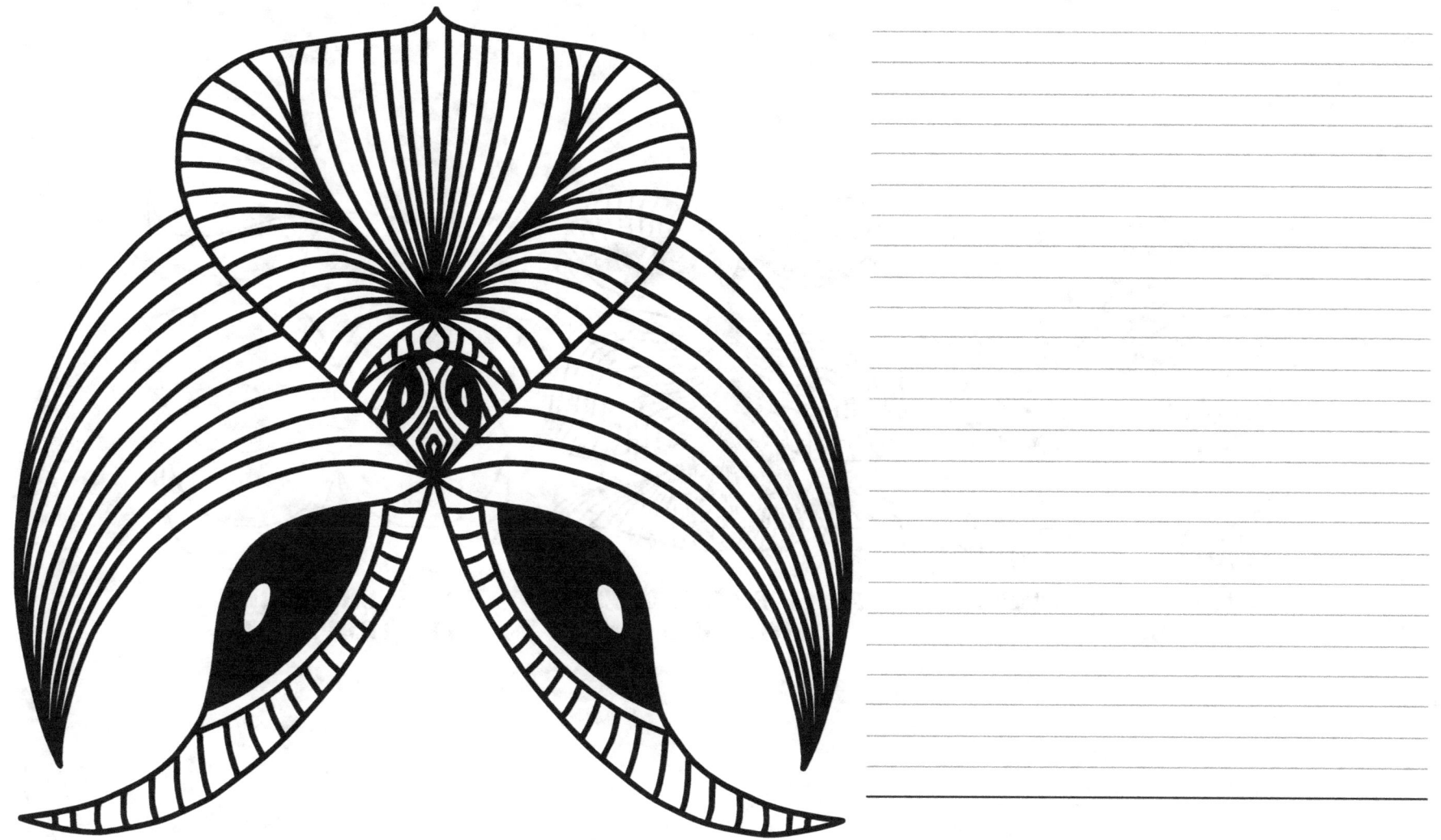

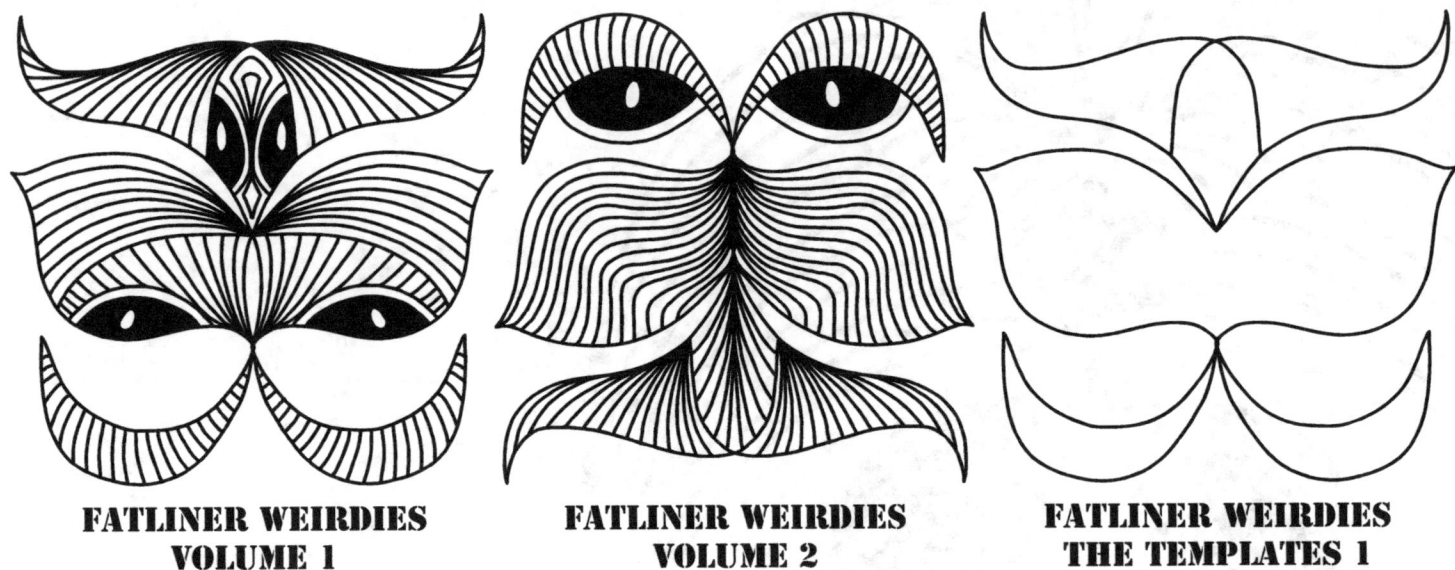

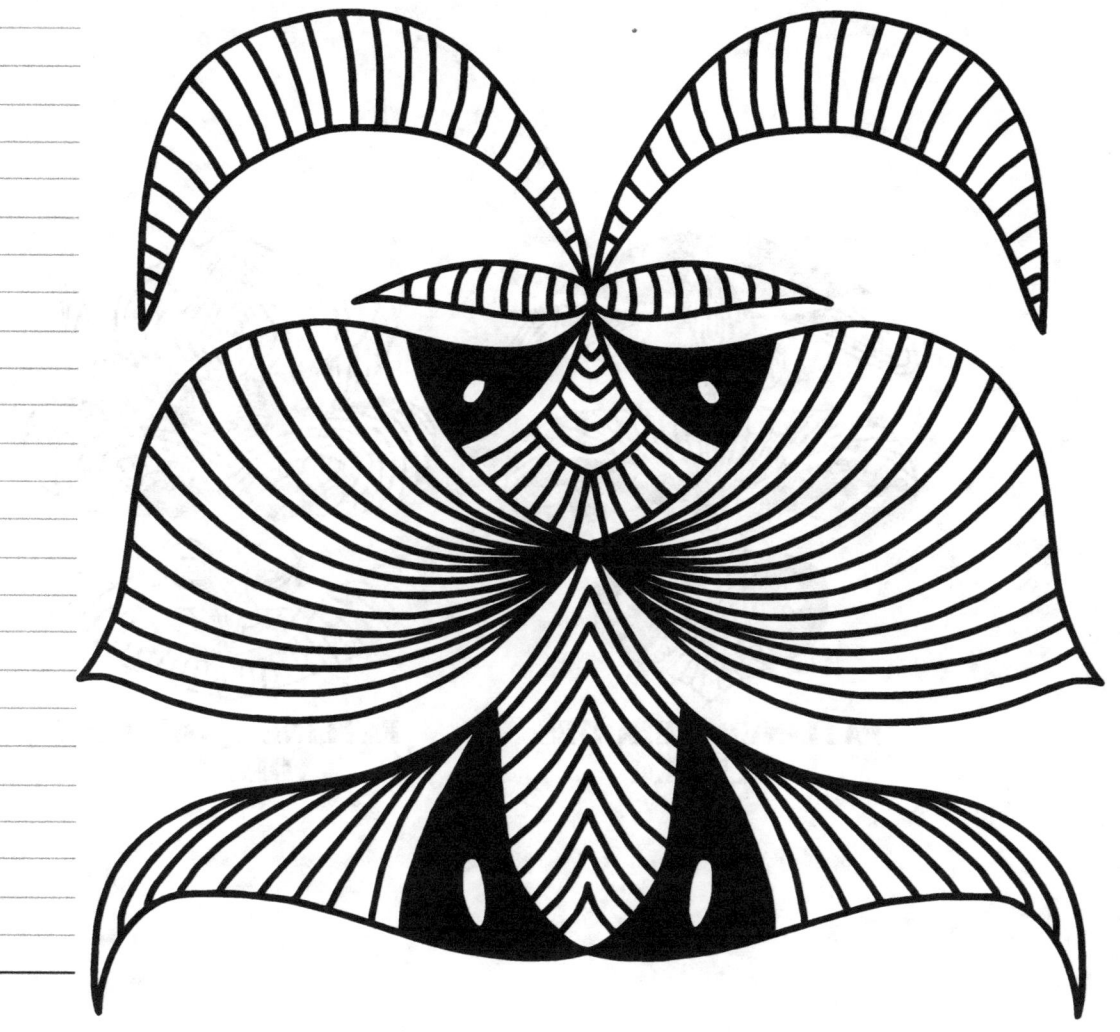

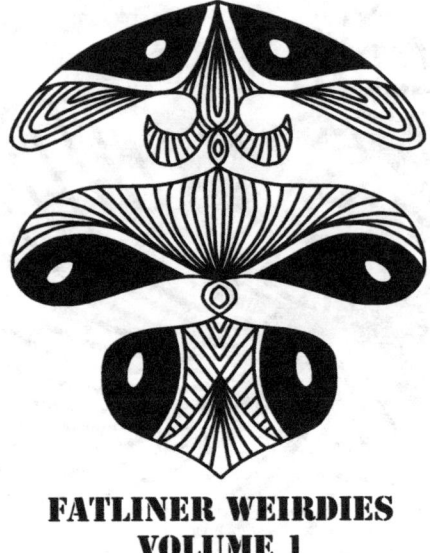
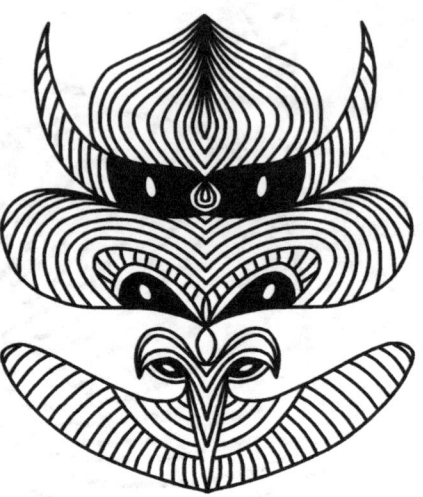
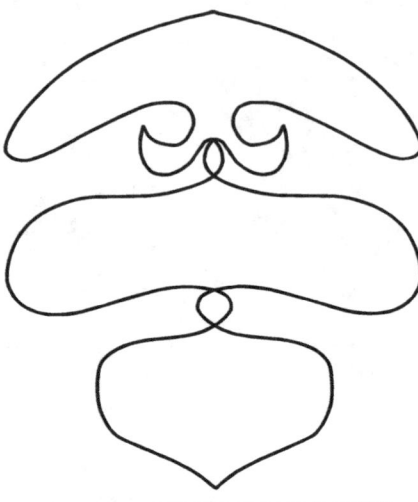

FATLINER WEIRDIES VOLUME 1 **FATLINER WEIRDIES VOLUME 2** **FATLINER WEIRDIES THE TEMPLATES 1**

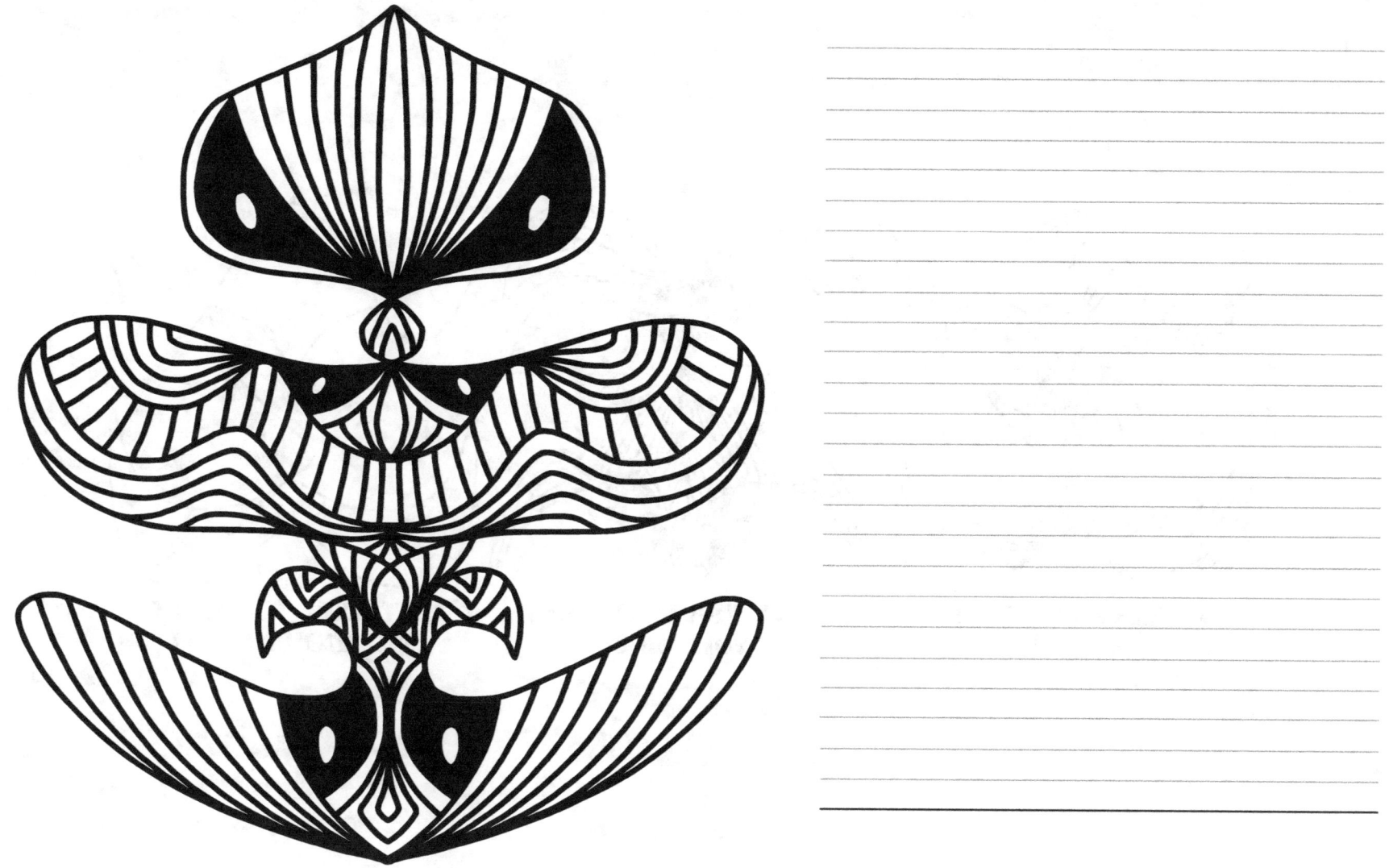

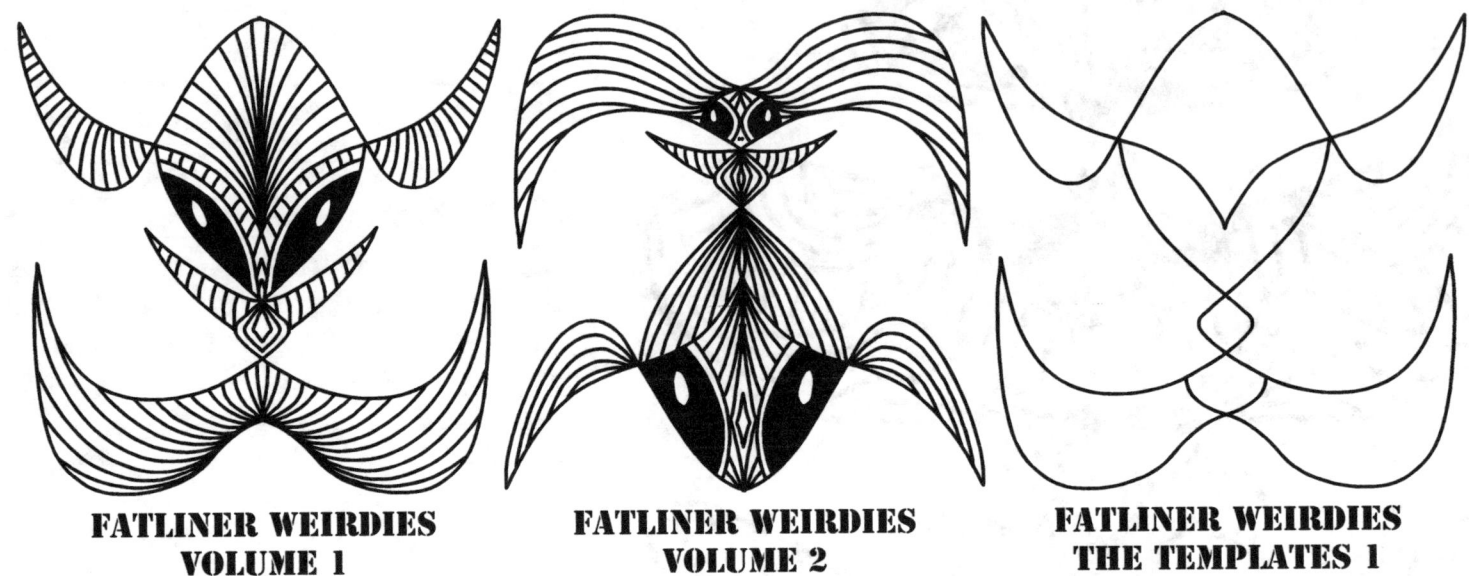

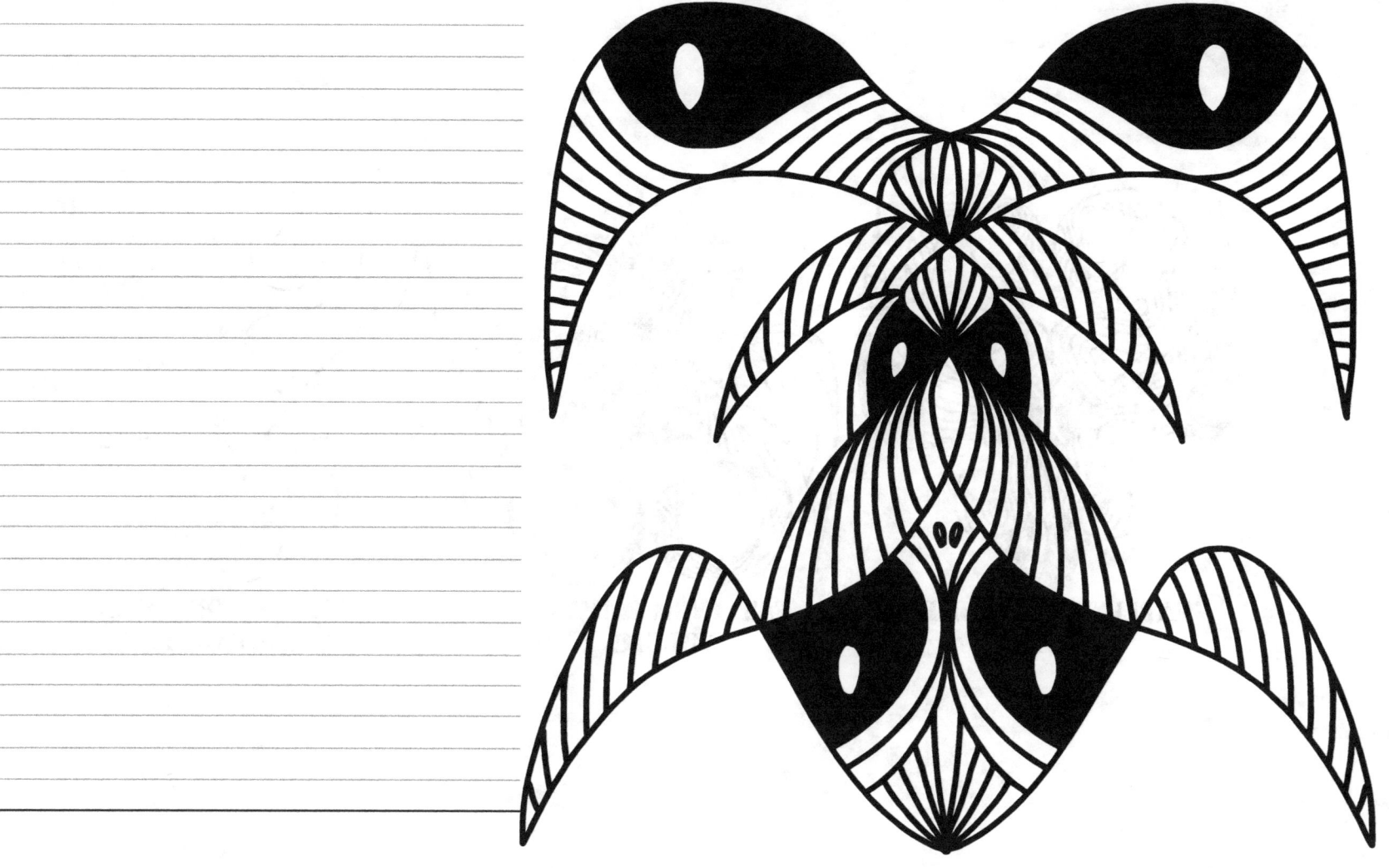

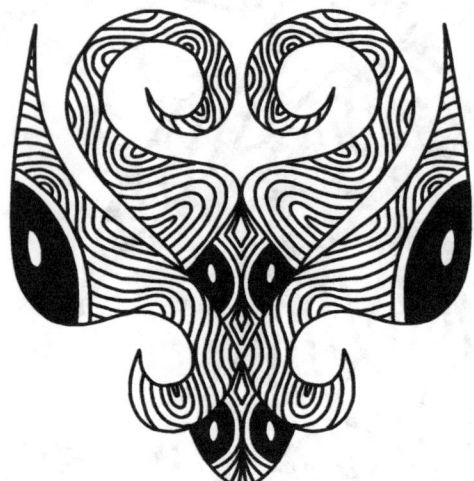

FATLINER WEIRDIES VOLUME 1

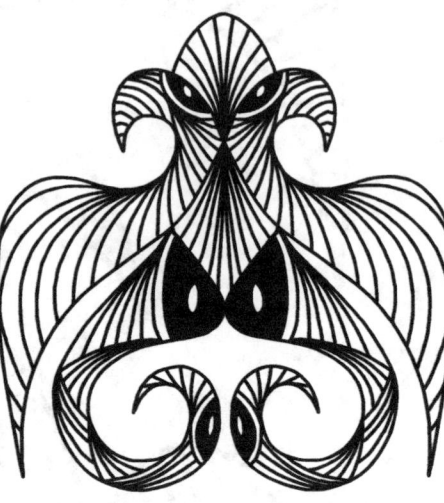

FATLINER WEIRDIES VOLUME 2

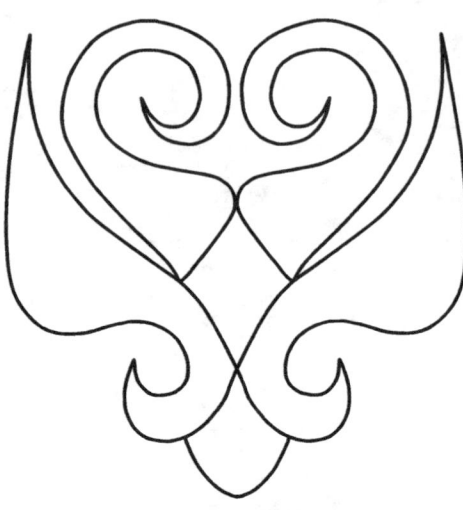

FATLINER WEIRDIES THE TEMPLATES 1

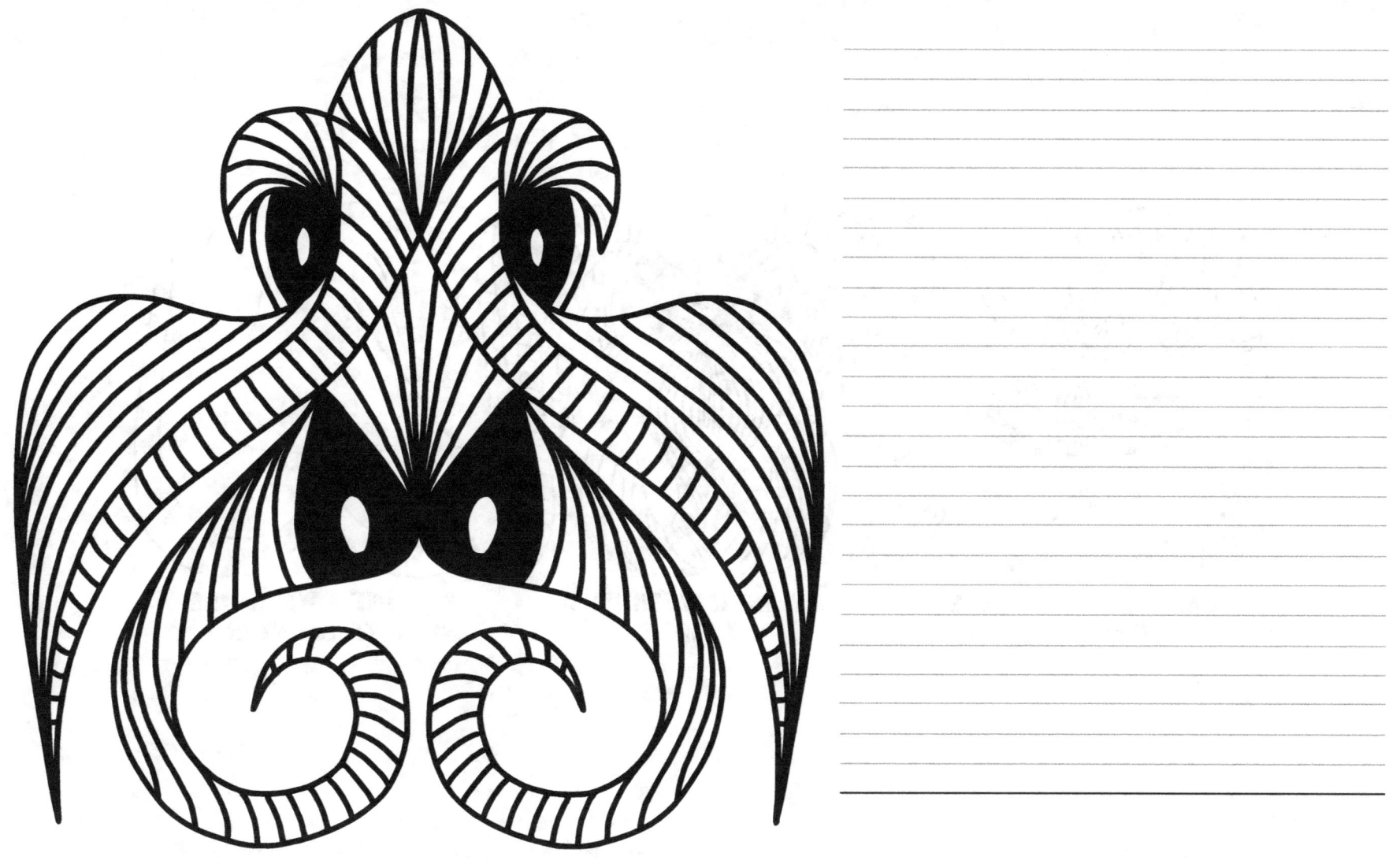

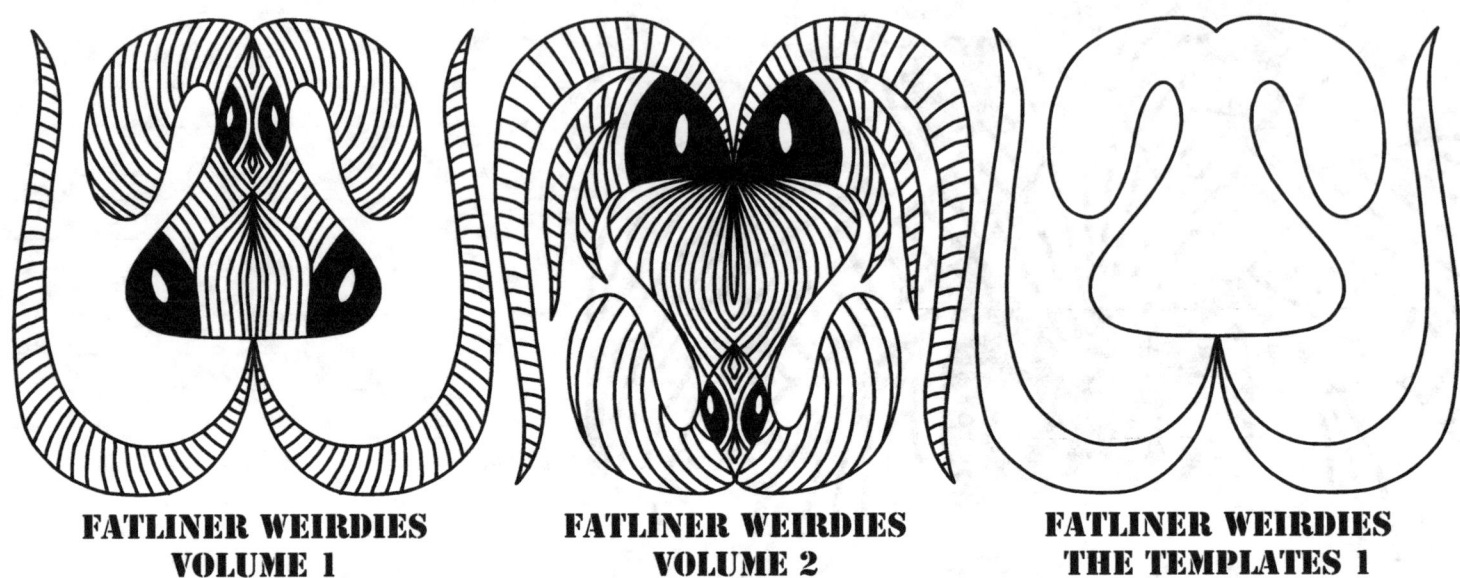

FATLINER WEIRDIES
VOLUME 1

FATLINER WEIRDIES
VOLUME 2

FATLINER WEIRDIES
THE TEMPLATES 1

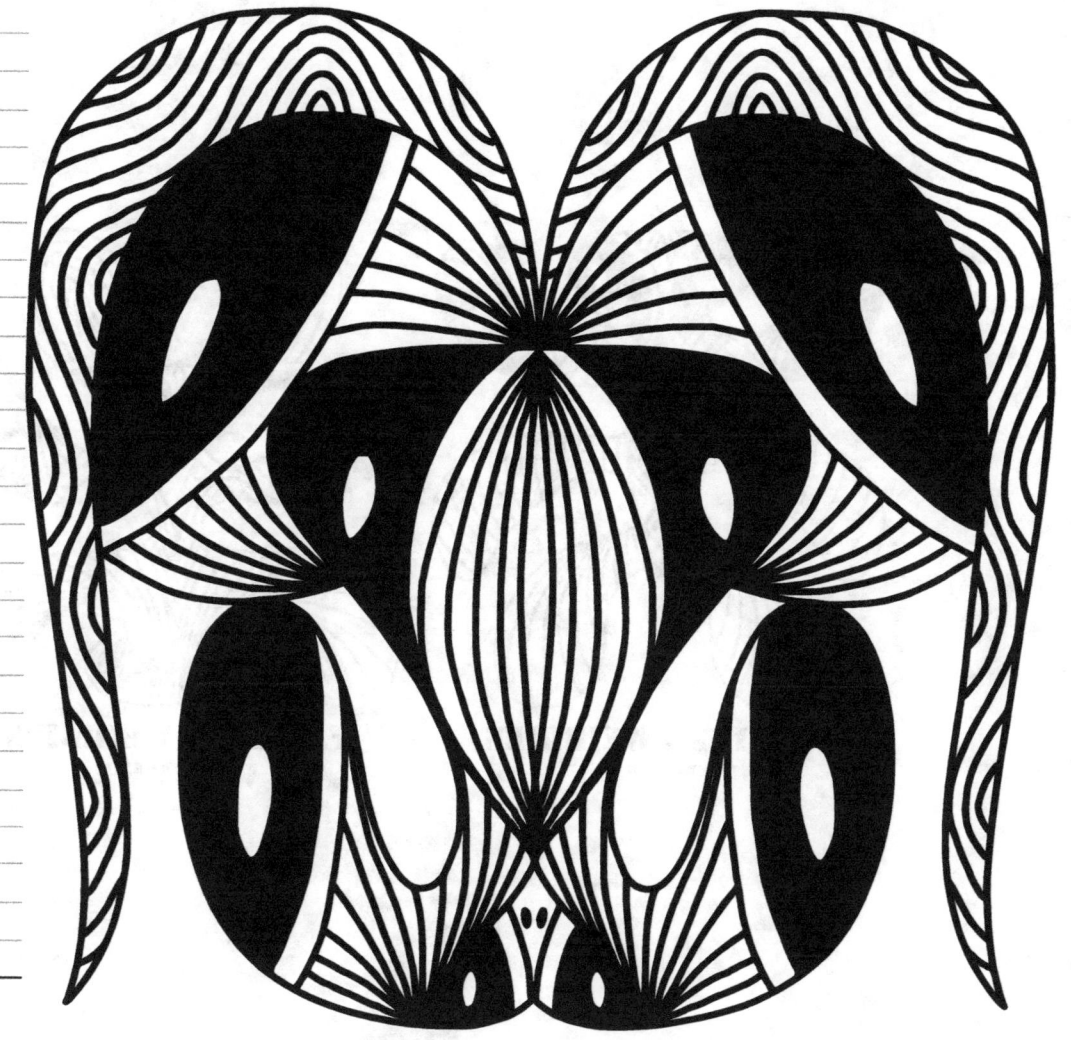

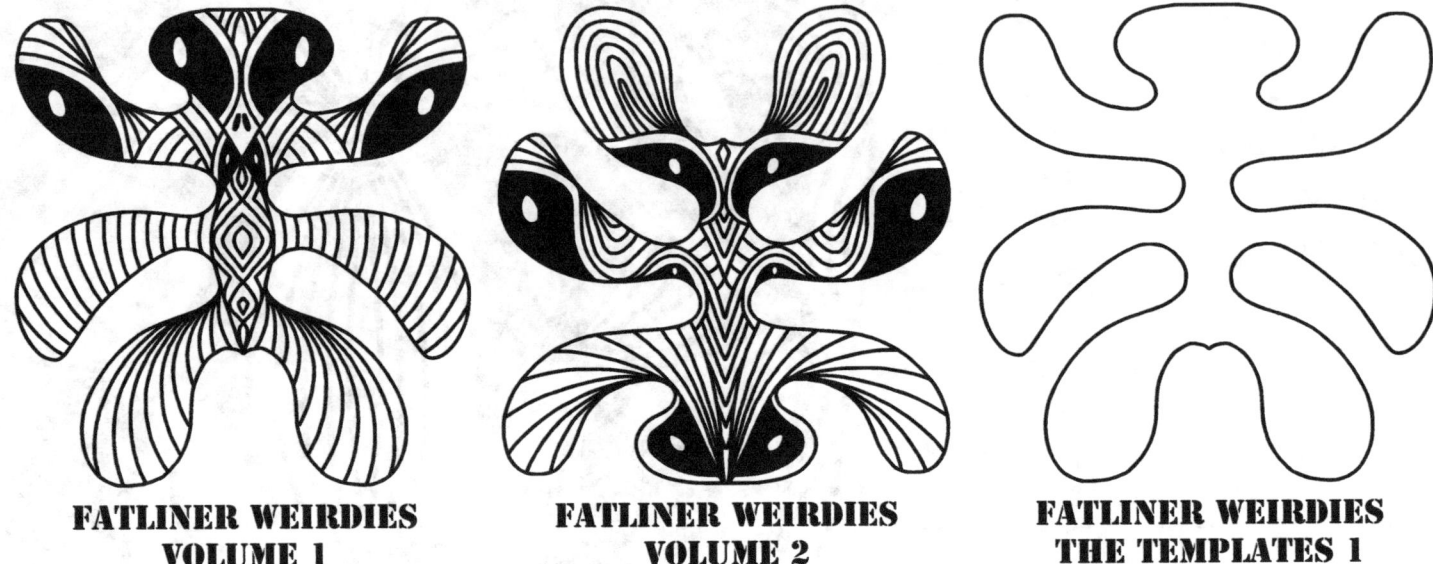

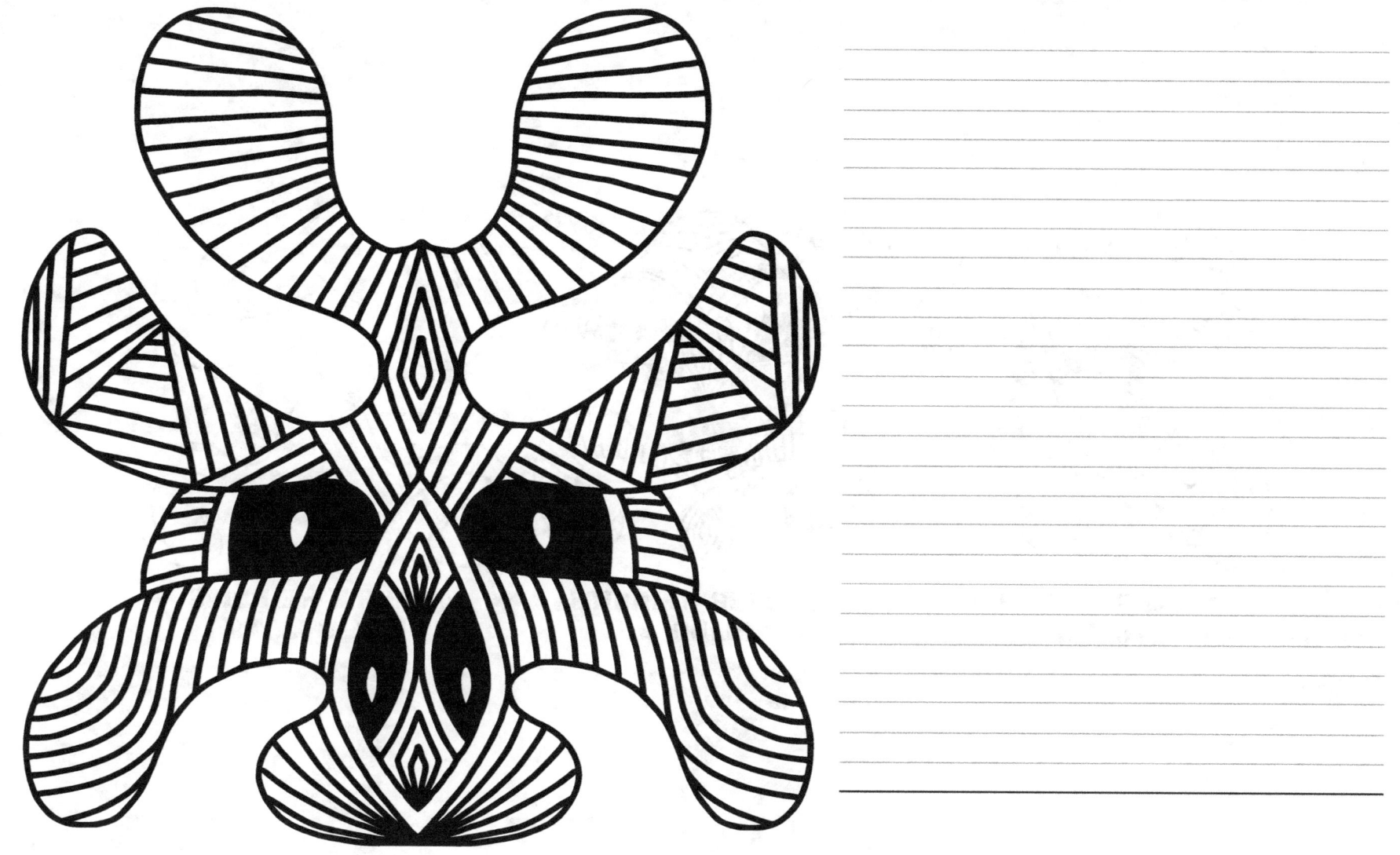

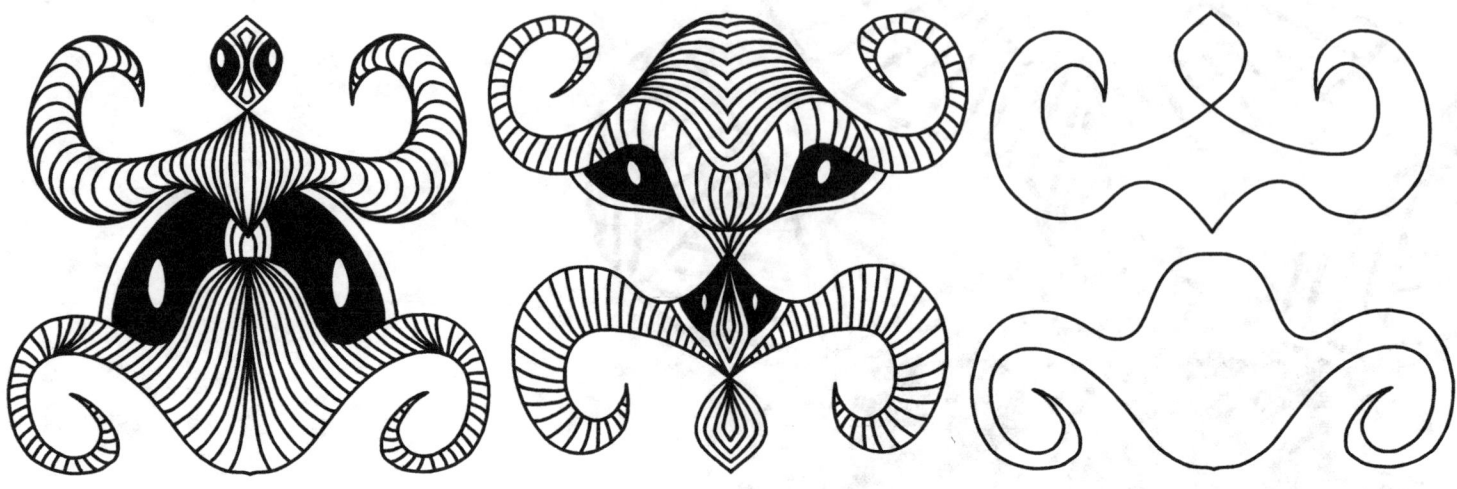

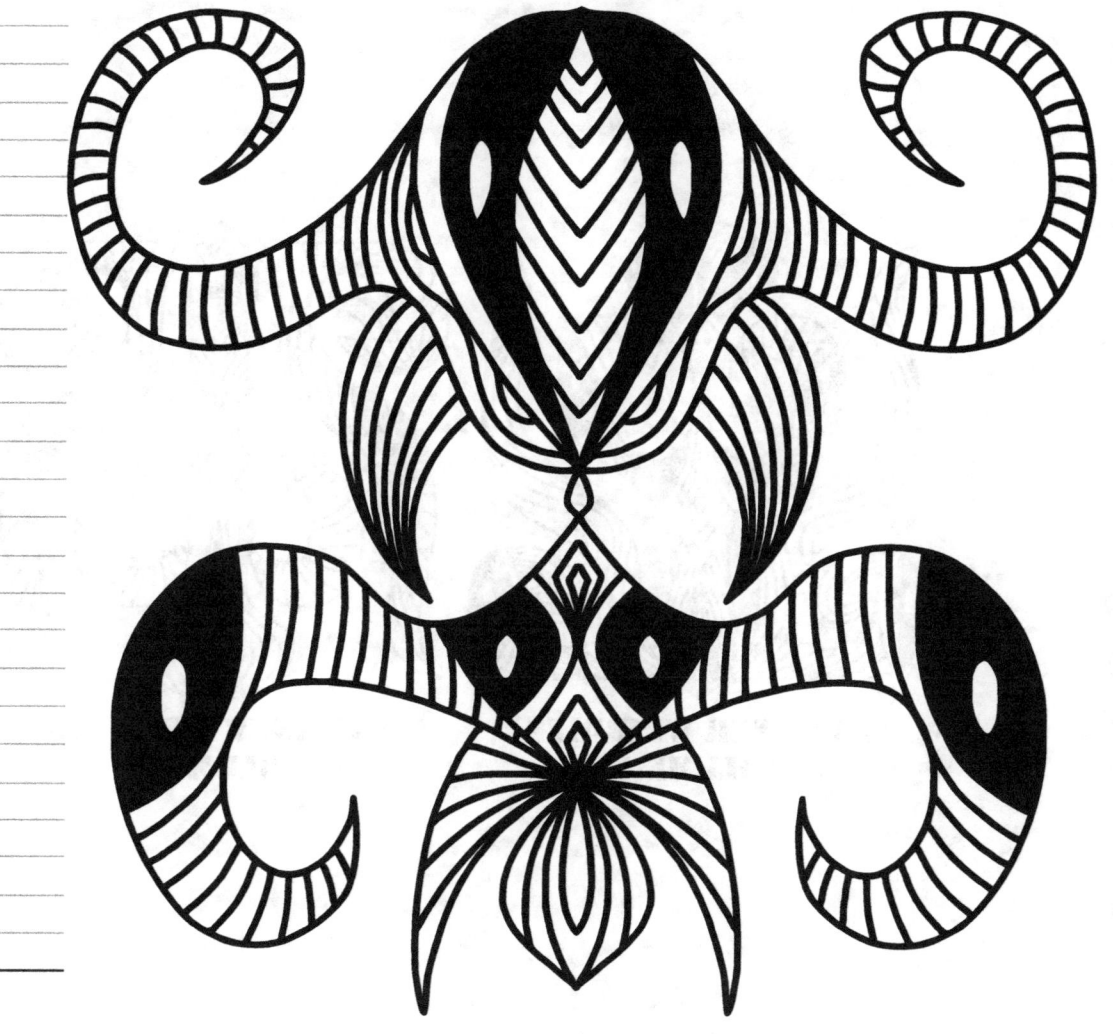

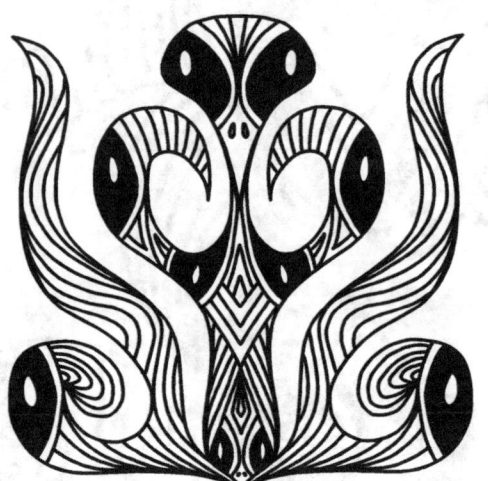
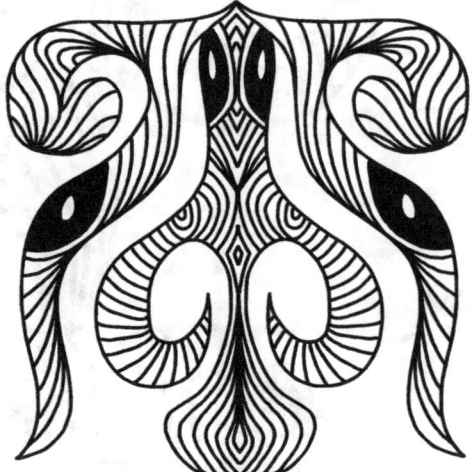
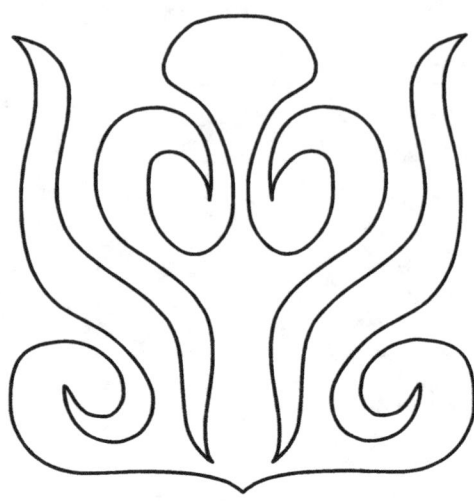

FATLINER WEIRDIES VOLUME 1   **FATLINER WEIRDIES VOLUME 2**   **FATLINER WEIRDIES THE TEMPLATES 1**

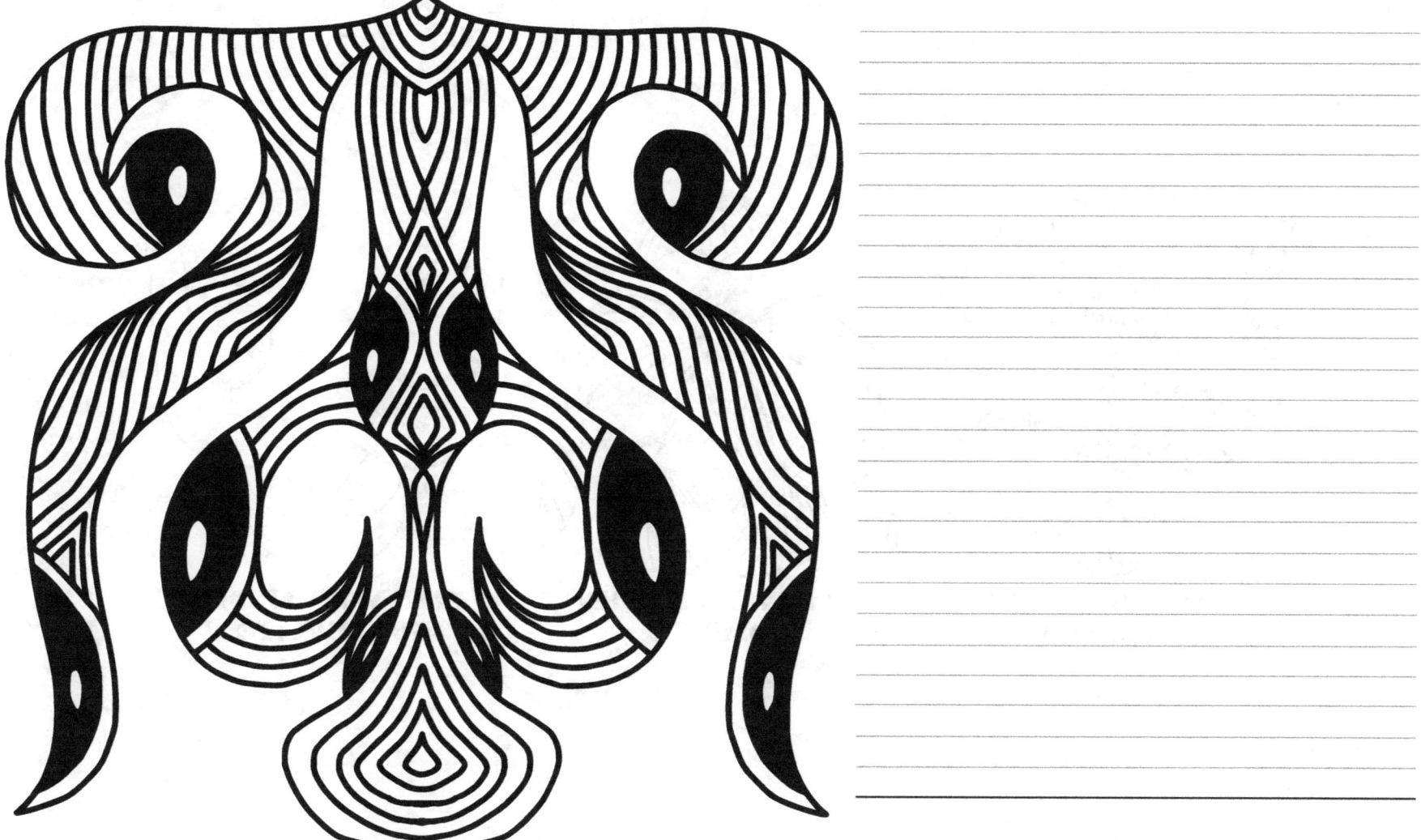

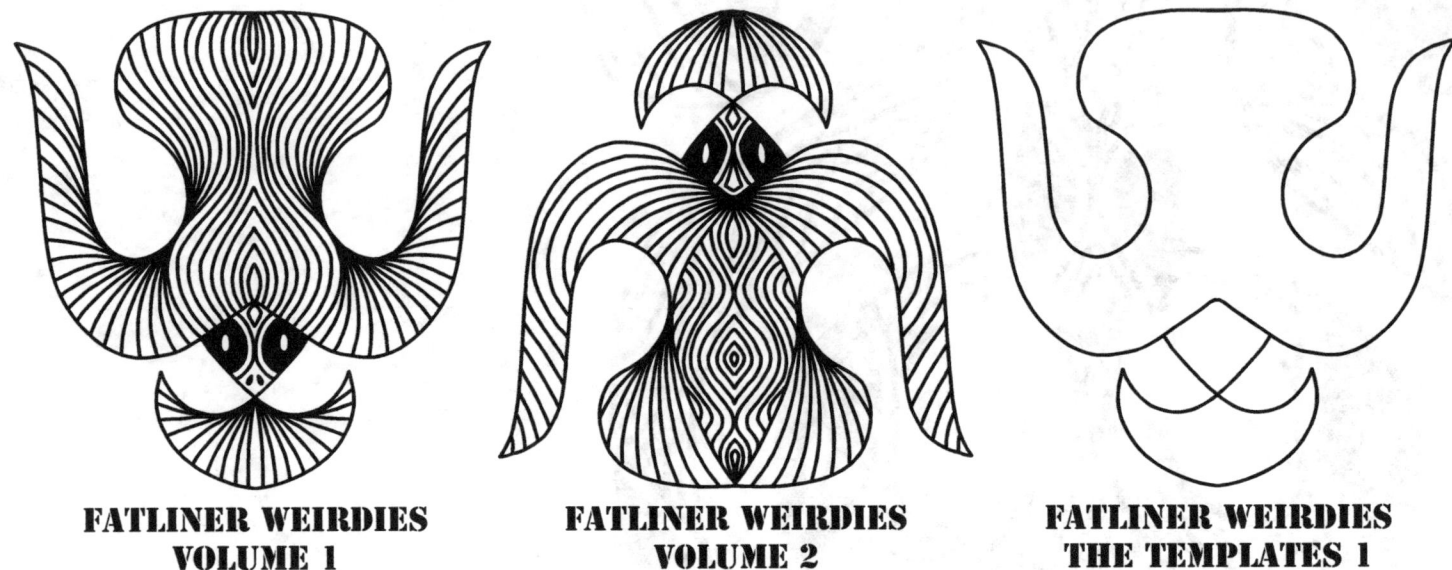

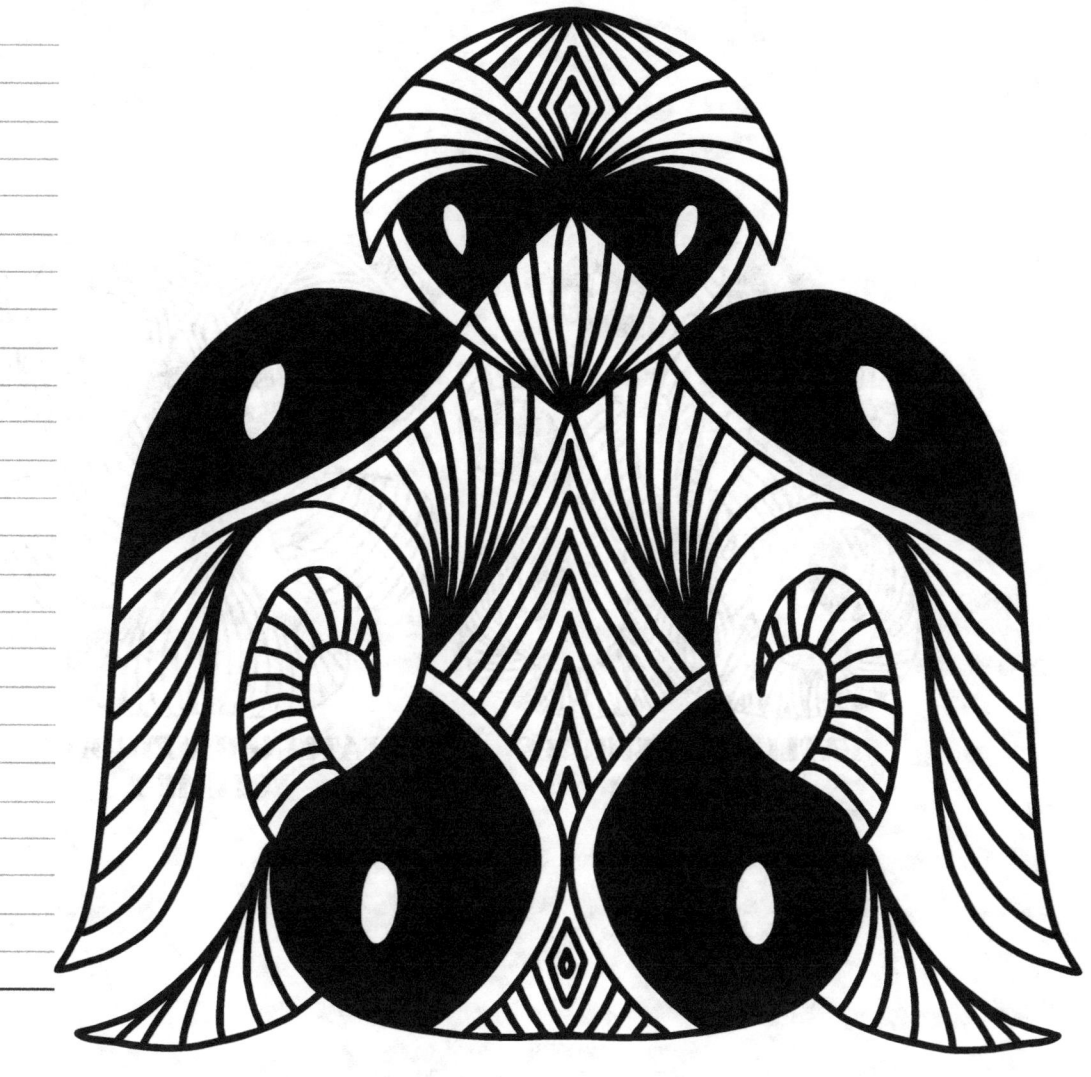

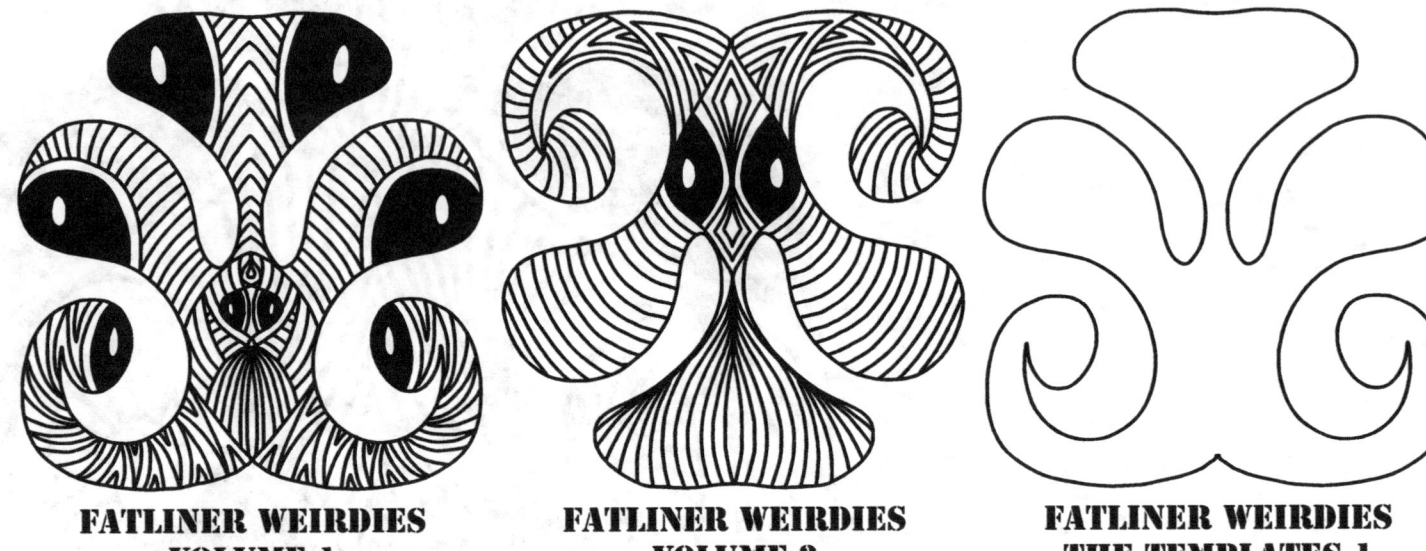

FATLINER WEIRDIES VOLUME 1   **FATLINER WEIRDIES VOLUME 2**   **FATLINER WEIRDIES THE TEMPLATES 1**

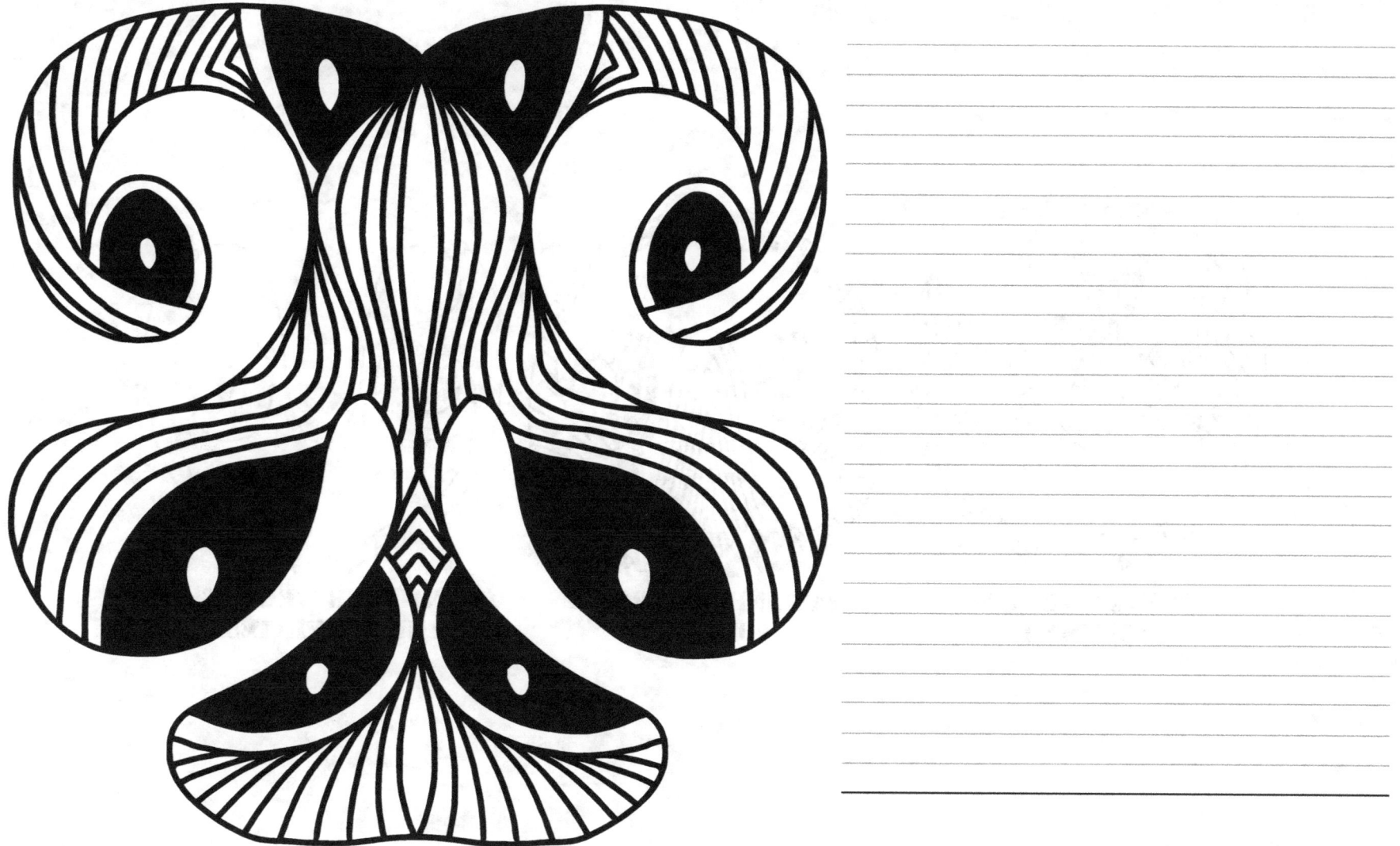

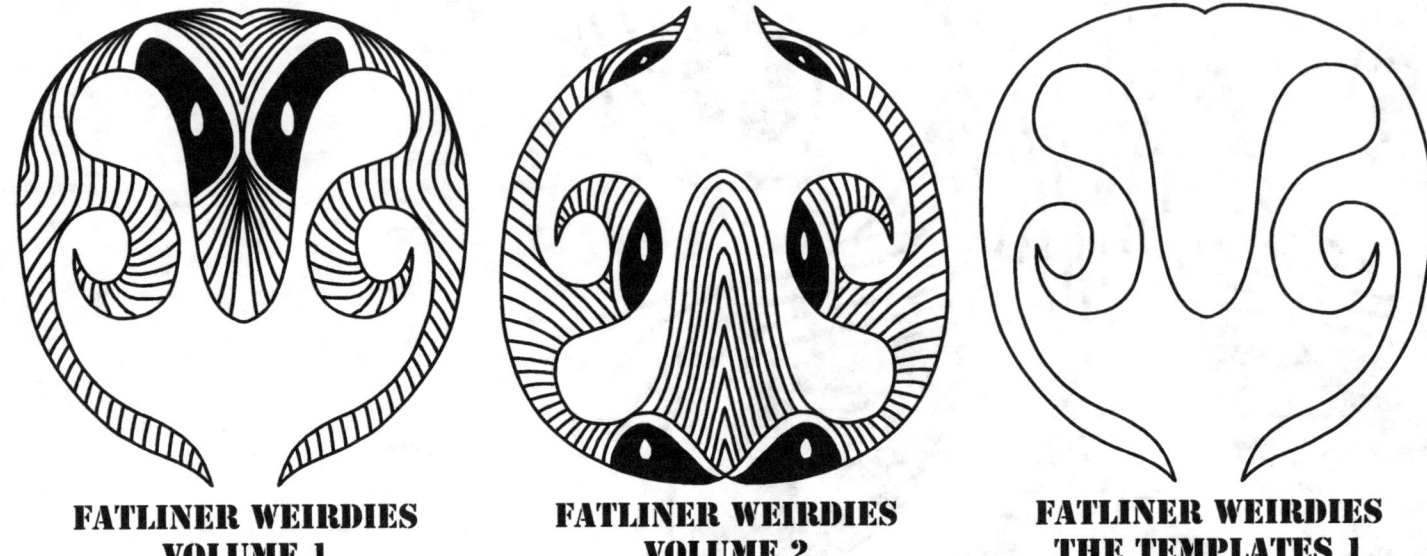

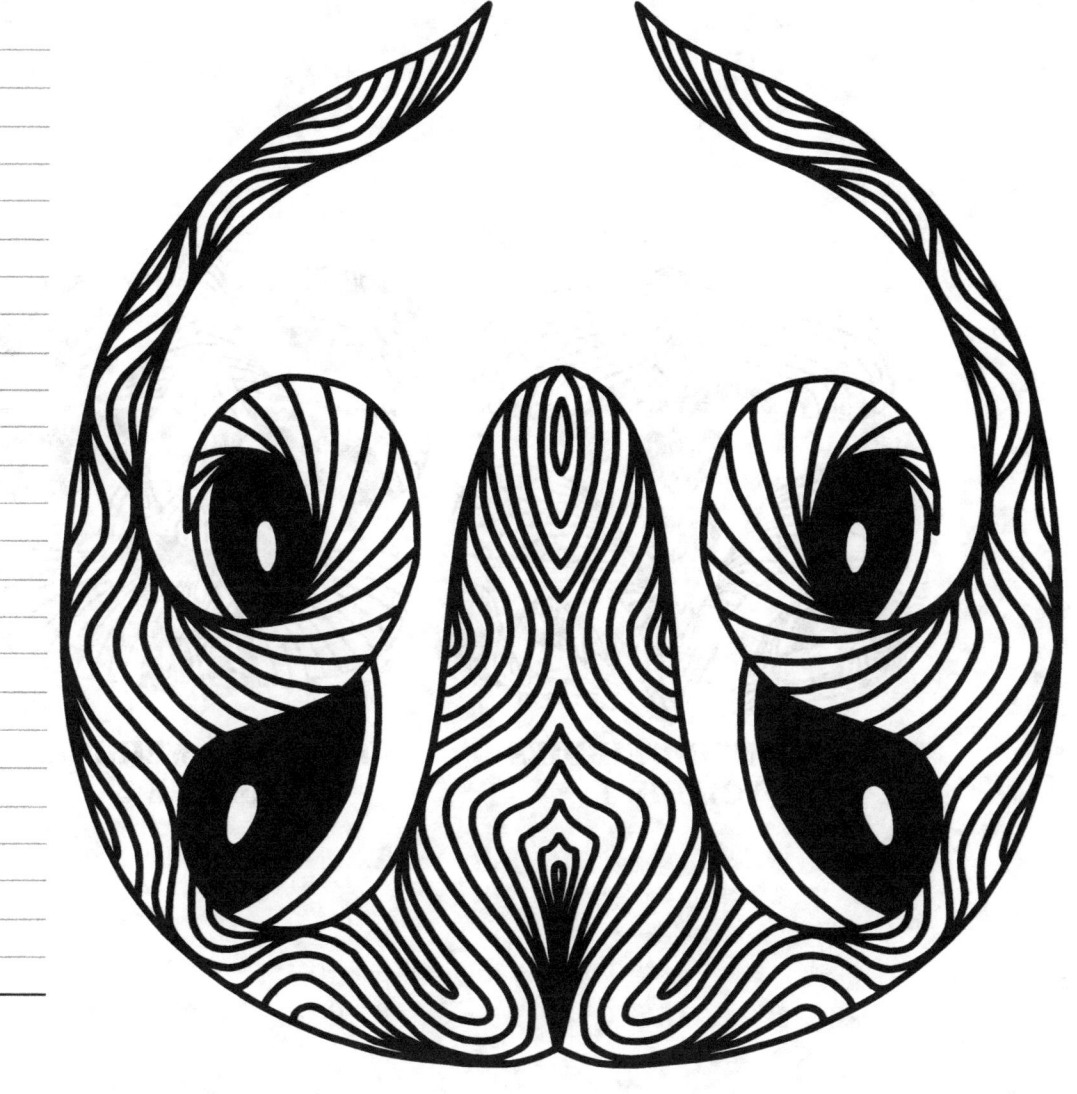

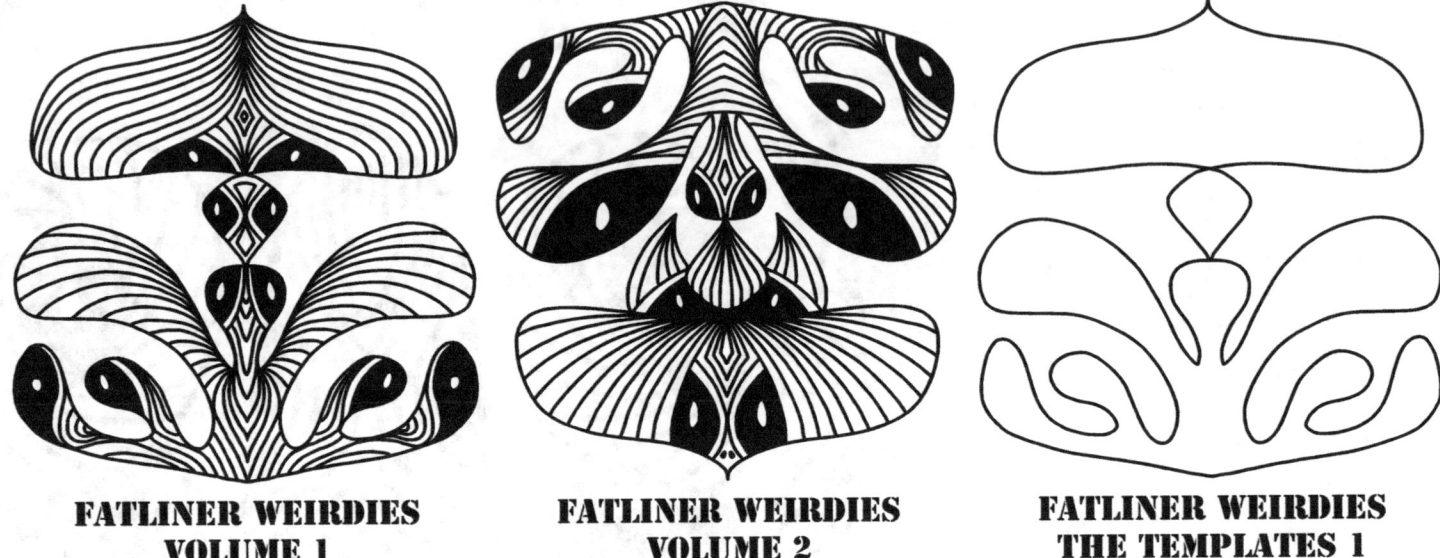

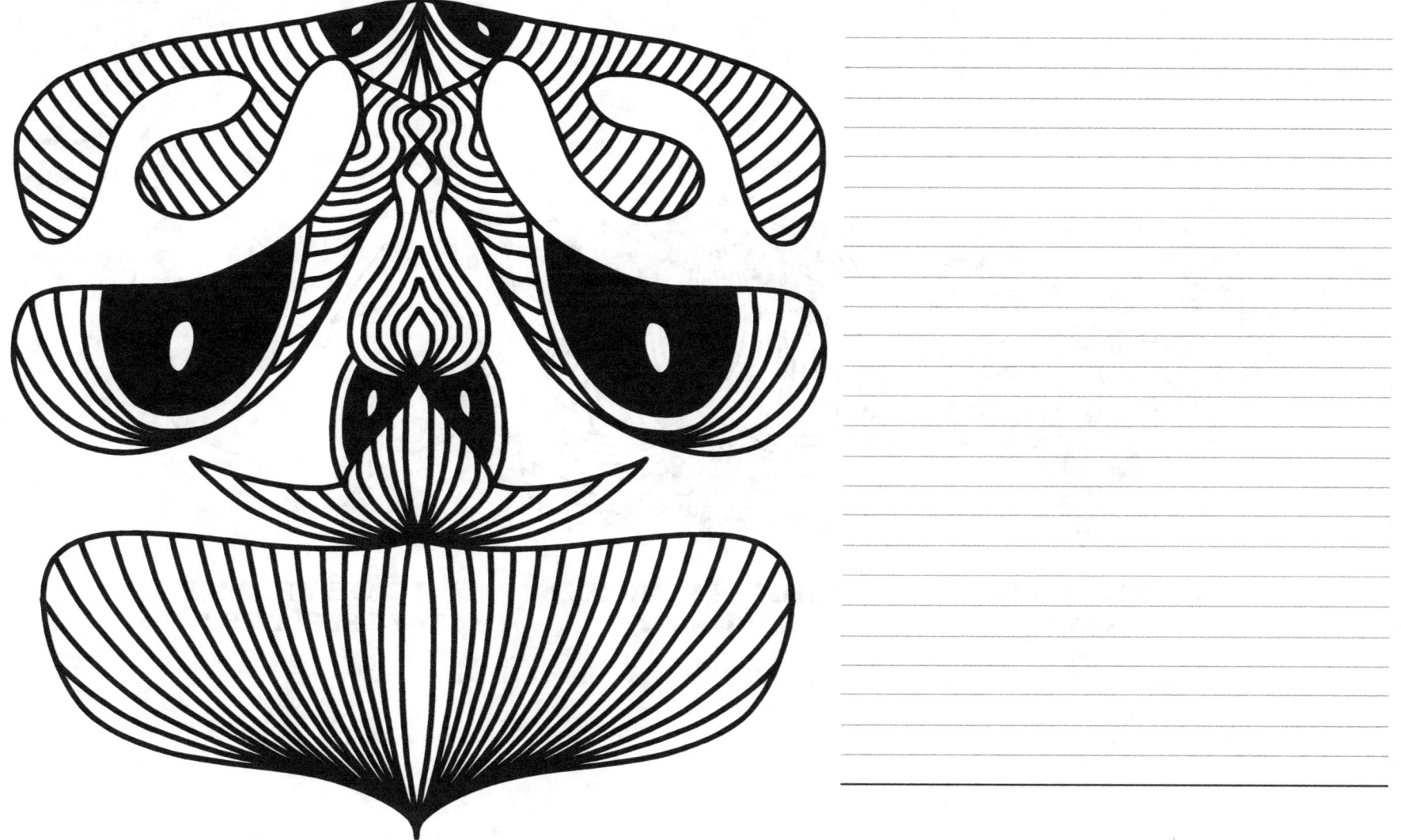

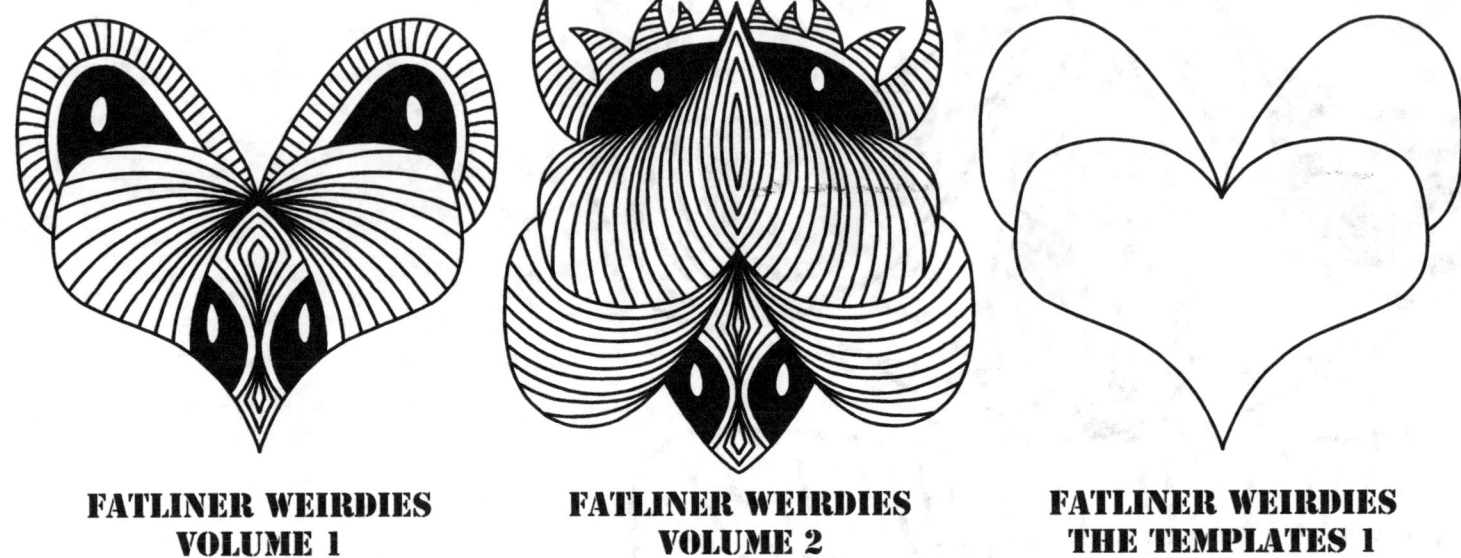

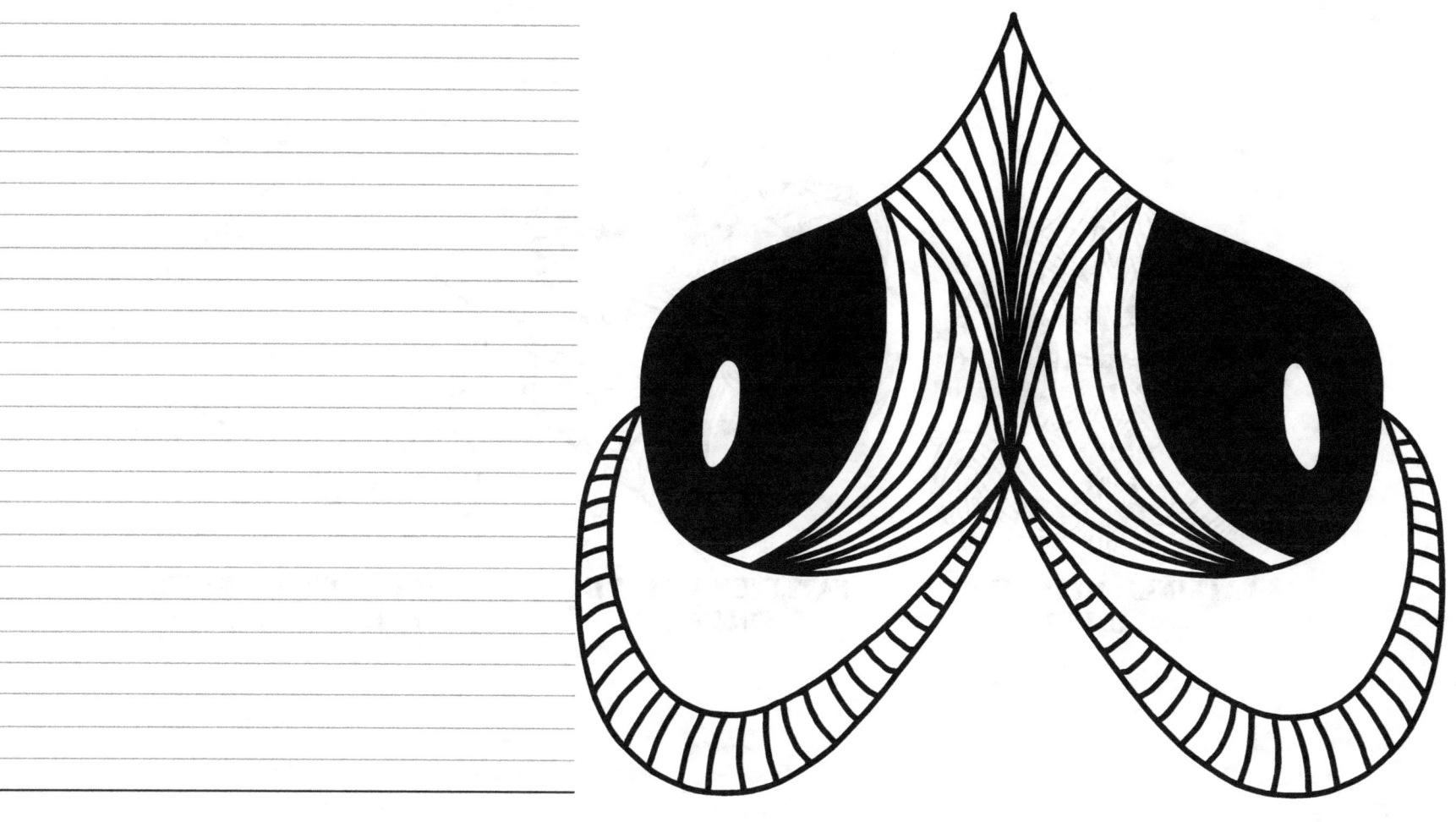

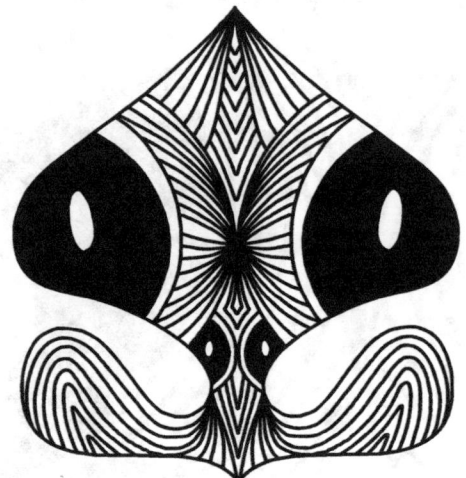

FATLINER WEIRDIES VOLUME 1

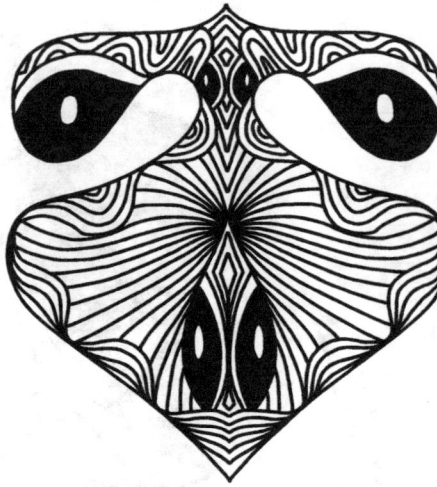

FATLINER WEIRDIES VOLUME 2

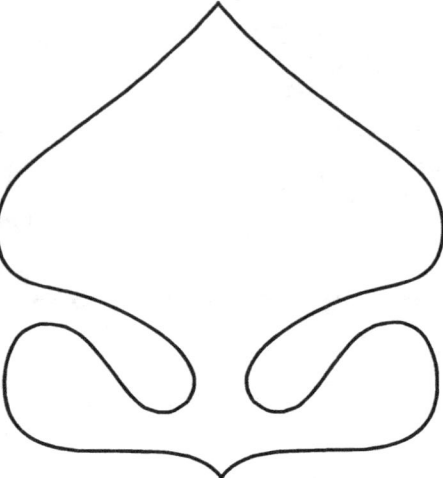

FATLINER WEIRDIES THE TEMPLATES 1

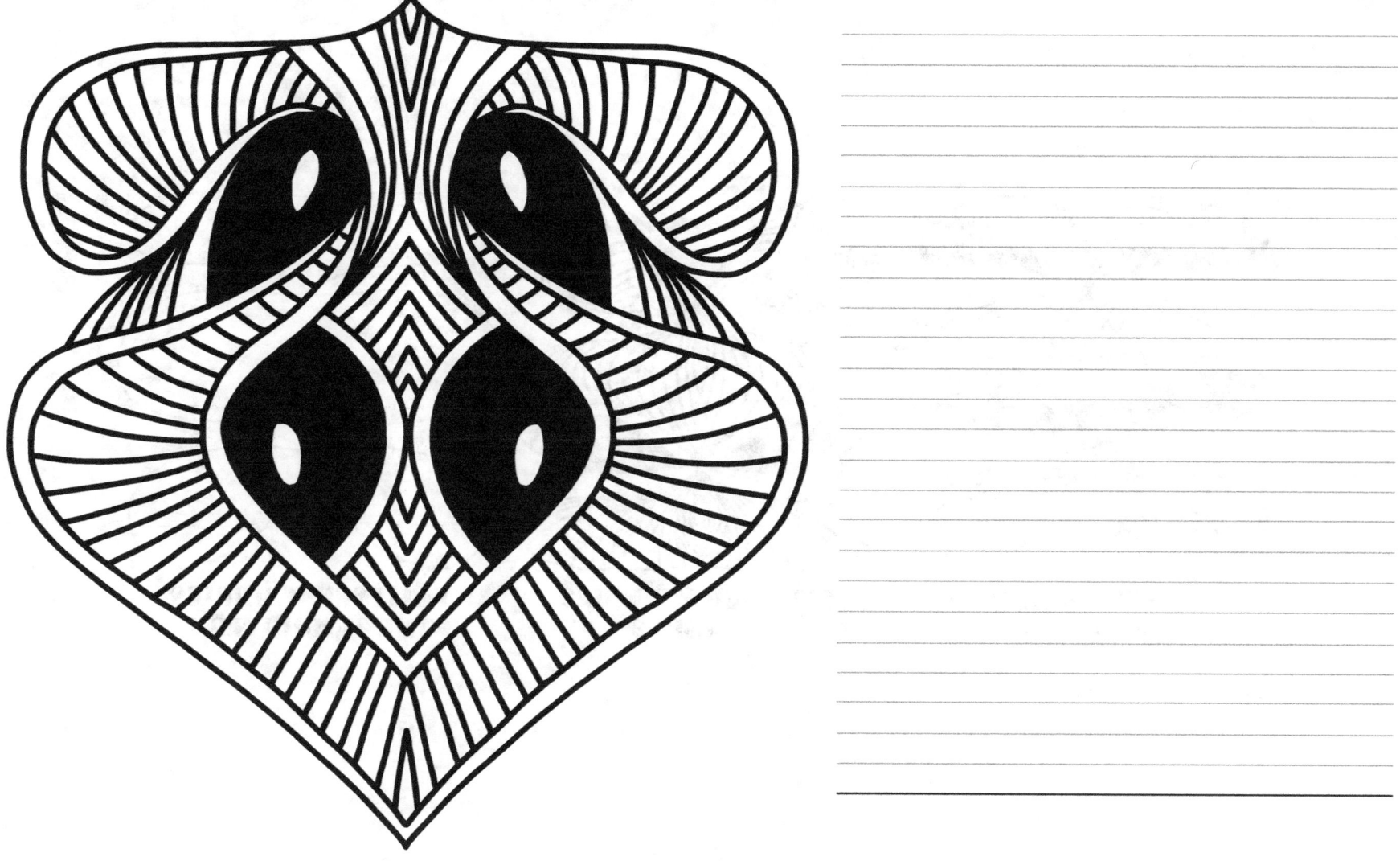

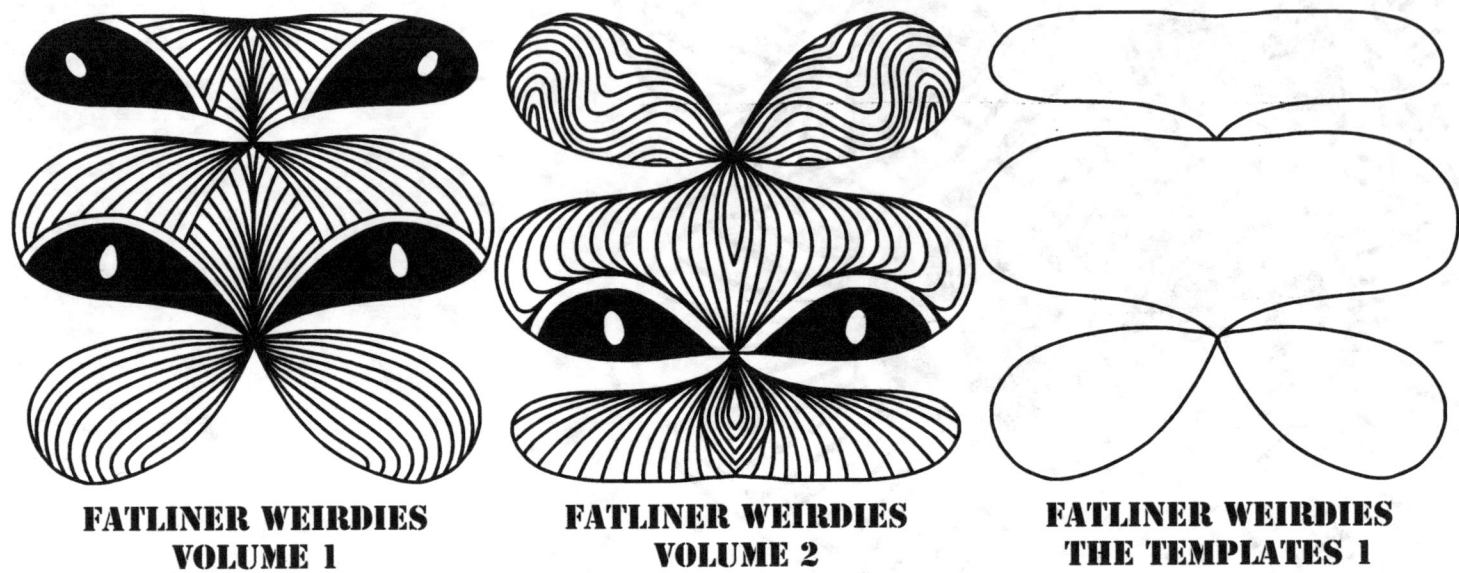

FATLINER WEIRDIES VOLUME 1   **FATLINER WEIRDIES VOLUME 2**   **FATLINER WEIRDIES THE TEMPLATES 1**

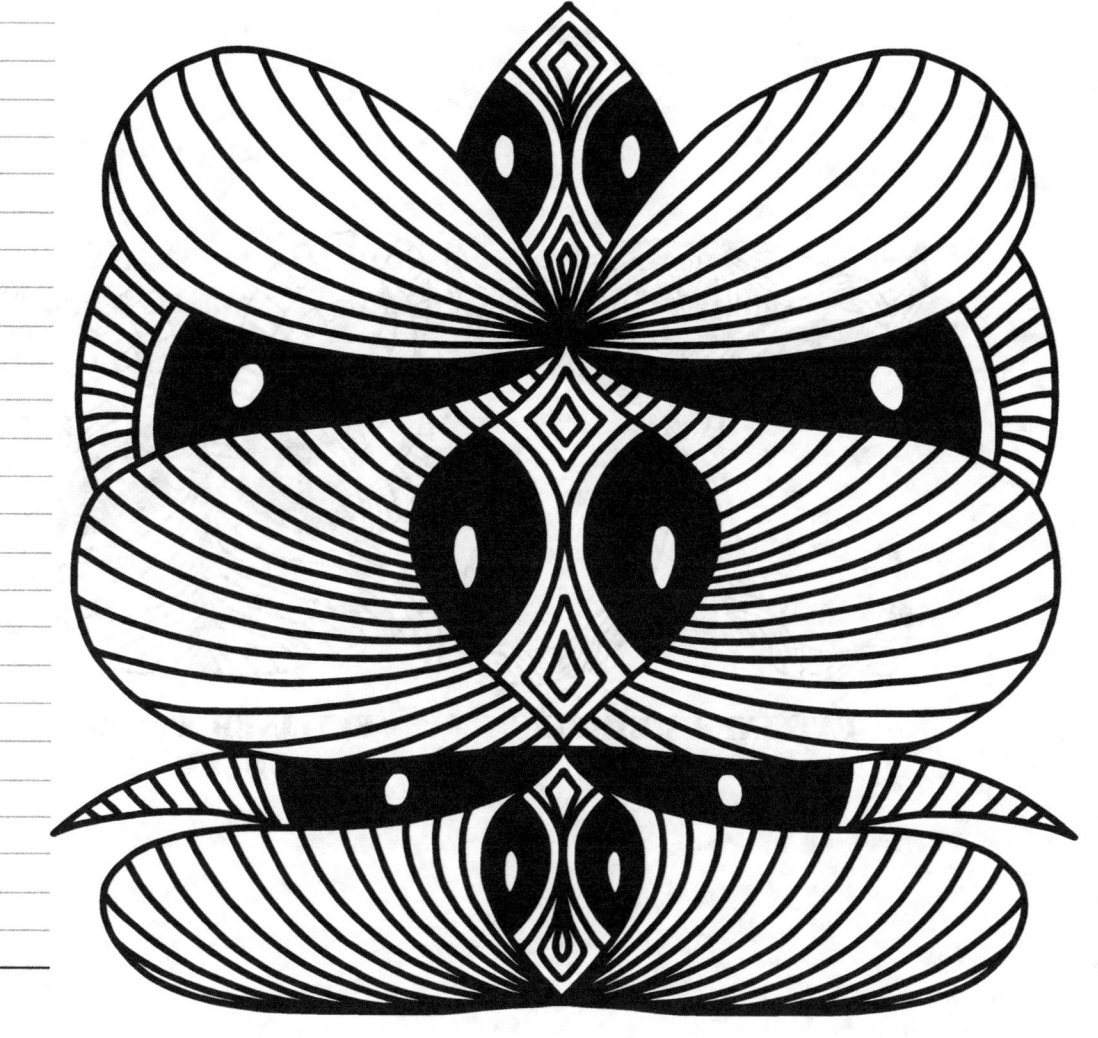

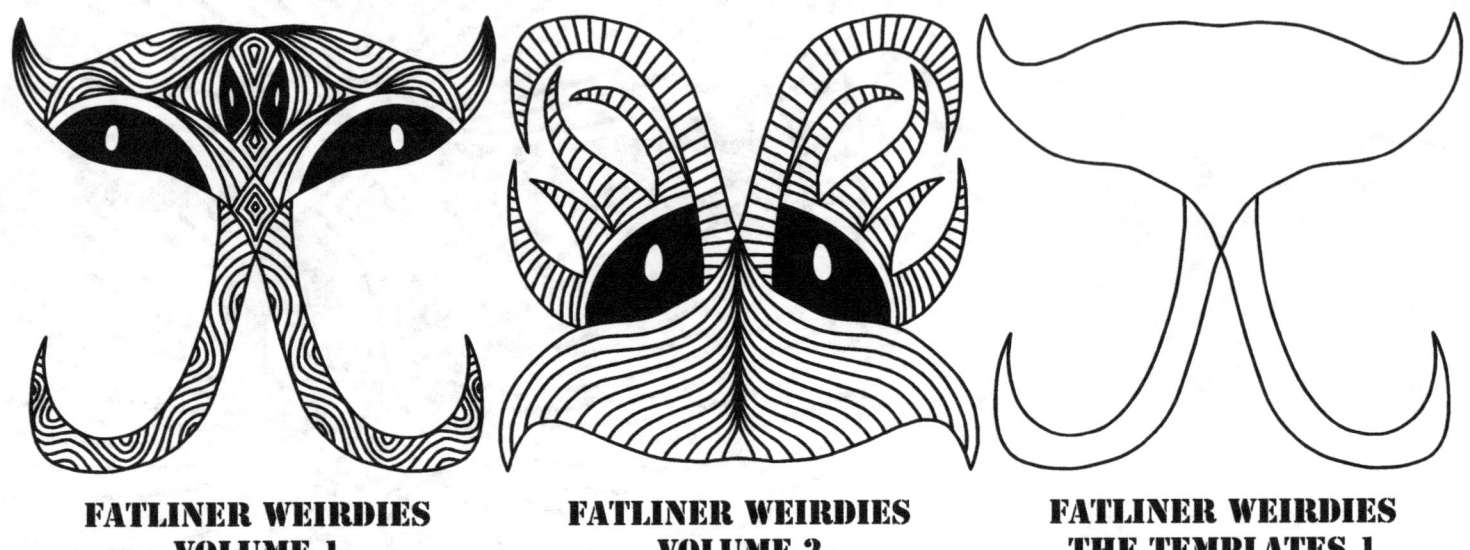

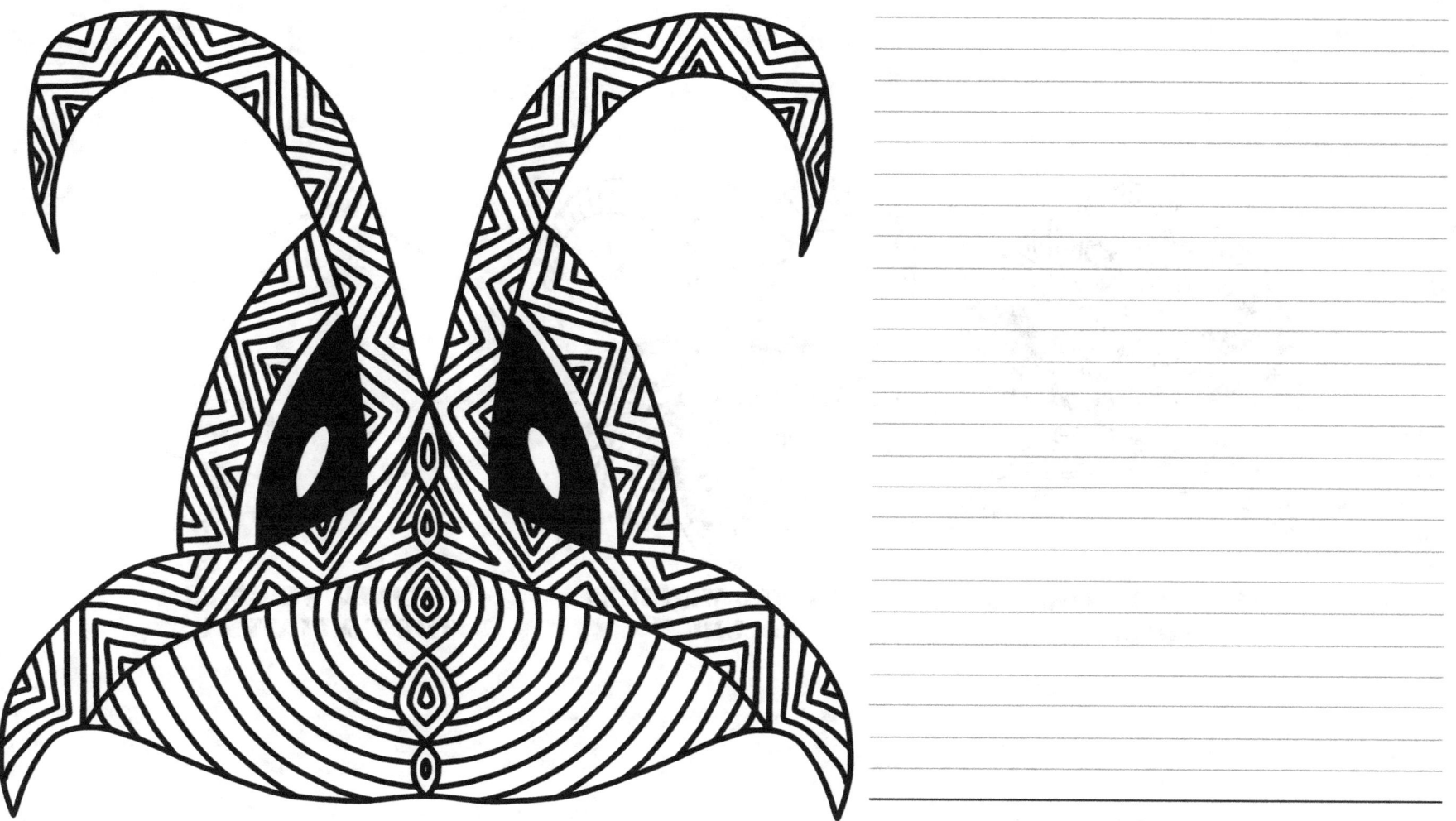

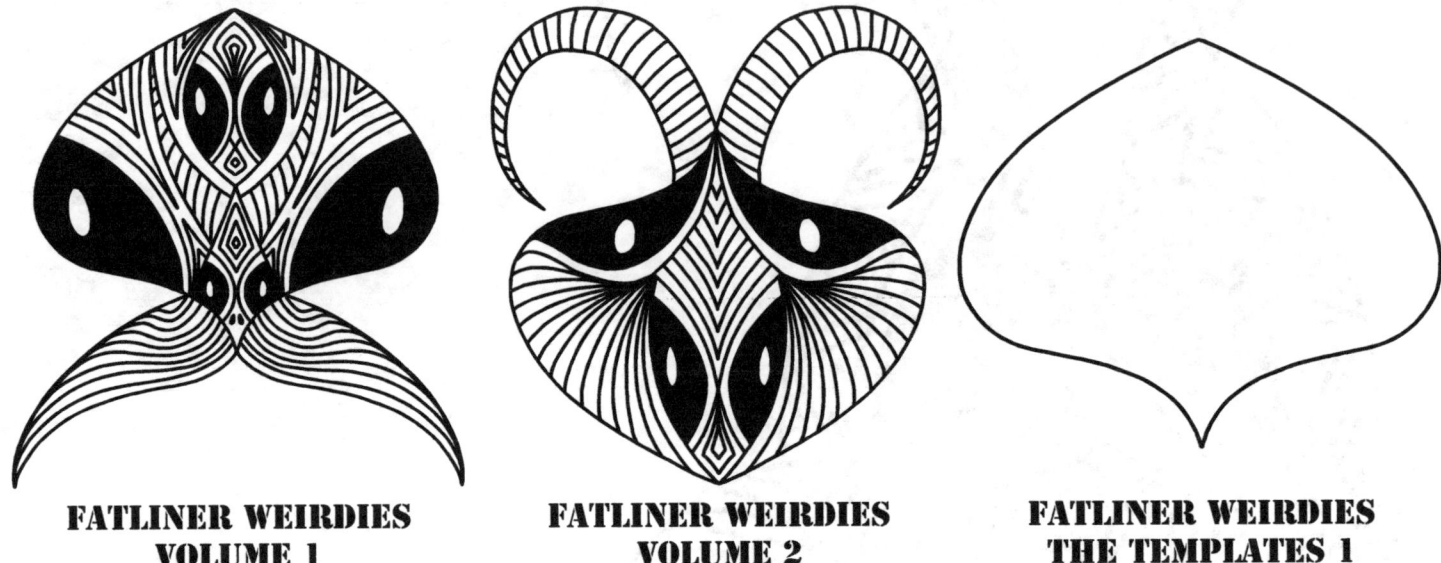

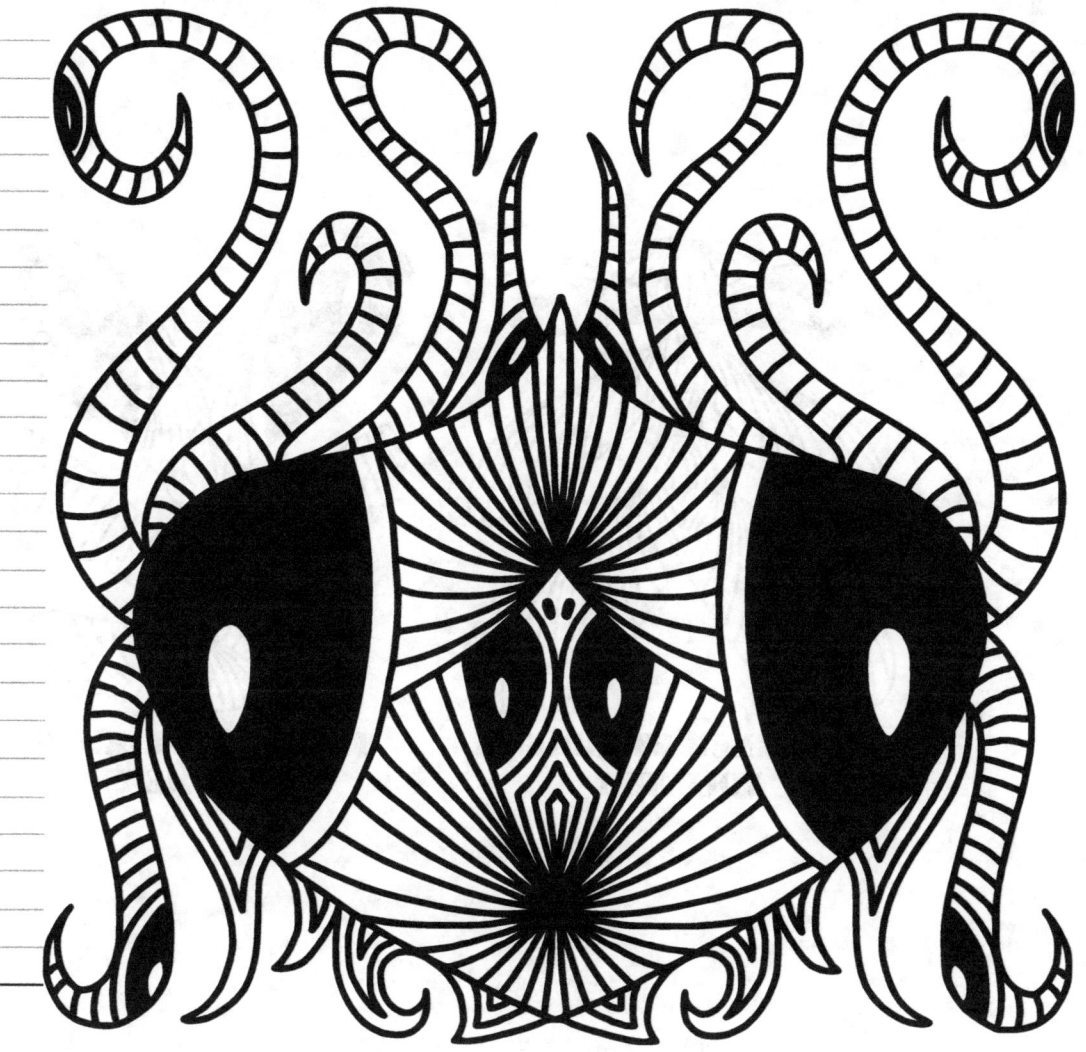

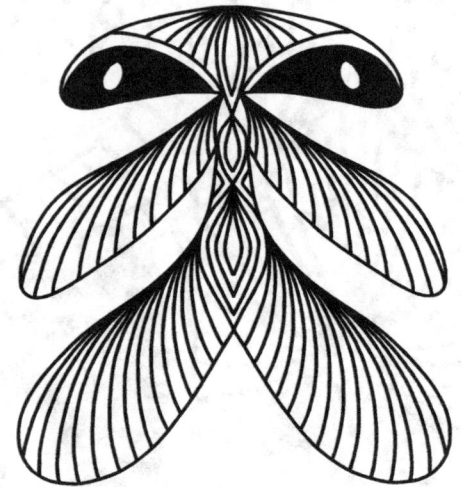

FATLINER WEIRDIES VOLUME 1

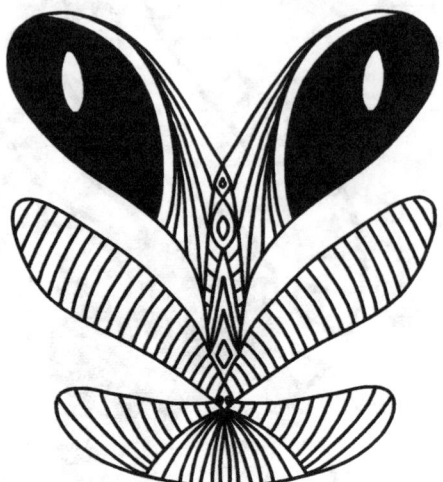

FATLINER WEIRDIES VOLUME 2

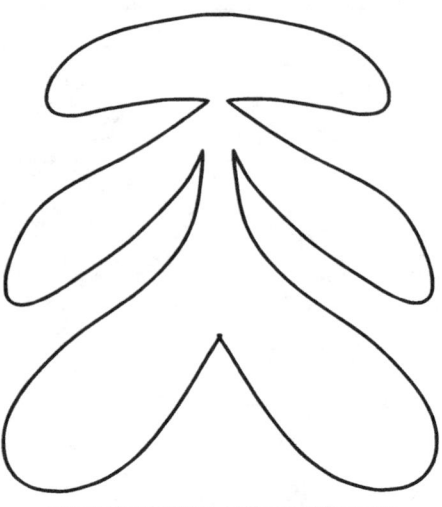

FATLINER WEIRDIES THE TEMPLATES 1

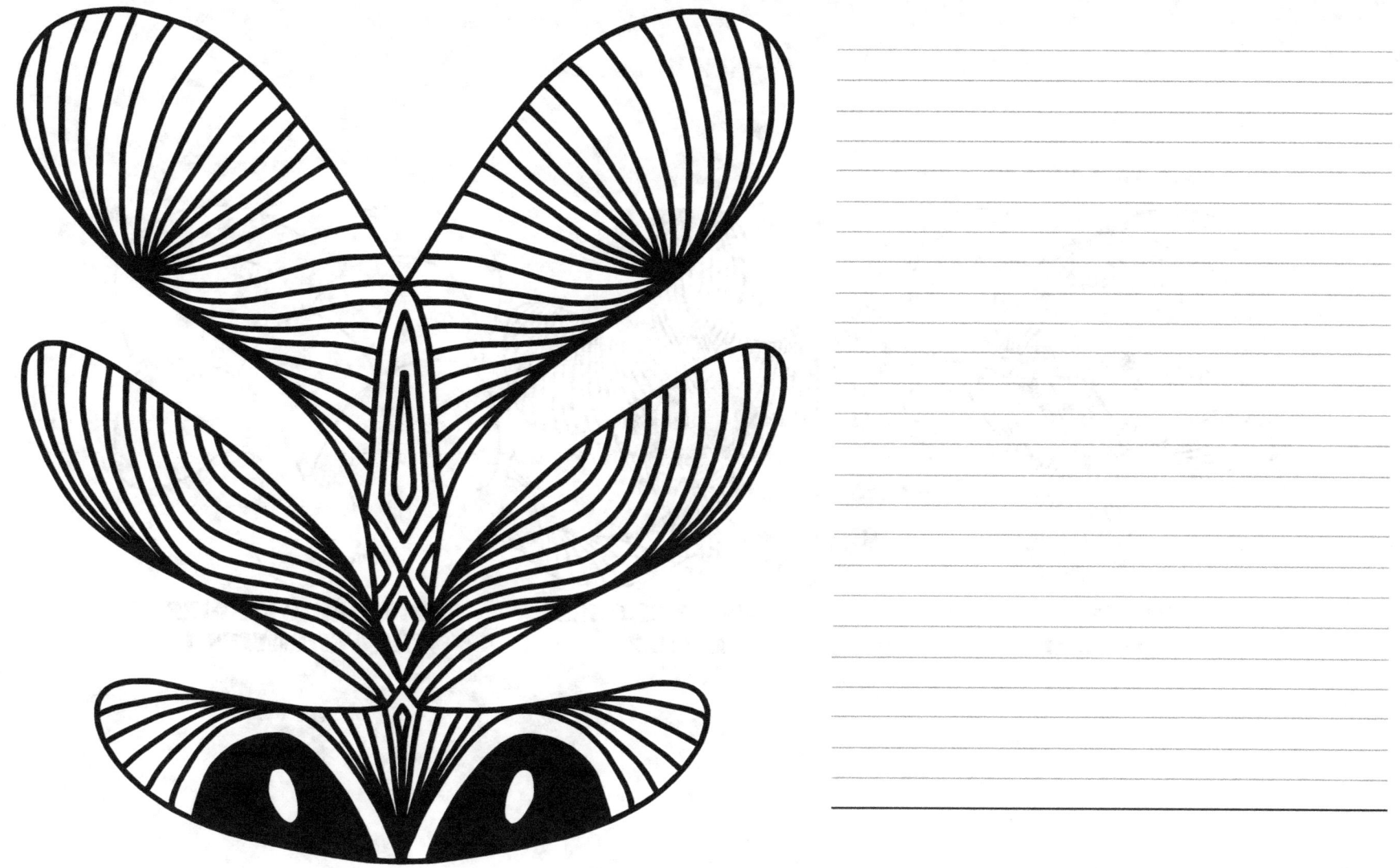

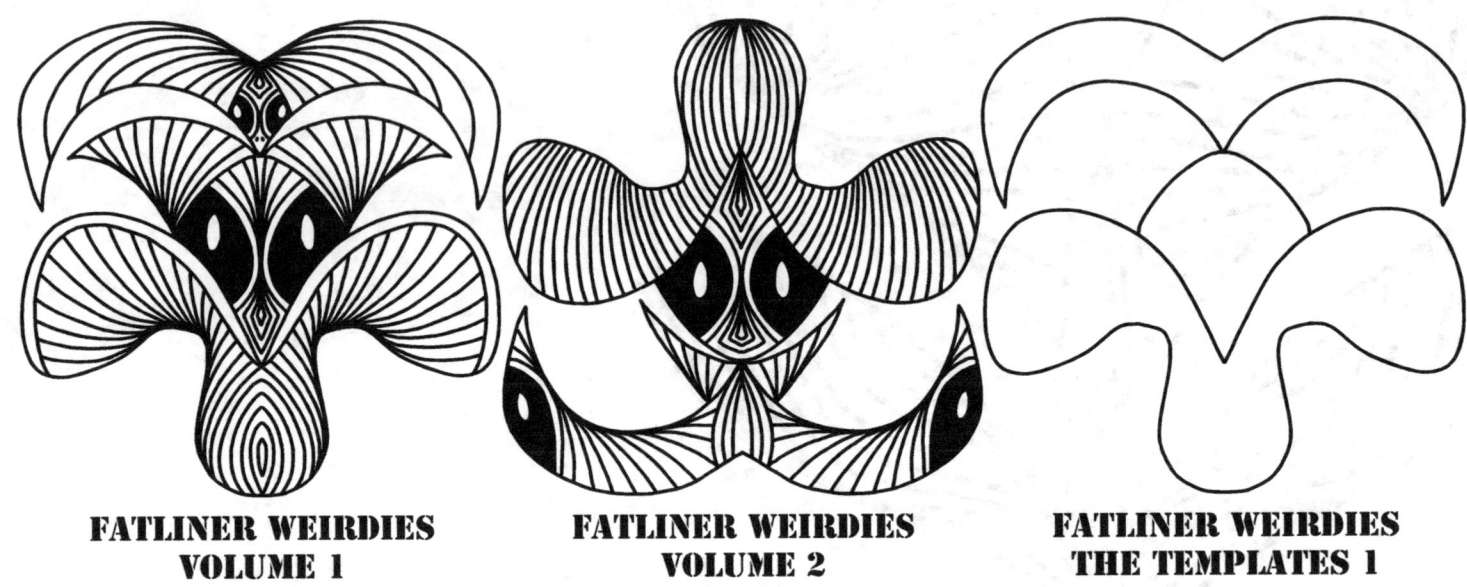

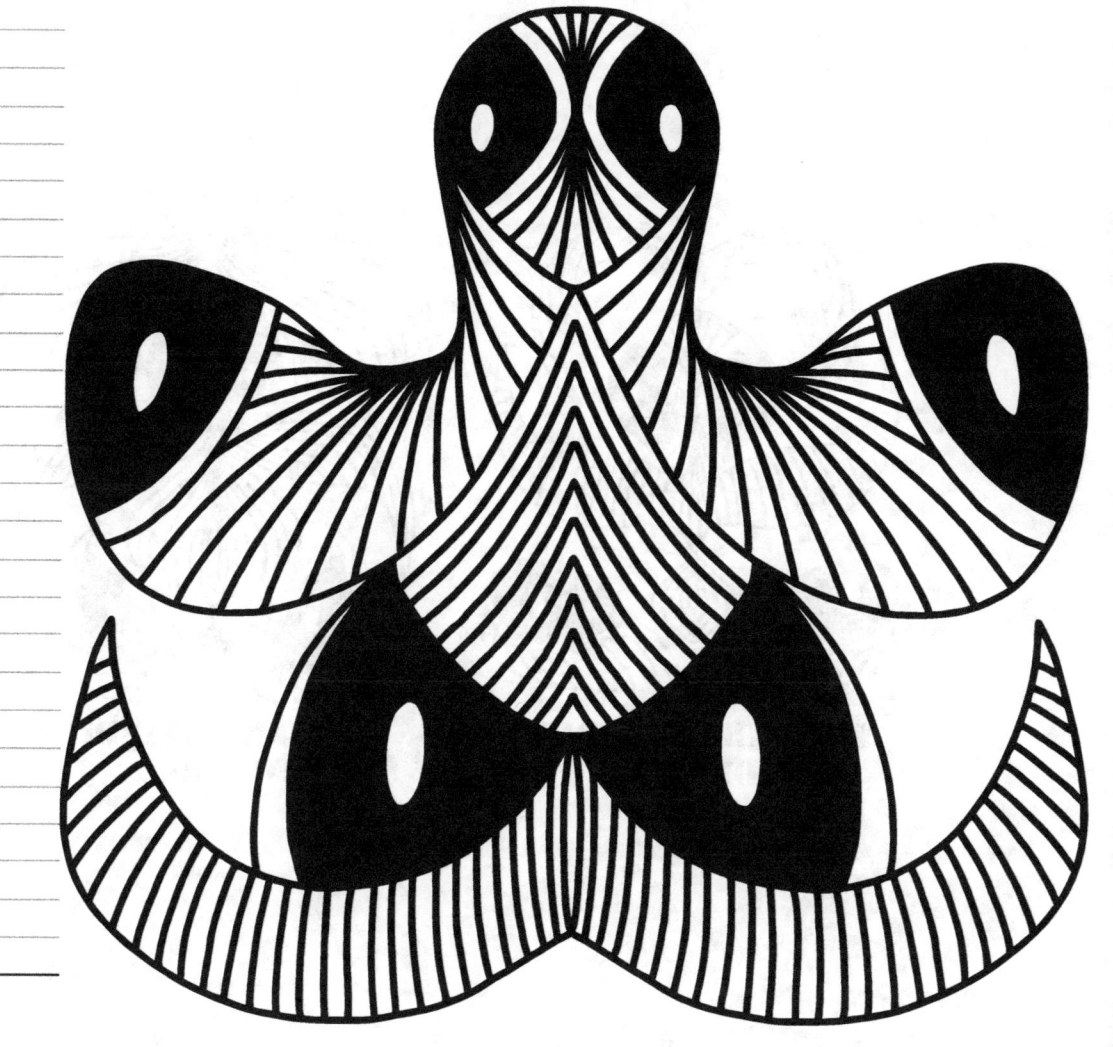

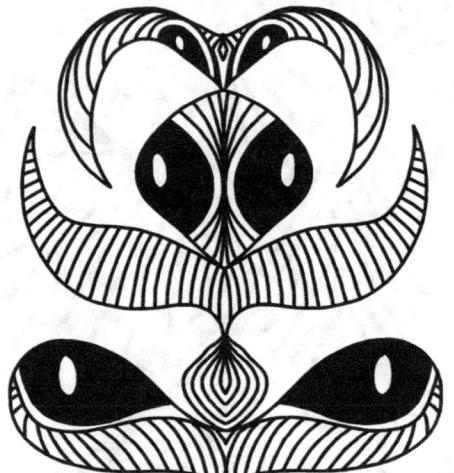

FATLINER WEIRDIES VOLUME 1

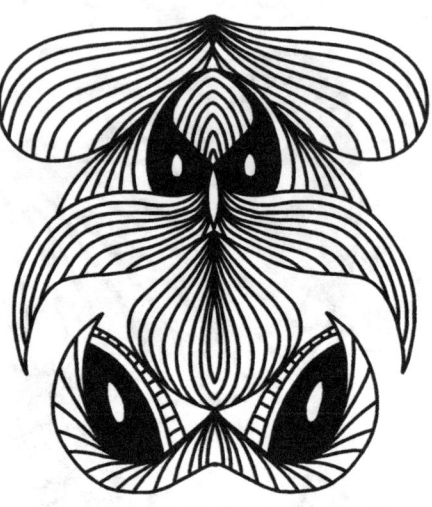

FATLINER WEIRDIES VOLUME 2

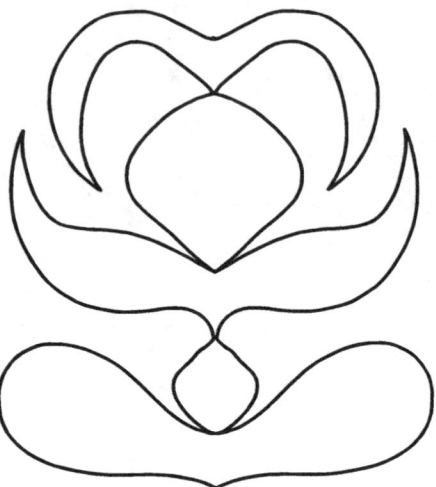

FATLINER WEIRDIES THE TEMPLATES 1

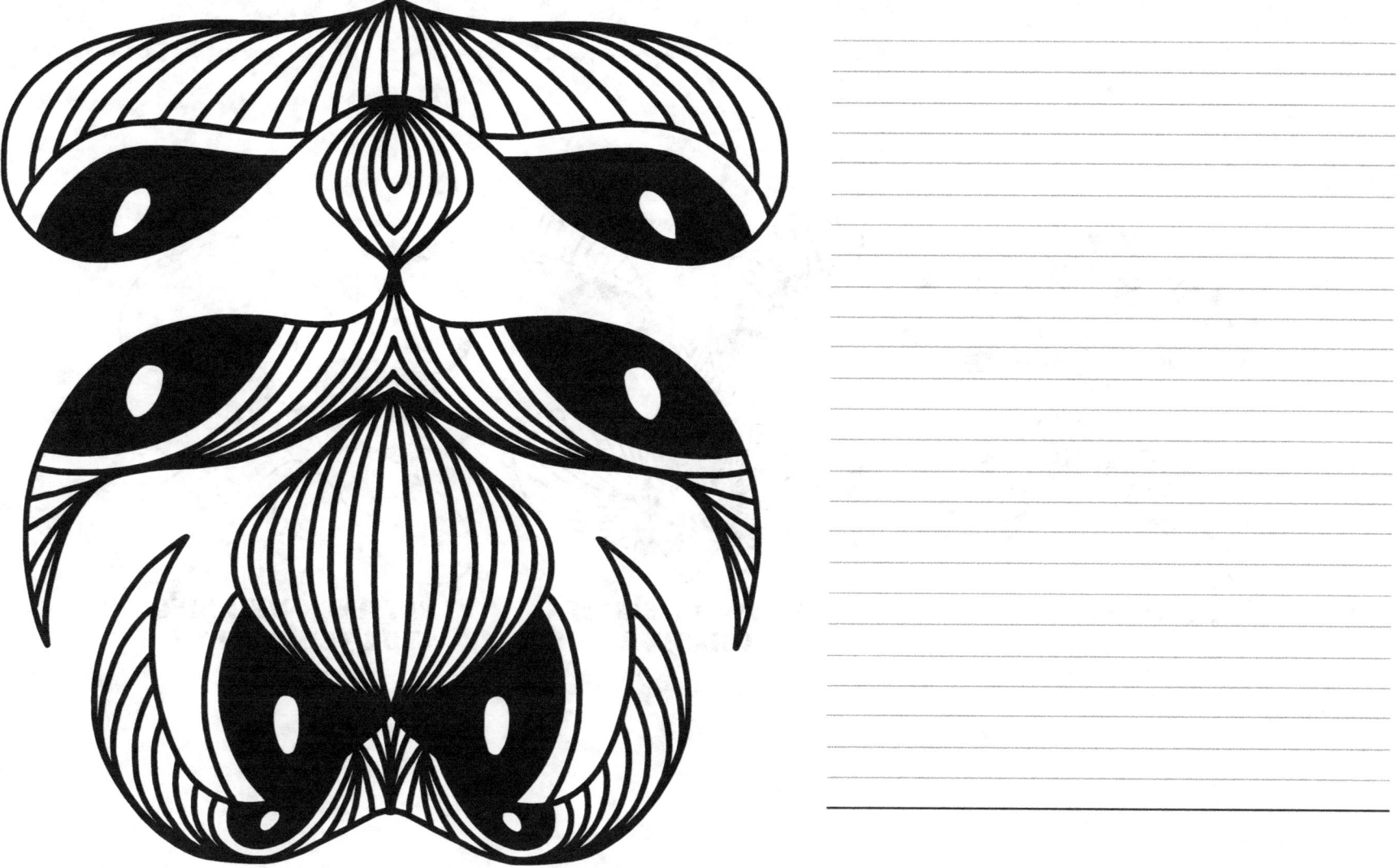

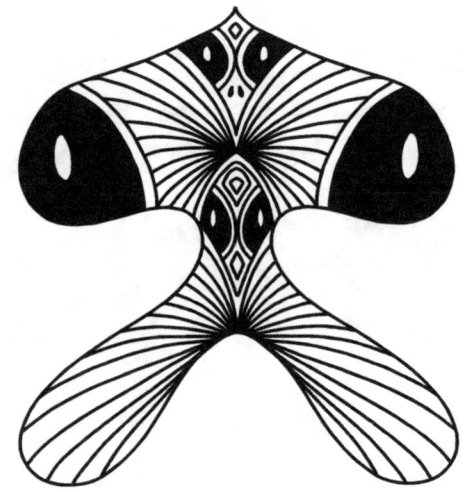

FATLINER WEIRDIES VOLUME 1

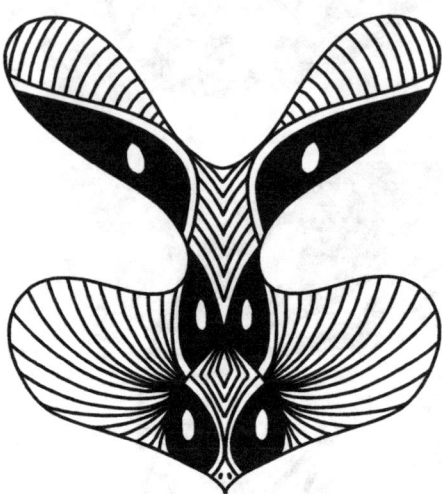

FATLINER WEIRDIES VOLUME 2

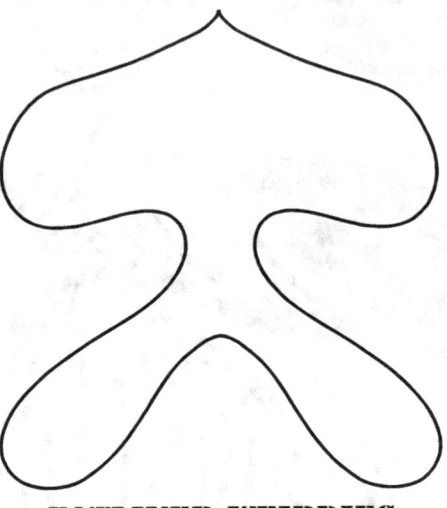

FATLINER WEIRDIES THE TEMPLATES 1

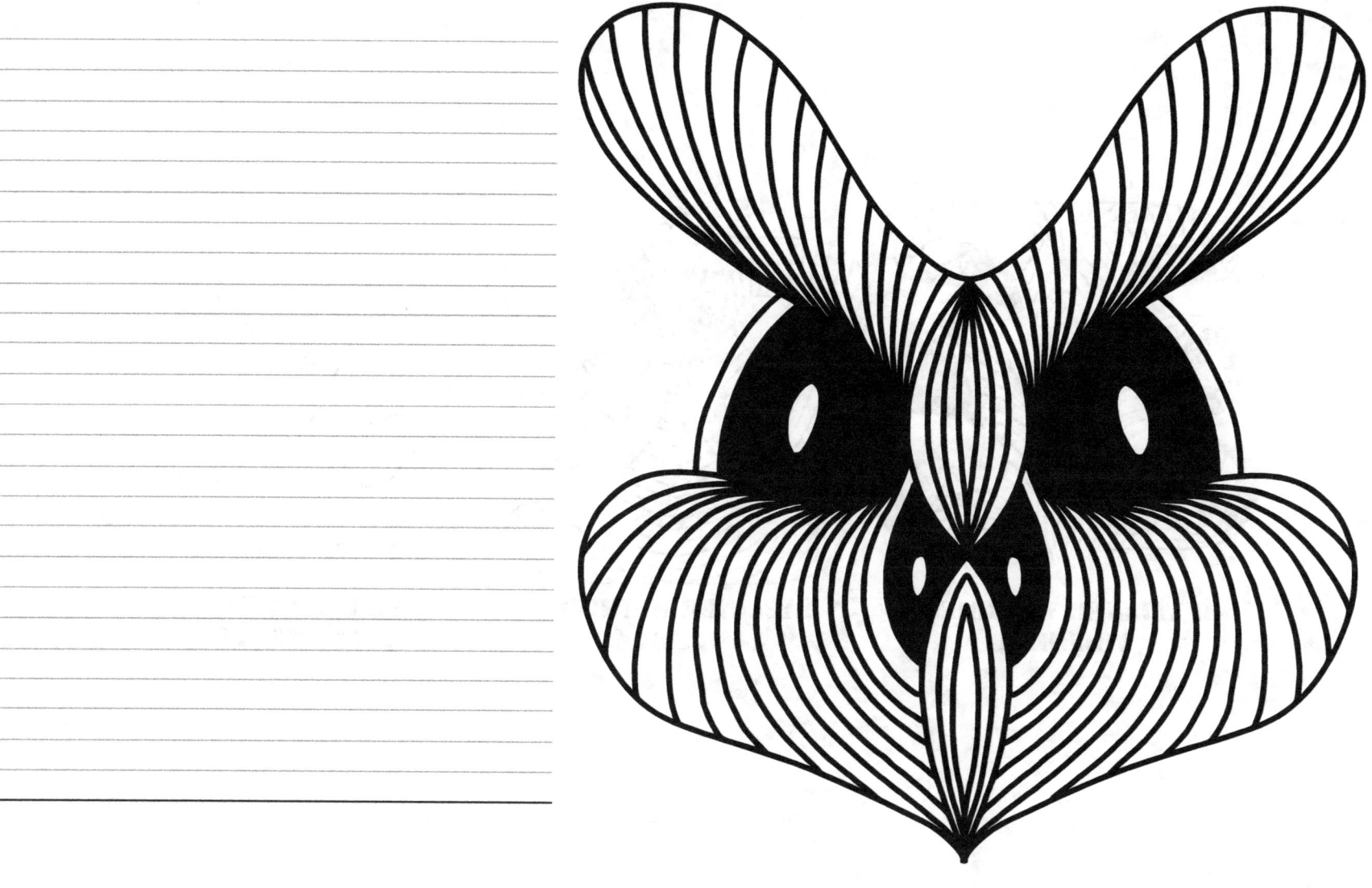

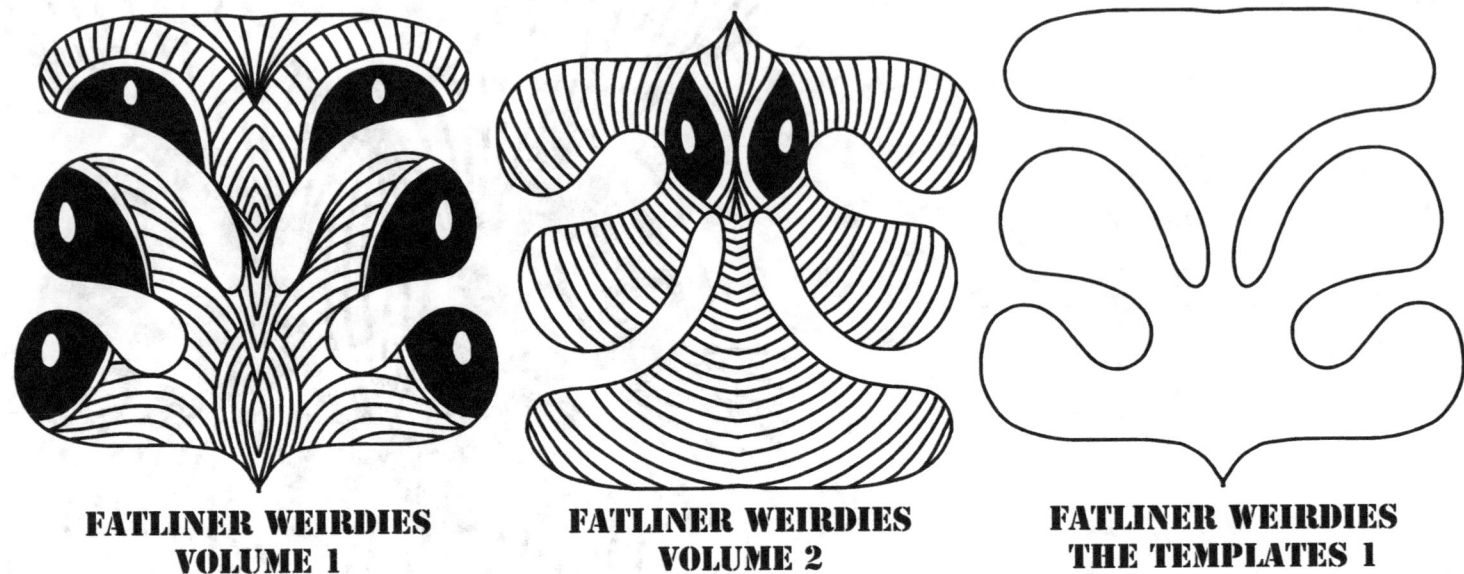

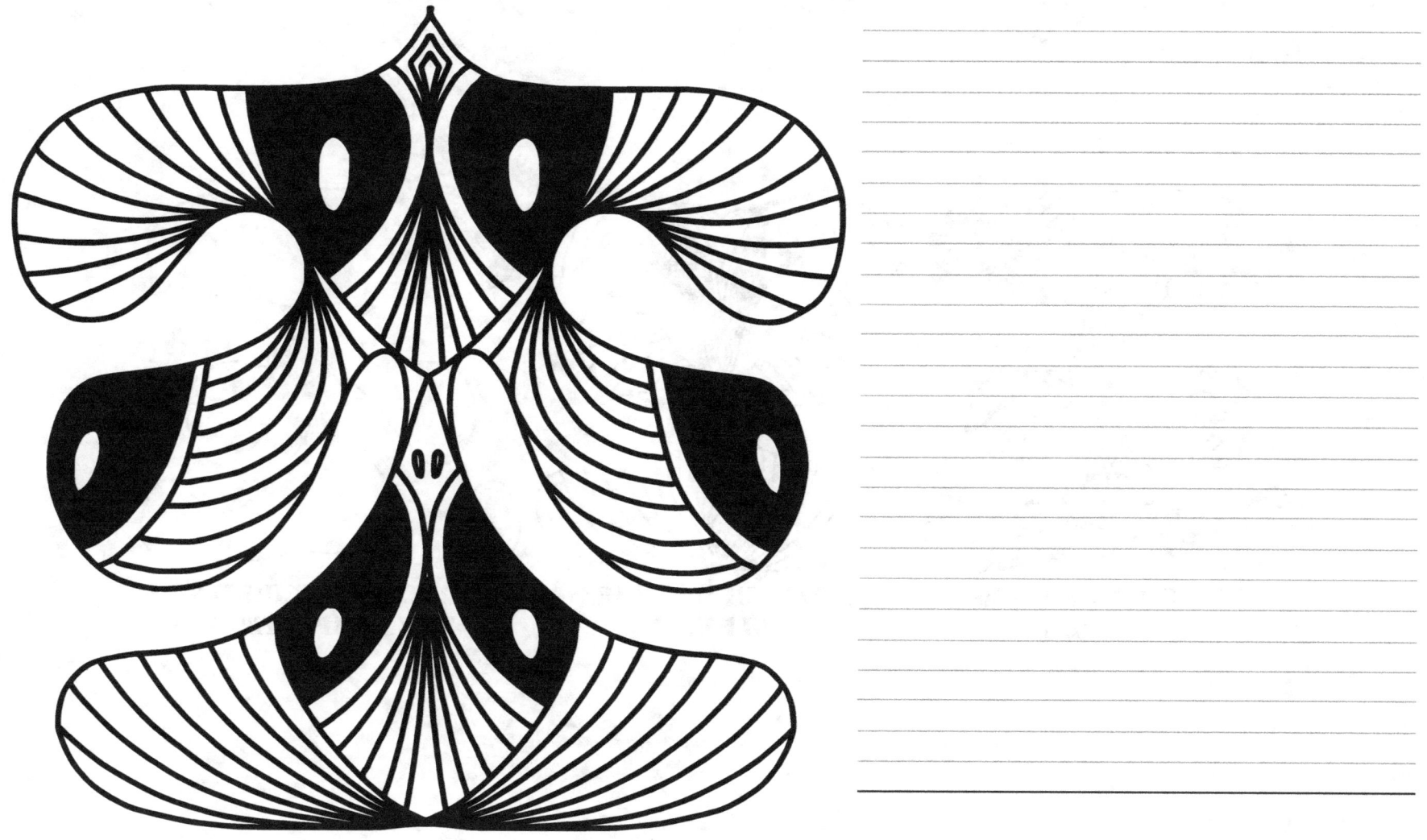

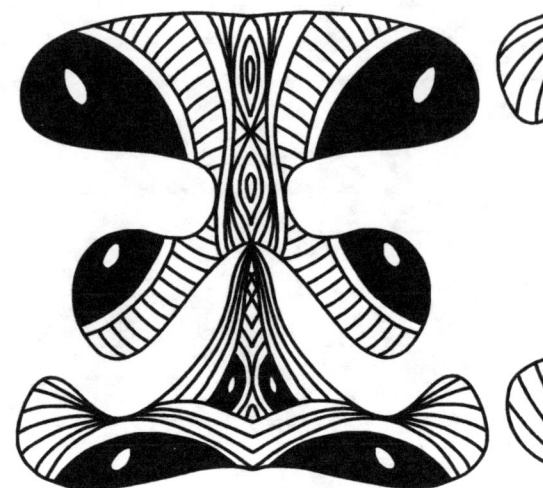

FATLINER WEIRDIES VOLUME 1

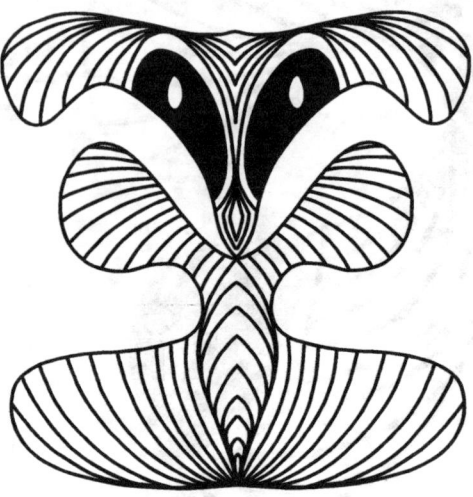

FATLINER WEIRDIES VOLUME 2

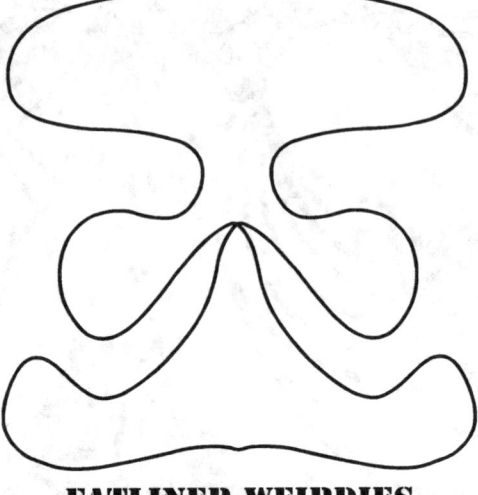

FATLINER WEIRDIES THE TEMPLATES 1

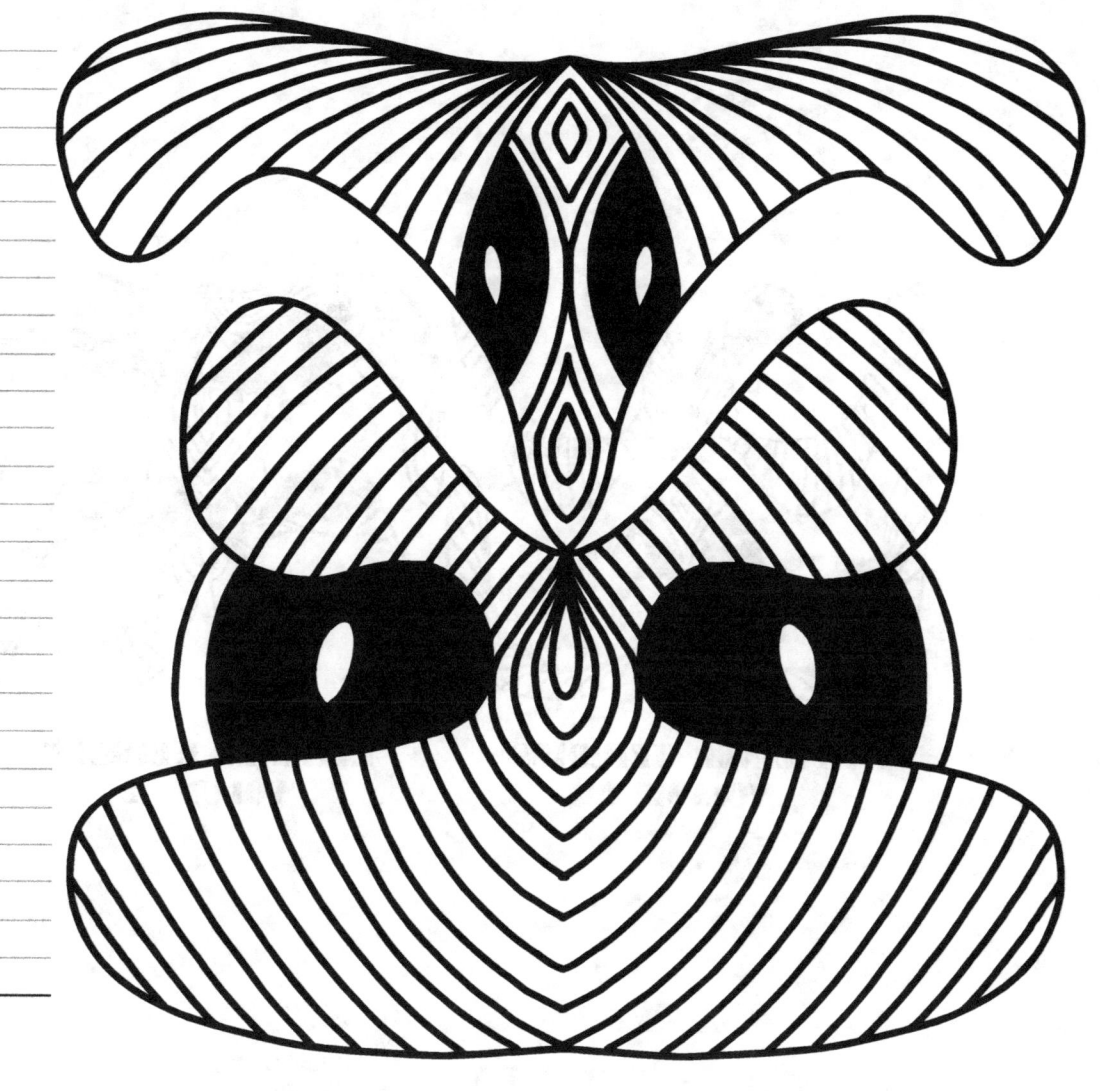

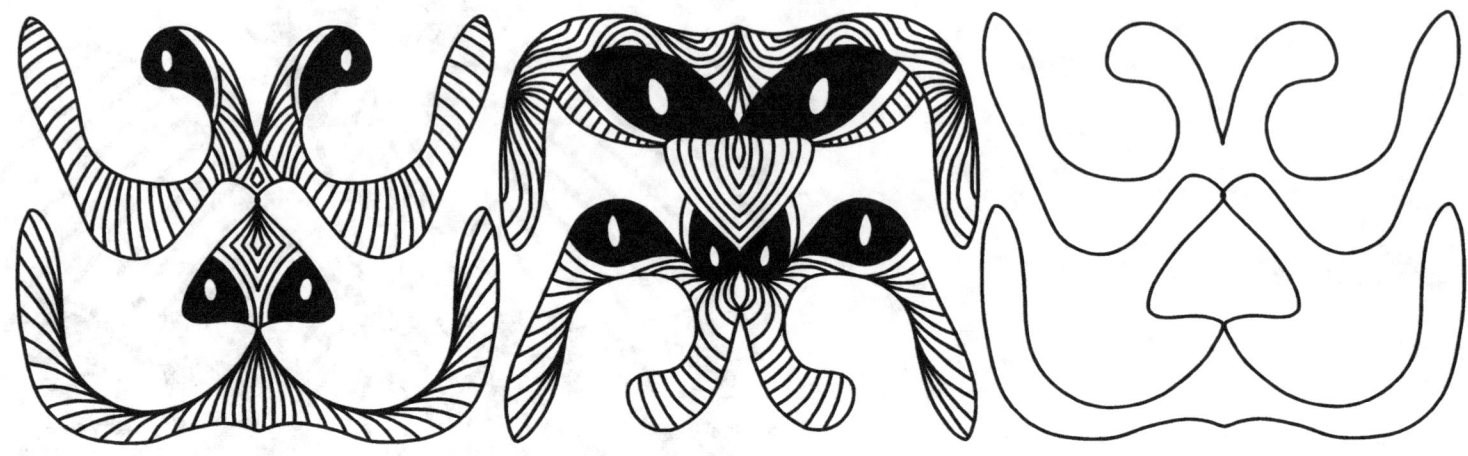

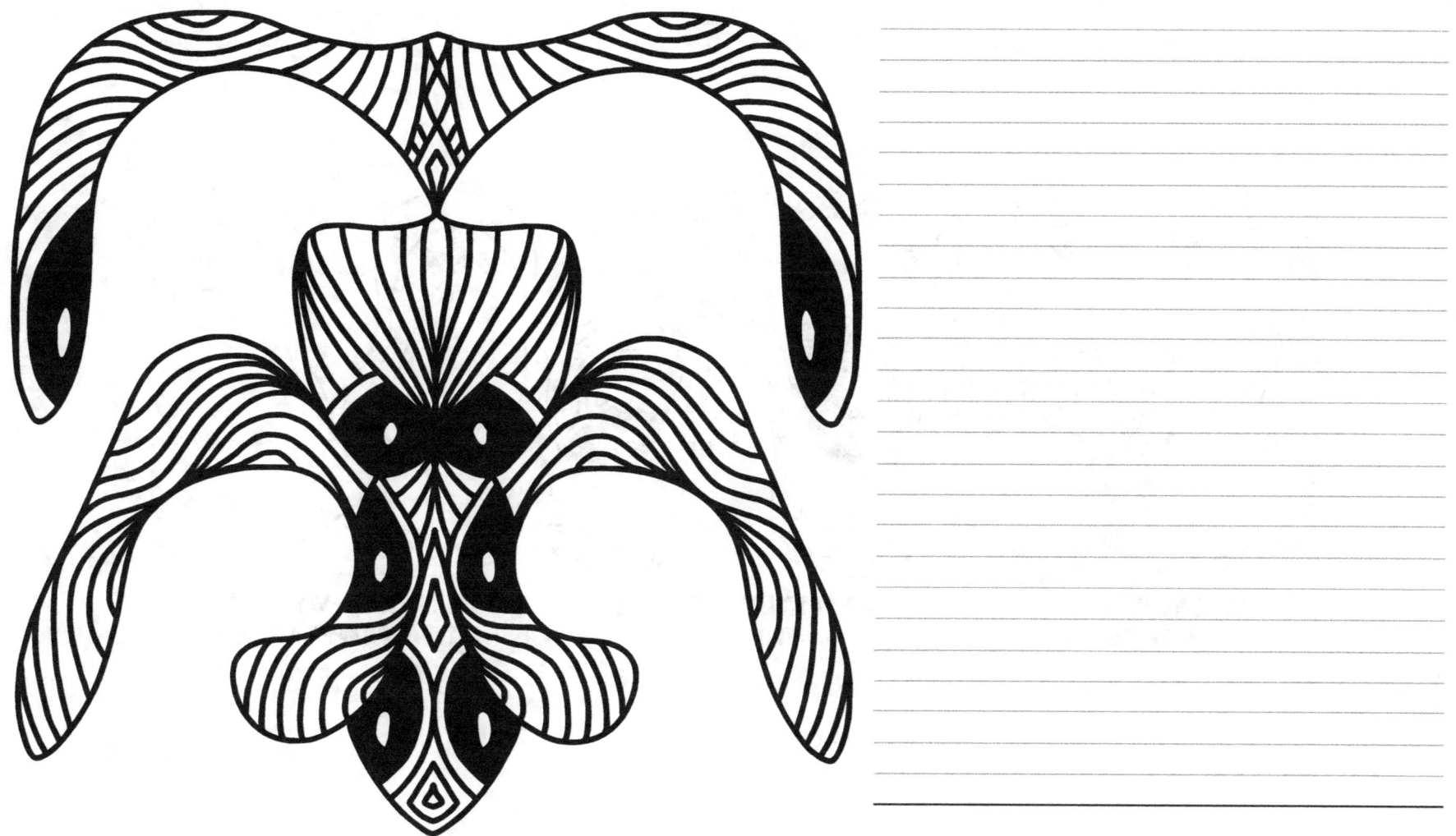

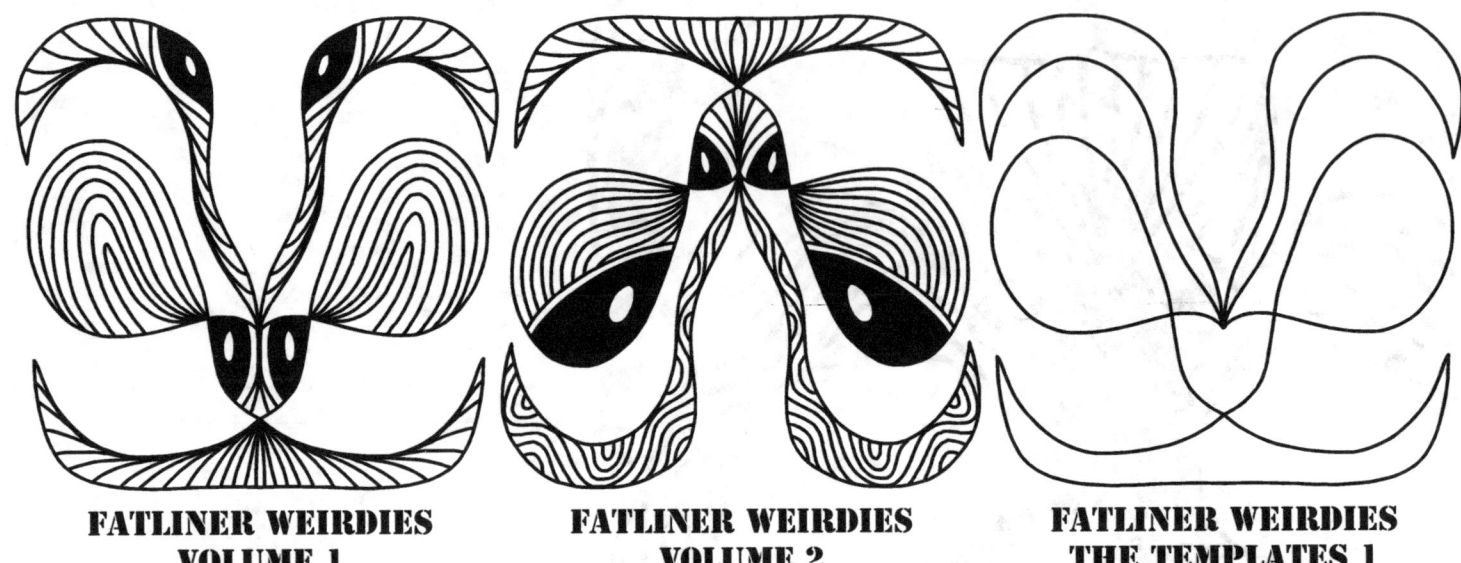

FATLINER WEIRDIES VOLUME 1   **FATLINER WEIRDIES VOLUME 2**   **FATLINER WEIRDIES THE TEMPLATES 1**

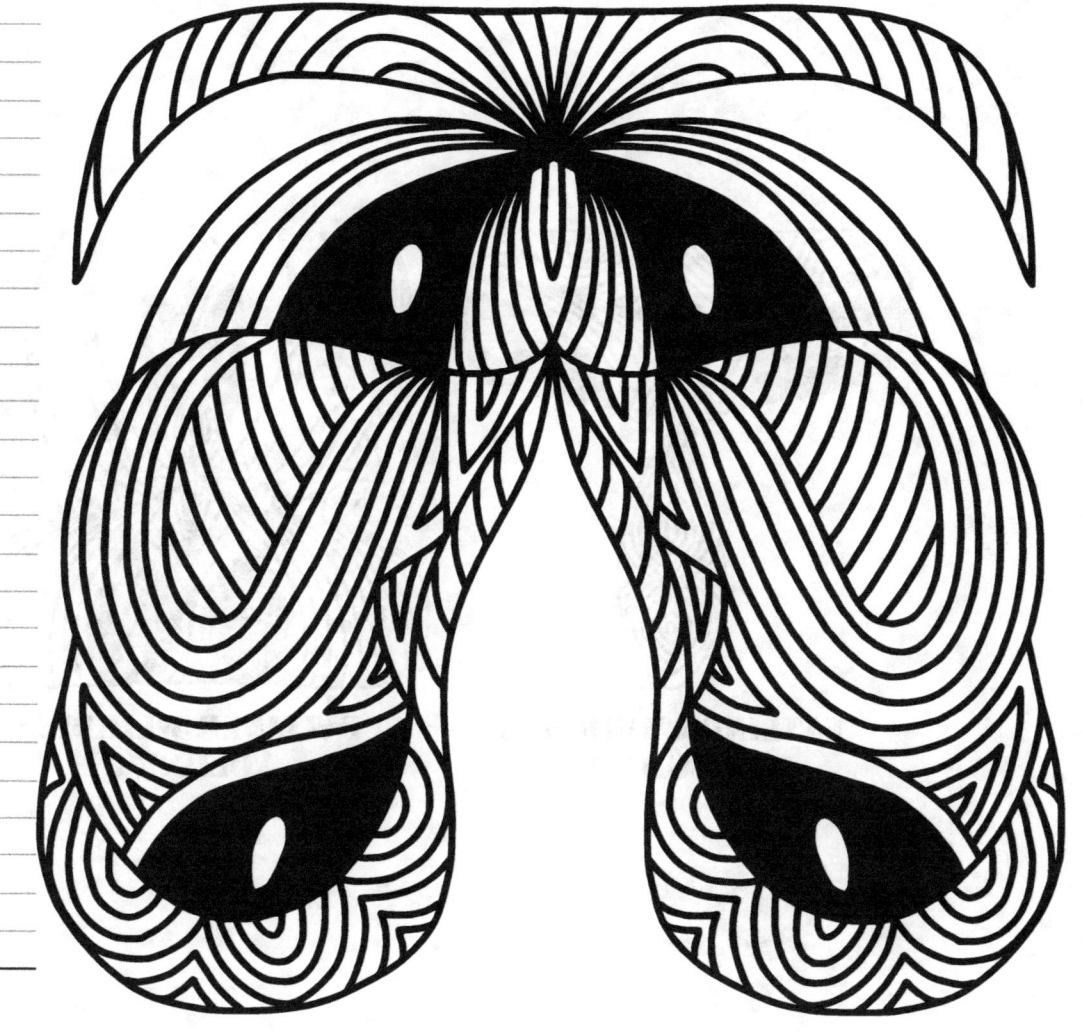

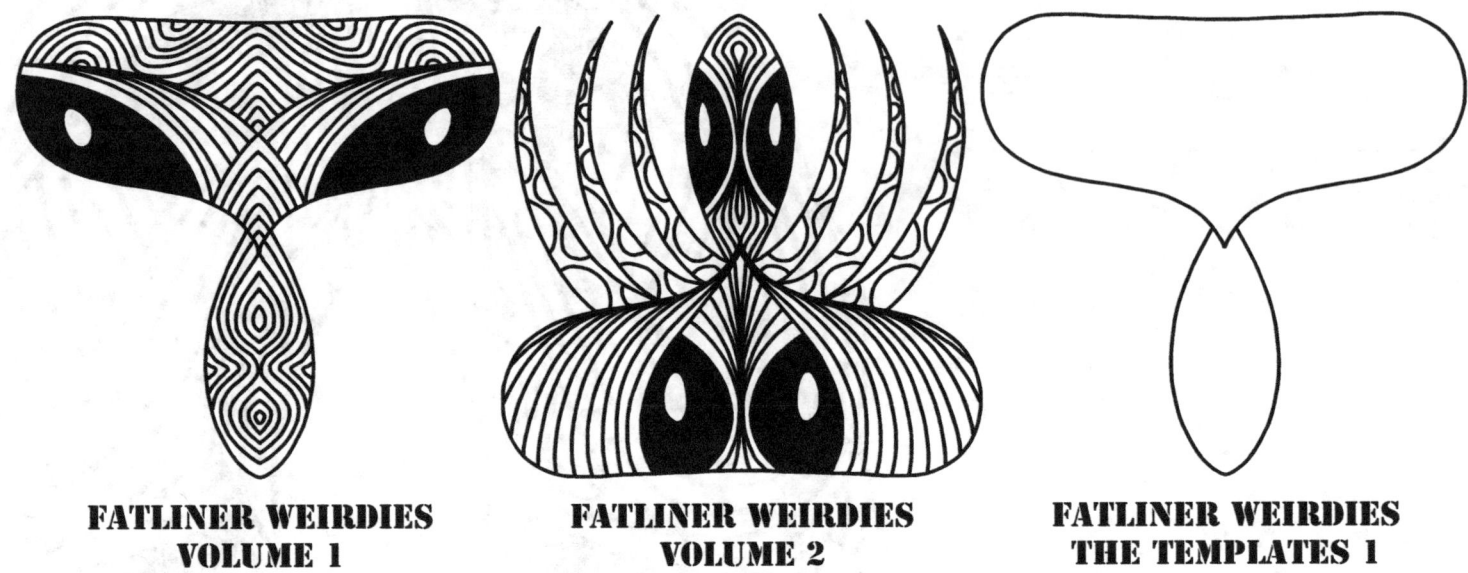

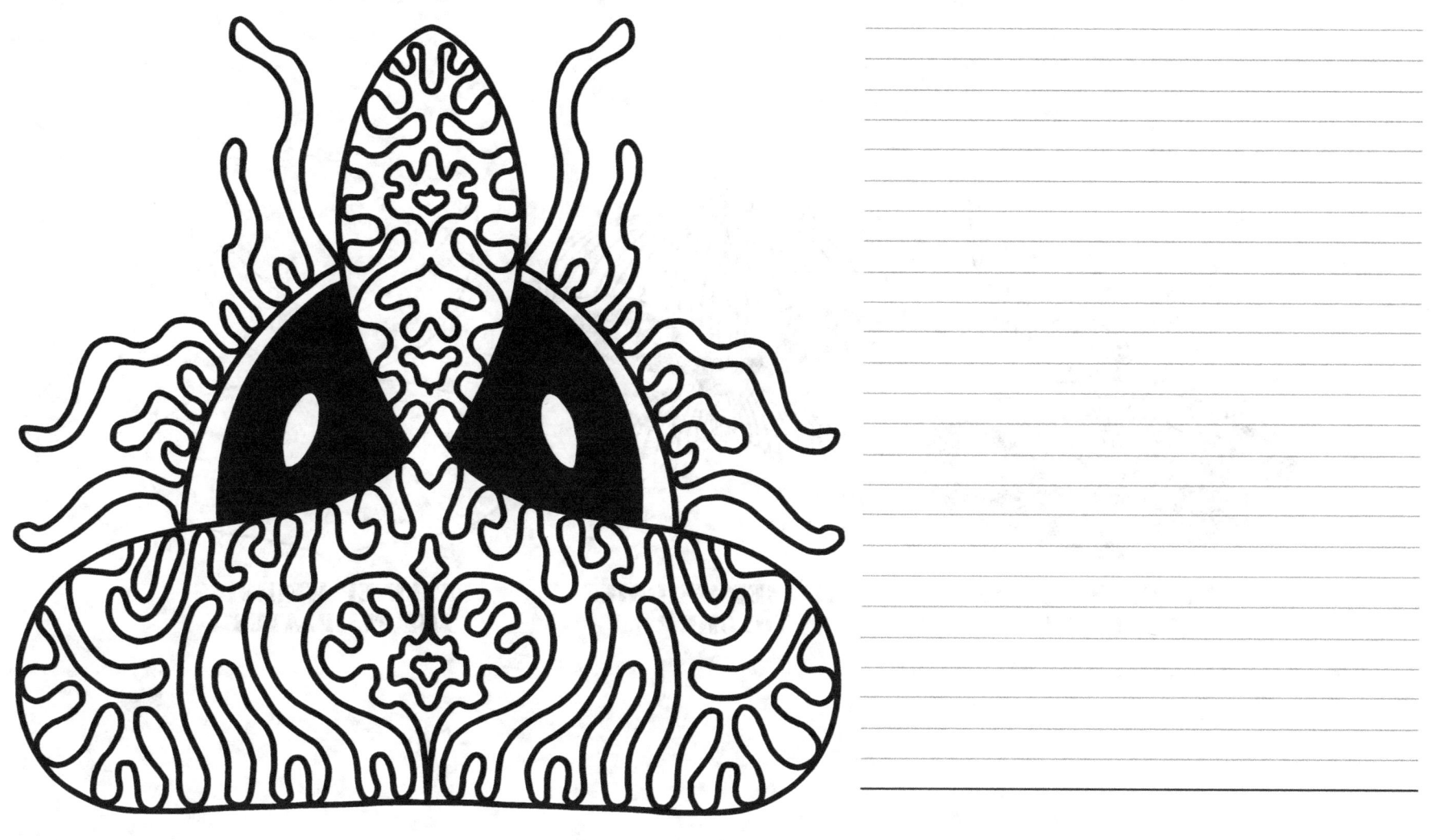

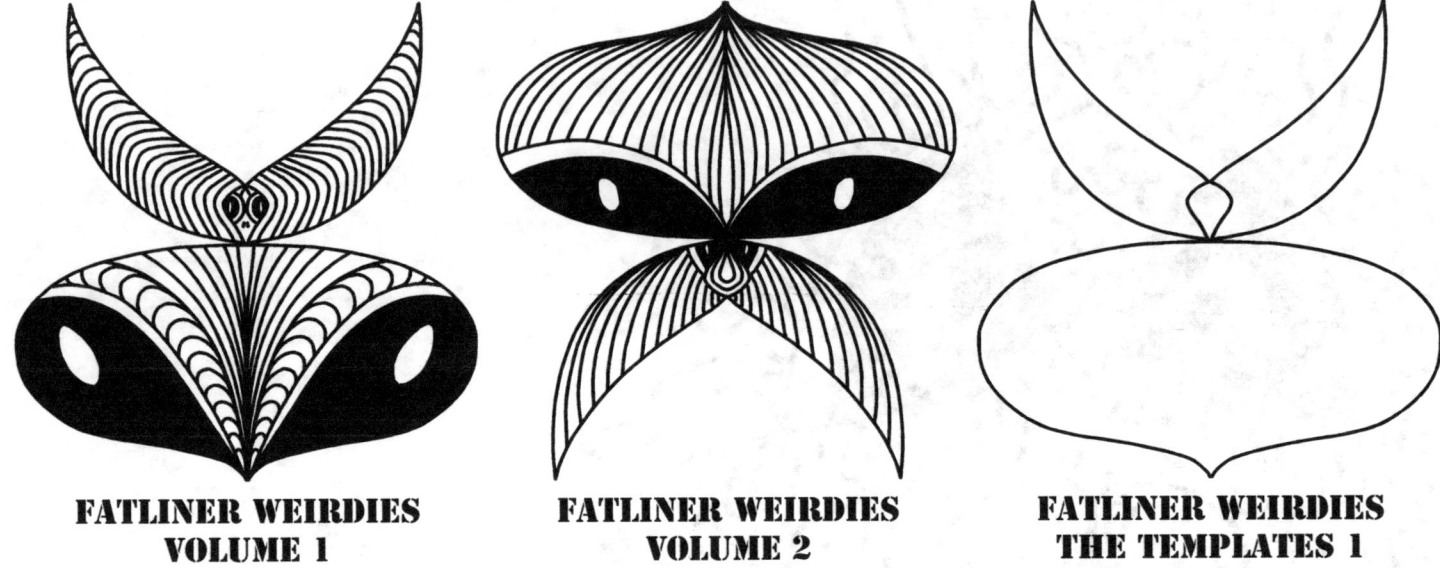

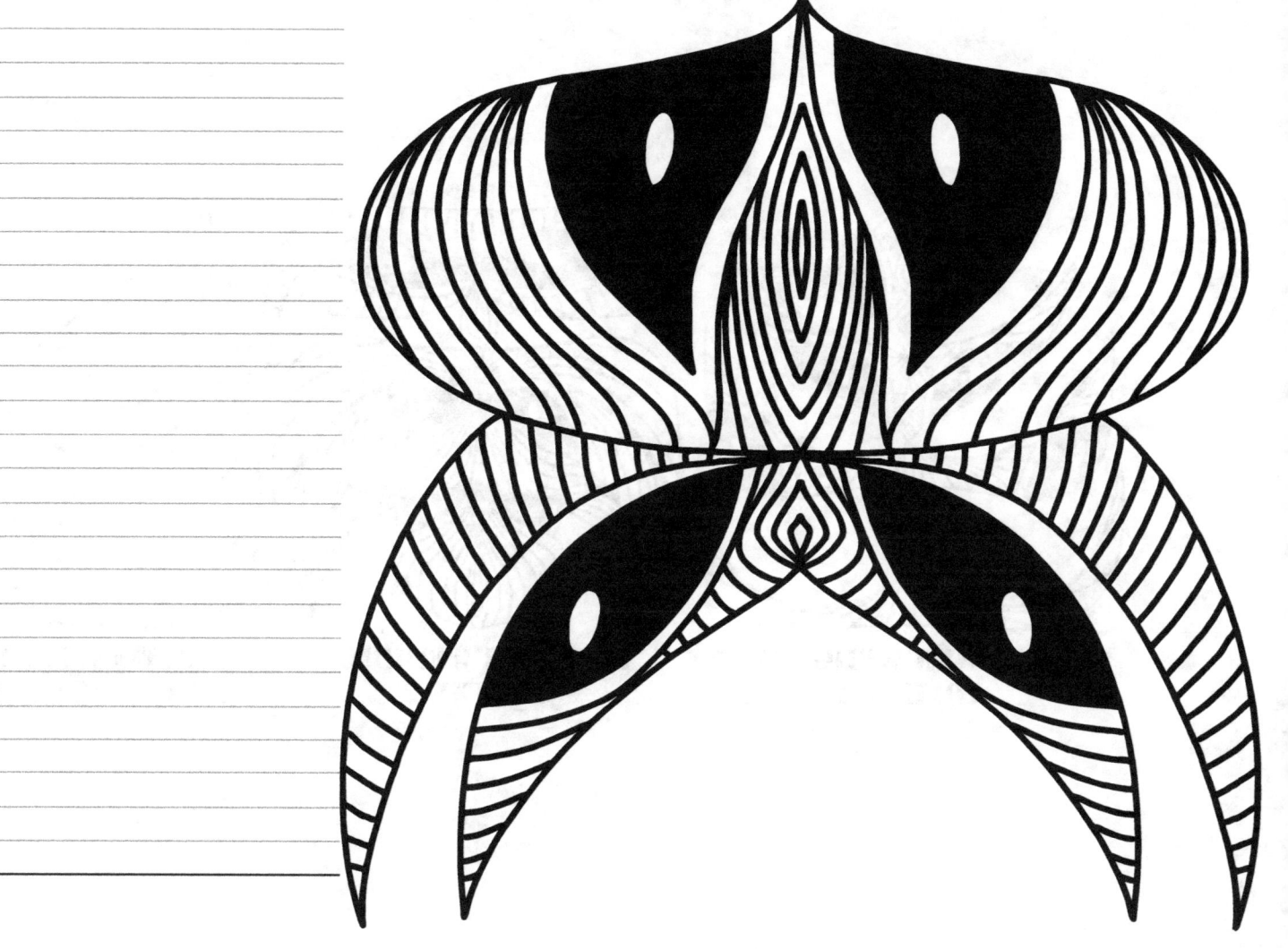

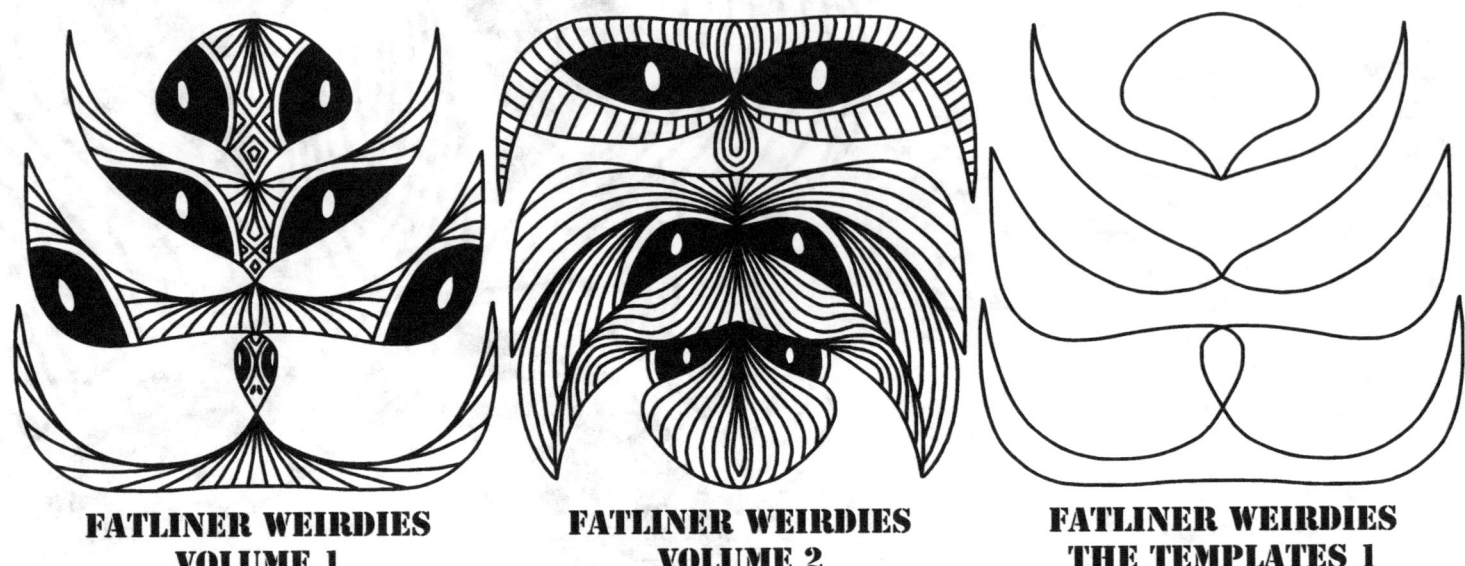

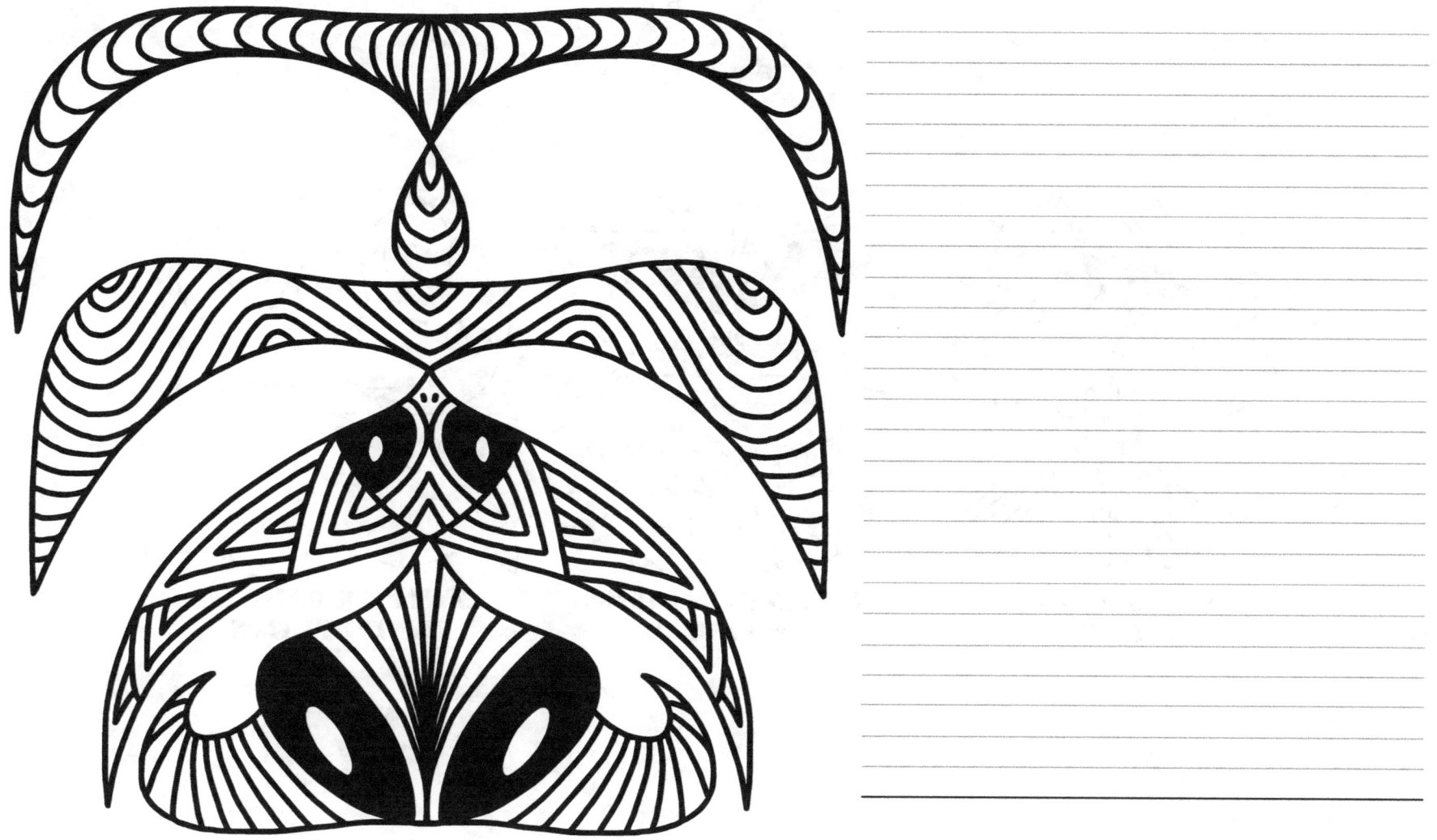

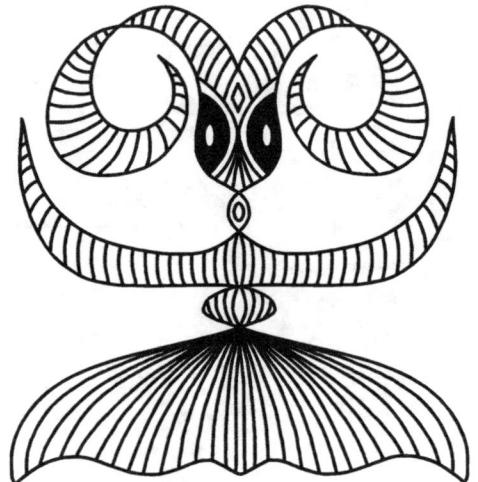

**FATLINER WEIRDIES
VOLUME 1**

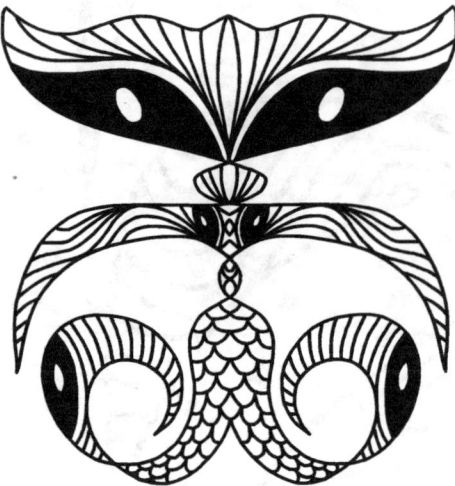

**FATLINER WEIRDIES
VOLUME 2**

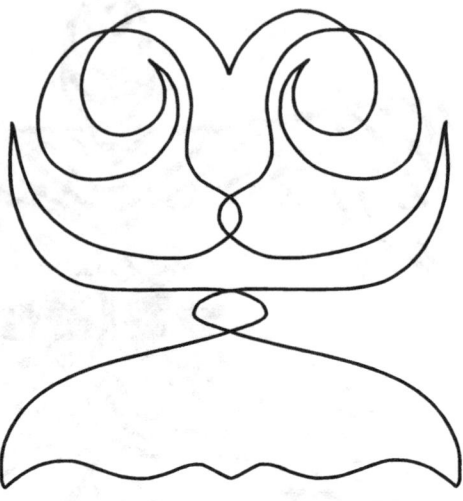

**FATLINER WEIRDIES
THE TEMPLATES 1**

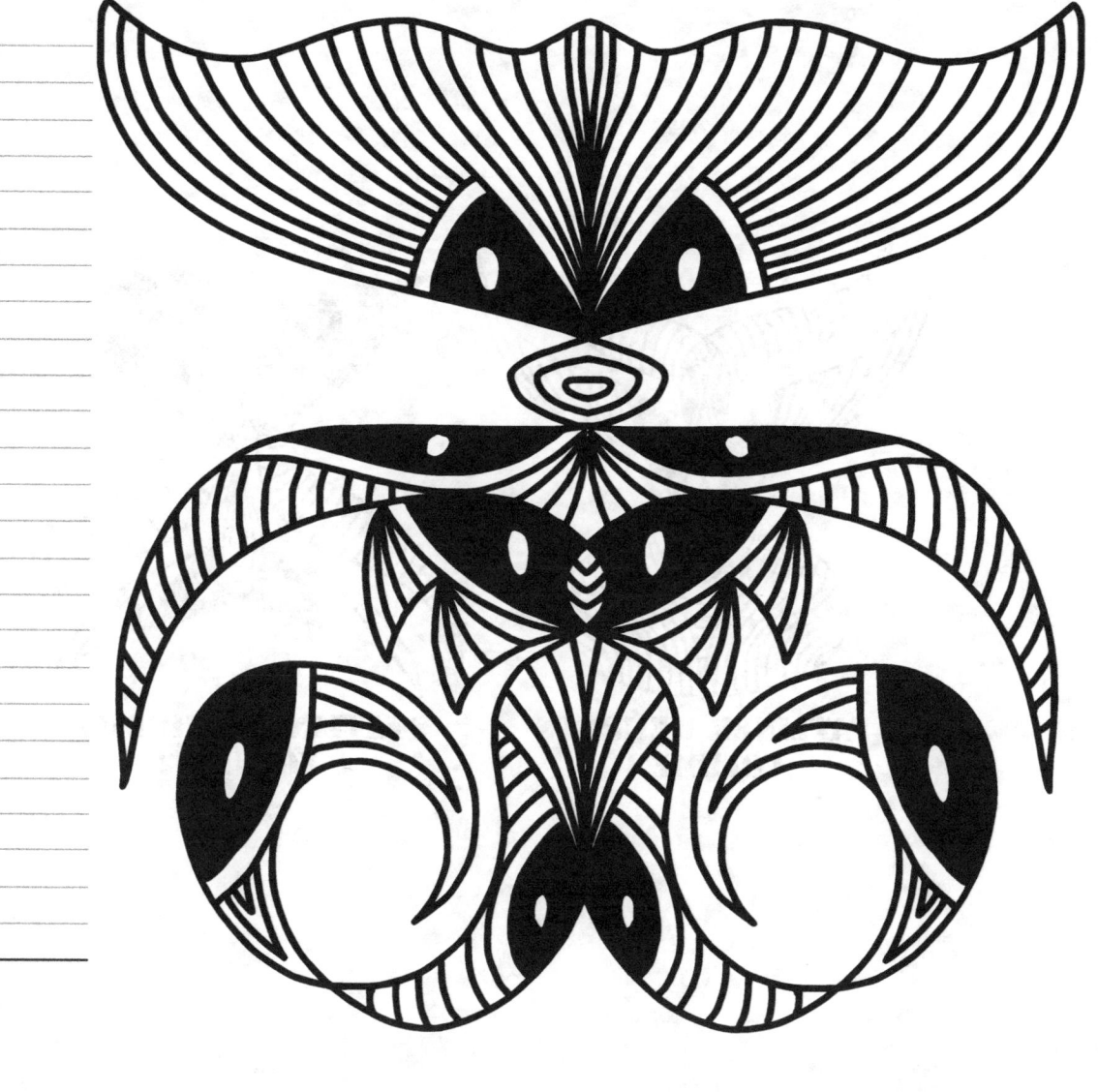

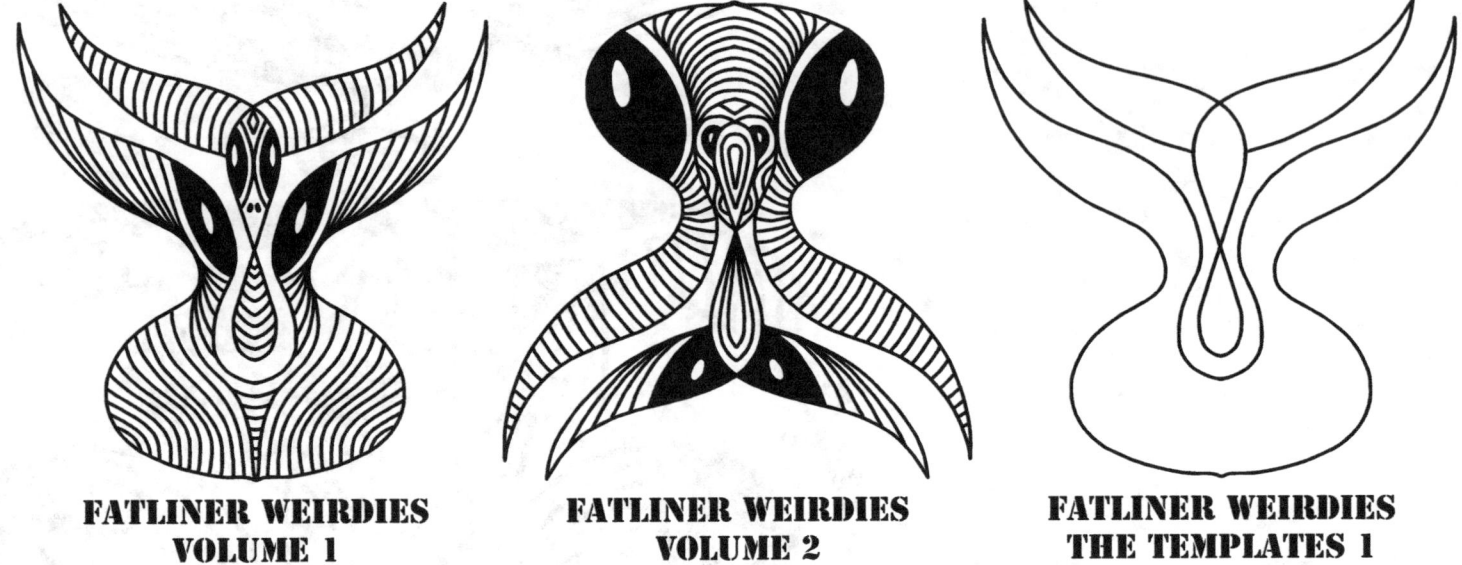

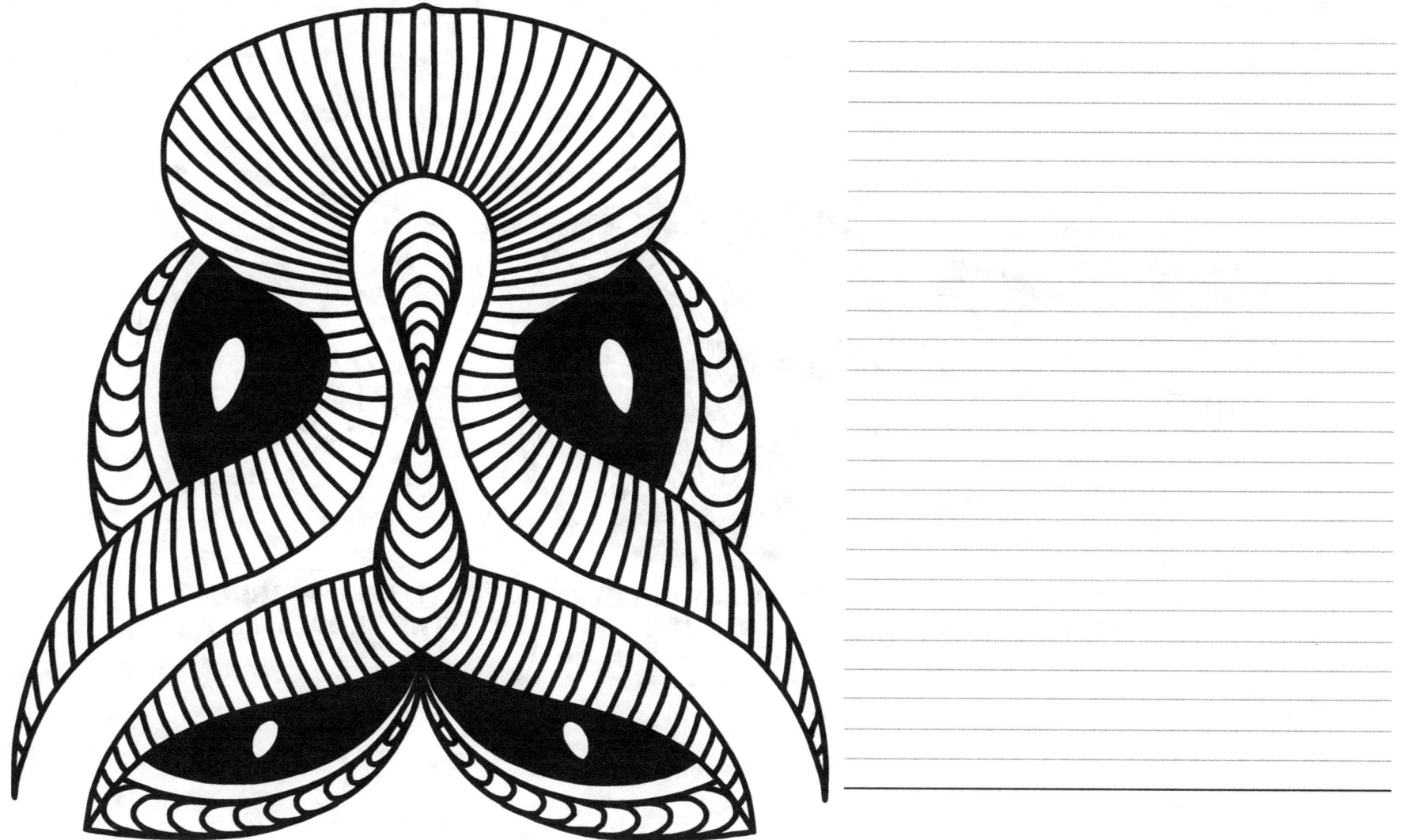

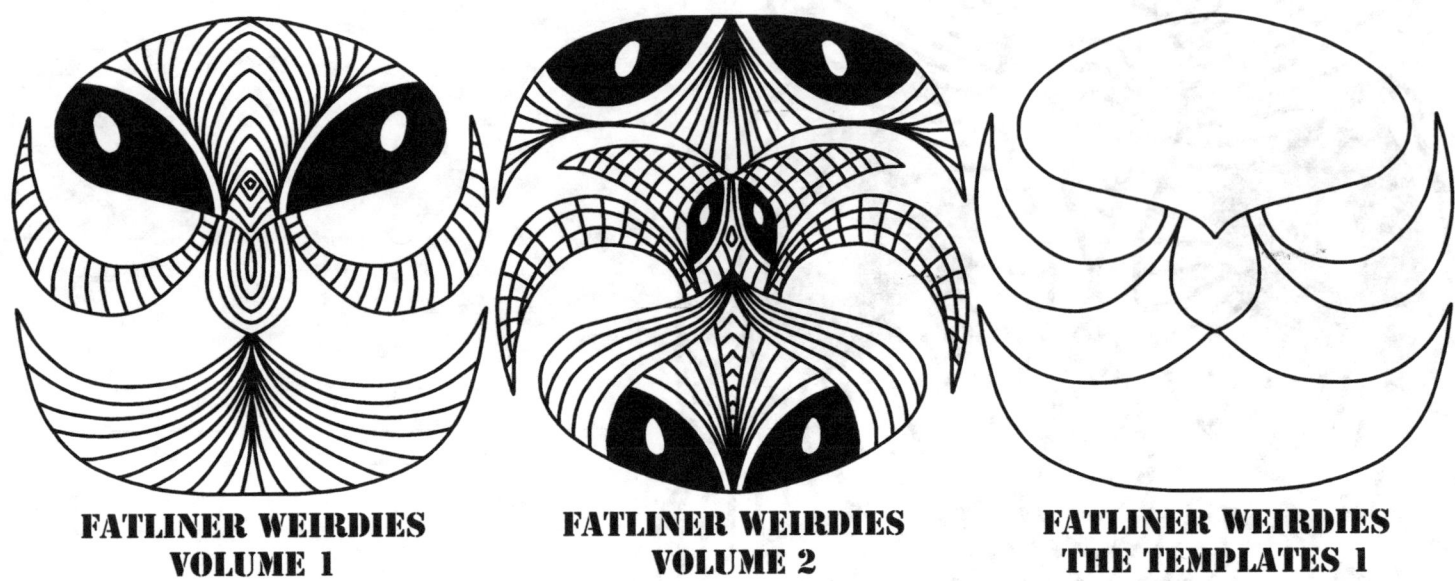

FATLINER WEIRDIES VOLUME 1   **FATLINER WEIRDIES VOLUME 2**   **FATLINER WEIRDIES THE TEMPLATES 1**

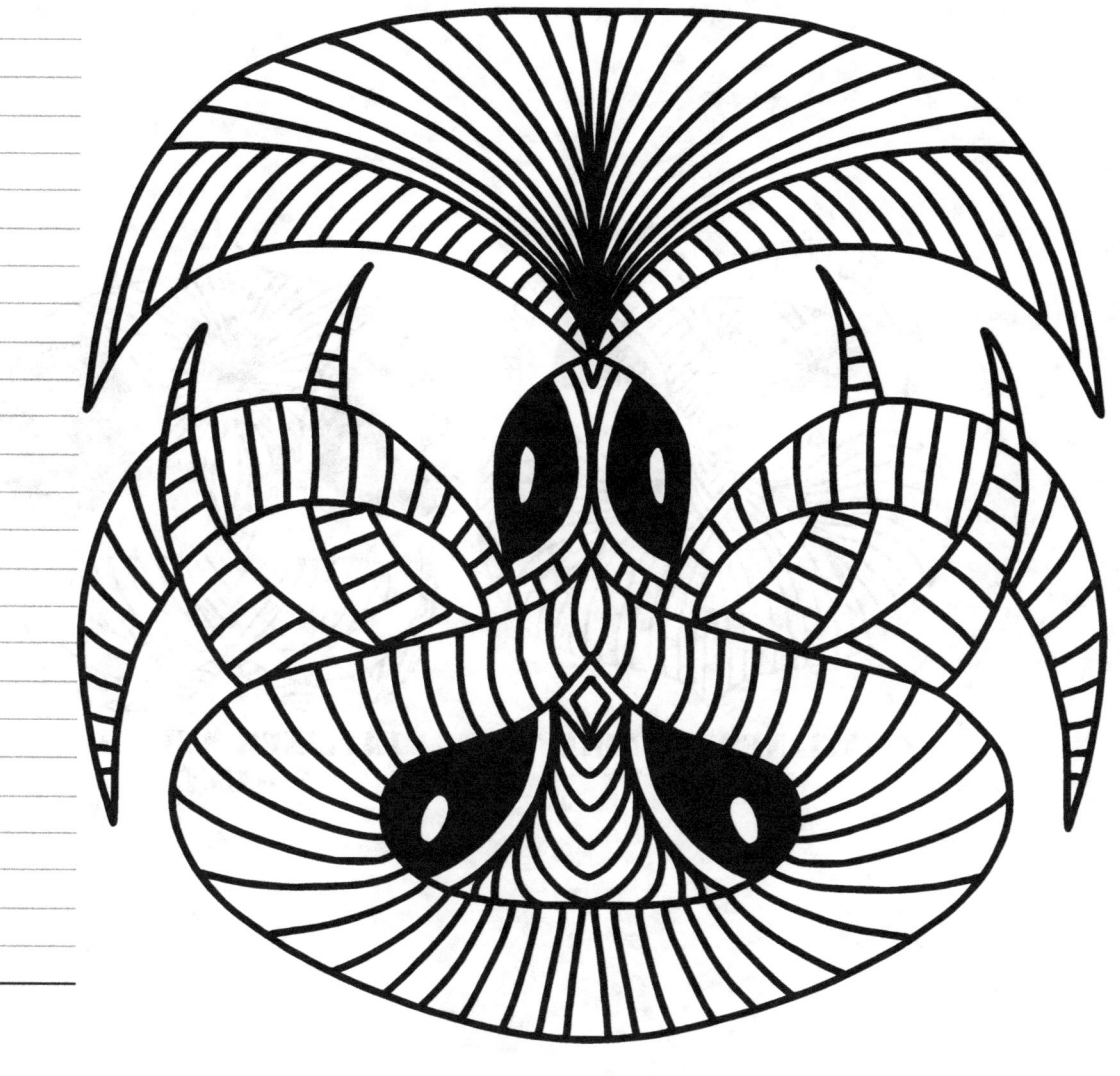

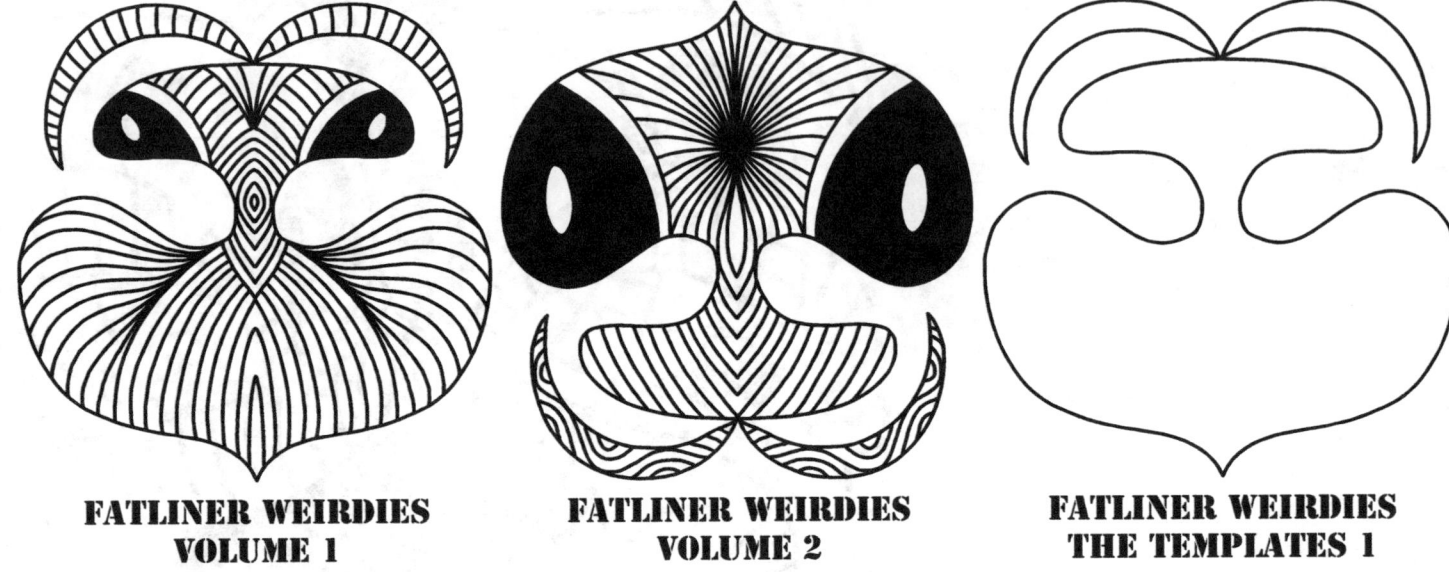

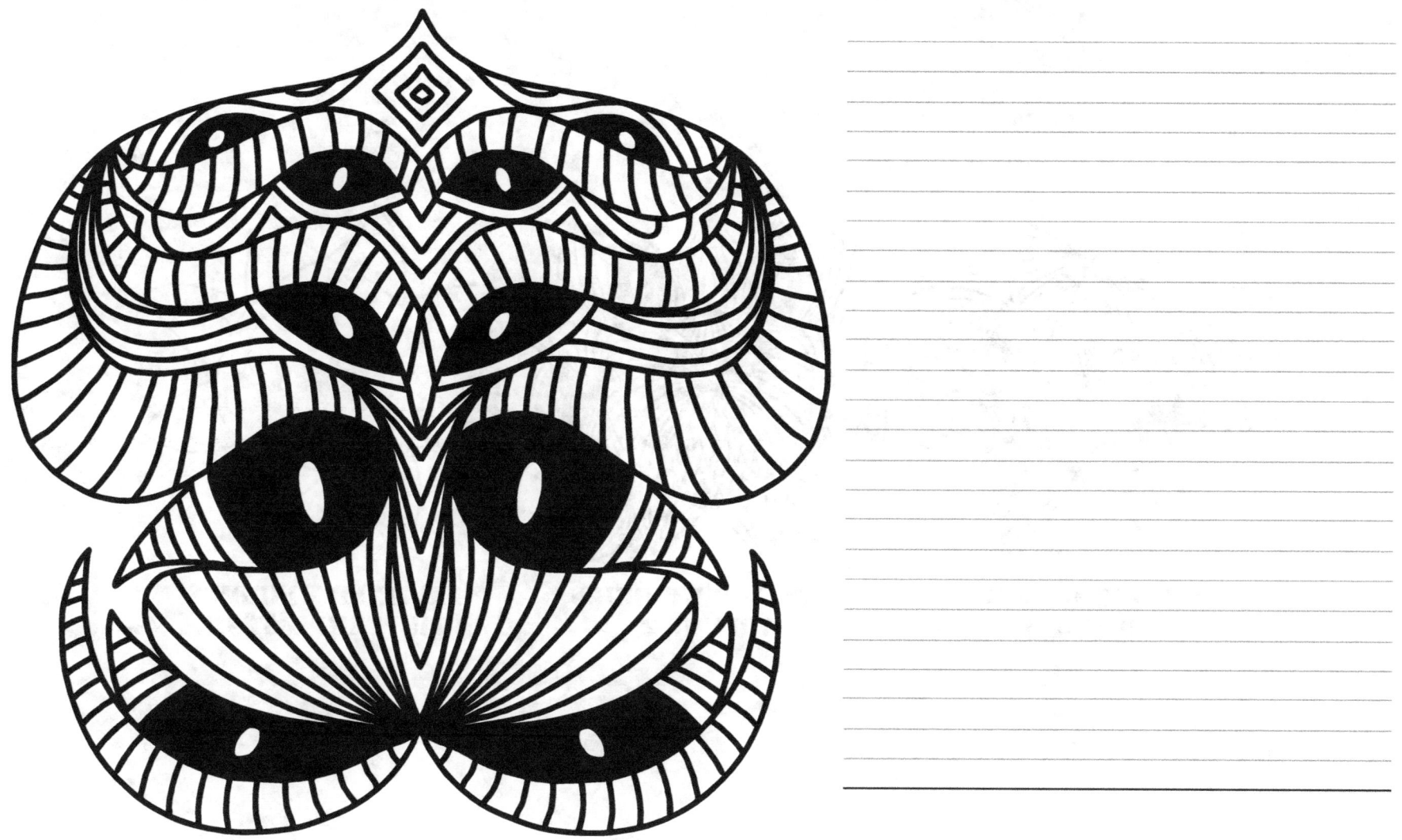

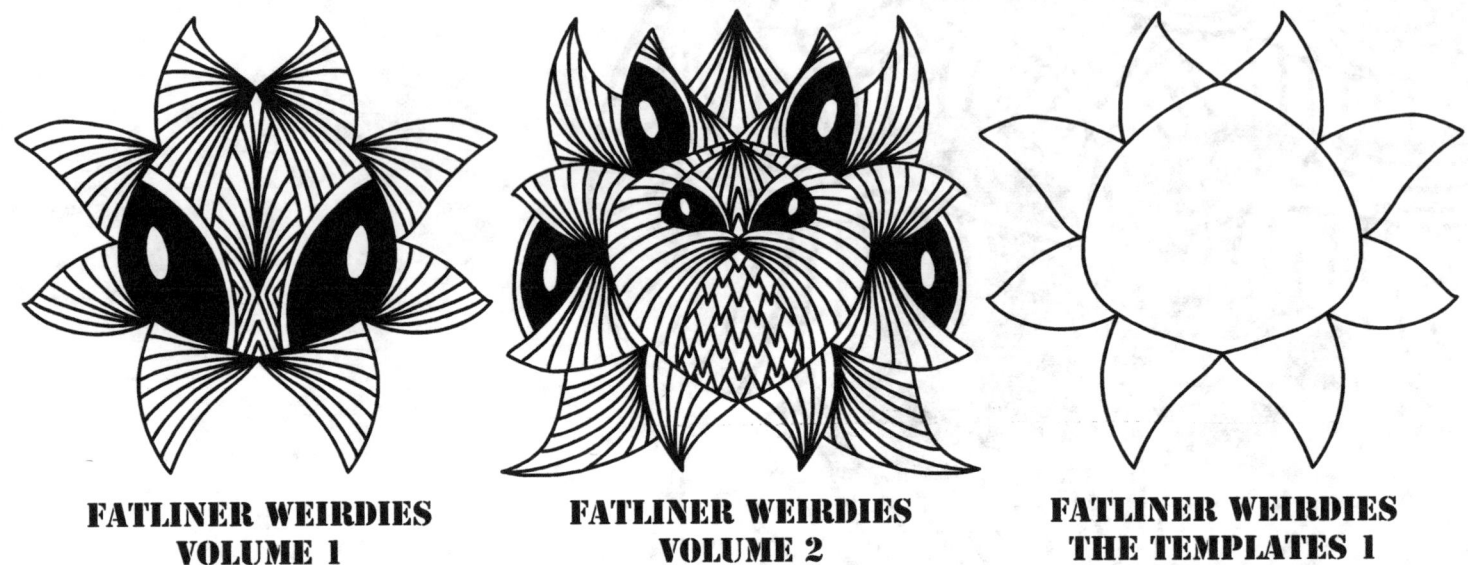

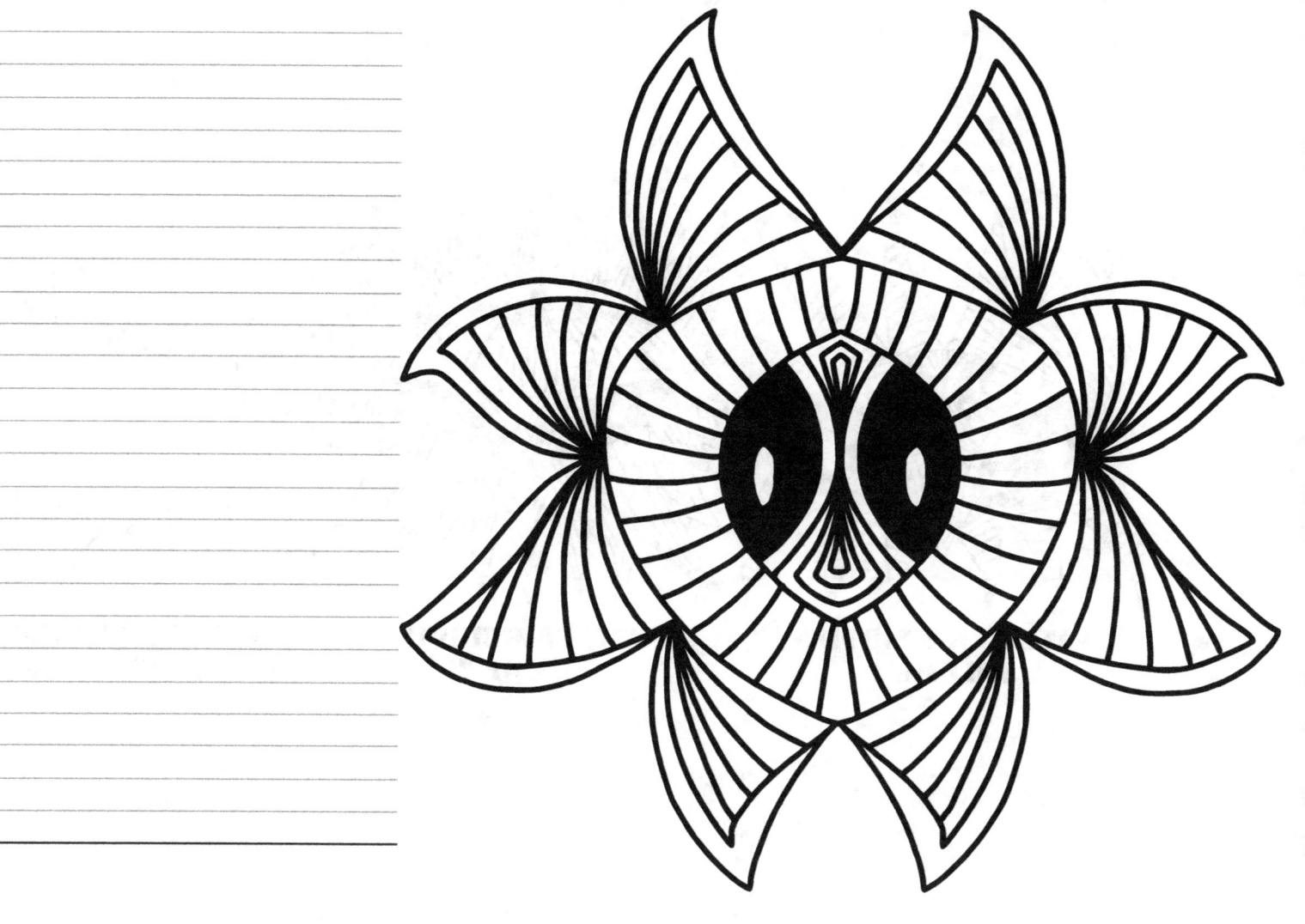

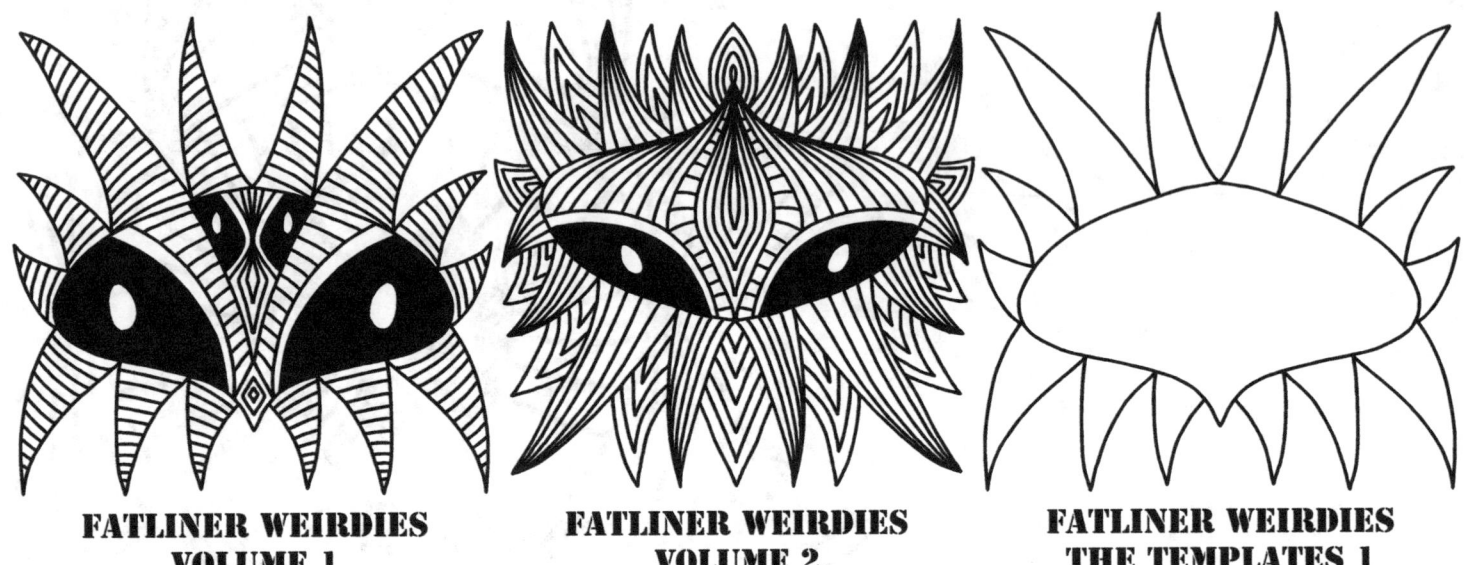

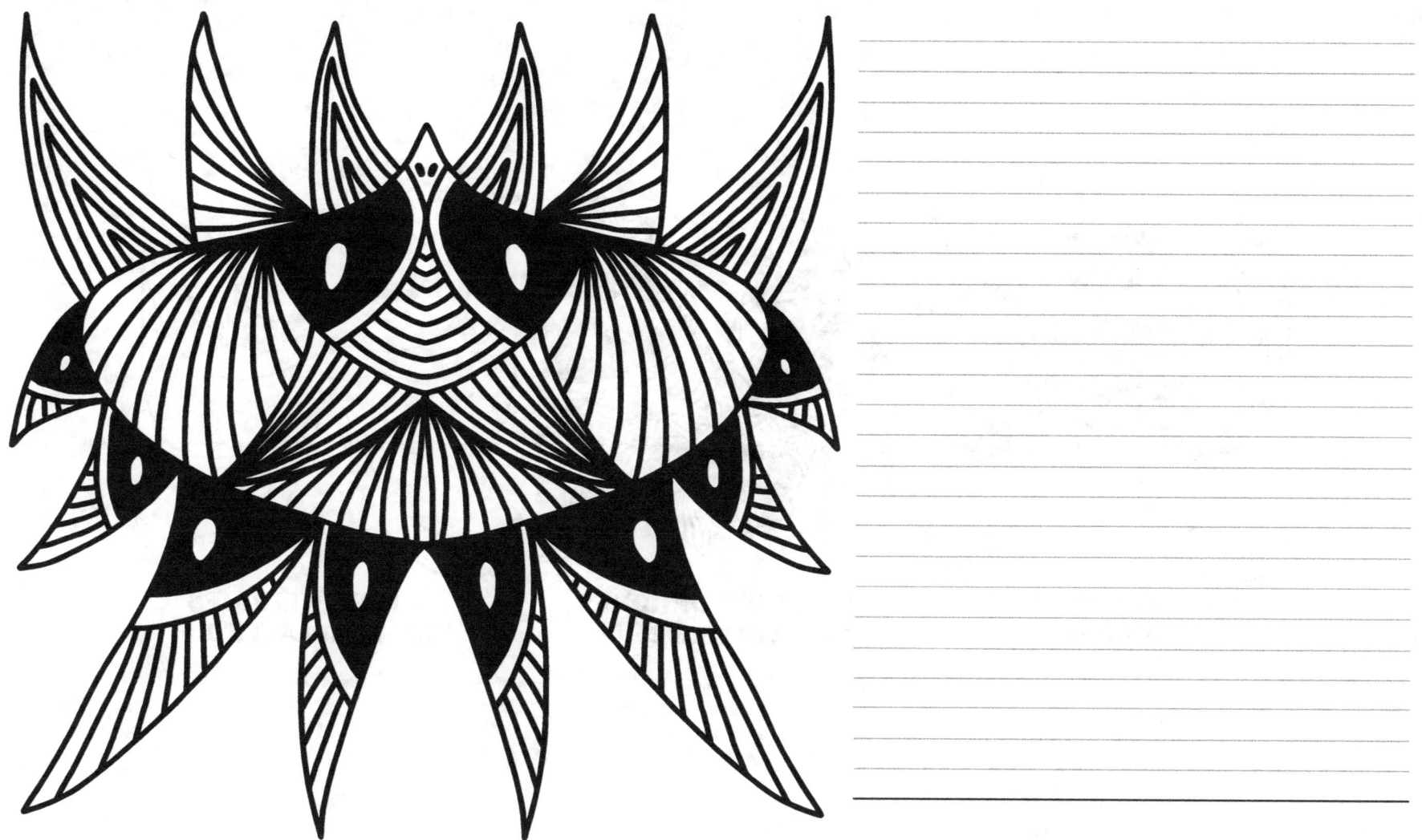

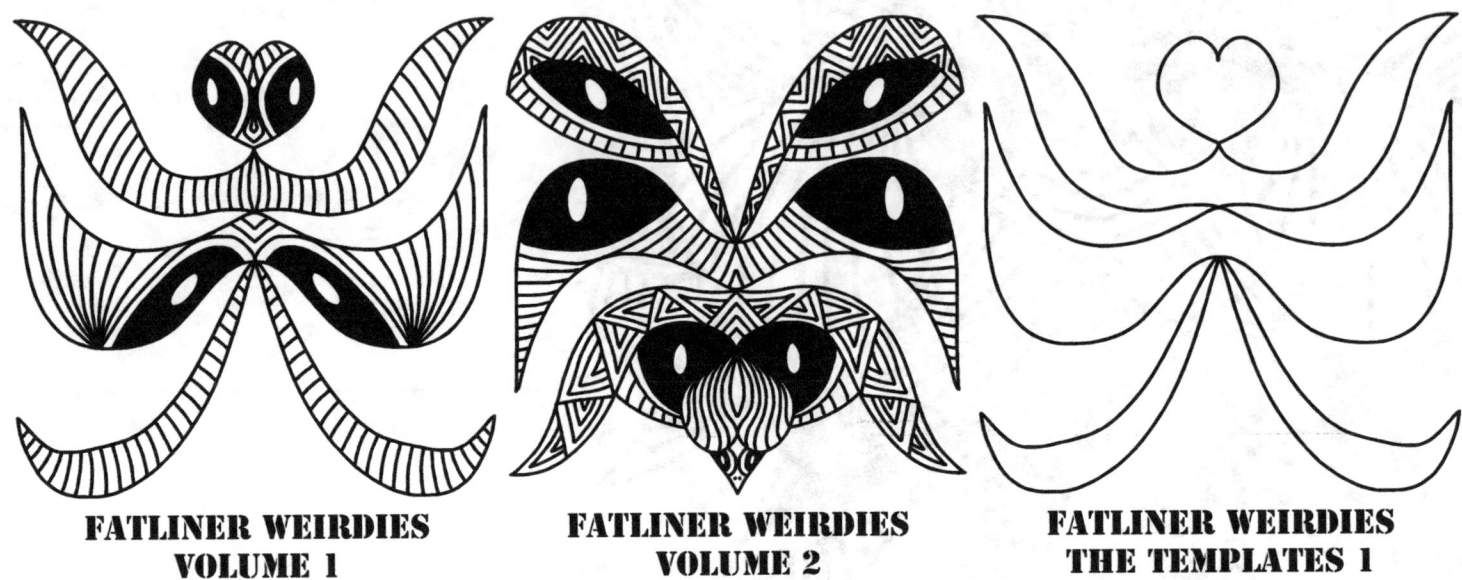

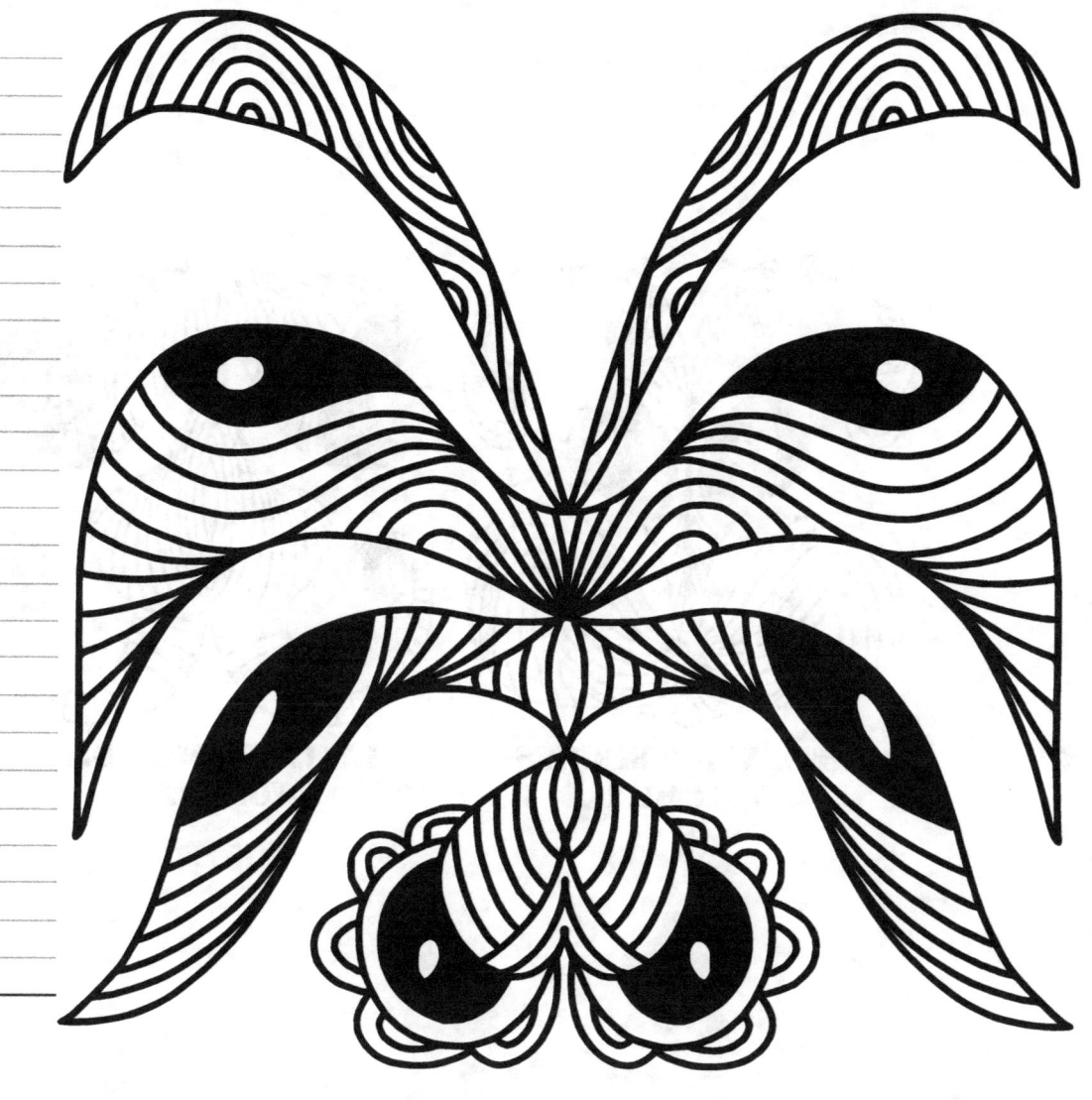

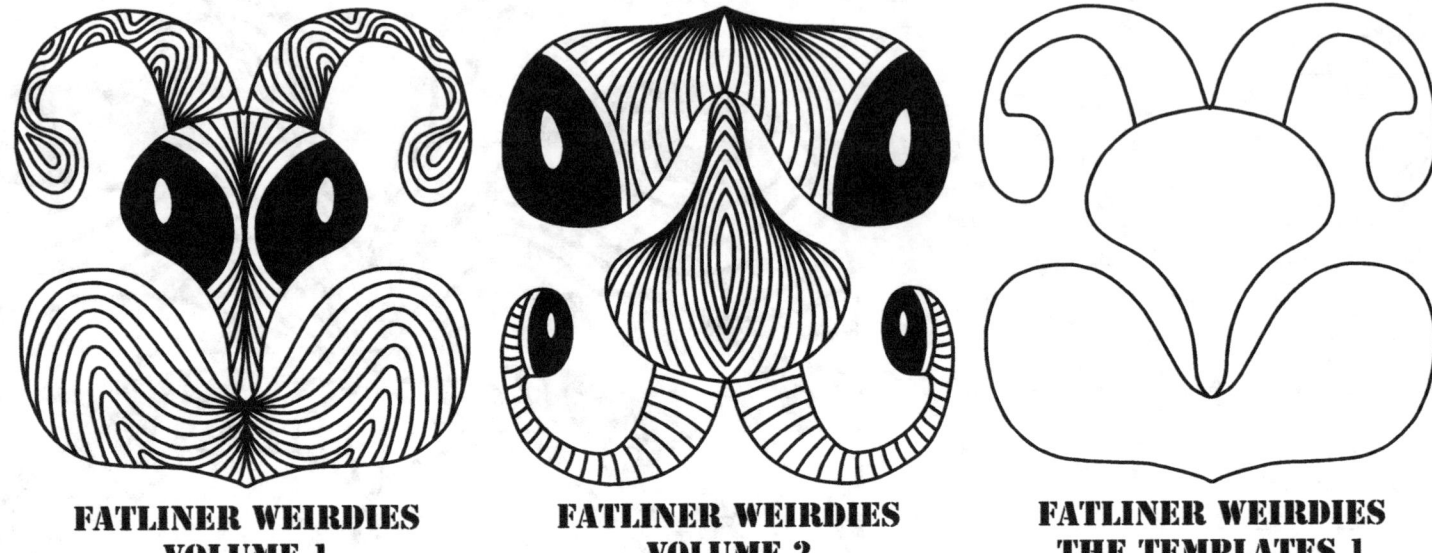

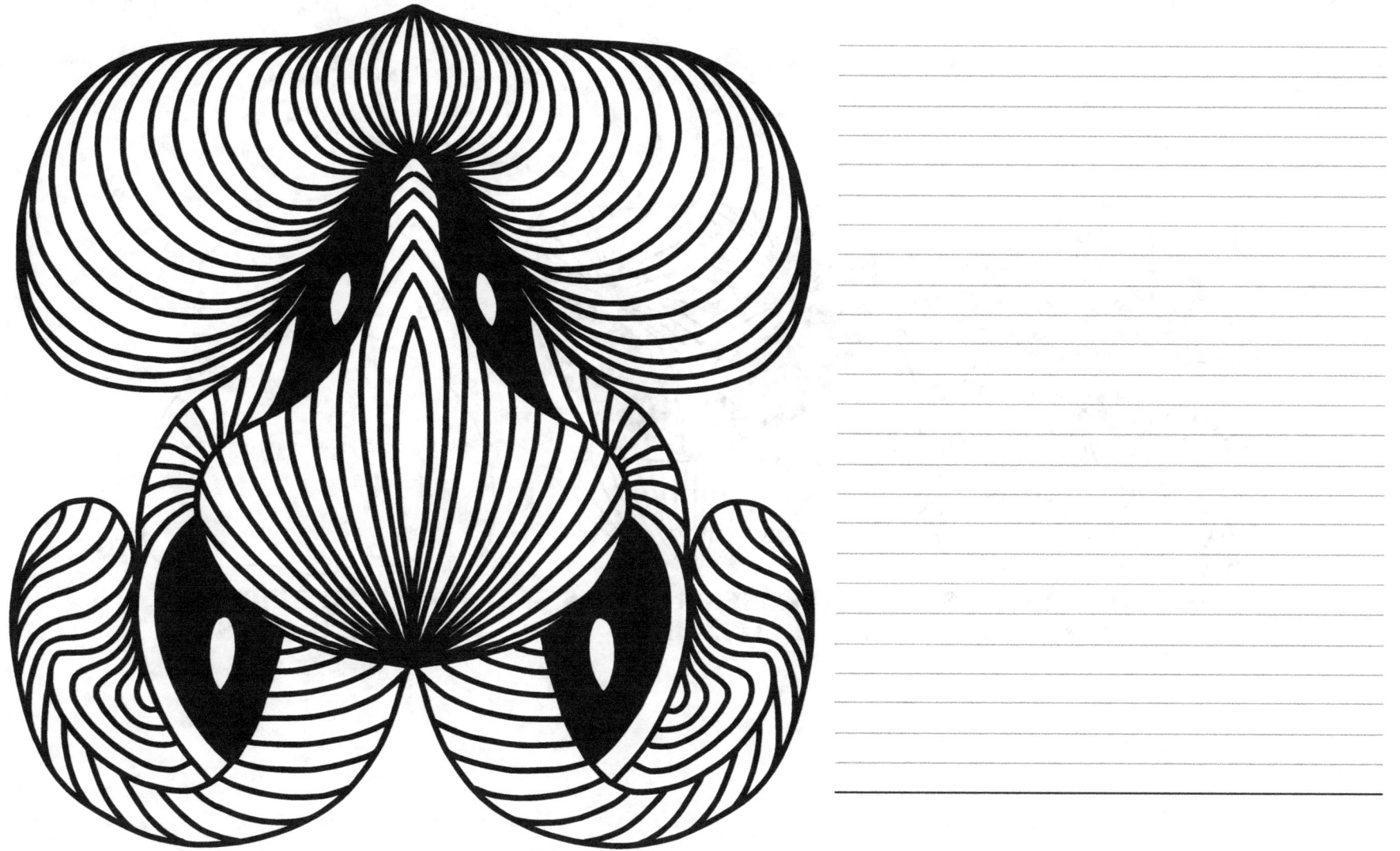

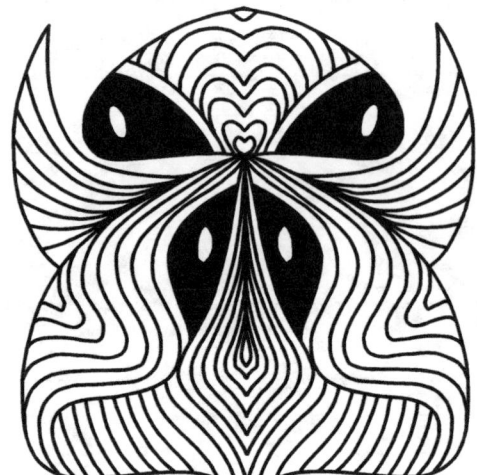

FATLINER WEIRDIES VOLUME 1

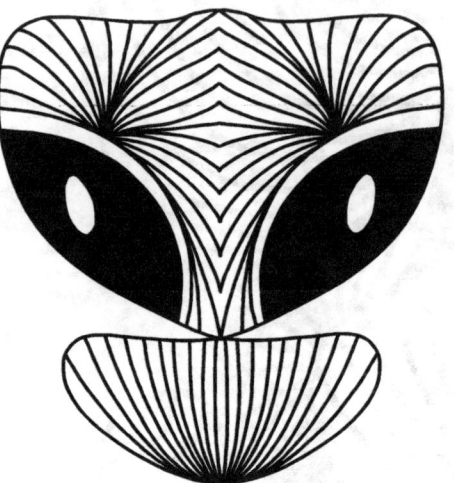

FATLINER WEIRDIES VOLUME 2

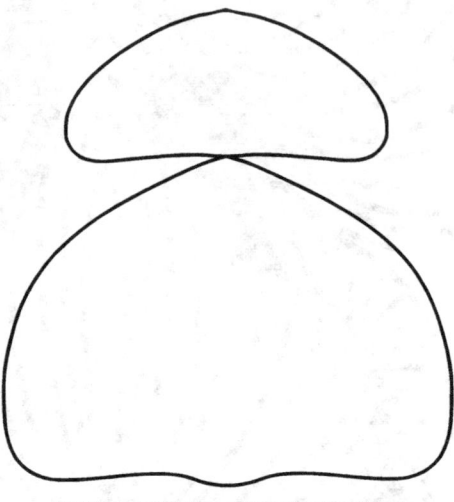

FATLINER WEIRDIES THE TEMPLATES 1

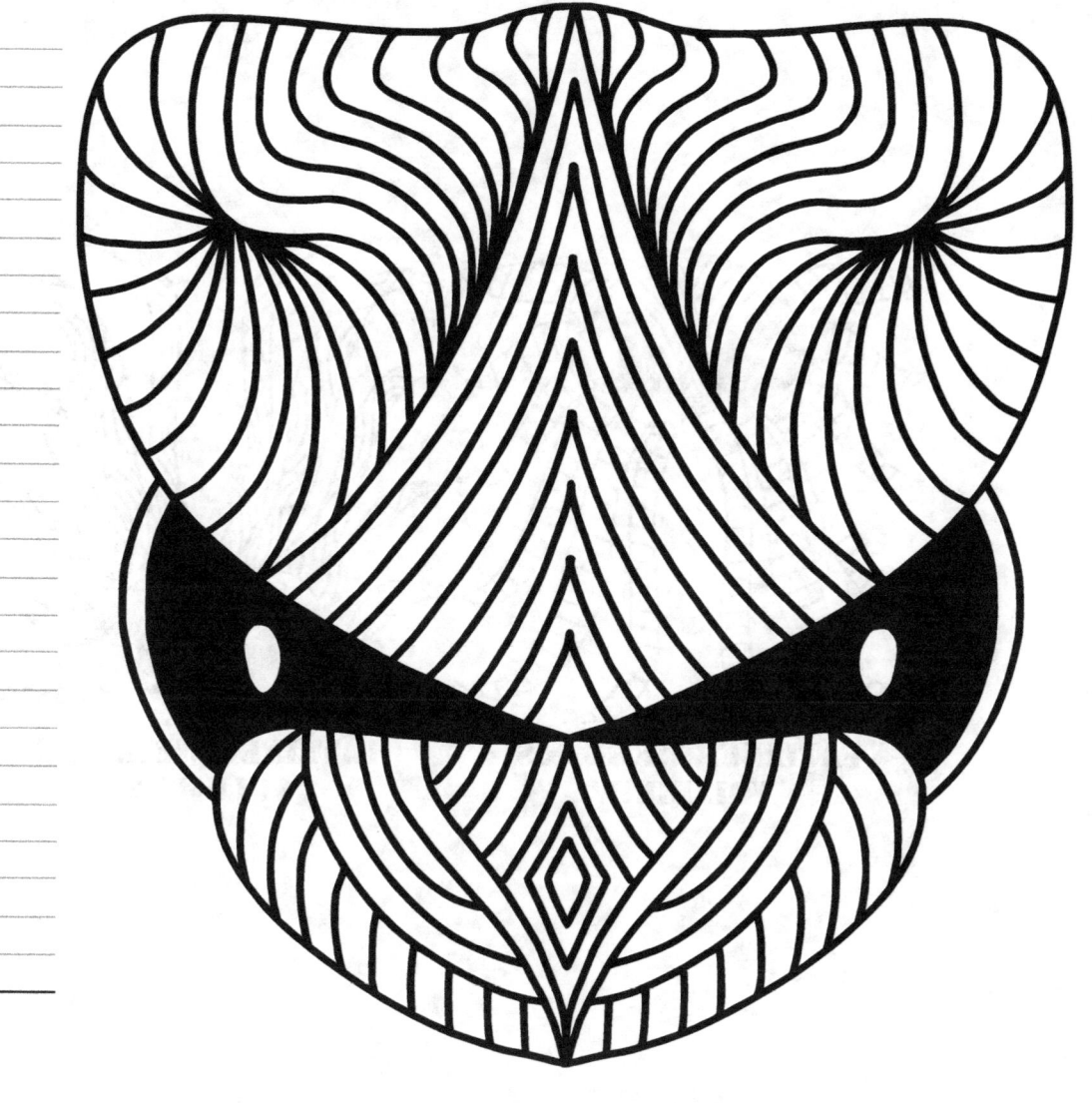

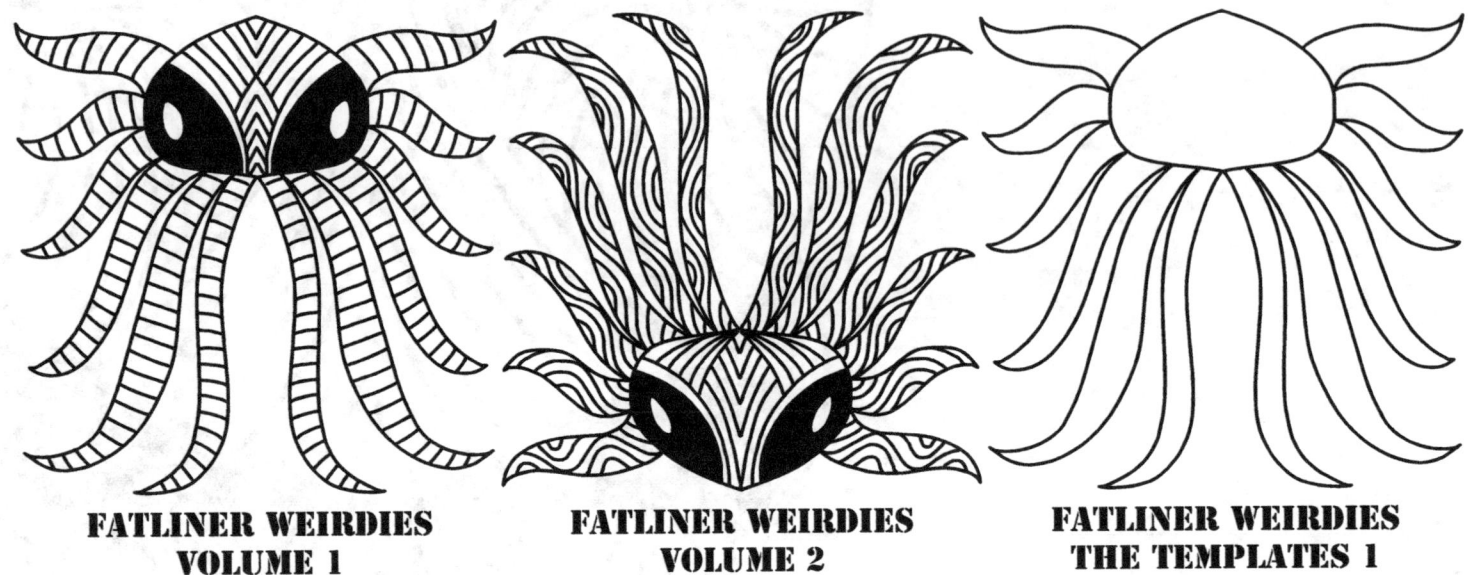

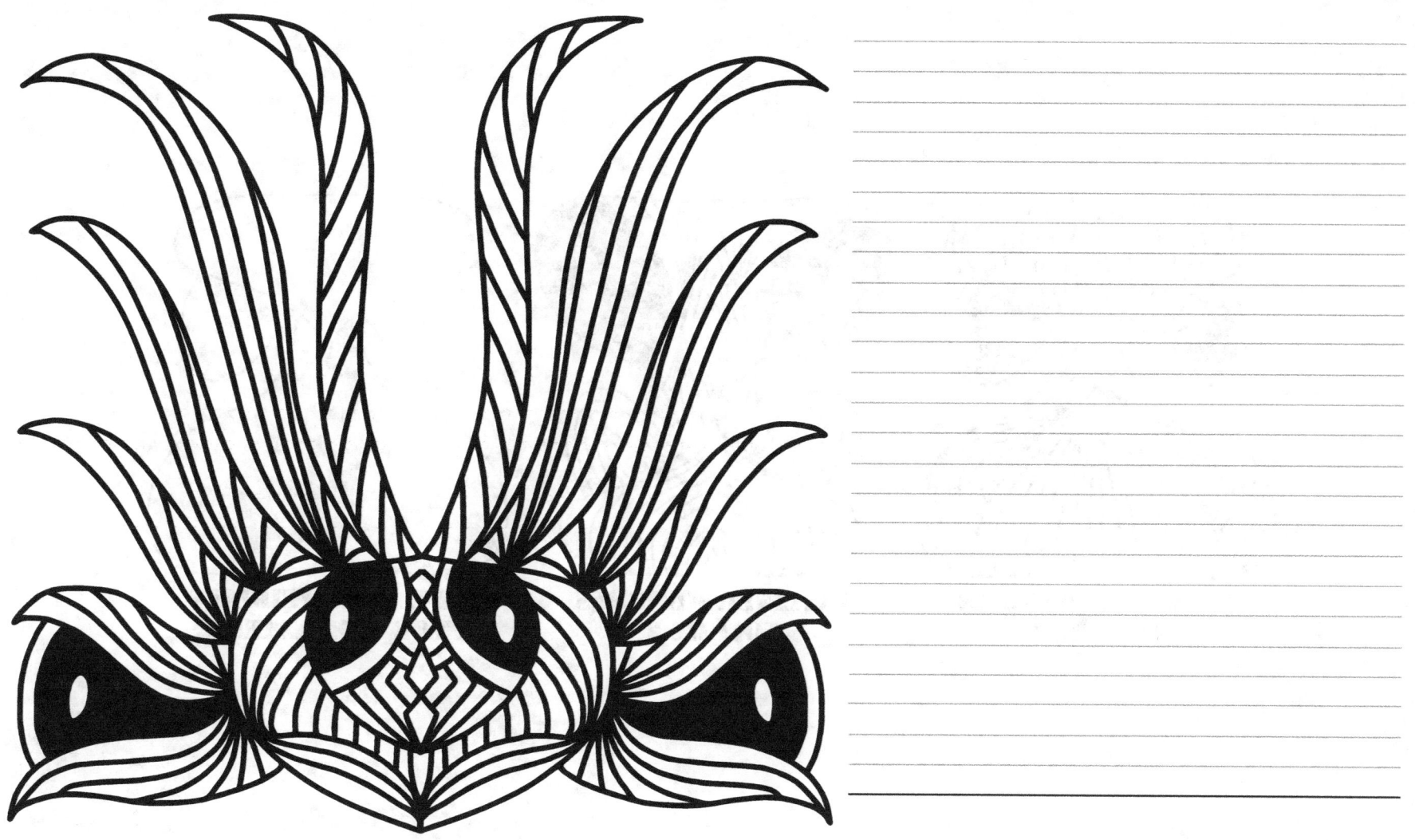

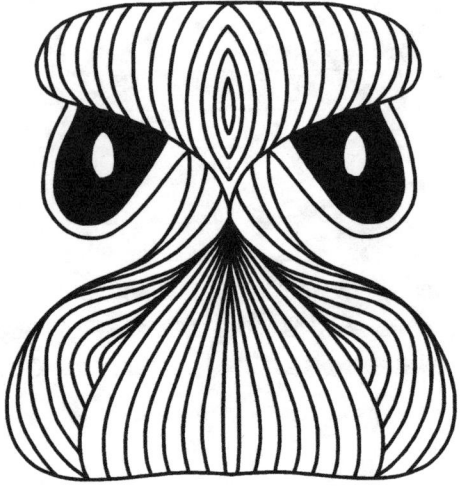

FATLINER WEIRDIES VOLUME 1

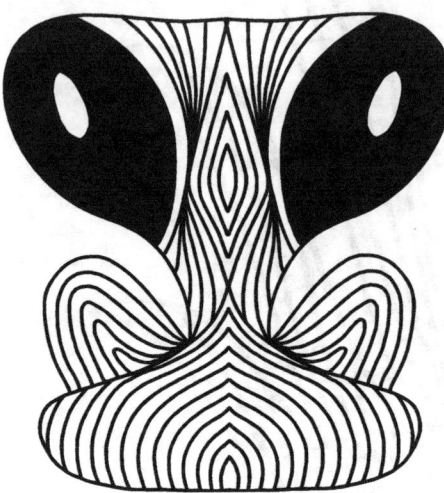

FATLINER WEIRDIES VOLUME 2

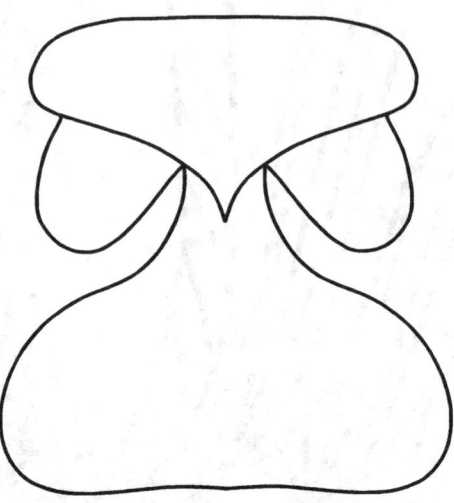

FATLINER WEIRDIES THE TEMPLATES 1

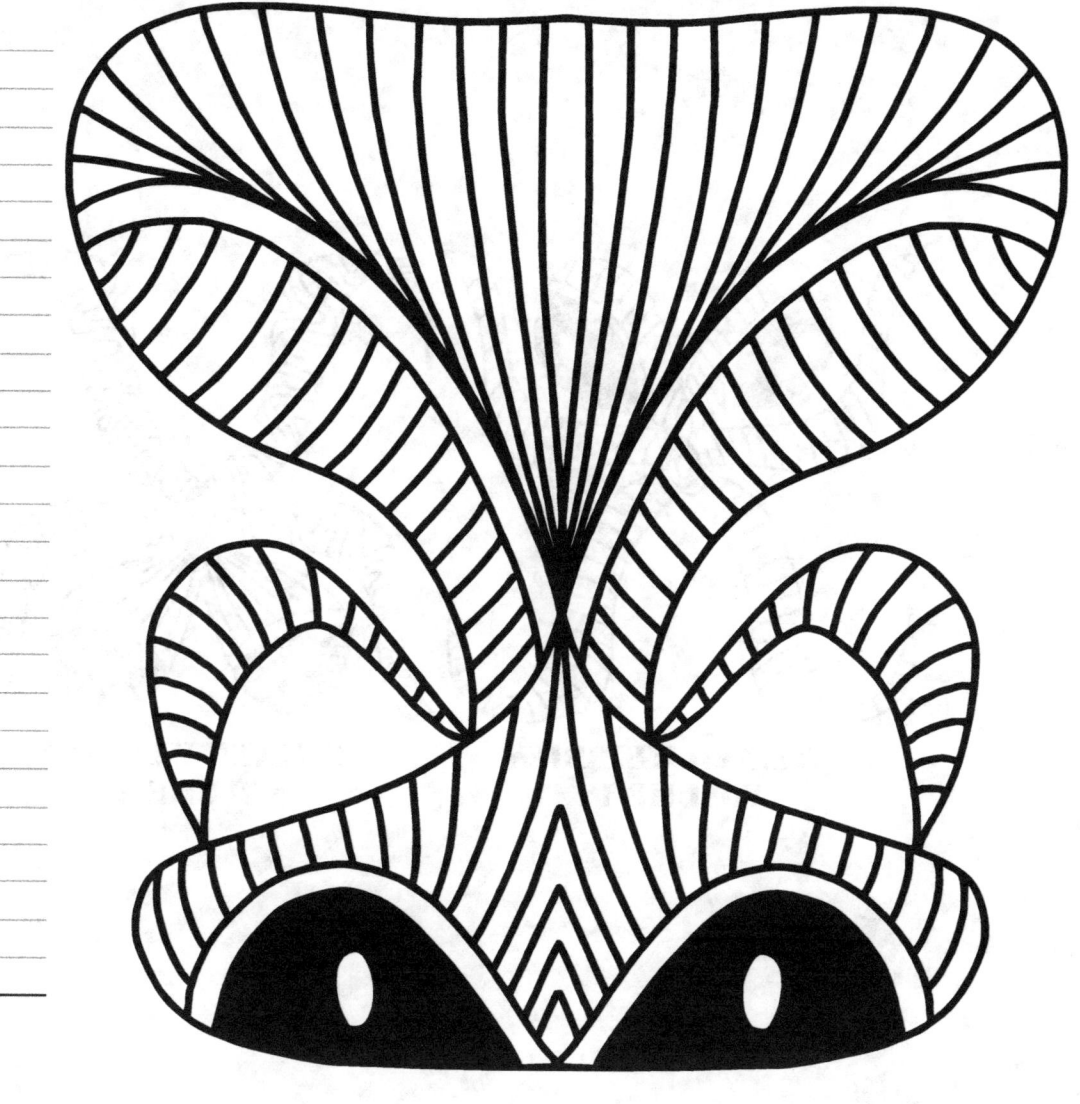

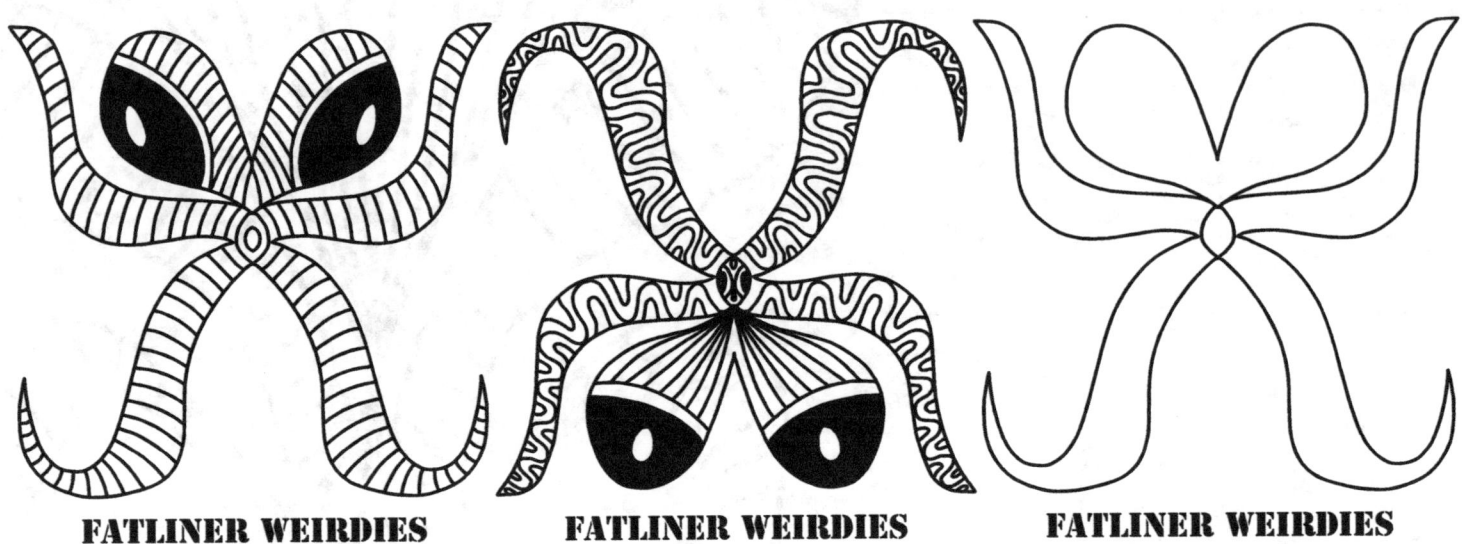

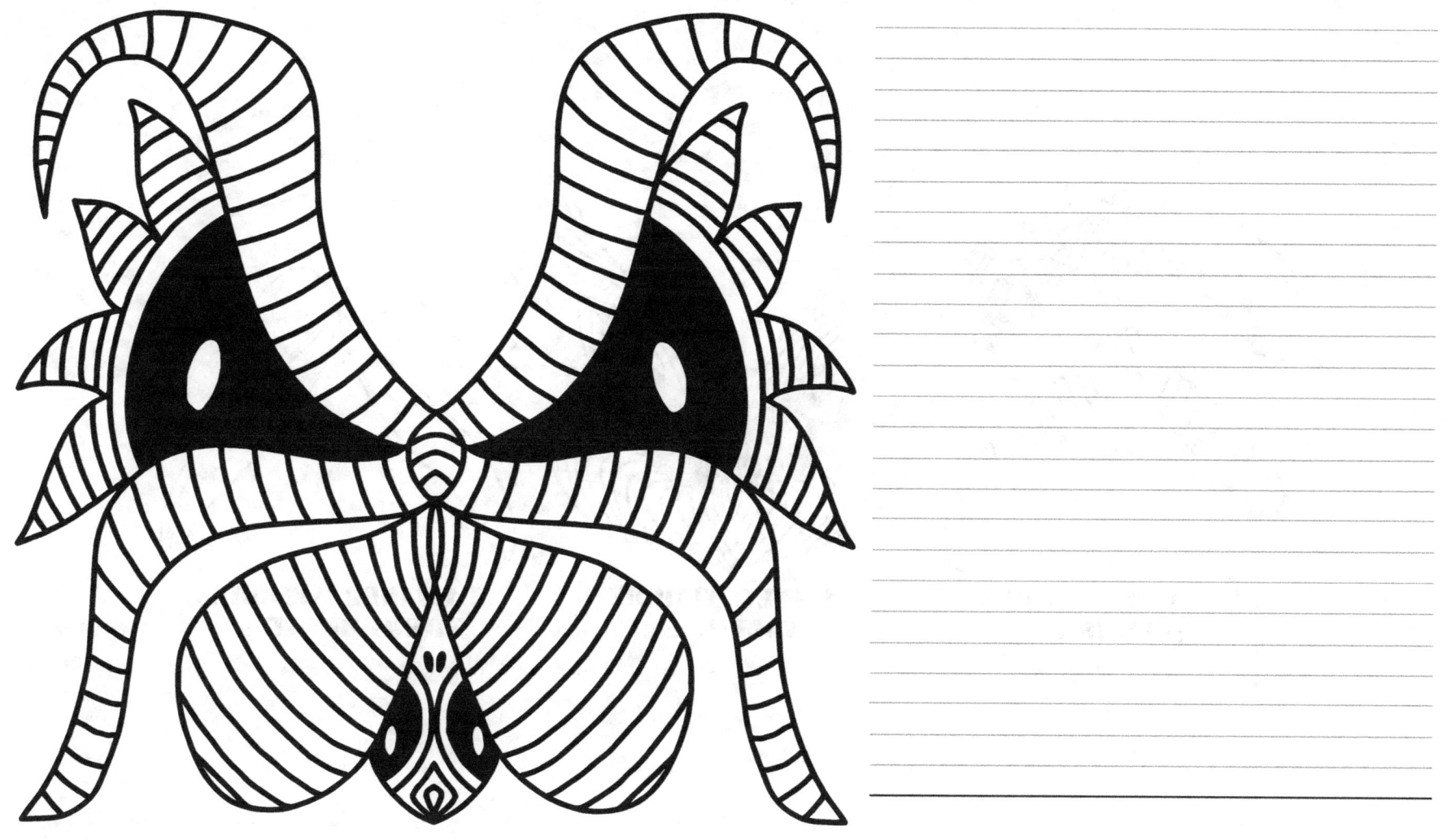

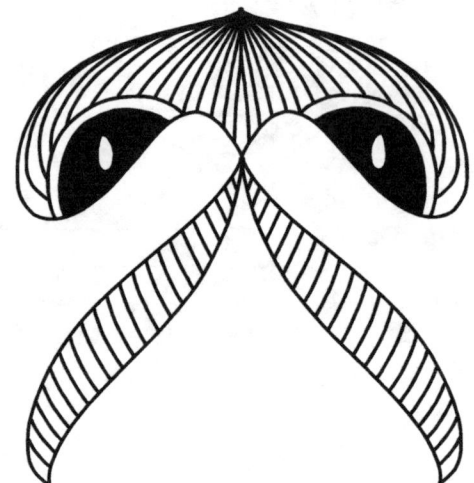

FATLINER WEIRDIES VOLUME 1

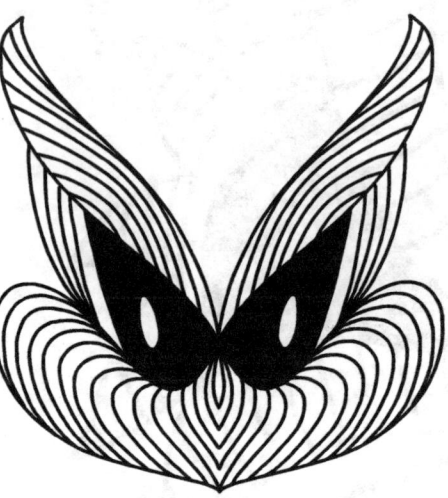

FATLINER WEIRDIES VOLUME 2

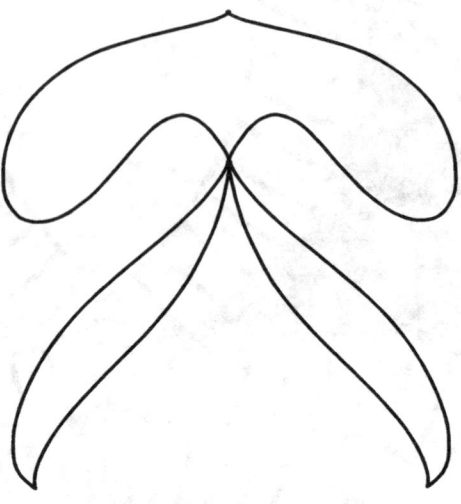

FATLINER WEIRDIES THE TEMPLATES 1

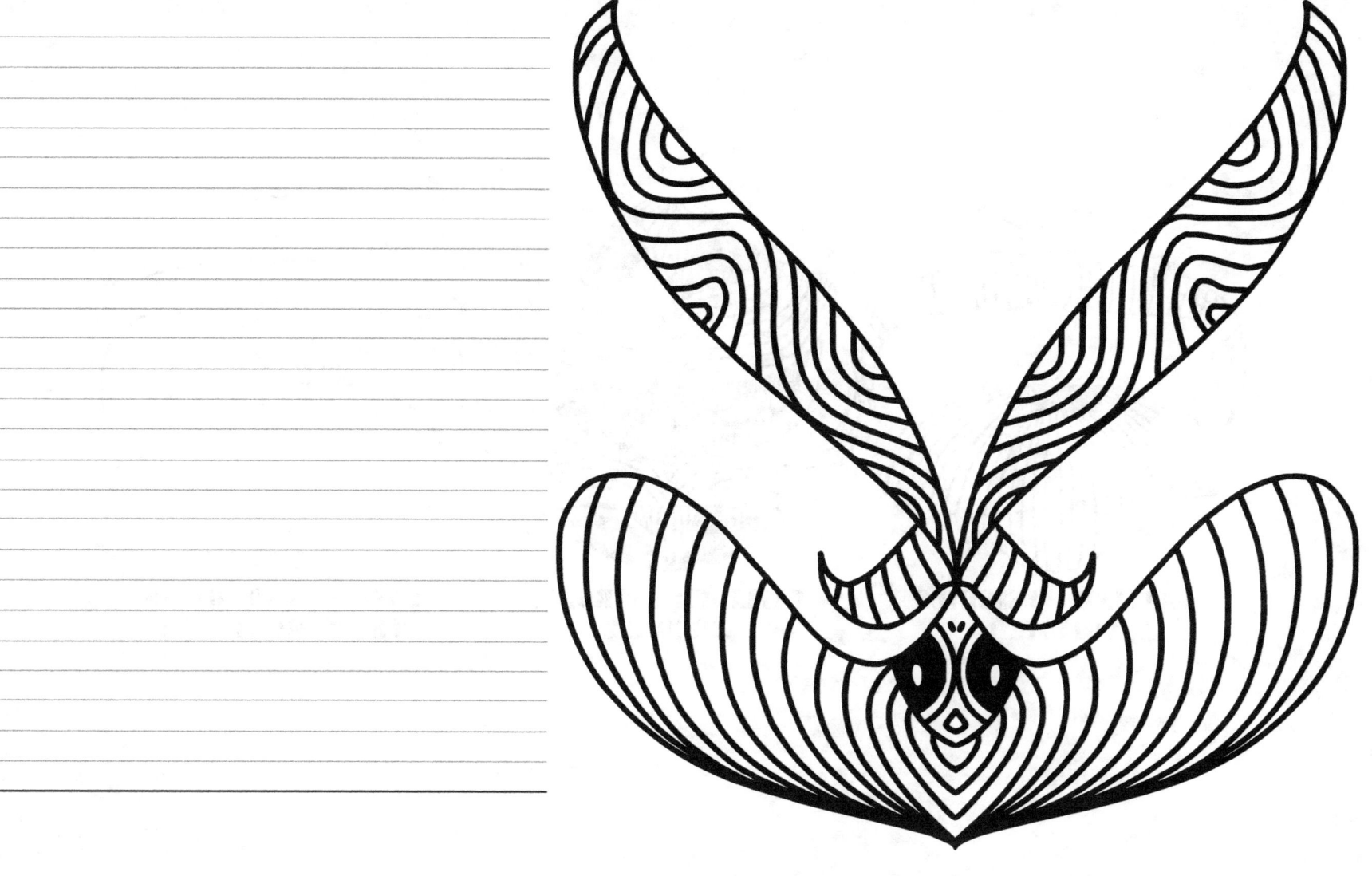

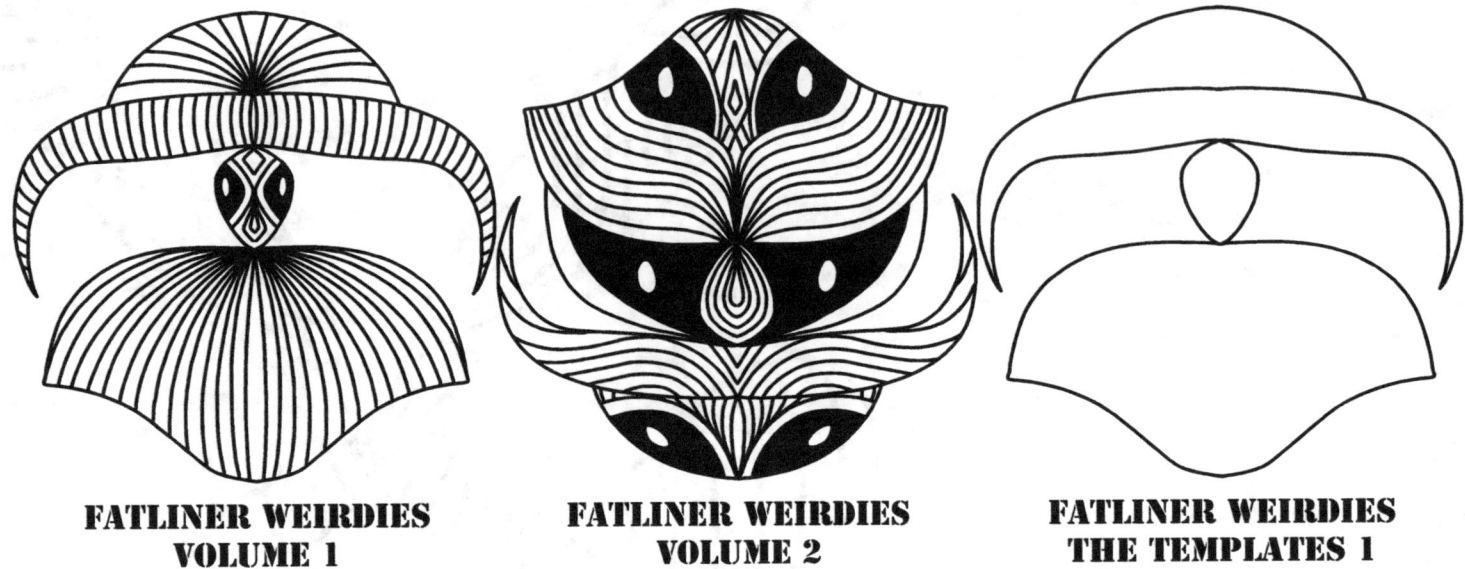

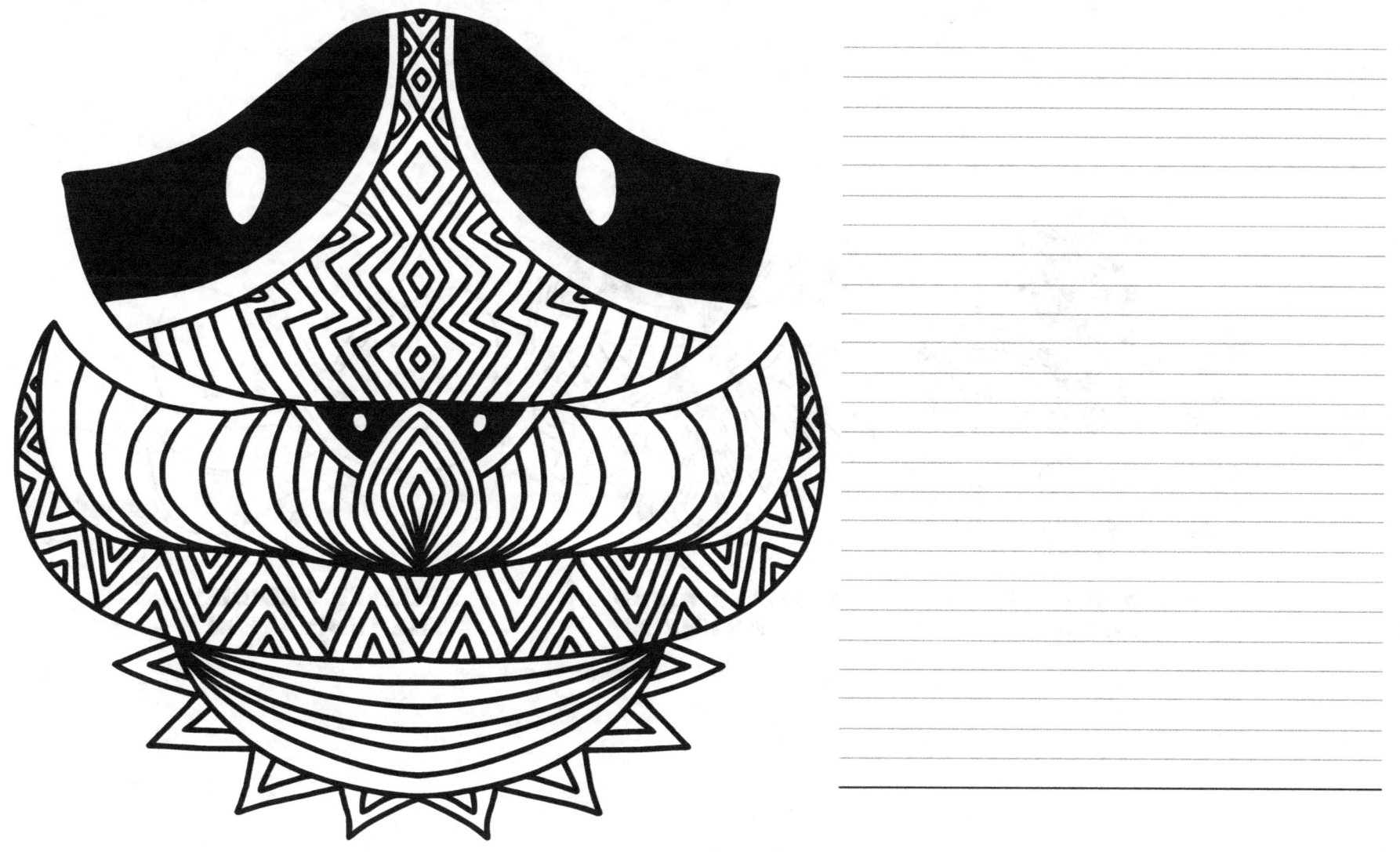

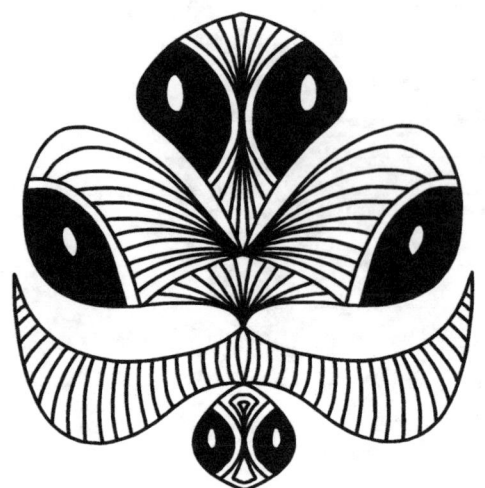 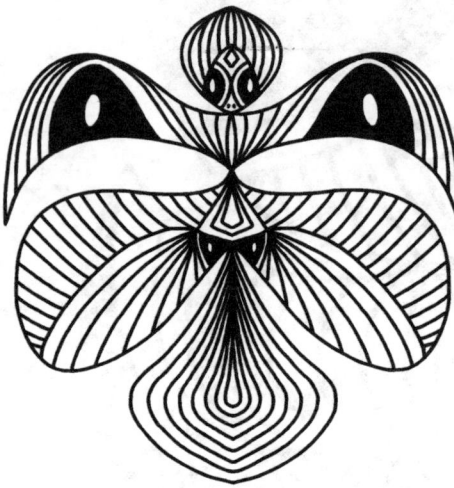 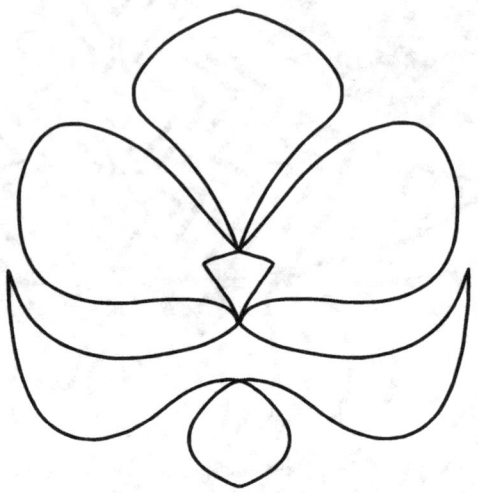

FATLINER WEIRDIES VOLUME 1   **FATLINER WEIRDIES VOLUME 2**   **FATLINER WEIRDIES THE TEMPLATES 1**

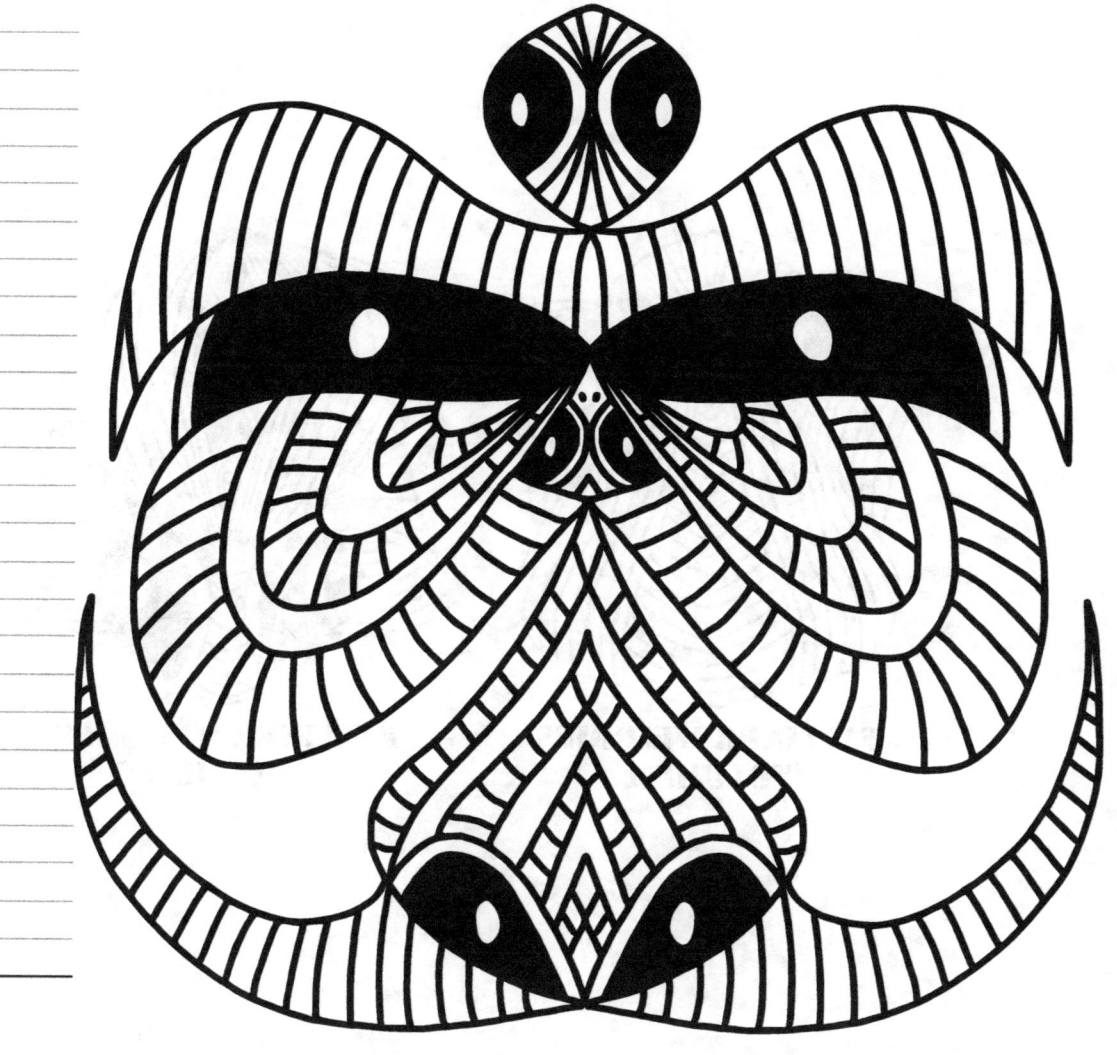

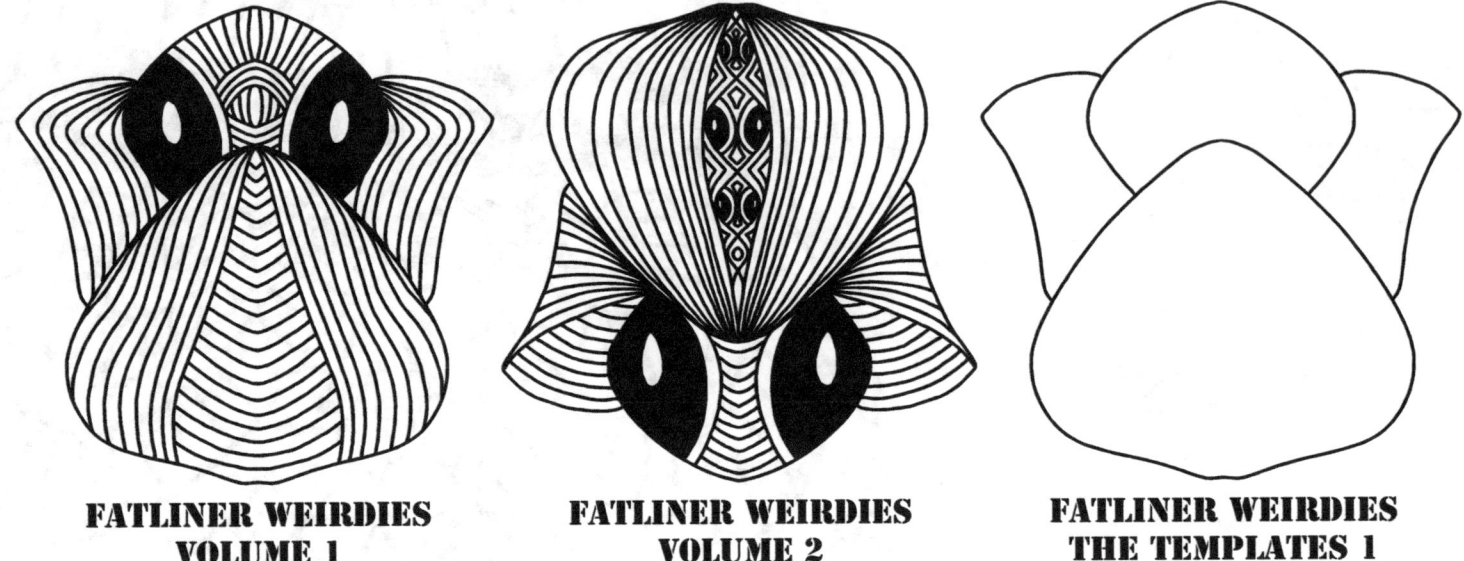

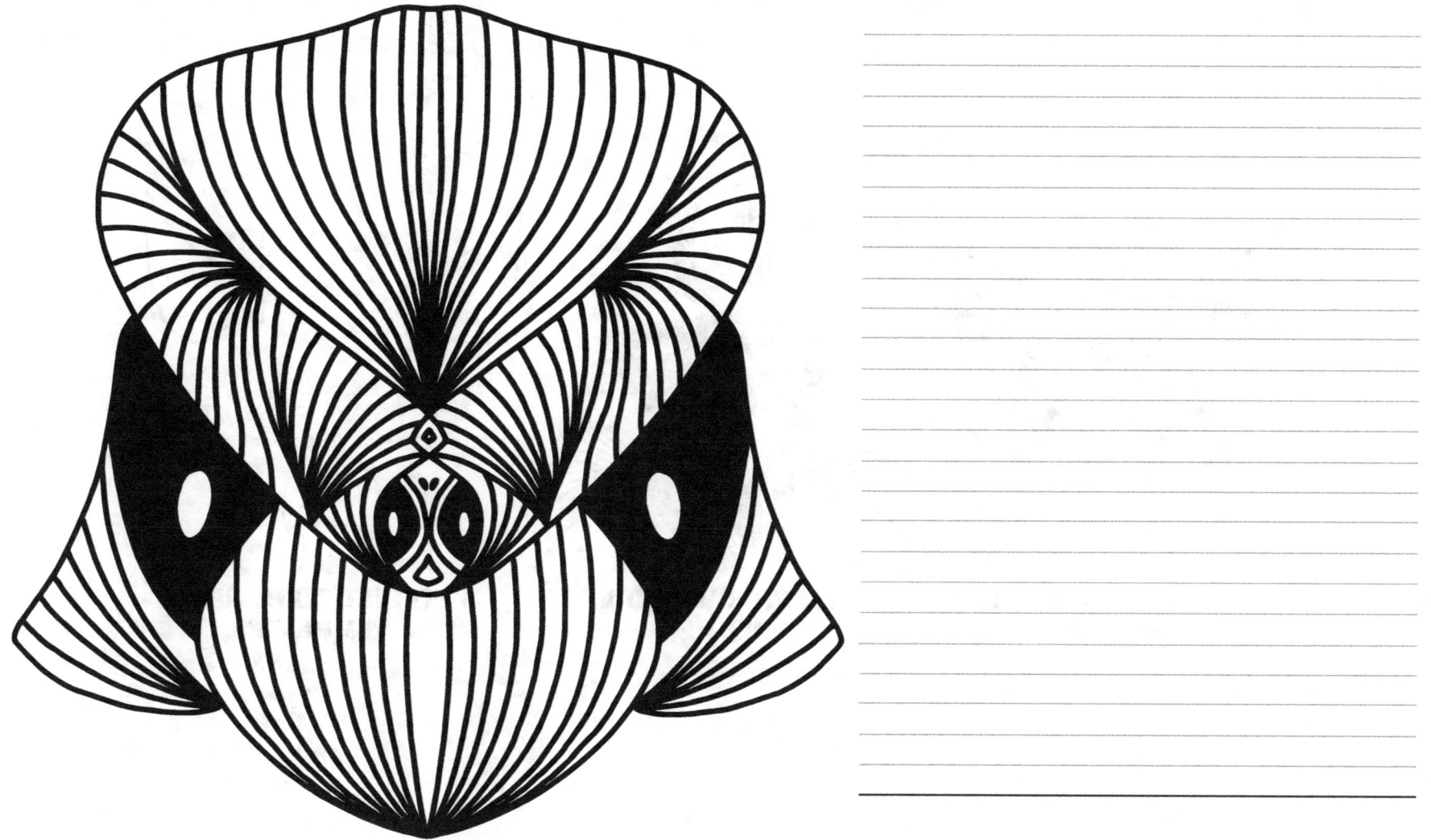

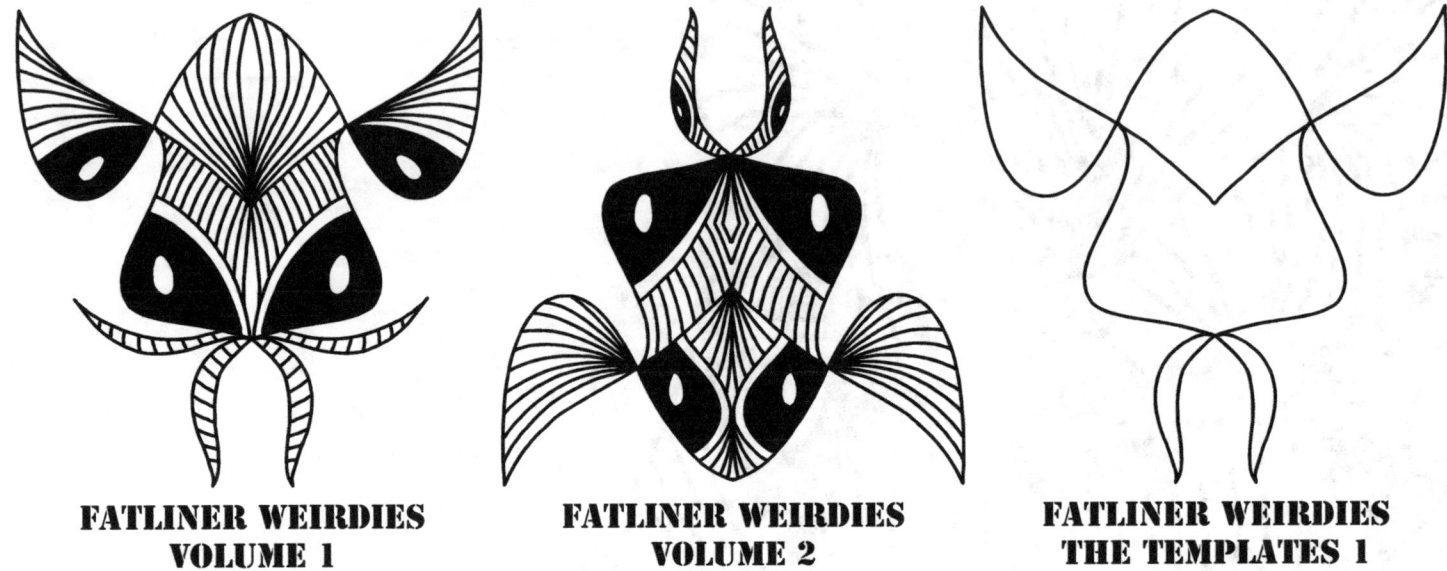

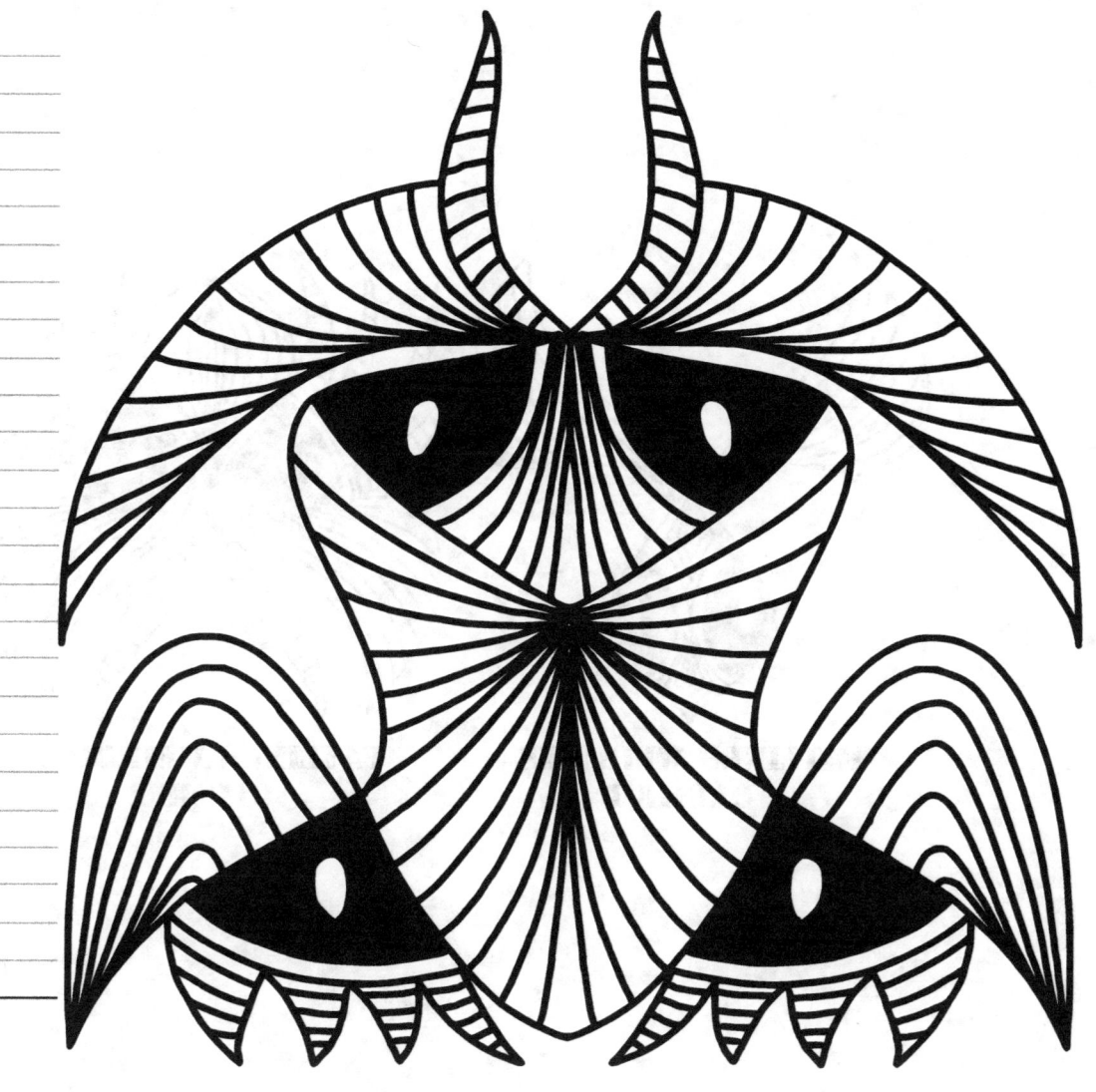

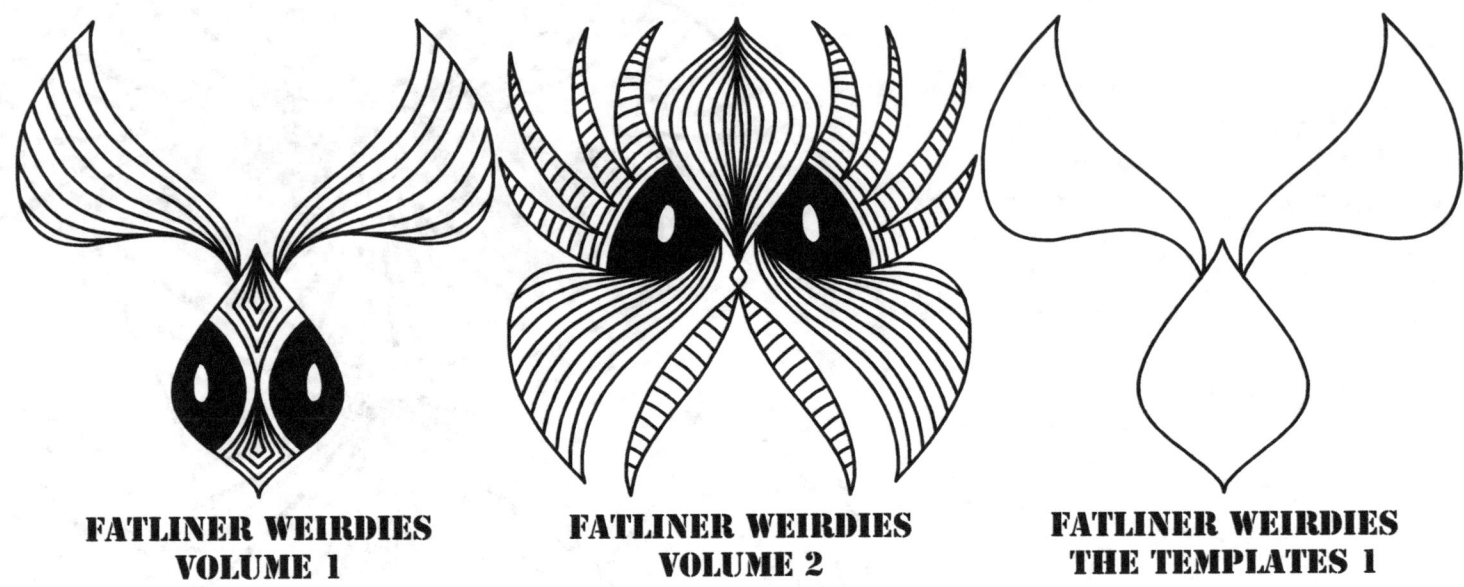

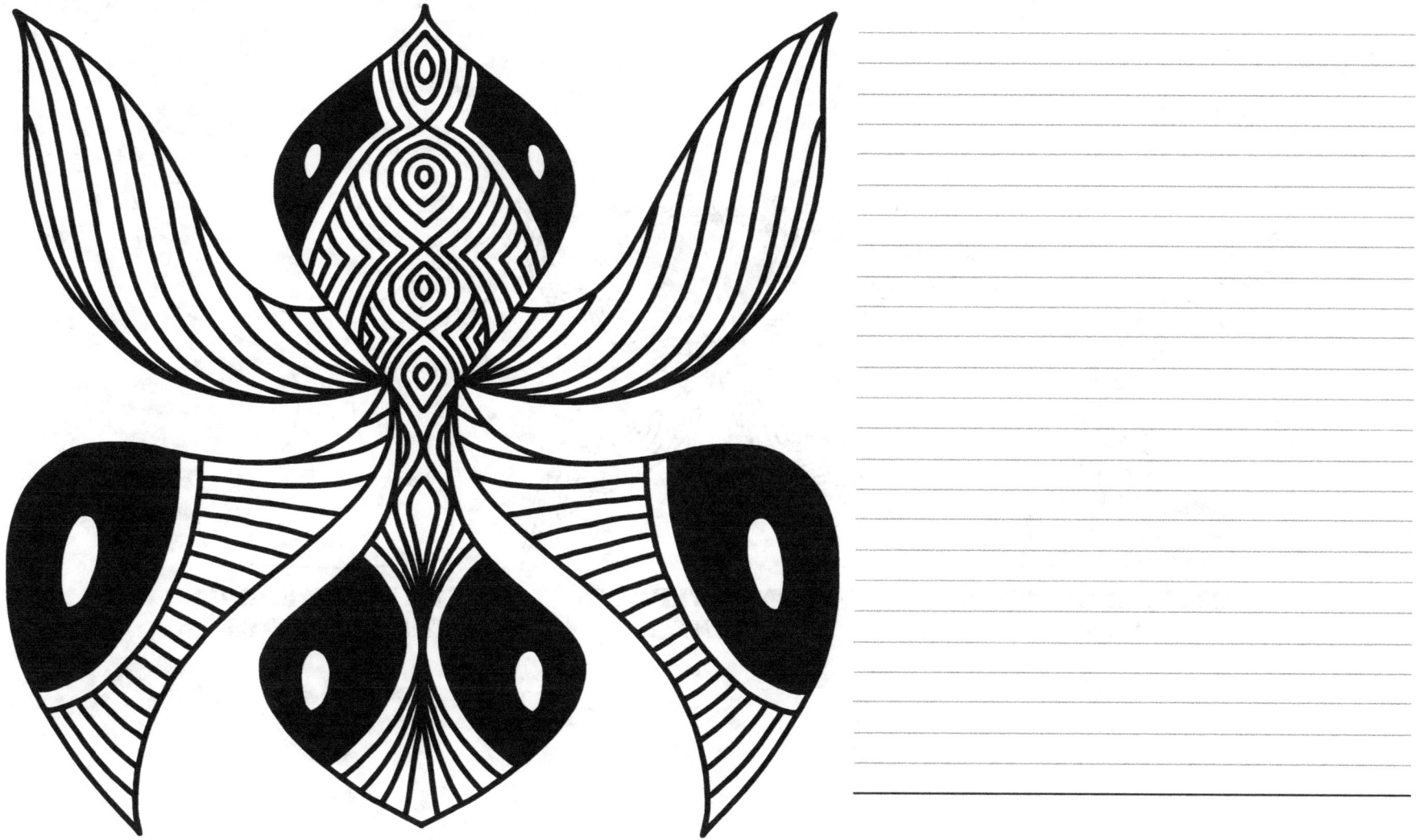

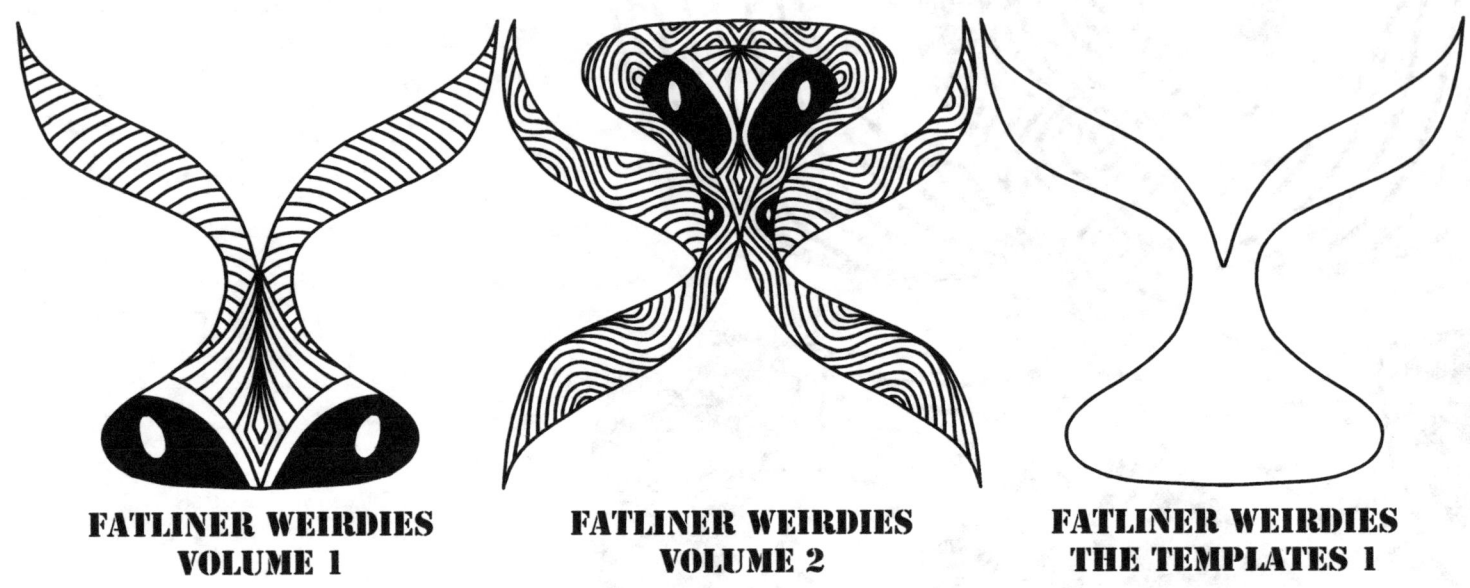

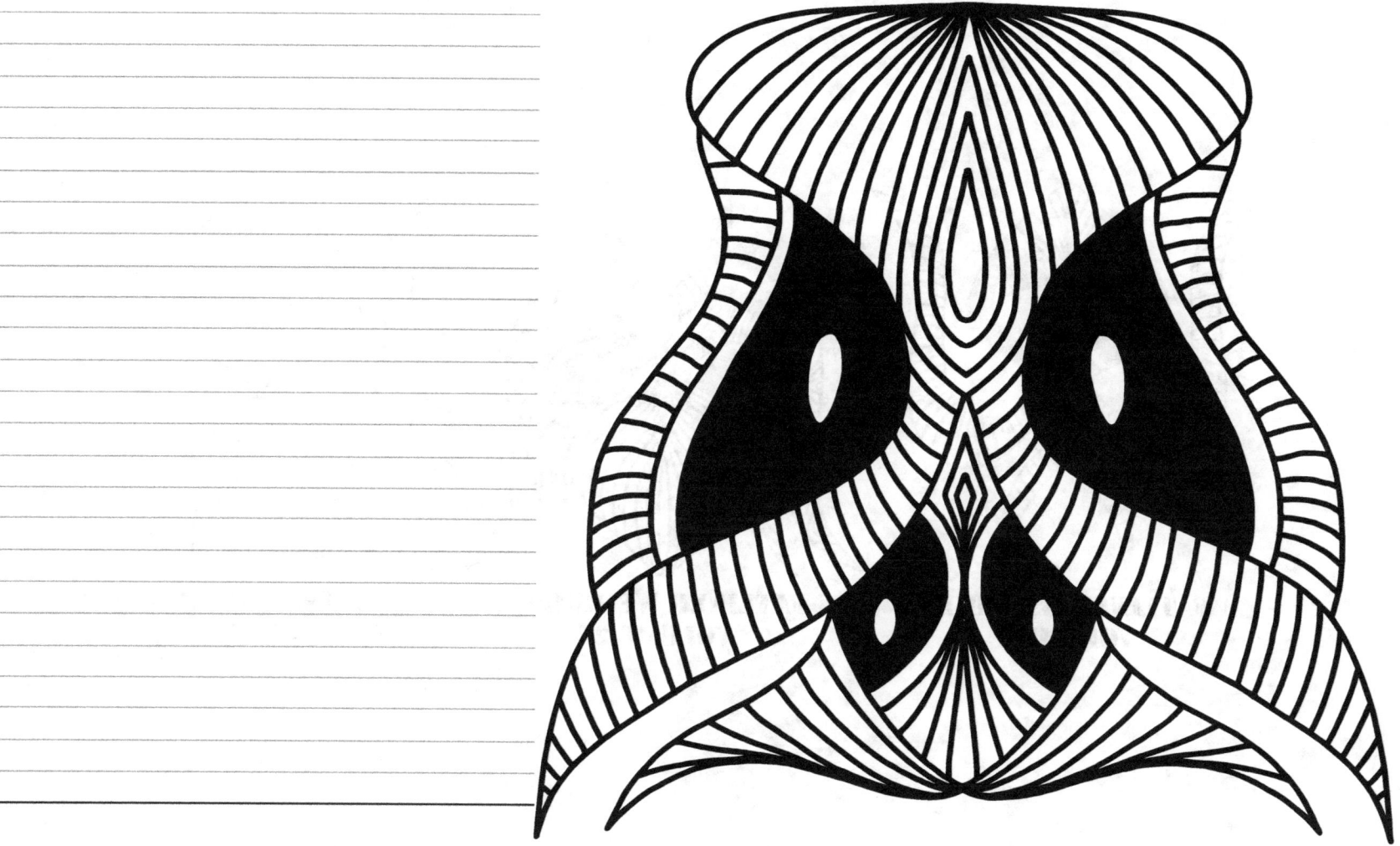

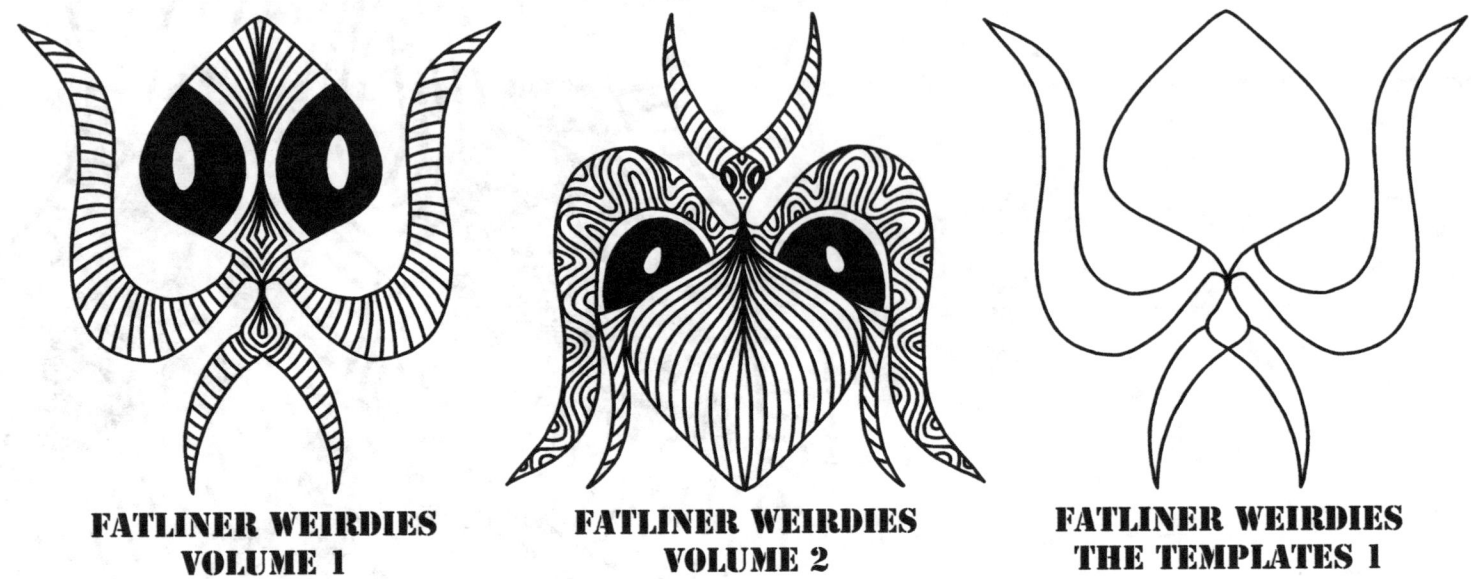

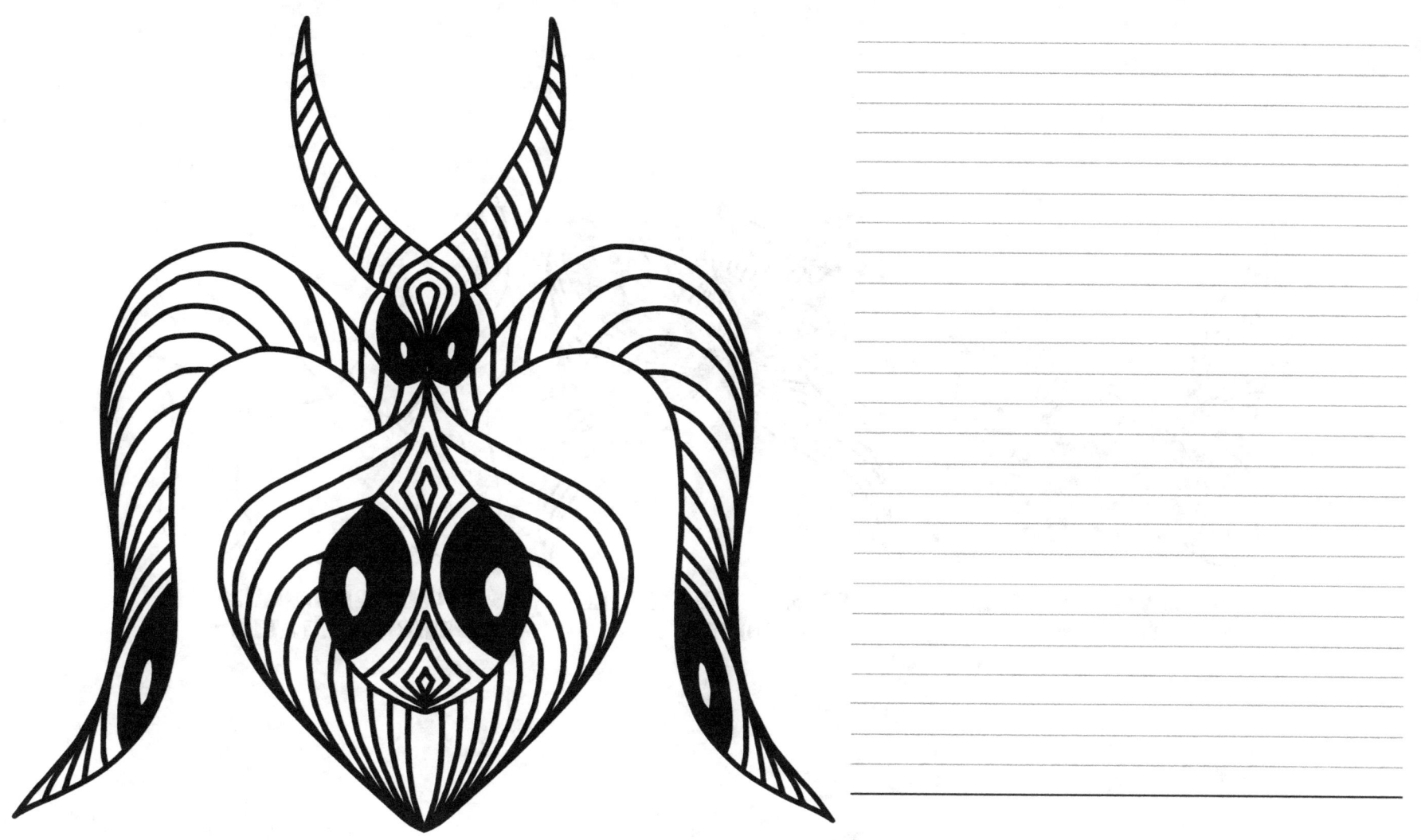

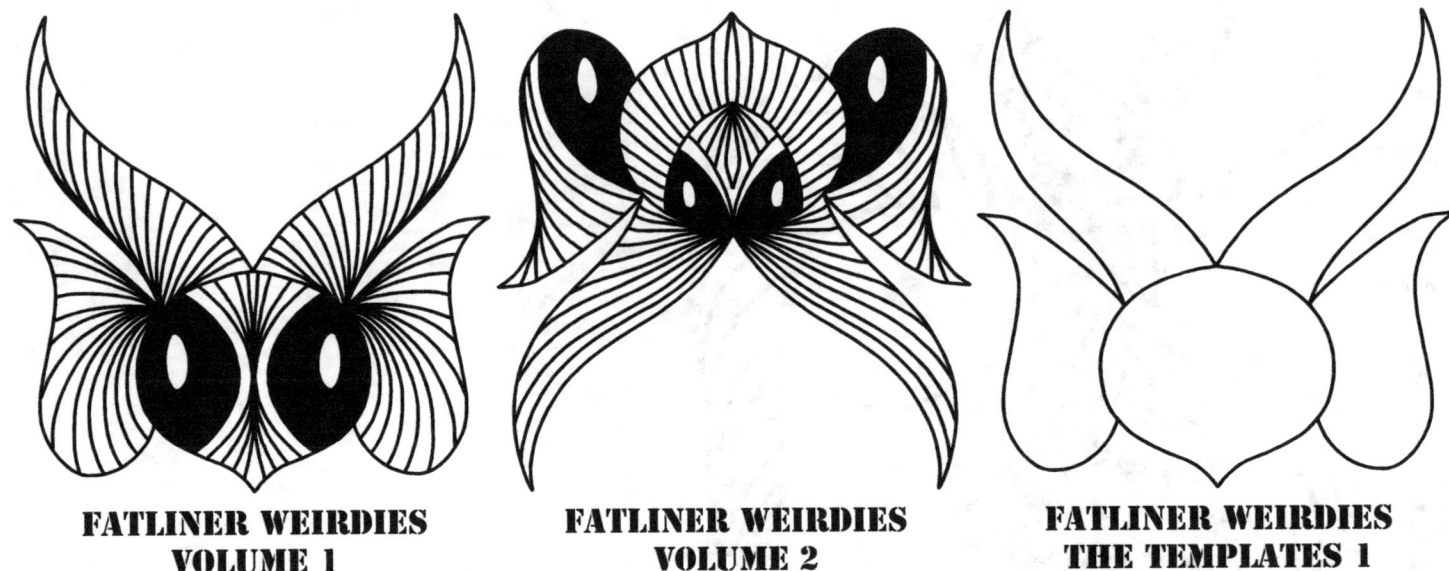

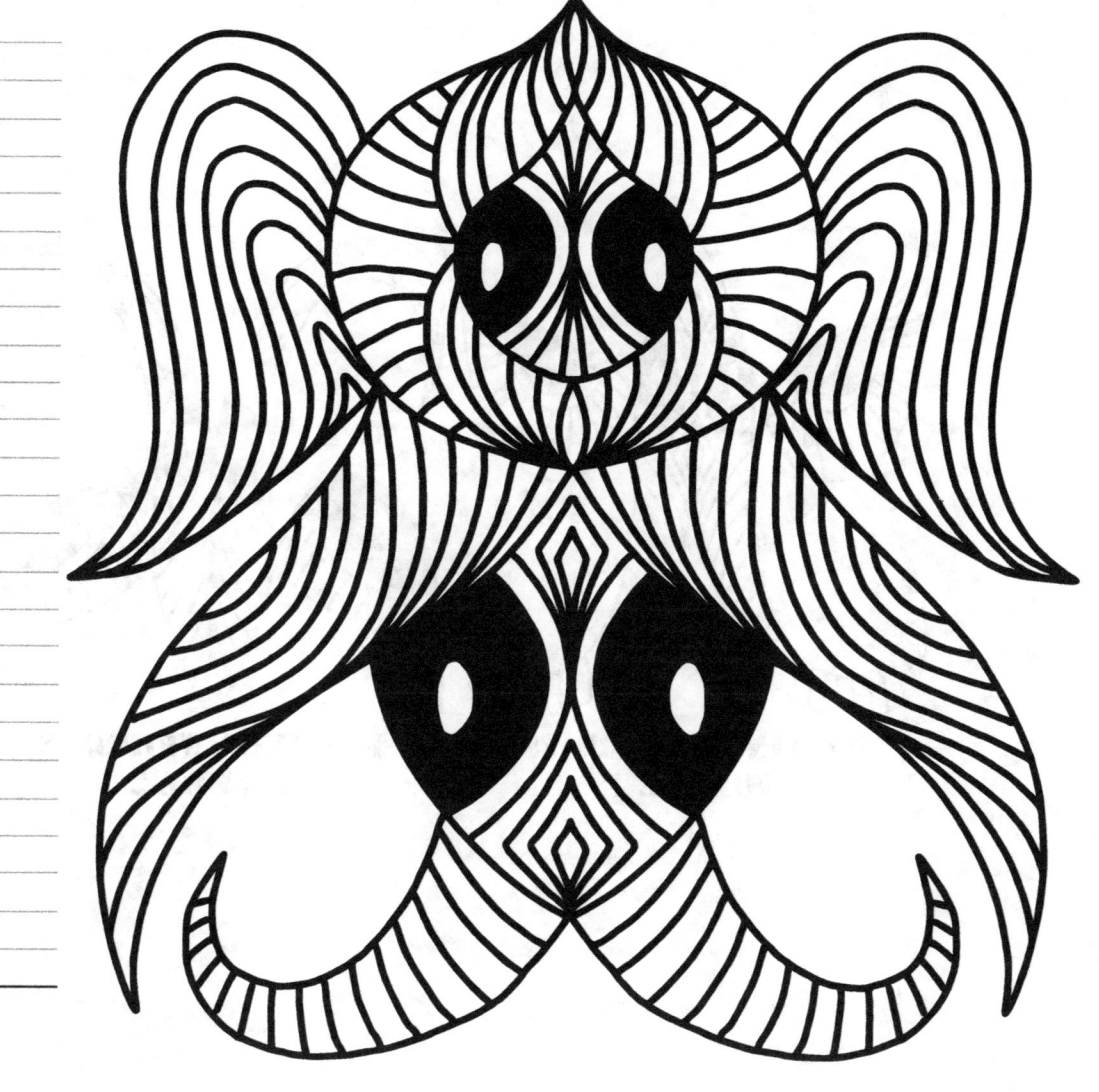

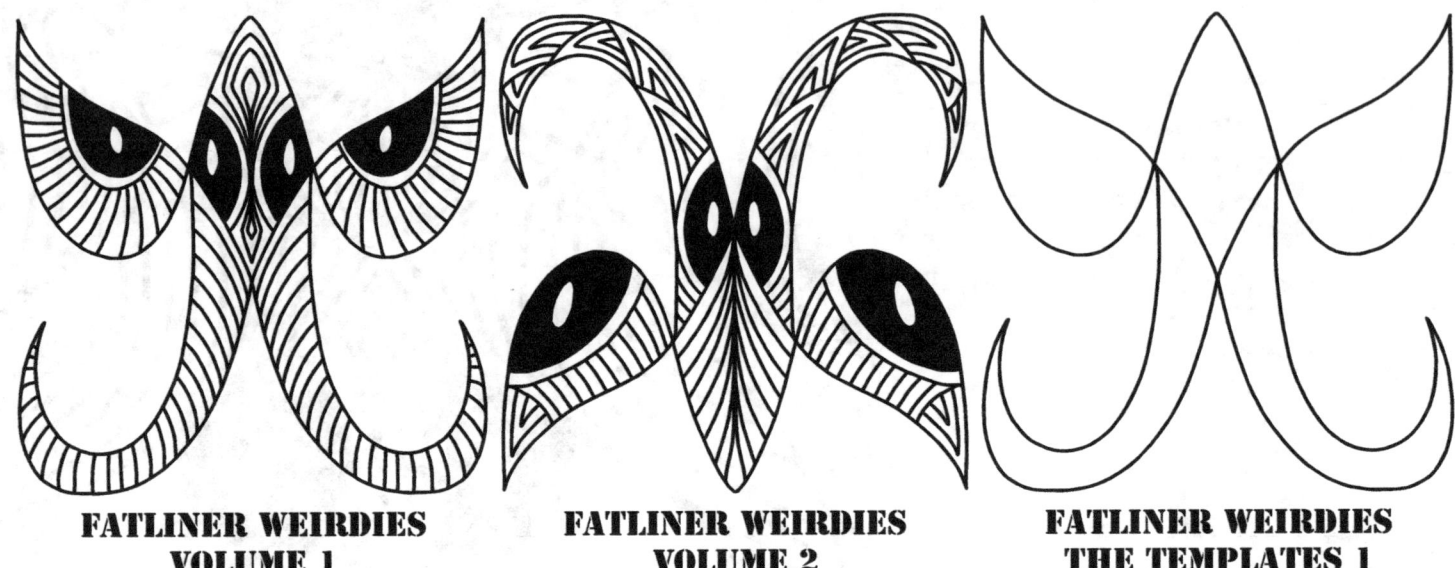

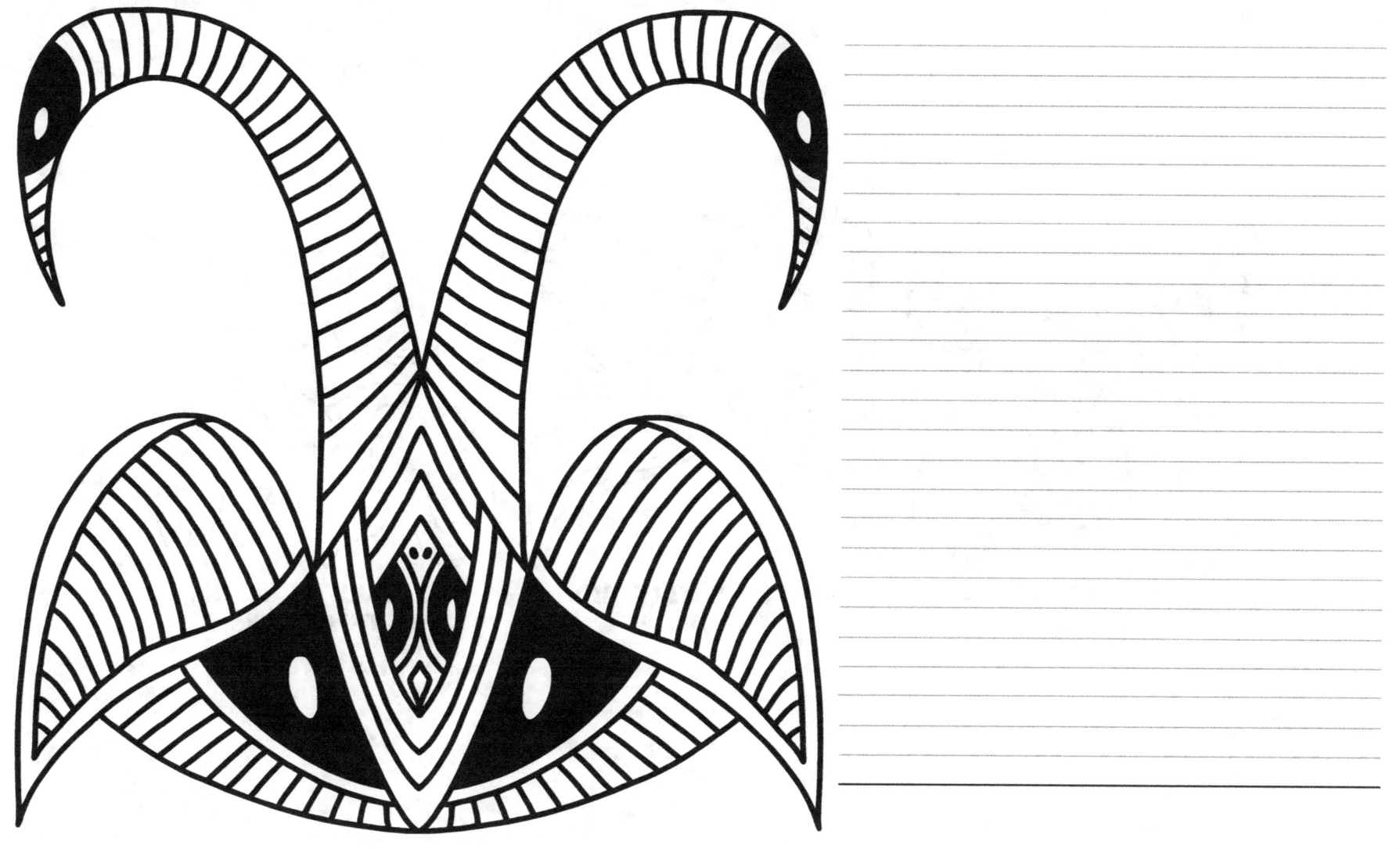

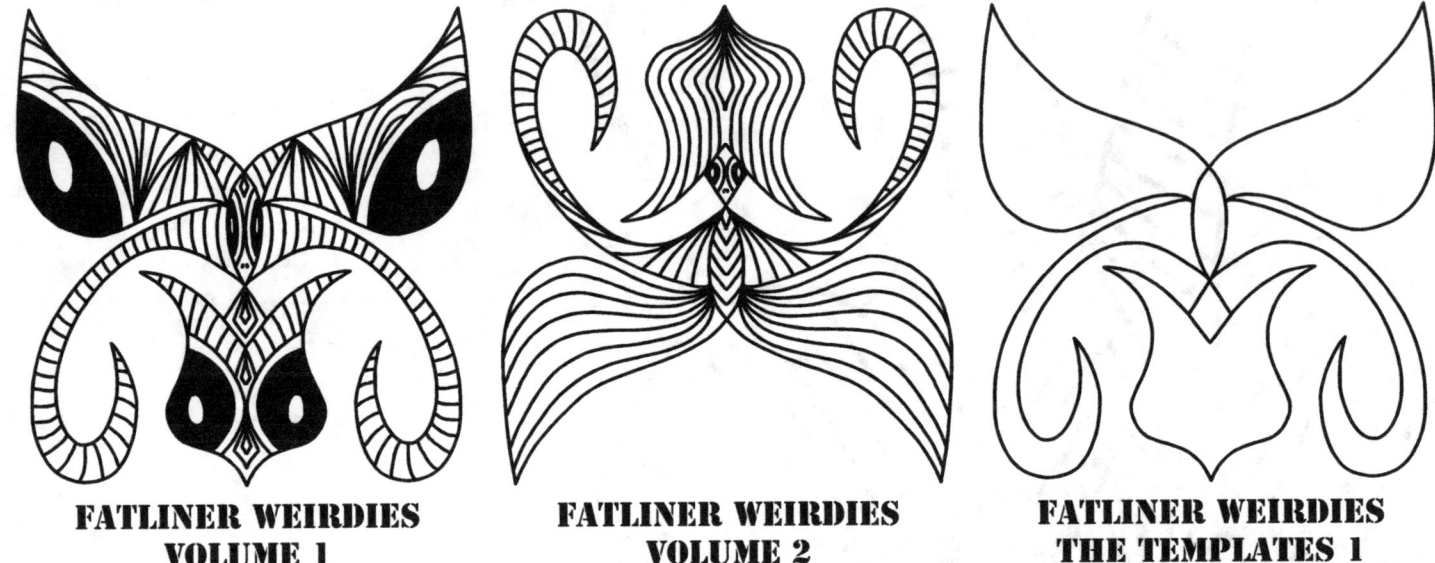

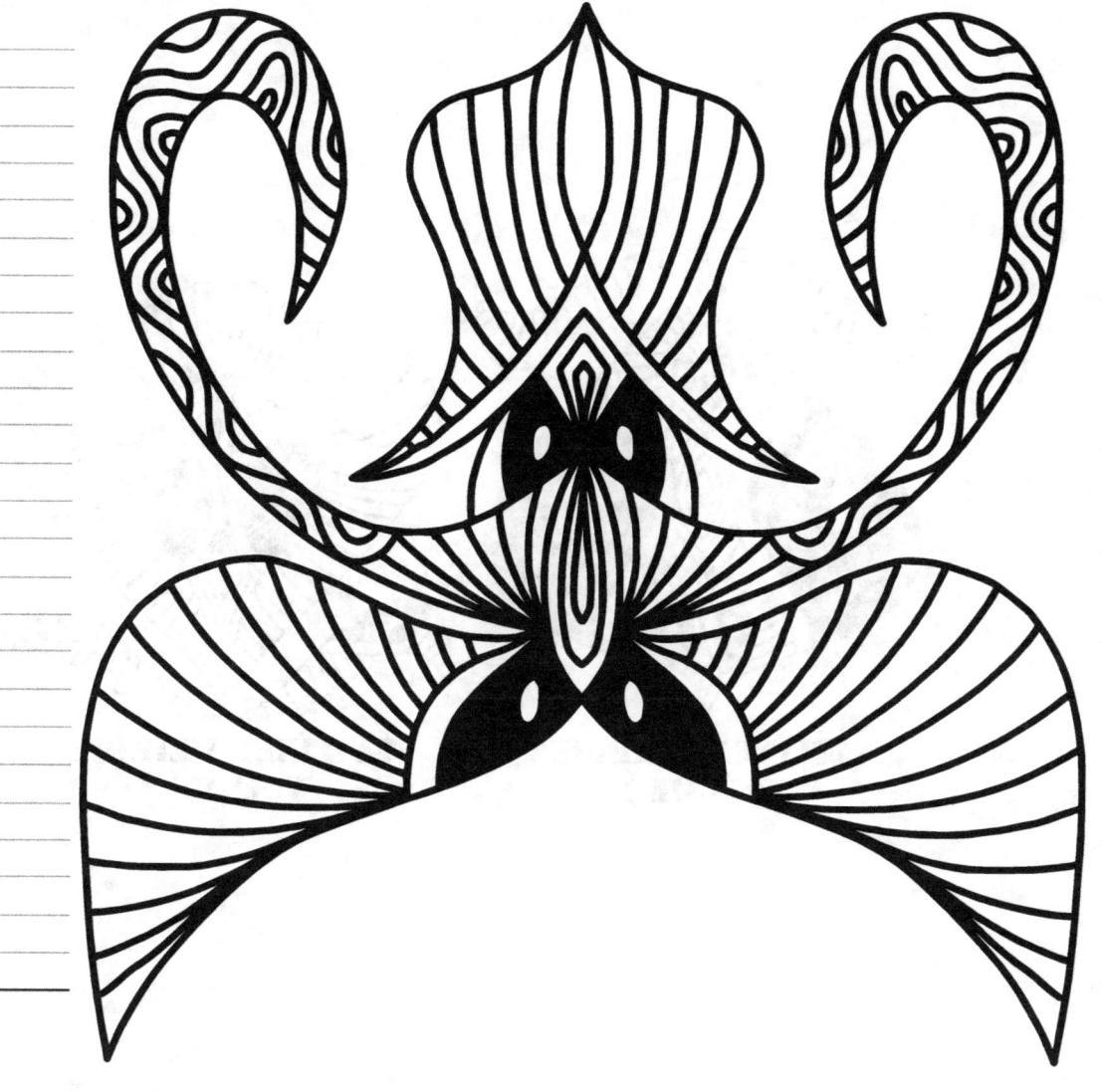

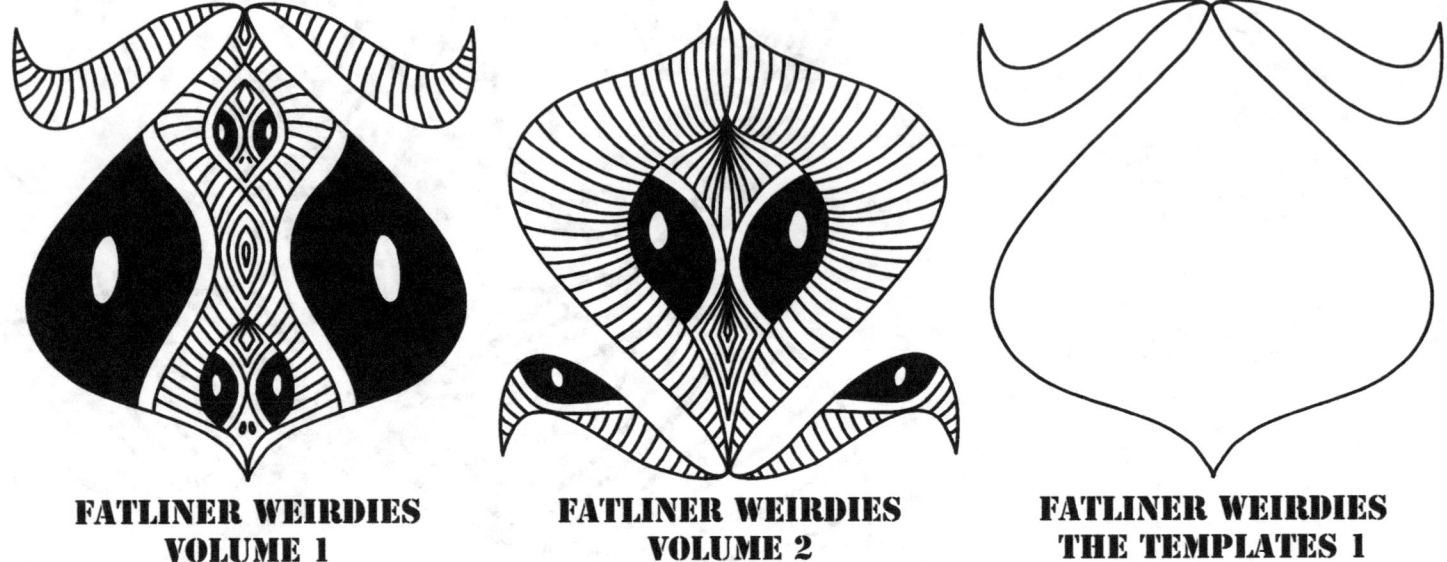

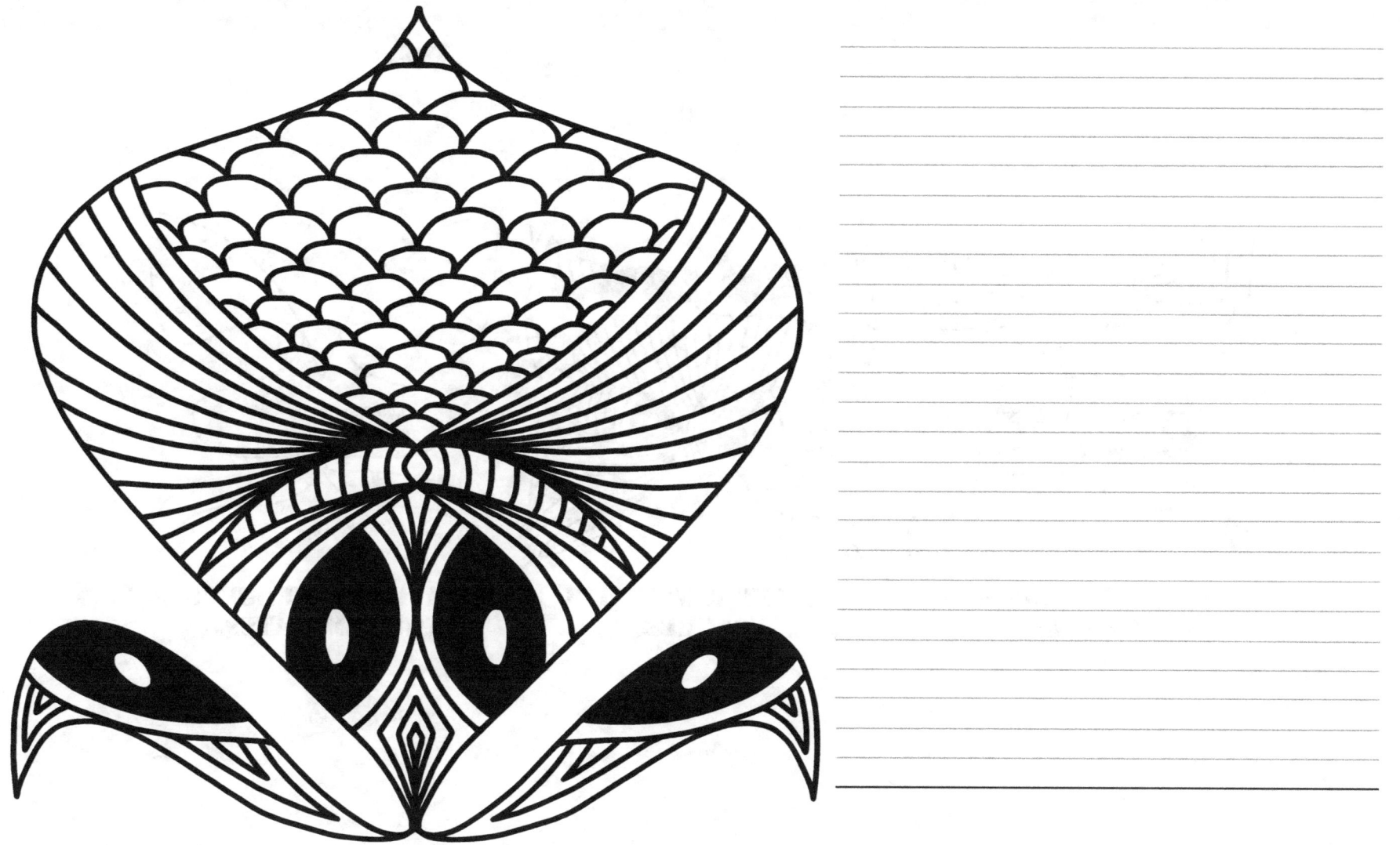

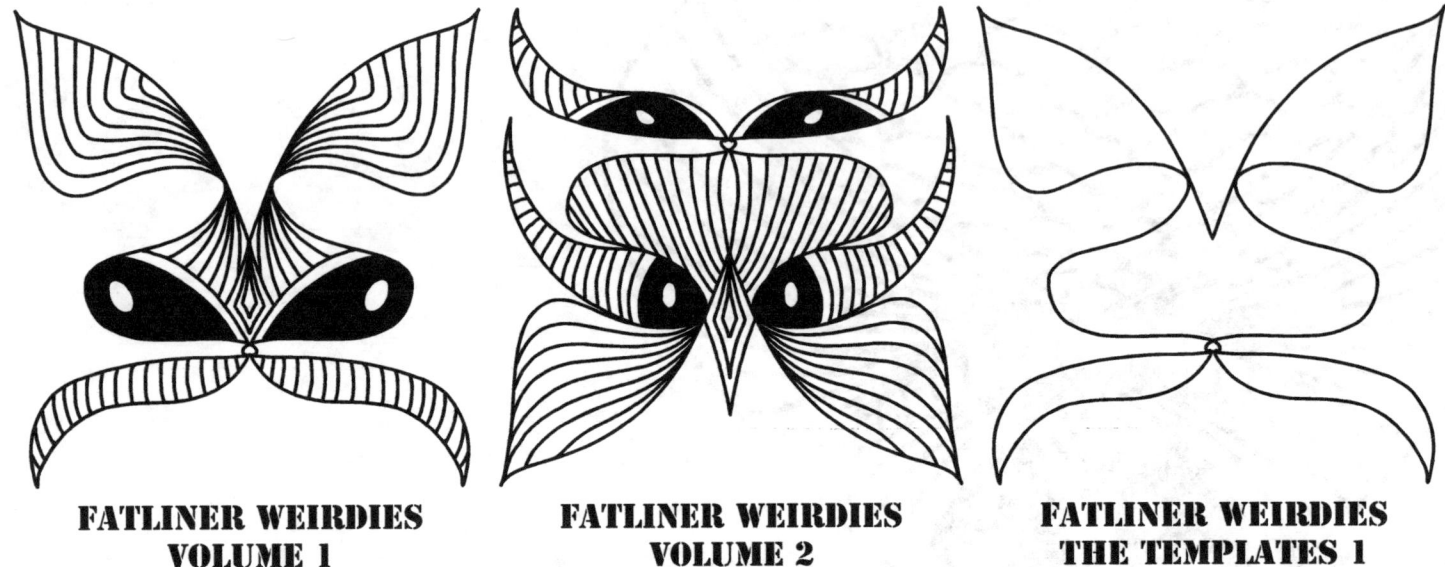

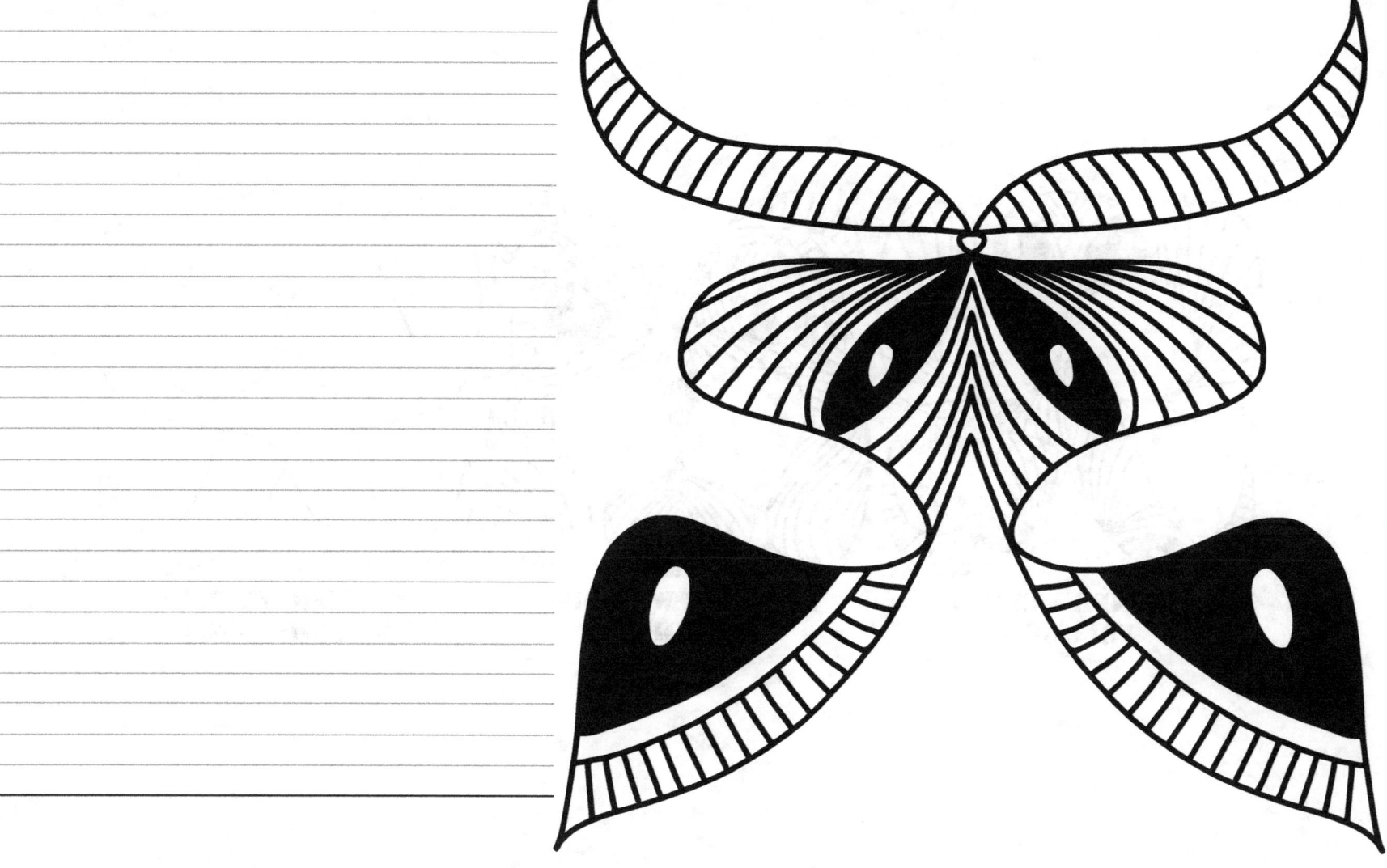

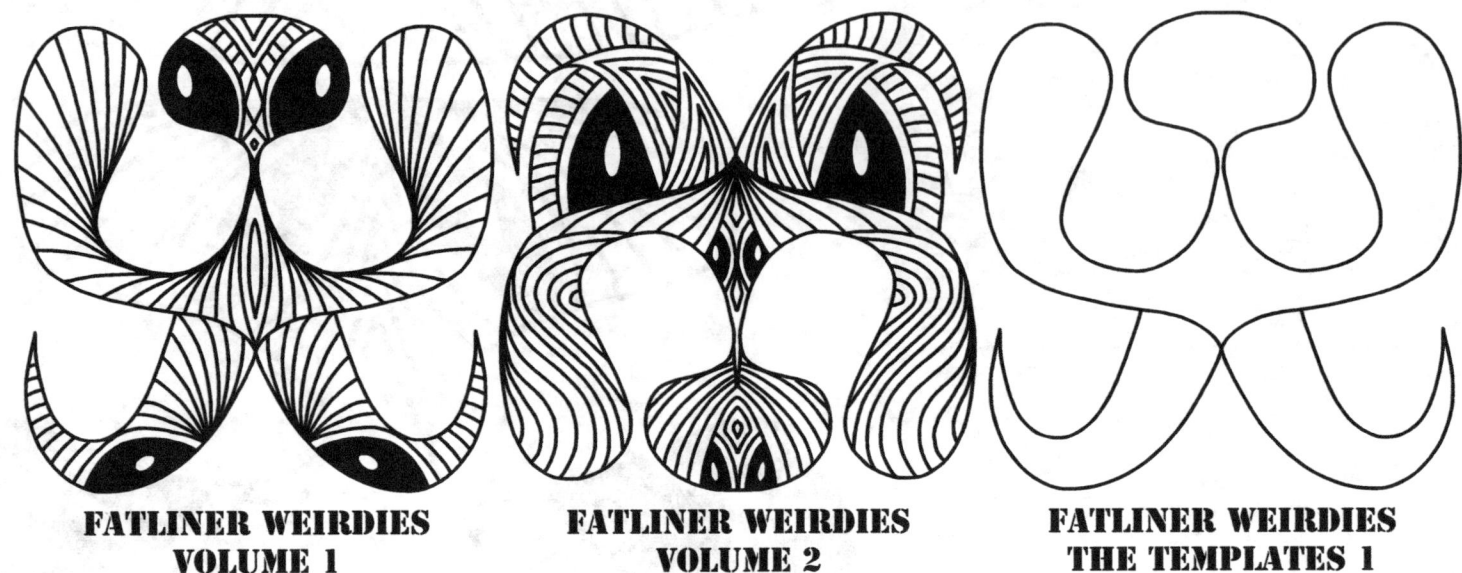

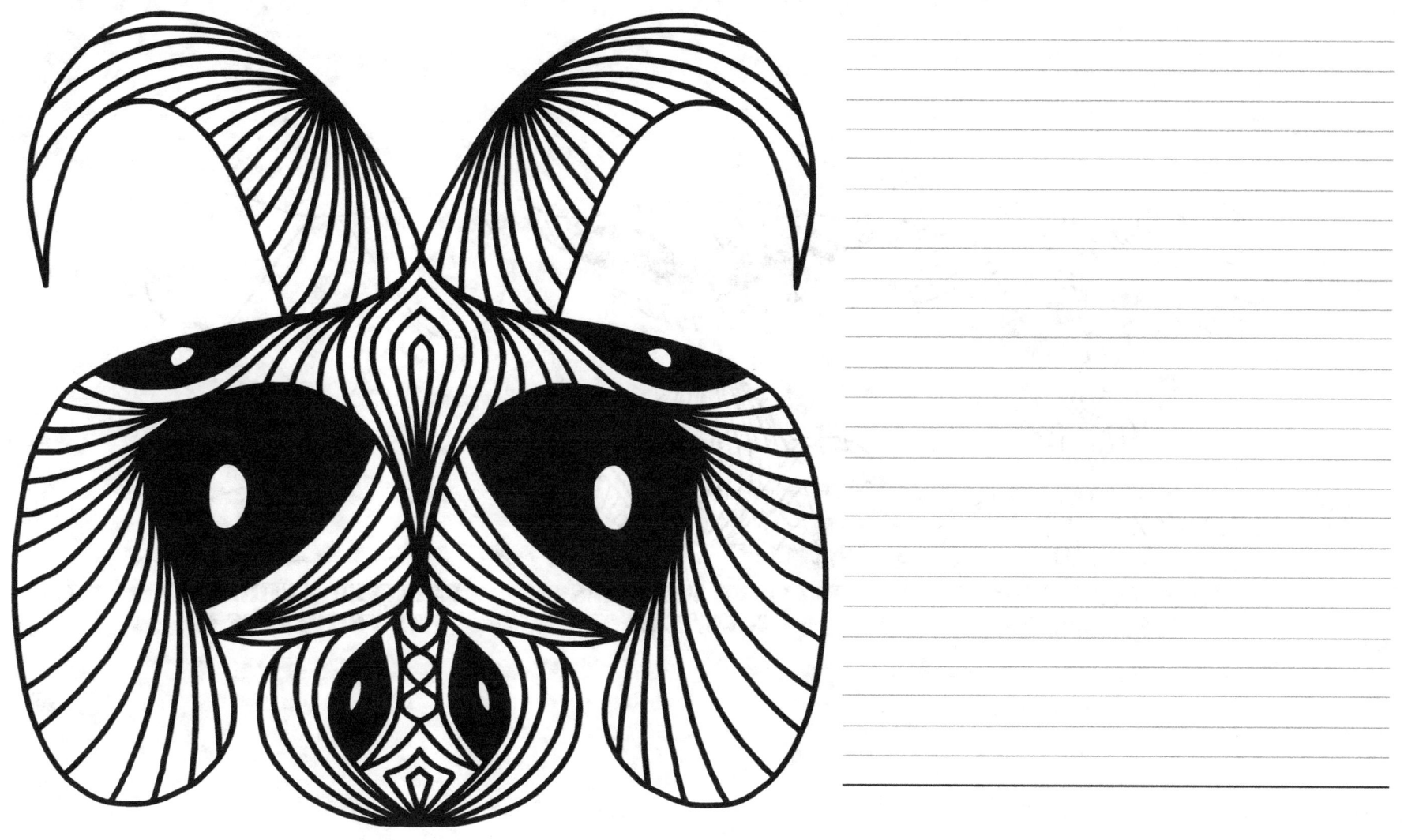

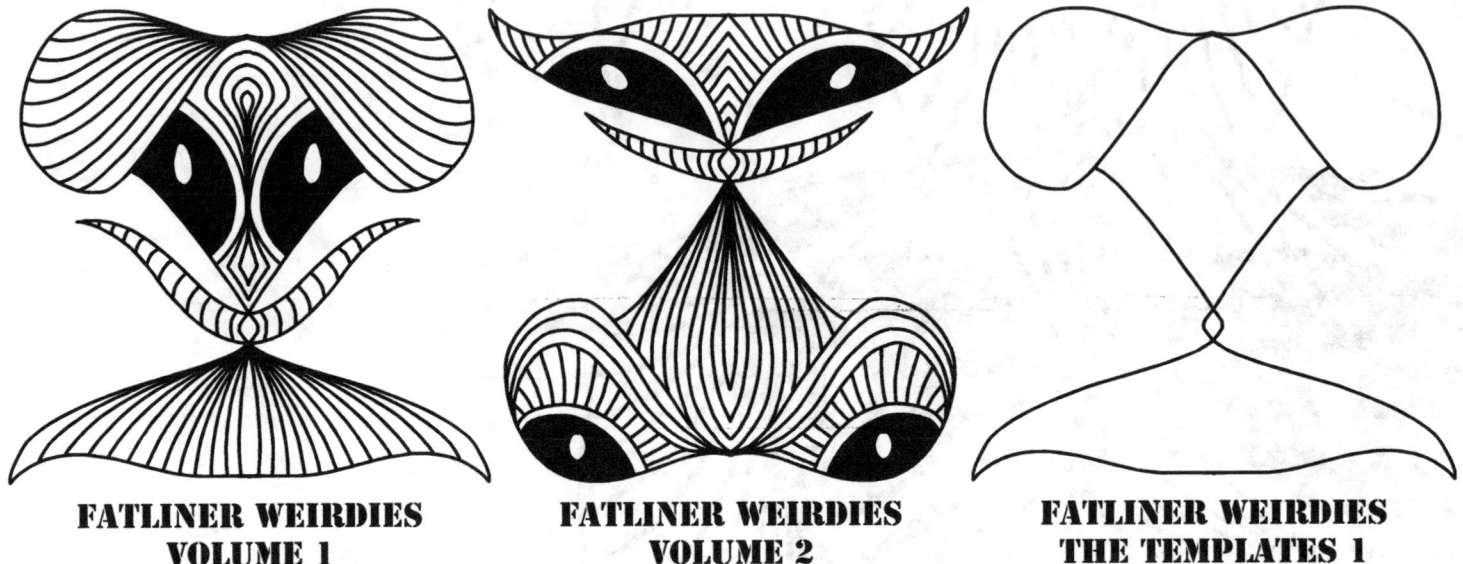

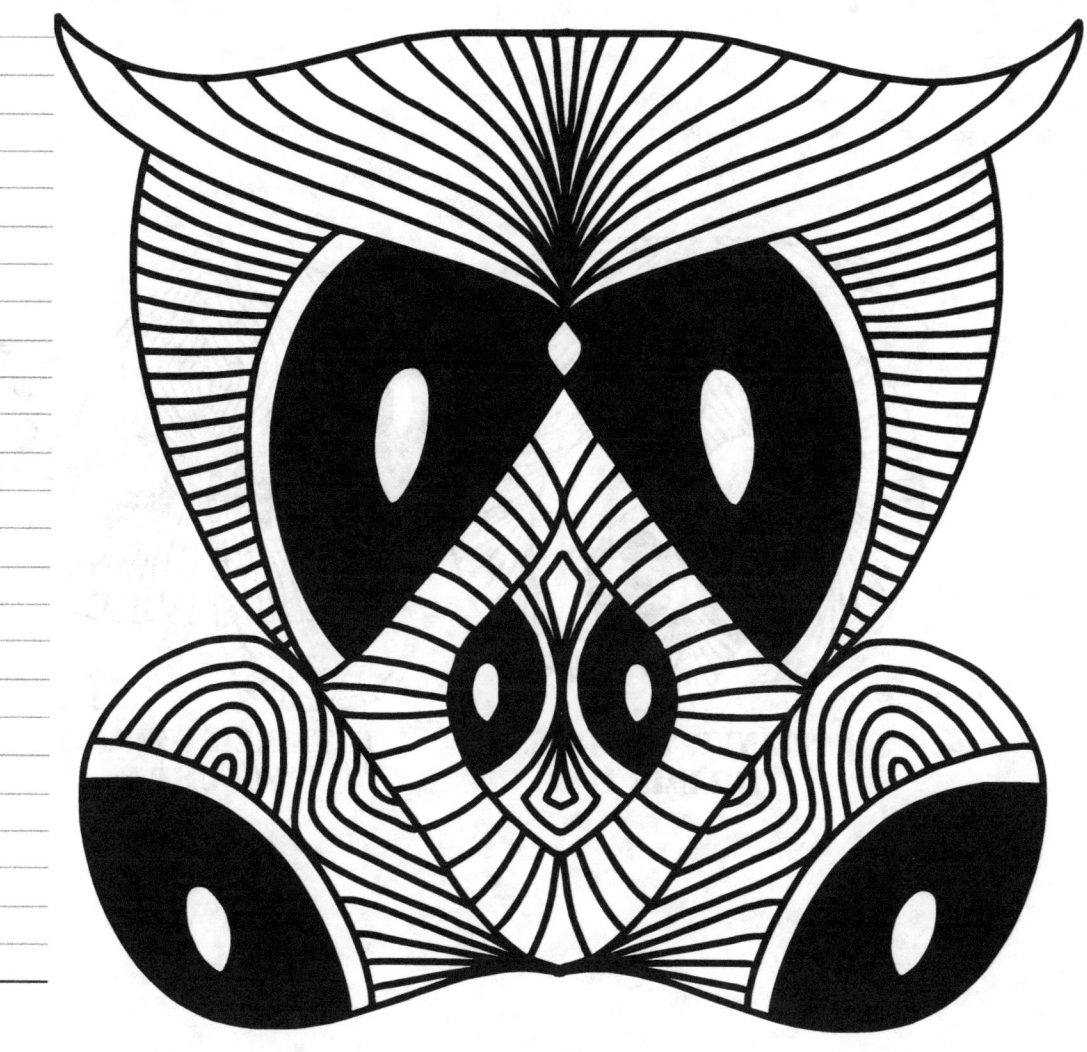

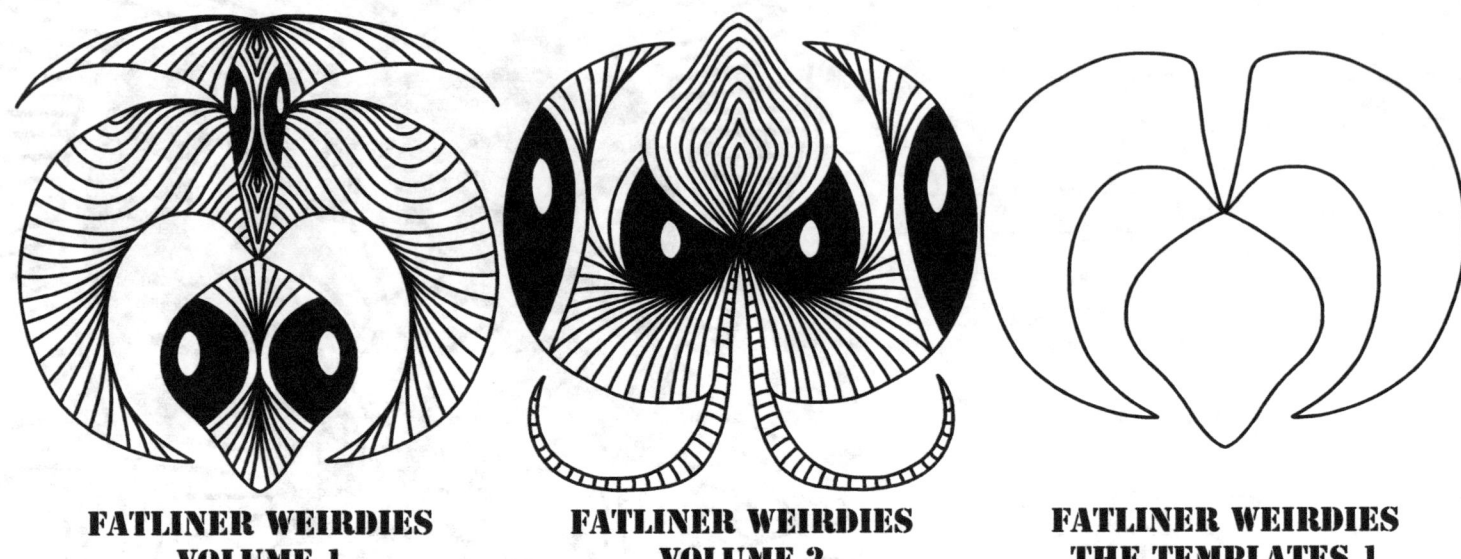

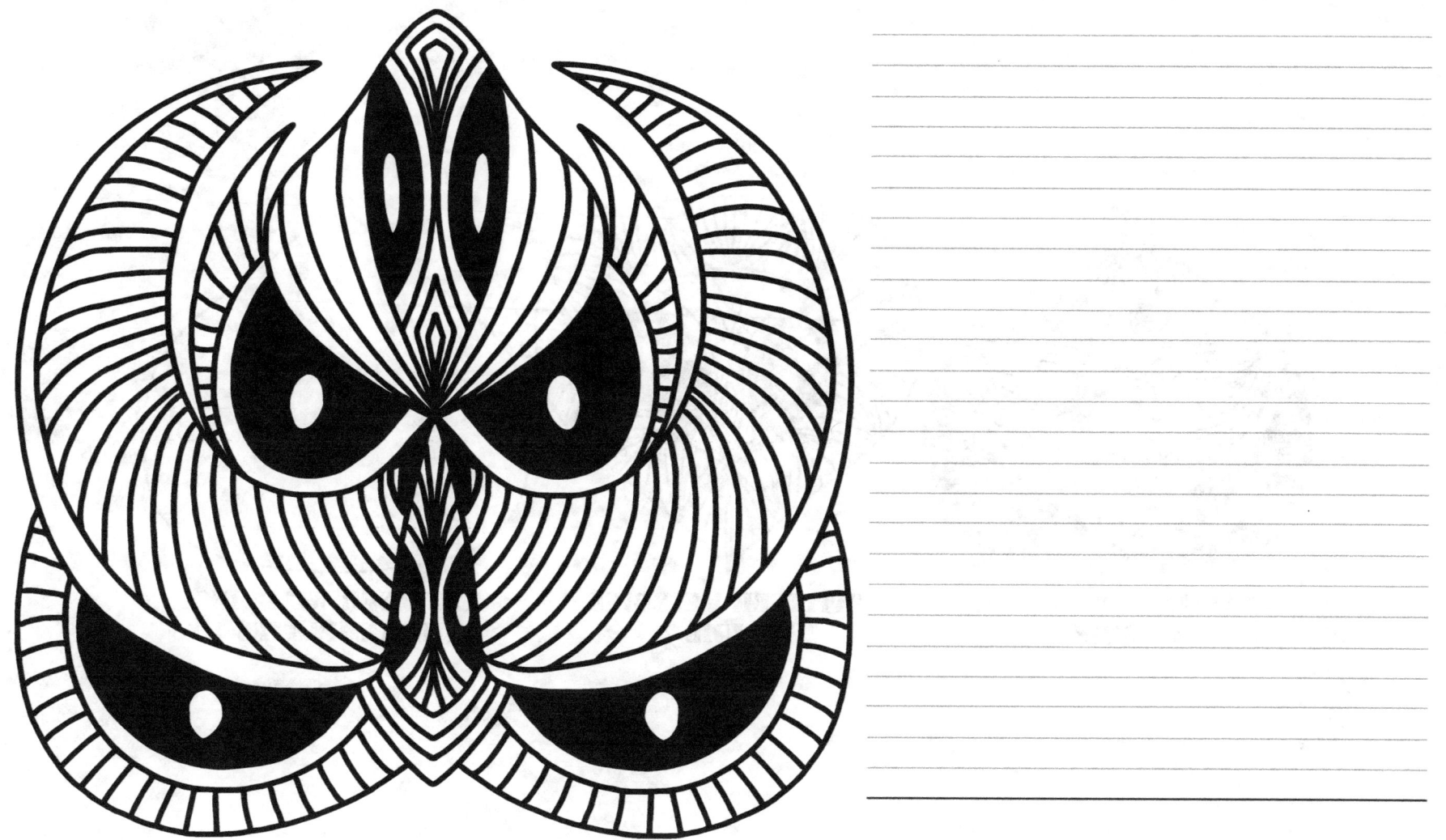

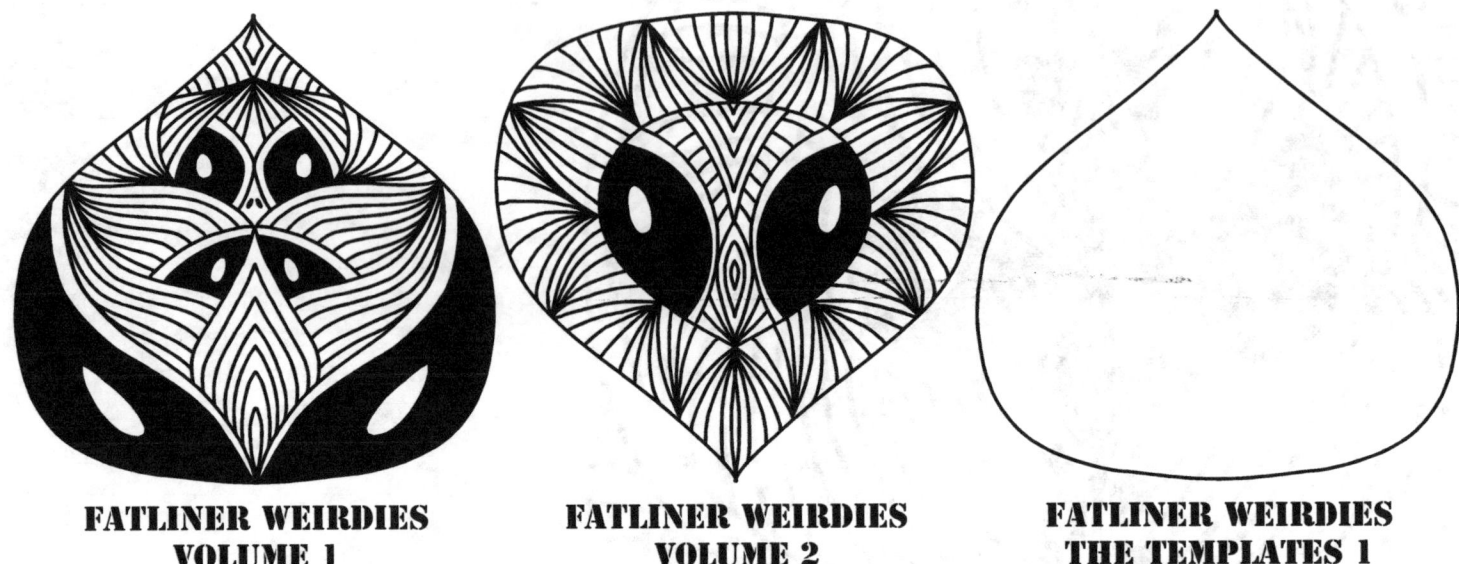

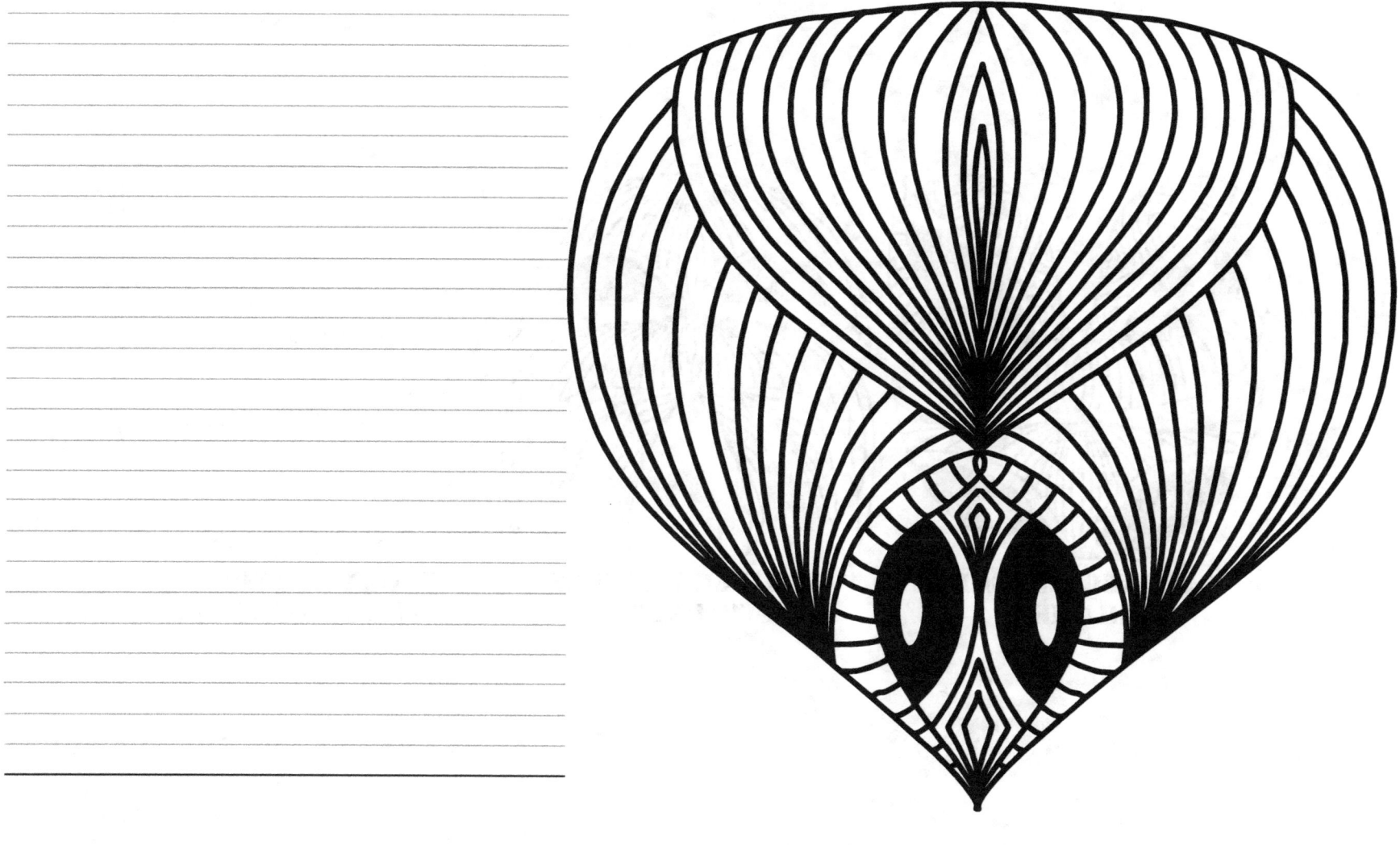

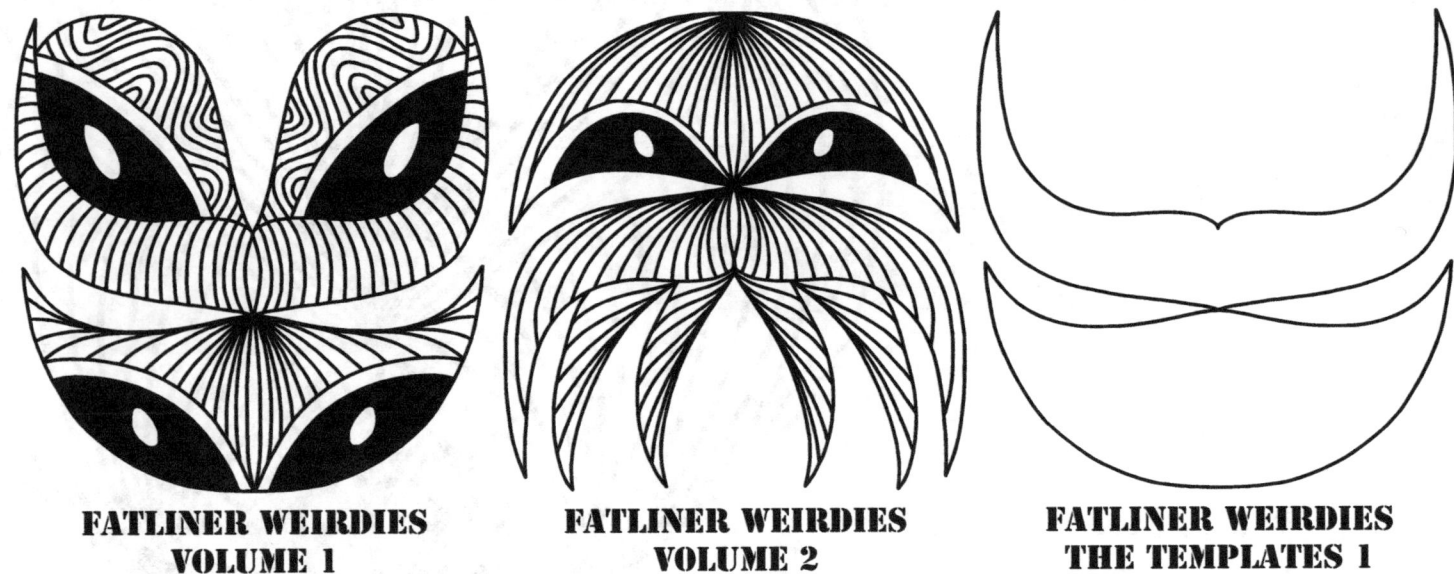

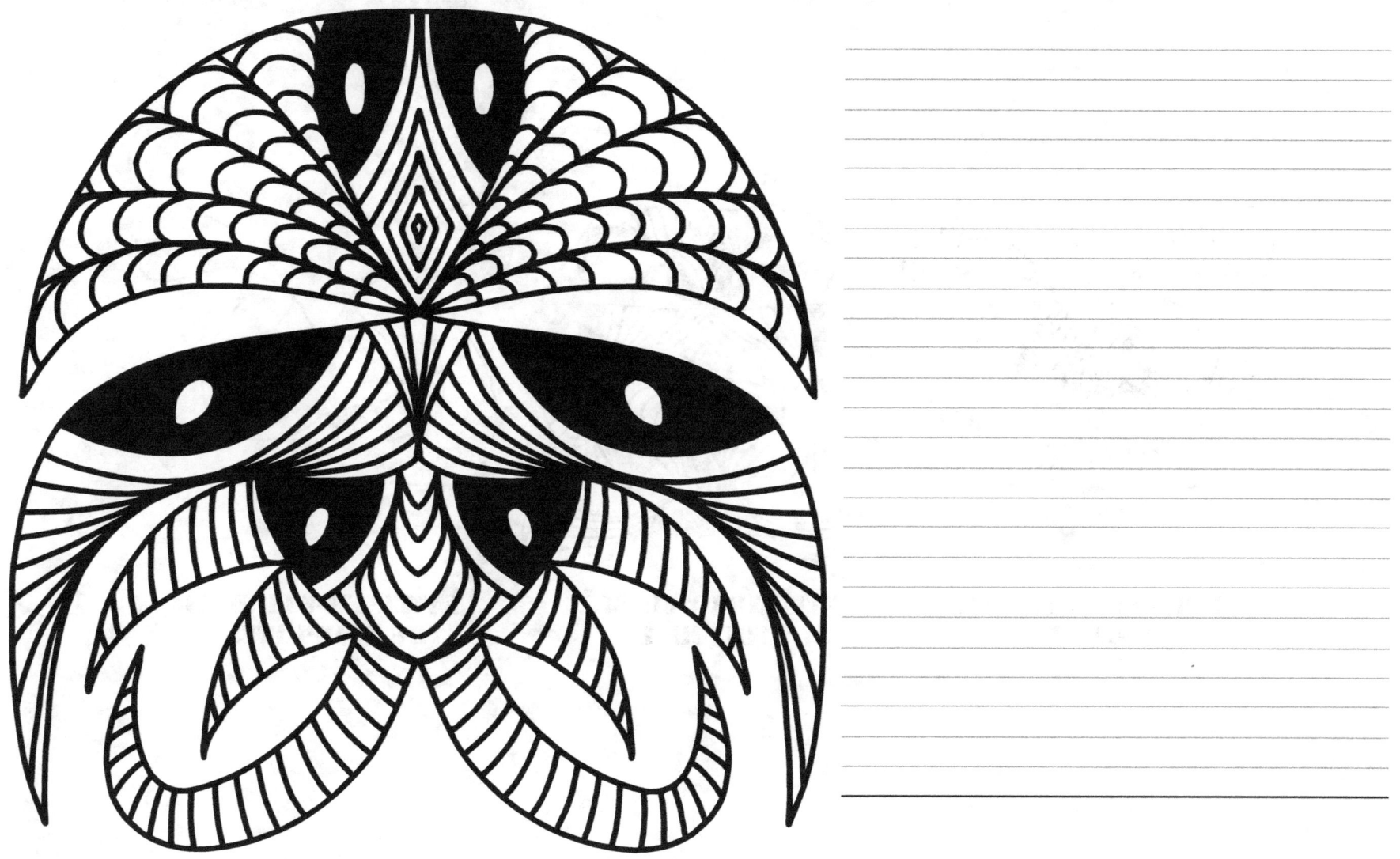

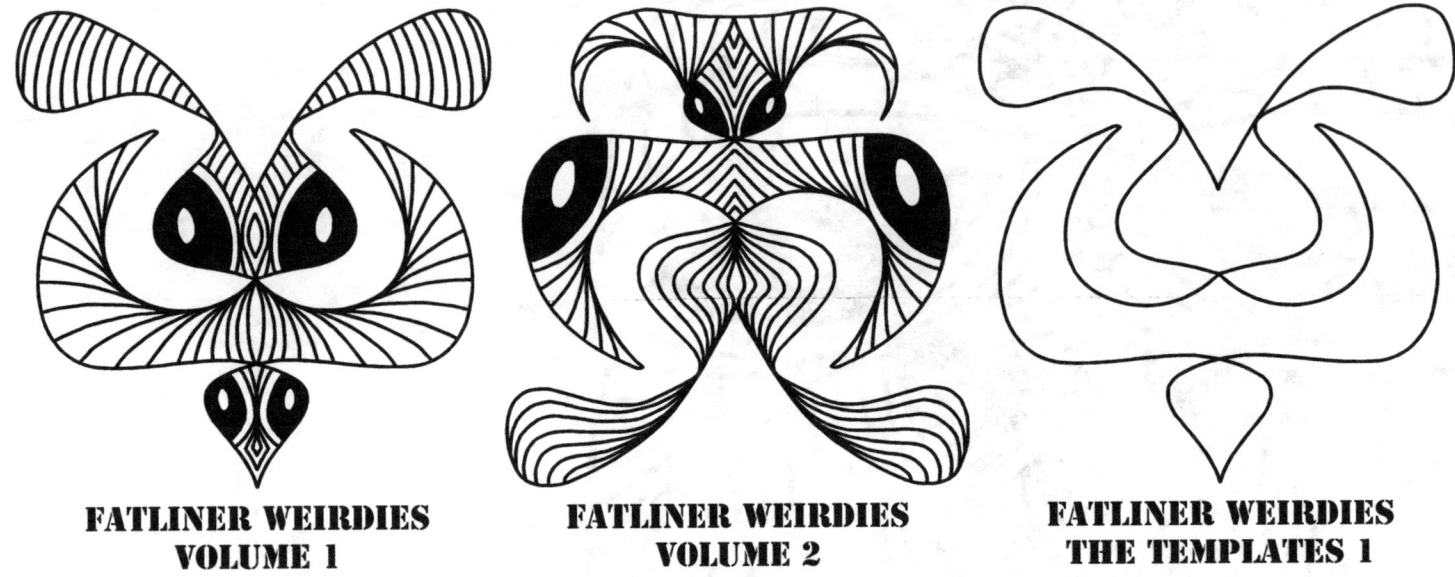

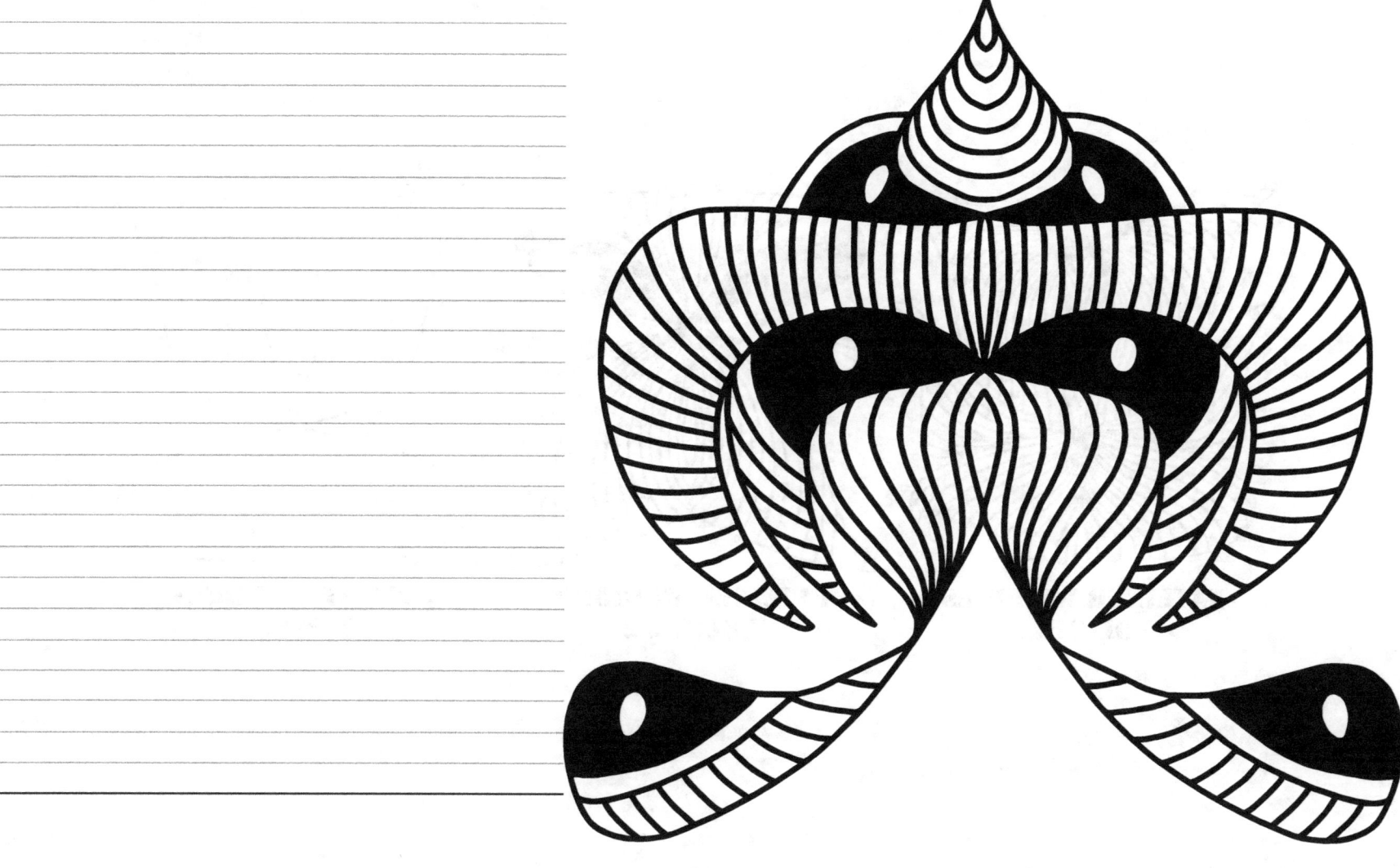

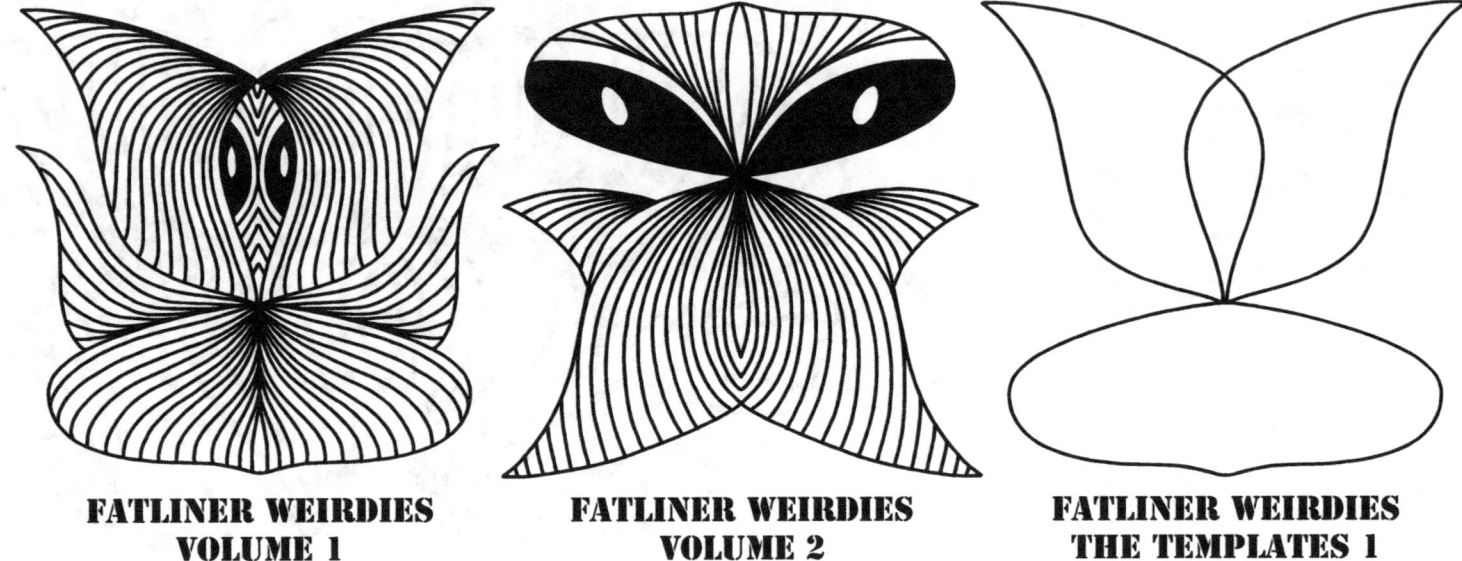

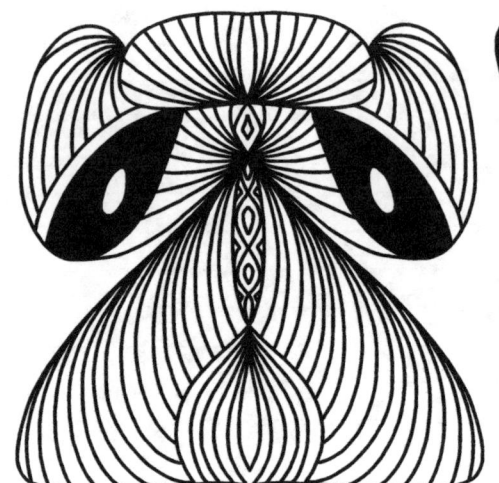

FATLINER WEIRDIES VOLUME 1

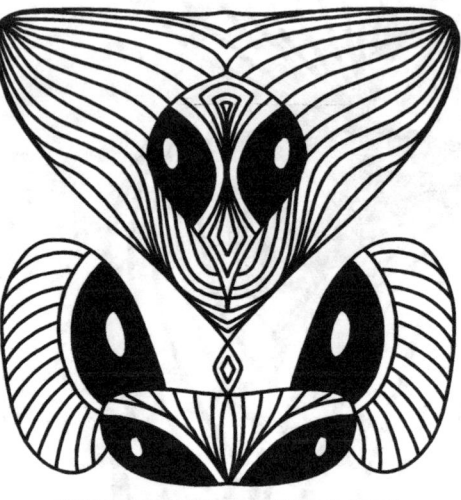

FATLINER WEIRDIES VOLUME 2

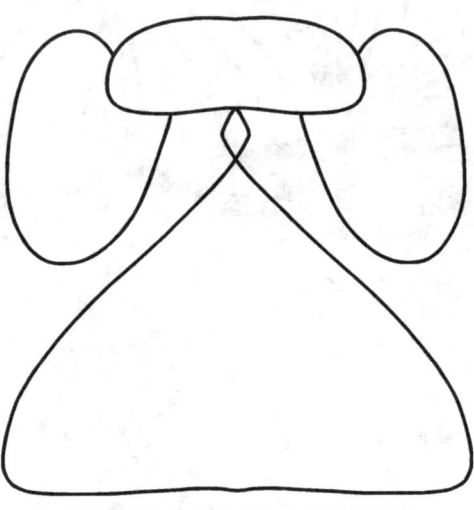

FATLINER WEIRDIES THE TEMPLATES 1

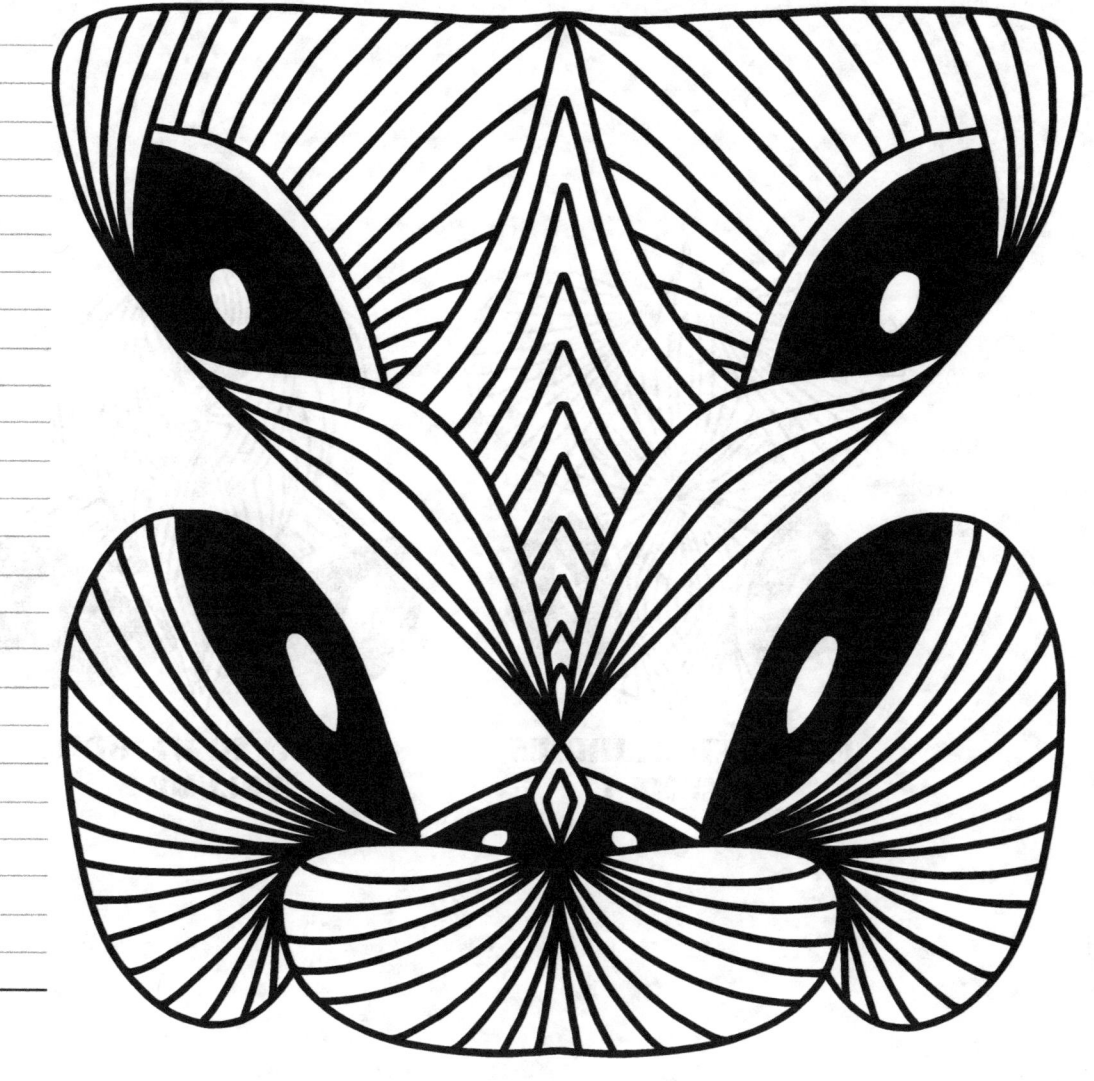

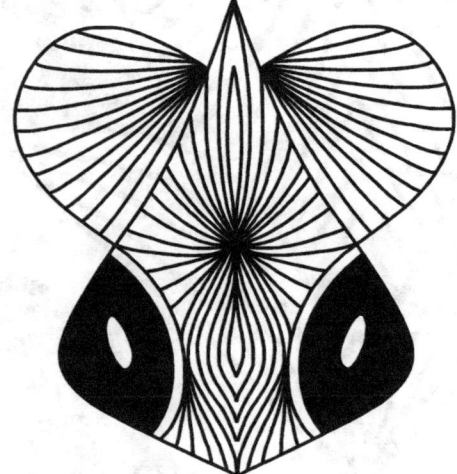
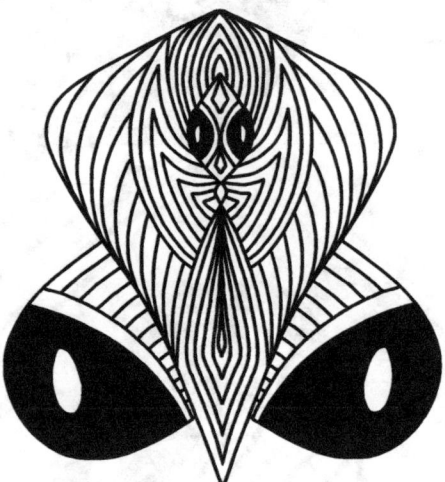
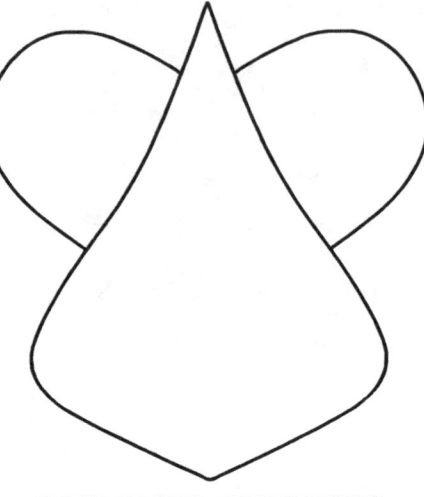

FATLINER WEIRDIES VOLUME 1   **FATLINER WEIRDIES VOLUME 2**   **FATLINER WEIRDIES THE TEMPLATES 1**

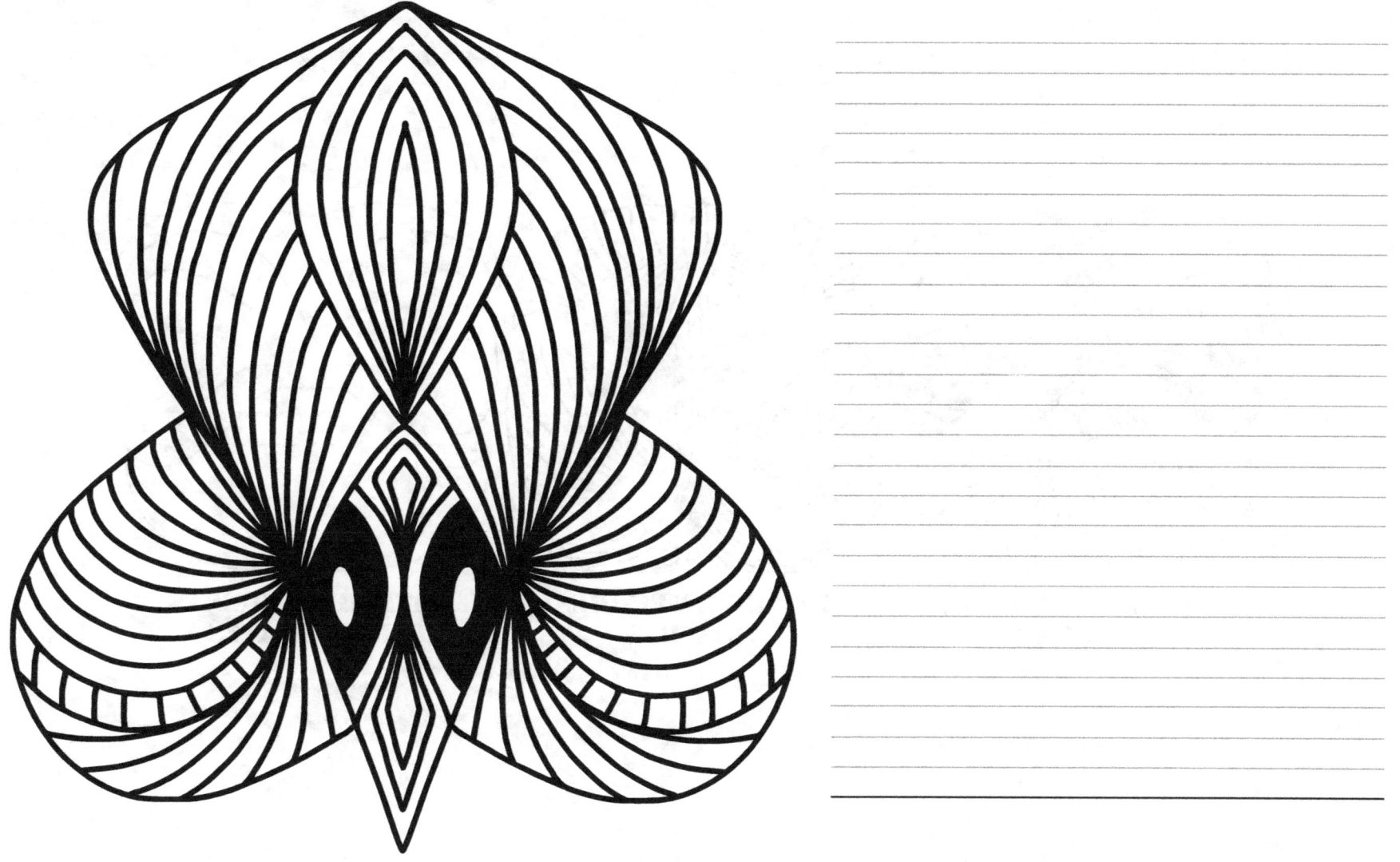

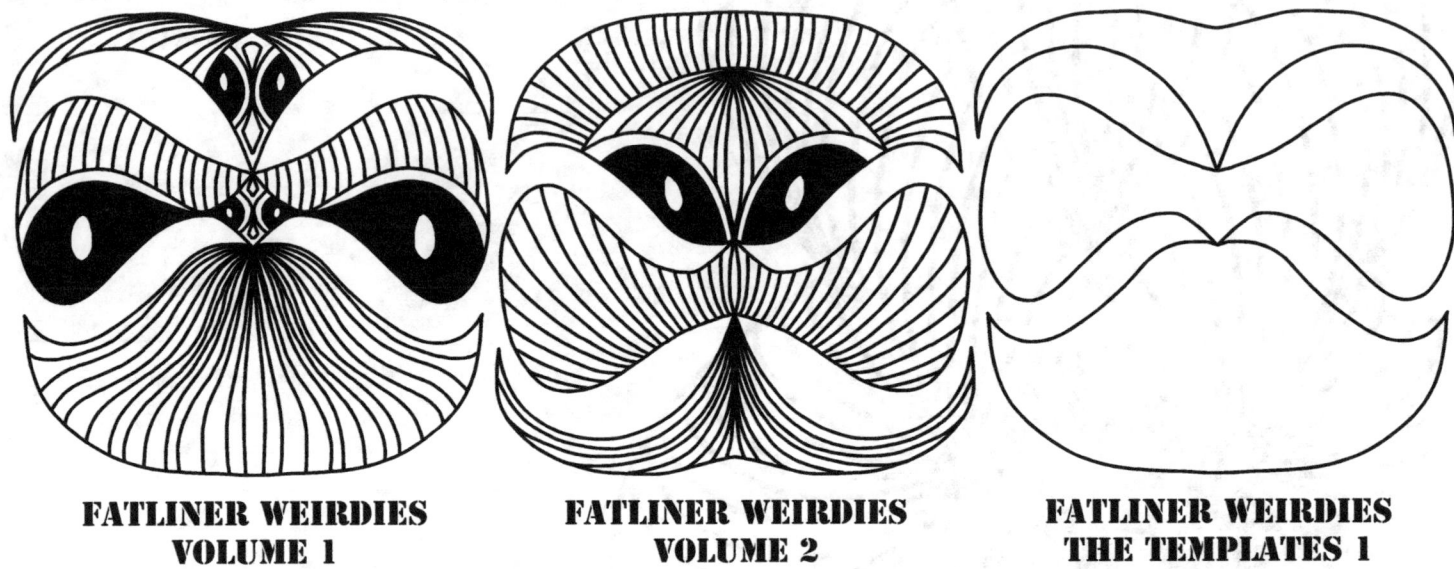

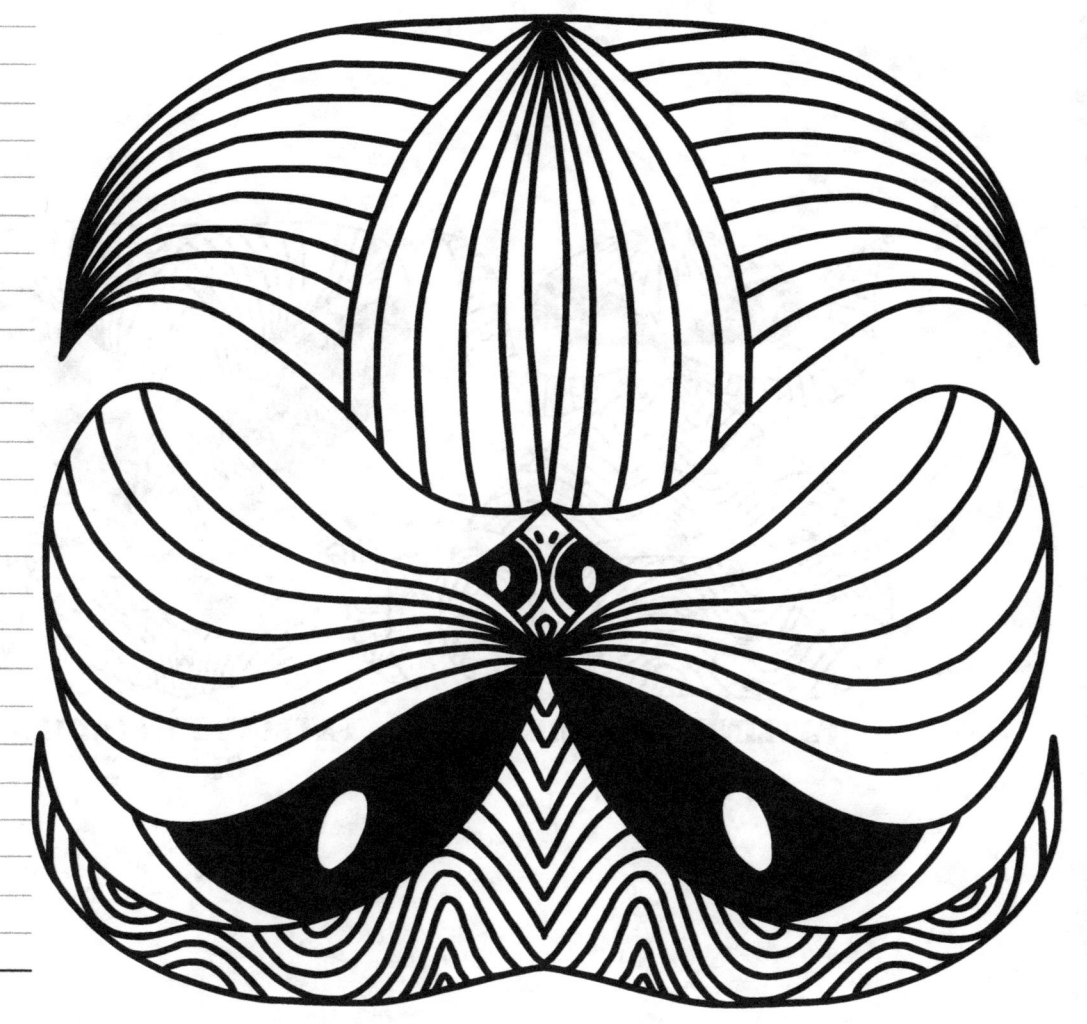

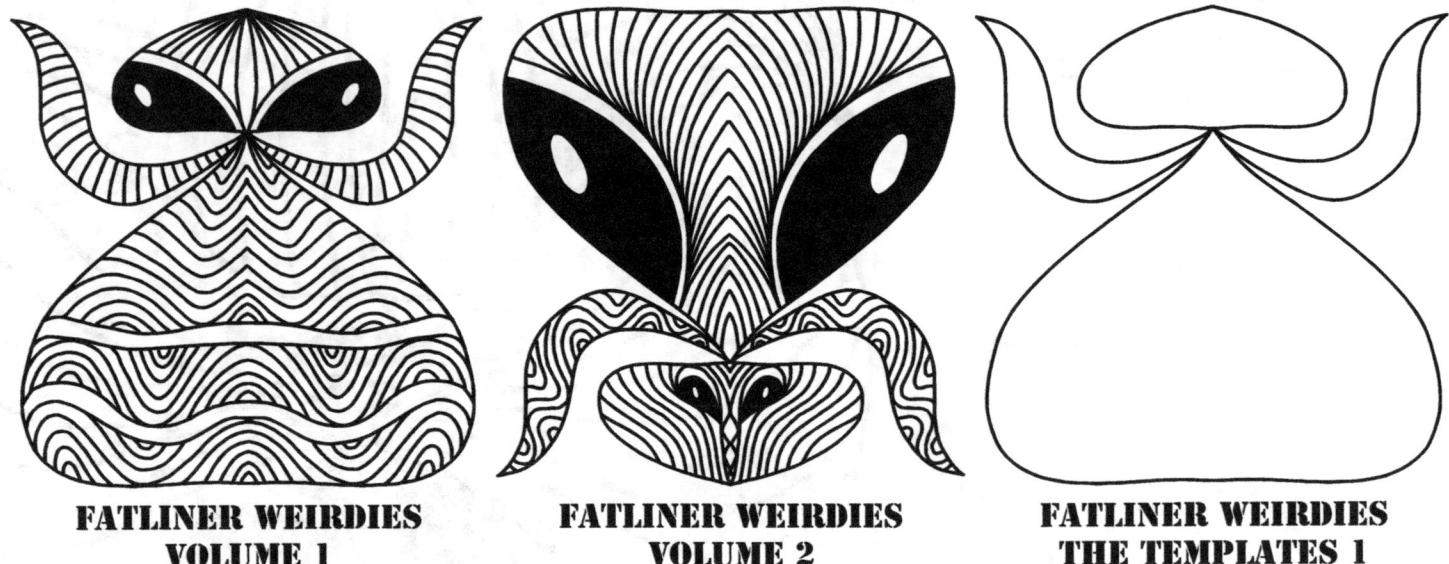

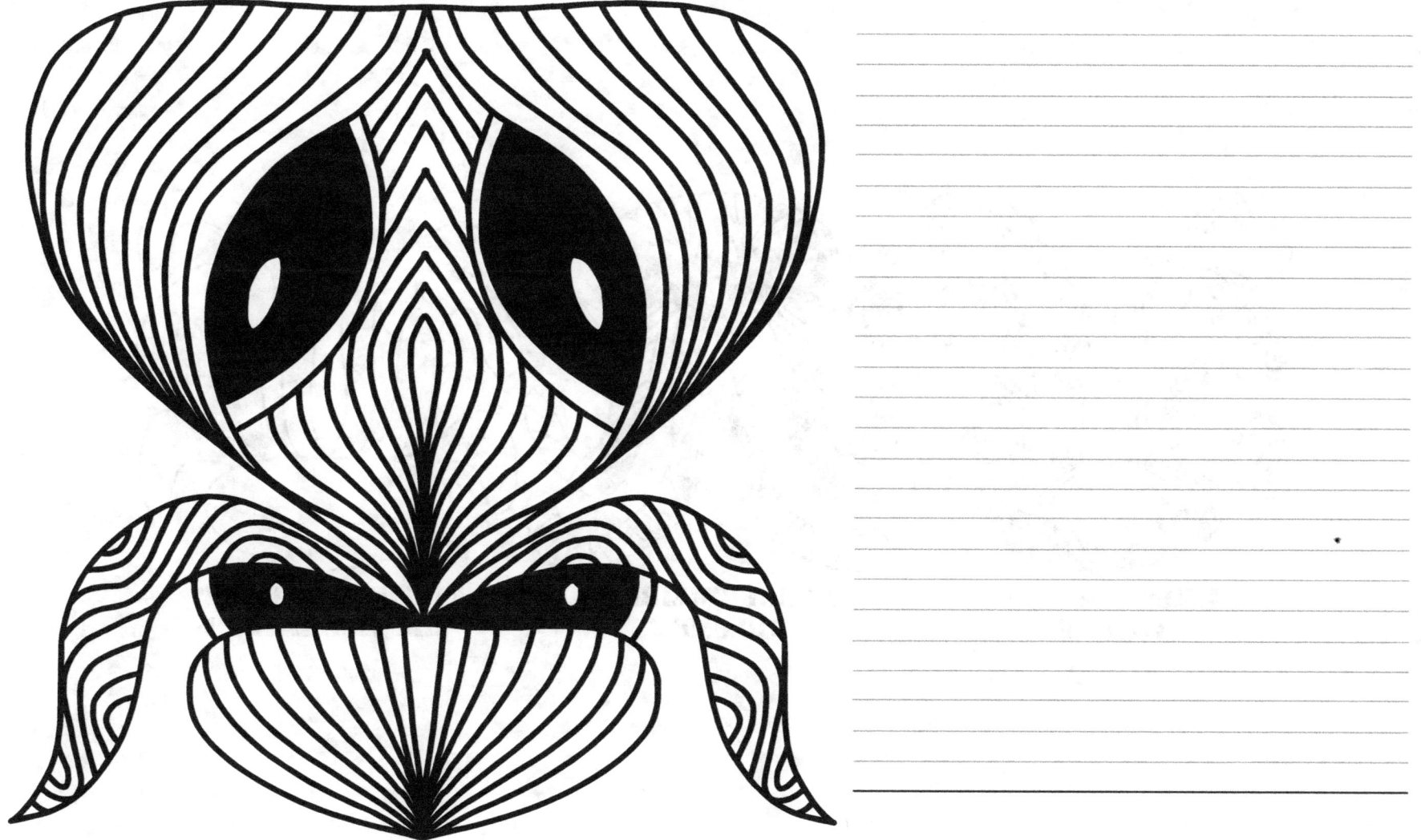

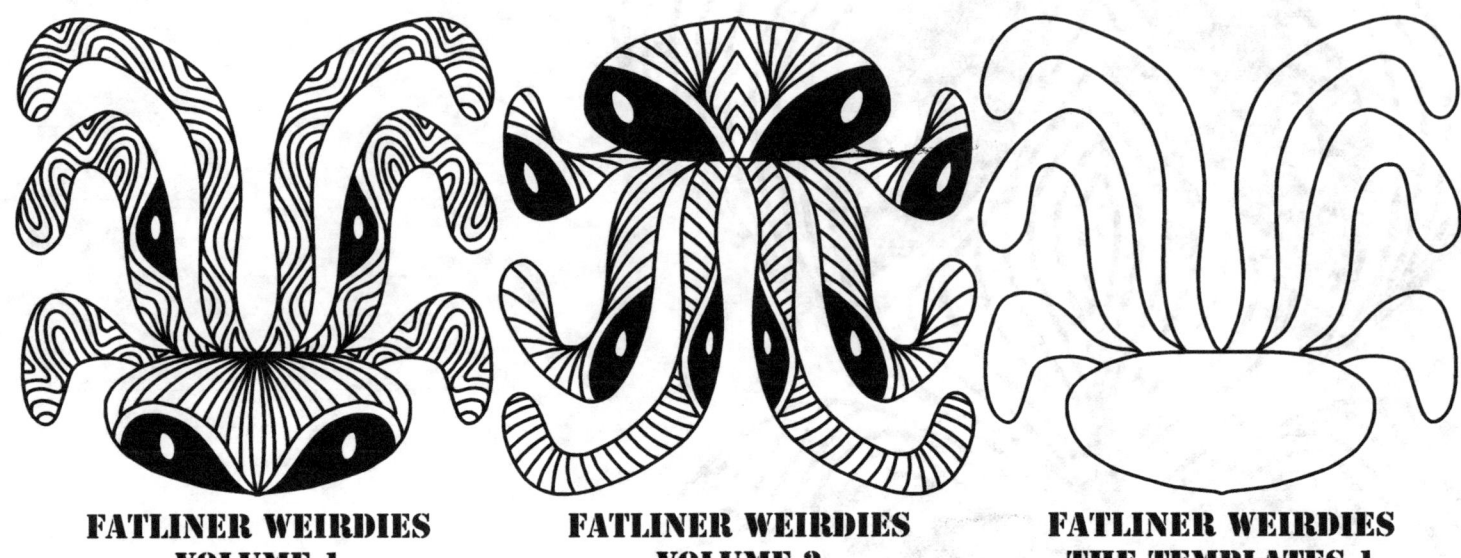

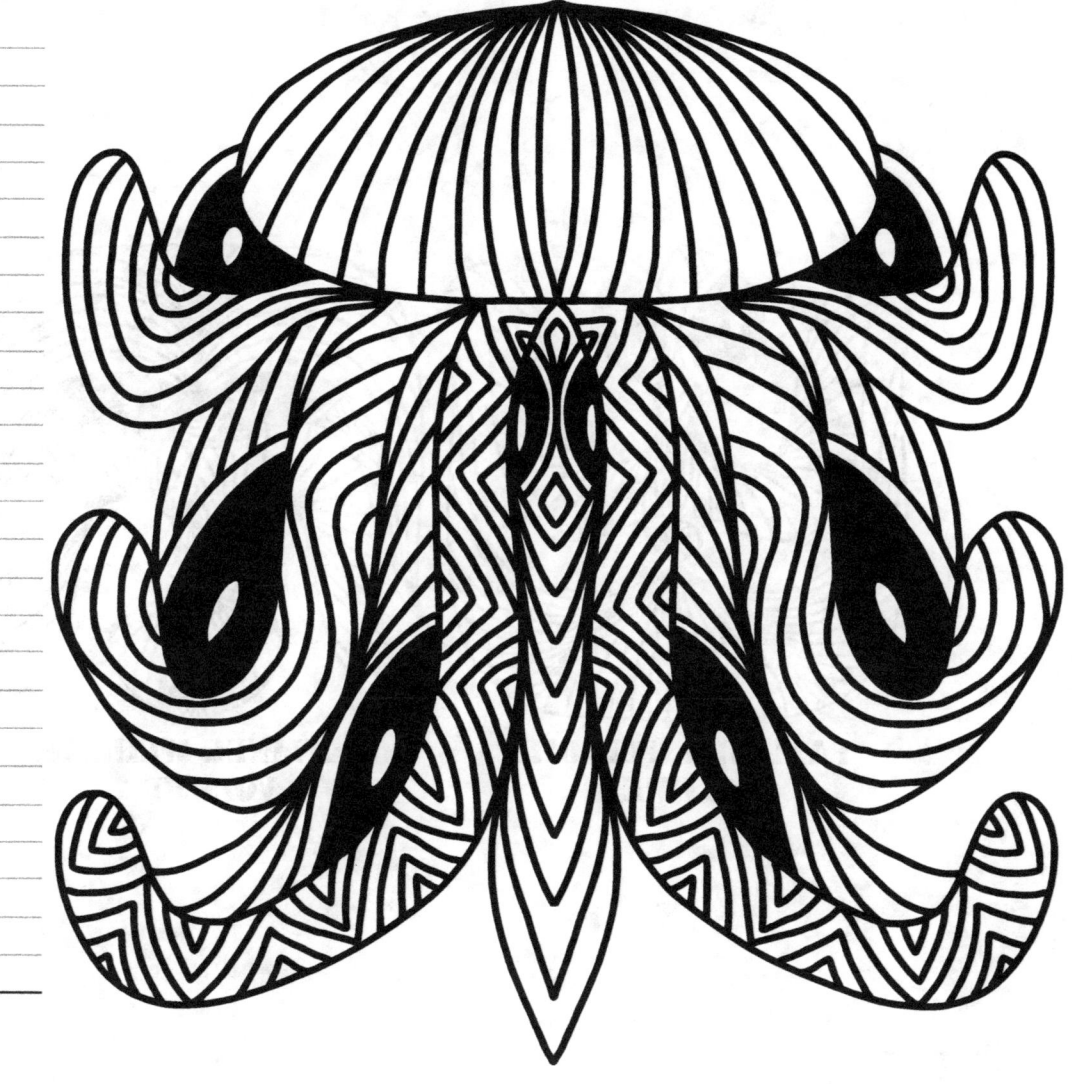

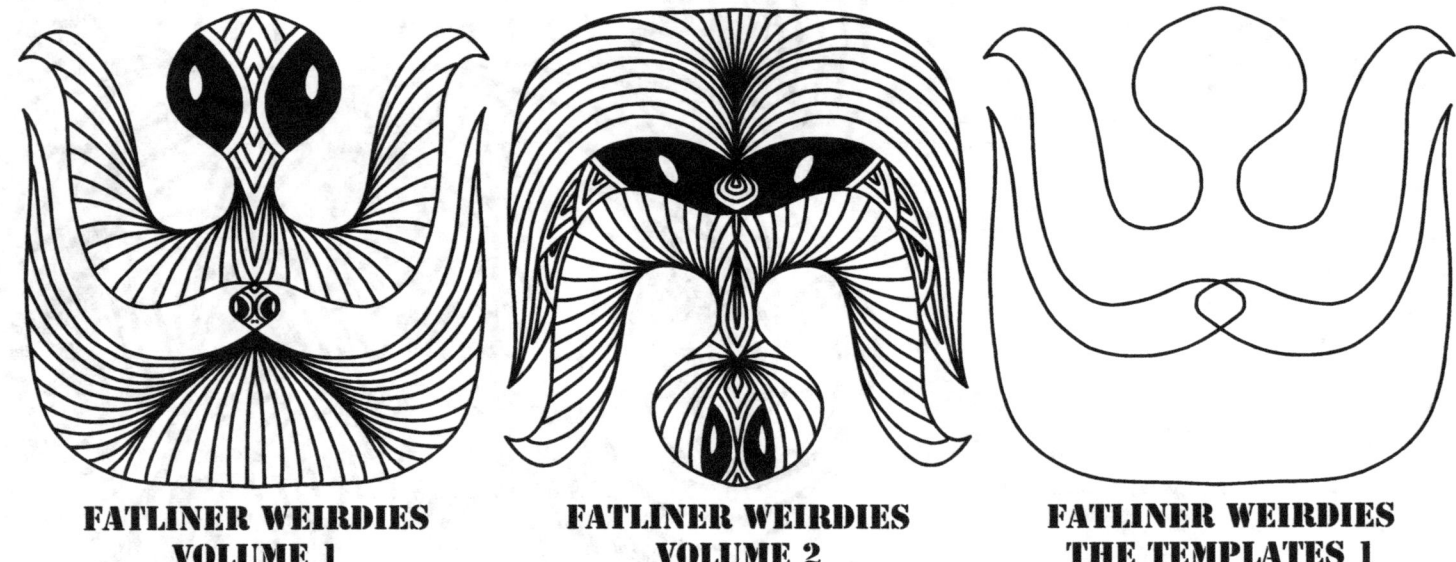

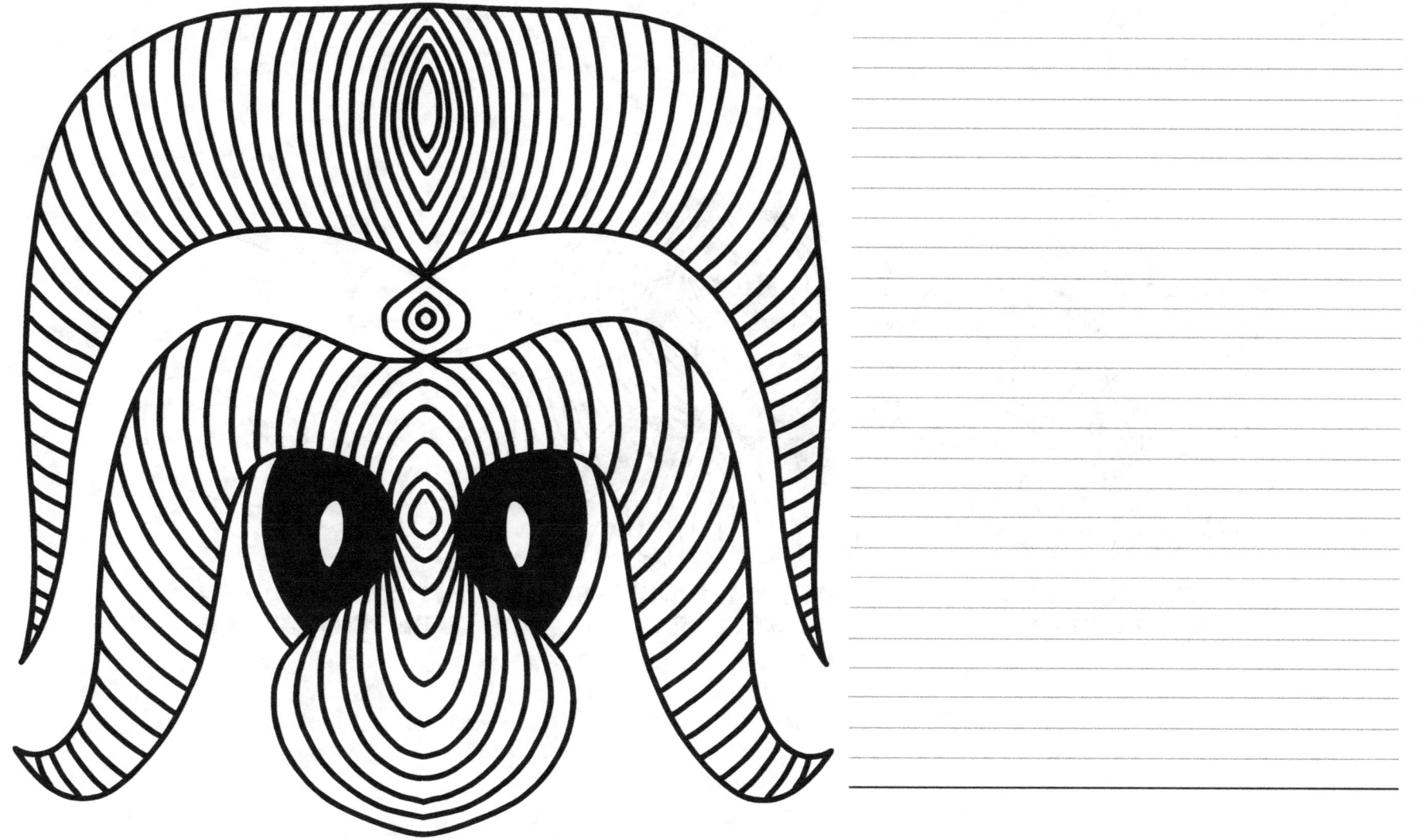

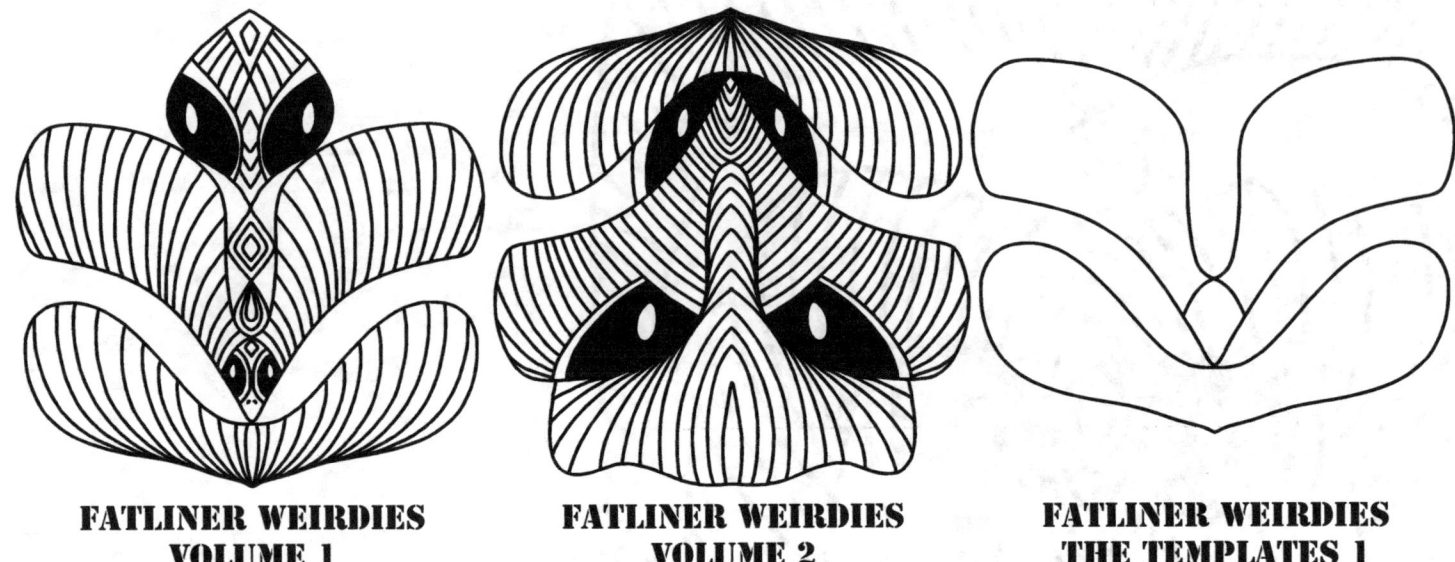

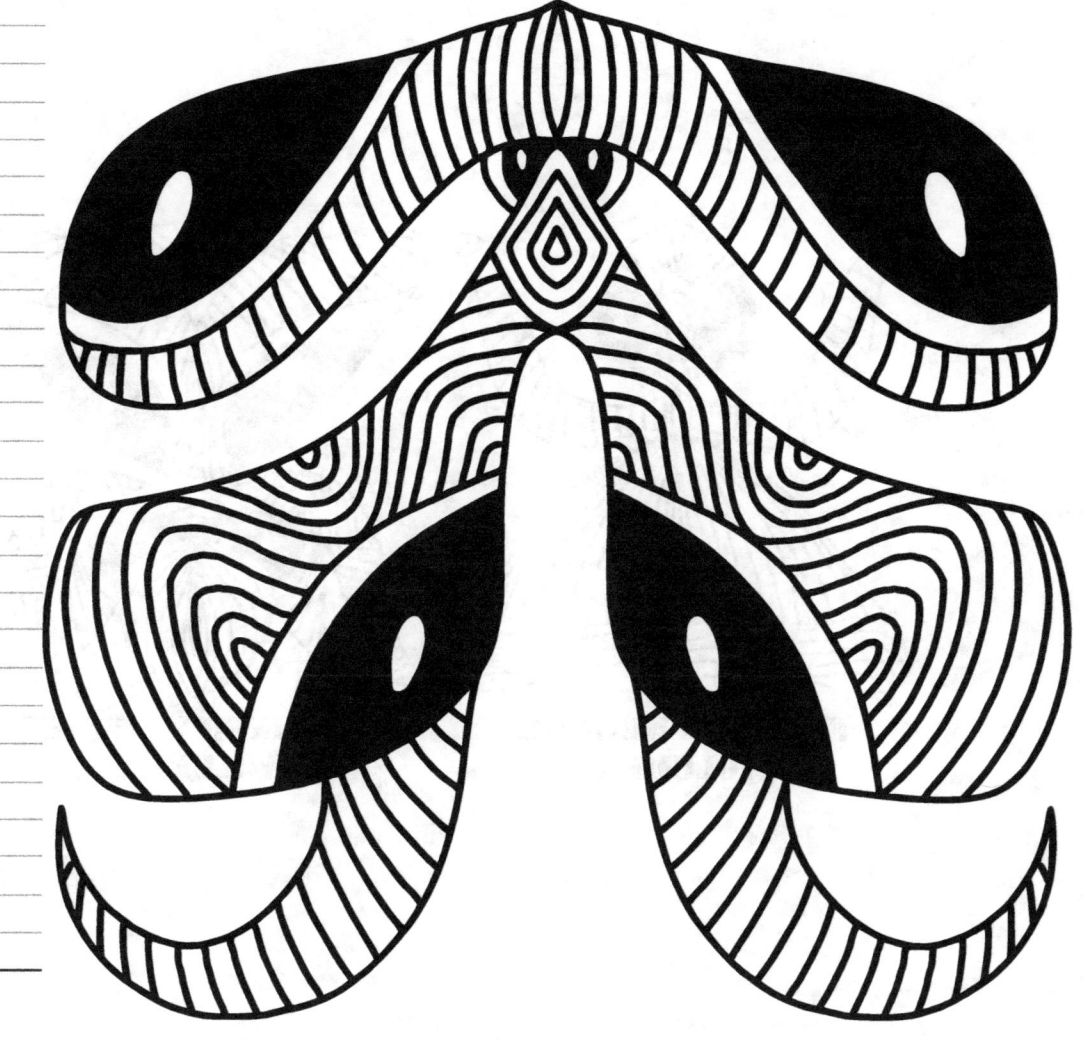

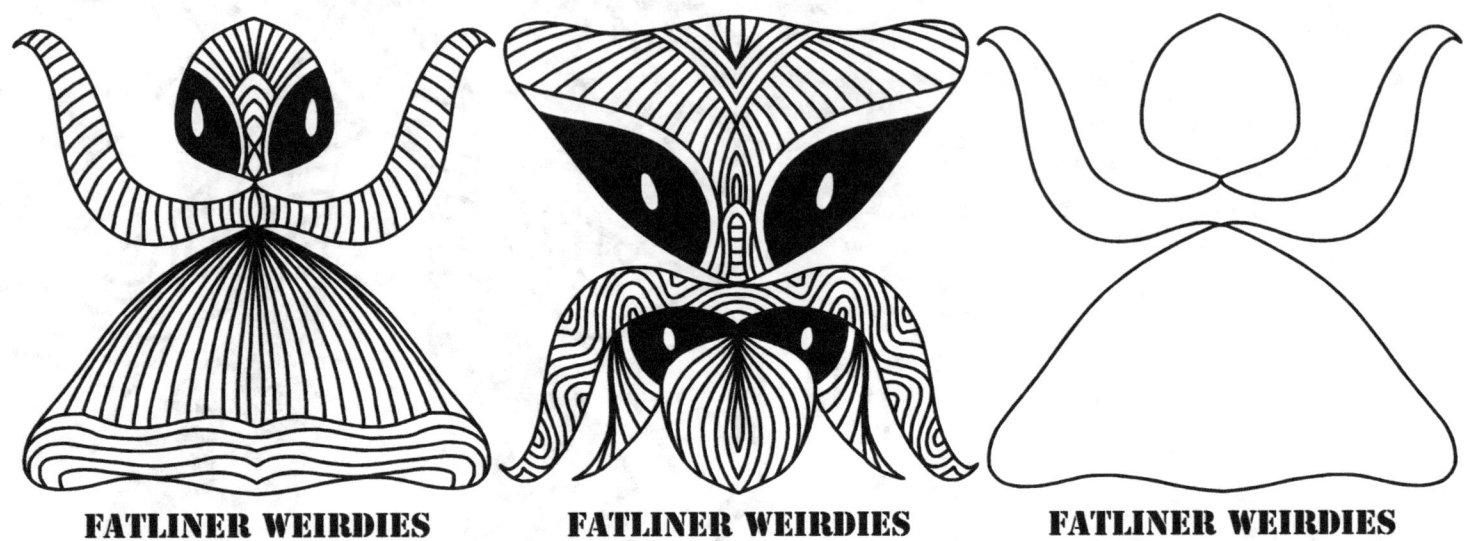

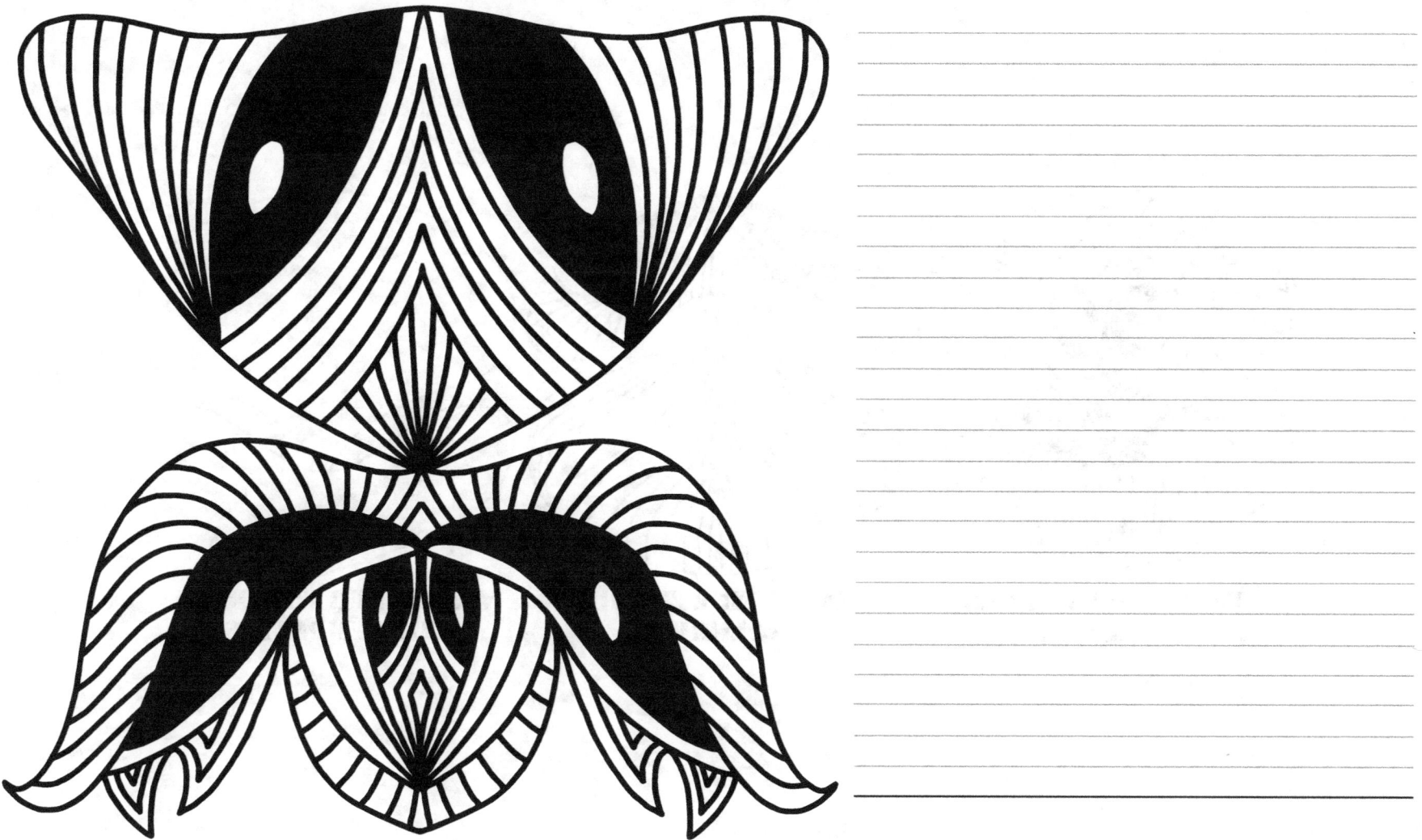

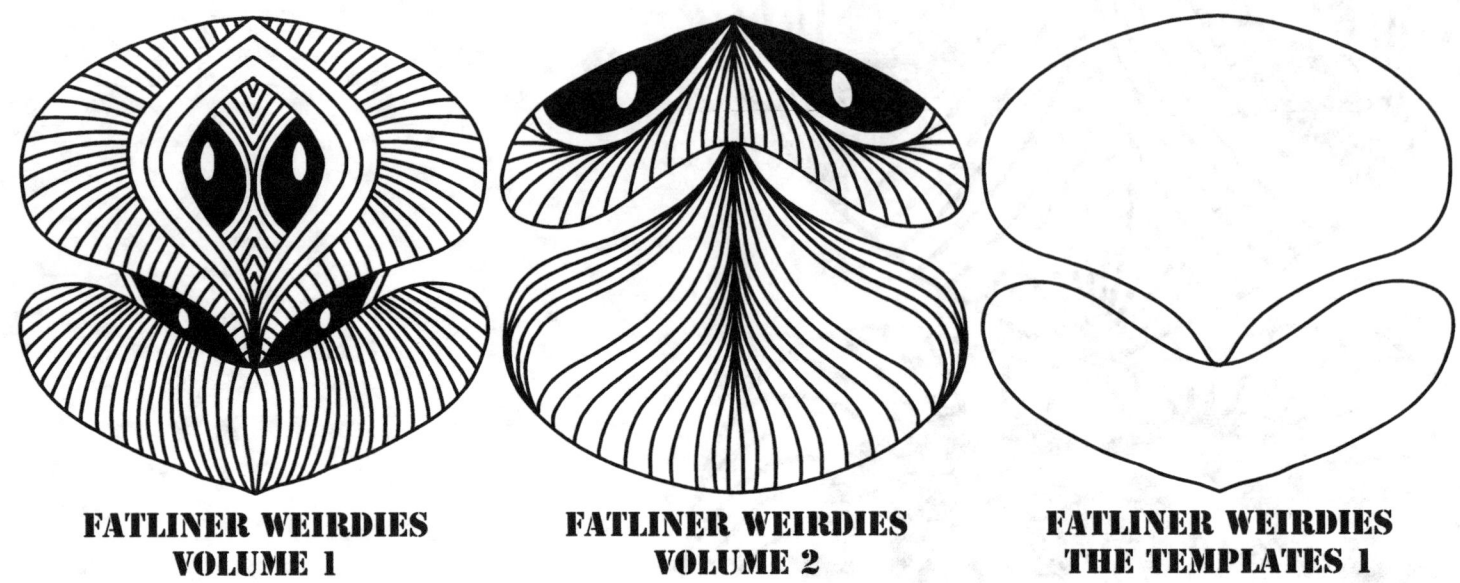

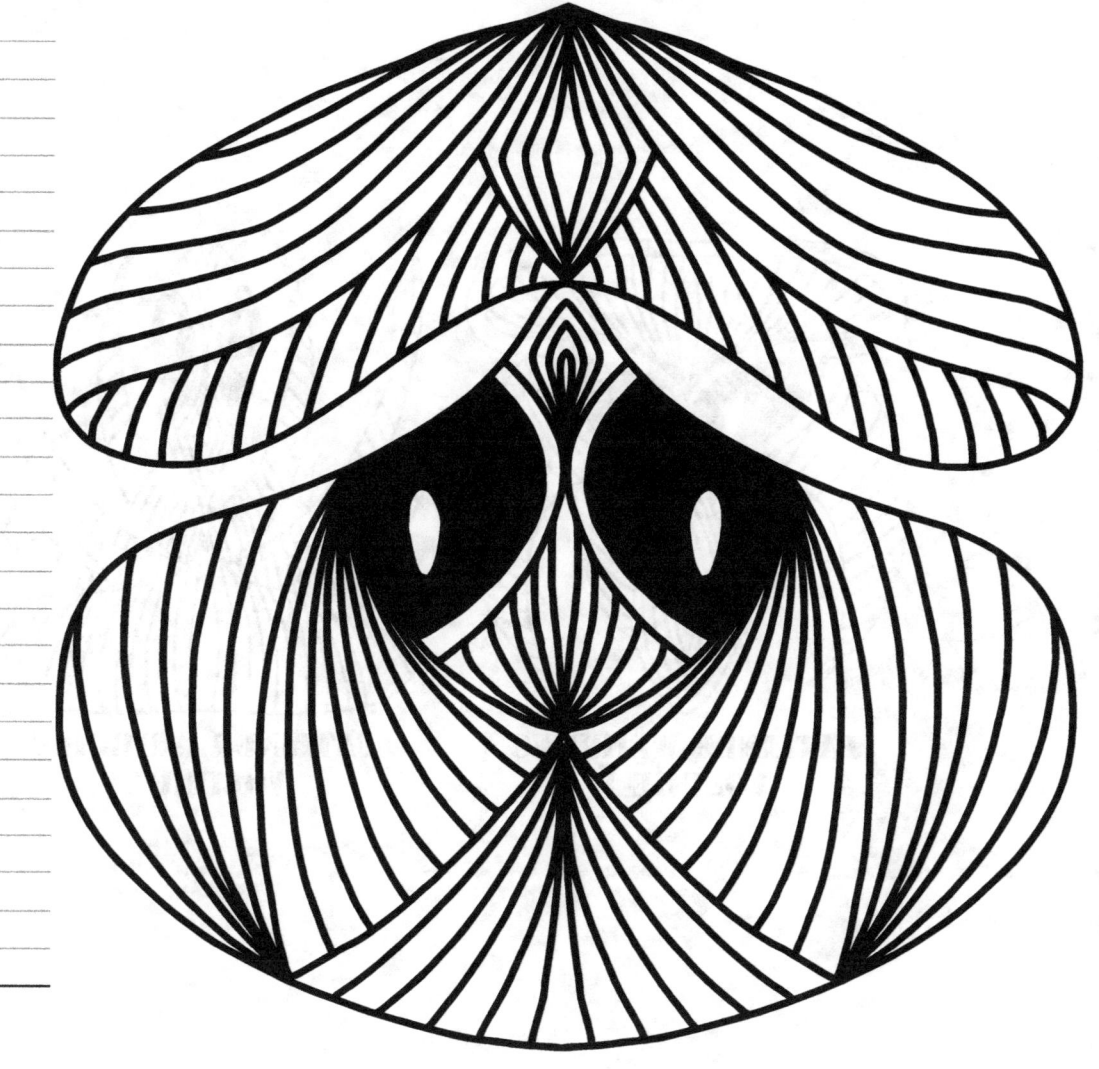

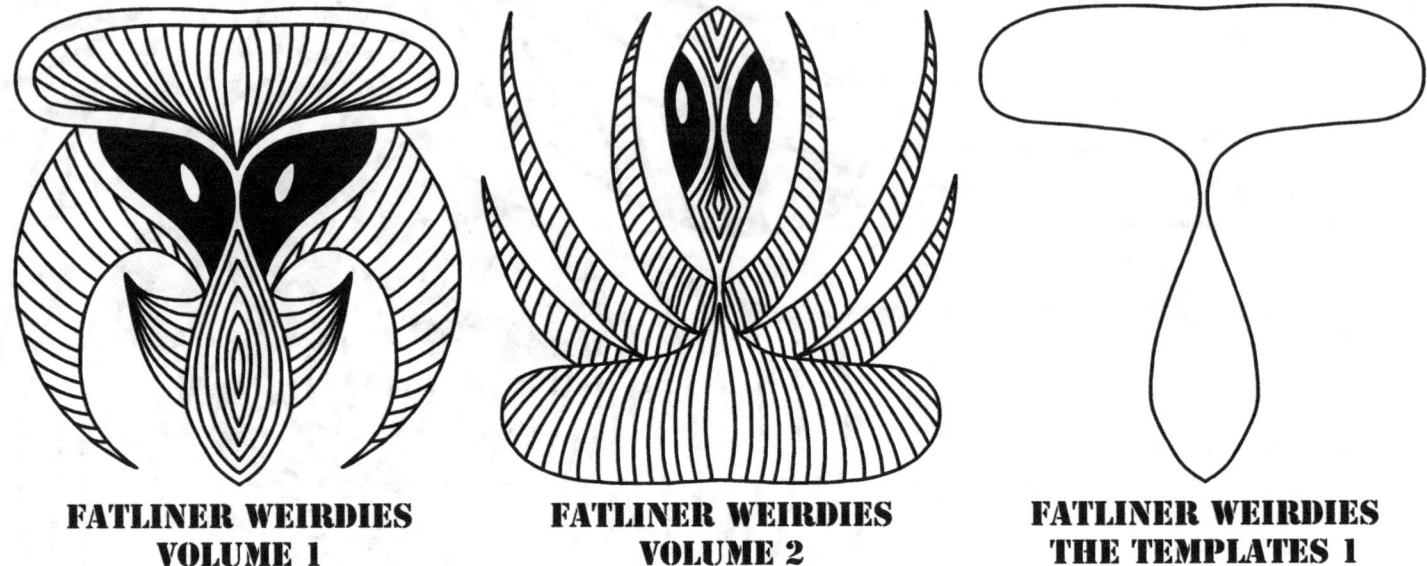

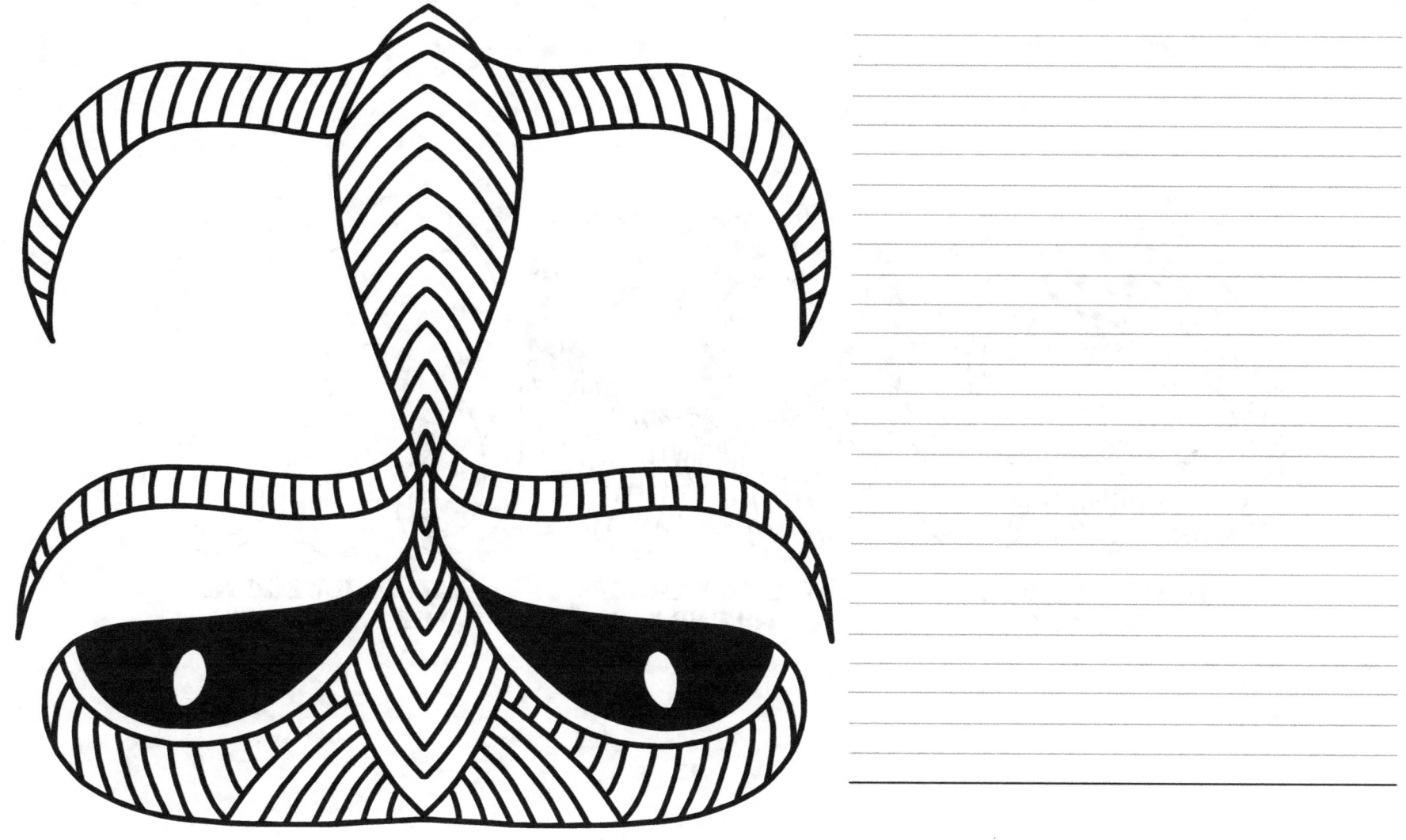

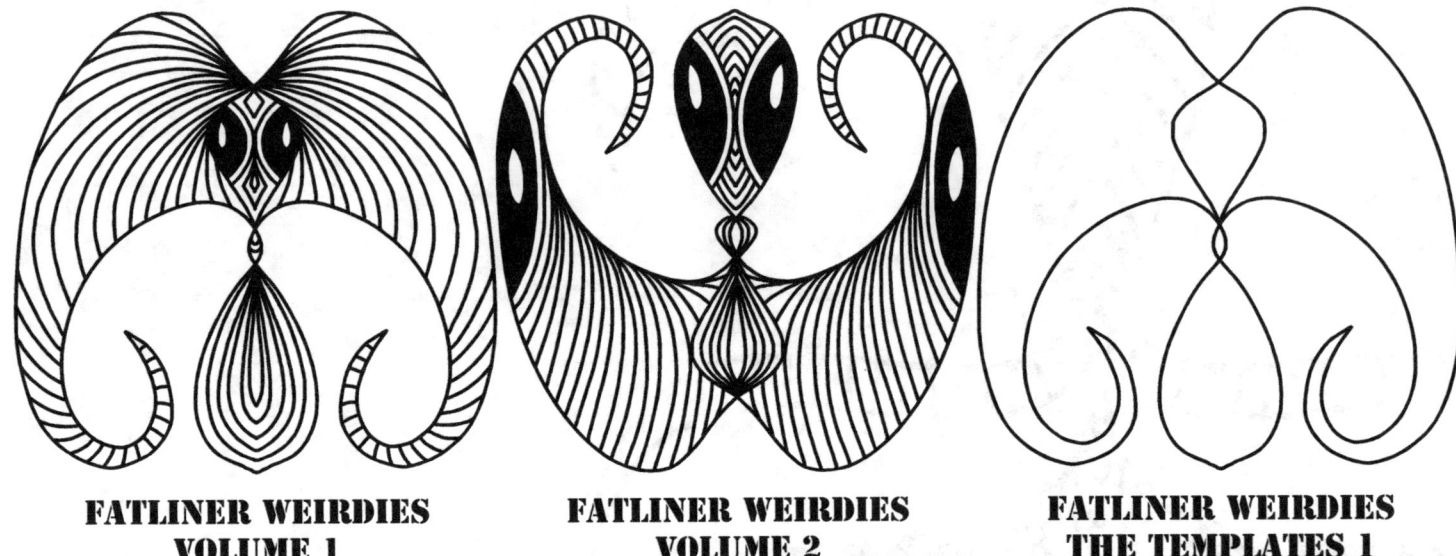

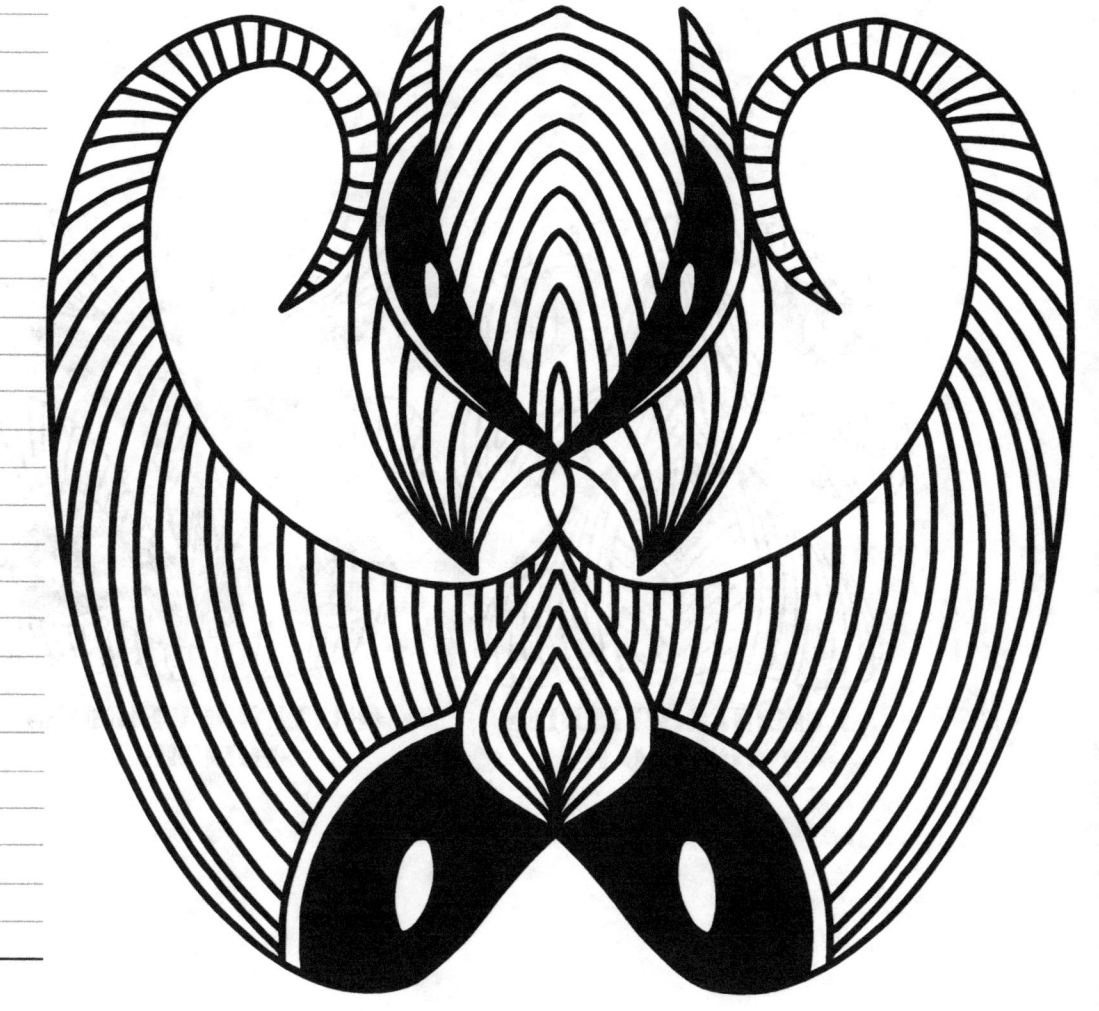

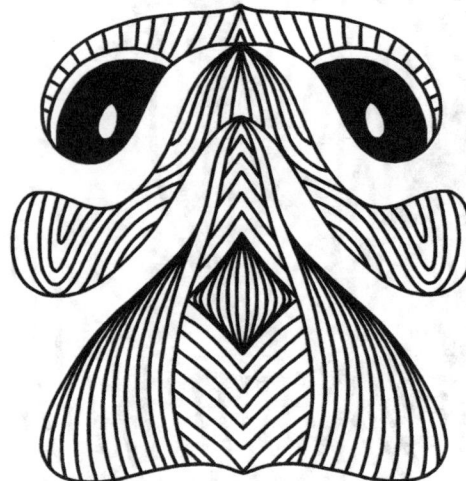
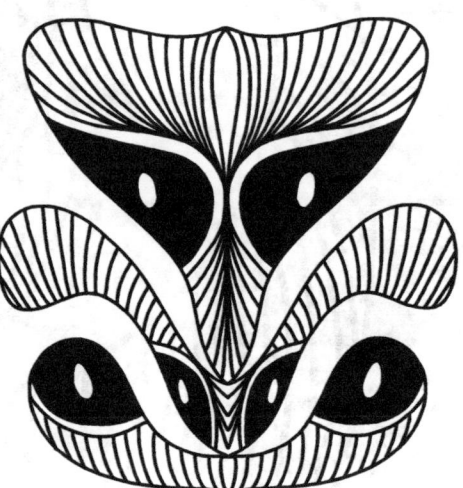
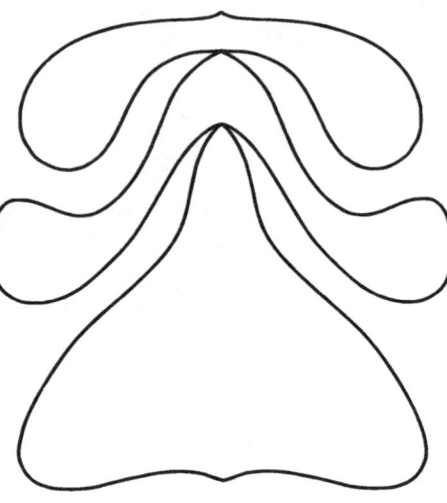

FATLINER WEIRDIES VOLUME 1 **FATLINER WEIRDIES VOLUME 2** **FATLINER WEIRDIES THE TEMPLATES 1**

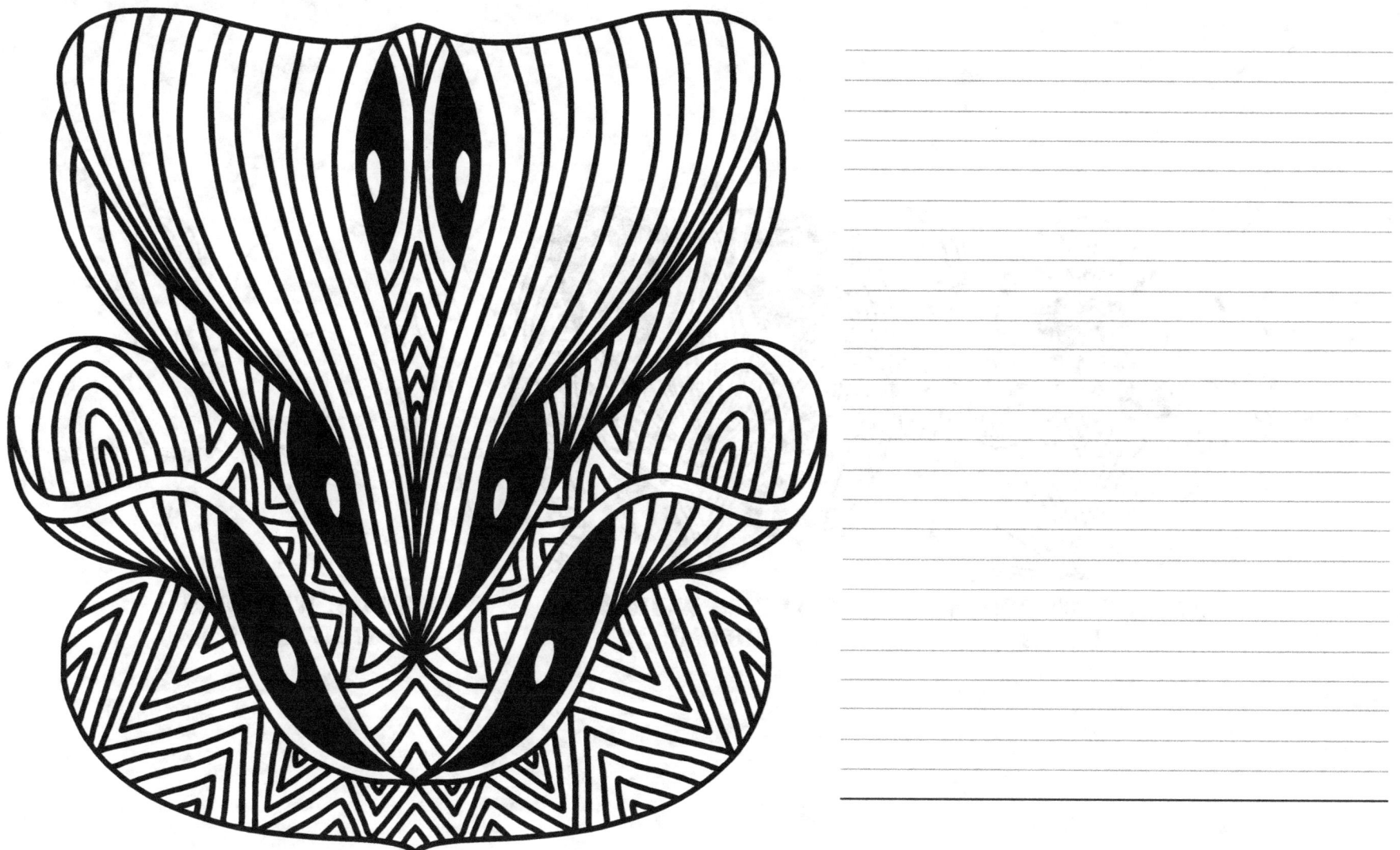

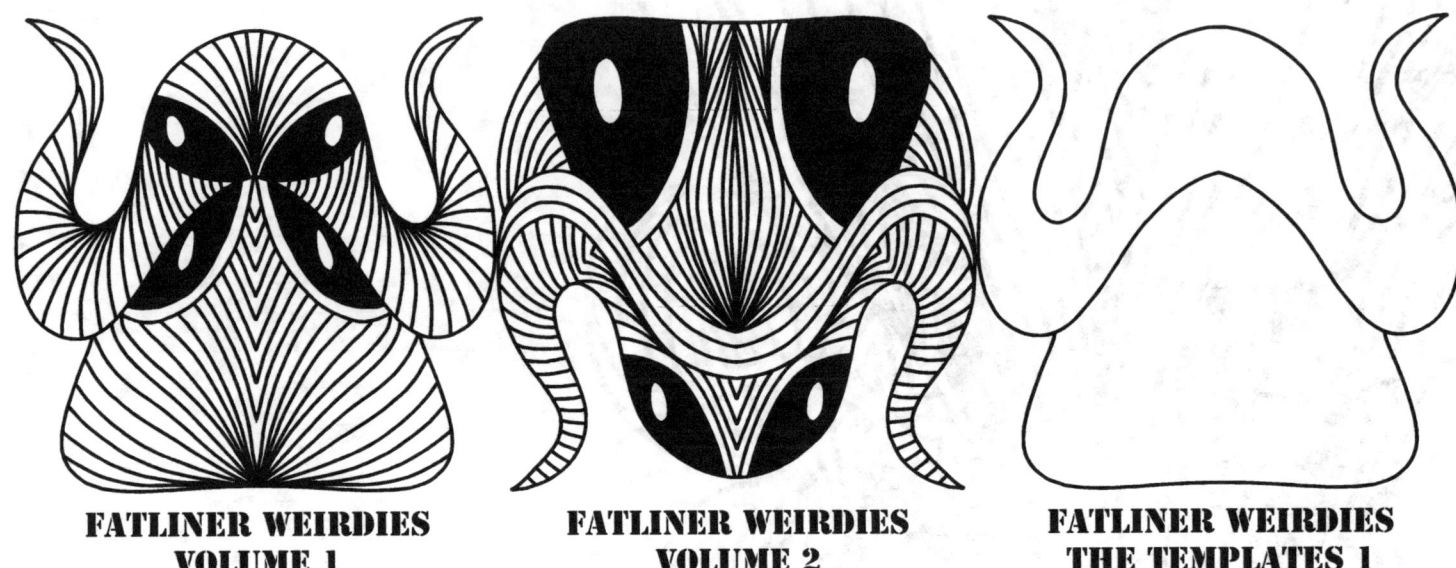

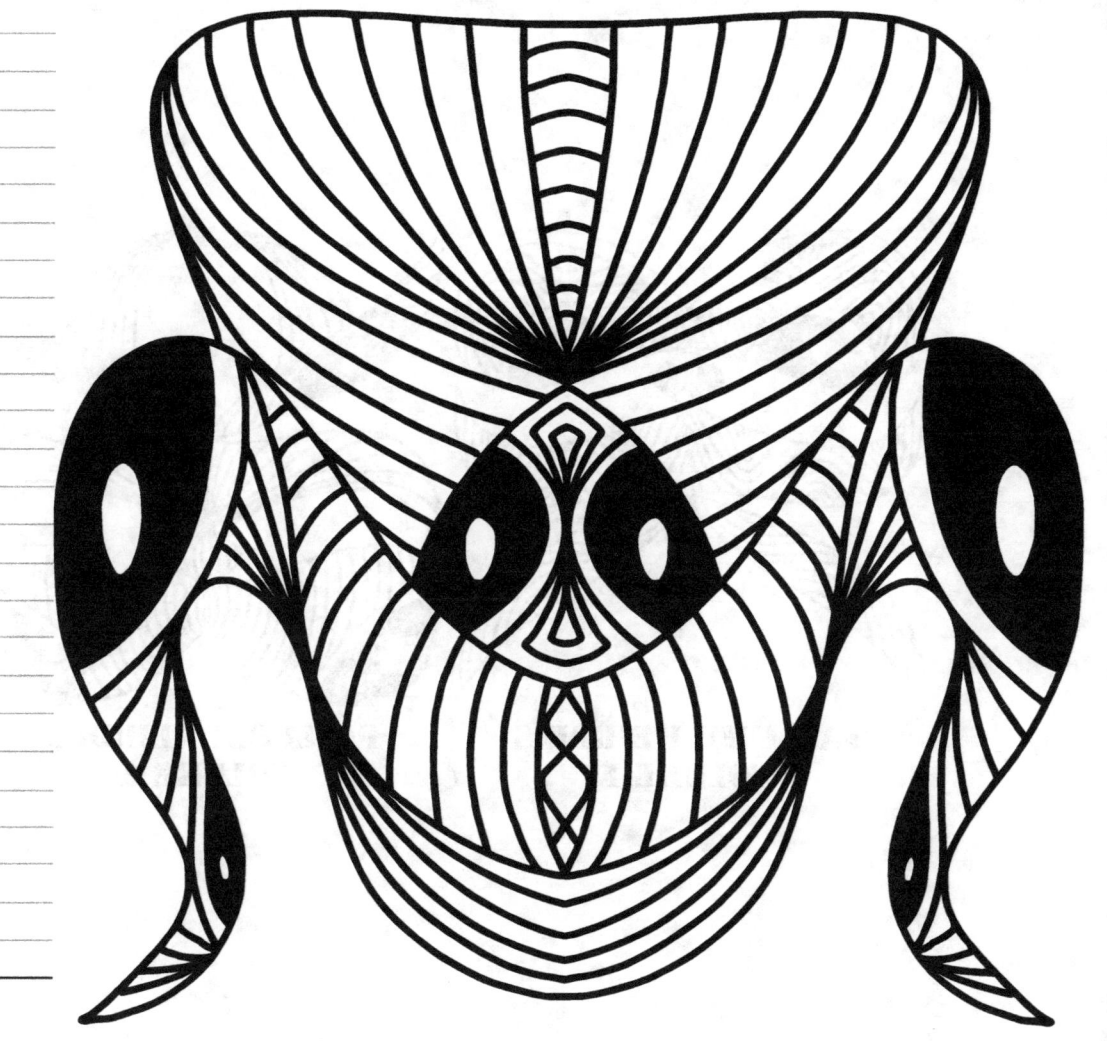

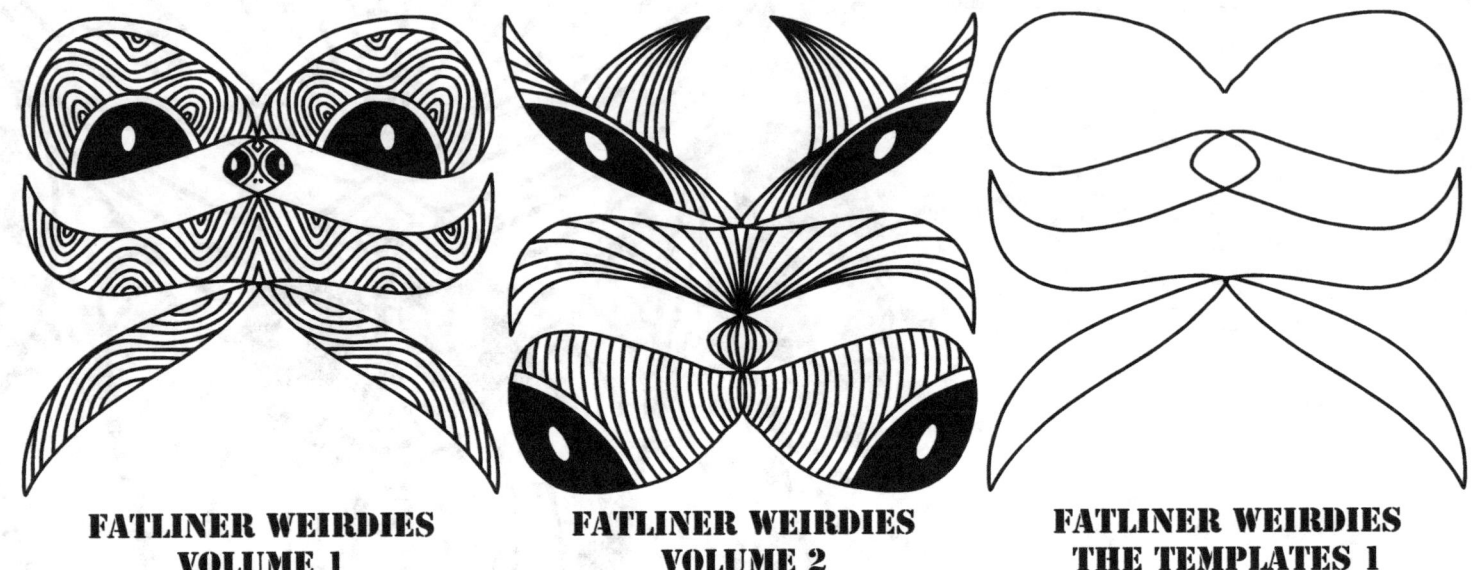

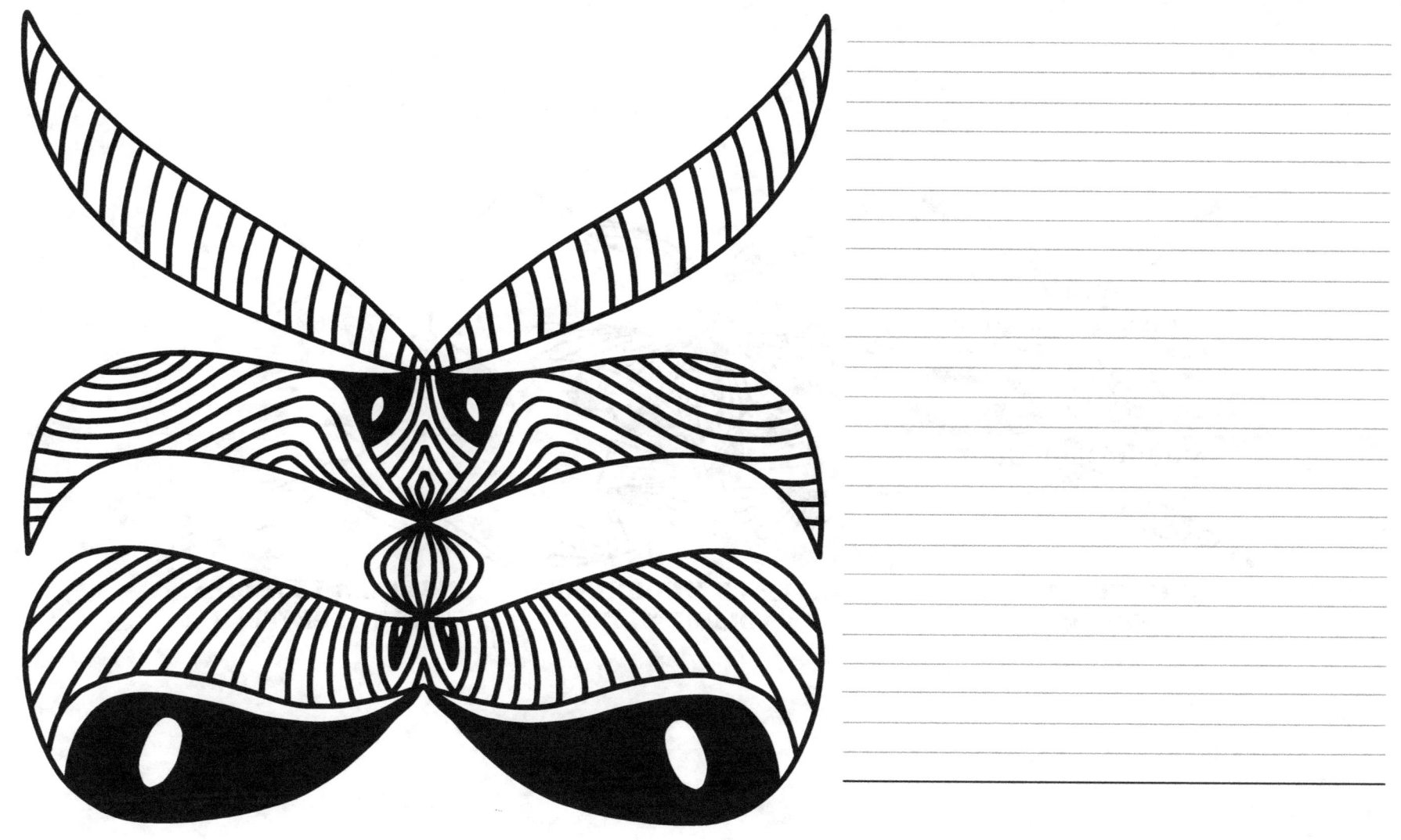

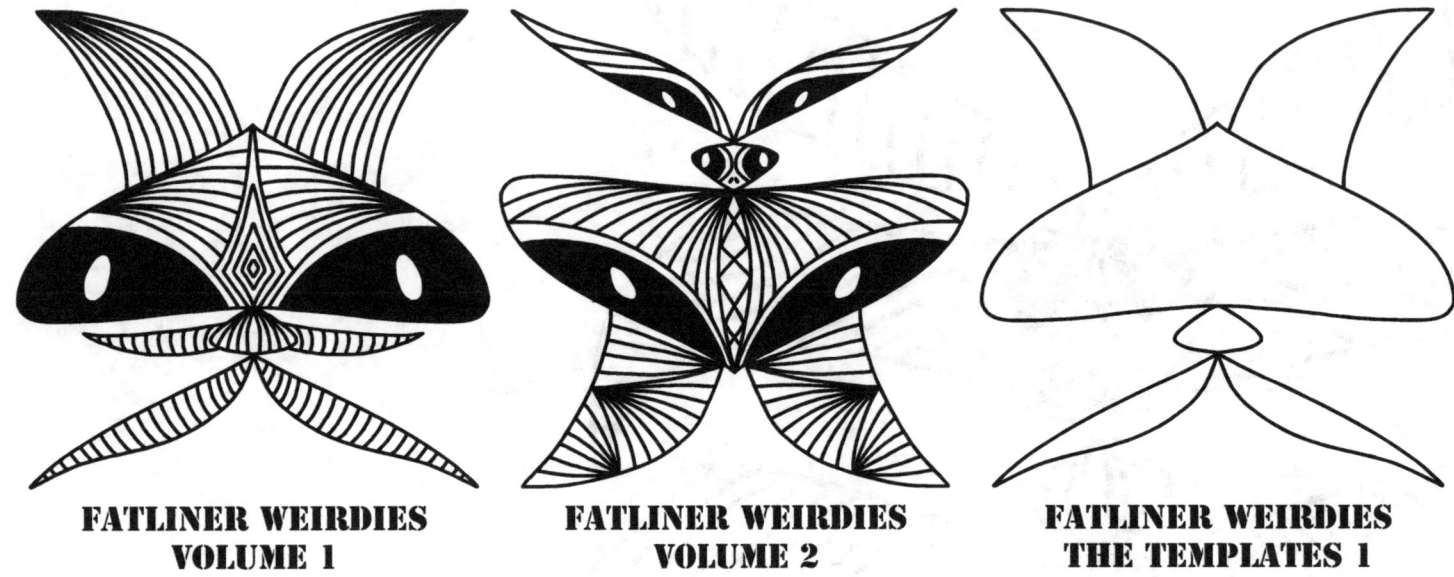

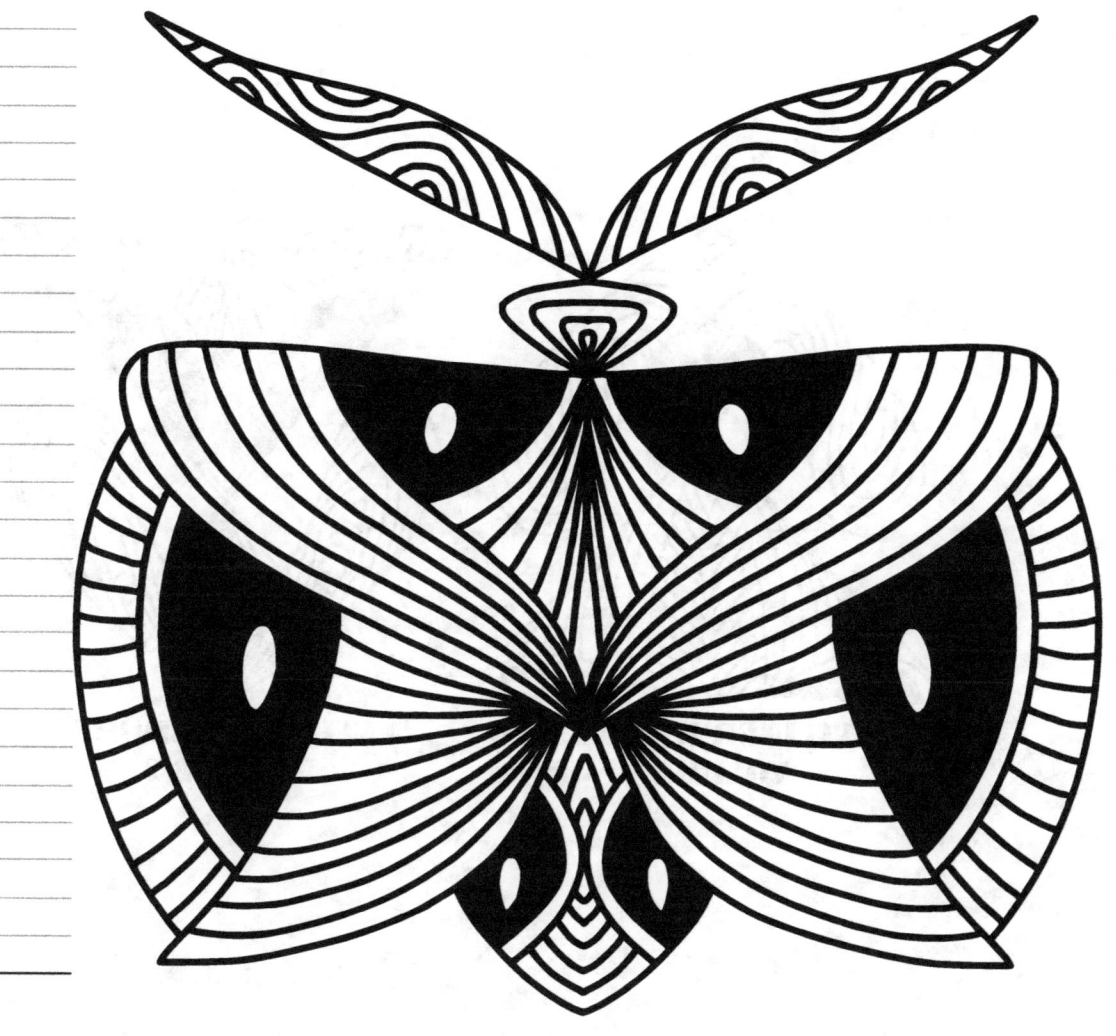

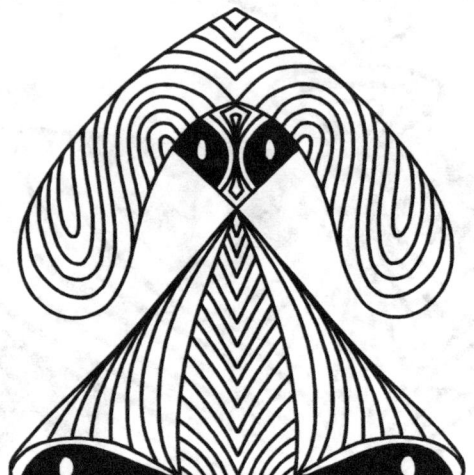

FATLINER WEIRDIES VOLUME 1

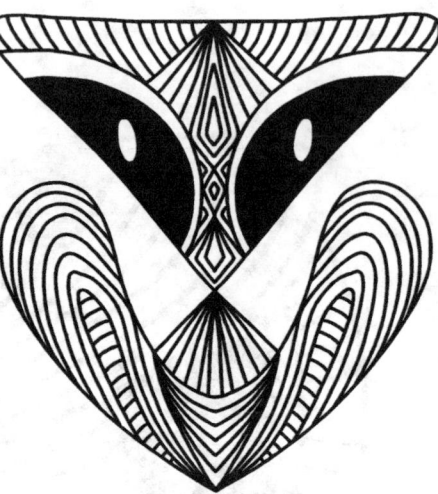

FATLINER WEIRDIES VOLUME 2

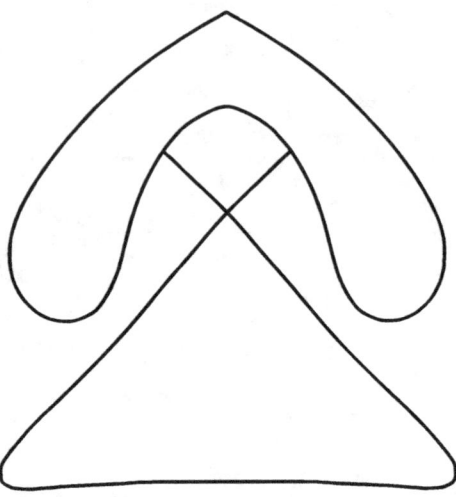

FATLINER WEIRDIES THE TEMPLATES 1

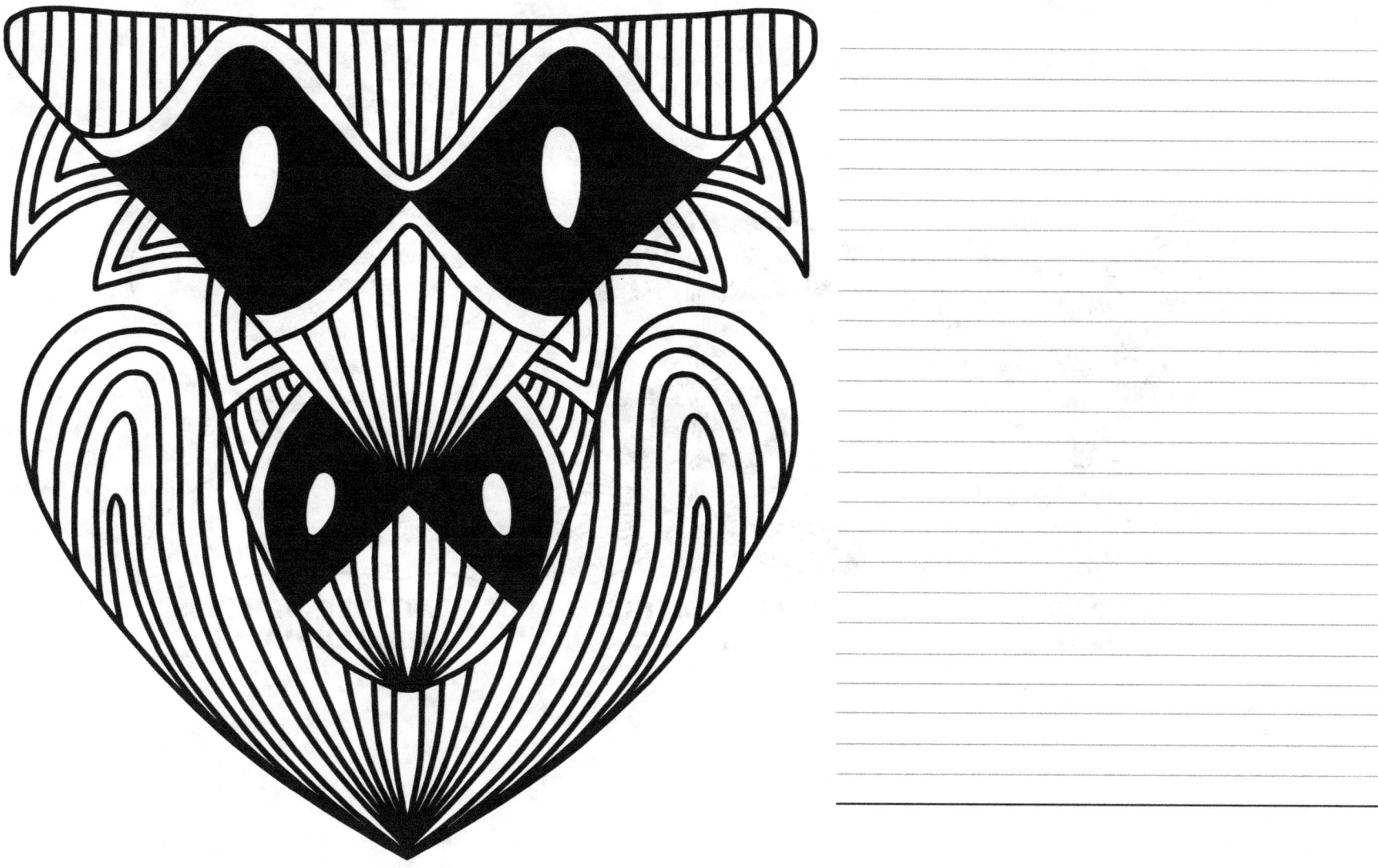

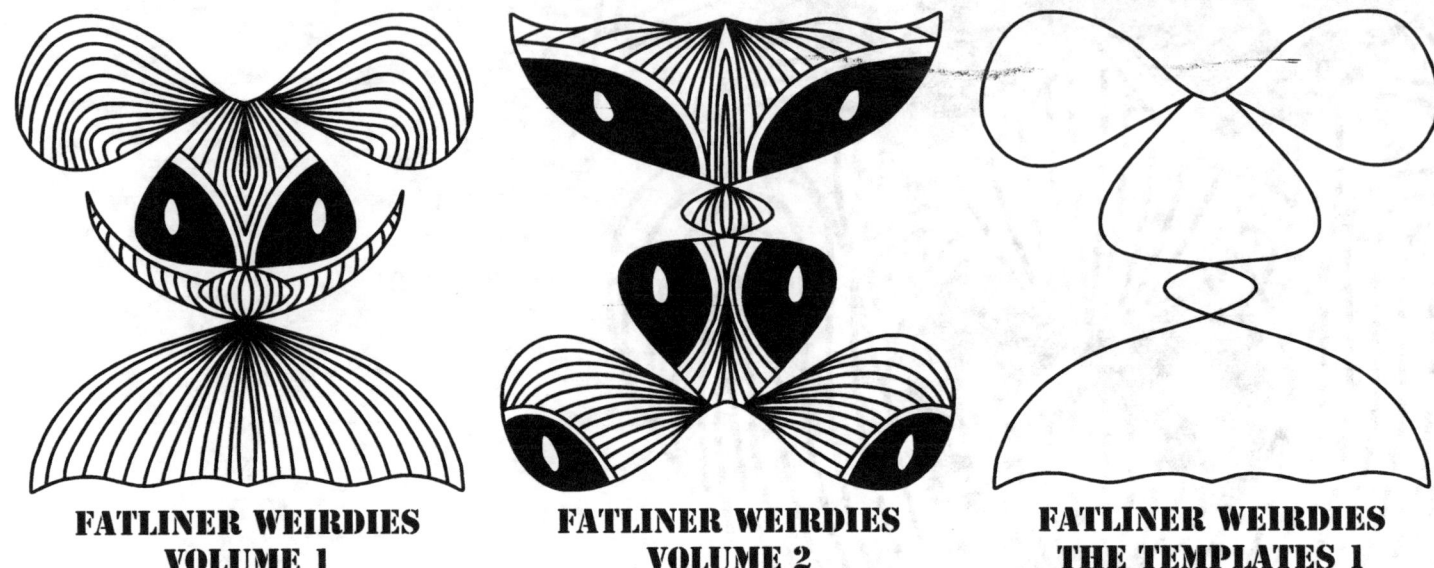

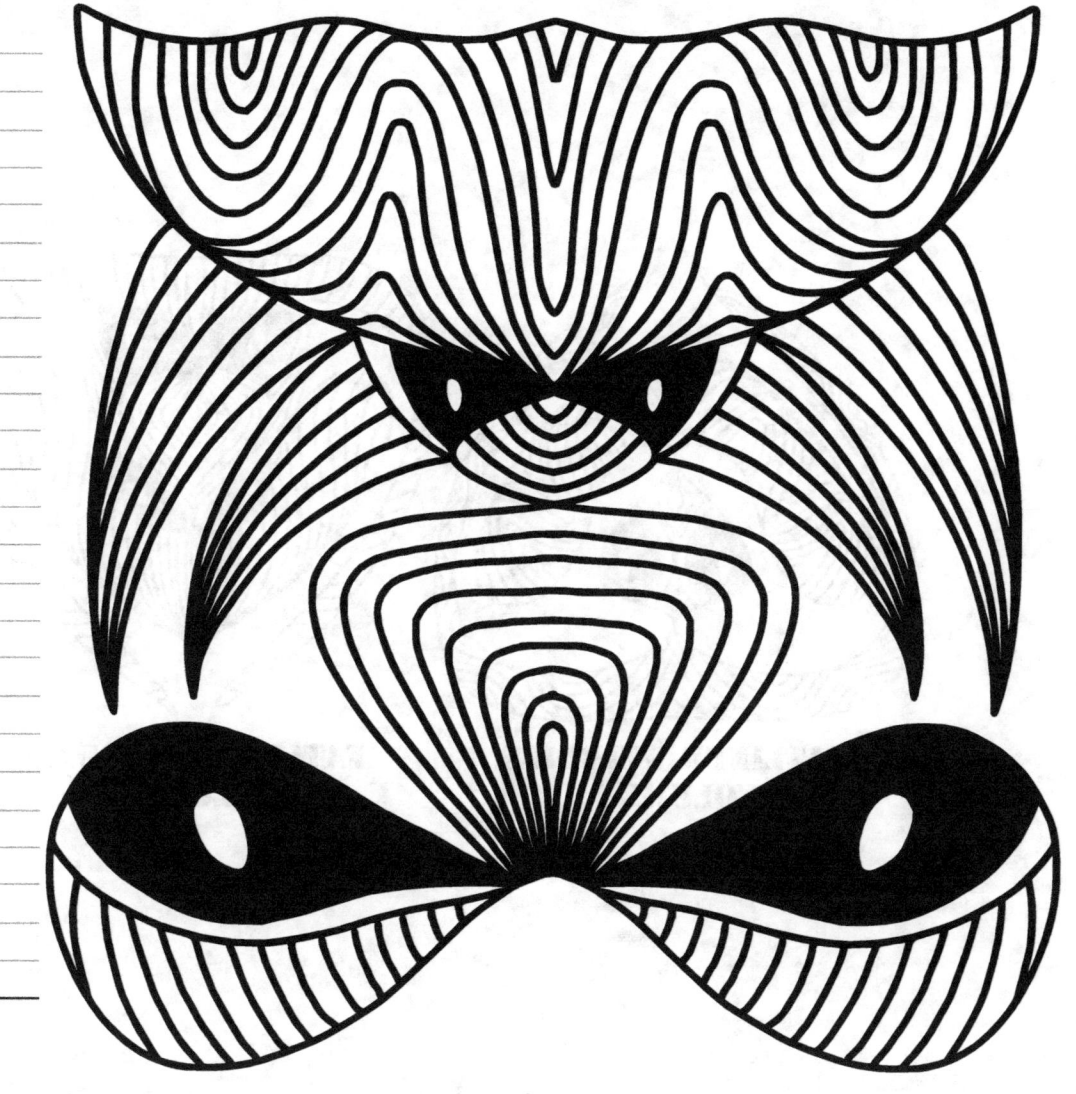

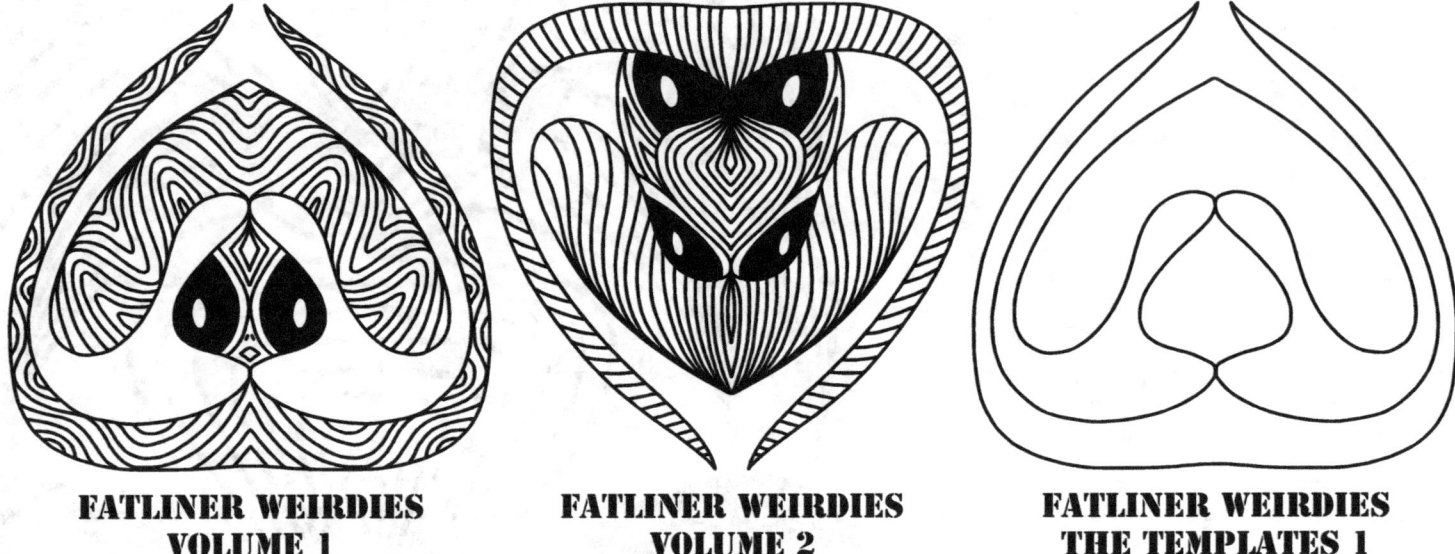

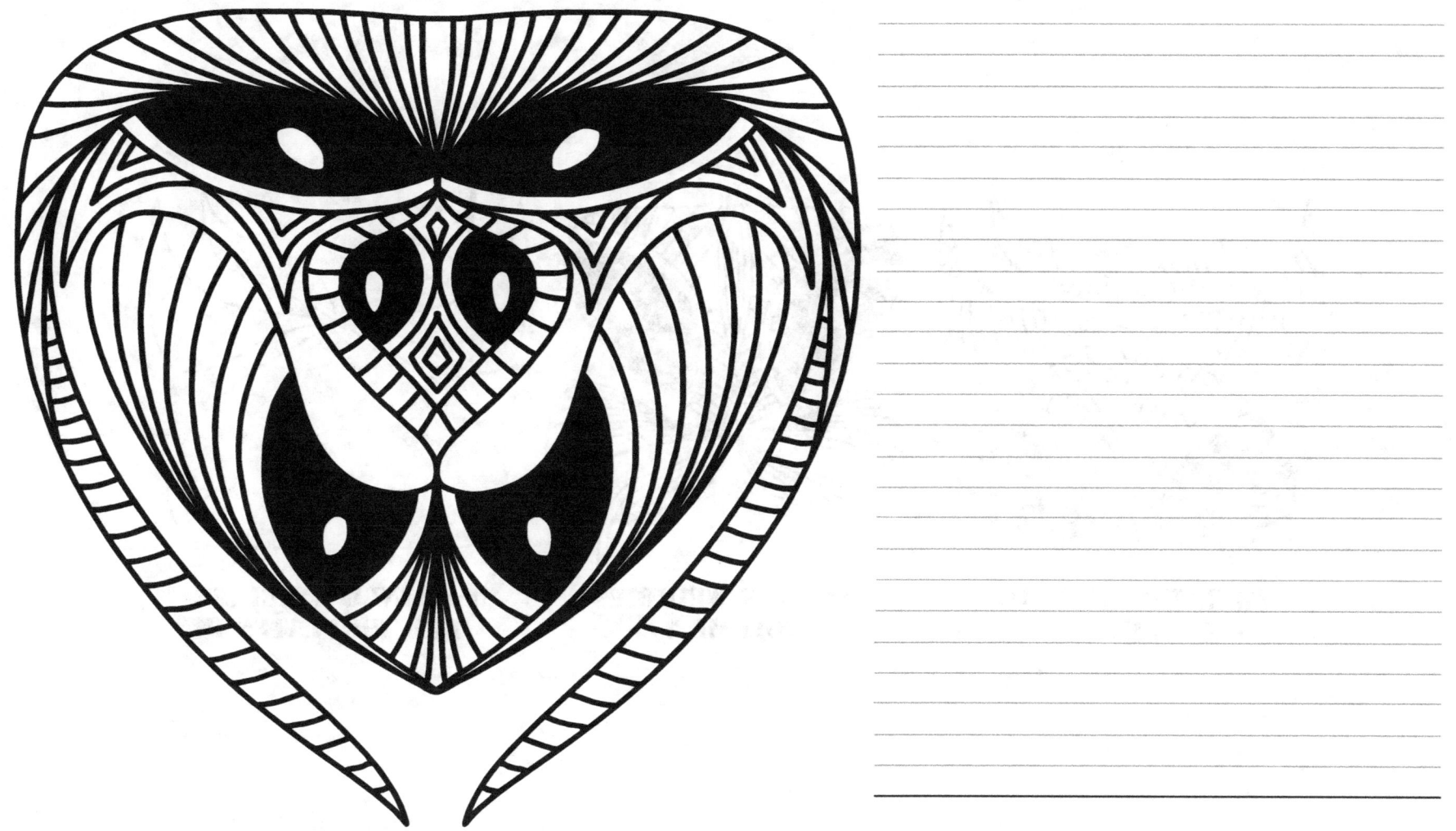

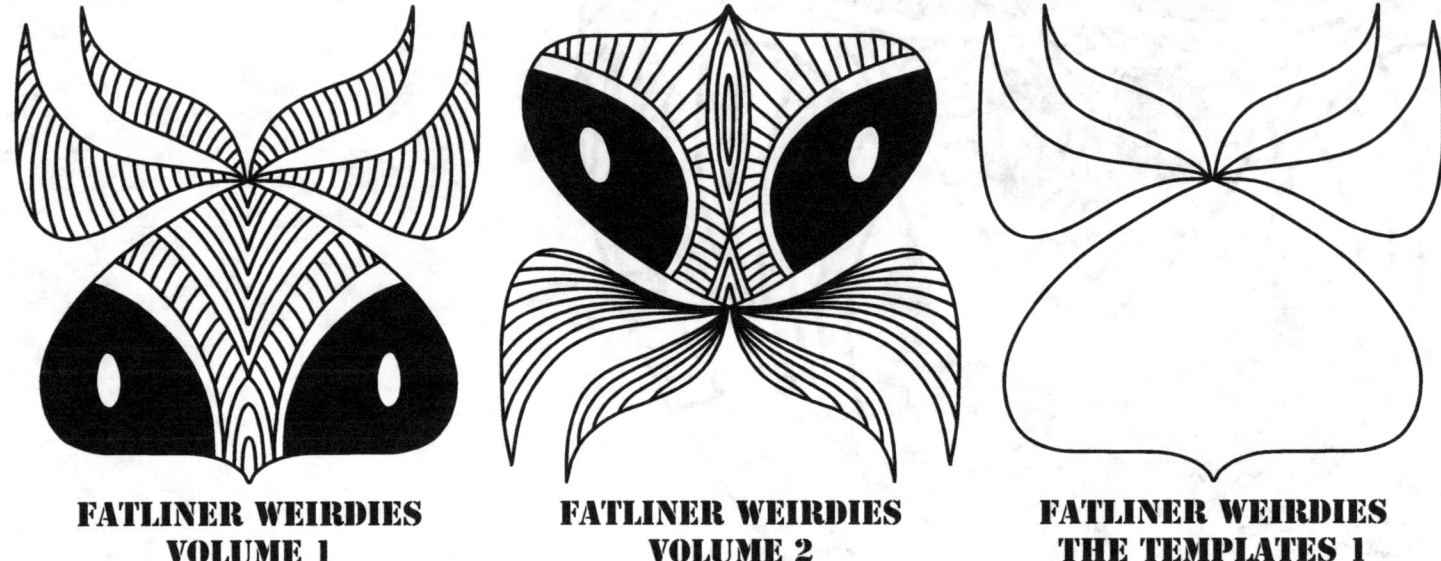

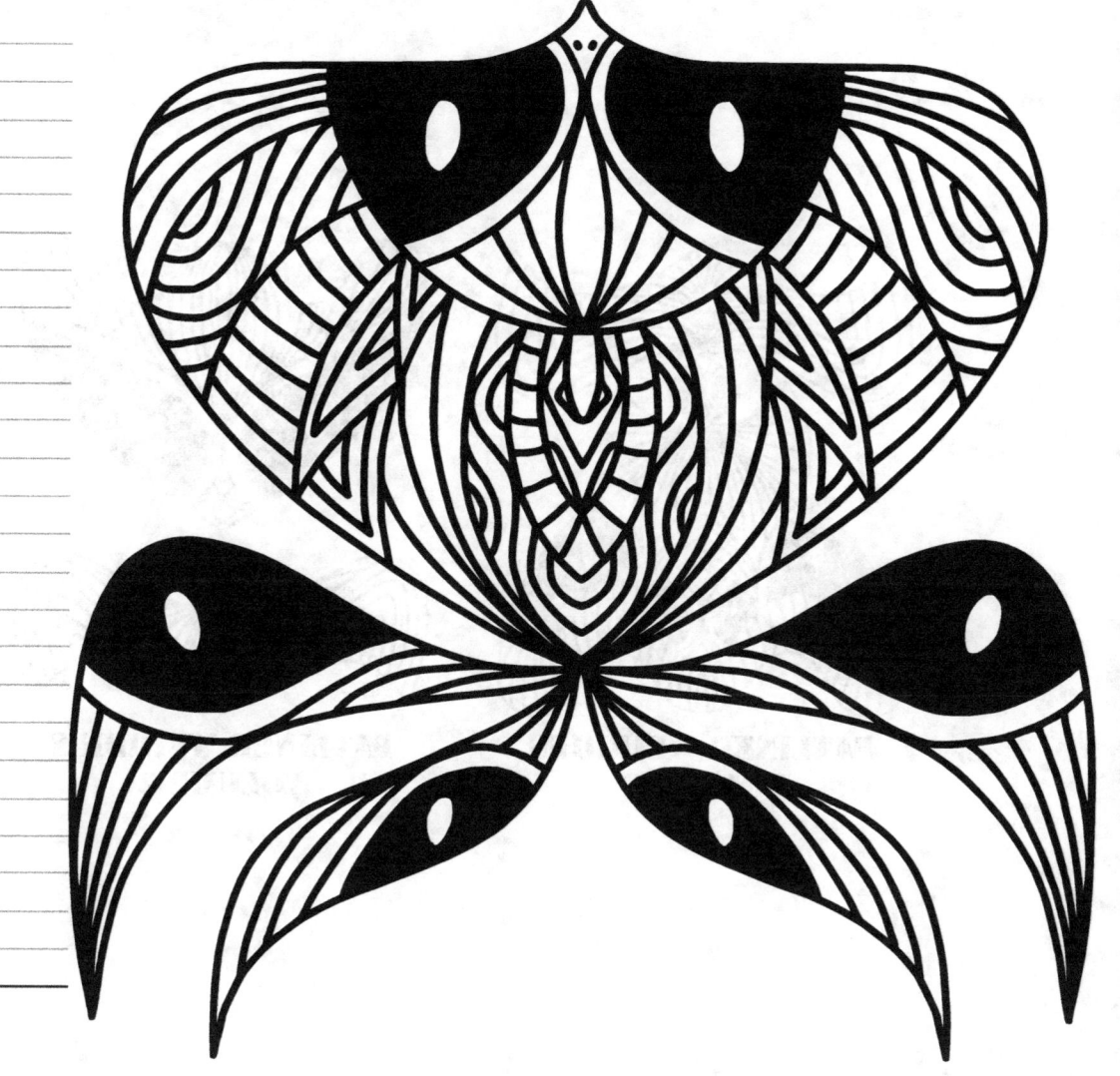

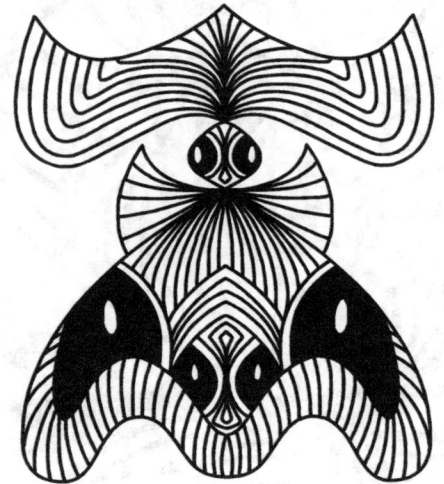
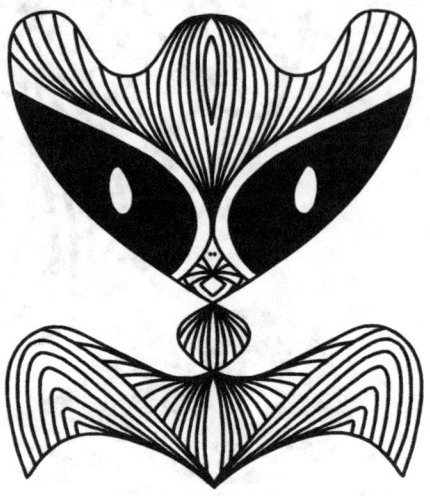
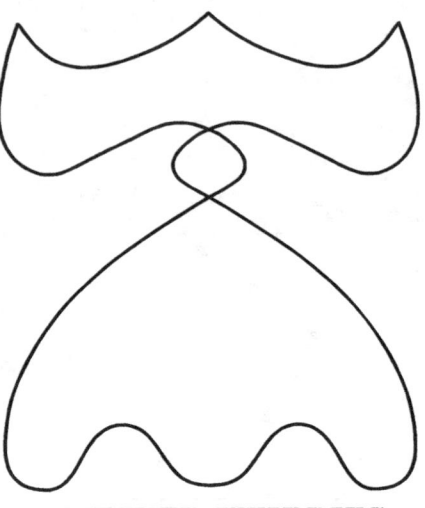

FATLINER WEIRDIES VOLUME 1   **FATLINER WEIRDIES VOLUME 2**   **FATLINER WEIRDIES THE TEMPLATES 1**

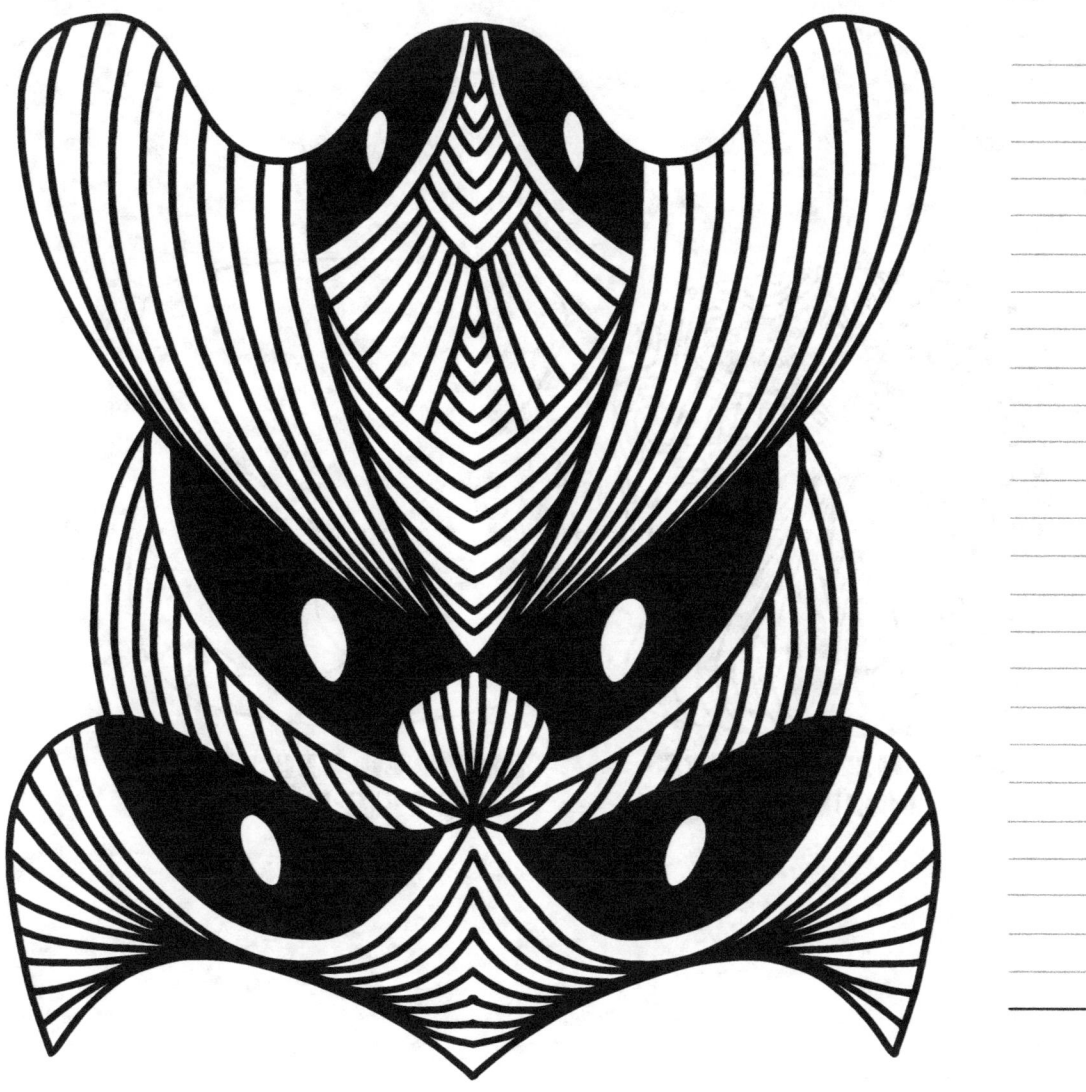

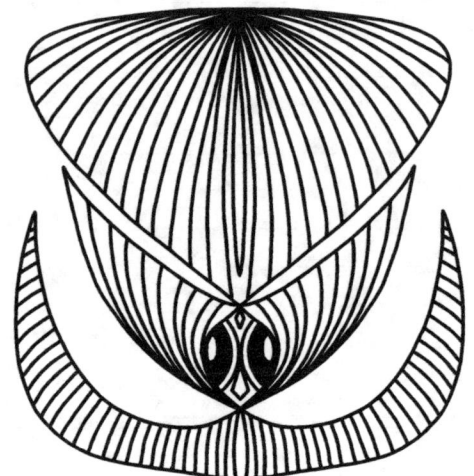

FATLINER WEIRDIES VOLUME 1

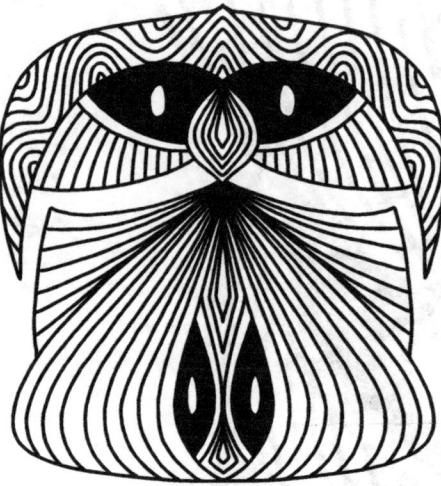

FATLINER WEIRDIES VOLUME 2

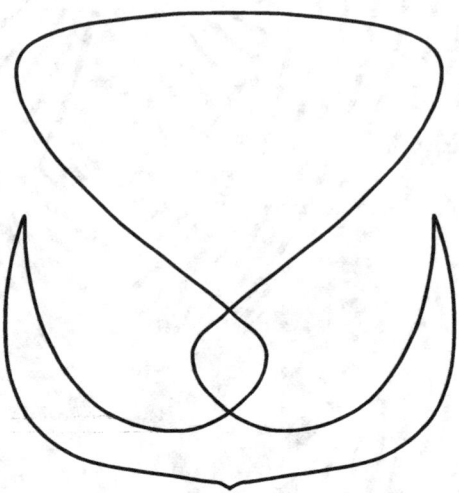

FATLINER WEIRDIES THE TEMPLATES 1

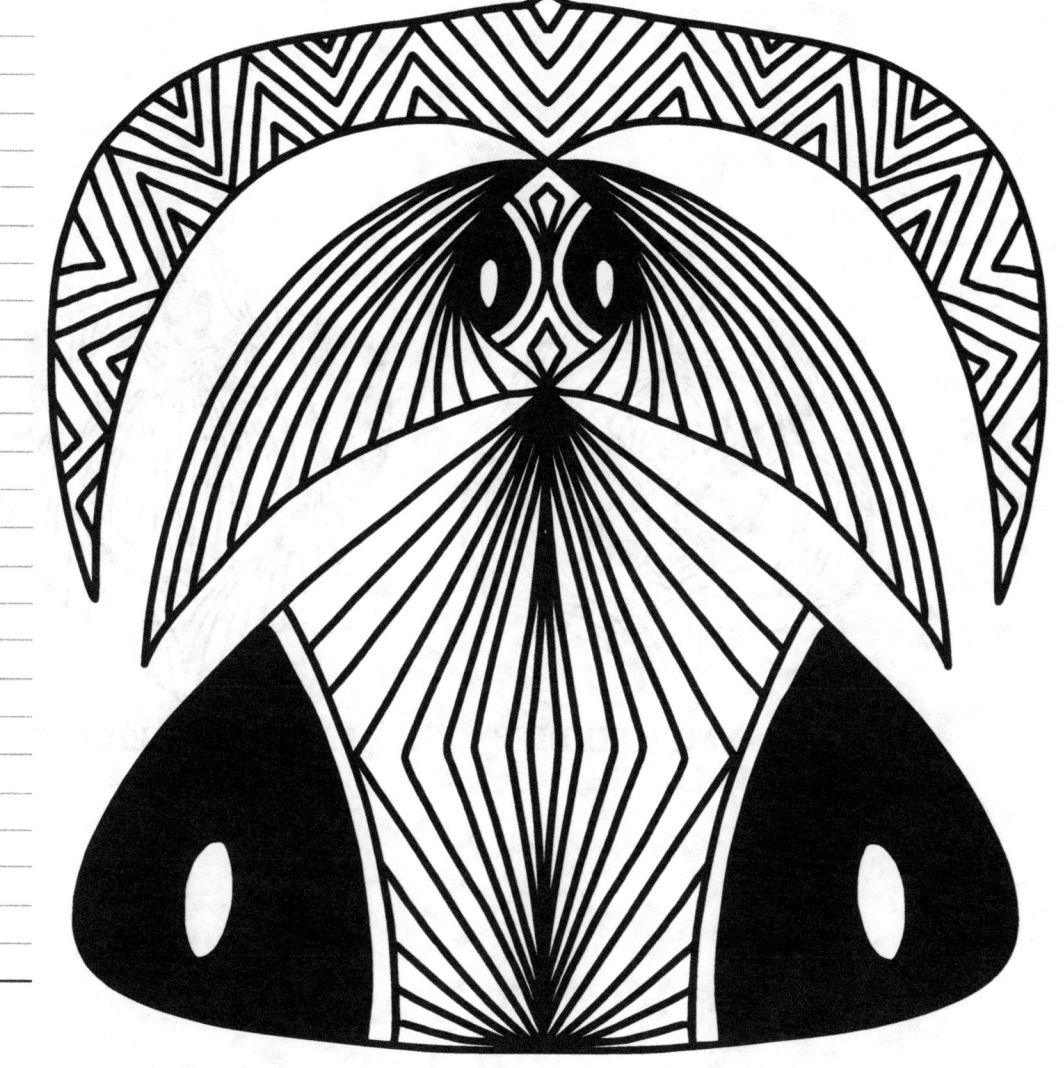

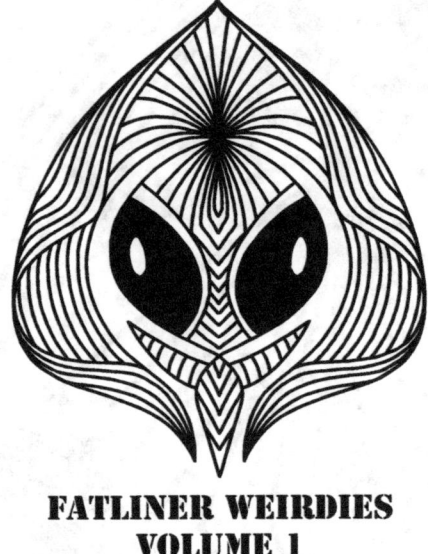

FATLINER WEIRDIES VOLUME 1

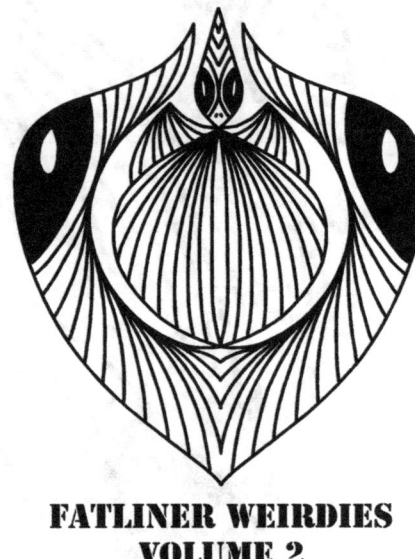

FATLINER WEIRDIES VOLUME 2

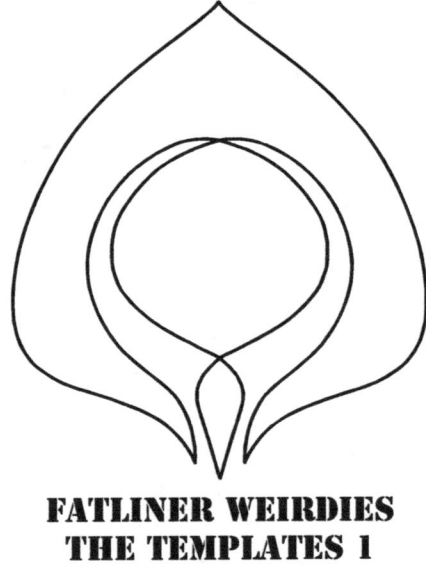

FATLINER WEIRDIES THE TEMPLATES 1

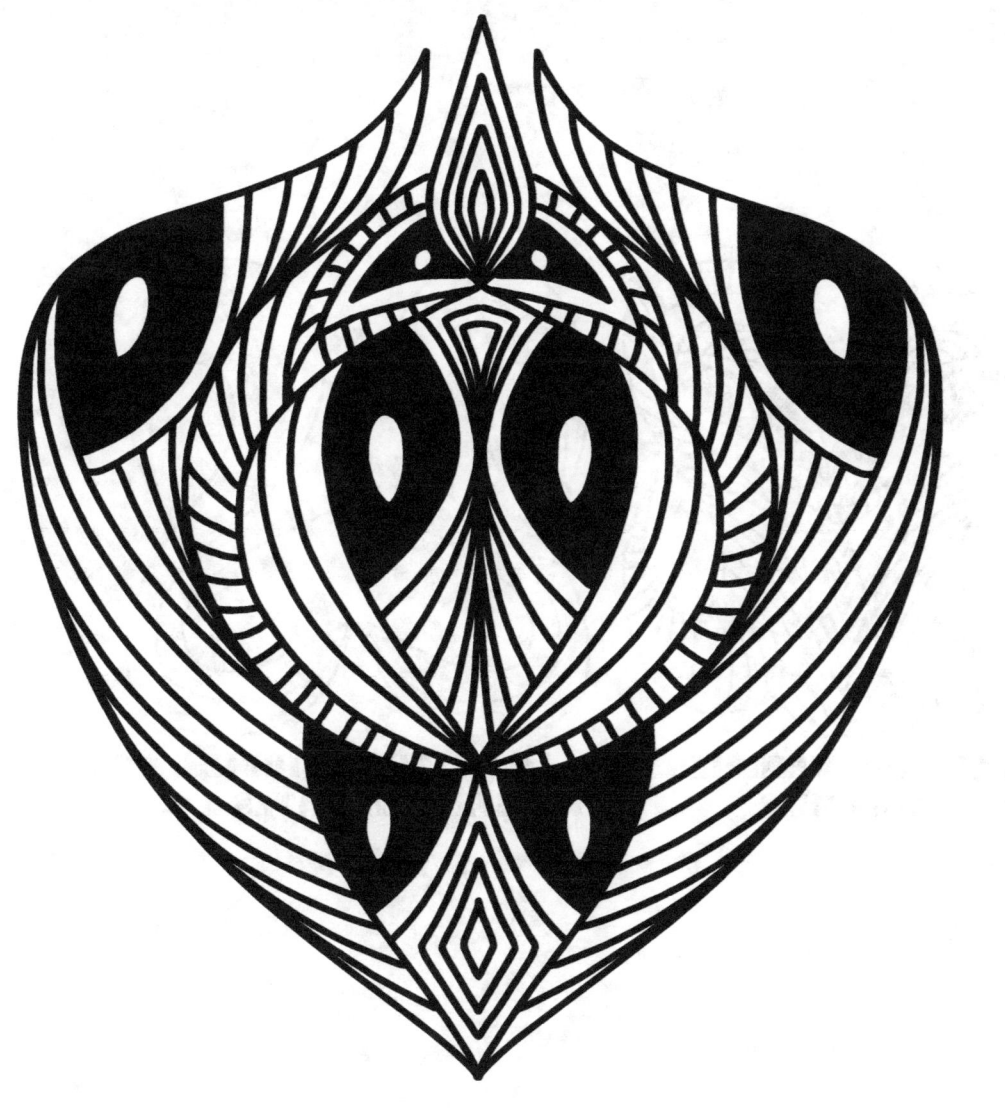

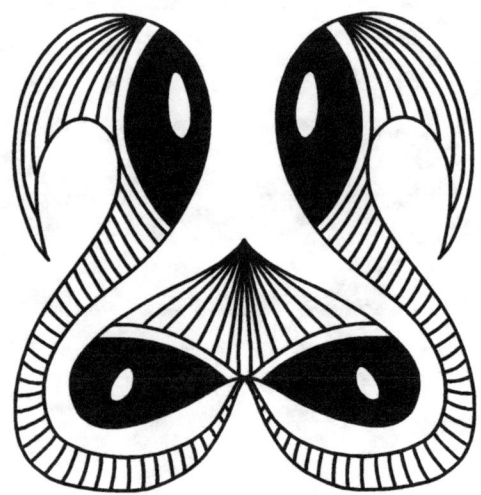
FATLINER WEIRDIES VOLUME 1

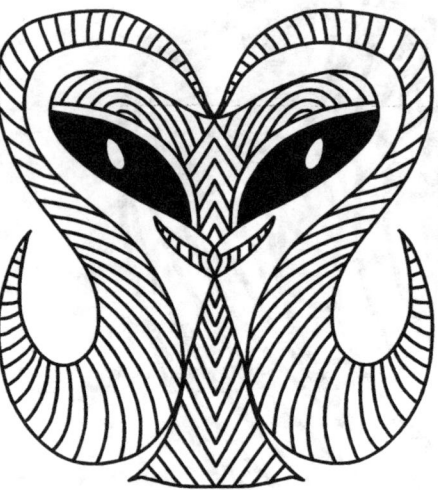
FATLINER WEIRDIES VOLUME 2

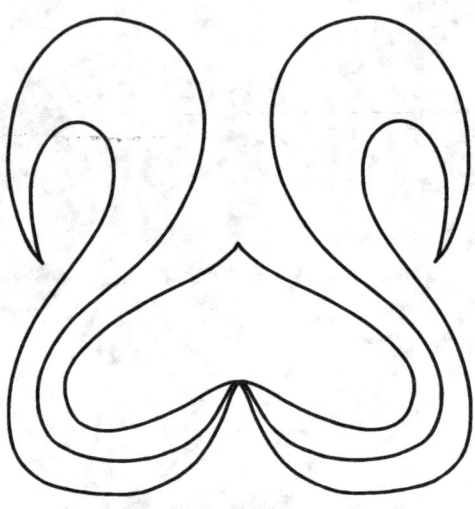
FATLINER WEIRDIES THE TEMPLATES 1

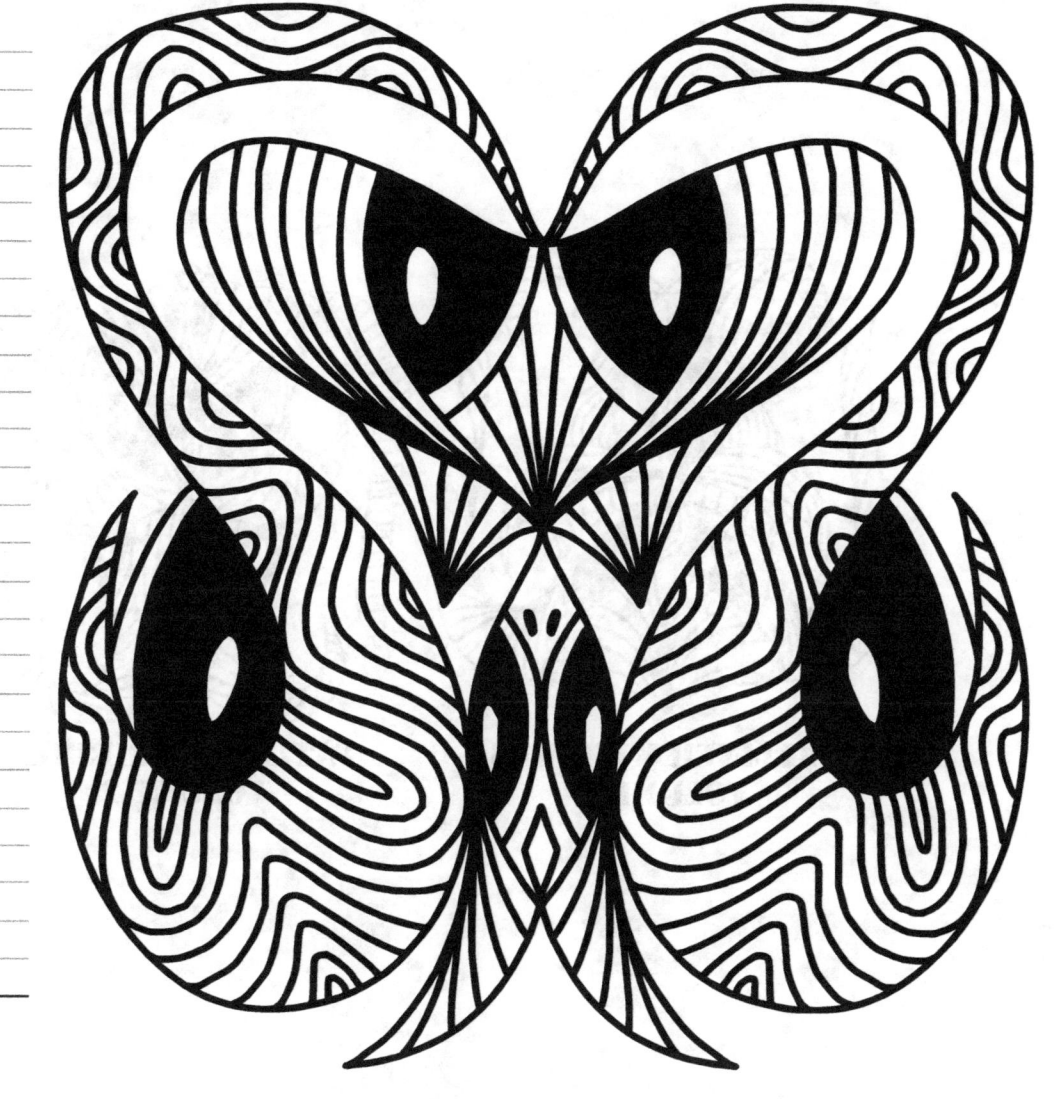

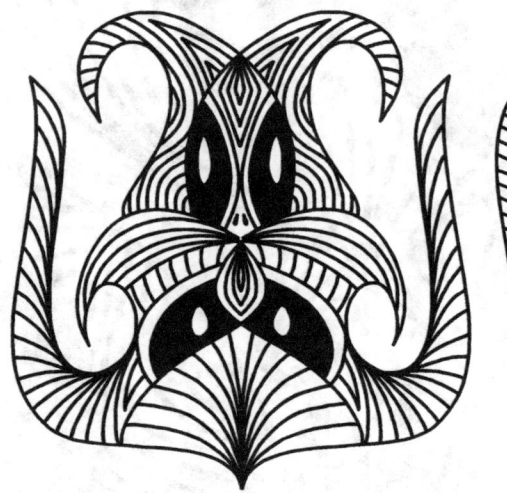
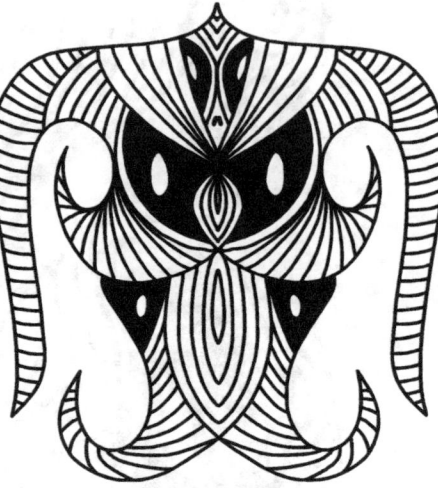
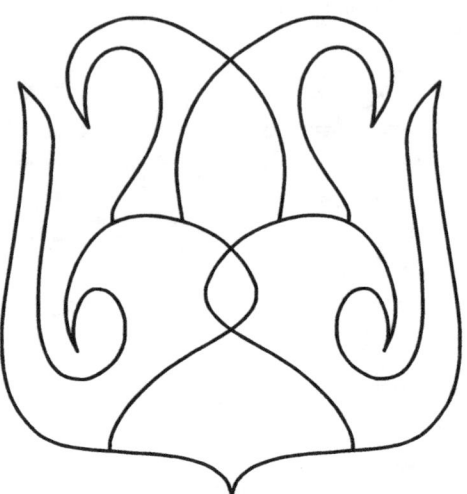

FATLINER WEIRDIES VOLUME 1 **FATLINER WEIRDIES VOLUME 2** **FATLINER WEIRDIES THE TEMPLATES 1**

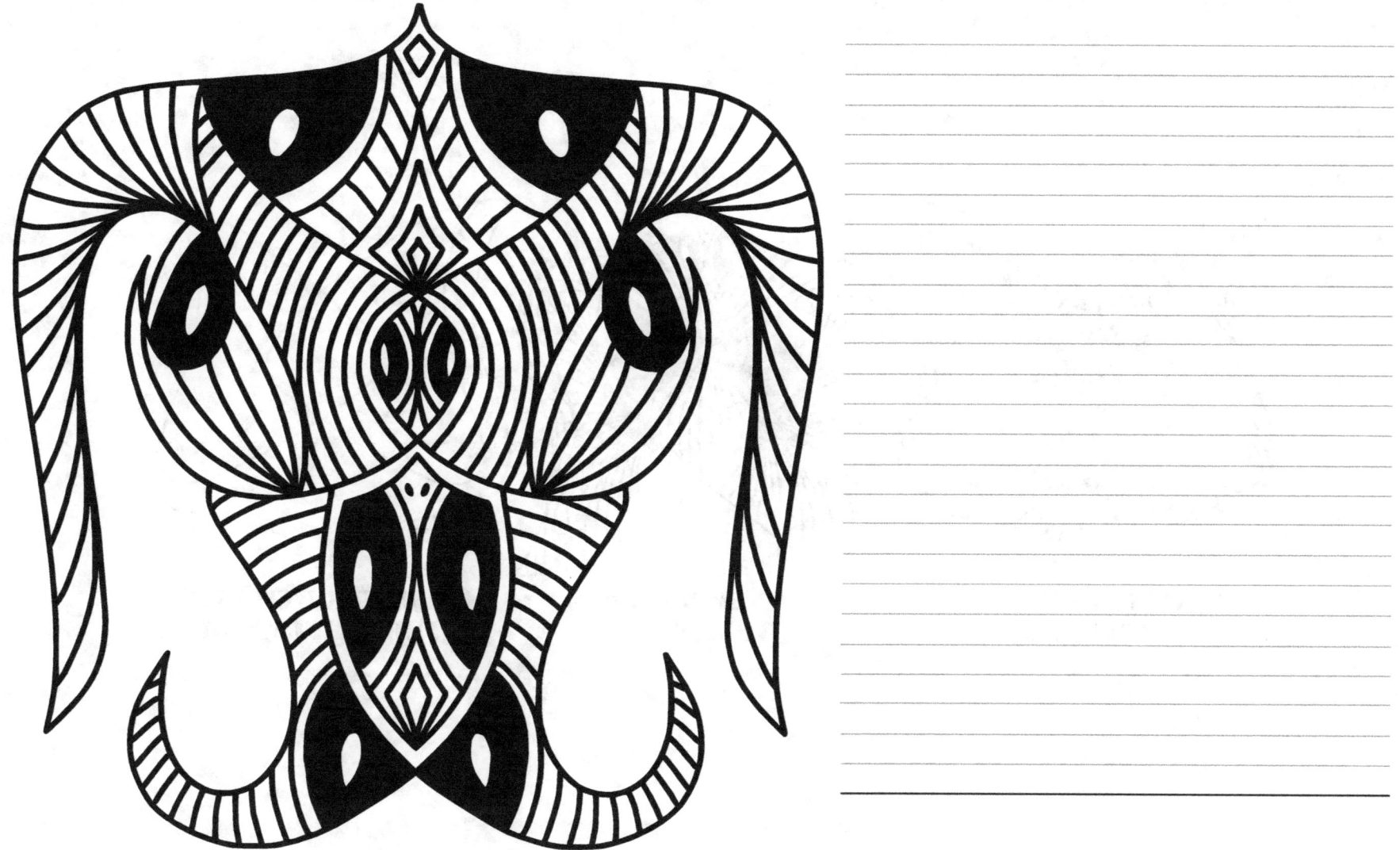

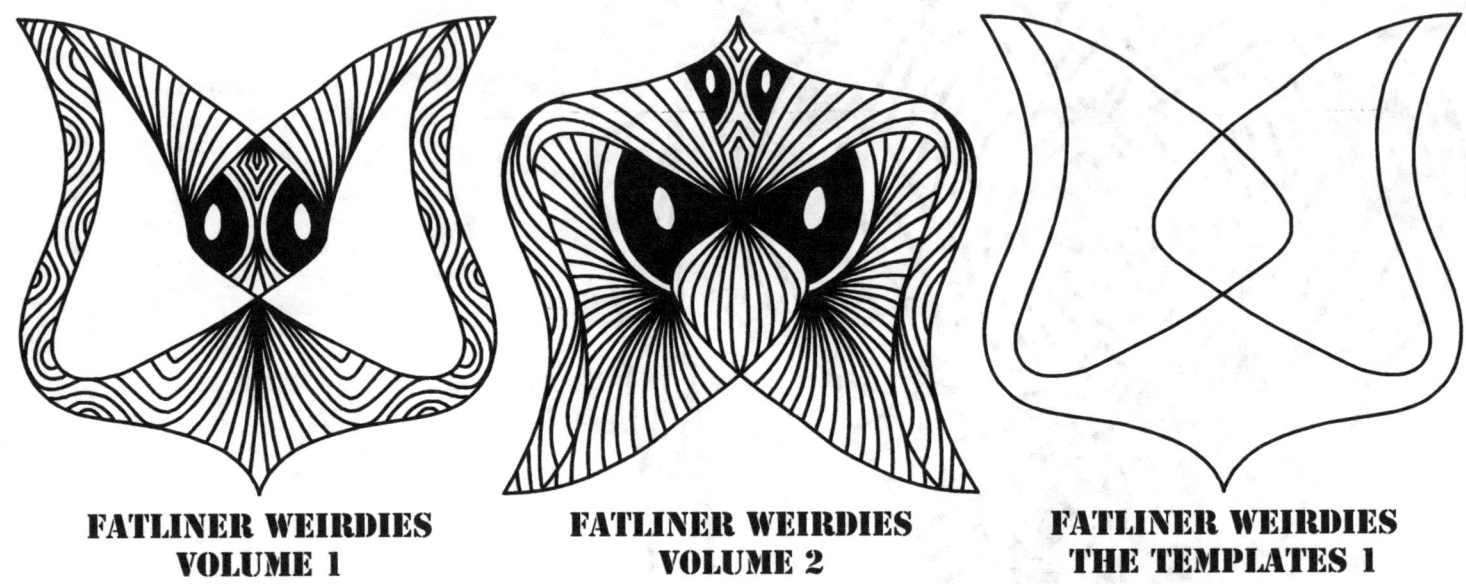

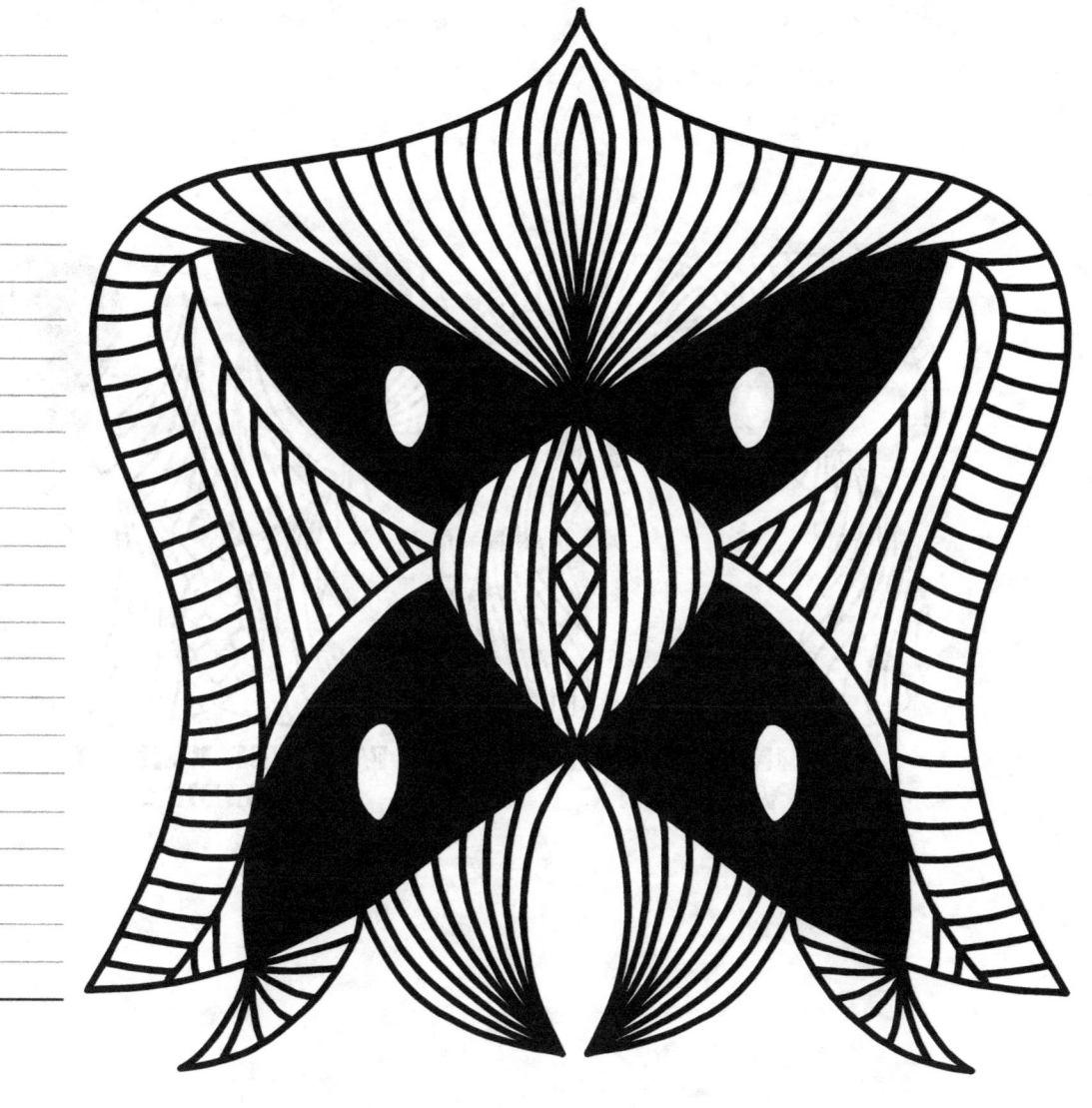

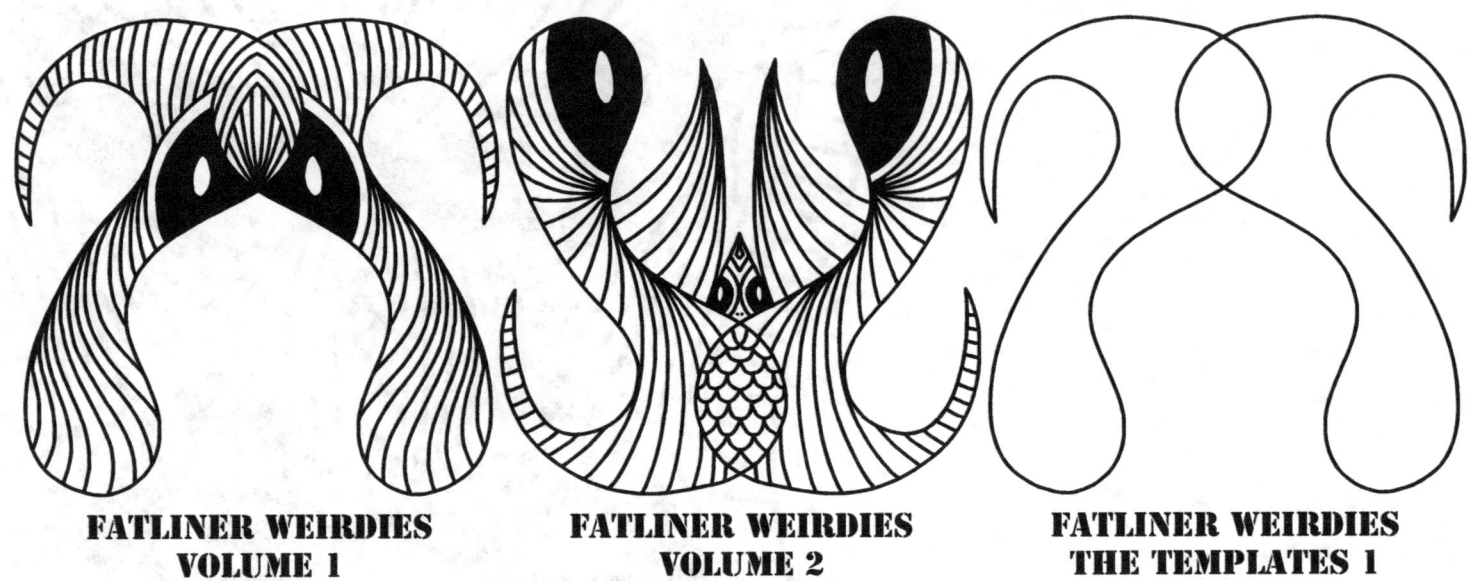

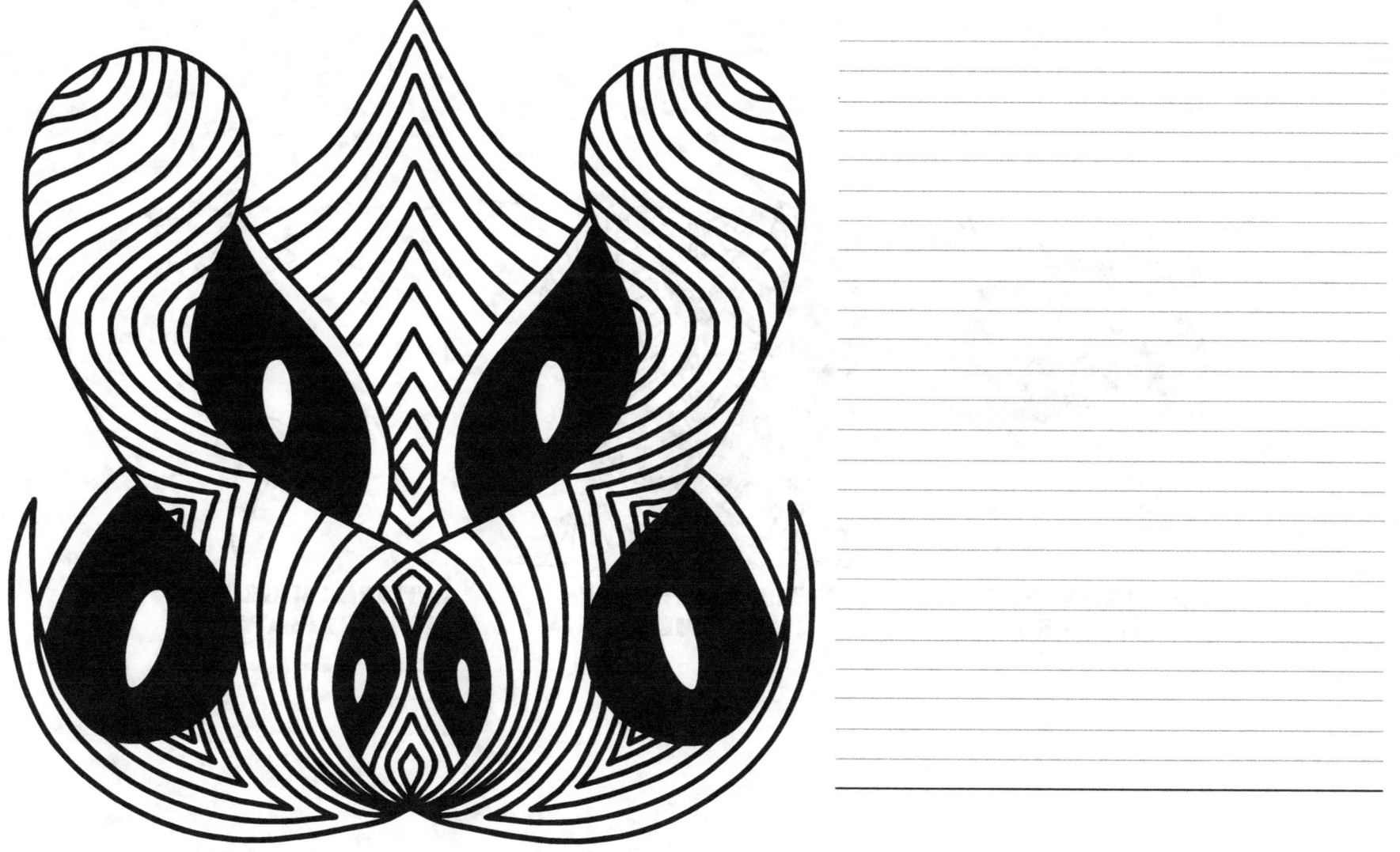

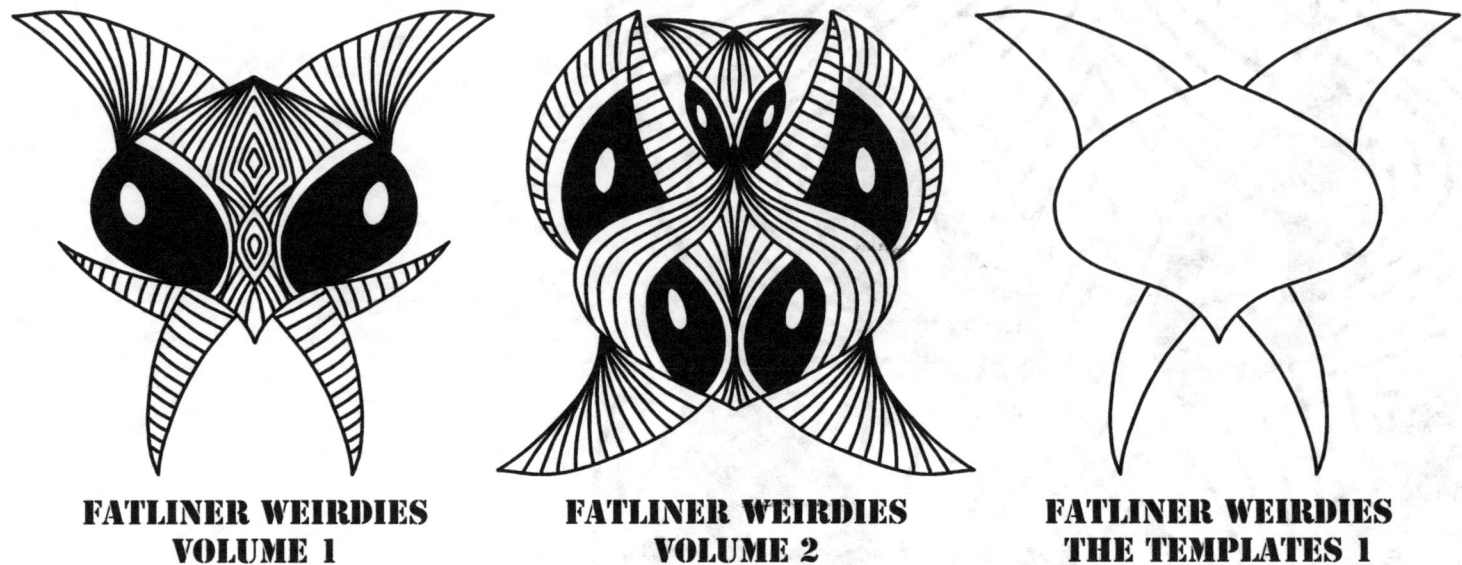

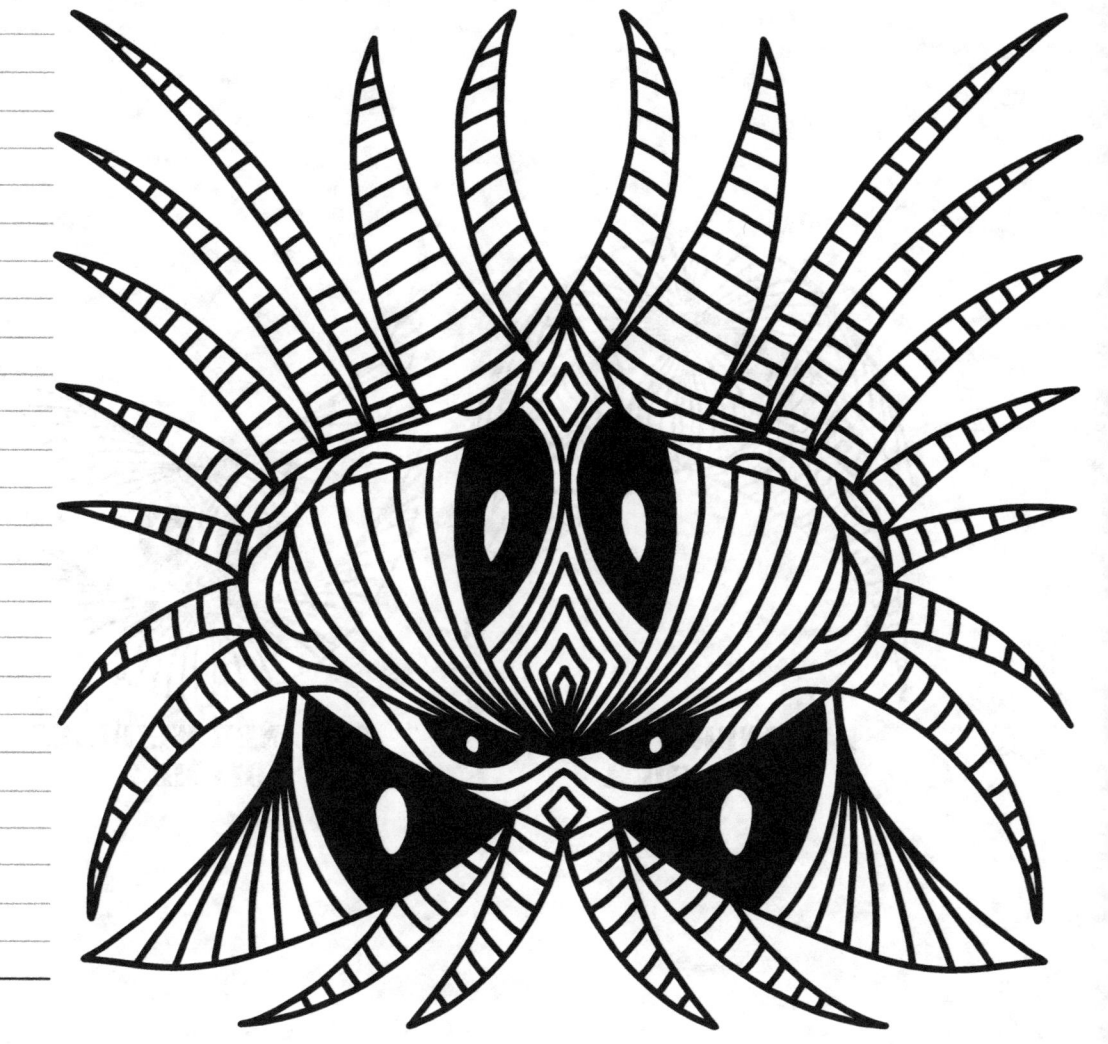

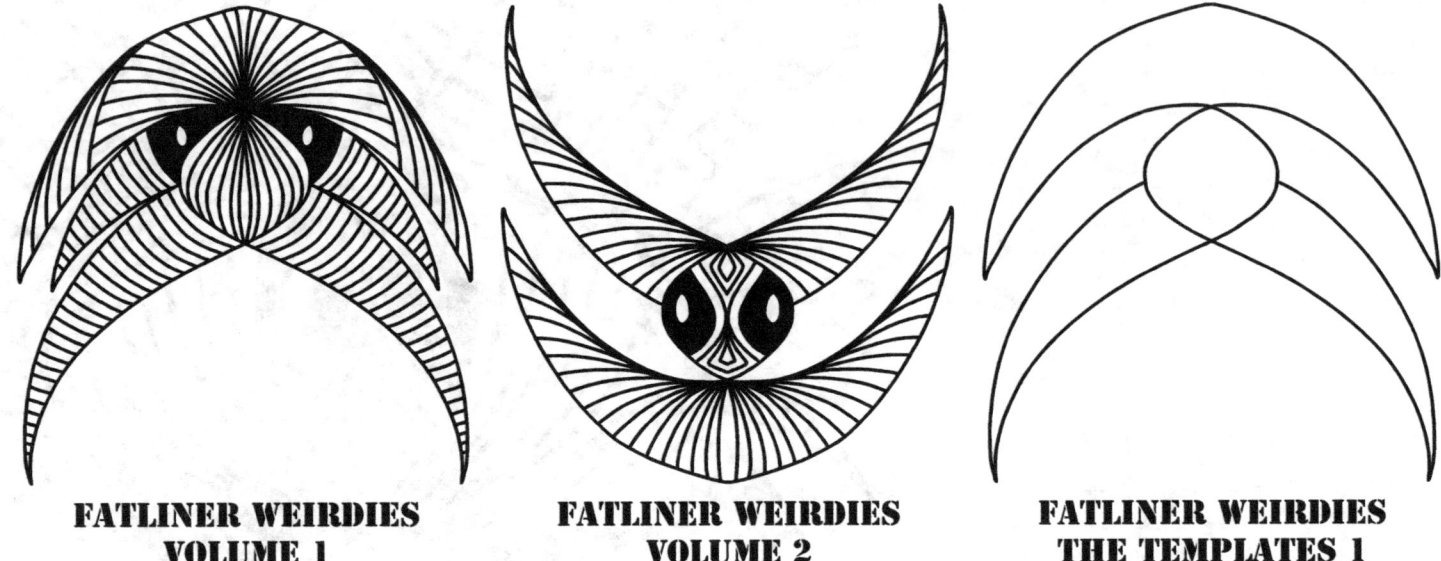

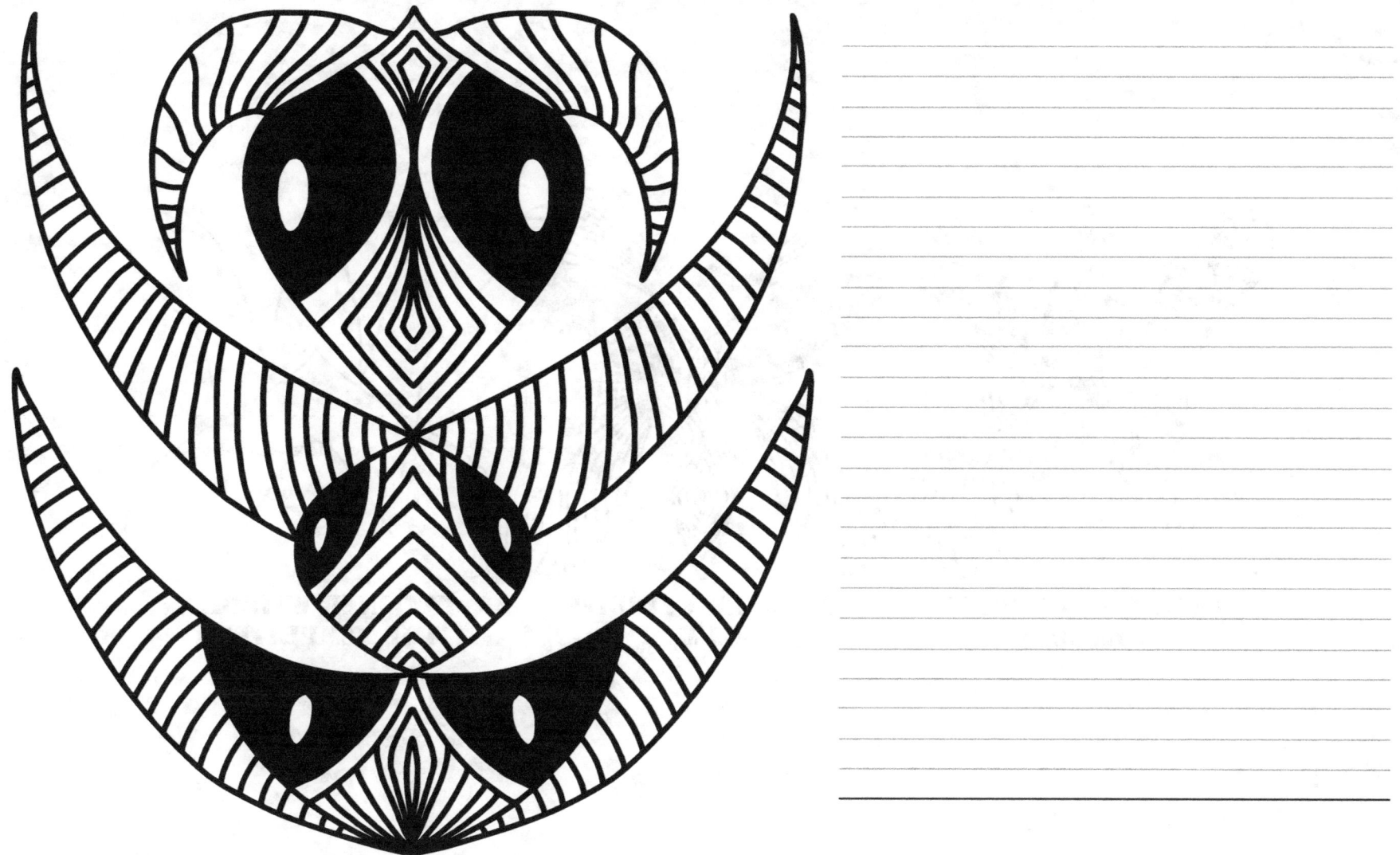

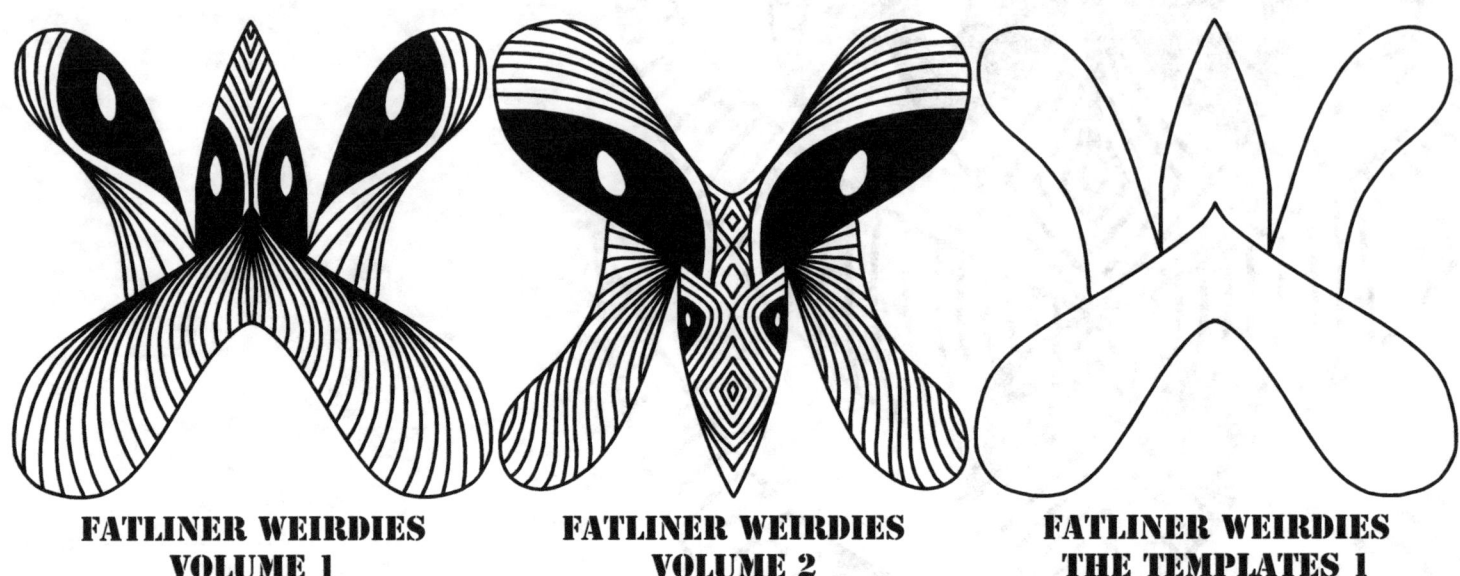

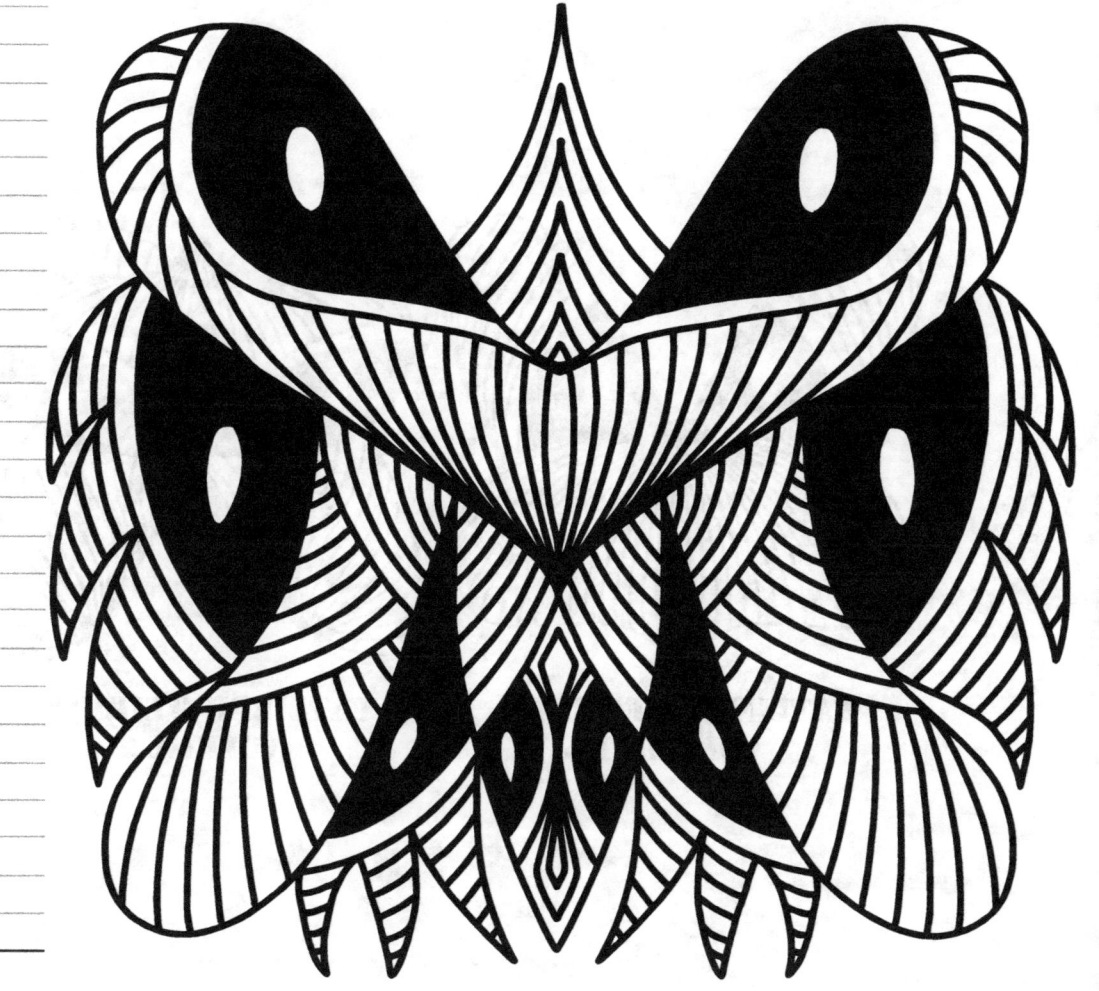

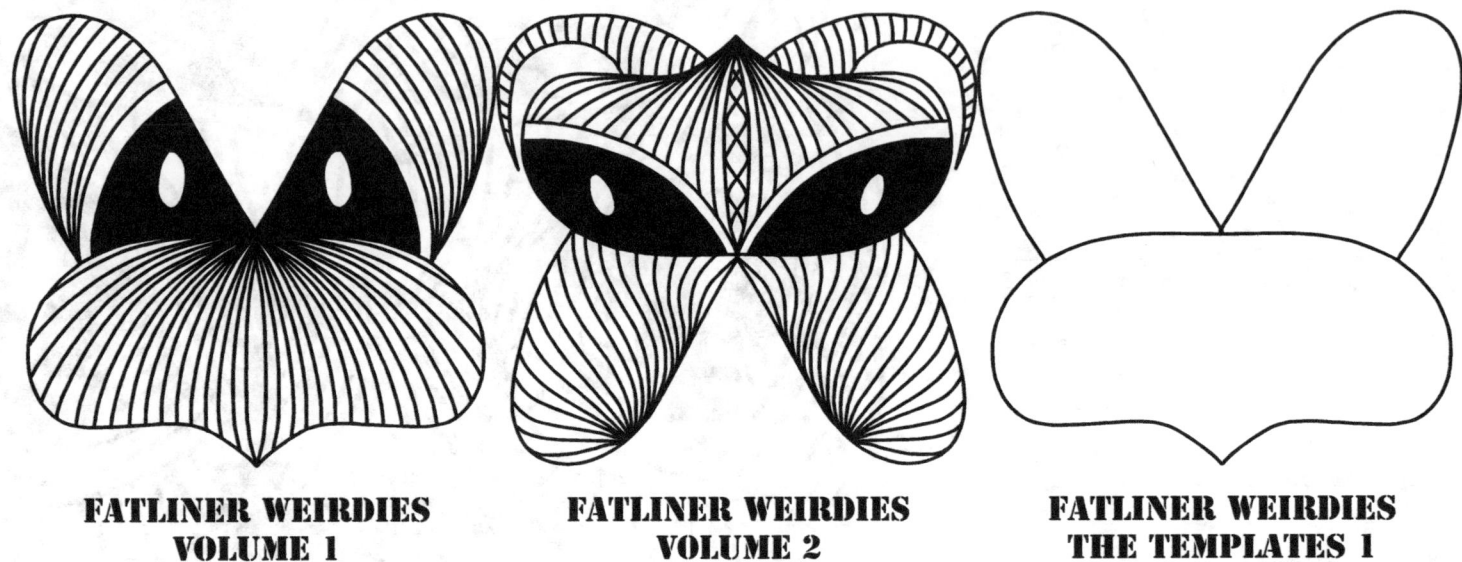

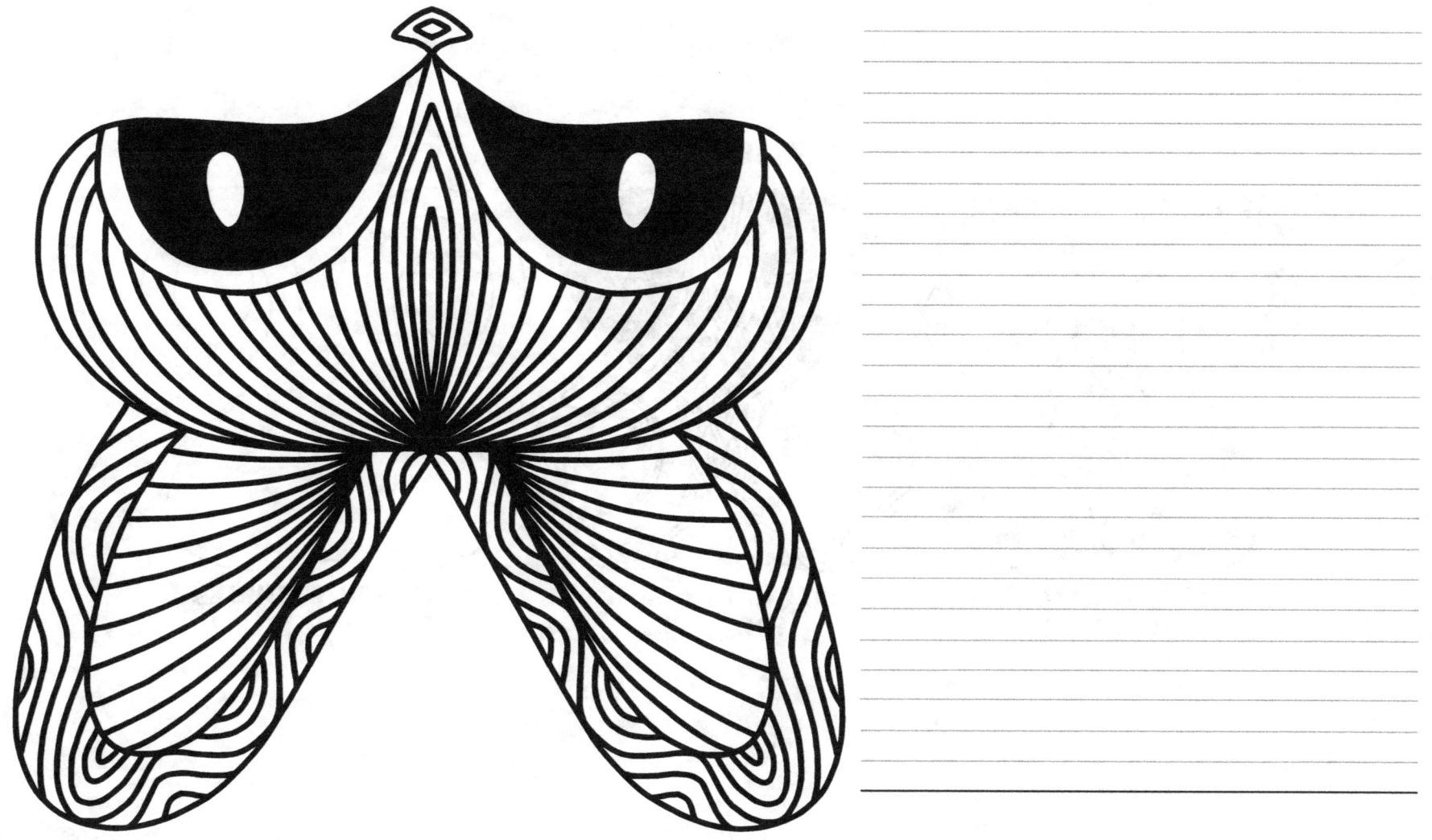

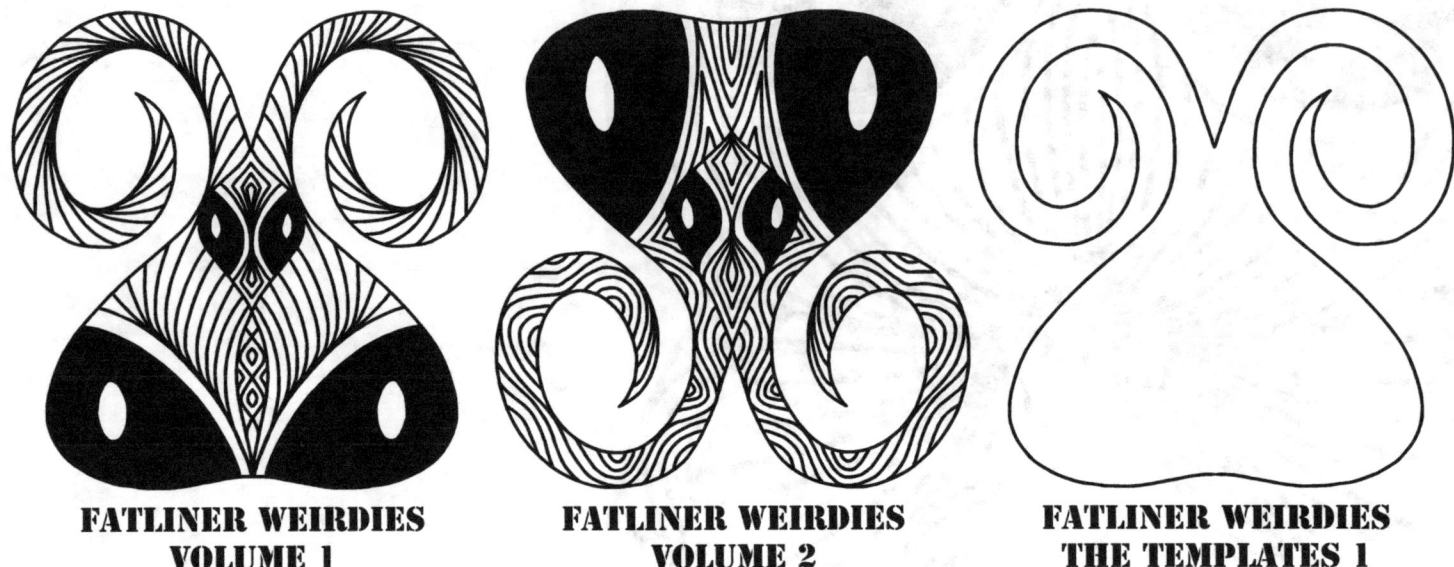

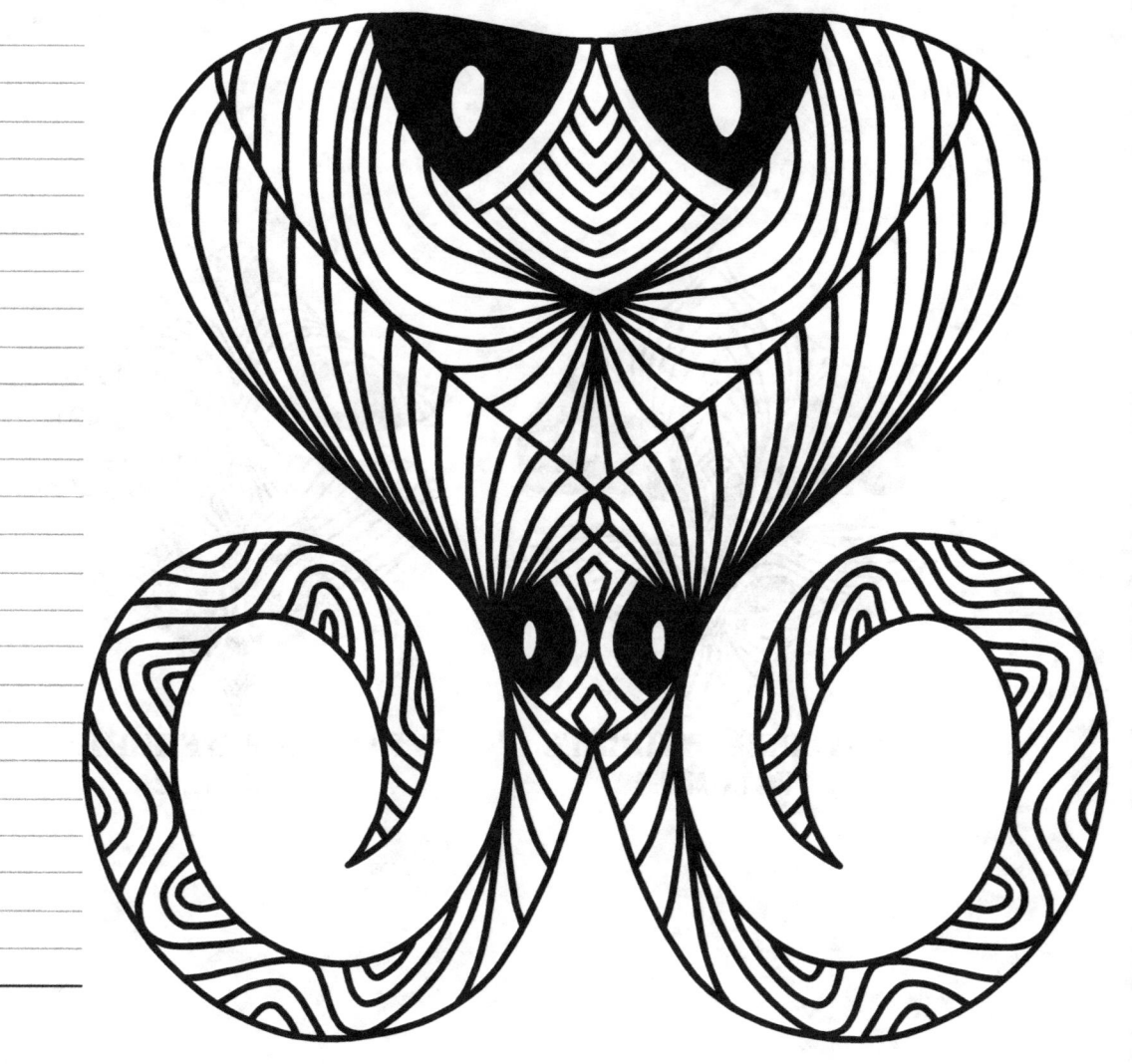

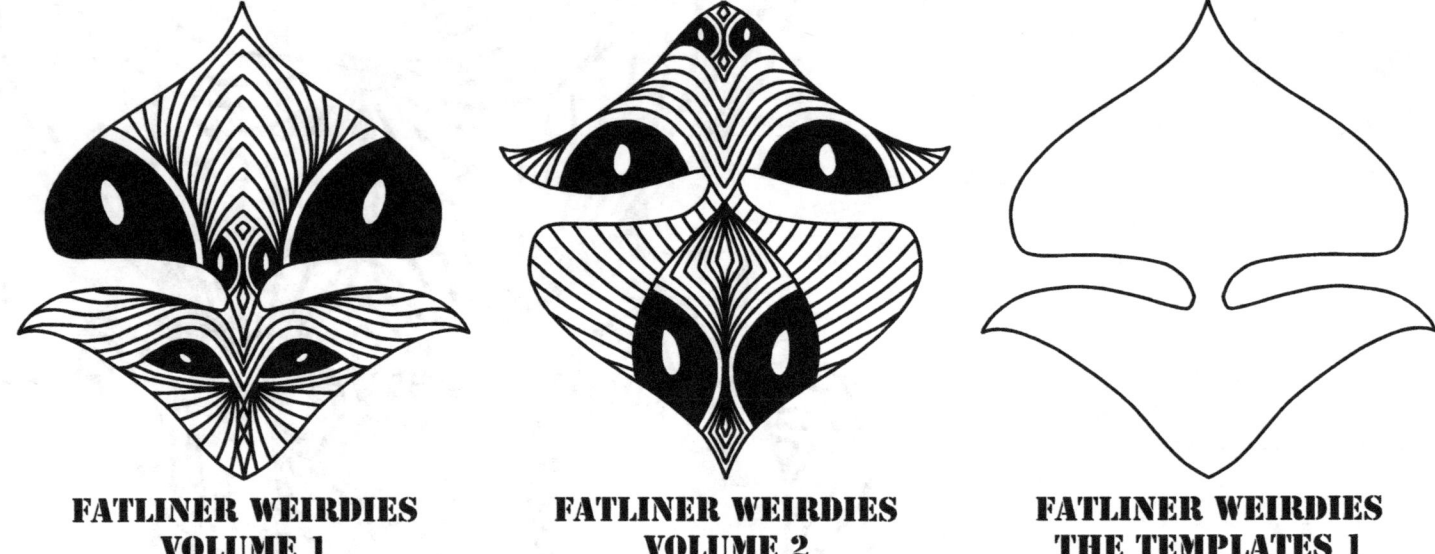

FATLINER WEIRDIES VOLUME 1   **FATLINER WEIRDIES VOLUME 2**   **FATLINER WEIRDIES THE TEMPLATES 1**

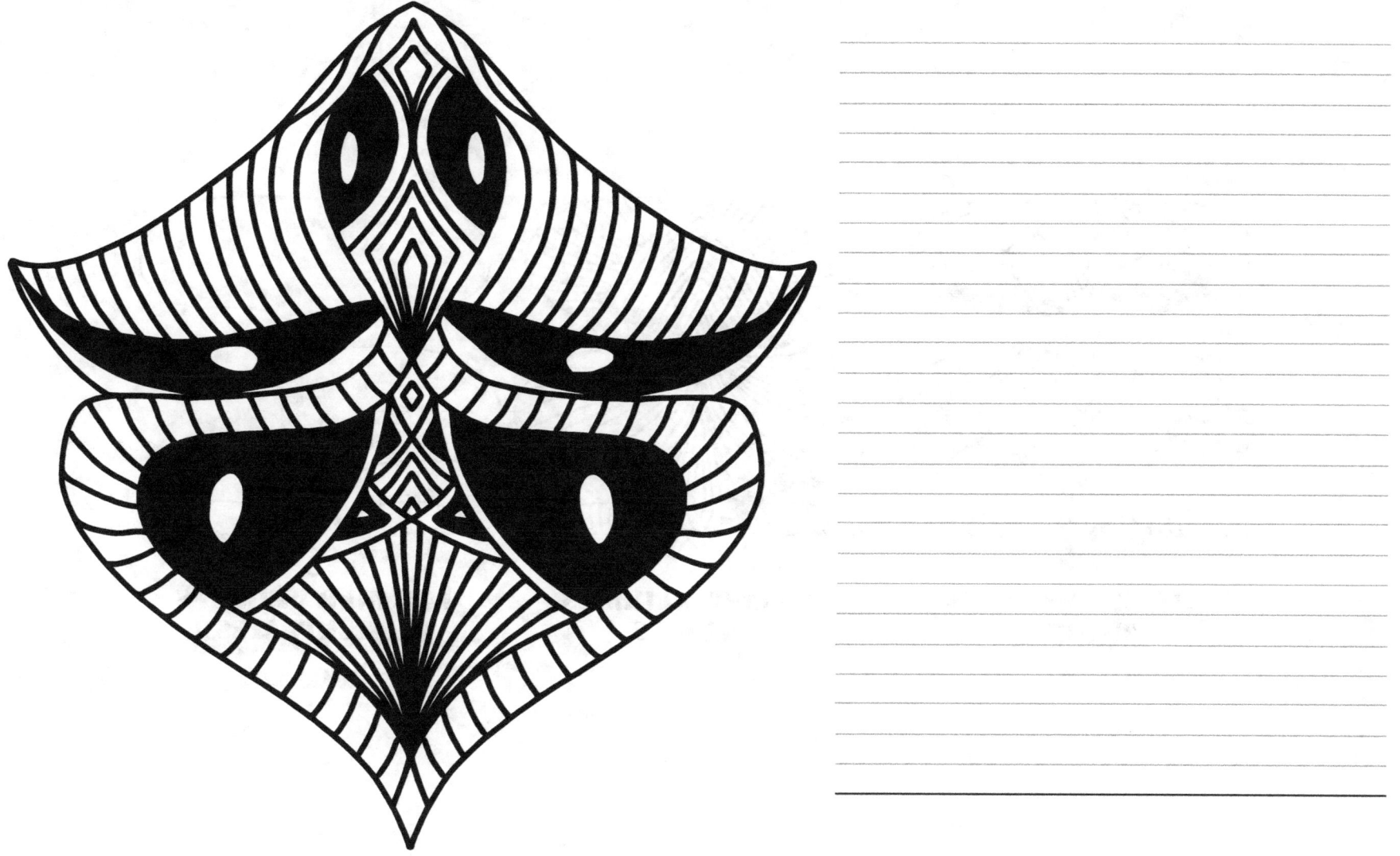

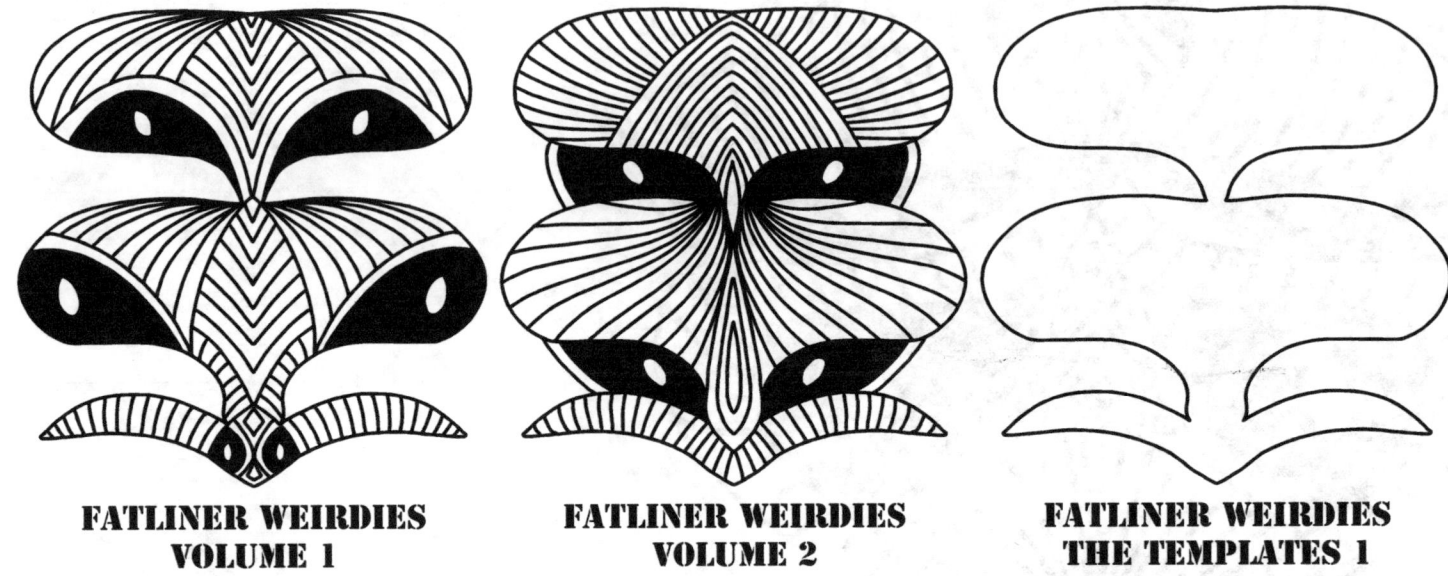

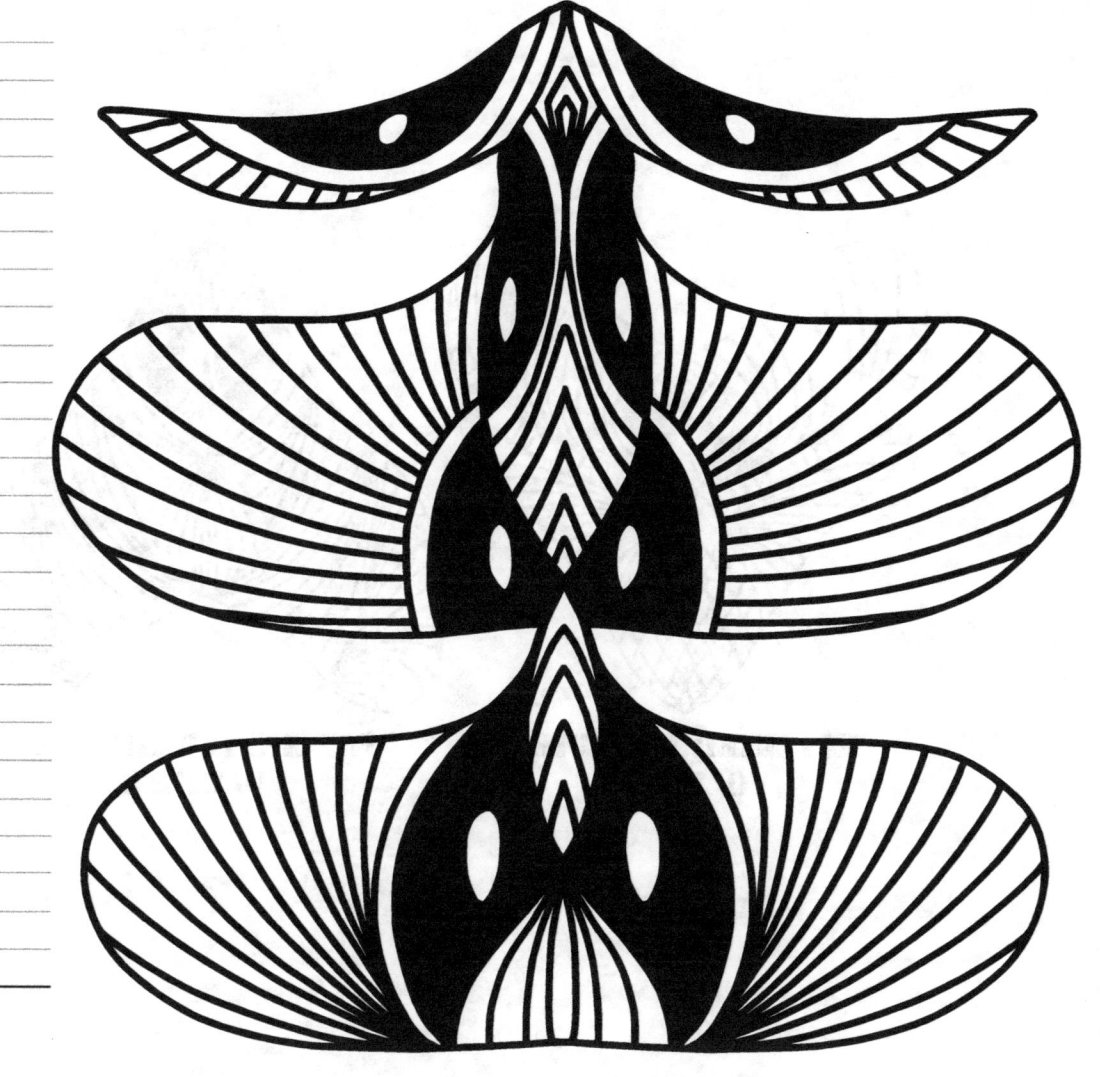

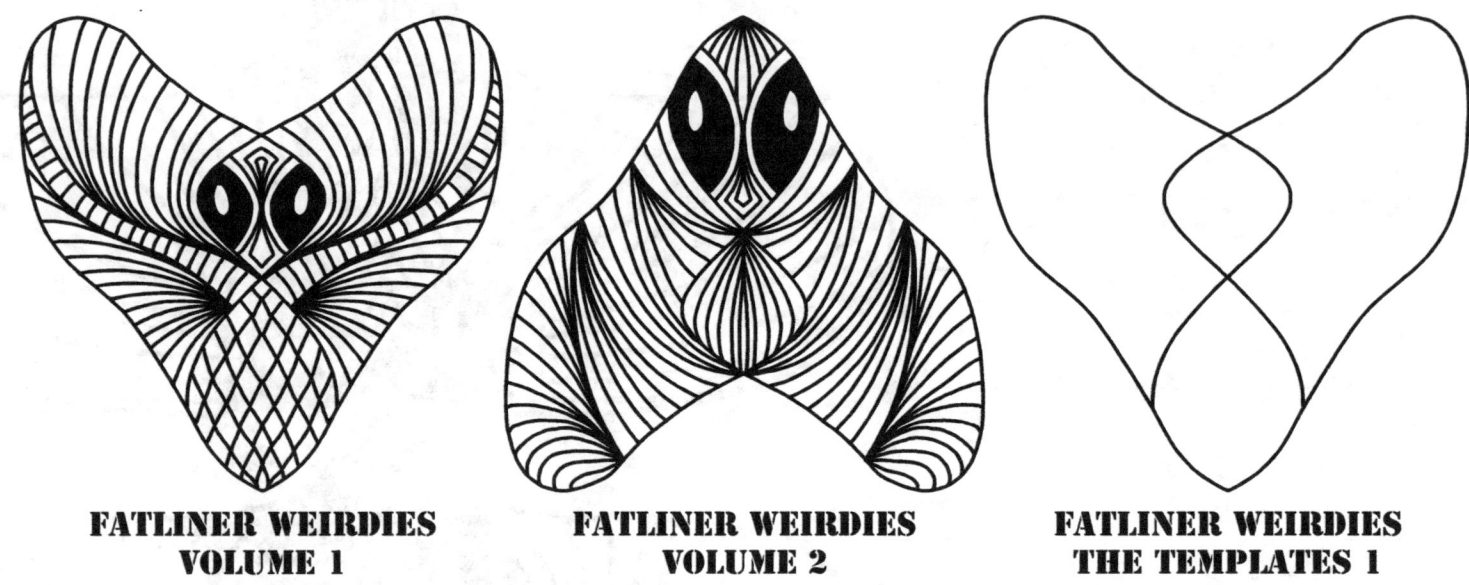

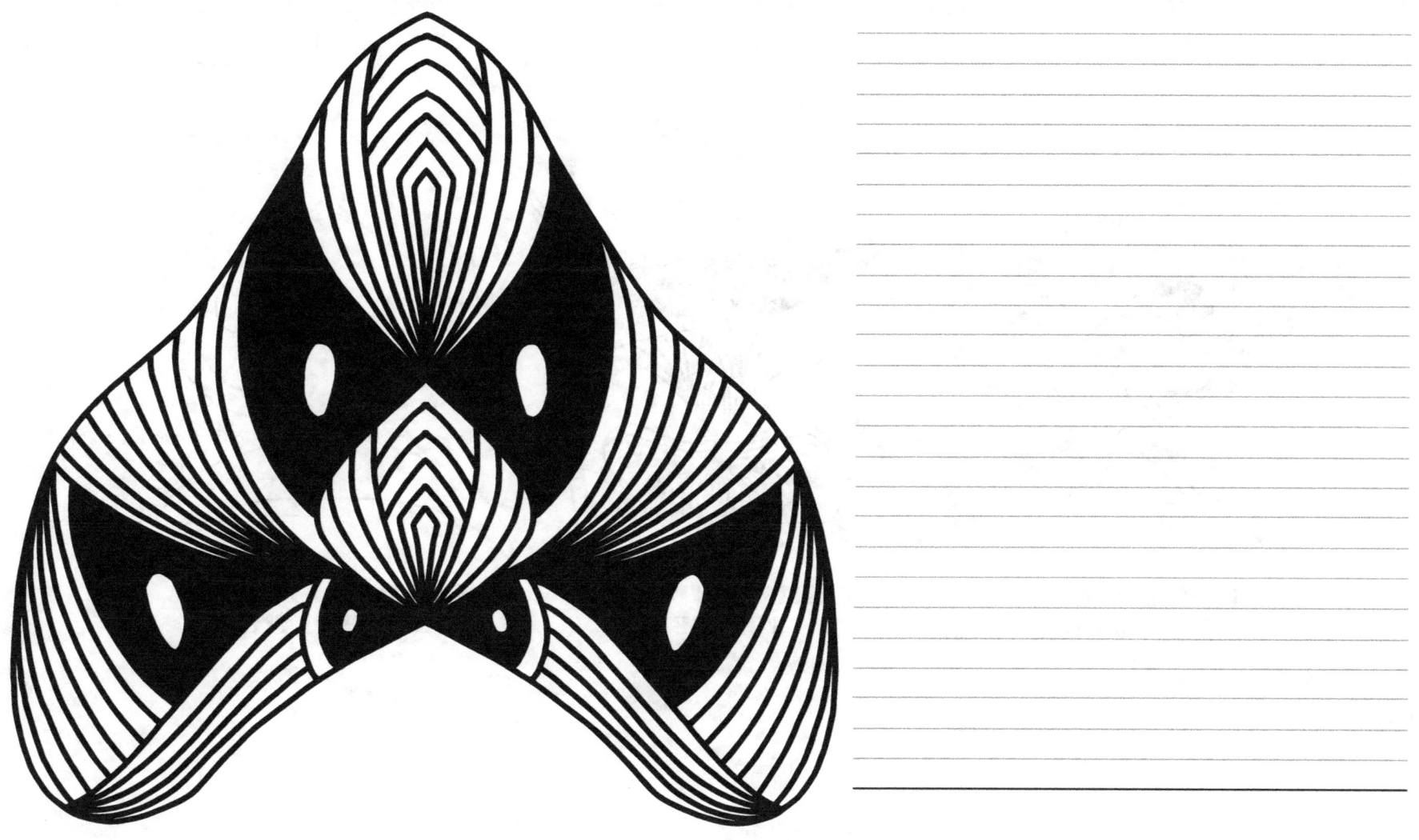

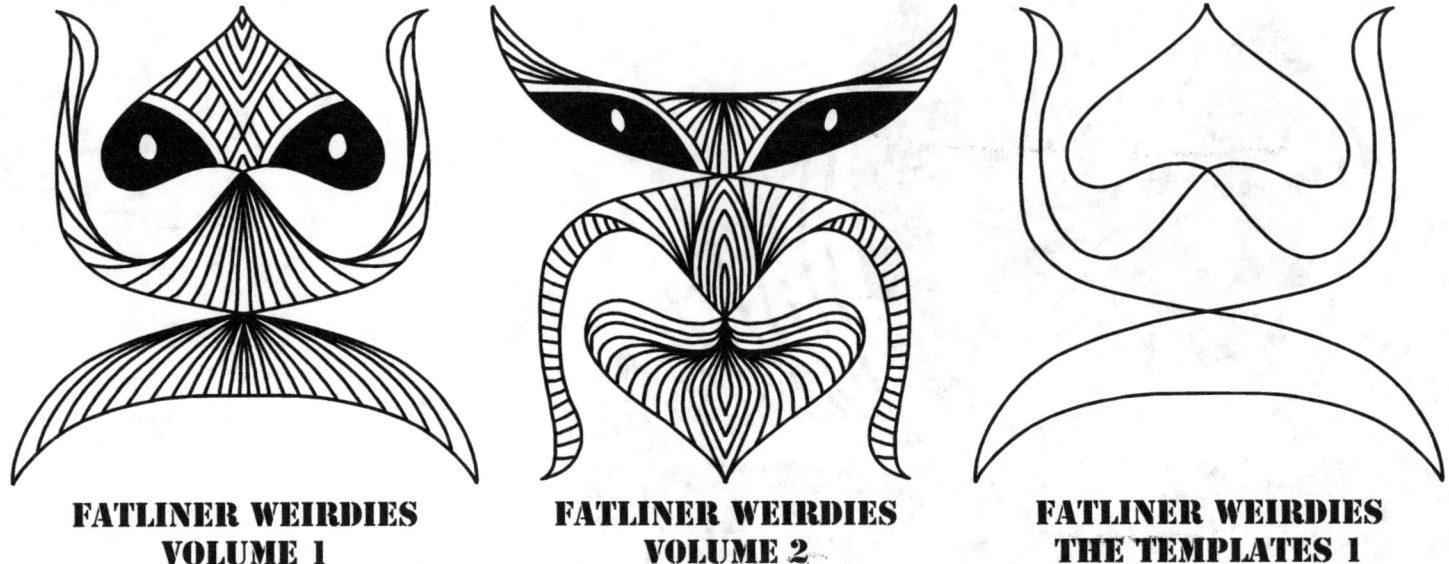

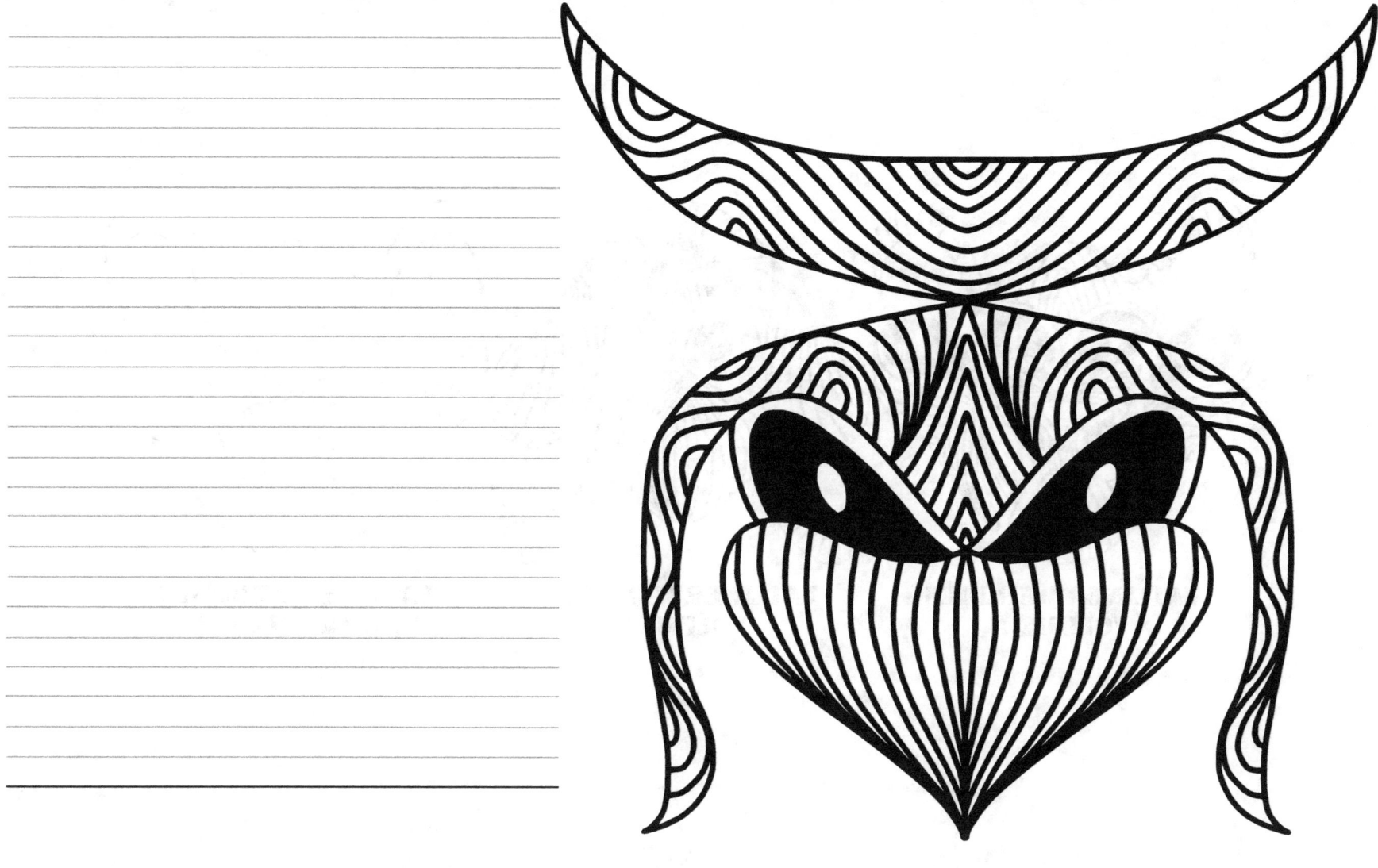

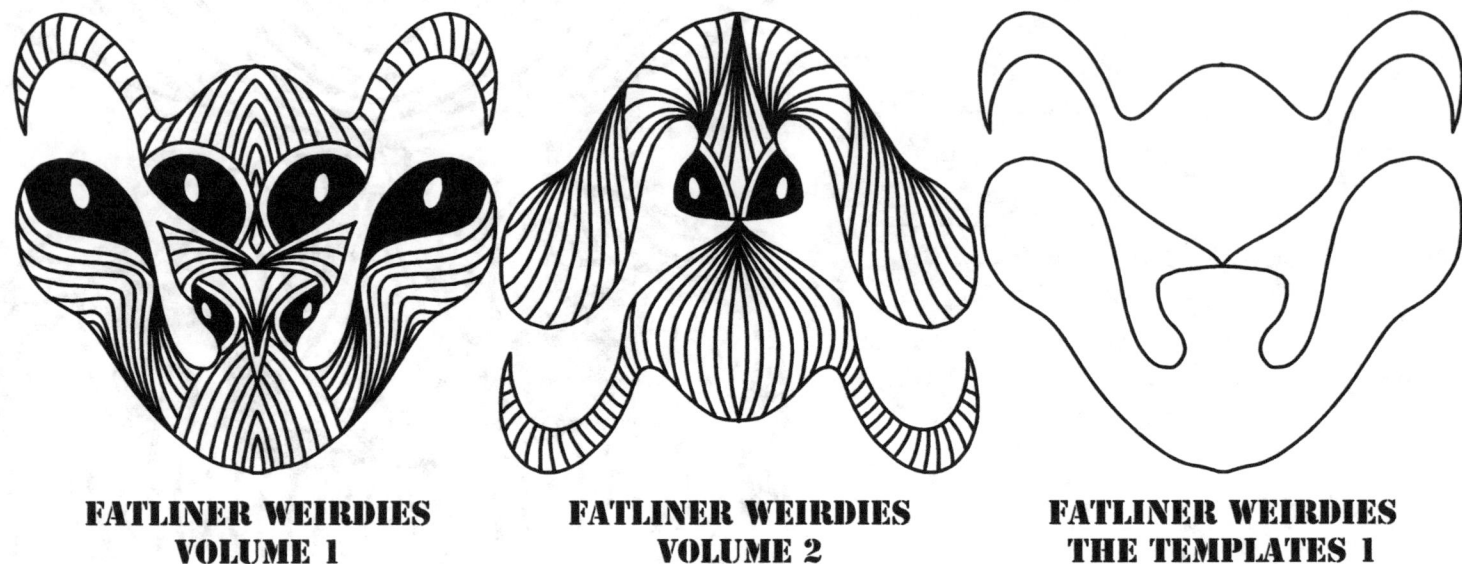

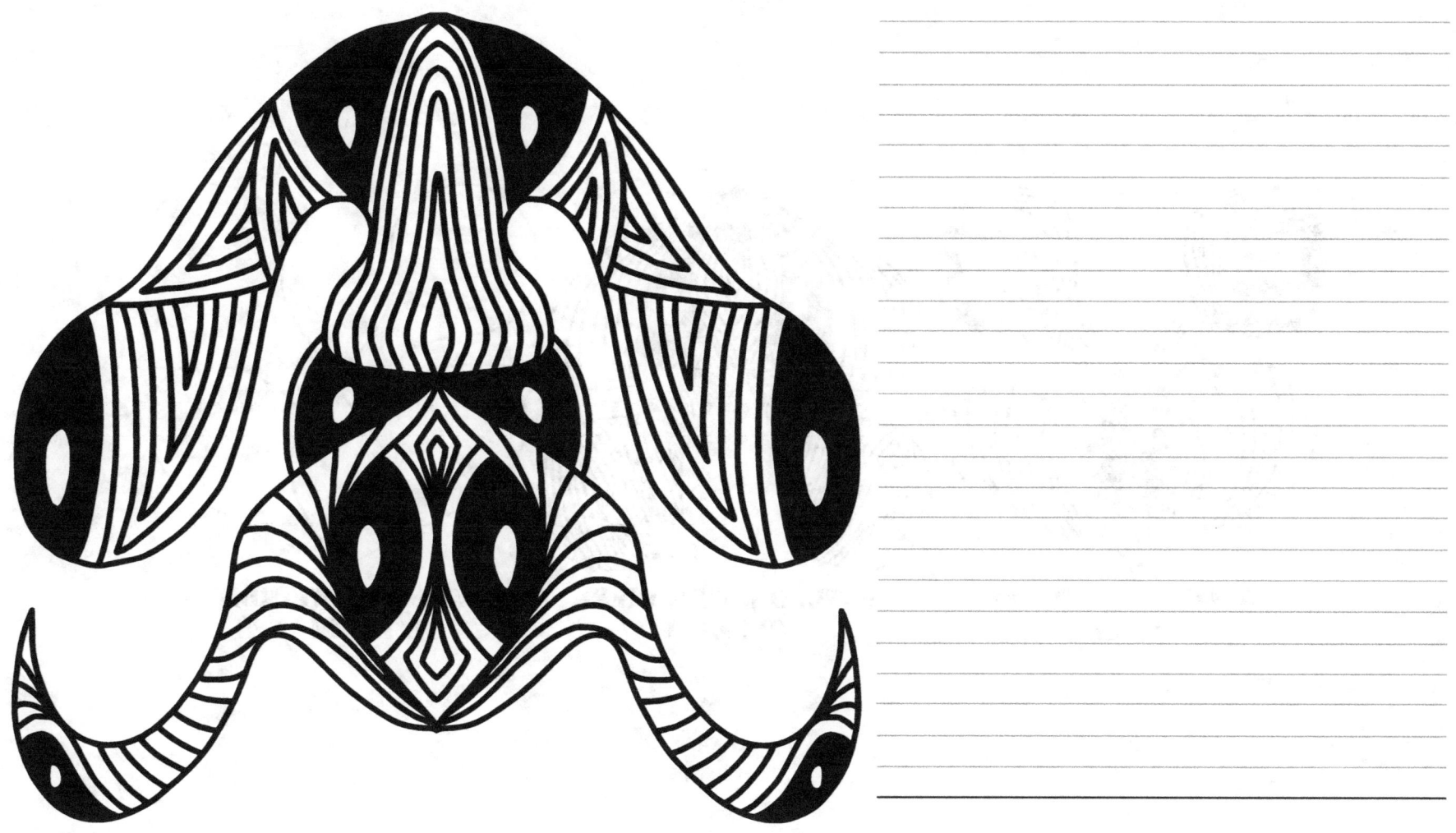

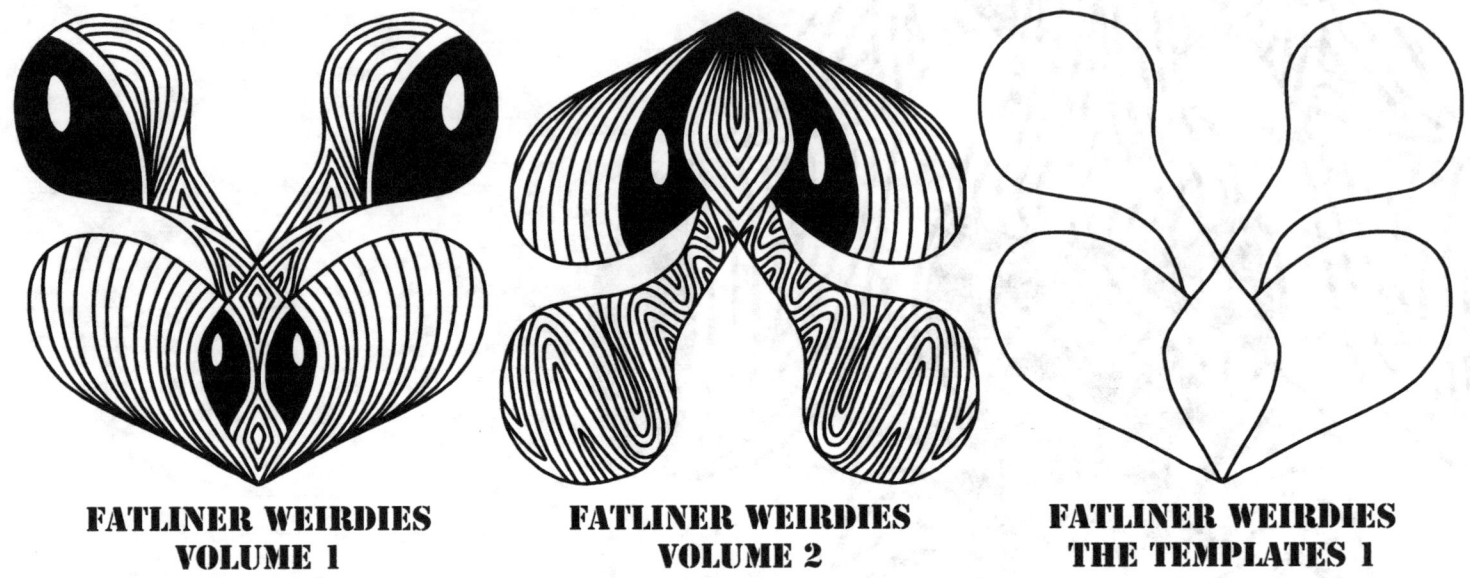

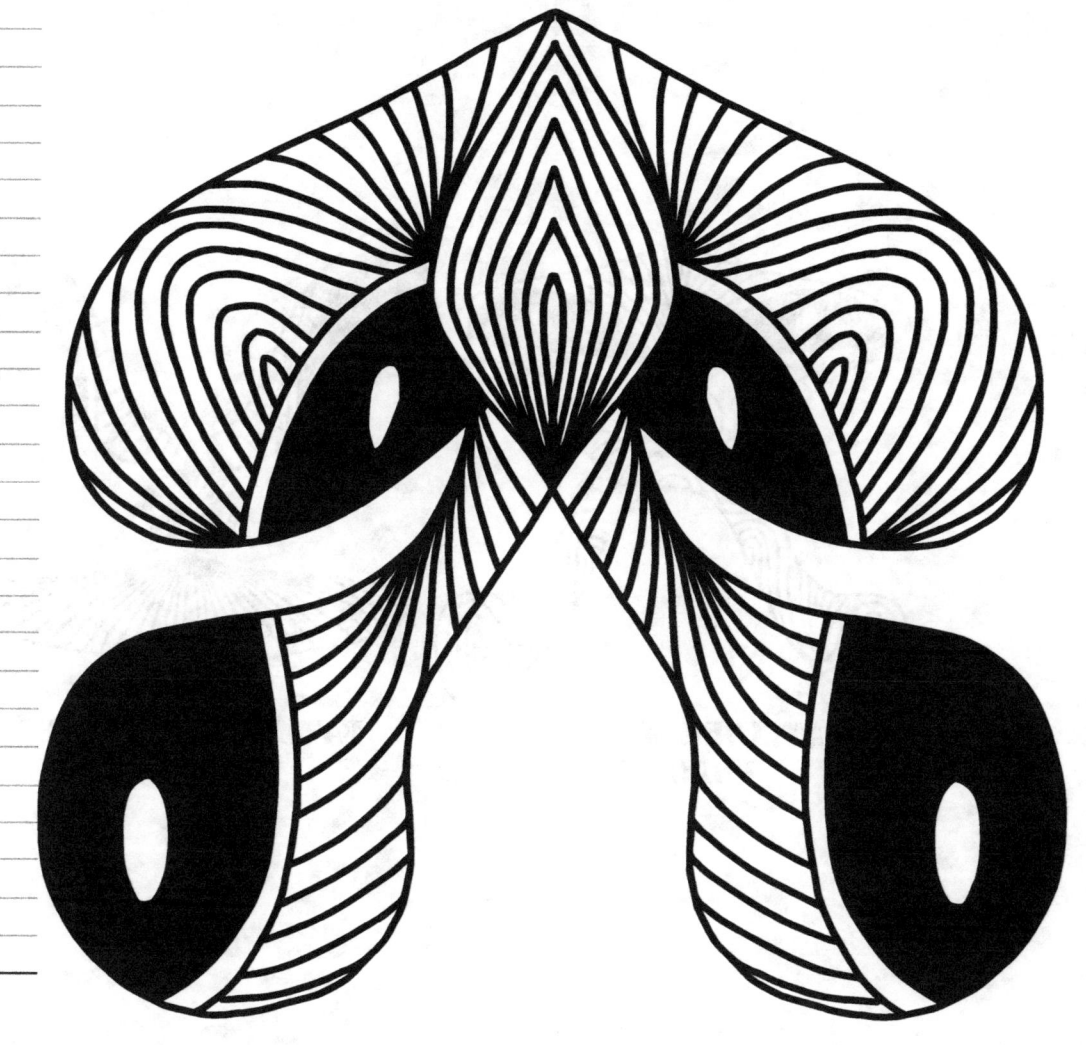

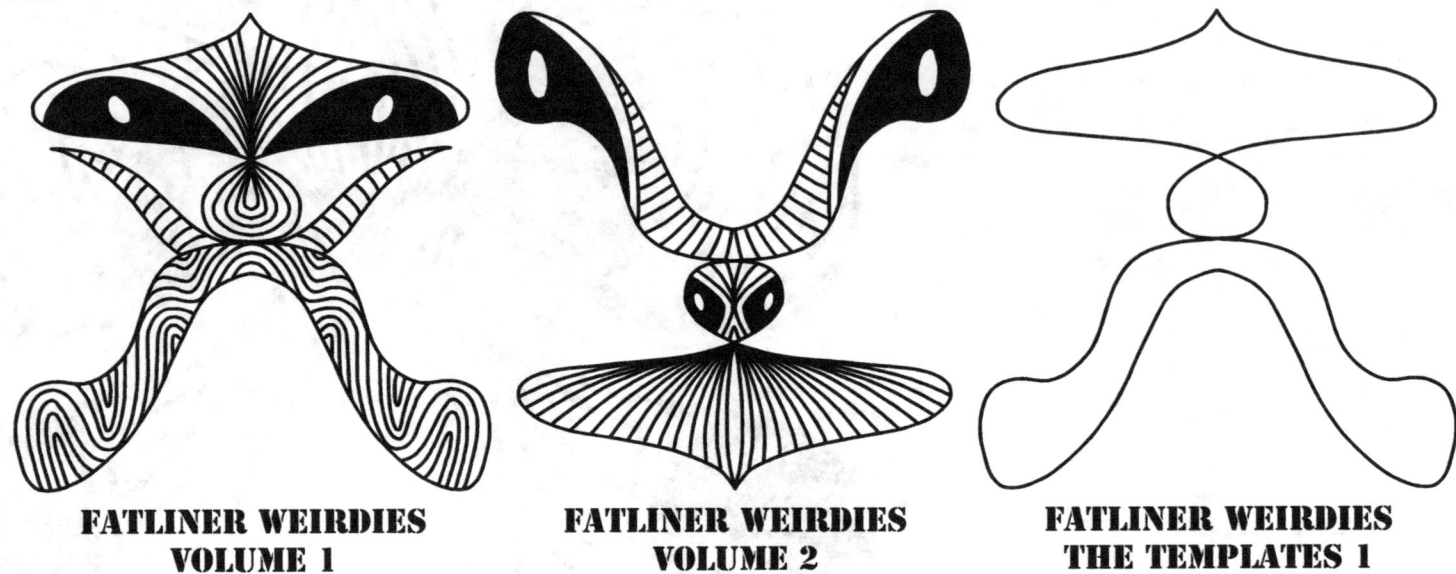

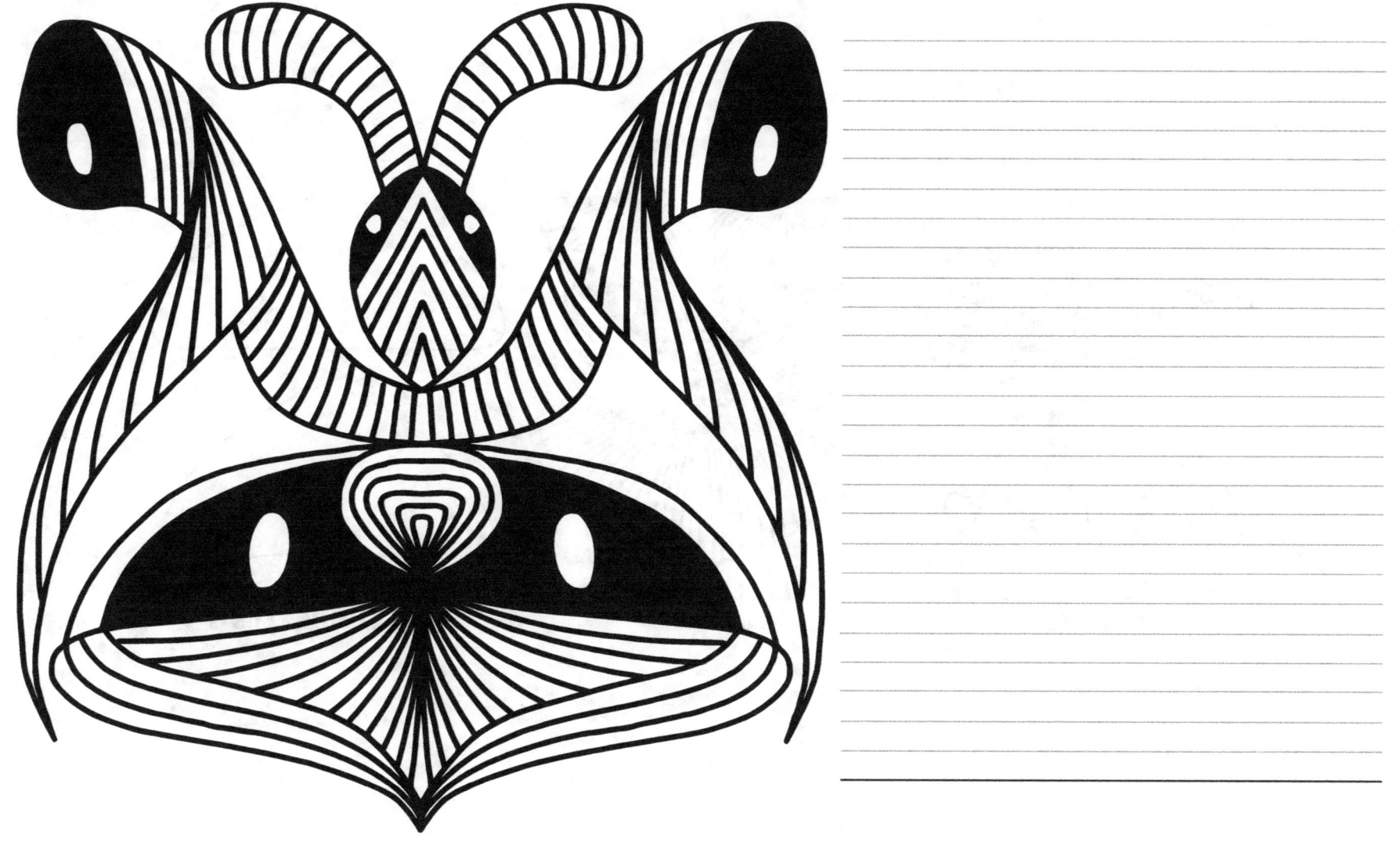

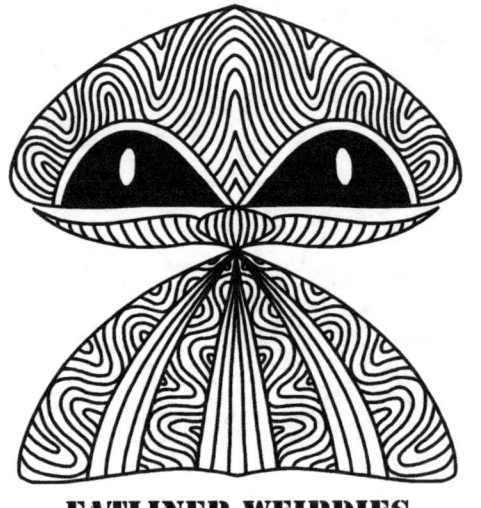

**FATLINER WEIRDIES
VOLUME 1**

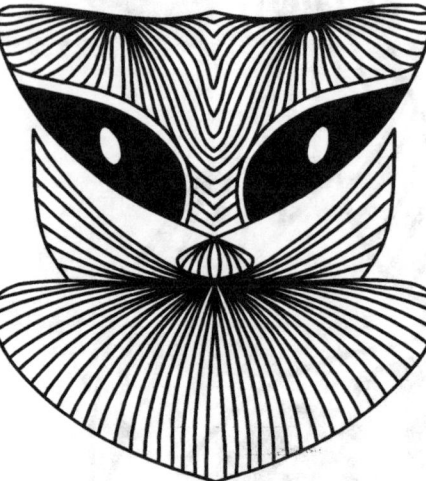

**FATLINER WEIRDIES
VOLUME 2**

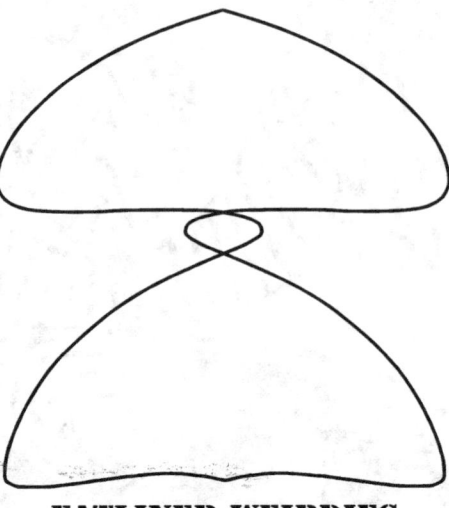

**FATLINER WEIRDIES
THE TEMPLATES 1**

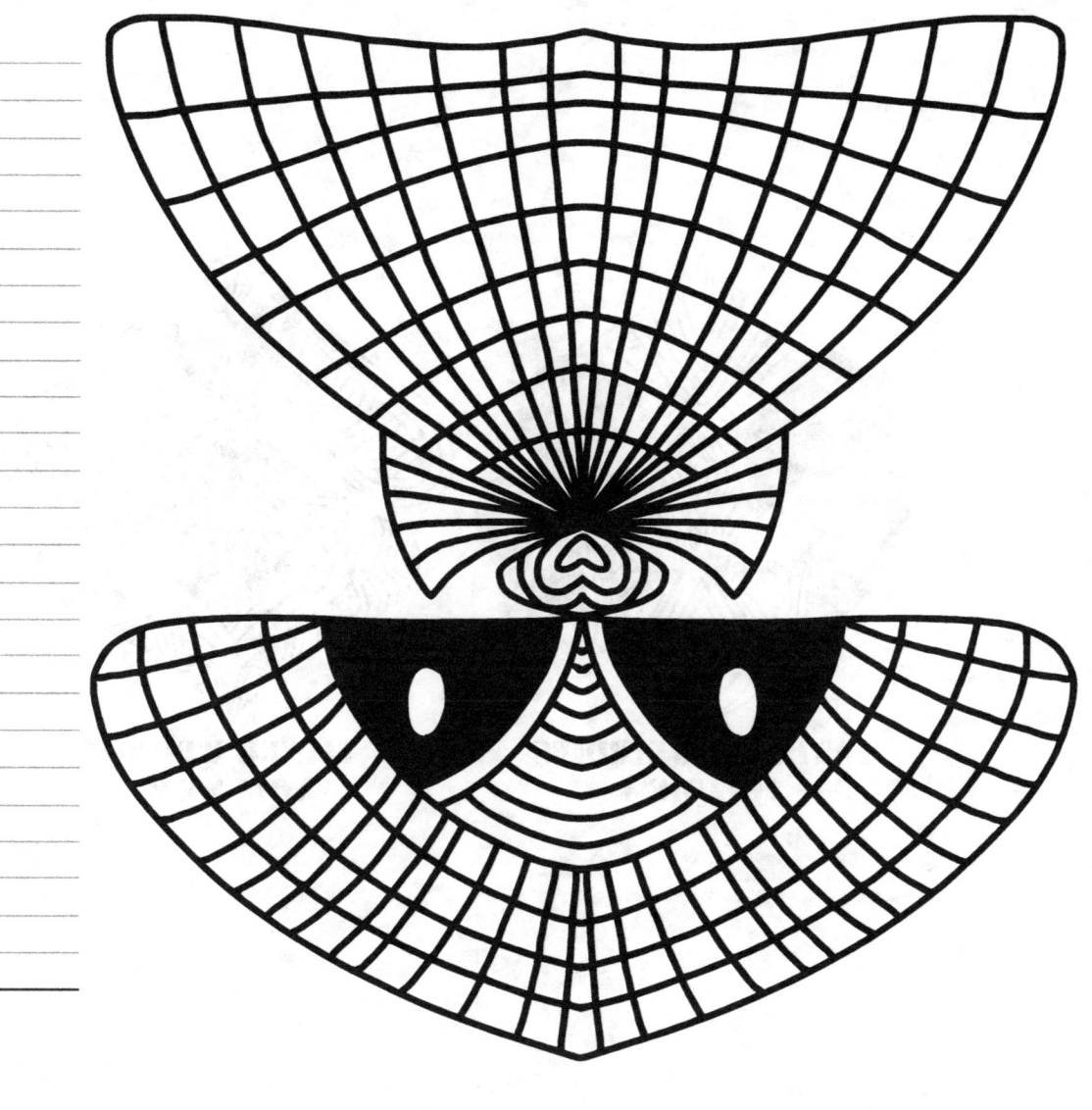

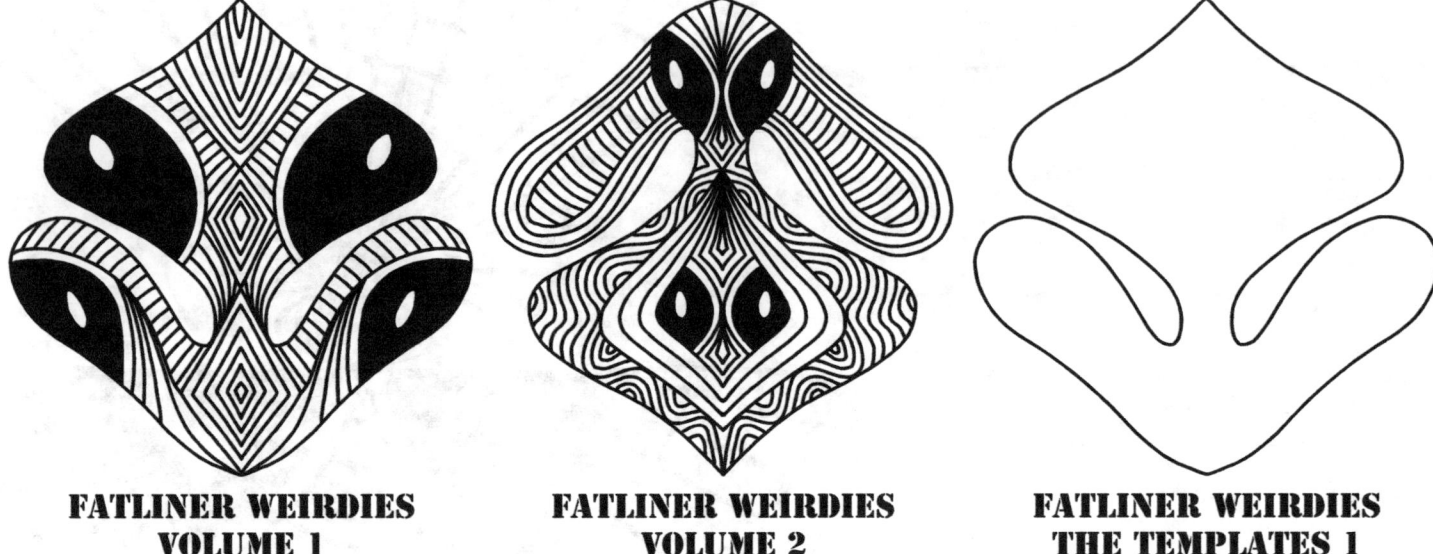

FATLINER WEIRDIES VOLUME 1 **FATLINER WEIRDIES VOLUME 2** **FATLINER WEIRDIES THE TEMPLATES 1**

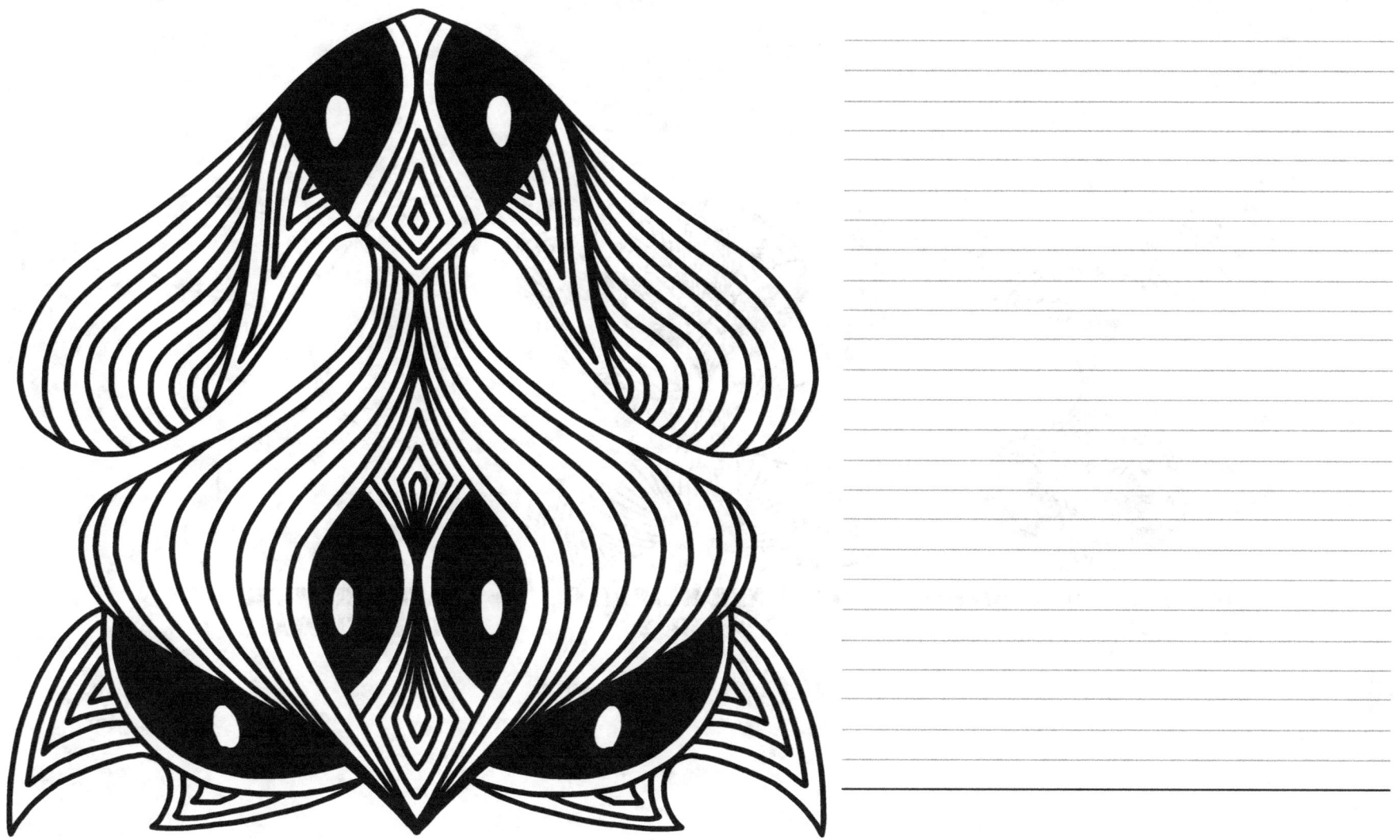

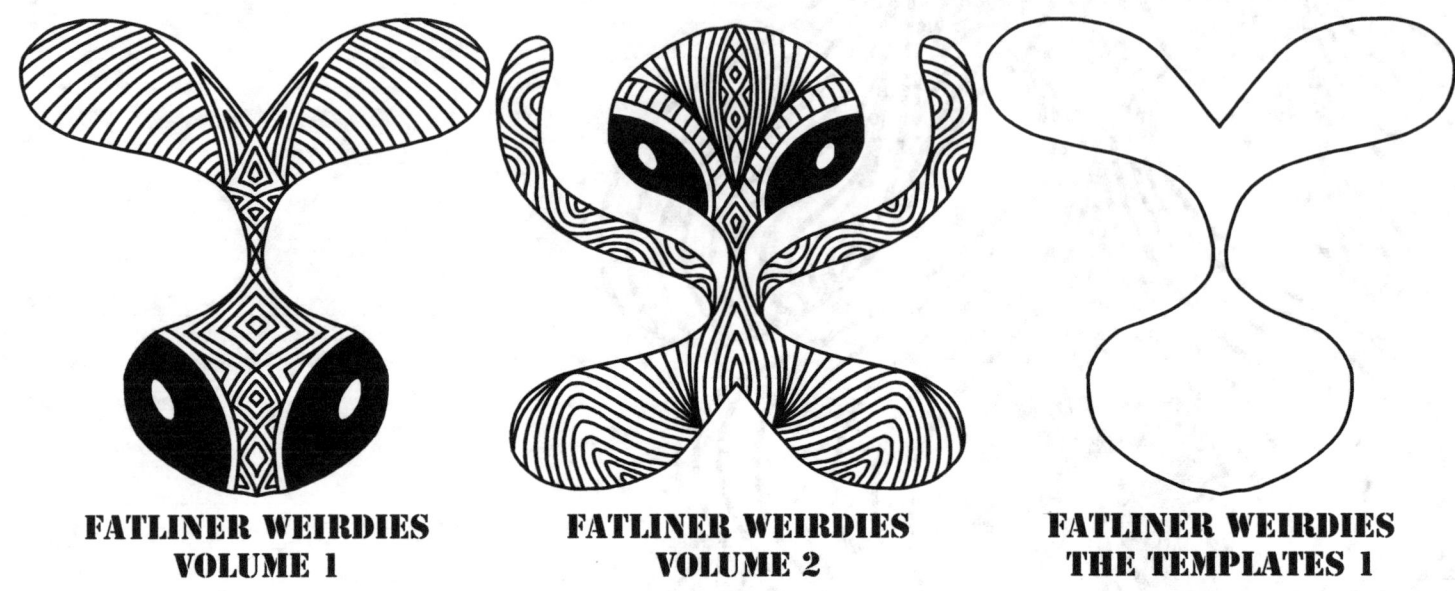

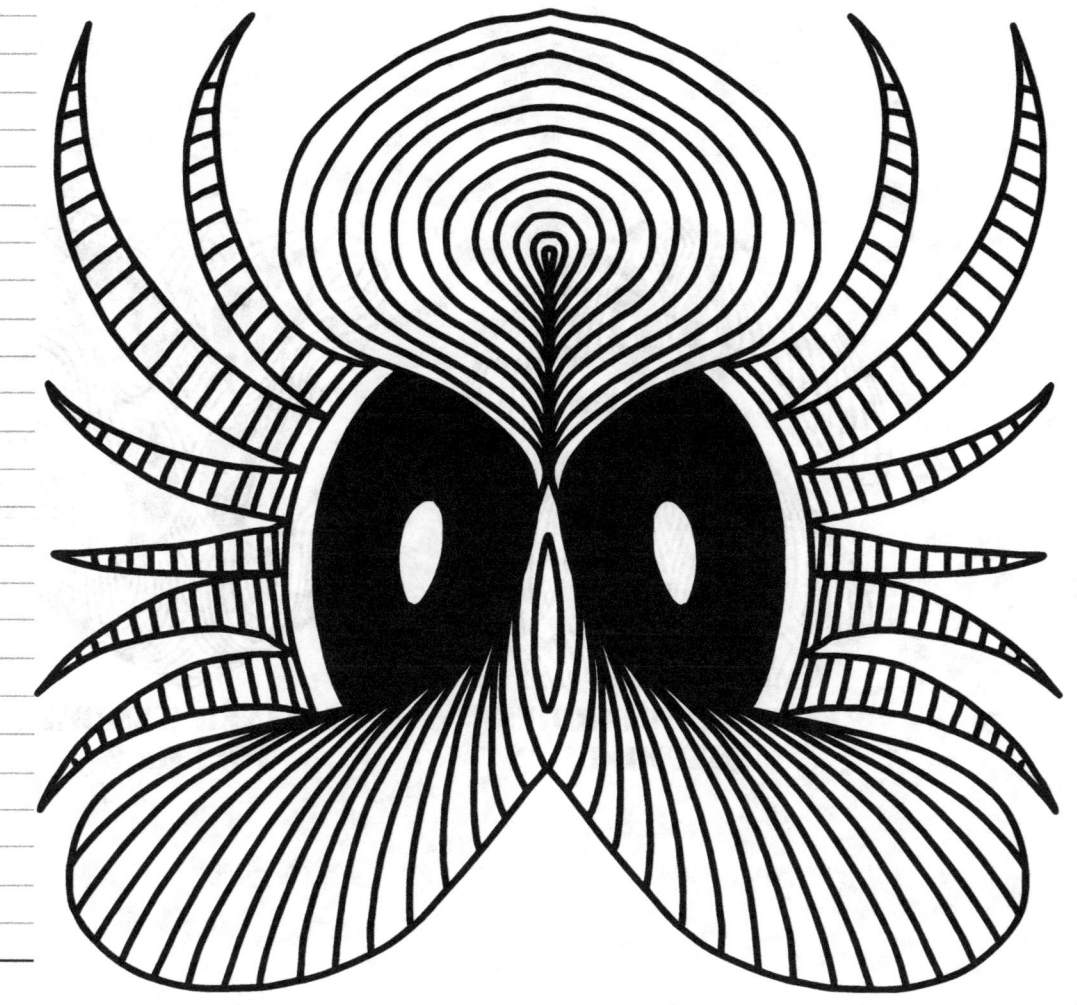

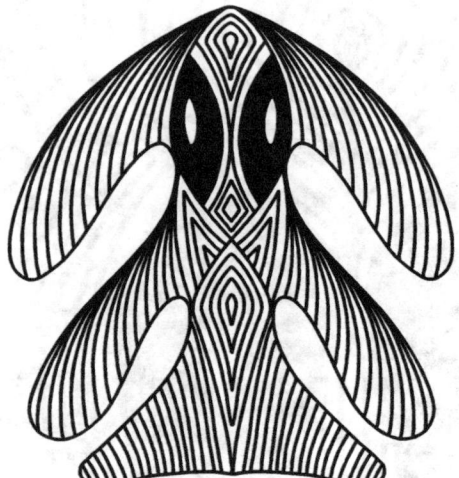
FATLINER WEIRDIES VOLUME 1

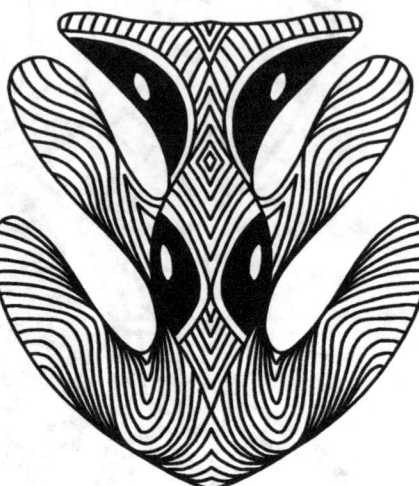
FATLINER WEIRDIES VOLUME 2

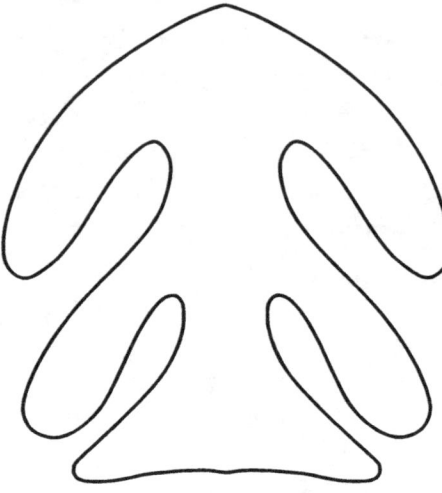
FATLINER WEIRDIES THE TEMPLATES 1

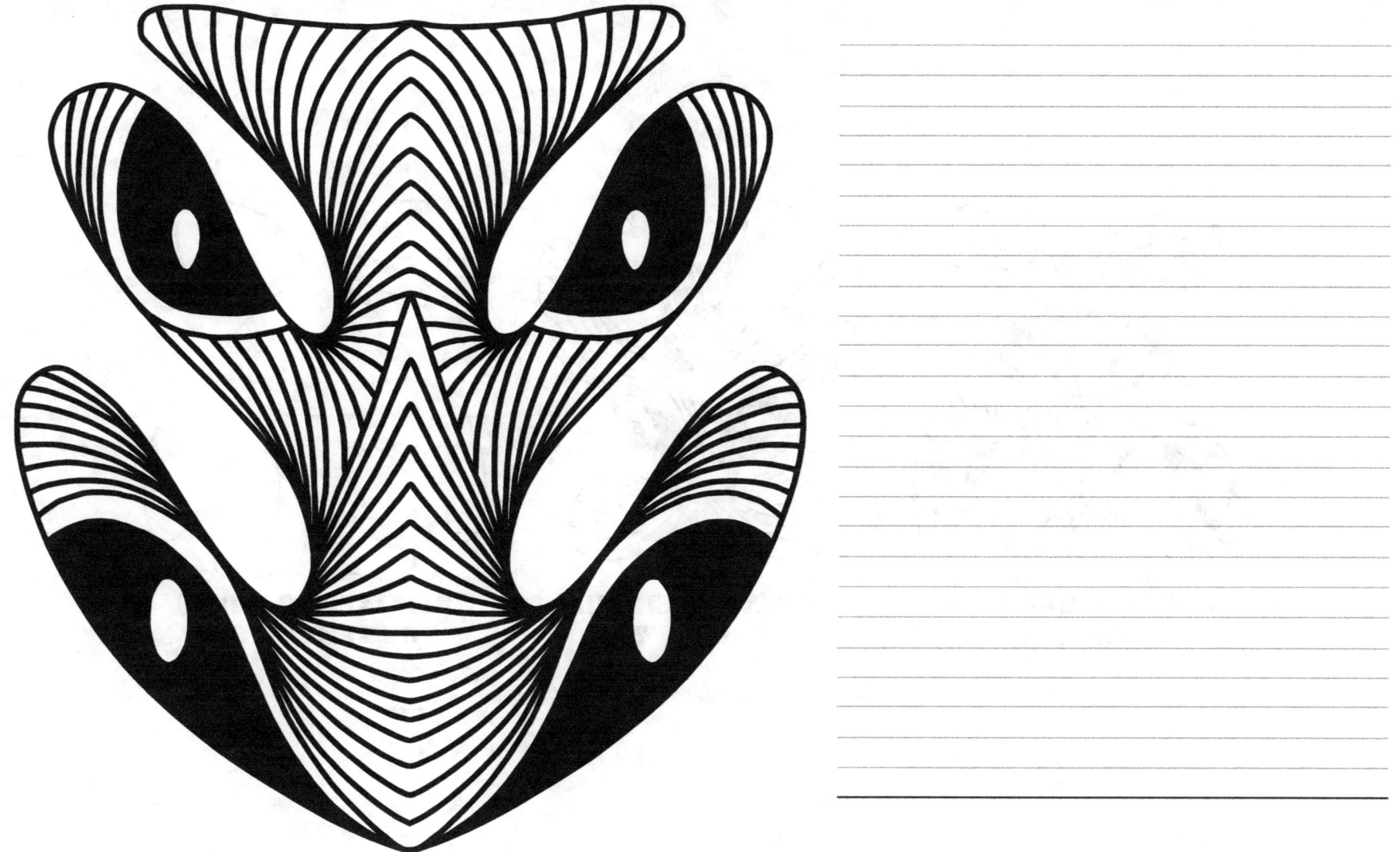

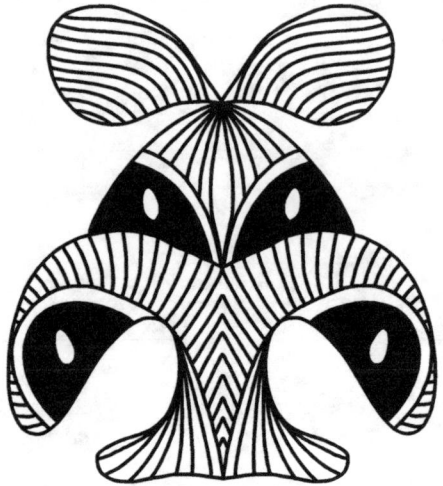

FATLINER WEIRDIES VOLUME 1

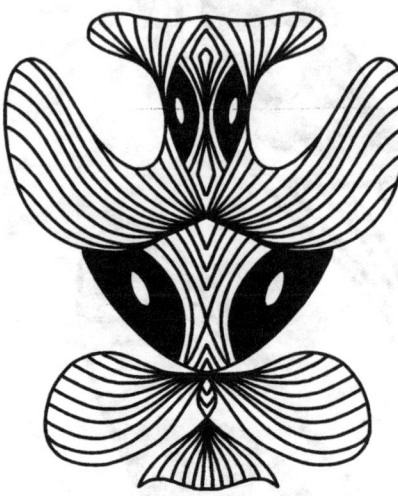

FATLINER WEIRDIES VOLUME 2

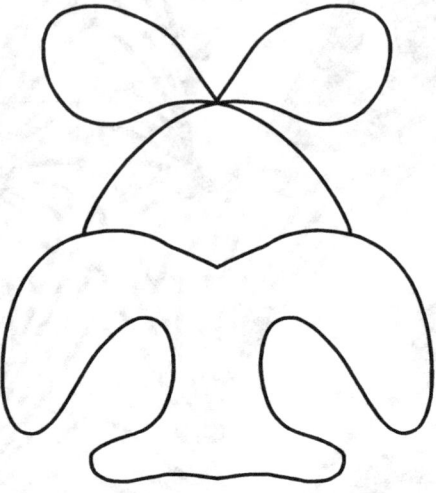

FATLINER WEIRDIES THE TEMPLATES 1

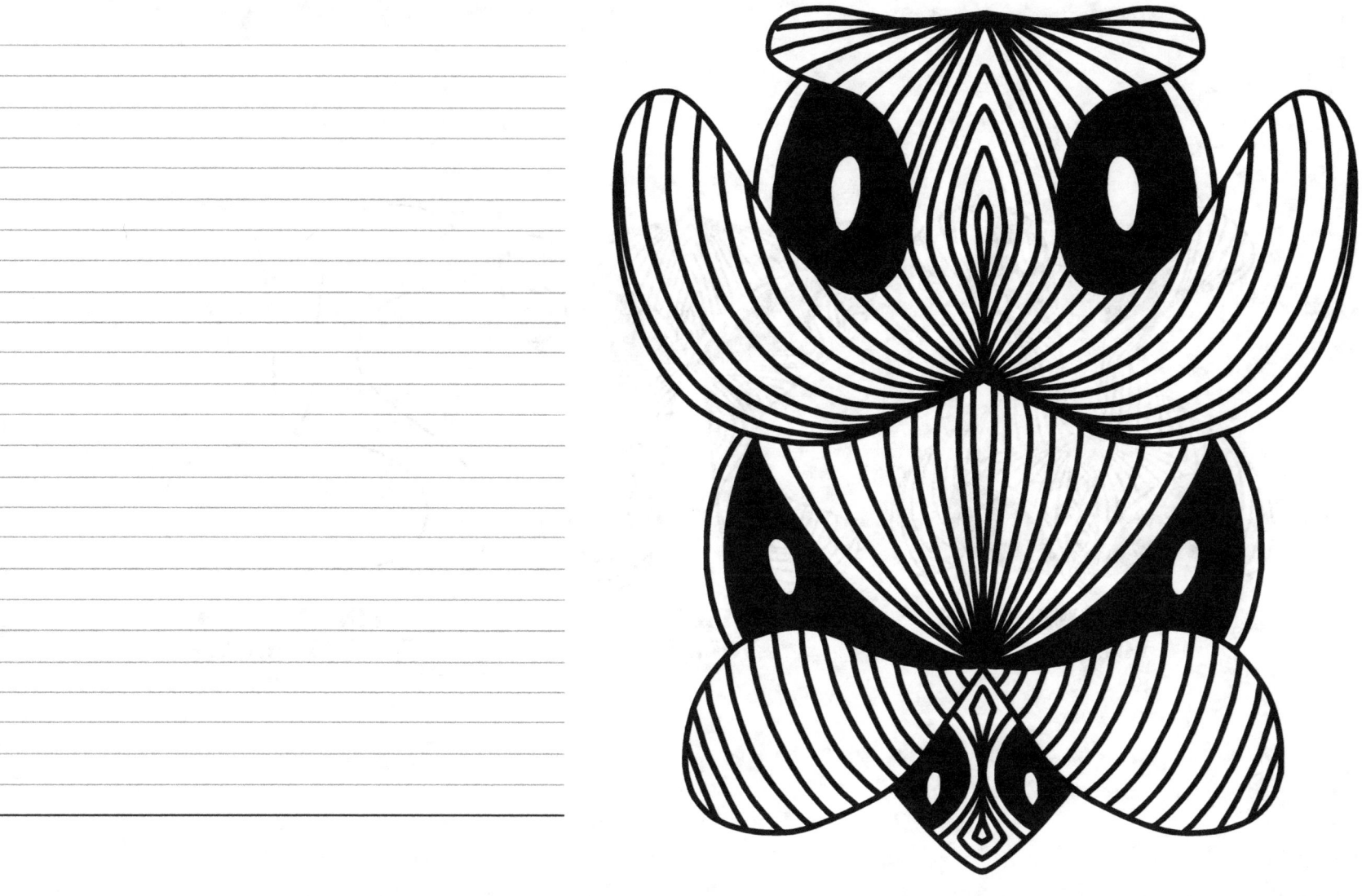

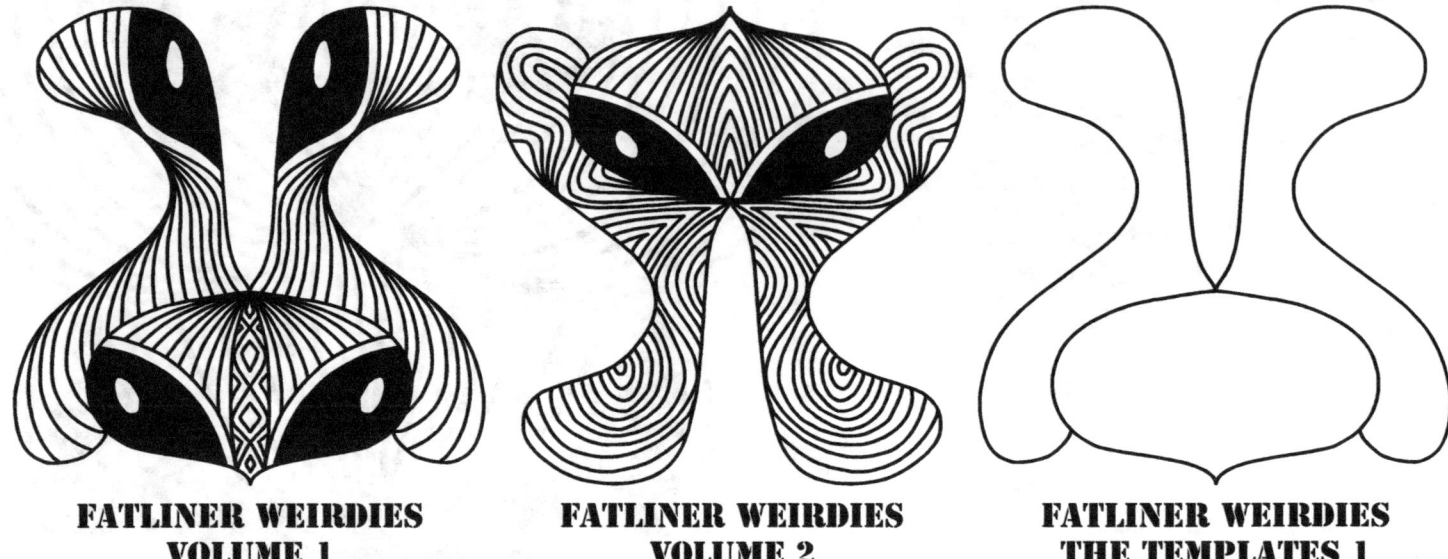

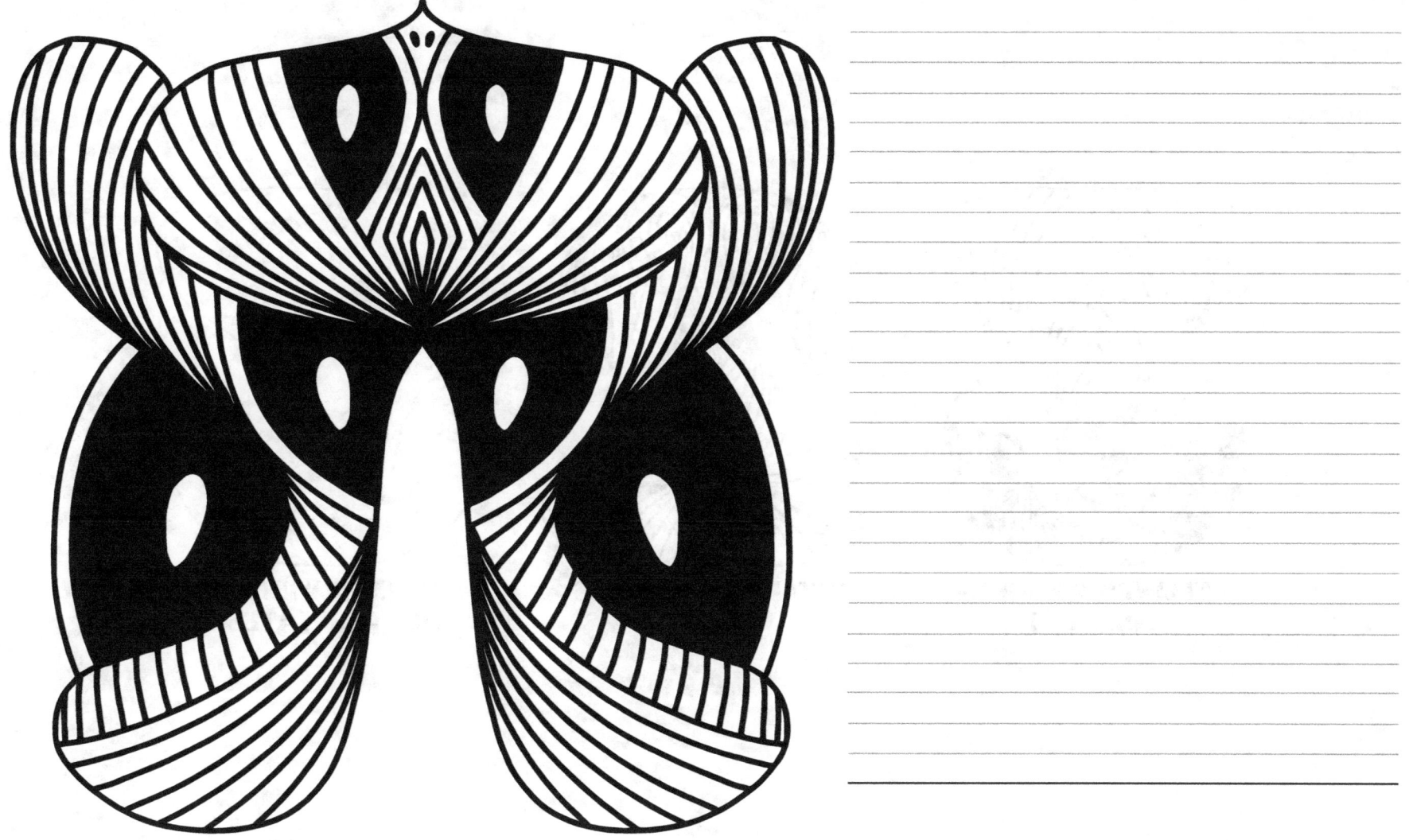

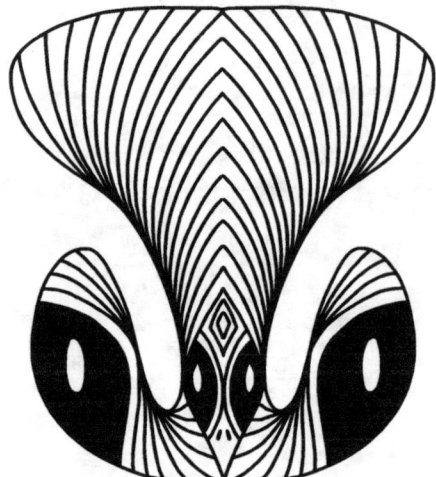
FATLINER WEIRDIES VOLUME 1

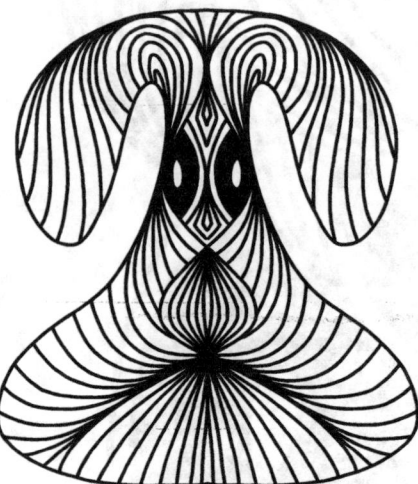
FATLINER WEIRDIES VOLUME 2

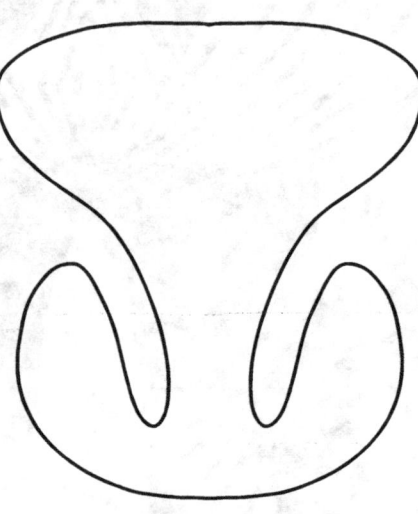
FATLINER WEIRDIES THE TEMPLATES 1

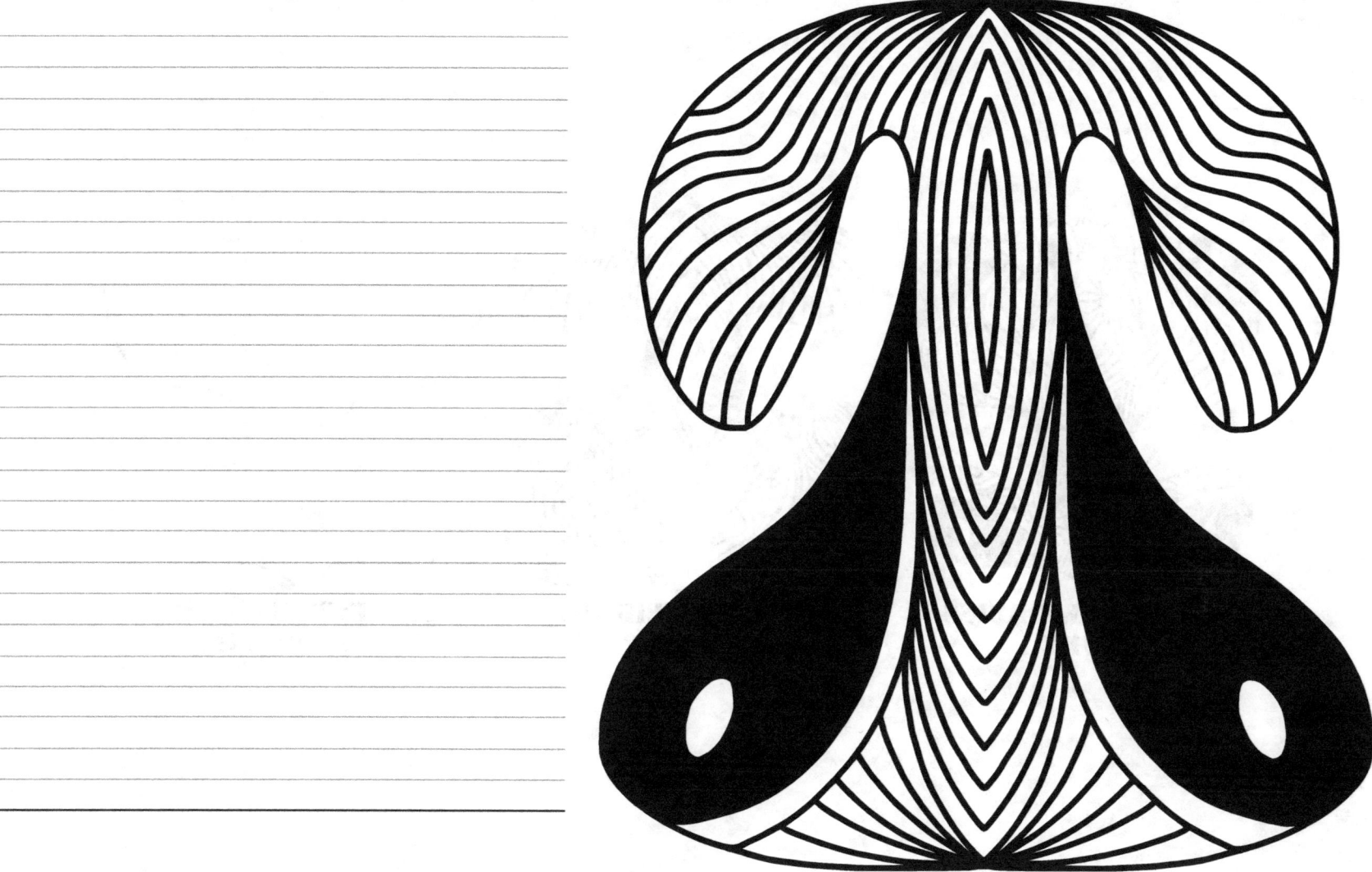

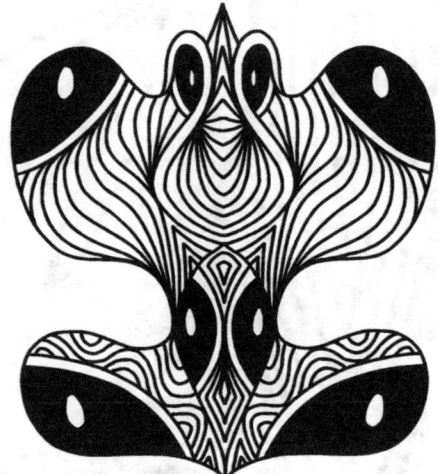
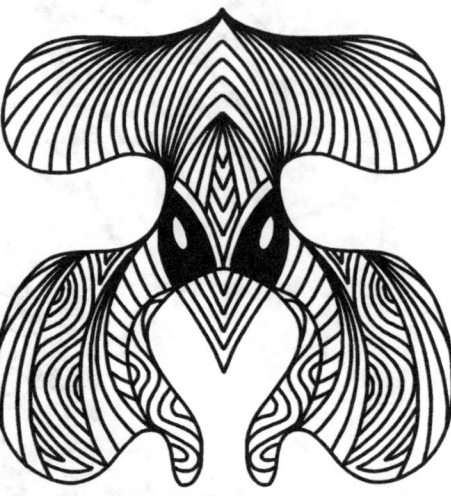
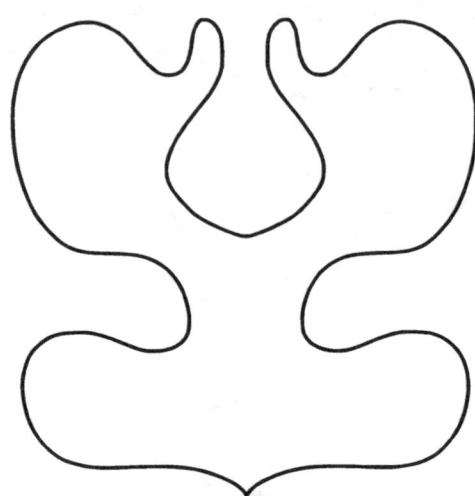

FATLINER WEIRDIES VOLUME 1   **FATLINER WEIRDIES VOLUME 2**   **FATLINER WEIRDIES THE TEMPLATES 1**

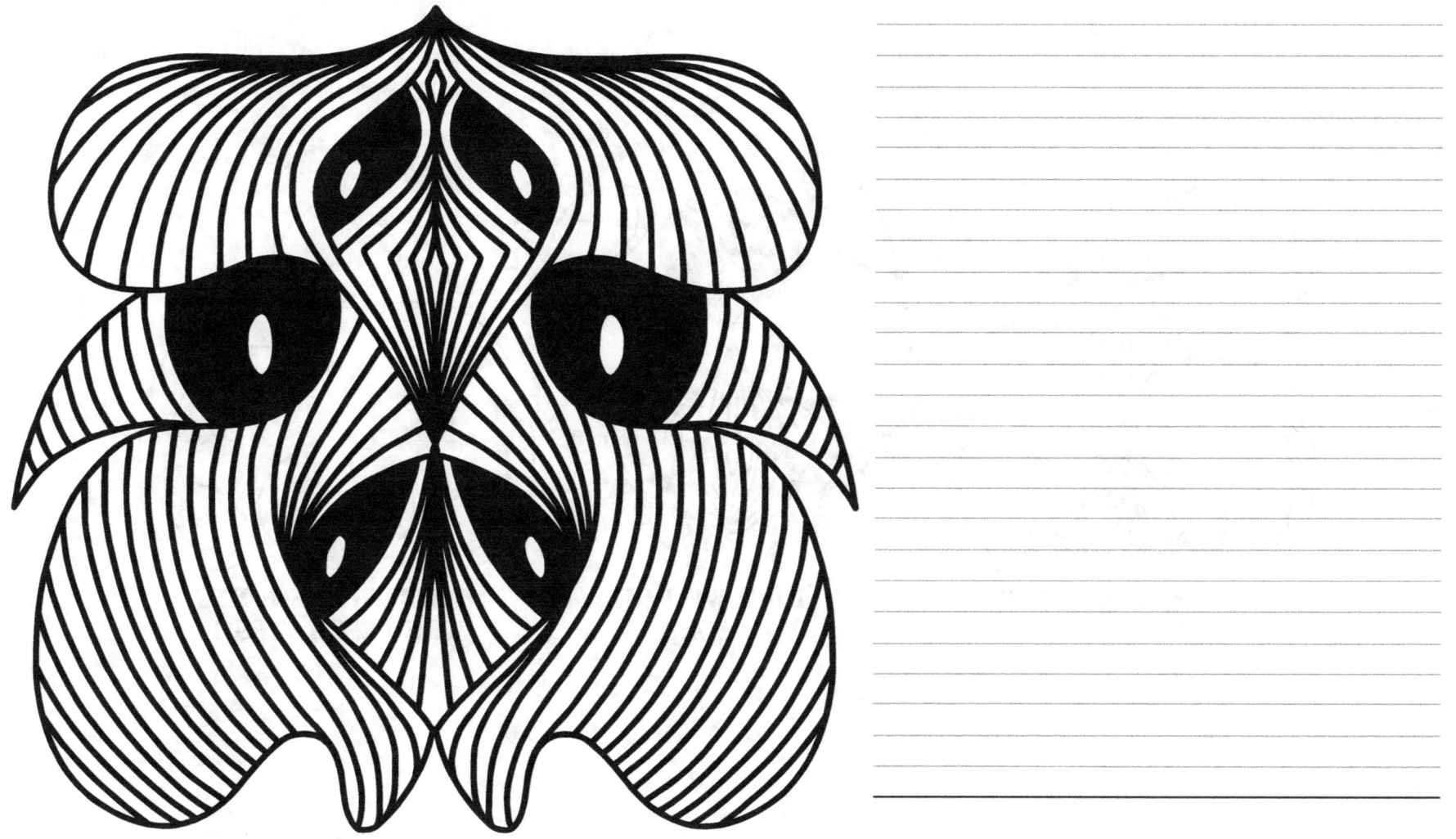

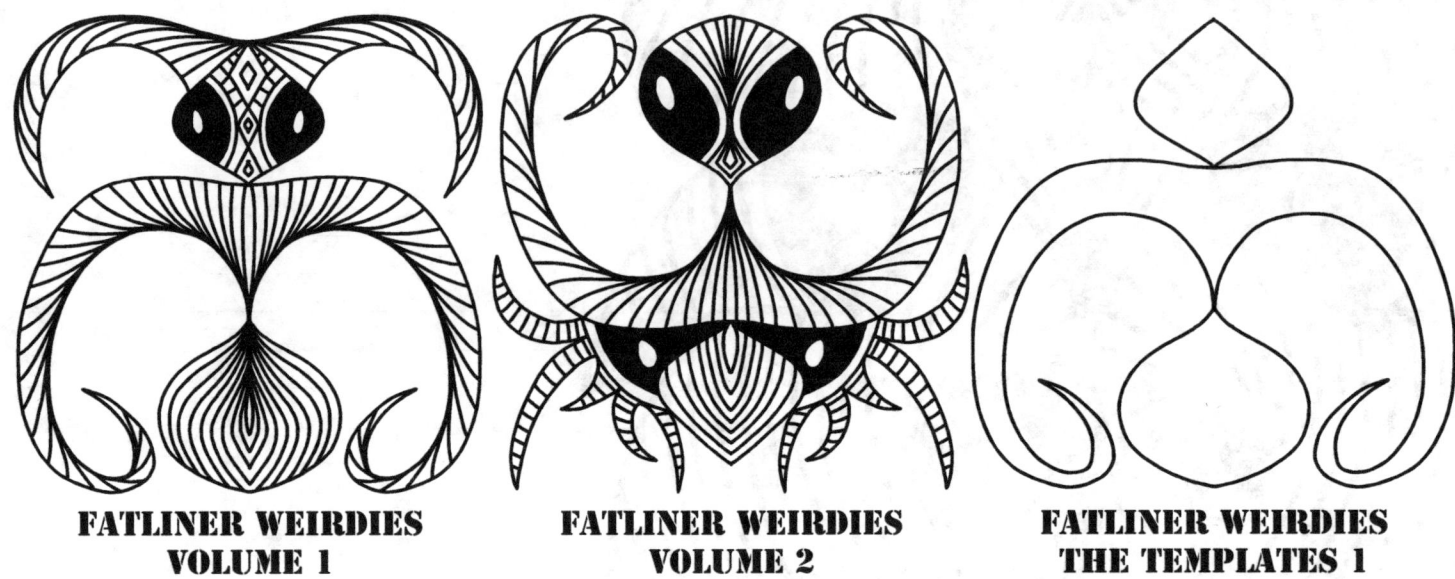

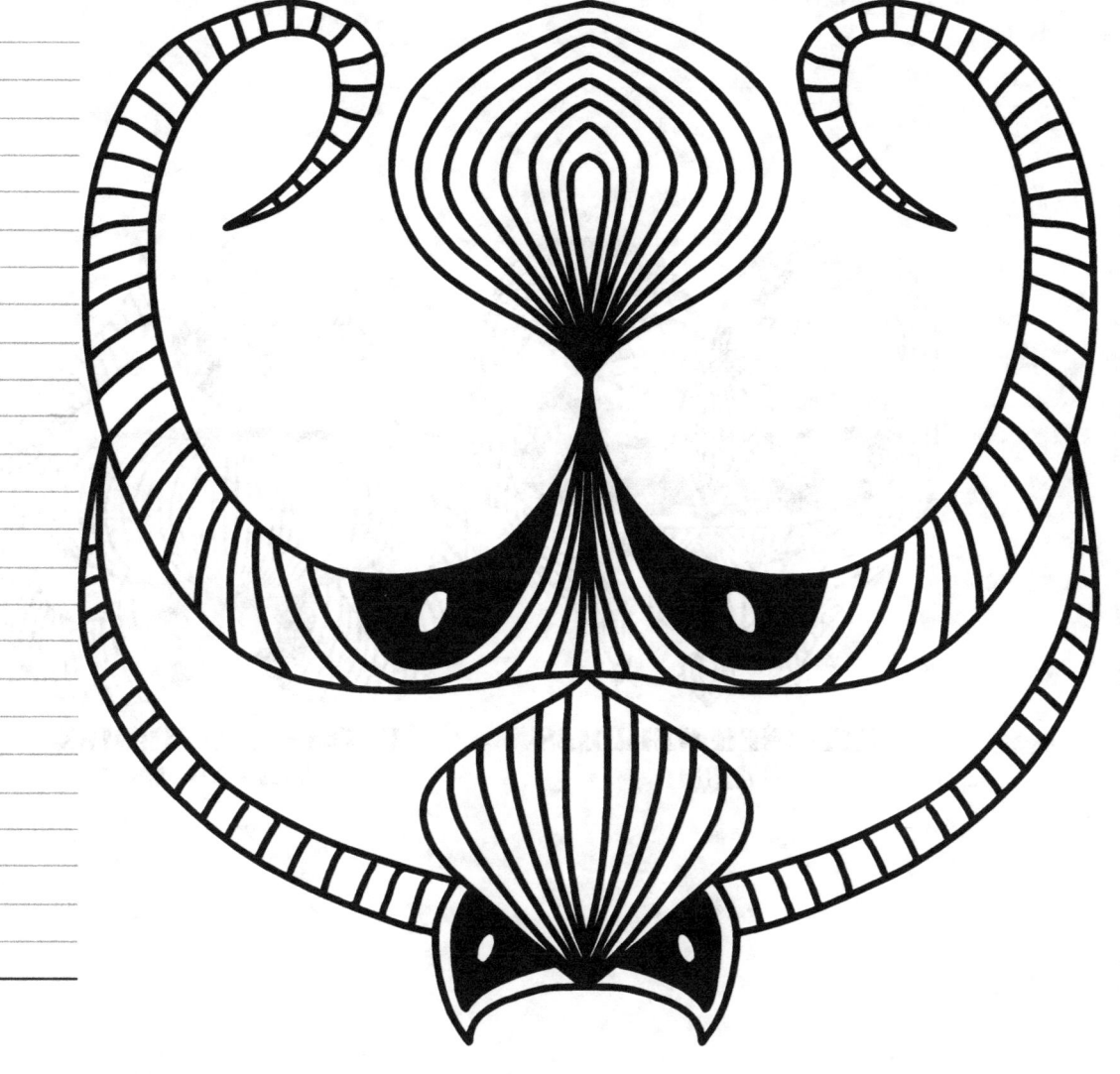

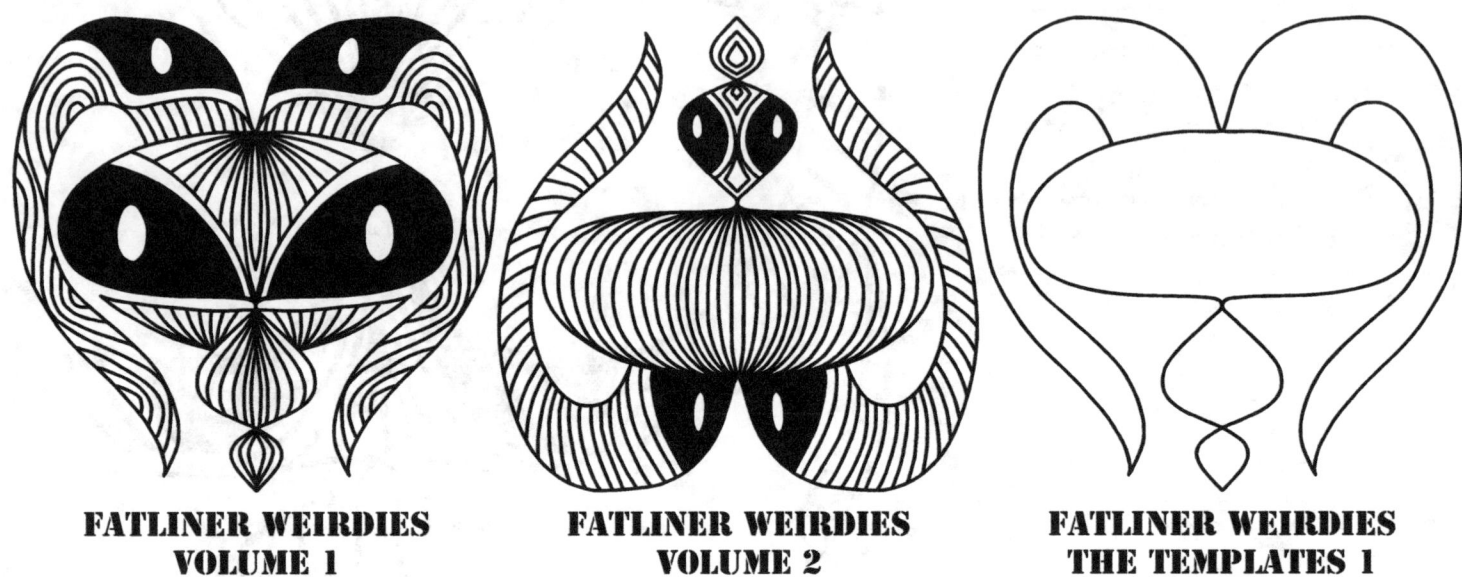

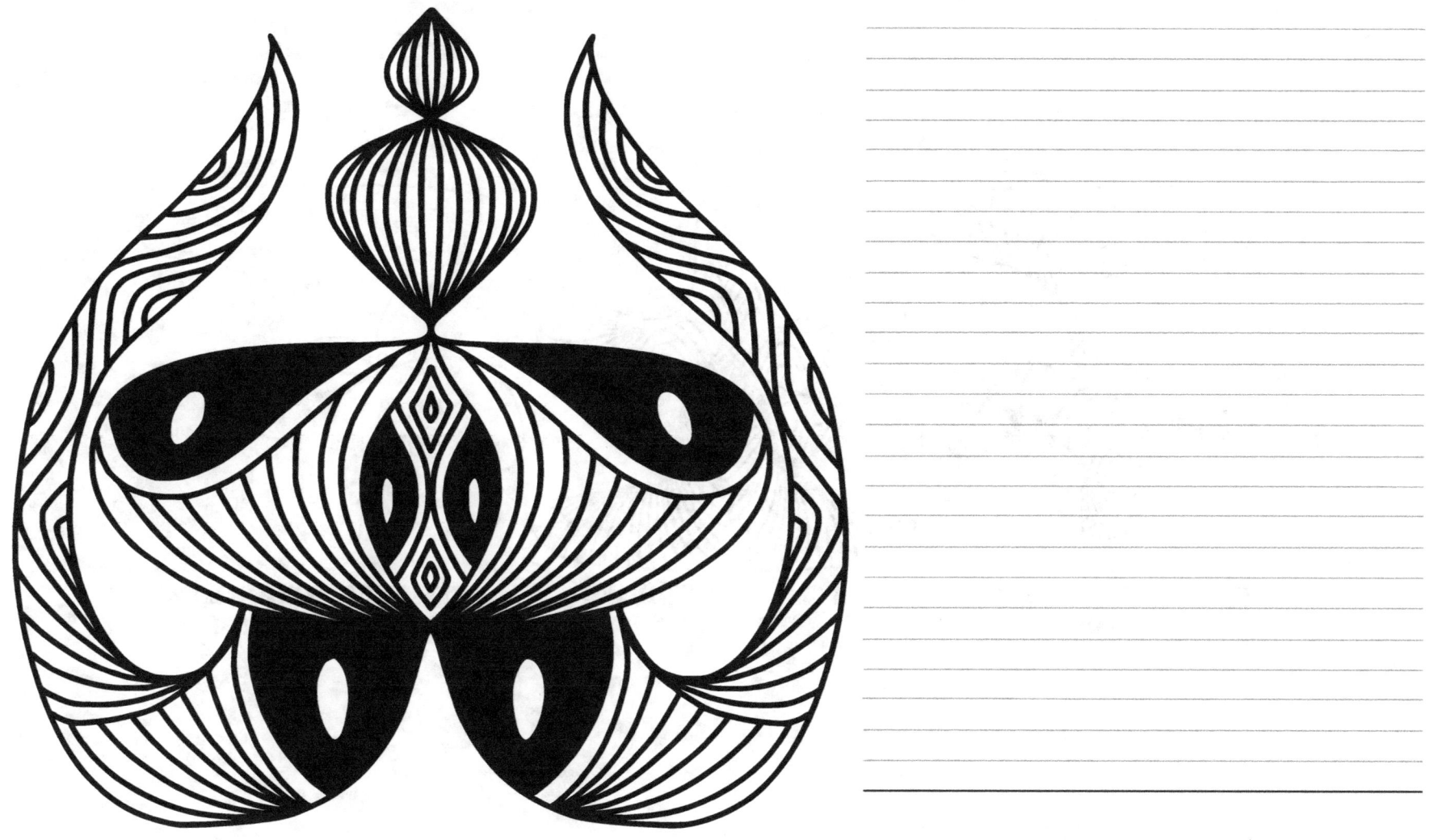

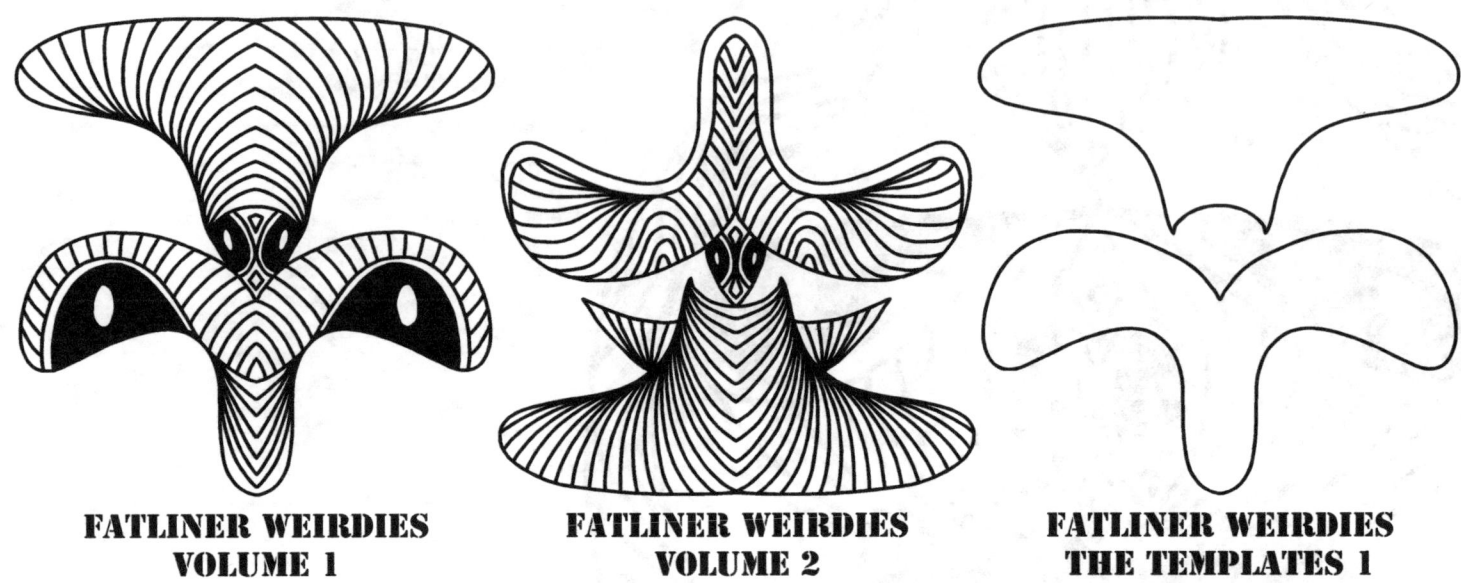

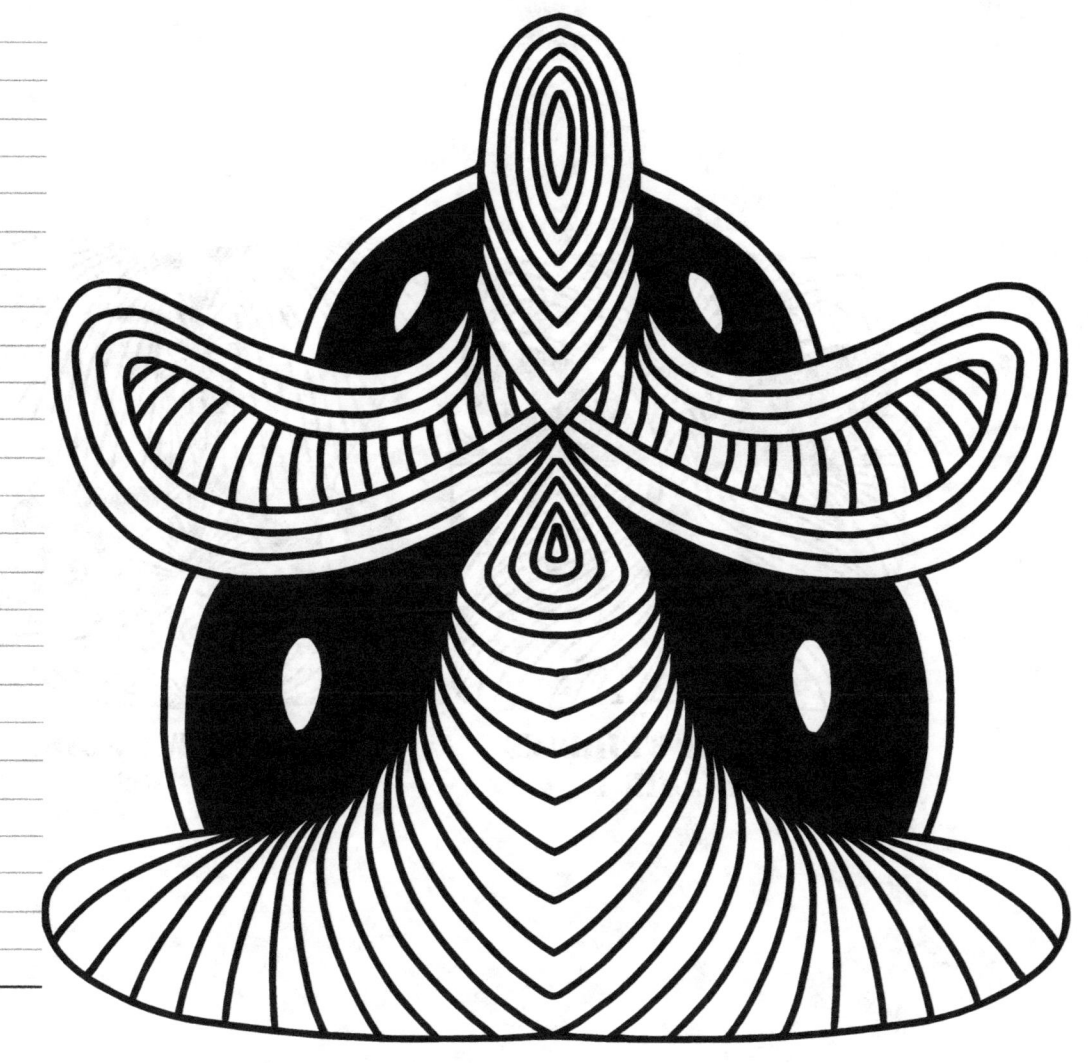

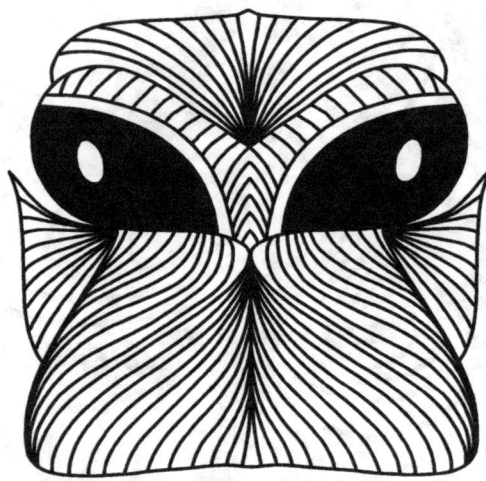
FATLINER WEIRDIES VOLUME 1

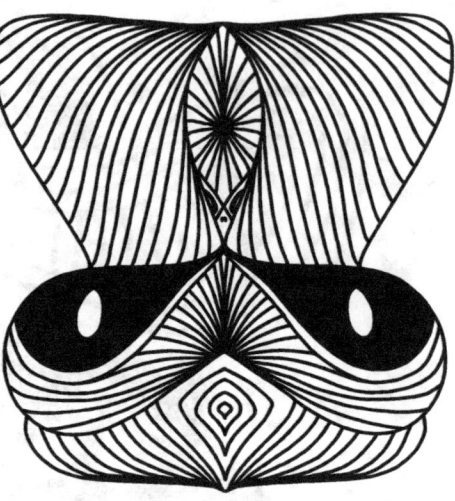
FATLINER WEIRDIES VOLUME 2

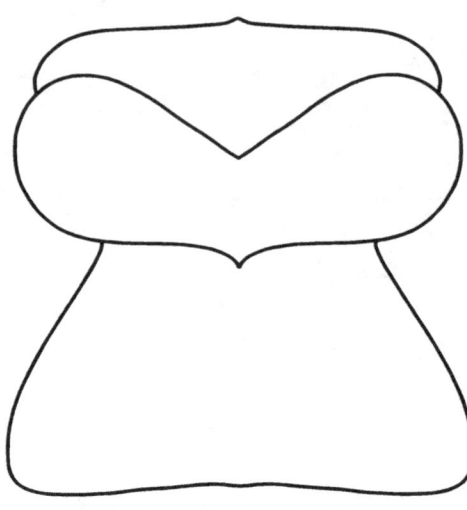
FATLINER WEIRDIES THE TEMPLATES 1

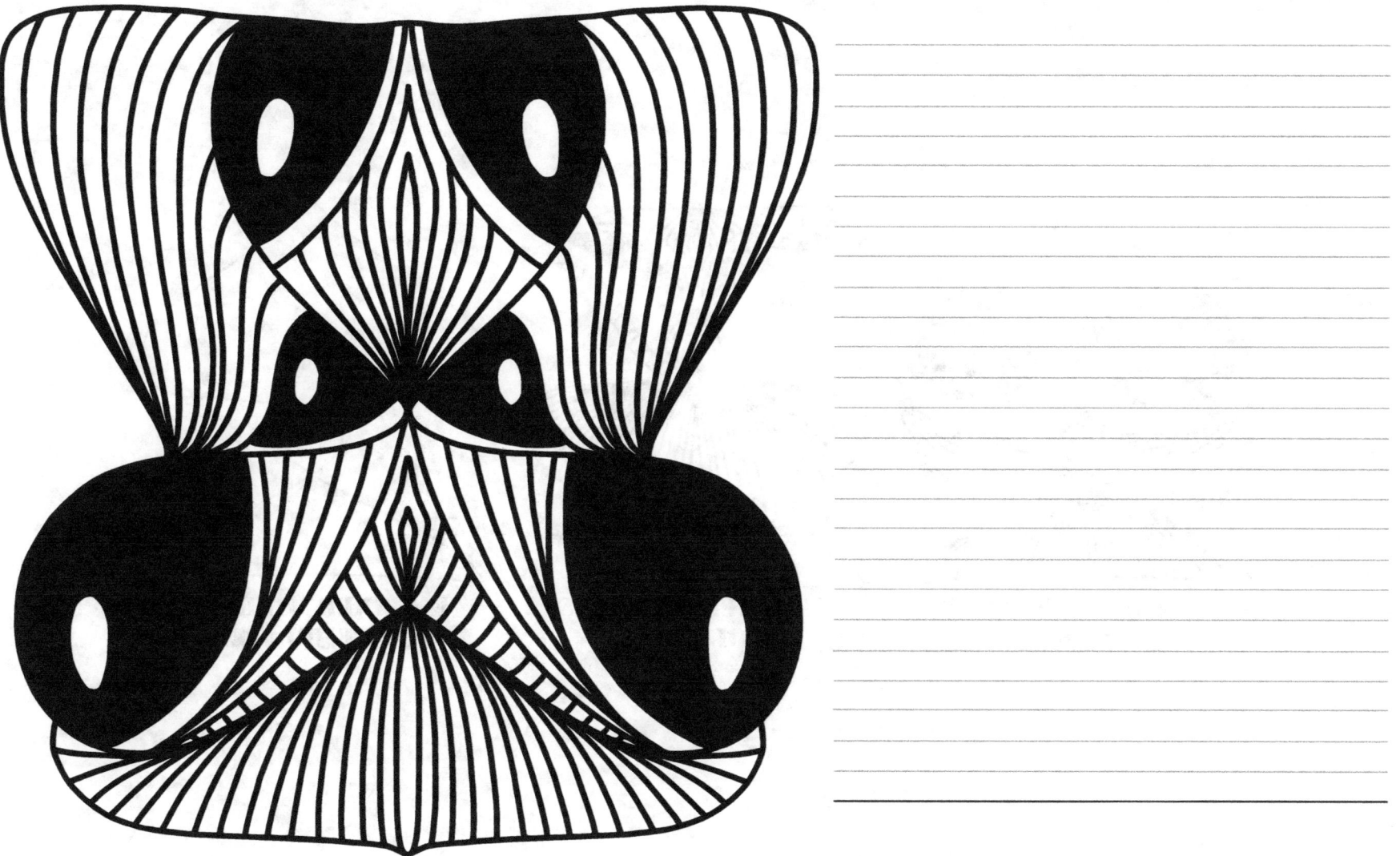

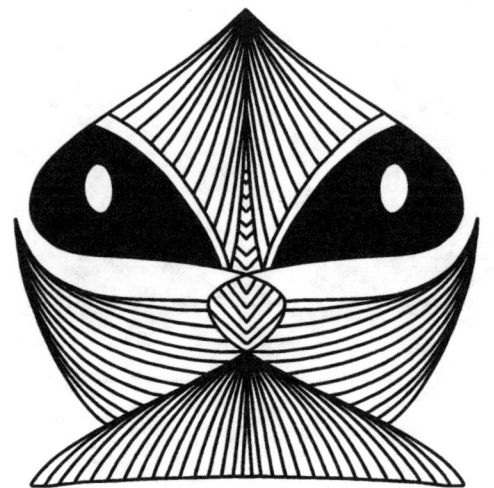

**FATLINER WEIRDIES
VOLUME 1**

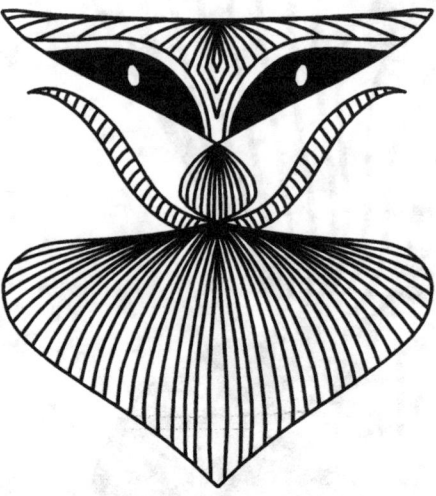

**FATLINER WEIRDIES
VOLUME 2**

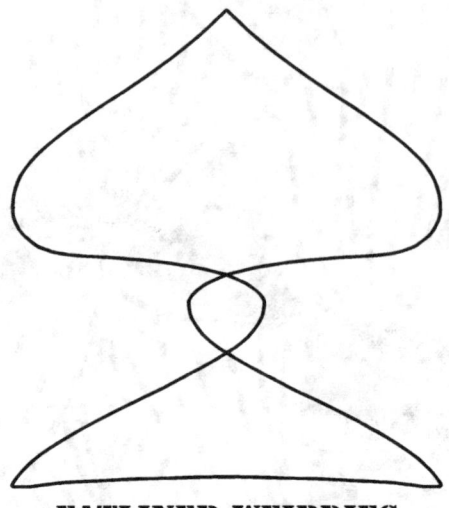

**FATLINER WEIRDIES
THE TEMPLATES 1**

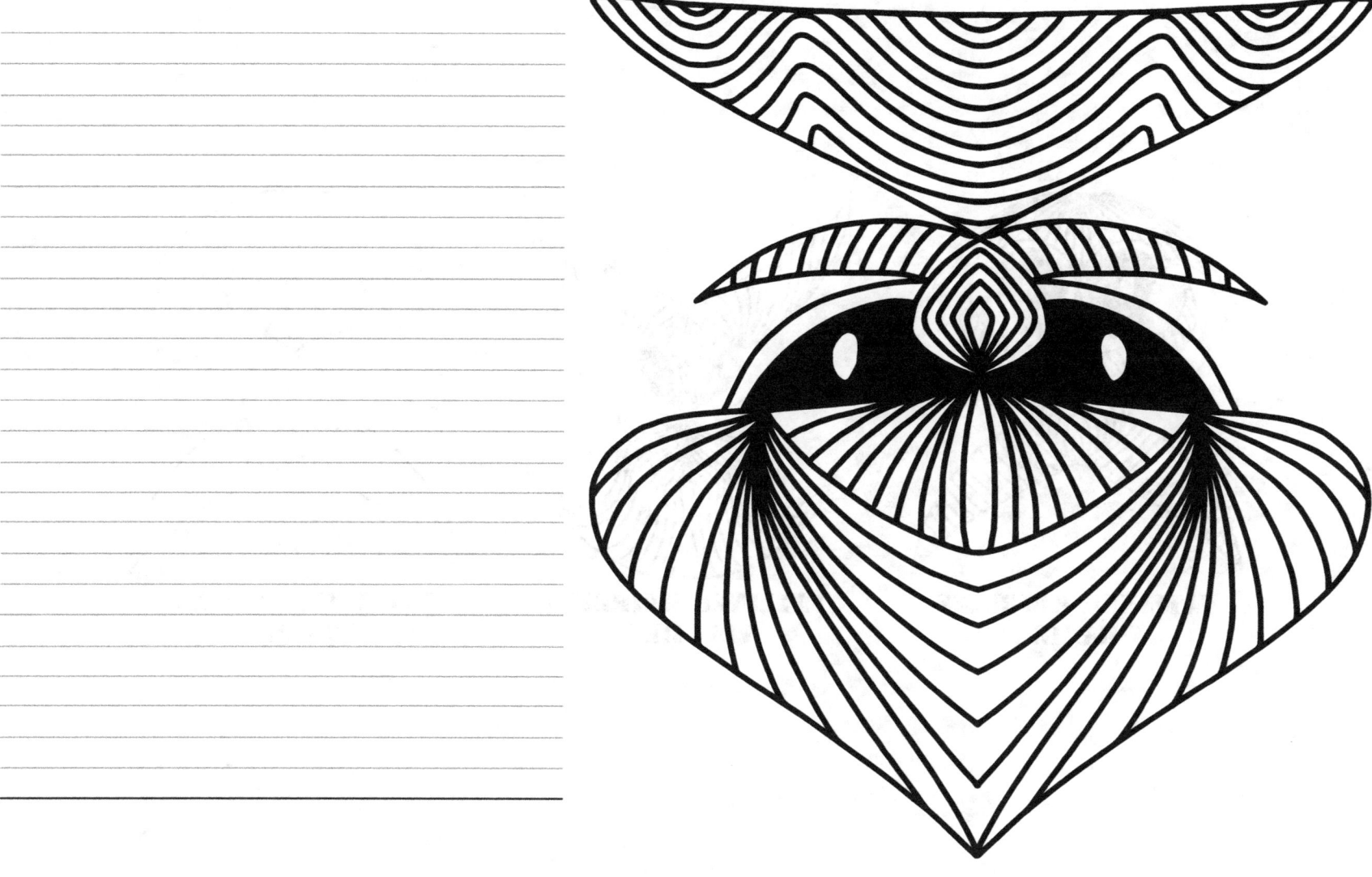

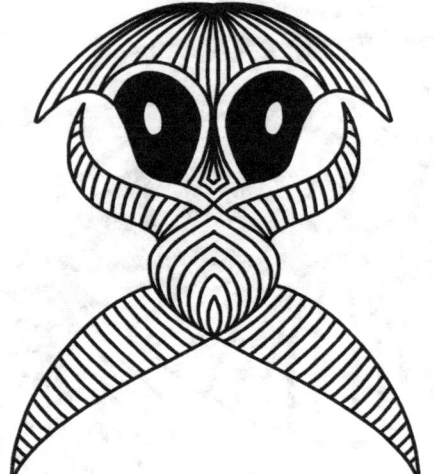

FATLINER WEIRDIES VOLUME 1

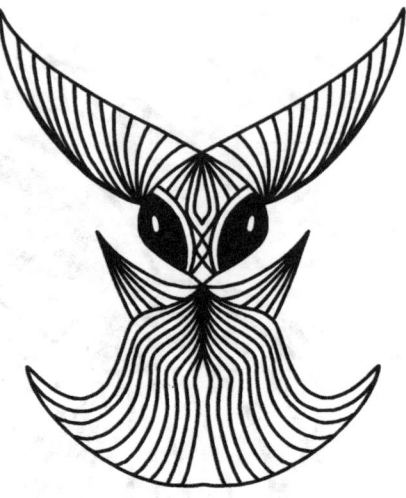

FATLINER WEIRDIES VOLUME 2

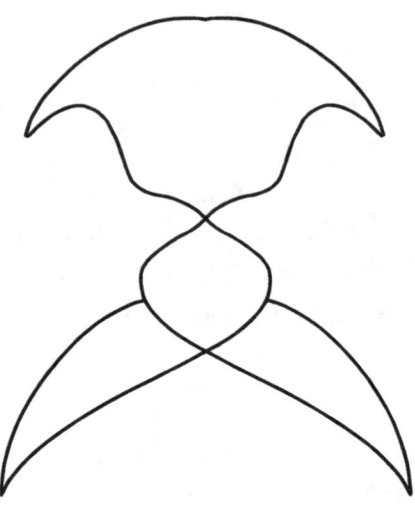

FATLINER WEIRDIES THE TEMPLATES 1

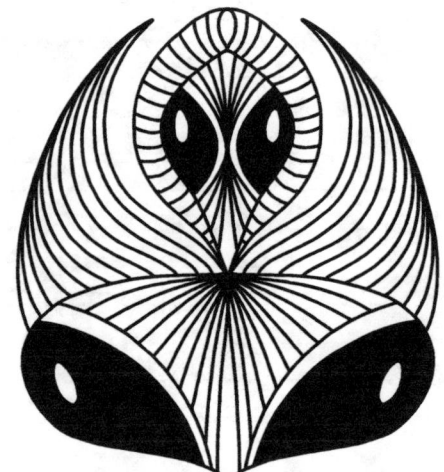

FATLINER WEIRDIES VOLUME 1

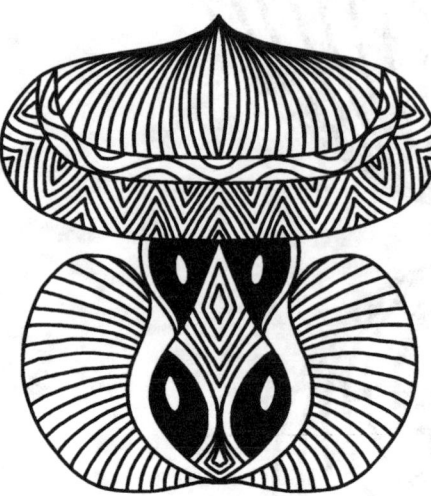

FATLINER WEIRDIES VOLUME 2

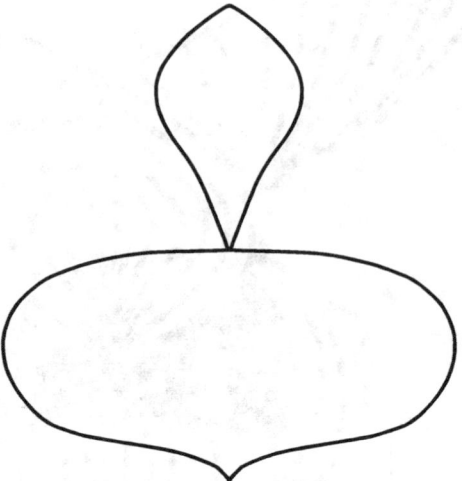

FATLINER WEIRDIES THE TEMPLATES 1

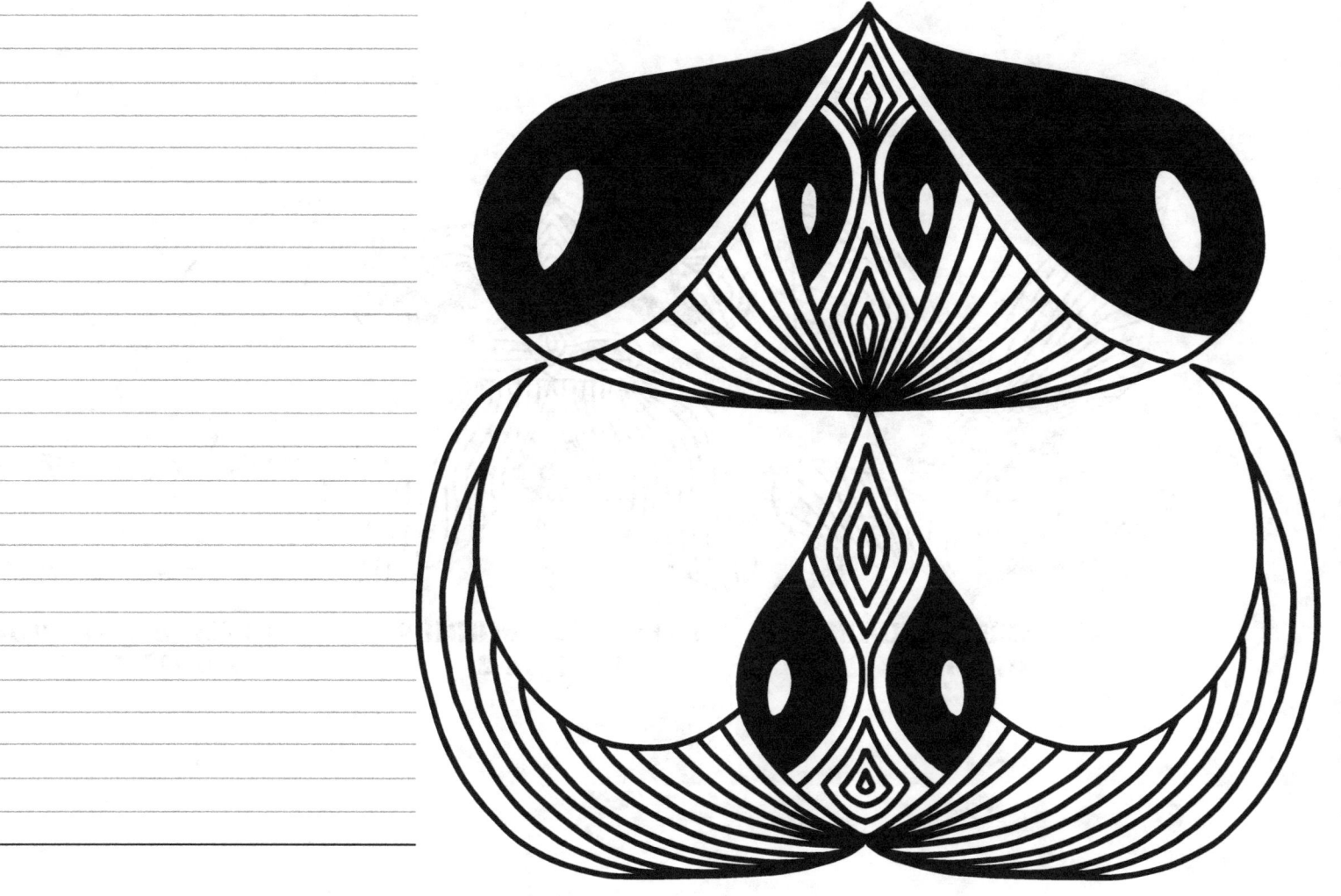

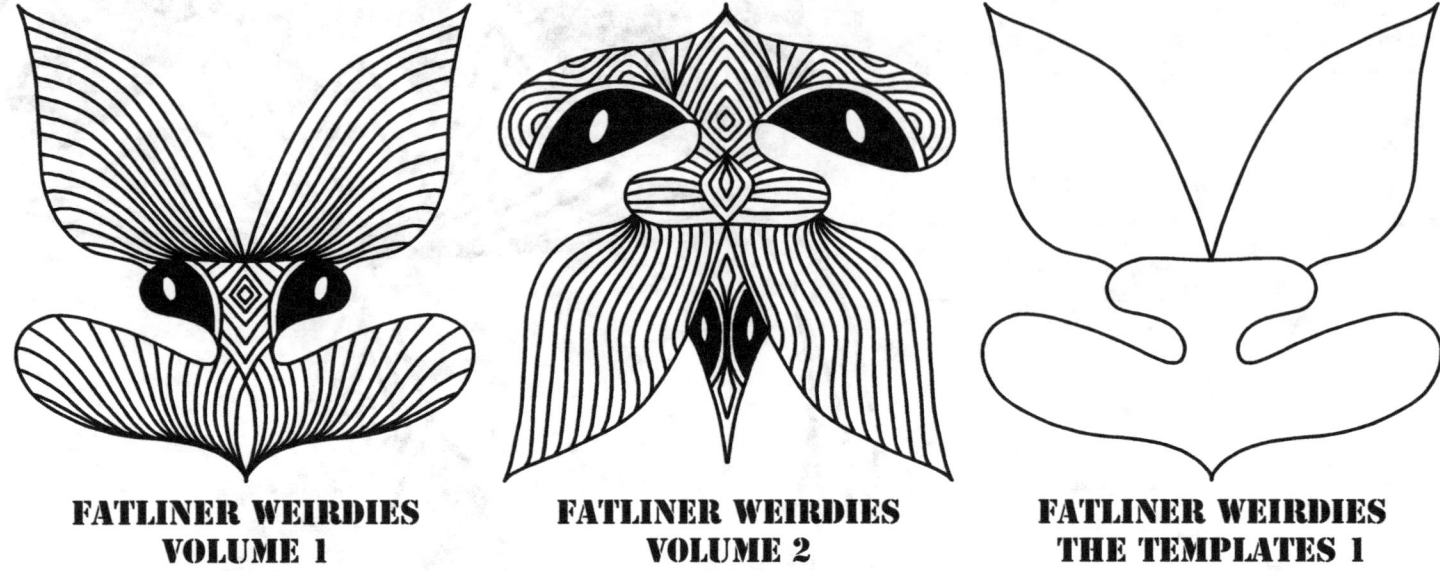

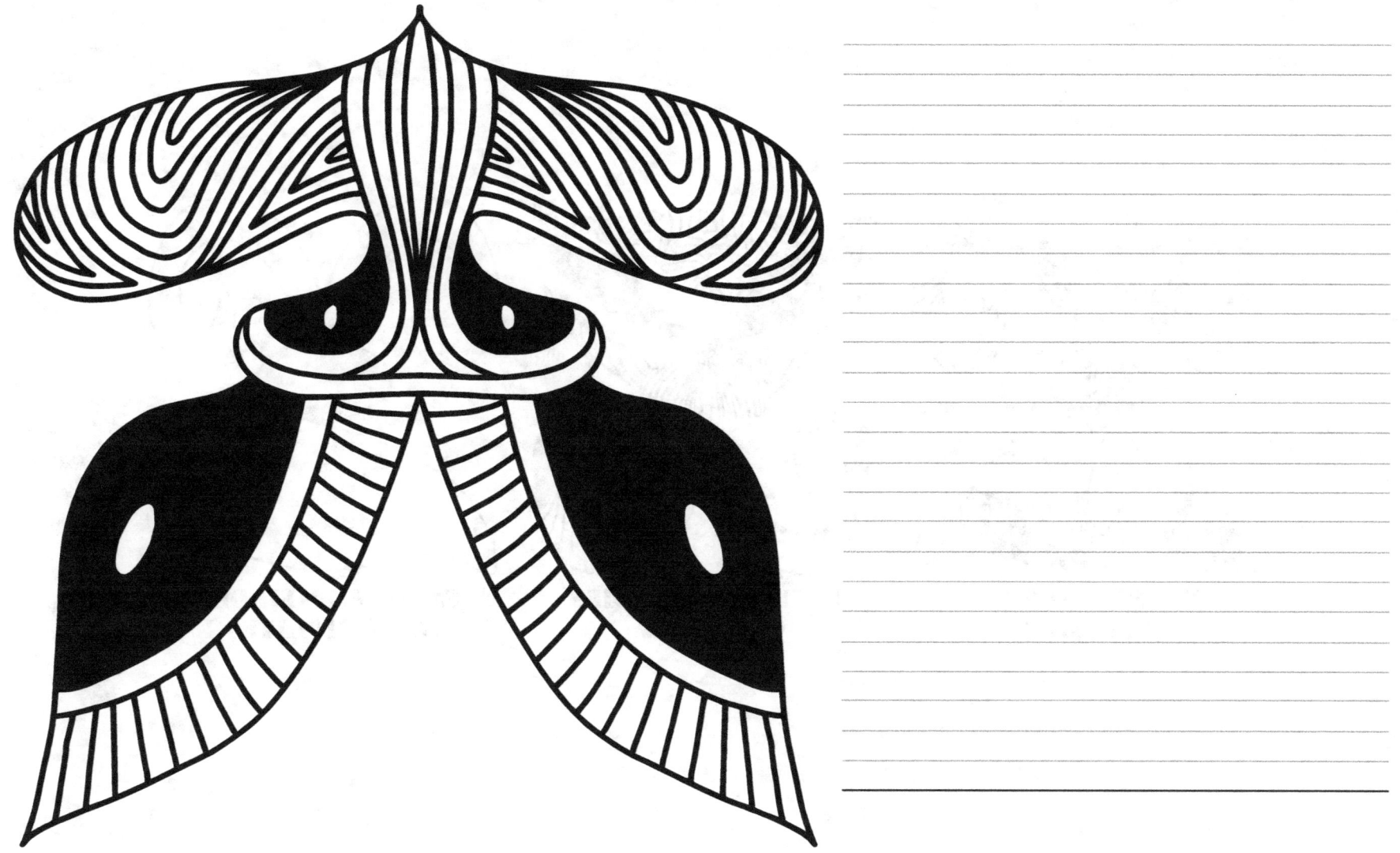

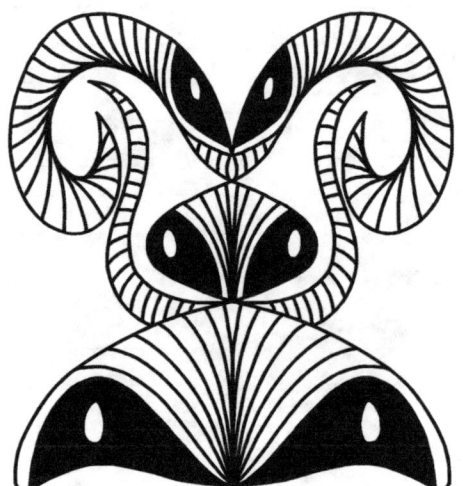

FATLINER WEIRDIES VOLUME 1

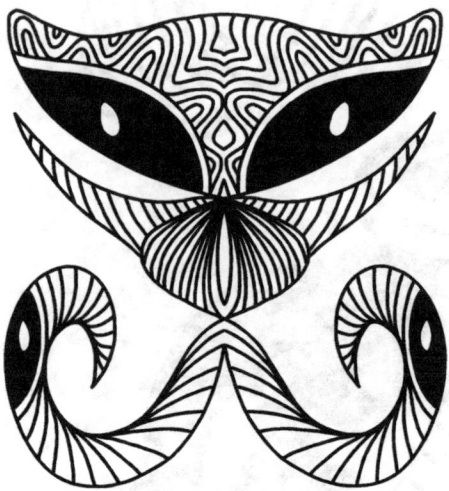

FATLINER WEIRDIES VOLUME 2

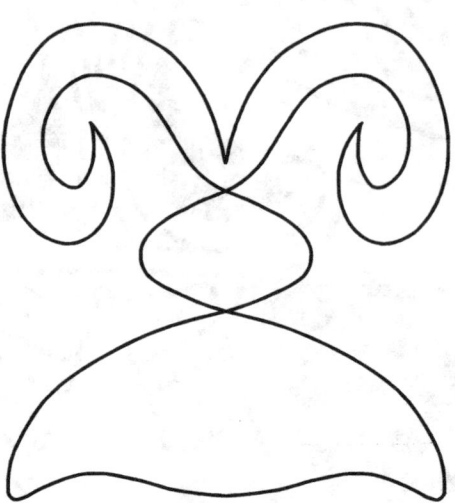

FATLINER WEIRDIES THE TEMPLATES 1

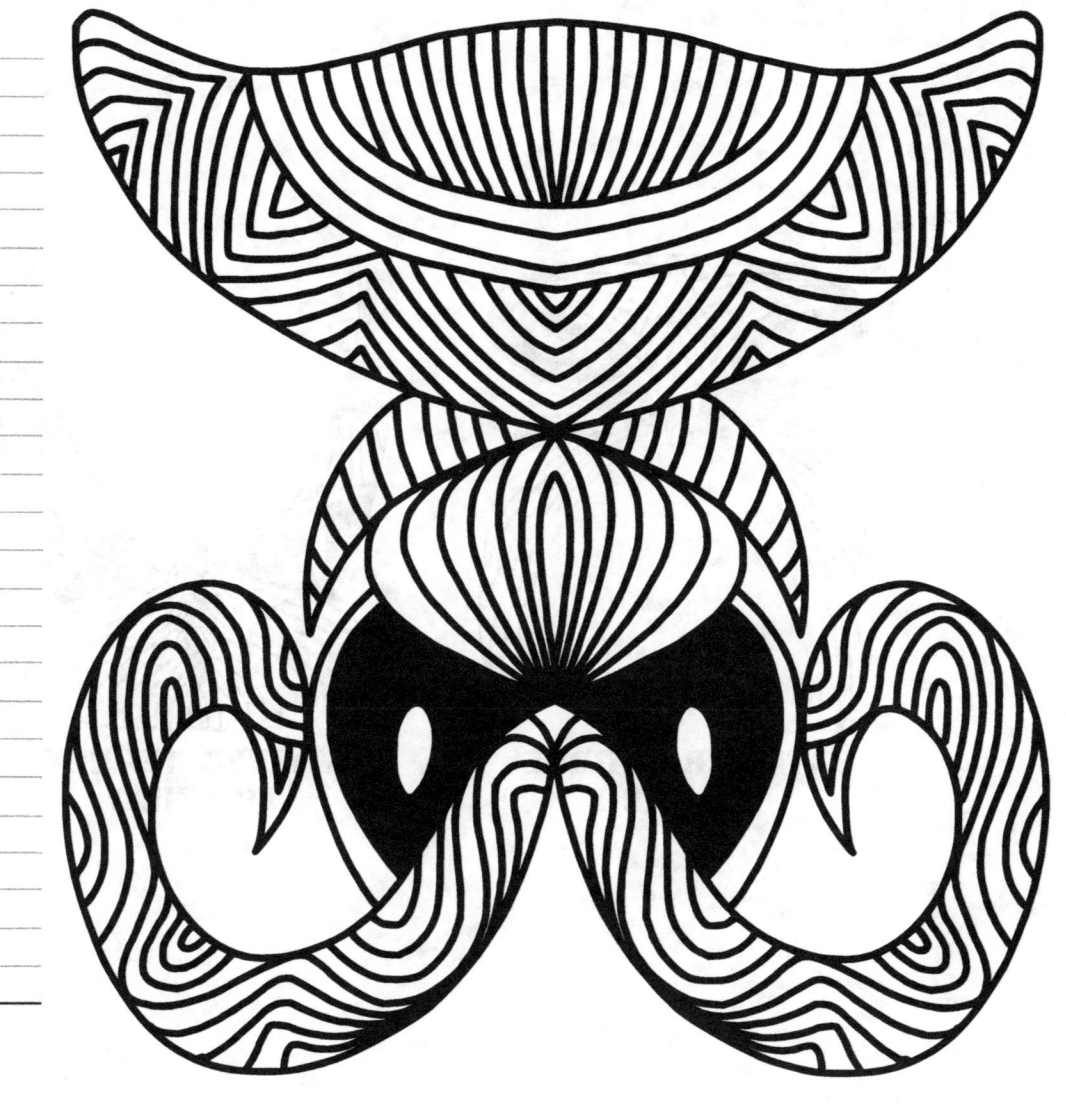

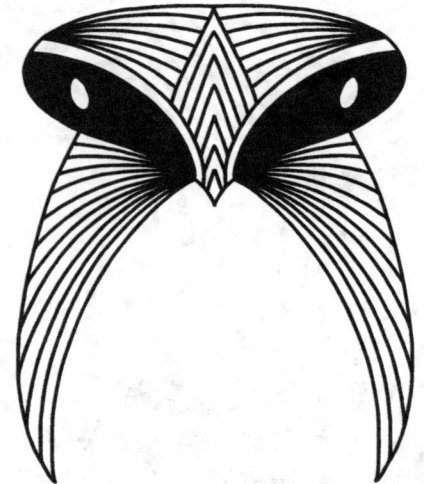
FATLINER WEIRDIES VOLUME 1

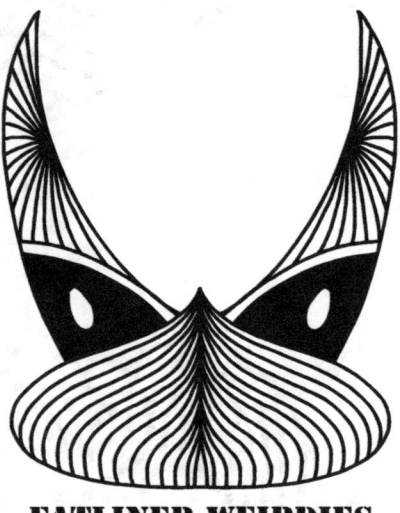
FATLINER WEIRDIES VOLUME 2

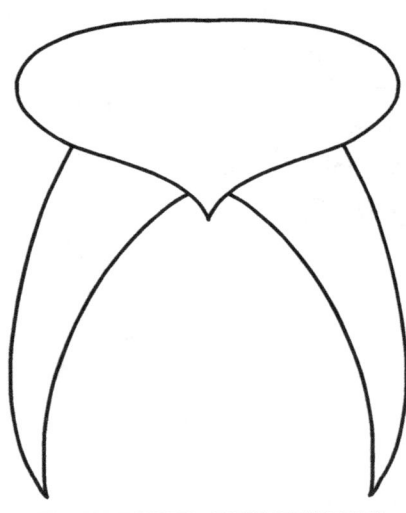
FATLINER WEIRDIES THE TEMPLATES 1

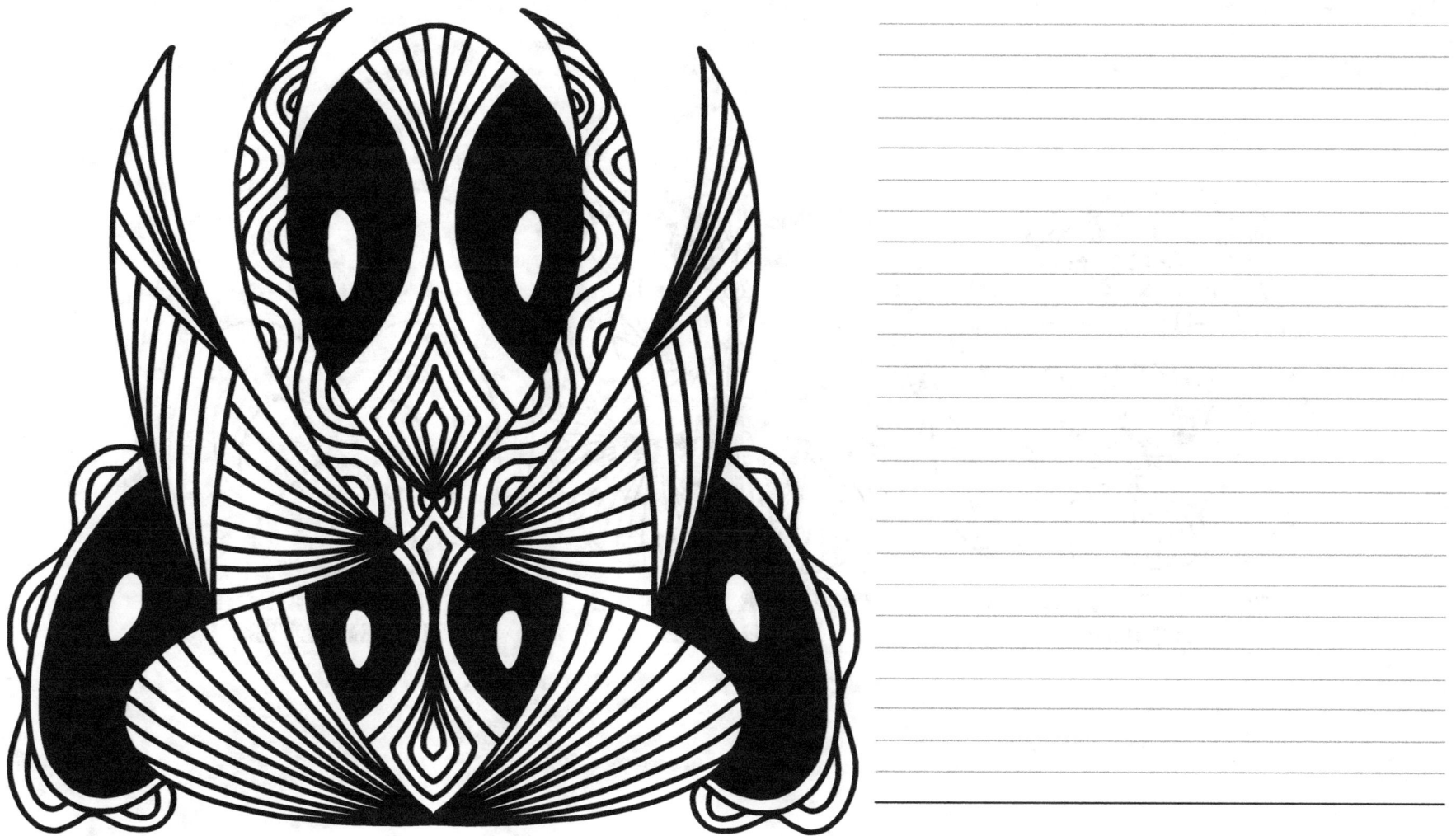

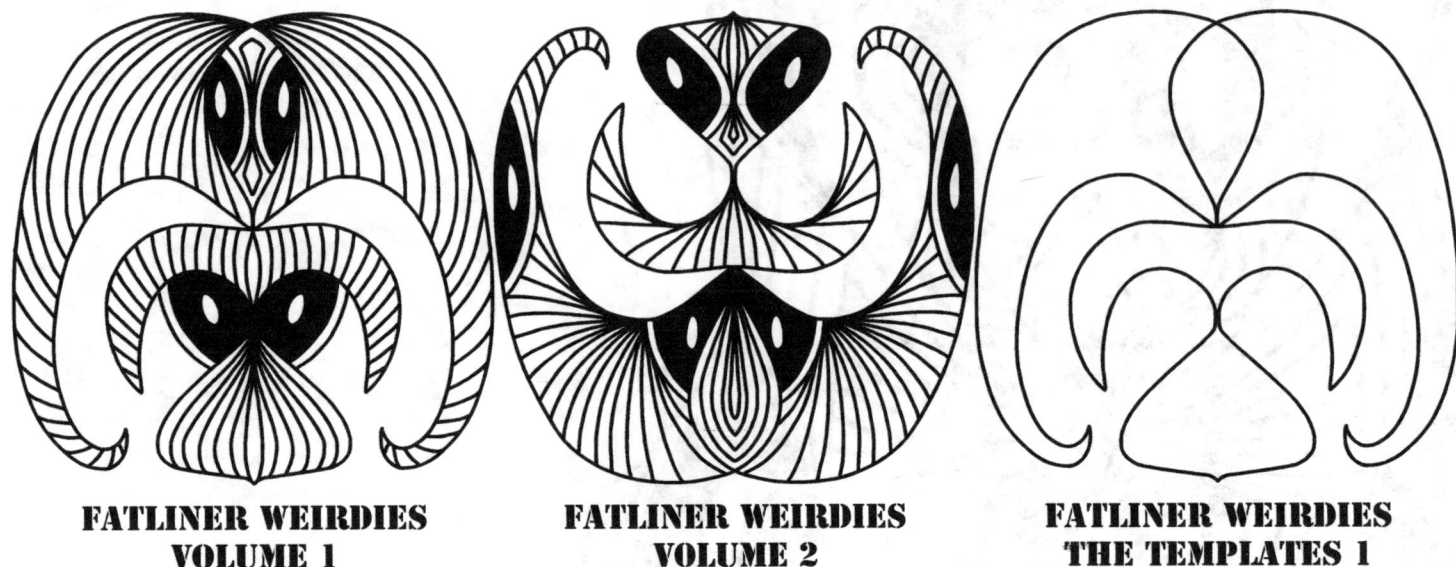

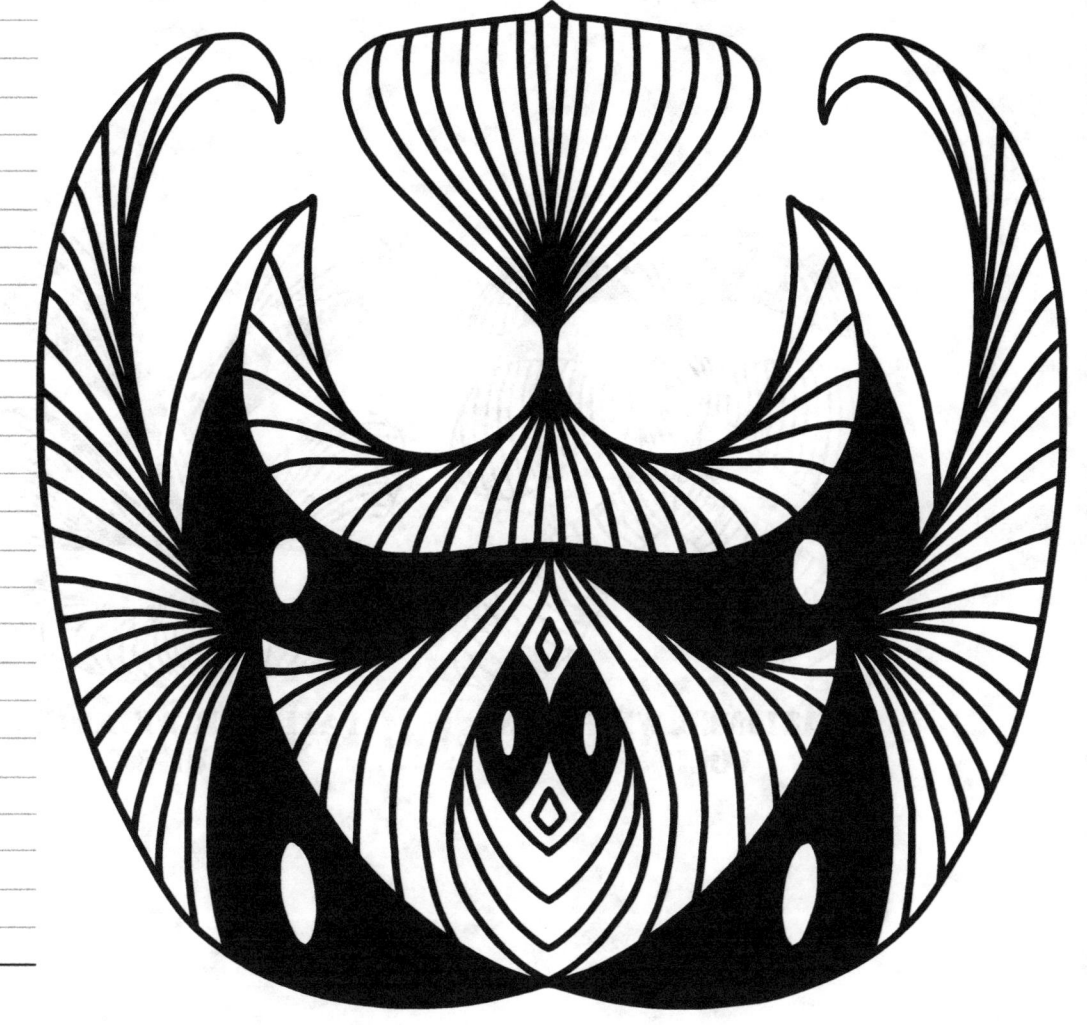

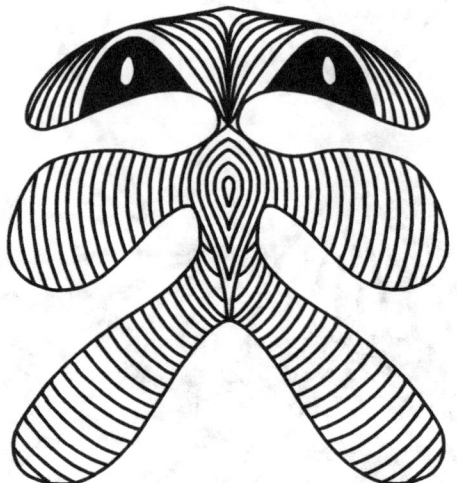

FATLINER WEIRDIES VOLUME 1

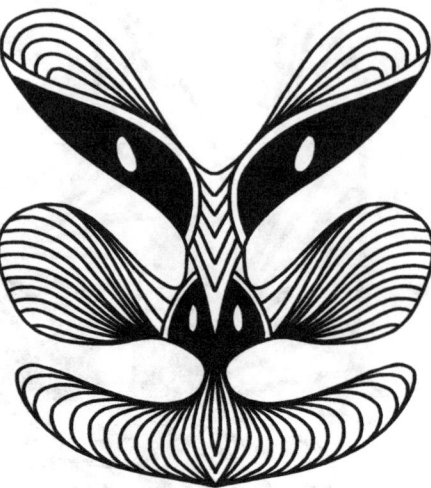

FATLINER WEIRDIES VOLUME 2

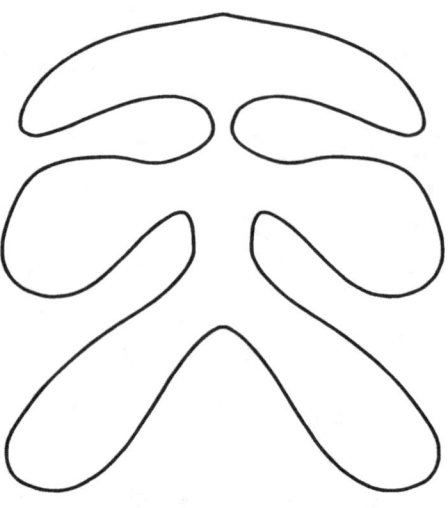

FATLINER WEIRDIES THE TEMPLATES 1

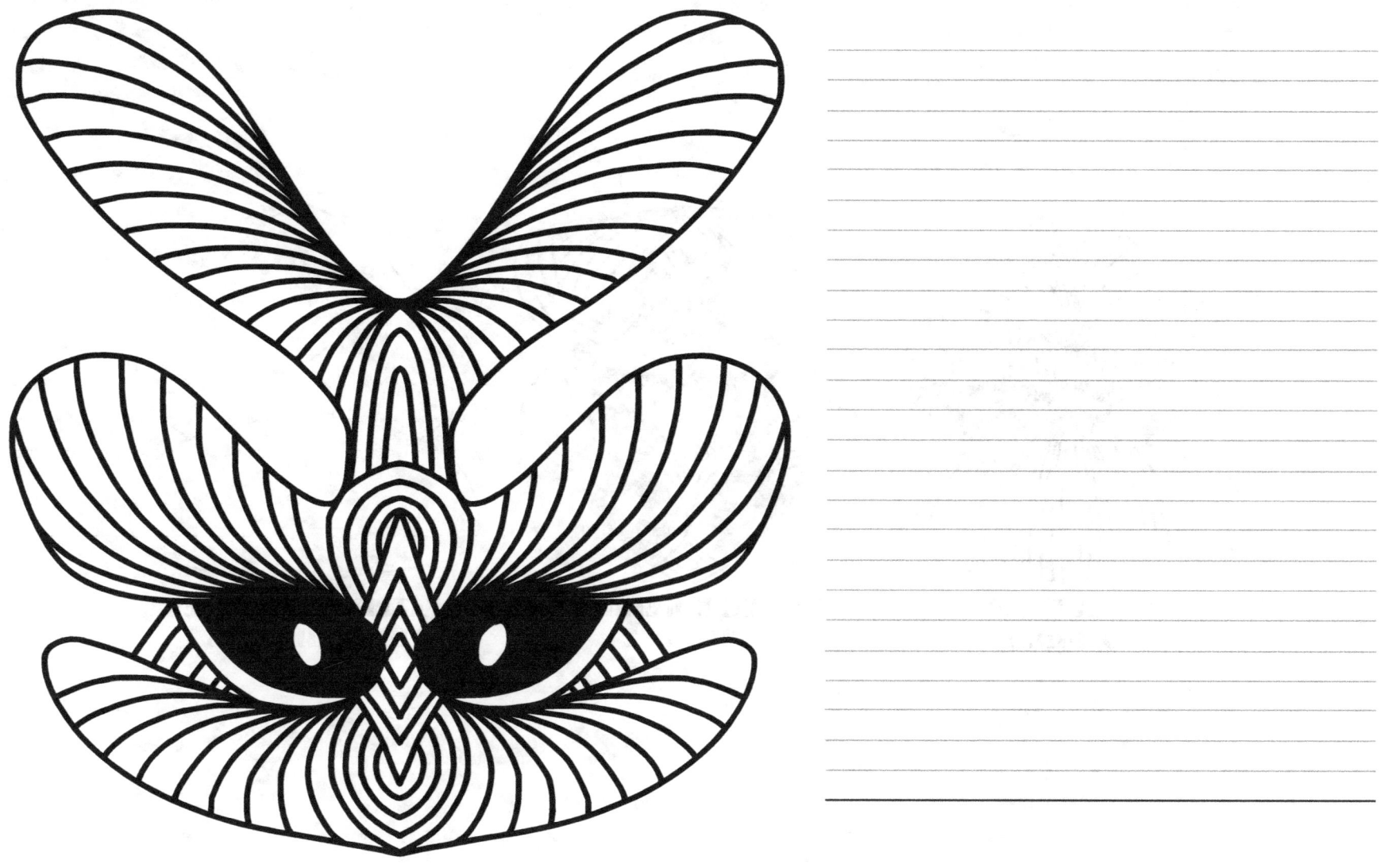

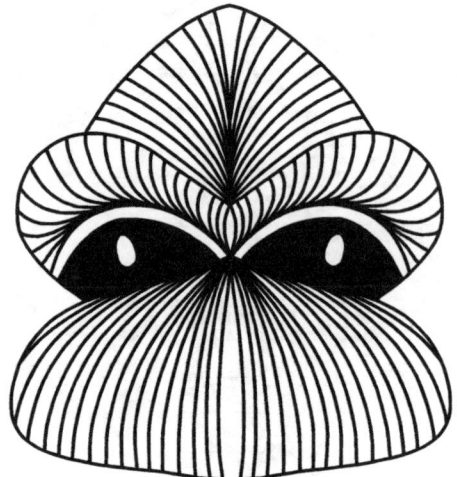
FATLINER WEIRDIES VOLUME 1

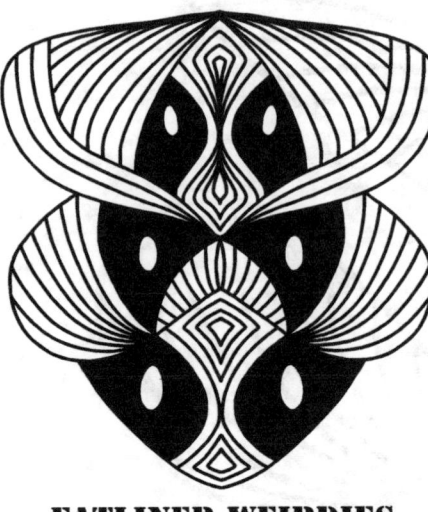
FATLINER WEIRDIES VOLUME 2

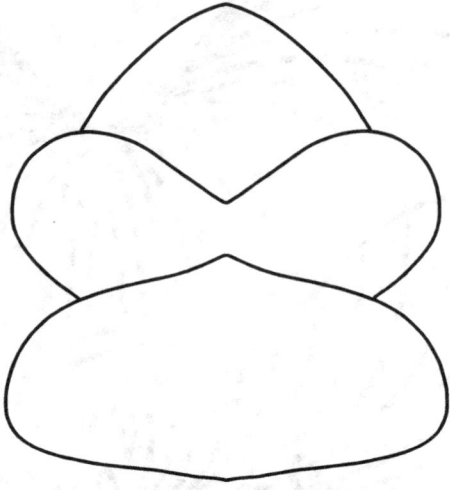
FATLINER WEIRDIES THE TEMPLATES 1

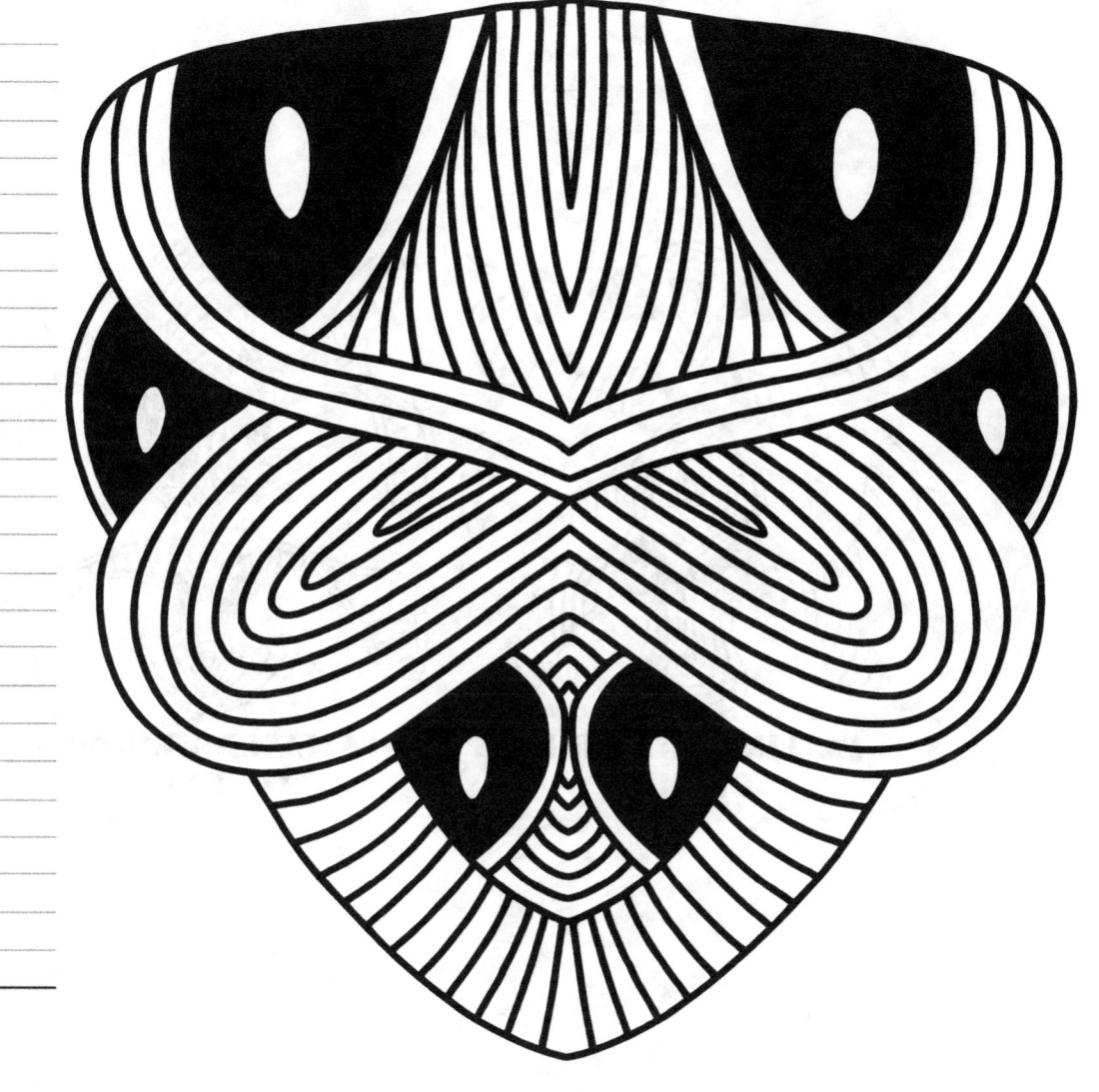

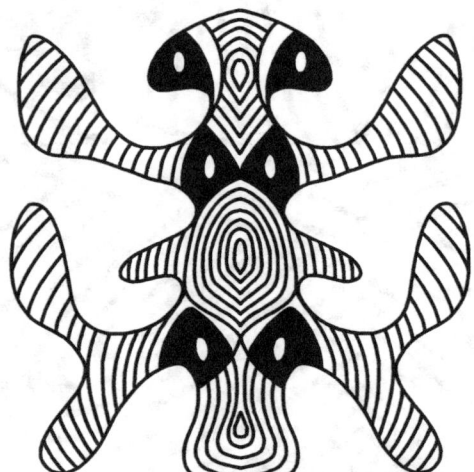
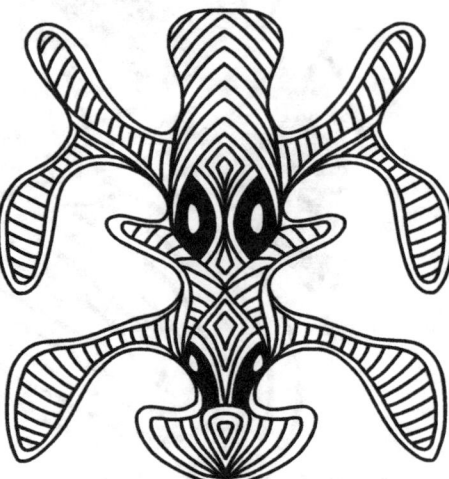
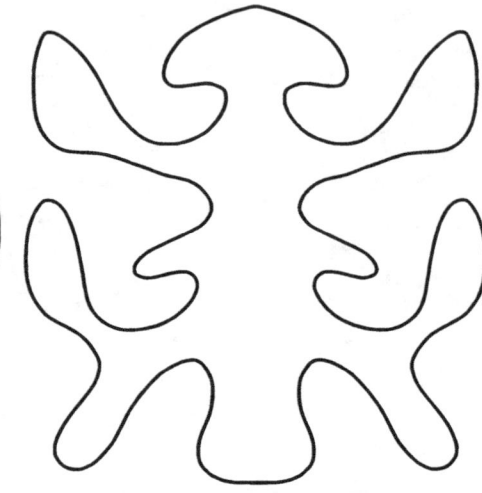

FATLINER WEIRDIES VOLUME 1 **FATLINER WEIRDIES VOLUME 2** **FATLINER WEIRDIES THE TEMPLATES 1**

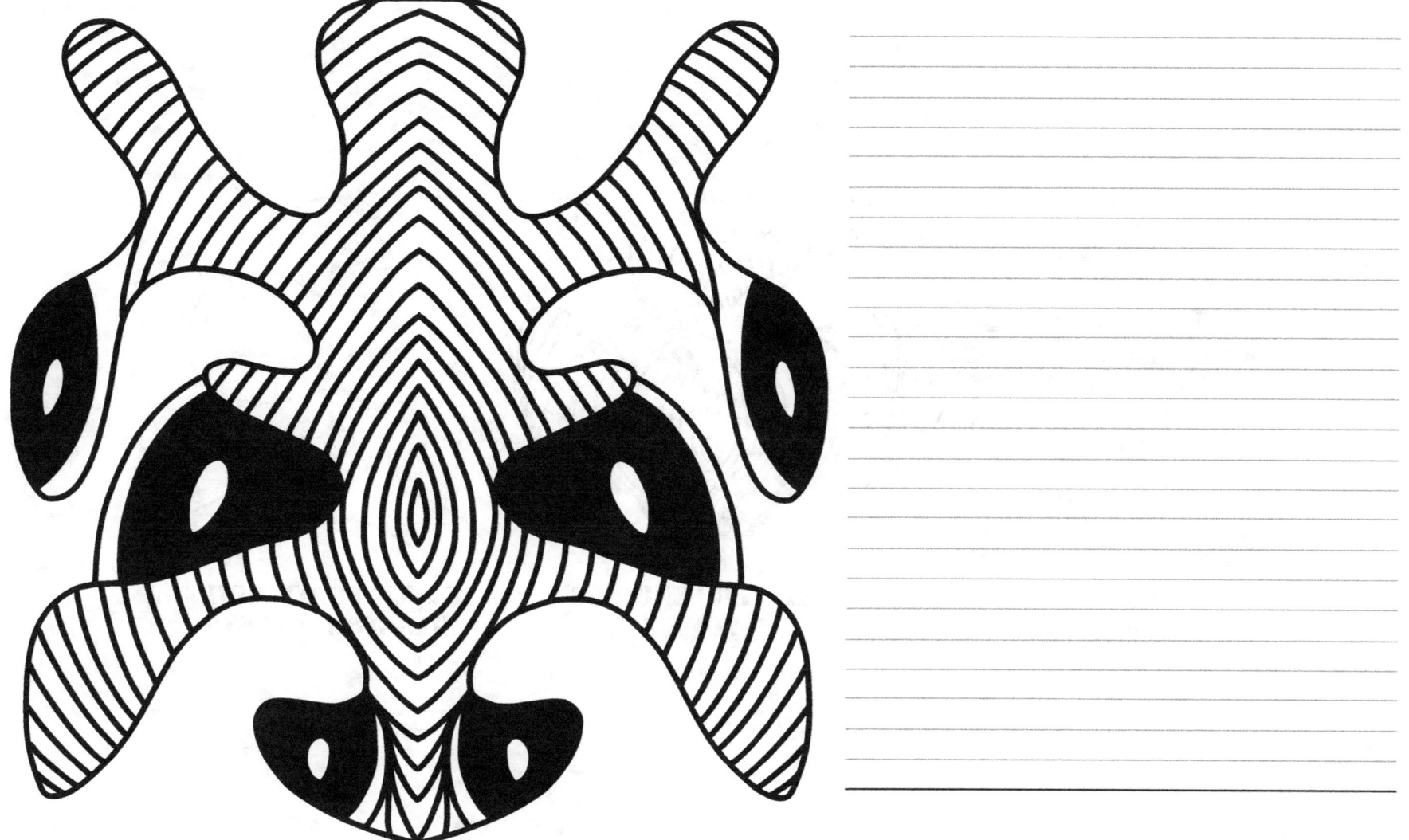

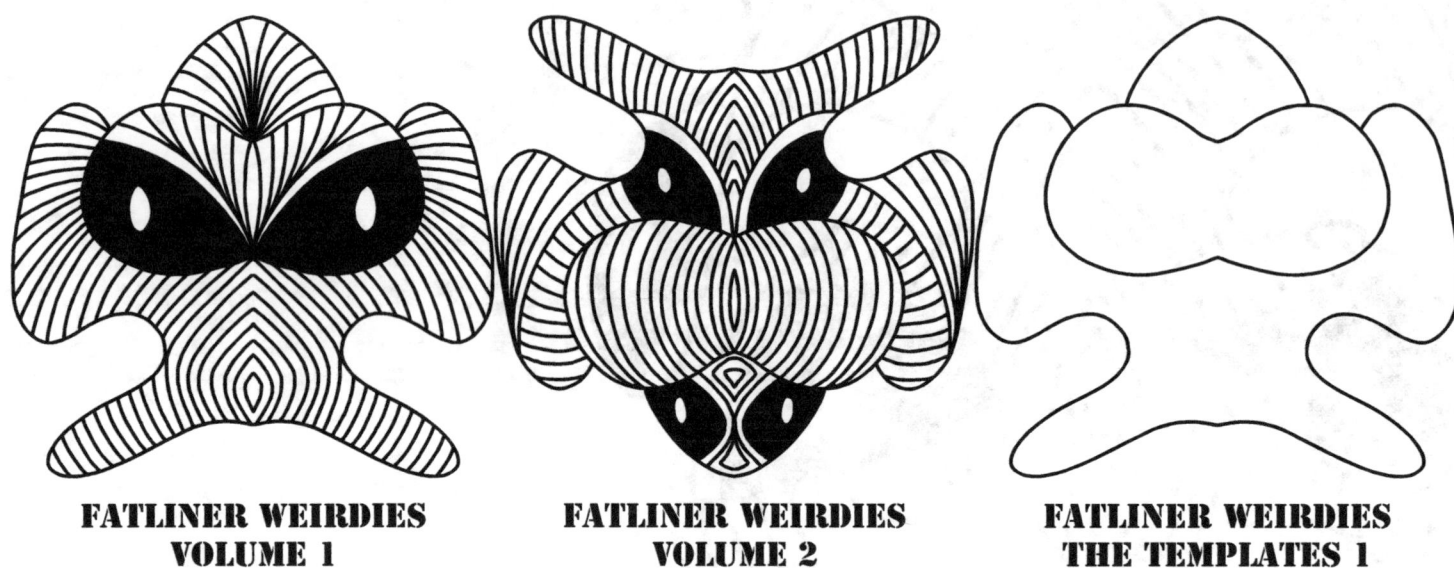

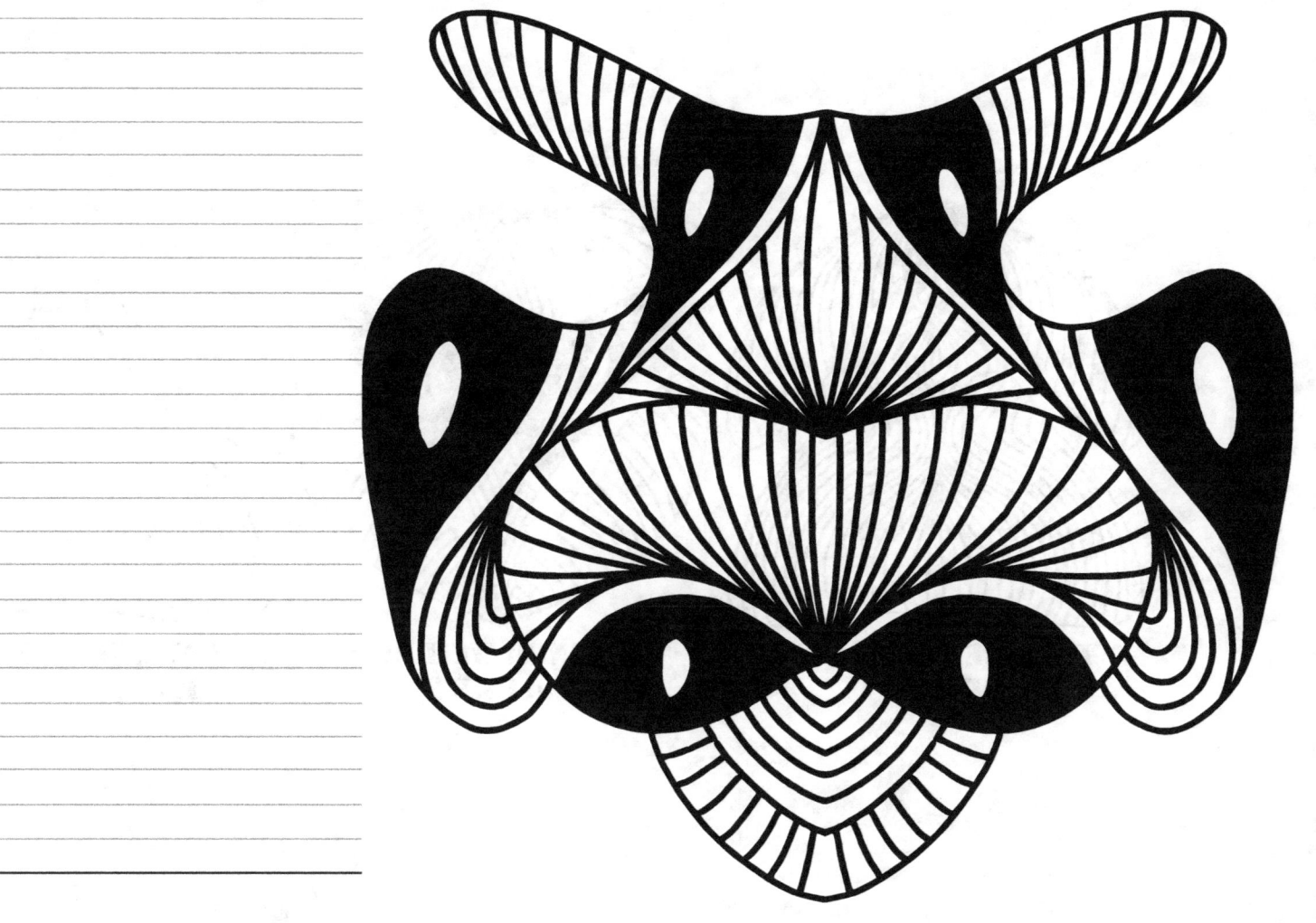

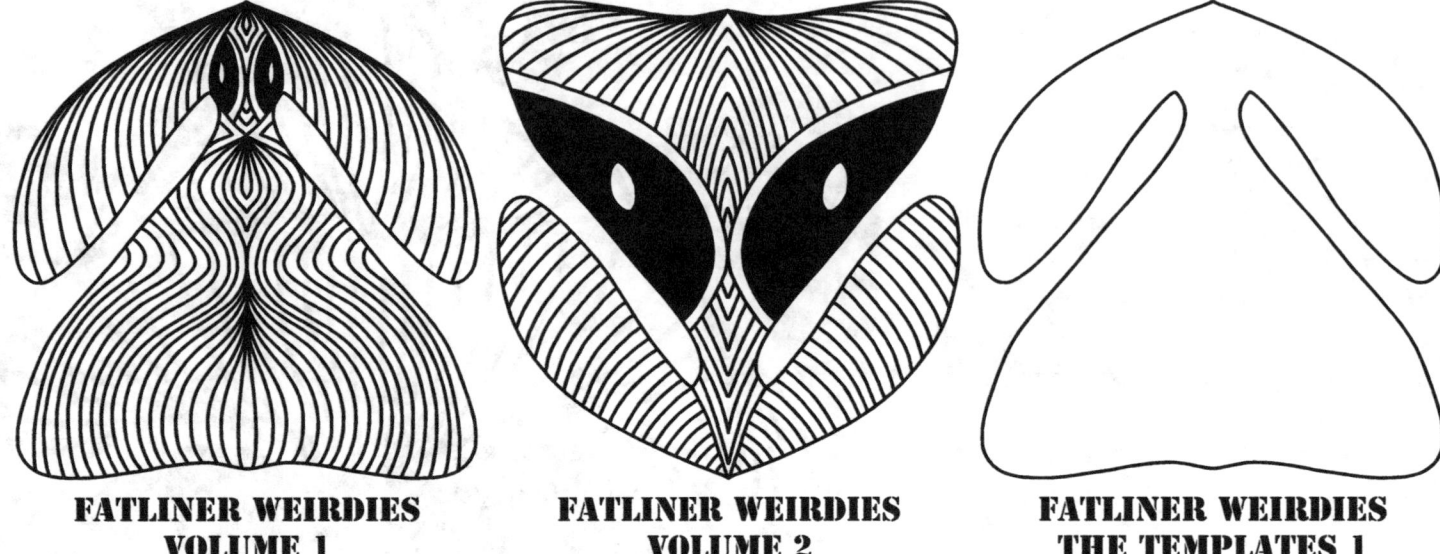

FATLINER WEIRDIES VOLUME 1 **FATLINER WEIRDIES VOLUME 2** **FATLINER WEIRDIES THE TEMPLATES 1**

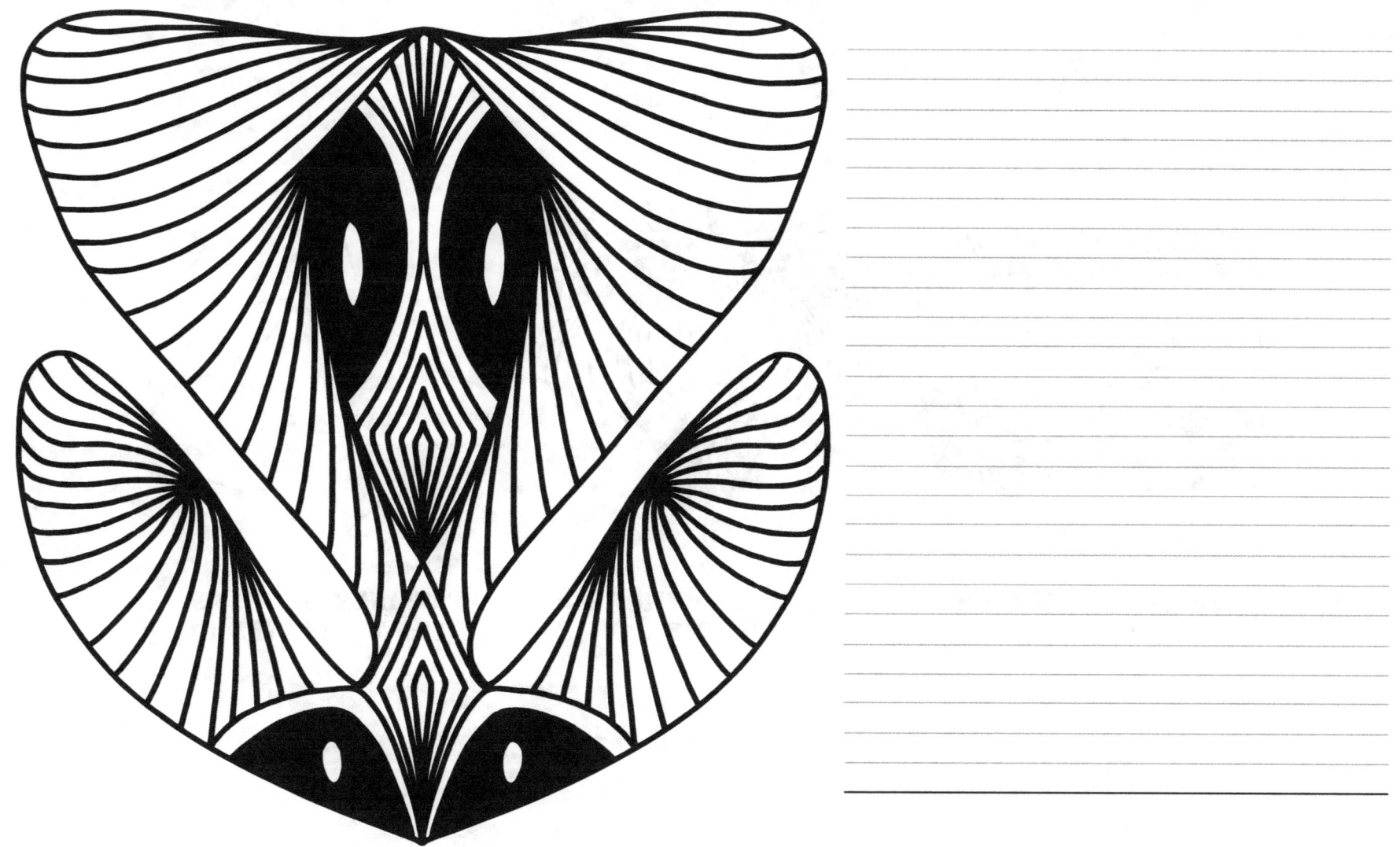

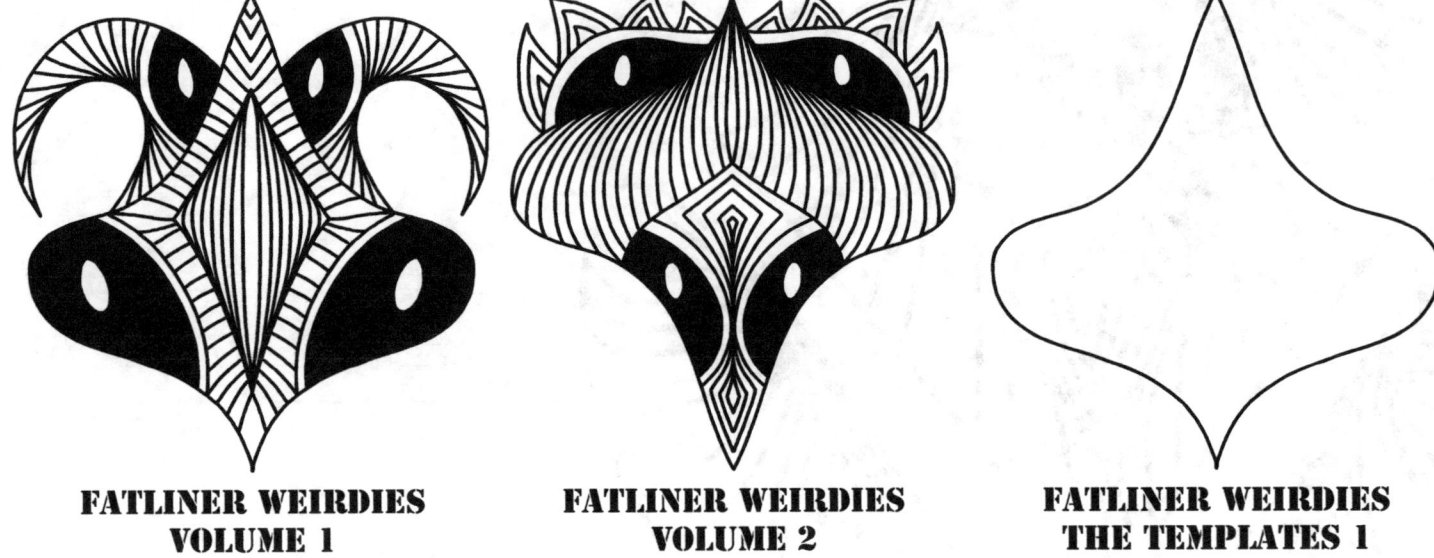

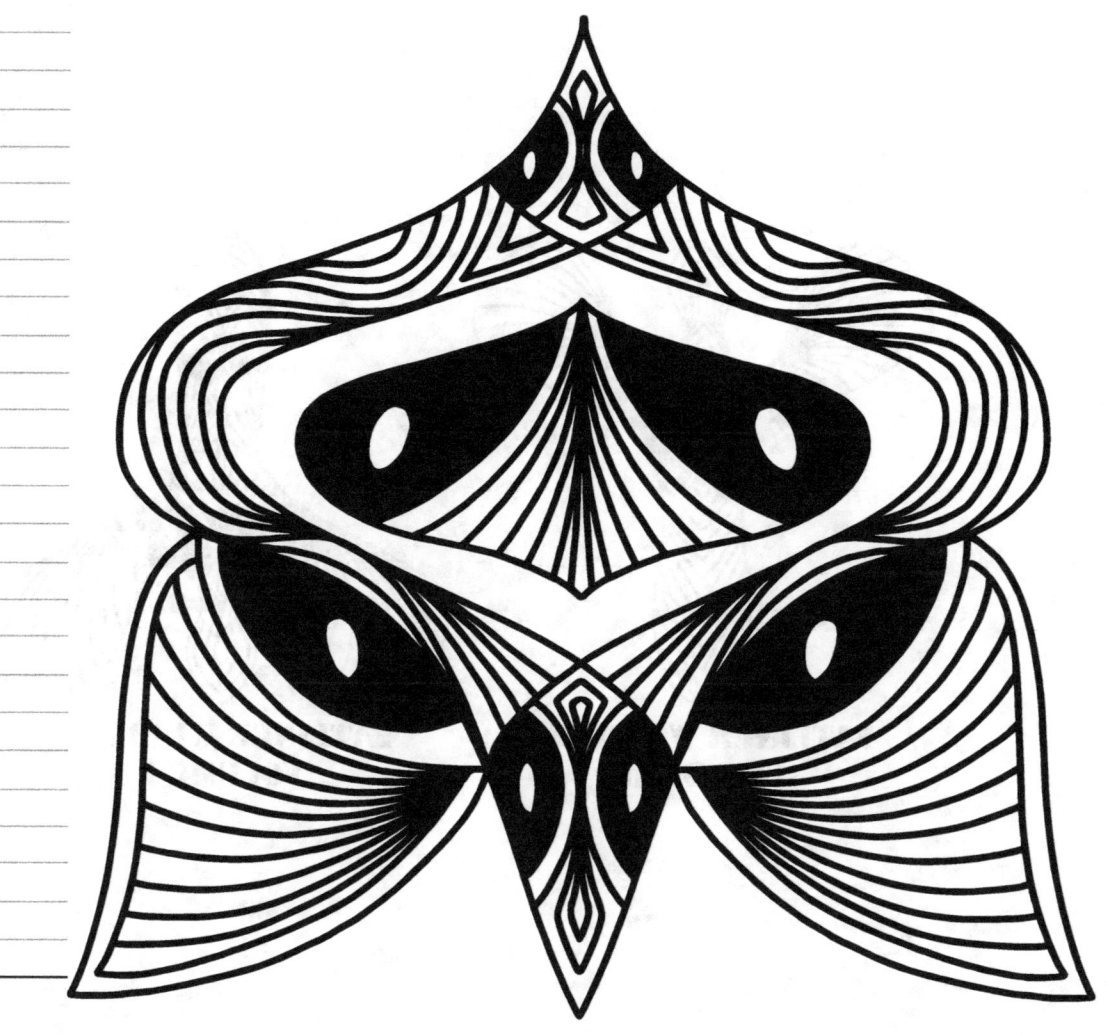

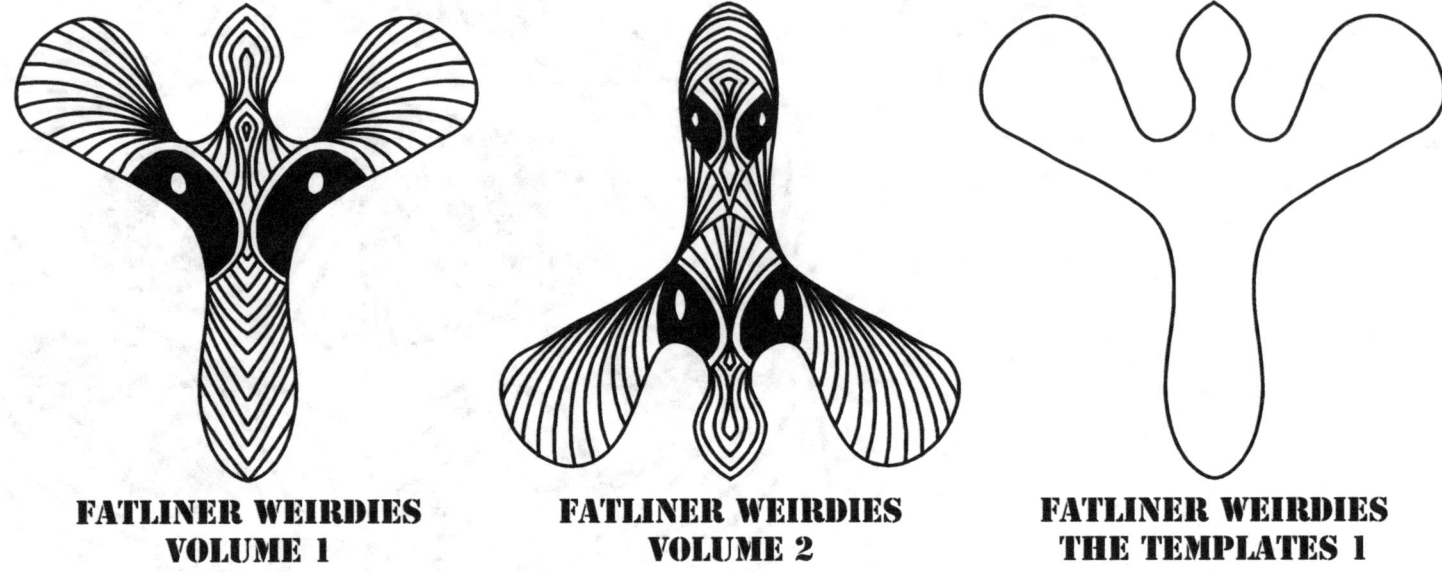

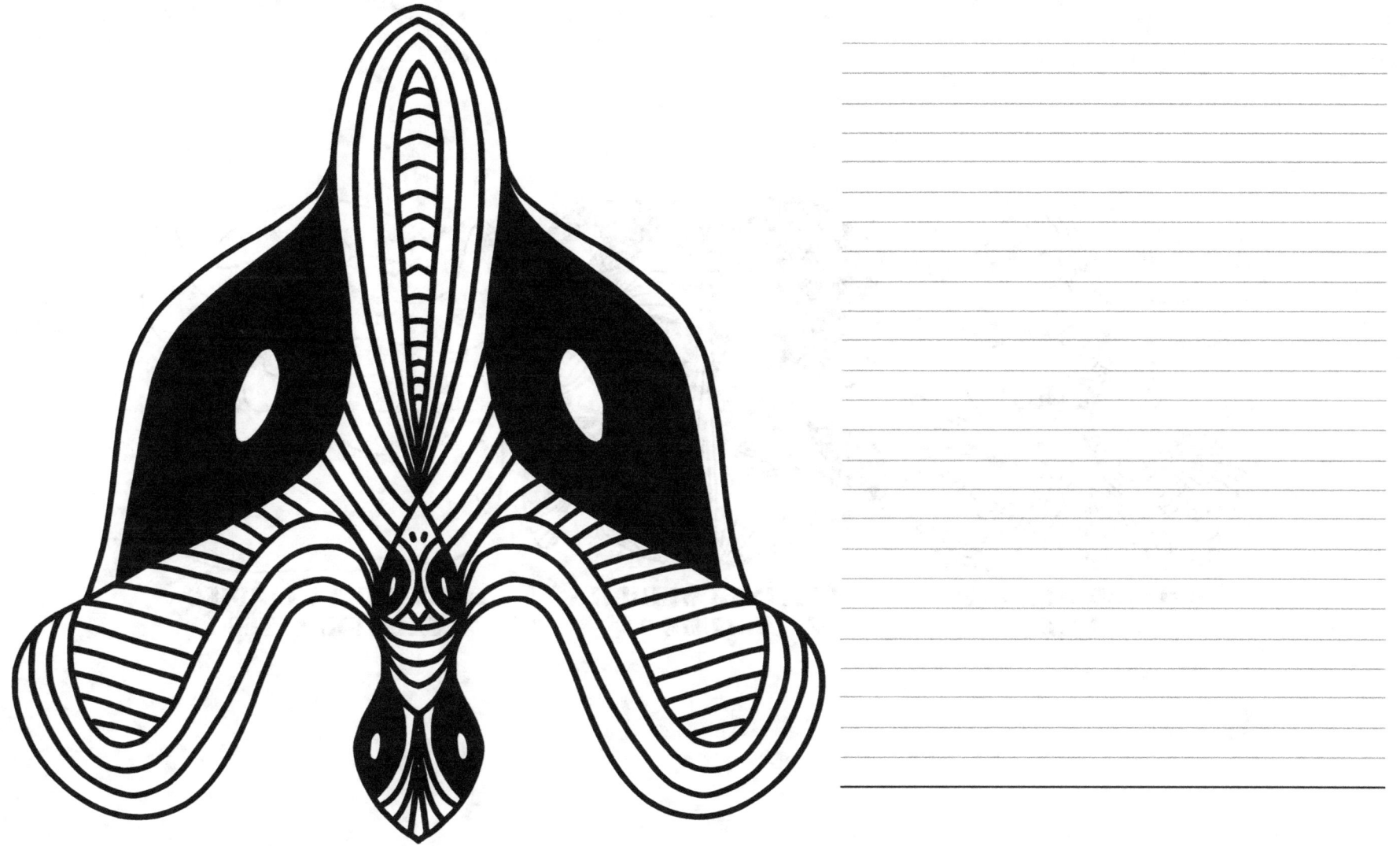

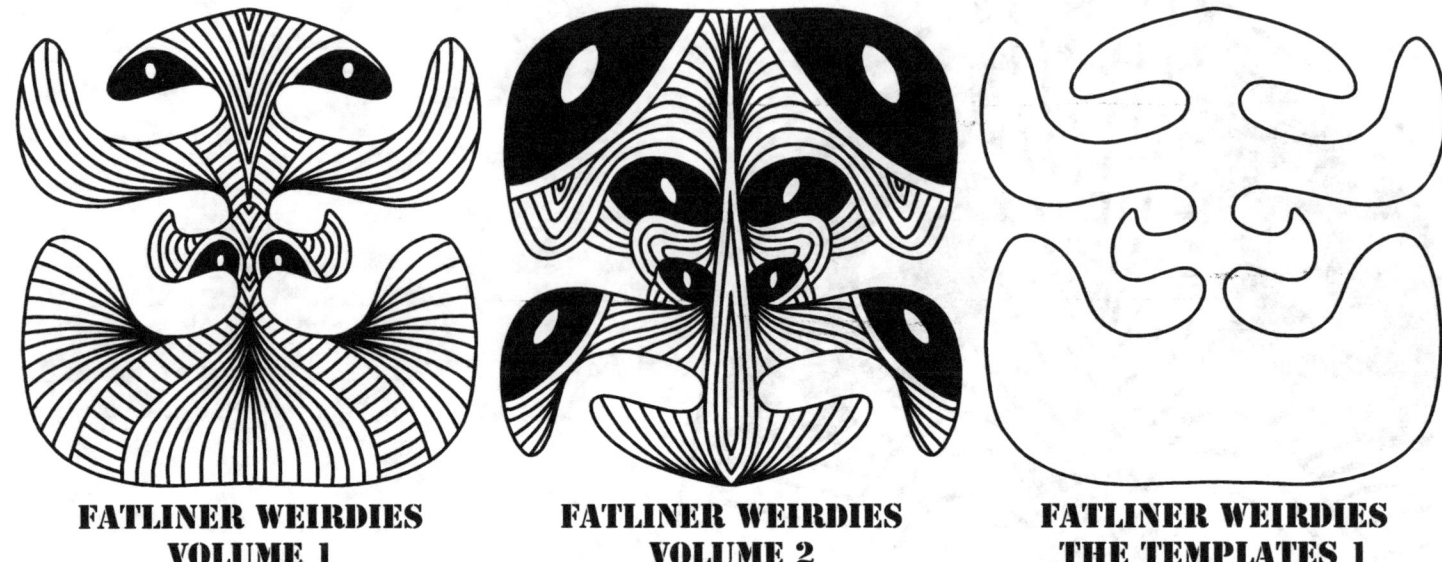

FATLINER WEIRDIES VOLUME 1   **FATLINER WEIRDIES VOLUME 2**   **FATLINER WEIRDIES THE TEMPLATES 1**

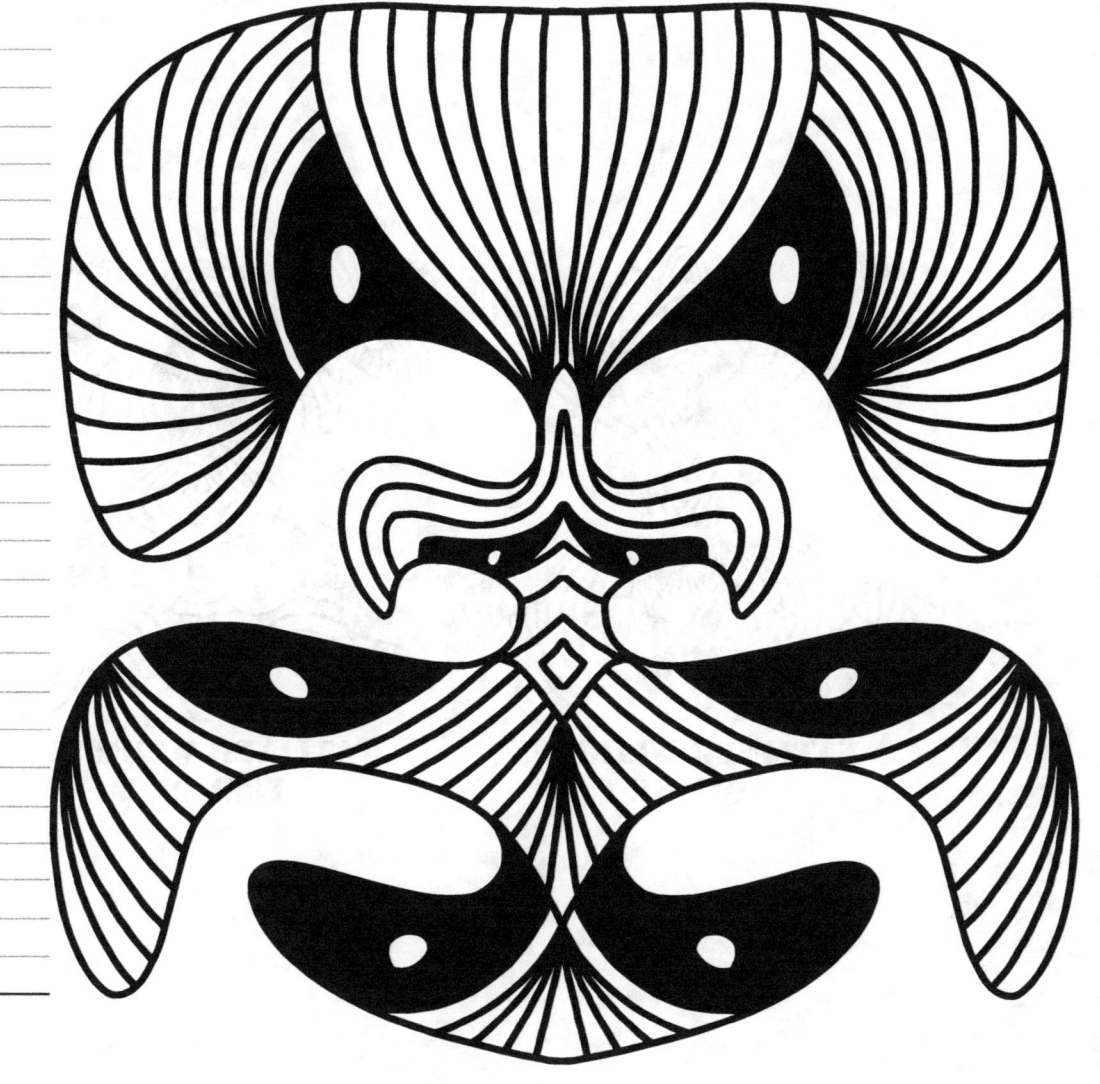

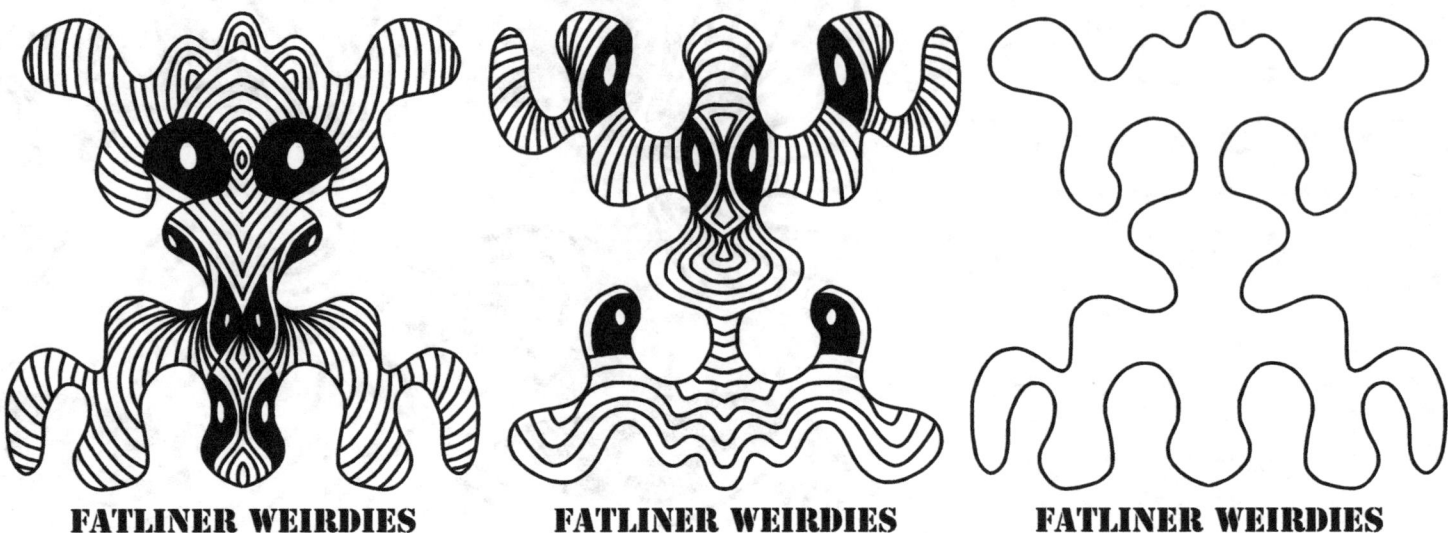

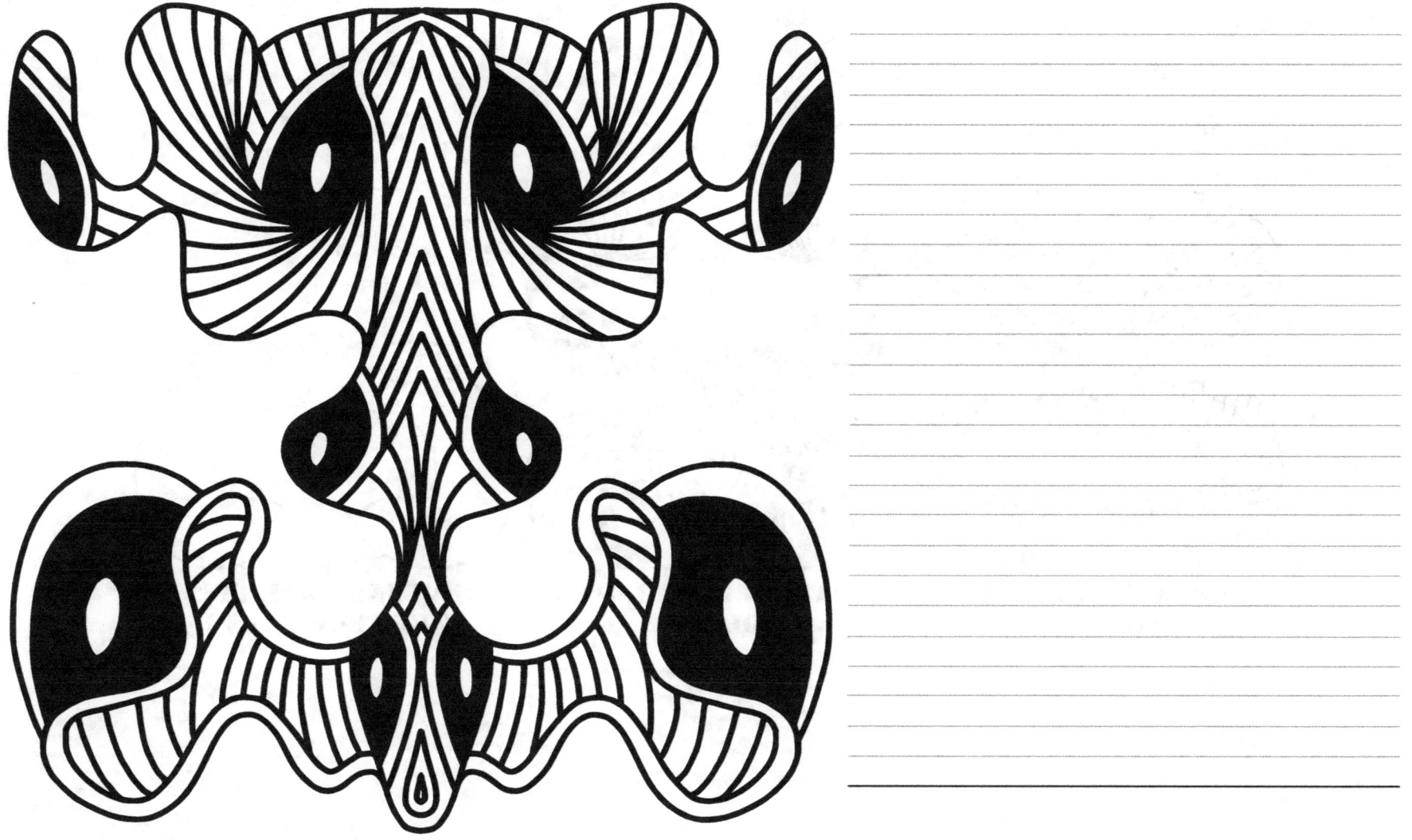

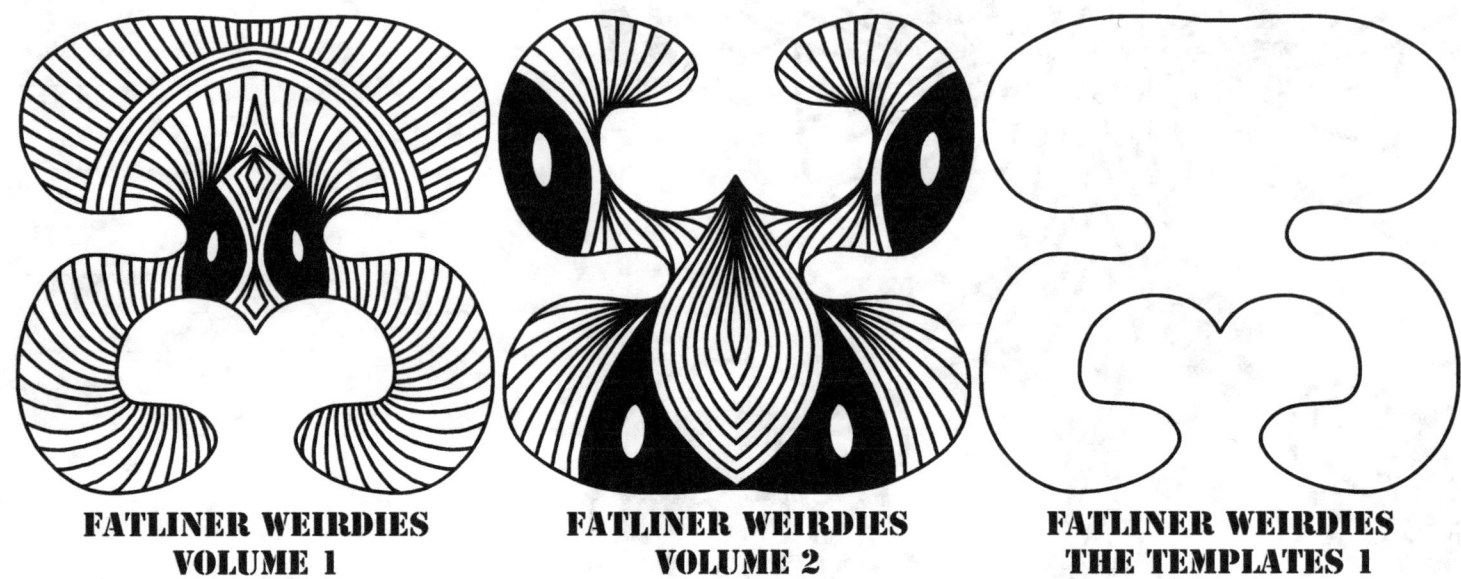

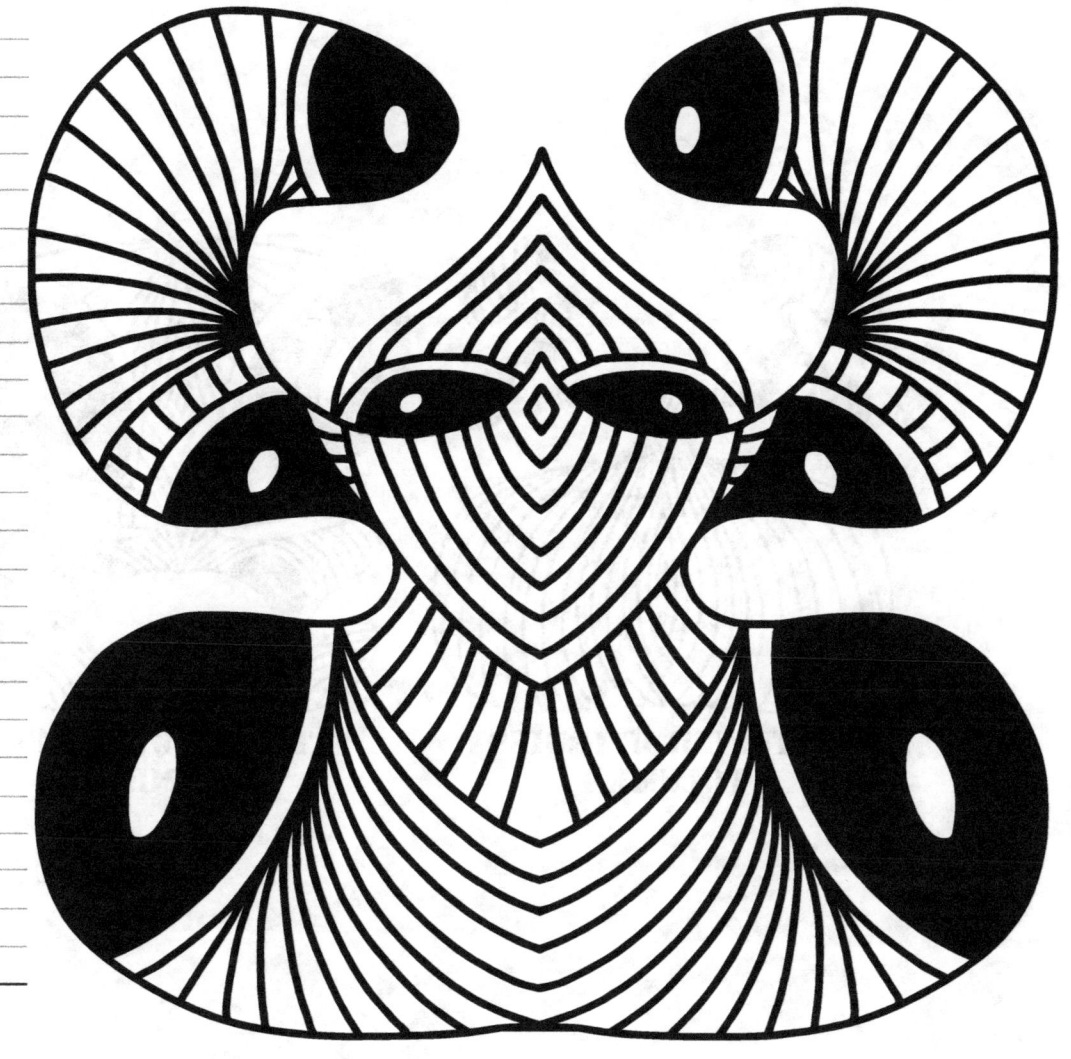

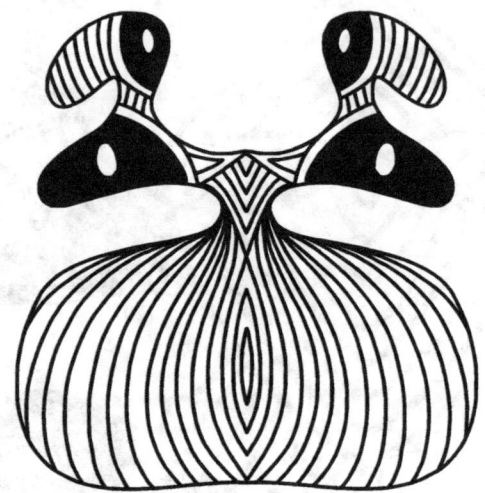

FATLINER WEIRDIES VOLUME 1

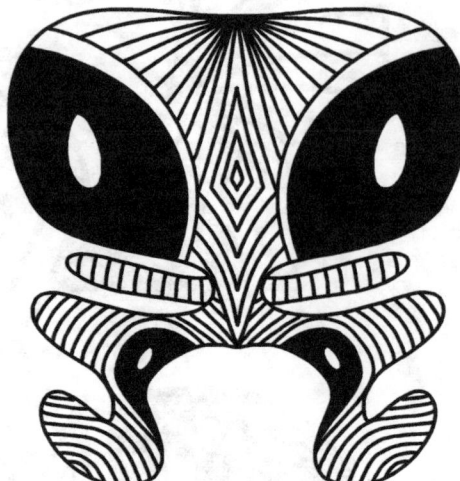

FATLINER WEIRDIES VOLUME 2

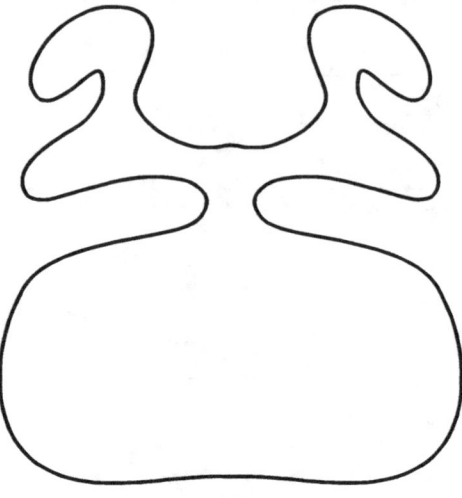

FATLINER WEIRDIES THE TEMPLATES 1

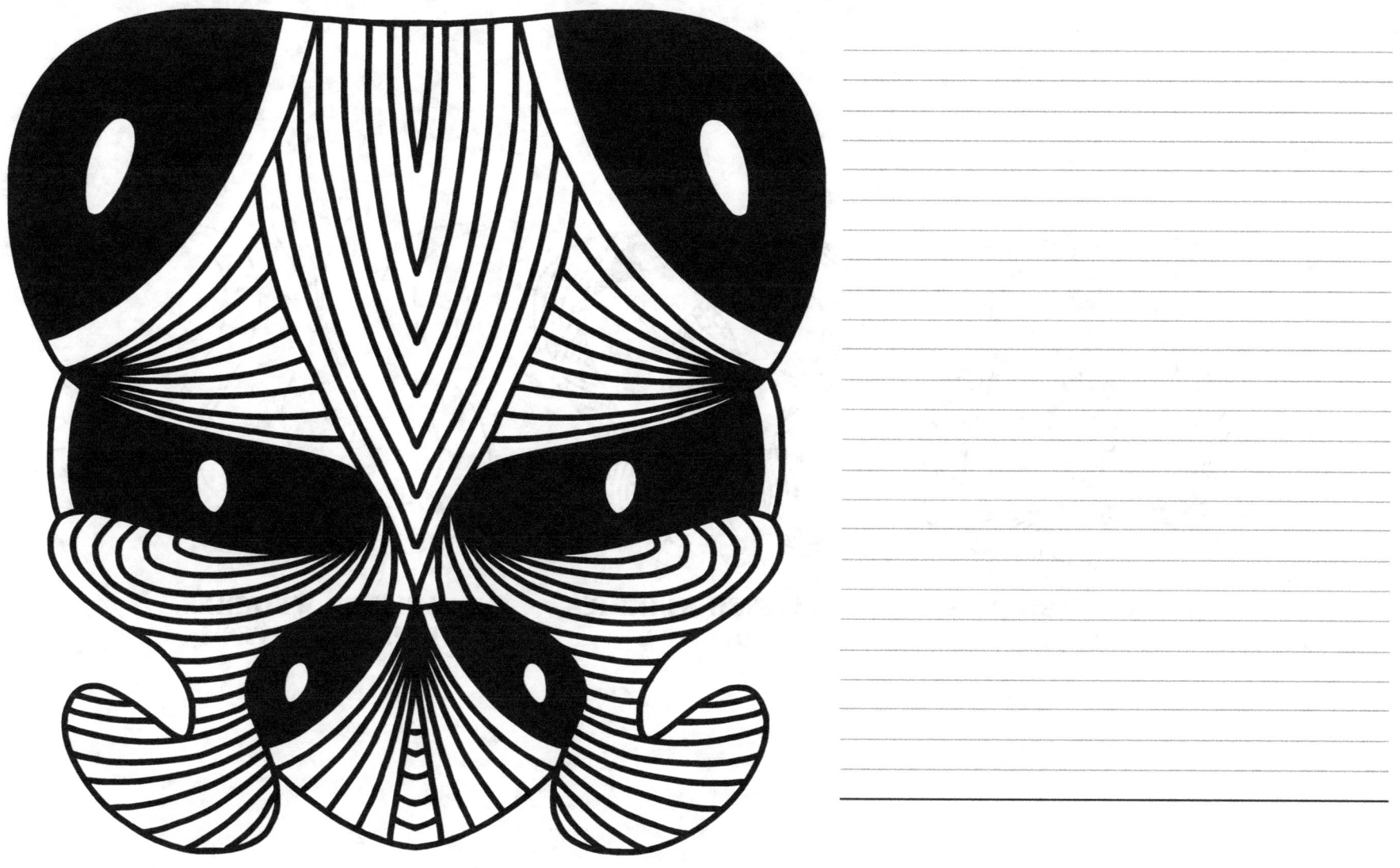

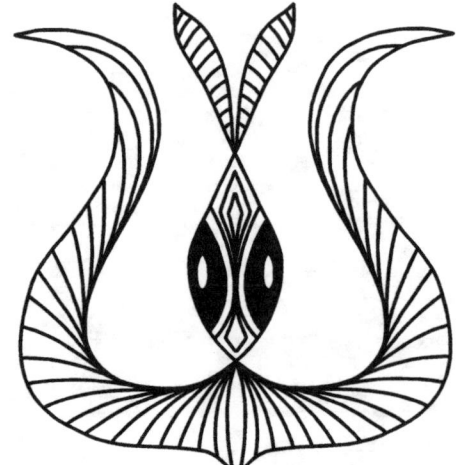

FATLINER WEIRDIES VOLUME 1

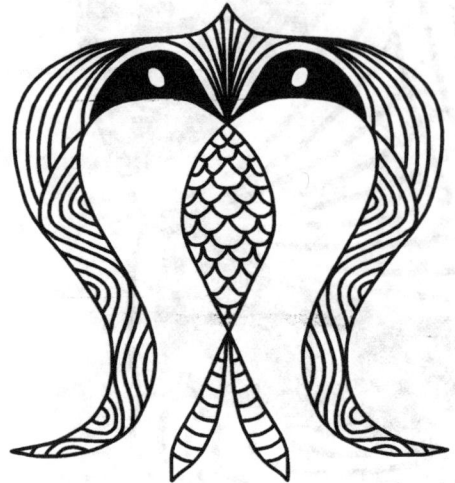

FATLINER WEIRDIES VOLUME 2

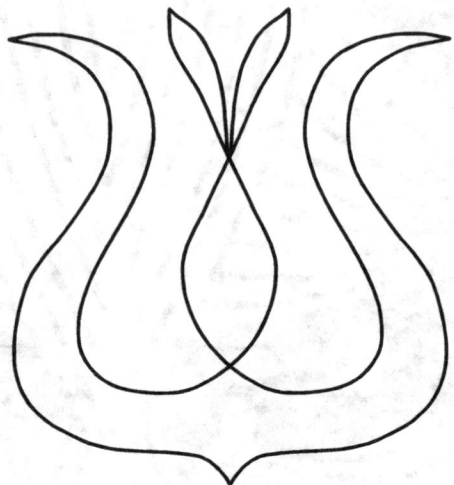

FATLINER WEIRDIES THE TEMPLATES 1

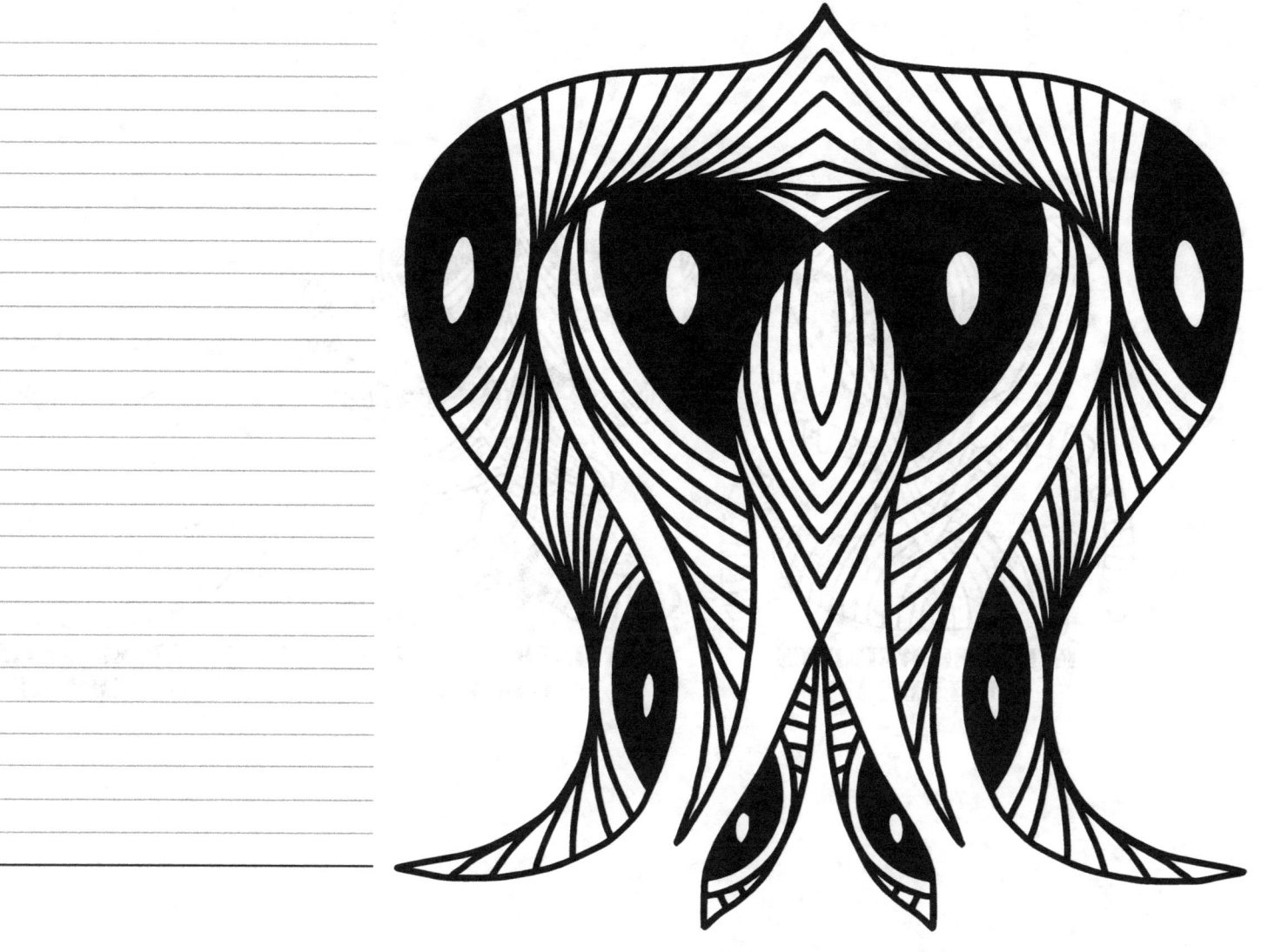

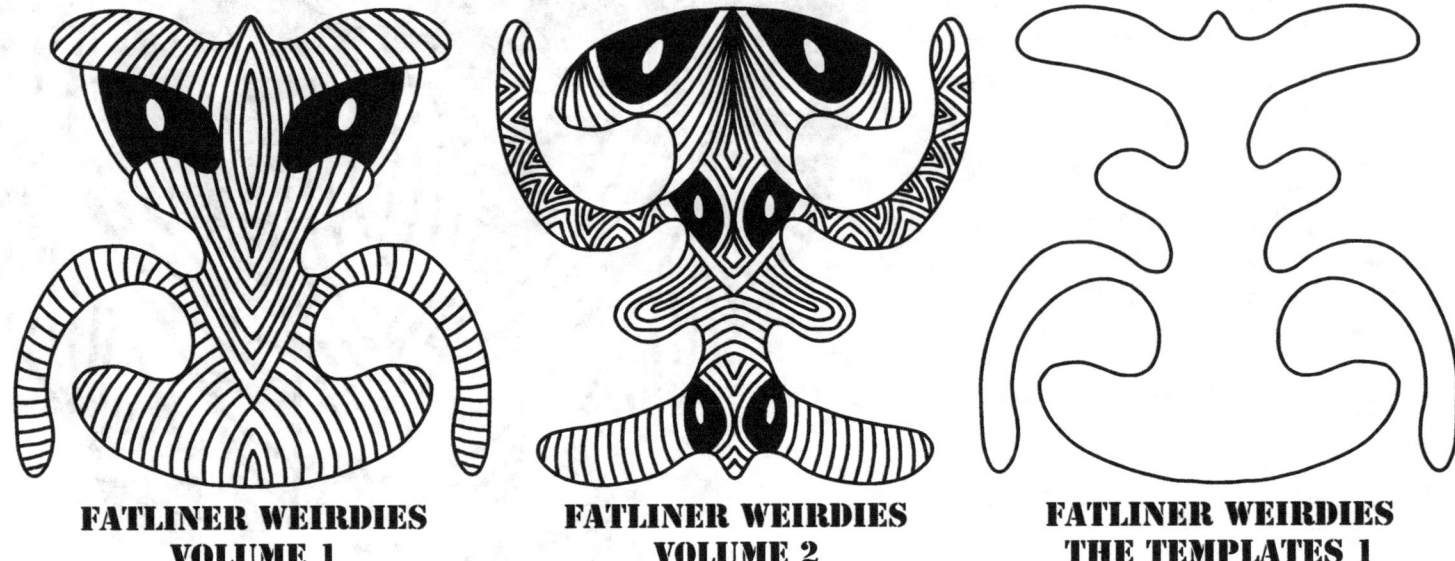

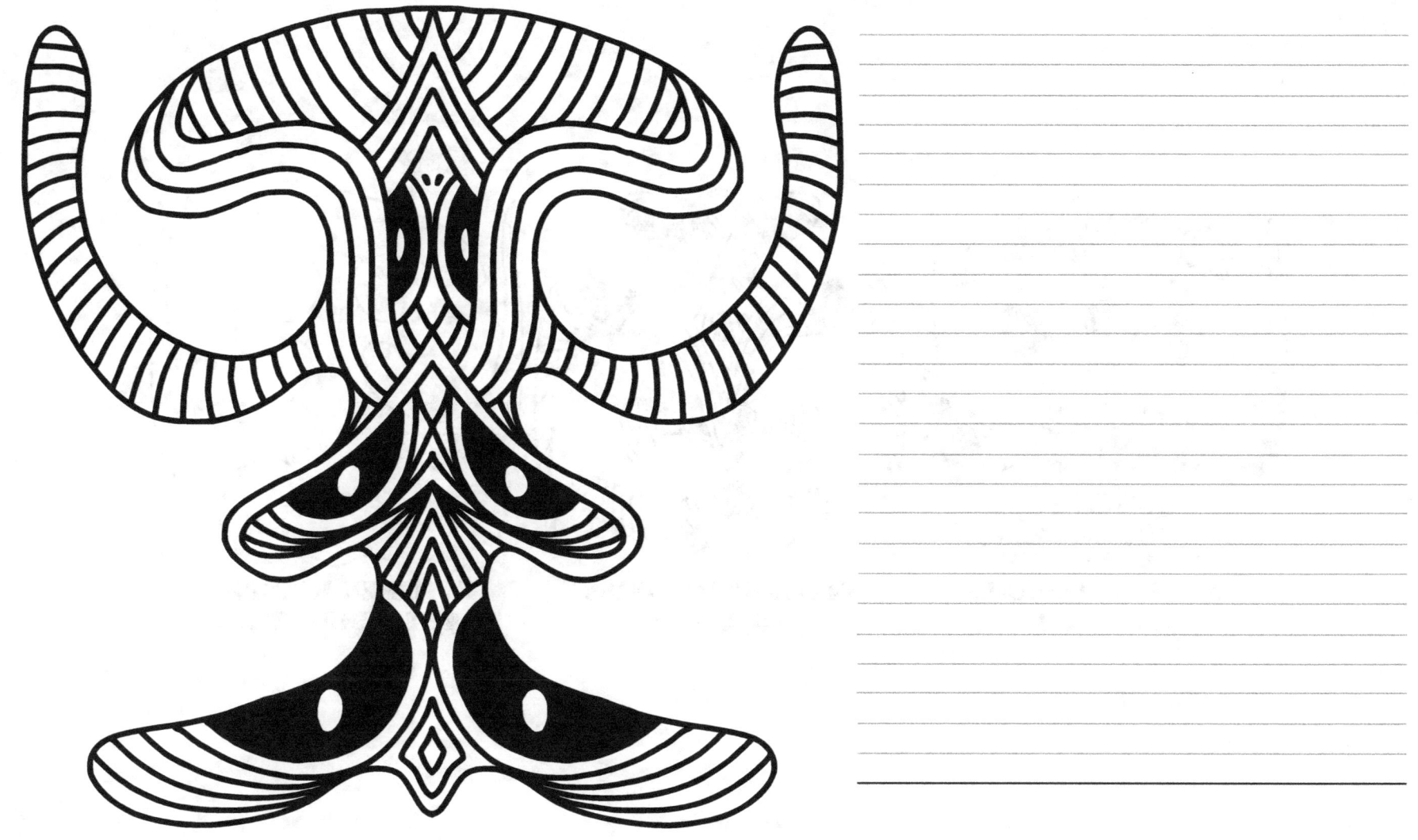

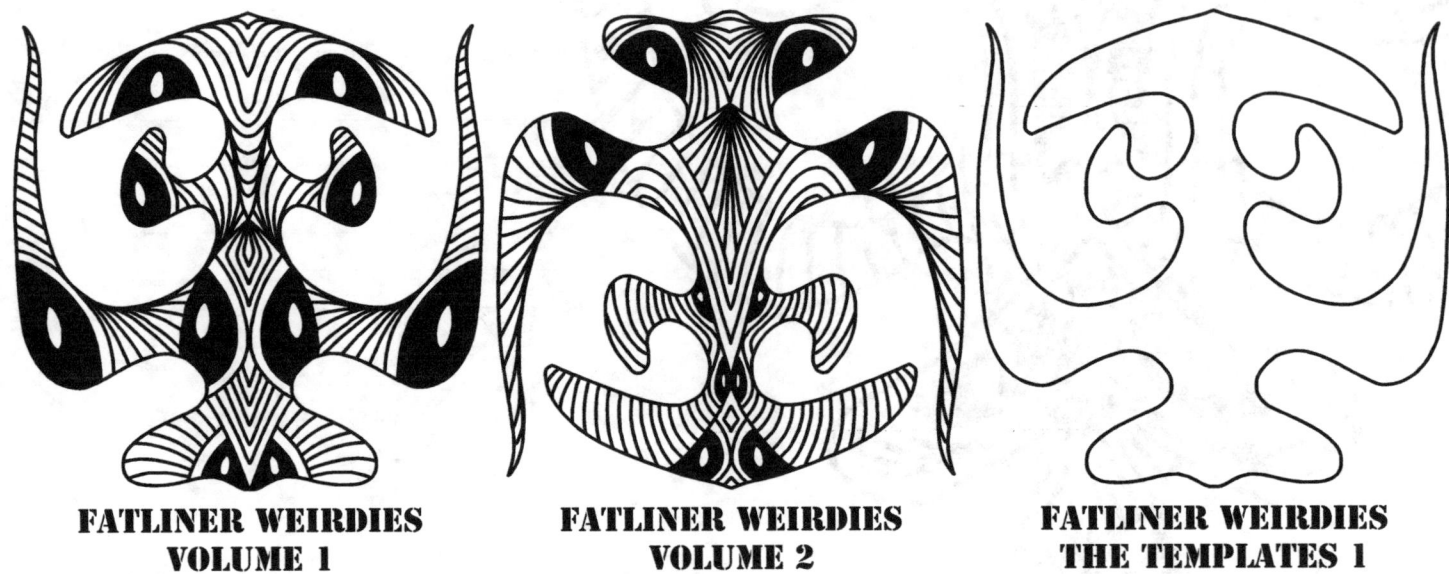

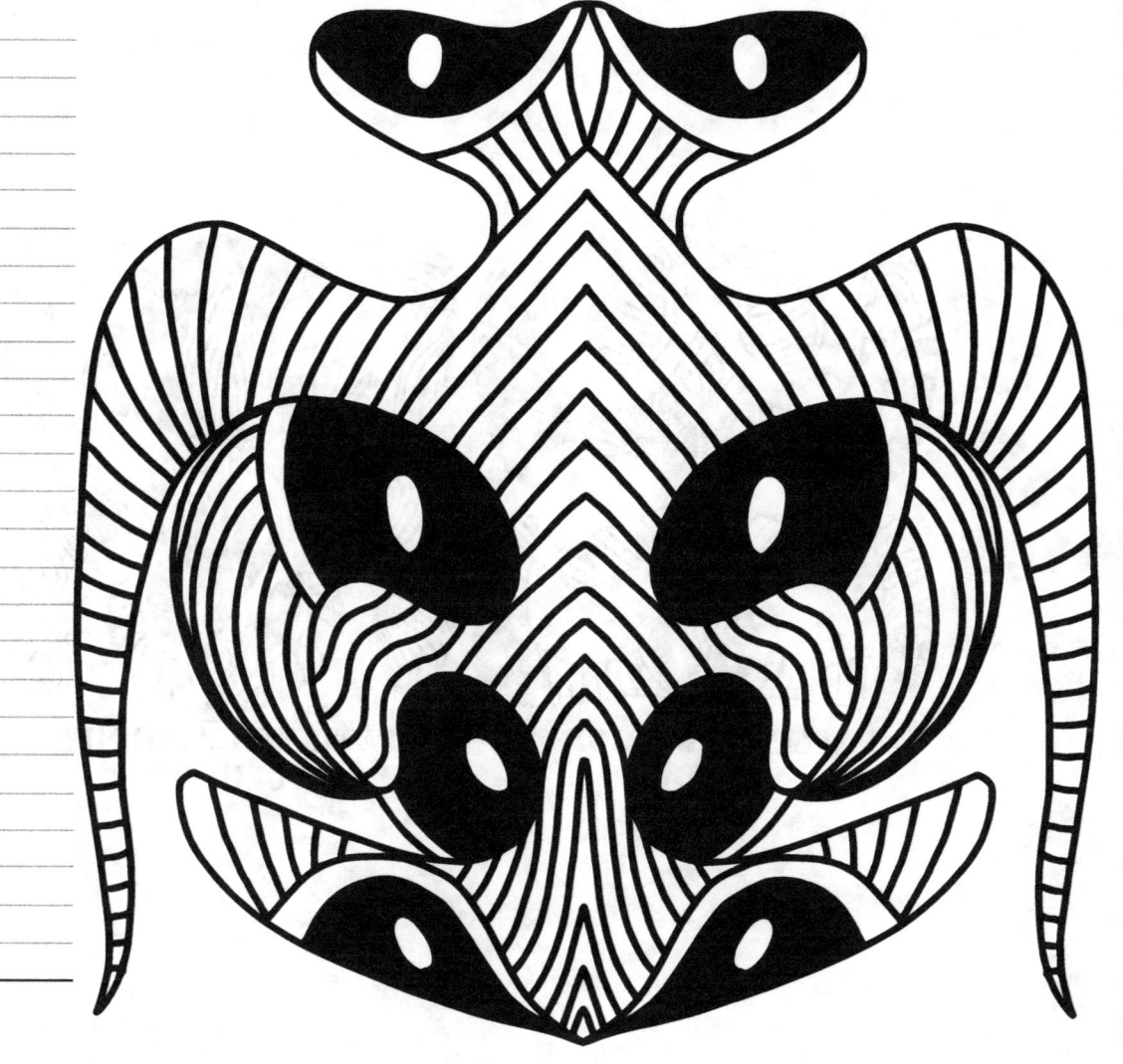

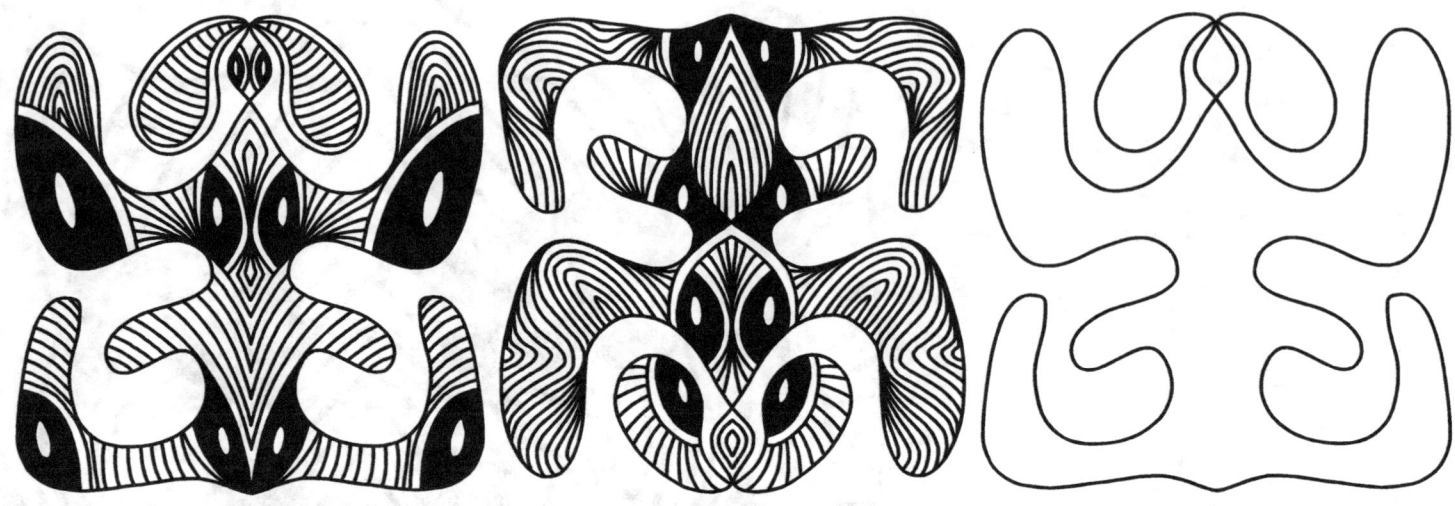

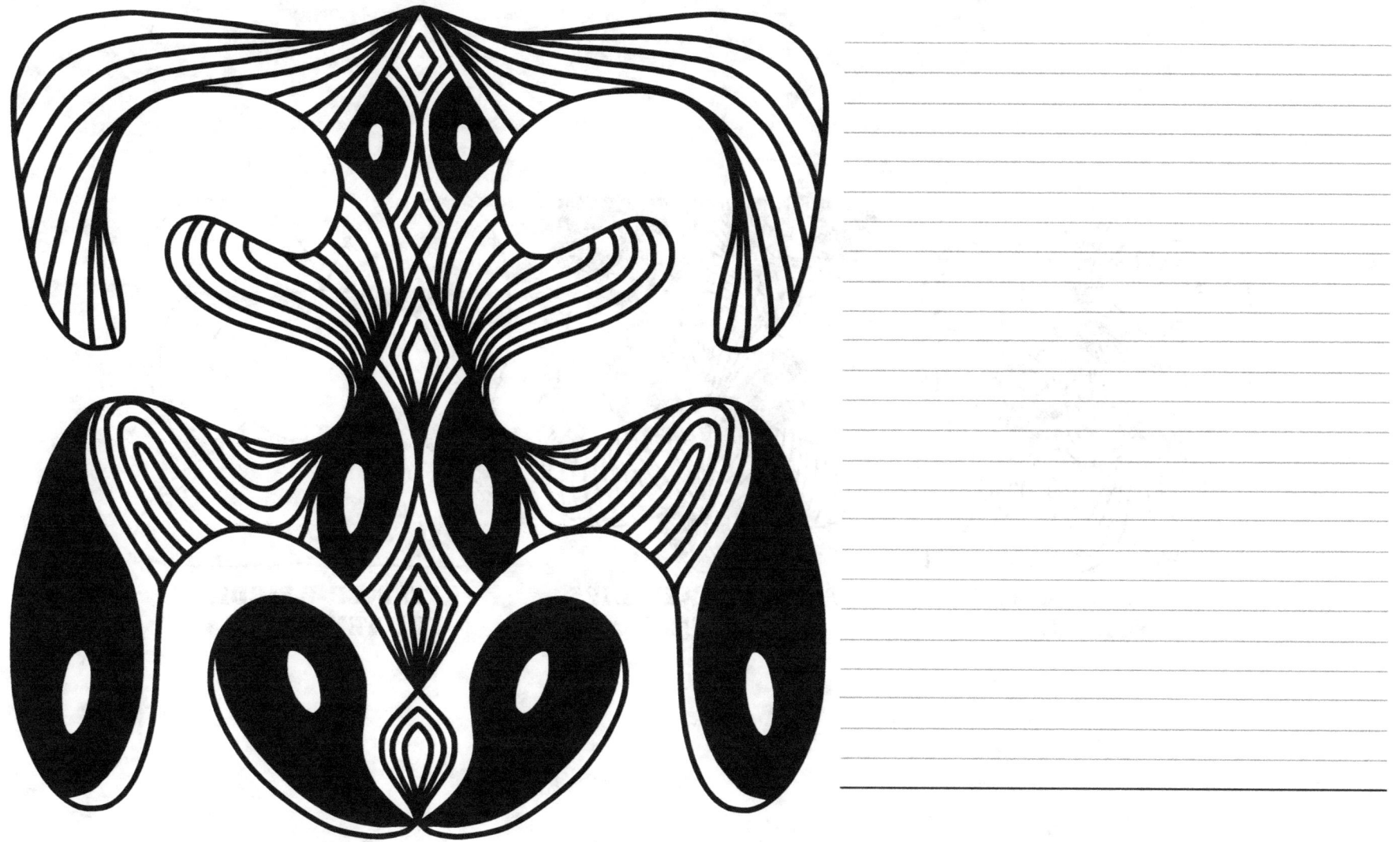

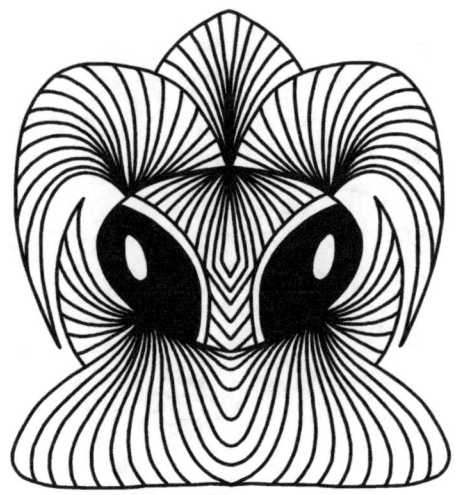
FATLINER WEIRDIES VOLUME 1

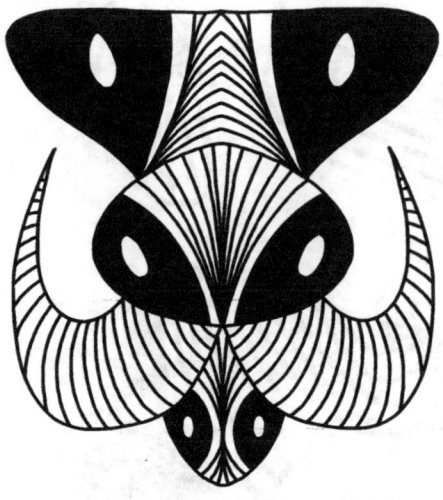
FATLINER WEIRDIES VOLUME 2

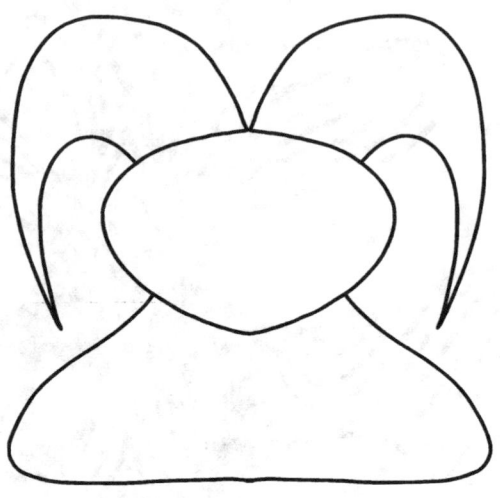
FATLINER WEIRDIES THE TEMPLATES 1

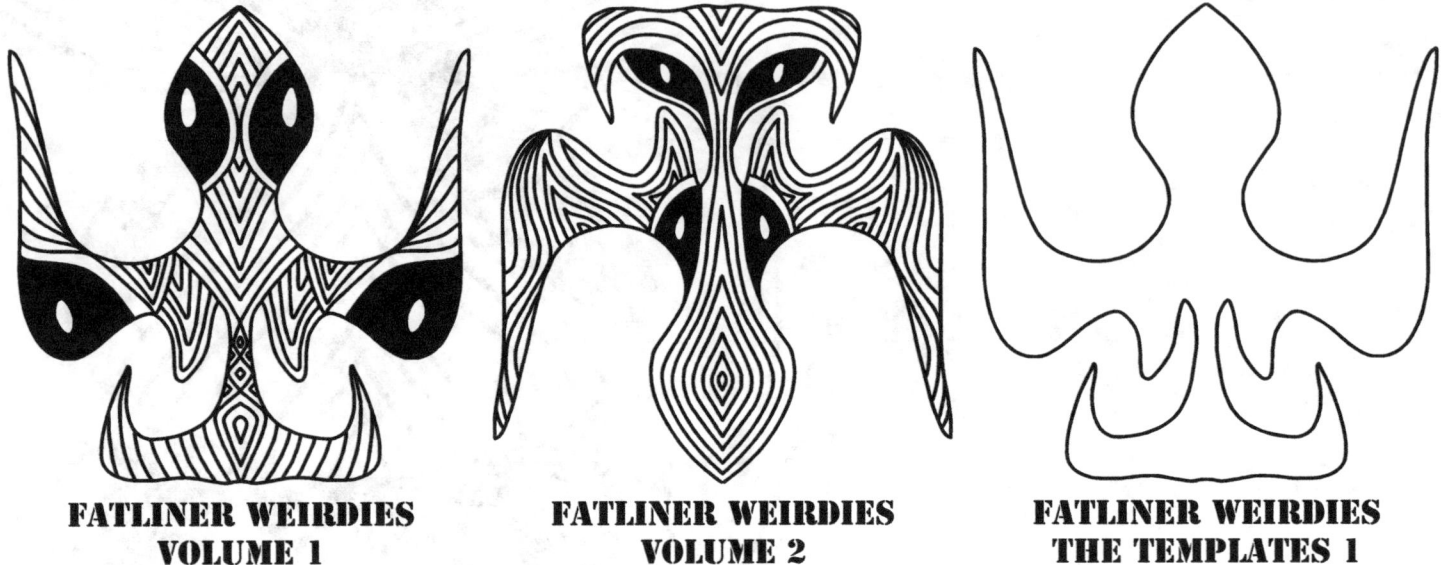

FATLINER WEIRDIES VOLUME 1   **FATLINER WEIRDIES VOLUME 2**   **FATLINER WEIRDIES THE TEMPLATES 1**

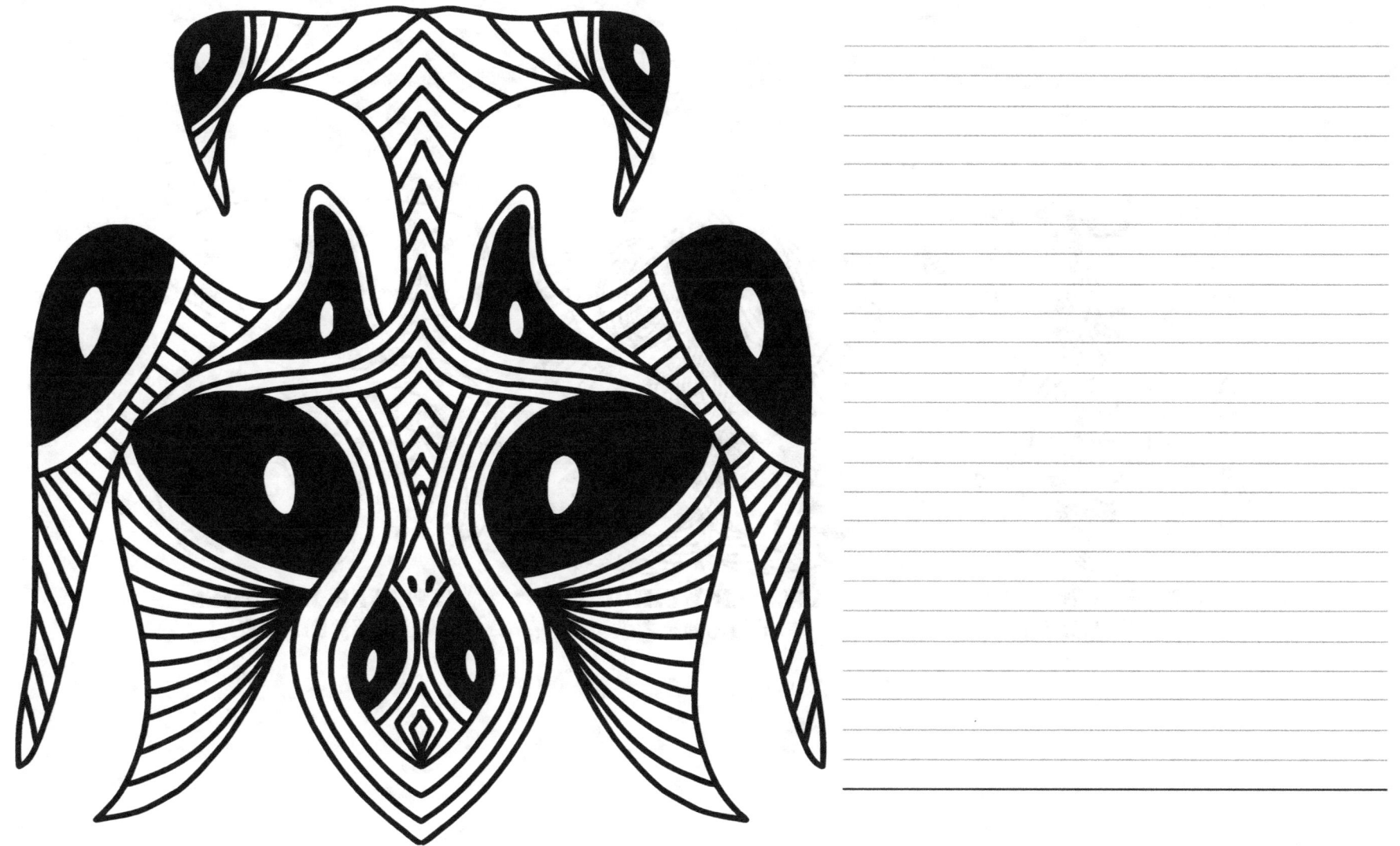

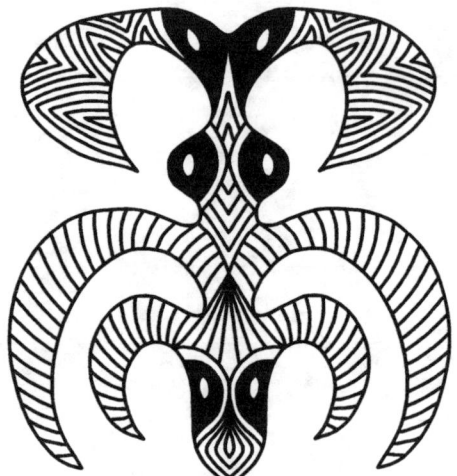
FATLINER WEIRDIES VOLUME 1

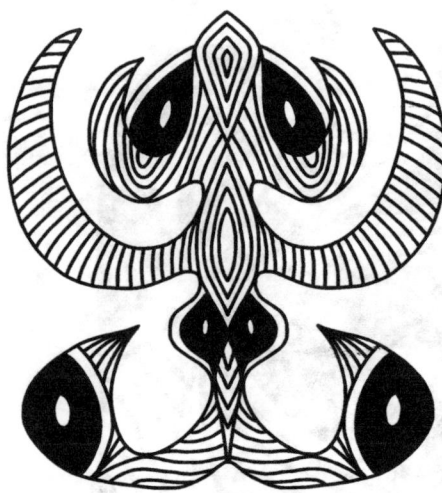
FATLINER WEIRDIES VOLUME 2

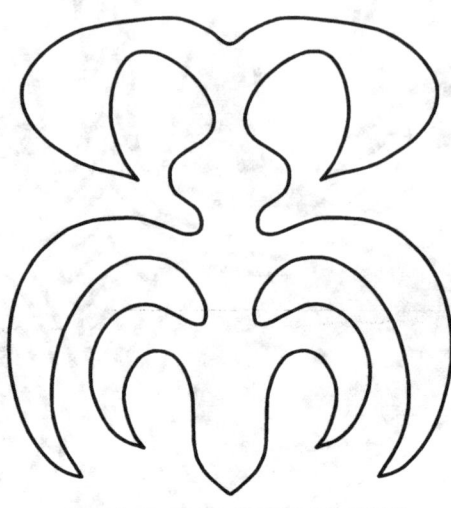
FATLINER WEIRDIES THE TEMPLATES 1

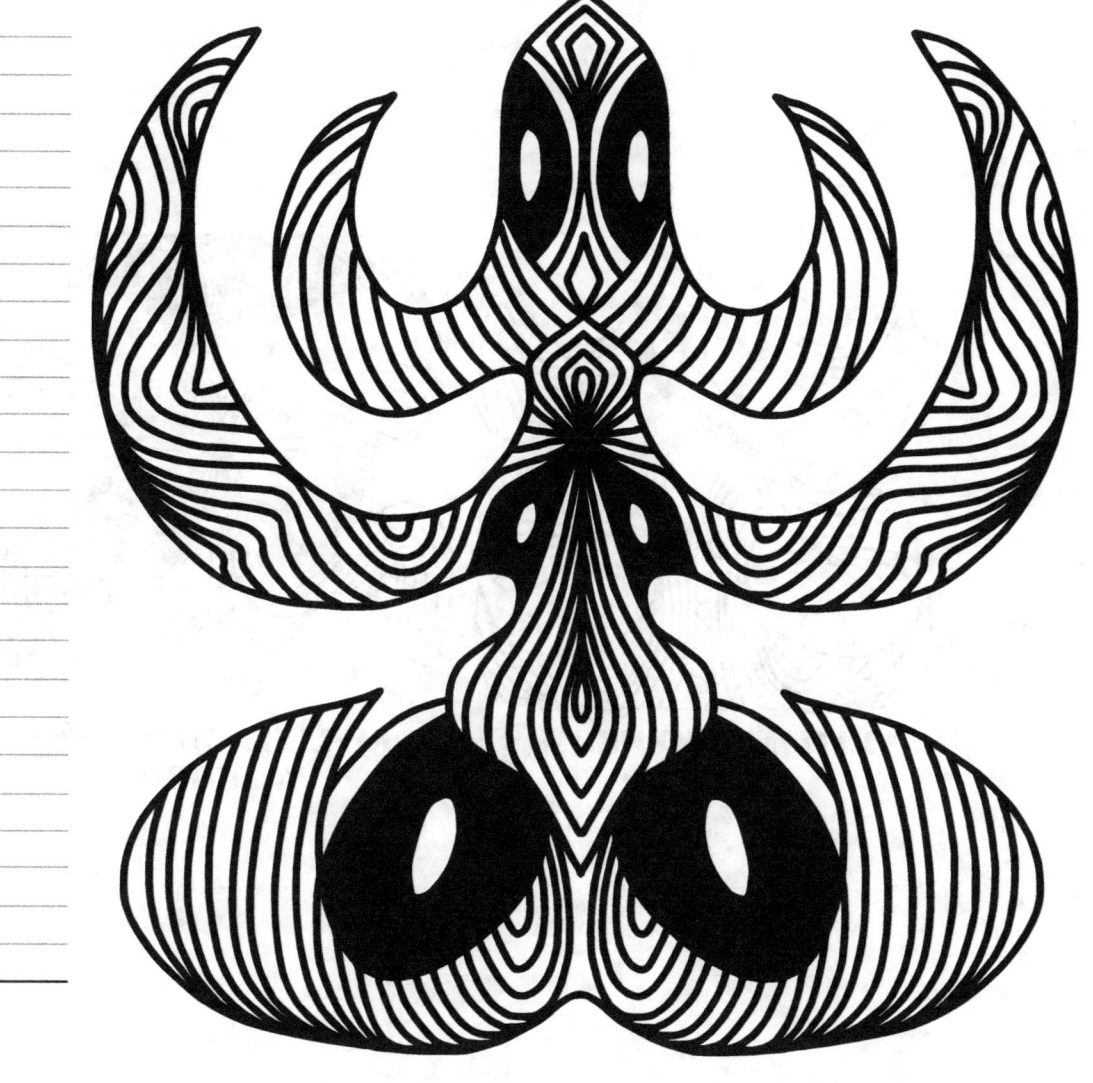

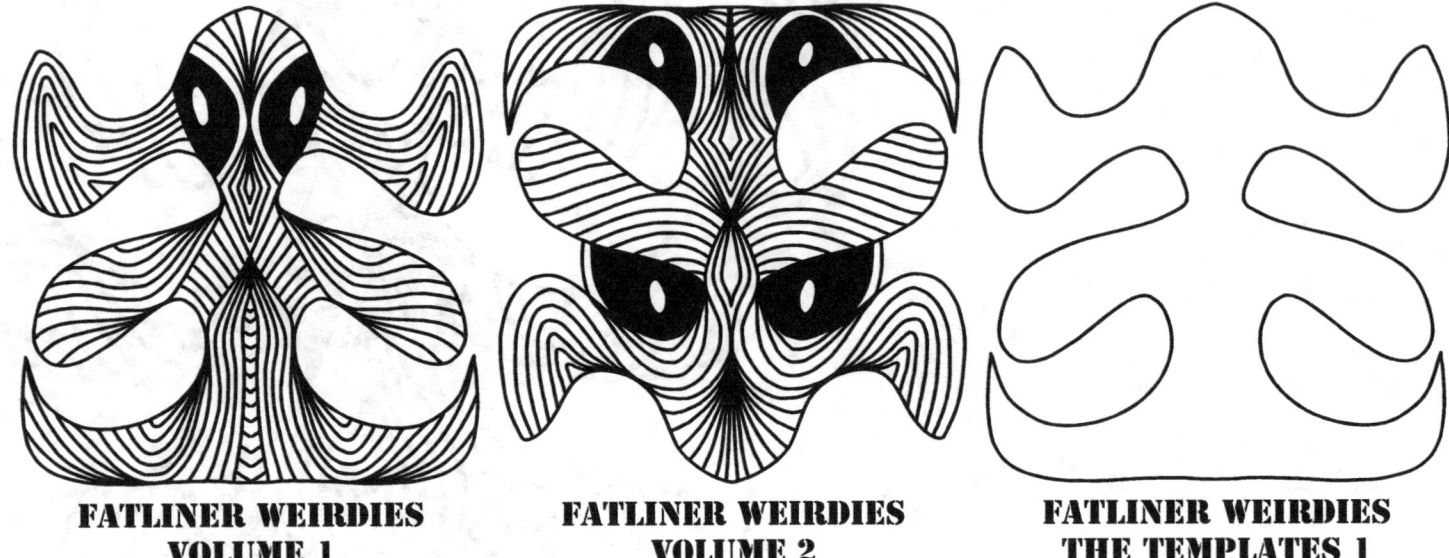

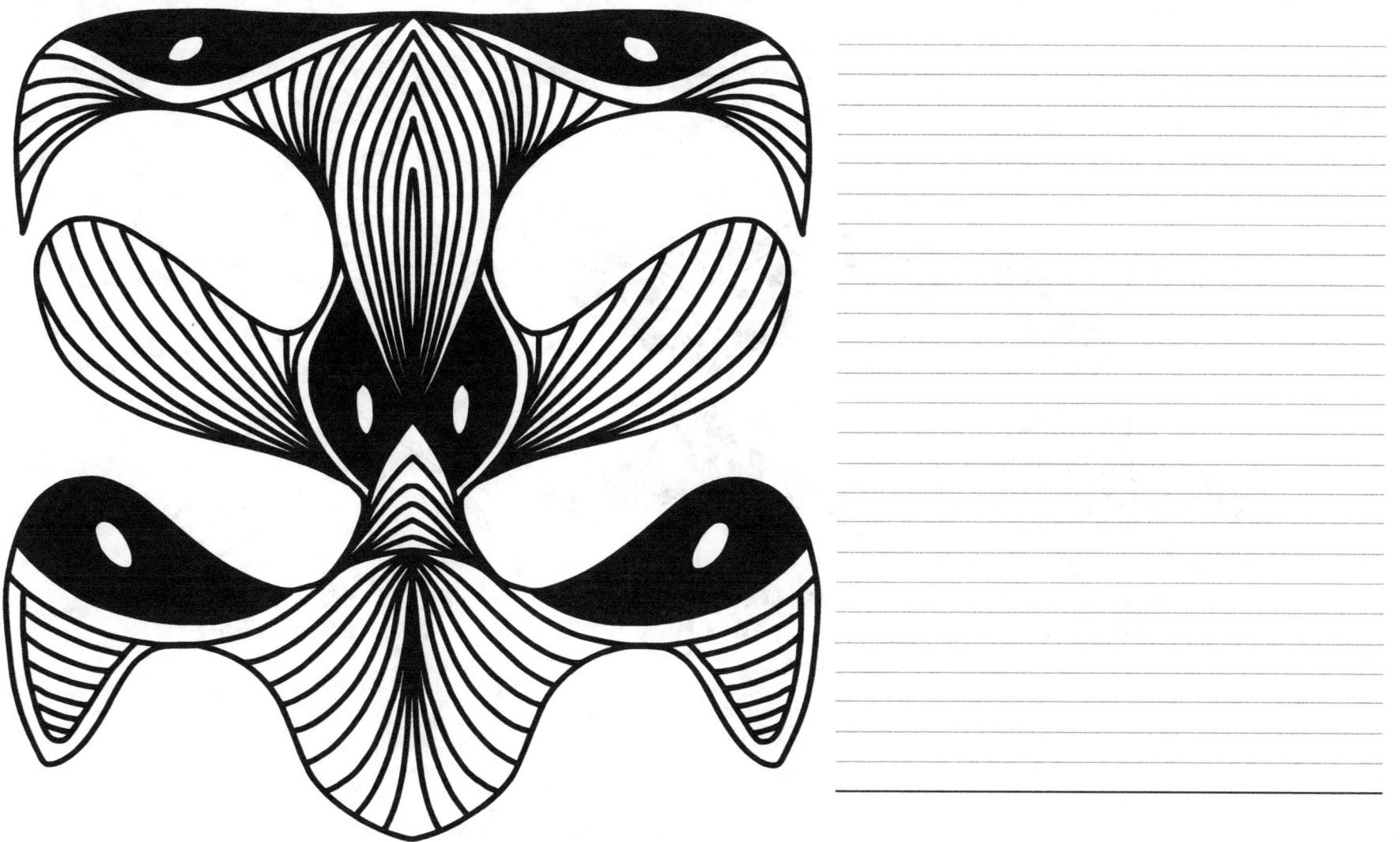

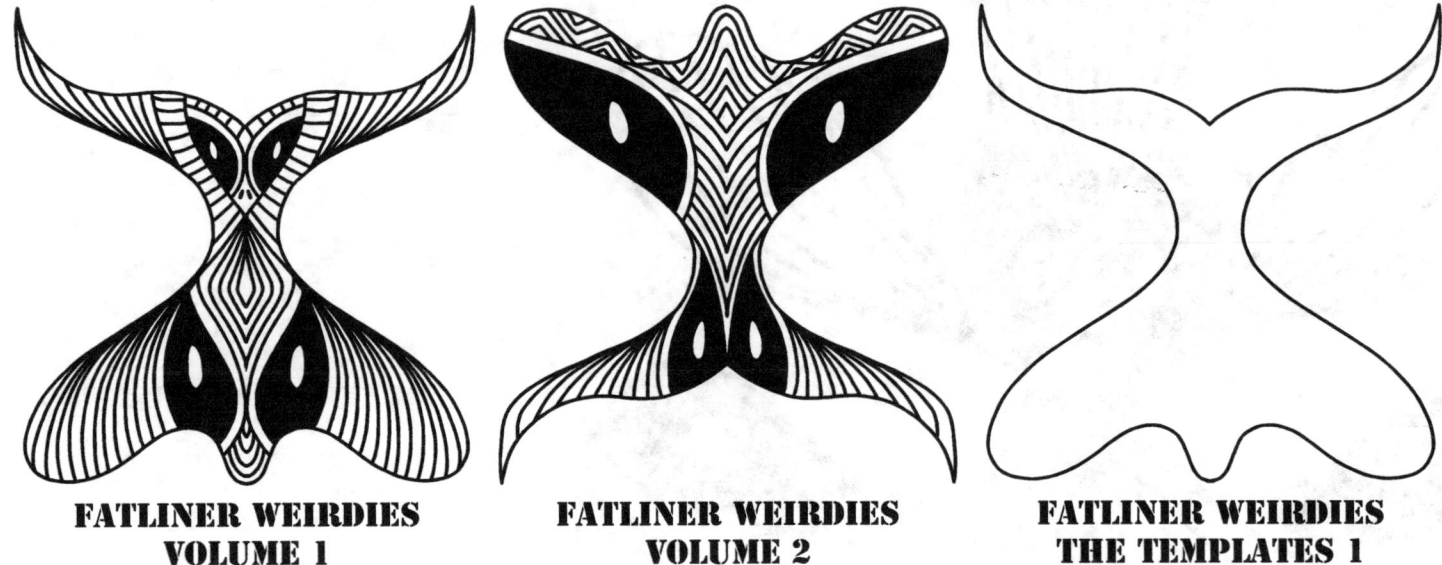

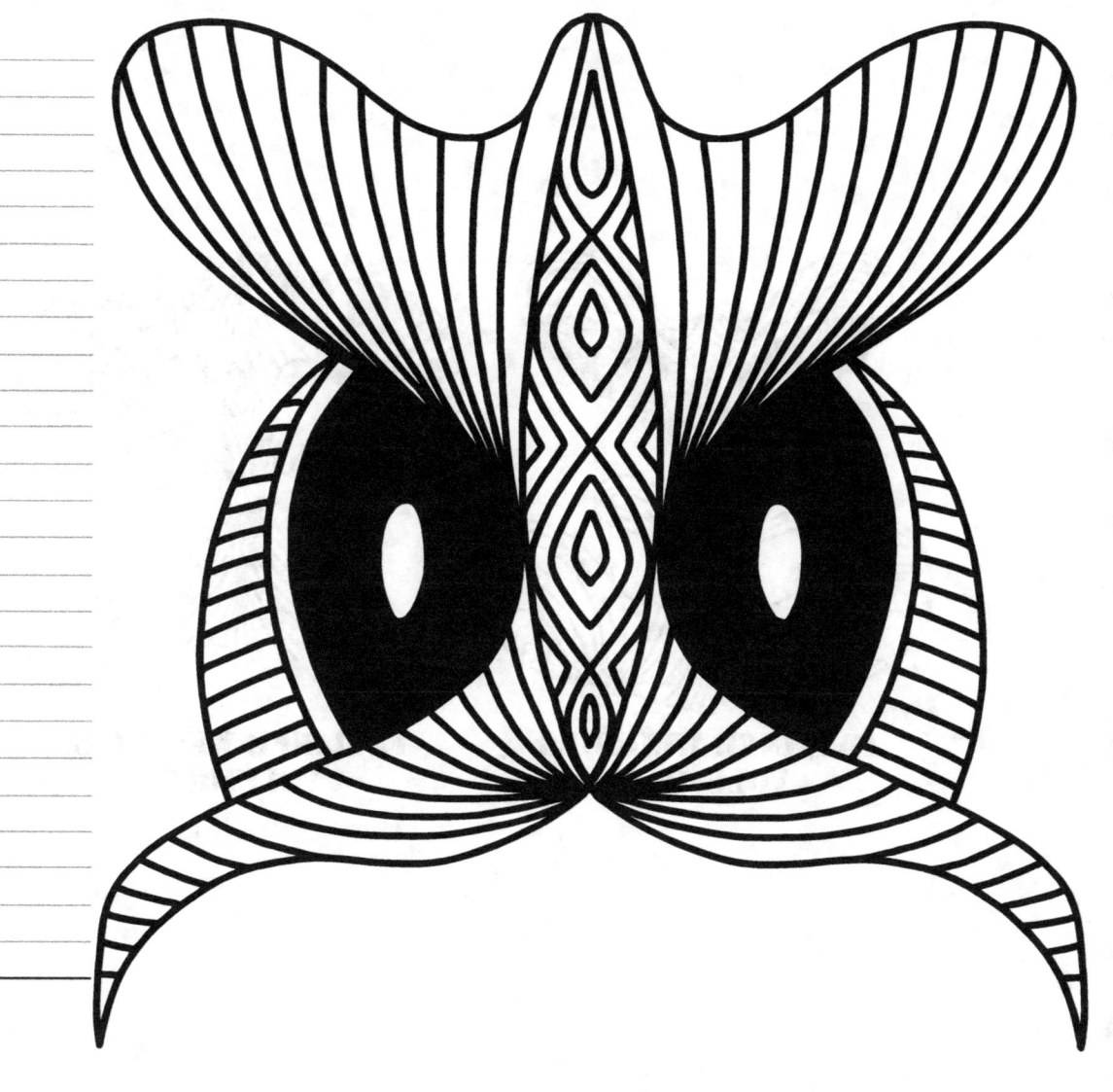

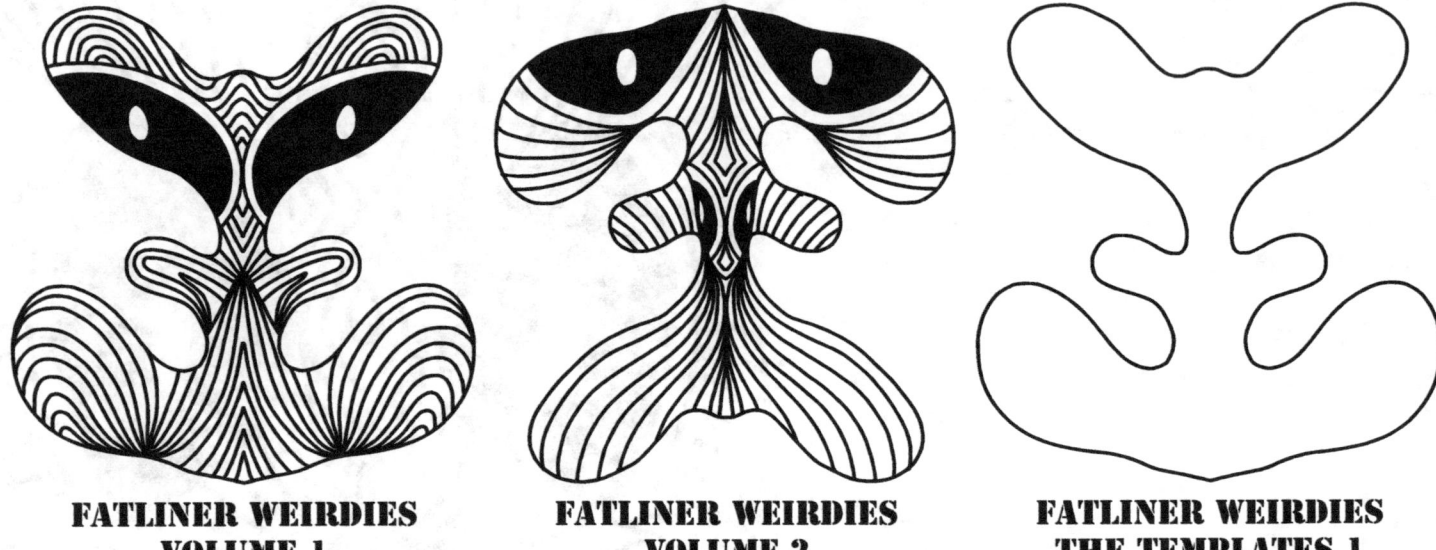

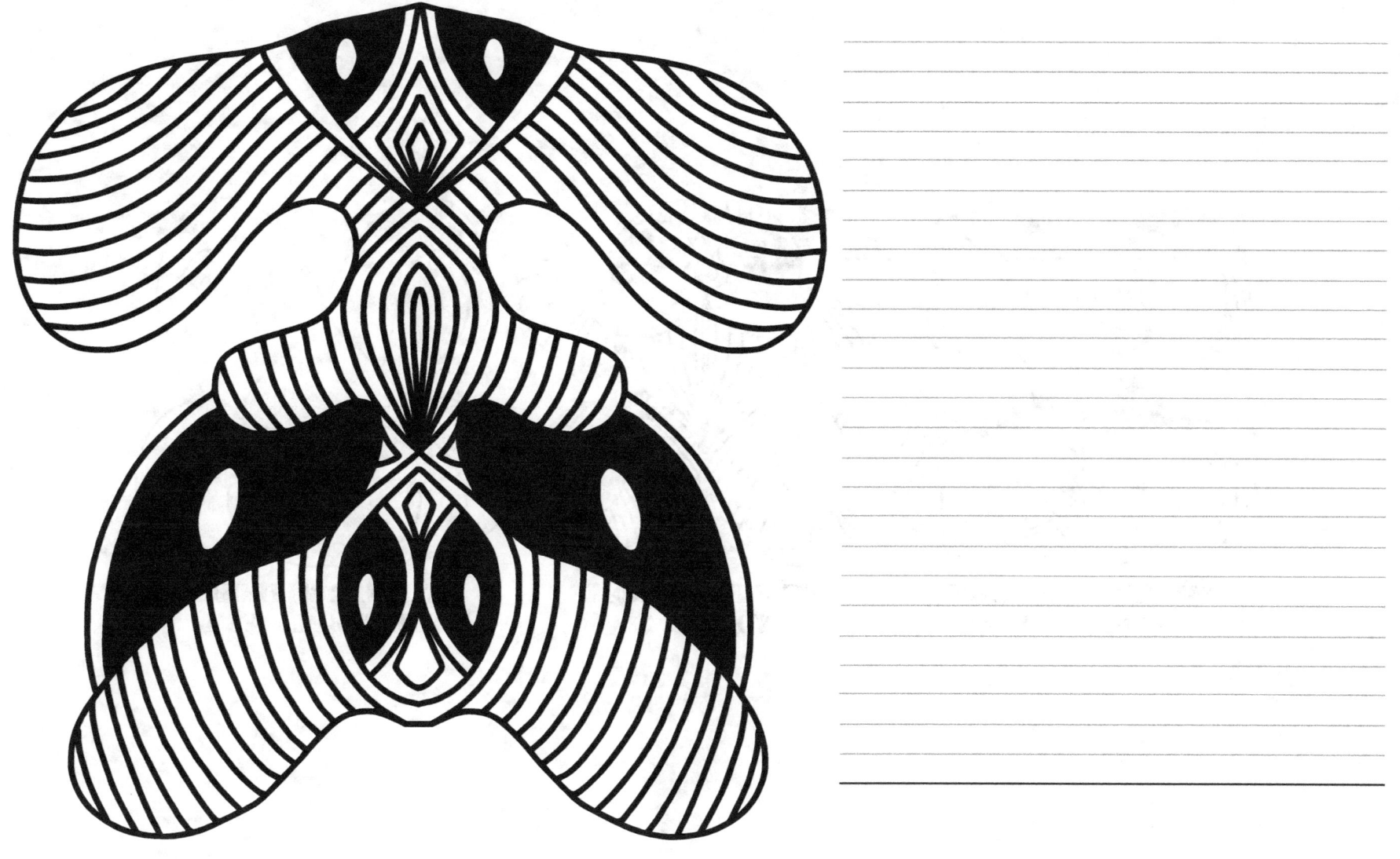

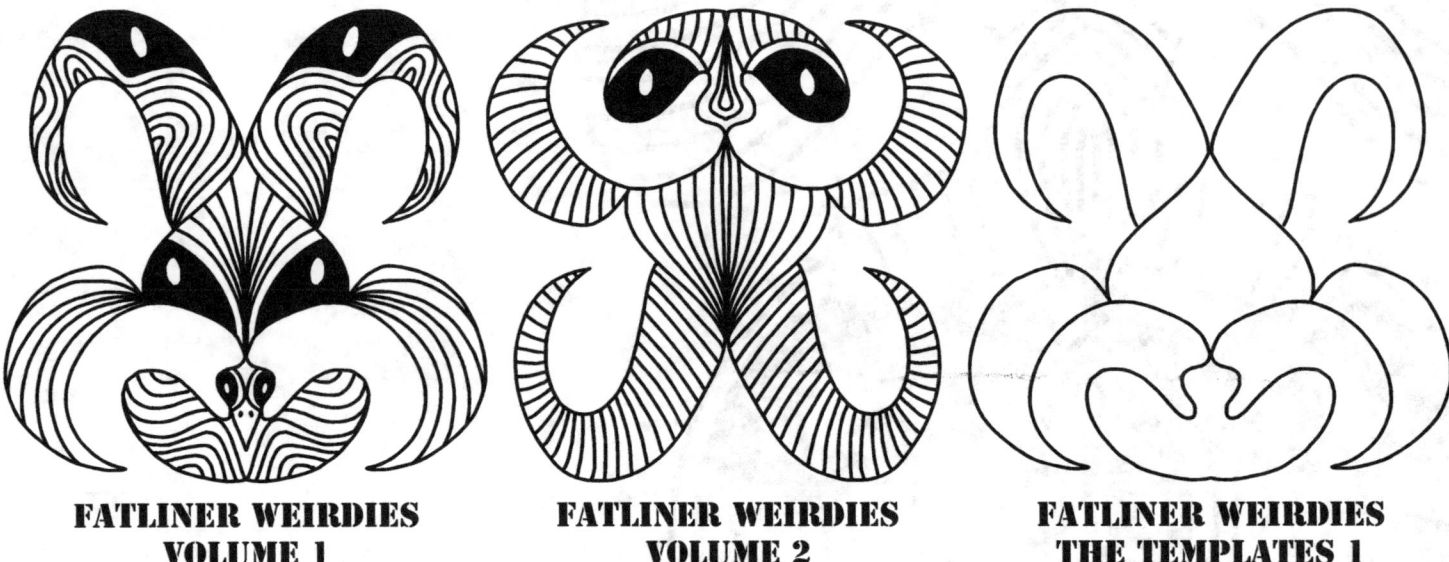

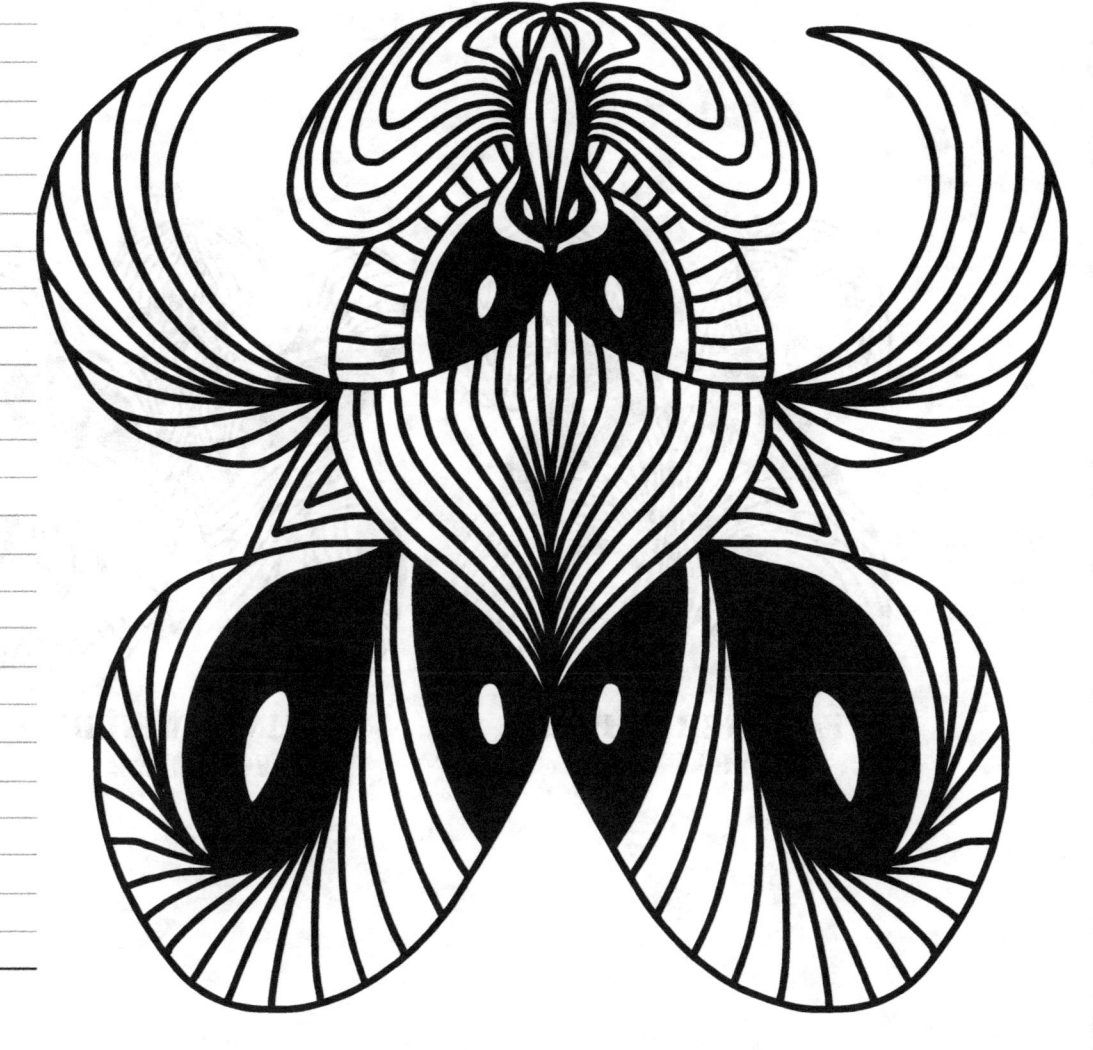

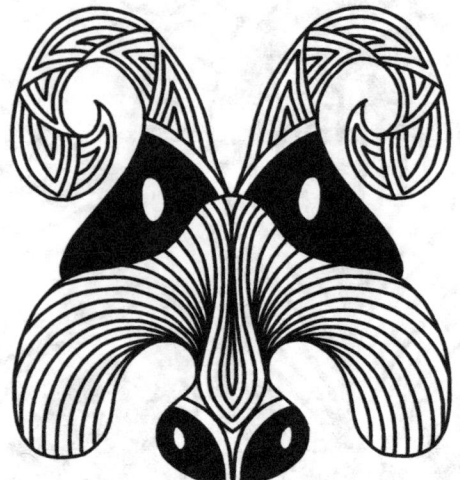
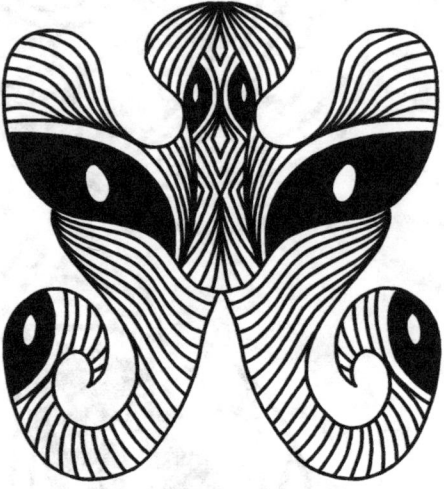

FATLINER WEIRDIES VOLUME 1

FATLINER WEIRDIES VOLUME 2

FATLINER WEIRDIES THE TEMPLATES 1

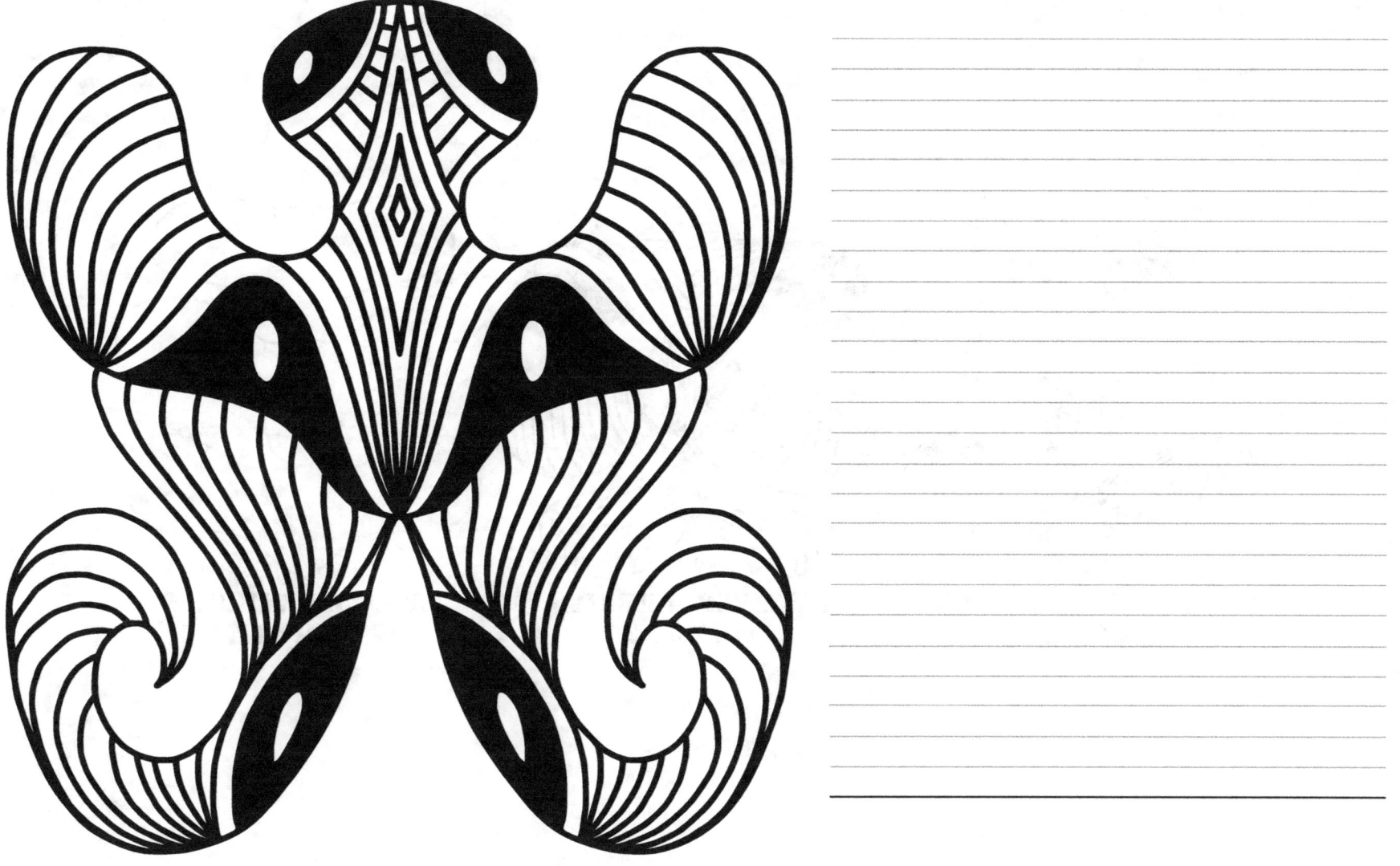

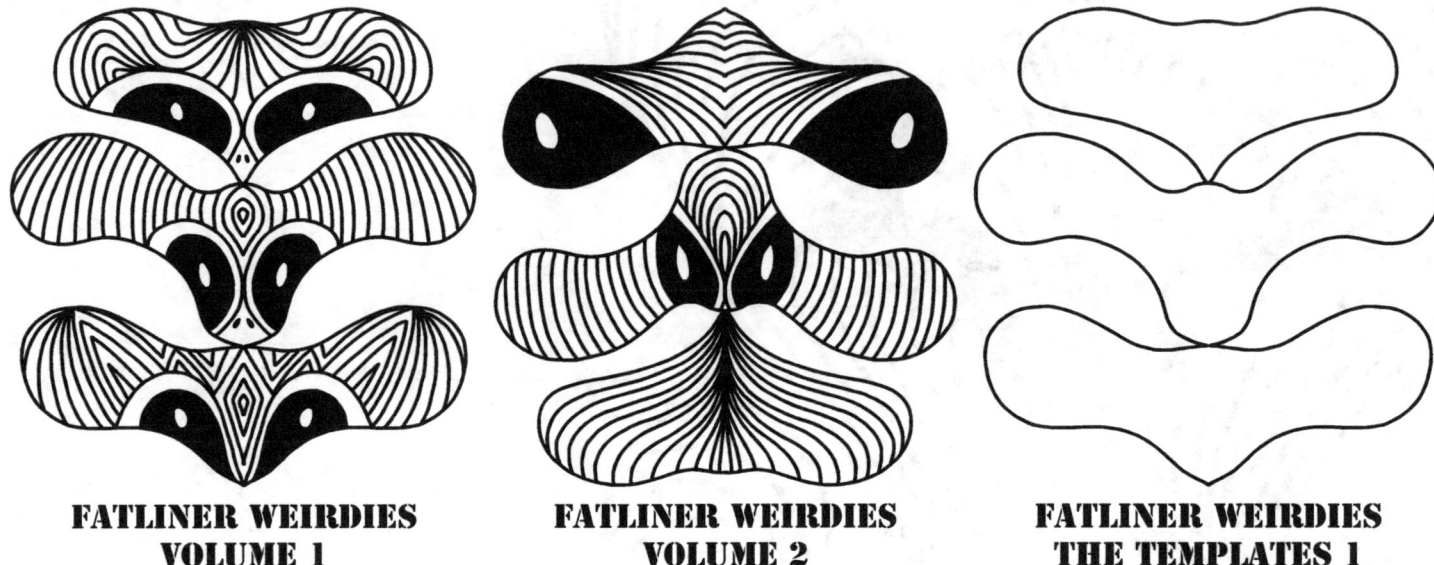

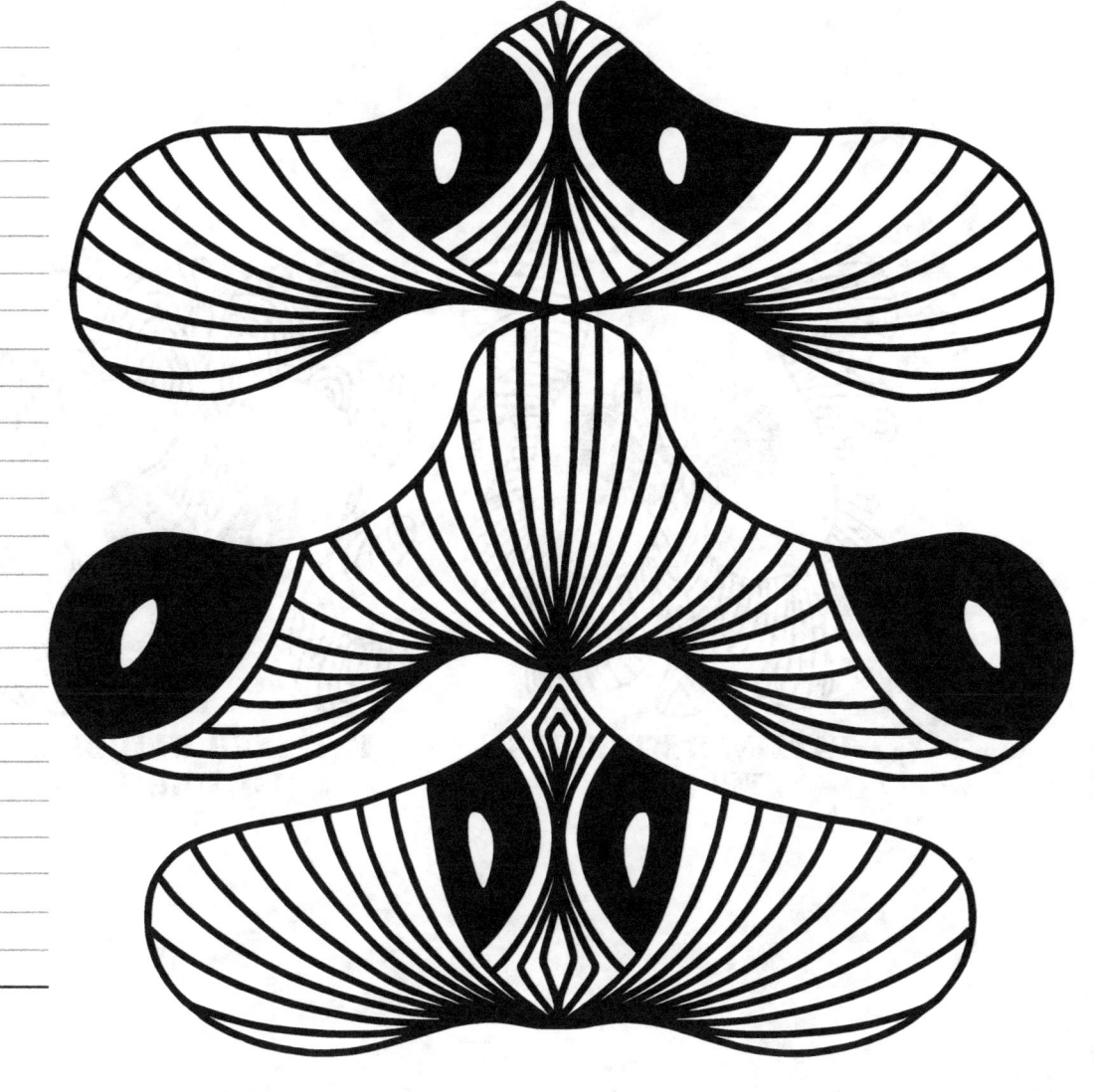

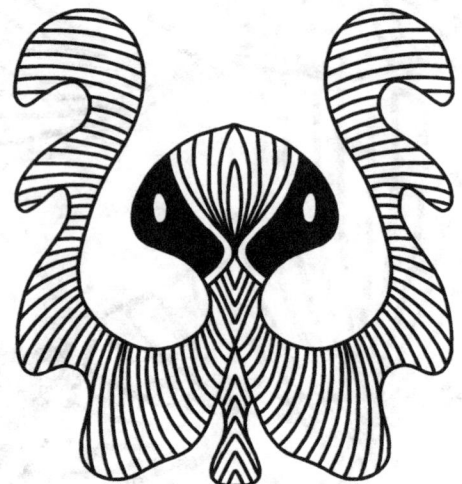
FATLINER WEIRDIES VOLUME 1

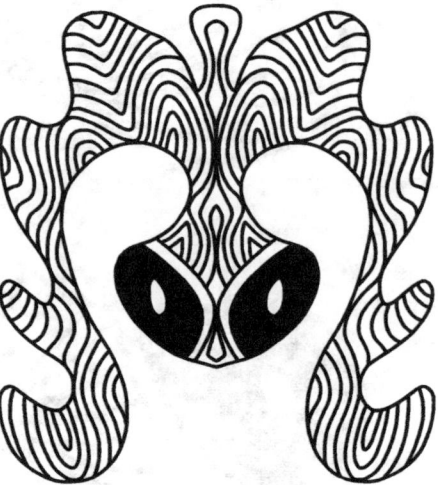
FATLINER WEIRDIES VOLUME 2

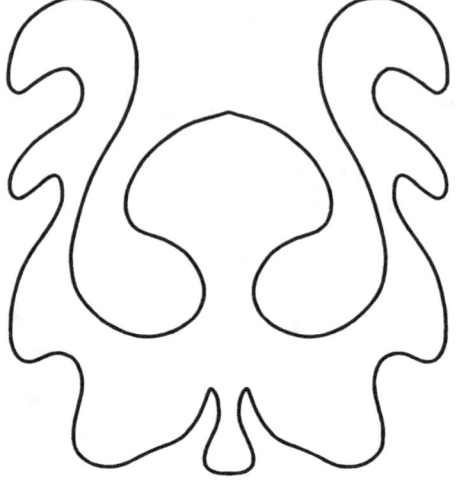
FATLINER WEIRDIES THE TEMPLATES 1

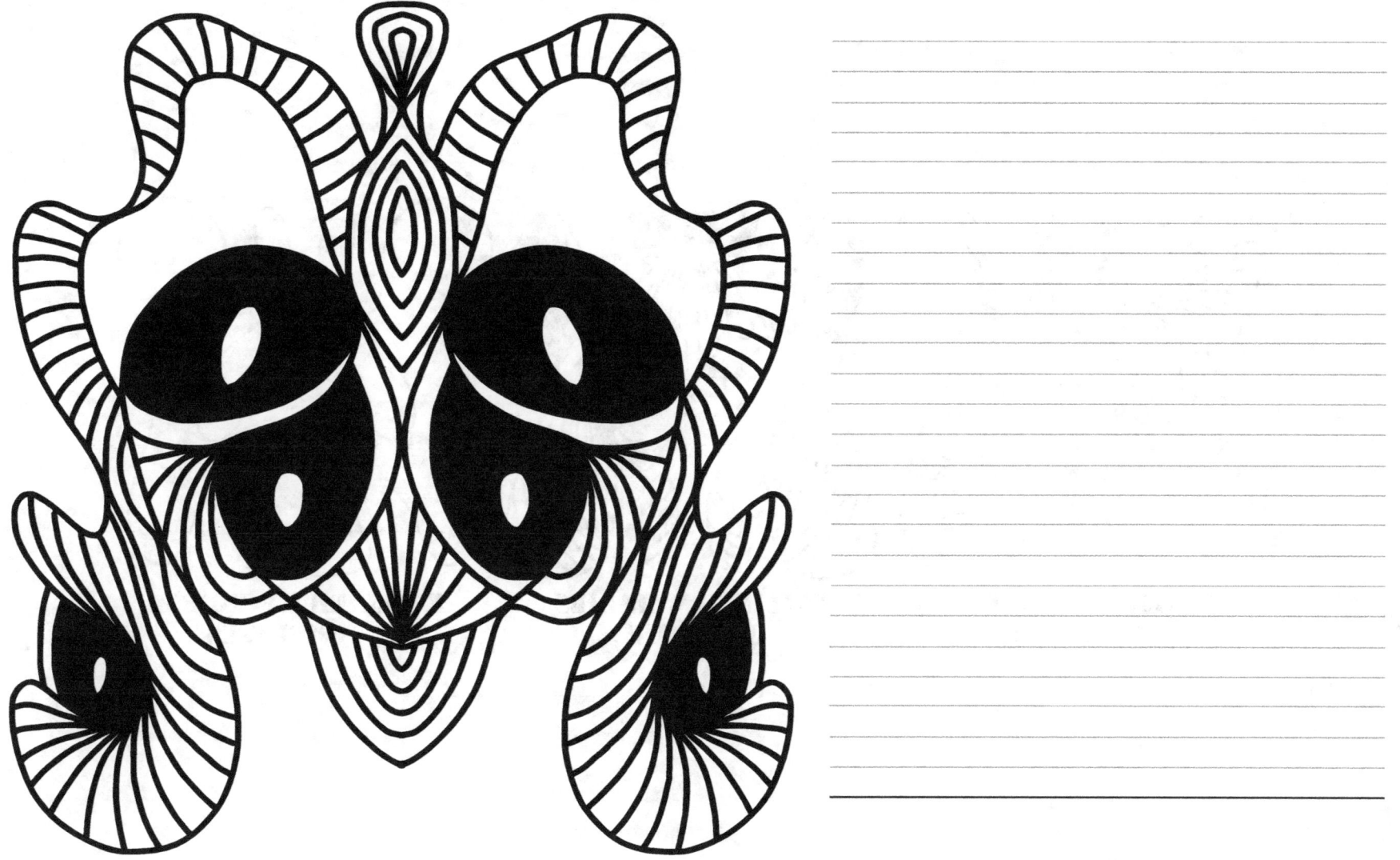

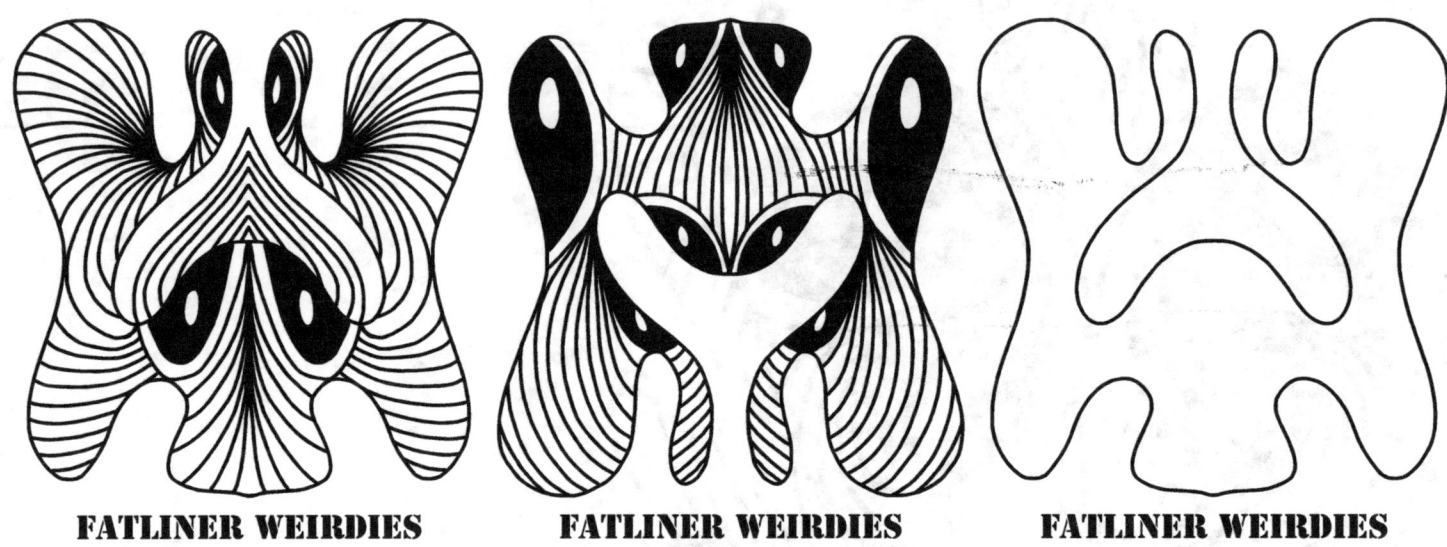

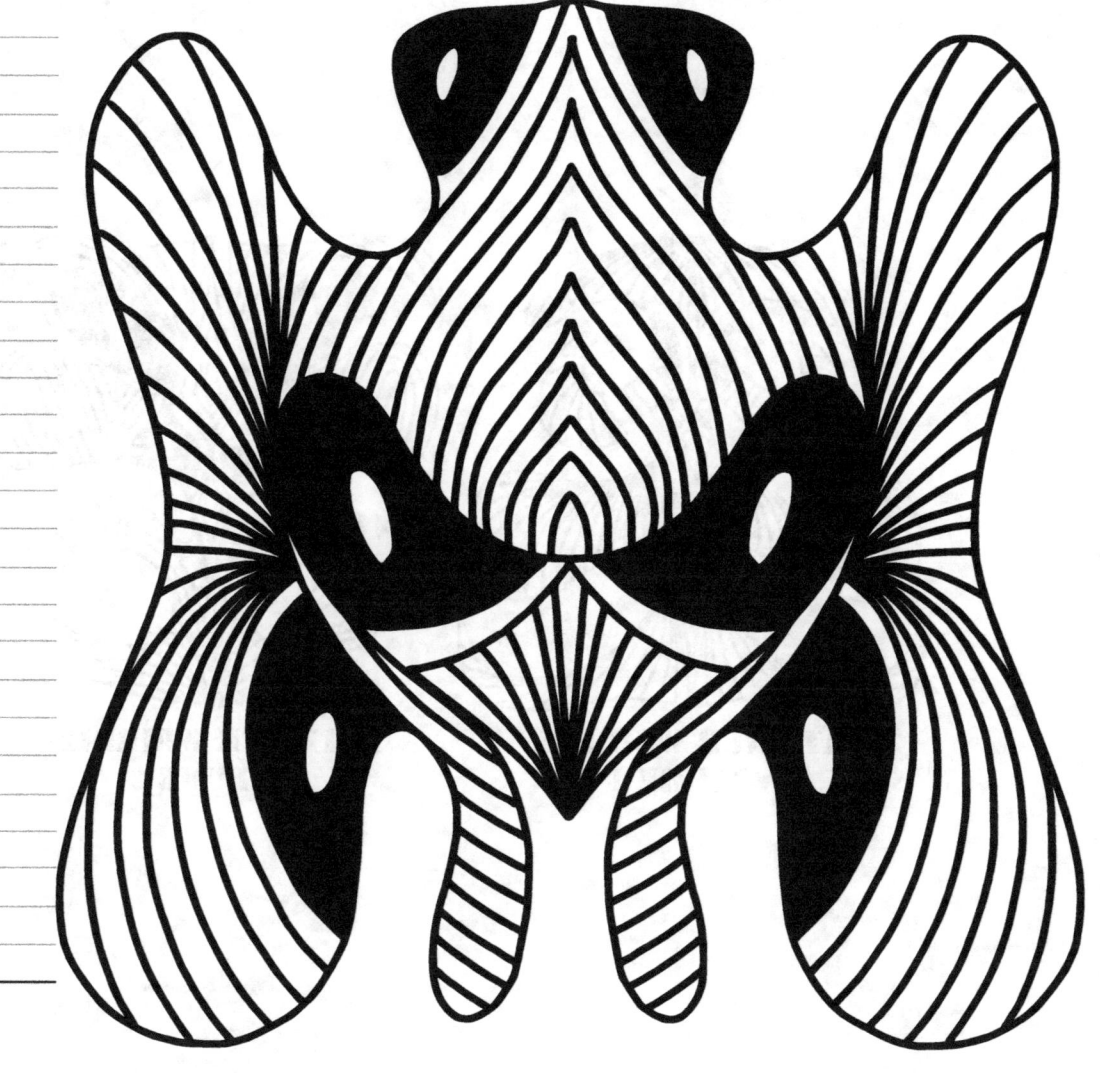

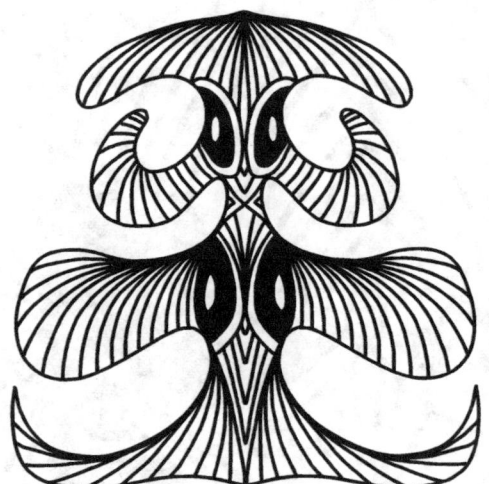
FATLINER WEIRDIES VOLUME 1

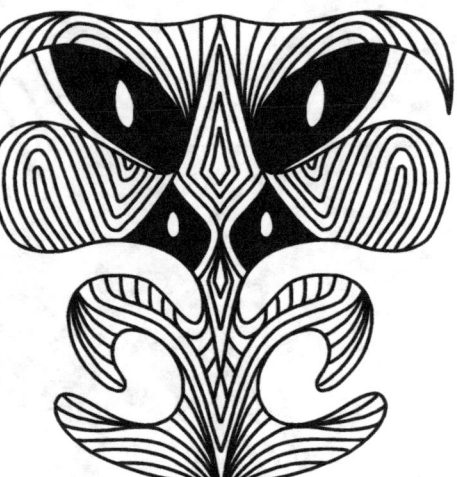
FATLINER WEIRDIES VOLUME 2

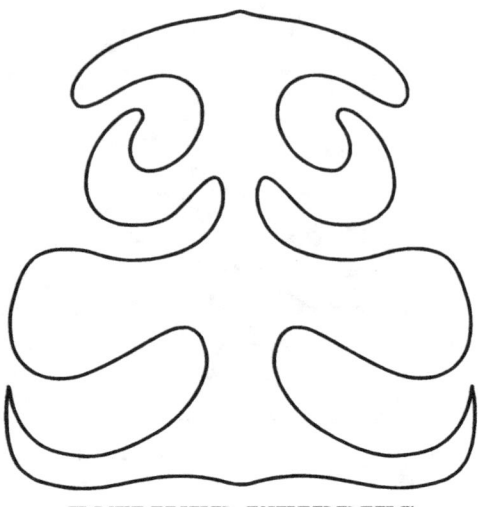
FATLINER WEIRDIES THE TEMPLATES 1

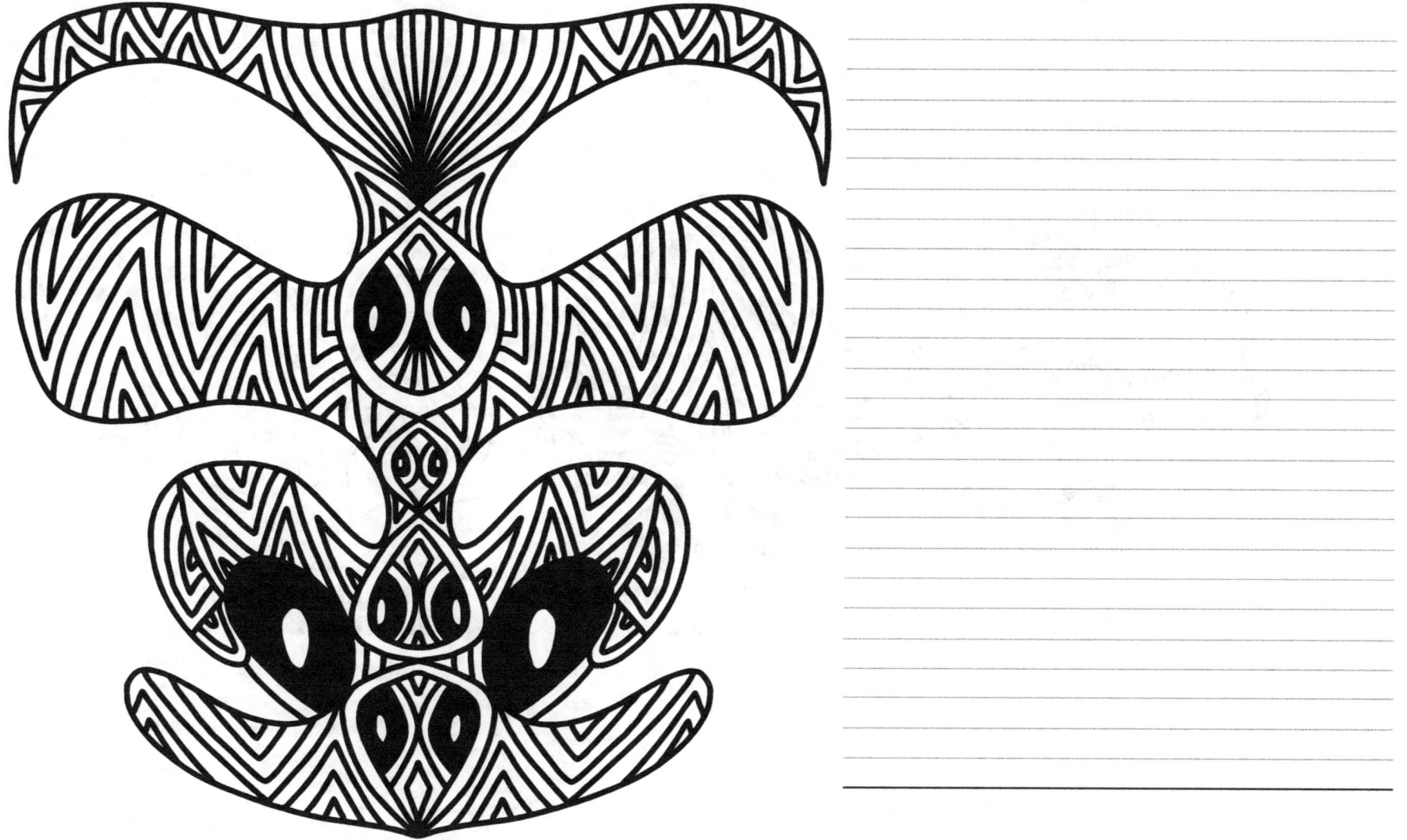

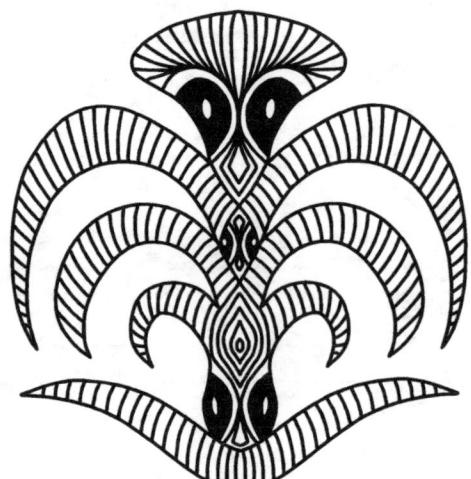 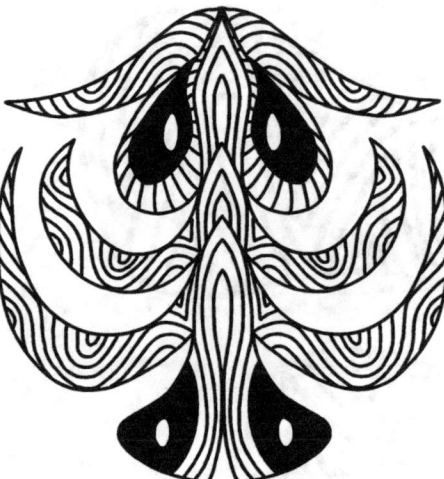 

FATLINER WEIRDIES VOLUME 1   **FATLINER WEIRDIES VOLUME 2**   **FATLINER WEIRDIES THE TEMPLATES 1**

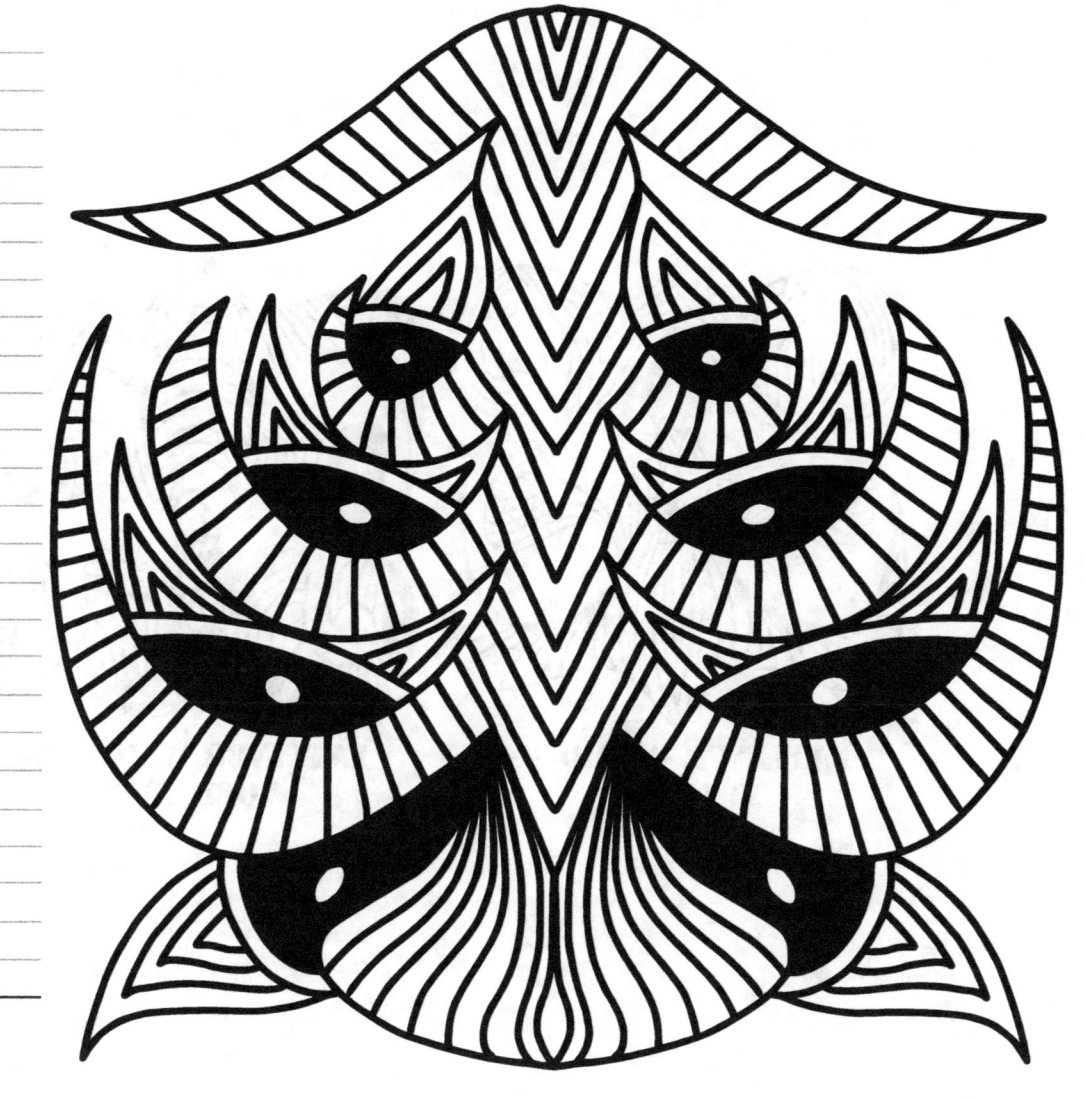

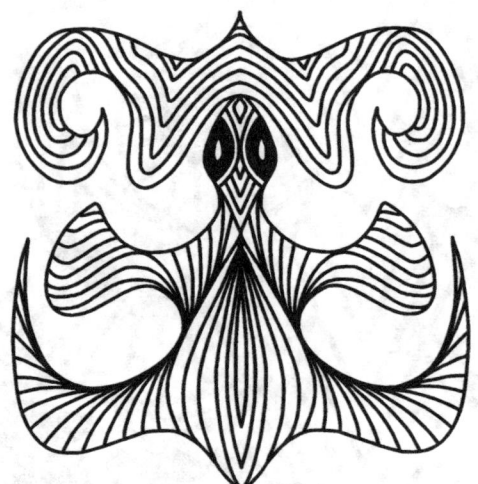

FATLINER WEIRDIES VOLUME 1

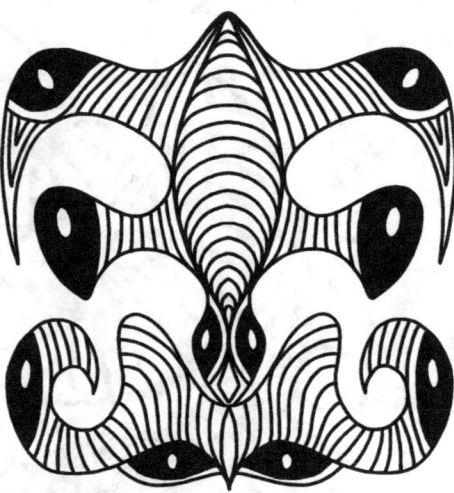

FATLINER WEIRDIES VOLUME 2

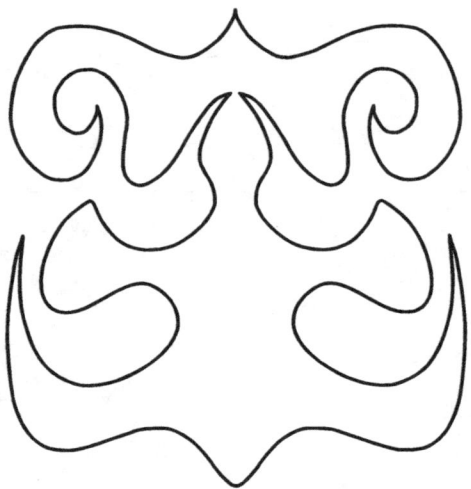

FATLINER WEIRDIES THE TEMPLATES 1

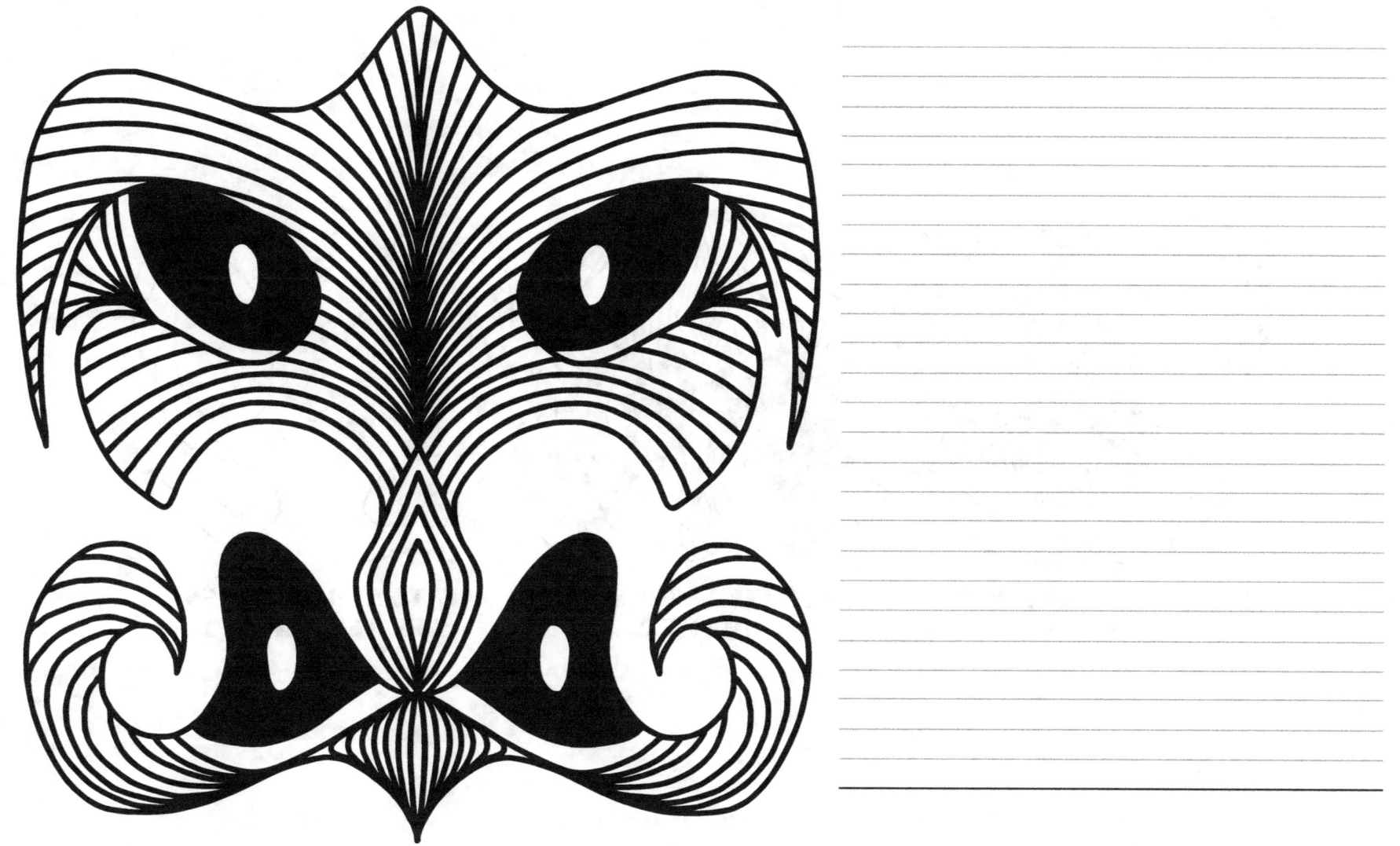

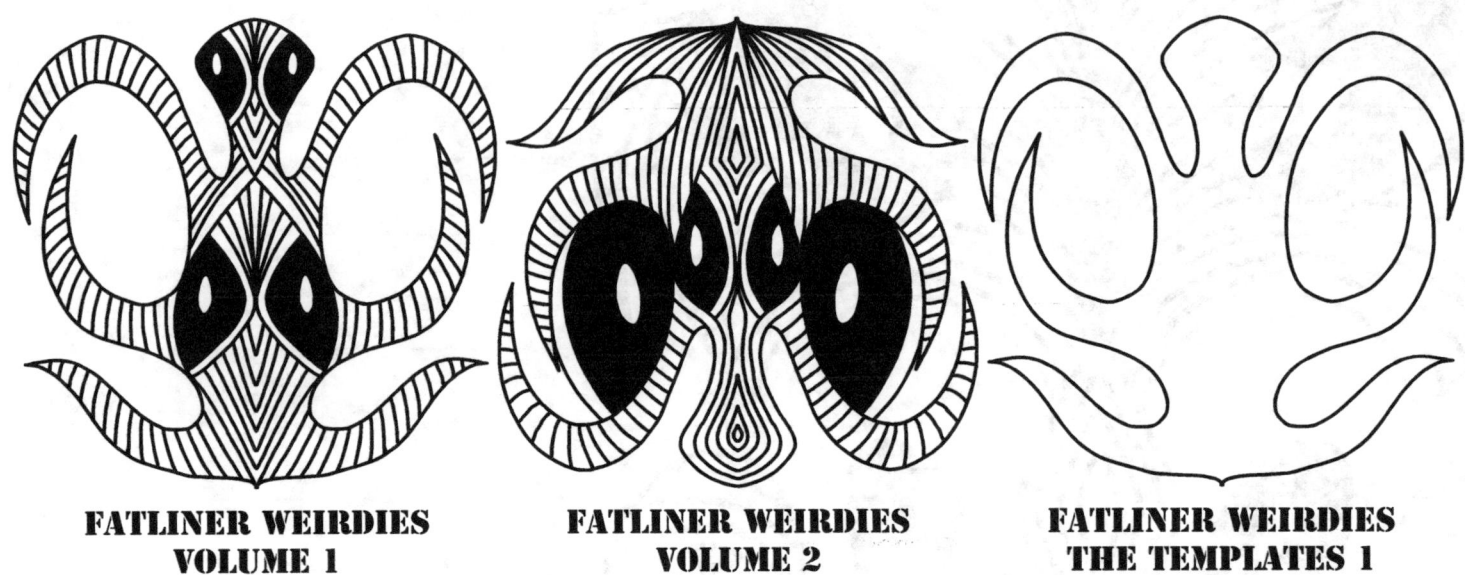

FATLINER WEIRDIES VOLUME 1   **FATLINER WEIRDIES VOLUME 2**   **FATLINER WEIRDIES THE TEMPLATES 1**

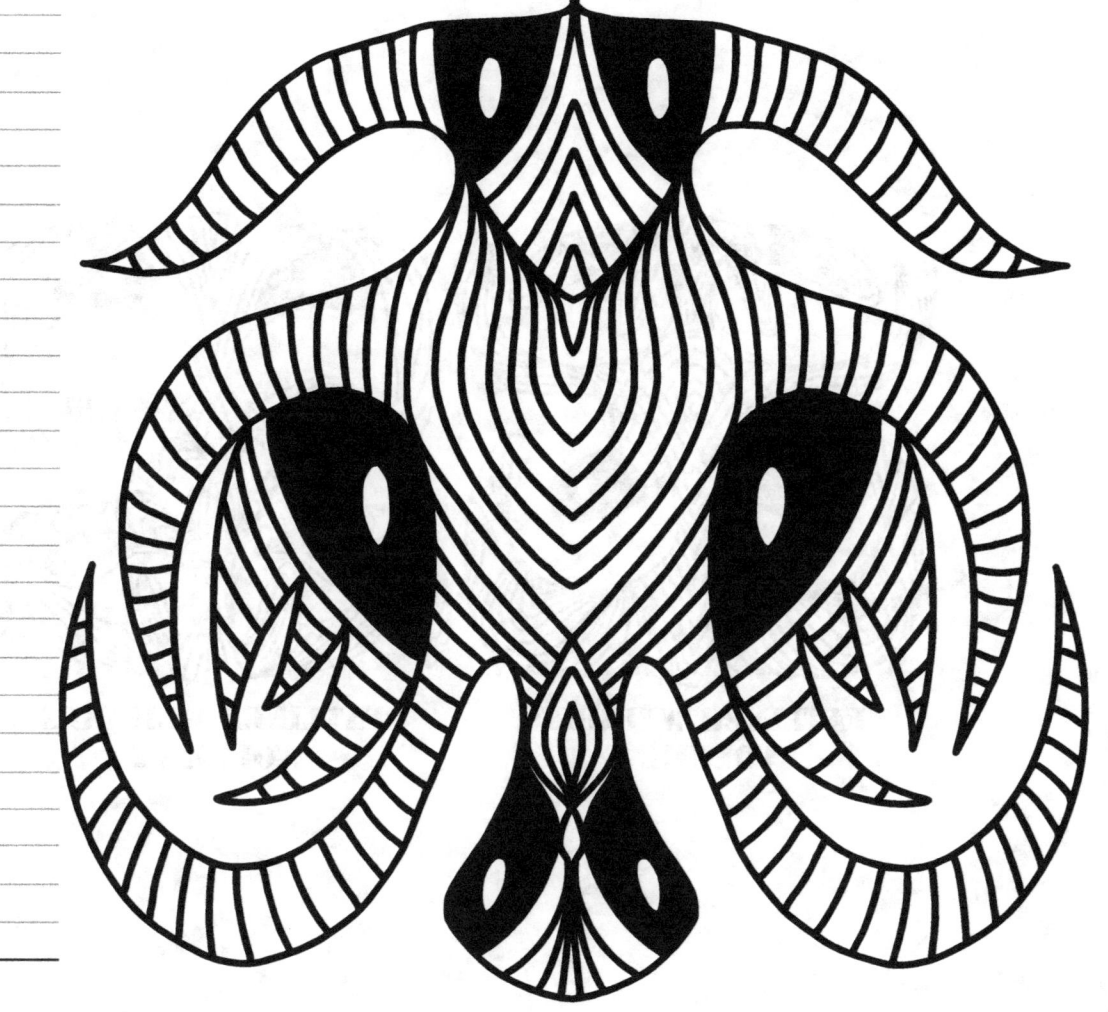

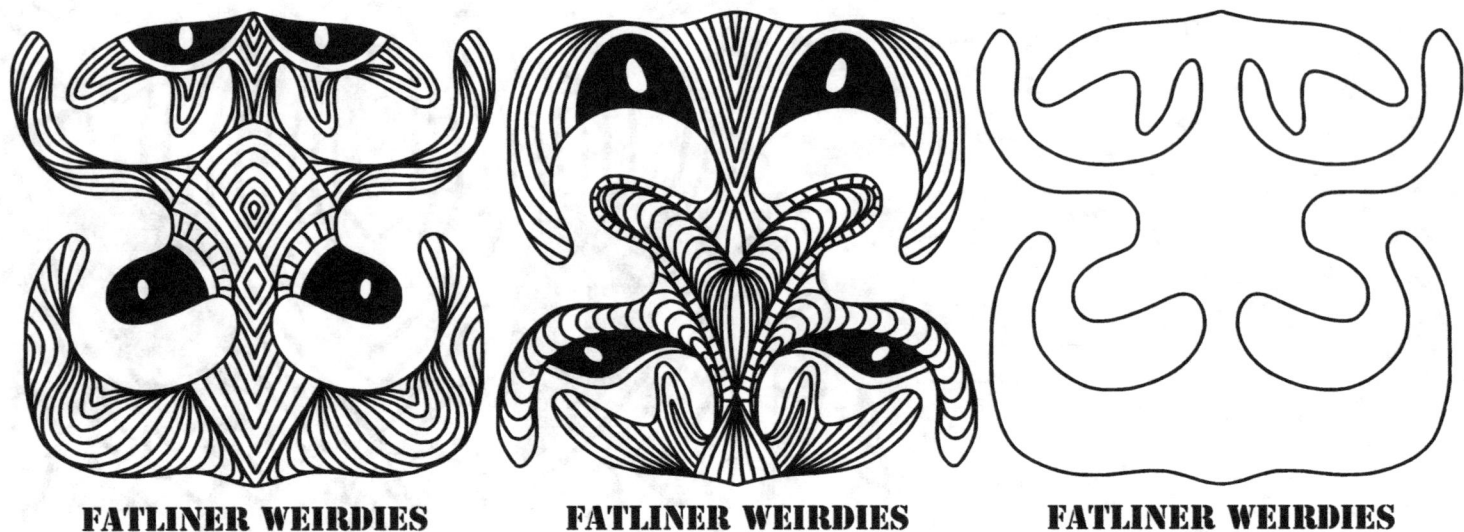

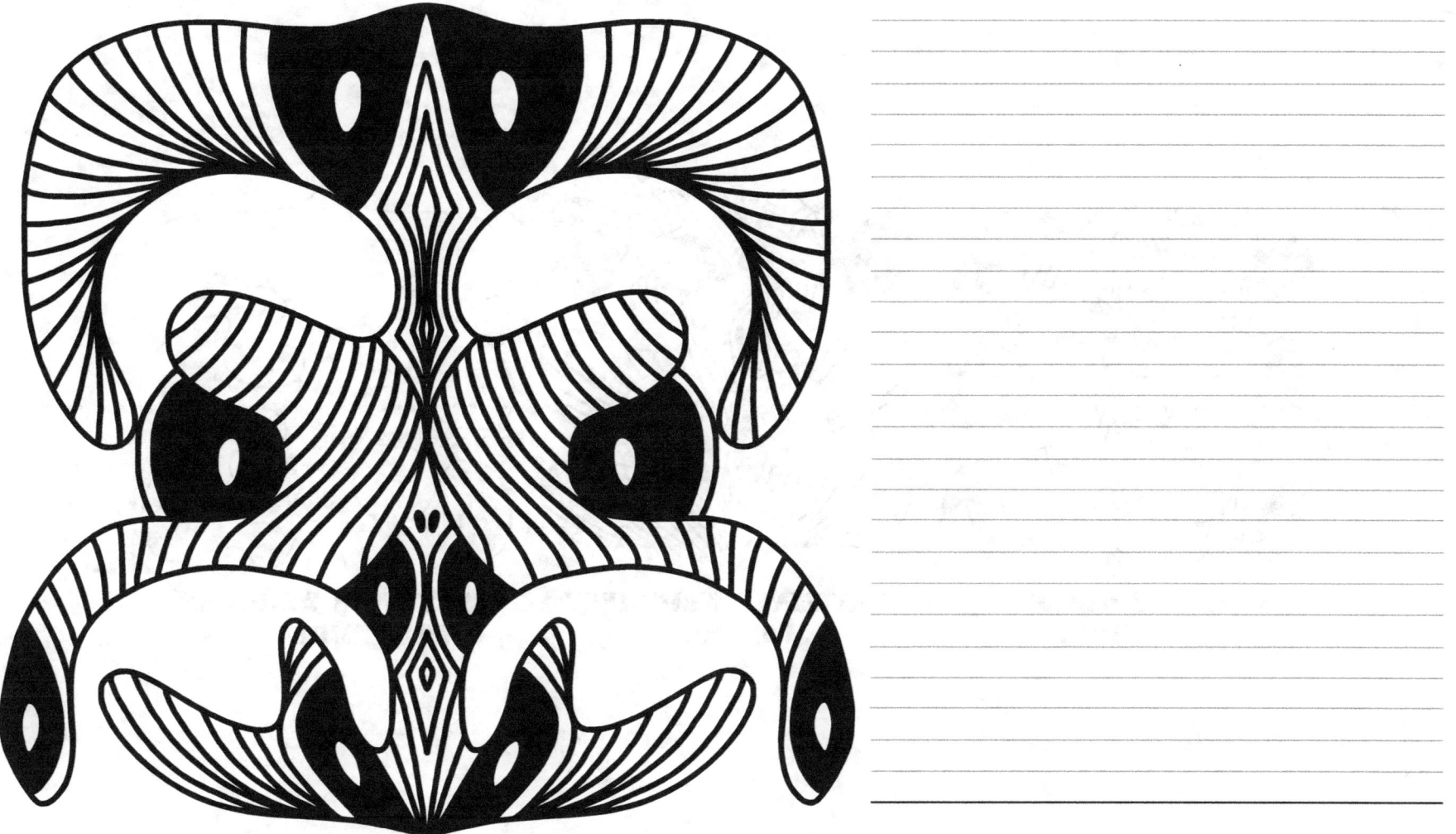

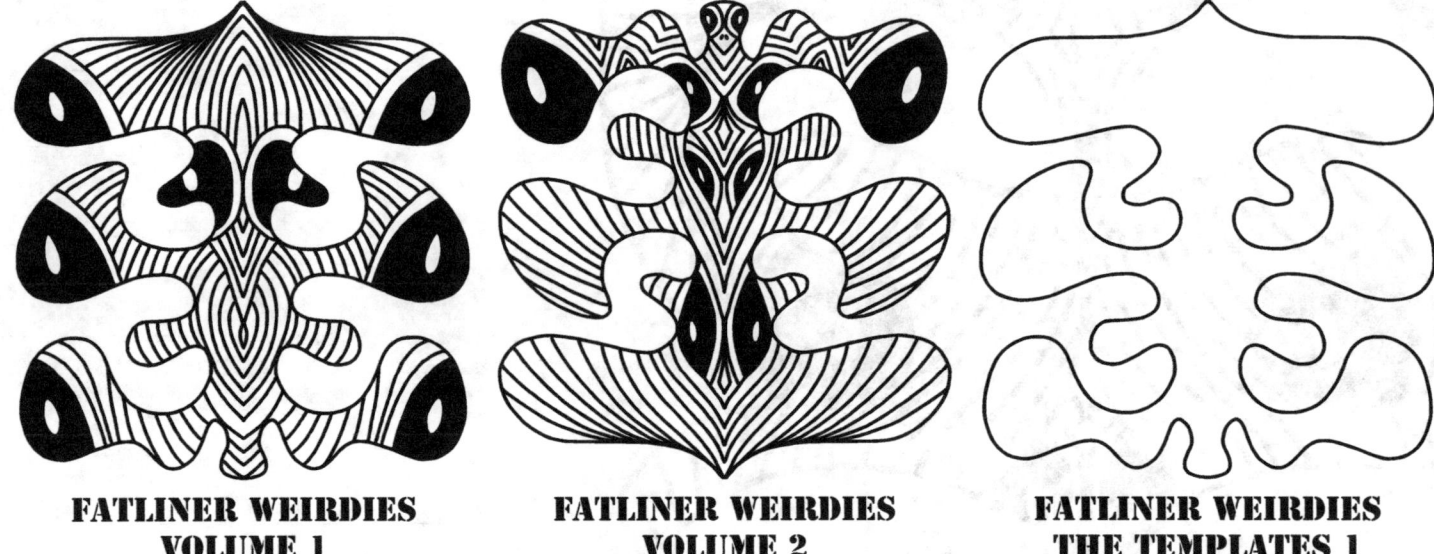

FATLINER WEIRDIES VOLUME 1 **FATLINER WEIRDIES VOLUME 2** **FATLINER WEIRDIES THE TEMPLATES 1**

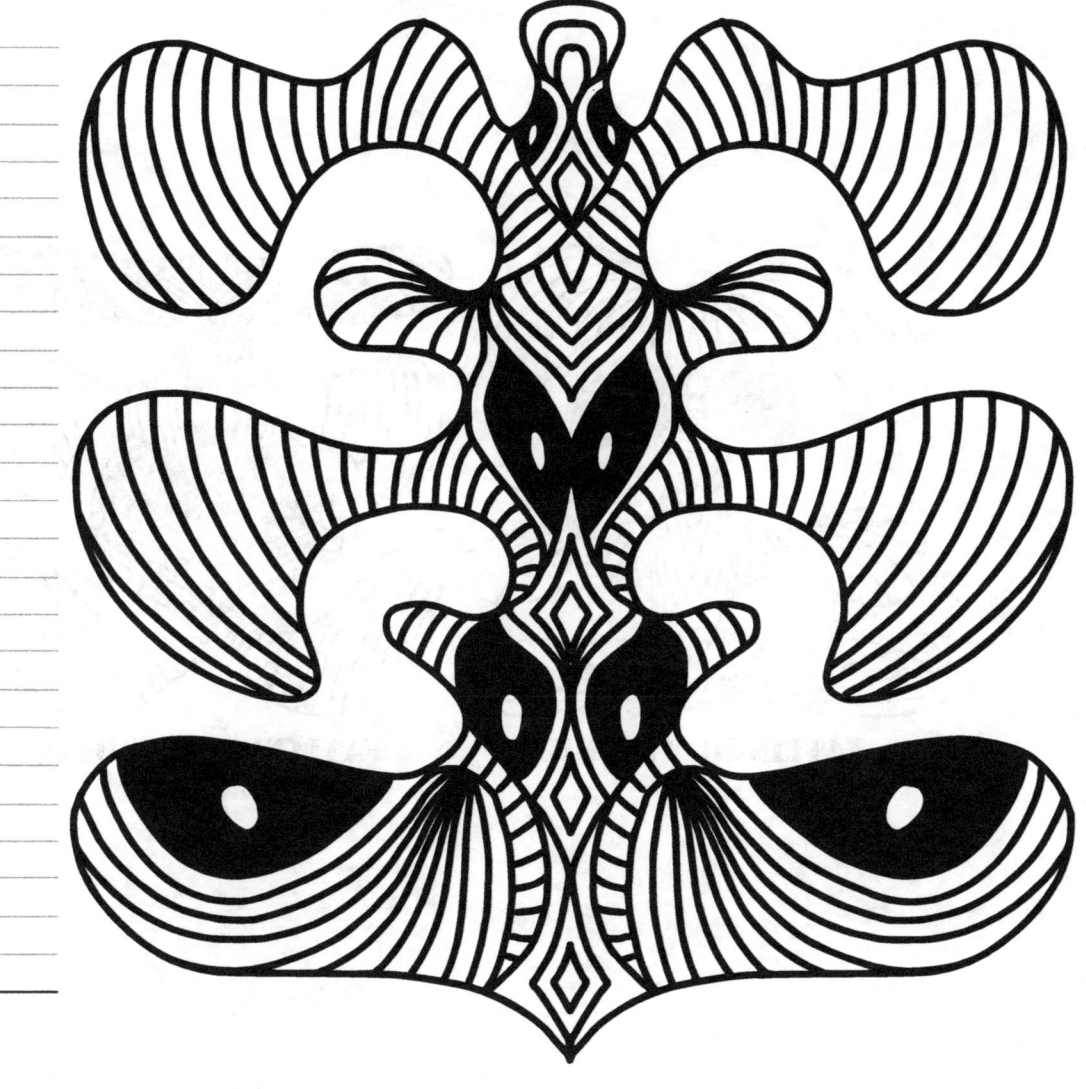

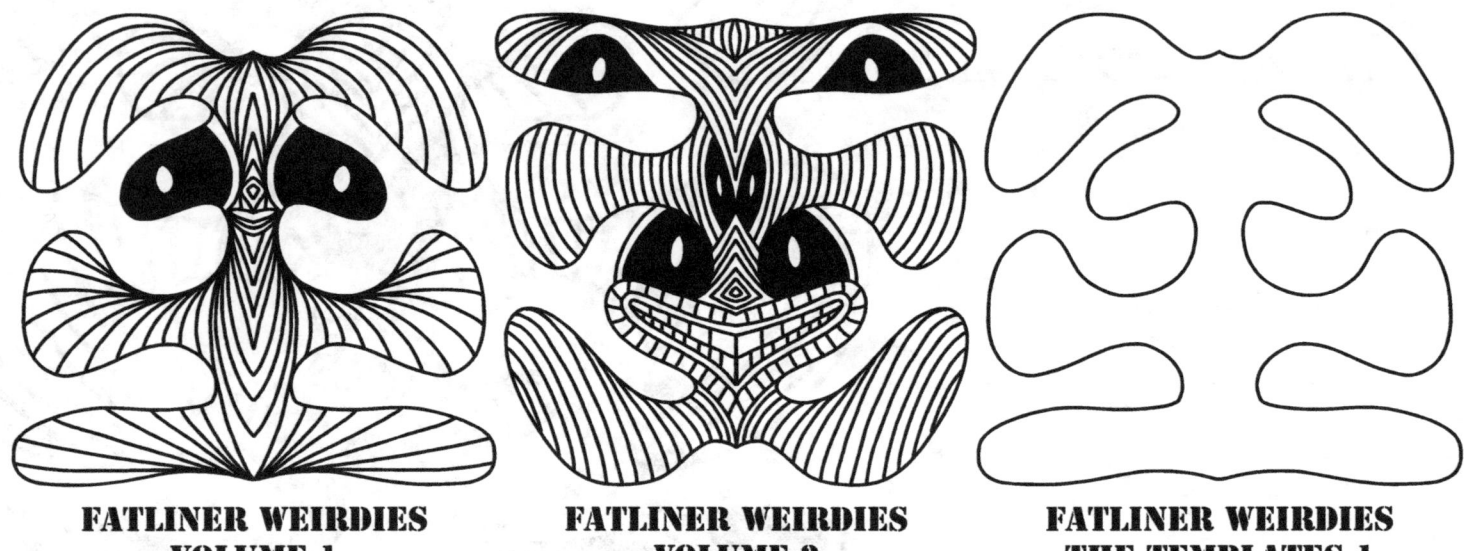

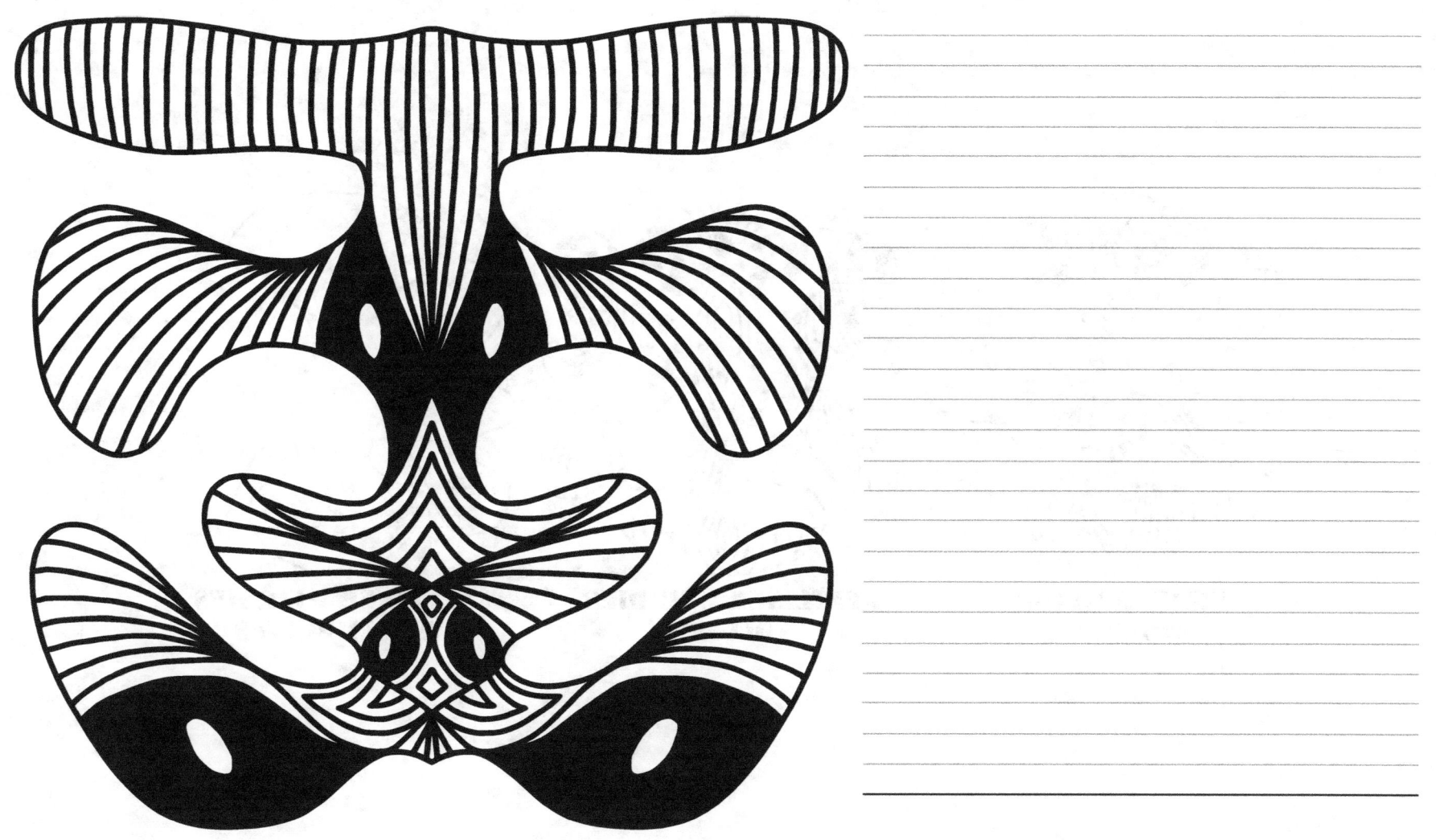

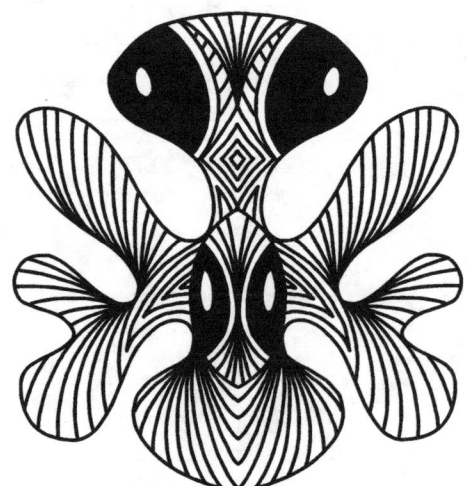

FATLINER WEIRDIES VOLUME 1

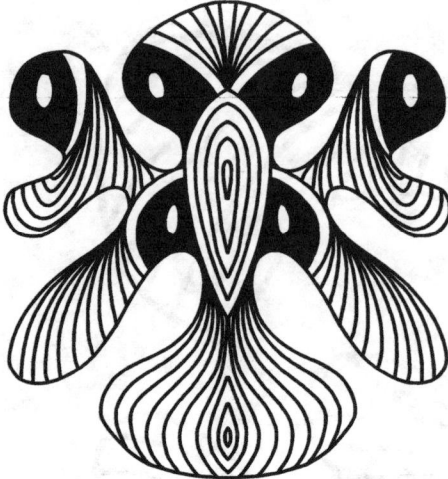

FATLINER WEIRDIES VOLUME 2

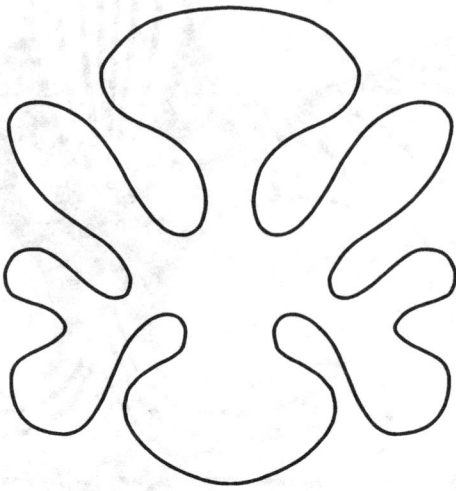

FATLINER WEIRDIES THE TEMPLATES 1

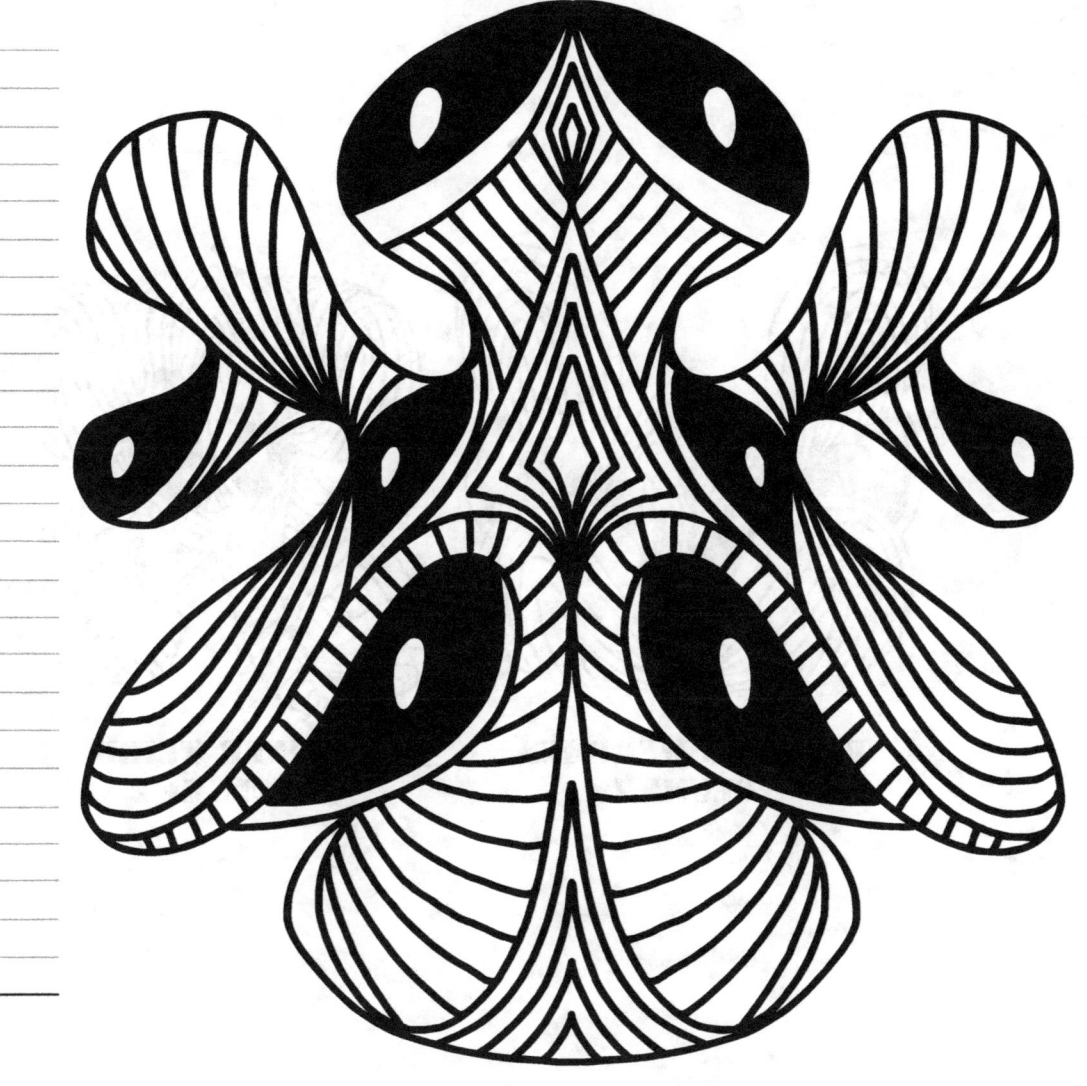

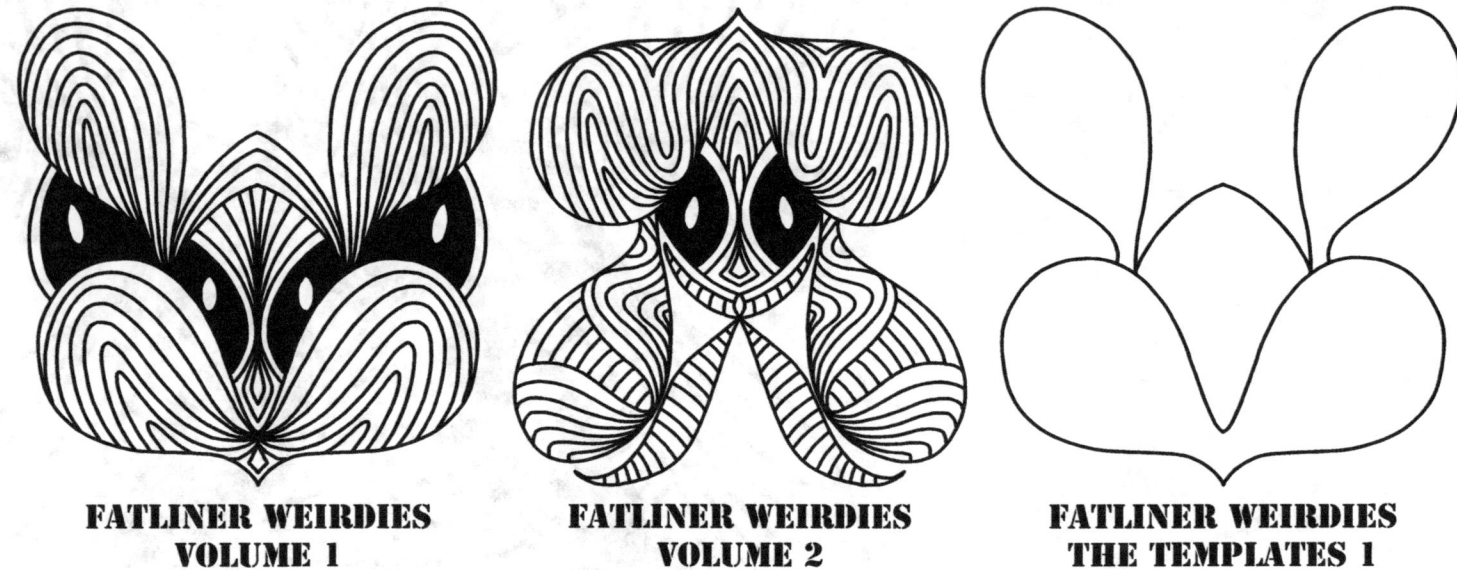

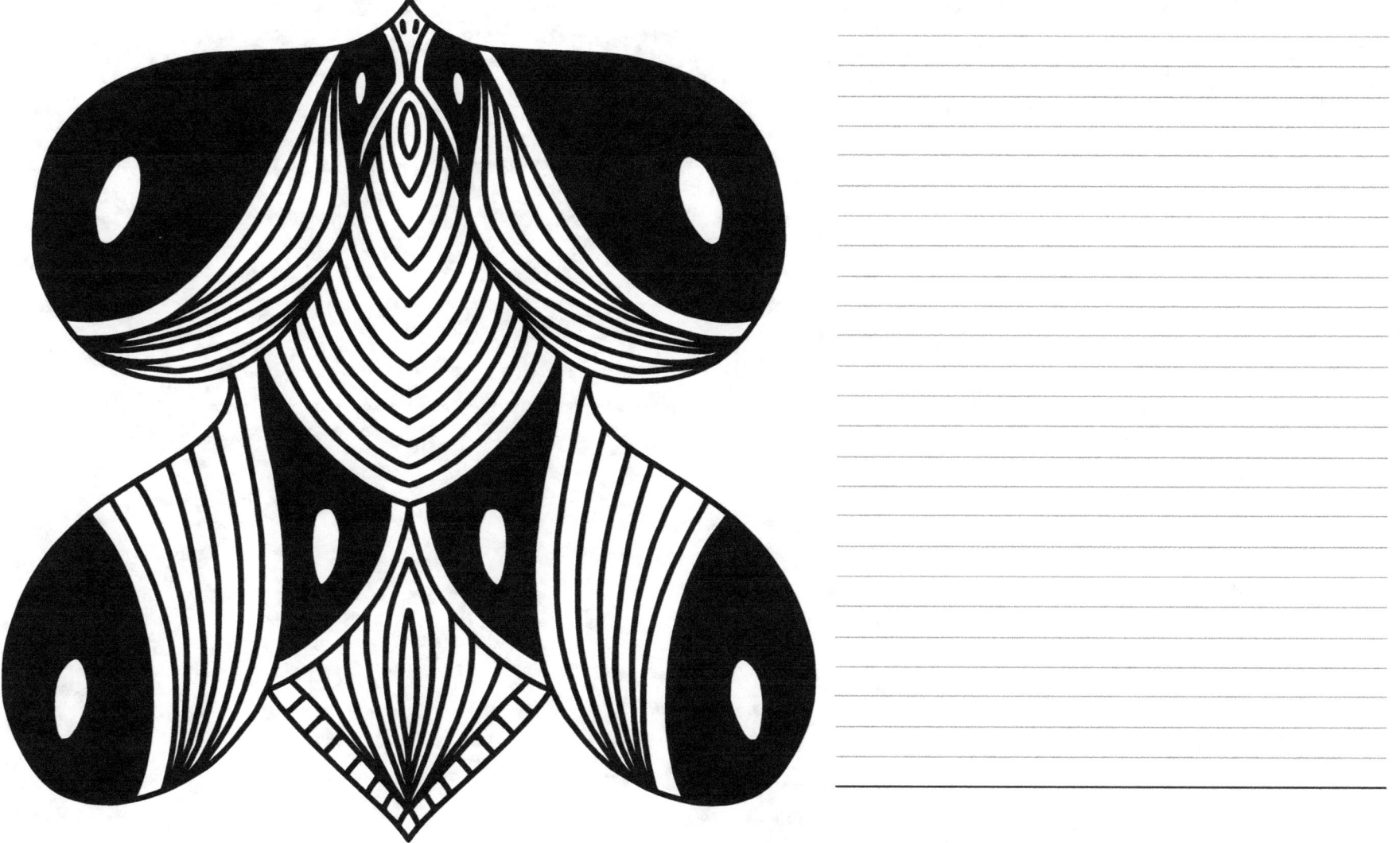

www.ingramcontent.com/pod-product-compliance
Lightning Source LLC
Chambersburg PA
CBHW082318220526
45470CB00008B/2345